麦读
MyRead

走向上的路　追求正义与智慧

— 《中华人民共和国法律注释书系列》 —

作者简介

汪　洋，1983年生，安徽徽州人，清华大学法学院长聘副教授、博士生导师，意大利罗马第二大学法学博士。研究领域为民法、婚姻继承法、土地法、罗马法。出版《用益物权论》《罗马法上的土地制度》等学术专著，在《法学研究》《中外法学》等权威核心期刊发表论文50余篇。深度参与最高人民法院《民法典合同编通则解释》《民法典婚姻家庭编解释（二）》制定研讨，协助民政部、自然资源部、文化和旅游部、国务院妇女儿童工作委员会办公室等部门起草修改多部规范性文件。

中华人民共和国法律注释书系列
TREATISES ON THE LAWS OF
THE PEOPLE' S REPUBLIC OF CHINA

民法典
婚姻家庭
继承
注释书

汪 洋 编著

CIVIL CODE
MARRIAGE AND FAMILY
SUCCESSION
TREATISE

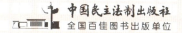

中国民主法制出版社
全国百佳图书出版单位

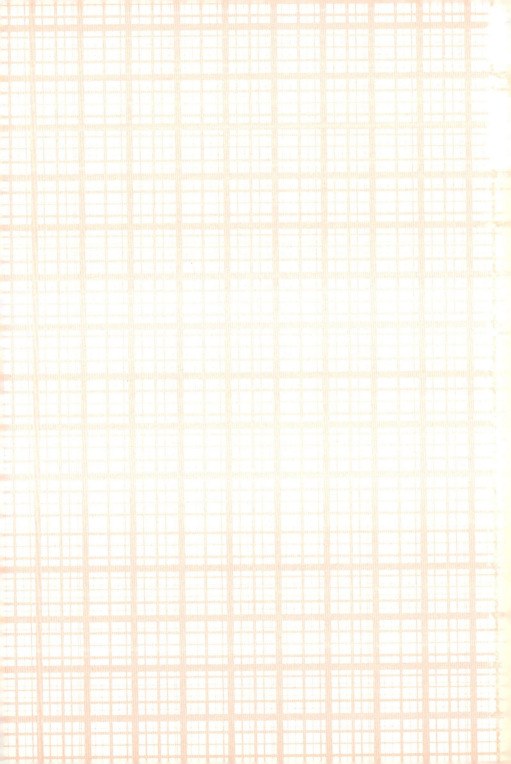

打造一本理想的家事法工具书

本书系《民法典》婚姻家庭编与继承编的注释书，隶属于麦读“中华人民共和国法律注释书系列”，旨在突破传统法条编纂模式，以具有权威性的“立法释义”和理论深度的“编者观点”为核心，以“相关法律+行政规定+司法解释+司法文件+典型案例”为支撑，通过主客观两条路径逐条解析法律条文以及与之配套的重要司法解释的条文，致力于打造一部兼具学术价值与实践意义的理想的大型家事法律工具书。

一、编写原则

本书编写过程中，始终秉持全面性、权威性、实用性与时效性四大原则。

（一）全面性

本书通过官方网站、法律专业数据库、纸质出版物以及网络资源等公开渠道，广泛收录婚姻家庭继承领域的法律规范和案例。

1. 法律规范条文

除了《民法典》婚姻家庭编和继承编以及相对应的4部司法解释的条文，本书还涵盖了《民法典》其他编、相关立法、行政法规、自治条例和单行条例、其他司法解释、司法指导文件、批复答复以及部门参考文件中与婚姻家庭继承法内容相关联的条文。另外，婚姻家庭继承案件数量多，大量类案指导工作主要由地方人民法院承担，因此本书特别收录了20余部地方高院发布的审理婚姻家庭继承案件的解答、指南、纪要、意见等规范性文件。总体来看，本书基本囊括了目前婚姻家庭继承纠纷解决中常用的法律文件。

2. 案例

本书共计收录了260余件案例，不仅涵盖了所有涉及婚姻家庭继承问题的最高人民法院指导性案例、公报案例，而且甄选了近年来最高人民法院和地方高级人民法院发布的一系列典型案例或参考案例，还精选了《民事审判指导与参考》《人民法院案例选》《中国法院年度案例·婚姻家庭与继承纠纷》等法院出版物和人民法院案例库中具有代表性的裁判案例。上述案例对婚姻家庭继承部分的重要问题给予了全面诠释。

3. 注释方法

特别需要指出的是，麦读"中华人民共和国法律注释书系列"的其他品种一般是将司法解释及其注释都放在主法律条文之下，但此种编排无法着重突出家事法领域配套司法解释的重要价值，因此我将婚姻家庭继承领域最为重要的4部司法解释单独提出来，放在附录，分别通过"司法解释·注释""编者观点""法院参考案例"等栏目，逐一对司法解释条文进行注释，同时与正文中主法律条文下正常摘录的司法解释条文建立关联，通过页码索引引导读者全方位的阅读需求。

（二）权威性

本书摘录的《民法典》婚姻家庭编和继承编以及最高人民法院关于婚姻家庭继承的4部司法解释的条文要点注释，均引自立法机关或司法解释起草部门组织编写的释义类专著，以及司法解释主要起草执笔人针对相关条文发表的论著，进而确保"立法本意"的客观呈现。本书收录的最高人民法院指导性案例、公报案例以及典型案例、人民法院案例库案例，能够反映出当前较为成熟、主流的裁判观点与司法共识。

（三）实用性

本书融合法律汇编、法条释义与裁判规则整理三重功能，能够满足法官、律师、学者等读者的多元需求。在立法与司法解释的要点释义板块，本书从问题意识出发，在权威释义类专著、文章中，只提取、提炼与被注释条文所涉司法实务问题直接相关的文字，剔除冗余论述，不求面面俱到。在案例板块，本书主要考虑到婚姻家庭继承纠纷的复杂性往往体现在案件所涉"家长里短"的诸多细节中，若过度简化会导致理解偏差，无助于读者准确掌握法律规范中各考量因素如何具体适用，因此尽可能保留案件所涉事实以及裁判观点全貌。

（四）时效性

1. 法律规范

（1）最新规定和意见应收尽收。如2025年2月1日起施行的《民法典婚姻家庭编解释（二）》、2025年1月20日起施行的《婚姻登记条例》（2024年修订)、2024 年 9 月 27 日起施行的《民法典侵权责任编解释(一)》以及最高人民法院自 2024 年起推出的《法答网精选答问》中的相关答疑意见等悉数收录。

(2)《民法典》正式施行之前制定的、目前并未被明确废止的文件的处理。对于上述情形,本书采取的做法是:文件整体上与现行法律及司法解释的规定不一致的,不予收录;文件中的部分内容与现行法律及司法解释不一致的,删除该部分内容或者予以保留但作脚注说明;文件中引用的旧法条,通过脚注对应现行有效的新法条。

(3)地方法院规范的效力甄别。很多地方法院规范并不存在官方获取渠道,只能依赖法律专业数据库和互联网搜索平台。在《民法典》已经施行 4 年多的背景下,这些地方法院规范是否版本正确、是否已经被废止,对大多数读者来说可能仍不清楚。本书编写之初,我搜集整理了大量地方法院规范,这些地方法院规范在法律专业数据库中均显示为"现行有效"。在后期编辑过程中,我发现这些"现行有效"的地方法院规范的规定实际上与现行法律及司法解释的规定相差甚远,便产生了有关地方法院规范是不是已经被废止但制定部门并未公开的疑问。为了搞清楚这个问题,我借助各方面的资源向相关地方法院咨询确认。通过咨询,我了解到,一些规范确实已经被废止,一些规范仍然整体有效但被修订了部分内容,还有一些规范根据《民法典》增补了相关内容。当然,也有一些法院对多年前的规范是否有效不置可否。虽然说我对本书收录的地方法院规范做了初步的效力甄别,但这些地方法院规范仍然存在已经被废止或修订的可能。因此,对于本书收录的地方法院规范,仅可作为理解相关注释条文的参考材料,要结合《民法典》以及最新颁布的司法解释妥当把握;地方法院规范的内容与《民法典》以及司法解释的规定不一致的,应以后者为准。

2. 案例

一是收录了最高人民法院在《民法典婚姻家庭编解释(二)》《涉彩礼纠纷规定》新闻发布会上公布的典型案例;二是对于有多个案例阐述相同或类似内容的情形,尽量选择新近案例中的裁判观点,确保案例素材的鲜活性,以体现最新的司法政策和裁判思路。

二、本书特色

(一)联结理论与实务的桥梁

受掣于知识生产机制的差异、时间维度的错位以及话语体系的区隔,理论与实务之间貌似存在深深的隔阂。然而正如清华大学法学院何美欢教授所言:“实务界往往认为法学生只懂理论,不懂实务。事实不然,说到底是法学生对理论真正的了解的缺失。”北京大学法学院葛云松教授亦强调:“法教义学并不存在理论与实践的分野问题。它是理论,但又可以直接应用于实践,甚至只有在实践(案例分析)中才能更好地学习这种理论。”

引用两位老师的话语,意图说明法学理论与实务的割裂被过度渲染了,理论研究与实务操作一直相互渗透、反哺,扎实的理论基础对于现今的法律工作者不可或缺。要想真正有处理案件尤其是疑难案件的能力,需要将相关的法律概念和理论掌握得更精细、更准确、更深入。很多时候没有能力解决纠纷不是因为缺乏实务训练,而是因为理论功底不扎实。法律条文不是一串僵死的文字,它本身是有生命的,每一个条文背后都联结着整个《民法典》乃至几千年来私法积累进化的内外体系,凝聚着立法者的价值和逻辑,也带着司法者的困惑与争议。这些内容不是通过简单的法规罗列和条文堆砌而成的法律汇编有能力揭示和阐明的。

有鉴于此,我相应地加大了理论深度,尝试编撰一本集规范、释义、案例和理论观点于一体的注释书。本书特设“编者观点”栏目,置于“立法·要点释义”及“司法解释·注释”栏目之后,对相关规范的制度沿革、理论争议、构成要件、考量因素、适用难点、裁判分歧及体系关联等做必要的总结梳理与恰当的注释注解,揭示规范条文背后的法理逻辑,以满足不同读者不同层面的需要。此举旨在弥补传统工具书“客观注释”之不足,融入“主观注释”维度,搭建理论与实务的对话桥梁。当然囿于编者学识,部分观点或未尽完善,唯盼再版时得以优化。

(二)打通家庭法与财产法的藩篱

近年来,随着我国社会经济发展,城乡家庭的结构和生活方式发生了新变化,家事纠纷案件数量持续高位运行。离婚纠纷中财产分割成为新的焦点,财产类型多样化、涉案标的额增大,矛盾冲突激烈。婚姻家庭与财产领域问题交织,案件疑难复杂,法律适用标准亟待统一。将交易场景嵌套、交织或叠加夫妻身份以及婚姻关系中的身份行为,会呈现何种法律效果?内部体系层面，交往安全遭遇家庭伦理，该如何分量权衡和价值取舍？外部体系层面，《民法典》婚姻家庭编、继承编与总则编、合同编、物权编乃至公司法、强制执行法，该如何疏通逻辑和协调规范？既然家庭法与财产法已无法“各美其美”，法律的任务就是在家庭与财产两个系统之间进行沟通，于各种复杂情境中寻求符合效率、安全与信赖的最优解，达至“美美与共”。

一些家庭财产纠纷问题还引发了社会的严重关切，例如夫妻共同债务、父母为子女出资购房、夫妻一方擅自处分名下共有股权、夫妻间给予房产、因“婚外情”赠与财物、彩礼返还、夫妻一方擅自直播打赏、离婚经济补偿标准、夫妻共同遗嘱效力等。这些纠纷关涉夫妻双方、各自父母以及外部各种第三人，呈现出多主体、多层次的价值与利益冲突，成为本次《民法典婚姻家庭编解释（二）》的重点规制对象。

我在清华大学法学院一直以来从事民法教学科研工作，其中一大研究兴趣便在家庭财产法领域，近年来写作发表20余篇相关主题文章，致力于打通家庭法与财产法的藩篱，平衡保护个人合法权益与家庭团体利益、夫妻财产关系与第三人交易安全。本书编写过程中，我将相关研究成果通过“编者观点”栏目，融入关联条文的注释内容，希冀为《民法典》及司法解释施行之后家事财产法相关制度的具体架构提供可行指引。

三、编排体例

本书以《民法典》婚姻家庭编与继承编为脉络，逐条注释。栏目设置与编写体例介绍如下：

【原《婚姻法》条文】【原《民法通则意见》条文】【原《收养法》条文】【原《继承法》条文】及其项下【修改说明】《民法典》在编纂过程中，对原《婚姻法》、原《民法通则意见》、原《收养法》以及原《继承法》中许多条文的内容和表述进行了修改和完善。其中，对于内容有实质性修改和变化的条文，本书列明原法律条文内容，并作修改说明，方便读者对照了解修改内容。

【立法 · 要点释义】为保证权威性，主要从全国人大常委会法制工作委员会组织编写的《中华人民共和国民法典释义》中摘录、提炼法律条文释义的要点，主要涵盖概念、定义和构成要件等内容。

【编者观点】本书编者对注释条文所涉规范的制度沿革、理论争议、构成要件、考量因素、适用难点、裁判分歧及体系关联等做必要的总结梳理与适当的注释注解，对本书编者或赞成、或质疑、或补充、或深化官方释义的观点予以集中展现。

【相关立法】收录《宪法》《民法典》《刑法》《民事诉讼法》《妇女权益保障法》《未成年人保护法》《老年人权益保障法》《残疾人保障法》《家庭教育促进法》《精神卫生法》《反家庭暴力法》《母婴保健法》《信托法》等相关立法中与注释条文内容相关联的法律条文。

【行政法规】收录《婚姻登记条例》《母婴保健法实施办法》《中国公民收养子女登记办法》《外国人在中华人民共和国收养子女登记办法》《国务院办公厅关于加强孤儿保障工作的意见》《农村五保供养工作条例》等行政法规及国务院行政规范性文件中与注释条文内容相关联的条文。

【自治条例和单行条例】收录《甘孜藏族自治州施行〈中华人民共和国民法典〉婚姻家庭编的变通规定》《凉山彝族自治州施行〈中华人民共和国民法典〉婚姻家庭编的变通规定》等民族自治地方的自治条例和单行条例中与注释条文内容相关联的条文。

【司法解释】及其项下【司法解释·注释】收录《民法典婚姻家庭编解释(一)》《民法典婚姻家庭编解释(二)》《民法典继承编解释(一)》《涉彩礼纠纷规定》等司法解释中与注释条文内容相关联的具体条文,并同时摘录、提炼最高人民法院民事审判第一庭编著的《最高人民法院民法典婚姻家庭编司法解释(一)理解与适用》《最高人民法院民法典继承编司法解释(一)理解与适用》中的解释要点,以及《民法典婚姻家庭编解释(二)》的主要起草执笔人针对相关条文发表的论著中的见解要点。

【司法指导文件】收录《第八次全国法院民事商事审判工作会议(民事部分)纪要》《最高人民法院、最高人民检察院、公安部、司法部关于依法办理家庭暴力犯罪案件的意见》《最高人民法院、最高人民检察院、公安部、司法部关于依法惩治拐卖妇女儿童犯罪的意见》《最高人民法院、最高人民检察院、公安部、民政部关于依法处理监护人侵害未成年人权益行为若干问题的意见》《最高人民法院、最高人民检察院、公安部、民政部关于妥善处理以冒名顶替或者弄虚作假的方式办理婚姻登记问题的指导意见》《最高人民法院关于依法妥善审理涉及夫妻债务案件有关问题的通知》《最高人民法院关于进一步深化家事审判方式和工作机制改革的意见(试行)》等由最高人民法院、最高人民检察院、公安部、民政部、司法部发布的对司法工作具有指导意义的文件中与注释条文内容相关联的条文。

需要说明的是,法答网是最高人民法院为全国四级法院干警提供法律政策运用、审判业务咨询答疑和学习交流服务的信息共享平台,其精选咨询答疑由《法答网精选答问》来呈现。虽然《法答网精选答问》不属于狭义上的司法文件,但具有释疑解惑、促进法律统一适用的业务指导功能。因此,本栏目收录《法答网精选答问》中与注释条文内容相关联的内容。

【批复答复】收录最高人民法院针对地方法院就法律适用过程中的具体问题作出的答复中与注释条文内容相关联的内容。

【部门参考文件】收录《婚姻登记工作规范》《收养登记工作规范》《赡养协议公证细则》《遗嘱公证细则》《遗赠扶养协议公证细则》《办理夫妻财产约定协议公证的指导意见》等由民政部、司法部、公安部、中国公证协会等部门发布的部门规章或部门规范性文件中与注释条文内容相关联的条文。

【地方法院规范】收录地方人民法院尤其是北京、上海、广东、江苏、浙江、山东等地高级人民法院作出的解答、指南、纪要、意见、指引、审理规程等规范中与注释条文内容相关联的条文。

【指导性案例】根据《最高人民法院关于案例指导工作的规定》(法发〔2010〕51号),指导性案例是由最高人民法院确定并统一发布,对于全国法院审判、执行工作具有指导作用的案例。对于最高人民法院发布的指导性案例,各级人民法院在审理类似案件时应当参照。截至2024年底,最高人民法院已经颁布了43批247例指导性案例。本栏目收录指导性案例中与注释条文内容相关联的案例内容。

【公报案例】收录《最高人民法院公报》刊载的案例中与注释条文内容相关联的案例内容。

【法院参考案例】收录《人民法院贯彻实施民法典典型案例》《人民法院大力弘扬社会主义核心价值观十大典型民事案例》《人民法院涉彩礼纠纷典型案例》《人民法院反家庭暴力典型案例》《婚姻家庭纠纷典型案例》等最高人民法院发布的典型案例、地方高级人民法院发布的参考或参阅案例,以及近年来《人民法院案例选》《人民司法·案例》《民事审判指导与参考》《中国法院年度案例·婚姻家庭与继承纠纷》《中国审判案例要览》和人民法院案例库登载的案例中与注释条文内容相关联的案例内容。

四、致谢

初遇"小红书"系列时,便为其清雅装帧与经纬布局所吸引,更渴望在家事法领域也能有这样一本兼具便携性、权威性与实用性的工具书。2024年春日,曾健主编飞鸿相邀,提出编撰家事法注释书之构想。翌日相见于清华园,一席午膳闲谈间,编写思路与内容特色已初具雏形。遂以春阳为伴,穷搜博采,沉心于浩瀚资料的检索、汇总与梳理,至仲夏时节,初成百万字文稿。清秋开学之际,幸得两位资深编辑悉心审阅以及详尽细致的建议,我对注释书内容逐条修订删改，并静待最高人民法院婚姻家庭编新释颁行。岁暮新规落地后，于寒假期间增补条文注释，终稿近一百四十万言。待付梓成书日，恰逢万木争春，此书亦历经四季打磨，终成正果。

本书自构思至成册，首赖曾健主编运筹擘画，就本书的写作和完善给予了非常专业的指导；次当感念门下彭玺与李晨阳两位博士生协助搜集、整理部分规范和案例，在起步阶段为我节省了大量时间和精力；尤须感铭麦读团队孙振宇与张亮二位编辑专业高效、严谨细致的工作，有力促成本书得以高质量呈现；后应感谢中国民主法制出版社法律分社陈曦社长以及张雅淇编辑的积极协调、认真审稿，使本书最终得以高效率出版。

囿于编者学识，虽勉力求全，然本书在资料收集、要点摘编、观点撰写、案例筛选等方面难免有讹误错漏及有失妥当之处，诚邀读者诸君拨冗指瑕（联系邮箱：wangyangcupl@ 163. com），以待再版臻善，谨致谢意。

汪　洋

2025 年元宵节于清华园法律图书馆

缩略语对照表*

序号	简称	全称
1	《民法典婚姻家庭编解释(一)》	《最高人民法院关于适用〈中华人民共和国民法典〉婚姻家庭编的解释(一)》(法释〔2020〕22号,2021年1月1日施行)
2	《民法典婚姻家庭编解释(二)》	《最高人民法院关于适用〈中华人民共和国民法典〉婚姻家庭编的解释(二)》(法释〔2025〕1号,2025年2月1日施行)
3	《涉彩礼纠纷规定》	《最高人民法院关于审理涉彩礼纠纷案件适用法律若干问题的规定》(法释〔2024〕1号,2024年2月1日施行)
4	《民法典继承编解释(一)》	《最高人民法院关于适用〈中华人民共和国民法典〉继承编的解释(一)》(法释〔2020〕23号,2021年1月1日施行)
5	《民法典侵权责任编解释(一)》	《最高人民法院关于适用〈中华人民共和国民法典〉侵权责任编的解释(一)》(法释〔2024〕12号,2024年9月27日施行)
6	《民法典合同编通则解释》	《最高人民法院关于适用〈中华人民共和国民法典〉合同编通则若干问题的解释》(法释〔2023〕13号,2023年12月5日施行)

* 列入本对照表中的法律规范主要是在本书注释、观点和案例中多次出现的常用司法解释。本书法律文件中的法律规范是否使用简称、使用何种简称依照正式文本确定。本书注释、观点和案例部分所涉及的法律、行政法规的简称,统一删去"中华人民共和国"并加书名号,而不再将其列入本对照表。

(续表)

序号	简称	全称
7	《民法典总则编解释》	《最高人民法院关于适用〈中华人民共和国民法典〉总则编若干问题的解释》(法释〔2022〕6号,2022年3月1日施行)
8	《民法典物权编解释(一)》	《最高人民法院关于适用〈中华人民共和国民法典〉物权编的解释(一)》(法释〔2020〕24号,2021年1月1日施行)
9	《民法典时间效力规定》	《最高人民法院关于适用〈中华人民共和国民法典〉时间效力的若干规定》(法释〔2020〕15号,2021年1月1日施行)
10	《民间借贷规定》	《最高人民法院关于审理民间借贷案件适用法律若干问题的规定》(法释〔2020〕17号修正,2021年1月1日施行)
11	《精神损害赔偿解释》	《最高人民法院关于确定民事侵权精神损害赔偿责任若干问题的解释》(法释〔2020〕17号修正,2021年1月1日施行)
12	《人身损害赔偿解释》	《最高人民法院关于审理人身损害赔偿案件适用法律若干问题的解释》(法释〔2022〕14号修正,2022年5月1日施行)
13	《公司法解释(三)》	《最高人民法院关于适用〈中华人民共和国公司法〉若干问题的规定(三)》(法释〔2020〕18号修正,2021年1月1日施行)
14	《公司法解释(四)》	《最高人民法院关于适用〈中华人民共和国公司法〉若干问题的规定(四)》(法释〔2020〕18号修正,2021年1月1日施行)
15	《民事诉讼法解释》	《最高人民法院关于适用〈中华人民共和国民事诉讼法〉的解释》(法释〔2022〕11号修正,2022年4月10日施行)
16	《民事诉讼证据规定》	《最高人民法院关于民事诉讼证据的若干规定》(法释〔2019〕19号修正,2020年5月1日施行)

(续表)

序号	简称	全称
17	《查封、扣押、冻结财产规定》	《最高人民法院关于人民法院民事执行中查封、扣押、冻结财产的规定》(法释〔2020〕21号修正,2021年1月1日施行)
18	《执行异议和复议规定》	《最高人民法院关于人民法院办理执行异议和复议案件若干问题的规定》(法释〔2020〕21号修正,2021年1月1日施行)
19	《婚姻法解释(一)》	《最高人民法院关于适用〈中华人民共和国婚姻法〉若干问题的解释(一)》(法释〔2001〕30号,2001年12月27日施行;2021年1月1日废止)
20	《婚姻法解释(二)》	《最高人民法院关于适用〈中华人民共和国婚姻法〉若干问题的解释(二)》(法释〔2003〕19号,2004年4月1日施行;2021年1月1日废止)
21	《婚姻法解释(三)》	《最高人民法院关于适用〈中华人民共和国婚姻法〉若干问题的解释(三)》(法释〔2011〕18号,2011年8月13日施行;2021年1月1日废止)
22	《继承法意见》	《最高人民法院关于贯彻执行〈中华人民共和国继承法〉若干问题的意见》[法(民)发〔1985〕22号,1985年9月11日施行;2021年1月1日废止]
23	《民法通则意见》	《最高人民法院关于贯彻执行〈中华人民共和国民法通则〉若干问题的意见(试行)》[法(办)发〔1988〕6号,1988年4月2日施行;2021年1月1日废止]
24	《合同法解释(二)》	《最高人民法院关于适用〈中华人民共和国合同法〉若干问题的解释(二)》(法释〔2009〕5号,2009年5月13日施行;2021年1月1日废止)

目　　录

第五编　婚姻家庭

第一章　一般规定 …… 3

第一千零四十条　【婚姻家庭编的调整范围】…… 3
第一千零四十一条　【婚姻家庭关系的基本原则】…… 5
第一千零四十二条　【禁止的婚姻家庭行为】…… 8
第一千零四十三条　【婚姻家庭道德规范】…… 43
第一千零四十四条　【收养的原则】…… 45
第一千零四十五条　【亲属、近亲属与家庭成员】…… 48

第二章　结　　婚 …… 54

第一千零四十六条　【结婚自愿】…… 54
第一千零四十七条　【法定婚龄】…… 56
第一千零四十八条　【禁止结婚的情形】…… 58
第一千零四十九条　【结婚程序】…… 63
第一千零五十条　【男女双方互为家庭成员】…… 86
第一千零五十一条　【婚姻无效的情形】…… 87
第一千零五十二条　【受胁迫婚姻的撤销】…… 91
第一千零五十三条　【隐瞒重大疾病的可撤销婚姻】…… 95
第一千零五十四条　【婚姻无效或被撤销的法律后果】…… 100

第三章 家庭关系 …… 103

第一节 夫妻关系 …… 103

第一千零五十五条 【夫妻平等】…… 103
第一千零五十六条 【夫妻姓名权】…… 104
第一千零五十七条 【夫妻人身自由权】…… 104
第一千零五十八条 【夫妻抚养、教育和保护子女的权利义务平等】…… 107
第一千零五十九条 【夫妻相互扶养义务】…… 109
第一千零六十条 【夫妻日常家事代理权】…… 113
第一千零六十一条 【夫妻遗产继承权】…… 116
第一千零六十二条 【夫妻共同财产】…… 117
第一千零六十三条 【夫妻个人财产】…… 136
第一千零六十四条 【夫妻共同债务】…… 143
第一千零六十五条 【夫妻约定财产制】…… 170
第一千零六十六条 【婚内分割夫妻共同财产】…… 183

第二节 父母子女关系和其他近亲属关系 …… 189

第一千零六十七条 【父母与子女间的抚养赡养义务】…… 189
第一千零六十八条 【父母教育、保护未成年子女的权利和义务】…… 216
第一千零六十九条 【子女尊重父母的婚姻权利及赡养义务】…… 232
第一千零七十条 【遗产继承权】…… 234
第一千零七十一条 【非婚生子女权利】…… 235
第一千零七十二条 【继父母子女之间权利义务】…… 241
第一千零七十三条 【亲子关系异议之诉】…… 250
第一千零七十四条 【祖孙之间的抚养、赡养义务】…… 254
第一千零七十五条 【兄弟姐妹间扶养义务】…… 259

第四章 离 婚 …… 261

第一千零七十六条 【协议离婚】…… 261
第一千零七十七条 【离婚冷静期】…… 267
第一千零七十八条 【婚姻登记机关对协议离婚的查明】…… 270
第一千零七十九条 【诉讼离婚】…… 279

第一千零八十条 【婚姻关系的解除时间】…… 303
第一千零八十一条 【现役军人离婚】…… 305
第一千零八十二条 【男方提出离婚的限制情形】…… 309
第一千零八十三条 【复婚】…… 312
第一千零八十四条 【离婚后子女的抚养】…… 314
第一千零八十五条 【离婚后子女抚养费的负担】…… 327
第一千零八十六条 【探望子女权利】…… 334
第一千零八十七条 【离婚时夫妻共同财产的处理】…… 345
第一千零八十八条 【离婚经济补偿】…… 356
第一千零八十九条 【离婚时夫妻共同债务的清偿】…… 360
第一千零九十条 【离婚经济帮助】…… 362
第一千零九十一条 【离婚损害赔偿】…… 366
第一千零九十二条 【一方侵害夫妻共同财产的处理规则】…… 379

第五章　收　养 …… 389

第一节　收养关系的成立 …… 389

第一千零九十三条 【被收养人的条件】…… 389
第一千零九十四条 【送养人的条件】…… 394
第一千零九十五条 【监护人送养未成年人的情形】…… 402
第一千零九十六条 【监护人送养孤儿的限制及变更监护人】…… 404
第一千零九十七条 【生父母送养子女的原则要求与例外】…… 405
第一千零九十八条 【收养人条件】…… 407
第一千零九十九条 【三代以内旁系同辈血亲的收养】…… 413
第一千一百条 【收养人收养子女数量】…… 415
第一千一百零一条 【共同收养】…… 416
第一千一百零二条 【无配偶者收养异性子女的限制】…… 418
第一千一百零三条 【收养继子女的特别规定】…… 419
第一千一百零四条 【收养自愿原则】…… 421
第一千一百零五条 【收养登记、收养协议、收养公证及收养评估】…… 423
第一千一百零六条 【收养后的户口登记】…… 448
第一千一百零七条 【亲属、朋友的抚养】…… 449

第一千一百零八条 【祖父母、外祖父母优先抚养权】 …………………… 459
第一千一百零九条 【涉外收养】…………………………………………… 461
第一千一百一十条 【保守收养秘密】……………………………………… 474
第二节 收养的效力 ……………………………………………………… 478
第一千一百一十一条 【收养的效力】……………………………………… 478
第一千一百一十二条 【养子女的姓氏】…………………………………… 480
第一千一百一十三条 【收养行为的无效】………………………………… 483
第三节 收养关系的解除 ………………………………………………… 485
第一千一百一十四条 【收养关系的协议解除与诉讼解除】……………… 485
第一千一百一十五条 【养父母与成年养子女解除收养关系】…………… 487
第一千一百一十六条 【解除收养关系的登记】…………………………… 491
第一千一百一十七条 【收养关系解除的法律后果】……………………… 495
第一千一百一十八条 【收养关系解除后生活费、抚养费支付】 ………… 496

第六编 继 承

第一章 一般规定 ………………………………………………………… 501
第一千一百一十九条 【继承编的调整范围】……………………………… 501
第一千一百二十条 【继承权的保护】……………………………………… 504
第一千一百二十一条 【继承的开始时间和死亡时间的推定】…………… 508
第一千一百二十二条 【遗产的范围】……………………………………… 510
第一千一百二十三条 【法定继承、遗嘱继承、遗赠和遗赠扶养协议的效力】……………………………………… 526
第一千一百二十四条 【继承和遗赠的接受和放弃】……………………… 531
第一千一百二十五条 【继承权的丧失】…………………………………… 541
第二章 法定继承 ………………………………………………………… 549
第一千一百二十六条 【继承权男女平等原则】…………………………… 549
第一千一百二十七条 【继承人的范围及继承顺序】……………………… 552
第一千一百二十八条 【代位继承】………………………………………… 565

第一千一百二十九条　【丧偶儿媳、女婿的继承权】…… 572
第一千一百三十条　【遗产分配规则】…… 573
第一千一百三十一条　【酌情分得遗产权】…… 585
第一千一百三十二条　【继承的处理方式】…… 591

第三章　遗嘱继承和遗赠 …… 594

第一千一百三十三条　【遗嘱处分个人财产】…… 594
第一千一百三十四条　【自书遗嘱】…… 608
第一千一百三十五条　【代书遗嘱】…… 610
第一千一百三十六条　【打印遗嘱】…… 627
第一千一百三十七条　【录音录像遗嘱】…… 629
第一千一百三十八条　【口头遗嘱】…… 632
第一千一百三十九条　【公证遗嘱】…… 634
第一千一百四十条　【作为遗嘱见证人的消极条件】…… 662
第一千一百四十一条　【必留份】…… 664
第一千一百四十二条　【遗嘱的撤回与变更】…… 670
第一千一百四十三条　【遗嘱无效的情形】…… 675
第一千一百四十四条　【附义务的遗嘱继承或遗赠】…… 683

第四章　遗产的处理 …… 690

第一千一百四十五条　【遗产管理人的选任】…… 690
第一千一百四十六条　【法院指定遗产管理人】…… 694
第一千一百四十七条　【遗产管理人的职责】…… 699
第一千一百四十八条　【遗产管理人的责任】…… 727
第一千一百四十九条　【遗产管理人的报酬】…… 729
第一千一百五十条　【继承开始的通知】…… 730
第一千一百五十一条　【遗产的保管】…… 731
第一千一百五十二条　【转继承】…… 734
第一千一百五十三条　【遗产的确定】…… 743
第一千一百五十四条　【按法定继承办理】…… 746
第一千一百五十五条　【胎儿预留份】…… 747

第一千一百五十六条 【遗产分割】…… 751
第一千一百五十七条 【再婚时对所继承遗产的处分】…… 761
第一千一百五十八条 【遗赠扶养协议】…… 761
第一千一百五十九条 【遗产分割时的义务】…… 770
第一千一百六十条 【无人继承的遗产的处理】…… 782
第一千一百六十一条 【限定继承】…… 785
第一千一百六十二条 【遗赠与遗产债务清偿】…… 790
第一千一百六十三条 【既有法定继承又有遗嘱继承、遗赠时的债务清偿】…… 791

附录一 《最高人民法院关于适用〈中华人民共和国民法典〉婚姻家庭编的解释(一)》注释

一、一般规定

第一条 【虐待的认定】…… 797
第二条 【与他人同居的认定】…… 798
第三条 【审理同居关系纠纷的规定】…… 798
第四条 【当事人仅以《民法典》第 1043 条为依据提起诉讼的处理】…… 801
第五条 【彩礼纠纷问题的处理】…… 802

二、结 婚

第六条 【补办婚姻登记的婚姻效力起算时间】…… 807
第七条 【未办理结婚登记而以夫妻名义共同生活的男女起诉请求离婚的处理】…… 807
第八条 【未办理结婚登记而以夫妻名义共同生活的男女之间的继承权问题】…… 808
第九条 【有权请求确认婚姻无效的主体范围】…… 810
第十条 【导致婚姻无效的阻却事由已经消失时的处理】…… 812
第十一条 【人民法院受理请求确认婚姻无效案件后的处理】…… 813
第十二条 【人民法院对受理的离婚案件,经审查认为婚姻无效的处理】…… 815

第 十 三 条 【就同一婚姻关系受理了离婚和请求确认婚姻无效两个案件后的审理顺序】…… 816
第 十 四 条 【请求确认婚姻无效的无效婚姻当事人及利害关系人在该婚姻关系一方或者双方死亡情形下的诉讼权利】…… 817
第 十 五 条 【利害关系人请求确认婚姻无效案件中的当事人地位】…… 818
第 十 六 条 【处理由重婚导致的无效婚姻案件涉及财产问题时对合法配偶财产权利的保护】…… 819
第 十 七 条 【结婚登记程序存在瑕疵应如何处理】…… 820
第 十 八 条 【因受胁迫而请求撤销婚姻】…… 823
第 十 九 条 【"一年"期间的性质】…… 824
第 二 十 条 【婚姻自始没有法律约束力的理解】…… 824
第二十一条 【人民法院在审结确认婚姻无效或者撤销婚姻案件后应做的工作】…… 825
第二十二条 【处理无效或被撤销婚姻当事人同居期间所得的财产】…… 826

三、夫妻关系

第二十三条 【夫妻双方因生育权问题发生纠纷的处理】…… 829
第二十四条 【对"知识产权的收益"的具体规定】…… 833
第二十五条 【关于夫妻共同所有的财产的规定】…… 835
第二十六条 【夫妻一方个人财产在婚后产生的收益的归属】…… 841
第二十七条 【由一方婚前承租,婚后用共同财产购买的房屋所有权归属】…… 847
第二十八条 【夫妻一方擅自出卖共有房屋的处理】…… 852
第二十九条 【父母为双方结婚购置房屋出资行为的性质】…… 863
第 三 十 条 【军人的伤亡保险金等费用归属】…… 870
第三十一条 【夫妻一方的个人财产不因婚姻关系延续而转化为夫妻共同财产】…… 870
第三十二条 【夫妻之间赠与房产】…… 871
第三十三条 【夫妻一方婚前个人债务在婚姻关系存续期间的负担原则及其例外】…… 875
第三十四条 【夫妻共同债务的排除性规定】…… 876
第三十五条 【夫妻双方对共同债务不因婚姻关系解除而免除清偿责任】…… 877

第三十六条 【夫妻一方死亡后，另一方应当对共同债务承担清偿责任】…… 878
第三十七条 【夫妻一方所称第三人知道该夫妻财产约定时，由谁负举证责任的规定】…… 881
第三十八条 【夫妻一方在婚姻关系存续期间请求分割夫妻共同财产】…… 882

四、父母子女关系

第三十九条 【当事人一方拒绝做亲子鉴定的处理】…… 882
第 四 十 条 【人工授精子女的法律地位】…… 892
第四十一条 【“不能独立生活的成年子女”的含义】…… 897
第四十二条 【“抚养费”的具体内容】…… 900
第四十三条 【夫妻在婚姻关系存续期间不履行抚养子女义务的情形下，人民法院支持子女抚养费请求权】…… 901
第四十四条 【不满两周岁子女的抚养人】…… 902
第四十五条 【人民法院在父母双方达成协议的情况下认定不满两周岁子女抚养权归属问题】…… 905
第四十六条 【父母双方均要求直接抚养两周岁以上子女时的优先条件】…… 906
第四十七条 【祖父母或外祖父母对孙子女或外孙子女的照顾情况可以作为优先条件予以考虑】…… 907
第四十八条 【父母双方协议轮流直接抚养子女】…… 909
第四十九条 【抚养费数额的确定方法】…… 910
第 五 十 条 【抚养费的给付方式】…… 911
第五十一条 【父母一方以财物折抵抚养费】…… 913
第五十二条 【父母协议免除一方负担抚养费】…… 915
第五十三条 【抚养费的给付期限】…… 916
第五十四条 【再婚父母离婚后，继父母解除与继子女之间权利义务关系】…… 916
第五十五条 【离婚后变更抚养关系和增加抚养费的诉讼程序】…… 920
第五十六条 【父母一方可以要求变更子女抚养关系的法定情形】…… 921
第五十七条 【父母双方达成变更子女直接抚养关系的协议效力】…… 930
第五十八条 【子女可要求增加抚养费的情形】…… 930
第五十九条 【父母为子女改姓引发纠纷的处理】…… 933

第 六 十 条 【离婚诉讼期间夫妻双方均拒不履行对子女抚养义务情形下采取的临时抚养措施】…… 935
第六十一条 【对拒不履行或妨害履行子女抚养义务的人采取强制措施】…… 936

五、离　婚

第六十二条 【无民事行为能力人作为原告提起离婚诉讼的特别规定】…… 937
第六十三条 【符合法定离婚情形,不得以当事人有过错为由判决不准离婚】…… 941
第六十四条 【离婚案件中军人一方有重大过错的具体情形】…… 941
第六十五条 【当事人单独就探望权提起诉讼应予受理】…… 941
第六十六条 【中止探望、恢复探望的程序和形式】…… 943
第六十七条 【有权提出中止探望请求的主体】…… 945
第六十八条 【对探望权实施强制执行措施的具体内容】…… 945
第六十九条 【附协议离婚或者调解离婚条件的财产及债务处理协议的法律效力】…… 946
第 七 十 条 【男女双方协议离婚后就财产分割问题反悔,起诉请求撤销财产分割协议】…… 951
第七十一条 【军人所得的复员费、自主择业费等费用的归属问题及其具体的计算方法】…… 955
第七十二条 【夫妻共同财产中的股票、债券等有价证券以及未上市股份有限公司股份等财产在离婚时的分割】…… 956
第七十三条 【分割夫妻共同财产中以一方名义在有限责任公司的出资额】…… 958
第七十四条 【合伙企业中夫妻共同财产份额的分割】…… 962
第七十五条 【夫妻用共有财产以一方名义投资设立的独资企业在离婚时的分割】…… 963
第七十六条 【离婚时夫妻双方对房产分割无法达成一致协议时的处理】…… 965
第七十七条 【离婚诉讼中对不同所有权形态的房屋的处理】…… 968
第七十八条 【一方当事人婚前出资支付首付款按揭贷款购置,婚后登记在自己名下并由夫妻双方共同还贷的不动产的分割】…… 971

第七十九条 【用夫妻共同财产出资购买的、登记于一方父母名下的房改房,离婚时的认定处理】…… 979
第 八 十 条 【离婚时夫妻一方尚未退休,基本养老金的处理】…… 980
第八十一条 【夫妻一方作为继承人依法可以继承的遗产离婚时在继承人之间尚未实际分割时的处理】…… 982
第八十二条 【离婚时夫妻之间婚内借款的处理】…… 983
第八十三条 【离婚时未涉及的夫妻共同财产的处理】…… 984
第八十四条 【当事人请求再次分割夫妻共同财产案件的诉讼时效】…… 985
第八十五条 【离婚案件中的财产保全】…… 986
第八十六条 【损害赔偿内容以及精神损害赔偿的适用依据】…… 987
第八十七条 【离婚损害赔偿责任承担主体以及提出损害赔偿责任请求的条件】…… 990
第八十八条 【法院受理离婚案件时的告知义务及当事人提起损害赔偿诉讼的条件】…… 991
第八十九条 【登记离婚后再提出损害赔偿请求】…… 993
第 九 十 条 【夫或妻一方或双方提起离婚损害赔偿的认定】…… 996

六、附　　则

第九十一条 【施行日期】…… 997

附录二 《最高人民法院关于审理涉彩礼纠纷案件适用法律若干问题的规定》注释

第 一 条 【适用范围】…… 1001
第 二 条 【禁止以彩礼为名借婚姻索取财物】…… 1004
第 三 条 【彩礼的界定】…… 1006
第 四 条 【彩礼返还纠纷中当事人地位列明】…… 1011
第 五 条 【已结婚登记并共同生活时彩礼返还的条件】…… 1015
第 六 条 【未办理结婚登记但共同生活时彩礼返还的条件】…… 1026
第 七 条 【施行日期及溯及力】…… 1028

附录三　《最高人民法院关于适用〈中华人民共和国民法典〉婚姻家庭编的解释(二)》注释

第　一　条【重婚不适用效力补正】…………………………… 1031
第　二　条【对当事人主张“假离婚”的处理】…………………… 1037
第　三　条【离婚协议参照适用债权人撤销权制度】……………… 1047
第　四　条【同居析产纠纷的处理】……………………………… 1052
第　五　条【基于婚姻给予房屋的处理】………………………… 1059
第　六　条【夫妻一方直播打赏款项的处理】…………………… 1072
第　七　条【违反公序良俗的赠与】……………………………… 1074
第　八　条【父母在子女婚后为其购房出资的认定】……………… 1078
第　九　条【夫妻一方转让自己名下有限责任公司股权的效力】……… 1095
第　十　条【企业登记的持股比例不是夫妻财产约定】…………… 1105
第十一条【夫妻一方放弃继承的效力】…………………………… 1116
第十二条【人身安全保护令或人格权行为禁令可适用于抢夺、藏匿未成年子女情形】…………………………………………… 1118
第十三条【抢夺、藏匿未成年子女的民事责任】………………… 1124
第十四条【优先由另一方直接抚养的情形】……………………… 1133
第十五条【处分未成年子女名下房产的效力】…………………… 1135
第十六条【不负担抚养费约定的效力】…………………………… 1137
第十七条【子女成年后欠付抚养费的处理】……………………… 1138
第十八条【“受其抚养教育”的认定】…………………………… 1138
第十九条【继父母子女关系解除后的权利义务】………………… 1143
第二十条【离婚协议约定财产给予子女参照适用真正利益第三人合同制度】……………………………………………… 1145
第二十一条【离婚经济补偿的认定和处理】……………………… 1149
第二十二条【离婚经济帮助的处理】……………………………… 1154
第二十三条【施行日期】…………………………………………… 1158

附录四 《最高人民法院关于适用〈中华人民共和国民法典〉继承编的解释(一)》注释

一、一般规定

第 一 条【继承开始时间的确定】…… 1161
第 二 条【被继承人尚未取得承包收益时其继承人对承包投入及增值和孳息的继承】…… 1162
第 三 条【遗赠扶养协议与遗嘱并存时的处理】…… 1178
第 四 条【遗嘱继承与法定继承并存时的处理】…… 1179
第 五 条【司法确认继承权丧失】…… 1179
第 六 条【认定继承人虐待被继承人是否构成情节严重以及是否追究刑事责任与丧失继承权之间的关系】…… 1181
第 七 条【继承人故意杀害被继承人犯罪形态与丧失继承权的关系】…… 1182
第 八 条【被继承人遗嘱指定由有绝对丧失继承权情形的继承人继承遗产时,应确认遗嘱无效以及该继承人丧失继承权】…… 1184
第 九 条【继承人伪造、篡改、隐匿或者销毁遗嘱行为情节严重的认定】…… 1185

二、法定继承

第 十 条【养子女对生父母扶养较多时可分得生父母适当遗产】…… 1186
第十一条【继父母子女在法定继承中的双重继承权】…… 1187
第十二条【养子女与兄弟姐妹间的法定继承关系】…… 1189
第十三条【继子女与兄弟姐妹间的法定继承关系】…… 1189
第十四条【被继承人子女的直系晚辈血亲代位继承不受辈数限制】…… 1190
第十五条【养子女、继子女是否适用代位继承】…… 1191
第十六条【代位继承人可以多分遗产的情形】…… 1199
第十七条【不能代位继承的直系晚辈血亲可以分得适当遗产】…… 1200
第十八条【无论丧偶儿媳、丧偶女婿是否再婚,均不影响其子女代位继承】…… 1201

第 十 九 条 【法定继承人多分遗产的认定标准】 ………………………… 1202
第 二 十 条 【继承人以外的人酌情分得遗产】 …………………………… 1203
第二十一条 【适当分给遗产的人具有独立诉讼主体资格】 ……………… 1203
第二十二条 【被继承人有固定收入和劳动能力,明确表示不要求继承人扶养的,继承人的继承份额一般不受影响】……………… 1204
第二十三条 【与被继承人共同生活但不尽扶养义务的继承人可以少分或不分遗产】 ……………………………………………… 1205

三、遗嘱继承和遗赠

第二十四条 【因与继承人、受遗赠人有利害关系,不能作为遗嘱的见证人的主体范围】 ……………………………………… 1206
第二十五条 【遗产处理时,应为缺乏劳动能力又没有生活来源的继承人留下必要遗产】 ………………………………………… 1207
第二十六条 【遗嘱处分他人财产部分无效】 ……………………………… 1209
第二十七条 【遗书按自书遗嘱对待的认定标准】 ………………………… 1212
第二十八条 【遗嘱人立遗嘱时的民事行为能力与遗嘱效力的关系】 …… 1215
第二十九条 【附义务遗嘱或遗赠无正当理由不履行该义务的法律后果】 ……………………………………………………… 1216

四、遗产的处理

第 三 十 条 【人民法院知道有继承人而无法通知的应保留其应继承遗产】 ……………………………………………………… 1218
第三十一条 【保留胎儿继承份额】 ………………………………………… 1220
第三十二条 【放弃继承权限制】 …………………………………………… 1221
第三十三条 【以书面形式放弃继承】 ……………………………………… 1225
第三十四条 【以口头方式放弃继承权】 …………………………………… 1226
第三十五条 【放弃继承权期限】 …………………………………………… 1227
第三十六条 【放弃继承反悔】 ……………………………………………… 1236
第三十七条 【放弃继承权效力】 …………………………………………… 1238
第三十八条 【受遗赠人在遗产分割前死亡的法律后果】 ………………… 1239
第三十九条 【国家或者集体组织供给生活费用的烈属和享受社会救济的自然人遗产继承】 ………………………………………… 1240
第 四 十 条 【解除遗赠扶养协议条件和法律后果】 ……………………… 1241

第四十一条 【遗产酌给请求权人有权适当取得无人继承又无人受遗赠遗产】 …… 1244
第四十二条 【特殊遗产分割原则】 …… 1246
第四十三条 【法定继承人少分遗产的认定标准】 …… 1247
第四十四条 【继承诉讼中追加共同诉讼当事人】 …… 1248

五、附　　则

第四十五条 【施行日期】 …… 1249

第五编　婚姻家庭

第一章　一般规定

第一千零四十条　【婚姻家庭编的调整范围】本编调整因婚姻家庭产生的民事关系。

【原《婚姻法》条文】

第一条　本法是婚姻家庭关系的基本准则。

【立法·要点释义】

现代家庭多是以父母子女为中心的"核心家庭"，婚姻是家庭成立的基础前提，因婚姻产生"婚姻家庭关系"，家庭成员之间是亲属，包括夫妻关系、父母子女关系和其他亲属关系。

婚姻家庭法或称亲属法，主要规定婚姻、亲属间身份关系的产生、变更和消灭，以及基于这种关系而产生的民事权利和义务。在《民法典》出台之前，我国婚姻家庭法的主要内容含于《民法通则》《婚姻法》《收养法》《继承法》之中。《民法典》专设婚姻家庭编，属于传统亲属法的绝大部分内容规定在婚姻家庭编，监护部分规定在总则编第二章"自然人"中。

【编者观点】

《民法典婚姻家庭编(草案)》(一审稿)第 818 条规定："因婚姻家庭产生的民事关系，适用本编。"而《民法典》修改为"本编调整因婚姻家庭产生的民事关系。"可见，调整因婚姻家庭产生的民事关系的法源不限于《民法典》婚姻家庭编，《民法典》第 464 条第 2 款明确了婚姻、收养、监护等有关身份关系的协议可以根据其性质参照适用合同编规定；《民法典》第 1001 条明确了因婚姻家庭关系产生的身份权利的保护可以根据其性质参照适用人格权编规定；鉴于婚姻家庭这一生活事实包含了人身关系与财产关系两方面内容，因此总则编、物权编、侵权责任编亦存在适用于婚姻家庭关系的空间。

家庭法与福利、税收、教育和就业政策存在密切联系，构成庞德所言社会工程的一环，在福利国家尤为明显，因此还须协调与其他公法以及社会法等部门法的关系，除了《民法典》，《刑法》《未成年人保护法》《妇女权益保障法》

《老年人权益保障法》等也涉及对婚姻家庭产生的民事关系的调整以及民事主体权益的保护。

【相关立法】

《中华人民共和国民法典》（2021年1月1日施行）

第四百六十四条第二款 婚姻、收养、监护等有关身份关系的协议，适用有关该身份关系的法律规定；没有规定的，可以根据其性质参照适用本编规定。

【司法解释】

1.《最高人民法院关于适用〈中华人民共和国民法典〉婚姻家庭编的解释（一）》（法释〔2020〕22号，2021年1月1日施行）

第三条① **【审理同居关系纠纷的规定】**当事人提起诉讼仅请求解除同居关系的，人民法院不予受理；已经受理的，裁定驳回起诉。

当事人因同居期间财产分割或者子女抚养纠纷提起诉讼的，人民法院应当受理。

第五条② **【彩礼纠纷问题的处理】**当事人请求返还按照习俗给付的彩礼的，如果查明属于以下情形，人民法院应当予以支持：

（一）双方未办理结婚登记手续；

（二）双方办理结婚登记手续但确未共同生活；

（三）婚前给付并导致给付人生活困难。

适用前款第二项、第三项的规定，应当以双方离婚为条件。

2.《最高人民法院关于适用〈中华人民共和国民法典〉婚姻家庭编的解释（二）》（法释〔2025〕1号，2025年2月1日施行）

第四条③ **【同居析产纠纷的处理】**双方均无配偶的同居关系析产纠纷案件中，对同居期间所得的财产，有约定的，按照约定处理；没有约定且协商不成的，人民法院按照以下情形分别处理：

（一）各自所得的工资、奖金、劳务报酬、知识产权收益，各自继承或者受赠的财产以及单独生产、经营、投资的收益等，归各自所有；

（二）共同出资购置的财产或者共同生产、经营、投资的收益以及其他无法区分的财产，以各自出资比例为基础，综合考虑共同生活情况、有无共同子女、对财产的贡献大小等因素进行分割。

3.《最高人民法院关于审理涉彩礼纠纷案件适用法律若干问题的规定》（法

---

① 对该条的注释详见附录一第798页。

② 对该条的注释详见附录一第802页。

③ 对该条的注释详见附录三第1052页。

释〔2024〕1 号，2024 年 2 月 1 日施行）

第一条[①]　**【适用范围】**以婚姻为目的依据习俗给付彩礼后，因要求返还产生的纠纷，适用本规定。

第三条[②]　**【彩礼的界定】**人民法院在审理涉彩礼纠纷案件中，可以根据一方给付财物的目的，综合考虑双方当地习俗、给付的时间和方式、财物价值、给付人及接收人等事实，认定彩礼范围。

下列情形给付的财物，不属于彩礼：

（一）一方在节日、生日等有特殊纪念意义时点给付的价值不大的礼物、礼金；

（二）一方为表达或者增进感情的日常消费性支出；

（三）其他价值不大的财物。

第四条[③]　**【彩礼返还纠纷中当事人地位的列明】**婚约财产纠纷中，婚约一方及其实际给付彩礼的父母可以作为共同原告；婚约另一方及其实际接收彩礼的父母可以作为共同被告。

离婚纠纷中，一方提出返还彩礼诉讼请求的，当事人仍为夫妻双方。

第五条[④]　**【已结婚登记并共同生活时彩礼返还的条件】**双方已办理结婚登记且共同生活，离婚时一方请求返还按照习俗给付的彩礼的，人民法院一般不予支持。但是，如果共同生活时间较短且彩礼数额过高的，人民法院可以根据彩礼实际使用及嫁妆情况，综合考虑彩礼数额、共同生活及孕育情况、双方过错等事实，结合当地习俗，确定是否返还以及返还的具体比例。

人民法院认定彩礼数额是否过高，应当综合考虑彩礼给付方所在地居民人均可支配收入、给付方家庭经济情况以及当地习俗等因素。

第六条[⑤]　**【未办理结婚登记但共同生活时彩礼返还的条件】**双方未办理结婚登记但已共同生活，一方请求返还按照习俗给付的彩礼的，人民法院应当根据彩礼实际使用及嫁妆情况，综合考虑共同生活及孕育情况、双方过错等事实，结合当地习俗，确定是否返还以及返还的具体比例。

第一千零四十一条　【婚姻家庭关系的基本原则】　婚姻家庭受国家保护。

实行婚姻自由、一夫一妻、男女平等的婚姻制度。

保护妇女、未成年人、老年人、残疾人的合法权益。

【原《婚姻法》条文】

第二条　实行婚姻自由、一夫一妻、男女平等的婚姻制度。

---

① 对该条的注释详见附录二第 1001 页。
② 对该条的注释详见附录二第 1006 页。
③ 对该条的注释详见附录二第 1011 页。
④ 对该条的注释详见附录二第 1015 页。
⑤ 对该条的注释详见附录二第 1026 页。

保护妇女、儿童和老人的合法权益。

实行计划生育。

【修改说明】

一是落实《宪法》第 49 条规定“婚姻、家庭、母亲和儿童受国家的保护”这一宪法原则，增加第 1 款“婚姻家庭受国家保护”。二是总则编规定了适用于对残疾人保护的监护制度。家庭是残疾人的主要生活场所和避风港，家庭对残疾人的关爱、关照和保护是一切社会福利政策不能取代的，因而本条增加残疾人作为保护主体。三是鉴于医学界将儿童规定为 14 岁以下，改为未成年人，保护范围更大。四是考虑到生育与婚姻之间不是必然的关系，计划生育问题超出了私法的调整范围，应由《人口与计划生育法》专门规定，故删去实行计划生育的内容。

【立法·要点释义】

本条规定了婚姻家庭关系的基本原则，包括婚姻家庭受国家保护的原则、婚姻自由原则、一夫一妻制原则、男女平等原则和保护妇女、未成年人、老年人、残疾人合法权益的原则。婚姻自由包括结婚自由和离婚自由。

婚姻家庭法中男女平等原则包括：男女双方在结婚、离婚问题上的权利义务是平等的，夫妻双方在家庭中的地位是平等的，其他男女家庭成员之间的权利义务也是平等的。

【相关立法】

1.《中华人民共和国宪法》（2018 年修正，2018 年 3 月 11 日施行）

第四十五条 中华人民共和国公民在年老、疾病或者丧失劳动能力的情况下，有从国家和社会获得物质帮助的权利。国家发展为公民享受这些权利所需要的社会保险、社会救济和医疗卫生事业。

国家和社会保障残废军人的生活，抚恤烈士家属，优待军人家属。

国家和社会帮助安排盲、聋、哑和其他有残疾的公民的劳动、生活和教育。

第四十八条 中华人民共和国妇女在政治的、经济的、文化的、社会的和家庭的生活等各方面享有同男子平等的权利。

国家保护妇女的权利和利益，实行男女同工同酬，培养和选拔妇女干部。

第四十九条 婚姻、家庭、母亲和儿童受国家的保护。

夫妻双方有实行计划生育的义务。

父母有抚养教育未成年子女的义务，成年子女有赡养扶助父母的义务。

禁止破坏婚姻自由，禁止虐待老人、妇女和儿童。

2.《中华人民共和国民法典》（2021

年 1 月 1 日施行)

第一百一十二条　自然人因婚姻家庭关系等产生的人身权利受法律保护。

第一百二十八条　法律对未成年人、老年人、残疾人、妇女、消费者等的民事权利保护有特别规定的,依照其规定。

3.《中华人民共和国妇女权益保障法》(2022 年修订,2023 年 1 月 1 日施行)

第二条　男女平等是国家的基本国策。妇女在政治的、经济的、文化的、社会的和家庭的生活等各方面享有同男子平等的权利。

国家采取必要措施,促进男女平等,消除对妇女一切形式的歧视,禁止排斥、限制妇女依法享有和行使各项权益。

国家保护妇女依法享有的特殊权益。

第六十条　国家保障妇女享有与男子平等的婚姻家庭权利。

4.《中华人民共和国未成年人保护法》(2024 年修正,2024 年 4 月 26 日施行)

第三条　国家保障未成年人的生存权、发展权、受保护权、参与权等权利。

未成年人依法平等地享有各项权利,不因本人及其父母或者其他监护人的民族、种族、性别、户籍、职业、宗教信仰、教育程度、家庭状况、身心健康状况等受到歧视。

第四条　保护未成年人,应当坚持最有利于未成年人的原则。处理涉及未成年人事项,应当符合下列要求:

(一)给予未成年人特殊、优先保护;

(二)尊重未成年人人格尊严;

(三)保护未成年人隐私权和个人信息;

(四)适应未成年人身心健康发展的规律和特点;

(五)听取未成年人的意见;

(六)保护与教育相结合。

第六条　保护未成年人,是国家机关、武装力量、政党、人民团体、企业事业单位、社会组织、城乡基层群众性自治组织、未成年人的监护人以及其他成年人的共同责任。

国家、社会、学校和家庭应当教育和帮助未成年人维护自身合法权益,增强自我保护的意识和能力。

5.《中华人民共和国老年人权益保障法》(2018 年修正,2018 年 12 月 29 日施行)

第三条　国家保障老年人依法享有的权益。

老年人有从国家和社会获得物质帮助的权利,有享受社会服务和社会优待的权利,有参与社会发展和共享发展成果的权利。

禁止歧视、侮辱、虐待或者遗弃老年人。

第四条　积极应对人口老龄化是

国家的一项长期战略任务。

国家和社会应当采取措施，健全保障老年人权益的各项制度，逐步改善保障老年人生活、健康、安全以及参与社会发展的条件，实现老有所养、老有所医、老有所为、老有所学、老有所乐。

第五条 国家建立多层次的社会保障体系，逐步提高对老年人的保障水平。

国家建立和完善以居家为基础、社区为依托、机构为支撑的社会养老服务体系。

倡导全社会优待老年人。

第十三条 老年人养老以居家为基础，家庭成员应当尊重、关心和照料老年人。

6.《中华人民共和国残疾人保障法》（2018 年修正，2018 年 10 月 26 日施行）

第三条 残疾人在政治、经济、文化、社会和家庭生活等方面享有同其他公民平等的权利。

残疾人的公民权利和人格尊严受法律保护。

禁止基于残疾的歧视。禁止侮辱、侵害残疾人。禁止通过大众传播媒介或者其他方式贬低损害残疾人人格。

第一千零四十二条 【禁止的婚姻家庭行为】禁止包办、买卖婚姻和其他干涉婚姻自由的行为。禁止借婚姻索取财物。

禁止重婚。禁止有配偶者与他人同居。

禁止家庭暴力。禁止家庭成员间的虐待和遗弃。

【立法·要点释义】

包办婚姻，是指第三人包办强迫他人婚姻的违法行为。买卖婚姻，是指第三人以索取大量财物为目的，强迫他人婚姻的违法行为，往往表现为第三人向男方要嫁女的身价以及贩卖妇女与人为妻。包办婚姻和买卖婚姻的区别在于是否以索取钱财为目的。借婚姻索取财物，是指除买卖婚姻以外的其他以索取对方财物为结婚条件的违法行为，与买卖婚姻的区别是不存在包办强迫他人婚姻的问题。至于父母、亲友或者男女双方出于自愿的帮助、赠与，则不能认为是买卖婚姻和借婚姻索取财物的行为，因为这种赠与不是婚姻成立的条件。

重婚，是指有配偶的人又与他人结婚的违法行为，或者明知他人有配偶而与他人登记结婚的违法行为。虽未登记结婚，但事实上与他人以夫妻名义而公开同居生活的，也构成重婚。对于重婚的，不仅要解除其重婚关系，还应追究犯罪者的刑事责任。不以夫妻名义共同生活的姘居关系，不能认为是重婚，但构成有配偶者与他人同居的行为。2001 年修正《婚姻法》时，增加规定禁止有配偶者与他人同居，有配偶者与他人同居导致离婚的，无过错方有权请求损害赔偿。

家庭成员间的虐待，是指用打骂、冻饿、有病不给治疗等方法摧残、折磨家庭成员，使他们在肉体上、精神上遭受痛苦的行为。虐待家庭成员情节恶劣的，构成虐待罪。有的家庭暴力行为，如夫妻之间吵架，丈夫一怒之下失手打死妻子，这种行为属于家庭暴力，但不属于虐待，在刑法上适用过失杀人罪。家庭成员间的遗弃，是指对于年老、年幼、患病或其他没有独立生活能力的人，负有赡养、抚养或扶养义务的人不履行其义务的行为，主要包括子女不履行赡养义务而遗弃老人，父母不履行抚养义务而遗弃子女，夫妻间不履行扶养义务而遗弃配偶。遗弃家庭成员情节恶劣的，构成遗弃罪。

【编者观点】

包办和买卖婚姻都违反婚姻自由，区别在于是否以索取钱财为目的。借婚姻索取财物，不存在包办强迫他人婚姻的问题。其他干涉婚姻自由的行为如农村地区的转亲、换亲现象，城市中子女干涉父母再婚等，属于对《民法典》第 110 条规定的作为人格权的婚姻自主权的侵害，也可能导致婚姻被撤销，还有可能构成《刑法》第 257 条规定的暴力干涉婚姻自由罪。

重婚包括法律上的重婚（与他人登记）及事实上的重婚（未登记但以夫妻名义公开同居生活），双方都构成重婚。“事实上的重婚”包括法律婚（前婚）与事实婚（后婚）的重叠、事实婚（前婚）与法律婚（后婚）的重叠、事实婚（前婚）与事实婚（后婚）的重叠等多种情形。依据《刑法》第 258 条规定，行为人构成重婚罪必须具有重婚的故意。因此，不知他人有配偶而与之结婚的无配偶者不构成重婚罪，但在民法上须承担婚姻无效的法律后果，依据《民法典》第 1054 条，婚姻无效或被撤销中的无过错方，有权请求损害赔偿。禁止有配偶者与他人同居是 2001 年修正《婚姻法》时的新增内容，目的在于遏制包二奶、养情人等不以夫妻名义共同生活的姘居关系，性质不是重婚。

作为和不作为都可构成家庭暴力，最常见的家庭暴力类型包括身体暴力、精神暴力和性暴力等。《反家庭暴力法》对家庭暴力的界定不再强调伤害后果，且依据《反家庭暴力法》第 37 条规定的“家庭成员以外共同生活的人”，其保护范围包括同居关系等家庭之外的亲密关系中的暴力受害人。

重婚、有配偶者与他人同居、实施家庭暴力、虐待和遗弃家庭成员等不法行为，依据《民法典》第 1079 条，属于离婚的法定情形，其配偶还可依据《民法典》第 1087 条主张在分割财产时适当照顾，并依据《民法典》第 1091 条主张离婚损害赔偿。实施家庭暴力、虐待和遗弃家庭成员还可能导致监护人资格被撤销以及侵权责任，可能构成《刑法》上的重婚罪、虐待罪以及遗弃罪。

【相关立法】

1.《中华人民共和国宪法》（2018年修正，2018年3月11日施行）

第四十九条 婚姻、家庭、母亲和儿童受国家的保护。

夫妻双方有实行计划生育的义务。

父母有抚养教育未成年子女的义务，成年子女有赡养扶助父母的义务。

禁止破坏婚姻自由，禁止虐待老人、妇女和儿童。

2.《中华人民共和国民法典》（2021年1月1日施行）

第一百一十条 自然人享有生命权、身体权、健康权、姓名权、肖像权、名誉权、荣誉权、隐私权、婚姻自主权等权利。

法人、非法人组织享有名称权、名誉权和荣誉权。

3.《中华人民共和国刑法》（2023年修正，2024年3月1日施行）

第二百五十七条 【暴力干涉婚姻自由罪】以暴力干涉他人婚姻自由的，处二年以下有期徒刑或者拘役。

犯前款罪，致使被害人死亡的，处二年以上七年以下有期徒刑。

第一款罪，告诉的才处理。

第二百五十八条 【重婚罪】有配偶而重婚的，或者明知他人有配偶而与之结婚的，处二年以下有期徒刑或者拘役。

第二百六十条 【虐待罪】虐待家庭成员，情节恶劣的，处二年以下有期徒刑、拘役或者管制。

犯前款罪，致使被害人重伤、死亡的，处二年以上七年以下有期徒刑。

第一款罪，告诉的才处理，但被害人没有能力告诉，或者因受到强制、威吓无法告诉的除外。

第二百六十条之一 【虐待被监护、看护人罪】对未成年人、老年人、患病的人、残疾人等负有监护、看护职责的人虐待被监护、看护的人，情节恶劣的，处三年以下有期徒刑或者拘役。

单位犯前款罪的，对单位判处罚金，并对其直接负责的主管人员和其他直接责任人员，依照前款的规定处罚。

有第一款行为，同时构成其他犯罪的，依照处罚较重的规定定罪处罚。

第二百六十一条 【遗弃罪】对于年老、年幼、患病或者其他没有独立生活能力的人，负有扶养义务而拒绝扶养，情节恶劣的，处五年以下有期徒刑、拘役或者管制。

4.《中华人民共和国妇女权益保障法》（2022年修订，2023年1月1日施行）

第二十一条 妇女的生命权、身体权、健康权不受侵犯。禁止虐待、遗弃、残害、买卖以及其他侵害女性生命健康权益的行为。

禁止进行非医学需要的胎儿性别鉴定和选择性别的人工终止妊娠。

医疗机构施行生育手术、特殊检查或者特殊治疗时,应当征得妇女本人同意;在妇女与其家属或者关系人意见不一致时,应当尊重妇女本人意愿。

第六十五条　禁止对妇女实施家庭暴力。

县级以上人民政府有关部门、司法机关、社会团体、企业事业单位、基层群众性自治组织以及其他组织,应当在各自的职责范围内预防和制止家庭暴力,依法为受害妇女提供救助。

5.《中华人民共和国未成年人保护法》(2024 年修正,2024 年 4 月 26 日施行)

第十七条　未成年人的父母或者其他监护人不得实施下列行为:

(一)虐待、遗弃、非法送养未成年人或者对未成年人实施家庭暴力;

(二)放任、教唆或者利用未成年人实施违法犯罪行为;

(三)放任、唆使未成年人参与邪教、迷信活动或者接受恐怖主义、分裂主义、极端主义等侵害;

(四)放任、唆使未成年人吸烟(含电子烟,下同)、饮酒、赌博、流浪乞讨或者欺凌他人;

(五)放任或者迫使应当接受义务教育的未成年人失学、辍学;

(六)放任未成年人沉迷网络,接触危害或者可能影响其身心健康的图书、报刊、电影、广播电视节目、音像制品、电子出版物和网络信息等;

(七)放任未成年人进入营业性娱乐场所、酒吧、互联网上网服务营业场所等不适宜未成年人活动的场所;

(八)允许或者迫使未成年人从事国家规定以外的劳动;

(九)允许、迫使未成年人结婚或者为未成年人订立婚约;

(十)违法处分、侵吞未成年人的财产或者利用未成年人牟取不正当利益;

(十一)其他侵犯未成年人身心健康、财产权益或者不依法履行未成年人保护义务的行为。

6.《中华人民共和国老年人权益保障法》(2018 年修正,2018 年 12 月 29 日施行)

第三条　国家保障老年人依法享有的权益。

老年人有从国家和社会获得物质帮助的权利,有享受社会服务和社会优待的权利,有参与社会发展和共享发展成果的权利。

禁止歧视、侮辱、虐待或者遗弃老年人。

7.《中华人民共和国残疾人保障法》(2018 年修正,2018 年 10 月 26 日施行)

第九条　残疾人的扶养人必须对残疾人履行扶养义务。

残疾人的监护人必须履行监护职责,尊重被监护人的意愿,维护被监护人的合法权益。

残疾人的亲属、监护人应当鼓励和帮助残疾人增强自立能力。

禁止对残疾人实施家庭暴力,禁止虐待、遗弃残疾人。

8.《中华人民共和国家庭教育促进法》(2022年1月1日施行)

第二十三条 未成年人的父母或者其他监护人不得因性别、身体状况、智力等歧视未成年人,不得实施家庭暴力,不得胁迫、引诱、教唆、纵容、利用未成年人从事违反法律法规和社会公德的活动。

9.《中华人民共和国精神卫生法》(2018年修正,2018年4月27日施行)

第九条 精神障碍患者的监护人应当履行监护职责,维护精神障碍患者的合法权益。

禁止对精神障碍患者实施家庭暴力,禁止遗弃精神障碍患者。

10.《中华人民共和国反家庭暴力法》(2016年3月1日施行)

第二条 本法所称家庭暴力,是指家庭成员之间以殴打、捆绑、残害、限制人身自由以及经常性谩骂、恐吓等方式实施的身体、精神等侵害行为。

第三条 家庭成员之间应当互相帮助,互相关爱,和睦相处,履行家庭义务。

反家庭暴力是国家、社会和每个家庭的共同责任。

国家禁止任何形式的家庭暴力。

第五条 反家庭暴力工作遵循预防为主,教育、矫治与惩处相结合原则。

反家庭暴力工作应当尊重受害人真实意愿,保护当事人隐私。

未成年人、老年人、残疾人、孕期和哺乳期的妇女、重病患者遭受家庭暴力的,应当给予特殊保护。

第十二条 未成年人的监护人应当以文明的方式进行家庭教育,依法履行监护和教育职责,不得实施家庭暴力。

第十三条 家庭暴力受害人及其法定代理人、近亲属可以向加害人或者受害人所在单位、居民委员会、村民委员会、妇女联合会等单位投诉、反映或者求助。有关单位接到家庭暴力投诉、反映或者求助后,应当给予帮助、处理。

家庭暴力受害人及其法定代理人、近亲属也可以向公安机关报案或者依法向人民法院起诉。

单位、个人发现正在发生的家庭暴力行为,有权及时劝阻。

第十四条 学校、幼儿园、医疗机构、居民委员会、村民委员会、社会工作服务机构、救助管理机构、福利机构及其工作人员在工作中发现无民事行为能力人、限制民事行为能力人遭受或者疑似遭受家庭暴力的,应当及时向公安机关报案。公安机关应当对报案人的信息予以保密。

第十五条 公安机关接到家庭暴

力报案后应当及时出警，制止家庭暴力，按照有关规定调查取证，协助受害人就医、鉴定伤情。

无民事行为能力人、限制民事行为能力人因家庭暴力身体受到严重伤害、面临人身安全威胁或者处于无人照料等危险状态的，公安机关应当通知并协助民政部门将其安置到临时庇护场所、救助管理机构或者福利机构。

第十六条　家庭暴力情节较轻，依法不给予治安管理处罚的，由公安机关对加害人给予批评教育或者出具告诫书。

告诫书应当包括加害人的身份信息、家庭暴力的事实陈述、禁止加害人实施家庭暴力等内容。

第十七条　公安机关应当将告诫书送交加害人、受害人，并通知居民委员会、村民委员会。

居民委员会、村民委员会、公安派出所应当对收到告诫书的加害人、受害人进行查访，监督加害人不再实施家庭暴力。

第十八条　县级或者设区的市级人民政府可以单独或者依托救助管理机构设立临时庇护场所，为家庭暴力受害人提供临时生活帮助。

第十九条　法律援助机构应当依法为家庭暴力受害人提供法律援助。

人民法院应当依法对家庭暴力受害人缓收、减收或者免收诉讼费用。

第二十条　人民法院审理涉及家庭暴力的案件，可以根据公安机关出警记录、告诫书、伤情鉴定意见等证据，认定家庭暴力事实。

第二十一条　监护人实施家庭暴力严重侵害被监护人合法权益的，人民法院可以根据被监护人的近亲属、居民委员会、村民委员会、县级人民政府民政部门等有关人员或者单位的申请，依法撤销其监护人资格，另行指定监护人。

被撤销监护人资格的加害人，应当继续负担相应的赡养、扶养、抚养费用。

第二十二条　工会、共产主义青年团、妇女联合会、残疾人联合会、居民委员会、村民委员会等应当对实施家庭暴力的加害人进行法治教育，必要时可以对加害人、受害人进行心理辅导。

第二十三条　当事人因遭受家庭暴力或者面临家庭暴力的现实危险，向人民法院申请人身安全保护令的，人民法院应当受理。

当事人是无民事行为能力人、限制民事行为能力人，或者因受到强制、威吓等原因无法申请人身安全保护令的，其近亲属、公安机关、妇女联合会、居民委员会、村民委员会、救助管理机构可以代为申请。

第二十四条　申请人身安全保护令应当以书面方式提出；书面申请确有困难的，可以口头申请，由人民法院记入笔录。

第二十五条　人身安全保护令案件由申请人或者被申请人居住地、家庭暴力发生地的基层人民法院管辖。

第二十六条 人身安全保护令由人民法院以裁定形式作出。

第二十七条 作出人身安全保护令,应当具备下列条件:

(一)有明确的被申请人;

(二)有具体的请求;

(三)有遭受家庭暴力或者面临家庭暴力现实危险的情形。

第二十八条 人民法院受理申请后,应当在七十二小时内作出人身安全保护令或者驳回申请;情况紧急的,应当在二十四小时内作出。

第二十九条 人身安全保护令可以包括下列措施:

(一)禁止被申请人实施家庭暴力;

(二)禁止被申请人骚扰、跟踪、接触申请人及其相关近亲属;

(三)责令被申请人迁出申请人住所;

(四)保护申请人人身安全的其他措施。

第三十条 人身安全保护令的有效期不超过六个月,自作出之日起生效。人身安全保护令失效前,人民法院可以根据申请人的申请撤销、变更或者延长。

第三十一条 申请人对驳回申请不服或者被申请人对人身安全保护令不服的,可以自裁定生效之日起五日内向作出裁定的人民法院申请复议一次。人民法院依法作出人身安全保护令的,复议期间不停止人身安全保护令的执行。

第三十二条 人民法院作出人身安全保护令后,应当送达申请人、被申请人、公安机关以及居民委员会、村民委员会等有关组织。人身安全保护令由人民法院执行,公安机关以及居民委员会、村民委员会等应当协助执行。

第三十三条 加害人实施家庭暴力,构成违反治安管理行为的,依法给予治安管理处罚;构成犯罪的,依法追究刑事责任。

第三十四条 被申请人违反人身安全保护令,构成犯罪的,依法追究刑事责任;尚不构成犯罪的,人民法院应当给予训诫,可以根据情节轻重处以一千元以下罚款、十五日以下拘留。

第三十七条 家庭成员以外共同生活的人之间实施的暴力行为,参照本法规定执行。

【司法解释】

1.《最高人民法院关于适用〈中华人民共和国民法典〉婚姻家庭编的解释(一)》(法释〔2020〕22号,2021年1月1日施行)

第一条① **【虐待的认定】**持续性、经常性的家庭暴力,可以认定为民法典第一千零四十二条、第一千零七十九条、第一千零九十一条所称的“虐待”。

---

① 对该条的注释详见附录一第797页。

第二条[①] **【与他人同居的认定】** 民法典第一千零四十二条、第一千零七十九条、第一千零九十一条规定的“与他人同居”的情形，是指有配偶者与婚外异性，不以夫妻名义，持续、稳定地共同居住。

2.《最高人民法院关于审理涉彩礼纠纷案件适用法律若干问题的规定》（法释〔2024〕1号，2024年2月1日施行）

第二条[②] **【禁止以彩礼为名借婚姻索取财物】** 禁止借婚姻索取财物。一方以彩礼为名借婚姻索取财物，另一方要求返还的，人民法院应予支持。

3.《最高人民法院关于办理人身安全保护令案件适用法律若干问题的规定》（法释〔2022〕17号，2022年8月1日施行）

第一条　当事人因遭受家庭暴力或者面临家庭暴力的现实危险，依照反家庭暴力法向人民法院申请人身安全保护令的，人民法院应当受理。

向人民法院申请人身安全保护令，不以提起离婚等民事诉讼为条件。

第二条　当事人因年老、残疾、重病等原因无法申请人身安全保护令，其近亲属、公安机关、民政部门、妇女联合会、居民委员会、村民委员会、残疾人联合会、依法设立的老年人组织、救助管理机构等，根据当事人意愿，依照反家庭暴力法第二十三条规定代为申请的，人民法院应当依法受理。

第三条　家庭成员之间以冻饿或者经常性侮辱、诽谤、威胁、跟踪、骚扰等方式实施的身体或者精神侵害行为，应当认定为反家庭暴力法第二条规定的“家庭暴力”。

第四条　反家庭暴力法第三十七条规定的“家庭成员以外共同生活的人”一般包括共同生活的儿媳、女婿、公婆、岳父母以及其他有监护、扶养、寄养等关系的人。

第五条　当事人及其代理人对因客观原因不能自行收集的证据，申请人民法院调查收集，符合《最高人民法院关于适用〈中华人民共和国民事诉讼法〉的解释》第九十四条第一款规定情形的，人民法院应当调查收集。

人民法院经审查，认为办理案件需要的证据符合《最高人民法院关于适用〈中华人民共和国民事诉讼法〉的解释》第九十六条规定的，应当调查收集。

第六条　人身安全保护令案件中，人民法院根据相关证据，认为申请人遭受家庭暴力或者面临家庭暴力现实危险的事实存在较大可能性的，可以依法作出人身安全保护令。

前款所称“相关证据”包括：

（一）当事人的陈述；

（二）公安机关出具的家庭暴力告诫书、行政处罚决定书；

（三）公安机关的出警记录、讯问

[①] 对该条的注释详见附录一第798页。

[②] 对该条的注释详见附录二第1004页。

笔录、询问笔录、接警记录、报警回执等；

（四）被申请人曾出具的悔过书或者保证书等；

（五）记录家庭暴力发生或者解决过程等的视听资料；

（六）被申请人与申请人或者其近亲属之间的电话录音、短信、即时通讯信息、电子邮件等；

（七）医疗机构的诊疗记录；

（八）申请人或者被申请人所在单位、民政部门、居民委员会、村民委员会、妇女联合会、残疾人联合会、未成年人保护组织、依法设立的老年人组织、救助管理机构、反家暴社会公益机构等单位收到投诉、反映或者求助的记录；

（九）未成年子女提供的与其年龄、智力相适应的证言或者亲友、邻居等其他证人证言；

（十）伤情鉴定意见；

（十一）其他能够证明申请人遭受家庭暴力或者面临家庭暴力现实危险的证据。

第七条 人民法院可以通过在线诉讼平台、电话、短信、即时通讯工具、电子邮件等简便方式询问被申请人。被申请人未发表意见的，不影响人民法院依法作出人身安全保护令。

第八条 被申请人认可存在家庭暴力行为，但辩称申请人有过错的，不影响人民法院依法作出人身安全保护令。

第九条 离婚等案件中，当事人仅以人民法院曾作出人身安全保护令为由，主张存在家庭暴力事实的，人民法院应当根据《最高人民法院关于适用〈中华人民共和国民事诉讼法〉的解释》第一百零八条的规定，综合认定是否存在该事实。

第十条 反家庭暴力法第二十九条第四项规定的“保护申请人人身安全的其他措施”可以包括下列措施：

（一）禁止被申请人以电话、短信、即时通讯工具、电子邮件等方式侮辱、诽谤、威胁申请人及其相关近亲属；

（二）禁止被申请人在申请人及其相关近亲属的住所、学校、工作单位等经常出入场所的一定范围内从事可能影响申请人及其相关近亲属正常生活、学习、工作的活动。

第十一条 离婚案件中，判决不准离婚或者调解和好后，被申请人违反人身安全保护令实施家庭暴力的，可以认定为民事诉讼法第一百二十七条第七项规定的“新情况、新理由”。

第十二条 被申请人违反人身安全保护令，符合《中华人民共和国刑法》第三百一十三条规定的，以拒不执行判决、裁定罪定罪处罚；同时构成其他犯罪的，依照刑法有关规定处理。

4.《最高人民法院关于人身安全保护令案件相关程序问题的批复》（法释〔2016〕15号，2016年7月13日施行）

北京市高级人民法院：

你院《关于人身安全保护令案件相

关程序问题的请示》(京高法〔2016〕45号)收悉。经研究,批复如下:

一、关于人身安全保护令案件是否收取诉讼费的问题。同意你院倾向性意见,即向人民法院申请人身安全保护令,不收取诉讼费用。

二、关于申请人身安全保护令是否需要提供担保的问题。同意你院倾向性意见,即根据《中华人民共和国反家庭暴力法》请求人民法院作出人身安全保护令的,申请人不需要提供担保。

三、关于人身安全保护令案件适用程序等问题。人身安全保护令案件适用何种程序,反家庭暴力法中没有作出直接规定。人民法院可以比照特别程序进行审理。家事纠纷案件中的当事人向人民法院申请人身安全保护令的,由审理该案的审判组织作出是否发出人身安全保护令的裁定;如果人身安全保护令的申请人在接受其申请的人民法院并无正在进行的家事案件诉讼,由法官以独任审理的方式审理。至于是否需要就发出人身安全保护令问题听取被申请人的意见,则由承办法官视案件的具体情况决定。

四、关于复议问题。对于人身安全保护令的被申请人提出的复议申请和人身安全保护令的申请人就驳回裁定提出的复议申请,可以由原审判组织进行复议;人民法院认为必要的,也可以另行指定审判组织进行复议。

【司法指导文件】

1.《第八次全国法院民事商事审判工作会议(民事部分)纪要》(法〔2016〕399号,2016年11月21日)

(一)关于未成年人保护问题

1. 在审理婚姻家庭案件中,应注重对未成年人权益的保护,特别是涉及家庭暴力的离婚案件,从未成年子女利益最大化的原则出发,对于实施家庭暴力的父母一方,一般不宜判决其直接抚养未成年子女。

2.《最高人民法院、最高人民检察院、公安部、司法部关于依法办理家庭暴力犯罪案件的意见》(法发〔2015〕4号,2015年3月2日)

发生在家庭成员之间,以及具有监护、扶养、寄养、同居等关系的共同生活人员之间的家庭暴力犯罪,严重侵害公民人身权利,破坏家庭关系,影响社会和谐稳定。人民法院、人民检察院、公安机关、司法行政机关应当严格履行职责,充分运用法律,积极预防和有效惩治各种家庭暴力犯罪,切实保障人权,维护社会秩序。为此,根据刑法、刑事诉讼法、婚姻法、未成年人保护法、老年人权益保障法、妇女权益保障法等法律,结合司法实践经验,制定本意见。

一、基本原则

1. 依法及时、有效干预。针对家庭暴力持续反复发生,不断恶化升级的特点，人民法院、人民检察院、公安机关、司法行政机关对已发现的家庭暴力，应当依法采取及时、有效的措施，进行妥善处理，不能以家庭暴力发生在家庭成员之间，或者属于家务事为由而置之不理，互相推诿。

2. 保护被害人安全和隐私。办理家庭暴力犯罪案件，应当首先保护被害人的安全。通过对被害人进行紧急救治、临时安置，以及对施暴人采取刑事强制措施、判处刑罚、宣告禁止令等措施，制止家庭暴力并防止再次发生，消除家庭暴力的现实侵害和潜在危险。对与案件有关的个人隐私，应当保密，但法律有特别规定的除外。

3. 尊重被害人意愿。办理家庭暴力犯罪案件，既要严格依法进行，也要尊重被害人的意愿。在立案、采取刑事强制措施、提起公诉、判处刑罚、减刑、假释时，应当充分听取被害人意见，在法律规定的范围内作出合情、合理的处理。对法律规定可以调解、和解的案件，应当在当事人双方自愿的基础上进行调解、和解。

4. 对未成年人、老年人、残疾人、孕妇、哺乳期妇女、重病患者特殊保护。办理家庭暴力犯罪案件，应当根据法律规定和案件情况，通过代为告诉、法律援助等措施，加大对未成年人、老年人、残疾人、孕妇、哺乳期妇女、重病患者的司法保护力度，切实保障他们的合法权益。

二、案件受理

5. 积极报案、控告和举报。依照刑事诉讼法第一百零八条第一款①“任何单位和个人发现有犯罪事实或者犯罪嫌疑人，有权利也有义务向公安机关、人民检察院或者人民法院报案或者举报”的规定，家庭暴力被害人及其亲属、朋友、邻居、同事，以及村（居）委会、人民调解委员会、妇联、共青团、残联、医院、学校、幼儿园等单位、组织，发现家庭暴力，有权利也有义务及时向公安机关、人民检察院、人民法院报案、控告或者举报。

公安机关、人民检察院、人民法院对于报案人、控告人和举报人不愿意公开自己的姓名和报案、控告、举报行为的，应当为其保守秘密，保护报案人、控告人和举报人的安全。

6. 迅速审查、立案和转处。公安机关、人民检察院、人民法院接到家庭暴力的报案、控告或者举报后，应当立即问明案件的初步情况，制作笔录，迅速进行审查，按照刑事诉讼法关于立案的规定，根据自己的管辖范围，决定是否立案。对于符合立案条件的，要及时立案。对于可能构成犯罪但不属于自己管辖的，应当移送主管机关处理，并且通知报案人、控告人或者举报人；对于不属于自己管辖而又必须采取紧急措施的，应当先采取紧急措施，然后移送主管机关。

经审查，对于家庭暴力行为尚未构

① 对应2018年《刑事诉讼法》第110条第1款。——编者注

成犯罪,但属于违反治安管理行为的,应当将案件移送公安机关,依照治安管理处罚法的规定进行处理,同时告知被害人可以向人民调解委员会提出申请,或者向人民法院提起民事诉讼,要求施暴人承担停止侵害、赔礼道歉、赔偿损失等民事责任。

7. 注意发现犯罪案件。公安机关在处理人身伤害、虐待、遗弃等行政案件过程中,人民法院在审理婚姻家庭、继承、侵权责任纠纷等民事案件过程中,应当注意发现可能涉及的家庭暴力犯罪。一旦发现家庭暴力犯罪线索,公安机关应当将案件转为刑事案件办理,人民法院应当将案件移送公安机关;属于自诉案件的,公安机关、人民法院应当告知被害人提起自诉。

8. 尊重被害人的程序选择权。对于被害人有证据证明的轻微家庭暴力犯罪案件,在立案审查时,应当尊重被害人选择公诉或者自诉的权利。被害人要求公安机关处理的,公安机关应当依法立案、侦查。在侦查过程中,被害人不再要求公安机关处理或者要求转为自诉案件的,应当告知被害人向公安机关提交书面申请。经审查确系被害人自愿提出的,公安机关应当依法撤销案件。被害人就这类案件向人民法院提起自诉的,人民法院应当依法受理。

9. 通过代为告诉充分保障被害人自诉权。对于家庭暴力犯罪自诉案件,被害人无法告诉或者不能亲自告诉的,其法定代理人、近亲属可以告诉或者代为告诉;被害人是无行为能力人、限制行为能力人,其法定代理人、近亲属没有告诉或者代为告诉的,人民检察院可以告诉;侮辱、暴力干涉婚姻自由等告诉才处理的案件,被害人因受强制、威吓无法告诉的,人民检察院也可以告诉。人民法院对告诉或者代为告诉的,应当依法受理。

10. 切实加强立案监督。人民检察院要切实加强对家庭暴力犯罪案件的立案监督,发现公安机关应当立案而不立案的,或者被害人及其法定代理人、近亲属,有关单位、组织就公安机关不予立案向人民检察院提出异议的,人民检察院应当要求公安机关说明不立案的理由。人民检察院认为不立案理由不成立的,应当通知公安机关立案,公安机关接到通知后应当立案;认为不立案理由成立的,应当将理由告知提出异议的被害人及其法定代理人、近亲属或者有关单位、组织。

11. 及时、全面收集证据。公安机关在办理家庭暴力案件时,要充分、全面地收集、固定证据,除了收集现场的物证、被害人陈述、证人证言等证据外,还应当注意及时向村(居)委会、人民调解委员会、妇联、共青团、残联、医院、学校、幼儿园等单位、组织的工作人员,以及被害人的亲属、邻居等收集涉及家庭暴力的处理记录、病历、照片、视频等证据。

12. 妥善救治、安置被害人。人民法院、人民检察院、公安机关等负有保护公民人身安全职责的单位和组织，对因家庭暴力受到严重伤害需要紧急救治的被害人，应当立即协助联系医疗机构救治；对面临家庭暴力严重威胁，或者处于无人照料等危险状态，需要临时安置的被害人或者相关未成年人，应当通知并协助有关部门进行安置。

13. 依法采取强制措施。人民法院、人民检察院、公安机关对实施家庭暴力的犯罪嫌疑人、被告人，符合拘留、逮捕条件的，可以依法拘留、逮捕；没有采取拘留、逮捕措施的，应当通过走访、打电话等方式与被害人或者其法定代理人、近亲属联系，了解被害人的人身安全状况。对于犯罪嫌疑人、被告人再次实施家庭暴力的，应当根据情况，依法采取必要的强制措施。

人民法院、人民检察院、公安机关决定对实施家庭暴力的犯罪嫌疑人、被告人取保候审的，为了确保被害人及其子女和特定亲属的安全，可以依照刑事诉讼法第六十九条第二款①的规定，责令犯罪嫌疑人、被告人不得再次实施家庭暴力；不得侵扰被害人的生活、工作、学习；不得进行酗酒、赌博等活动；经被害人申请且有必要的，责令不得接近被害人及其未成年子女。

14. 加强自诉案件举证指导。家庭暴力犯罪案件具有案发周期较长、证据难以保存，被害人处于相对弱势、举证能力有限，相关事实难以认定等特点。有些特点在自诉案件中表现得更为突出。因此，人民法院在审理家庭暴力自诉案件时，对于因当事人举证能力不足等原因，难以达到法律规定的证据要求的，应当及时对当事人进行举证指导，告知需要收集的证据及收集证据的方法。对于因客观原因不能取得的证据，当事人申请人民法院调取的，人民法院应当认真审查，认为确有必要的，应当调取。

15. 加大对被害人的法律援助力度。人民检察院自收到移送审查起诉的案件材料之日起三日内，人民法院自受理案件之日起三日内，应当告知被害人及其法定代理人或者近亲属有权委托诉讼代理人，如果经济困难，可以向法律援助机构申请法律援助；对于被害人是未成年人、老年人、重病患者或者残疾人等，因经济困难没有委托诉讼代理人的，人民检察院、人民法院应当帮助其申请法律援助。

法律援助机构应当依法为符合条件的被害人提供法律援助，指派熟悉反家庭暴力法律法规的律师办理案件。

三、定罪处罚

16. 依法准确定罪处罚。对故意杀人、故意伤害、强奸、猥亵儿童、非法拘禁、侮辱、暴力干涉婚姻自由、虐待、遗弃等侵害公民人身权利的家庭暴力犯罪，应当根据犯罪的事实、犯罪的性质、情节和对社会的危害程度，严格依照刑法的有关规定判处。对于同一行

---

① 对应 2018 年《刑事诉讼法》第 71 条第 2 款。——编者注

为同时触犯多个罪名的，依照处罚较重的规定定罪处罚。

17. 依法惩处虐待犯罪。采取殴打、冻饿、强迫过度劳动、限制人身自由、恐吓、侮辱、谩骂等手段，对家庭成员的身体和精神进行摧残、折磨，是实践中较为多发的虐待性质的家庭暴力。根据司法实践，具有虐待持续时间较长、次数较多；虐待手段残忍；虐待造成被害人轻微伤或者患较严重疾病；对未成年人、老年人、残疾人、孕妇、哺乳期妇女、重病患者实施较为严重的虐待行为等情形，属于刑法第二百六十条第一款规定的虐待"情节恶劣"，应当依法以虐待罪定罪处罚。

准确区分虐待犯罪致人重伤、死亡与故意伤害、故意杀人犯罪致人重伤、死亡的界限，要根据被告人的主观故意、所实施的暴力手段与方式、是否立即或者直接造成被害人伤亡后果等进行综合判断。对于被告人主观上不具有侵害被害人健康或者剥夺被害人生命的故意，而是出于追求被害人肉体和精神上的痛苦，长期或者多次实施虐待行为，逐渐造成被害人身体损害，过失导致被害人重伤或者死亡的；或者因虐待致使被害人不堪忍受而自残、自杀，导致重伤或者死亡的，属于刑法第二百六十条第二款规定的虐待"致使被害人重伤、死亡"，应当以虐待罪定罪处罚。对于被告人虽然实施家庭暴力呈现出经常性、持续性、反复性的特点，但其主观上具有希望或者放任被害人重伤或者死亡的故意，持凶器实施暴力，暴力手段残忍，暴力程度较强，直接或者立即造成被害人重伤或者死亡的，应当以故意伤害罪或者故意杀人罪定罪处罚。

依法惩处遗弃犯罪。负有扶养义务且有扶养能力的人，拒绝扶养年幼、年老、患病或者其他没有独立生活能力的家庭成员，是危害严重的遗弃性质的家庭暴力。根据司法实践，具有对被害人长期不予照顾、不提供生活来源；驱赶、逼迫被害人离家，致使被害人流离失所或者生存困难；遗弃患严重疾病或者生活不能自理的被害人；遗弃致使被害人身体严重损害或者造成其他严重后果等情形，属于刑法第二百六十一条规定的遗弃"情节恶劣"，应当依法以遗弃罪定罪处罚。

准确区分遗弃罪与故意杀人罪的界限，要根据被告人的主观故意、所实施行为的时间与地点、是否立即造成被害人死亡，以及被害人对被告人的依赖程度等进行综合判断。对于只是为了逃避扶养义务，并不希望或者放任被害人死亡，将生活不能自理的被害人弃置在福利院、医院、派出所等单位或者广场、车站等行人较多的场所，希望被害人得到他人救助的，一般以遗弃罪定罪处罚。对于希望或者放任被害人死亡，不履行必要的扶养义务，致使被害人因缺乏生活照料而死亡，或者将生活不能自理的被害人带至荒山野岭等人迹罕至的场所扔弃，使被害人难以得到他人救助的，应当以故意杀人罪定罪处罚。

18. 切实贯彻宽严相济刑事政策。对于实施家庭暴力构成犯罪的,应当根据罪刑法定、罪刑相适应原则,兼顾维护家庭稳定、尊重被害人意愿等因素综合考虑,宽严并用,区别对待。根据司法实践,对于实施家庭暴力手段残忍或者造成严重后果;出于恶意侵占财产等卑劣动机实施家庭暴力;因酗酒、吸毒、赌博等恶习而长期或者多次实施家庭暴力;曾因实施家庭暴力受到刑事处罚、行政处罚;或者具有其他恶劣情形的,可以酌情从重处罚。对于实施家庭暴力犯罪情节较轻,或者被告人真诚悔罪,获得被害人谅解,从轻处罚有利于被扶养人的,可以酌情从轻处罚;对于情节轻微不需要判处刑罚的,人民检察院可以不起诉,人民法院可以判处免予刑事处罚。

对于实施家庭暴力情节显著轻微危害不大不构成犯罪的,应当撤销案件、不起诉,或者宣告无罪。

人民法院、人民检察院、公安机关应当充分运用训诫,责令施暴人保证不再实施家庭暴力,或者向被害人赔礼道歉、赔偿损失等非刑罚处罚措施,加强对施暴人的教育与惩戒。

19. 准确认定对家庭暴力的正当防卫。为了使本人或者他人的人身权利免受不法侵害,对正在进行的家庭暴力采取制止行为,只要符合刑法规定的条件,就应当依法认定为正当防卫,不负刑事责任。防卫行为造成施暴人重伤、死亡,且明显超过必要限度,属于防卫过当,应当负刑事责任,但是应当减轻或者免除处罚。

认定防卫行为是否“明显超过必要限度”,应当以足以制止并使防卫人免受家庭暴力不法侵害的需要为标准,根据施暴人正在实施家庭暴力的严重程度、手段的残忍程度,防卫人所处的环境、面临的危险程度、采取的制止暴力的手段、造成施暴人重大损害的程度,以及既往家庭暴力的严重程度等进行综合判断。

20. 充分考虑案件中的防卫因素和过错责任。对于长期遭受家庭暴力后,在激愤、恐惧状态下为了防止再次遭受家庭暴力,或者为了摆脱家庭暴力而故意杀害、伤害施暴人,被告人的行为具有防卫因素,施暴人在案件起因上具有明显过错或者直接责任的,可以酌情从宽处罚。对于因遭受严重家庭暴力,身体、精神受到重大损害而故意杀害施暴人;或者因不堪忍受长期家庭暴力而故意杀害施暴人,犯罪情节不是特别恶劣,手段不是特别残忍的,可以认定为刑法第二百三十二条规定的故意杀人“情节较轻”。在服刑期间确有悔改表现的,可以根据其家庭情况,依法放宽减刑的幅度,缩短减刑的起始时间与间隔时间;符合假释条件的,应当假释。被杀害施暴人的近亲属表示谅解的,在量刑、减刑、假释时应当予以充分考虑。

四、其他措施

21. 充分运用禁止令措施。人民

法院对实施家庭暴力构成犯罪被判处管制或者宣告缓刑的犯罪分子，为了确保被害人及其子女和特定亲属的人身安全，可以依照刑法第三十八条第二款、第七十二条第二款的规定，同时禁止犯罪分子再次实施家庭暴力，侵扰被害人的生活、工作、学习，进行酗酒、赌博等活动；经被害人申请且有必要的，禁止接近被害人及其未成年子女。

22. 告知申请撤销施暴人的监护资格。人民法院、人民检察院、公安机关对于监护人实施家庭暴力，严重侵害被监护人合法权益的，在必要时可以告知被监护人及其他有监护资格的人员、单位，向人民法院提出申请，要求撤销监护人资格，依法另行指定监护人。

23. 充分运用人身安全保护措施。人民法院为了保护被害人的人身安全，避免其再次受到家庭暴力的侵害，可以根据申请，依照民事诉讼法等法律的相关规定，作出禁止施暴人再次实施家庭暴力、禁止接近被害人、迁出被害人的住所等内容的裁定。对于施暴人违反裁定的行为，如对被害人进行威胁、恐吓、殴打、伤害、杀害，或者未经被害人同意拒不迁出住所的，人民法院可以根据情节轻重予以罚款、拘留；构成犯罪的，应当依法追究刑事责任。

24. 充分运用社区矫正措施。社区矫正机构对因实施家庭暴力构成犯罪被判处管制、宣告缓刑、假释或者暂予监外执行的犯罪分子，应当依法开展家庭暴力行为矫治，通过制定有针对性的监管、教育和帮助措施，矫正犯罪分子的施暴心理和行为恶习。

25. 加强反家庭暴力宣传教育。人民法院、人民检察院、公安机关、司法行政机关应当结合本部门工作职责，通过以案说法、社区普法、针对重点对象法制教育等多种形式，开展反家庭暴力宣传教育活动，有效预防家庭暴力，促进平等、和睦、文明的家庭关系，维护社会和谐、稳定。

【部门参考文件】

《公安部、司法部、民政部、商业部、全国妇联关于解决被干涉婚姻自由的当事人户口、粮食关系问题的联合通知》
（妇字〔1987〕18 号，1987 年 7 月 14 日）

近年来，因父母干涉子女婚姻自由、子女干涉父母再婚而卡住婚姻当事人的户口、粮食关系的问题屡有发生，造成婚姻当事人结婚多年没有户口、粮食关系，不仅影响当事人的正常生活，也影响了子女的入托、入学。干涉他人婚姻自由是一种违法行为，为切实保证中华人民共和国婚姻法的贯彻执行，维护妇女儿童的合法权益和社会的安定团结，现就被干涉婚姻自由的当事人户口、粮食关系的有关问题通知如下：

一、关于户口分立、迁移

（一）公安、司法、民政、妇联及有关单位要互相配合，加强法制宣传，特别是加强中华人民共和国婚姻法的宣传，使每一个公民都懂得干涉他人婚姻自由是违法的。对已进行结婚登记者，应根据《中华人民共和国户口登记条例》规定的精神，准予分户和迁移户口，任何人不得卡住不放。

（二）干涉他人婚姻自由的当事人不愿交出户口簿，经有关单位多次调解无效的，婚姻当事人可持《结婚证》和村（居）民委员会组织的证明，到当地公安派出所办理分户或户口迁移手续。公安派出所在办理手续时，应在户口登记簿上注明日期和原因。并通知持原户口簿的人，由公安派出所对原户口本上的有关婚姻当事人的户卡给予吊销，使其失去效力。

【地方法院规范】

《山东省高级人民法院家事案件审理规程》（2018年）

第二十八条 人身安全保护令案件，一律不公开审理。经人民法院许可，当事人可以有一至两名亲友陪同出庭。

第二十九条 人民法院审理人身安全保护令案件中，要根据案件具体情况，就是否需要发出人身安全保护令听取被申请人的意见。

驳回人身安全保护令申请的，原则上应当先进行听证。

【法院参考案例】

1. 程某申请撤销李某监护人资格案（《最高人民法院发布反家庭暴力法实施一周年十大典型案例》案例一，2017年3月8日）

【基本案情】

程某（女）与李某系夫妻关系，婚生子李某程。因李某程哭闹，李某在吸毒后用手扇打李某程头面部，造成李某程硬膜下大量积液，左额叶、左颞叶脑挫伤，经鉴定为重伤二级。后李某被判处有期徒刑7年。中华少年儿童慈善救助基金会（以下简称基金会）对李某程及程某展开救助，为李某程筹集部分医疗及生活费用。基金会与程某签订《共同监护协议》，约定由基金会作为李某程的辅助监护人，与程某共同监护李某程，并由程某向北京市通州区人民法院起诉撤销李某的监护人资格，同时确认基金会为李某程的辅助监护人。还约定，为了使李某程更好地康复，经征得程某同意，基金会可以寻找合适的寄养机构照料李某程。程某向北京市通州区人民法院提出申请，请求撤销李某对李某程的监护人资格；指定基金会作为李某程的辅助监护人，与程某共同监护李某程。基金会以第三人身份参加诉讼。

【裁判结果】

北京市通州区人民法院判决撤销李某的监护人资格；驳回了程某的其他申请。

【典型意义】

本案是一起未成年人母亲申请撤销父亲监护人资格的案件。撤销监护人资格制度，是未成年人权益保护的重要手段，目的是及时终止对未成年人的家庭伤害，提供安全庇护，促进未成年人健康成长。李某作为李某程之父，不仅未尽到对孩子的关怀照顾义务，反而在吸毒后将不足3个月的幼儿李某程殴打至重伤二级，严重侵害了未成年人合法权益。程某作为李某程之母，申请撤销李某对李某程的监护人资格，符合《反家庭暴力法》的规定，法院予以支持。在撤销李某监护人资格的同时，为保障李某程的合法权益，法院判决程某作为李某程的法定监护人，应积极履行对李某程的监护义务。

虽然基金会在筹集善款、及时救治李某程的过程中，起到了积极的作用，其行为应当得到表彰和肯定，但基金会并不在法定的监护人主体范围内，且我国法律法规中并无辅助监护人的概念。因此对于程某要求基金会担任辅助监护人的请求，法院不予支持。

2. 张某某申请人身安全保护令案

（《最高人民法院发布反家庭暴力法实施一周年十大典型案例》案例二，2017年3月8日）

【基本案情】

申请人张某某（女）与被申请人熊某某为同居关系。张某某向法院申请述称：张某某与熊某某于1996年同居生活，2012年张某某双眼病变失明后，熊某某及其父母对张某某百般虐待和实施暴力，为此张某某亲属多次报警，张某某亲属也多次遭熊某某及其家人的威胁、限制人身自由。2015年3月12日，熊某某将张某某打伤，在张某某入院治疗期间，熊某某拒绝看望和道歉。之后，熊某某将张某某驱赶出家门并拒绝支付医药费，致张某某居无定所、食无来源、生病无人照料和无钱医治。张某某向江西省南昌市高新技术产业开发区人民法院申请禁止熊某某对其语言侮辱、恐吓、谩骂和肢体暴力、殴打、限制其人身自由；禁止熊某某对其近亲属进行骚扰、侮辱。

【裁判结果】

江西省南昌市高新技术产业开发区人民法院依照《反家庭暴力法》第27条、第37条规定，裁定禁止熊某某对张某某实施家庭暴力；禁止熊某某骚扰、侮辱张某某及其近亲属。裁定有效期为6个月，自送达之日起生效，送达后立即执行。

【典型意义】

本案是一起残疾人申请人身安全保护令的案件。申请人张某某与被申请人熊某某均为残障人士，双方虽未领取结婚证，但同居多年，并育有一子。张某某近年来因眼疾加重，生活无法自理。熊某某及其家人平日对张某某非常粗暴，2015年对张某某进行了暴力殴打，当地政府和派出所均对双方纠纷进行过多次调处。

法院依据张某某的申请，依法发出人身保护令，送达了张某某、熊某某以及当地的村委会及派出所。人身安全保护令送达后，熊某某没有再采取过过激行为。为了进一步保护妇女权益，法院联系当地综治办、村委会共同做工作，最终确定张某某有权在该村的拆迁房分配中获得一人份额的拆迁房屋面积，现张某某已回到其娘家居住，其户口也与熊某某拆分。法院发出的人身安全保护令，取得了良好的法律效果与社会效果，真正起到了为妇女维权、为社会弱势群体撑起“保护伞”的作用。

3. 李某申请人身安全保护令案（《最高人民法院发布反家庭暴力法实施一周年十大典型案例》案例三，2017年3月8日）

【基本案情】

申请人李某（女）与被申请人宋某系夫妻关系，2011年11月结婚。2015年宋某开始对李某实施捆绑、殴打、谩骂等暴力行为。2016年3月15日，李某在被连续殴打3天后，逼迫无奈从家中跳楼，跳楼又被宋某抱回楼上继续殴打，直至李某坚持不住，宋某才拨打120急救电话，将李某送往医院救治。在医院治疗期间，宋某又多次到医院骚扰李某，辱骂医生、病人及李某家属。李某于2016年9月28日向辽宁省沈阳市皇姑区人民法院提出申请，禁止宋某实施家庭暴力，禁止宋某骚扰、跟踪、接触李某及其近亲属。

【裁判结果】

辽宁省沈阳市皇姑区人民法院根据李某的陈述及公安机关记载材料、医院病情介绍单、皇姑区妇联出具的意见等材料，认定李某面临家庭暴力风险，依照《反家庭暴力法》的相关规定，依法裁定禁止宋某实施家庭暴力；禁止宋某骚扰、跟踪、接触李某及其近亲属。

【典型意义】

根据《反家庭暴力法》的规定，人身安全保护令涵盖了诉前、诉中和诉后各时间段，当事人申请人身安全保护令无须依附离婚诉讼，本案李某就是在两次离婚诉讼间隔期间申请的人身安全保护令。当地妇联也发挥了积极作用，为李某出具意见，有效维护了家暴受害者的权益。法院通过发出人身安全保护令，依法、适时、适度干预家庭暴力，保护了受害人的人身安全和人格尊严，彰显了法律的权威。

4. 谢某申请人身安全保护令案（《最高人民法院发布反家庭暴力法实施一周年十大典型案例》案例四，2017年3月8日）

【基本案情】

申请人谢某（女）与被申请人陆某结婚10多年，婚后陆某经常殴打、辱骂谢某。谢某曾向社区、妇联寻求过救助，亦多次报警，但陆某丝毫没有收敛。长期遭受家庭暴力使谢某陷入极度恐慌，有家不敢回。2016年5月25日，谢某不堪忍受，向广西壮族自治区南宁市青秀区人民法院申请人身安全保护令。

【裁判结果】

广西壮族自治区南宁市青秀区人民法院经审查，发出人身安全保护令，禁止陆某殴打、威胁、辱骂及骚扰、跟踪谢某,并将人身安全保护令分别抄送给当事人住所地的社区居委会和社区派出所,形成人民法院—社区居委会—社区派出所三方联动的工作模式,全方位保障谢某的人身安全,帮助谢某尽早走出家庭暴力的阴霾。

但在该院组织谢某与陆某到法院进行回访时,陆某在法院追打谢某,其行为严重违反了人身安全保护令的要求,该院依法对陆某予以训诫并处以 10 日拘留。在拘留期间,陆某认识到错误,在拘留所内写下保证书,保证以后要与妻子和睦相处,不再殴打、辱骂、跟踪妻子。

【典型意义】

本案是一起人民法院依法处罚违反人身安全保护令行为的案件。对于公然违反人身安全保护令者,法院应当依照法律规定及时采取处罚措施。人身安全保护令能够落到实处,不仅要靠当事人的自觉遵守和相关单位的监督,同时也需要对违反者进行依法制裁。

5. 王某诉罗某离婚纠纷同时申请人身安全保护令案(《最高人民法院发布反家庭暴力法实施一周年十大典型案例》案例五,2017 年 3 月 8 日)

【基本案情】

申请人王某(女)与被申请人罗某于 2016 年 3 月办理结婚登记手续。婚后王某发现罗某性格粗暴,常因家庭小事发怒,结婚不到 1 个月就出现家暴行为,几次家暴造成王某身上多处青紫瘀伤。王某为躲避家暴行为返回娘家,罗某寻至王某娘家后殴打王某,并对王某母亲进行殴打。王某认为罗某的家庭暴力行为使夫妻双方感情彻底破裂,遂诉至黑龙江省甘南县人民法院要求与罗某离婚,该院立案受理后,王某又申请人身安全保护令,请求禁止罗某殴打、威胁王某及其近亲属;禁止罗某骚扰、跟踪王某及其近亲属。

【裁判结果】

黑龙江省甘南县人民法院经审查认为,王某的申请符合条件,遂作出民事裁定:禁止罗某殴打、威胁、骚扰、跟踪王某及其近亲属,裁定有效期 6 个月,自送达之日起生效。并分别向罗某、王某、罗某所在社区、住所地派出所送达了裁定。裁定送达后,家庭暴力没有再发生,人身安全保护令发挥了作用。对于王某诉罗某离婚纠纷,黑龙江省甘南县人民法院判决准予王某与罗某离婚,并对有关财产问题进行了处理。判决送达后,双方均未上诉,该判决已生效。

【典型意义】

《反家庭暴力法》对人身安全保护令做了比较全面的规定,家庭成员一旦遭受家暴,可以向法院申请人身安全保护令,从而避免严重后果的产生。本案人身安全保护令的下发,促使女性提高自身权益保护意识,敢于拒绝家庭暴力,依法维护自身权益。

6. 马某某申请人身安全保护令案

(《最高人民法院发布反家庭暴力法实施一周年十大典型案例》案例六,2017年3月8日)

【基本案情】

申请人马某某(女)与被申请人马某系夫妻关系。2016年7月20日,马某某与马某因琐事发生争吵后,马某使用砖头对马某某脸部打了一下,致使马某某上唇软组织穿通伤。马某某向宁夏回族自治区银川市公安局西夏区分局南梁派出所报警,后银川市公安局西夏区分局作出《公安行政处罚决定书》,给予马某行政拘留10日。为防止再次受到马某的伤害,马某某向宁夏回族自治区银川市西夏区人民法院申请人身安全保护令。

【裁判结果】

宁夏回族自治区银川市西夏区人民法院经审查,马某某提交的银川市公安局西夏区分局《公安行政处罚决定书》证实,马某的行为致使马某某面临家庭暴力威胁,马某某的申请符合发出人身安全保护令的条件,故裁定:禁止马某实施殴打、辱骂马某某等家庭暴力行为;禁止马某骚扰、跟踪、接触马某某及其近亲属。裁定有效期6个月,自作出之日起生效,送达后立即执行。

【典型意义】

本案是一起典型的家庭暴力案件,有公安部门的《公安行政处罚决定书》在案证明。法院作出裁定后,被申请人马某未再实施暴力行为,说明人身安全保护令对施暴者发挥了震慑作用,有效维护了妇女权益。

7. 刘某某申请人身安全保护令案

(《最高人民法院发布反家庭暴力法实施一周年十大典型案例》案例七,2017年3月8日)

【基本案情】

申请人刘某某(女)以被申请人蒲某某婚前隐瞒吸毒恶习、吸毒后失去理智经常对其实施家暴导致夫妻感情破裂为由,于2016年2月21日诉至四川省南充市顺庆区人民法院,请求离婚。2016年3月1日,刘某某得知《反家庭暴力法》正式实施,来到法院申请人身安全保护令。

【裁判结果】

四川省南充市顺庆区人民法院经审查认为,刘某某的申请事项和提供的证据符合法律规定,依照《反家庭暴力法》作出民事裁定:禁止蒲某某对刘某某实施恐吓、谩骂、殴打等暴力行为;禁止蒲某某骚扰、跟踪、接触刘某某及其近亲属;责令蒲某某不得进入刘某某的住所。

【典型意义】

本案是公安机关协助执行人身安全保护令的典型案例。裁定作出后,法院立即向刘某某及蒲某某住所地的公安派出所、社区、妇联等单位送达了裁定书,并发出协助执行通知。蒲某某严格执行裁定内容,未再向刘某某实施家暴,且在公安部门的协调下接受了强制戒毒。本案是《反家庭暴力法》实施后四川省受理的第一例案件，各大新闻媒体广泛报道，在社会上引起强烈反响，推动对人身安全保护令有了全新的认知和理解。

8. 王某某申请人身安全保护令案（《最高人民法院发布反家庭暴力法实施一周年十大典型案例》案例八，2017 年 3 月 8 日）

【基本案情】

申请人王某某与被申请人万某某（女）系夫妻关系。王某某 1995 年退休后离开工作地点南昌回到上海生活，万某某霸占王某某退休工资和奖金，逼迫王某某出去打工赚取生活费用。2015 年初，王某某已年过 80，体弱多病，没有劳动能力，万某某不但不加照顾，反而经常对王某某拳打脚踢，用棍棒将王某某打得青紫血肿，伤痕累累，并在深夜辱骂，使王某某忍饥挨饿，受冻受寒。2016 年 1 月底，万某某再次对王某某进行殴打，致王某某颅脑出血并在医院进行了手术。万某某的行为使王某某遭受精神上、肉体上的长期折磨，生命安全受到严重威胁。王某某向上海市长宁区人民法院提出申请，要求禁止万某某实施家庭暴力，并提交了相关证据。

【裁判结果】

上海市长宁区人民法院查明，万某某与王某某经常为家庭琐事发生争吵。2015 年起万某某对王某某打骂频繁，程度也越发激烈。2016 年 1 月 24 日，双方又为家庭琐事发生纠纷，吵闹中万某某用拖把棍猛击王某某头部，致王某某右侧急性硬膜下血肿，于次日住院接受右侧硬膜下血肿钻孔引流手术。上海市长宁区人民法院认为，万某某长期对王某某实施暴力，侵害了王某某的人身健康权，遂裁定：禁止被申请人万某某对申请人王某某实施家庭暴力。

【典型意义】

本案是一起由男性家庭成员不依附其他诉讼而单独提起的人身安全保护令案件。在实践中把握何种行为可被定性为“家庭暴力”时，应在正确理解《反家庭暴力法》立法精神与相关条文的基础上，结合出警记录、就医记录，当事人及第三方调查情况，准确解读家庭暴力的持久性、故意性、控制性、恐惧性及后果严重性。对于家庭暴力的现实危险，应根据家庭暴力发生史、过去家庭暴力出警记录、就医记录，第三方描述等明确危险存在的可能性及大小。本案中王某某已年过 80，体弱多病，结合出警记录、同事证言、法院和居委会谈话笔录、医院诊疗记录、出院小结、验伤单、影像资料等证据，可证实王某某长期遭受来自万某某精神及身体上的折磨，并导致颅脑出血、身上多处受伤的严重后果，万某某的行为符合家庭暴力及现实危险的定义。

9. 陈某某、泮某某申请人身安全保护令案（《最高人民法院发布反家庭暴力法实施一周年十大典型案例》案例九，2017 年 3 月 8 日）

【基本案情】

申请人陈某某、泮某某系夫妻，与被申请人陈某伟（二申请人之子）共同居住。陈某伟因家庭琐事，多次打骂二申请人。2015年3月18日晚，陈某伟殴打陈某某致其头面部及身多处软组织挫伤。2016年5月15日上午，陈某伟因琐事打击陈某某头部，泮某某上前劝阻时倒地，此事致陈某某左肩胛骨挫伤，泮某某右侧肋骨骨折。2016年7月7日，陈某某、泮某某向浙江省仙居县人民法院申请人身安全保护令，要求禁止陈某伟实施家庭暴力并责令陈某伟搬出居所。

【裁判结果】

浙江省仙居县人民法院经审查认为，陈某某、泮某某的申请符合《反家庭暴力法》规定的发出人身安全保护令的条件，故裁定如下：禁止陈某伟对陈某某、泮某某实施家庭暴力。裁定送达后，陈某伟没有申请复议。

【典型意义】

本案是一起老年人申请人身安全保护令的案件。被申请人陈某伟多次殴打其父母，有病历卡、诊断书及陈某伟自认等证据证明。为维护老年人人身安全和合法权益，法院作出禁止陈某伟对其父母实施家庭暴力的裁定。但陈某某、泮某某要求陈某伟搬离居所的请求，经核查该居所系在村中宅基地上建造，陈某伟享有宅基地份额且在该房屋上有共同建造行为。陈某某、泮某某要求陈某伟搬离居所的请求，不宜在本案中解决，应另行分家析产。法院在向当地村委会、派出所送达裁定书过程中，进行了相关法律宣传，得到村委会和派出所的支持和配合。当地媒体对该案件办理情况进行报道，推动了群众对人身安全保护令的认知和接受。

10. 刘某申请人身安全保护令案

（《最高人民法院发布反家庭暴力法实施一周年十大典型案例》案例十，2017年3月8日）

【基本案情】

申请人刘某（女）与被申请人李某自2011年11月开始同居生活，共同居住在以刘某名义申请的廉租房内，双方未办理结婚登记。同居生活期间，李某经常对刘某实施殴打、威胁、跟踪、骚扰行为，并以刘某家属生命安全相威胁。为此，刘某多次向派出所、妇联等相关部门反映情况、寻求保护，相关部门多次组织双方调解并对李某进行批评教育，但李某仍未改变。2016年，刘某认为李某与其他女子有不正当男女关系，劝解李某回心转意，李某以此为由对刘某发脾气，数次酒后殴打刘某，并扬言提刀砍死刘某。同年4月，李某再次以刘某怀疑其有外遇一事，对刘某进行殴打，并持菜刀砍伤刘某。2016年9月12日，刘某向重庆市城口县人民法院申请人身安全保护令。

【裁判结果】

重庆市城口县人民法院经审查后，依法作出裁定：禁止李某实施家庭暴力；禁止李某骚扰、跟踪、接触刘某及其近亲属；责令李某迁出刘某的住所。裁定作出后，李某未申请复议。

【典型意义】

本案是一起同居者申请人身安全保护令的案件。《反家庭暴力法》调整的不仅仅是家庭成员之间的暴力行为，还包括不属于家庭成员关系，但基于特殊的亲密关系或因法律规定而产生类似家庭成员之间的权利义务关系的人，比如同居关系当事人。《反家庭暴力法》第 37 条规定："家庭成员以外共同生活的人之间实施的暴力行为，参照本法规定执行。"因此，同居者遭受家庭暴力或者面临家庭暴力现实危险的，人民法院也可依当事人申请作出人身安全保护令。

11. 陈某申请人身安全保护令案（《最高人民法院人身安全保护令十大典型案例》案例一，2020 年 11 月 25 日）

【基本案情】

申请人陈某（女）与被申请人段某某系夫妻关系。双方婚后因工作原因分居，仅在周末、假日共同居住生活，婚初感情一般。段某某常为日常琐事责骂陈某，两人因言语不合即发生争吵，撕扯中互有击打行为。2017 年 5 月 5 日，双方因琐事发生争吵厮打，陈某在遭段某某拳打脚踢后报警。经汉台公安分局出警处理，决定给予段某某拘留 10 日，并处罚款 500 元的行政处罚。因段某某及其父母扬言要在拘留期满后上门打击报复陈某及其父母，陈某于 2017 年 5 月 17 日起诉至汉中市汉台区人民法院，申请人民法院作出人身保护裁定并要求禁止段某某对其实施家庭暴力，禁止段某某骚扰、跟踪、接触其本人、父母。

【裁判结果】

陕西省汉中市汉台区人民法院裁定：(1)禁止段某某对陈某实施辱骂、殴打等形式的家庭暴力；(2)禁止段某某骚扰、跟踪、接触陈某及其相关近亲属。如段某某违反上述禁令，视情节轻重处以罚款、拘留；构成犯罪的，依法追究刑事责任。

【典型意义】

因段某某尚在拘留所被执行拘留行政处罚，汉台区人民法院依法适用简易程序进行缺席听证，发出人身安全保护令。办案法官充分认识到家庭暴力危害性的特点，抓紧时间审查证据，仔细研究案情，与陈某进行了面谈、沟通，获知她本人及其家属的现状、身体状况、人身安全等情况，准确把握针对家庭暴力的行为保全申请的审查标准，简化了审查流程，缩短了认定的时间，依法、果断作出裁定，对受暴力困扰的妇女给予了法律强而有力的正义保护。陈某为家暴受害者如何申请人身安全保护令作出了好的示范，她具有很强的法律、证据意识，在家庭暴力发生后及时报警、治疗伤情，保证自身人身安全，保存各种能够证明施暴行为和伤害后果的证据并完整地提供给法庭，使得办案法官能够快速、顺利地在申请当日作出了民事裁定，及时维护了自己的权益。

12. 赵某申请人身安全保护令案（《最高人民法院人身安全保护令十大典型案例》案例二，2020 年 11 月 25 日）

【基本案情】

申请人赵某（女）与被申请人叶某系夫妻关系，因向法院提起离婚诉讼，叶某通过不定时发送大量短信、辱骂、揭露隐私及暴力恐吓等形式进行语言威胁。自叶某收到离婚诉讼案件副本后，恐吓威胁形式及内容进一步升级，短信发送频率增加，总量已近万条，内容包括“不把你全家杀了我誓不为人”“我不把你弄死，我就对不起你这份起诉书”“要做就做临安最惨的杀人案”等。赵某向法院申请人身安全保护令。案件受理后，因叶某不配合前往法院，承办人与叶某电话沟通。叶某在电话中承认向赵某发送过大量短信，并提及已购买刀具。

【裁判结果】

浙江省临安市人民法院裁定：禁止叶某骚扰、跟踪、接触赵某及其父母与弟弟。

【典型意义】

本案是一起因被申请人实施精神暴力行为而作出人身安全保护令的案件。《反家庭暴力法》第 2 条规定，本法所称家庭暴力，是指家庭成员之间以殴打、捆绑、残害、限制人身自由以及经常性谩骂、恐吓等方式实施的身体、精神等侵害行为。因此，被申请人虽然未实施殴打、残害等行为给申请人造成肉体上的损伤，但若以经常性谩骂、恐吓等方式实施侵害申请人精神的行为，法院亦将对其严令禁止，对申请人给予保护。

13. 周某及子女申请人身安全保护令案（《最高人民法院人身安全保护令十大典型案例》案例三，2020 年 11 月 25 日）

【基本案情】

申请人周某（女）与被申请人颜某经调解离婚后，3 名未成年子女均随周某生活。然而每当颜某心情不好的时候，便不管不顾地到周某家中骚扰、恐吓甚至殴打周某和 3 个孩子，不仅干扰了母子四人的正常生活，还给她们的身心造成了极大的伤害。周某多次报警，但效果甚微，派出所的民警们只能管得了当时，过不了几日，颜某依旧我行我素，甚至变本加厉地侵害母子四人的人身安全，连周某的亲友都躲不过。周某无奈之下带着 3 名子女诉至法院，请求法院责令颜某禁止殴打、威胁、骚扰、跟踪母子四人及其近亲属。

【裁判结果】

江苏省连云港市海州区人民法院裁定：（1）禁止颜某对周某及 3 名子女实施家庭暴力；（2）禁止颜某骚扰、跟踪、接触周某母子四人及其近亲属。

【典型意义】

本案系一起针对“离婚后家暴”发出人身安全保护令的典型案例。反家庭暴力法，顾名思义适用于家庭成员之间，现有法律对家庭成员的界定是基于血亲、姻亲和收养关系形成的法律关系。除此之外，《反家庭暴力法》第 37 条中明确规定“家庭成员以外共同生活的人之间实施的暴力行为，参照本法规定执行”，意味着监护、寄养、同居、离异等关系的人员之间发生的暴力也被纳入家庭暴力中，受到法律约束。

14. 李某、唐小某申请人身安全保护令、变更抚养权案（《最高人民法院人身安全保护令十大典型案例》案例四，2020 年 11 月 25 日）

【基本案情】

申请人李某（女）与被申请人唐某原系夫妻关系，2008 年协议离婚，婚生子唐小某由唐某抚养。唐某自 2012 年以来多次对唐小某实施家暴，导致唐小某全身多处经常出现瘀伤、淤血等被打痕迹，甚至一度萌生跳楼自寻短见的想法。李某得知后曾劝告唐某不能再打孩子，唐某不听，反而威胁李某，对唐小某的打骂更甚，且威胁唐小某不得将被打之事告诉外人，否则将遭受更加严厉的惩罚。李某向公安机关报案，经医院检查唐小某不但身上有伤，并且得了中度抑郁症和焦虑症。李某、唐小某共同向法院申请人身安全保护令，诉请法院依法禁止唐某继续施暴，同时李某还向法院提起了变更唐小某抚养权的诉讼。

【裁判结果】

广西壮族自治区柳州市柳北区人民法院裁定：（1）禁止唐某对李某、唐小某实施谩骂、侮辱、威胁、殴打；（2）中止唐某对唐小某行使监护权和探视权。

【典型意义】

由于法治意识的薄弱，不少家庭对孩子的教育依旧停留在“三天不打，上房揭瓦”这种落后的粗放式教育方法上，很大程度上会对孩子心智的健康发育，造成伤害且留下难以抹去的阴影。本案中，在送达人身安全保护令时，家事法官还建议警方和社区网格员，不定期回访李某、唐小某母子生活状况，及时掌握母子生活第一手资料，确保母子日常生活不再受唐某干扰。通过法院对人身安全保护令的快速作出并及时送达，派出所和社区的通力协执，及时帮助申请人恢复安全的生活环境，彰显了法院、公安、社区等多元化联动合力防治家庭暴力的坚定决心。

15. 朱小某申请人身安全保护令案（《最高人民法院人身安全保护令十大典型案例》案例五，2020 年 11 月 25 日）

【基本案情】

朱小某（10 岁）与父亲朱某（被申请人）、继母徐某（被申请人）共同生活。朱某和徐某常常以“教育”的名义对朱小某进行殴打，树棍、尺子、数据线等都成为体罚朱小某的工具。日常生活中，朱小某稍有不注意，就会被父母打骂，不管是身上还是脸上，常常旧痕未愈，又添新伤。长期处于随时面临殴打的恐惧中，朱小某身心受到严重伤害。区妇联在知悉朱小某的情况后，立即开展工作，向法院提交派出所询问笔录、走访调查材料、受伤照片等家暴证据，请求法院依法发出人身安全保护令。

【裁判结果】

江苏省连云港市赣榆区人民法院裁定：(1)禁止朱某、徐某对朱小某实施家庭暴力；(2)禁止朱某、徐某威胁、控制、骚扰朱小某。

【典型意义】

孩子是父母生命的延续，是家庭、社会和国家的未来。作为孩子的法定监护人，父母或是其他家庭成员应为孩子营造良好的成长氛围，以恰当的方式引导和教育孩子，帮助孩子树立正确的人生观和价值观。本案中，朱小某的父母动辄对其谩骂、殴打、体罚，对孩子造成严重的身心伤害，给其童年留下暴力的阴影。法院作出人身安全保护令之后，立即送达被申请人、辖区派出所、居委会及妇联，落实保护令监管事项，并专门与被申请人谈话，对其进行深刻教育，同时去医院探望正在接受治疗的朱小某。法院和妇联对朱小某的情况保持密切关注，及时进行必要的心理疏导，定期回访，督促朱某、徐某切实履行监护职责，为孩子的成长营造良好环境。

《反家庭暴力法》第23条第2款规定，当事人是无民事行为能力人、限制民事行为能力人，或者因受到强制、威吓等原因无法申请人身安全保护令的，其近亲属、公安机关、妇女联合会、居民委员会、村民委员会、救助管理机构可以代为申请。随着反家暴工作的不断深入，对于自救意识和求助能力欠缺的家暴受害人，妇联等职能机构代为申请人身安全保护令的案件越来越多。勇于对家暴亮剑，已经成为全社会的共同责任。法院、公安、妇联、社区等部门构建起严密的反家暴联动网络，全方位地为家庭弱势成员撑起“保护伞”。

16. 林小某申请人身安全保护令案

(《最高人民法院人身安全保护令十大典型案例》案例六，2020年11月25日)

【基本案情】

申请人林小某(女)与被申请人林某系亲生父女关系，林小某从小跟随爷爷奶奶长大，从未见过母亲。后林小某转学到林某所在地读初中，平时住校，周末与林某一同居住。林小某发现林某有偷看其洗澡并抚摸其身体等性侵害行为，这对林小某的身体、心理等方面造成了严重的伤害。林小某感到害怕不安，周末就到同学家居住以躲避父亲。林某找不到林小某，便到学校威胁和发微信威胁林小某，导致其不敢上晚自习。老师发现并与林小某谈话后，林小某在班主任陪同下报警，配合民警调查，并委托社工组织向法院申请人身安全保护令。

【裁判结果】

广西壮族自治区钦州市钦北区人民法院裁定：(1)禁止林某对受害人林

小某实施家庭暴力；(2)禁止林某骚扰、接触林小某。同时，将人身安全保护令向林小某的在校老师和班主任，林小某和林某居住地的派出所和居委会进行了送达和告知。

【典型意义】

本案中，学校在发现和制止未成年人受到家庭暴力侵害方面发挥了重要作用。公安部门接到受害人报警后，联系了社工组织，为受害人提供心理疏导及法律救助。社工组织接到救助后，第一时间到学校了解情况，为未成年人申请人身安全保护令。法院依法签发人身安全保护令后，林小某也转学同爷爷奶奶一起生活。人民法院在审理相关案件中，主动延伸司法服务，贯彻"特殊保护、优先保护"理念，较好地维护了未成年人的合法权益。

17. 罗某申请人身安全保护令案

(《最高人民法院人身安全保护令十大典型案例》案例七，2020 年 11 月 25 日)

【基本案情】

申请人罗某现年 68 岁，从未结婚生子，在其 27 岁时，收养一子取名罗某某，并与其共同生活。期间，罗某某经常殴打辱骂罗某。2019 年 11 月，因琐事，罗某某再次和罗某发生争执，并声称要杀死罗某。罗某害怕遭罗某某殴打，遂向当地村委会反映了上述情况，村委会考虑到罗某年岁已高，行动不便，且受到罗某某的威吓，村委会代罗某向法院申请人身安全保护令。

【裁判结果】

四川省德阳市旌阳区人民法院裁定：(1)禁止罗某某对罗某实施家庭暴力；(2)责令罗某某搬出罗某的住所。

【典型意义】

当事人因遭受家庭暴力或者面临家庭暴力的现实危险，向人民法院申请人身安全保护令的，人民法院应当受理。当事人是无民事行为能力人、限制民事行为能力人，或者因受到强制、威吓等原因无法申请人身安全保护令的，其近亲属、公安机关、妇女联合会、居民委员会、村民委员会、救助管理机构可以代为申请。本案中，由于罗某年岁已高，行动不便，且受到罗某某的威吓，当地村委会代为申请符合上述法律规定。

18. 吴某某申请人身安全保护令案

(《最高人民法院人身安全保护令十大典型案例》案例八，2020 年 11 月 25 日)

【基本案情】

申请人吴某某(女)与被申请人杨某某(男)2009 年相识后成为男女朋友，并居住在一起。2018 年农历春节过后吴某某向杨某某提出分手，杨某某同意。2018 年四五月，杨某某开始对吴某某进行跟踪、骚扰、殴打并强行闯入吴某某的住所和工作场地，限制吴某某的人身自由，抢夺吴某某住所的钥匙、手机，在吴某某住所地张贴诬蔑、辱骂、威胁吴某某的材料。吴某某多次向住所地、工作场地所在的派出所报警，杨某某在经警察教育、警告之后仍屡教不改,并且变本加厉骚扰吴某某。吴某某向法院申请人身安全保护令。

【裁判结果】

四川省成都市成华区人民法院裁定:(1)禁止杨某某对吴某某实施暴力行为;(2)禁止杨某某对吴某某及其家属实施骚扰、跟踪、接触;(3)禁止杨某某接近、进入吴某某的住所及工作场所。

【典型意义】

本案是一起同居关系的一方申请人身安全保护令的案件。《反家庭暴力法》不仅预防和制止家庭成员之间的暴力行为,还包括家庭成员以外共同生活的人之间实施的暴力行为。同居关系中暴力受害者的人身权利应当受到法律保护,同居关系的一方若遭受家庭暴力或者面临家庭暴力的现实危险,人民法院也可依当事人申请作出人身安全保护令。

19. 黄某违反人身安全保护令案

(《最高人民法院人身安全保护令十大典型案例》案例九,2020 年 11 月 25 日)

【基本案情】

申请人陈某某(女)与被申请人黄某系夫妻关系。两人经常因生活琐事发生争吵,黄某多次对陈某某实施家庭暴力。2016 年 3 月 22 日晚,黄某殴打陈某某后,陈某某报警,后经医院诊断为腰 3 右侧横突骨折。2016 年 3 月 28 日,陈某某向东兴法院提出人身保护申请,请求禁止黄某对陈某某实施家庭暴力,禁止骚扰、跟踪、威胁陈某某及其近亲属。陈某某在承办法官联系其了解受家暴情况时,表示只是想警告黄某,暂不希望人民法院发出人身安全保护令。承办法官随即通知黄某到法院接受询问,黄某承认实施家庭暴力,承认错误,并承诺不再实施家庭暴力。人民法院为预防黄某再次实施家暴,于 2016 年 5 月 19 日裁定作出人身安全保护令,并同时向黄某及其所在派出所、社区、妇联送达。后黄某违反人身安全保护令,于 2016 年 7 月 9 日 20 时许和次日早晨两次对陈某某实施家庭暴力。陈某某在 2016 年 7 月 10 日(周日)9 时许电话控诉被家暴事实,法官即联系城东派出所民警,派出所根据联动机制对黄某拘留 5 日。

【裁判结果】

2016 年 5 月 19 日,广西壮族自治区东兴市人民法院作出(2016)桂 0681 民保令 1 号民事裁定:(1)禁止黄某殴打陈某某;(2)禁止黄某骚扰、跟踪、威胁陈某某及其近亲属。

【典型意义】

如何认定存在家庭暴力行为,一是看证据是否确凿,如报警记录、信访材料、病历材料等,能充分证明家庭暴力存在的,立即裁定准许人身保护;二是通过听证或询问认定是否存在家暴行为,以便有针对性、快速地认定家暴,及时保护受家暴者及其亲属方。本案中,人民法院充分利用联动保护机制,作出人身安全保护令后,将裁定抄送给被申请人所在辖区派出所、妇委会、社区等，并保持紧密互动，互相配合，对裁定人身保护后再次出现的家暴行为进行严厉处罚。联动机制对受家暴方的紧急求助起到了关键作用。

20. 洪某违反人身安全保护令案（《最高人民法院人身安全保护令十大典型案例》案例十，2020 年 11 月 25 日）

【基本案情】

申请人包某（女）与被申请人洪某原系恋人关系，双方共同居住生活。洪某在因琐事引起的争执过程中殴打包某，导致包某头皮裂伤和血肿。包某提出分手，并搬离共同居所。分手后，洪某仍然通过打电话、发微信以及到包某住所蹲守的方式对其进行骚扰。包某不堪其扰，遂报警，民警对洪某进行了批评教育。包某担心洪某继续实施家庭暴力，向法院申请人身安全保护令。重庆市巴南区人民法院依法作出人身安全保护令。洪某收到人身安全保护令后，无视禁止，继续通过打电话、发短信和微信的方式骚扰包某，威胁包某与其和好继续交往，期间发送的消息达 300 余条。

【裁判结果】

重庆市巴南区人民法院决定，对洪某处以 1000 元罚款和 15 日拘留。

【典型意义】

本案是一起典型的针对家庭暴力作出人身安全保护令和对违反人身安全保护令予以司法惩戒的案例，主要有以下几点典型意义：第一，通过作出人身安全保护令，依法保护家庭暴力受害者的合法权利，彰显了法治的应有之义。中国几千年来都有“法不入家门”的历史传统，但随着时代的更迭和进步，对妇女儿童等弱势群体的利益保护已经得到社会的普遍认可。家庭成员以外共同生活的人可以被认定为是拟制家庭成员，根据《反家庭暴力法》第 37 条的规定，家庭成员以外共同生活的人可以申请人身安全保护令。第二，依法对公然违抗法院裁判文书的行为予以惩戒，彰显了遵法守法的底线。人身安全保护令不仅仅是一纸文书，它是人民法院依法作出的具有法律效力的裁判文书，相关人员必须严格遵守，否则应承担相应的法律后果。无视人身安全保护令，公然违抗法院裁判文书的行为已经触碰司法底线，必须予以严惩。第三，通过严惩家暴行为，对施暴者起到了震慑作用，弘扬了社会文明的价值取向。“法不入家门”已经成为历史，反对家庭暴力是社会文明进步的标志。通过罚款、拘留等司法强制措施严惩违反人身安全保护令的施暴者，让反家暴不再停留在仅仅发布相关禁令的司法层面，对施暴者予以震慑，推动整个社会反家暴态势的良性发展。

21. 赵某女申请人身安全保护令案——丈夫以爱之名对妻子过度监视亦属家暴（《山西高院发布“2024 年度保护妇女合法权益”十大典型案例》案

例四,2024 年 3 月 8 日)

【基本案情】

赵某女与王某男结婚多年,常因家庭琐事发生矛盾。2021 年 3 月,王某男给赵某女的手机安装了某 APP。通过该 APP,王某男可以远程对赵某女开启视频监控,监控赵某女的通话记录、开启赵某女的手机定位、选中并删除赵某女手机中的照片。王某男自认为此举是对赵某女的关爱,在赵某女的手机上监视运行该 APP 一年有余,后在赵某女的强烈反对及不配合下,王某男才将该 APP 卸载。2023 年 8 月,因王某男殴打、威胁赵某女,赵某女向派出所报警,派出所民警向王某男出具了《家庭暴力告诫书》。同时,赵某女因王某男存在殴打、威胁、监视其行踪等家庭暴力行为,为维护其自身安全,申请人民法院下发人身安全保护令,并向法院提供了监控视频截图 2 页。在截图中可以看到双方的房子里,每个房间都安装有摄像头,不足 100 平方米的房子里共计装有 5 个摄像头。

人民法院经审理认为,赵某女向法院提交的《家庭暴力告诫书》、手机监控截图等证据能够证明王某男殴打赵某女的行为对赵某女的人身安全造成了威胁,符合《反家庭暴力法》第 27 条出具人身安全保护令的规定。根据《最高人民法院关于办理人身安全保护令案件适用法律若干问题的规定》第 3 条,家庭成员之间以冻饿或者经常性侮辱、诽谤、威胁、跟踪、骚扰等方式实施的身体或精神侵害行为,应当认定为《反家庭暴力法》规定的"家庭暴力"。王某男在赵某女手机上安装某 APP 软件,在家里多处安装摄像头,这种过度监视行为属于变相的跟踪及监视,对赵某女造成了精神上的侵害,应认定为家庭暴力的范畴。人民法院出具《人身安全保护令》,禁止王某男殴打、威胁赵某女,禁止王某男骚扰、跟踪、监视赵某女,并就保护令的内容向王某男进行了释明,禁止其实施家庭暴力,明确要求其必须拆除现有摄像头及监控设备。后经回访,王某男拆除了摄像头及监控设备,并且未再对赵某女实施家庭暴力。

【典型意义】

人身安全保护令可以在离婚诉讼中提出,也可以单独提出,是女性遭受家庭暴力时依法维权的重要方式。尊重和信任是维系婚姻的基础。在婚姻中,以爱为名的过度怀疑和控制往往会破坏夫妻彼此之间的信任与和谐。婚姻是建立在相互尊重和信任的基础上,过度的监视和质疑,带来的只有隔阂和矛盾,而给予对方足够的自由和空间,才能更好地维系婚姻关系。家庭暴力的受害者为了维护家庭和谐,在感情羁绊下长期一忍再忍,实质上是对家暴的纵容,广大女性要提高反家暴意识,增强自我保护能力。本案的审理,彰显了人民法院对家暴零容忍的司法态度,体现了保护妇女权益的坚定立场和有力举措。

22. 王某某申请人身安全保护令案——对家庭暴力勇敢说“不”[《人民法院案例选》2022 年第 12 辑(总第 178 辑)]

【裁判要旨】

家庭暴力是导致夫妻感情破裂的重要因素之一,不仅会伤害受害者的身体健康和心理健康,还会给社会带来不稳定因素。保护受害人的人身安全、阻止并惩罚施暴行为是司法机关义不容辞的责任。申请人数次受到被申请人骚扰和威胁,属于确有面临家庭暴力的现实危险。作为预防性的人身安全保障措施,应当依法作出人身安全保护令。

【基本案情】

法院经审理查明:本案中,申请人王某某提供的上海市公安局案(事)件接报回执单、上海市公安局奉贤分局齐贤派出所于 2021 年 7 月 13 日作出的《家庭暴力告诫书》以及申请人的门急诊病历、家庭暴力庇护情况登记表、奉贤区救助管理站求助登记表、被申请人出具的保证书及承诺书等足以证实被申请人李某某对申请人王某某进行过家暴行为。

【裁判结果】

上海市奉贤区人民法院于 2021 年 12 月 8 日作出(2021)沪 0120 民保令 2 号民事裁定:(1)禁止被申请人李某某对申请人王某某实施殴打、辱骂、威胁等行为;(2)禁止被申请人李某某骚扰、跟踪、接触申请人王某某及申请人的亲属;(3)禁止被申请人李某某在距离下列场所 200 米内活动:申请人王某某的住处、工作单位、孩子学校、孩子培训学校。本裁定自作出之日起 6 个月内有效。人身安全保护令失效前,人民法院可以根据申请人的申请撤销、变更或者延长。被申请人对本裁定不服的,可以自裁定生效之日起 5 日内向本院申请复议一次。复议期间不停止裁定的执行。如李某某违反上述禁令,本院将依据《反家庭暴力法》第 34 条规定,视情节轻重,处以罚款、拘留;构成犯罪的,依法追究刑事责任。

【裁判理由】

法院生效裁判认为:申请人因遭受家庭暴力或者面临家庭暴力的现实危险,可以向人民法院申请人身安全保护令。家庭暴力是指行为人以殴打、捆绑、残害、强行限制人身自由或者其他手段,给其家庭成员的身体、精神等方面造成一定伤害后果的行为。申请人与被申请人作为夫妻,遇有家庭矛盾,应采用合理合法的方式解决,但被申请人采用家暴方式,给申请人王某某身体及心理造成伤害,鉴于双方目前较为明显的冲突状态,申请人王某某确有面临家庭暴力的现实危险,作为预防性的人身保障措施,申请人王某某的申请符合作出人身安全保护令的法定条件,法院予以支持,但具体措施根据本案实际情况酌情确定。

23. 吴某平诉孙某离婚纠纷案——家庭暴力的认定及受暴方人身

和财产权的保护［《人民法院案例选》2015 年第 3 辑(总第 93 辑)］

【裁判要点】

(1)应当根据行为动机而非发生频率来认定家暴。

(2)离婚后受暴方难以收回被施暴方霸占的婚前房产，为保障受暴方的人身安全和财产权益，避免可能发生的恶性案件，人民法院可以发出人身安全保护裁定，责令施暴方搬出所占房屋。

【基本案情】

法院经审理查明：原、被告于 2008 年初经婚介认识，2008 年 5 月 6 日登记结婚，双方均系再婚，婚后未共同生育子女。2013 年 4 月 3 日，珠海市公安局唐家派出所值班日志记录："事主吴某平报其经常被老公打，刚才其老公问其要钱不成后用刀威胁要将其砍死。"2013 年 5 月 6 日上午吴某平报警后的询问笔录显示：其向警察叙述了被孙某殴打的经过，后于当日 13 点 14 分拍摄的伤照显示右侧颈部红肿有血印，与其叙述吻合。另查明：原告名下婚前购买的一套房屋于 2008 年 4 月已偿清贷款。被告账号 2008 年全年账户余额不足 1 万元，全年无万元以上的交易。原告 2013 年 5 月 6 日被打后不敢回家，在外租房居住，此后该房一直由被告居住。

【裁判结果】

广东省珠海市香洲区人民法院于 2014 年 4 月 2 日作出(2013)珠香法民一初字第 2054 号民事判决：准许原告吴某平与被告孙某离婚，自判决发生法律效力之日起，双方脱离夫妻关系。案件受理费人民币 300 元，由被告孙某负担。宣判后，双方未提出上诉，判决已发生法律效力。

同日，法院发出人身安全保护裁定：(1)禁止被申请人孙某殴打、威胁申请人吴某平；(2)禁止被申请人孙某对申请人吴某平实施骚扰、接触、跟踪、通话、通信或其他不必要的联络行为；(3)限被申请人孙某于本裁定发生法律效力之日起 15 日内从珠海市唐家湾镇唐淇路 1206 号 5 栋 2 单元 202 房搬出。

【裁判理由】

法院生效裁判认为：本案的争议焦点有三：(1)是否存在孙某付给吴某平 8 万元应返还；(2)是否存在家暴；(3)是否应当通过人身安全保护裁定责令被告搬出原告房屋。

(1)关于是否存在孙某付给吴某平 8 万元应返还的事实。孙某称曾付给吴某平 8 万元用于偿还房屋贷款并要求偿还，未提交相应证据，其在法庭询问时陈述了具体的取款账号和取款时间，但经法院调查证实并无相关取款记录。后孙某称是因记错账号，却仍未举证证明取款、付款的事实，可见其在庭审中做虚假陈述，对该主张不予采信。

(2)关于是否存在家暴。根据《婚姻法》第 32 条第 3 款第 2 项规定，实施家庭暴力的，调解无效应准予离婚。

《婚姻法解释(一)》第 1 条规定,“家庭暴力”是指行为人以殴打、捆绑、残害、强行限制人身自由或者其他手段,给其家庭成员的身体、精神等方面造成一定伤害后果的行为。持续性、经常性的家庭暴力,构成虐待。本案中,2013 年 4 月 3 日唐家派出所值班日志记录了吴某平当日报警所反映的孙某用砍刀对其实施威胁的情况。2013 年 5 月 6 日的伤照显示吴某平右面部红肿、右颈部大片红肿及渗血,孙某也认可自己当日殴打吴某平后从其手袋拿钱,结合公安机关给吴某平所做询问笔录,可以认定吴某平“他拽着我的脖子把我往卧室里面拖”的陈述可信度较高。

孙某称自己只打过吴某平两次耳光,不构成家庭暴力,又称自己是因将全部工资收入交给吴某平才向其要钱开支,但本案查实的 2013 年 5 月 6 日实施的暴力不仅是打耳光,而孙某在庭审中编造事实要求吴某平偿还 8 万元的行为,更表现出其缺乏诚信,可以印证吴某平关于孙某经常因要钱不成而实施殴打的主张。法律和司法解释并未规定只有严重身体伤害后果才构成家庭暴力,持续、经常性暴力是构成虐待的法定要件而非构成家庭暴力的法定要件。孙某殴打吴某平造成其身体伤害及精神上的恐惧,应认定构成家庭暴力。

(3)关于是否应当通过人身安全保护裁定责令被告搬出原告房屋。孙某曾实施殴打、掐吴某平脖子等暴力行为,又曾用砍刀恐吓及言语威胁杀死吴某平,可以预见,离婚后吴某平凭借自己的力量难以收回房屋,还可能因此发生恶性暴力事件。双方因孙某实施家庭暴力导致感情破裂而离婚,其作为过错方霸占吴某平婚前所有的房屋而让吴某平无房居住,显然不公平。为保障吴某平人身安全和离婚后的财产权,依照《民事诉讼法》第 100 条的规定,发出人身安全保护裁定。

24. 王某诉李某离婚纠纷案[《人民法院案例选》2011 年第 4 辑(总第 78 辑)]

【裁判要点】

(1)原告以被告在原告撤诉后违反人身安全保护裁定作为出现新情况、新理由,在撤诉后 6 个月之内再次起诉至人民法院要求离婚的,人民法院应当予以受理;(2)确定从施暴人在夫妻共同财产中应占有的财产份额充抵其应承担的损害赔付义务,能够保障家庭暴力受害人的损害赔偿请求的实现;(3)违反了人身安全保护裁定,应当承担少分得夫妻共同财产的法律后果;(4)子女在完成从初中毕业直升的职业院校学业之前可以比照未完成高中教育情形,视为“不能独立生活的子女”,离婚的父母仍应当承担相应的抚养费。

【基本案情】

长沙市岳麓区人民法院经审理查明:原告王某与被告李某于 1991 年 9 月 20 日共同生育一子李某某,李某某

2007 年 8 月初中毕业后就读于湖南司法警官职业学院 5 年制专科班。因原结婚证遗失,原、被告于 2003 年 3 月 13 日补办结婚证。原、被告婚姻存续期间的最近 10 余年里,被告经常殴打原告。2004 年 2 月 20 日,被告向原告出具书面保证一份,内容为:本人今后一定做一个好丈夫,保证不打骂妻子,不乱花钱,不乱交友,不吃酒,无论大小事情都要与妻子商量,勤俭节约,保证不做对不起妻子之事,不做违法的事情等,今后如果做不到,本人愿意自觉离开妻子,无条件离婚,所有财产都归妻子,本人的债务与妻子无关。2004 年至 2009 年间,原告曾多次因被被告打伤前往医院就诊,并多次报警。2009 年 8 月,原告向本院起诉离婚,同时申请法院给予其人身安全保护,本院于 2009 年 8 月 25 日,作出(2009)岳民初字第 02300 号民事裁定书,要求被告于裁定生效之日起不得再对原告及儿子进行威胁、殴打、骚扰、跟踪,或者与原告及儿子进行不受欢迎的接触;要求被告在裁定有效期(6 个月)内不得擅自处理价值较大的夫妻共同财产。2009 年 9 月 25 日,原告自愿撤回离婚诉讼。2009 年 10 月 3 日,原、被告曾自行协商离婚事宜,未果。2009 年 12 月 30 日,被告借故前往原告住所吵闹,并将原告住处的 4 台自动麻将机砸坏,原告报警后,被告逃跑躲藏。原告于 2010 年 1 月 7 日以撤诉后 6 个月内出现新情况、新理由为由再次起诉离婚。经征求原、被告之子李某某的意见,其愿随原告共同生活。

查,原告于 2007 年 7 月 10 日取得长沙市经济适用住房购房资格(有效期至 2008 年 7 月 10 日),2007 年 7 月 16 日,原告向长沙市安德佳置业有限公司缴纳了经济适用房订金 2 万元。同日,原告缴纳 9000 元购买了长沙市安德佳置业有限公司的某家园 9 栋 Z01 号杂屋使用权;缴纳 47000 元购买了长沙市安德佳置业有限公司的某家园 9 栋 C03 号车库使用权。另查,原、被告另有冰箱 1 台、彩电 2 台、空调 4 台、歌厅音响设备 2 套、自动麻将机 5 台。原告未就其主张的债权、债务提交任何证据。

【裁判理由】

长沙市岳麓区人民法院认为:

(1)原告王某与被告李某结婚后,被告没有珍惜夫妻感情,在最近的 10 余年时间里经常对原告实施家庭暴力,严重损害了原告及子女的身心健康,特别是在法院作出人身安全保护裁定之后的裁定有效期内,违反裁定中所明确的禁令,对原告的正常生活进行骚扰,对夫妻共同财产进行毁损,故对原告再次起诉要求离婚,本院予以准许。

(2)原、被告婚生子虽已成年,但其是在初中毕业之后直接就读于职业院校,现尚未完成职业院校学业,根据《婚姻法解释(一)》第 20 条的规定精神,原、被告之子在完成现就读的职业院校学业之前应当可以视为“不能独立生活的子女”,根据其个人意愿,将其判归原告直接抚养为宜，被告作为不直接抚养的一方应当承担相应的抚养费用。

(3)以原告名义取得的经济适用房购房资格，从证据显示已超过有效期，故本院对该经济适用房购房资格的享有不予处理。但原告为了认购经济适用房所缴纳订金 2 万元，以及原告已经购买的杂屋和车库使用权应当认定为夫妻共同财产。

(4)被告在其与原告的婚姻关系存续的 10 余年里，经常性地对原告实施家庭暴力，对原告及其子女的身心伤害应当承担相应的赔偿责任，考虑到原、被告的夫妻财产为共同制，故本院从被告在夫妻共同财产中应占有的财产份额中酌定其应承担的赔付义务。在本院的人身安全保护裁定有效期内，被告违反裁定确定的禁令，并毁损夫妻共同财产，根据《婚姻法》第 47 条的规定，分割夫妻共同财产时，对被告可以少分或不分。综上所述，对于原、被告夫妻共同财产，本院确定对被告少分的原则予以分割。

【裁判结果】

据此，依照《婚姻法》第 32 条、第 37 条、第 39 条、第 46 条、第 47 条，《婚姻法解释(一)》第 20 条、第 28 条，《民事诉讼法》第 130 条的规定，判决如下：(1)原告王某与被告李某自判决生效之日起解除婚姻关系。(2)原、被告婚生子李某某至其从湖南司法警官职业学院 5 年制专科班毕业前由原告王某直接抚养，被告李某在此期间每月负担李某某生活费 200 元，李某某在此期间的教育费、医疗费由原告王某与被告李某各负担一半。(3)原告向长沙市安德佳置业有限公司缴纳的经济适用房订金 2 万元归原告所有；长沙市安德佳置业有限公司的某家园 9 栋 Z01 号杂屋使用权、长沙市安德佳置业有限公司的某家园 9 栋 C03 号车库使用权归原告享有。(4)原、被告共同财产中的冰箱 1 台归原告王某所有；彩电 2 台，归原告王某和被告李某各享有 1 台；空调 4 台，归原告王某和被告李某各享有 2 台；歌厅音响设备 2 套，归原告王某和被告李某各享有 1 套；自动麻将机 5 台，归原告王某享有 4 台，归被告李某享有 1 台。本案案件受理费依法予以减免。

一审宣判后，被告李某不服，上诉至长沙市中级人民法院。长沙市中级人民法院查明的事实与一审法院查明的事实一致，二审判决驳回上诉、维持原判。

第一千零四十三条　【婚姻家庭道德规范】家庭应当树立优良家风，弘扬家庭美德，重视家庭文明建设。

夫妻应当互相忠实，互相尊重，互相关爱；家庭成员应当敬老爱幼，互相帮助，维护平等、和睦、文明的婚姻家庭关系。

【原《婚姻法》条文】

第四条　夫妻应当互相忠实，互相尊重；家庭成员间应当敬老爱幼，互相帮助，维护平等、和睦、文明的婚姻家庭关系。

【修改说明】

增设第1款关于家风、家庭美德、家庭文明等有关家庭观念的原则性规定，构成家庭法领域的公序良俗标准；第2款在表述中增加"互相关爱"。

【立法·要点释义】

在婚姻家庭领域，要特别强调弘扬社会主义核心价值观，特别强调法治和德治的结合。

【编者观点】

各地高院相关指导性意见多认为，夫妻双方订立的忠诚协议应当自觉履行，一方仅以对方违反忠诚协议为由，起诉要求对方履行协议或支付违约金及赔偿损失的，法院不予受理。但是亦有不少法院判决认可不涉及特定人身关系的夫妻忠诚协议有效。

有学者将忠诚协议区分为日常琐事型、离婚禁止型以及行为禁止型等不同类型。对于日常琐事的约定是否能够具备法律效力，本质是当事人法律拘束意思的判断问题。在离婚禁止型与行为禁止型约定中，问题的焦点便是此种不作为义务往往与人的行为自由相关，从而影响到合同效力，以及违反该约定是否可以请求承担违约责任。背俗的忠诚协议包括财产剥夺型，如协议中设定了过度的惩罚措施，可能因其达成目的的手段而产生违背公序良俗的效果，例如净身出户协议对财产的过度剥夺可能造成个人生存的困境以及人格尊严的贬损，而被认定为无效；背俗的忠诚协议还包括权利义务失衡型，婚姻自由和契约自由无法为结构性不平等的、纯粹为夫妻一方的单方面负担的约定提供足够的正当化理由。对于离婚禁止型的忠诚协议，如果对婚姻自由形成了实质限制则无效，但是如协议内容仅规定了部分财产为离婚代价，并不足以构成对婚姻自由的限制，则属于夫妻对于离婚财产分割方案的约定，并不必然无效。

【司法解释】

《最高人民法院关于适用〈中华人民共和国民法典〉婚姻家庭编的解释（一）》（法释〔2020〕22号，2021年1月1日施行）

第四条①　**【当事人仅以《民法典》第1043条为依据提起诉讼的处理】**当

① 对该条的注释详见附录一第801页。

事人仅以民法典第一千零四十三条为依据提起诉讼的,人民法院不予受理;已经受理的,裁定驳回起诉。

【地方法院规范】

《江苏省高级人民法院民事审判第一庭家事纠纷案件审理指南(婚姻家庭部分)》(2019 年)

24. 夫妻双方订立忠诚协议约定如果夫妻一方违反忠诚义务将赔偿夫妻另一方违约金或者精神损害抚慰金,夫妻一方起诉主张确认忠诚协议的效力或者以夫妻另一方违反忠诚协议为由主张其承担责任的,应当如何处理?

夫妻忠诚协议是夫妻双方在结婚前后,为保证双方在婚姻关系存续期间不违反夫妻忠诚义务而以书面形式约定违约金或者赔偿金责任的协议。

夫妻是否忠诚属于情感道德领域的范畴,夫妻双方订立的忠诚协议应当自觉履行。夫妻一方起诉主张确认忠诚协议的效力或者以夫妻另一方违反忠诚协议为由主张其承担责任的,裁定不予受理,已经受理的,裁定驳回起诉。

25. 夫妻双方订立如果夫妻一方发生婚外情、实施家庭暴力、赌博等行为,离婚时放弃财产的协议,离婚时能否作为裁判的依据?

夫妻双方订立如果夫妻一方发生婚外情、实施家庭暴力、赌博等行为,离婚时放弃财产的协议,不属于夫妻财产约定。离婚时无过错的夫妻一方以夫妻财产约定为由主张据此分割财产的,不予支持。但在分割财产时,应当综合考虑当事人过错情况等对无过错的夫妻一方酌情予以照顾,以平衡双方利益。

第一千零四十四条 【收养的原则】收养应当遵循最有利于被收养人的原则,保障被收养人和收养人的合法权益。

禁止借收养名义买卖未成年人。

【立法·要点释义】

现代收养制度以保护被收养的未成年人为最主要宗旨。“最有利于被收养人的原则”的根据是《儿童权利公约》的儿童利益最大化原则,我国是公约参加国,应当贯彻公约规定的原则。这一原则贯穿于整个收养规定之中,如本编第 1093 条、第 1100 条、第 1107 条规定。

婚姻家庭法的收养规定在突出保护被收养的未成年人的同时,也兼顾保护收养人的利益,应满足某些无子女的人希望得到子女的合理愿望,他们通过收养子女,得到生活上的安慰,并在年老时有所依靠。被收养人和收养人的权利义务是统一的,但重在保护被收养人的权利。

【相关立法】

《中华人民共和国刑法》(2023年修正,2024年3月1日施行)

第二百四十条 【拐卖妇女、儿童罪】拐卖妇女、儿童的,处五年以上十年以下有期徒刑,并处罚金;有下列情形之一的,处十年以上有期徒刑或者无期徒刑,并处罚金或者没收财产;情节特别严重的,处死刑,并处没收财产:

(一)拐卖妇女、儿童集团的首要分子;

(二)拐卖妇女、儿童三人以上的;

(三)奸淫被拐卖的妇女的;

(四)诱骗、强迫被拐卖的妇女卖淫或者将被拐卖的妇女卖给他人迫使其卖淫的;

(五)以出卖为目的,使用暴力、胁迫或者麻醉方法绑架妇女、儿童的;

(六)以出卖为目的,偷盗婴幼儿的;

(七)造成被拐卖的妇女、儿童或者其亲属重伤、死亡或者其他严重后果的;

(八)将妇女、儿童卖往境外的。

拐卖妇女、儿童是指以出卖为目的,有拐骗、绑架、收买、贩卖、接送、中转妇女、儿童的行为之一的。

第二百四十一条 【收买被拐卖的妇女、儿童罪】收买被拐卖的妇女、儿童的,处三年以下有期徒刑、拘役或者管制。

【强奸罪】收买被拐卖的妇女,强行与其发生性关系的,依照本法第二百三十六条的规定定罪处罚。

收买被拐卖的妇女、儿童,非法剥夺、限制其人身自由或者有伤害、侮辱等犯罪行为的,依照本法的有关规定定罪处罚。

收买被拐卖的妇女、儿童,并有第二款、第三款规定的犯罪行为的,依照数罪并罚的规定处罚。

【拐卖妇女、儿童罪】收买被拐卖的妇女、儿童又出卖的,依照本法第二百四十条的规定定罪处罚。

收买被拐卖的妇女、儿童,对被买儿童没有虐待行为,不阻碍对其进行解救的,可以从轻处罚;按照被买妇女的意愿,不阻碍其返回原居住地的,可以从轻或者减轻处罚。

第二百四十二条 【妨害公务罪】以暴力、威胁方法阻碍国家机关工作人员解救被收买的妇女、儿童的,依照本法第二百七十七条的规定定罪处罚。

【聚众阻碍解救被收买的妇女、儿童罪】聚众阻碍国家机关工作人员解救被收买的妇女、儿童的首要分子,处五年以下有期徒刑或者拘役;其他参与者使用暴力、威胁方法的,依照前款的规定处罚。

【司法指导文件】

《最高人民法院、最高人民检察院、公安部、司法部关于依法惩治拐卖妇女

儿童犯罪的意见》（法发〔2010〕7 号，2010 年 3 月 15 日）

17. 要严格区分借送养之名出卖亲生子女与民间送养行为的界限。区分的关键在于行为人是否具有非法获利的目的。应当通过审查将子女“送”人的背景和原因、有无收取钱财及收取钱财的多少、对方是否具有抚养目的及有无抚养能力等事实，综合判断行为人是否具有非法获利的目的。

具有下列情形之一的，可以认定属于出卖亲生子女，应当以拐卖妇女、儿童罪论处：

（1）将生育作为非法获利手段，生育后即出卖子女的；

（2）明知对方不具有抚养目的，或者根本不考虑对方是否具有抚养目的，为收取钱财将子女“送”给他人的；

（3）为收取明显不属于“营养费”、“感谢费”的巨额钱财将子女“送”给他人的；

（4）其他足以反映行为人具有非法获利目的的“送养”行为的。

不是出于非法获利目的，而是迫于生活困难，或者受重男轻女思想影响，私自将没有独立生活能力的子女送给他人抚养，包括收取少量“营养费”、“感谢费”的，属于民间送养行为，不能以拐卖妇女、儿童罪论处。对私自送养导致子女身心健康受到严重损害，或者具有其他恶劣情节，符合遗弃罪特征的，可以遗弃罪论处；情节显著轻微危害不大的，可由公安机关依法予以行政处罚。

【部门参考文件】

1.《民政部关于收养法律规定适用范围的复函》（民事函〔1996〕67 号，1996 年 4 月 1 日）

《中华人民共和国收养法》第 2 条①规定：“收养应当有利于被收养的未成年人的抚养、成长。”根据这个原则，第四章规定了收养人在被收养人成年之前不得解除收养关系。但如果出现不利于被收养人抚养、成长的情况，法律又规定可有条件地解除收养关系。此章这一规定只适用于发生在中华人民共和国境内（包括收养人是外国人）的收养关系的解除。

2.《民政部婚姻司对〈收养法〉的解答》（1992 年 4 月 1 日）

一、什么是收养？

答：收养，是领养他人子女为自己子女的民事法律行为，使原来没有父母子女关系的人们之间产生法律拟制的父母子女关系，收养人为养父和养母，被收养人为养子或养女。收养必须符合一定的条件和程序才能成立。收养关系一经成立，养子女与养父母间的关系与亲生父母子女间的关系基本相同，但收养关系在一定条件下可以解除，而

① 对应《民法典》第 1044 条。——编者注

亲生父母子女间的血亲关系则一般不能人为解除。

二、什么是收养法的基本原则?

答:我国收养法第二条①规定:收养应当有利于被收养的未成年的抚养、成长,遵循平等自愿的原则。这里规定了我国收养法的两个基本原则。(一)有利于未成年人健康成长的原则。实行收养制度主要是为了养子女的利益,它可以使无依无靠的孤儿,或因某些原因无法随父母生活的儿童,在养父母的抚养教育下,享受家庭的温暖,得以健康成长。(二)平等自愿的原则。收养是确立养父母子女关系的一种法律行为,为了保证这种拟制血亲关系的稳定,就要求它必须建立在双方平等自愿的基础上。

二十二、借收养名义拐卖儿童或者遗弃婴儿的,应承担什么法律责任?

答:《收养法》规定:"严禁买卖儿童或者借收养名义买卖儿童"。借收养名义拐卖儿童的,依照《全国人民代表大会常务委员会关于严惩拐卖、绑架妇女、儿童的犯罪分子的决定》追究刑事责任。这一"决定"规定:拐卖妇女、儿童的,处五年以上十年以下有期徒刑,并处一万元以下罚金;对拐卖妇女、儿童集团的首要分子,拐卖妇女、儿童三人以上的,造成被拐卖妇女、儿童或者其亲属重伤、死亡或者其他严重后果的,将妇女、儿童卖往境外的,处十年以上有期徒刑或者无期徒刑,并处以一万元以下罚款或者没收财产,情节特别严重的,处死刑,并处没收财产。②

遗弃婴儿的,由公安部门处1000元以下罚款;情节恶劣构成犯罪的,依照《中华人民共和国刑法》第一百八十三条③追究刑事责任。出卖亲生子女的,依照上述规定处罚。

第一千零四十五条 【亲属、近亲属与家庭成员】亲属包括配偶、血亲和姻亲。

配偶、父母、子女、兄弟姐妹、祖父母、外祖父母、孙子女、外孙子女为近亲属。

配偶、父母、子女和其他共同生活的近亲属为家庭成员。

【原《民法通则意见》条文】

12. 民法通则中规定的近亲属,包括配偶、父母、子女、兄弟姐妹、祖父母、外祖父母、孙子女、外孙子女。

【立法·要点释义】

亲属为有血缘关系或者婚姻关系的人。我国采取广义的亲属概念,包括配偶、血亲和姻亲。配偶是产生血亲和

① 对应《民法典》第1044条。——编者注

② 在具体适用时,应结合《刑法》第240条的规定妥当把握。——编者注

③ 对应2023年《刑法》第261条。——编者注

姻亲的基础，是亲属的独立类型。血亲是指因自然的血缘关系而产生的亲属关系，也包括因法律拟制而产生的血亲关系，如收养形成的父母子女关系。自然血亲关系因出生而发生，因死亡而终止。拟制血亲关系因收养或者继父母与继子女形成抚养关系而发生，因一方死亡或者养父母子女关系、继父母子女关系依法解除而终止。亲属法根据亲属血缘联系的直接与否，将血亲的亲系分为直系血亲和旁系血亲。直系血亲，即生育自己和自己所生育的上下各代亲属，如父母子女、祖父母与孙子女、外祖父母与外孙子女。旁系血亲，是指与自己有着共同血缘，但彼此之间没有直接生育关系的血亲，如兄弟姐妹之间、伯叔姑与侄（女）之间、舅姨与甥（女）之间。我国《婚姻法》和本编对亲等及亲等计算没有作专门规定。《民法典》第 1048 条规定三代以内的旁系血亲禁止结婚。这个“代”是指世代，或者称“辈”。一类是己身与伯叔姑舅姨，属于三亲等，另一类是己身与堂表兄弟姐妹，属于四亲等。

姻亲是以婚姻为中介形成的亲属，但不包括己身的配偶。一类是配偶的血亲，另一类是血亲的配偶。婚姻当事人一方死亡，则姻亲关系不终止；离婚或婚姻被撤销，姻亲关系终止。姻亲之间无法定权利义务关系，他们之间在特定情形中产生的权利义务关系，可以作特别规定，如我国存在丧偶儿媳、女婿继续赡养公婆、岳父母，为其养老送终的情况，也存在儿媳“离婚不离家”，离婚后继续伺候公婆并为其养老送终的情况。《民法典》第 1129 条作出了丧偶儿媳对公婆、丧偶女婿对岳父母尽了赡养义务，作为继承人继承财产的规定。对于儿媳“离婚不离家”的情况，应从保护妇女利益角度出发，从权利义务相一致和公平的角度，特殊情况特殊处理，但不宜以共同生活界定姻亲是否为近亲属。

我国许多法律都使用“近亲属”的概念。如在刑事类法律中规定，刑事自诉案件的自诉人可以委托其近亲属为代理人参加诉讼，在致人死亡的人身侵权损害赔偿案件中，其近亲属有权要求赔偿。在诉讼回避制度中，近亲属关系可以成为诉讼中回避的理由等。本条确定的近亲属范围，彼此间是有权利义务关系的。

家庭成员应是近亲属，有的近亲属如配偶、父母、子女，当然是家庭成员，即使已经不再在一起共同生活，但彼此间的权利义务关系不断，也仍是家庭成员。其他近亲属，如在一个家庭中共同生活，应当属于家庭成员，如不在一起共同生活，就不属于家庭成员。这个“共同生活”，应是长久的同居在一起的共同生活，而不是短期的、临时性的共同生活。

【编者观点】

2023 年 6 月 15 日，北京市海淀区人民法院对“牟某翰虐待案”作出了一审判决。法院基于共同组建家庭的恋爱交往目的、为共同组建家庭做准备的客观行为、家长态度及要求、共同生活事实、频繁的经济往来等因素，认定牟某翰与陈某某（包某）之间形成了实质上的家庭成员关系，并在此基础上以虐待罪判处被告人牟某翰有期徒刑3年2个月。2023年7月25日，北京市第一中级人民法院作出了“驳回上诉、维持原判”的二审裁定。二审法院基于“牟某翰与包某在2018年9月至2019年10月期间经常性共同居住、同居期间曾共同前往对方家中拜见对方父母，且双方父母均认可二人的同居状态及以结婚为目的的男女朋友关系”之事实，同样认为“二人之间关系与家庭成员关系并无本质区别”。在该案中，牟某翰和被害人之间是否存在家庭成员关系，毫无疑问是争议最大的问题。根据《刑法》第260条，具有家庭成员关系是构成虐待罪的前提。然而在实证法层面，并不存在将同居者拟制为家庭成员的规定，因此法院的处理只能说是一种类推，且可能有违罪刑法定原则。

“牟某翰虐待案”直接提出的问题是：同居关系是否应被认定为家庭关系。但问题的全貌不止于此。在我国现行法中，“家庭”概念呈现出极为复杂、多义的样态，包括“户籍标准”“亲属关系标准”“亲属关系+共同生活标准”和“亲属关系+共同生活+户籍标准”等不同界定标准。“家庭”概念边界的确定并非一个简单的“寻找社会共识”的问题，而是要回答在不同语境下，国家权力应当在何种程度上介入既存的家庭伦理秩序。这个问题涉及家庭的两种角色，一种是作为伦理秩序载体的家庭，另一种是作为国家治理单元的家庭。

从“伦理秩序载体”角色来看，家庭本身就是治理目的之所在。对“家庭”概念的界定实际上是要对“国家应该保护何种家庭伦理秩序”作出回答。在中国传统社会，作为伦理秩序载体的“家庭”概念是政治权力和儒家道统共同作用的结果。在当代中国，家庭伦理秩序同样不是一件私事，而是具有强烈的公共属性，国家应当积极参与一种理想的家庭伦理秩序的建构，而非保持中立。《宪法》对“慈”“孝”和“男女平等”等伦理秩序进行了基本的设定，不仅借助《民法典》中监护制度、“婚姻家庭编”和“继承编”等私法规则得以具体实现，亦通过公法获得了强有力的保障。例如，在税法层面，通过将子女教育和赡养老人的相关支出列入个人所得税的“专项附加扣除”，从正面鼓励人们对“慈”“孝”伦理秩序的践行；而《刑法》则通过设立“遗弃罪”“虐待罪”，从反面惩罚背离这种伦理秩序的行为。基于《民法典》第1045条、第1050条，“家庭”概念被建构为双系并重、男女平等的直系家庭形象。

第一种“家庭”概念与家庭的“伦理秩序载体”角色相对应，出现在调整家庭成员之间权利义务关系的规则中，其边界由《民法典》第 1045 条和第 1050 条界定。不过，立法者也没有完全垄断对“家庭”范围的界定。根据《民法典》第 1072 条的规定，只有在继父母子女之间存在抚养教育关系的情况下，才适用关于父母子女关系的规定。对于是否存在“抚养教育关系”，法律并未给出清晰的判断标准，这事实上是授予了法官一定的裁量权限，由其根据个案中的伦理实践来确定继父母子女之间的关系。

从“国家治理单元”角色来看，家庭因其强大伦理纽带而成为国家治理的工具。在中国传统社会，家庭基于其家长制的权力结构和同居共财的生产生活方式，而成为国家实现其提供秩序和征收赋税这两项治理目标的重要工具。在现代社会，家庭作为工具理性所支配的市场社会海洋中罕见的利他主义孤岛，是社会再分配的重要治理工具。在城市，根据《城市居民最低生活保障条例》第 2 条第 1 款，居民最低生活保障是以家庭为单位进行给付的；根据《廉租住房保障办法》第 8 条和第 17 条，家庭收入和家庭住房状况是决定申请者是否可以获得廉租住房福利的因素，作为廉租住房保障之内容的货币补贴和实物配租也是以家庭为单位进行给付的。在农村，根据《农村土地承包法》第 16 条以及《土地管理法实施条例》第 34 条，无论是农村土地承包经营权还是宅基地使用权，其分配均是以家庭为单位进行的。

各地方政府在制定更为具体的最低生活保障办法时，对“家庭”的范围有着更灵活的界定，体现了地方治理的差异。例如，《深圳市最低生活保障办法》第 9 条区分“全部由本市户籍居民组成的家庭”和“由本市户籍居民与符合本办法规定的非本市户籍家庭成员组成的家庭”。对于后者，“共同生活的家庭成员”仅限父母、配偶、未成年子女以及已成年但不能独立生活的子女；对于前者，则还包括“具有法定赡养、扶养、抚养义务关系并长期共同居住的人员”。在涉及宅基地使用权继承的司法实践中，法院在认定农村集体土地分配语境下的“家庭”概念边界时亦存在裁判分歧。考虑到不同农村生活习惯、风土人情之间的重大差异，由村民自治来决定“家庭”概念边界，是一种较为妥当的治理方案，自然资源部亦通过工作问答对基于村民自治认定“家庭”概念边界予以有条件的认可。各家所分配的宅基地面积是以家庭人口数量为基础进行计算的。在有的农村自治实践中，计算家庭人口时，可以看到将未婚成年男子按两人计算、已婚未育家庭按三人计算的做法，这是将“未来家庭人口”也计算在内了。这种“空头”计算家庭成员的做法并不符合我国任何法律中对“家庭”的界定，却真实地反映了当地村民将家看作传承祖祀的基础、将宅基地看作家的空间载体的朴素观念。

第二种“家庭”概念与家庭的“国家治理单元”角色相对应，出现在调整国家与家庭之间的纵向关系的规则中，应允许地方政府或中央政府的各部门基于其治理需要，灵活地界定概念边界。在当代中国法律体系中，与这项角色相对应的“家庭”概念主要出现在社会保障法中，《城市居民最低生活保障条例》《廉租住房保障办法》等法律通常将“家庭”设定为福利分配的基本单元。除此之外，家庭还承担着一定的经济生产功能，这体现为“两户”制度。根据《民法典》第56条，以家庭为单位进行生产、经营的个体工商户和农村承包经营户以其家庭财产对外承担责任，在此语境下，家庭具有市场主体的性质。在纵向的治理层面，国家也将这种共同生产、经营的“家庭”设置为了承担纳税义务的主体。

第三种“家庭”概念的意义是在家庭伦理系统和其他系统之间划定一条边界，此种“家庭”概念的界定同样要在不同领域甚至不同案件中进行具体分析。例如《成都市社会救助家庭经济状况核对实施细则》第19条规定，在核实受救助家庭经济状况时，“核对工作人员为申请人家庭成员或者近亲属的，应当主动提出回避”。类似这种的回避制度在我国法律体系中不胜枚举，意义便是避免家庭伦理秩序扩张侵蚀公共执法的公平性。又例如，根据《证券发行与承销管理办法》第26条规定，在首次公开发行证券网下配售时，除了禁止向发行人、主承销商的股东、高管等配售证券外，同时还禁止向这些人士的“关系密切的家庭成员”配售证券，并将这里的“关系密切的家庭成员”界定为“配偶、子女及其配偶、父母及配偶的父母、兄弟姐妹及其配偶、配偶的兄弟姐妹、子女配偶的父母”，这实际上是避免家庭伦理秩序对市场秩序的侵扰。

也有不少规则的目的是避免政治秩序、市场秩序对家庭伦理秩序的侵蚀。例如，《预备役人员法》第38条规定了预备役人员暂缓征召的情形之一是“家庭成员生活不能自理，且本人为唯一监护人、赡养人、扶养人，或者家庭发生重大变故必须由本人亲自处理”。《行政处罚罚没款执行规则》第10条第2款规定了暂缓或分期缴纳罚款的情形，其中就包括“因本人或家庭成员重大疾病需要大量资金治疗的”。这些规定的意义在于，避免基于家庭伦理秩序而产生的伦理义务，因市场秩序或政治秩序的运行而无法被履行。作为“防火墙”的“家庭”概念同样不宜过于刚性。家庭伦理秩序是一个“亲疏有别”的“差序格局”。在对作为“防火墙”的“家庭”概念进行界定时，不可避免要思考的是，究竟多疏远的关系，才不至于会影响政治或市场秩序的有效运行？究竟多亲近的关系，才有必要让政治和市场秩序为其开“例外之门”？答案必然不是统一的。这种在针对各种具体事项的立法分别界定“家庭”的概念范围，并赋予执法机关一定裁量权限的做法,是妥当的。

【司法解释】

1.《最高人民法院关于适用〈中华人民共和国民事诉讼法〉的解释》(法释〔2022〕11号修正,2022年4月10日施行)

第八十五条 根据民事诉讼法第六十一条第二款第二项规定,与当事人有夫妻、直系血亲、三代以内旁系血亲、近姻亲关系以及其他有抚养、赡养关系的亲属,可以当事人近亲属的名义作为诉讼代理人。

2.《最高人民法院关于适用〈中华人民共和国行政诉讼法〉的解释》(法释〔2018〕1号,2018年2月8日施行)

第十四条 行政诉讼法第二十五条第二款规定的"近亲属",包括配偶、父母、子女、兄弟姐妹、祖父母、外祖父母、孙子女、外孙子女和其他具有扶养、赡养关系的亲属。

公民因被限制人身自由而不能提起诉讼的,其近亲属可以依其口头或者书面委托以该公民的名义提起诉讼。近亲属起诉时无法与被限制人身自由的公民取得联系,近亲属可以先行起诉,并在诉讼中补充提交委托证明。

第二章 结 婚

第一千零四十六条 【结婚自愿】结婚应当男女双方完全自愿，禁止任何一方对另一方加以强迫，禁止任何组织或者个人加以干涉。

【立法·要点释义】

婚姻关系是一种身份关系，创设夫妻关系的婚姻行为是身份法上的民事法律行为，夫妻双方在财产上的权利义务附随于人身上的权利义务。男女须有结婚的合意，但婚姻的成立条件与程序，婚姻的效力及解除都是法定的，而不是当事人意定的，婚姻行为不能也无法适用合同行为规则。

婚姻通常有两个最基本的要素：主观方面，双方具有为夫妻的共同生活的目的，并且对外以夫妻相称；客观方面，双方实施了缔结婚姻的行为，而非婚同居、姘居则不具有婚姻的这些要素。婚姻的全部法律效力，都以结婚的成立为前提。婚姻成立的要件分为两种：一是实质性要件，当事人必须达到法定年龄，须有结婚的行为能力，须有结婚的合意，双方之间须无禁止的亲属关系等。实质性要件有的为无效要件，有的为撤销要件。二是形式要件，要求当事人办理结婚登记。

结婚应当男女双方完全自愿，这是婚姻自由原则的具体体现，包括两层含义：第一，应当是双方自愿，而不是一厢情愿。第二，应当是当事人自愿，而不是父母等第三者采用包办、买卖等方式强迫男女双方结为夫妻。

【编者观点】

"男女双方"意味着现阶段我国仅认可异性婚姻。公民实施变性手术，符合婚姻实质条件情况，可与异性进行结婚登记，但前提是改变其社会身份，公安部门根据医院手术成功的证明更改其户籍簿和身份证上的性别。

"完全自愿"意味着双方有自愿结婚的相应民事行为能力，以及双方具备缔结婚姻关系的合意。对于结婚应当具备何种民事行为能力，学界有争议。编者认为，鉴于我国人口基数众多，精神障碍患者是一个庞大的群体，且广大农村地区存在精神障碍患者缔结婚姻相互照应的风俗实情，以解决现实照看以及未来养老等诸多实践困境。因此，将婚姻无效限于无行为能力人缔结的婚姻更为合适，给作为限制行为能力人的精神障碍患者缔结婚姻留有可能性。对于违反自愿强迫缔结的婚姻，结合《民法典》第 1052 条与第 1054 条，构建了完整的胁迫婚姻的可撤销制度。

【相关立法】

1.《中华人民共和国民法典》（2021 年 1 月 1 日施行）

第五条　民事主体从事民事活动，应当遵循自愿原则，按照自己的意思设立、变更、终止民事法律关系。

第一百三十条　民事主体按照自己的意愿依法行使民事权利，不受干涉。

2.《中华人民共和国妇女权益保障法》（2022 年修订，2023 年 1 月 1 日施行）

第六十一条　国家保护妇女的婚姻自主权。禁止干涉妇女的结婚、离婚自由。

3.《中华人民共和国未成年人保护法》（2024 年修正，2024 年 4 月 26 日施行）

第十七条　未成年人的父母或者其他监护人不得实施下列行为：

……

（九）允许、迫使未成年人结婚或者为未成年人订立婚约；

……

【部门参考文件】

《民政部办公厅关于如何确定离婚当事人李玲是否具有民事行为能力的复函》（厅办函〔1997〕215 号，1997 年 8 月 19 日）

二、确认离婚当事人是否是无民事行为能力人或限制民事行为能力人，应由其利害关系人依法向司法机关申请确认，由司法机关出具其是否是无民事行为能力人或限制民事行为能力人的司法文件。

三、婚姻登记管理机关受理当事人的离婚证登记申请后，到颁发离婚证之前的审查期间，当事人的利害关系人，对当事人的民事行为能力提出异议的，利害关系人能够提供经司法机关出具的，能证明当事人此期间是无民事行为能力人或限制民事行为能力人的司法鉴定的，婚姻登记管理机关应依据司法机关的司法鉴定，终止办理离婚登记。如利害关系人未提供司法鉴定的，应由利害关系人依法向司法机关申请确认，待司法机关出具司法鉴定后，婚姻登记管理机关可依据司法鉴定作出是否办理离婚登记的决定。如果利害关系人在一定期限内不向司法机关申请确认，婚姻登记管理机关未发现离婚当事人有民事行为障碍的，则可办理离婚登记。在李玲离婚案中，李玲的父母在李与贾申请离婚登记 10 天后，到济南市婚姻登记管理机关反映李玲患心因性精神病，并出示1996年1月16日《交通道路事故损害赔偿责任书》复印件。在离婚当事人的利害关系人提出异议的情况下，济南市婚姻登记管理处应告知当事人提供司法机关出具的司法文件，请你们根据以上原则，妥善处理，做好善后工作。

第一千零四十七条　【法定婚龄】结婚年龄，男不得早于二十二周岁，女不得早于二十周岁。

【原《婚姻法》条文】

第六条　结婚年龄，男不得早于二十二周岁，女不得早于二十周岁。晚婚晚育应予鼓励。

【修改说明】

从调查情况来看，我国老百姓的实际平均结婚年龄和意向结婚年龄都高于法定婚龄，因此《民法典》编纂过程中未降低法定婚龄。为了适应我国人口政策变化，删除鼓励晚婚晚育规定，同《人口与计划生育法》的修正同步。

【立法 · 要点释义】

法定婚龄的确定，一方面要考虑自然因素，即人的身体发育和智力成熟情况；另一方面要考虑社会因素，即政治、经济、文化及人口发展等情况。从调查情况来看，我国老百姓的实际平均结婚年龄和意向结婚年龄都高于法定婚龄，因此《民法典》仍维持《婚姻法》规定的法定婚龄不变。

考虑到我国多民族的特点，《婚姻法》第50条规定："民族自治地方的人民代表大会有权结合当地民族婚姻家庭的具体情况，制定变通规定。……"因为《立法法》(2015年)第75条统一规定了民族自治地方对法律和行政法规的变通规定问题，《民法典》不再作规定。目前，我国一些民族自治地方比如新疆、内蒙古、西藏等自治区和一些自治州、自治县，均以男20周岁、女18周岁作为本地区的最低婚龄。但这些变通规定仅适用于少数民族，不适用生活在该地区的汉族。

【自治条例和单行条例】

1.《西藏自治区施行〈中华人民共和国婚姻法〉的变通条例》(2004年修正，2004年6月9日施行)

第一条　结婚年龄，男不得早于二十周岁，女不得早于十八周岁。

2.《新疆维吾尔自治区执行〈中华人民共和国婚姻法〉的补充规定》(1988年修改)

第二条　少数民族公民的结婚年龄，男不得早于二十周岁，女不得早于十八周岁。

3.《甘肃省临夏回族自治州施行〈中华人民共和国婚姻法〉的变通规定》（2012 年 6 月 1 日施行）

第四条　结婚年龄，男不得早于二十周岁，女不得早于十八周岁。实行计划生育，鼓励晚婚晚育。

4.《四川省阿坝藏族自治州施行〈中华人民共和国婚姻法〉的补充规定》（1984 年 1 月 1 日施行）

第五条　结婚年龄，男不得早于二十周岁，女不得早于十八周岁。实行计划生育，提倡晚婚晚育。

5.《甘孜藏族自治州施行〈中华人民共和国民法典〉婚姻家庭编的变通规定》（2021 年 4 月 7 日施行）

第三条　结婚年龄，男不得早于二十周岁，女不得早于十八周岁。

6.《凉山彝族自治州施行〈中华人民共和国民法典〉婚姻家庭编的变通规定》（2022 年 5 月 1 日施行）

第三条　结婚年龄，男不得早于二十周岁，女不得早于十八周岁。

【部门参考文件】

1.《军队人员婚姻管理若干规定》（2021 年 1 月 1 日）

第五条　军队人员结婚年龄，男不得早于 22 周岁，女不得早于 20 周岁。

义务兵服现役期间不得申请结婚，军队院校生长学员本科、专科在校学习期间不得申请结婚。

2.《民政部关于按法定婚龄办理结婚登记问题的函》（民函〔2004〕268 号，2004 年 10 月 26 日）

山东省人民政府：

自 2003 年 10 月 1 日《婚姻登记条例》实施以来，我部不断接到你省各地群众的来信或来电，反映当地婚姻登记机关在办理结婚登记过程中，根据市（县）政府的要求，强迫当事人执行晚婚年龄，一般要求女方必须达到 23 周岁才能结婚，当事人对此意见很大。我部今年四月初曾就此问题给你省民政厅发文，要求婚姻登记机关依法办理婚姻登记，并将此文抄送你省人民政府办公厅（见附件），但未能得到有效解决，且强制执行晚婚年龄的市（县）呈蔓延趋势。今年六月份，《中国社会报》的记者对你省部分地区结婚登记情况进行了暗访并核实了地方政府强制执行晚婚年龄的事实。

《中华人民共和国婚姻法》对法定婚龄有明确规定："结婚年龄，男不得早于二十二周岁，女不得早于二十周岁"，对晚婚晚育"应予鼓励"，而不应强制。[1] 从我部了解的情况看，全国各地目前唯有你省采取这种强制性的晚婚

① 对应《民法典》第 1047 条。该条删除了《婚姻法》晚婚晚育应予鼓励的规定。——编者注

政策,群众反响极大。在我部接到的投诉中,已有当事人明确表态,如果事情仍得不到解决,将进一步向中央电视台的《焦点访谈》节目组、甚至国外的媒体反映中国政府有法不依、违法不究、剥夺人权的事实,从而影响政府形象。

我们认为,山东省部分市(县)的做法违背了婚姻法和《婚姻登记条例》的规定。为防止事态的进一步扩大,建议请省政府协调有关部门和地方政府及时研究解决。

第一千零四十八条 【禁止结婚的情形】直系血亲或者三代以内的旁系血亲禁止结婚。

【原《婚姻法》条文】

第七条 有下列情形之一的,禁止结婚:

(一)直系血亲和三代以内的旁系血亲;

(二)患有医学上认为不应当结婚的疾病。

【修改说明】

为尊重当事人的婚姻自主权,删除了"患有医学上认为不应当结婚的疾病"这一规定。

【立法·要点释义】

禁止血亲结婚是优生的要求。直系血亲包括父母子女间,祖父母、外祖父母与孙子女、外孙子女间。三代以内旁系血亲包括同源于父母的兄弟姐妹(含同父异母、同母异父的兄弟姐妹)以及不同辈的叔、伯、姑、舅、姨与侄(女)、甥(女)。

【编者观点】

本条关于禁婚亲的规定,既是行为规范,又是裁判依据。规范目的既有伦理价值,也有优生优育价值。对直系血亲与旁系血亲应当分开考量,对旁系血亲是否只有生育价值?旁系血亲若做了绝育手术,能否结婚?2001年《婚姻法》修正时,有观点提出,"三代以内的旁系血亲采取绝育手术的可以结婚"。是否有必要通过禁止结婚的方法,而不是对生育本身的控制来实现优生的目标?

一般认为,自然血亲关系的子女被他人收养后,虽然法律上的血亲关系消灭,但仍然存在疾病遗传风险,仍适用禁婚亲的规定。而在收养关系被解除后,拟制血亲关系消灭,不存在伦理价值以及优生优育价值的障碍,双方不受禁婚亲规定的限制。继父母与形成抚养教育关系的继子女同样成立拟制血亲关系,适用禁婚亲的规定。而继子女与继父母的其他亲属作为拟制旁系血亲，有裁判观点认为，不会增加疾病或生理缺陷的遗传概率，也并不违背传统的家庭伦理关系，不属于禁止结婚的范畴。但直系姻亲之间结婚易引起亲属关系的混乱，在伦理秩序上难以为民众所接受，故应适用禁婚亲的规定。

1950年《婚姻法》第5条规定“有生理缺陷不能发生性行为者”与“患花柳病或精神失常未经治愈，患麻风或其他在医学上认为不应结婚之疾病者”禁止结婚。1980年修改为“患麻风病未经治愈或患其他在医学上认为不应当结婚的疾病”禁止结婚。2001年《婚姻法》修正时，麻风病基本已经绝迹，并未就哪些疾病属于禁止范围作出明确规定。

《民法典》编纂时删除了“患有医学上认为不应当结婚的疾病”这一规定，值得肯定。现代婚姻家庭并不只有生育后代这一唯一价值，婚姻也可以是双方相依相伴、共同走完这一生的一种生活方式。若双方对疾病明知且自愿结婚的，仅因患有某类疾病即禁止其结婚，限制自然人的婚姻自主权，并无合理说服力。医疗卫生水平提高，许多疾病已能治愈或有效抑制，只要做好适当的隔离或预防措施，能避免传染扩大或疾病恶化。虽然某些遗传性疾病容易遗传给下一代，但随着试管婴儿技术越来越成熟便捷，不宜继续实行一刀切的禁止结婚政策。

【相关立法】

《中华人民共和国母婴保健法》
（2017年修正，2017年11月5日施行）

第八条　婚前医学检查包括对下列疾病的检查：

（一）严重遗传性疾病；

（二）指定传染病；

（三）有关精神病。

经婚前医学检查，医疗保健机构应当出具婚前医学检查证明。

第九条　经婚前医学检查，对患指定传染病在传染期内或者有关精神病在发病期内的，医师应当提出医学意见；准备结婚的男女双方应当暂缓结婚。

第十条　经婚前医学检查，对诊断患医学上认为不宜生育的严重遗传性疾病的，医师应当向男女双方说明情况，提出医学意见；经男女双方同意，采取长效避孕措施或者施行结扎手术后不生育的，可以结婚。但《中华人民共和国婚姻法》规定禁止结婚的除外。

第十一条　接受婚前医学检查的人员对检查结果持有异议的，可以申请医学技术鉴定，取得医学鉴定证明。

第十二条　男女双方在结婚登记时，应当持有婚前医学检查证明或者医学鉴定证明。

第三十八条　本法下列用语的含义：

指定传染病，是指《中华人民共和

国传染病防治法》中规定的艾滋病、淋病、梅毒、麻疯病以及医学上认为影响结婚和生育的其他传染病。

严重遗传性疾病，是指由于遗传因素先天形成，患者全部或者部分丧失自主生活能力，后代再现风险高，医学上认为不宜生育的遗传性疾病。

有关精神病，是指精神分裂症、躁狂抑郁型精神病以及其他重型精神病。

产前诊断，是指对胎儿进行先天性缺陷和遗传性疾病的诊断。

【行政法规】

《中华人民共和国母婴保健法实施办法》(2023 年修订，2023 年 7 月 20 日施行)

第十四条　经婚前医学检查，医疗、保健机构应当向接受婚前医学检查的当事人出具婚前医学检查证明。

婚前医学检查证明应当列明是否发现下列疾病：

(一) 在传染期内的指定传染病；

(二) 在发病期内的有关精神病；

(三) 不宜生育的严重遗传性疾病；

(四) 医学上认为不宜结婚的其他疾病。

发现前款第(一)项、第(二)项、第(三)项疾病的，医师应当向当事人说明情况，提出预防、治疗以及采取相应医学措施的建议。当事人依据医生的医学意见，可以暂缓结婚，也可以自愿采用长效避孕措施或者结扎手术；医疗、保健机构应当为其治疗提供医学咨询和医疗服务。

第十六条　在实行婚前医学检查的地区，婚姻登记机关在办理结婚登记时，应当查验婚前医学检查证明或者母婴保健法第十一条规定的医学鉴定证明。

第十七条　医疗、保健机构应当为育龄妇女提供有关避孕、节育、生育、不育和生殖健康的咨询和医疗保健服务。

医师发现或者怀疑育龄夫妻患有严重遗传性疾病的，应当提出医学意见；限于现有医疗技术水平难以确诊的，应当向当事人说明情况。育龄夫妻可以选择避孕、节育、不孕等相应的医学措施。

第十九条　医疗、保健机构发现孕妇患有下列严重疾病或者接触物理、化学、生物等有毒、有害因素，可能危及孕妇生命安全或者可能严重影响孕妇健康和胎儿正常发育的，应当对孕妇进行医学指导和下列必要的医学检查：

(一) 严重的妊娠合并症或者并发症；

(二) 严重的精神性疾病；

(三) 国务院卫生行政部门规定的严重影响生育的其他疾病。

第二十一条　母婴保健法第十八条规定的胎儿的严重遗传性疾病、胎儿的严重缺陷、孕妇患继续妊娠可能危及其生命健康和安全的严重疾病目录，由国务院卫生行政部门规定。

第二十二条　生育过严重遗传性

疾病或者严重缺陷患儿的，再次妊娠前，夫妻双方应当按照国家有关规定到医疗、保健机构进行医学检查。医疗、保健机构应当向当事人介绍有关遗传性疾病的知识，给予咨询、指导。对诊断患有医学上认为不宜生育的严重遗传性疾病的，医师应当向当事人说明情况，并提出医学意见。

【批复答复】

1.《最高人民法院关于妨害婚姻家庭罪犯在缓刑期间要求与原通奸人结婚不应允许问题的批复》（1964 年 9 月 11 日）

关于因妨害婚姻家庭被判徒刑宣告缓刑的被告在缓刑期间要求与原通奸人（已离婚）结婚是否允许的问题，我们研究后认为，这是一种特殊情况，不应适用最高人民法院、最高人民检察院、公安部 1963 年 8 月 31 日"关于徒刑缓刑、假释、监外执行等罪犯的恋爱与结婚问题的联合批复"①的规定，因为群众对妨害婚姻家庭的犯罪一般是有气愤的，如果允许罪犯在缓刑期内与原通奸人结婚，势必引起群众更加不满，而且还容易造成其他不良后果。同时，在服刑期间允许被告与原通奸人结婚也失掉了判处刑罚的严肃性，不利于对罪犯的改造。因此，在缓刑期内不应允许被告与原通奸人结婚。

2.《最高人民法院关于陈小辰婚姻案件所提处理办法及商榷意见的答复》（1950 年 12 月 5 日）

陈刘②只有形式上和名义上的婶侄关系，而实际并不存在真正的婶侄关系，这点应该向群众说明，而群众也是可以理解的。婚姻法第五条③规定："其他五代内旁系血亲间禁止结婚的问题，从习惯。"事实上婶侄是旁系姻亲而非旁系血亲，为了照顾群众觉悟程度，亲婶侄结婚的问题，也可以考虑到是否适于"习惯"。但即使这样，也不应把陈刘关系的具体情况无分别地适用婶侄不能结婚的"习惯"。

3.《最高人民法院关于三代以内的旁系血亲之间的婚姻关系如何处理问题的批复》（1987 年 1 月 14 日）

经征求全国人大常委会法制工作委员会和民政部等单位的意见后，我们研究认为：曹永林与占可琴是三代以内的表兄妹，双方隐瞒近亲关系骗取结婚登记，违反了我国婚姻法第六条④关于禁止三代以内的旁系血亲结婚的规定，

---

① 该批复已被 2012 年 9 月 29 日施行的《最高人民法院、最高人民检察院关于废止 1979 年底以前制发的部分司法解释和司法解释性质文件的决定》所废止。——编者注

② 指陈小辰与刘西耕。——编者注

③ 对应《民法典》第 1048 条。——编者注

④ 对应《民法典》第 1048 条。——编者注

这种婚姻关系依法是不应保护的。但曹、占两人已经结婚多年，并生有子女，根据本案的具体情况，为保护妇女和儿童的利益，同意你院的第二种意见，按婚姻法第二十五条①规定处理。处理时，必须指出双方骗取结婚登记的错误，特别是对男方曹永林的错误要进行严肃的批评教育，并可建议其工作单位给以适当处分，对子女抚养和财产分割，应照顾子女和女方的合法权益，合情合理地予以解决。②

【部门参考文件】

1.《军队人员婚姻管理若干规定》（2021年1月1日）

第六条　军队人员的结婚对象，应当政治可靠、思想进步、品行端正，有下列情形之一的，军队人员不得与其结婚：

（一）属于外国公民、无国籍人的；

（二）取得国外永久居留资格、长期居留许可的；

（三）不符合军队人员政治考核规定对配偶的相关政治要求的；

（四）法律法规明确禁止结婚的其他情形。

军队人员原则上不得与香港特别行政区、澳门特别行政区、台湾地区居民结婚。

2.《民政部民政司关于表姨和表外甥能否结婚的复函》（〔86〕民民字第42号，1986年3月26日）

婚姻法第六条一款③规定："直系血亲和三代以内的旁系血亲"禁止结婚。所谓"三代以内的旁系血亲"，是指同一祖父母或外祖父母的血亲关系。你们所询表姨和表外甥并不是同一外祖父母，因此不属三代以内的旁系血亲。他们之间不属禁婚之列。但是，从遗传学角度考虑，血缘过近的婚配，是不利于优生的，建议劝说双方当事人慎重考虑，为了子孙后代的健康，以另外择偶为好。

3.《民政部关于堂姐、堂弟的子女能否结婚问题的复函》（〔86〕民民字第9号，1986年1月18日）

根据全国人大常委会法制委员会副主任武新宇《关于〈中华人民共和国婚姻法（修改草案）〉的说明》中对三代以内的旁系血亲禁止结婚所作的解释，我们认为，张媛同雷维宇属于第四代的旁系血亲。张媛、雷维宇两人如在其他问题上也符合《婚姻法》关于结婚的规定，婚姻登记机关可予以登记。

---

①　对应《民法典》第1079条。——编者注

②　2001年修正的《婚姻法》规定了无效婚姻制度，《民法典》亦有相关规定。在新法律施行后，相关情形应依法律明确规定予以处理。——编者注

③　对应《民法典》第1048条。——编者注

【法院参考案例】

杨某某诉张某某婚姻确认无效案——三代以内旁系血亲结婚，婚姻关系自始无效[《人民法院案例选》2003年第1辑(总第43辑)]

【裁判要旨】

三代以内旁系血亲结婚，属于无效婚姻，婚姻被依法宣告无效后，其效力溯及当事人结婚之时。当事人不具有夫妻的权利和义务，同居期间所得的财产在由双方当事人协商处理不成时，由人民法院根据照顾无过错方的原则判决，当事人所生子女的抚养，根据有关父母子女的规定处理。

第一千零四十九条 【结婚程序】要求结婚的男女双方应当亲自到婚姻登记机关申请结婚登记。符合本法规定的，予以登记，发给结婚证。完成结婚登记，即确立婚姻关系。未办理结婚登记的，应当补办登记。

【立法 · 要点释义】

结婚登记是结婚的必经程序。内地居民办理婚姻登记的机关是县级人民政府民政部门或者乡（镇）人民政府，省、自治区、直辖市人民政府可以按照便民原则确定农村居民办理婚姻登记的具体机关。中国公民同外国人，内地居民同香港居民、澳门居民、台湾居民、华侨办理婚姻登记的机关是省、自治区、直辖市人民政府民政部门或者省、自治区、直辖市人民政府民政部门确定的机关。中国公民同外国人在中国内地结婚的，内地居民同香港居民、澳门居民、台湾居民、华侨在中国内地结婚的，应当共同到内地居民常住户口所在地的婚姻登记机关办理结婚登记。

结婚登记大致可分为申请、审查和登记三个环节。内地居民结婚，男女双方应当共同到一方当事人常住户口所在地的婚姻登记机关办理结婚登记。办理结婚登记的内地居民应当出具下列证件和证明材料：(1)本人的户口簿、身份证。(2)本人无配偶以及与对方当事人没有直系血亲和三代以内旁系血亲关系的签字声明。离过婚的，还应当持离婚证。离婚的当事人恢复夫妻关系的，必须双方亲自到一方户口所在地的婚姻登记机关申请复婚登记。婚姻登记机关应当对结婚登记当事人出具的证件、证明材料进行审查并询问相关情况。对当事人符合结婚条件的，应当当场予以登记，发给结婚证；对离过婚的，应注销其离婚证；对当事人不符合结婚条件不予登记的，应当以书面的形式向当事人说明理由。当事人认为符合婚姻登记条件而婚姻登记机关不予登记的，可以依法申请行政复议，对复议不服的，可以依法提起行政诉讼，也可以直接提起行政诉讼。

事实婚姻的效力,最高人民法院颁布的《关于人民法院审理未办结婚登记而以夫妻名义同居生活案件的若干意见》(已失效)规定,1986 年 3 月 15 日《婚姻登记办法》施行前(后),未办结婚登记手续即以夫妻名义同居生活,群众也认为是夫妻关系的,如起诉时(同居时)双方均符合结婚的法定条件,可认定为事实婚姻关系;如起诉时(同居时)一方或者双方不符合结婚的法定条件,应认定为非法同居关系。新婚姻登记管理条例施行之日起未办结婚登记即以夫妻名义同居生活,按同居关系对待。未办理登记的原因很复杂,对符合结婚实质要件,只是没有办理登记手续的,一律简单宣布为无效婚姻,对保护妇女的权益不利,应当采取补办登记等办法解决。因此,本条规定,"符合本法规定""未办理结婚登记的,应当补办登记"。这一规定从积极角度重申了办理结婚登记的必要性。

【编者观点】

第一,本条明确了结婚登记在民法层面构成婚姻的形式成立要件。依据《民法典》第 135 条对要式行为的规定,违反作为法定要式的结婚登记,将导致法律行为不成立的后果。但是在实践中,如果婚姻登记程序存在一定的瑕疵,考虑到当事人的实体权益,不能据此撤销婚姻登记。

第二,本条明确了结婚的男女双方应当亲自到婚姻登记机关申请结婚登记,缔结婚姻的意思表示具有高度人身属性且涉及公共利益,不得代理,也不可附条件和期限。冒名登记结婚情形由《民法典婚姻家庭编解释(一)》第 17 条第 2 款处理。

第三,本条明确了完成结婚登记,即确立婚姻关系,双方依法享有配偶的权利并承担配偶的义务。至于双方是否举行婚礼,是否开始同居生活,同居生活的时间长短以及孕育情况,均不影响双方的合法夫妻关系。

第四,本条规定了补办登记的例外规则,并由《民法典婚姻家庭编解释(一)》第 6 条补办结婚登记的溯及力规定与之对接。如果把结婚登记视为设权登记,则应采登记生效主义,未符合登记这一形式要件则婚姻不成立,而补办登记的逻辑与之相违,应予删除。之所以如此规定,是考虑到我国实践中存在大量符合结婚的实质要件的男女双方欠缺办理结婚登记这一形式的现状,为了更好从法律角度保护双方以及儿童的合法权益而作出一种补救性规定,体现出我国对事实婚姻采取了有条件地在一定时期、一定范围内承认的态度。

【行政法规】

1.《婚姻登记条例》[①](国务院令第797号,2024年12月6日修订,2025年1月20日施行)

第一章　总　　则

第一条　为了规范婚姻登记工作,保障婚姻自由、一夫一妻、男女平等的婚姻制度的实施,保护婚姻当事人的合法权益,根据《中华人民共和国民法典》(以下简称民法典),制定本条例。

第二条　内地居民办理婚姻登记的机关是县级人民政府民政部门或者乡(镇)人民政府,省、自治区、直辖市人民政府可以按照便民原则确定农村居民办理婚姻登记的具体机关。

中国公民同外国人,内地居民同香港特别行政区居民(以下简称香港居民)、澳门特别行政区居民(以下简称澳门居民)、台湾地区居民(以下简称台湾居民)、华侨办理婚姻登记的机关是省、自治区、直辖市人民政府民政部门或者省、自治区、直辖市人民政府民政部门确定的机关。

第三条　婚姻登记机关的婚姻登记员应当接受婚姻登记业务培训,经考核合格,方可从事婚姻登记工作。

婚姻登记机关办理婚姻登记,除按收费标准向当事人收取工本费外,不得收取其他费用或者附加其他义务。

第二章　结婚登记

第四条　内地居民结婚,男女双方应当共同到一方当事人常住户口所在地的婚姻登记机关办理结婚登记。

中国公民同外国人在中国内地结婚的,内地居民同香港居民、澳门居民、台湾居民、华侨在中国内地结婚的,男女双方应当共同到内地居民常住户口所在地的婚姻登记机关办理结婚登记。

第五条　办理结婚登记的内地居民应当出具下列证件和证明材料:

(一)本人的户口簿、身份证;

(二)本人无配偶以及与对方当事人没有直系血亲和三代以内旁系血亲关系的签字声明。

办理结婚登记的香港居民、澳门居民、台湾居民应当出具下列证件和证明材料:

(一)本人的有效通行证、身份证;

(二)经居住地公证机构公证的本人无配偶以及与对方当事人没有直系血亲和三代以内旁系血亲关系的声明。

办理结婚登记的华侨应当出具下列证件和证明材料:

---

① 2024年8月12日,民政部下发了《关于〈婚姻登记条例(修订草案征求意见稿)〉公开征求意见的通知》。征求意见稿在《民法典》及《婚姻登记条例》对婚姻关系规定的基础上,就"申请结婚登记"程序与材料需求进行简化,规定结婚、离婚登记不再需要户口簿,同时取消了登记的地域限制,就《民法典》第1077条规定的"离婚冷静期"的实施细节作了具体规定,增加婚姻家庭辅导服务,强化了婚姻登记机关负责人及直接责任人的个人信息保护义务,这对优化结婚、离婚登记程序具有重要意义。——编者注

（一）本人的有效护照；

（二）居住国公证机构或者有权机关出具的、经中华人民共和国驻该国使（领）馆认证的本人无配偶以及与对方当事人没有直系血亲和三代以内旁系血亲关系的证明，或者中华人民共和国驻该国使（领）馆出具的本人无配偶以及与对方当事人没有直系血亲和三代以内旁系血亲关系的证明。中华人民共和国缔结或者参加的国际条约另有规定的，按照国际条约规定的证明手续办理。

办理结婚登记的外国人应当出具下列证件和证明材料：

（一）本人的有效护照或者其他有效的国际旅行证件；

（二）所在国公证机构或者有权机关出具的、经中华人民共和国驻该国使（领）馆认证或者该国驻华使（领）馆认证的本人无配偶的证明，或者所在国驻华使（领）馆出具的本人无配偶的证明。中华人民共和国缔结或者参加的国际条约另有规定的，按照国际条约规定的证明手续办理。

办理结婚登记的当事人对外国主管机关依据本条第三款、第四款提及的国际条约出具的证明文书的真实性负责，签署书面声明，并承担相应法律责任。

第六条　办理结婚登记的当事人有下列情形之一的，婚姻登记机关不予登记：

（一）未到法定结婚年龄的；

（二）非双方自愿的；

（三）一方或者双方已有配偶的；

（四）属于直系血亲或者三代以内旁系血亲的。

第七条　婚姻登记机关应当对结婚登记当事人出具的证件、证明材料进行审查并询问相关情况。对当事人符合结婚条件的，应当当场予以登记，发给结婚证；对当事人不符合结婚条件不予登记的，应当向当事人说明理由。

第八条　男女双方补办结婚登记的，适用本条例结婚登记的规定。

第九条　因胁迫结婚的，受胁迫的当事人可以依据民法典第一千零五十二条的规定向人民法院请求撤销婚姻。一方当事人患有重大疾病的，应当在结婚登记前如实告知另一方当事人；不如实告知的，另一方当事人可以依据民法典第一千零五十三条的规定向人民法院请求撤销婚姻。

第三章　离婚登记

第十条　内地居民自愿离婚的，男女双方应当共同到一方当事人常住户口所在地的婚姻登记机关办理离婚登记。

中国公民同外国人在中国内地自愿离婚的，内地居民同香港居民、澳门居民、台湾居民、华侨在中国内地自愿离婚的，男女双方应当共同到内地居民常住户口所在地的婚姻登记机关办理离婚登记。

第十一条　办理离婚登记的内地居民应当出具下列证件和证明材料：

（一）本人的户口簿、身份证；

（二）本人的结婚证；

（三）双方当事人共同签署的离婚协议书。

办理离婚登记的香港居民、澳门居民、台湾居民、华侨、外国人除应当出具前款第（二）项、第（三）项规定的证件、证明材料外，香港居民、澳门居民、台湾居民还应当出具本人的有效通行证、身份证，华侨、外国人还应当出具本人的有效护照或者其他有效国际旅行证件。

离婚协议书应当载明双方当事人自愿离婚的意思表示以及对子女抚养、财产及债务处理等事项协商一致的意见。

第十二条　办理离婚登记的当事人有下列情形之一的，婚姻登记机关不予受理：

（一）未达成离婚协议的；

（二）属于无民事行为能力人或者限制民事行为能力人的；

（三）其结婚登记不是在中国内地办理的。

第十三条　婚姻登记机关应当对离婚登记当事人出具的证件、证明材料进行审查并询问相关情况。对当事人确属自愿离婚，并已对子女抚养、财产、债务等问题达成一致处理意见的，应当当场予以登记，发给离婚证。

第十四条　离婚的男女双方自愿恢复夫妻关系的，应当到婚姻登记机关办理复婚登记。复婚登记适用本条例结婚登记的规定。

第四章　婚姻登记档案和婚姻登记证

第十五条　婚姻登记机关应当建立婚姻登记档案。婚姻登记档案应当长期保管。具体管理办法由国务院民政部门会同国家档案管理部门规定。

第十六条　婚姻登记机关收到人民法院宣告婚姻无效或者撤销婚姻的判决书副本后，应当将该判决书副本收入当事人的婚姻登记档案。

第十七条　结婚证、离婚证遗失或者损毁的，当事人可以持户口簿、身份证向原办理婚姻登记的机关或者一方当事人常住户口所在地的婚姻登记机关申请补领。婚姻登记机关对当事人的婚姻登记档案进行查证，确认属实的，应当为当事人补发结婚证、离婚证。

第五章　罚　　则

第十八条　婚姻登记机关及其婚姻登记员有下列行为之一的，对直接负责的主管人员和其他直接责任人员依法给予行政处分：

（一）为不符合婚姻登记条件的当事人办理婚姻登记的；

（二）玩忽职守造成婚姻登记档案损失的；

（三）办理婚姻登记或者补发结婚证、离婚证超过收费标准收取费用的。

违反前款第（三）项规定收取的费用，应当退还当事人。

第六章　附　　则

第十九条　中华人民共和国驻外使（领）馆可以依照本条例的有关规定，为男女双方均居住于驻在国的中国公民办理婚姻登记。

第二十条 本条例规定的婚姻登记证由国务院民政部门规定式样并监制。

第二十一条 当事人办理婚姻登记或者补领结婚证、离婚证应当交纳工本费。工本费的收费标准由国务院价格主管部门会同国务院财政部门规定并公布。

2.《国务院关于同意在部分地区开展内地居民婚姻登记“跨省通办”试点的批复》(国函〔2021〕48号,2021年4月30日)

为加快推进政务服务“跨省通办”,满足群众在非户籍地办理婚姻登记的需求,推进婚姻登记制度改革,增强人民群众获得感、幸福感,同意在辽宁省、山东省、广东省、重庆市、四川省实施结婚登记和离婚登记“跨省通办”试点,在江苏省、河南省、湖北省武汉市、陕西省西安市实施结婚登记“跨省通办”试点。在试点地区,相应暂时调整实施《婚姻登记条例》第四条第一款、第十条第一款的有关规定(目录附后)。调整后,双方均非本地户籍的婚姻登记当事人可以凭一方居住证和双方户口簿、身份证,在居住证发放地婚姻登记机关申请办理婚姻登记,或者自行选择在一方常住户口所在地办理婚姻登记。试点期限为2年,自2021年6月1日起至2023年5月31日止。

3.《国务院关于同意扩大内地居民婚姻登记“跨省通办”试点的批复》(国函〔2023〕34号,2023年5月12日)

一、同意扩大内地居民婚姻登记“跨省通办”试点。调整后,在北京、天津、河北、内蒙古、辽宁、上海、江苏、浙江、安徽、福建、江西、山东、河南、湖北、广东、广西、海南、重庆、四川、陕西、宁夏等21个省(自治区、直辖市)实施结婚登记和离婚登记“跨省通办”试点。

二、在试点地区,相应暂时调整实施《婚姻登记条例》第四条第一款、第十条第一款的有关规定(目录附后)。调整后,双方均非本地户籍的婚姻登记当事人可以凭一方居住证和双方户口簿、身份证,在居住证发放地婚姻登记机关申请办理婚姻登记,或者自行选择在一方常住户口所在地办理婚姻登记。

三、试点期为自批复之日起2年。

【自治条例和单行条例】

《黔南布依族苗族自治州执行〈中华人民共和国婚姻法〉的变通规定》(1999年修订)

第七条 自愿要求结婚的或离婚后自愿要求复婚的男女双方必须亲自到街道办事处、乡、民族乡、镇人民政府或由乡、民族乡、镇人民政府委托的村民委员会依法进行结婚登记,取得结婚证书,才能确立夫妻关系。

在履行结婚登记确立夫妻关系后,对民族传统的结婚仪式,有改革或者保持的自由。但不能以民族的风俗习惯代替结婚登记。

【司法解释】

《最高人民法院关于适用〈中华人民共和国民法典〉婚姻家庭编的解释(一)》(法释〔2020〕22 号,2021 年 1 月 1 日施行)

第六条[①]　**【补办婚姻登记的婚姻效力起算时间】**男女双方依据民法典第一千零四十九条规定补办结婚登记的,婚姻关系的效力从双方均符合民法典所规定的结婚的实质要件时起算。

第七条[②]　**【未办理结婚登记而以夫妻名义共同生活的男女起诉请求离婚的处理】**未依据民法典第一千零四十九条规定办理结婚登记而以夫妻名义共同生活的男女,提起诉讼要求离婚的,应当区别对待:

(一)1994 年 2 月 1 日民政部《婚姻登记管理条例》公布实施以前,男女双方已经符合结婚实质要件的,按事实婚姻处理。

(二)1994 年 2 月 1 日民政部《婚姻登记管理条例》公布实施以后,男女双方符合结婚实质要件的,人民法院应当告知其补办结婚登记。未补办结婚登记的,依据本解释第三条规定处理。

第八条[③]　**【未办理结婚登记而以夫妻名义共同生活的男女之间的继承权问题】**未依据民法典第一千零四十九条规定办理结婚登记而以夫妻名义共同生活的男女,一方死亡,另一方以配偶身份主张享有继承权的,依据本解释第七条的原则处理。

【司法指导文件】

《最高人民法院、最高人民检察院、公安部、民政部关于妥善处理以冒名顶替或者弄虚作假的方式办理婚姻登记问题的指导意见》(高检发办字〔2021〕109 号,2021 年 11 月 18 日)

一、人民法院办理当事人冒名顶替或者弄虚作假婚姻登记类行政案件,应当根据案情实际,以促进问题解决、维护当事人合法权益为目的,依法立案、审理并作出裁判。

人民法院对当事人冒名顶替或者弄虚作假办理婚姻登记类行政案件,应当结合具体案情依法认定起诉期限;对被冒名顶替者或者其他当事人不属于其自身的原因耽误起诉期限的,被耽误的时间不计算在起诉期限内,但最长不得超过《中华人民共和国行政诉讼法》第四十六条第二款规定的起诉期限。

人民法院对相关事实进行调查认定后认为应当撤销婚姻登记的,应当及时向民政部门发送撤销婚姻登记的司法建议书。

二、人民检察院办理当事人冒名顶替或者弄虚作假婚姻登记类行政诉讼

---

① 对该条的注释详见附录一第 807 页。

② 对该条的注释详见附录一第 807 页。

③ 对该条的注释详见附录一第 808 页。

监督案件,应当依法开展调查核实,认为人民法院生效行政裁判确有错误的,应当依法提出监督纠正意见。可以根据案件实际情况,开展行政争议实质性化解工作。发现相关个人涉嫌犯罪的,应当依法移送线索、监督立案查处。

人民检察院根据调查核实认定情况、监督情况,认为婚姻登记存在错误应当撤销的,应当及时向民政部门发送检察建议书。

三、公安机关应当及时受理当事人冒名顶替或者弄虚作假婚姻登记的报案、举报,有证据证明存在违法犯罪事实,符合立案条件的,应当依法立案侦查。经调查属实的,依法依规认定处理并出具相关证明材料。

四、民政部门对于当事人反映身份信息被他人冒用办理婚姻登记,或者婚姻登记的一方反映另一方系冒名顶替、弄虚作假骗取婚姻登记的,应当及时将有关线索转交公安、司法等部门,配合相关部门做好调查处理。

民政部门收到公安、司法等部门出具的事实认定相关证明、情况说明、司法建议书、检察建议书等证据材料,应当对相关情况进行审核,符合条件的及时撤销相关婚姻登记。

民政部门决定撤销或者更正婚姻登记的,应当将撤销或者更正婚姻登记决定书于作出之日起15个工作日内送达当事人及利害关系人,同时抄送人民法院、人民检察院或者公安机关。

民政部门作出撤销或者更正婚姻登记决定后,应当及时在婚姻登记管理信息系统中备注说明情况并在附件中上传决定书。同时参照婚姻登记档案管理相关规定存档保管相关文书和证据材料。

五、民政部门应当根据《关于对婚姻登记严重失信当事人开展联合惩戒的合作备忘录》等文件要求,及时将使用伪造、变造或者冒用他人身份证件,户口簿、无配偶证明及其他证件、证明材料办理婚姻登记的当事人纳入婚姻登记领域严重失信当事人名单,由相关部门进行联合惩戒。

六、本指导意见所指当事人包括:涉案婚姻登记行为记载的自然人,使用伪造、变造的身份证件或者冒用他人身份证件办理婚姻登记的自然人,被冒用身份证件的自然人,其他利害关系人。

【批复答复】

1.《最高人民法院行政审判庭关于婚姻登记行政案件原告资格及判决方式有关问题的答复》(法〔2005〕行他字第13号,2005年10月8日)

一、依据《中华人民共和国行政诉讼法》第二十四条第二款①规定,有权起诉婚姻登记行为的婚姻关系当事人死亡的,其近亲属可以提起行政诉讼。

二、依据《中华人民共和国婚姻

① 对应2017年《行政诉讼法》第25条第2款。——编者注

法》第八条①规定，婚姻关系双方或一方当事人未亲自到婚姻登记机关进行婚姻登记，且不能证明婚姻登记系男女双方的真实意思表示，当事人对该婚姻登记不服提起诉讼的，人民法院应当依法予以撤销。

2.《最高人民法院关于外国法院的离婚判决未经我人民法院确认，当事人能否向我婚姻登记机关登记结婚的复函》（〔93〕法民字第 2 号，1993 年 1 月 22 日）

一、与中国公民结婚的外国人（包括外籍华人），由外国法院判决离婚后，在中国境内又申请与中国公民结婚的，如果前一婚姻关系的外国法院的离婚判决未经我人民法院确认，该外国人则应就前一婚姻关系的外国法院的离婚判决向人民法院申请承认，经人民法院裁定承认后，婚姻登记机关按照有关规定审查无误才能予以婚姻登记。

申请承认外国法院离婚判决，没有时间限制。

二、在忻清菊不服美国法院对其与曹信宝离婚所作判决的情况下，曹在中国境内又申请与王秀丽登记结婚，是违反我国有关法律的，该“结婚登记”应依法予以撤销。但现在曹信宝与忻清菊已经由人民法院调解离婚，其与王秀丽的“结婚登记”是否撤销，请你们酌情处理。

【部门参考文件】

1.《民政部关于贯彻执行〈婚姻登记条例〉若干问题的意见》（民函〔2004〕76 号，2004 年 3 月 29 日）

一、关于身份证问题

当事人无法提交居民身份证的，婚姻登记机关可根据当事人出具的有效临时身份证办理婚姻登记。

二、关于户口簿问题

当事人无法出具居民户口簿的，婚姻登记机关可凭公安部门或有关户籍管理机构出具的加盖印章的户籍证明办理婚姻登记；当事人属于集体户口的，婚姻登记机关可凭集体户口簿内本人的户口卡片或加盖单位印章的记载其户籍情况的户口簿复印件办理婚姻登记。

当事人未办理落户手续的，户口迁出地或另一方当事人户口所在地的婚姻登记机关可凭公安部门或有关户籍管理机构出具的证明材料办理婚姻登记。

三、关于身份证、户口簿查验问题

当事人所持户口簿与身份证上的“姓名”、“性别”、“出生日期”内容不一致的，婚姻登记机关应告知当事人先到户籍所在地的公安部门履行相关项目变更和必要的证簿换领手续后再办理

---

① 对应《民法典》第 1049 条。——编者注

婚姻登记。

当事人声明的婚姻状况与户口簿“婚姻状况”内容不一致的，婚姻登记机关对当事人婚姻状况的审查主要依据其本人书面声明。

四、关于少数民族当事人提供的照片问题

为尊重少数民族的风俗习惯，少数民族当事人办理婚姻登记时提供的照片是否免冠从习俗。

……

六、关于补领结婚证、离婚证问题

申请补领结婚证、离婚证的当事人出具的身份证、户口簿上的姓名、年龄、身份证号与原婚姻登记档案记载不一致的，当事人应书面说明不一致的原因，婚姻登记机关可根据当事人出具的身份证件补发结婚证、离婚证。

当事人办理结婚登记时未达法定婚龄，申请补领时仍未达法定婚龄的，婚姻登记机关不得补发结婚证。当事人办理结婚登记时未达法定婚龄，申请补领时已达法定婚龄的，当事人应对结婚登记情况作出书面说明；婚姻登记机关补发的结婚证登记日期应为当事人达到法定婚龄之日。

七、关于出国人员、华侨及港澳台居民结婚提交材料的问题

出国人员办理结婚登记应根据其出具的证件分情况处理。当事人出具身份证、户口簿作为身份证件的，按内地居民婚姻登记规定办理；当事人出具中国护照作为身份证件的，按华侨婚姻登记规定办理。

当事人以中国护照作为身份证件，在内地居住满一年、无法取得有关国家或我驻外使领馆出具的婚姻状况证明的，婚姻登记机关可根据当事人本人的相关情况声明及两个近亲属出具的有关当事人婚姻状况的证明办理结婚登记。

八、关于双方均非内地居民的结婚登记问题

双方均为外国人，要求在内地办理结婚登记的，如果当事人能够出具《婚姻登记条例》规定的相应证件和证明材料以及当事人本国承认其居民在国外办理结婚登记效力的证明，当事人工作或生活所在地具有办理涉外婚姻登记权限的登记机关应予受理。

一方为外国人、另一方为港澳台居民或华侨，或者双方均为港澳台居民或华侨，要求在内地办理结婚登记的，如果当事人能够出具《婚姻登记条例》规定的相应证件和证明材料，当事人工作或生活所在地具有相应办理婚姻登记权限的登记机关应予受理。

一方为出国人员、另一方为外国人或港澳台居民，或双方均为出国人员，要求在内地办理结婚登记的，如果当事人能够出具《婚姻登记条例》规定的相应证件和证明材料，出国人员出国前户口所在地具有相应办理婚姻登记权限的登记机关应予受理。

九、关于现役军人的婚姻登记问题

办理现役军人的婚姻登记仍按《民

政部办公厅关于印发〈军队贯彻实施《中华人民共和国婚姻法》若干问题的规定〉有关内容的通知》（民办函〔2001〕226 号）执行。①

办理现役军人婚姻登记的机关可以是现役军人部队驻地所在地或户口注销前常住户口所在地的婚姻登记机关，也可以是非现役军人一方常住户口所在地的婚姻登记机关。

十、关于服刑人员的婚姻登记问题

服刑人员申请办理婚姻登记，应当亲自到婚姻登记机关提出申请并出具有效的身份证件；服刑人员无法出具身份证件的，可由监狱管理部门出具有关证明材料。

办理服刑人员婚姻登记的机关可以是一方当事人常住户口所在地或服刑监狱所在地的婚姻登记机关。

2.《婚姻登记工作规范》（民发〔2015〕230 号，2016 年 2 月 1 日）

第四章　结婚登记

第二十七条　结婚登记应当按照初审—受理—审查—登记（发证）的程序办理。

第二十八条　受理结婚登记申请的条件是：

（一）婚姻登记处具有管辖权；

（二）要求结婚的男女双方共同到婚姻登记处提出申请；

（三）当事人男年满 22 周岁，女年满 20 周岁；

（四）当事人双方均无配偶（未婚、离婚、丧偶）；

（五）当事人双方没有直系血亲和三代以内旁系血亲关系；

（六）双方自愿结婚；

（七）当事人提交 3 张 2 寸双方近期半身免冠合影照片；

（八）当事人持有本规范第二十九条至第三十五条规定的有效证件。

第二十九条　内地居民办理结婚登记应当提交本人有效的居民身份证和户口簿，因故不能提交身份证的可以出具有效的临时身份证。

居民身份证与户口簿上的姓名、性别、出生日期、公民身份号码应当一致；不一致的，当事人应当先到有关部门更正。

户口簿上的婚姻状况应当与当事人声明一致。不一致的，当事人应当向登记机关提供能够证明其声明真实性的法院生效司法文书、配偶居民死亡医学证明（推断）书等材料；不一致且无法提供相关材料的，当事人应当先到有关部门更正。

当事人声明的婚姻状况与婚姻登记档案记载不一致的，当事人应当向登记机关提供能够证明其声明真实性的法院生效司法文书、配偶居民死亡医学证明（推断）书等材料。

第三十条　现役军人办理结婚登

---

① 该通知已被 2021 年 1 月 1 日施行的《军队人员婚姻管理若干规定》所废止。——编者注

记应当提交本人的居民身份证、军人证件和部队出具的军人婚姻登记证明。

居民身份证、军人证件和军人婚姻登记证明上的姓名、性别、出生日期、公民身份号码应当一致;不一致的,当事人应当先到有关部门更正。

第三十一条 香港居民办理结婚登记应当提交:

(一)港澳居民来往内地通行证或者港澳同胞回乡证;

(二)香港居民身份证;

(三)经香港委托公证人公证的本人无配偶以及与对方当事人没有直系血亲和三代以内旁系血亲关系的声明。

第三十二条 澳门居民办理结婚登记应当提交:

(一)港澳居民来往内地通行证或者港澳同胞回乡证;

(二)澳门居民身份证;

(三)经澳门公证机构公证的本人无配偶以及与对方当事人没有直系血亲和三代以内旁系血亲关系的声明。

第三十三条 台湾居民办理结婚登记应当提交:

(一)台湾居民来往大陆通行证或者其他有效旅行证件;

(二)本人在台湾地区居住的有效身份证;

(三)经台湾公证机构公证的本人无配偶以及与对方当事人没有直系血亲和三代以内旁系血亲关系的声明。

第三十四条 华侨办理结婚登记应当提交:

(一)本人的有效护照;

(二)居住国公证机构或者有权机关出具的、经中华人民共和国驻该国使(领)馆认证的本人无配偶以及与对方当事人没有直系血亲和三代以内旁系血亲关系的证明,或者中华人民共和国驻该国使(领)馆出具的本人无配偶以及与对方当事人没有直系血亲和三代以内旁系血亲关系的证明。

与中国无外交关系的国家出具的有关证明,应当经与该国及中国均有外交关系的第三国驻该国使(领)馆和中国驻第三国使(领)馆认证,或者经第三国驻华使(领)馆认证。

第三十五条 外国人办理结婚登记应当提交:

(一)本人的有效护照或者其他有效的国际旅行证件;

(二)所在国公证机构或者有权机关出具的、经中华人民共和国驻该国使(领)馆认证或者该国驻华使(领)馆认证的本人无配偶的证明,或者所在国驻华使(领)馆出具的本人无配偶证明。

与中国无外交关系的国家出具的有关证明,应当经与该国及中国均有外交关系的第三国驻该国使(领)馆和中国驻第三国使(领)馆认证,或者经第三国驻华使(领)馆认证。

第三十六条 婚姻登记员受理结婚登记申请,应当按照下列程序进行:

(一)询问当事人的结婚意愿;

(二)查验本规范第二十九条至第三十五条规定的相应证件和材料;

（三）自愿结婚的双方各填写一份《申请结婚登记声明书》；《申请结婚登记声明书》中“声明人”一栏的签名必须由声明人在监誓人面前完成并按指纹；

（四）当事人现场复述声明书内容，婚姻登记员作监誓人并在监誓人一栏签名。

第三十七条　婚姻登记员对当事人提交的证件、证明、声明进行审查，符合结婚条件的，填写《结婚登记审查处理表》和结婚证。

第三十八条　《结婚登记审查处理表》的填写：

（一）《结婚登记审查处理表》项目的填写，按照下列规定通过计算机完成：

1.“申请人姓名”：当事人是中国公民的，使用中文填写；当事人是外国人的，按照当事人护照上的姓名填写。

2.“出生日期”：使用阿拉伯数字，按照身份证件上的出生日期填写为“××××年××月××日”。

3.“身份证件号”：当事人是内地居民的，填写居民身份证号；当事人是香港、澳门、台湾居民的，填写香港、澳门、台湾居民身份证号，并在号码后加注“（香港）”、“（澳门）”或者“（台湾）”；当事人是华侨的，填写护照或旅行证件号；当事人是外国人的，填写当事人的护照或旅行证件号。

证件号码前面有字符的，应当一并填写。

4.“国籍”：当事人是内地居民、香港居民、澳门居民、台湾居民、华侨的，填写“中国”；当事人是外国人的，按照护照上的国籍填写；无国籍人，填写“无国籍”。

5.“提供证件情况”：应当将当事人提供的证件、证明逐一填写，不得省略。

6.“审查意见”：填写“符合结婚条件，准予登记”。

7.“结婚登记日期”：使用阿拉伯数字，填写为：“××××年××月××日”。填写的日期应当与结婚证上的登记日期一致。

8.“结婚证字号”填写式样按照民政部相关规定执行，填写规则见附则。

9.“结婚证印制号”填写颁发给当事人的结婚证上印制的号码。

10.“承办机关名称”：填写承办该结婚登记的婚姻登记处的名称。

（二）“登记员签名”：由批准该结婚登记的婚姻登记员亲笔签名，不得使用个人印章或者计算机打印。

（三）在“照片”处粘贴当事人提交的照片，并在骑缝处加盖钢印。

第三十九条　结婚证的填写：

（一）结婚证上“结婚证字号”“姓名”“性别”“出生日期”“身份证件号”“国籍”“登记日期”应当与《结婚登记审查处理表》中相应项目完全一致。

（二）“婚姻登记员”：由批准该结婚登记的婚姻登记员使用黑色墨水钢笔或签字笔亲笔签名，签名应清晰可辨,不得使用个人印章或者计算机打印。

（三）在“照片”栏粘贴当事人双方合影照片。

（四）在照片与结婚证骑缝处加盖婚姻登记工作业务专用钢印。

（五）“登记机关”：盖婚姻登记工作业务专用印章（红印）。

第四十条 婚姻登记员在完成结婚证填写后,应当进行认真核对、检查。对填写错误、证件被污染或者损坏的,应当将证件报废处理,重新填写。

第四十一条 颁发结婚证,应当在当事人双方均在场时按照下列步骤进行：

（一）向当事人双方询问核对姓名、结婚意愿；

（二）告知当事人双方领取结婚证后的法律关系以及夫妻权利、义务；

（三）见证当事人本人亲自在《结婚登记审查处理表》上的“当事人领证签名并按指纹”一栏中签名并按指纹；

“当事人领证签名并按指纹”一栏不得空白,不得由他人代为填写、代按指纹。

（四）将结婚证分别颁发给结婚登记当事人双方,向双方当事人宣布：取得结婚证,确立夫妻关系；

（五）祝贺新人。

第四十二条 申请补办结婚登记的,当事人填写《申请补办结婚登记声明书》,婚姻登记机关按照结婚登记程序办理。

第四十三条 申请复婚登记的,当事人填写《申请结婚登记声明书》,婚姻登记机关按照结婚登记程序办理。

第四十四条 婚姻登记员每办完一对结婚登记,应当依照《婚姻登记档案管理办法》,对应当存档的材料进行整理、保存,不得出现原始材料丢失、损毁情况。

第四十五条 婚姻登记机关对不符合结婚登记条件的,不予受理。当事人要求出具《不予办理结婚登记告知书》的,应当出具。

第七章 补领婚姻登记证

第六十二条 当事人遗失、损毁婚姻登记证,可以向原办理该婚姻登记的机关或者一方常住户口所在地的婚姻登记机关申请补领。有条件的省份,可以允许本省居民向本辖区内负责内地居民婚姻登记的机关申请补领婚姻登记证。

第六十三条 婚姻登记机关为当事人补发结婚证、离婚证,应当按照初审—受理—审查—发证程序进行。

第六十四条 受理补领结婚证、离婚证申请的条件是：

（一）婚姻登记处具有管辖权；

（二）当事人依法登记结婚或者离婚,现今仍然维持该状况；

（三）当事人持有本规范第二十九条至第三十五条规定的身份证件；

（四）当事人亲自到婚姻登记处提出申请,填写《申请补领婚姻登记证声明书》。

当事人因故不能到婚姻登记处申请补领婚姻登记证的,有档案可查且档案信息与身份信息一致的,可以委托他人办理。委托办理应当提交当事人的户口簿、身份证和经公证机关公证的授权委托书。委托书应当写明当事人姓名、身份证件号码、办理婚姻登记的时间及承办机关、目前的婚姻状况、委托事由、受委托人的姓名和身份证件号码。受委托人应当同时提交本人的身份证件。

当事人结婚登记档案查找不到的,当事人应当提供充分证据证明婚姻关系,婚姻登记机关经过严格审查,确认当事人存在婚姻关系的,可以为其补领结婚证。

第六十五条 婚姻登记员受理补领婚姻登记证申请,应当按照下列程序进行:

(一)查验本规范第六十四条规定的相应证件和证明材料;

(二)当事人填写《申请补领婚姻登记证声明书》,《申请补领婚姻登记证声明书》中“声明人”一栏的签名必须由声明人在监誓人面前完成并按指纹;

(三)婚姻登记员作监誓人并在监誓人一栏签名;

(四)申请补领结婚证的,双方当事人提交 3 张 2 寸双方近期半身免冠合影照片;申请补领离婚证的当事人提交 2 张 2 寸单人近期半身免冠照片。

第六十六条 婚姻登记员对当事人提交的证件、证明进行审查,符合补发条件的,填写《补发婚姻登记证审查处理表》和婚姻登记证。《补发婚姻登记证审查处理表》参照本规范第三十八条规定填写。

第六十七条 补发婚姻登记证时,应当向当事人询问核对姓名、出生日期,见证当事人本人亲自在《补发婚姻登记证审查处理表》“当事人领证签名并按指纹”一栏中签名并按指纹,将婚姻登记证发给当事人。

第六十八条 当事人的户口簿上以曾用名的方式反映姓名变更的,婚姻登记机关可以采信。

当事人办理结婚登记时未达到法定婚龄,通过非法手段骗取婚姻登记,其在申请补领时仍未达法定婚龄的,婚姻登记机关不得补发结婚证;其在申请补领时已达法定婚龄的,当事人应对结婚登记情况作出书面说明,婚姻登记机关补发的结婚证登记日期为当事人达到法定婚龄之日。

第六十九条 当事人办理过结婚登记,申请补领时的婚姻状况因离婚或丧偶发生改变的,不予补发结婚证;当事人办理过离婚登记的,申请补领时的婚姻状况因复婚发生改变的,不予补发离婚证。

第七十条 婚姻登记机关对不具备补发结婚证、离婚证受理条件的,不予受理。

第八章 监督与管理

第七十一条 各级民政部门应当

建立监督检查制度，定期对本级民政部门设立的婚姻登记处和下级婚姻登记机关进行监督检查。

第七十二条 婚姻登记机关及其婚姻登记员有下列行为之一的，对直接负责的主管人员和其他直接责任人员依法给予行政处分：

（一）为不符合婚姻登记条件的当事人办理婚姻登记的；

（二）违反程序规定办理婚姻登记、发放婚姻登记证、撤销婚姻①的；

（三）要求当事人提交《婚姻登记条例》和本规范规定以外的证件材料的；

（四）擅自提高收费标准或者增加收费项目的；

（五）玩忽职守造成婚姻登记档案损毁的；

（六）购买使用伪造婚姻证书的；

（七）违反规定应用婚姻登记信息系统的。

第七十三条 婚姻登记员违反规定办理婚姻登记，给当事人造成严重后果的，应当由婚姻登记机关承担对当事人的赔偿责任，并对承办人员进行追偿。

第七十四条 婚姻登记证使用单位不得使用非上级民政部门提供的婚姻登记证。各级民政部门发现本行政区域内有使用非上级民政部门提供的婚姻登记证的，应当予以没收，并追究相关责任人的法律责任和行政责任。

第七十五条 婚姻登记机关发现婚姻登记证有质量问题时，应当及时书面报告省级人民政府民政部门或者国务院民政部门。

第七十六条 人民法院作出与婚姻相关的判决、裁定和调解后，当事人将生效司法文书送婚姻登记机关的，婚姻登记机关应当将司法文书复印件存档并将相关信息录入婚姻登记信息系统。

婚姻登记机关应当加强与本地区人民法院的婚姻信息共享工作，完善婚姻信息数据库。

3.《国家发展改革委、人民银行、民政部等印发〈关于对婚姻登记严重失信当事人开展联合惩戒的合作备忘录〉的通知》（发改财金〔2018〕342号，2018年2月26日）

为深入学习贯彻习近平新时代中国特色社会主义思想和党的十九大精神，落实《中华人民共和国婚姻法》《婚姻登记条例》等法律法规精神以及《国务院关于印发社会信用体系建设规划纲要（2014—2020年）的通知》（国发〔2014〕21号）、《国务院关于建立完善守信联合激励和失信联合惩戒制度加快推进社会诚信建设的指导意见》（国发〔2016〕33号）、《国家发展改革委 人民银行关于加强和规范守信联合激励

① “撤销婚姻”的表述已被《民政部关于贯彻落实〈中华人民共和国民法典〉中有关婚姻登记规定的通知》所删除。——编者注

和失信联合惩戒对象名单管理工作的指导意见》(发改财金规〔2017〕1798号)等文件要求,加快推进婚姻登记领域信用体系建设,加大对婚姻登记领域严重失信行为的惩戒力度,促进婚姻家庭和谐稳定,加快推进社会信用体系建设,国家发展改革委、人民银行、民政部、中央组织部、中央宣传部、中央编办、中央文明办、最高人民法院、教育部、工业和信息化部、公安部、司法部、财政部、人力资源社会保障部、商务部、卫生计生委、审计署、国资委、海关总署、税务总局、工商总局、质检总局、新闻出版广电总局、统计局、旅游局、银监会、证监会、保监会、国家公务员局、共青团中央、全国妇联等部门就婚姻登记领域严重失信当事人开展联合惩戒工作达成如下一致意见。

一、联合惩戒对象

联合惩戒对象为婚姻登记严重失信当事人。当事人有以下行为之一的,由民政部门列入严重失信名单:

(一)使用伪造、变造或者冒用他人身份证件、户口簿、无配偶证明及其他证件、证明材料的;

(二)作无配偶、无直系亲属关系、无三代以内旁系血亲等虚假声明的;

(三)故意隐瞒对方无民事行为能力或限制民事行为能力状况,严重损害对方合法权益的;

(四)其他严重违反《中华人民共和国婚姻法》和《婚姻登记条例》行为的。

二、信息共享与联合惩戒的实施方式

民政部基于全国婚姻登记信用信息平台,建立严重失信名单,通过全国信用信息共享平台与全国婚姻登记信用信息平台实现数据交换和共享。最高人民法院将婚姻登记当事人的判决或调解离婚、撤销婚姻登记、宣告婚姻无效、宣告死亡等案件信息与民政部交换和共享。公安部将婚姻登记当事人及其配偶的身份信息、死亡信息通过国家人口基础信息库与民政部交换和共享。工业和信息化部将婚姻登记当事人的通信信息与民政部交换和共享。卫生计生委将婚姻登记当事人及其配偶的死亡信息与民政部交换和共享。签署本备忘录的各相关部门从全国信用信息共享平台获取婚姻登记严重失信名单后,执行或者协助执行本备忘录规定的惩戒措施,有关部门根据实际情况将联合惩戒的实施情况反馈国家发展改革委和民政部。

三、联合惩戒措施及实施单位

(一)限制招录(聘)为国家公职人员。限制婚姻登记严重失信当事人招录(聘)为公务员、事业单位工作人员。

实施单位:中央组织部、人力资源社会保障部、国家公务员局等

(二)限制登记为事业单位法定代表人。

实施单位:中央编办

(三)限制任职证券公司、基金管理公司、期货公司、融资性担保公司或

金融机构、认证机构的董事、监事、高级管理人员。

实施单位:财政部、商务部、工商总局、质检总局、银监会、证监会、保监会、地方政府确定的融资性担保公司监管机构

(四)限制担任国有企业法定代表人、董事、监事、高级管理人员。限制婚姻登记严重失信当事人担任国有企业法定代表人、董事、监事、高级管理人员;已担任相关职务的,提出其不再担任相关职务的意见。

实施单位:中央组织部、国资委、财政部、工商总局等

(五)限制参评道德模范等荣誉。婚姻登记严重失信当事人不得参加道德模范、五四青年奖、三八红旗手、全国五好文明家庭、最美家庭等评选,已经获得荣誉的予以撤销。

实施单位:中央宣传部、中央文明办、共青团中央、全国妇联等

(六)限制参与相关行业的评先、评优。婚姻登记严重失信当事人为律师、教师、医生、公务员的,在一定期限内限制其参与评先、评优。

实施单位:司法部、教育部、卫生计生委、国家公务员局

(七)供入股证券公司、基金管理公司、期货公司审批或备案,私募投资基金管理人登记,独立基金销售机构审批时审慎性参考。将婚姻登记严重失信当事人相关信息作为证券公司、基金管理公司及期货公司的设立及股权或实际控制人变更审批或备案,私募投资基金管理人登记,独立基金销售机构审批的审慎性参考。

实施单位:证监会

(八)供设立认证机构审批时审慎性参考。

实施单位:质检总局

(九)供金融机构融资授信时审慎性参考。将婚姻登记严重失信当事人信息作为金融机构对拟授信对象融资授信审批时的审慎性参考。

实施单位:人民银行、银监会

(十)限制补贴性资金支持。限制婚姻登记严重失信当事人申请补贴性资金支持。

实施单位:国家发展改革委、财政部、人力资源社会保障部、国资委等

(十一)限制成为海关认证企业。婚姻登记严重失信当事人为企业法定代表人(负责人)、负责关务的高级管理人员、财务负责人时,在企业申请海关认证企业时,不予通过;对已经成为海关认证企业的,按照规定下调企业信用等级。

实施单位:海关总署

(十二)作为选择政府采购供应商、选聘评审专家的审慎性参考。将婚姻登记严重失信当事人信息作为政府采购供应商、选聘评审专家的审慎性参考。

实施单位:财政部

(十三)供重点行业从业人员职业资质资格许可和认定参考。对婚姻登

记严重失信当事人申请律师、教师、医生、社会工作者、注册会计师、税务师、认证从业人员、证券期货从业人员、新闻工作者、导游等资质资格认证予以从严审核，对已成为相关从业人员的相关主体予以重点关注。

实施单位：教育部、司法部、财政部、卫生计生委、审计署、税务总局、质检总局、新闻出版广电总局、统计局、旅游局、证监会

（十四）依法追究违法者的法律责任。对于有使用伪造、变造的身份证件、户口簿、证明材料或者有冒用他人身份证件等违法行为的当事人，依法追究其法律责任。

实施单位：公安部

四、联合惩戒的动态管理

民政部对婚姻登记严重失信名单进行动态管理，及时更新相关信息，相关记录在后台长期保存。有关部门依据各自法定职责，按照法律法规和有关规定实施联合惩戒或者解除联合惩戒。

五、其他事宜

各部门和单位应密切协作，积极落实本备忘录，及时在本系统内下发，并指导监督本系统各级单位按照有关规定实施联合惩戒。

本备忘录签署后，各部门、各领域内相关法律、法规、规章及规范性文件有修改或调整，与本备忘录不一致的，以修改或调整后的法律法规为准。实施过程中具体操作问题，由各部门另行协商明确。

4.《民政部办公厅关于印发〈婚姻登记个人信用风险告知书〉的通知》（民办函〔2019〕107 号，2019 年 8 月 3 日）

根据国家发展改革委、民政部等 31 个部门联合签署的《关于对婚姻登记严重失信当事人开展联合惩戒的合作备忘录》（发改财金〔2018〕342 号）的相关规定，本婚姻登记处郑重告知如下：

在您申请办理婚姻登记时，不得采取以下行为：一是使用伪造、变造或者冒用他人身份证件、户口簿、无配偶证明及其他证件、证明材料；二是作无配偶、无直系亲属关系、无三代以内旁系血亲等虚假声明；三是故意隐瞒对方无民事行为能力或限制行为能力状况，严重损害对方合法权益；四是其他严重违反《中华人民共和国婚姻法》和《婚姻登记条例》行为。否则，您的失信行为信息将纳入全国婚姻登记信用信息系统并推送至全国信用信息共享平台，由此因个人不诚信行为引起的信用惩戒、各类法律责任一律由您个人承担。

申请婚姻登记的当事人请认真阅读上述告知，无异议后请在下方横线处亲自书写“以上内容已阅知”后签名并按指纹确认。

____

确认人：

年　　月　　日

5.《民政部办公厅关于扩大内地居民婚姻登记“跨省通办”试点的通知》(2023 年 5 月 22 日)

二、扩大试点范围

(一)试点地区。调整后,试点地区为北京、天津、河北、内蒙古、辽宁、上海、江苏、浙江、安徽、福建、江西、山东、河南、湖北、广东、广西、海南、重庆、四川、陕西、宁夏等 21 个省(区、市),上述地区均实施内地居民结婚登记和离婚登记“跨省通办”试点。

(二)试点期限。试点期限为 2 年,自 2023 年 5 月 12 日起至 2025 年 5 月 11 日止。新纳入试点地区婚姻登记机关统一自 2023 年 6 月 1 日起受理内地居民婚姻登记“跨省通办”事项。

三、试点内容

(一)涉及调整实施的行政法规。在试点地区,暂时调整实施《婚姻登记条例》第四条第一款有关“内地居民结婚,男女双方应当共同到一方当事人常住户口所在地的婚姻登记机关办理结婚登记”的规定,第十条第一款有关“内地居民自愿离婚的,男女双方应当共同到一方当事人常住户口所在地的婚姻登记机关办理离婚登记”的规定。

(二)实施方式。在试点地区,将内地居民结(离)婚登记由一方当事人常住户口所在地的婚姻登记机关办理,扩大到一方当事人常住户口所在地或者经常居住地婚姻登记机关办理。调整后,双方均非本地户籍的婚姻登记当事人可以凭一方居住证和双方户口簿、身份证,在居住证发放地婚姻登记机关申请办理婚姻登记,或者自行选择在一方常住户口所在地办理婚姻登记。

(三)当事人需要提交的证件。按照试点要求,当事人选择在一方经常居住地申请办理婚姻登记的,除按照《婚姻登记条例》第五条和第十一条规定当事人需要提交的证件外,还应当提交一方当事人经常居住地的有效居住证。一方或双方户籍地在本省(区、市)的,无需提供居住证,可以在本省(区、市)任意一个婚姻登记机关办理婚姻登记。

6.《中国边民与毗邻国边民婚姻登记办法》(民政部令第 45 号,2012 年 10 月 1 日)

第二条 本办法所称边民是指中国与毗邻国边界线两侧县级行政区域内有当地常住户口的中国公民和外国人。中国与毗邻国就双方国家边境地区和边民的范围达成有关协议的,适用协议的规定。

第三条 本办法适用于中国边民与毗邻国边民在中国边境地区办理婚姻登记。

第四条 边民办理婚姻登记的机关是边境地区县级人民政府民政部门。

边境地区婚姻登记机关应当按照便民原则在交通不便的乡(镇)巡回登记。

第五条 中国边民与毗邻国边民在中国边境地区结婚,男女双方应当共同到中国一方当事人常住户口所在地的婚姻登记机关办理结婚登记。

第六条 办理结婚登记的中国边民应当出具下列证件、证明材料:

(一)本人的居民户口簿、居民身份证;

(二)本人无配偶以及与对方当事人没有直系血亲和三代以内旁系血亲关系的签字声明。

办理结婚登记的毗邻国边民应当出具下列证明材料:

(一)能够证明本人边民身份的有效护照、国际旅行证件或者边境地区出入境通行证件;

(二)所在国公证机构或者有权机关出具的、经中华人民共和国驻该国使(领)馆认证或者该国驻华使(领)馆认证的本人无配偶的证明,或者所在国驻华使(领)馆出具的本人无配偶的证明,或者由毗邻国边境地区与中国乡(镇)人民政府同级的政府出具的本人无配偶证明。

第七条 办理结婚登记的当事人有下列情形之一的,婚姻登记机关不予登记:

(一)未到中国法定结婚年龄的;

(二)非双方自愿的;

(三)一方或者双方已有配偶的;

(四)属于直系血亲或者三代以内旁系血亲的;

(五)患有医学上认为不应当结婚的疾病的。①

第八条 婚姻登记机关应当对结婚登记当事人出具的证件、证明材料进行审查并询问相关情况,对当事人符合结婚条件的,应当当场予以登记,发给结婚证。对当事人不符合结婚条件不予登记的,应当向当事人说明理由。

第九条 男女双方补办结婚登记的,适用本办法关于结婚登记的规定。

第十条 未到婚姻登记机关办理结婚登记以夫妻名义同居生活的,不成立夫妻关系。

第十七条 结婚证、离婚证遗失或者损毁的,中国边民可以持居民户口簿、居民身份证,毗邻国边民可以持能够证明边民身份的有效护照、国际旅行证件或者边境地区出入境通行证向原办理婚姻登记的机关或者中国一方当事人常住户口所在地的婚姻登记机关申请补领。婚姻登记机关对当事人的婚姻登记档案进行查证,确认属实的,应当为当事人补发结婚证、离婚证。

7.《民政部办公厅关于退伍军人待安置期间办理结婚登记问题的答复》(民办函〔2004〕17号,2004年1月20日)

目前,由于现役军人身份证件和户口簿的管理与普通居民确有不同,退伍军人待安置期间可能暂时没有身份证和户口簿。如果因此不能办理婚姻登记,将影响退伍军人的正常生活和工作。为妥善解决其结婚登记的问题,可

① 《民法典》删除了《婚姻法》"患有医学上认为不应当结婚的疾病"这一禁止结婚的情形。——编者注

由该退伍军人入伍前常住户口所在地的公安部门出具其身份、户籍证明，替代普通居民的身份证和户口簿，其他则须按《婚姻登记条例》的规定办理。安置部门出具的待安置未分配证明和入伍通知书可复印存档、备查。

8.《民政部、总政治部关于士官婚姻管理有关问题的通知》（民发〔2011〕219 号，2011 年 12 月 28 日）

一、士官符合下列条件之一的，经师（旅）级以上单位政治机关批准，可以在驻地或者部队内部找对象结婚：

（一）中级士官；

（二）年龄超过 28 周岁的男士官或者年龄超过 26 周岁的女士官；

（三）烈士子女、孤儿或者因战、因公、因病致残的士官。

二、军队政治机关负责对士官在部队驻地或者部队内部找对象结婚的条件进行审查，符合条件的按有关规定出具《军人婚姻登记证明》。婚姻登记机关依据军队政治机关出具的《军人婚姻登记证明》，为士官办理婚姻登记。

三、民政部、总政治部《关于军队人员婚姻管理有关问题的通知》（政组〔2010〕14 号）与本通知不一致的，以本《通知》为准。

9.《民政部办公厅关于暂未领取居民身份证军人办理婚姻登记问题的处理意见》（民办函〔2010〕80 号，2010 年 4 月 13 日）

一、团级以上政治机关出具《军人婚姻登记证明》时，根据军人无居民身份证的具体情况，在证明右上角分别标注“暂未领取居民身份证、已编制公民身份号码。”或“暂未领取居民身份证、未编制公民身份号码。”并在标注处加盖印章。对“暂未领取居民身份证、未编制公民身份号码”的，《军人婚姻登记证明》中“公民身份号码”栏填写“无”。

二、军人持标注有“暂未领取居民身份证、已编制公民身份号码”或“暂未领取居民身份证、未编制公民身份号码”的，若除居民身份证外，当事人其他证件、证明材料齐全且符合相关规定的，婚姻登记机关应当受理其有关登记或补领证件的申请。

为保障军人婚姻权益，在文件下发过程中，军人持 2010 年 8 月 1 日之前出具的有效期内的《军人婚姻登记证明》或旧式婚姻状况证明，若证明中未标注“暂未领取居民身份证”，但军人声称无居民身份证的，由军人本人做出无居民身份证书面声明，婚姻登记机关可不要求声明人提供居民身份证。

三、军人有居民身份证或“暂未领取居民身份证、已编制公民身份号码”的，《申请结（离）婚登记声明书》、《结（离）婚登记审查处理表》及《结（离）婚证》上的“身份证件号”按照《通知》要求填写；“暂未领取居民身份证、未编制公民身份号码”的，上述材料中的“身份证号码”栏填写当事人的《军官证》

或《文职干部证》、《学员证》、《士兵证》、《离休证》、《退休证》等军人身份证件号码。

10.《出国人员婚姻登记管理办法》（民事发〔1997〕14 号，1997 年 5 月 8 日）

第二条　本办法所称出国人员系指依法出境，在国外合法居留 6 个月以上未定居的中华人民共和国公民。

第三条　出国人员的婚姻登记管理机关是省、自治区、直辖市民政厅（局）指定的县级以上人民政府的民政部门和我驻外使、领馆。

第四条　出国人员中的现役军人、公安人员、武装警察、机要人员和其他掌握国家重要机密的人员不得在我驻外使、领馆和居住国办理婚姻登记。

第五条　出国人员婚姻登记应符合国家有关婚姻法律、法规的规定。

第六条　出国人员在我国境内办理结婚登记，男女双方须共同到一方户籍所在地或出国前户籍所在地的婚姻登记管理机关提出申请。

出国人员在境外办理结婚登记，男女双方须共同到我驻外使、领馆提出申请。出国人员居住国不承认外国使、领馆办理的结婚登记的，可回国内办理；在居住国办理的结婚登记，符合我国《婚姻法》基本原则和有关结婚的实质要件的，予以承认。

第七条　出国人员同居住在国内的中国公民、以及出国人员之间办理结婚登记须提供下列证件和证明：

甲、居住在国内的中国公民

（一）身份证和户口证明；

（二）所在单位或村（居）民委员会出具的婚姻状况证明。

乙、出国人员

（一）护照；

（二）所在单位（国内县级以上机关、社会团体、企事业单位）出具的婚姻状况证明；或我驻外使、领馆出具或经我驻外使、领馆认证的居住国公证机关出具的在国外期间的婚姻状况证明。

持在国外期间的婚姻状况证明且出国前已达法定婚龄的，还须提供出国前所在单位或村（居）民委员会出具的出国前的婚姻状况证明。在我驻外使、领馆办理结婚登记的，须提供国内公证机关出具的婚姻状况公证。婚姻状况公证的有效期为六个月。

居住在国内的中国公民同出国人员在国内登记结婚的还须出具婚姻登记管理机关指定医院出具的婚前健康检查证明。离过婚的，须提供有效的离婚证件。丧偶者，须提供配偶死亡证明。

第八条　已办理出国护照、签证并已注销户口尚未出国的人员，应持护照和所在单位或村（居）民委员会出具的婚姻状况证明，到注销户口前的户籍所在地或对方户籍所在地的婚姻登记管理机关办理结婚登记。

第九条　出国六个月以上，现已回国的人员，应按本办法第七条的有关规定提供本人在国外期间的婚姻状况证明;回国一年以上,确实无法取得在国外期间的婚姻状况证明的,须提供经现住所地公证机关公证的未婚或者未再婚保证书。

第十条 申请复婚的,按结婚登记程序办理。

第十一条 一方为出国人员,一方在国内,双方自愿离婚,并对子女抚养、财产处理达成协议的,双方须共同到国内一方户籍所在地或出国人员出国前的户籍所在地的婚姻登记管理机关申请离婚登记,并须提供下列证件和证明:

甲、居住在国内的中国公民

(一)身份证和户口证明;

(二)所在单位或村(居)民委员会出具的介绍信;

(三)离婚协议书;

(四)结婚证。

乙、出国人员

(一)护照;

(二)离婚协议书;

(三)结婚证。

当事人双方有争议的,可以向国内一方住所地人民法院起诉。

第十二条 双方均为出国人员,且在我驻外使、领馆办理的结婚登记,自愿离婚,并对子女抚养、财产处理达成协议的,双方须共同到原结婚登记的我驻外使、领馆申请离婚登记。居住国不承认外国使、领馆办理的离婚登记并允许当事人在该国离婚的,可以在居住国办理离婚或回国内办理离婚。

双方有争议的,可以向出国前一方住所地人民法院提起诉讼。

第十三条 申请结婚当事人不符合法定结婚条件的,向婚姻登记管理机关隐瞒真实情况或者弄虚作假、骗取婚姻登记的,按照《婚姻登记管理条例》有关规定处理。

【地方法院规范】

《北京市高级人民法院民一庭关于审理婚姻纠纷案件若干疑难问题的参考意见》(2016年)

二、【婚姻登记被撤销后的处理】因结婚登记瑕疵导致结婚登记被撤销后,可参照《婚姻法》第十二条①及《婚姻法司法解释一》第十五条②有关规定处理同居期间的财产和子女问题。

第一千零五十条 【男女双方互为家庭成员】登记结婚后,按照男女双方约定,女方可以成为男方家庭的成员,男方可以成为女方家庭的成员。

【立法·要点释义】

1980年《婚姻法》第8条规定:"登

① 对应《民法典》第1054条。——编者注

② 对应《民法典婚姻家庭编解释(一)》第22条。——编者注

记结婚后，根据男女双方约定，女方可以成为男方家庭的成员，男方也可以成为女方家庭的成员。”2001 年《婚姻法》修正时，删除“也”字，进一步体现男女平等的婚姻家庭原则。

【自治条例和单行条例】

《黔南布依族苗族自治州执行〈中华人民共和国婚姻法〉的变通规定》（1999 年修订）

第八条　登记结婚后，经男女双方约定男方成为女方家庭成员的应予鼓励和支持，任何人不得干涉。男女双方的合法权益受法律保护。

第一千零五十一条　【婚姻无效的情形】有下列情形之一的，婚姻无效：

（一）重婚；

（二）有禁止结婚的亲属关系；

（三）未到法定婚龄。

【原《婚姻法》条文】

第十条　有下列情形之一的，婚姻无效：

（一）重婚的；

（二）有禁止结婚的亲属关系的；

（三）婚前患有医学上认为不应当结婚的疾病，婚后尚未治愈的；

（四）未到法定婚龄的。

【修改说明】

《母婴保健法》规定了婚前医学检查的“严重遗传性疾病”“指定传染病”“有关精神病”三类疾病。随着医疗水平的提高，列名禁婚的疾病消失了或者能够得到有效的控制，像传染病、遗传病等实际上是不宜生育的疾病，不是不宜结婚。因而删除第 3 项“婚前患有医学上认为不应当结婚的疾病，婚后尚未治愈的”这一规定。

【立法 · 要点释义】

无效婚姻，是指欠缺婚姻成立的法定条件而不发生法律效力的男女两性的结合。现实生活中，由于当事人弄虚作假、欺骗婚姻登记机关或者婚姻登记机关不依法履行职责等原因，使某些不符合结婚条件的男女当事人也经婚姻登记机关办理了结婚登记手续成为夫妻。对这些不符合本法规定的婚姻，不能承认其具有法律上的婚姻效力。

重婚有两种情况，一是有配偶者而重婚，指已经结婚的人，在婚姻关系存续期间，又与他人登记结婚，或者又与他人以夫妻的名义共同生活。二是明知他人有配偶而与之结婚，指没有配偶的人，明知他人有配偶而仍然与之登记结婚，或者仍然与之以夫妻的名义共同生活。对于重婚的，不仅要确认重婚者的第二个“婚姻”无效，解除其重婚关系，还应当依法追究重婚者的刑事责任。

对未到法定结婚年龄的婚姻，应当在男女当事人的法定结婚年龄届至前提出或确认其婚姻无效。如果当事人或利害关系人申请确认婚姻无效，或有关部门要确认其婚姻无效时，男女双方当事人已达到法定结婚年龄的，不能确认其婚姻为无效婚姻。

【编者观点】

理论上可以区分根本不存在婚姻关系与存在缔结瑕疵的婚姻，前者指缺少婚姻缔结的成立要件导致婚姻不成立，例如第1046条要求的“男女双方”，以及第1049条要求的“亲自到婚姻登记机关申请结婚登记”；而后者指违反结婚的实质要件导致婚姻效力为无效或者可撤销。

无效婚姻规定在本条，所列举的重婚、禁婚亲以及未达法定婚龄这三种情形均属于结婚的实质要件，本条没有“其他导致婚姻无效的情形”的表述，结合《民法典婚姻家庭编解释（一）》第17条的规定，有学者认为，这表明我国法上无效婚姻的效力瑕疵事由体系是封闭的，总则编有关法律行为无效的规定并不适用，例如男女双方“假结婚”即通谋虚伪作出结婚的意思表示，婚姻并非无效。而且根据《民法典婚姻家庭编解释（一）》第10条，导致婚姻无效的阻却事由已经消失时，可转化为完全有效的婚姻，而总则编规定的法律行为无效通常不存在事后转化为有效的可能性。另外，程序上婚姻无效不同于民事法律行为无效，在履行法定的无效确认程序之前，婚姻是有效的。但是无效婚姻类型法定也可能引发法律漏洞，例如当事人一方为无行为能力人缔结的婚姻，无法满足第1046条要求的“完全自愿”要件，如果不能确认婚姻无效，则其法律效力为何？

可撤销婚姻规定在第1052—1053条，条文并没有类似“有下列情形之一的，婚姻可撤销”的规定，只是分别列举了导致撤销的两种情形，有学者认为由此体现出可撤销婚姻的效力瑕疵事由体系是开放的，当事人可以以其他理由提出撤销婚姻的请求。编者认为对于欺诈和胁迫两种意思表示瑕疵，仅以第1052—1053条列举的情形为限，方可以主张撤销婚姻，非隐瞒重大疾病的欺诈以及所有重大误解情形，受欺诈和重大误解的一方往往在缔结婚姻本身上是自愿的，只是对于某些事项受到欺骗或认识不准确。不同的当事人对婚姻的期许不同，决定其与另一方结婚的主要因素亦不同，法官亦无法衡量相同事项对于不同当事人在决定结婚时的重要程度。对于如此个性化的事项，法律不能也不应规定整齐划一的标准，因此原则上都不可主张撤销。

就婚姻退出机制而言，撤销婚姻与离婚相比，实质性差别在于，撤销权人享有较大的行为自由，撤销婚姻由其一方单方发动且不需要对方意志配合，且在后果层面撤销婚姻的财产处理与离婚财产分割制度不同，且当事人的婚姻状况将回复为“未婚”，对当事人的社会评价和未来的婚恋选择影响较小。因此，一方如果因为缔结婚姻的意思存在瑕疵但无法撤销婚姻的情形下，还可以通过离婚同样达到终止婚姻的目的。

【司法解释】

1.《最高人民法院关于适用〈中华人民共和国民法典〉婚姻家庭编的解释（一）》（法释〔2020〕22 号，2021 年 1 月 1 日施行）

第九条[①] **【有权请求确认婚姻无效的主体范围】**有权依据民法典第一千零五十一条规定向人民法院就已办理结婚登记的婚姻请求确认婚姻无效的主体，包括婚姻当事人及利害关系人。其中，利害关系人包括：

（一）以重婚为由的，为当事人的近亲属及基层组织；

（二）以未到法定婚龄为由的，为未到法定婚龄者的近亲属；

（三）以有禁止结婚的亲属关系为由的，为当事人的近亲属。

第十条[②] **【导致婚姻无效的阻却事由已经消失时的处理】**当事人依据民法典第一千零五十一条规定向人民法院请求确认婚姻无效，法定的无效婚姻情形在提起诉讼时已经消失的，人民法院不予支持。

第十一条[③] **【人民法院受理请求确认婚姻无效案件后的处理】**人民法院受理请求确认婚姻无效案件后，原告申请撤诉的，不予准许。

对婚姻效力的审理不适用调解，应当依法作出判决。

涉及财产分割和子女抚养的，可以调解。调解达成协议的，另行制作调解书；未达成调解协议的，应当一并作出判决。

第十二条[④] **【人民法院对受理的离婚案件，经审查认为婚姻无效的处理】**人民法院受理离婚案件后，经审理确属无效婚姻的，应当将婚姻无效的情形告知当事人，并依法作出确认婚姻无效的判决。

第十三条[⑤] **【就同一婚姻关系受理了离婚和请求确认婚姻无效两个案件后的审理顺序】**人民法院就同一婚姻关系分别受理了离婚和请求确认婚姻无效案件的，对于离婚案件的审理，应当待请求确认婚姻无效案件作出判决后进行。

第十四条[⑥] **【请求确认婚姻无效的无效婚姻当事人及利害关系人在该婚姻关系一方或者双方死亡情形下的诉讼权利】**夫妻一方或者双方死亡后，

---

① 对该条的注释详见附录一第 810 页。
② 对该条的注释详见附录一第 812 页。
③ 对该条的注释详见附录一第 813 页。
④ 对该条的注释详见附录一第 815 页。
⑤ 对该条的注释详见附录一第 816 页。
⑥ 对该条的注释详见附录一第 817 页。

生存一方或者利害关系人依据民法典第一千零五十一条的规定请求确认婚姻无效的,人民法院应当受理。

第十五条① **【利害关系人请求确认婚姻无效案件中的当事人地位】**利害关系人依据民法典第一千零五十一条的规定,请求人民法院确认婚姻无效的,利害关系人为原告,婚姻关系当事人双方为被告。

夫妻一方死亡的,生存一方为被告。

第十七条② **【结婚登记程序存在瑕疵应如何处理】**当事人以民法典第一千零五十一条规定的三种无效婚姻以外的情形请求确认婚姻无效的,人民法院应当判决驳回当事人的诉讼请求。

当事人以结婚登记程序存在瑕疵为由提起民事诉讼,主张撤销结婚登记的,告知其可以依法申请行政复议或者提起行政诉讼。

2.《最高人民法院关于适用〈中华人民共和国民法典〉婚姻家庭编的解释(二)》(法释〔2025〕1号,2025年2月1日施行)

第一条③ **【重婚不适用效力补正】**当事人依据民法典第一千零五十一条第一项规定请求确认重婚的婚姻无效,提起诉讼时合法婚姻当事人已经离婚或者配偶已经死亡,被告以此为由抗辩后一婚姻自以上情形发生时转为有效的,人民法院不予支持。

【地方法院规范】

1.《江苏省高级人民法院关于审理婚姻家庭纠纷案件的最新解答》(2019年)

4. 无效婚姻能否按撤诉处理?对于无效婚姻判决能否申请再审?婚姻在被宣告无效或被撤销之前又结婚的,是否构成重婚?当事人以重婚为由申请宣告婚姻无效,如果申请时重婚情形已经消失的,如何处理?

为体现国家强制力对无效婚姻的干预和制裁,对于无效婚姻不能按撤诉处理,应依法作出宣告婚姻无效的判决。

宣告婚姻无效案件属于非讼案件,应比照适用特别程序的规定进行审理。依照《民诉法解释》第三百八十条④的规定,对于宣告婚姻无效的判决,当事人不得申请再审。当事人、利害关系人认为有错误的,可以依照《民诉法解释》第三百七十四条⑤的规定处理。

依照《婚姻法解释一》第十三条⑥的规定,无效或者可撤销婚姻只有在依

---

① 对该条的注释详见附录一第818页。

② 对该条的注释详见附录一第820页。

③ 对该条的注释详见附录三第1031页。

④ 对应2022年《民事诉讼法解释》第378条。

⑤ 对应2022年《民事诉讼法解释》第372条。——编者注

⑥ 对应《民法典婚姻家庭编解释(一)》第20条。——编者注

法被宣告无效或被撤销时才自始不受法律保护。因此,婚姻被宣告无效或被撤销之前又结婚的,构成重婚。

以重婚为由申请宣告婚姻无效的,申请时,当事人已经办理了合法婚姻的离婚登记手续或合法婚姻配偶一方已经死亡等导致重婚情形已经消失的,不予支持。

2.《广东法院审理离婚案件程序指引》(2018 年)

第八条　【职权探知】

下列事项,属于《最高人民法院关于适用〈中华人民共和国民事诉讼法〉的解释》第九十六条第一款第二项规定的情形,人民法院可以依职权调查收集证据:

(一)当事人的工作、教育、经历、性格、身心状况;

(二)当事人家庭生活状况、离婚纠纷产生的原因;

(三)未成年子女的生活、学习、身心和抚养状况;

(四)老年人的生活和赡养状况;

(五)涉及无民事行为能力的当事人或者未成年子女的基本生活保障,需要查明的财产状况;

(六)可能导致婚姻无效的状况。

3.《山东省高级人民法院家事案件审理规程》(2018 年)

第十一条　人民法院审理家事案件,可依职权调查取证。有下列情况的,人民法院应当依职权调查取证:

(一)涉及身份关系确认的;

(二)诉讼过程中发现可能存在婚姻不成立、无效或者可撤销等情形的;

(三)申请抚养权的;

(四)申请探视权的;

(五)其他应当查明的事项。

第一千零五十二条　【受胁迫婚姻的撤销】因胁迫结婚的,受胁迫的一方可以向人民法院请求撤销婚姻。

请求撤销婚姻的,应当自胁迫行为终止之日起一年内提出。

被非法限制人身自由的当事人请求撤销婚姻的,应当自恢复人身自由之日起一年内提出。

【原《婚姻法》条文】

第十一条　因胁迫结婚的,受胁迫的一方可以向婚姻登记机关或人民法院请求撤销该婚姻。受胁迫的一方撤销婚姻的请求,应当自结婚登记之日起一年内提出。被非法限制人身自由的当事人请求撤销婚姻的,应当自恢复人身自由之日起一年内提出。

【修改说明】

是否存在胁迫、撤销婚姻后如何处理双方的财产关系和可能的子女抚养问题，都是需要经过审理才能弄清楚和作出合理裁判。这个工作由婚姻登记机关进行不合适，应当由人民法院处理，因而本条删除了“受胁迫方可以向婚姻登记机关请求撤销该婚姻”的规定；撤销权行使的时间“自结婚登记之日起”改为“自胁迫行为终止之日起”，针对持续胁迫的情况，更有利于被胁迫者的救济。

【立法 · 要点释义】

无效婚姻与可撤销婚姻有区别。无效婚姻多是违反公序良俗的，对此种婚姻，除了当事人可以提出婚姻无效的申请外，国家有关部门或利害关系人也可以依职权或者依据法律的规定，提出无效婚姻的申请，无效婚姻的宣告没有时间上的限制。可撤销婚姻，是指当事人因意思表示不真实而成立的婚姻，或者当事人成立的婚姻在结婚的要件上有欠缺，多是违反私人利益，通过有撤销权的当事人行使撤销权，使已经发生法律效力的婚姻关系失去法律效力。超过一定期间，撤销权消灭。

因胁迫而结婚的情形，有的当事人在婚后建立了感情，家庭和睦。是否撤销，宜由当事人决定，所以属于可撤销的婚姻。有权提出撤销婚姻效力的申请人只能是因胁迫结婚的被胁迫人。因为胁迫行为可能延续到结婚登记后1年之后，由“结婚登记之日起”改成“胁迫行为终止之日起”更为合理。有的受胁迫方被非法限制人身自由，如被绑架、拐卖的妇女被迫与他人缔结婚姻关系，有关部门未解救前，无法提出撤销婚姻效力的申请，故申请时间必须待其恢复人身自由之日起算。

欺诈的情形非常复杂，有的欺诈，如隐瞒禁止结婚的亲属关系、隐瞒未到法定婚龄、已婚的欺骗未婚的，已规定为无效婚姻。对于隐瞒重大疾病的行为，下一条规定为可撤销婚姻的事由。其他因隐瞒、欺诈导致夫妻感情破裂的，不能撤销婚姻，但是可以通过离婚解除婚姻关系。

【相关立法】

《中华人民共和国民法典》（2021年1月1日施行）

第一百五十条 一方或者第三人以胁迫手段，使对方在违背真实意思的情况下实施的民事法律行为，受胁迫方有权请求人民法院或者仲裁机构予以撤销。

第一百五十二条 有下列情形之一的，撤销权消灭：

（一）当事人自知道或者应当知道撤销事由之日起一年内、重大误解的当事人自知道或者应当知道撤销事由之日起九十日内没有行使撤销权；

（二）当事人受胁迫，自胁迫行为终止之日起一年内没有行使撤销权；

（三）当事人知道撤销事由后明确表示或者以自己的行为表明放弃撤

销权。

当事人自民事法律行为发生之日起五年内没有行使撤销权的，撤销权消灭。

【行政法规】

《婚姻登记条例》（国务院令第 797 号，2024 年 12 月 6 日修订，2025 年 1 月 20 日施行）

第九条　因胁迫结婚的，受胁迫的当事人可以依据民法典第一千零五十二条的规定向人民法院请求撤销婚姻。一方当事人患有重大疾病的，应当在结婚登记前如实告知另一方当事人；不如实告知的，另一方当事人可以依据民法典第一千零五十三条的规定向人民法院请求撤销婚姻。

【司法解释】

1.《最高人民法院关于适用〈中华人民共和国民法典〉时间效力的若干规定》（法释〔2020〕15 号，2021 年 1 月 1 日施行）

第二十六条　当事人以民法典施行前受胁迫结婚为由请求人民法院撤销婚姻的，撤销权的行使期限适用民法典第一千零五十二条第二款的规定。

2.《最高人民法院关于适用〈中华人民共和国民法典〉总则编若干问题的解释》（法释〔2022〕6 号，2022 年 3 月 1 日施行）

第二十二条　以给自然人及其近亲属等的人身权利、财产权利以及其他合法权益造成损害或者以给法人、非法人组织的名誉、荣誉、财产权益等造成损害为要挟，迫使其基于恐惧心理作出意思表示的，人民法院可以认定为民法典第一百五十条规定的胁迫。

3.《最高人民法院关于适用〈中华人民共和国民法典〉婚姻家庭编的解释（一）》（法释〔2020〕22 号，2021 年 1 月 1 日施行）

第十八条①　**【因受胁迫而请求撤销婚姻】**行为人以给另一方当事人或者其近亲属的生命、身体、健康、名誉、财产等方面造成损害为要挟，迫使另一方当事人违背真实意愿结婚的，可以认定为民法典第一千零五十二条所称的“胁迫”。

因受胁迫而请求撤销婚姻的，只能是受胁迫一方的婚姻关系当事人本人。

第十九条②　**【“一年”期间的性质】**民法典第一千零五十二条规定的“一年”，不适用诉讼时效中止、中断或者延长的规定。

受胁迫或者被非法限制人身自由的当事人请求撤销婚姻的，不适用民法典第一百五十二条第二款的规定。

---

① 对该条的注释详见附录一第 823 页。

② 对该条的注释详见附录一第 824 页。

【部门参考文件】

《民政部关于贯彻落实〈中华人民共和国民法典〉中有关婚姻登记规定的通知》(民发〔2020〕116 号,2021 年 1 月 1 日)

根据《民法典》规定,对婚姻登记有关程序等作出如下调整:

一、婚姻登记机关不再受理因胁迫结婚请求撤销业务

《民法典》第一千零五十二条第一款规定:“因胁迫结婚的,受胁迫的一方可以向人民法院请求撤销婚姻。”因此,婚姻登记机关不再受理因胁迫结婚的撤销婚姻申请,《婚姻登记工作规范》第四条第三款、第五章废止,删除第十四条第(五)项中“及可撤销婚姻”、第二十五条第(二)项中“撤销受胁迫婚姻”及第七十二条第(二)项中“撤销婚姻”表述。

本通知自 2021 年 1 月 1 日起施行。《民政部关于印发〈婚姻登记工作规范〉的通知》(民发〔2015〕230 号)中与本通知不一致的,以本通知为准。

【法院参考案例】

周某诉付某撤销婚姻纠纷案——子女受父母胁迫结婚可请求依法撤销婚姻(《第三批人民法院大力弘扬社会主义核心价值观典型民事案例》案例五,2023 年 3 月 1 日)

【基本案情】

女孩周某在其母亲安排下与付某相亲。因付某家庭条件较好,两家又系远房亲戚,周某母亲非常希望周某与付某缔结婚姻。在周某明确拒绝与付某交往后,周某母亲强行将在外地工作的周某接回家,并以死相逼,表示如周某不同意该婚事就将其赶出家门。周某害怕家庭关系破裂,又担心母亲寻短见,不得不与付某登记结婚并举办婚礼。婚后近一年时间里,双方并未建立夫妻感情,也从未有过夫妻生活。但周某母亲仍不准许周某提出离婚,母女俩多次争吵并发生肢体冲突。周某诉至人民法院,请求撤销其与付某之间的婚姻关系。

【裁判结果】

审理法院认为,《民法典》第 1052 条第 1 款规定:“因胁迫结婚的,受胁迫的一方可以向人民法院请求撤销婚姻。”结婚应当是男女双方完全自愿的行为,禁止任何一方对另一方加以胁迫,禁止任何组织或者个人加以干涉。在周某多次明确提出不愿意和付某恋爱、结婚的情况下,周某母亲仍以将周某赶出家门、“死给周某看”等作为要挟,导致周某在违背自由意志的情况下与付某结婚。周某母亲的行为严重干涉了周某的婚姻自由,其行为构成胁迫。现周某要求撤销其与付某之间的婚姻符合法律规定,为维护当事人的合法权益,弘扬自由、文明的社会主义核心价值观,故判决撤销周某与付某之间

的婚姻关系。

【典型意义】

母亲要求女儿按自己的意愿组建家庭，虽然本意是希望女儿能有一个幸福的归宿，但以死相逼，胁迫女儿与相亲对象结婚，不仅没有让女儿获得如期的幸福，反而给女儿带来痛苦和绝望。在子女婚恋问题上，父母“该放手时应放手”，可以做好参谋但不能代作决断、强行干预，否则不但会侵害子女的婚姻自由、伤害父母子女之间的血脉亲情，也会违反法律规定。本案判决撤销周某与付某之间的婚姻关系，既保护了周某个人的合法权益，也向整个社会传达了婚姻自由的理念，有利于倡导独立、自主的婚姻观和自由、法治的社会主义核心价值观。

第一千零五十三条 【隐瞒重大疾病的可撤销婚姻】一方患有重大疾病的，应当在结婚登记前如实告知另一方；不如实告知的，另一方可以向人民法院请求撤销婚姻。

请求撤销婚姻的，应当自知道或者应当知道撤销事由之日起一年内提出。

【立法·要点释义】

《民法典》对疾病的禁婚条件未作规定，只是为了配偶和子女的身体健康，将“隐瞒重大疾病”作为撤销婚姻的条件作了专门规定。所谓“知道”，是指有直接和充分的证据证明当事人知道对方患病。“应当知道”，是指虽然没有直接和充分的证据证明当事人知道，但是根据生活经验、相关事实和证据，按照一般人的普遍认知能力，运用逻辑推理可以推断当事人知道对方患病。如果不能在知道或者应当知道撤销事由之日起1年内提出，就只能通过协议离婚或者诉讼离婚的程序解除婚姻关系。

构成欺诈需在主观和客观方面均为重大或重要影响。主观方面，结婚时关于疾病的事项，如不因被隐瞒而发生错误认知，如果知道疾病事项，就一定不会结婚，即从隐瞒到错误认识再到结婚是一连串的因果关系。客观方面，必须有相当重大或重要影响。考虑到技术在进步，医疗水平在提高，在不同的历史时期，认定的重大疾病完全可能是不同的。重大疾病具体是什么病，或者某种疾病是不是重大疾病，需要司法机关和有关部门、单位在司法实践中进行认定。

【编者观点】

重大疾病是指医治花费巨大且在较长时间内严重影响患者及其家庭的正常工作和生活的疾病。之所以一方隐瞒重大疾病会影响另一方的结婚意愿，是因为如下几方面原因：首先，医治重大疾病的巨额费用以及因患有重大疾病对该方工作和收入的负面效应,会严重影响整个家庭未来的生活水平;其次,患有重大疾病会对该方的预期寿命以及家庭成员之间的扶养义务的承担及履行造成重大影响;最后,一些重大疾病会影响到夫妻性生活以及生育,从而影响婚姻目的的实现。

对于前两点原因的重大疾病范围,可以参考中国保险行业协会与中国医师协会联合发布的《重大疾病保险的疾病定义使用规范》,通常包括恶性肿瘤、急性心肌梗塞、脑中风后遗症、重大器官移植术或造血干细胞移植术、冠状动脉搭桥术、终末期肾病、多个肢体缺失、急性或亚急性重症肝炎、良性脑肿瘤、慢性肝功能衰竭失代偿期、脑炎后遗症或脑膜炎后遗症、深度昏迷、双耳失聪、双目失明、瘫痪、瓣膜手术、严重阿尔茨海默病、严重脑损伤、严重帕金森病、严重3度烧伤、严重原发性肺动脉高压、严重运动神经元病、语言能力丧失、重型再生障碍性贫血、主动脉手术、严重的多发性硬化、严重的1型糖尿病、严重的原发性心肌病、侵蚀性葡萄胎、系统性红斑狼疮、感染艾滋病病毒或患有艾滋病等。对于第三点原因的重大疾病范围,通常包括一些严重的性病、性功能障碍、不孕不育症、严重遗传类疾病和精神疾病。上述范围之外的疾病,另一方只能主张离婚,而不能请求撤销婚姻。

行为人隐瞒重大疾病包括积极欺诈,即故意告知对方未患有重大疾病,也包括消极欺诈,即故意隐瞒患有重大疾病的事实。如果受欺诈方原本就知道另外一方患有重大疾病,且仍愿意同其结婚,意味着受欺诈方并未因欺诈而陷入错误认识,然后作出违背真实意思的意思表示,不能主张撤销婚姻。

实践中存在第三人隐瞒婚姻一方当事人患有重大疾病的事实,例如父亲在女儿婚前向其未婚夫隐瞒女儿患有先天性心脏病的事实。此时的难点是是否适用《民法典》第149条关于第三人欺诈的规定。鉴于第1053条规定患病一方消极欺诈即故意隐瞒也触发撤销权,因此如果第三人是积极欺诈,而患重大疾病一方对此知情,则可以视为其本人故意隐瞒,反之,如果患重大疾病一方对第三人的积极欺诈行为以及自身疾病皆不知情,则不构成故意隐瞒;如果第三人是消极欺诈,因为第三人并不负有重大疾病的告知义务,因此另一方无权主张撤销婚姻。

【相关立法】

《中华人民共和国民法典》(2021年1月1日施行)

第一百四十八条　一方以欺诈手段,使对方在违背真实意思的情况下实施的民事法律行为,受欺诈方有权请求人民法院或者仲裁机构予以撤销。

第一百四十九条　第三人实施欺诈行为,使一方在违背真实意思的情况下实施的民事法律行为，对方知道或者应当知道该欺诈行为的，受欺诈方有权请求人民法院或者仲裁机构予以撤销。

【司法解释】

《最高人民法院关于适用〈中华人民共和国民法典〉总则编若干问题的解释》（法释〔2022〕6号，2022年3月1日施行）

第二十一条　故意告知虚假情况，或者负有告知义务的人故意隐瞒真实情况，致使当事人基于错误认识作出意思表示的，人民法院可以认定为民法典第一百四十八条、第一百四十九条规定的欺诈。

【法院参考案例】

1. 林某诉张某撤销婚姻纠纷案［《人民法院贯彻实施民法典典型案例（第二批）》案例十，2023年1月12日］

【基本案情】

林某和张某经人介绍相识，于2020年6月28日登记结婚。在登记之后，张某向林某坦白其患有艾滋病多年，并且长期吃药。2020年7月，林某被迫人工终止妊娠。2020年10月，林某提起诉讼要求宣告婚姻无效。诉讼中，林某明确若婚姻无效不能成立，则请求撤销婚姻，对此，张某亦无异议。

【裁判结果】

生效裁判认为，自然人依法享有缔结婚姻等合法权益，张某虽患有艾滋病，但不属于婚姻无效的情形。林某又提出撤销婚姻的请求，张某对此亦无异议，为减少当事人讼累，人民法院一并予以处理。张某所患疾病对婚姻生活有重大影响，属于婚前应告知林某的重大疾病，但张某未在结婚登记前告知林某，显属不当。故依照《民法典》第1053条的规定，判决撤销林某与张某的婚姻关系。判决后，双方均未上诉。

【典型意义】

本案是依法适用《民法典》相关规定判决撤销婚姻的典型案例。对于一方患有重大疾病，未在结婚登记前如实告知另一方的情形，《民法典》明确另一方可以向人民法院请求撤销婚姻。本案中，人民法院依法适用《民法典》相关规定，判决撤销双方的婚姻关系，不仅有效保护了案件中无过错方的合法权益，也符合社会大众对公平正义、诚实信用的良好期待，弘扬了社会主义核心价值观。

2. 佘某某诉吴某撤销婚姻案——有生理缺陷不能发生性行为属于《民法典》规定的重大疾病范围，一方婚前未如实告知的，另一方可以向人民法院请求撤销婚姻（《中国法院2023年度案例·婚姻家庭与继承纠纷》）

【基本案情】

2011年12月9日，佘某某与吴某登记结婚。2021年1月14日吴某于海淀区妇幼保健院体检中心进行免费孕检,2021 年 3 月 27 日海淀区妇幼保健院体检中心出具体检报告,体检结论显示精索静脉曲张Ⅱ度。下附说明:精索静脉曲张是指精索蔓状静脉丛异常伸长、扩张和迂曲。少数患者可影响精子的生成和精液质量,是男性不育症的病因之一。建议:(1)无症状或症状轻的可观察,不适随诊。(2)避免久坐和久站。(3)有生育意愿的建议育前行精液常规检查。佘某某得知吴某患有精索静脉曲张Ⅱ度后于 2021 年 4 月 14 日与其协议离婚。2021 年 10 月 22 日佘某某诉至法院,称吴某患有精索静脉曲张等引起的勃起功能障碍的性功能疾病,不具有正常的男性性功能,属于重大疾病,吴某婚前隐瞒该疾病导致婚姻关系存续期间双方无任何一次夫妻性生活(其至今仍为处女),并最终导致婚姻破裂,故要求撤销双方于 2011 年 12 月 9 日至 2021 年 4 月 14 日存续的婚姻关系。

【案件焦点】

(1)吴某是否患有重大疾病,该疾病是否构成撤销婚姻事由;(2)双方协议离婚后,原告能否再起诉要求撤销婚姻。

【法院裁判要旨】

北京市丰台区人民法院经审理认为:婚姻自由的本质是当事人作出是否缔结婚姻关系的意思表示是无瑕的,是建立在双方彼此了解、相互信任的基础上的,故一方患有重大疾病,对于另一方来说可能会影响其作出结婚的意思表示是否真实完整。因此,《民法典》规定,一方患有重大疾病的,应当在结婚登记前如实告知另一方;不如实告知的,另一方可以向人民法院请求撤销婚姻。请求撤销婚姻的,应当自知道或者应当知道撤销事由之日起 1 年内提出。

现原告起诉认为被告患有重大疾病未如实告知原告要求撤销婚姻,双方争议焦点之一为被告是否患有重大疾病。本院认为,重大疾病通常是指医治花费巨大且在较长一段时间内严重影响患者正常工作和生活的疾病。关于重大疾病的范围,《民法典》虽未明确规定,但《母婴保健法》规定,婚前医学检查包括下列疾病的检查。(1)严重遗传性疾病:指由于遗传因素先天形成,患者全部或者部分丧失自主生活能力,后代再现风险高,医学上认为不宜生育的遗传性疾病;(2)指定传染病:艾滋病、梅毒、麻风病以及医学上认为影响结婚和生育的其他传染病;(3)有关精神病:指精神分裂症、躁狂抑郁型精神病以及其他重型精神病。患有上述疾病的公民暂时不适宜结婚,可见上述三类疾病应属重大疾病范畴。原告所述精索静脉曲张等引起的勃起功能障碍明显不属上述疾病范畴,是否属于其他"重大疾病",需要根据婚姻撤销权的性质,综合医学标准、公共利益、人文关怀、立法导向等进行判断,既要保护当事人的合法权益,又要避免婚姻关系长期处于不确定状态,故应按照该"重大疾病"是否能够足以影响另一方当事人决定结婚的自由意志或者是否对双方婚后生活造成重大影响的标准,严格把握、审慎认定。本案中,被告所患精索静脉曲张Ⅱ度有可能对生育功能造成影响而非必然对性功能造成影响。原告所述其至今仍是处女,也只能得出双方没有夫妻性生活的结论。然该结论可能由于生理、心理、外界环境等多种因素造成,不能必然得出被告存在"重大疾病"的论断。

双方争议焦点二为双方协议离婚后,原告能否再起诉要求撤销婚姻。本院认为,撤销权与解除权均属于形成权,均会引起民事法律关系的变动。所不同的是撤销婚姻的撤销权仅可通过诉讼方式行使,存在 1 年除斥期间的限制,且婚姻关系一经撤销便自始无效,男女双方之间没有形成正式婚姻关系。而离婚可以男女双方自行协商,解除婚姻关系,不存在除斥期间的问题,且解除之前的婚姻关系是有效存在的。然不论是撤销权的行使还是解除权的行使,都以当事人自己的选择为前提。本案中,原告在得知被告存在精索静脉曲张Ⅱ度后,即已选择了与被告协议离婚,行使了解除权,便视为对撤销权的放弃。故即使被告存在重大疾病,原告在得知后与被告协议离婚,行使了解除权,在双方婚姻关系已经解除的情形下,再要求撤销婚姻,无事实和法律依据,本院不予支持。

3. 丈夫婚前未如实告知患有严重遗传性疾病,妻子诉请撤销婚姻关系获法院支持(《人民法院报》2021 年 4 月 8 日第 3 版)

【基本案情】

法院经审理查明,原告傅某经人介绍与被告黎某相识恋爱 1 年多后,于 2020 年 5 月下旬登记结婚。2020 年 8 月,被告在当地一医院拔牙后出血 10 多天不止,后经该医院诊断为血友病 A 型。当月底另经相关检验机构检验,还检测到 A 型血友病 F8 基因变异,检验结果解释中载明"A 型血友病以 X 连锁隐性方式遗传,患者多为男性;女性携带者有 50%的几率将致病变异传递给子代,其获得致病变异的子代中,儿子往往是患者,女儿为携带者"。被告在婚前已知晓自己患有此病,其在办理结婚登记时未如实告知对方,且未治愈。

另查明,2017 年 6 月 22 日,国务院关于药品管理工作情况的报告,将血友病纳入重大疾病保障试点范围。2017 年 9 月 22 日,国家卫生计生委办公厅《关于印发孕产妇妊娠风险评估与管理工作规范的通知》(国卫办妇幼发〔2017〕35 号)中附件 2 孕产妇妊娠风险筛查表,血友病被列为严重的遗传性疾病。国务院办公厅《关于印发国家贫困地区儿童发展规划(2014—2020 年)的通知》(国办发〔2014〕67 号),将血友病作为儿童重大疾病,并提高医疗保障。法庭上,被告承认婚前未如实告知患有重大疾病属实,并同意撤销与原告方的婚姻。

【裁判结果】

简阳法院一审认为,依照相关规定,血友病A型是严重的遗传性凝血障碍疾病,属于重大疾病。根据我国《民法典》第1053条“一方患有重大疾病的,应当在结婚登记前如实告知另一方;不如实告知的,另一方可以向人民法院请求撤销婚姻。请求撤销婚姻的,应当自知道或者应当知道撤销事由之日起一年内提出”的规定,该案中的原告在知晓撤销事由的1年内向法院提出撤销婚姻的诉讼,其提出撤销与被告的婚姻关系,具有事实和法律依据,法院遂依法作出了上述判决。

第一千零五十四条 【婚姻无效或被撤销的法律后果】 无效的或者被撤销的婚姻自始没有法律约束力,当事人不具有夫妻的权利和义务。同居期间所得的财产,由当事人协议处理;协议不成的,由人民法院根据照顾无过错方的原则判决。对重婚导致的无效婚姻的财产处理,不得侵害合法婚姻当事人的财产权益。当事人所生的子女,适用本法关于父母子女的规定。

婚姻无效或者被撤销的,无过错方有权请求损害赔偿。

【原《婚姻法》条文】

第十二条 无效或被撤销的婚姻,自始无效。当事人不具有夫妻的权利和义务。同居期间所得的财产,由当事人协议处理;协议不成时,由人民法院根据照顾无过错方的原则判决。对重婚导致的婚姻无效的财产处理,不得侵害合法婚姻当事人的财产权益。当事人所生的子女,适用本法有关父母子女的规定。

【修改说明】

无效婚姻和可撤销婚姻给无过错的当事人带来极大伤害,仅规定根据照顾无过错方的原则分配财产是远远不够的。受到伤害就应有权请求赔偿,因此新增第2款,规定了无效与可撤销婚姻中无过错方的损害赔偿请求权。

【立法·要点释义】

“婚姻关系自始不发生法律约束力”,即不论结婚的事实是否发生,结婚时间是否长久,从当事人结婚之时,而不是从人民法院宣告之时,婚姻就没有法律效力。即使当事人骗取婚姻登记,该婚姻也是自始无效,当事人之间不具有夫妻的权利和义务。

无效婚姻和可撤销婚姻,当事人所生子女的权利义务关系适用有关父母子女间的权利义务的规定。虽然在逻辑上可认为是非婚生子女，但是第1071条规定，非婚生子女享有与婚生子女同等的权利，任何组织或者个人不得加以危害和歧视。因此，父母对子女仍有抚养和教育的权利和义务，一方抚养子女，另一方应负担部分或者全部抚养费。

对当事人同居期间所得的财产，根据照顾无过错方的原则予以分割。但是，对因重婚导致婚姻无效的财产的处理，不得侵害合法婚姻当事人的财产权益。

【编者观点】

婚姻无效或被撤销的法律后果，可以区分为婚姻关系当事人之间以及婚姻关系当事人与子女之间两个部分。

对于婚姻关系当事人之间，"婚姻关系自始不发生法律约束力"意味着夫妻法律关系溯及既往消灭，当事人之间不具有夫妻身份关系，不存在夫妻相互扶养以及相互继承遗产的法定权利义务，已经给付的扶养费或者继承的遗产，在满足不当得利返还要件时，产生返还后果；当事人在婚姻关系存续期间约定的权利义务，例如财产制约定以及各种特别财产约定，也因丧失婚姻这一订立协议的基础而不发生效力。但是在外部效力层面，为了保护第三人利益存在溯及力的例外，婚姻存续期间的财产有权处分或者负担的夫妻共同债务，不因婚姻关系溯及消灭而转化为无权处分或者夫妻一方的个人债务。

关于财产的处理，应结合本条与《民法典婚姻家庭编解释(一)》第22条进行处理。为了保护无过错方利益，不仅在分割财产环节予以照顾，还可以通过经济手段惩罚过错行为人，表现为第2款规定的无过错方的损害赔偿请求权，涉及一方侵害另外一方作为人格权的婚姻自主权的损害赔偿、给另一方造成的财产损害赔偿以及精神损害赔偿。这种赔偿责任是一种法定责任，不宜理解为缔约过失责任。

对于无效或者被撤销的婚姻当事人与所生子女之间，父母子女关系不受任何影响，相互之间的权利义务等同于合法婚姻的当事人与子女间的权利义务，与《民法典》第1071条关于非婚生子女与婚生子女享有同等权利的规定相契合。子女原则上由一方直接抚养，另外一方给付抚养费并享有探望权，可以类推离婚抚养的相关规范处理。

【相关立法】

《中华人民共和国民法典》(2021年1月1日施行)

第一百五十五条　无效的或者被撤销的民事法律行为自始没有法律约束力。

第一百五十七条　民事法律行为无效、被撤销或者确定不发生效力后，行为人因该行为取得的财产，应当予以返还;不能返还或者没有必要返还的,应当折价补偿。有过错的一方应当赔偿对方由此所受到的损失;各方都有过错的,应当各自承担相应的责任。法律另有规定的,依照其规定。

【司法解释】

《最高人民法院关于适用〈中华人民共和国民法典〉婚姻家庭编的解释(一)》(法释〔2020〕22号,2021年1月1日施行)

第十六条[①] **【处理由重婚导致的无效婚姻案件涉及财产问题时对合法配偶财产权利的保护】**人民法院审理重婚导致的无效婚姻案件时,涉及财产处理的,应当准许合法婚姻当事人作为有独立请求权的第三人参加诉讼。

第二十条[②] **【婚姻自始没有法律约束力的理解】**民法典第一千零五十四条所规定的“自始没有法律约束力”,是指无效婚姻或者可撤销婚姻在依法被确认无效或者被撤销时,才确定该婚姻自始不受法律保护。

第二十一条[③] **【人民法院在审结确认婚姻无效或者撤销婚姻案件后应做的工作】**人民法院根据当事人的请求,依法确认婚姻无效或者撤销婚姻的,应当收缴双方的结婚证书并将生效的判决书寄送当地婚姻登记管理机关。

第二十二条[④] **【处理无效或被撤销婚姻当事人同居期间所得的财产】**被确认无效或者被撤销的婚姻,当事人同居期间所得的财产,除有证据证明为当事人一方所有的以外,按共同共有处理。

---

① 对该条的注释详见附录一第819页。
② 对该条的注释详见附录一第824页。
③ 对该条的注释详见附录一第825页。
④ 对该条的注释详见附录一第826页。

第三章　家庭关系

第一节　夫妻关系

第一千零五十五条　【夫妻平等】夫妻在婚姻家庭中地位平等。

【立法 · 要点释义】

夫妻关系是家庭关系的核心，规定夫妻地位平等，是男女平等原则在婚姻家庭关系中的集中体现。其主要意义在于强调夫妻在人格上的平等以及权利义务的平等，不是指夫妻的权利义务一一对等，更不是指夫妻要平均承担家庭劳务。权利义务可以合理分配和承担，家庭劳务也可以合理分担。对于婚姻家庭事务，夫妻双方均有权发表意见，应当协商作出决定，一方不应独断专行。

【相关立法】

1.《中华人民共和国宪法》（2018 年修正，2018 年 3 月 11 日施行）

第四十八条　中华人民共和国妇女在政治的、经济的、文化的、社会的和家庭的生活等各方面享有同男子平等的权利。

国家保护妇女的权利和利益，实行男女同工同酬，培养和选拔妇女干部。

2.《中华人民共和国民法典》（2021 年 1 月 1 日施行）

第四条　民事主体在民事活动中的法律地位一律平等。

3.《中华人民共和国妇女权益保障法》（2022 年修订，2023 年 1 月 1 日施行）

第二条　男女平等是国家的基本国策。妇女在政治的、经济的、文化的、社会的和家庭的生活等各方面享有同男子平等的权利。

国家采取必要措施，促进男女平等，消除对妇女一切形式的歧视，禁止排斥、限制妇女依法享有和行使各项权益。

国家保护妇女依法享有的特殊权益。

第六十条　国家保障妇女享有与男子平等的婚姻家庭权利。

第一千零五十六条 【夫妻姓名权】夫妻双方都有各自使用自己姓名的权利。

【立法·要点释义】

姓名权是指自然人依法享有的决定、使用、变更或者许可他人使用自己的姓名并排除他人干涉或者非法使用的权利。姓名权是自然人的一项重要人格权,夫或者妻有无独立的姓名权是夫或者妻在婚姻家庭中有无独立人格的重要标志。自然人的姓名权不受婚姻的影响,男女双方结婚后,其婚前姓名无须改变,妇女结婚后仍然有权使用自己的姓名。

【相关立法】

《中华人民共和国民法典》(2021年1月1日施行)

第一百一十条 自然人享有生命权、身体权、健康权、姓名权、肖像权、名誉权、荣誉权、隐私权、婚姻自主权等权利。

法人、非法人组织享有名称权、名誉权和荣誉权。

第九百九十条 人格权是民事主体享有的生命权、身体权、健康权、姓名权、名称权、肖像权、名誉权、荣誉权、隐私权等权利。

除前款规定的人格权外,自然人享有基于人身自由、人格尊严产生的其他人格权益。

第一千零一十二条 自然人享有姓名权,有权依法决定、使用、变更或者许可他人使用自己的姓名,但是不得违背公序良俗。

第一千零一十四条 任何组织或者个人不得以干涉、盗用、假冒等方式侵害他人的姓名权或者名称权。

第一千零一十五条 自然人应当随父姓或者母姓,但是有下列情形之一的,可以在父姓和母姓之外选取姓氏:

(一)选取其他直系长辈血亲的姓氏;

(二)因由法定扶养人以外的人扶养而选取扶养人姓氏;

(三)有不违背公序良俗的其他正当理由。

少数民族自然人的姓氏可以遵从本民族的文化传统和风俗习惯。

第一千零一十六条 自然人决定、变更姓名,或者法人、非法人组织决定、变更、转让名称的,应当依法向有关机关办理登记手续,但是法律另有规定的除外。

民事主体变更姓名、名称的,变更前实施的民事法律行为对其具有法律约束力。

第一千零五十七条 【夫妻人身自由权】夫妻双方都有参加生产、工作、学习和社会活动的自由,一方不得对另一方加以限制或者干涉。

【立法·要点释义】

夫妻的人身自由权是指夫妻双方从事社会职业、参加社会活动和进行社会交往的权利和自由，强调自然人的人身自由权不因结婚而受限制。这一权利对男女双方都适用，但实际上重点是保障妇女在婚后仍然享有独立人格、具有独立身份，禁止丈夫或者其他人对妻子人身自由权利的干涉。

夫妻任何一方在行使自己的人身自由权的同时，还必须履行自己对家庭应承担的义务和责任。夫妻有参加社会活动的自由，也有相互扶养的义务，有抚养、教育子女的义务，有赡养老人的义务。夫妻之间应当互相尊重、互谅互让、互相协商，处理好参加生产、工作、学习和社会活动与尽到家庭责任之间的关系。

【编者观点】

本条规定的夫妻双方享有的人身自由权，源自《宪法》第 37 条第 1 款规定的“中华人民共和国公民的人身自由不受侵犯”这一公民的基本权利。《民法典》第 109 条规定自然人的人身自由受法律保护，第 990 条第 2 款规定自然人享有人身自由等人格权利，在学理上具有“一般人格权”性质；而第 1003 条在身体权范畴内规定行动自由这一具体人格权内容。本条虽在体系上被纳入婚姻家庭编，但是并非因婚姻关系而产生的法律效果，而是指夫妻双方个人的人身自由并不能因婚姻关系而受到不法限制和干涉，本质上仍属于人格权而非身份权的范畴。自然人无论是否结婚，都享有参加生产、工作、学习和社会活动的自由，且人身自由不限于这四项列举的内容。“参加学习”还涉及《宪法》规定的“受教育权”这一基本权利。

限制或者干涉人身自由如果构成家庭暴力，则除了承担侵权责任，在婚姻家庭法层面，可能构成第 1079 条感情破裂的法定事由而请求离婚，以及第 1087 条和第 1091 条规定的离婚财产分割中对无过错方的照顾以及离婚损害赔偿的法定情形。但是本条仅限于直接限制或者干涉等侵害行为，排除一方因不履行家庭义务而实质上间接妨碍另外一方参加生产、工作、学习和社会活动的自由的情形。有学者认为，间接妨碍行为只可能构成另一方主张第 1079 条中“感情破裂”以及第 1088 条中“离婚经济补偿”的相关证据。

夫妻双方关于家庭各项义务内部分担的约定，原则上不属于本条规定的对人身自由的限制或干涉。这一类约定性质上属于情谊行为抑或法律行为，是否产生效力，需要依据双方意思表示的具体内容、由此产生的信赖、违反约定的后果等具体情境加以判断。如果约定限制了一方或双方的基本人身自由，或者约定内容违反强制性规定或者公序良俗，则产生相应的效力瑕疵后果。

【相关立法】

1.《中华人民共和国宪法》（2018年修正，2018年3月11日施行）

第三十七条 中华人民共和国公民的人身自由不受侵犯。

任何公民，非经人民检察院批准或者决定或者人民法院决定，并由公安机关执行，不受逮捕。

禁止非法拘禁和以其他方法非法剥夺或者限制公民的人身自由，禁止非法搜查公民的身体。

第四十二条 中华人民共和国公民有劳动的权利和义务。

国家通过各种途径，创造劳动就业条件，加强劳动保护，改善劳动条件，并在发展生产的基础上，提高劳动报酬和福利待遇。

劳动是一切有劳动能力的公民的光荣职责。国有企业和城乡集体经济组织的劳动者都应当以国家主人翁的态度对待自己的劳动。国家提倡社会主义劳动竞赛，奖励劳动模范和先进工作者。国家提倡公民从事义务劳动。

国家对就业前的公民进行必要的劳动就业训练。

第四十六条 中华人民共和国公民有受教育的权利和义务。

国家培养青年、少年、儿童在品德、智力、体质等方面全面发展。

第四十八条 中华人民共和国妇女在政治的、经济的、文化的、社会的和家庭的生活等各方面享有同男子平等的权利。

国家保护妇女的权利和利益，实行男女同工同酬，培养和选拔妇女干部。

2.《中华人民共和国民法典》（2021年1月1日施行）

第一百零九条 自然人的人身自由、人格尊严受法律保护。

第九百九十条 人格权是民事主体享有的生命权、身体权、健康权、姓名权、名称权、肖像权、名誉权、荣誉权、隐私权等权利。

除前款规定的人格权外，自然人享有基于人身自由、人格尊严产生的其他人格权益。

第一千零三条 自然人享有身体权。自然人的身体完整和行动自由受法律保护。任何组织或者个人不得侵害他人的身体权。

第一千零一十一条 以非法拘禁等方式剥夺、限制他人的行动自由，或者非法搜查他人身体的，受害人有权依法请求行为人承担民事责任。

3.《中华人民共和国妇女权益保障法》（2022年修订，2023年1月1日施行）

第二条 男女平等是国家的基本国策。妇女在政治的、经济的、文化的、社会的和家庭的生活等各方面享有同男子平等的权利。

国家采取必要措施，促进男女平等，消除对妇女一切形式的歧视，禁止排斥、限制妇女依法享有和行使各项权益。

国家保护妇女依法享有的特殊权益。

第十二条　国家保障妇女享有与男子平等的政治权利。

第十三条　妇女有权通过各种途径和形式，依法参与管理国家事务、管理经济和文化事业、管理社会事务。

妇女和妇女组织有权向各级国家机关提出妇女权益保障方面的意见和建议。

第十四条　妇女享有与男子平等的选举权和被选举权。

全国人民代表大会和地方各级人民代表大会的代表中，应当保证有适当数量的妇女代表。国家采取措施，逐步提高全国人民代表大会和地方各级人民代表大会的妇女代表的比例。

居民委员会、村民委员会成员中，应当保证有适当数量的妇女成员。

第十八条　国家保障妇女享有与男子平等的人身和人格权益。

第十九条　妇女的人身自由不受侵犯。禁止非法拘禁和以其他非法手段剥夺或者限制妇女的人身自由；禁止非法搜查妇女的身体。

第三十五条　国家保障妇女享有与男子平等的文化教育权利。

第三十七条　学校和有关部门应当执行国家有关规定，保障妇女在入学、升学、授予学位、派出留学、就业指导和服务等方面享有与男子平等的权利。

学校在录取学生时，除国家规定的特殊专业外，不得以性别为由拒绝录取女性或者提高对女性的录取标准。

各级人民政府应当采取措施，保障女性平等享有接受中高等教育的权利和机会。

第四十一条　国家保障妇女享有与男子平等的劳动权利和社会保障权利。

第一千零五十八条　【夫妻抚养、教育和保护子女的权利义务平等】夫妻双方平等享有对未成年子女抚养、教育和保护的权利，共同承担对未成年子女抚养、教育和保护的义务。

【立法·要点释义】

本法总则编第 26 条第 1 款规定："父母对未成年子女负有抚养、教育和保护的义务。"抚养、教育和保护子女既是父母应尽的义务，也是父母应有的权利。抚养是指父母抚育子女的成长，并为他们的生活、学习提供一定的物质条件。教育是指父母要按照法律和道德要求，采取正确的方法，对其未成年子女进行教导，并对其行为进行必要的约束，其目的是保障未成年子女的身心健康。保护是指父母应当保护其未成年子女的人身安全和合法权益，预防和排除来自外界的危害，使其未成年子女的身心处于安全状态。

父母对子女的抚养、教育和保护的权利和义务，由父母双方平等享有、共同承担，而非一方的单方权利和义务。这是现代各国几乎都确立的父母共同亲权原则，共同亲权原则实际上是男女平等原则的体现，夫妻双方应当共同决定，不允许任何一方剥夺对方的这一权利；不允许任何一方不履行这一义务。

【编者观点】

本条是从夫妻关系的角度，强调由夫妻双方平等享有和承担对未成年子女的抚养、教育和保护的权利义务，任何一方不得擅自剥夺对方的该项权利，一方不履行义务时，另一方可以作为未成年子女的法定代理人请求其履行。本条可类推适用于不能独立生活的成年子女。有观点认为，父母之间抚养义务的承担具有牵连性，对于财产性内容的部分如抚养费给付，可从民法上连带之债的角度来理解。而相反观点则认为，共同抚养不宜认定为父母在对子女的抚养费给付上形成连带债务，父母一方承担全部抚养费用后，不能依据本条向另一方追偿。

夫妻双方对于未成年子女抚养、教育和保护义务的共同承担并不意味着均等承担，尤其是对于非财产性的生活照料和精神慰藉义务，应当以最有利于未成年子女利益为原则，由夫妻双方共同协商分担。夫妻双方共同行使法定代理权场合，应类推适用《民法典》第166条的共同代理规则。如果夫妻双方在行使权利时发生分歧，尤其是在父母离婚的情形下，有观点认为，对于涉及子女生活、教育和保护的日常性事务，原则上应由与其共同生活的父母一方或者直接抚养一方决定；而对于一些涉及子女重大利益的重要事项，必须由双方共同协商决定，不能达成一致时，由法院根据子女利益裁决。

【相关立法】

1.《中华人民共和国宪法》（2018年修正，2018年3月11日施行）

第四十九条　婚姻、家庭、母亲和儿童受国家的保护。

夫妻双方有实行计划生育的义务。

父母有抚养教育未成年子女的义务，成年子女有赡养扶助父母的义务。

禁止破坏婚姻自由，禁止虐待老人、妇女和儿童。

2.《中华人民共和国民法典》（2021年1月1日施行）

第二十六条　父母对未成年子女负有抚养、教育和保护的义务。

成年子女对父母负有赡养、扶助和保护的义务。

3.《中华人民共和国妇女权益保障法》(2022 年修订,2023 年 1 月 1 日施行)

第七十条　父母双方对未成年子女享有平等的监护权。

父亲死亡、无监护能力或者有其他情形不能担任未成年子女的监护人的,母亲的监护权任何组织和个人不得干涉。

第一千零五十九条　【夫妻相互扶养义务】夫妻有相互扶养的义务。

需要扶养的一方,在另一方不履行扶养义务时,有要求其给付扶养费的权利。

【立法·要点释义】

夫妻相互扶养义务是指夫妻之间相互供养和扶助的法定义务,与夫妻人身关系密不可分,始于婚姻关系确立之日,终止于婚姻关系解除之日,具有强制性,夫妻之间不得以约定形式改变这一法定义务。夫妻之间相互扶养既是权利又是义务,夫妻互为权利主体和义务主体。有扶养能力的一方,对于因失业、残疾、患病、年老等原因没有固定收入,缺乏生活来源的另一方,必须主动履行扶养义务。即使是根据本法第 1065 条规定,夫妻实行分别财产制,也不意味着夫或妻只负担各自的生活费用而不承担扶养对方的义务,当一方患有重病时,另一方仍有义务尽力照顾,并提供有关治疗费用。

为了保障夫妻相互扶养义务的履行,本条第 2 款明确规定了对不履行扶养义务的一方,另一方有追索扶养费的请求权。如果夫或妻一方患病或者没有独立生活能力,有扶养义务的配偶拒绝扶养,情节恶劣,构成遗弃罪的,还应当承担刑事责任。

【编者观点】

夫妻之间相互扶养义务的前提是合法有效的婚姻关系,因此不适用于非婚同居以及婚姻被确认无效或者被撤销的情形,而夫妻分居状态或者分别财产制不影响相互扶养义务的存在。

夫妻之间相互扶养包括经济扶养、生活照料和精神慰藉等广泛的义务内容,而不能仅仅局限于给付扶养费。但是鉴于扶养义务中涉及人身性的照顾慰藉等义务无法被强制执行,因此第 2 款仅规定通过财产性的扶养费给付义务实现扶养义务的履行。相互扶养义务属于基于夫妻身份的法定义务,夫妻不能单方放弃也不允许双方协议免除,原因在于扶养义务涉及对夫妻一方生存利益的保护,还有观点认为,若排除私法上的扶养,会增加社会福利负担从而损害公共利益,因而本条属于强制性规范。

本条规定了夫妻之间的相互扶养义务,第 1067 条规定了父母与成年子女之间在法定情形下的相互扶养义务。理论上,对于父母子女与配偶等扶养义务人之间的扶养顺位先后存有争议,有观点认为,应类推适用第 1127 条规定的法定继承顺序,父母、子女及配偶处于同一扶养义务人顺位;另有观点认为,应当类推适用第 28 条规定的监护人顺序,配偶的扶养义务顺位先于父母或子女。编者认为,成年子女结婚后通常会组建独立于父母的小家庭,且绝大多数情形下会形成夫妻法定共同财产,无论是实际生活照料还是经济结合的紧密度,成年子女与配偶之间的联结程度都会高于成年子女与父母之间。而且依据本条第 1 款,夫妻之间的相互扶养义务不存在任何前提预设,而父母与成年子女之间的扶养义务以成年子女不能独立生活或者父母缺乏劳动能力或者生活困难为前提要件。因此,配偶的扶养义务顺位应当高于父母或成年子女。

第 2 款要求扶养费给付请求权以夫妻一方"需要扶养"以及另一方"不履行扶养义务"为前提。鉴于夫妻共同财产制的存在,夫妻双方的婚后收入多归入共同财产,因此夫妻一方"需要扶养"多出现于分别财产制或者双方事实分居的场合,无须采用缺乏劳动能力或者缺乏生活来源的标准,不少情形下夫妻一方并非缺乏劳动能力,而是因为照顾家庭和子女等原因而未就业。另一方是否"不履行扶养义务",需要考虑扶养一方的经济状况和生活水平,扶养义务要求双方的生活水平应当大致相当,因此支付的扶养费可能高于或者低于当地平均生活消费支出水准。扶养费应当从扶养一方的个人财产中支出,因为夫妻共同财产在分割之前归双方共同所有,理论上不应存在一方用共同财产支付给另一方作为扶养费的可能性。双方可以协议约定高于夫妻实际生活水准的扶养费,超额部分视为第 658 条规定的具有道德义务性质的赠与,扶养一方不得主张撤销。

扶养费可以通过金钱方式、实物方式或者提供住房等方式给付,一次性或者定期给付皆可。扶养费给付具有人身性质,该请求权不得处分、代位、抵销以及继承,依据第 196 条也不适用诉讼时效。

夫妻一方长期不履行扶养义务,若另一方没有独立生活能力,则可能构成《刑法》第 261 条的遗弃罪,同时触发第 1079 条规定的法定离婚事由、第 1091 条规定的离婚损害赔偿、第 1125 条规定的继承权丧失以及第 1130 条规定的不分或者少分遗产的法定情形。

【相关立法】

1.《中华人民共和国刑法》(2023 年修正,2024 年 3 月 1 日施行)

第二百六十一条 【遗弃罪】对于年老、年幼、患病或者其他没有独立生活能力的人,负有扶养义务而拒绝扶养,情节恶劣的,处五年以下有期徒刑、拘役或者管制。

2.《中华人民共和国老年人权益保障法》（2018 年修正，2018 年 12 月 29 日施行）

第二十三条　老年人与配偶有相互扶养的义务。

由兄、姐扶养的弟、妹成年后，有负担能力的，对年老无赡养人的兄、姐有扶养的义务。

【法院参考案例】

1. 袁某诉柏某离婚纠纷案（《第五届依法维护妇女儿童权益十大案例》案例八，全国妇联 2023 年 12 月 4 日）

【基本案情】

袁某（女）婚前患有癫痫，2009 年 4 月与柏某登记结婚，婚后育有一子。2015 年 4 月，袁某被医院诊断为癫痫伴发精神病，需要长期服药治疗，无法工作。袁某患病后，丈夫柏某既不从生活上予以照顾，也不给予生活费，袁某靠低保维持生活。2018 年柏某因房屋拆迁分得 2 套住房，柏某独自搬至新房居住。因配偶取得 2 套住房，袁某丧失低保资格，失去生活来源，靠亲属接济照料。2021 年 7 月，袁某烧水时癫痫发作，造成身体大面积烫伤。袁某家属及社区多次与柏某沟通，柏某始终对袁某不管不问。为妥善解决袁某未来生活问题，袁某家属意欲为袁某提出离婚，向湖北省黄石市妇联求助。

黄石市妇联高度重视，及时与黄石市妇女儿童法律服务（援助）中心对接，为袁某提供维权关爱服务，指派 3 名法援律师分别代理宣告袁某无民事能力案件和离婚诉讼案件。援助律师接受委托后，到袁某所在社区及就诊医院调查取证，向法院申请认定袁某无民事行为能力，后法院判决认定袁某无民事行为能力，并指定袁某的弟弟袁某江为袁某的监护人。判决生效后援助律师接受袁某江的委托，代理袁某离婚诉讼事宜，收集相关证据材料，向柏某所在地法院请求离婚、分割夫妻共同财产，同时要求柏某支付袁某扶养费及生活困难补助金。由于案件证据充足、庭前准备充分，双方达成调解协议，法院根据调解协议出具判决书，判决支持袁某的离婚请求，孩子归柏某抚养，袁某不需要支付抚养费，同时判决袁某分得夫妻共同房产一套，柏某支付袁某生活困难补助金以及赔偿款人民币 7.5 万元，目前执行款已给付完毕。

【典型意义】

《民法典》第 1059 条规定，夫妻有相互扶养的义务。本案受援人为癫痫所致精神障碍的残疾妇女，同时婚姻生活不幸，丈夫对其未尽扶养照顾义务，使其生活陷入困境。妇联组织接到求助后迅速反应，指派 3 名办案经验丰富、业务能力强的律师为其提供法律援助。援助律师接受委派后，详细了解案情，全面收集调取证据，明确办理思路，分步提起诉讼，向法院申请认定受援人为无民事行为能力人，变更其监护人，并帮助受援人解除已破裂的婚姻关系，为其争取到房产和一定数额的补助金及赔偿款，为她未来的生活提供了必要的物质保障基础，切实维护了残疾妇女的合法权益。

2. 黄某某与张某某婚内扶养纠纷案(《“用公开促公正 建设核心价值”主题教育活动 婚姻家庭纠纷典型案例》案例三十七，最高人民法院 2015 年 12 月 4 日)

【基本案情】

黄某某与张某某于 1987 年 12 月 31 日登记结婚，婚后生育一子(已成人)。黄某某、张某某婚后共同在岳池县九龙镇购置了住房两套、门市一个，其中一套住房用于一家人自住，另一套住房及门市出租。2009 年 4 月，黄某某被诊断患有“脊髓空洞症、抑郁症”，至今未愈，每月需要较多的医药费，除住院可报销部分医疗费外，其余药费需黄某某自己负担。黄某某现为四川省岳池某公司职工，因长期病休，每月领取工资 1188 元，住房及门市租金 24000 元/年均由黄某某收取。张某某系某银行下岗职工，每月领取下岗失业军转干部生活困难补助费 1476 元，患有“脂肪肝、前列腺囊肿”，有母亲需赡养。张某某下岗后常年在外务工当监理，收入较高。近年来，黄某某、张某某因性格不合及黄某某患病，双方时常发生矛盾，张某某多次起诉要求离婚，因黄某某坚决不同意离婚，张某某的离婚诉讼请求均被驳回，张某某便离家外出租房生活。2014 年 6 月 5 日，黄某某诉至岳池法院称她身患多病，每月需万元以上药费，张某某不尽丈夫义务，致使她债台高筑，请求法院判决张某某尽扶养义务，按月承担医疗费、生活补助费、护理费 6000 元。张某某辩称，黄某某每月有固定收入，有租房租金，有医保报销医疗费，其家里的多年积蓄全在黄某某处，他也身患多病，又下岗，工资低，还要赡养 90 多岁的母亲，不同意支付黄某某扶养费。

【裁判结果】

岳池法院经审理认为，夫妻有互相扶养的义务。黄某某与张某某系合法夫妻，本应相互关心，彼此扶助。现黄某某身患严重疾病，需要人照顾，而张某某离家出走，使黄某某陷入生活困难，并且现在黄某某病休期间工资收入微薄，虽尚有房屋租金收入，但治病除医保报销之外，自己需负担一部分医药费，其费用相对黄某某的收入，难以承担。故黄某某生活很困难，而张某某除了固定每月领取军转干部生活困难补助费 1476 元/月外，一直在外务工，因此，张某某应当付给黄某某扶养费以尽扶养义务。根据双方的情况，考虑到黄某某另外有儿子应当依法尽赡养义务等因素，酌定张某某支付黄某某 1000 元/月扶养费较适宜。遂判决：张某某每月付给黄某某医疗、生活补助、护理等扶养费 1000 元。

黄某某、张某某均不服一审判决，向本院提起上诉。黄某某上诉称，一审判决张某某给付的扶养费过低，要求二审改判张某某给付扶养费6000元/月。张某某上诉称一审判决他每月支付黄某某1000元扶养费错误，要求二审改判他不予支付。

本院认为，《婚姻法》规定，夫妻有互相扶养的义务，一方不履行扶养义务时，需要扶养的一方，有要求对方付给扶养费的权利。黄某某与张某某系夫妻，本应相互关心，彼此扶助，而张某某在黄某某身患严重疾病、特别需要丈夫照顾时，却不履行丈夫义务、离家出走。现黄某某虽有工资收入、房屋租金收入，但因其每天需服多种药，每月需负担不少的医药费，致使黄某某生活陷入困难，作为丈夫的张某某依法应对黄某某尽扶养义务。虽然张某某也患病，但张某某未提供证据证明其所患之病需大量的医药费，加之张某某除了每月固定领取军转干部生活困难补助费1476元/月外，一直在外务工，有一定的收入。黄某某也未提供充分证据证明张某某有每月支付6000元的经济能力。一审根据双方的实际情况，结合黄某某还有儿子应当依法尽赡养义务及张某某有一定的经济能力等因素，酌定张某某每月支付黄某某1000元扶养费是恰当的。遂判决驳回双方的上诉，维持原判。

【典型意义】

近年来，因夫妻一方患病导致夫妻感情淡化，因意外事故导致婚姻难以维系时，一方离家不离婚以及一方坚决离婚、不尽扶养义务，另一方坚决不离婚的情况时有发生，婚内扶养案件在婚姻家庭纠纷案件中愈来愈多。我国《婚姻法》第二十条规定：夫妻有互相扶养的义务。一方不履行扶养义务时，需要扶养的一方，有要求对方给付扶养费的权利。婚内扶养义务不仅仅是一个道德问题，更是夫妻之间的法定义务，有扶养能力的一方必须自觉履行这一义务，特别是在对方患病，或是丧失劳动能力的情况下更应该做到这一点。如果一方不履行这一法定义务，另一方可通过法律途径实现自己的合法权益。扶养责任的承担，既是婚姻关系得以维持和存续的前提，也是夫妻共同生活的保障。本案中，黄某某、张某某系合法夫妻，现黄某某身患疾病，需大量医疗费，而张某某撒手不管，多次提出离婚，一、二审鉴于黄某某确实需要扶养，张某某又有一定的经济能力，酌定张某某婚内每月给付黄某某1000元扶养费，充分保护了需要扶养一方的权利，也给那些不尽夫妻扶养义务的一方一定的警示作用。

第一千零六十条 【夫妻日常家事代理权】夫妻一方因家庭日常生活需要而实施的民事法律行为，对夫妻双方发生效力，但是夫妻一方与相对人另有约定的除外。

夫妻之间对一方可以实施的民事法律行为范围的限制，不得对抗善意相对人。

【立法·要点释义】

夫妻日常家事代理权，是指夫妻一方因家庭日常生活需要而与第三方为一定民事法律行为时互为代理的权利。在日常生活中，夫妻需要处理的家庭事务很多，参与社会经济生活非常频繁，需要实施不少民事法律行为。如果要求所有民事法律行为都必须由夫妻双方共同实施，必然加大婚姻生活成本，加大社会经济活动成本，客观上是不必要甚至是不可能的。为了方便经济交往和婚姻家庭生活，保护夫妻双方和相对人的合法权益，维护社会交易安全，夫妻一方在日常家庭事务范围内，与第三方所实施的一定民事法律行为，视为依夫妻双方的意思表示所为的民事法律行为，另一方也应承担因此而产生的法律后果。

家事代理与一般民事代理有较大不同。家事代理中的妻或者夫任何一方的民事法律行为的效果由夫和妻双方共同承担；而一般民事代理中，代理人的民事法律效果原则上由被代理人承担，代理人不承担。因此，对于家事代理问题不宜规定在民法总则的民事代理中。如果夫妻一方在行使夫妻日常家事代理权的同时，与相对人就该民事法律行为另有约定的，则法律效力依照该约定。比如，丈夫在购买家具时，与家具商约定，该家具购买合同只约束自己，不涉及妻子，则该家具合同所产生的债权债务关系仅在家具商与丈夫之间有效。

夫妻日常家事代理权为夫妻双方同等享有，夫妻双方在处理日常家庭事务中互相为代理人，各自都可以行使。夫妻日常家事代理权由法律直接规定，以夫妻身份的存在为前提，在婚姻关系存续期间始终存在。夫妻任何一方在日常家事范围内与第三人为民事法律行为时，不必明确其代理权，可直接以自己名义、另一方名义或者双方名义为之。

夫妻日常家事代理权的行使范围仅限于“因家庭日常生活需要而实施的民事法律行为”，通说概括为“日常家庭事务”或者“日常家事”，立足点在于“必要”。日常家事是指为满足正常夫妻共同生活和家庭生活所必需的，非属人身性的一切事务。国家统计局有关统计资料显示，我国城镇居民家庭消费种类主要分为八大类，分别是食品、衣着、家庭设备用品及维修服务、医疗保健、交通通信、文娱教育及服务、居住、其他商品和服务。可以参考上述八大类家庭消费的分类，根据夫妻共同生活的状态（如双方的职业、身份、资产、收入、兴趣、家庭人数等）和当地一般社会生活习惯予以认定。

夫妻双方可以对一方可以实施的

民事法律行为有所限制，这种限制在夫妻双方之间是有效的，法律无须加以规制，但为了保护正常交易安全，这种限制不能对抗善意相对人。所谓“善意”，是指相对人不知道或者不应当知道夫妻之间对一方可以实施的民事法律行为的限制。

【编者观点】

理论上对于日常家事代理制度的合理性一直颇有争议。反对观点认为，日常家事代理以家庭主妇婚姻模式为基础，有违当代双薪夫妻共同管理家务之现状，将夫妻强制捆绑为连带债务人，对婚姻有歧视之虞，可由家事委托代理规则取而代之。赞成观点则认为，日常家事代理维护促进了家庭团结，涉及积极的家庭扶养，本质是扶养义务的外化，简化了法律关系，亦即无须夫妻一方对外承担责任后，再向另外一方主张扶养费，不仅提升无收入一方的经济自由，还起到维护生活便利的作用。同时，由于扶养法上的请求权不能成为债权人代位的对象，家事代理在客观上实现了对交易相对方的保护效果，但保护债权人并非其规范目的。家事代理与夫妻财产制无关，夫妻双方排除法定财产制适用的约定不能被推定为第 2 款中夫妻之间对一方可实施法律行为范围的限制，该限制需要采用明示方式。因此，即使实行分别财产制，双方仍应就一方依据家事代理所实施的法律行为承担连带责任。

家事代理并非真正的代理，实施法律行为的一方既无须以配偶名义，也无须以双方或家庭名义实施法律行为。法律效果层面，即便行为人没有使该行为对配偶发生效力的意思，家事代理行为仍然对夫妻双方直接发生效力，即行为效果归属于夫妻双方而非被代理人，因此家事代理不适用代理的相关规范。在家事代理范畴内，第三人有权要求未参与交易的夫妻另外一方清偿债务，因此得到额外保护，第三人无须知晓家事代理构成双方的交易基础。夫妻一方对外承担连带责任后，不能当然依据第 178 条、第 519 条的连带债务规则向配偶追偿，双方内部债务份额的承担应考虑具体的扶养义务等因素。

本条所称的“民事法律行为”应限于财产法上的行为，具有人身专属性的法律行为如收养，应由本人亲自实施，不适用家事代理。家事代理不限于负担行为，也适用于对夫妻共同财产的处分。本条还可类推适用于准法律行为。

家事代理应局限于“家庭日常生活需要”范畴，应当反向排除从根本上决定或改变了家庭及成员的生活状况的以及与自身经济水平不符的大额交易，例如不动产买卖、房屋租赁（解除）、装修、子女寄宿学校合同等；财产投资和管理（金融行为）、储蓄合同、人寿保险等。大额借贷行为也应一律排除，但有观点认为小额借贷是日常家事代理应有之义，例如赊购日常生活用品可能与家庭日常生活需要间接相关。对于分居期间实施的法律行为，有观点认为分居后的交易活动不再以满足家庭共同生活需求为目的，而相反观点则认为，我国并未将分居制度化，而是只以事实状态作为离婚事由，因此分居并不具有特殊的排除效力。总体而言，界定夫妻一方的行为是否与家庭日常生活需要相关，仍需结合个案情形予以考量，其中最重要的便是家庭的收入和消费水平。

第2款规定夫妻双方对家事代理的限制不得对抗善意相对人，规范目的在于避免夫妻中的非行为方通过与行为方倒签限制行为方家事代理权的协议来摆脱责任。广义的家事代理限制还包括夫妻中的行为方与相对人直接约定行为不对其配偶发生效力，此时相对人利益并未受到任何不利影响，应承认其效力。

第一千零六十一条　【夫妻遗产继承权】夫妻有相互继承遗产的权利。

【立法·要点释义】

根据本法继承编第1127条的规定，配偶与子女、父母同属第一继承顺序。夫妻互相享有遗产继承权，是夫妻双方在婚姻家庭关系中地位平等的一个重要标志。夫妻相互遗产继承权以合法的夫妻关系为前提，只有在婚姻关系确立之日起到婚姻关系解除之日止，配偶一方死亡，另一方才享有继承权。双方属于婚外姘居的，不享有法定的相互遗产继承权。

男女双方符合法定的结婚条件，并依法办理了结婚登记手续，但由于种种原因未同居生活。这种情况下，双方是合法婚姻关系，一方死亡时，生存的另一方仍可以以配偶身份继承对方的遗产。双方婚姻根据本法属于可撤销婚姻的，如果婚姻未被撤销之前，一方死亡的，生存的另一方可以继承对方的遗产。双方正处于分居状态或者离婚诉讼的过程中，一方死亡时，生存的另一方仍对对方的遗产享有继承权。

夫或妻一方死亡时，继承开始，被继承人的财产一般包括在夫妻共同财产中的份额以及其个人财产。依照本法继承编第1153条规定，对于婚姻关系存续期间所得的夫妻共同财产，除夫妻双方另有约定外，在配偶一方死亡时，应当先对夫妻共同财产进行认定和分割，并分出一半为生存配偶所有，另一半作为死者遗产进行继承。要严格防止将夫妻共同财产都作为遗产继承，侵犯生存配偶的合法财产权益。夫妻可以在生前约定其共同财产的分割，如约定无论谁先去世，共同财产暂不分割，等都去世后由继承人继承；也可以约定夫妻财产在继承分割时，其中2/3归生存方所有，1/3作为去世方的遗产。

夫妻一方死亡后，生存的另一方依法继承死者遗产后，就取得了该财产的所有权，有权根据自己的意愿和利益在法律允许的范围内占有、使用和处理该财产，如果再婚，有权带走或处分其继承的财产，本法继承编第1157条对此作了明确规定。

第一千零六十二条　【夫妻共同财产】夫妻在婚姻关系存续期间所得的下列财产，为夫妻的共同财产，归夫妻共同所有：

（一）工资、奖金、劳务报酬；

（二）生产、经营、投资的收益；

（三）知识产权的收益；

（四）继承或者受赠的财产，但是本法第一千零六十三条第三项规定的除外；

（五）其他应当归共同所有的财产。

夫妻对共同财产，有平等的处理权。

【原《婚姻法》条文】

第十七条　夫妻在婚姻关系存续期间所得的下列财产，归夫妻共同所有：

（一）工资、奖金；

（二）生产、经营的收益；

（三）知识产权的收益；

（四）继承或赠与所得的财产，但本法第十八条第三项规定的除外；

（五）其他应当归共同所有的财产。

夫妻对共同所有的财产，有平等的处理权。

【修改说明】

扩大了夫妻共同财产的范围，增加了劳务报酬、投资收益。

【立法·要点释义】

夫妻财产制，包括夫妻婚前财产和婚后所得财产的归属、管理、使用、收益和处分，以及家庭生活费用的负担，夫妻债务的清偿，婚姻终止时夫妻财产的清算和分割等内容，其核心是夫妻婚前财产和婚后所得财产的所有权归属问题。《民法典》仍适用婚后所得共同财产制为主、约定财产制为辅的夫妻财产制，这主要是基于我国现实的国情考虑的，共同财产制有利于保障夫妻中经济能力较弱一方的权益，有利于实现真正的夫妻地位平等。

我国的夫妻共同财产制采用的是婚后所得共同制，即在婚姻关系存续期间，除个人特有财产和夫妻另有约定外，夫妻双方或者一方所得的财产，均归夫妻共同所有，既包括夫妻通过劳动所得的财产，也包括其他非劳动所得的合法财产，夫妻双方享有平等的占有、使用、收益和处分的权利。夫妻任何一方的婚前财产不属于夫妻共同财产。“所得”，是指对财产权利的取得，而不要求对财产实际占有，如果一方在婚前获得某项财产如稿费，但并未实际取得，而是在婚后出版社才支付稿费，此时这笔稿费不属于夫妻共同财产。同理，如果在婚后出版社答应支付一笔稿费，但直到婚姻关系终止前也没有得到这笔稿费，那么这笔稿费也属于夫妻共同财产。

生产、经营、投资的收益，有劳动收入，也有资本收益。知识产权是一种智力成果权，具有很强的人身性，婚后一方取得的知识产权权利本身归一方专有，权利也仅归权利人行使，比如作者的配偶无权在其著作中署名，也不能决定作品是否发表。但是，由知识产权取得的经济利益则属于夫妻共同财产，如因发表作品取得的稿费，因转让专利获得的转让费等。法定继承的财产归夫妻共有，并没有扩大法定继承人的范围，因为女婿、儿媳只是分享了其配偶应得的遗产份额，并不影响其他法定继承人的利益。在遗嘱继承中，可以将遗嘱人交由夫妻一方继承的遗产视为留给整个家庭的财产，如果遗嘱人的本意是只给夫妻一方，则可以在遗嘱中指明，确定该财产只归一方所有。赠与的财产与此同理。

夫妻对共同财产享有平等的所有权，不能根据夫妻双方经济收入的多少来确定其享有共同财产所有权的多少。夫妻一方对共同财产的使用、处分，除另有约定外，应当在取得对方的同意之后进行。夫妻一方未经对方同意擅自处分共同财产的，对方有权请求宣告该处分行为无效，但不得对抗善意第三人，即如果第三人不知道也无从知道夫妻一方的行为属于擅自处分行为的，该处分行为有效，以保护第三人的利益，维护交易安全。

【编者观点】

一、婚姻财产的内外归属方案

（一）物权方案、潜在共有方案与债权方案之争

依法律效果所处法域，可将法律行为二分为财产行为与身份行为。身份行为多集中在家庭和继承法领域，对人身状态加以形塑，如结婚创设夫妻身份、收养成立亲子关系等。身份行为具备高度人身性、严格要式性、不可附条件以及效力的持续性等特征，大多受特别规则调整。但是家庭法上的法律行为并不等同于身份行为，而是呈现出财产行为与身份行为相互渗透的特征。财产行为可能具有身份色彩，如合伙、劳动、雇佣以及租赁等具有人身信任性质的持续性债务关系；身份行为也可能产生财产效果，典型体现在婚姻财产以及继承等相关领域。因此，现代身份法80%的内容还是财产法，身份法不是非财产法，而是比较接近特殊身份者之间的特殊财产法。

夫妻身份即婚姻关系在财产法上

的直接效果是法定共同财产制或约定财产制的适用,从而形成包括夫妻共同财产与夫或妻个人财产在内的婚姻财产。围绕着婚姻财产,夫妻之间可以订立各种类型的夫妻特定财产约定,一方也可能单独处分给婚姻关系之外的第三人。婚姻关系趋于解体之际,夫妻还会订立离婚财产分割或给予协议,或者通过法院离婚判决对婚姻财产进行清算。这些围绕婚姻财产而生的法律事实是否以及如何发生物权变动?学术界对此存在物权方案、潜在共有方案与债权方案之争。

物权方案认为,财产归属无须区分婚姻维度和物权维度,夫妻共同所有等同于物权法上的共同共有。夫妻一方与交易相对人的交换所得先依据财产法规则发生物权变动从而归属于该方,再经由共同财产制引发的“逻辑上的一秒”,发生非基于法律行为的物权变动而归入夫妻共同财产。各种夫妻财产约定涉及的具体财产在夫妻之间直接发生物权变动,不以公示为必要。夫妻一方作为共有人,擅自处分共同财产构成无权处分。物权方案会导致不动产登记簿为代表的物权公示系统在叠加婚姻关系之后大范围失灵,公示原则的规范目的无法实现,从而危及交易安全。如果通过赋予婚姻登记一定的公示效力进行补救,又会增加整个社会的交易成本,且目前在实践中不具有可行性。

潜在共有方案则认为,婚姻内部关系中应考虑夫妻对于某项婚姻财产取得及增值的实质贡献,来判定是否归入夫妻共同财产。为了避免婚姻财产的复杂性危害交易安全,夫妻共同财产是潜在共有而非现实的共同共有,仅在离婚、继承等共同财产解体清算场合,潜在共有才会显在化为物权法层面的共同共有,方便进行共有物分割。换而言之,潜在共有方案在对外关系上采用分别财产制,在对内关系中采用共同财产制。但是在离婚等场合下,潜在共有一旦转变为共同共有,仍会产生外部效力并波及交易相对人。例如,夫妻一方尚未完成的对共同财产的有权处分会降格为无权处分,夫妻一方个人债务的普通债权人无法对抗另一方针对共有财产的离婚分割请求权,对交易相对人的保护仍显不足。

债权方案认为,婚姻法与物权法调整的并非同一对象,两套规则是平行的,并不存在冲突。夫妻共同财产或个人财产是婚姻法上的特殊财产,任何情况下都不会转变为共有,仅在夫妻之间产生债之关系,债权手段成为调整婚姻财产的主要技术手段。婚姻关系中具体财产的物权变动仍应遵循财产法规则,登记权利人对共同财产的单独处分属于有权处分,在有偿交易场景下共同财产整体并未受损,配偶利益无须救济,从而最大限度抑制共同财产对婚姻关系外部产生的影响。夫妻一方无偿处分共同财产的,提供撤销权制度以及特定财产处分权限制等保障措施。相较而言,债权方案对交易相对人的保护最为彻底,但也面临在我国现行法上缺乏配套制度以及不利于保护配偶利益的批评。

(二)区分婚姻维度与物权维度的归属:夫妻共同所有不同于共同共有

有观点认为,《民法典》第1062—1063条中“夫妻共同所有”以及“夫妻一方的个人财产”等同于物权法上的“共同共有”以及“单独所有权”。作为例证,原《民法通则》第78条规定“财产可以由两个以上的公民、法人共有……共同共有人对共有财产享有权利,承担义务”。共同共有的客体被表述为“财产”。原《民法通则意见》第90条进一步明确把“分割夫妻共有财产”归类为“共同共有关系终止时对共有财产的分割”。在此前提预设下,夫妻一方作为共有人之一,未经其他共有人同意而处分共有财产构成无权处分。

编者认为,夫妻共同所有完全不同于物权法上的共同共有。依据“资产分割”理论,作为“概括财产”的个人财产会在社会交往中发生多次资产分割而形成“特别财产”,例如未婚者的概括财产因结婚而形成个人财产以及夫妻共同财产两类特别财产,相互之间形成区隔。与法人不同,除“两户”外,夫妻共同体即家庭并非民事主体,因此夫妻共同财产无法归属于不具有民事主体资格的家庭,在法技术上只能归属于夫妻共同所有。夫妻共同所有的对象并非特定财物,而是共同财产整体。夫或妻对共同财产整体价值享有的抽象份额在婚姻存续期间隐而不现,仅在婚内析产或离婚财产分割时才正式登场。

物权法上的共同共有也以共同关系存续为前提,且采取类型法定,原则上当事人不得随意创设共同关系而成为共同共有人,得到法律承认的共同关系仅指夫妻、家庭、合伙以及共同继承人团体。如此说来似乎共同共有与共同所有共享共同关系这一社会基础,但是两者的重要区别是,共同共有的客体并非共同财产的整体价值,而是共同财产中的特定财物。原《物权法》第93条(《民法典》第297条)将原《民法通则》第78条的“财产可以共有”修改为“不动产或者动产可以由两个以上组织、个人共有”,便是对于共同共有客体是“不动产或者动产”等特定财物的明确表述。不存在共同关系时,多个权利主体只能在特定财物上成立按份共有,而存在共同关系时,其内部成员也可以通过约定在特定财物上成立共同共有、按份共有甚至单独所有权,并通过登记等公示手段发生物权维度的效力。

立法层面,区分共同所有与共同共有的立场在《民法典》的术语表述中得到充分体现。婚姻家庭编第1062条保留了“夫妻共同财产”“夫妻共同所有”的表述,未照搬物权编“共同共有”等术语,《民法典婚姻家庭编解释(一)》第28条更是明确把《婚姻法解释(三)》第11条“夫妻共同共有的房屋”刻意修改为“夫妻共同所有的房屋”。

《民法典》第 1062 条第 2 款表述是“夫妻对共同财产有平等的处理权”，可见对共同财产的处理权不同于对共同共有财物的处分权。

夫妻共同所有是婚姻维度针对夫妻共同财产整体的归属概念，而共同共有是共同关系内部成员在物权维度针对特定财物的归属概念。因为客体不同，夫妻共同所有不会也不可能自动转化为物权维度的共同共有，夫妻共同财产中特定财物的物权归属只能依据登记或占有等公示状态确定，夫妻通过财产约定并配合公示行为，物权维度可以选择在特定财物上成立夫或妻的单独所有权、共同共有或者按份共有。

（三）债权方案基础上的内外归属方案

夫妻共同所有不同于共同共有的结论，为我国法上适用债权方案提供了理论预设。但是债权方案重在强调债权作为调整夫妻间财产关系的主要技术手段，立足于财产法上物债二分的视角，无法更好彰显出我国夫妻共同财产制下夫妻共同所有的归属性质。编者在债权方案基础上提出内外归属方案，在夫妻共同所有不同于共同共有的预设下，区分婚姻维度与物权维度两种归属状态，泾渭分明、互不干扰。婚姻维度的归属状态包括夫或妻一方个人所有、夫妻共同所有及双方针对共同财产的潜在份额；物权维度的归属状态则包括共同共有、按份共有以及单独所有权。

婚姻维度的归属无法被简化为夫妻之间的债权债务关系，婚姻维度的归属在夫妻身份内部以及婚姻关系外部都产生法律效应。处理夫妻内部关系时以婚姻维度的归属为准据，例如在赠与、继承等无偿性非交换所得场景下，依据赠与人或立遗嘱人的意思表示决定特定财物在夫妻内部的归属关系，物权维度公示在哪一方名下不具有决定性意义；夫妻间赠与场合，婚姻维度的归属效力导致赠与人不再享有任意撤销权；婚姻维度的归属决定了夫妻一方是否有权请求另一方在物权维度配合完成转移或变更登记，且无须受限于债权请求权的诉讼时效。涉及婚姻关系之外的第三人利益时，婚姻维度的归属并非隐而不现，例如夫妻一方单独处分共同财产即便在物权维度构成有权处分，婚姻维度的归属及其份额影响配偶是否满足债权人撤销权行使要件的判断标准；夫妻中名义登记人的普通债权人执行房产时，该房产在婚姻维度的归属状态影响配偶作为共有人还是约定产权人提出案外人执行异议阻却执行的路径和要件。

二、内外归属方案的内部效应——夫妻法定共同财产制

依据内外归属方案，夫妻共同财产制在婚姻维度直接发生效力，自婚姻登记开始，一方在婚姻存续期间所得的第 1062 条列明的各项财产，经由“逻辑上的一秒”归入夫妻共同财产。对于有偿交易和法定之债等交换所得，交易相对

人的意思和利益均止于交换，并不关心以及无法影响特定财物在婚姻维度的归属；而对于赠与、继承等无偿性的非交换所得，如父母为子女购房出资，出资或者受赠财物在婚姻维度的归属往往会决定相对人的赠与意愿，因此依据赠与人或立遗嘱人的意思表示决定特定财物在婚姻维度的具体归属效力更为合适。

夫妻共同财产制是否在物权维度发生物权变动效力？《民法典》物权编第 209 条、第 224 条确立了基于法律行为的物权变动的公示原则，同时预留了“法律另有规定的除外”的但书，婚姻家庭编第 1062 条确立了夫妻法定共同财产制。支持直接发生物权变动的观点认为，应将法定财产制引发的物权变动归入上述条文但书囊括的范畴从而构成公示原则的例外，性质上属于非基于法律行为的物权变动模式。鉴于家庭构成了社会生活的基本单元，当“例外”作为常规情形存在，必然导致大面积的“公示失灵”从而动摇了公示原则。

法定财产制引发的物权变动是否应当归入基于法律行为的物权变动，需要考察共同财产制是否包含夫妻对于财产归属的意思表示。法定财产制始于缔结婚姻这一法律行为，可以被理解为夫妻缔结婚姻时对双方财产关系如何处理的默认规则，存在夫妻另行订立财产制约定以及特别财产约定排除法定财产制适用和效力的意思自治空间。因此，共同财产制文义上是一种“法定”财产制，实质上仍然体现了夫妻双方的意思自治，“法定”只是表征其默认或缺省规则的性质。法定财产制与约定财产制以及特别财产约定，在物权变动层面应当进行统一的法律评价。因此，夫妻共同财产制无法在物权维度直接发生归属效力，是否发生物权变动仍然应当遵循物权公示原则。

婚姻登记或曰夫妻身份在物权归属维度是否产生影响？一方面，进行婚姻登记时并无登记财产信息的可能，婚姻登记无力承载物权变动的公示功能。另一方面，物权公示系统是否具备将夫妻身份公示于外的可能性？以下区分不同类型的财产具体探讨公示夫妻身份的可能性。

首先是具备完善登记系统的财产，包括基于物的编成的不动产登记簿以及基于人的编成的动产和权利担保登记。以房产为例，不动产登记簿并不收录婚姻状态，夫妻共同房产可以登记在一方或者双方名下，如果登记在双方名下但未明确各自份额，则构成物权维度的共同共有。对于特殊动产，可以参照房屋登记为共同共有。如果登记在双方名下且明确了各自份额，则构成按份共有，按份共有无须以婚姻关系为存在前提，后续房产交易处分时是否构成无权处分或无权代理，按照按份共有规则处理，无须虑及夫妻身份以及叠加婚姻法规则。如果共同房产登记在一方名下，在婚姻存续期间也可以登记加名即变更登记。《妇女权益保障法》第 66 条第 2 款前半段规定“对夫妻共同所有的不动产以及可以联名登记的动产，女方有权要求在权属证书上记载其姓名”。该条意味着是否登记为双方不影响在婚姻维度将不动产界定为夫妻共同所有。即便登记为共同共有，我国法上合伙以及共同继承等共同关系也可以登记为共同共有。综上所述，依据登记系统无法推出是否存在婚姻关系。

其次是以占有和交付作为公示方式的动产。占有作为公示方式的传统理由是主体对物的事实管领力绝大多数情况下与主体享有物权重合，但这一说法在占有媒介关系、占有辅助关系等占有与本权时常分离的当代社会已无法成立。交付行为作为物理现象，能引起何种法律效果需要结合无法被公众知晓的交付行为人的意思，物权变动只是可能的意思内容之一，第一承运人和占有辅助人等角色的存在，使得公众更无法探查动产物权转移给何人。观念交付场合物权变动甚至根本不存在交付行为。占有和交付本身作为一种物权公示方式已备受争议，叠加了共同占有认定更为模糊，更无法直接从共同占有状态公示出夫妻身份。

最后是无法进行夫妻共有状态公示的无体财产。著作权和专利权作为特定人的智慧成果，与权利人人身无法分离，除了合作作者以及共同完成专利的人之外，不存在共有权利的情形。为了鼓励作品和专利的利用，第 1062 条第 1 款以及《民法典婚姻家庭编解释(一)》第 24 条都规定作为夫妻共有财产的客体是“知识产权的收益”而非“知识产权”本身。司法实践同样否认将商标纳入夫妻共同财产的范畴。

综上所述，依据内外归属方案，夫妻共同财产制在婚姻维度直接发生归属效力，第 1062 条列明的各项财产直接归属于夫妻共同所有；物权维度共同财产制无法直接发生物权变动效力，而应当遵循物权公示而非婚姻登记进行判断。

【相关立法】

《中华人民共和国妇女权益保障法》
(2022 年修订，2023 年 1 月 1 日施行)

第六十六条　妇女对夫妻共同财产享有与其配偶平等的占有、使用、收益和处分的权利，不受双方收入状况等情形的影响。

对夫妻共同所有的不动产以及可以联名登记的动产，女方有权要求在权属证书上记载其姓名；认为记载的权利人、标的物、权利比例等事项有错误的，有权依法申请更正登记或者异议登记，有关机构应当按照其申请依法办理相应登记手续。

【司法解释】

1.《最高人民法院关于适用〈中华人民共和国民法典〉婚姻家庭编的解释

(一)》(法释〔2020〕22 号,2021 年 1 月 1 日施行)

第二十四条① **【对"知识产权的收益"的具体规定】**民法典第一千零六十二条第一款第三项规定的"知识产权的收益",是指婚姻关系存续期间,实际取得或者已经明确可以取得的财产性收益。

第二十五条② **【关于夫妻共同所有的财产的规定】**婚姻关系存续期间,下列财产属于民法典第一千零六十二条规定的"其他应当归共同所有的财产":

(一)一方以个人财产投资取得的收益;

(二)男女双方实际取得或者应当取得的住房补贴、住房公积金;

(三)男女双方实际取得或者应当取得的基本养老金、破产安置补偿费。

第二十六条③ **【夫妻一方个人财产在婚后产生的收益的归属】**夫妻一方个人财产在婚后产生的收益,除孳息和自然增值外,应认定为夫妻共同财产。

第二十七条④ **【由一方婚前承租,婚后用共同财产购买的房屋所有权归属】**由一方婚前承租、婚后用共同财产购买的房屋,登记在一方名下的,应当认定为夫妻共同财产。

第二十八条⑤ **【夫妻一方擅自出卖共有房屋的处理】**一方未经另一方同意出售夫妻共同所有的房屋,第三人善意购买、支付合理对价并已办理不动产登记,另一方主张追回该房屋的,人民法院不予支持。

夫妻一方擅自处分共同所有的房屋造成另一方损失,离婚时另一方请求赔偿损失的,人民法院应予支持。

第二十九条⑥ **【父母为双方结婚购置房屋出资行为的性质】**当事人结婚前,父母为双方购置房屋出资的,该出资应当认定为对自己子女个人的赠与,但父母明确表示赠与双方的除外。

当事人结婚后,父母为双方购置房屋出资的,依照约定处理;没有约定或者约定不明确的,按照民法典第一千零六十二条第一款第四项规定的原则处理。

第八十二条⑦ **【离婚时夫妻之间婚内借款的处理】**夫妻之间订立借款协议,以夫妻共同财产出借给一方从事个人经营活动或者用于其他个人事务的,应视为双方约定处分夫妻共同财产的行为,离婚时可以按照借款协议的约定处理。

2.《最高人民法院关于适用〈中华人民共和国民法典〉婚姻家庭编的解释(二)》(法释〔2025〕1 号,2025 年 2 月 1 日施行)

---

① 对该条的注释详见附录一第 833 页。
② 对该条的注释详见附录一第 835 页。
③ 对该条的注释详见附录一第 841 页。
④ 对该条的注释详见附录一第 847 页。
⑤ 对该条的注释详见附录一第 852 页。
⑥ 对该条的注释详见附录一第 863 页。
⑦ 对该条的注释详见附录一第 983 页。

第七条[①]　**【违反公序良俗的赠与】**夫妻一方为重婚、与他人同居以及其他违反夫妻忠实义务等目的，将夫妻共同财产赠与他人或者以明显不合理的价格处分夫妻共同财产，另一方主张该民事法律行为违背公序良俗无效的，人民法院应予支持并依照民法典第一百五十七条规定处理。

夫妻一方存在前款规定情形，另一方以该方存在转移、变卖夫妻共同财产行为，严重损害夫妻共同财产利益为由，依据民法典第一千零六十六条规定请求在婚姻关系存续期间分割夫妻共同财产，或者依据民法典第一千零九十二条规定请求在离婚分割夫妻共同财产时对该方少分或者不分的，人民法院应予支持。

第八条[②]　**【父母在子女婚后为其购房出资的认定】**婚姻关系存续期间，夫妻购置房屋由一方父母全额出资，如果赠与合同明确约定只赠与自己子女一方的，按照约定处理；没有约定或者约定不明确的，离婚分割夫妻共同财产时，人民法院可以判决该房屋归出资人子女一方所有，并综合考虑共同生活及孕育共同子女情况、离婚过错、对家庭的贡献大小以及离婚时房屋市场价格等因素，确定是否由获得房屋一方对另一方予以补偿以及补偿的具体数额。

婚姻关系存续期间，夫妻购置房屋由一方父母部分出资或者双方父母出资，如果赠与合同明确约定相应出资只赠与自己子女一方的，按照约定处理；没有约定或者约定不明确的，离婚分割夫妻共同财产时，人民法院可以根据当事人诉讼请求，以出资来源及比例为基础，综合考虑共同生活及孕育共同子女情况、离婚过错、对家庭的贡献大小以及离婚时房屋市场价格等因素，判决房屋归其中一方所有，并由获得房屋一方对另一方予以合理补偿。

第九条[③]　**【夫妻一方转让自己名下有限责任公司股权的效力】**夫妻一方转让用夫妻共同财产出资但登记在自己名下的有限责任公司股权，另一方以未经其同意侵害夫妻共同财产利益为由请求确认股权转让合同无效的，人民法院不予支持，但有证据证明转让人与受让人恶意串通损害另一方合法权益的除外。

第十五条[④]　**【处分未成年子女名下房产的效力】**父母双方以法定代理人身份处分用夫妻共同财产购买并登记在未成年子女名下的房屋后，又以违反民法典第三十五条规定损害未成年子女利益为由向相对人主张该民事法律行为无效的，人民法院不予支持。

【司法指导文件】

《第八次全国法院民事商事审判工

---

① 对该条的注释详见附录三第1074页。
② 对该条的注释详见附录三第1078页。
③ 对该条的注释详见附录三第1095页。
④ 对该条的注释详见附录三第1135页。

作会议(民事部分)纪要》(法〔2016〕399号,2016年11月21日)

(二)关于夫妻共同财产认定问题

4. 婚姻关系存续期间以夫妻共同财产投保,投保人和被保险人同为夫妻一方,离婚时处于保险期内,投保人不愿意继续投保的,保险人退还的保险单现金价值部分应按照夫妻共同财产处理;离婚时投保人选择继续投保的,投保人应当支付保险单现金价值的一半给另一方。

5. 婚姻关系存续期间,夫妻一方作为被保险人依据意外伤害保险合同、健康保险合同获得的具有人身性质的保险金,或者夫妻一方作为受益人依据以死亡为给付条件的人寿保险合同获得的保险金,宜认定为个人财产,但双方另有约定的除外。

婚姻关系存续期间,夫妻一方依据以生存到一定年龄为给付条件的具有现金价值的保险合同获得的保险金,宜认定为夫妻共同财产,但双方另有约定的除外。

【地方法院规范】

1.《上海市高级人民法院关于适用最高人民法院婚姻法司法解释(二)若干问题的解答(一)》(2004年,2020年12月修订)

一、夫妻一方个人财产在婚姻关系存续期间所取得的收益中,哪些属于司法解释(二)第十一条第(一)项①规定的"应当归夫妻双方共同所有的投资收益"?

答:由于司法解释(二)对"投资收益"的概念并无明确界定,在诉讼中,对于当事人主张的所谓"投资收益",应根据不同财产形态的性质区别认定:

1. 当事人以个人财产投资于公司或企业,若基于该投资所享有的收益是在婚姻关系存续期间取得的,则对该公司或企业生产经营产生的利润分配部分如股权分红等,依照《民法典》第一千零六十二条的规定,应为夫妻双方共同所有;

2. 当事人将属于个人所有的房屋出租,因对房屋这类重大生活资料,基本上是由夫妻双方共同进行经营管理,包括维护、修缮,所取得的租金事实上是一种夫妻共同经营后的收入,因此,婚姻关系存续期间所取得的租金一般可认定为共同所有。但若房屋所有人有证据证明事实上房屋出租的经营管理仅由一方进行,则婚姻存续期间的租金收益应归房产所有人个人所有;

3. 当事人以个人财产购买债券所取得的利息,或用于储蓄所产生的利息,由于利息收益是债券或储蓄本金所必然产生的孳息,与投资收益具有风险性的特质不同,应依本金或原物之所有权归属为个人所有;

4. 当事人以个人财产购买了房

① 对应《民法典婚姻家庭编解释(一)》第25条第1项。——编者注

产、股票、债券、基金、黄金或古董等财产，在婚姻关系存续期间，因市场行情变化抛售后产生的增值部分，由于这些财产本身仅是个人财产的形态变化，性质上仍为个人所有之财产，抛售后的增值是基于原物交换价值的上升所导致，仍应依原物所有权归属为个人所有。

具体实践中，判断个人财产在婚姻关系存续期间所取得的收益是否属于夫妻共同所有时，人民法院可根据案件实际情况，对各种形式的个人财产的婚后收益，从是基于原个人财产的自然增值还是基于夫妻共同经营行为所产生来判断，前者原则为个人所有，后者原则为共同所有。此外，若收益是基于个人财产与共同财产混同后进行投资行为所产生，无证据证明具体比例的，推定为共同财产投资收益，归夫妻共同所有。

2.《北京市高级人民法院关于处理婚姻案件中子女抚育、财产分割及住房安置问题的几点意见》(1990年)

二、关于离婚时的财产分割问题

2. 婚后购置的虽为个人专用，但价值较大的首饰、图书资料、汽车、摩托车或一方为进行个体经营而购置的其他生产资料均属夫妻共同财产。

4. 双方虽登记结婚，但尚未共同生活，双方的财产仍各自掌握，各自用婚前积蓄购置的物品，属于婚前个人财产；各自以婚后收入购置的物品或合资购置的物品属夫妻共同财产。

在不能证明争执的物品是否以个人婚前积蓄购置时，应推定物品为夫妻共同财产。

5. 夫妻一方或双方以他人名义购置的物品或存款的，如能证明该财产确属夫妻双方或一方出资购置或储蓄，而又无赠与他人的意思表示的，应认定为夫妻共同财产。

6. 在夫妻关系存续期间，一方或双方已取得财产权利，但尚未实际取得财产的，离婚时也应按夫妻共同财产作出处理。

……

【公报案例】

莫某欢、岑某明诉岑荣某、岑某、林某弟继承纠纷案(《最高人民法院公报》1988年第1期)

【基本案情】

顺德县人民法院审理查明：原告莫某欢是被告岑荣某的弟媳，被告岑某、林某弟的儿媳。莫某欢与岑某之子岑华某1981年结婚，1982年生一子岑某明。1983年4月，岑华某通过岑荣某与其妻舅——本案第三人方某光协商，经当时生产队的同意，将原由方某光承包并已停业的木器店转由岑华某承包。该木器店后更名为幸福乡十队五金木器店，由岑华某独资经营，账户、贷款、交纳管理费、税款等经济活动，均以岑华某名义进行。开业初期，岑荣某曾在短时间内协助岑华某组织过货源，后即由岑华某自行购销。在此期间,由于五金木器店生意兴隆,盈利较多,岑华某和莫某欢在和平村建二层楼房1幢,购买了电视机、洗衣机等电器和125C摩托车1辆,并用1900元安装电话机1部于岑荣某家。莫某欢承包的商店存有货底款1000元。1986年3月,岑华某患病,委托岑荣某代管五金木器店。同年4月30日,岑华某病故。同年5月,莫某欢要求接管丈夫遗下的五金木器店,被告岑荣某不愿交出,引起纠纷。同年6月,莫某欢向顺德县人民法院起诉,要求保护她和岑某明继承岑华某遗产的权利。

关于五金木器店是岑华某一人承包独自经营,还是合伙经营,经查:1986年6月间,岑荣某串通第三人方某光,伪造假承包合同,以此证明原承包木器店即由岑某出资、方某光出铺面、岑荣某组织货源、岑华某管理铺面的合伙经营事实。岑荣某等人还串通知情人,“不要理他们家里的事”。由此证明,五金木器店是岑华某独自经营,并非合资经营。

原告在起诉中要求取回岑华某于1985年放在其弟岑南某家中的杉木15根,要求继承岑华某婚前与家庭共同购置的160根杉木中的份额,以及被告岑荣某提出电话机是他出资安装的,均证据不足,不予认定。

在案件审理期间,被告人岑荣某和第三人方某光伪造证据,制作搞假合同,依照《民事诉讼法(试行)》第77条的规定,决定分别处以200元罚款,并予以训诫教育。诉讼期间,顺德县人民法院委托该县木材公司等单位派员,对诉争的五金木器店的财产和原告现住楼房等财产,进行了核价。其中:五金木器店现存木材核价2.8万元,杉棚上盖7030元,店内机械、设备800元,摩托车1辆3815元,电话机1台1900元,原告现住的楼房33392元,原告屋内的电视机、洗衣机等核价1900元,莫某欢承包的商店货底核价1000元,以上共计77837元。

【裁判理由】

顺德县人民法院在查明事实,分清是非的基础上,经调解未能达成协议。顺德县人民法院认为:原告莫某欢与被告岑荣某、岑某、林某弟诉争的五金木器店、电话机和莫某欢现住的二层楼房等财产,系莫某欢与丈夫岑华某生前婚姻关系存续期间所得的财产,依照《婚姻法》第13条第1款的规定,归夫妻共同所有。依照《继承法》第26条第1款关于夫妻在婚姻关系存续期间所得的共同所有的财产,如果分割遗产,应当先将共同所有的财产的一半分出为配偶所有,其余的为被继承人的遗产的规定,属于莫某欢和岑华某夫妻婚姻关系存续期的共有财产77837元,分出38918.5元为莫某欢所有,其余38918.5元为岑华某的遗产。依照《继承法》第10条第1款规定的继承顺序,莫某欢、岑某明、岑某、林某弟为第一顺序继承人。依照《继承法》第13条第2

款规定，对生活有特殊困难的缺乏劳动能力的继承人，分配遗产时，应当予以照顾。继承人岑某、林某弟目前承包几十亩鱼塘，家庭较为富裕；莫某欢年富力强，有劳动能力，3 人可共继承岑华某遗产的 1/4；岑某明年仅 5 岁，尚无劳动能力，可继承 3/4。

【裁判结果】

顺德县人民法院于 1987 年 5 月 19 日，判决如下：

（1）五金木器店、莫某欢现住二层楼房、安装在岑荣某家的电话机 1 部、125C 摩托车 1 辆、莫某欢承包商店的货底款、电视机、洗衣机等，核价 77837 元，均为原告莫某欢和岑华某共同所有，各分一半。

（2）岑华某的遗产 38918.5 元，莫某欢、岑某、林某弟各继承 3243.21 元；岑某明继承 29188.87 元。岑某明所继承的份额，由法定代理人莫某欢代管。

（3）岑某、林某弟 2 人所继承的 6486.42 元，其中 1900 元由岑荣某支付（岑华某的电话机归岑荣某所有），其余部分自本判决发生法律效力后 30 日内，由莫某欢付清。

【法院参考案例】

1. 王某诉徐某某离婚纠纷案——淘宝店铺的价值确定与分割［《人民法院案例选》2018 年第 1 辑（总第 119 辑）］

【裁判要旨】

淘宝店铺本身存在价值。在离婚纠纷分割夫妻财产时，对其价值可以由当事人协商确定；协商不成的，法院需综合考虑店铺登记主体，经营连贯性、稳定性，发挥网店的最大效能、参与经营网店等因素，对淘宝店铺进行分割，以确定夫妻双方离婚后淘宝店铺继续经营的主体。

2. 张某某诉罗某某离婚案——夫妻共同申请的社会保障性租赁房的续租权在离婚时可作为财产权益进行处理（《中国法院 2023 年度案例·婚姻家庭与继承纠纷》）

【基本案情】

张某某与罗某某于 2010 年 6 月 4 日登记结婚，于 2011 年 2 月 13 日育有婚生子张小某，双方婚后共同居住在厦门市思明区。其间，罗某某曾将婚生子张小某带到漳州市平和县和罗某某父母共同生活 3 年多，并于 2017 年 9 月返回厦门居住。2019 年 7 月 29 日，张某某（承租人/乙方）与厦门市住房保障中心（出租人/甲方）签订《厦门市保障性租赁房租赁合同》，约定由乙方承租甲方管理的坐落于厦门市高林一里×号×室房屋（以下简称讼争房屋）作为住宅使用，租赁期限为 3 年，即自 2019 年 8 月 1 日起至 2022 年 7 月 31 日止，租金标准为 663.6 元/月。该合同将罗某某、张小某列为共同申请人。张某某与罗某某名下均无其他房产。张某某起诉称双方婚前缺乏了解，感情基础薄弱，婚后三观不合，在对待工作和生活上分歧越来越大。这几年双方争吵不断,夫妻关系名存实亡,双方大部分时间都是分居状态。婚生子张小某一直与原告及原告父母亲生活在一起,被告这几年经常在家打骂孩子,无法与孩子冷静沟通,要求:(1)判决张某某与罗某某离婚;(2)判决婚生子张小某由张某某抚养,罗某某一次性支付2020年8月1日起计至2029年2月13日的抚养费122880元。罗某某辩称:(1)同意离婚。张某某多次对罗某某实施家庭暴力,多次威胁、恐吓罗某某及儿子,双方感情确已破裂。(2)婚生子张小某自出生至今一直跟随罗某某共同生活,已形成无法分离的依赖性,感情也最为深厚。张小某还随外祖父母共同生活多年,已经融入罗某某及其父母家庭生活。且罗某某工作相当稳定,收入可观,故张小某应当由罗某某抚养,张某某每月支付抚养费2000元直至孩子18周岁止,后续产生的医疗费、教育费由双方共同承担。(3)要求张某某赔偿家暴罗某某多次的医疗费和精神损伤费1.5万元,并赔偿罗某某10年的青春和精神损失费10万元。(4)双方婚后承租的廉租房由罗某某和婚生子使用。庭审中,罗某某要求在本案中一并解决婚生子探望问题。

【案件焦点】

(1)张某某与罗某某婚生子张小某的抚养问题;(2)婚后共同申请的社会保障性租赁房应如何处理。

【法院裁判要旨】

福建省厦门市思明区人民法院经审理认为:(1)关于夫妻感情。张某某与罗某某夫妻矛盾较深,经常争吵且矛盾积累已久。本案张某某诉求离婚,罗某某亦表示同意离婚,说明双方感情确已彻底破裂,无和好可能,故对张某某本次诉请离婚,本院依法予以支持。(2)关于子女抚养与探望。本案中,婚生子张小某自出生,大部分时间处于罗某某照料的环境中。本院比较了张某某与罗某某的具体情况,结合考虑张小某的年龄、现在的生活状况及其意愿,认为张小某由罗某某直接抚养更适宜。张某某作为张小某的父亲,离婚后对婚生子张小某仍有抚养义务。本院综合本案情况,酌情认定张某某每月支付1800元的抚养费。本院根据双方对行使探望权利的方式、时间的意愿表达,考虑不影响张小某的正常生活、学习,确认张某某的探望方式。(3)关于医疗费1.5万元及精神损害抚慰金10万元。罗某某所述其多次遭受张某某家暴的主张亦缺乏充分有效证据,诉求赔偿医疗费1.5万元缺乏事实基础。而夫妻在婚姻中互相付诸青春乃婚姻常事,没有青春损失赔偿的法律依据。罗某某的该项诉讼请求缺乏充分依据,本院不予支持。(4)关于保障性租赁房的承租权。2019年7月29日,张某某作为承租人与出租人厦门市住房保障中心签订《厦门市保障性租赁房租赁合同》,合同列明罗某某、张小某为其他申请家庭成员（共同承租人）。合同约定张某某承租讼争房屋，租期自 2019 年 8 月 1 日至 2022 年 7 月 31 日，每月租金 663.6 元。本案中，罗某某与张某某均主张由自己继续承租使用该讼争房屋。本院认为，第一，该房系保障性租赁房，张某某、罗某某均不享有该房的所有权，在符合相关承租条件的情况下可以享有使用权。故本案中双方讼争的权利在性质上属于优先承租权，且受到申请条件、管理部门审核等方面的限制，但因继续承租的一方确能以低价继续使用房屋，而搬出的一方则需另行解决住房问题，故该权益存在财产性价值，依法可予进行分割。第二，本院已经确认婚生子张小某跟随罗某某共同生活，而张小某目前就读于厦门外国语学校附属小学，距离讼争房屋所在地址较远，如让其居住在讼争房屋内，每天长距离往返奔波将给张小某生活造成不便；且罗某某在庭审中亦陈述之前平时都是住家里（指湖滨南路男方父母家），周末才会带孩子去讼争租赁房居住，可见张小某此前也没有长期居住在讼争房屋内从而形成在该片区长期稳定生活的状态。综上，罗某某主张应由其承租讼争房屋并携子居住的说法，实际上并不利于张小某就学、生活，故由张某某继续承租该房屋更合宜。第三，双方在庭审中均陈述了该房屋附近同类房屋的市场租金价格，双方陈述的金额差距较大，本院综合讼争房屋的面积、户型、双方目前居住情况、张某某讼争房屋租金金额、双方自述同类房屋市场价格等各因素，衡平张某某的获益与罗某某的受损情况，酌情认定张某某应每月支付罗某某 1000 元作为补偿，但鉴于罗某某亦可根据自身情况再申请承租政府的保障性租赁房以降低自己的住房成本，故张某某支付补偿金的时间应在合理范围内以促使罗某某积极申请价格更低的保障性住房，张某某提出支付罗某某的补偿金的期限最多 3 年，根据厦门市此类房屋申请、审批、入住等合理流程时间，本院认为 3 年期限具有合理性，予以确认。在 3 年内，如果出现罗某某提前申领到相关保障房或其他导致张某某可提前终止支付补偿金的情况，张某某有权申请提前终止支付补偿金；3 年后，如罗某某仍存在合法合理事由需延长张某某支付补偿金的金额或期限的，罗某某亦有权申请延期。

【裁判结果】

福建省厦门市思明区人民法院依照《婚姻法》第 17 条、第 32 条第 2 款、第 36 条第 1 款和第 2 款、第 37 条第 1 款、第 38 条第 1 款和第 2 款，《民事诉讼法》第 64 条第 1 款的规定，判决如下：(1) 准许张某某与罗某某离婚。(2)张某某与罗某某的婚生子张小某由罗某某直接抚养，张某某应于本判决生效之日起的当月开始按 1800 元/月支付抚养费至张小某年满 18 周岁止。(3)张某某依法享有探望张小某的权利，具体行使方式为：自本判决生效之日起,①张某某每周末可探视婚生子张小某 1 次,每次 24 小时;②每年暑假期间,张某某可接走张小某与其共同生活 20 天,每年寒假期间张某某可接走张小某与其共同生活 7 天,寒暑假期间,张某某接走张小某后应于期满之日 19:00 前将张小某送回罗某某处;③张小某轮流与父母交替共度中秋节与春节,即 2021 年春节与张某某共度,2021 年中秋节与罗某某共度,2022 年春节与罗某某共度,2022 年中秋节与张某某共度,以此顺推。(4)在符合承租条件的前提下,讼争房屋由张某某优先继续承租使用,张某某应于本判决生效之日起每月支付罗某某补偿金 1000 元(支付期限 3 年)。

3. 彭某某诉潘某某离婚后财产案——婚姻关系存续期间取得的承租权在离婚后的收益不应再作为夫妻共同财产分割(《中国法院 2023 年度案例 · 婚姻家庭与继承纠纷》)

【基本案情】

潘某某与彭某某婚姻关系存续期间,潘某某缴纳保证金后,以自己的名义从当地集体经济组织承租 8 间厂房,定期向集体经济组织缴纳租金,进行改造后分别对外出租,赚取租金差价。彭某某于 2017 年提起离婚诉讼,要求与潘某某离婚,并主张上述 8 间厂房的租金收益属于夫妻共同财产,应予分割。广东省佛山市中级人民法院作出(2019)粤 06 民终 9025 号民事调解书,确认双方离婚,以潘某某名义出租的 8 间厂房在婚姻关系存续期间的租金收益属于夫妻共同财产,由潘某某向彭某某支付相应的财产分割款。

离婚后,彭某某提起离婚后财产纠纷诉讼,主张厂房在婚姻关系存续期间取得承租权并转租,故离婚后的租金收益仍属于夫妻共同财产,其有权取得离婚后租金收益的 50%。潘某某则认为彭某某在本案中主张的租金收益并非产生于夫妻关系存续期间,离婚后,彭某某从未对厂房投入过经营、管理等劳动力,亦未投入厂房租金等,离婚后的租金收益并不属于夫妻共同财产。

【案件焦点】

婚姻关系存续期间取得承租权,通过转租赚取租金收益,离婚后的租金收益是否仍应作为夫妻共同财产予以分割。

【裁判结果】

广东省佛山市南海区人民法院经审理认为:潘某某在婚姻关系存续期间出租的厂房租期未届满,尚有收益持续产生,属于婚姻关系存续期间投资经营产生的延续性收益,应作为夫妻共同财产分配,潘某某应向彭某某支付离婚后的租金收益的一半。

广东省佛山市南海区人民法院依照《婚姻法》第 17 条、《婚姻法解释(二)》第 16 条的规定,判决如下:(1)确认涉案 8 间厂房自 2019 年 10 月 1 日起至 2020 年 4 月 30 日的租金收益 474716.5 元属于彭某某与潘某某的夫妻共同财产;(2)潘某某应于判决发生法律效力之日起 10 日内向彭某某支付上述租金收益款 237358.25 元;(3)潘某某对佛山某某公司享有的 40 万元的投资份额属于潘某某与彭某某夫妻共同财产,由潘某某与彭某某各享有 50%;(4)驳回彭某某的其他诉讼请求。

潘某某、彭某某均不服一审判决,提起上诉。广东省佛山市中级人民法院经审理认为:虽然承租、转租行为发生在婚姻关系存续期间,但承租时除保证金及向集体经济组织支付的租金外,潘某某并不需要以夫妻共同财产取得厂房承租权。而此类承租权实际上是经营管理权,并不必然存在孳息或增值,其价值主要体现在通过经营管理行为获取利润。而利润的获取与租赁物的管理密切相关,需要管理者投入时间、精力、劳动力,同时负有缴纳税费、维修、维护等义务,且需承担因转租产生的风险。而离婚后,需向集体经济组织支付的租金彭某某并未承担,且双方已不存在共同经营、管理或由一方经营管理,另一方协同配合之情形,彭某某对转租行为亦不需要承担任何义务、风险,故彭某某主张离婚后的租金收益仍属于夫妻共同财产,法院不予支持。至于潘某某取得厂房承租权时投入的保证金、改造费用等,彭某某可另行主张权利。

广东省佛山市中级人民法院依照《婚姻法》第 39 条第 1 款、《民事诉讼法》第 170 条第 1 款第 2 项的规定,判决如下:(1)撤销一审判决;(2)潘某某应于本判决发生法律效力之日起 10 日内向彭某某支付银行账户转出款项的分割补偿款 20 万元;(3)驳回彭某某的其他诉讼请求。

4. 马树某诉田某擅自处分夫妻共同财产案[《民事审判指导与参考》2018 年第 2 辑(总第 74 辑)]

【案例要旨】

未成年的或不能独立生活的子女,有要求父母支付抚养费的权利,但支付抚养费纠纷与夫妻一方擅自赠与婚外第三人财产纠纷是两个不同的法律关系,权利人可以另案主张支付子女抚养费。

【基本案情】

马树某与田某系夫妻关系,田某在与马树某婚姻关系存续期间,与曹某婚外生育一女田某某。田某多次通过银行转账方式给曹某的账户转入 2475196 元。马树某认为田某擅自处分夫妻共同财产的行为侵犯其合法权益,故起诉至一审法院,请求判令:(1)田某给付曹某 2515140 元的处分行为无效;(2)曹某返还其 2515140 元。

【裁判结果】

一审法院经审理认为,夫妻在婚姻关系存续期间所得的财产属于夫妻共同财产,归夫妻共同所有而非按份共有。对于夫妻共同财产的处分,应由夫妻双方协商一致。田某未与其配偶马树某协商,就将夫妻共有的钱款赠与了与其有不正当关系的曹某。田某的赠与行为既损害了马树某的合法权益,也违反了相关的法律规定,还有悖于社会的公序良俗。故马树某的诉讼请求合理合法,应当予以支持。马树某称除了通过银行转账方式转入曹某的账户2475196元外,田某还以现金方式给曹某39944元用于购买车库。对此,曹某予以否认,马树某和田某均未提供证据证明该笔钱款是田某替曹某支付的,故对马树某关于赠与现金39944元的陈述无法采信。据此判决:(1)田某赠与曹某2475196元的行为无效;(2)曹某于判决生效之日起10日内,返还马树某2475196元。

曹某不服该判决提起上诉称,田某汇至其账户的款项并非赠与,而是为女儿购房所用,部分款项已用于日常生活及抚养女儿;即使田某处分夫妻共同财产的行为被认定为赠与,但其处分个人所有财产份额部分应属合法有效,曹某无须返还。故请求撤销一审判决,改判曹某承担一半的返还责任。二审法院经审理认为,本案中田某转入曹某账户的款项及为曹某购买商品房的款项已有证据证明,均属于田某与马树某的夫妻共同财产。田某对上述财产的处分行为未经马树某同意,事后也未取得马树某的追认,属于擅自处分夫妻共同财产的行为,应认定无效。因共有的不动产或动产产生的债权债务,在对外关系上,共有人享有连带债权、承担连带债务。享有连带债权的每个权利人,都有权要求债务人履行义务。因此,马树某作为享有夫妻共同财产的共有债权人,有权要求曹某返还全部财产。据此判决:驳回上诉,维持原判。

起诉人田某某认为,上述判决事实认定错误,田某支付曹某的款项并非对曹某的赠与,而是支付田某某的抚养费。在上述案件中,田某某多次要求将其追加为第三人,但均未被准许。上述判决损害了其民事权益,故要求予以撤销。作出上述生效判决的二审法院经审查认为,根据《民事诉讼法》第56条第3款的规定,因不能归责于本人的事由未参加诉讼,但有证据证明发生法律效力的判决内容错误,损害其民事权益的,可以自知道或者应当知道其民事权益受到损害之日起6个月内,向作出该判决的人民法院提起诉讼。本案从起诉人提交的材料来看,未提供可以证明生效判决内容错误的相关证据,起诉人田某某的起诉不符合第三人撤销之诉的受理条件,故裁定:对田某某的起诉不予受理。田某某不服该判决,向某高级人民法院提起上诉,某高级人民法院经审查认为,本案现有证据表明,田某某至今未提供可以证明其主张应撤销的生效判决内容错误,损害其民事权益的相关证据,故田某某的起诉不符合第三人撤销之诉的受理条件,如田某某认为其被抚养的权利受到损害或侵害,可通过提起抚养诉讼解决。据此裁定:驳回上诉,维持原裁定。

田某某不服上述裁定,向最高人民

法院申请再审称：(1)田某某的起诉，完全符合《民事诉讼法》第 119 条规定的起诉条件，一、二审法院应当保护未成年人田某某的诉权。(2)田某与曹某所生的非婚生子女田某某享有与婚生子女同等的权利，任何人对非婚生子女不得加以危害和歧视。田某某的生父应依法履行法定义务支付抚养费，在其没有个人资金的情况下，抚养费的来源只能从夫妻共同财产中提取和支付，这一支付完全合法。(3)在申请人因不能归责于本人的事由未能参加诉讼的情况下，原判决损害了未成年人依法获取生父抚养费的民事权益。最高人民法院经审查认为，田某未经妻子马树某同意擅自将夫妻共同财产赠与曹某，侵犯了马树某享有的夫妻共同财产权利，这种赠与行为应认定为无效，曹某应返还田某赠与的相关款项。申请再审人田某某认为生效判决侵犯了其合法权益，但没有提供证据证明发生法律效力的判决内容错误，田某转入曹某账户的款项及为曹某购买商品房等消费款项已有在案证据予以佐证。赠与行为与抚养费问题是两个不同的法律关系，田某某如果认为自己需要生父田某支付相关的抚养费，可以另案提起诉讼进行救济。再审申请人田某某的申请不符合《民事诉讼法》第 200 条规定的情形。依照《民事诉讼法》第 204 条第 1 款之规定，裁定如下：驳回田某某的再审申请。

【参考观点】

对田某某提起的第三人撤销之诉一案，有两种不同的处理意见：第一种意见认为，田某擅自赠与曹某的钱款虽然属于夫妻共同财产，但田某作为夫妻共同财产的权利人也有一半份额的处分权。田某与曹某婚外生育了女儿田某某，其对女儿田某某也有法定的抚养义务。故田某某提起的第三人撤销之诉部分有理，应对原生效判决予以改判，判决曹某返还田某所赠与的一半钱款。第二种意见认为，夫妻共同财产是基于婚姻法的规定，因夫妻关系的存在而产生的，在夫妻双方未约定实行分别财产制的情形下，夫妻双方对共同财产系共同共有，而非按份共有。根据共同共有的一般原理，在婚姻关系存续期间，夫妻共同财产应作为一个不可分割的整体，夫妻对全部共同财产不分份额地共同享有所有权，夫妻双方无法对共同财产划分个人份额，在没有重大理由时也无权于共有期间请求分割共同财产。夫妻对共同财产享有平等的处理权，并不意味着夫妻各自对共同财产享有一半的处分权。只有在共同共有关系终止时，才可对共同财产进行分割，确定各自份额。因此夫妻一方擅自将共同财产赠与他人的赠与行为应为全部无效，而非一半无效。田某作为女儿田某某的生父，依照法律当然对田某某具有抚养义务，但支付抚养费与赠与关系属于两个完全不同的法律关系。马树某的诉讼请求是确认田某的赠与行为无效及返还赠与款项,在案证据也佐证了田某将夫妻共同财产擅自通过银行转账转入曹某的账户,所购房产也登记在曹某名下,田某某主张田某赠与曹某的款项系支付给其的抚养费,缺乏相应的证据予以支持。如果田某某认为自己需要生父田某支付抚养费,其随时可以起诉向田某主张抚养费。而抚养费的具体数额,法院可根据田某某的实际需要、父母双方的负担能力和当地的实际生活水平予以确定。我们认为第二种意见是适当的。

第一千零六十三条 【夫妻个人财产】下列财产为夫妻一方的个人财产:

(一)一方的婚前财产;

(二)一方因受到人身损害获得的赔偿或者补偿;

(三)遗嘱或者赠与合同中确定只归一方的财产;

(四)一方专用的生活用品;

(五)其他应当归一方的财产。

【原《婚姻法》条文】

第十八条 有下列情形之一的,为夫妻一方的财产:

(一)一方的婚前财产;

(二)一方因身体受到伤害获得的医疗费、残疾人生活补助费等费用;

(三)遗嘱或赠与合同中确定只归夫或妻一方的财产;

(四)一方专用的生活用品;

(五)其他应当归一方的财产。

【修改说明】

将“一方因身体受到伤害获得的医疗费、残疾人生活补助费等费用”改为“一方因受到人身损害获得的赔偿或者补偿”。

【立法·要点释义】

本条属于法定个人财产的规定。夫妻个人财产,是指夫妻在实行共同财产制的同时,依照法律规定或者夫妻约定,夫妻各自保留的一定范围的个人所有财产。夫妻双方对各自的个人财产,享有独立的管理、使用、收益和处分权利,他人不得干涉。夫妻可以约定将各自的个人财产交由一方管理;夫妻一方也可以将自己的个人财产委托对方代为管理。对家庭生活费用的负担,在夫妻共同财产不足以负担家庭生活费用时,夫妻应当以各自的个人财产分担。

婚前财产是指夫妻在结婚之前各自所有的财产,包括婚前个人劳动所得财产、继承或者受赠的财产以及其他合法财产。一方因受到人身损害获得的赔偿或者补偿,是与生命健康直接相关的财产,具有人身专属性,应当专属于个人所有,保证受害人的身体康复和生活需要。为了尊重遗嘱人或者赠与人的个人意愿，如果遗嘱人或者赠与人在遗嘱或者赠与合同中明确指出，该财产只遗赠或者赠给夫妻一方，属于夫妻个人财产。一方专用的生活用品具有专属于个人使用的特点，如个人的衣服、鞋帽等。价值较大的生活用品，因其具有个人专用性，应当归个人所有，这也符合夫妻双方购买该物时的意愿，且在多数情况下，夫妻双方都有价值较大的生活用品。

【编者观点】

本条划定个人财产的范围，以明晰夫妻一方是否对个人财产享有单独的占有、使用、收益和处分的权利。

《民法典》编纂过程中，将第 2 项的内容从“身体受到的伤害”扩展至“人身损害”，泛指人格权和身份权的损害；将“医疗费、残疾人生活补助费等费用”扩展为“赔偿或补偿”，与侵权责任编第 1179 条的人身损害赔偿表述相一致。第 1179 条规定：“侵害他人造成人身损害的，应当赔偿医疗费、护理费、交通费、营养费、住院伙食补助费等为治疗和康复支出的合理费用，以及因误工减少的收入。造成残疾的，还应当赔偿辅助器具费和残疾赔偿金；造成死亡的，还应当赔偿丧葬费和死亡赔偿金。”可见，人格权和身份权受损与身体权受损都应作相同处理；且侵权损害赔偿的范围除了合理费用，还可能包括误工收入、残疾赔偿金等内容。当然，赔偿还是补偿的客体均应限于人身损害，第 1118 条规定的夫妻一方因解除收养关系所获的补偿便不属于本条射程。另外需要注意，第 1179 条规定的损害赔偿范围中，医疗费、护理费、交通费、营养费等为治疗和康复支付的合理费用属于积极损失，因而被归入个人财产，而因误工减少的收入、残疾赔偿金属于消极损害，即预期收入的减少，应参照军人复员费和自主择业费的计算认定方式，考虑到双方婚姻存续期间可能短于误工收入或残疾补偿金的计算期间，将婚姻关系的存续年限内的误工收入与残疾赔偿金份额认定为夫妻共同财产。

第 2 项所规定的人身损害赔偿或补偿之所以不宜认定为共同财产，是因为其性质与受害人的生存利益相关，因而具有人身专属性，即便夫妻双方将其约定为共同财产，受限于财产的高度的人身专属性，该约定无效。有观点认为，即使配偶一方以共同财产购买了商业保险，因人身损害获得的保险金虽不属于赔偿和补偿，但主要用于受害人的治疗、生活等特定用途，具有人身专属性，亦应认定为个人财产。本项的赔偿或补偿不限于民事赔偿或补偿，还包括因工伤通过工伤保险所获得的工伤赔偿、因人身权受损依据《国家赔偿法》获得的国家赔偿等。

第 3 项对于继承或受赠的财产归属的认定存在很大争议。以父母为子女购房出资为例，第 1062 条第 1 款第 4

项以及本项确立的推定规则，并不符合现实社会中父母出资时的真实意愿，鉴于子女在未来可能面临的离婚风险，无论是婚前还是婚后，父母大额出资的真实意思表示都是对自己子女一方的赠与，属于子女的个人财产。因子女离婚而承担包括养老费用在内的家庭财产流失一半的严重后果，绝大多数出资的父母都会无法接受，该推定规则也不利于保障出资方父母因预支养老费用而换取的期待利益。理想的推定规则是，无论出资发生在婚前还是婚后、部分还是全额、一方还是双方，都推定为对自己子女的赠与，成为自己子女的个人财产。最高人民法院曾提出修改意见，除遗嘱或赠与合同中明确归双方的外，一方继承或受赠所得的财产应归一方所有，与多数国家法律规定保持一致。但是立法机关基于维持法律稳定性考虑，最终未予修改。

第 4 项规定的“一方专用的生活用品”，在用途上限于生活用品，仅包含动产，常见的如衣物、化妆品、饰品等，功能上为一方专用而非家庭共同使用。是否需要考虑到生活用品的价值大小存在争议。如果是夫妻以自己的个人财产为自己购买或为对方购买专用生活用品，或者适用不转化规则或者适用赠与。有观点认为，本项适用于夫妻一方超出日常生活需要的范畴，以共同财产为自己或对方购买专用生活用品，如果是为自己购买，需要另一方明示或默示同意方可成为个人财产，且无须考虑其价值大小；如果是为对方购买，本身即表明认可该财产成为另一方的个人财产。从事职业活动所必需的用品与生活用品相比，通常价值较大，甚至占据家庭财产的主要部分，如出租车、农用机械等，原则上应作为共同财产。

第 5 项兜底的概括性条款使得共同财产和个人财产都存在可扩容进来的财产，这一规定与法定婚后所得共同制相冲突。逻辑结构上，对无法确定区分共同所有或个人所有的财产，应当推定为共同财产。但考虑到现实生活的复杂多样，增加兜底的概括性条款，能更有效地应对复杂的社会现实生活，避免由于闭合性规定导致法官由于无法可依作出违背民众感情的处理结果，应结合时间和来源两项要素，并根据婚姻家庭生活的特征，对财产性质进行综合考量判断。虽然两者均为兜底性概括条款，但在适用上要有主次先后之分，只有在前 4 项之外的明确具有人身专属性的财产，才能认定为一方的个人财产。主张财产为个人财产的一方应当承担举证责任，证明内容为财产的来源和取得时间。

【相关立法】

《中华人民共和国民法典》（2021 年 1 月 1 日施行）

第一千一百七十九条 侵害他人造成人身损害的，应当赔偿医疗费、护理费、交通费、营养费、住院伙食补助费等为治疗和康复支出的合理费用，以及因误工减少的收入。造成残疾的，还应当赔偿辅助器具费和残疾赔偿金；造成死亡的，还应当赔偿丧葬费和死亡赔偿金。

【司法解释】

《最高人民法院关于适用〈中华人民共和国民法典〉婚姻家庭编的解释（一）》（法释〔2020〕22号，2021年1月1日施行）

第三十条[①] **【军人的伤亡保险金等费用归属】**军人的伤亡保险金、伤残补助金、医药生活补助费属于个人财产。

第三十一条[②] **【夫妻一方的个人财产不因婚姻关系延续而转化为夫妻共同财产】**民法典第一千零六十三条规定为夫妻一方的个人财产，不因婚姻关系的延续而转化为夫妻共同财产。但当事人另有约定的除外。

【司法指导文件】

《第八次全国法院民事商事审判工作会议（民事部分）纪要》（法〔2016〕399号，2016年11月21日）

（二）关于夫妻共同财产认定问题

5. 婚姻关系存续期间，夫妻一方作为被保险人依据意外伤害保险合同、健康保险合同获得的具有人身性质的保险金，或者夫妻一方作为受益人依据以死亡为给付条件的人寿保险合同获得的保险金，宜认定为个人财产，但双方另有约定的除外。

婚姻关系存续期间，夫妻一方依据以生存到一定年龄为给付条件的具有现金价值的保险合同获得的保险金，宜认定为夫妻共同财产，但双方另有约定的除外。

【批复答复】

《最高人民法院关于高原生活补助费能否作为夫妻共同财产继承的批复》（1983年9月3日）

经研究，原则上同意你院意见。即肖桂兰的住房补助费应为夫妻双方共有，属于其夫赵泰部分，可由其合法继承人继承，高原生活补助费不属共同财产，应归肖个人所有。

【地方法院规范】

1.《北京市高级人民法院民一庭关于审理婚姻纠纷案件若干疑难问题的参考意见》（2016年）

十四、【因伤获得的保险金、残疾赔偿金性质】夫妻关系存续期间一方因身体受到伤害而获得的保险金（本人为受益人）应为一方个人财产；夫妻关系存续期间获得的残疾赔偿金应为一方个

---

① 对该条的注释详见附录一第870页。

② 对该条的注释详见附录一第870页。

人财产。

四十二、【债权确定时间与性质认定】婚前一方享有的确定可以实现的债权,婚后实际取得的,应认定为婚前财产;婚姻关系存续期间发生并确定可以实现的债权,离婚后实际取得的,应认定为婚内财产。

2.《江苏省高级人民法院民事审判第一庭家事纠纷案件审理指南(婚姻家庭部分)》(2019年)

43. 离婚案件中对于人身保险合同应当如何处理?

人身保险分为人寿保险、意外伤害保险和健康保险。离婚案件中对于人身保险合同,除当事人另有约定外,可以按以下情形分别处理:

(1)已获得保险金的情形

婚姻关系存续期间,夫妻一方作为被保险人依据意外伤害保险合同、健康保险合同获得的保险金,主要用于受害人的治疗、生活等特定用途,具有人身性质,应当认定为个人财产。

夫妻一方作为受益人依据以死亡为给付条件的人寿保险合同获得的保险金,该保险合同中受益人的指定本身就表明了投保人与受益人之间的特定关系,体现了保险金的专属性,应当认定为个人财产。

婚姻关系存续期间,夫妻一方依据以生存到一定年龄为给付条件的具有现金价值的保险合同获得的保险金,该保险具有一定的投资属性,由此获得的投资收益,应当认定为夫妻共同财产。

(2)尚未获得保险金的情形

婚姻关系存续期间以夫妻共同财产投保,离婚时仍处于保险有效期内的人身保险合同,夫妻双方主张分割保险单现金价值的,应予支持。

如果投保人和被保险人均为夫妻一方,离婚时夫妻双方可以协议退保或者继续履行保险合同。投保人不愿意继续履行的,保险人退还的保险单现金价值应当作为夫妻共同财产分割;投保人愿意继续履行的,投保人应当支付保险单现金价值的一半给另一方。

如果夫妻一方为投保人,夫妻另一方为被保险人,离婚时夫妻双方可以协议退保或者继续履行保险合同。协商一致退保的,保险人退还的保险单现金价值应当作为夫妻共同财产分割;协商一致愿意继续履行的,获得保险合同利益一方应当支付保险单现金价值的一半给另一方。如果投保人要求退保,而被保险人要求继续履行的,保险合同应当继续履行,获得保险合同利益一方应当支付保险单现金价值的一半给另一方。

(3)为未成年子女购买人身保险的处理

婚姻关系存续期间,夫妻一方或者双方为未成年子女购买的人身保险获得的保险金,如果未成年子女未死亡,应当专属于未成年子女所有。

离婚时,如果为未成年子女购买的人身保险合同尚处于保险有效期的,因保险的最终利益归属于未成年子女，该保险应当视为对未成年子女的赠与，不再作为夫妻共同财产分割。

【公报案例】

刘某坤诉郑某秋离婚及财产分割案

(《最高人民法院公报》1995年第2期)

【基本案情】

齐齐哈尔市中级人民法院经审理查明：原告刘某坤与被告郑某秋在同一单位工作，于1979年初自由恋爱，同年6月10日登记结婚，次年生一男孩郑某。由于双方性格、志趣各不相同，在处理一些家庭事务上互不协商，常因一些琐事吵架，致使夫妻感情逐渐破裂，1992年5月双方分居。1993年1月29日，双方发生口角，在撕打中郑某秋将刘某坤左眼打伤住院治疗，双方关系进一步恶化。1993年2月16日，刘某坤以夫妻感情破裂为由，向本院提起离婚诉讼，经多次调解无效。刘某坤坚持离婚，郑某秋不同意离婚。婚生子郑某，现年14岁，表示愿随母亲刘某坤生活。现住二室一厨楼房为重型机械厂所有。家庭共同财产有：金戒指1枚、金项链1条，各式轮椅(车)3辆，自行车1辆，洗衣机、电冰箱、彩电、游戏机、录音机、录放机各1台，组合家具、角式沙发、3人沙发各1套，单人及双人床各1张，写字台1张，地毯2块，等等。刘某坤参加历次国际国内残疾人运动会获奖牌17块(其中金牌16块、铜牌1块)，获奖金59012元。奖金用于在天津长亭假肢公司做假肢一副22000元，治病、旅游等项费用38612.83元。

【裁判结果】

黑龙江省高级人民法院审理认为，上诉人郑某秋与被上诉人刘某坤夫妻感情确已破裂，经原审法院多次调解无效，判决刘某坤与郑某秋离婚，婚生子郑某由刘某坤抚养是正确的，共同财产分割是合理的。关于刘某坤参加国际、国内残疾人体育比赛所获奖牌、奖金问题，经向国家体委、中国残联调查证实，从1984年国内第一届残运会至1992年残疾人奥运会期间，刘某坤共获奖牌17块、奖金59012元。以上奖牌和奖金，虽然是在夫妻关系存续期间所得，但奖牌系刘某坤作为残疾人运动员的一种荣誉象征，有特定的人身性，不应作为夫妻共同财产予以分割；所得奖金，因已用于支付刘某坤制作假肢、治病等费用，系家庭的共同支出，已无财产可分，郑某秋要求平分，于法无据。

综上，一审法院判决事实清楚，适用法律正确。上诉人郑某秋上诉理由不充分，本院不予支持。据此，该院依照《民事诉讼法》第153条第1款第1项之规定，判决驳回上诉人郑某秋的上诉，维持原判。

【法院参考案例】

陶某某诉粟某某离婚纠纷案——夫妻双方分居期间的财产属性认定

[《人民法院案例选》2017年第4辑(总第110辑)]

【裁判要旨】

夫妻双方分居期间,一方单独出资购买的房屋,另一方无证据证明双方分居期间存在经济混同,亦无证据证明购房款来源于双方分居之前的夫妻共有财产,该房屋不宜认定为夫妻关系存续期间所取得的共同财产。

【基本案情】

法院经审理查明:原告陶某某与被告粟某某于1985年10月开始共同生活,并于1987年5月18日共同生育一子陶某。双方共同生活后,因家庭琐事经常发生矛盾,2002年年初,原、被告再次发生矛盾,此后,原告离家,双方分居至今。自原告离家之后,原、被告的婚生子陶某一直跟随被告粟某某共同生活,由被告抚养。

另查明,位于长沙市岳麓区咸嘉湖黄泥岭006号059栋105号房屋(以下简称105号房屋)原为被告粟某某父母单位分的房屋,原、被告及儿子陶某曾和被告父母一同居住在该房屋,被告父母过世后,原、被告及儿子继续居住使用该房屋,后因房改,被告于2002年8月12日以10954.76元(含维修基金)的价格购买了该房屋,并取得了该房屋的所有权,所有权登记在被告粟某某名下(现已注销)。2013年4月6日,被告粟某某与长沙市岳麓区房屋征收和补偿办公室签订了一份《长沙市国有土地上房屋征收补偿协议》,前述房屋被征收,被告共获得征收补偿款453583元。被告在领取该笔拆迁补偿款之后,为儿子陶某购买了位于长沙市岳麓区银杉路619号谷山乐园B6栋1011号房屋(以下简称1011号房屋)一套。原告称双方的夫妻共同财产为冰箱、彩电、洗衣机、照相机、手表以及前述房产所得拆迁补偿款、儿子陶某名下的房产等,被告称双方的夫妻共同财产仅为一套木器、双缸洗衣机、电视机,且这些物品已经陈旧,在搬新家时已经处理。原、被告均认可双方没有夫妻共同债权债务。

【裁判理由】

法院生效裁判认为,本案的争议焦点为:涉案的105号房屋以及1011号房屋是否是夫妻共同财产的问题。

关于105号房屋是否是夫妻共同财产的问题。经查,陶某某、粟某某均认可105号房屋原系单位分配给粟某某父母的房屋,陶某某、粟某某曾共同在该房屋内居住,粟某某购买该房屋的时间在陶某某离家、双方分居之后,自陶某某离家双方分居后再无经济来往,粟某某独立抚养双方婚生子至成年等事实,没有证据表明陶某某在离家后为购买该房屋出了资,或是当年的购房款来源于或部分来源于双方分居之前的夫妻共同财产,也没有证据表明双方在分居之后还有任何的经济混同行为,故应认定该房屋系双方分居后由粟某某单独出资购买。二审中陶某某举证拟证明该房屋购买时计算了自己的工龄,但该证据仅能证明陶某某在其单位的入职及退休时间、工龄,以及陶某某在其单位未享受过福利分房,不能证明粟某某在购买 105 号房屋时计算了陶某某的工龄,陶某某的该主张基本来源于自己的推测。一审法院结合本案具体案情,未将粟某某单独出资购买的自己父母遗留下来的公房作为夫妻共同财产处理,是恰当的。故陶某某主张 105 号房屋系夫妻共同财产的上诉理由不能成立。

关于 1011 号房屋是否是夫妻共同财产的问题。经查,1011 号房屋的购房资金来源于 105 号房屋的征地拆迁款,如前所述,105 号房屋因拆迁所获得的利益应由粟某某个人享有,现粟某某自愿用该房屋拆迁补偿款为儿子陶某购买房屋,系粟某某对陶某的赠与,不违反法律规定,故 1011 号房屋亦不能认定为陶某某、粟某某的夫妻共同财产。陶某某的该上诉理由亦不能成立。

【裁判结果】

长沙市岳麓区人民法院于 2016 年 9 月 26 日作出(2016)湘 0104 民初 4504 号民事判决:(1)原告陶某某与被告粟某某自本判决生效之日起即解除事实婚姻关系;(2)驳回原告陶某某的其他诉讼请求。宣判后,原告陶某某提出上诉,请求撤销原判第 2 项,改判位于长沙市岳麓区咸嘉湖黄泥岭 006 号 059 栋 105 号房屋和儿子名下位于长沙市岳麓区银杉路 619 号谷山乐园 B6 栋 1011 号房屋为夫妻共同财产,并依法予以分割。

长沙市中级人民法院于 2016 年 12 月 16 日作出(2016)湘 01 民终 7380 号民事判决:驳回上诉,维持原判。

第一千零六十四条 【夫妻共同债务】夫妻双方共同签名或者夫妻一方事后追认等共同意思表示所负的债务,以及夫妻一方在婚姻关系存续期间以个人名义为家庭日常生活需要所负的债务,属于夫妻共同债务。

夫妻一方在婚姻关系存续期间以个人名义超出家庭日常生活需要所负的债务,不属于夫妻共同债务;但是,债权人能够证明该债务用于夫妻共同生活、共同生产经营或者基于夫妻双方共同意思表示的除外。

【立法·要点释义】

2018 年 1 月,最高人民法院出台了《关于审理涉及夫妻债务纠纷案件适用法律有关问题的解释》。新司法解释的规定比较妥当,《民法典》加以吸收,规定了三类比较重要的夫妻共同债务,即基于共同意思表示所负的夫妻共同债务、为家庭日常生活需要所负的夫妻共同债务、债权人能够证明的夫妻共同债务。

第 1 款规定,就是俗称的“共债共签”“共签共债”。多个民事主体等基于共同签字等共同意思表示所形成的债务属于共同债务，本条规定意在引导债权人在形成债务尤其是大额债务时，为避免事后引发不必要的纷争，加强事前风险防范，尽可能要求夫妻共同签名。这种制度安排有利于保障夫妻另一方的知情权和同意权，可以从债务形成源头上尽可能杜绝夫妻一方“被负债”现象发生，也可以有效避免债权人因事后无法举证证明债务属于夫妻共同债务而遭受不必要的损失。实践中，很多商业银行在办理贷款业务时，对已婚者一般都要求夫妻双方共同到场签名。一方确有特殊原因无法亲自到场，也必须提交经过公证的授权委托书，否则不予贷款。虽然要求夫妻“共债共签”可能会使交易效率受到一定影响，但夫妻一方的知情权、同意权关系地位平等、意思自治等基本法律原则和公民基本财产权利、人格权利，故应优先考虑。事实上，适当增加交易成本不仅有利于保障交易安全，还可以减少事后纷争，从根本上提高交易效率。第1款规定的基于夫妻日常家事代理权所生的债务属于夫妻共同债务。夫妻任何一方基于夫妻日常家事代理权所实施的民事法律行为的一切结果都归属于夫妻双方，这一内容实际上已经包括在本法第1060条规定的内容之中。

第2款规定，如果不是基于夫妻共同意思表示、夫妻一方以个人名义所负的超出家庭日常生活需要所负的债务，如果债权人能够证明该债务用于夫妻共同生活、共同生产经营的，属于夫妻共同债务，反之则属于举债一方的个人债务。夫妻共同生活包括但不限于家庭日常生活，需要债权人举证证明的夫妻共同生活的范围是超出家庭日常生活需要的部分。夫妻共同生产经营是指由夫妻双方共同决定生产经营事项，或者虽由一方决定但另一方进行了授权的情形。判断生产经营活动是否属于夫妻共同生产经营，要根据经营活动的性质以及夫妻双方在其中的地位作用等综合认定，一般包括双方共同从事工商业、共同投资以及购买生产资料等所负的债务。

实践中还存在依据法律规定产生的其他种类的夫妻共同债务。比如，本法第1168条规定：“二人以上共同实施侵权行为，造成他人损害的，应当承担连带责任。”因此，夫妻因共同侵权所负的债务也属于夫妻共同债务。本法第1188条规定，“无民事行为能力人、限制民事行为能力人造成他人损害的，由监护人承担侵权责任”。因此，夫妻因被监护人侵权所负的债务，也属于夫妻共同债务。

【编者观点】

法定共同财产制下的夫妻债务问题，涉及婚内各方的财产权利以及债权人利益保护问题，近年来成为立法、司法与学理中的热点和难点。1993年《最高人民法院关于审理离婚案件处理财产分割问题的若干具体意见》第 17 条首次出现“夫妻共同债务”与“共同生活标准”的表达方式。2001 年修正的《婚姻法》第 41 条明确采用“共同生活标准”界定夫妻共同偿还的债务,法院适用时对“夫妻共同生活”的判断比较狭窄,且由债权人承担举证责任,致使债权无法实现,涌现出大量夫妻双方恶意串通、转移财产以逃避债务的行为。2003 年最高人民法院颁布的《婚姻法解释(二)》第 24 条就夫妻共同债务的认定改采“婚内推定标准”,由于除外责任不易证明,实际上导致夫妻一方均对另一方所负个人债务承担无限连带责任,涌现大量负债方与债权人恶意串通损害夫妻另一方权益,以及夫妻一方在分割共同财产时虚构债务而多分财产的适例。自第 24 条施行后,《婚姻法》第 41 条的“共同生活标准”在裁判实务中已经基本被弃用。

针对上述两难困局,最高人民法院民一庭在〔2014〕民一他字第 10 号答复中,认定若夫妻中的非举债方能够举证债务未用于夫妻共同生活,非举债方无须偿还;在〔2015〕民一他字第 9 号答复中,认定一方配偶对外担保的债务不属于夫妻共同债务。2016 年最高人民法院在官网发布了《关于“撤销婚姻法司法解释(二)第 24 条的建议”的答复》,厘清了《婚姻法》第 41 条与《婚姻法解释(二)》第 24 条的内外效力问题,并在第 24 条两种但书情形外,增加“配偶一方举证证明所借债务非用于夫妻共同生活的,配偶一方不承担偿还责任”。2017 年最高人民法院又发布了《婚姻法解释(二)》的补充规定以及《关于依法妥善审理涉及夫妻债务案件有关问题的通知》,明确对虚假债务和非法债务进行打压,但是由于虚假债务、非法债务历来就不受法律保护,因此该补充规定在风险控制力度与实际操作价值上非常有限。2018 年最高人民法院颁布了《关于审理涉及夫妻债务纠纷案件适用法律有关问题的解释》(法释〔2018〕2 号),共计 4 个条文,全面更新了夫妻共同债务的认定标准,涵盖共同意思表示、为家庭日常生活需要、债权人能够证明等考量因素,并为《民法典》第 1064 条所延用。

一、资产分割视野下夫妻债务的基本类型

(一)资产分割视野下的夫妻共同财产及其防御规则

每个自然人在初始状态下所拥有的财产为“概括财产”,随着社会交往关系日益多样化和复杂化,概括财产会随着“资产分割”(*asset partitioning*),在主财产之外形成多个“特别财产”。在夫妻法定共同财产制下,资产分割指夫妻双方因婚姻关系,在各自的概括财产中分割出一部分组成夫妻共同财产这一特别财产。由此丈夫的概括财产分为“丈夫个人财产”(A)与“共同财产中丈夫的份额”(C_A)两部分,妻子的概括财产也分为“妻子个人财产”(B)与“共同财产中妻子的份额”(C_B)两部

分。婚姻正常存续状态下,夫妻双方对共同财产享有的份额是潜在的,两者相加构成“夫妻共同财产”(C)。

夫妻个人财产与共同财产的关系,取决于“夫妻共同体”即“家庭”的民事主体地位。《民法典》并未将夫妻共同体即家庭纳入自然人、法人以及非法人组织的范畴,家庭不能以自己名义从事民事活动。除“两户”外,“夫妻共同体”的组织性程度尚不具备独立的人格属性,不能与夫妻双方完全区隔,所以夫妻共同财产,就其整体意义上的归属关系而言,并不存在一个独立于夫或妻的归属主体;但是,夫妻共同财产又因资产分割与夫或妻的个人财产有所区隔,其相对独特性表现为,夫或妻对于共同财产的归属关系存在于抽象的份额上,而非具体特定的物之上。

既然“夫妻共同体”并非夫妻共同财产的归属主体,夫或妻个人债务的债权人,可以就负债方在共同财产中的相应份额取偿;夫妻连带债务或共同债务的债权人,也可针对夫或妻的个人财产求偿,疑问仅在于针对不同类型的债务,夫妻共同财产或个人财产之间是否存在清偿顺序,涉及“虚无财产防御”与“弱型财产防御”的区分。可借鉴合伙的“双重优先规则”即“弱型财产防御规则”,当夫妻连带债务或共同债务与个人债务并存时,夫或妻的个人财产优先清偿个人债务,共同财产优先清偿连带债务或共同债务,清偿之后有剩余时,方用于另一债务的清偿。

(二)夫妻债务的三种类型:连带债务、共同债务与个人债务

多数人之债包括按份债务、连带债务与共同债务等类型。连带债务指数人负同一债务,对债权人各负全部清偿责任,并且债权人有权同时或先后向债务人之一或部分或全部要求清偿。共同债务又称为“债务人共同体之债”,常发生在债权债务的共同共有关系中,强调债务之给付仅得由全体债务人共同履行,债权人也只能向全部债务人请求履行,才发生清偿效果。共同债务可以基于法律产生,如夫妻共同财产构成共同共有债务共同体。对共同共有债务,以共同享有的特别财产清偿,对共同共有债务强制执行时,要针对所有共同债务人获得执行名义。现行规范未区分连带债务与共同债务,统一采用了“夫妻共同债务”这一术语,具有很强的误导性。从债务人数量上划分,夫妻债务逻辑上只有两种可能,或是夫妻一方负担的个人债务,或是夫妻双方经合意或依法负担的连带债务。连带关系所强调的并非夫妻合力共同履行,而是以夫妻双方的全部财产作为责任财产。但夫妻共同体的特殊之处在于法定共同财产制,夫妻共同财产作为重新组合的特别财产,用于维系夫妻共同体这一目的,在夫妻关系存续期间通常不区分各自份额也不能分割,强制执行时要针对夫妻双方获得执行名义,因此可以定性为婚姻法领域因夫妻共同财产制生成的共同债务。其背后的机理仍为私

法上的意思自治,只不过并非针对某笔特定负债,而在于夫妻双方对夫妻财产制的自由选择和承担由此带来的责任风险。

综上所述,夫妻债务可分为连带债务、共同债务与个人债务三种类型。连带债务的责任基础在于多数人之债;共同债务的责任基础在于夫妻法定共同财产制;其他夫妻债务为夫妻一方的个人债务。

二、基于多数人之债的夫妻连带债务

《民法典》第 178 条规定了连带债务,在全国人民代表大会审议《民法总则》草案时,有代表提出,连带责任是一种较为严厉的责任方式,除当事人另有约定外,宜由法律作出规定。由此增加了该条第 3 款,“连带责任,由法律规定或者当事人约定”。据此,应当严格限定夫妻连带债务的适用,依据第 1064 条,只有“当事人约定”即夫妻双方共同意思表示或“法律规定”即日常家事代理两种情形下会生成夫妻连带债务。夫妻连带债务为多数人之债,责任财产为所有债务人现在或将来的所有财产,包括丈夫个人财产(A)、妻子个人财产(B)与夫妻共同财产(C)三个部分。

(一)大额连带债务:以夫妻共同意思表示为基础

夫妻各自独立的民事主体地位并不因婚姻的缔结而丧失,一方超出了家庭日常生活需要所负的大额债务,只有与另一方取得一致意见时才成立连带债务。本条规定夫妻双方共同签字或者夫妻一方事后追认等共同意思表示所负的债务,应当认定为夫妻共同债务。该条系按照夫妻地位平等原则与合同相对性原则制定,将共签、事后追认等具备共同负债意思表示的认定为连带债务。若涉及对夫妻共同财产的处分,共同意思表示也是“重大交易应取得其他共有人同意”原则的要求。

“共债共签”的严苛要求会导致已婚者的交易效率受到严重影响,但立法者认为该要求的导向性会促使交易各方有意识地采取共债共签这一降低债务清偿风险的缔约方式,减少事后纷争,也不会造成对夫妻一方权益的损害,从根本上提高交易效率。例如不少银行放贷时就要求配偶双方均得到场签字,无法到场的需要提交公证的授权委托书。

(二)小额连带债务:以日常家事代理为基础

婚姻为夫妻生活之共同体,为了保护婚姻稳定与未成年子女的利益,夫或妻在处理日常家庭生活范围内的个体行为也被认定为夫妻团体行为,法律效果及于夫妻双方,这就是本条第 2 款规定的日常家事代理,即“以个人名义为家庭日常生活需要所负的债务”。夫妻因配偶身份关系互为代理人,这是婚姻的当然效力,可以高效率地解决维系家庭存续的一系列小额交易需求,保护了这一系列交易中的相对人。日常家事代理本质上是基于交易性质和数额对非负债方意思表示的合理推定，因此要求行为客观或法律上有利于非负债方。

日常家事代理属于法律规定的多数人之债，夫妻于日常家事代理权限内亦得为共同财产之处分，第三人无须知情合同相对人是否已婚，也无须调查了解夫妻中的另一方是否同意缔结该合同。日常家事代理不适用显名主义，不存在授权行为，因此不属于法定代理的范畴，可以视为婚姻法赋予配偶双方的一种权能。日常家事代理旨在强化夫妻共同体，而非如同表见代理发挥信赖保护功能。站在保护交易中的相对人角度，需要考虑到家庭内部经济境况的私密性因素，通过外部可识别的家庭生活标准，判断是否超出日常家事代理权的权限范围。可以因地制宜地规范小额债务的标准，例如单笔及单个债权人负债总额不超过10万元或家庭年收入的2倍。交易中各种具体情形也应纳入判定是否属于家庭日常需要的考量范围，例如利息是否构成高利贷、是否为新债还旧债、债务人是否四处举债、债权人是否知情配偶双方正处于分居或离婚诉讼中等。夫妻一方因履行赡养各自父母或抚养婚姻关系以外的继子女等法定义务所负债务，可被归为夫妻连带债务。但抚养婚后私生子或婚前与他人未婚所生子女且配偶不知情，则为夫妻一方个人债务。

对于夫妻共同意思表示即举债合意，证明责任在债权人。对于日常家事代理承担的债务，原则上应当推定为连带债务，债权人无须证明债务人负债后是否真的贴补家用，仅需证明该债务于外部可识别性上被认定为家庭日常生活范畴之内。若配偶抗辩，需要证明所负债务未用于家庭日常生活。

三、基于法定共同财产制的夫妻共同债务

实践中存在大量以夫妻一方名义签订的债务，若该债务超出家庭日常生活需要，且没有夫妻共同意思表示，便不成立夫妻连带债务，但并不妨碍负债所得用于夫妻共同生活和共同生产经营。依“婚后所得共同制”，婚姻期间取得的一切财产原则上均为夫妻共同财产，一方负债所得利益同理属于共同财产，用于夫妻共同体与家庭利益。共享负债所得利益的同时，当然应当共同承担清偿风险。至于风险是否有边界和管控措施，是另一个层面的问题。“夫妻共同债务”是夫妻法定共同财产制而生成的特殊债务，为夫妻一方对外负担，且因夫妻共同受益而牵涉共同财产。为了平衡债权人利益与负债方配偶利益，责任财产除了负债方的全部财产外，负债方配偶仅以夫妻共同财产中的份额承担有限连带责任，因此责任财产包括负债方的个人财产（A/B）以及夫妻共同财产（C），强制执行时要针对夫妻双方获得执行名义。如此也符合债权人的预期，毕竟合同相对方是债务人而非债务人的配偶，其合理预想的责任财产范围也不应及于债务人配偶的个人财产。

夫妻共同债务中最关键的问题是鉴别标准。《婚姻法》第41条以“夫妻共同生活”而非夫妻身份作为夫妻共同债务的本质和原点。但由于夫妻生活所呈现的封闭性特征，苛求债权人去探究缔约目的、追查负债所得利益的最终归属，无异于天方夜谭。《婚姻法解释(二)》第24条改采利益共享推定即“婚内推定标准”，认为财产共享是夫妻对自身财产权利的一种让渡，风险性高于一般民事关系实为必然。批评观点则认为，单纯以身份关系确定夫妻共同债务，对于完全不知情的负债方配偶而言非常不公平。由于负债方的行为动机隐蔽于内心，其配偶作为合同关系之外的第三人，相对于债权人并不具有防控风险的优势。

“夫妻共同生活”的概念外延大于“家庭日常生活”，夫妻共同生活包括夫妻双方共同消费支配，为管理、保有夫妻共同财产支出的费用，以及取得该财产之时设立的负担和义务，如负债购置大宗资产。“夫妻共同生产经营”主要指由夫妻双方共同决定生产经营事项，或虽由一方决定但另一方进行了授权的情形，要根据经营活动的性质以及夫妻双方在其中的地位作用等综合认定，一般包括双方共同从事工商业、共同投资以及购买生产资料等所负的债务。夫妻一方从事生产经营活动但利益归家庭共享的，如经营收益属于夫妻共同财产，构成家庭的主要经济来源，负担的也是夫妻共同债务。

综上所述，在共同财产制下，夫或妻以个人名义所负债务，若为“家庭利益”目的则属于夫妻共同债务。“家庭利益”属于弹性概念，需要在个案中综合家庭自身的收入水平、消费习惯以及当地的社会交易观念等因素作出裁断，不能限定在合同订立之时负债方的言辞，需要从客观角度观察合同是否能够直接满足家庭利益。常见的可以排除出共同债务的证据包括，负债所得供婚外同居等有违家庭伦理或伤害夫妻感情的举动；负债所得被认定为极可能用于黄、赌、毒等违法行为；负债时配偶双方正处于分居或离婚程序等不具备正常婚姻家庭生活的期间；债务人将负债所得赠与他人或给第三人债务进行担保，与家庭生活毫无干系；婚姻存续时间短暂且没有大额开支，负债所得利益归家庭共享的现实可能性很小。

在夫妻共同债务的认定中，若其中一方将负债所得投入到自己设立的企业中，然后根据其入股投资的比例分配获得相关企业利润，借助法人、合伙等组织形态，对所负债务与所得利润的关联度进行隔离。此时便需要结合共担风险与共享收益两个角度进行个案分析，配偶一方对外负债后将所得投资或转借于企业经营，由双方通过法定共同财产制共享股权收益或其他企业利润的，该负债则应认定为夫妻共同债务。其中企业的具体组织形态、配偶双方的出资比例、经营控制权限等都不可不察。相反，若配偶双方存在因感情等矛盾激化而分居或正在筹划离婚的进程中，且非负债方并不知晓另一方的生产经营活动或其他商事交易行为，共享经营收益更是无从谈起，非负债方也有稳定的收入来源，此时仅仅因无法排除负债所得被家庭共享的可能性就一概定性为共同债务，完全无视现实生活的复杂性，会极大损害婚姻关系中非负债方的合法权益。

有学者认为，《婚姻法解释(二)》第24条的设计宗旨是维护交易安全，所以适用范围限定为意定债务，不适用于无关交易安全的法定债务。其实法定债务同样存在是否为"家庭利益"而负担的判断，夫妻一方实施的侵权行为，若是使整个家庭从中得利或受益，则为夫妻共同债务。即便认定为个人债务，责任财产也包含侵权方的个人财产以及在共同财产中的相应份额，因此受害方并不会因侵权方的已婚身份而蒙受不利。

《关于审理涉及夫妻债务纠纷案件适用法律有关问题的解释》第3条的重要变化是修改了《婚姻法解释(二)》第24条的婚内推定标准，把证明责任分配给了债权人，由债权人证明一方所负债务用于夫妻共同生活、共同生产经营或基于共同意思表示，理由是以法律规范的内容促进"共债共签"在金额较大的商事交易中的普及化，将可能出现的纠纷消灭在缔约阶段。对此应进行类型化处理，用于"夫妻共同生活"的债务具有私密性，债权人的证明有赖于法官的主动查明；用于"夫妻共同生产经营"的债务具有相对公开性，债权人的证明应考虑经济组织的性质及举债方配偶的实际参与状况等因素。浙江省高级人民法院针对《关于审理涉及夫妻债务纠纷案件适用法律有关问题的解释》的适用，认为要强化法院职权探知，运用法官心证，如果凭借日常生活经验或逻辑推理，能够对债务是否用于家庭利益形成高度可能性判断的，则不存在对债权人适用结果责任的余地，以避免对负债人夫妻过度救济导致显失公平。另外，若债权债务由近亲属之间缔结，基于双方日常生活交往的频繁以及债权人对夫妻双方家庭各方面境况的熟稔程度，对负债所得是否基于家庭利益或用于家庭生活应有比社会一般人更清晰的认知，因此应当适当加重债权人的证明责任；若债权人为一般的交易第三人，对夫妻内部关系证明的客观难度太大，合理的做法是将证明责任分配给负债方及其配偶，以保护债权人利益，但同时将负债方配偶的个人财产排除出责任财产，以保护负债方配偶的利益。

四、夫妻一方的个人债务及其责任财产

不属于连带债务与共同债务的夫妻债务皆为个人债务，责任财产则为负债方的全部财产，包含其个人财产(A/B)以及夫妻共同财产中的相应份额(C_A/C_B)。界定负债方在共同财产中的相应份额涉及对夫妻共同财产法律性质的理解。各共同共有人之间因夫妻等共同关系结合,在财产层面所形成的,绝非仅仅针对单个物的共有关系,而是针对集合物即整个“夫妻共同财产”的共有关系。债权人对负债方在夫妻共同财产中相应份额的求偿,存在三种可能性:第一种,负债方配偶同意以自己的财产为负债方偿还债务以避免分割共同财产;第二种,离婚分割共同财产,再申请强制执行属于负债方的财产;第三种,婚内分割共同财产,并就负债方的相应份额求偿。第一种做法中,负债方配偶以自身财产代另一方承担债务的,事后针对负债方享有补偿请求权,以夫妻共同财产补偿个人财产,或者基于离婚协议或法院的法律文书向另一方追偿。

第二种与第三种做法的区别在于是否需要离婚。依共同共有法理,只要共同目的或者人的结合关系继续存在,各共有人不得处分其应有部分以求脱离,亦不得请求分割共有物以消灭共有关系,显著区别于按份共有。如果允许共有人随时分割共有物,势必会破坏共同关系的存续。在共同关系终了之前,共同共有人对于共有财产的份额是潜在的。现行规范列举了共同共有人请求分割共有物的两种情形,其一为共同共有基础丧失即离婚,其二为共有人有重大理由。可见立法并未排斥婚内分割夫妻共有财产的可能性,共同财产分割与婚姻关系存续是适度分离的。编者认为,只要夫妻一方债务使另一方财产利益受到损害这一事实状态,就构成分割共同财产的正当性理由。出现法定事由时,依据法律规定、债权人或者夫妻一方的申请,对共同财产进行分割,再申请强制执行属于负债方的财产,制度目的在于最大限度地保有婚姻关系。

综上所述,夫妻一方个人债务的责任财产应包含负债方个人财产(A/B)以及负债方在共同财产中的相应份额(C_A/C_B)。将《婚姻法解释(三)》第 4 条中“伪造夫妻共同债务”扩大解释为“严重损害夫妻共同财产利益”的行为。当负债方个人财产不足以清偿债务时,为了保障债权人以及负债方配偶的利益,可以通过离婚分割夫妻共同财产,也可以在婚姻关系存续的前提下分割夫妻共有财产,再由债权人申请强制执行负债方的份额。负债方配偶也可以代负债方承担债务,事后或离婚分割财产时再向负债方请求补偿或追偿。

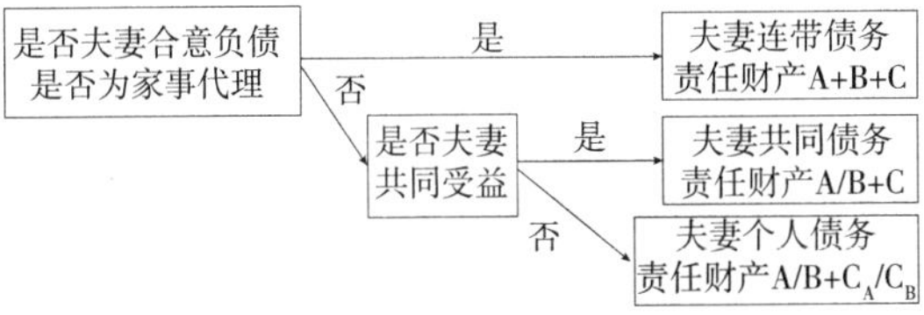

【司法解释】

《最高人民法院关于适用〈中华人民共和国民法典〉婚姻家庭编的解释(一)》(法释〔2020〕22号,2021年1月1日施行)

第三十三条[①] **【夫妻一方婚前个人债务在婚姻关系存续期间的负担原则及其例外】**债权人就一方婚前所负个人债务向债务人的配偶主张权利的,人民法院不予支持。但债权人能够证明所负债务用于婚后家庭共同生活的除外。

第三十四条[②] **【夫妻共同债务的排除性规定】**夫妻一方与第三人串通,虚构债务,第三人主张该债务为夫妻共同债务的,人民法院不予支持。

夫妻一方在从事赌博、吸毒等违法犯罪活动中所负债务,第三人主张该债务为夫妻共同债务的,人民法院不予支持。

第三十六条[③] **【夫妻一方死亡后,另一方应当对共同债务承担清偿责任】**夫或者妻一方死亡的,生存一方应当对婚姻关系存续期间的夫妻共同债务承担清偿责任。

【司法指导文件】

《最高人民法院关于依法妥善审理涉及夫妻债务案件有关问题的通知》(法〔2017〕48号,2017年2月28日)

二、保障未具名举债夫妻一方的诉讼权利。在审理以夫妻一方名义举债的案件中,原则上应当传唤夫妻双方本人和案件其他当事人本人到庭;需要证人出庭作证的,除法定事由外,应当通知证人出庭作证。在庭审中,应当按照《最高人民法院关于适用〈中华人民共和国民事诉讼法〉的解释》的规定,要求有关当事人和证人签署保证书,以保证当事人陈述和证人证言的真实性。未具名举债一方不能提供证据,但能够提供证据线索的,人民法院应当根据当事人的申请进行调查取证;对伪造、隐藏、毁灭证据的要依法予以惩处。未经审判程序,不得要求未举债的夫妻一方承担民事责任。

三、审查夫妻债务是否真实发生。债权人主张夫妻一方所负债务为夫妻共同债务的,应当结合案件的具体情况,按照《最高人民法院关于审理民间借贷案件适用法律若干问题的规定》第十六条第二款、第十九条[④]规定,结合当事人之间关系及其到庭情况、借贷金额、债权凭证、款项交付、当事人的经济能力、当地或者当事人之间的交易方式、交易习惯、当事人财产变动情况以及当事人陈述、证人证言等事实和因

---

① 对该条的注释详见附录一第875页。

② 对该条的注释详见附录一第876页。

③ 对该条的注释详见附录一第878页。

④ 对应2020年《民间借贷规定》第15条第2款、第18条。——编者注

素，综合判断债务是否发生。防止违反法律和司法解释规定，仅凭借条、借据等债权凭证就认定存在债务的简单做法。

在当事人举证基础上，要注意依职权查明举债一方作出有悖常理的自认的真实性。对夫妻一方主动申请人民法院出具民事调解书的，应当结合案件基础事实重点审查调解协议是否损害夫妻另一方的合法权益。对人民调解协议司法确认案件，应当按照《最高人民法院关于适用〈中华人民共和国民事诉讼法〉的解释》要求，注重审查基础法律关系的真实性。

五、把握不同阶段夫妻债务的认定标准。依照婚姻法第十七条、第十八条、第十九条和第四十一条①有关夫妻共同财产制、分别财产制和债务偿还原则以及有关婚姻法司法解释的规定，正确处理夫妻一方以个人名义对外所负债务问题。

六、保护被执行夫妻双方基本生存权益不受影响。要树立生存权益高于债权的理念。对夫妻共同债务的执行涉及到夫妻双方的工资、住房等财产权益，甚至可能损害其基本生存权益的，应当保留夫妻双方及其所扶养家属的生活必需费用。执行夫妻名下住房时，应保障生活所必需的居住房屋，一般不得拍卖、变卖或抵债被执行人及其所扶养家属生活所必需的居住房屋。

【批复答复】

1.《最高人民法院民一庭关于婚姻关系存续期间夫妻一方以个人名义所负债务性质如何认定答复》（〔2014〕民一他字第 10 号，2014 年 7 月 12 日）

经研究，同意你院审判委员会的倾向性意见。在不涉及他人的离婚案件中，由以个人名义举债的配偶一方负责举证证明所借债务用于夫妻共同生活，如证据不足，则其配偶一方不承担偿还责任。在债权人以夫妻一方为被告起诉的债务纠纷中，对于案涉债务是否属于夫妻共同债务，应当按照《最高人民法院关于适用〈中华人民共和国婚姻法〉若干问题的解释（二）》第二十四条规定认定。② 如果举债人的配偶举证证明所借债务并非用于夫妻共同生活，则其不承担偿还责任。

2.《最高人民法院民一庭关于夫妻一方对外担保之债能否认定为夫妻共同债务的复函》（〔2015〕民一他字第 9 号）

经研究答复如下：同意你院审判委员会多数意见，即夫妻一方对外担保之债不应当适用《最高人民法院关于适用

---

① 对应《民法典》第 1062 条、第 1063 条、第 1064 条、第 1065 条和第 1089 条。——编者注

② 现应依《民法典》第 1064 条及配套司法解释予以认定。——编者注

〈中华人民共和国婚姻法〉若干问题的解释(二)》第二十四条的规定认定为夫妻共同债务。

【地方法院规范】[①]

1.《北京市高级人民法院民一庭关于审理婚姻纠纷案件若干疑难问题的参考意见》(2016年)

三十八、【共同债务与个人债务区分标准】符合《婚姻法司法解释二》第二十四条规定情形的,应推定为按夫妻共同债务处理。但同时存在以下情形的,可根据具体案情认定构成个人债务。

(1)夫妻双方主观上不具有举债的合意且客观不分享该债务所带来的利益;

(2)债务形成时,债权人无理由相信该债务是债务人夫妻共同意思表示或为债务人的家庭共同利益而成立。

三十九、【因侵权产生债务的性质】夫妻一方因侵权行为致人损害产生的债务,一般认定为一方个人债务。但该侵权行为系因家庭劳动、经营等家事活动产生或其收益归家庭使用的,应认定为夫妻共同债务。

四十、【大额债务凭据的认定】离婚诉讼中对于夫妻一方出具无证据表明另一方事先知晓的大额债务凭据,并据以要求认定夫妻共同债务的,人民法院应根据案情结合债权人债务人双方关系、转款记录、借款时家庭财务情况等对债务真实性及性质进行判断。

四十一、【生效判决书所确定债务的认定】离婚诉讼中,夫妻一方出具的确定婚姻关系存续期间一方所欠债务的生效法律文书,并据以主张该债务为夫妻共同债务的,如法律文书主文中对债务属于共同债务还是个人债务性质有明确认定,依该认定确定;如法律文书主文未对债务性质进行认定,则可根据本文件第三十八条对债务性质进行认定。

2.《北京市高级人民法院关于审理民间借贷案件若干问题的会议纪要》(2013年)

第十一条 人民法院审理的民间借贷案件涉及对夫妻共同债务认定的,既要注意审查借款是否用于家庭共同生活,也要注意审查贷款人是否善意且无过失地相信借款人的行为属于夫妻共同的意思表示,同时要注意结合日常生活经验,对案件作出判断。

第十二条 夫妻一方以个人名义因家庭共同生活需要借款的,应认定为夫妻共同债务。

第十三条 夫妻一方婚前所借款项,贷款人能够证明用于婚后家庭共同生活的,应认定为夫妻共同债务。

---

① 该栏目下地方法院规范对于夫妻共同债务的具体认定应依《民法典》第1064条及配套司法解释的规定妥当考虑。——编者注

第十四条　夫妻一方超出家庭共同生活需要的范围借款，但所借款项用于家庭共同生活或者夫妻另一方事后追认的，应认定为夫妻共同债务。

第十五条　夫妻一方主张婚姻关系存续期间，其以个人名义对外借款属于夫妻共同债务的，应当对于借款存在夫妻合意或借款用于家庭共同生活承担证明责任。

3.《江苏省高级人民法院执行局关于统一夫妻共同债务、出资人未依法出资、股权转让、一人公司等四类案件追加当事人及适用程序问题的通知》（2015 年）

一、对于夫妻共同债务、出资人未依法出资、股权转让、一人公司等四类案件，原则上应严格按照执行依据确定的义务承受人确定被执行人，除法律和司法解释明确规定的情形外，不得在执行程序中追加执行依据确定的义务承受人以外的人为被执行人。申请执行人认为执行依据确定的义务承受人以外的人应当承担责任的，可以另行向人民法院提起诉讼。

二、对于在执行程序中认定为夫妻共同债务的案件，如果符合法律、司法解释等规定的追加条件的，可以作出追加被执行人的配偶为被执行人的裁定，予以追加。被执行人的配偶不服人民法院作出的追加裁定，提出书面异议的，人民法院适用《中华人民共和国民事诉讼法》第二百二十五条①的规定，对其异议进行审查。

根据案件具体情况，如果直接执行被执行人配偶的财产更为适宜的，可以不追加被执行人的配偶为被执行人，直接执行其财产。被执行人的配偶提出书面异议的，人民法院适用《中华人民共和国民事诉讼法》第二百二十七条②的规定审查处理。

4.《江苏省高级人民法院民事审判工作例会纪要》（2017 年）

10. 夫妻债务问题是困扰民事审判的大难题，对于婚姻关系存续期间夫妻一方以个人名义所负债务如何处理，实践中应把握以下三点：

（1）在不涉及他人的离婚案件中，由以个人名义举债的配偶一方负责举证证明所借债务用于夫妻共同生活，如证据不足，则其配偶一方不承担偿还责任。

（2）在债权人以夫妻一方为被告起诉的债务纠纷中，对于案涉债务是否属于夫妻共同债务，应当按照《最高人民法院关于适用〈中华人民共和国婚姻法〉若干问题的解释（二）》第 24 条规定认定。即原则上属于夫妻共同债务，除了三种情形：债权人与债务人明确约定为个人债务的；夫妻双方约定婚后财

① 对应 2023 年《民事诉讼法》第 236 条。——编者注

② 对应 2023 年《民事诉讼法》第 238 条。——编者注

产归各自所有，且告知债权人的；举债人的配偶举证证明所借债务并非用于夫妻共同生活的。

(3) 关于责任财产的范围问题。婚姻关系存续期间夫妻一方以个人名义所负债务，未举债的配偶一方对该债务承担有限连带责任，其责任范围限于夫妻共同财产，其个人的婚前财产以及离婚后取得的财产等与夫妻共同生活无关的财产应排除在外。而对于举债一方的责任范围，应以个人全部财产及夫妻共同财产中其享有的部分对债务承担清偿责任。

5.《江苏省高级人民法院民事审判第一庭家事纠纷案件审理指南(婚姻家庭部分)》(2019年)

46. 夫妻共同债务的举证责任应当如何分配？

《最高人民法院关于审理涉及夫妻债务纠纷案件适用法律有关问题的解释》进一步明确了夫妻共同债务举证责任分配规则。司法实践中，在正确适用司法解释的同时，要强化法院职权探知，合理运用日常经验法则和逻辑推理，对于债务人配偶和债权人的利益要予以兼顾，避免因错误分配举证责任造成司法裁判不公。

对于夫妻双方共同签字或者签字时债务人配偶在场但未作出明确反对意思表示或者债务人配偶事后追认以及通过其他共同意思表示形式(如电话、短信、微信、邮件等)认可的债务，应当认定为夫妻共同债务，此种情形应当由债权人承担举证责任。

夫妻一方在婚姻关系存续期间以个人名义为家庭日常生活需要所负的债务，应当认定为夫妻共同债务。债权人应当提供该债务为家庭日常生活需要所负的初步证据，债务人配偶主张不属于夫妻共同债务的，应当承担举证责任。

债务人配偶提供初步证据证明夫妻一方在婚姻关系存续期间以个人名义所负的债务超出家庭日常生活需要，债权人主张属于夫妻共同债务的，应当举证证明该债务用于夫妻共同生活、共同生产经营或者基于夫妻双方共同意思表示。

47. 如何界定夫妻一方在婚姻关系存续期间以个人名义为“家庭日常生活需要”所负的债务？

“家庭日常生活需要”是指家庭日常生活中的必要支出，包括衣食住行、医疗保健、交通通信、文娱教育及服务等。认定是否为“家庭日常生活需要”所负的债务，应当结合债务金额、举债次数、债务用途、家庭收入状况、消费水平、当地经济水平和一般社会生活习惯等予以综合判断。

以下情形可以作为认定超出“家庭日常生活需要”所负债务的考量因素：

(1) 债务金额明显超出债务人或者当地普通居民家庭日常消费水平的；

(2) 债权人明知或者应知债务人从事赌博、吸毒等违法犯罪活动仍出借款项的；

(3) 债权人明知或者应知债务人已大额负债无法偿还，仍继续出借款项的。

48. 如何界定夫妻一方在婚姻关系存续期间以个人名义为“夫妻共同生活、共同生产经营”所负的债务？

“夫妻共同生活”是指夫妻为履行经济扶养、生活照顾、精神抚慰义务而进行共同消费或者积累夫妻共同财产的情形。“夫妻共同生产经营”是指夫妻共同决定生产经营事项或者一方授权另一方决定生产经营事项或者夫妻另一方在生产经营中受益的情形。

以下情形可以作为认定债务用于“夫妻共同生活、共同生产经营”的考量因素：

(1) 举债期间家庭购置大宗财产或者存在大额开支情形，夫妻双方无法说明资金来源的；

(2) 举债用于夫妻双方共同从事的生产经营事项的；

(3) 举债用于债务人单方从事的生产经营事项，但债务人配偶从生产经营中受益的。

以下情形可以作为认定债务未用于“夫妻共同生活、共同生产经营”的考量因素：

(1) 举债期间家庭未购置大宗财产或者存在大额开支情形的；

(2) 债务用于债务人从事赌博、吸毒等违法犯罪活动的；

(3) 债务用于债务人单方负担与夫妻共同生活、共同生产经营无关的活动的，如无偿担保等；

(4) 债务人配偶对债务人的生产经营行为不知情且未从生产经营中受益的。

49. 作为有限责任公司或者股份有限公司的法定代表人、控股股东的夫妻一方在婚姻关系存续期间以个人名义借款用于公司或者为公司借款提供担保，该债务性质应当如何认定？

作为有限责任公司或者股份有限公司的法定代表人、控股股东的夫妻一方在婚姻关系存续期间以个人名义借款用于公司或者为公司借款提供担保的，应当区分属于公司债务还是个人债务。在认定属于个人债务的情形下，如果债务人在借款或者担保时收取了经济利益用于夫妻共同生活或者借款、担保行为与夫妻共同生活、共同生产经营密切相关，该借款或者担保债务应当认定为夫妻共同债务。

作为夫妻公司的法定代表人、控股股东的夫妻一方在婚姻关系存续期间以个人名义借款用于公司或者为公司借款提供担保的，该借款或者担保债务应当认定为夫妻共同债务。

夫妻一方作为一人有限责任公司的股东在婚姻关系存续期间以个人名义借款用于公司或者为公司借款提供担保，如果债务人配偶参与生产经营或者从生产经营中受益的，该借款或者担保债务应当认定为夫妻共同债务。

50. 因夫妻一方侵权行为所产生

的债务性质应当如何认定？

判断夫妻一方因侵权行为所产生的债务是否为夫妻共同债务，关键在于审查债务人配偶是否分享了利益。如果债务人配偶通过债务人的活动从中受益，例如在从事家庭经营等活动中发生侵权行为，按照利益共享、责任共担的原则，应当认定为夫妻共同债务；如果债务人的活动并非为了家庭利益且债务人配偶也未从中受益的，应当认定为债务人的个人债务。

6.《江苏省高级人民法院关于审理婚姻家庭纠纷案件的最新解答》(2019 年)

48. 夫妻共同债务能否在执行阶段予以认定？执行阶段能否追加债务人配偶为被执行人？债务人配偶提出的执行异议被驳回后应如何处理？

确定当事人之间实体民事权利义务的问题应由审判程序解决，执行程序主要是运用法律强制手段解决当事人不自觉履行审判程序已经确定的实体权利义务问题。在执行程序中，原则上不应对当事人之间的民事实体权利义务进行认定。因此，对于是否为夫妻共同债务只能通过审判程序认定，不能在执行阶段予以认定。

追加被执行人必须遵循法定主义原则，即应当限于法律和司法解释明确规定的追加范围。生效裁判仅载明夫妻一方个人为债务人的，执行阶段不宜追加债务人配偶为被执行人。

如果债务人配偶以执行依据确定的债务不属于夫妻共同债务为由提出执行异议的，系主张对人民法院采取执行措施的财产享有排除执行的实体权利，在执行异议被驳回后，可以依照《民事诉讼法》第二百二十七条①的规定，提起执行异议之诉。

如果债务人配偶未参加诉讼，生效裁判确认该债务系夫妻共同债务，债务人配偶以该债务非夫妻共同债务为由提出执行异议被驳回的，因该异议与生效裁判直接关联，债务人配偶只能对作为执行依据的生效裁判向人民法院申请再审，债务人配偶提起执行异议之诉的，应当不予受理，已经受理的，裁定驳回起诉。

7.《天津法院民间借贷案件审理指南(试行)》(2020 年)

15.【共同举债意思表示的审查重点】认定是否存在夫妻共同举债的意思表示，重点审查以下几个方面：

(1)夫妻双方是否在借贷合同中作为债务人共同签字；

(2)非借款方事后是否补签还款方案、保证书或在庭审过程中表明对该债务进行追认；

(3)是否存在其他共同举债意思表示的情形，包括但不限于：非借款方作出口头承诺，或者通过电话、短信、微信、电子邮件等形式予以认可。

---

①　对应 2023 年《民事诉讼法》第 238 条。——编者注

16.【家庭日常生活需要所负债务的审查重点】认定借贷款项是否属于家庭日常生活需要所负债务,重点审查以下几个方面:

(1)家庭日常生活需要应当考虑夫妻双方的职业、身份、资产、收入、兴趣、习惯、家庭人口等情况进行判断;

(2)借贷款项是否用于食品、衣着、家庭设备用品、维修服务、医疗保健、交通通信、文娱教育及服务、居住、其他商品和服务等八类家庭消费支出;

(3)家庭日常生活需要是否超过上一年度天津居民人均消费支出三倍;

(4)其他因家庭日常生活需要所负的债务。

17.【共同生产经营的审查重点】认定夫妻一方借款是否用于夫妻共同生产经营,重点审查以下几个方面:

(1)夫妻一方负债系用于个体工商户或农村承包经营户经营的;

(2)夫妻一方从事经营、投资,另一方虽未直接参与经营、投资但分享了经营、投资收益的;

(3)其他可被认定为夫妻共同生产经营的情形。

8.《山东省高级人民法院民一庭夫妻债务纠纷案件审判观点综述》(2018年)

1. 夫妻债务认定的主要原则

观点:根据《婚姻法》第41条及相关司法解释规定,认定夫妻债务应以是否"为夫妻共同生活"所负作为判断的基本标准,具体情形如下:(1)夫妻有无共同举债的合意。如果夫妻有共同举债合意,则不必举证证明举债的实际用途是否为夫妻共同生活,该债务应认定为共同债务。(2)是否属于为"家庭日常生活"所负。如认定属于家事代理权范围内所负债务,可直接认定为夫妻共同债务。(3)夫妻是否分享了债务所带来的利益。尽管夫妻事先或事后均没有共同举债的合意,但该债务的发生,系用于共同生活或者共同生产经营,夫妻双方共同分享了该债务所带来的利益,应认定为夫妻共同债务。

2. 夫妻债务认定应注意内外关系

观点:夫妻债务案件主要分为离婚诉讼中的夫妻债务认定和债权人起诉夫妻双方或一方夫妻债务认定的纠纷,对于两种类型的纠纷,应坚持内外有别和内外结合的原则。(1)内外有别。一是对于夫妻双方离婚案件中共同债务的认定,根据谁主张谁举证的原则,由主张债务的举债方承担所负债务系"为夫妻共同生活"的举证责任。二是对于债权人与夫妻之间的诉讼,由债权人举证证明该债务属于"为夫妻共同生活"所负。同时夫妻或其中一方亦可举证证明所负债务并非"为夫妻共同生活"所负。(2)内外结合。对于夫妻共同债务的认定,应根据《婚姻法》第41条及相关司法解释规定,进行综合认定。对在债权人起诉的案件中认定为夫妻一方债务但在离婚案件中认定为共同债务的,以及夫妻离婚案件中认定为个人债务而债权人举证证明属于夫妻共同债务的,应分析举证责任并阐明认定理由,妥善处理夫妻债务认定的"二元化"问题。

3. 家庭日常生活的范围

观点:《婚姻法解释(一)》第17条规定:"因日常生活需要而处理夫妻共同财产的,任何一方均有权决定。"在日常家事范围内,夫妻双方基于特殊的身份关系对外形成相互代理权,无论夫妻任何一方以个人或以双方名义处分共同财产,另一方不得以该处分行为未经其同意为由而主张无效。对于家庭日常生活的范围应结合当地生活水平、当事人家庭收入支出状况等情况,根据借款金额大小、是否必要、用途性质等因素进行认定。明显有违共同生活意图的行为,如有违善良风俗、擅自资助与其没有法定抚养义务的人所负担的债务、赌博吸毒等非法债务,不能认定属于家庭日常生活范围。

4. 夫妻单方举债行为属于举债合意的认定

观点:债权人有理由相信举债方存在为共同财产投资或为夫妻共同生活举债的表象,并且举证证明举债方传递的信息足以推定为夫妻共同意思表示的,应认定一方举债的意思表示归属于夫妻双方。

5. 用于共同生产经营的认定

观点:对于超出家事日常生活需要所负债务,债权人能够证明该债务直接用于夫妻共同生产经营的,应认定为夫妻共同债务。但要注意区分举债用于生产经营、经营性借贷所负债务、生产经营中产生的其他债务等债务的形成及用途的区别,合理设定当事人的举证证明义务,强化涉及家事审判案件事实的职权探知,防止出现当事人之间严重利益失衡的情形。

对于债权人能够举证证明夫妻一方在生产经营中的收益用于夫妻共同生活,基于该生产经营所负债务,可以认定为夫妻共同债务。但以下情形除外:(1)夫妻一方系有限责任公司股东,将所借债务系用于公司经营,在夫妻财产与该公司并不混同的情形下,借款及所得收益不能认定为夫妻共同财产的,该债务不应认定为夫妻共同债务;(2)夫妻一方为第三人提供保证形成的担保之债,如果配偶对该担保行为并未同意,该担保债务及盈利,亦非用于夫妻共同生活或共同生产经营的;(3)夫妻一方管理或委托他人管理其个人财产产生的债务;(4)其他不属于共同生产经营的情形。

9.《上海市第一中级人民法院夫妻共同债务类案件的审理思路和裁判要点》(2020年)

(二)认定为夫妻共同债务的情形及审查要点

1. 夫妻就债务达成合意

夫妻双方共同签名、夫妻一方事后追认或者有其他共同意思表示共负债务的,应认定为夫妻共同债务。配偶双方的合意,既可以明示也可以默示。明示包括夫妻双方共签借据或一方以电话、短信、微信等方式表示合意；非举债配偶以其名下财产为借款设立抵押，借款后曾归还借款等追认行为。默示包括作出能推断出夫妻双方具有共同负债的意思表示的行为，如借款汇入配偶名下实际控制账户等。需注意的是，非举债配偶事后知情但未作出追认的不能认为就债务达成夫妻共负债务的合意。夫妻双方共同举债时均应具有民事行为能力。

2. 夫妻一方负债用于家庭日常生活

夫妻一方在婚姻关系存续期间以个人名义为家庭日常生活需要所负债务，属于夫妻共同债务。“家庭日常生活需要”是指夫妻双方及其共同生活的未成年子女在日常生活中的必要开支，包括正常的衣食住行消费、日用品购买、医疗保健、子女教育、老人赡养，以及正当的娱乐、文化消费等，其金额和目的应符合“日常性”和“合理性”。

不同家庭的合理日常生活需要（家事代理额度）存在较大差异，在认定债务是否“为家庭日常生活需要所负”时要注意以下几点：

一是法院要根据负债金额大小，当地经济水平，借款名义，夫妻社会地位、职业、资产、收入等因素，综合认定债务是否超出合理日常家事代理额度，并在判决书中载明判断、推理的过程；

二是大额债务于婚后较长时间内形成，但每次金额较小且债务确用于家庭日常生活开销的，应认定为夫妻共同债务。

3. 债权人能够证明属于夫妻共同债务

相对于家庭日常生活需要所负的债务，对于夫妻一方以个人名义对外所负债务且明显超出家庭日常生活范畴时，债权人需证明该债务用于夫妻共同生活、共同生产经营或者基于夫妻双方共同的意思表示。

（1）“夫妻共同生活”的审查要点

“夫妻共同生活”范围大于“家庭日常生活”。夫妻共同生活支出是指夫妻双方共同消费支配、形成夫妻共同财产或者基于夫妻共同利益管理共同财产产生的支出。

下列情形可认定为债务用于“夫妻共同生活”：

一是购买住房和车辆、装修、休闲旅行、投资等金额较大的支出；

二是夫妻一方因参加教育培训、接受重大医疗服务所支付的费用；

三是夫妻一方为抚养未成年子女所支付的出国、私立教育、医疗、资助子女结婚等以及为履行赡养义务所支付的费用。

非举债配偶可以说明以上大宗支出资金来源的除外。

审理案件时，法院应注意以下几点：

一是婚前举债但用于婚后夫妻共同生活的，仍可依其用途属性认定为夫妻共同债务；

二是对于大额借贷中存在部分用于夫妻共同生活、部分用于个人消费的情形，法院应在查明事实后按照实际用途分别作出处理，未有证据证明用途部分的债务为个人债务。

（2）“夫妻共同生产经营”的审查要点

夫妻共同生产经营审查包括三个要素：债务款项专用性（债务专用于生产经营）、夫妻经营共同性、经营利润共享性。

其中，夫妻经营共同性是指生产经营活动系夫妻双方基于共同意志协力经营，实践中表现为夫妻共同决策、共同投资、分工合作、共同经营管理。夫妻经营共同性以合意参与为核心要素，在共同经营要素的认定上应适当放宽标准。经营利润共享性是指无论生产经营活动是否产生盈利结果，经营收益一贯为家庭主要收入或用于夫妻共同生活。有明确证据可以确定债务款项专用性和夫妻经营共同性时，则对经营利润共享性可无需再作审查；当夫妻经营共同性难以认定时，可以依据债务款项专用性、经营利润共享性判定该债务属于夫妻共同债务。

（三）认定为个人债务的情形及审查要点

1. 一方以个人名义所负超出家庭日常生活需要的债务

夫妻一方在婚姻关系存续期间以个人名义所负超出家庭日常生活需要的债务，不属于夫妻共同债务。债权人能够举证证明该债务用于夫妻共同生活、共同生产经营或者基于夫妻双方共同意思表示的除外。

2. 与夫妻共同生活明显无关的不合理开支

债务系用于夫妻一方且与夫妻共同生活明显无关的不合理开支，均不具有家庭使用属性，应界定为个人债务。例如无偿担保，夫妻一方为前婚所生子女购买房产、车辆，挥霍消费（如购买与自身消费能力极不匹配的奢侈品、负债打赏网络主播等），感情破裂分居期间举债且未用于家庭共同生活（如借款包养情人、抚养私生子等），危害家庭利益等行为所产生的债务，均不应认定为夫妻共同债务。

3. 虚假债务及非法债务不属于夫妻共同债务

为家庭利益所负债务应当具有正当性和合法性。夫妻一方为在离婚时侵吞共同财产而虚构的共同债务不属于夫妻共同债务。夫妻一方因盗窃、抢劫、赌博、非法集资等违法犯罪行为所生债务，即使为家庭利益也不构成夫妻共同债务。

如有虚构债务行为的，法院可以根据情节轻重予以罚款、拘留；构成犯罪的依法追究刑事责任。同时，一方有伪造夫妻共同债务等严重损害夫妻共同财产利益行为的，另一方可以要求婚内分割共同财产。

4. 另有约定的应认定为个人债务

如果债务人与债权人之间明确约定为个人债务，或夫妻之间约定为分别财产制且债权人知情的，也应当直接认定为个人债务。

10.《深圳市中级人民法院民间借贷纠纷案件审理要点及裁判标准》（2019 年）

所涉借款合同虽然仅有借款人个人签名，但该借款合同签订时借款人与其配偶处于夫妻关系存续期间，且有证据证明借款人配偶事后已对借款合同作出追认。该追认及对所负债务共同承担的意思表示，可通过明示或暗示的行为方式予以表达，不应当局限于借款人配偶出具书面的借款确认文件。比如，借款人配偶自愿代为偿还部分借款的，亦作为认定借款人配偶追认涉案债务并愿意共同承担的依据。

所涉借款合同虽然仅有借款人个人签名，但该借款合同签订时借款人与其配偶处于夫妻关系存续期间，且系为家庭日常生活需要，借款人请求由借款人及其配偶共同偿还，符合法律规定，应予支持。对于认定“家庭日常生活需要”的标准，应当结合借款金额与债务人经济能力的对比关系、借款人收到借款后的钱款去向、有无家庭日常生活需要的大额支出等情况，由审判人员作出判定。

所涉借款合同仅有借款人个人签名，涉案借款合同签订时借款人与其配偶虽处于夫妻关系存续期间，但涉案借款金额及用途明显超出家庭日常生活需要，且出借人并未提交充分有效的证据证明借款人将该借款用于夫妻共同生活、共同生产经营的，出借人主张涉案借款系借款人及其配偶的共同债务的，不予支持。

【公报案例】

单某远、刘某林诉胡秀花、单某、单某贤法定继承纠纷案（《最高人民法院公报》2006 年第 5 期）

【裁判摘要】

《婚姻法解释（二）》第 24 条①的规定，本意在于加强对债权人的保护，一般只适用于对夫妻外部债务关系的处理。人民法院在处理涉及夫妻内部财产关系的纠纷时，不能简单依据该规定将夫或妻一方的对外债务认定为夫妻共同债务，其他人民法院依据该规定作出的关于夫妻对外债务纠纷的生效裁判，也不能当然地作为处理夫妻内部财产纠纷的判决依据，主张夫或妻一方的对外债务属于夫妻共同债务的当事人仍负有证明该项债务确为夫妻共同债务的举证责任。

【基本案情】

连云港市中级人民法院经审理查明：被继承人单某兵系原告单某远、刘某林之子，被告胡某花之夫，被告单某、单

---

① 根据最高人民法院民法典贯彻实施工作领导小组主编的《中华人民共和国民法典婚姻家庭编继承编理解与适用》，《婚姻法解释（二）》第 24 条被《民法典》第 1064 条吸收。——编者注

某贤之父。单某兵与胡某花于1987年10月26日结婚。2002年6月21日凌晨,单某兵因车祸死亡。此后,单某远、刘某林与胡某花因遗产继承问题发生纠纷,经多次协商未果,遂诉至法院。连云港市中级人民法院认定单某兵死亡后遗留的夫妻共同财产计3934223.23元,另有倍思特公司34.5%的股份及当期分红款270000元。从中扣除被告胡某花偿还的购车贷款268000元、修车款47916.6元,认定实有3888306.63元及倍思特公司34.5%的股份,其中一半(价值1944153.32元的财产及倍思特公司17.25%的股份)应当作为单某兵的遗产。

【裁判结果】

二审的争议焦点为:(1)原审判决对单某兵死亡后遗留的夫妻共同财产价值的认定是否正确;(2)上诉人胡某花关于单某兵生前遗留债务的主张是否成立;(3)原审判决对遗产的分割方式是否公平合理。

江苏省高级人民法院认为:首先,一审判决对单某兵死亡后遗留的夫妻共同财产价值的认定,有评估报告等证据予以证明。上诉人胡某花虽持异议,但未能举出确有证明作用的证据,故对其该项上诉主张不予支持。

其次,上诉人胡某花虽主张单某兵生前遗留有债务,但未能举证证明这些债务真实存在,且属夫妻共同债务,故其该项上诉理由也不能成立。关于胡某花向徐某生的借款是否为夫妻共同债务的问题,胡某花在二审时提交了江苏省南京市雨花台区人民法院(2005)雨民一初字第28号民事判决书(系在本案一审判决后作出),该判决书虽然载明"此案系民间借贷纠纷,因被告胡某花经传票传唤无正当理由拒不到庭,法院遂依据原告徐某生的陈述以及借条等证据认定该笔债务为夫妻共同债务,判决由胡某花向徐某生偿还人民币20万元",亦不足以在本案中证明胡某花向徐某生的借款是夫妻共同债务。该判决为处理夫妻对外债务关系,将胡某花对徐某生的借款认定为单某兵与胡某花的夫妻共同债务并无不当,也符合《婚姻法解释(二)》第24条之规定。但前述规定的本意是通过扩大对债权的担保范围,保障债权人的合法利益,维护交易安全和社会诚信,故该规定一般只适用于对夫妻外部债务关系的处理,在处理涉及夫妻内部财产关系的纠纷时,不能简单地依据该规定,将夫或妻一方的对外债务认定为夫妻共同债务,其他人民法院依据该规定作出的关于夫妻对外债务纠纷的生效裁判,也不能当然地作为处理夫妻内部财产纠纷的判决依据,主张夫或妻一方的对外债务属于夫妻共同债务的当事人仍负有证明该项债务确为夫妻共同债务的举证责任。本案中,由于单某兵已经死亡,该笔债务是否认定为夫妻共同债务会直接影响其他继承人的权益,胡某花应就其关于该笔借款属夫妻共同债务的主张充分举证。根据现有证据,胡某花提供的借条的内容不能证明该笔借款系夫妻共同债务，且在本案一审期间，亦即南京市雨花台区人民法院(2005)雨民一初字第 28 号民事判决作出之前，该借条不在债权人手中，反被作为债务人的胡某花持有，有违常情。鉴于二审中胡某花不能进一步举证证明该笔债务确系夫妻共同债务，故对其该项上诉主张不予支持。

最后，原审判决以查明事实为基础，综合考虑各继承人的实际情况，将除一处营业用房外的各项遗产判归上诉人胡某花继续管理使用，判决被上诉人单某远、刘某林分得现金，这种对遗产的分割方式既照顾到各继承人的利益，又不损害遗产的实际效用，并无不当。故对胡某花的该项上诉请求不予支持。

综上，江苏省高级人民法院认为原判认定事实清楚，适用法律正确，依照《民事诉讼法》第 153 条第 1 款第 1 项之规定，于 2005 年 5 月 15 日判决：驳回上诉，维持原判。

【法院参考案例】

1. 茅某某诉陆某某、杨某某民间借贷纠纷案——“共同生产经营”类夫妻共同债务的认定［《人民法院案例选》2022 年第 1 辑(总第 167 辑)］

【裁判要旨】

在共同生产经营类夫妻共同债务的认定中，应根据生产经营活动的性质、夫妻双方在生产经营活动中的地位及作用、生产经营活动所获利益的分配情况、夫妻生活是否处于安宁状态等因素进行综合考量。债权人已经尽力举证的，若根据在案证据、结合逻辑推理及日常生活经验能够形成债务用于夫妻共同生产经营的高度盖然性判断，应依法进行认定。

【基本案情】

上海市浦东新区人民法院经审理查明，2012 年 7 月 2 日，原告茅某某从其祖母案外人方某某的中国农业银行卡中，分别取款 48000 元、47000 元；2012 年 7 月 15 日，原告从上述银行卡中取款 70000 元；2012 年 7 月 16 日，原告从上述银行卡转账 478000.80 元给被告陆某某。2012 年 9 月 13 日、9 月 14 日、9 月 17 日，原告茅某某从其祖母方某某的中国工商银行卡分别取款 49800 元、49800 元、700000 元。2018 年 5 月 21 日、5 月 23 日、2019 年 11 月 29 日，原告茅某某从其本人宁波银行卡分别取款 50000 元、150000 元、20000 元；2019 年 12 月 1 日、12 月 2 日、12 月 5 日、12 月 11 日，原告自其上述宁波银行卡分别转账给被告陆某某 50000 元、50000 元、50000 元、20000 元。

2020 年 3 月 7 日，被告陆某某向原告出具借条一张，载明：“经过陆某某和茅某某对账确认，截止到 2020 年 3 月 7 日本人陆某某(身份证号×××)共计借到茅某某(身份证号×××)借款合计 1833000 元整。定于 2020 年 6 月份结清本息……以上借款本人均用于偿还房贷、上海东名工贸有限公司(以下简称东名公司)经营以及家庭开支等用途。因公司经营不善导致借款未能及时归还,按照借款时答应的利息,按照年10%自实际收到借款之日计算一年一结清,逾期未归还的,按年10%支付逾期利息,直至实际结清借款本息日止。原借条全部收回,以本借条为准。如任何一方(借款人、债务人)违约,守约方(出借人、债权人)为维护利益向违约方追偿的一切费用(包括但不限于律师费、诉讼费、交通费、差旅费等)均由违法方承担。此据。”被告陆某某在“借款人”处签名,并载明自己的身份证号码。

两被告系夫妻关系。芳林路房屋登记为被告陆某某、杨某某及案外人陆某共有。东名公司股东为被告陆某某、杨某某,被告陆某某担任公司执行董事且为法定代表人,而被告杨某某担任公司监事。2002年到2008年期间两被告分居,2009年到2016年期间两被告共同居住在芳林路房屋。2016年以后被告陆某某住在芳林路房屋和厂里,被告杨某某平时住在浦东新区德平路,周末放假会住在芳林路房屋。2016年以后因涉及孙女上学,被告杨某某带孙女平时住在浦东新区德平路,周末放假住在芳林路房屋。

【裁判理由】

法院生效判决认为,本案争议焦点之一在于:被告陆某某向原告的借款是否构成夫妻共同债务。根据法律及相关司法解释规定,本案主要从以下几方面考量:

首先,从证据来看,原告提供的借条上均载明“为偿还房贷、××公司经营以及家庭开支等”,被告陆某某确认上述借款用途,并提供了现金存入芳林路房屋贷款银行卡、给工人现金支付工资以及支付物业费、水电煤费用等证据。从资金走向来看,原告支付被告陆某某的借款部分以现金方式支付,部分以转账方式支付,以转账方式支付的款项,被告陆某某以取现方式取出或转入其证券账户,转入证券账户的钱款亦有转出到其银行卡中并取现,而被告陆某某偿还房贷的方式为现金存入,其支付工人工资亦以现金方式支付。被告杨某某辩称其对被告陆某某的债务不知情,家庭开销都由其负担,但未能提供相应证据予以佐证,且对被告陆某某提供的银行流水等未到庭质证,但被告杨某某认可芳林路房屋的贷款系被告陆某某归还。综合原、被告提供的证据及庭审陈述,可以认定原告给被告陆某某的借款用于偿还房贷、××公司经营以及家庭开支等用途。

其次,从两被告的婚姻关系及居住情况来看,被告杨某某陈述自2002年以后双方未谈过离婚事宜,两被告均陈述2009年到2016年共同居住在芳林路房屋,本案借贷发生在2012年、2018年及2019年,2012年时两被告共同居住,2018年及2019年期间被告杨某某辩称两被告分居,但自认周末放假居住于芳林路房屋,其未能提供证据证明其与被告陆某某2018年、2019年间处于长久稳定的分居状态,故法院认定原告给被告陆某某的借款发生于两被告婚姻关系存续期间,且无证据证明处于婚姻不安宁阶段。

最后,从两被告家庭开销分配及收入情况来看,被告杨某某除数千元退休工资外,并无其他收入。被告陆某某称自2012年至今,××公司处于亏损状态,其靠举债维持家庭生活开支以及上海××公司经营及芳林路房屋贷款,同时审理中被告杨某某承认芳林路房屋贷款每个月1万多由被告陆某某负责清偿。故被告陆某某向原告借款用于上述三处用途,亦属合理。

综上,在两被告婚姻关系存续期间,在被告杨某某未能提供证据证明处于婚姻不安宁阶段的情况下,被告陆某某向原告借款1833000元,用于家庭开支、归还两被告共有且共同居住的芳林路房屋房贷以及两被告共同作为股东的××公司经营,该债务应属于夫妻共同债务。

【裁判结果】

上海市浦东新区人民法院于2021年1月15日作出(2020)沪0115民初50539号民事判决,判令:(1)被告陆某某、杨某某于本判决生效之日起10日内共同归还原告茅某某借款本金1833000元;(2)被告陆某某、杨某某于本判决生效之日起10日内共同支付原告茅某某借款利息1188584元;(3)被告陆某某、杨某某于本判决生效之日起10日内共同支付原告茅某某逾期还款利息(以1833000元为基数,自2020年7月1日起至实际清偿之日止,按年利率10%的标准计付);(4)被告陆某某、杨某某于本判决生效之日起10日内共同赔偿原告茅某某律师费25000元。

2. 蔡某诉史某离婚后财产案——夫妻一方对外所负侵权之债是否属于夫妻共同债务(《中国法院2022年度案例·婚姻家庭与继承纠纷》)

【基本案情】

蔡某与史某于2017年9月27日登记结婚,2019年3月28日经法院判决离婚,婚后未生育子女。蔡某曾于2017年11月30日上班途中驾驶车辆发生交通事故给案外第三人刘某造成损害,后刘某以机动车交通事故责任纠纷为由将蔡某诉至法院要求蔡某承担相应修车费,法院于2018年12月5日作出(2018)京0105民初24945号民事判决:蔡某给付刘某修车费52000元。史某称其对交通事故知情,但对法院判决蔡某承担修车费的事不知情。蔡某起诉主张,婚姻关系存续期间其在上班途中因驾驶机动车发生交通事故对他人的赔偿应属于夫妻共债,史某应共同承担。史某称蔡某驾驶机动车发生交通事故与己方无关,不应属于夫妻共债。

【案件焦点】

史某婚姻关系存续期间对外所负侵权之债是否应认定为夫妻共同债务。

【裁判结果】

北京市海淀区人民法院经审理认为,判断是否属于夫妻共同债务,需要考虑以下几个因素:第一,双方是否具有举债之合意;第二,所负的债务是否用于家庭日常生活。蔡某因驾驶车辆与他人发生交通事故,由此产生的债务不属于夫妻共同债务,应由其个人承担。判决:驳回蔡某该项诉讼请求。

蔡某不服原审判决,提起上诉。北京市第一中级人民法院经审理认为:夫妻一方因侵权行为致人损害产生的债务,一般认定为一方个人债务。但该侵权行为系因家庭劳动、经营等家事活动产生或其收益归家庭使用的,应认定为夫妻共债。蔡某在婚姻关系存续期间因交通事故形成的侵权之债,虽不是蔡某与史某的共同意思表示,双方也没有实际分享该债务带来的利益,但从该债务的产生基础和目的来看,该侵权行为系发生在蔡某上班途中,蔡某的上班行为属于家庭劳动及生产生活的一部分,其上班所得的工资收益亦属于夫妻共同财产的组成部分,归家庭使用,蔡某因侵权行为产生债务的基础是为了夫妻共同生活谋取利益,应属于夫妻共债的范畴,故蔡某在上班途中因交通事故对案外人的赔偿应属于双方的夫妻共债,由双方共同负担。综上所述,判决:(1)撤销北京市海淀区人民法院民事判决;(2)(2018)京0105民初24945号民事判决确认的蔡某给付刘某修车费52000元为蔡某、史某的夫妻共同债务,由蔡某承担偿还责任,史某于判决生效后10日内给付蔡某26000元。

3. 山东昊玺经贸有限公司诉朱某某、徐某某民间借贷纠纷案[《人民法院案例选》2017年第4辑(总第110辑)]

【基本案情】

原告山东昊玺经贸有限公司诉称:被告朱某某于2012年5月30日向原告借款200万元(其中83万元转入被告朱某某账户、110万元按其要求转入刘某账户),于2012年4月份向原告借款30万元(原告交付被告承兑汇票三张,票号分别是:21898650、21811938、23306981),以上共计借款230万元,后经原告催要至今未付。被告徐某某与被告朱某某系夫妻关系,对该借款有共同还款责任。故起诉要求两被告偿还借款230万元。

被告朱某某辩称:原告所诉与事实不符,本案的实际借款人是刘某,被告朱某某只是代其收转款项,且原告主张的2012年4月的借款30万元,是以承兑汇票的形式,原告应另行提起票据权利之诉。被告徐某某辩称:被告朱某某是否借款被告徐某某毫不知情,且该款数额巨大,用于家庭生活明显不符合常理,不能作为夫妻共同债务。故对原告所诉借款均不应由被告徐某某偿还。

法院经审理查明:被告朱某某于2012年5月28日向原告山东昊玺经贸有限公司借款200万元,并出具借条一张。原告山东昊玺经贸有限公司于

2012年5月30日向被告朱某某账户转入83万元,并于当日按被告朱某某指定打入刘某账户110万元,当时双方约定7万元为借款利息;2012年4月份被告朱某某向原告山东昊玺经贸有限公司借款30万元,原告山东昊玺经贸有限公司交付被告承兑汇票三张(票号分别是:21898650、21811938、23306981)。2013年11月7日,被告朱某某重新为原告山东昊玺经贸有限公司出具借条两张,对上述两笔借款予以认可,此前所打借条作废。后经原告山东昊玺经贸有限公司催要至今未付。另查明,被告徐某某与被告朱某某系夫妻关系。

【裁判结果】

山东省淄博市临淄区人民法院于2014年9月10日作出(2014)临民初字第1458号民事判决:被告朱某某、徐某某于本判决生效后10日内偿还原告山东昊玺经贸有限公司借款230万元。徐某某不服一审判决,向山东省淄博市中级人民法院提起上诉。山东省淄博市中级人民法院于2015年1月23日作出(2014)淄民一终字第729号民事判决:(1)撤销山东省淄博市临淄区人民法院(2014)临民初字第1458号民事判决;(2)原审被告朱某某于本判决生效后10日内偿还被上诉人山东昊玺经贸有限公司借款223万元;(3)驳回被上诉人山东昊玺经贸有限公司的其他诉讼请求。

【裁判理由】

法院生效裁判认为,关于涉案借款是否应为夫妻共同债务的问题。首先,《婚姻法解释(二)》第24条规定,婚姻关系存续期间夫或妻以一方名义所负之债务应按夫妻共同债务处理,但《婚姻法》规定,为夫妻共同生活所负之债务为夫妻共同债务,应当共同偿还。司法解释法律位阶低于法律。因此,是否为夫妻共同债务不应仅以婚姻关系存续为依据,还应考察款项是否为共同生活所负。其次,根据《婚姻法解释(一)》的相关规定,夫或妻因日常生活需要而处理夫妻共同财产的,任何一方均有权决定。因此,对婚姻关系存续期间,因日常生活或共同生产所负之合理债务,即使是一方举债亦应为夫妻共同债务。但对超出夫妻日常事务代理权的事项,夫妻双方应当平等协商,取得一致意见。他人有理由相信其为夫妻双方共同意思表示的,另一方不得以不同意或不知道为由对抗善意第三人,对自己的"有理由相信",第三人应负举证责任。本案第一笔30万元借款实际发生于2012年4月份,第二笔193万元借款实际发生于2012年5月30日,山东昊玺经贸有限公司在2012年5月28日第一次出具借条和2013年11月7日重新出具借条的时候均未要求徐某某签字予以确认,但两个月之内双方借贷往来金额达223万元,此借贷数额已超出一个家庭正常生活需要水平,徐某某与朱某某已初步完成涉案款项未用于家庭生活的举证责任,山东昊玺经贸有限公司对涉案借款徐某某与朱某某具有借款合意或涉案借款已用于二人家庭共同生活应负举证责任。本案现有证据显示涉案款项已悉数汇入案外人刘某账户,并未有其他证据证明款项已用于徐某某与朱某某家庭共同生活。综上,涉案借款不宜认定为夫妻共同债务。

第一千零六十五条 【夫妻约定财产制】男女双方可以约定婚姻关系存续期间所得的财产以及婚前财产归各自所有、共同所有或者部分各自所有、部分共同所有。约定应当采用书面形式。没有约定或者约定不明确的,适用本法第一千零六十二条、第一千零六十三条的规定。

夫妻对婚姻关系存续期间所得的财产以及婚前财产的约定,对双方具有法律约束力。

夫妻对婚姻关系存续期间所得的财产约定归各自所有,夫或者妻一方对外所负的债务,相对人知道该约定的,以夫或者妻一方的个人财产清偿。

【立法·要点释义】

约定财产制,是指法律允许夫妻用协议的方式,对夫妻在婚前和婚姻关系存续期间所得财产的所有权的归属、管理、使用、收益、处分以及对第三人债务的清偿、婚姻解除时财产的分割等事项作出约定,从而排除或者部分排除夫妻法定财产制适用的制度。约定财产制具有优先于法定财产制适用的效力,更能体现当事人的真实意愿和个性化的需要。

夫妻对财产关系进行约定是一种双方民事法律行为,需要符合下列要件:(1)缔约双方必须具有合法的夫妻身份,未婚同居、婚外同居者对他们之间财产关系的约定,不属于夫妻财产约定。(2)缔约双方必须具有完全民事行为能力。(3)约定必须双方自愿,必须出于真实的意思表示。(4)约定的内容不得违反法律、行政性法规的强制性规定,不得违背公序良俗。约定的内容不得超出夫妻财产的范围,如不得将其他家庭成员的财产列入约定财产的范围,不得利用约定逃避对第三人的债务以及其他法定义务。

约定应当采用书面形式。如果夫妻以口头形式作出约定,事后对约定没有争议的,该约定也有效。对约定的时间不必作更多的限制。约定可以在婚前进行也可以在婚后进行。约定生效后,因夫妻一方或者双方的情况发生,只要双方合意,就可以随时变更或者撤销原约定。

关于约定的内容,夫妻既可以对婚姻关系存续期间所得的财产进行约定,也可以对婚前财产进行约定;既可以对全部夫妻财产进行约定,也可以对部分夫妻财产进行约定;既可以概括地约定采用某种夫妻财产制,也可以具体地对某一项夫妻财产进行约定;既可以约定财产所有权的归属或者使用权、管理权、收益权、处分权的行使,也可以约定家庭生活费用的负担、债务清偿责任、婚姻关系终止时财产的分割等事项。

当事人可以约定采用的夫妻财产制主要有以下几种。(1)一般共同制:夫妻的婚前财产和婚姻关系存续期间所得的财产均归夫妻共同所有;(2)劳动所得共同制:夫妻婚后的劳动所得归夫妻共有,非劳动所得的财产,如继承、受赠的财产,人身损害赔偿金等,归各自所有;(3)管理共同制:夫妻的婚前财产和婚姻关系存续期间所得的财产归各自所有,同时根据双方的约定,除特有财产外,双方的财产由夫或妻统一管理;(4)分别财产制:夫妻的婚前财产和婚姻关系存续期间所得的财产均归各自所有,各自独立管理,委托对方管理的,适用有关委托代理的规定。如果当事人不愿意概括地约定采用某种夫妻财产制,也可以对部分夫妻财产,甚至某一项财产进行约定,如当事人可以约定一方从事生产经营的收益归其本人所有,也可以约定一方因身体受到伤害获得的赔偿金归夫妻共同所有。

夫妻财产约定对婚姻关系当事人具有法律约束力。目前我国没有建立夫妻财产登记制度,为了保障相对人的利益不因夫妻财产约定而受到损害,在相对人与夫妻一方发生债权债务关系时,如果相对人知道其夫妻财产已经约定归各自所有的,就以其一方的财产清偿;相对人不知道该约定的,该约定对相对人不发生效力,夫妻一方对相对人所负的债务,按照在夫妻共同财产制下的清偿原则进行偿还。关于相对人如何知道该约定,既可以是夫妻一方或双方告知,也可以为相对人曾经是夫妻财产约定时的见证人或者知情人。如何判断相对人是否知道该约定,夫妻一方或者双方负有举证责任。

"夫或者妻一方对外所负的债务",是指夫妻一方以自己的名义与相对人之间产生的债务,至于是为夫妻共同生活所负的债务,还是个人债务,在所不问,即无论是为子女教育所负的债务,或者个人从事经营所负的债务,还是擅自资助个人亲友所负的债务,都适用本条规定。

【编者观点】

该条客体既包括夫妻共同财产及个人财产的全部或部分份额,也可以涵盖夫妻共同财产及个人财产中的特定财物。形式上容纳了夫妻之间各种财产分配和处分行为,既包括财产制约定,也包括夫妻间赠与、夫妻间借款、婚内财产分割协议等各类夫妻特定财产约定。前者及于全部婚姻财产且面向未来发生效力,目的在于排除或部分排除法定财产制的适用,类似于一种继续性合同;而后者的范围和效力仅及于婚姻关系中的特定财物,涉及赠与、借款以及共有物分割协议等一次性合同,与法定财产制兼容，最大限度地满足夫妻调整婚姻财产关系的多元需求。

夫妻财产约定存在身份契约、物权契约、赠与合同以及特殊财产契约等不同定性，同样存在物权效力抑或债权效力的分歧。物权方案认为夫妻特定财产约定这一家庭领域的法律行为区别于市场经济语境下的财产交易行为，无须登记即发生物权变动效力。而夫妻财产制约定体系上应当与夫妻法定财产制保持一致，婚姻这一法律事实本身具备确证权利变动的正当性，属于非基于法律行为发生的物权变动。若要求夫妻严格遵循市场主体之间交易所需的物权公示程序，在实际家庭生活中容易动摇夫妻间信任、包容以及和睦融洽的家庭关系。但是与法定财产制中的问题类似，目前并无针对夫妻财产约定的登记公示系统。有的法院审理指南在物权方案基础上采取公示对抗主义，值得注意的是《德国民法典》第1412条规定夫妻一方在约定财产制经夫妻财产制登记簿登记或者为交易第三人所知时才享有针对第三人的抗辩。但2022年该条经过修订后删除了不经济且无效率的在夫妻财产制登记簿登记的要求，保留了第三人知道或因重大过失不知情形下的抗辩。而债权方案认为，本条第2款的用语是合同编通常表述的“约定对双方具有法律约束力”而非物权编通常表述的“发生效力”，因此夫妻财产约定仅对双方有债法约束力更符合立法本意。

依据内外归属方案，物权维度以登记等公示状态判断是否发生物权变动，夫妻财产约定不直接导致物权变动。本条第3款“相对人知道该约定的”并非影响物权变动的“知情标准”，仅仅影响夫妻一方对外负债的责任财产范围。婚姻维度，夫妻财产约定在夫妻关系内部直接发生效力，相应财产份额或者特定财物依据双方约定归入夫妻共同财产或者一方个人财产。婚姻维度与物权维度的归属并非不可通约，夫妻一方可基于婚姻维度确定的归属，在物权维度请求另一方转移或变更登记，且不发生请求权罹于时效问题。若约定内容与登记内容不一致，例如约定妻子对房产拥有八成份额，丈夫仅占二成，但登记为双方共同共有或者平均按份共有，涉及第三人利益时，依据决定物权归属的登记内容，而婚内析产或者离婚房产分割时，依据决定婚姻归属的约定内容。

适用内外归属方案的前提，尚须考察该约定是否与夫妻身份或家庭生活相关。夫妻间订立的是纯粹财产性合同还是与夫妻身份相关的财产约定，可以从财产约定与婚姻关系是否具有关联性、结构性和现时性三点特征进行判断。若约定内容蕴含了夫妻双方对于家庭维护、养育子女等物质性和精神性因素的评价和补偿，体现了伦理性色彩，则应当认定为与夫妻身份相关的财产约定，发生婚姻维度的效力，并依据《民法典》第464条第2款参照适用财产法规则。反之,则作为纯粹财产性合同直接而非参照适用财产法规则。

【司法解释】

1.《最高人民法院关于适用〈中华人民共和国民法典〉婚姻家庭编的解释(一)》(法释〔2020〕22 号,2021 年 1 月 1 日施行)

第三十二条[①]　**【夫妻之间赠与房产】**婚前或者婚姻关系存续期间,当事人约定将一方所有的房产赠与另一方或者共有,赠与方在赠与房产变更登记之前撤销赠与,另一方请求判令继续履行的,人民法院可以按照民法典第六百五十八条的规定处理。

第三十七条[②]　**【夫妻一方所称第三人知道该夫妻财产约定时,由谁负举证责任的规定】**民法典第一千零六十五条第三款所称"相对人知道该约定的",夫妻一方对此负有举证责任。

2.《最高人民法院关于适用〈中华人民共和国民法典〉婚姻家庭编的解释(二)》(法释〔2025〕1 号,2025 年 2 月 1 日施行)

第五条[③]　**【基于婚姻给予房屋的处理】**婚前或者婚姻关系存续期间,当事人约定将一方所有的房屋转移登记至另一方或者双方名下,离婚诉讼时房屋所有权尚未转移登记,双方对房屋归属或者分割有争议且协商不成的,人民法院可以根据当事人诉讼请求,结合给予目的,综合考虑婚姻关系存续时间、共同生活及孕育共同子女情况、离婚过错、对家庭的贡献大小以及离婚时房屋市场价格等因素,判决房屋归其中一方所有,并确定是否由获得房屋一方对另一方予以补偿以及补偿的具体数额。

婚前或者婚姻关系存续期间,一方将其所有的房屋转移登记至另一方或者双方名下,离婚诉讼中,双方对房屋归属或者分割有争议且协商不成的,如果婚姻关系存续时间较短且给予方无重大过错,人民法院可以根据当事人诉讼请求,判决该房屋归给予方所有,并结合给予目的,综合考虑共同生活及孕育共同子女情况、离婚过错、对家庭的贡献大小以及离婚时房屋市场价格等因素,确定是否由获得房屋一方对另一方予以补偿以及补偿的具体数额。

给予方有证据证明另一方存在欺诈、胁迫、严重侵害给予方或者其近亲属合法权益、对给予方有扶养义务而不履行等情形,请求撤销前两款规定的民事法律行为的,人民法院依法予以支持。

【部门参考文件】

中国公证协会《办理夫妻财产约定协议公证的指导意见》(2008 年 4 月 23 日)

---

① 对该条的注释详见附录一第 871 页。
② 对该条的注释详见附录一第 881 页。
③ 对该条的注释详见附录三第 1059 页。

第二条 本指导意见所称的夫妻财产约定协议是指夫妻双方就婚姻关系存续期间所得的财产以及各自婚前财产的归属等事宜达成的书面协议。

第三条 夫妻双方申请办理夫妻财产约定协议公证,应当共同向公证机构提出,不得委托他人代理。

第四条 夫妻财产约定协议可以就协议所涉及的财产约定为各自所有、共有,或者部分各自所有、部分共有。约定共有的,可以约定为按份共有、共同共有,或者部分按份共有、部分共同共有。

第五条 夫妻财产约定协议可以对全部夫妻财产进行约定,也可以对部分夫妻财产进行约定;可以对婚后所有的财产进行约定,也可以对婚前各自所有的财产进行约定;可以进行概括性约定,也可以进行具体性约定;可以对财产所有权的归属进行约定,也可以对财产的占有、使用、收益和处分进行约定;可以约定婚姻关系存续期间家庭生活费用的负担和债务清偿责任,也可以约定婚姻关系终止时财产的分割。

第六条 夫妻双方申请办理夫妻财产约定协议公证,应当提交下列材料:

(一)夫妻双方的身份证件;

(二)结婚证或者其他有效婚姻证明;

(三)夫妻财产约定协议文本;

(四)所涉及记名财产的权属凭证原件,但仅就财产进行概括性约定不涉及具体财产的除外(例如,记载于各自名下的财产归各自所有)。

第七条 夫妻财产约定协议应当包括下列主要内容:

(一)夫妻双方的姓名、性别、出生日期、住所地、身份证件号码、结婚日期等基本情况;

(二)所涉及的财产。对具体财产进行约定的,应当列明财产的名称、数量等基本情况;

(三)按照本指导意见第四条、第五条规定所约定的具体内容。

第八条 公证机构办理夫妻财产约定协议公证,除需要按照《公证程序规则》规定的事项进行审查外,还应当重点审查下列事项:

(一)夫妻双方的身份是否属实;

(二)夫妻双方是否具有完全民事行为能力;

(三)协议内容是否与夫妻双方的意思表示一致;

(四)财产权属凭证原件有无可疑之处;

(五)夫妻双方对所约定财产的权属是否清楚;

(六)协议中有无违反法律规定或者违背社会公德的内容。

第九条 公证机构办理夫妻财产约定协议公证,应当询问夫妻双方并制作询问笔录。询问笔录除需要按照《公证程序规则》规定应当载明的内容外,还应当载明下列内容:

(一)夫妻双方是否自愿签订协

议，签订协议的目的，对协议内容是否清楚；

（二）协议所涉及重要财产的权属、来源、取得时间和现状；

（三）夫妻双方对协议所涉及财产的权属和现状是否清楚；

（四）对约定为各自所有的财产，夫妻双方是否对其占有、使用、收益和处分作出约定。

第十条 公证机构办理夫妻财产约定协议公证，除需要按照《公证程序规则》规定向夫妻双方进行告知外，还应当重点告知下列内容：

（一）协议所涉及的财产权属变更的法律后果；

（二）协议所涉及的财产权属发生变更，且依法需要办理登记等手续的，应当在法定期限内办理有关手续；

（三）协议具有的对内（指夫妻之间）、对外（指第三人）的法律效力。

第十一条 准备结婚的男女双方在办理结婚登记前就双方各自婚前财产、婚姻关系存续期间所得财产的归属等事宜签订财产约定协议申办公证的，公证机构可以参照本指导意见办理。

前款财产约定协议应当载明协议以结婚登记为生效条件的内容。

【地方法院规范】

1.《北京市高级人民法院民一庭关于审理婚姻纠纷案件若干疑难问题的参考意见》（2016 年）

十六、【财产约定的特殊形式】夫妻间无书面财产约定，但双方均认可或有证据足以表明存在财产约定合意的，应认定财产约定成立。

十七、【婚姻关系存续期间能否提起财产约定之诉】婚姻关系存续期间，当事人不起诉离婚而单独提起夫妻财产约定的履行、变更、撤销、确认无效等诉讼，人民法院应予受理。

十八、【夫妻财产约定对外效力】《婚姻法》第十九条第三款[①]中“第三人知道该约定”应理解为第三人在债权债务关系成立时对已存在的夫妻财产约定知晓。

债权债务关系成立之后夫妻间财产制度及债务承担安排的约定、变更，损害债权人利益的，对债权人不生效力。

2.《上海市高级人民法院关于审理婚姻家庭纠纷若干问题的意见》（2007 年，2020 年 12 月修订）

6. 如何认定夫妻在婚姻关系存续期间，包括分居期间达成的财产分割协议的效力

夫妻共同生活期间或者分居期间达成的财产分割协议，当事人无证据证明其具有无效或可撤销、可变更的法定情形，或协议已经履行完毕的，应认定协议对双方有拘束力。如果财产分割

---

① 对应《民法典》第 1065 条第 3 款。——编者注

协议以离婚为前提条件，而双方未离婚的，应该允许当事人反悔。

3.《江苏省高级人民法院民事审判第一庭家事纠纷案件审理指南（婚姻家庭部分）》（2019年）

27. 夫妻双方依照《婚姻法》第十九条第一款①订立的夫妻财产制契约的效力应当如何认定？能否对抗债权人申请执行？

夫妻双方依照《婚姻法》第十九条第一款订立的夫妻财产制契约对夫妻双方均具有法律约束力。当夫妻双方对不动产物权产生争议时，应当尊重夫妻之间的真实意思表示，按照双方订立的夫妻财产制契约履行，优先保护不动产物权的真实权利人，不宜以所有权登记作为确认不动产物权的唯一依据。但未办理转移登记不能对抗善意第三人。

在不动产物权未办理转移登记的情形下，被执行人配偶依据夫妻财产制契约提出执行异议，请求排除执行的，不予支持。

【公报案例】

唐某诉李某某、唐某乙法定继承纠纷案②（《最高人民法院公报》2014年第12期）

【裁判摘要】

夫妻之间达成的婚内财产分割协议是双方通过订立契约对采取何种夫妻财产制所作的约定，是双方协商一致对家庭财产进行内部分配的结果，在不涉及婚姻家庭以外第三人利益的情况下，应当尊重夫妻之间的真实意思表示，按照双方达成的婚内财产分割协议履行，优先保护事实物权人，不宜以产权登记作为确认不动产权属的唯一依据。

【基本案情】

北京市朝阳区人民法院一审查明：唐某甲与被告李某某系夫妻关系，二人生育一子唐某乙。唐某甲与前妻曾生育一女唐某，离婚后由其前妻抚养。唐某甲父母均早已去世。唐某甲于2011年9月16日在外地出差期间突发疾病死亡，未留下遗嘱。

2010年10月2日，唐某甲与被告李某某签订《分居协议书》，双方约定："唐某甲、李某某的感情已经破裂。为了不给儿子心灵带来伤害，我们决定分居。双方财产作如下切割：现在财富中心和慧谷根园的房子归李某某拥有。李某某可以任何方式处置这些房产，唐某甲不得阻挠和反对，并有义务协办相关事务。湖光中街和花家地的房产归唐某甲所有。唐某甲可以任何方式处置这些房产，李某某不得阻挠和反对，并有义务协办相关事务。儿子唐某乙归李某某所有。唐某甲承担监护、抚

① 对应《民法典》第1065条第1款。——编者注

② 本案优先适用婚姻法而非物权法的相关规定。——编者注

养、教育之责。李某某每月付生活费5000元。双方采取离异不离家的方式解决感情破裂的问题。为了更好地达到效果,双方均不得干涉对方的私生活和属于个人的事务。”2012年11月28日,北京民生物证司法鉴定所出具司法鉴定意见书,鉴定意见为该《分居协议书》上唐某甲签名为其本人所签。

关于财富中心房屋,2002年12月16日,唐某甲作为买受人与北京香江兴利房地产开发有限公司签订了《商品房买卖合同》,约定:唐某甲购买北京香江兴利房地产开发有限公司开发的财富中心房屋,总金额为1579796元。庭审中,原告唐某、被告唐某乙、李某某均认可截止唐某甲去世时间点,该房屋仍登记在唐某甲名下,尚欠银行贷款877125.88元未偿还。此外,李某某与唐某甲名下还有其他两处房产、汽车及存款等财产。

【裁判理由】

本案二审的争议焦点是:财富中心房屋的权属问题及其应否作为唐某甲的遗产予以继承。

北京市第三中级人民法院二审认为:解决该争议焦点的关键在于厘清以下三个子问题:

第一,唐某甲与上诉人李某某于2010年10月2日签订的《分居协议书》的法律性质。上诉人李某某、唐某乙认为该协议属于婚内财产分割协议,是唐某甲与李某某对其婚姻关系存续期间所得财产权属的约定,该约定合法有效,对双方均具有约束力;唐某认为该协议系以离婚为目的达成的离婚财产分割协议,在双方未离婚的情况下,该协议不发生法律效力。法院认为,本案中唐某甲与李某某签订的《分居协议书》是婚内财产分割协议,而非离婚财产分割协议。理由如下:首先,从《分居协议书》内容来看,唐某甲与上诉人李某某虽认为彼此感情已经破裂,但明确约定为不给儿子心灵带来伤害,采取“离异不离家”的方式解决感情破裂问题,双方是在婚姻关系存续的基础上选择以分居作为一种解决方式并对共同财产予以分割,并非以离婚为目的而达成财产分割协议。其次,从文义解释出发,二人所签《分居协议书》中只字未提“离婚”,显然不是为了离婚而对共同财产进行分割,相反,双方在协议书中明确提出“分居”“离异不离家”,是以该协议书来规避离婚这一法律事实的出现。最后,《婚姻法》第19条第1款对夫妻约定财产制作出明确规定:“夫妻可以约定婚姻关系存续期间所得的财产以及婚前财产归各自所有、共同所有或部分各自所有、部分共同所有。约定应采用书面形式。没有约定或者约定不明确的,适用本法第十七条、第十八条的规定。”本案所涉及的《分居协议书》中,唐某甲与李某某一致表示“对财产作如下切割”,该约定系唐某甲与李某某不以离婚为目的对婚姻关系存续期间所得财产作出的分割,应认定为婚内财产分割协议,是双方通过订立契约对采取何种夫妻财产制所作的约定。

第二,本案应当优先适用物权法还是婚姻法的相关法律规定。上诉人李某某、唐某乙认为,应适用《婚姻法》第19条之规定,只要夫妻双方以书面形式对财产分割作出约定即发生法律效力,无须过户登记;被上诉人唐某主张,本案应适用《物权法》第9条之规定,不动产物权的权属变更未经登记不发生法律效力。法院认为,该问题首先要厘清物权法与婚姻法在调整婚姻家庭领域内财产关系时的衔接与适用问题,就本案而言,应以优先适用婚姻法的相关规定处理为宜。理由如下:物权领域,法律主体因物而产生联系,物权法作为调整平等主体之间因物之归属和利用而产生的财产关系的基础性法律,重点关注主体对物的关系,其立法旨在保护交易安全以促进资源的有效利用。而婚姻法作为身份法,旨在调整规制夫妻之间的人身关系和财产关系,其中财产关系则依附于人身关系而产生,仅限于异性之间或家庭成员之间因身份而产生的权利义务关系,不体现直接的经济目的,而是凸显亲属共同生活和家庭职能的要求。故婚姻法关于夫妻子女等特别人伦或财产关系的规定不是出于功利目的创设和存在,而是带有“公法”意味和社会保障、制度福利的色彩,将保护“弱者”和“利他”价值取向直接纳入权利义务关系的考量。

因此,婚姻家庭的团体性特点决定了婚姻法不可能完全以个人为本位,必须考虑夫妻共同体、家庭共同体的利益,与物权法突出个人本位主义有所不同。在调整夫妻财产关系领域,物权法应当保持谦抑性,对婚姻法的适用空间和规制功能予以尊重,尤其是夫妻之间关于具体财产制度的约定不宜由物权法过度调整,应当由婚姻法去规范评价。本案中,唐某甲与上诉人李某某所签协议关于财富中心房屋的分割,属于夫妻内部对财产的约定,不涉及家庭外部关系,应当优先和主要适用婚姻法的相关规定,物权法等调整一般主体之间财产关系的相关法律规定应作为补充。

第三,物权法上的不动产登记公示原则在夫妻财产领域中是否具有强制适用的效力。上诉人李某某、唐某乙认为,婚内财产分割协议只涉及财产在夫妻之间的归属问题,依双方约定即可确定,无须以公示作为物权变动要件;被上诉人唐某则主张财富中心房屋的产权人是唐某甲,即使唐某甲与李某某曾约定该房屋归李某某拥有,也因未办理产权变更登记而未发生物权变动效力,该房屋仍应纳入唐某甲的遗产范围。本院认为,唐某甲与李某某所签《分居协议书》已经确定财富中心房屋归李某某一人所有,虽仍登记在唐某甲名下,并不影响双方对上述房屋内部处分的效力。理由如下:物权法以登记作为不动产物权变动的法定公示要件,赋予登记以公信力,旨在明晰物权归属,保护交易安全和交易秩序,提高交易效率。

但实践中，由于法律的例外规定、错误登记的存在、法律行为的效力变动、当事人的真实意思保留以及对交易习惯的遵从等原因，存在大量欠缺登记外观形式，但依法、依情、依理应当给予法律保护的事实物权。《物权法》第28条至第30条对于非基于法律行为所引起的物权变动亦进行了例示性规定，列举了无须公示即可直接发生物权变动的情形。当然，这种例示性规定并未穷尽非因法律行为而发生物权变动的所有情形，婚姻法及其司法解释规定的相关情形亦应包括在内。

在夫妻财产领域，存在大量夫妻婚后由一方签订买房合同，并将房屋产权登记在该方名下的情形，但实际上只要夫妻之间没有另行约定，双方对婚后所得的财产即享有共同所有权，这是基于婚姻法规定的法定财产制而非当事人之间的法律行为。因为结婚作为客观事实，已经具备了公示特征，无须另外再为公示。而夫妻之间的约定财产制，是夫妻双方通过书面形式，在平等、自愿、意思表示真实的前提下对婚后共有财产归属作出的明确约定。此种约定充分体现了夫妻真实意愿，系意思自治的结果，应当受到法律尊重和保护，故就法理而言，亦应纳入非依法律行为即可发生物权变动效力的范畴。因此，当夫妻婚后共同取得的不动产物权归属发生争议时，应当根据不动产物权变动的原因行为是否有效、有无涉及第三人利益等因素进行综合判断，不宜以产权登记作为确认不动产权属的唯一依据，只要有充分证据足以确定该不动产的权属状况，且不涉及第三人利益，就应当尊重夫妻之间的真实意思表示，按照双方达成的婚内财产分割协议履行，优先保护事实物权人。需要指出的是，此处的第三人主要是相对于婚姻家庭关系外部而言，如夫妻财产涉及向家庭以外的第三人处分物权，就应当适用物权法等调整一般主体之间财产关系的相关法律规定。而对于夫妻家庭关系内的财产问题，应当优先适用婚姻法的相关规定。

本案中，《分居协议书》约定“财富中心房屋归李某某拥有，李某某可以任何方式处置这些房产，唐某甲不得阻挠和反对，并有义务协办相关事务。”该协议书系唐某甲与上诉人李某某基于夫妻关系作出的内部约定，是二人在平等自愿的前提下协商一致对家庭财产在彼此之间进行分配的结果，不涉及婚姻家庭以外的第三人利益，具有民事合同性质，对双方均具有约束力。财富中心房屋并未进入市场交易流转，其所有权归属的确定亦不涉及交易秩序与流转安全。故唐某虽在本案中对该约定的效力提出异议，但其作为唐某甲的子女并非物权法意义上的第三人。因此，虽然财富中心房屋登记在唐某甲名下，双方因房屋贷款之故没有办理产权过户登记手续，但物权法的不动产登记原则不应影响婚内财产分割协议关于房屋权属约定的效力。且结合唐某甲与李某某已依据《分居协议书》各自占有、使用、管理相应房产之情形，应当将财富中心房屋认定为李某某的个人财产，而非唐某甲之遗产予以法定继承。一审法院根据物权登记主义原则确认财富中心房屋为唐某甲与李某某夫妻共同财产实属不妥，应予调整。

【裁判结果】

据此，北京市第三中级人民法院依照《物权法》第9条，《婚姻法》第19条，《继承法》第2条、第3条、第5条、第10条、第13条，《民事诉讼法》第170条第1款第2项之规定，于2014年8月25日判决：(1)维持北京市朝阳区人民法院(2013)朝民初字第30975号民事判决第1项、第2项、第4项、第5项；(2)撤销北京市朝阳区人民法院(2013)朝民初字第30975号民事判决第6项；(3)变更北京市朝阳区人民法院(2013)朝民初字第30975号民事判决主文第3项为：位于北京市朝阳区东三环北路二十三号财富中心某房屋归李某某所有，并由李某某偿还剩余贷款；(4)驳回唐某其他诉讼请求。

本判决为终审判决。

【法院参考案例】

1. 李某甲诉李某乙、刘某某代位析产案——夫妻双方怠于对共有财产进行分割时，申请执行人行使代位权的司法认定[《人民法院案例选》2022年第1辑(总第167辑)]

【裁判要旨】

离婚时未做分割且被法院查封的夫妻共同财产，夫妻双方作为财产共有人怠于通过协商或诉讼对共有财产进行分割，执行名义确定的债务人即被执行人未有其他足额可供执行财产时，申请执行人有权代位提起析产诉讼。

【基本案情】

法院经审理查明：1991年8月26日，李某乙与刘某某于哈尔滨市平房区登记结婚。2006年2月25日，刘某某与北京某房地产开发有限公司签订《北京市商品房现房买卖合同》，约定刘某某购买位于北京市昌平区回龙观镇某38-17号别墅一套。2007年8月25日，刘某某再次与北京某房地产开发有限公司签订《北京市商品房现房买卖合同》，约定刘某某购买位于北京市昌平区回龙观镇某35-08号别墅。2018年3月16日，李某乙与刘某某达成《离婚协议书》，协议书中关于财产处理事项约定："各自名下的车辆归各自所有，各自银行账户的现金以及有价证券归各自所有。"关于房屋产权处理事项约定："无争议"。同日，刘某某、李某乙办理离婚登记。2017年4月，李某甲起诉李某乙、刘某某民间借贷纠纷，2017年5月申请法院对涉案房屋采取了保全措施，北京市朝阳区人民法院依法查封了涉案房屋。2018年12月6日李某甲与李某乙在北京市朝阳区人民法院达成(2017)京0105民初44383号调解协议：被告李某乙于2018年12月13日前一次性偿还原告李某甲借款400万元并支付利息……2017年5月,李某甲再次起诉李某乙、刘某某民间借贷纠纷,2017年5月申请法院对涉案房屋采取了保全措施,北京市朝阳区人民法院依法查封了涉案房屋。2019年7月31日,朝阳区人民法院依法作出了(2017)京0105民初41179号民事判决书,判决李某乙在判决生效后7日内向李某甲偿还借款本金380万元并支付利息……该判决已经发生法律效力。上述两案诉讼过程中,李某甲申请财产保全,北京市朝阳区人民法院裁定对涉案两套房产采取了查封措施,查封期限自2017年5月26日至2020年5月25日。

2019年11月28日,北京市朝阳区人民法院依法作出(2019)京0105执10029号执行裁定书载明:申请执行人李某甲与被执行人李某乙民间借贷纠纷一案,执行中,法院依法向被执行人发出执行通知书、报告财产令,并依法传唤了被执行人。经在全国网络查控系统和北京市高级人民法院网络财产查询系统中查询,未发现被执行人有足额可供执行的财产。(2019)京0105执10029号执行一案已实现债权金额为0元。据此裁定终结本次执行程序。另,双方当事人均认可涉案两套房产已被北京市朝阳区人民法院续封。

【裁判理由】

法院生效裁判认为:李某乙与刘某某在离婚时关于房屋产权处理事项约定为“无争议”,应视为双方未对共有财产进行分割,二被告关于离婚后登记在各自名下的财产的辩解,法院不予采信。退一步讲,李某乙与刘某某均知道李某乙欠李某甲的债务尚未清偿完毕,且在涉案房屋也因此诉讼被法院依法查封的情况下,双方依然将涉案房屋分配给刘某某,导致李某甲的债权无法顺利实现,李某乙与刘某某存在恶意串通损害李某甲合法利益的嫌疑,故法院对刘某某和李某乙的主张无法采信。诉争房屋为被执行人李某乙与刘某某离婚时未做分割的夫妻共同财产且已被法院依法查封,执行过程中,李某乙未有其他足额可供执行的财产,此时申请执行人李某甲有权代位提起析产诉讼。现李某乙与刘某某已经离婚,按照夫妻共同财产的一般原则,对夫妻共同财产二人应各占50%产权份额。因此,李某甲的诉讼请求符合法律的规定,法院予以支持。

【裁判结果】

北京市昌平区人民法院于2019年12月20日作出(2019)京0114民初14465号民事判决:(1)确认北京市昌平区回龙观镇35-08号别墅李某乙与刘某某各享有50%的份额;(2)确认北京市昌平区回龙观镇38-17号别墅李某乙与刘某某各享有50%的份额。

宣判后,刘某某不服原审判决,提起上诉。北京市第一中级人民法院于2020年12月25日作出(2020)京01民终3138号民事判决:驳回上诉,维持原判。

2. 陈某诉王某离婚案——分割离婚财产时应按照房屋登记约定的按份共有份额分割(《中国法院2023年度案例·婚姻家庭与继承纠纷》)

【基本案情】

陈某(女)、王某(男)于2005年相识,2011年2月10日登记结婚,双方均系初婚且无子女。婚后经常产生矛盾,自2020年3月分居。后,陈某诉至法院请求离婚并分割夫妻共同财产。经查,双方婚后购买1204号房屋一套,2012年4月5日签订《购房合同》,购房人为陈某、王某。购买时房屋总价1270472元,首付款是390812元,贷款879660元,房贷于2014年3月14日还完,4月24日入住,2019年办理房产证。陈某委托王某办理产权证事宜。在办理房屋产权登记时,双方出具书面的《声明》载明:"双方按份共有:陈某占有份额99%,王某占有份额1%。"王某在登记机关的询问记录上认可登记事项系其真实意思表示。不动产权证书登记显示房屋共有情况为按份共有,王某1%,陈某99%。关于夫妻双方约定房产份额的原因,陈某主张自己收入较高,对家庭贡献较大,而王某在2008年前收入很低,之后没有工作,故双方约定了上述份额。王某则主张办理房产证时并不清楚1%和99%的意义。关于出资情况,王某主张自己大概出资三四万元,认可房屋从购买到提前还贷确实都是陈某出资多。陈某主张部分婚前财产用于购买1204号房屋,首付和贷款也基本上是自己支付。在本案审理过程中,对1204号房屋进行了评估,评估价值为367.8万元。

审理中,陈某提供微信聊天截屏及照片、王某工行信用卡对账单截屏、转账记录等证据欲证明陈某工作收入较高,对家庭和房屋的贡献大,王某收入较低或无工作,酗酒、打赏主播,其对家庭和房屋贡献较小,并且王某的诸多行为伤害了陈某的感情。对此,王某除语言抗辩外,没有其他证据证明。另外,登记在王某名下的大众牌汽车一辆,庭审中王某同意归其所有,王某给付陈某折价款3万元,陈某对此予以认可。

【案件焦点】

(1)婚后夫妻双方购买房屋并将产权登记为双方按份共有的,能否认定为夫妻双方存在财产约定;(2)在分割夫妻共有房产时,能否直接按夫妻共同财产平均分配;(3)如果不能,究竟是以出资为准,还是以不动产登记份额为准。

【裁判要旨】

北京市房山区人民法院经审理认为:婚姻关系的存续应以夫妻感情为基础。陈某与王某在共同生活中发生矛盾,现双方同意离婚,应予准许。关于房产问题,1204号房屋登记在双方名下,虽然该房屋不动产权证书显示为按份共有,王某1%,陈某99%,但该房屋为双方婚后购买,婚姻存续期间共同还贷,双方就该房屋亦无其他约定情形,现原告请求应以房产证的登记为准,无法律依据。考虑到实际情况认定房屋归陈某所有为宜，由原告向被告支付相应房屋补偿款，从照顾女方的原则出发，房屋补偿款本院酌定为 150 万元。关于轿车分割问题，庭审中王某同意归其所有，由其给付陈某折价款 3 万元，陈某对此亦认可，本院对此不持异议。

北京市房山区人民法院依照《婚姻法》第 17 条、第 32 条、第 39 条之规定，判决如下：(1)准予陈某与王某离婚；(2)1204 号房屋归陈某所有，陈某给付王某房屋补偿款 150 万元；(3)大众牌小型轿车一辆归王某所有，王某给付陈某折价款 3 万元；(4)驳回原告陈某的其他诉讼请求。

陈某提起上诉，二审法院同意一审法院裁判意见。陈某遂向检察院申请抗诉，检察院提起抗诉后，北京市高级人民法院指令北京市第二中级人民法院再审。

北京市第二中级人民法院经再审认为：本案争议的焦点是涉案的 1204 号房屋如何分割。根据查明的事实，王某和陈某将房屋产权登记为按份共有，并且在办理登记的声明中明确约定为按份共有，份额比例为王某 1%，陈某 99%。王某签署声明(并代理陈某签署)并向登记机关表明是其真实意思表示，这意味着当事人双方对房产作出了按份共有的约定，并且已按照约定进行了物权登记。该约定和登记对陈某和王某双方具有约束力。因此，对于涉案房屋，应当按照按份共有的约定进行分割。根据按份共有的份额比例，法院认定该房屋归陈某所有为宜，由陈某向王某支付相应房屋折价款。原审对于房屋分割处理有误，再审予以改正。故判决如下：(1)撤销一、二审判决的财产部分；(2)1204 号房屋归陈某所有，陈某给付王某房屋补偿款 36780 元；(3)大众牌小型轿车一辆归王某所有，王某给付陈某车辆折价款 30000 元。

第一千零六十六条　【婚内分割夫妻共同财产】婚姻关系存续期间，有下列情形之一的，夫妻一方可以向人民法院请求分割共同财产：

（一）一方有隐藏、转移、变卖、毁损、挥霍夫妻共同财产或者伪造夫妻共同债务等严重损害夫妻共同财产利益的行为；

（二）一方负有法定扶养义务的人患重大疾病需要医治，另一方不同意支付相关医疗费用。

【立法·要点释义】

现实生活中，存在一些夫妻一方通过各种手段侵害另一方的共有财产权益的情况，如果夫妻双方离婚，进而分割共同财产，才能彻底解决问题。但由于种种原因，夫妻双方或者一方不愿意离婚，只是要求人民法院解决财产问题。婚姻关系存续期间，夫妻双方一般不得请求分割共同财产,只在法定情形下,可以采取分割夫妻共同财产的办法。实际上物权法也允许共同共有人在有重大理由时可以请求分割共同财产。

实践中,比较典型的就是夫妻一方隐藏、转移、变卖、毁损、挥霍夫妻共同财产或者伪造夫妻共同债务等行为,这些都属于严重损害了夫妻共同财产利益的行为。隐藏是指将财产藏匿起来,不让他人发现,使另一方无法获知财产的所在从而无法控制。转移是指私自将财产移往他处,或者将资金取出移往其他账户,脱离另一方的掌握。变卖是指将财产折价卖给他人。毁损是指采用打碎、拆卸、涂抹等破坏性手段使物品失去原貌,失去或者部分失去原来具有的使用价值和价值。挥霍是指超出合理范围任意处置、浪费夫妻共同财产。伪造夫妻共同债务是指制造内容虚假的债务凭证,包括合同、欠条等,意图侵占另一方财产。上述违法行为,在主观上只能是故意,不包括过失行为,如因不慎将某些共同财产毁坏,只要没有故意,不属于本条规定之列。

另一种情形是一方负有法定扶养义务的人患重大疾病需要医治,另一方不同意支付相关医疗费用。这里所指的扶养是广义上的扶养,即一定范围的亲属之间互相供养和扶助的法律关系,包括长辈对晚辈的抚养、晚辈对长辈的赡养和平辈即夫妻之间和兄弟姐妹之间的扶养。扶养可以分为法定扶养、协议扶养和遗嘱扶养。本条规定明确仅指法定扶养。关于"重大疾病",本条没有作出明确界定,在司法实践中应当参照医学上的认定,借鉴保险行业中对重大疾病的划定范围,一般认为,某些需要长期治疗、花费较高的疾病,如糖尿病、肿瘤、脊髓灰质炎等,或者直接涉及生命安全的疾病属于重大疾病。"相关医疗费用"主要指为治疗疾病需要的必要、合理费用,不应包括营养、陪护等费用。

在全国人大常委会审议和征求意见的过程中,有的意见建议增加一些情形,如一方的财产不足清偿其个人债务的;一方要求用夫妻共同财产从事投资经营活动,另一方不同意的;一方实施家庭暴力,受害方要求分割的;因感情不和分居满一年的;一方基于其他重大理由需要分割共同财产等。经研究,为维护家庭和睦、稳定,对夫妻一方要求分割夫妻共同财产的法定情形应当从严掌握,上述这些情形所涉问题有的无须通过分割夫妻共同财产解决,有的实践中可操作性不强,最后本条规定维持这两种情形不变。

【编者观点】

本条修改自《婚姻法解释(三)》第4条,删除"不损害债权人利益"的要件,合理性在于,对于夫妻共同债务以及夫妻连带债务,责任财产范围皆包括所有夫妻共同财产,夫妻就该责任财产承担连带责任，是否分割共同财产不会影响债权人的利益；对于夫或妻一方的个人债务，如果夫妻分割共同财产影响债权人利益，债权人有权依据第 538 条行使债权人撤销权，撤销析产行为以保全债权。

第 1087 条以及第 1092 条确立了离婚时的夫妻共同财产分割规则，第 1153 条确立了夫妻一方死亡时的共同财产分割规则，本条则是确立了婚姻关系存续期间夫妻共同财产分割规则。本条相对于细化了物权编第 303 条关于共有物分割规则中的"重大理由"，目的是保障夫妻双方对共同财产的平等支配权。

本条所分割的对象，可以是概括财产意义上的分割，指向作为集合财产的共同财产，且分割范围无须及于全部共同财产范围；也可以是针对某项特定财产请求分割，分割范围亦应尊重夫妻双方的意思表示。共有财产分割协议实质上属于夫妻特别财产约定。在无法协商确定具体分割方式时，裁判中应当根据第 304 条关于实物分割、补偿分割或变价分割等共有物分割方式的规定，参照第 1087 条以及第 1092 条关于离婚时的夫妻共同财产分割规则，照顾子女、女方和无过错方权益，并考虑个案中家庭的特殊状况。若不存在夫妻某一方严重侵害共同财产利益的行为，婚内财产分割宜采用均分规则。法院所作的共有物分割判决为形成判决，根据第 229 条规定，自法律文书生效时发生物权变动的效力。

多数观点认为分割效力限于目前所有的共有财产分割，不涉及夫妻财产制的变更，也不向未来发生效力。夫妻依据本条规定请求分割共有财产后，婚姻关系继续，若夫妻双方未特别约定适用分别财产制，则仍应适用婚后所得共同财产制。因此，我国的婚内共同财产分割规则区别于域外的非常财产制。

本条所列两项情形的规范目的不同，第 1 项情形是为保护夫妻一方在共同财产中的利益不受另一方的不当损害，因为第 1 项所列行为已远超夫妻平等处理权范畴。第 2 项情形是为保护配偶负有法定扶养义务的近亲属的生存利益，支付医疗费是履行法定扶养义务的重要内容。有观点认为，适用本项时，应将"一方个人财产不足以支付其具有法定扶养义务的近亲属的医疗费用"作为适用前提，因为我国立法并未规定姻亲之间须承担扶养义务，当重大疾病涉及的医疗费用数额较大，需要通过处分共同财产的方式换取医疗费用，而配偶不同意处分时，可以根据本条规定请求分割共同财产，由扶养义务人用其中个人所有的份额支付医疗费用。如若是夫妻一方患有疾病，根据夫妻之间的相互扶养义务，患病一方有权用夫妻共同财产支付医疗费用，不需要通过本条规定实现救济。

本条并未设置兜底条款，《民法典婚姻家庭编解释(一)》第 38 条进一步明确除本条规定的两项情形外，夫妻一方请求分割共同财产的,人民法院不予支持,以防止对"重大理由"不当扩张,导致夫妻财产关系处于不稳定的状态。最高人民法院民一庭甚至认为,在夫妻一方故意犯罪,且需在刑事附带民事诉讼中支付巨额赔偿金的情况下,其配偶出于为自己包括未成年子女保留更多的财产的目的,诉请分割夫妻共同财产,人民法院也不应予以支持。但是立法中已经存在例外规定,根据《查封、扣押、冻结财产规定》第12条第3款,如果一方的个人债务无法从其个人财产中清偿,夫妻一方或者其债权人可以代位提起对夫妻共有财产的析产之诉。

债权人对负债方在夫妻共同财产中相应份额的求偿,存在三种可能性:第一种,负债方配偶同意以自己的财产为负债方偿还债务以避免分割共同财产;第二种,离婚分割共同财产,再申请强制执行属于负债方的财产;第三种,婚内分割共同财产,并就负债方的相应份额求偿。第一种做法中,负债方配偶以自身财产代另一方承担债务的,事后针对负债方享有补偿请求权,以夫妻共同财产补偿个人财产,或者基于离婚协议或法院的法律文书向另一方追偿。第二种与第三种做法的区别在于是否需要离婚。编者认为,当夫妻一方债务使另一方财产利益受到损害,就构成分割共同财产的正当性理由,维护了债权人利益的同时,也可以最大限度地保有婚姻关系。

【相关立法】

《中华人民共和国民法典》(2021年1月1日施行)

第三百零三条 共有人约定不得分割共有的不动产或者动产,以维持共有关系的,应当按照约定,但是共有人有重大理由需要分割的,可以请求分割;没有约定或者约定不明确的,按份共有人可以随时请求分割,共同共有人在共有的基础丧失或者有重大理由需要分割时可以请求分割。因分割造成其他共有人损害的,应当给予赔偿。

【司法解释】

1.《最高人民法院关于适用〈中华人民共和国民法典〉婚姻家庭编的解释(一)》(法释〔2020〕22号,2021年1月1日施行)

第三十八条① **【夫妻一方在婚姻关系存续期间请求分割夫妻共同财产】** 婚姻关系存续期间,除民法典第一千零六十六条规定情形以外,夫妻一方请求分割共同财产的,人民法院不予支持。

2.《最高人民法院关于人民法院民事执行中查封、扣押、冻结财产的规定》(法释〔2020〕21号修正,2021年1月1日施行)

---

① 对该条的注释详见附录一第882页。

第十二条　对被执行人与其他人共有的财产，人民法院可以查封、扣押、冻结，并及时通知共有人。

共有人协议分割共有财产，并经债权人认可的，人民法院可以认定有效。查封、扣押、冻结的效力及于协议分割后被执行人享有份额内的财产；对其他共有人享有份额内的财产的查封、扣押、冻结，人民法院应当裁定予以解除。

共有人提起析产诉讼或者申请执行人代位提起析产诉讼的，人民法院应当准许。诉讼期间中止对该财产的执行。

3.《最高人民法院关于适用〈中华人民共和国民法典〉婚姻家庭编的解释（二）》（法释〔2025〕1 号，2025 年 2 月 1 日施行）

第六条①　**【夫妻一方直播打赏款项的处理】**夫妻一方未经另一方同意，在网络直播平台用夫妻共同财产打赏，数额明显超出其家庭一般消费水平，严重损害夫妻共同财产利益的，可以认定为民法典第一千零六十六条和第一千零九十二条规定的“挥霍”。另一方请求在婚姻关系存续期间分割夫妻共同财产，或者在离婚分割夫妻共同财产时请求对打赏一方少分或者不分的，人民法院应予支持。

【法院参考案例】

1. 刘某某诉王某甲等共有案——夫妻一方基于“转移、挥霍”等法定情形请求分割共有财产的判定（《中国法院 2023 年度案例·婚姻家庭与继承纠纷》）

【基本案情】

王某甲与李某某原系夫妻关系，王某乙系二人之女。1999 年王某甲与李某某经法院调解离婚。2013 年 12 月 28 日，王某甲与刘某某结婚。2017 年 12 月 27 日，刘某某将户籍迁入涉诉宅院，四人户籍均在涉诉宅院。2018 年 8 月至 2019 年 3 月，王某乙代理王某甲与置业公司签订多份拆迁协议及安置房认购协议。其间，刘某某因身体原因两次住院治疗，三人均表示不知情，且根据《拆迁协议》刘某某属于享有安置资格的四人之一。后王某甲在未征得刘某某同意的情况下，将拆迁利益包含拆迁补偿、补助及奖励款赠与王某乙。

拆迁档案中记载部分内容如下：(1)宅基地区位补偿款、宅基地内空地奖、提前搬家奖根据宅基地的相应面积计算，生活补助费按安置面积计算，搬家补助、宅基地合法利用奖、工程配合奖按每宗宅基地相同标准计算，人员安置补助按照每人 20000 元计算；涉诉宅院宅基地空地面积为 78.27 平方米，建筑面积为 154.73 平方米。(2)王某甲出具的放弃宅基地权利声明及授权王某乙办理拆迁安置等事宜的授权委托书。(3)王某甲出具情况说明及承诺

---

①　对该条的注释详见附录三第 1072 页。

书,称其与刘某某处于离婚诉讼状态,刘某某无法到场选房,一切法律后果由其自行承担。(4)王某甲、李某某、王某乙出具声明,由王某乙代替刘某某办理购房事宜,全部家庭成员已决定不以刘某某的名义预选房屋,法律后果与置业公司无关。后拆迁补偿、补助款除20万元转给李某某,剩余钱款均转账给王某乙。王某乙在诉讼中提交证据证明王某乙曾在2019年2月至7月转账给王某甲共计105万元。王某甲表示该钱款绝大部分已用于个人消费。

【案件焦点】

(1)所涉拆迁利益是否为王某甲与刘某某的共有财产;(2)刘某某可否主张分割拆迁利益。

【裁判要旨】

北京市顺义区人民法院经审理认为:刘某某户籍于2017年12月27日迁入涉诉宅院,其作为王某甲的配偶,具有使用涉诉宅院土地的权利。刘某某婚后未在涉诉宅院对房屋及附属物有添附,故与既有房屋相连部分的宅基地的拆迁利益刘某某无权享有,而就宅院空地部分的拆迁利益含宅基地区位补偿款、宅基地内空地奖、提前搬家奖刘某某有权享有。而对于按照每宗宅基地进行固定补偿的搬家补助、宅基地合法利用奖、工程配合奖,刘某某作为实际居住使用涉诉宅院的家庭成员之一,享有相应的权利。生活补助按照拆迁政策,系依据被拆迁人选择的安置房面积给予补偿,在刘某某符合安置资格的情况下,其享有该部分费用的权利。上述财产属于刘某某婚后取得的财产,应属于其与王某甲的夫妻共同财产。王某甲在未征得刘某某同意的情况下,将属于自己以及与刘某某夫妻共有的拆迁补偿、补助及奖励款赠与王某乙,考虑到王某甲与王某乙系父女关系,且王某乙是作为王某甲的代理人办理的拆迁相应事宜,对刘某某作为被拆迁家庭成员享有相应利益亦属明知,故王某乙取得相应款项并非善意,王某甲涉及夫妻共同财产部分的赠与应为无效。虽王某甲、王某乙、李某某称王某乙回转给王某甲共计105万元,但同时又表示王某甲已经花费了绝大部分,故综上情况本院认定王某甲具有转移、挥霍夫妻共同财产的情节,刘某某有权请求分割共同财产。北京市顺义区人民法院依照《婚姻法》第17条、《婚姻法解释(三)》第4条、《民法典时间效力规定》第1条之规定,作出如下判决:被告王某甲、李某某、王某乙于本判决生效之日起7日内给付原告刘某某拆迁补偿、补助及奖励款225966元。

王某甲等不服原审判决向北京市第三中级人民法院提起上诉,二审法院同意一审法院裁判意见,作出判决如下:驳回上诉,维持原判。

2. 薛某诉陈某夫妻财产约定纠纷案[《人民司法·案例》2012年第4期(总第639期)]

【裁判要旨】

分居状态下一方隐藏、转移、挥霍夫妻共同财产的,对方是否有权请求分割财产:婚姻关系存续期间,一方在保管巨额共同财产时称其一次性取出后在短时间内全部用完,但未能提供有效证据证明该笔财产用于合理用途,此时应认定其构成隐藏、转移、挥霍夫妻共同财产,侵犯了其配偶享有的共同财产权益。同时,夫妻双方已经处于分居状态,故财产权益被侵害一方有权在婚内主张分割该部分共同财产。

第二节　父母子女关系和其他近亲属关系

第一千零六十七条　【父母与子女间的抚养赡养义务】父母不履行抚养义务的,未成年子女或者不能独立生活的成年子女,有要求父母给付抚养费的权利。

成年子女不履行赡养义务的,缺乏劳动能力或者生活困难的父母,有要求成年子女给付赡养费的权利。

【立法・要点释义】

《宪法》第 49 条明确规定,父母有抚养教育未成年子女的义务。成年子女有赡养扶助父母的义务。本法总则编第 26 条规定:"父母对未成年子女负有抚养、教育和保护的义务。成年子女对父母负有赡养、扶助和保护的义务。"本条规定就是对第 26 条中有关父母与子女之间抚养和赡养义务的细化规定,适用于婚生父母子女之间、非婚生父母子女之间、养父母子女之间和构成抚养教育关系的继父母子女之间的关系。

父母对未成年子女的抚养是无条件的,在任何情况下都不能免除;即使父母已经离婚,对未成年的子女仍应依法履行抚养的义务。对拒不履行抚养义务,恶意遗弃未成年子女已构成犯罪的,应当追究其刑事责任。父母对成年子女的抚养是有条件的,在成年子女没有劳动能力或者出于某种原因不能独立生活时,父母也要根据需要和可能,负担其生活费用或者给予一定的帮助。对有独立生活能力的成年子女,父母自愿给予经济帮助,法律并不干预。

老年人有从国家和社会获得物质帮助的权利,在我国发展的现阶段,赡养老人也是家庭的一项重要职能。《老年人权益保障法》第 13 条规定,老年人养老以居家为基础,家庭成员应当尊重、关心和照料老年人。子女作为赡养人,应当履行对老年人经济上供养、生活上照料和精神上慰藉的义务,照顾老年人的特殊需要。儿子和女儿都有义务赡养父母,已婚妇女也有赡养其父母的义务和权利。一切有经济能力的子女,对丧失劳动能力,无法维持生活的父母,都应予以赡养。对不在一起生活的父母,应根据父母的实际生活需要和子女的负担能力，给付一定的赡养费用。赡养费用一般不低于子女本人或者当地的普通生活水平，有两个以上子女的，可依据不同的经济条件，共同负担赡养费用。赡养人之间也可以就履行赡养义务签订协议，但不得违反法律的规定和老年人的意愿。

赡养人的义务具体表现为以下几个方面：一是赡养人应当使患病的老年人及时得到治疗和护理；对经济困难的老年人，应当提供医疗费用。对生活不能自理的老年人，赡养人应当承担照料责任；不能亲自照料的，可以按照老年人的意愿委托他人或者养老机构等照料。二是赡养人应当妥善安排老年人的住房，不得强迫老年人居住或者迁居条件低劣的房屋。老年人自有的或者承租的住房，子女或者其他亲属不得侵占，不得擅自改变产权关系或者租赁关系。老年人自有的住房，赡养人有维修的义务。三是应当关心老年人的精神需求，不得忽视、冷落老年人。赡养人与老年人分开居住的，应当经常看望或者问候老年人。四是赡养人不得以放弃继承权或者其他理由，拒绝履行赡养义务。赡养人不得要求老年人承担力不能及的劳动。对负有赡养义务而拒绝赡养，情节恶劣构成遗弃罪的，还应当承担刑事责任。

【编者观点】

费孝通先生将中西家庭模式总结为西方的“接力模式”和中国的“反哺模式”。我国传统家庭的代际关系是上一代抚养下一代，下一代赡养上一代，抚养和赡养基本处于双向平衡状态。但是近年来我国社会中的代际关系的改变趋势是，日益强化父辈对子孙的抚养责任，而弱化子孙对父辈的赡养义务，很多家庭出现“敬老不足，爱幼有余”的倾向。在法律层面，父母子女之间的相互扶养义务是建立在特殊的身份关系之上的法定义务，子女对父母的赡养不以父母履行了对子女的抚养义务作为对价，因此即便父母未履行抚养子女的义务，子女也不能主张免除赡养义务。只有在极特殊的情形，如父母具有抚养能力而拒不履行抚养义务，或者对子女实施虐待、遗弃等违法行为情节严重的，方可免除子女的赡养义务。

在理论层面，我国立法并未采纳传统民法中描述父母子女关系的亲权概念，而是建立起统一的监护制度。通常情况下，父母既是未成年子女的抚养义务人，也是其法定监护人。广义的抚养泛指身心照料和经济供养，给付抚养费只是履行抚养义务的一种形式，由于法律不能对具有人身性的身心照料义务强制履行，因此只能规定不以其他形态履行抚养义务时，应当给付抚养费。除本条外，第 1071 条规定了父母对非婚生子女的抚养费给付问题，第 1085 条规定了离婚后非直接抚养方父母对子女的抚养费给付问题，与本条构成一般特殊的适用关系。父母不能协议排除对子女的抚养义务。

实践中有争议的是，父母对于接受大学及以上学历教育的成年子女，是否应当给付抚养费。否定观点认为，父母对于读大学的成年子女并无抚养义务，虽然允许自愿给付，但不属于法定义务；而肯定观点则认为，在读大学生多数欠缺独立生活的能力，在其无固定收入来源时，通过勤工俭学或助学贷款往往也无法负担全部的学习和生活费用，可视为非因主观原因而无法维持正常生活，构成了本条中的“不能独立生活的成年子女”，父母在有经济能力的情况下，仍有义务负担一定的费用。而到了研究生教育阶段，原则上不应承认父母对成年子女有抚养费给付义务。

受社会生产力发展水平的限制，目前我国建立和完善的社会养老服务体系是，以居家为基础、社区为依托、机构为支撑。“居家为基础”意味着对老年人的赡养和照顾还主要依赖于家庭，依赖于子女对赡养义务的履行。与抚养的内涵相似，根据《老年人权益保障法》第 14 条规定，赡养包括经济上的供养、生活上的照料和精神上的慰藉。虽然第 18 条还细化规定了，“家庭成员应当关心老年人的精神需求，不得忽视、冷落老年人。与老年人分开居住的家庭成员，应当经常看望或者问候老年人”。但是实践中定期探望等精神赡养义务即便可以作为单独的诉讼请求，也很难真正判决和执行。因此，本条仅规定了父母享有的赡养费给付请求权，且以父母有赡养需求为前提，表现为缺乏劳动能力或者生活困难，满足其一即可。赡养费的范围不仅包括父母的生活费，还应包括医疗费、护理费等其他费用。存在多个赡养义务人时，与父母共同生活、承担实际照顾义务的子女可不承担或少承担赡养费。解除收养关系后，依据第 1118 条规定，虽然成年养子女对缺乏劳动能力又缺乏生活来源的养父母应给付生活费，但性质上不属于赡养费。

抚养义务和赡养义务都属于法定义务，当事人之间或者义务人之间虽然可以就如何分担义务进行内部约定，例如以子女放弃继承为对价免除赡养义务，但是，义务人之间的约定对权利人不发生效力，即便权利人成为约定的一方当事人，也不能因此免除抚养或赡养的法定义务。如果父母缺乏劳动能力或生活困难需要赡养，无论是否存在约定，子女都应当履行。

【相关立法】

1.《中华人民共和国宪法》（2018 年修正，2018 年 3 月 11 日施行）

第四十九条　婚姻、家庭、母亲和儿童受国家的保护。

夫妻双方有实行计划生育的义务。

父母有抚养教育未成年子女的义务，成年子女有赡养扶助父母的义务。

禁止破坏婚姻自由，禁止虐待老人、妇女和儿童。

2.《中华人民共和国民法典》(2021年1月1日施行)

第二十六条 父母对未成年子女负有抚养、教育和保护的义务。

成年子女对父母负有赡养、扶助和保护的义务。

第三十七条 依法负担被监护人抚养费、赡养费、扶养费的父母、子女、配偶等,被人民法院撤销监护人资格后,应当继续履行负担的义务。

第一百九十六条 下列请求权不适用诉讼时效的规定:

(一)请求停止侵害、排除妨碍、消除危险;

(二)不动产物权和登记的动产物权的权利人请求返还财产;

(三)请求支付抚养费、赡养费或者扶养费;

(四)依法不适用诉讼时效的其他请求权。

3.《中华人民共和国刑法》(2023年修正,2024年3月1日施行)

第二百六十一条 【遗弃罪】对于年老、年幼、患病或者其他没有独立生活能力的人,负有扶养义务而拒绝扶养,情节恶劣的,处五年以下有期徒刑、拘役或者管制。

4.《中华人民共和国老年人权益保障法》(2018年修正,2018年12月29日施行)

第十三条 老年人养老以居家为基础,家庭成员应当尊重、关心和照料老年人。

第十四条 赡养人应当履行对老年人经济上供养、生活上照料和精神上慰藉的义务,照顾老年人的特殊需要。

赡养人是指老年人的子女以及其他依法负有赡养义务的人。

赡养人的配偶应当协助赡养人履行赡养义务。

第十五条 赡养人应当使患病的老年人及时得到治疗和护理;对经济困难的老年人,应当提供医疗费用。

对生活不能自理的老年人,赡养人应当承担照料责任;不能亲自照料的,可以按照老年人的意愿委托他人或者养老机构等照料。

第十六条 赡养人应当妥善安排老年人的住房,不得强迫老年人居住或者迁居条件低劣的房屋。

老年人自有的或者承租的住房,子女或者其他亲属不得侵占,不得擅自改变产权关系或者租赁关系。

老年人自有的住房,赡养人有维修的义务。

第十七条 赡养人有义务耕种或者委托他人耕种老年人承包的田地,照管或者委托他人照管老年人的林木和牲畜等,收益归老年人所有。

第十八条 家庭成员应当关心老年人的精神需求,不得忽视、冷落老年人。

与老年人分开居住的家庭成员,应当经常看望或者问候老年人。

用人单位应当按照国家有关规定保障赡养人探亲休假的权利。

第十九条　赡养人不得以放弃继承权或者其他理由，拒绝履行赡养义务。

赡养人不履行赡养义务，老年人有要求赡养人付给赡养费等权利。

赡养人不得要求老年人承担力不能及的劳动。

第二十条　经老年人同意，赡养人之间可以就履行赡养义务签订协议。赡养协议的内容不得违反法律的规定和老年人的意愿。

基层群众性自治组织、老年人组织或者赡养人所在单位监督协议的履行。

第二十一条　老年人的婚姻自由受法律保护。子女或者其他亲属不得干涉老年人离婚、再婚及婚后的生活。

赡养人的赡养义务不因老年人的婚姻关系变化而消除。

第二十四条　赡养人、扶养人不履行赡养、扶养义务的，基层群众性自治组织、老年人组织或者赡养人、扶养人所在单位应当督促其履行。

第二十七条　国家建立健全家庭养老支持政策，鼓励家庭成员与老年人共同生活或者就近居住，为老年人随配偶或者赡养人迁徙提供条件，为家庭成员照料老年人提供帮助。

【司法解释】

《最高人民法院关于适用〈中华人民共和国民法典〉婚姻家庭编的解释（一）》（法释〔2020〕22 号，2021 年 1 月 1 日施行）

第四十一条①　**【“不能独立生活的成年子女”的含义】**尚在校接受高中及其以下学历教育，或者丧失、部分丧失劳动能力等非因主观原因而无法维持正常生活的成年子女，可以认定为民法典第一千零六十七条规定的“不能独立生活的成年子女”。

第四十二条②　**【“抚养费”的具体内容】**民法典第一千零六十七条所称“抚养费”，包括子女生活费、教育费、医疗费等费用。

第四十三条③　**【夫妻在婚姻关系存续期间不履行抚养子女义务的情形下，人民法院支持子女抚养费请求权】**婚姻关系存续期间，父母双方或者一方拒不履行抚养子女义务，未成年子女或者不能独立生活的成年子女请求支付抚养费的，人民法院应予支持。

【批复答复】

《最高人民法院关于被赡养人因损害行为引起他人经济损失本人无经济收入的能否由赡养人垫付的复函》（〔1989〕法民字第 32 号，1990 年 2 月 10 日）

---

① 对该条的注释详见附录一第 897 页。
② 对该条的注释详见附录一第 900 页。
③ 对该条的注释详见附录一第 901 页。

经研究,我们认为,《意见》①第161条第二款是对年满十八周岁,没有经济收入的民事主体侵权时,承担民事责任的规定。已分家独自生活的被赡养人致人损害时,应由本人承担民事责任。赡养人既不是共同被告,也不是第三人,不应列为诉讼当事人,至于赡养人自愿为被赡养人支付赔偿费用,可由他们自行协商解决,人民法院不宜作出发生法律效力的调解或者判决。

【部门参考文件】

司法部《赡养协议公证细则》(司发〔1991〕048号,1991年5月1日)

第二条 赡养协议是赡养人就履行赡养义务与被赡养人订立的协议,或赡养人相互间为分担赡养义务订立的协议。

父母或祖父母、外祖父母为被赡养人,子女或孙子女、外孙子女为赡养人。

第三条 赡养协议公证是公证处依法证明当事人签订赡养协议真实、合法的行为。

第四条 赡养协议公证,由被赡养人或赡养人的住所地公证处受理。

第五条 申办赡养协议公证,当事人应向公证处提交以下证件和材料:

(一)赡养协议公证申请表;

(二)当事人的居民身份证或其他身份证明;

(三)委托代理申请,代理人应提交委托人的授权委托书和代理人的身份证明;

(四)当事人之间的亲属关系证明;

(五)赡养协议;

(六)公证处认为应当提交的其他材料。

第六条 符合下列条件的申请,公证处应予受理:

(一)当事人及其代理人身份明确,具有完全民事行为能力;

(二)当事人就赡养事宜已达成协议;

(三)当事人提交了本细则第五条规定的证件和材料;

(四)该公证事项属本公证处管辖。

对不符合前款规定条件的申请,公证处应作出不予受理的决定,并通知当事人。

第七条 赡养协议应包括下列主要内容:

(一)被赡养人和赡养人的姓名、性别、出生日期、家庭住址;

(二)被赡养人和赡养人之间的关系;

(三)赡养人应尽的具体义务。包括照顾被赡养人衣、食、住、行、病、葬的具体措施及对责任田、口粮田,自留地的耕、种、管、收等内容;

(四)赡养人提供赡养费和其他物质帮助的给付方式、给付时间;

(五)对被赡养人财产的保护措施;

(六)协议变更的条件和争议的解

---

① 即《民法通则意见》。——编者注

决方法；

（七）违约责任；

（八）如有履行协议的监督人，应到场并在协议上签字。

第八条 公证人员应认真接待当事人，按《公证程序规则（试行）》第二十四条①规定制作笔录，并着重记录下列内容：

（一）被赡养人的健康、财产、工作状况，劳动和生活自理能力及子女情况，对赡养人的意见和要求；

（二）赡养人的工作、经济状况及赡养能力；

（三）赡养人与被赡养人之间的关系，签订赡养协议的原因和意思表示；

（四）赡养人应尽的具体义务；

（五）违约责任；

（六）设立赡养协议监督人的情况；

（七）公证人员认为应当记录的其他内容。

公证人员接待当事人，须根据民法通则、婚姻法和继承法等有关法律，向当事人说明签订赡养协议的法律依据，协议双方应承担的义务和享有的权利，以及不履行义务应承担的法律责任。

第九条 赡养协议公证，除按《公证程序规则（试行）》第二十三条②规定的内容审查外，还应着重审查下列内容：

（一）赡养人必须是被赡养人的晚辈直系亲属；

（二）当事人的意思表示真实、协商一致；

（三）赡养协议条款完备，权利义务明确、具体、可行，协议中不得有处分被赡养人财产或以放弃继承权为条件不尽赡养义务等，侵害被赡养人合法权益的违反法律、政策的内容；

（四）协议监督人应自愿，并有承担监督义务的能力；

（五）公证人员认为应当查明的其他情况。

第十条 符合下列条件的赡养协议，公证处应出具公证书：

（一）当事人具有完全民事行为能力；

（二）委托代理人的代理行为合法；

（三）当事人意思表示真实，自愿；

（四）协议内容真实、合法，赡养人应尽的义务明确、具体、可行，协议条款完备，文字表述准确；

（五）办证程序符合规定。

不符合前款规定的，应当拒绝公证，并在办证期限内将拒绝的理由通知当事人。

第十一条 被赡养人不具有完全民事行为能力，应由赡养人之间共同签订赡养协议，并参照本细则规定办理公证。

第十二条 办理兄、姐与弟、妹之

---

① 对应 2020 年《公证程序规则》第 29 条。——编者注

② 对应 2020 年《公证程序规则》第 23 条。——编者注

间的扶养协议公证,可参照本细则规定。

公证书格式(1)

公证书

( )××字第××号

兹证明被赡养人××(男或女,××××年×月×日出生,现住××省××县××乡××村)与赡养人×××(男或女,××××年×月×日出生,现住××省××县××乡××村)、×××(男或女,××××年×月×日出生,现住××省××县××乡××村),于××××年×月×日自愿签订了前面《赡养协议》,并在我的面前,在前面的协议上签名(盖章)。当事人签订上述协议的行为符合《中华人民共和国民法通则》第五十五条和《中华人民共和国婚姻法》的规定。

××省××县公证处

公证员 ×××

××××年×月×日

公证书格式(2)

公证书

( )××字第××号

兹证明赡养人×××(男或女,××××年×月×日出生,现住××省××县××乡××村)、×××(男或女,××××年×月×日出生,现住××省××县××乡××村)就赡养×××的问题于××××年×月×日自愿签订了前面《赡养协议》,并在我的面前,在前面的协议上签名(盖章)。当事人签订上述协议的行为符合《中华人民共和国民法通则》第五十五条和《中华人民共和国婚姻法》的规定。

××省××县公证处

公证员 ×××

××××年×月×日

<注:本格式用于《赡养协议公证细则》第十一条规定的情况>

【地方法院规范】

1.《江苏省高级人民法院民事审判第一庭家事纠纷案件审理指南(婚姻家庭部分)》(2019年)

21. 父母能否主张子女履行精神赡养义务?

赡养包括经济上供养、生活上照料和精神上慰藉。父母主张子女履行探望等精神赡养义务的,应予支持。

22. 父母与子女约定免除或者以子女放弃家庭共有财产、继承等为条件免除子女赡养义务的,事后能否主张子女履行赡养义务?

子女对父母有赡养扶助的法定义务。父母与子女约定免除子女赡养义务的，该约定无效，事后父母主张子女履行赡养义务的，应予支持。约定以子女放弃家庭共有财产、继承等为条件免除子女赡养义务的，如果协议已履行，可以酌情减轻子女给付赡养费的义务。

23. 父母未履行抚养义务，子女能否主张免除赡养义务？

父母因经济能力限制或者其他客观原因未履行抚养义务，子女主张免除赡养义务的，不予支持。但父母存在有抚养能力而拒不履行抚养义务或者对子女实施虐待、遗弃、故意杀害等行为，情节严重的，可以酌情减轻子女的赡养义务，构成犯罪的，可以免除子女的赡养义务。

2.《北京市高级人民法院民一庭关于审理婚姻纠纷案件若干疑难问题的参考意见》（2016 年）

十一、【赡养案件当事人范围】赡养案件原则上可以只列对赡养权利义务存在争议方为赡养案件当事人。但确有必要追加其他赡养义务人以便全面分配赡养义务的，人民法院可根据案情予以追加。

3.《上海市高级人民法院婚姻家庭纠纷若干问题的解答》（2006 年，2020 年 12 月修订）

八、父母与部分子女签订赡养协议，是否免除其他子女的赡养义务

子女赡养父母是一项法定义务。如果父母与部分子女签订赡养协议，即使该协议约定的赡养费金额已能满足父母日常生活、医疗需要的，也不能因此免除其他子女应对父母承担的法定赡养义务。

【公报案例】

人工授精子女抚养纠纷案（《最高人民法院公报》1997 年第 1 期）

【基本案情】

原告诉称：双方婚后感情不合，经常争吵。被告对我及家人从不关心，致使夫妻感情彻底破裂。现请求与被告离婚；孩子归我抚养，被告要负担抚养费用；在各自住处存放的财产归各自所有。被告辩称：夫妻感情虽已破裂，但是还应以和为好，若原告坚持离婚，我也同意。孩子是原告未经我的同意，接受人工授精所生，与我没有血缘关系。如果孩子由我抚养教育，我可以负担抚养费用；如果由原告抚养，我不负担抚养费用。同意原告对财产的分割意见。

受理此案的人民法院经不公开审理查明：原告某女与被告某男于 1978 年 7 月结婚，婚后多年不孕，经医院检查，是某男无生育能力。1984 年下半年，夫妻二人通过熟人关系到医院为某女实施人工授精手术 2 次，均未成功。1985 年初，二人到医院，又为某女实施人工授精手术 3 次。不久，某女怀孕，于 1986 年 1 月生育一子。之后，夫妻双方常为生活琐事发生争吵，又长期分居，致使感情破裂。

【裁判结果】

受理此案的人民法院认为,原告某女与被告某男的夫妻感情确已破裂,经法院调解,双方同意离婚,依照《婚姻法》第25条的规定,应当准予离婚。婚姻关系存续期间所生一子,是夫妻双方在未办理书面同意手续的情况下,采用人工授精方法所生。实施人工授精时,某男均在现场,并未提出反对或者不同的意见;孩子出生后的10年中,某男一直视同亲生子女养育,即使在夫妻发生矛盾后分居不来往时,某男仍寄去抚养费。最高人民法院于1991年7月8日在《关于夫妻关系存续期间以人工授精所生子女的法律地位的复函》中明确指出,“在夫妻关系存续期间,双方一致同意进行人工授精所生子女应视为夫妻双方的婚生子女,父母子女之间权利义务关系适用《婚姻法》的有关规定”。根据《婚姻法》的立法精神和最高人民法院的复函规定,某女和某男婚姻关系存续期间所生的孩子,应当视为夫妻双方的婚生子女。某男现在否认当初同意某女做人工授精手术,并借此拒绝负担对孩子的抚养义务,其理由不能成立。依照《婚姻法》第15条和第29条的规定,无论子女随哪一方生活,父母对子女都有抚养教育的义务。根据《最高人民法院关于人民法院审理离婚案件处理子女抚养问题的若干具体意见》第5条关于“父母双方对十周岁以上的未成年子女随父或随母生活发生争执的,应当考虑该子女的意见”的规定,经征求孩子本人的意见,孩子表示愿意随母亲生活,应予同意。依照《婚姻法》第31条的规定,夫妻双方对共同财产的分割协商一致,法院不予干预。据此,该人民法院于1996年7月15日判决:(1)准予原告某女、被告某男离婚。(2)孩子由原告某女抚养教育,被告某男自1996年7月份起每月支付孩子的抚养费130元,至其独立生活时止。(3)财产分割双方无争议。

【法院参考案例】

1. 苏甲诉苏乙等赡养纠纷案——子女应当尊重老年人选择的合理养老方式(《人民法院老年人权益保护第三批典型案例》案例七,最高人民法院2023年4月27日)

【基本案情】

苏甲与代某夫妻育有苏乙等六名子女。代某去世多年,苏甲现已94岁高龄,无住房,视力残疾,平时出行不便,需要看护。在长子家中生活10年,家庭矛盾较深,其他子女均无照顾意愿。苏甲要求入住养老院,因每月需缴纳费用等与子女发生争议,苏甲起诉请求判令六子女支付赡养费,并每月探望一次。

【裁判结果】

审理法院认为,《民法典》第26条规定,成年子女对父母负有赡养、扶助和保护的义务。《老年人权益保障法》第18条规定,家庭成员应当关心老年人的精神需求，不得忽视、冷落老年人。与老年人分开居住的家庭成员，应当经常看望或者问候老年人。苏甲将子女抚养长大。六子女依法应履行赡养义务，包括对老人精神慰藉。苏甲基于家庭现实情况，要求到养老机构生活，应当尊重其意愿。综合考量苏甲实际需要、各子女经济条件和负担能力及当地生活水平等因素，判决六子女每人每月给付苏甲赡养费 500 元。六子女对苏甲除履行经济上供养、生活上照料的义务外，还应履行精神上慰藉的义务，每人每月应当看望及电话问候苏甲一次。

【典型意义】

现实生活中，有些老年人基于家庭现实情况考虑，选择在养老机构安度晚年。应当依法保障老年人对于养老方式多样化的诉求及其自主选择养老方式的权利。此外，子女不仅应履行经济上供养的义务，还应重视对老年人的精神慰藉。本案判决体现了对老年人在养老方式等问题上自主意愿的尊重，和对于精神赡养的倡导，充分保障老有所依。

2. 唐某某诉唐某甲等 5 子女赡养纠纷案［《人民法院案例选》2017 年第 2 辑（总第 108 辑）］

【基本案情】

原告唐某某出生于 1924 年 8 月，现年 90 岁。被告唐某甲、唐某乙、唐某丙、唐某丁、唐某戊等 5 人系原告唐某某的子女。原告与妻子郑某某现因年老而无劳动能力，每月仅享有 200 元老年补贴及 50 元移民费，合计每月收入 250 元，无其他收入来源。日常生活、疾病医疗等均需要唐某甲等 5 子女照顾和赡养，但由于 5 子女之间就赡养事宜不能达成一致意见，致使原告及妻子郑某某的赡养事宜始终不能得到具体实现。为此，亭口村、天目山镇等部门也多次协调，但都未有结果。故原告唐某某于 2015 年 5 月 14 日向法院起诉，要求唐某甲等 5 人履行赡养义务，每月支付赡养费 1000 元，共同承担原告起诉日后的医疗费等开支。被告唐某甲等 5 人分别提出如承担赡养义务，需分割父母名下的田地、确定赡养费用管理人等要求。

【裁判结果】

浙江省临安市人民法院生效裁判认为：赡养老人是中华民族传统美德，也是法律规定的子女应尽的义务。现原告唐某某年事已高，已丧失劳动能力，依法享有要求子女支付赡养费的权利，作为成年子女，不得以任何理由对赡养义务附加任何条件。原告每月虽有 250 元补贴收入，但综合考虑当地的生活消费性支出及当事人的实际情况，原告要求 5 被告共同承担赡养费（包括今后的医疗费用）的诉讼请求，符合法律规定，本院予以支持。法院判决：自 2015 年 5 月起，被告唐某甲等 5 人每人每月各应支付原告唐某某生活费 200 元。

【典型意义：家庭美德】

当今农村的经济条件越来越好，政府养老政策也比较健全，但在农村地区，赡养纠纷仍时有发生。一部分原因在于一些农村地区仍有“儿子养老”的老观念存在，认为女儿、女婿为外姓人，可以不承担养老义务。但法律规定子女都有赡养父母的义务，女儿并不会因为出嫁就不需要赡养自己的父母。还有一些子女为赡养义务附加条件，如将赡养和分家产等问题联系在一起，分不到父母财产的子女即不履行赡养义务。但事实上，赡养是法定的义务，子女不能以任何理由来免除其应该尽到的赡养义务。因为本案在农村地区具有一定的典型意义，在审理时，法院特别选定在村文化礼堂进行巡回审判，安排法官当场进行判后释疑。庭审活动吸引了当地数百名村民参加旁听，达到了审理一案、教育一片的效果。

3. 李某旺、李某平诉李某清赡养费案——数赡养人之间行使赡养费追偿权的审查与认定（《中国法院 2023 年度案例 · 婚姻家庭与继承纠纷》）

【基本案情】

李某旺、李某平、李某清与李某金、李小某、李某双系兄弟姐妹。六人的父亲李某才于 2017 年农历十二月去世，母亲毛某于 2019 年农历五月去世。李某旺、李某平承担了父母的医药费和丧葬费等费用。李某旺、李某平主张，李某清、李某金、李小某、李某双作为李某才、毛某的子女，没有尽到应尽的赡养义务，遂诉至法院。二原告在二审过程中放弃了对李某金、李小某、李某双三个妹妹的追偿，仅要求被告李某清给付二原告多支出的赡养费用及因照顾父母而产生的护理、陪护费用。

【案件焦点】

父母过世后，数赡养人之间行使赡养费追偿权的诉请是否应得到支持。

【裁判要旨】

湖南省宁远县人民法院经审理认为，赡养本身是一个较为抽象和内容较多的概念，不仅包括赡养费的给付问题，还包括了平时的照顾等诸多的行为，因此父母有多个子女的情况下，各子女应承担赡养义务的多少无法从法律层面具体量化，不能简单地认为一名子女在替另一名子女尽赡养义务。主张赡养费的权利是基于身份权所产生的，身份权具有专属性和不可让与性，请求此权利的主体是特定的，作为赡养人，并不具有请求该项权利的主体资格。据此，依照《民法典》第 26 条第 2 款、第 1067 条第 2 款及《民事诉讼法》第 64 条的规定，判决如下：驳回原告李某旺、李某平的诉讼请求。

二原告不服一审判决，提起上诉。湖南省永州市中级人民法院经审理认为，赡养本身是一个抽象且内容丰富的行为，不仅包括赡养费的给付，还包括对父母情感的回应、生活的照顾等诸多的内容。每个子女的赡养能力、条件都存在差异，子女赡养父母应做到各尽其能。父母与子女之间存在血浓于水的亲缘关系和亲情连接,每一个成年子女对年迈父母都应承担照顾、体恤、扶养的责任,这种责任是父母与子女间单独、直接的情感联系,区别于债权债务关系,不能简单地在成年子女之间作出份额或比例的划分。国家在法律层面并未规定在父母有多个子女的情况下各子女如何具体承担赡养义务。每个子女对父母的赡养都是发于内心的、独立的行为,都是在履行自己应尽的义务,不能简单地认为一名子女是在替另一名子女尽赡养义务,成年子女间也不应出现相互推诿、严格计较对父母尽孝的付出比例。据此,依照《民事诉讼法》第 170 条第 1 款第 1 项规定,判决如下:驳回上诉,维持原判。

4. 博小某诉博某抚养费案[《婚姻家庭纠纷典型案例(北京)》案例四,最高人民法院 2015 年 11 月 20 日]

【基本案情】

原告博小某的法定代理人刘某与被告博某原系夫妻关系,于 2011 年 1 月 26 日生有一子博小某,即本案原告。原告法定代理人与被告于 2011 年 4 月 26 日在东城区民政局协议离婚,后于 2011 年 6 月 8 日复婚,2012 年 5 月 27 日二人签订了夫妻分居协议,协议约定:分居期间原告由其母刘某抚养,被告每月给付抚养费 1500 元,于每月 12 日前支付,从第二个月开始抚养费逾期未转账,则赔偿违约金 30000 元/次。2012 年 6 月至 2012 年 10 月被告每月给付原告抚养费 1500 元,2012 年 11 月开始不再给付。2014 年 5 月 28 日,原告法定代理人与被告经河北省涿州市人民法院判决离婚,判决原告随其母刘某共同生活,被告博某自 2014 年 6 月起每月给付原告抚养费 1900 元,至原告博小某 18 周岁止。后博小某将博某诉至法院,请求支付 2012 年 12 月至 2014 年 5 月间的抚养费,并依约支付违约金。

【裁判结果】

北京市东城区人民法院经审理认为:父母对子女有抚养教育的义务,不直接抚养子女的一方应负担抚养费的一部或全部。负担费用的多少和期限的长短,由双方协议。父母不履行抚养义务时,未成年的子女有要求父母给付抚养费的权利。原告法定代理人刘某与被告博某在分居期间就子女抚养费问题已经达成协议,抚养费数额的约定是双方真实意思的表示,并未违反法律的强制性规定,被告理应按约定履行给付义务,故对于原告要求支付拖欠的抚养费的诉讼请求,本院予以支持;但因为抚养费的给付并非基于合同,故双方约定的违约金条款于法无据,对于原告要求赔偿违约金的诉讼请求本院不予支持。北京市东城区人民法院依照《婚姻法》第 21 条第 1 款和第 2 款,判决如下:(1)本判决生效后 7 日内,被告博某补付原告博小某 2012 年 11 月至 2014 年 5 月抚养费 28500 元整;(2)驳回原告博小某的其他诉讼请求。

【典型意义】

在本案中,原告的法定代理人与被告签订了夫妻分居协议,该协议约定婚生子由一方抚养,另一方每月给付抚养费,并约定了迟延履行要支付违约金的条款。抚养费的给付是基于身为父母的法定义务,而并非基于父母双方的协议,该协议可以且只能约定抚养费的数额,且该法定义务不能因父母双方的协议而免除。因此,公民法定义务的履行只能依据法律法规的约束,而不宜因公民之间约定的违约金条款而予以约束。抚养费设立的初衷是保护离婚后未成年人子女的合法权益,是以赋予未抚养一方法定义务的方式,努力使得未成年子女的生活恢复到其父母离婚前的状态。抚养费本质上是一种针对未成年人的保障,因此,抚养人不应以违约金的形式从子女的抚养费中获利。

5. 麻某某诉麻晓某抚养费纠纷案

[《婚姻家庭纠纷典型案例(北京)》案例七,最高人民法院2015年11月20日]

【基本案情】

麻某某的法定代理人李某与麻晓某原系夫妻关系,麻某某系双方婚生子。后双方于2011年12月1日离婚,离婚协议书中约定:双方婚生之子麻某某由女方抚养,男方每月10日前支付共计1500元人民币,抚养费每年根据情况酌情增加,麻某某在学习、医疗等各方面的开支双方共同承担。2013年2月15日至2月22日,麻某某因间歇性外斜视、双眼屈光不正到北京儿童医院住院治疗,共支出医疗费13422.02元。2010年、2012年麻某某参加北京某少儿围棋培训,共支出教育费11105元,2010年、2011年、2013年麻某某参加某学校学习辅导班,共支出教育费11105元。2013年,李某起诉至昌平法院,请求增加每月应当支付的抚养费,请求判令麻晓某支付麻某某的医疗费和教育培训费用。

【裁判结果】

关于子女生活费和教育费的协议或判决,不妨碍子女在必要时向父母任何一方提出超过协议或判决原定数额的合理要求。根据《婚姻法解释(一)》第21条的规定"抚养费包括子女生活费、教育费、医疗费等费用",但不应就此一概认为每月支付固定数额抚养费后,无须再支付医疗费。而应考虑抚养费、教育费、医疗费的支出的原因与具体数额,同时兼顾夫妻双方的利益公平。因此,我国规定的抚养费包含教育费、医疗费,应理解为抚养费包含基本的教育费与医疗费,而不应包含为孩子利益客观必须支出的较大数额的医疗与教育费用。

同时,为保护未成年人利益,促进未成年人身心的全面发展,法律适当鼓励未成年人根据个人天赋与爱好参与一定的课外辅导课程。本案中麻某某长期参加围棋辅导班,从父母婚姻关系存续期间持续到离婚之后,麻晓某在婚姻关系存续期间对此同意,离婚后知情但未明确表示反对。目前也缺乏证据证明围棋班与麻某某兴趣不符,并不属于过分报班的情形,因而依法应予支持。

北京市昌平区人民法院作出(2013)昌民初字第8252号民事判决:(1)麻晓某自2013年8月起每月10日前支付麻某某抚养费人民币2500元,至麻某某年满18周岁止;(2)麻晓某支付麻某某医疗费6711.01元,教育费5552.5元,于本判决生效后10日内支付;(3)驳回麻某某的其他诉讼请求。宣判后麻晓某提出上诉。北京市第一中级人民法院于2013年作出(2013)一中少民终字第13395号判决:驳回上诉,维持一审判决。

【典型意义】

本案例案情简单、诉讼标的不大,但却涉及未成年人最基本的利益需求,体现了近年来物价上涨与未成年人抚养费理念、立法相对滞后之间的冲突。审判实践中,应着眼于未成年人的合理需求,既排斥奢侈性的抚养费请求,也避免过低的抚养费给付,遵循未成年人最大利益原则。因此,在每月支付的固定数额抚养费之外另行主张的大额子女抚养费用请求是否应予准许,首先应当考虑该请求是否符合未成年人的利益以及是否有相应的法律依据;其次,该请求是否属于因未成年人合理需求产生的支出,法律不鼓励超前的或者奢侈的抚养费需求;最后应考虑夫妻的经济能力与实际负担义务,相应费用若由一方负担是否会导致夫妻双方义务负担的不平衡。

6. 付某桐诉付某强抚养费纠纷案

[《婚姻家庭纠纷典型案例(河南)》案例二,最高人民法院2015年11月20日]

【基本案情】

原告付某桐的母亲韩某与被告付某强于2012年12月7日结婚,于2013年9月18日生育一子付某桐。韩某住院生育原告付某桐的医疗费用由被告付某强支付。自原告付某桐出生后,其母亲韩某即带其离开单独居住至今,被告付某强亦未支付过原告付某桐抚养费。被告付某强现无固定收入。原告诉至法院,要求被告每月支付抚养费。

【裁判结果】

郑州市惠济区人民法院认为,父母对子女有抚养教育的义务。婚姻关系存续期间,父母双方或者一方拒不履行抚养子女义务,未成年或者不能独立生活的子女请求支付抚养费的,人民法院应予支持。本案中,原告出生后,原告母亲即与被告分开居住,原告母亲带原告单独生活,被告未支付过原告的抚养费,故原告要求被告支付抚养费的请求,符合法律规定,遂判决被告付某强于判决生效后10日内按照每月人民币400元的标准一次性支付原告付某桐自2013年10月份至判决生效之日的抚养费;被告付某强于判决生效后按每月人民币400元的标准支付原告付某桐的抚养费至其满18周岁;驳回原告付某桐过高部分的诉讼请求。

【典型意义】

未成年子女要求支付抚养费,基本上都是在夫妻双方离婚时或离婚后才产生的,而在婚姻存续期间,由于夫妻双方财产为共有财产,是否能要求不尽抚养义务的一方支付抚养费,这是本案争议的要点。在《婚姻法解释(三)》出台之前,对此一直存在争议。而《婚姻法解释(三)》第3条则对此作出了明确规定:婚姻关系存续期间,父母双方或者一方拒不履行抚养子女义务,未成年或者不能独立生活的子女请求支付抚养费的,人民法院应予支持。抚养子女是父母应尽的法定义务,不管是婚内还是婚外、婚生子女抑或非婚生子女,父母的抚养义务是不变的,只要一方不履行该抚养义务,未成年子女有权利向其主张抚养费。同时,在子女抚育费数额的具体确定上,还要根据子女正常生活的实际需要,应能维持其衣、食、住、行、学、医的正常需求,并需要综合考虑父母双方的经济收入、费用支出、现有生活负担、履行义务的可能性和社会地位等因素,最终作出公平合理的判决。

7. 张某诉郭甲、郭乙、郭丙赡养纠纷案[《婚姻家庭纠纷典型案例(北京)》案例三,最高人民法院2015年11月20日]

【基本案情】

张某与其丈夫郭某共育有三个子女,即:长子郭甲,次子郭乙,小女儿郭丙。1985年4月25日,郭某与长子郭甲、次子郭乙签订了分家协议,就赡养问题做了如下约定:"1. 长子郭甲扶养母亲,次子郭乙扶养父亲。2. 父母在60岁以前,哥俩每人每月给零花钱5元,60岁以后每人每月给10元。"郭某于2010年8月去世后,次子郭乙对郭某进行了安葬,此后母亲张某独自生活。2014年10月14日,张某将三名子女起诉至北京市怀柔区人民法院,要求随次子郭乙生活,长子郭甲给付赡养费1000元,其他二子女给付赡养费各500元。医药费由三子女共同承担。

法庭审理过程中,长子郭甲称自己一直以来赡养母亲,并承担过高赡养费;次子郭乙称分家时约定母亲由长子郭甲扶养,父亲由自己扶养,自己已经按照约定赡养了父亲,并对父亲进行了安葬,无法接受再与长子郭甲承担同样的责任;小女儿郭丙称自己并未在赡养协议里载明有责任。

【裁判结果】

法院经审理认为,张某的长子郭甲和次子郭乙虽然于1985年签订了分家协议,两人也按照分家协议履行着各自的义务,但是并不能完全免除次子郭乙、小女儿郭丙对母亲的赡养义务。原告张某自己每月有1200元收入,并愿意由次子郭乙照顾,故判决原告张某随次子郭乙生活,长子郭甲每月给付赡养费300元,长子郭甲承担原告张某医药费的1/2,次子郭乙、小女儿郭丙各负担医药费的1/4。

【典型意义】

我国《婚姻法》第21条第3款规定："子女不履行赡养义务时，无劳动能力的或生活困难的父母，有要求子女给付赡养费的权利。"原告现已年迈，且体弱多病，丧失了劳动能力，确实需要子女赡养，其子女均有赡养原告的义务。诚然，在多子女的家庭，在父母不反对的情况下，签订赡养协议分工赡养父母是合理合法的，法律上也是允许的。我国《老年人权益保障法》第20条规定："经老年人同意，赡养人之间可以就履行赡养义务签订协议。赡养协议的内容不得违反法律的规定和老年人的意愿。"但是，如果客观情况发生变化，比如某位子女明显没有能力赡养好父或母，如果父或母提出赡养要求，其他子女无法免除。这也是《婚姻法》第21条第3款规定的题中之义，因为赡养义务是强制性的法定义务。

现实中，很多子女之间签订赡养协议时，仍然有封建思想，尤其是农村地区，如"嫁出去的女，泼出去的水""出嫁女无赡养父母的义务"，女儿对父母的赡养义务被人为地免除。但从法律上讲，子女对父母均有赡养义务，女儿不论出嫁与否都与父母存在法律上的赡养关系，不因任何原因而免除。而对于赡养协议中免除次子郭乙对母亲的赡养义务，属于约定免除了次子郭乙对母亲的法定义务，应属无效约定。故对原告要求三子女均需履行赡养义务的诉讼请求应当支持。

就张某的居住和日常照料问题，张某表示愿意随次子郭乙生活，而次子郭乙也表示同意，尊重当事人的意见。就赡养费的数额和医药费负担比例问题，考虑到次子郭乙已经履行了对父亲全部的赡养义务，长子郭甲应当多承担赡养费，体现法律与人情兼顾，也能更好促进家庭关系的和谐。

8. 刘某诉刘甲、刘乙赡养费纠纷案

［《婚姻家庭纠纷典型案例（北京）》案例九，最高人民法院2015年11月20日］

【基本案情】

2014年6月23日，77岁的刘某以自己身患多种疾病，经济困难，两名子女不履行赡养义务为由，诉至北京市西城区人民法院要求法院判令两名子女每人每月向其支付赡养费900元。在诉讼中，刘某的两名子女认可刘某医疗费支出的事实，但认为刘某有医疗保险，且其退休金足够支付医疗及生活费用，不同意刘某的诉讼请求。刘某自认其每月收入4000余元，刘某长子刘甲自认其每月税后工资收入为6500元，刘某长女刘乙主张自己无收入。

【裁判结果】

北京市西城区人民法院经审理认为，赡养父母是子女应尽的义务，在父母年老时，子女应当履行对老年人经济上供养、生活上照料和精神上慰藉的义务，子女不履行赡养义务时，无劳动能力的或生活困难的父母，有要求子女付给赡养费的权利。原告刘某起诉要求二子女负担赡养费的诉讼请求并无不当,但同时,刘某的赡养费用应与其日常生活水平相适应并应考虑子女的收入情况。

根据庭审中查明的事实,刘某长子刘甲有收入来源,刘某长女刘乙虽主张自己没有工作,但结合其年龄适合工作的事实,其没有工作并不能成为其拒绝履行赡养义务的抗辩理由,最终判决两名子女每人每月分别支付刘某赡养费800元、500元。

【典型意义】

不少子女面对老人赡养诉讼请求提出各种各样的理由,但多数拒绝理由没有法律依据,如有的子女以父母有足够的收入、享受有医疗保险为理由不支付赡养费;有的子女以父母离异后长期未与一方父母共同生活为由不愿意履行赡养义务;有的多子女家庭中子女之间因经济条件差异或老年人在处分财产时偏心相互推诿。这些理由都将难以被法院认可。此外,法院在审理赡养纠纷时将酌情考量被赡养人的身体情况、日常生活水平、当地消费水平、赡养人是否可以正常工作等情况对赡养费数额予以酌定。尤其在存在多名赡养人的情况,因为经济条件不同,将可能承担不同金额的赡养费。

9. 周某与肖某、倪甲等赡养纠纷案

[《婚姻家庭纠纷典型案例(山东)》案例六,最高人民法院2015年11月20日]

【基本案情】

原告周某(女)于1960年携其子被告肖某与倪某(2013年去世)再婚,婚后与其生育二男一女,即被告倪甲、倪乙、倪丙。周某年迈体弱、无劳动能力、生活困难,于2007年起诉肖某要求其支付赡养费,后经法院调解商定被告肖某每年付给原告及倪某生活费350元、小麦100公斤、花生油7.5公斤;被告倪乙及倪丙通过庭外调解确定每年付给原告及倪某生活费500元、小麦250斤、花生油20斤。倪某去世后,随着原告年龄增大,疾病缠身,物价水平的不断提高,上述赡养费根本不足以维持原告的日常所需。原告周某与肖某等四被告协商未果,诉至法院,要求判令四被告自2015年起每人每年支付赡养费2192元。

【裁判结果】

威海荣成市人民法院经审理认为,尊重和赡养老人是中华民族的传统美德,依照我国相关法律规定,赡养父母亦是每个子女应尽的义务。子女不履行赡养义务时,无劳动能力或生活困难的父母,有要求子女付给赡养费的权利。子女应当尊重、关心和照料老年人,履行对老年人经济上供养、生活上照料和精神上慰藉的义务。赡养人还应当使患病的老年人及时得到治疗和护理,对经济困难的老年人,应当提供医疗费用。本案中,原告已年满78周岁,年老多病,没有劳动能力,生活困难,要求其四名亲生子女支付赡养费,并负担日后住院所需费用,符合法律规定,法院予以支持。对于赡养费的金额,根据 2014 年山东省农民家庭人均生活消费支出 7962 元、赡养人为四人计算,原告要求每人每年 2192 元数额略高,应以每人每年 1990 元为宜(7962 元/4 人)。原告要求其日后因病住院所产生费用由四被告平均承担,于法有据,法院予以支持。被告肖某辩称,相对于其他三被告而言,其还需赡养亲生父亲,赡养人数较多,不应当与其余三人平摊原告赡养费用,要求按照原来调解的方案,只负担 17.5%。对于被告肖某的上述要求,现原告不予认可,且原告主张的赡养费是根据原告一人生活需求计算的,被告肖某需赡养其亲生父亲,但不能以此来影响对其母亲的赡养,其辩解无法律依据,法院不予支持。遂判决:一是四被告自判决生效之日起 10 日内,分别支付原告 2015 年赡养费 1990 元;二是自 2016 年起,四被告于每年 12 月 30 日前分别支付原告赡养费 1990 元;三是原告日后如因病住院所支出费用,由四被告凭单据各承担 1/4。

【典型意义】

赡养扶助义务是子女对父母应尽的法律义务,这里所指的"子女"包括亲生子女和养子女以及形成抚养关系的继子女。婚生子女和非婚生子女在法律地位上是相同的,子女不能以自己对父母的亲疏好恶等看法来选择是否赡养父母,也不能以要赡养亲生父母为由而拒绝赡养养父母。随着城市化的发展,因拆迁引起的赡养纠纷也逐渐增多,有不少再婚的老人,各自的子女为获得拆迁款,不仅不赡养老人,而且把老人拒之门外,这种行为既会受到道德的谴责,也要受到法律的制裁。当子女与继父母形成抚养关系后,无论是不是亲生子女,都具有赡养义务。《婚姻法》第 21 条也明确规定"父母对子女有抚养教育的义务;子女对父母有赡养扶助的义务。"因此,当子女不履行赡养义务时,无劳动能力的或生活困难的父母,有要求子女付给赡养费的权利。

10. 丁某与蒋甲、蒋乙等赡养纠纷案

[《婚姻家庭纠纷典型案例(山东)》案例七,最高人民法院 2015 年 11 月 20 日]

【基本案情】

原告丁某生育被告蒋甲、蒋乙、蒋丙三人。现丁某已年迈力衰,身患疾病,长期卧床,生活不能自理,丧失了劳动能力,又无经济来源,生活窘迫。2014 年 8 月至 2015 年 1 月,丁某因患疾病住院治疗,住院期间共计花费医疗费 7042.35 元。现丁某跟随被告蒋甲生活,被告蒋乙以未耕种原告土地为由,未对丁某履行赡养义务。2015 年 1 月 27 日,原告诉至法院,要求三被告履行赡养义务,按月支付赡养费,对于已支付的医疗费及以后的医疗费由三被告均摊。

【裁判结果】

济宁市泗水县人民法院一审认为,

赡养老人不仅是成年子女应尽的法律义务,也是中华民族的传统美德。现原告丁某已年迈力衰,身患疾病,长期卧床,生活不能自理,丧失了劳动能力,无经济来源,生活窘迫。三被告对原告负有最基本的赡养义务。被告蒋甲、蒋丙对原告履行了部分的赡养义务,值得肯定,但三被告还未完全尽到对其母亲的赡养、照顾义务。三被告理应照顾好原告的晚年生活,在物质上提供保障,精神上给予安慰,故三被告履行赡养义务,按月支付赡养费,对于已支付的医疗费及以后医疗费由三被告均摊的诉讼请求,于法有据,法院予以支持。遂判决被告蒋甲、蒋乙、蒋丙自2015年于每年4月30日前分别向原告丁某支付当年的赡养费2464.33元;被告蒋乙、蒋丙于2015年4月30日前分别向原告支付其已实际花费的医疗费2347.45元;原告丁某自2015年3月起产生的医疗费,凭正式票据由被告蒋甲、蒋乙、蒋丙各承担1/3,该项费用由被告蒋甲、蒋乙、蒋丙于每年6月30日前支付。一审宣判后,双方当事人均未上诉。

【典型意义】

本案系赡养纠纷案件。当前农村地区的赡养纠纷案件时有发生,如何更好地维护老年人权益,增进社会对老年人的关爱,给予老年人更好的物质与精神照顾,已成为全社会的责任,也是法院审理赡养类案件的出发点和落脚点。《婚姻法》规定:子女不履行赡养义务时,无劳动能力的或生活困难的父母,有要求子女给付赡养费的权利。《老年人权益保障法》规定:赡养人应当履行对老年人经济上供养、生活上照料和精神上慰藉的义务,照顾老年人的特殊需要;赡养人应当使患病的老年人及时得到治疗和护理;对经济困难的老年人,应当提供医疗费用。对生活不能自理的老年人,赡养人应当承担照料责任;不能亲自照料的,可以按照老年人的意愿委托他人或者养老机构等照料。赡养老人不仅是成年子女应尽的法律义务,也是中华民族的传统美德。随着社会法治的不断进步,老年人依法运用法律手段维护自身合法权益,显得尤为重要和迫切。

11. 贾某诉刘某赡养纠纷案[《婚姻家庭纠纷典型案例(河南)》案例五,最高人民法院2015年11月20日]

【基本案情】

原告贾某76岁,年事已高,体弱多病,且生活不能自理。2012年至2013年间,贾某因病住院仅治疗费就花了30多万元。贾某一生生育四子三女,其中三个儿子和三个女儿都比较孝顺,但三子刘某多年来未尽任何赡养义务。贾某住医院期间,三个儿子和三个女儿都积极筹钱,一起分担医疗费。而三子刘某不仅对母亲病情不管不问,还不愿分担任何医疗费用。虽经村干部多次调解,但刘某均躲避不见。贾某无奈之下,走上法庭提起诉讼,请求判令其子刘某支付赡养费、承担已花去的医疗费,并分摊以后每年的医疗和护理费用。

【裁判结果】

商丘市虞城县人民法院公开开庭审理了本案,并依照《婚姻法》第 21 条第 3 款“子女不履行赡养义务时,无劳动能力的或生活困难的父母,有要求子女付给赡养费的权利”,《老年人权益保障法》第 14 条“赡养人应当履行对老年人经济上供养、生活上照料和精神上慰藉的义务,照顾老年人的特殊需要。赡养人是指老年人的子女以及其他依法负有赡养义务的人。赡养人的配偶应当协助赡养人履行赡养义务”、第 15 条第 1 款“赡养人应当使患病的老年人及时得到治疗和护理;对经济困难的老年人,应当提供医疗费用”、第 19 条第 2 款“赡养人不履行赡养义务,老年人有要求赡养人付给赡养费等权利”的规定,判决支持贾某的诉讼请求。

【典型意义】

赡养老人是回报养育之恩,是中华民族的传统美德,更是子女对父母应尽的法定义务。子女不仅要赡养父母,而且要尊敬父母,关心父母,在家庭生活中的各方面给予积极扶助。不得以放弃继承权或者其他理由,拒绝履行赡养义务。子女不履行赡养义务,父母有要求子女付给赡养费、医疗费的权利。当父母年老、体弱、病残时,子女更应妥善加以照顾,使他们在感情上、精神上得到慰藉,安度晚年。本案的被告刘某作为原告七个子女中的赡养义务人之一,无论从道义上、伦理上还是从法律上都应对母亲履行赡养义务,在老母亲年老体弱且患有疾病的情况下,被告应当与其他兄弟姐妹一起共同承担赡养义务,使老母亲能够安度晚年、幸福生活,而被告有能力履行赡养义务却三番五次推诿履行,并公开放言不管不顾老母亲,在当地造成恶劣影响,引起民愤。法院在确认双方关系和事实前提下,依法判令被告履行赡养义务,彰显了法治权威,同时也维护了道德风尚。

12. 耿某、赵某与耿甲、耿乙、耿丙赡养纠纷案[《婚姻家庭纠纷典型案例(山东)》案例八,最高人民法院 2015 年 11 月 20 日]

【基本案情】

原告耿某、赵某生育三个儿子,分别是长子耿甲、次子耿乙、三子耿丙。现在原告二人年龄已大,无劳动能力,需要赡养。为此,二原告诉至法院,要求三被告每人每月支付赡养费 200 元。

【裁判结果】

聊城市阳谷县人民法院经审理认为,子女赡养父母是中华民族的传统美德,也是法律规定的义务。子女不能以任何理由拒绝承担赡养义务,子女不履行赡养义务时,无劳动能力的或生活困难的父母,有权要求子女履行赡养义务。二原告均年事已高,丧失劳动能力。被告耿甲、耿乙、耿丙系二原告的儿子,二原告现在被告耿乙家居住。被告耿甲在二原告年事已高并丧失劳动能力的情况下,不履行赡养义务,显系无理。二原告要求三被告每人每月支付赡养费 200 元,符合当地农村居民的生活水平,也符合法律规定,法院予以支持。遂判决被告耿甲、耿乙、耿丙于 2014 年 10 月起每人每月给付原告耿某、赵某赡养费 200 元,限每年的 12 月 31 日前付清当年的赡养费。

【典型意义】

本案是一起典型的赡养纠纷案件。之所以发生,究其原因,在于人们法律意识的淡薄。我们不仅要提倡道德规范对人们行为的约束,更要注重法律的最终保障力。当道德约束失效时,应当有完善的法律规定予以保护。同时,法律也需要有人去维护,否则只是白纸一张。特别是面对弱势群体权益被侵害时,法院发挥公正审判职能显得尤为重要。该案告诉我们,赡养老人是中华民族的传统美德,做好农村老人赡养工作是个长期而艰巨的任务。

13. 何某锦诉周某英抚养纠纷案(《“用公开促公正 建设核心价值”主题教育活动 婚姻家庭纠纷典型案例》案例四十五,最高人民法院 2015 年 12 月 4 日)

【基本案情】

何某锦诉称,原告的父亲何某平与被告周某英于 2005 年 8 月经人介绍认识,2006 年 12 月按农村习俗举行了婚礼,以夫妻名义同居生活。2007 年 8 月 1 日生育了原告,取名何某锦。2008 年 8 月,被告与原告的父亲何某平闹矛盾离家出走未归,没有尽到母亲的责任。现知晓被告周某英回归原籍另成了家,经济条件比较好,请求判令支付 18 年的抚养费 90000 元。被告周某英辩称现以打工为生,没有能力支付抚养费。

【裁判结果】

会泽县人民法院审理后认为,被告周某英作为何某锦的亲生母亲,在何某锦未成年或不能独立生活期间,有抚养何某锦的法定义务。何某锦要求作为亲生母亲的周某英支付抚养费的诉讼请求,法院予以支持。结合原告何某锦的现有生活状况,判决自 2015 年起至 2025 年止,由被告周某英每年 12 月 31 日前一次性支付原告何某锦抚养费 1800 元。

【典型意义】

本案的争议焦点是以没有能力抚养为由拒绝履行抚养义务是否应得到支持?父母对子女有抚养教育的义务,父母不履行抚养义务时,未成年或不能独立生活的子女,有要求父母给付抚养费的权利,这是法律赋予的权利和义务,也是中华民族的优良传统。无论以任何理由,均不能拒绝履行抚养义务,都不会得到支持。

14. 狄某霞诉被告李某明、李某刚、李某强、李某杰赡养纠纷案(《“用公开促公正 建设核心价值”主题教育活动 婚姻家庭纠纷典型案例》案例四十九,最高人民法院 2015 年 12 月 4 日)

【基本案情】

原告与四被告系母子、母女关系。原告丈夫于 2012 年去世，2013 年 11 月 21 日前原告一直与长子李某明一起生活，后与女儿李某杰一起生活。由于原告丧失了劳动能力，生活需要照料，原告要求四被告每人每月支付 150 元赡养费。2014 年 4 月至 2014 年 5 月原告就医共花医疗费 5985.73 元，除去医保报销的费用，剩余 2985.73 元四被告每人应承担 746 元。另查明，原告狄某霞在桦川县桦树村民委员会有承包田 0.27 垧，每月有农村低保工资 55 元。还查明，被告李某强在原告狄某霞住院期间支付了医药费 500 元。

【裁判结果】

桦川县人民法院经审理认为，赡养老人是每个子女应尽的义务，四被告对其母亲均有赡养义务，原告要求四被告每人每月给付赡养费 150 元，符合农村居民的年生活费支出的标准，本院应予支持。原告要求四被告共同承担前期治疗除去医疗保险报销后剩余的医药费亦符合法律规定，本院应予支持。对于原告主张其今后发生的医疗费用，应由四被告按份负担的请求，因原告主张的医疗费用尚未发生，本院对原告的这一请求不予支持。原告可在治疗实际发生医疗费用后另行主张权利。判决如下：被告李某明、李某刚、李某强、李某杰自 2014 年 7 月 1 日起每人每月给付原告狄某霞赡养费 150 元，此款于每月的 30 日给付；被告李某明、李某刚、李某强、李某杰于本判决生效后 10 日内立即给付原告狄某霞医药费 2985.73 元，由被告李某明、李某刚、李某杰各自承担 746 元，被告李某强承担 246 元（746 元-500 元）。

【典型意义】

尊老敬老是中华民族的传统美德，我国《婚姻法》也明确规定，子女对父母有赡养扶助的义务，《老年人权益保障法》也规定，赡养人应当履行对老年人经济上供养、生活上照料和精神上慰藉的义务。农村中部分赡养人的法治意识和道德观念较差，无视甚至不履行对老人的赡养义务。因此，有必要对这一传统美德大力弘扬，形成敬老养老的良好道德风尚，彻底铲除滋生不赡养老人现象的土壤。

15. 李某荣、吕某珍等二人诉李某有等四人赡养纠纷案（《“用公开促公正　建设核心价值”主题教育活动　婚姻家庭纠纷典型案例》案例四十六，最高人民法院 2015 年 12 月 4 日）

【基本案情】

原告李某荣、吕某珍诉称，被告李某有等均是原告夫妇的儿子，两原告与四被告于 2008 年经五星乡石龙村委会调解，每年由四被告各支付 500 元的赡养费，李某有三人每年都按期支付给两原告赡养费，李某金一直未支付给二原告赡养费，现起诉判令四被告每年各承担赡养费 500 元，并共同承担原告生病住院的费用；判令被告李某金补齐从

2008年至2015年共8年以来未履行赡养二原告的费用4000元。被告李某金辩称，二原告在家庭财产的分配上不公，明显偏向其他三被告，并且唆使他们把我的东西拿走，干扰我一家人的生产、生活，只要二原告不要对其家人的生产、生活横加阻碍，才能赡养二原告，不同意补出以前的赡养费。

【裁判结果】

会泽县人民法院审理认为，父母对子女有抚养教育的义务；子女对父母有赡养扶助的义务。子女不履行赡养义务时，无劳动能力的或生活困难的父母，有要求子女付给赡养费的权利。二原告主张要求四被告承担生病住院的费用，因二原告未提交证据证实其生病住院，所需的住院费用为多少不确定，法院对其主张不予支持。二原告主张要求被告李某金补出从2008年至2015年的赡养费，因二原告2015年才向本院主张赡养费，本院对其主张部分支持。据此，判决由被告李某有四人每人每年支付给原告李某荣、吕某珍赡养费500元。驳回二原告的其他诉讼请求。

【典型意义】

本案的争议焦点是以财产分配不公为由拒绝尽赡养义务是否应得到支持？“养儿防老，积谷防饥”，子女对父母有赡养扶助的义务。子女不履行赡养义务时，无劳动能力的或生活困难的父母，有要求子女付给赡养费的权利。这是法律赋予的权利和义务，也是中华民族的优良传统。无论以任何理由，均不能拒绝尽赡养义务，都不会得到支持。

16. 陈某某赡养费纠纷案（《人民法院老年人权益保护十大典型案例》案例四，最高人民法院2021年2月24日）

【基本案情】

陈某某与妻子1952年结婚，婚后育有二子、三女，妻子及两个儿子均已去世。现陈某某同小女儿生活。陈某某年事已高且体弱多病，希望女儿常回家探望照顾自己，因女儿不同意负担陈某某的医药费及赡养费，故诉请判令长女和次女每月探望其不少于一次，患病期间三女儿必须轮流看护；三女儿共同给付陈某某医疗费、赡养费。

【裁判结果】

黑龙江省佳木斯市前进区人民法院认为，子女对父母有赡养扶助的义务，子女不履行赡养义务时，无劳动能力或生活困难的父母，有要求子女给付赡养费的权利。子女不能因为父母有退休收入或者有一定的经济来源就完全将父母置之不顾，这不仅违反法律规定，也不符合中华民族“百善孝为先”的传统美德。子女对于不在一起生活的父母，应根据其实际生活需要、实际负担能力、当地一般生活水平，给付一定的赡养费用。本案陈某某年事已高且身患疾病，三个女儿作为赡养人，应当履行对其经济上供养、生活上照料和精神上慰藉的义务，故判决长女和次女每月探望陈某某不少于一次，并给付陈某某赡养费，三女儿共同负担陈某某医疗费用。

【典型意义】

近年来，随着生活水平的不断提高，老人对子女经济供养方面的要求越来越少，越来越多的老人更加注重精神层面的需求，涉及“精神赡养”的案件数量也有所上升，该类案件执行情况远比给付金钱的案件要难得多，且强制执行远不及主动履行效果好，希望“常回家看看”是子女们发自内心的行为，而不是强制执行的结果。“精神赡养”和“物质赡养”同样重要。老人要求子女定期探望的诉求，是希望子女能够承欢膝下，符合法律规定，体现中华民族传统的孝道，应当得到支持。“百善孝为先”，对老人的赡养绝不是一纸冷冰冰的判决就可以完成的，希望所有子女能够常回家看看，多关注老年人的精神需求。

17. 刘某芽赡养纠纷案（《人民法院老年人权益保护十大典型案例》案例五，最高人民法院 2021 年 2 月 24 日）

【基本案情】

刘某芽与妻子共生育四子女，均已成年并结婚。刘某如系其子，与刘某芽相邻而居。2010 年，刘某如意外受伤，认为父母在其受伤休养期间未对其进行照料，产生矛盾，此后矛盾日益加剧，刘某如长期不支付父母的生活费，亦未照顾父母生活起居。2019 年，母亲因病去世，刘某如拒绝操办丧葬事宜，亦未支付相关费用，有关丧葬事宜由刘某芽与其他三子女共同操办。经村干部调解，刘某如仍拒绝支付赡养费及照顾刘某芽的生活起居。因刘某芽年迈且患有心脏病，行动不便，新干县检察院指派检察员出庭支持起诉，认为刘某芽现年 80 岁，已无劳动能力，生活来源仅靠其他子女接济，尚不足以负担生活及医疗费用，子女有赡养老人的义务，刘某芽要求刘某如支付赡养费及丧葬费的诉请应得到支持。

【裁判结果】

江西省新干县人民法院认为，孝敬父母是中华民族的优良传统，子女应当履行赡养义务，不应附加任何条件。刘某芽年事已高，身患疾病，无生活来源、无劳动能力，刘某如应依法对其承担赡养义务。同时，赡养父母的义务不仅包含给予父母经济供养及生活照料，还应给予父母精神上的慰藉，也应当在父母百年之后及时妥善地办理丧葬事宜，刘某如拒绝支付丧葬费，不符合法律规定，亦违背伦理道德。故判决刘某如每年支付刘某芽赡养费，并支付其母亲办理丧葬事宜的费用。

【典型意义】

子女赡养父母不仅是德之根本，也是法律明确规定的义务。在家庭生活中，家庭成员之间虽有矛盾，但赡养父母是法定义务，子女应当对老年人经济上供养、生活上照料、精神上慰藉，以及为经济困难的父母承担医疗费用等，不得以任何理由和借口拒绝履行赡养义务。关心关爱老年人,让老年人感受到司法的温暖是司法义不容辞的责任。民事诉讼在一般情况下只能由民事权益受到侵害或者发生争议的主体提出,无须其他组织或个人干预。在特殊情况下,受到损害的单位或个人不敢或不能独立保护自己的合法权益,需要有关组织给予支持,运用社会力量帮助弱势群体实现诉讼权利。支持起诉原则打破了民事主体之间的相对性,允许无利害关系的人民检察院介入诉讼中,能够在弱势群体的利益受到侵害时切实为其维护权益。

18. 某妇联诉胡某、姜某某抚养纠纷案(《未成年人司法保护典型案例》案例五,最高人民法院 2021 年 3 月 2 日)

【基本案情】

胡某某(2003 年 3 月 6 日出生)系胡某与姜某某非婚生女儿,后因胡某与姜某某解除恋爱关系,遂由胡某父母负责照顾、抚养、教育。2016 年 11 月 8 日,经西南医科大学附属医院诊断,胡某某患有抑郁症、分离转换性障碍。胡某、姜某某长期未履行对胡某某的抚养义务,胡某父母年老多病,无力继续照顾胡某某,多次要求户籍所在地的村社、政府解决困难。该地妇联了解情况后,向法院提起诉讼,请求胡某、姜某某全面履行对胡某某的抚养义务。

【裁判结果】

法院经审理认为,本案的适格原告胡某某系限制民事行为能力人,本应由其父母作为法定代理人代为提起诉讼,但胡某某的父母均是本案被告,不能作为其法定代理人参加诉讼。综合考虑二被告的婚姻状况、经济条件和胡某某本人的生活习惯、意愿,判决胡某某由胡某直接抚养,随胡某居住生活;姜某某从 2017 年 6 月起每月 15 日前支付抚养费 500 元;胡某某的教育费、医疗费实际产生后凭正式票据由胡某、姜某某各承担 50%,直至胡某某独立生活时止。

【典型意义】

本案是一起典型的父母怠于履行抚养义务的案例。审判实践中存在大量与本案类似的留守儿童抚养问题,这些未成年人的父母虽未直接侵害未成年人合法权益,但怠于履行监护义务,把未成年子女留给年迈的老人照顾,子女缺乏充分的经济和安全保障,缺乏父母关爱和教育,导致部分未成年人轻则心理失衡,重则误入歧途,甚至走向犯罪的深渊。本案中,法院参照最高人民法院、最高人民检察院、公安部、民政部联合发布的《关于依法处理监护人侵害未成年人合法权益的意见》的有关精神,积极探索由妇联组织、未成年人保护组织等机构直接作为原告代未成年人提起诉讼的模式,为督促未成年人父母履行抚养义务,解决父母不履行监护职责的现实问题提供了有益参考。

19. 黄某芝诉黄某赡养费纠纷案(《中国法院 2012 年度案例·婚姻家庭

与继承纠纷》)

【裁判要旨】

父或母因一方离婚后经济困难未尽抚养义务的,能否免除子女成年后的赡养义务:未成年子女的父母离婚后,父或母一方因经济困难未对子女履行抚养义务,在子女成年后,未履行抚养义务的父或母一方没有工作和经济来源,且患有严重疾病需要住院治疗。虽然未履行抚养义务的父或母一方在子女未成年时未履行抚养义务,但不能因此免除该子女对未履行抚养义务的父或母一方负有的法定赡养义务,故子女应当根据未履行抚养义务的父或母一方的实际需要支付赡养费和医疗费。

20. 李某和诉李某军赡养费纠纷案(《中国法院 2012 年度案例 · 婚姻家庭与继承纠纷》)

【裁判要旨】

在父母未依分家协议分割财产时,成年子女能否拒绝支付赡养费:成年子女在父或母一方去世后,与在世的父或母一方签订分家协议,协议约定在世的父或母一方所有的房屋分割给子女以及子女赡养在世的父或母一方等事宜。之后,因房屋未依约分割,成年子女即以在世的父或母一方未履行分家协议为由,拒绝支付赡养费。由于作为法定义务的赡养义务不以子女是否分得及如何分得家产为前提,故成年子女应当向在世的父或母一方支付赡养费。

21. 韩某氏诉韩某元、韩某福、韩某保赡养纠纷案(《中国法院 2012 年度案例 · 婚姻家庭与继承纠纷》)

【裁判要旨】

成年子女与父母发生矛盾无法共同生活的,父母的居住权如何实现:婚后生育多名子女的父母年迈后与其中一名成年子女共同生活,因共同生活期间发生矛盾,该成年子女即拒绝父母在其家中居住。因子女对父母有法定的赡养扶助义务,应当保障父母居住权得以实现,故父母有权要求子女为其提供住房,即使无法共同居住,子女亦应为父母提供其他住房,且其他成年子女应当向父母支付赡养费。

22. 陈某保诉姜某红、姜某年、姜某三赡养纠纷案[《人民司法 · 案例》2014 年第 12 期(总第 695 期)]

【裁判要旨】

成年子女之间签订的各自赡养父或母一方的赡养协议,是否有效:成年子女之间签订赡养协议,由一方主要赡养父或母一方。该协议中的父或母一方死亡后,成年子女之间就赡养在世的父或母一方签订赡养协议,该协议免除了上述协议中履行赡养义务一方子女对在世的父或母一方的赡养义务。因赡养义务属专属义务,不得免除或转移,故上述协议因违反法律规定而无效,被免除赡养义务一方应承担赡养义务,但该子女已经对已故的父或母一方承担较多赡养义务的,可酌情减轻其在以金钱为内容的赡养义务应承担的数额。

第一千零六十八条　【父母教育、保护未成年子女的权利和义务】父母有教育、保护未成年子女的权利和义务。未成年子女造成他人损害的，父母应当依法承担民事责任。

【原《婚姻法》条文】

第二十三条　父母有保护和教育未成年子女的权利和义务。在未成年子女对国家、集体或他人造成损害时，父母有承担民事责任的义务。

【修改说明】

将教育置于保护之前，强调教育义务的重要性。

【立法·要点释义】

“教育”是指父母要按照法律和道德要求，采取正确的方法，对其未成年子女进行教导，并对其行为进行必要的约束，其目的是保障未成年子女的身心健康。虽然在管教过程中，父母可以对未成年子女使用适当的惩戒手段，但不得对其使用暴力或以其他形式进行虐待。按照《义务教育法》第11条规定，父母必须使适龄的子女按时入学，接受规定年限的义务教育。《未成年人保护法》第16条规定，父母应当尊重未成年子女受教育的权利，必须使适龄未成年人依法入学接受并完成义务教育，不得使接受义务教育的未成年人辍学。

“保护”是指父母应当保护其未成年子女的人身安全和合法权益，预防和排除来自外界的危害，使其未成年子女的身心处于安全状态。本法总则编第34条第1款规定：“监护人的职责是代理被监护人实施民事法律行为，保护被监护人的人身权利、财产权利以及其他合法权益等。”对未成年子女的人身保护主要包括：照顾未成年子女的生活，保护其身体健康；保护未成年子女的人身不受侵害；为未成年子女提供住所等。对未成年子女的财产保护主要是指为未成年子女的利益管理和保护其财产权益，除为未成年子女的利益外，不得处理属于该未成年子女的财产。如果父母未履行监护职责或者侵害未成年子女合法权益，造成未成年子女损失的，应当赔偿损失。父母对未成年子女的保护还体现在，父母代理其未成年子女实施民事法律行为。当未成年子女的权益受到侵害时，其父母有权以法定代理人身份提起诉讼，维护未成年子女的合法权益。

父母作为未成年子女的法定代理人和监护人，其对未成年子女的教育和保护既是权利又是义务。未成年子女造成他人损害的，父母应当依法承担民事责任。至于承担民事责任的条件、方法等，依照本法侵权责任编第 1188 条、第 1189 条规定处理。

【编者观点】

本条第 2 句为引致条款，指向侵权责任编第 1188 条规定的监护人责任。对于监护人责任的性质，理论上存在自己责任和替代责任两种观点。认定监护人责任的性质为自己责任的观点，主要立足于父母有义务履行监督、管理、教育子女的监护职责，减少或避免未成年人侵害他人的合法权益，所以责任基础在于父母违反了对未成年子女的监护义务，往往承担的是过错责任。

认可替代责任的观点则认为，侵权行为实施者与责任承担者分离，前者是未成年子女，后者是监护人。理由是父母基于特定的身份，应当对缺乏认知和判断能力的子女的行为负责，适用严格责任即无过错责任原则。在子女有财产的情况下，由子女的财产赔偿，不足部分由监护人承担，所以父母作为监护人承担的替代责任是一种补充责任。当然，第 2 句的“父母”应限缩解释为具有监护人身份的父母，如果父母已经被剥夺监护人资格，则不存在适用本条的空间。这意味着承担侵权责任的基础实际上不在于父母身份，而在于监护人地位。

反对观点则认为，过分强调监护人的严格责任，对监护人不公平，也不利于监护人正确实施管教未成年子女的行为。且如果未成年子女实施侵害他人的行为后，都可以一律逃避承担自己本应承担的责任，会降低未成年子女的责任意识，不利于对子女的教育和培养。

【相关立法】

1.《中华人民共和国民法典》(2021 年 1 月 1 日施行)

第二十六条　父母对未成年子女负有抚养、教育和保护的义务。

成年子女对父母负有赡养、扶助和保护的义务。

第二十七条　父母是未成年子女的监护人。

未成年人的父母已经死亡或者没有监护能力的，由下列有监护能力的人按顺序担任监护人：

(一)祖父母、外祖父母；

(二)兄、姐；

(三)其他愿意担任监护人的个人或者组织，但是须经未成年人住所地的居民委员会、村民委员会或者民政部门同意。

第三十四条　监护人的职责是代理被监护人实施民事法律行为，保护被监护人的人身权利、财产权利以及其他合法权益等。

监护人依法履行监护职责产生的权利，受法律保护。

监护人不履行监护职责或者侵害

被监护人合法权益的,应当承担法律责任。

因发生突发事件等紧急情况,监护人暂时无法履行监护职责,被监护人的生活处于无人照料状态的,被监护人住所地的居民委员会、村民委员会或者民政部门应当为被监护人安排必要的临时生活照料措施。

第三十五条 监护人应当按照最有利于被监护人的原则履行监护职责。监护人除为维护被监护人利益外,不得处分被监护人的财产。

未成年人的监护人履行监护职责,在作出与被监护人利益有关的决定时,应当根据被监护人的年龄和智力状况,尊重被监护人的真实意愿。

成年人的监护人履行监护职责,应当最大程度地尊重被监护人的真实意愿,保障并协助被监护人实施与其智力、精神健康状况相适应的民事法律行为。对被监护人有能力独立处理的事务,监护人不得干涉。

第三十六条 监护人有下列情形之一的,人民法院根据有关个人或者组织的申请,撤销其监护人资格,安排必要的临时监护措施,并按照最有利于被监护人的原则依法指定监护人:

(一)实施严重损害被监护人身心健康的行为;

(二)怠于履行监护职责,或者无法履行监护职责且拒绝将监护职责部分或者全部委托给他人,导致被监护人处于危困状态;

(三)实施严重侵害被监护人合法权益的其他行为。

本条规定的有关个人、组织包括:其他依法具有监护资格的人,居民委员会、村民委员会、学校、医疗机构、妇女联合会、残疾人联合会、未成年人保护组织、依法设立的老年人组织、民政部门等。

前款规定的个人和民政部门以外的组织未及时向人民法院申请撤销监护人资格的,民政部门应当向人民法院申请。

第一千一百六十九条 教唆、帮助他人实施侵权行为的,应当与行为人承担连带责任。

教唆、帮助无民事行为能力人、限制民事行为能力人实施侵权行为的,应当承担侵权责任;该无民事行为能力人、限制民事行为能力人的监护人未尽到监护职责的,应当承担相应的责任。

第一千一百八十八条 无民事行为能力人、限制民事行为能力人造成他人损害的,由监护人承担侵权责任。监护人尽到监护职责的,可以减轻其侵权责任。

有财产的无民事行为能力人、限制民事行为能力人造成他人损害的,从本人财产中支付赔偿费用;不足部分,由监护人赔偿。

第一千一百八十九条 无民事行为能力人、限制民事行为能力人造成他人损害,监护人将监护职责委托给他人的,监护人应当承担侵权责任;受托人有过错的，承担相应的责任。

2.《中华人民共和国未成年人保护法》（2024 年修正，2024 年 4 月 26 日施行）

第十五条　未成年人的父母或者其他监护人应当学习家庭教育知识，接受家庭教育指导，创造良好、和睦、文明的家庭环境。

共同生活的其他成年家庭成员应当协助未成年人的父母或者其他监护人抚养、教育和保护未成年人。

第十六条　未成年人的父母或者其他监护人应当履行下列监护职责：

（一）为未成年人提供生活、健康、安全等方面的保障；

（二）关注未成年人的生理、心理状况和情感需求；

（三）教育和引导未成年人遵纪守法、勤俭节约，养成良好的思想品德和行为习惯；

（四）对未成年人进行安全教育，提高未成年人的自我保护意识和能力；

（五）尊重未成年人受教育的权利，保障适龄未成年人依法接受并完成义务教育；

（六）保障未成年人休息、娱乐和体育锻炼的时间，引导未成年人进行有益身心健康的活动；

（七）妥善管理和保护未成年人的财产；

（八）依法代理未成年人实施民事法律行为；

（九）预防和制止未成年人的不良行为和违法犯罪行为，并进行合理管教；

（十）其他应当履行的监护职责。

第十七条　未成年人的父母或者其他监护人不得实施下列行为：

（一）虐待、遗弃、非法送养未成年人或者对未成年人实施家庭暴力；

（二）放任、教唆或者利用未成年人实施违法犯罪行为；

（三）放任、唆使未成年人参与邪教、迷信活动或者接受恐怖主义、分裂主义、极端主义等侵害；

（四）放任、唆使未成年人吸烟（含电子烟，下同）、饮酒、赌博、流浪乞讨或者欺凌他人；

（五）放任或者迫使应当接受义务教育的未成年人失学、辍学；

（六）放任未成年人沉迷网络，接触危害或者可能影响其身心健康的图书、报刊、电影、广播电视节目、音像制品、电子出版物和网络信息等；

（七）放任未成年人进入营业性娱乐场所、酒吧、互联网上网服务营业场所等不适宜未成年人活动的场所；

（八）允许或者迫使未成年人从事国家规定以外的劳动；

（九）允许、迫使未成年人结婚或者为未成年人订立婚约；

（十）违法处分、侵吞未成年人的财产或者利用未成年人牟取不正当利益；

（十一）其他侵犯未成年人身心健康、财产权益或者不依法履行未成年人保护义务的行为。

第十八条 未成年人的父母或者其他监护人应当为未成年人提供安全的家庭生活环境，及时排除引发触电、烫伤、跌落等伤害的安全隐患；采取配备儿童安全座椅、教育未成年人遵守交通规则等措施，防止未成年人受到交通事故的伤害；提高户外安全保护意识，避免未成年人发生溺水、动物伤害等事故。

第十九条 未成年人的父母或者其他监护人应当根据未成年人的年龄和智力发展状况，在作出与未成年人权益有关的决定前，听取未成年人的意见，充分考虑其真实意愿。

第二十条 未成年人的父母或者其他监护人发现未成年人身心健康受到侵害、疑似受到侵害或者其他合法权益受到侵犯的，应当及时了解情况并采取保护措施；情况严重的，应当立即向公安、民政、教育等部门报告。

第二十一条 未成年人的父母或者其他监护人不得使未满八周岁或者由于身体、心理原因需要特别照顾的未成年人处于无人看护状态，或者将其交由无民事行为能力、限制民事行为能力、患有严重传染性疾病或者其他不适宜的人员临时照护。

未成年人的父母或者其他监护人不得使未满十六周岁的未成年人脱离监护单独生活。

第二十二条 未成年人的父母或者其他监护人因外出务工等原因在一定期限内不能完全履行监护职责的，应当委托具有照护能力的完全民事行为能力人代为照护；无正当理由的，不得委托他人代为照护。

未成年人的父母或者其他监护人在确定被委托人时，应当综合考虑其道德品质、家庭状况、身心健康状况、与未成年人生活情感上的联系等情况，并听取有表达意愿能力未成年人的意见。

具有下列情形之一的，不得作为被委托人：

（一）曾实施性侵害、虐待、遗弃、拐卖、暴力伤害等违法犯罪行为；

（二）有吸毒、酗酒、赌博等恶习；

（三）曾拒不履行或者长期怠于履行监护、照护职责；

（四）其他不适宜担任被委托人的情形。

第二十三条 未成年人的父母或者其他监护人应当及时将委托照护情况书面告知未成年人所在学校、幼儿园和实际居住地的居民委员会、村民委员会，加强和未成年人所在学校、幼儿园的沟通；与未成年人、被委托人至少每周联系和交流一次，了解未成年人的生活、学习、心理等情况，并给予未成年人亲情关爱。

未成年人的父母或者其他监护人接到被委托人、居民委员会、村民委员会、学校、幼儿园等关于未成年人心理、行为异常的通知后，应当及时采取干预措施。

第二十四条 未成年人的父母离

婚时,应当妥善处理未成年子女的抚养、教育、探望、财产等事宜,听取有表达意愿能力未成年人的意见。不得以抢夺、藏匿未成年子女等方式争夺抚养权。

未成年人的父母离婚后,不直接抚养未成年子女的一方应当依照协议、人民法院判决或者调解确定的时间和方式,在不影响未成年人学习、生活的情况下探望未成年子女,直接抚养的一方应当配合,但被人民法院依法中止探望权的除外。

第一百零八条　未成年人的父母或者其他监护人不依法履行监护职责或者严重侵犯被监护的未成年人合法权益的,人民法院可以根据有关人员或者单位的申请,依法作出人身安全保护令或者撤销监护人资格。

被撤销监护人资格的父母或者其他监护人应当依法继续负担抚养费用。

3.《中华人民共和国家庭教育促进法》(2022 年 1 月 1 日施行)

第二条　本法所称家庭教育,是指父母或者其他监护人为促进未成年人全面健康成长,对其实施的道德品质、身体素质、生活技能、文化修养、行为习惯等方面的培育、引导和影响。

第四条　未成年人的父母或者其他监护人负责实施家庭教育。

国家和社会为家庭教育提供指导、支持和服务。

国家工作人员应当带头树立良好家风,履行家庭教育责任。

第十四条　父母或者其他监护人应当树立家庭是第一个课堂、家长是第一任老师的责任意识,承担对未成年人实施家庭教育的主体责任,用正确思想、方法和行为教育未成年人养成良好思想、品行和习惯。

共同生活的具有完全民事行为能力的其他家庭成员应当协助和配合未成年人的父母或者其他监护人实施家庭教育。

第十八条　未成年人的父母或者其他监护人应当树立正确的家庭教育理念,自觉学习家庭教育知识,在孕期和未成年人进入婴幼儿照护服务机构、幼儿园、中小学校等重要时段进行有针对性的学习,掌握科学的家庭教育方法,提高家庭教育的能力。

第十九条　未成年人的父母或者其他监护人应当与中小学校、幼儿园、婴幼儿照护服务机构、社区密切配合,积极参加其提供的公益性家庭教育指导和实践活动,共同促进未成年人健康成长。

第二十条　未成年人的父母分居或者离异的,应当相互配合履行家庭教育责任,任何一方不得拒绝或者怠于履行;除法律另有规定外,不得阻碍另一方实施家庭教育。

第二十一条　未成年人的父母或者其他监护人依法委托他人代为照护未成年人的,应当与被委托人、未成年人保持联系,定期了解未成年人学习、生活情况和心理状况，与被委托人共同履行家庭教育责任。

第二十二条 未成年人的父母或者其他监护人应当合理安排未成年人学习、休息、娱乐和体育锻炼的时间，避免加重未成年人学习负担，预防未成年人沉迷网络。

第二十三条 未成年人的父母或者其他监护人不得因性别、身体状况、智力等歧视未成年人，不得实施家庭暴力，不得胁迫、引诱、教唆、纵容、利用未成年人从事违反法律法规和社会公德的活动。

第四十八条 未成年人住所地的居民委员会、村民委员会、妇女联合会，未成年人的父母或者其他监护人所在单位，以及中小学校、幼儿园等有关密切接触未成年人的单位，发现父母或者其他监护人拒绝、怠于履行家庭教育责任，或者非法阻碍其他监护人实施家庭教育的，应当予以批评教育、劝诫制止，必要时督促其接受家庭教育指导。

未成年人的父母或者其他监护人依法委托他人代为照护未成年人，有关单位发现被委托人不依法履行家庭教育责任的，适用前款规定。

第四十九条 公安机关、人民检察院、人民法院在办理案件过程中，发现未成年人存在严重不良行为或者实施犯罪行为，或者未成年人的父母或者其他监护人不正确实施家庭教育侵害未成年人合法权益的，根据情况对父母或者其他监护人予以训诫，并可以责令其接受家庭教育指导。

4.《中华人民共和国义务教育法》(2018年修正，2018年12月29日施行)

第五条 各级人民政府及其有关部门应当履行本法规定的各项职责，保障适龄儿童、少年接受义务教育的权利。

适龄儿童、少年的父母或者其他法定监护人应当依法保证其按时入学接受并完成义务教育。

依法实施义务教育的学校应当按照规定标准完成教育教学任务，保证教育教学质量。

社会组织和个人应当为适龄儿童、少年接受义务教育创造良好的环境。

5.《中华人民共和国教育法》(2021年修正，2021年4月30日施行)

第十九条 国家实行九年制义务教育制度。

各级人民政府采取各种措施保障适龄儿童、少年就学。

适龄儿童、少年的父母或者其他监护人以及有关社会组织和个人有义务使适龄儿童、少年接受并完成规定年限的义务教育。

第五十条 未成年人的父母或者其他监护人应当为其未成年子女或者其他被监护人受教育提供必要条件。

未成年人的父母或者其他监护人应当配合学校及其他教育机构，对其未成年子女或者其他被监护人进行教育。

学校、教师可以对学生家长提供家庭教育指导。

6.《中华人民共和国预防未成年人犯罪法》（2020年修订，2021年6月1日施行）

第十五条 国家、社会、学校和家庭应当对未成年人加强社会主义核心价值观教育，开展预防犯罪教育，增强未成年人的法治观念，使未成年人树立遵纪守法和防范违法犯罪的意识，提高自我管控能力。

第十六条 未成年人的父母或者其他监护人对未成年人的预防犯罪教育负有直接责任，应当依法履行监护职责，树立优良家风，培养未成年人良好品行；发现未成年人心理或者行为异常的，应当及时了解情况并进行教育、引导和劝诫，不得拒绝或者怠于履行监护职责。

第二十二条 教育行政部门、学校应当通过举办讲座、座谈、培训等活动，介绍科学合理的教育方法，指导教职员工、未成年学生的父母或者其他监护人有效预防未成年人犯罪。

学校应当将预防犯罪教育计划告知未成年学生的父母或者其他监护人。未成年学生的父母或者其他监护人应当配合学校对未成年学生进行有针对性的预防犯罪教育。

第二十九条 未成年人的父母或者其他监护人发现未成年人有不良行为的，应当及时制止并加强管教。

第三十二条 学校和家庭应当加强沟通，建立家校合作机制。学校决定对未成年学生采取管理教育措施的，应当及时告知其父母或者其他监护人；未成年学生的父母或者其他监护人应当支持、配合学校进行管理教育。

第三十四条 未成年学生旷课、逃学的，学校应当及时联系其父母或者其他监护人，了解有关情况；无正当理由的，学校和未成年学生的父母或者其他监护人应当督促其返校学习。

第三十五条 未成年人无故夜不归宿、离家出走的，父母或者其他监护人、所在的寄宿制学校应当及时查找，必要时向公安机关报告。

收留夜不归宿、离家出走未成年人的，应当及时联系其父母或者其他监护人、所在学校；无法取得联系的，应当及时向公安机关报告。

第三十七条 未成年人的父母或者其他监护人、学校发现未成年人组织或者参加实施不良行为的团伙，应当及时制止；发现该团伙有违法犯罪嫌疑的，应当立即向公安机关报告。

第三十九条 未成年人的父母或者其他监护人、学校、居民委员会、村民委员会发现有人教唆、胁迫、引诱未成年人实施严重不良行为的，应当立即向公安机关报告。公安机关接到报告或者发现有上述情形的，应当及时依法查处；对人身安全受到威胁的未成年人，应当立即采取有效保护措施。

第四十二条 公安机关在对未成

年人进行矫治教育时,可以根据需要邀请学校、居民委员会、村民委员会以及社会工作服务机构等社会组织参与。

未成年人的父母或者其他监护人应当积极配合矫治教育措施的实施,不得妨碍阻挠或者放任不管。

第四十八条　专门学校应当与接受专门教育的未成年人的父母或者其他监护人加强联系,定期向其反馈未成年人的矫治和教育情况,为父母或者其他监护人、亲属等看望未成年人提供便利。

第四十九条　未成年人及其父母或者其他监护人对本章规定的行政决定不服的,可以依法提起行政复议或者行政诉讼。

第五十七条　未成年人的父母或者其他监护人和学校、居民委员会、村民委员会对接受社区矫正、刑满释放的未成年人,应当采取有效的帮教措施,协助司法机关以及有关部门做好安置帮教工作。

居民委员会、村民委员会可以聘请思想品德优秀,作风正派,热心未成年人工作的离退休人员、志愿者或其他人员协助做好前款规定的安置帮教工作。

第六十一条　公安机关、人民检察院、人民法院在办理案件过程中发现实施严重不良行为的未成年人的父母或者其他监护人不依法履行监护职责的,应当予以训诫,并可以责令其接受家庭教育指导。

【司法解释】

《最高人民法院关于适用〈中华人民共和国民法典〉侵权责任编的解释(一)》(法释〔2024〕12号,2024年9月27日施行)

第四条　无民事行为能力人、限制民事行为能力人造成他人损害,被侵权人请求监护人承担侵权责任,或者合并请求监护人和受托履行监护职责的人承担侵权责任的,人民法院应当将无民事行为能力人、限制民事行为能力人列为共同被告。

第五条　无民事行为能力人、限制民事行为能力人造成他人损害,被侵权人请求监护人承担侵权人应承担的全部责任的,人民法院应予支持,并在判决中明确,赔偿费用可以先从被监护人财产中支付,不足部分由监护人支付。

监护人抗辩主张承担补充责任,或者被侵权人、监护人主张人民法院判令有财产的无民事行为能力人、限制民事行为能力人承担赔偿责任的,人民法院不予支持。

从被监护人财产中支付赔偿费用的,应当保留被监护人所必需的生活费和完成义务教育所必需的费用。

第六条　行为人在侵权行为发生时不满十八周岁,被诉时已满十八周岁的,被侵权人请求原监护人承担侵权人应承担的全部责任的,人民法院应予支持,并在判决中明确,赔偿费用可以先从被监护人财产中支付,不足部分由监护人支付。

前款规定情形,被侵权人仅起诉行为人的,人民法院应当向原告释明申请追加原监护人为共同被告。

第七条 未成年子女造成他人损害,被侵权人请求父母共同承担侵权责任的,人民法院依照民法典第二十七条第一款、第一千零六十八条以及第一千一百八十八条的规定予以支持。

第八条 夫妻离婚后,未成年子女造成他人损害,被侵权人请求离异夫妻共同承担侵权责任的,人民法院依照民法典第一千零六十八条、第一千零八十四条以及第一千一百八十八条的规定予以支持。一方以未与该子女共同生活为由主张不承担或者少承担责任的,人民法院不予支持。

离异夫妻之间的责任份额,可以由双方协议确定;协议不成的,人民法院可以根据双方履行监护职责的约定和实际履行情况等确定。实际承担责任超过自己责任份额的一方向另一方追偿的,人民法院应予支持。

第九条 未成年子女造成他人损害的,依照民法典第一千零七十二条第二款的规定,未与该子女形成抚养教育关系的继父或者继母不承担监护人的侵权责任,由该子女的生父母依照本解释第八条的规定承担侵权责任。

第十条 无民事行为能力人、限制民事行为能力人造成他人损害,被侵权人合并请求监护人和受托履行监护职责的人承担侵权责任的,依照民法典第一千一百八十九条的规定,监护人承担侵权人应承担的全部责任;受托人在过错范围内与监护人共同承担责任,但责任主体实际支付的赔偿费用总和不应超出被侵权人应受偿的损失数额。

监护人承担责任后向受托人追偿的,人民法院可以参照民法典第九百二十九条的规定处理。

仅有一般过失的无偿受托人承担责任后向监护人追偿的,人民法院应予支持。

第十一条 教唆、帮助无民事行为能力人、限制民事行为能力人实施侵权行为,教唆人、帮助人以其不知道且不应当知道行为人为无民事行为能力人、限制民事行为能力人为由,主张不承担侵权责任或者与行为人的监护人承担连带责任的,人民法院不予支持。

第十二条 教唆、帮助无民事行为能力人、限制民事行为能力人实施侵权行为,被侵权人合并请求教唆人、帮助人以及监护人承担侵权责任的,依照民法典第一千一百六十九条第二款的规定,教唆人、帮助人承担侵权人应承担的全部责任;监护人在未尽到监护职责的范围内与教唆人、帮助人共同承担责任,但责任主体实际支付的赔偿费用总和不应超出被侵权人应受偿的损失数额。

监护人先行支付赔偿费用后,就超过自己相应责任的部分向教唆人、帮助人追偿的,人民法院应予支持。

第十三条 教唆、帮助无民事行为能力人、限制民事行为能力人实施侵权行为，被侵权人合并请求教唆人、帮助人与监护人以及受托履行监护职责的人承担侵权责任的，依照本解释第十条、第十二条的规定认定民事责任。

【司法指导文件】

《最高人民法院、最高人民检察院、公安部、民政部关于依法处理监护人侵害未成年人权益行为若干问题的意见》(法发〔2014〕24号，2014年12月18日)

一、一般规定

1. 本意见所称监护侵害行为，是指父母或者其他监护人(以下简称监护人)性侵害、出卖、遗弃、虐待、暴力伤害未成年人，教唆、利用未成年人实施违法犯罪行为，胁迫、诱骗、利用未成年人乞讨，以及不履行监护职责严重危害未成年人身心健康等行为。

2. 处理监护侵害行为，应当遵循未成年人最大利益原则，充分考虑未成年人身心特点和人格尊严，给予未成年人特殊、优先保护。

3. 对于监护侵害行为，任何组织和个人都有权劝阻、制止或者举报。

公安机关应当采取措施，及时制止在工作中发现以及单位、个人举报的监护侵害行为，情况紧急时将未成年人带离监护人。

民政部门应当设立未成年人救助保护机构(包括救助管理站、未成年人救助保护中心)，对因受到监护侵害进入机构的未成年人承担临时监护责任，必要时向人民法院申请撤销监护人资格。

人民法院应当依法受理人身安全保护裁定申请和撤销监护人资格案件并作出裁判。

人民检察院对公安机关、人民法院处理监护侵害行为的工作依法实行法律监督。

人民法院、人民检察院、公安机关设有办理未成年人案件专门工作机构的，应当优先由专门工作机构办理监护侵害案件。

4. 人民法院、人民检察院、公安机关、民政部门应当充分履行职责，加强指导和培训，提高保护未成年人的能力和水平；加强沟通协作，建立信息共享机制，实现未成年人行政保护和司法保护的有效衔接。

5. 人民法院、人民检察院、公安机关、民政部门应当加强与妇儿工委、教育部门、卫生部门、共青团、妇联、关工委、未成年人住所地村(居)民委员会等的联系和协作，积极引导、鼓励、支持法律服务机构、社会工作服务机构、公益慈善组织和志愿者等社会力量，共同做好受监护侵害的未成年人的保护工作。

二、报告和处置

6. 学校、医院、村(居)民委员会、社会工作服务机构等单位及其工作人员，发现未成年人受到监护侵害的，应当及时向公安机关报案或者举报。

其他单位及其工作人员、个人发现未成年人受到监护侵害的，也应当及时向公安机关报案或者举报。

7. 公安机关接到涉及监护侵害行为的报案、举报后，应当立即出警处置，制止正在发生的侵害行为并迅速进行调查。符合刑事立案条件的，应当立即立案侦查。

8. 公安机关在办理监护侵害案件时，应当依照法定程序，及时、全面收集固定证据，保证办案质量。

询问未成年人，应当考虑未成年人的身心特点，采取和缓的方式进行，防止造成进一步伤害。

未成年人有其他监护人的，应当通知其他监护人到场。其他监护人无法通知或者未能到场的，可以通知未成年人的其他成年亲属、所在学校、村（居）民委员会、未成年人保护组织的代表以及专业社会工作者等到场。

9. 监护人的监护侵害行为构成违反治安管理行为的，公安机关应当依法给予治安管理处罚，但情节特别轻微不予治安管理处罚的，应当给予批评教育并通报当地村（居）民委员会；构成犯罪的，依法追究刑事责任。

10. 对于疑似患有精神障碍的监护人，已实施危害未成年人安全的行为或者有危害未成年人安全危险的，其近亲属、所在单位、当地公安机关应当立即采取措施予以制止，并将其送往医疗机构进行精神障碍诊断。

11. 公安机关在出警过程中，发现未成年人身体受到严重伤害、面临严重人身安全威胁或者处于无人照料等危险状态的，应当将其带离实施监护侵害行为的监护人，就近护送至其他监护人、亲属、村（居）民委员会或者未成年人救助保护机构，并办理书面交接手续。未成年人有表达能力的，应当就护送地点征求未成年人意见。

负责接收未成年人的单位和人员（以下简称临时照料人）应当对未成年人予以临时紧急庇护和短期生活照料，保护未成年人的人身安全，不得侵害未成年人合法权益。

公安机关应当书面告知临时照料人有权依法向人民法院申请人身安全保护裁定和撤销监护人资格。

12. 对身体受到严重伤害需要医疗的未成年人，公安机关应当先行送医救治，同时通知其他有监护资格的亲属照料，或者通知当地未成年人救助保护机构开展后续救助工作。

监护人应当依法承担医疗救治费用。其他亲属和未成年人救助保护机构等垫付医疗救治费用的，有权向监护人追偿。

13. 公安机关将受监护侵害的未成年人护送至未成年人救助保护机构的，应当在五个工作日内提供案件侦办查处情况说明。

14. 监护侵害行为可能构成虐待罪的，公安机关应当告知未成年人及其近亲属有权告诉或者代为告诉，并通报所在地同级人民检察院。

未成年人及其近亲属没有告诉的，由人民检察院起诉。

三、临时安置和人身安全保护裁定

15. 未成年人救助保护机构应当接收公安机关护送来的受监护侵害的未成年人，履行临时监护责任。

未成年人救助保护机构履行临时监护责任一般不超过一年。

16. 未成年人救助保护机构可以采取家庭寄养、自愿助养、机构代养或者委托政府指定的寄宿学校安置等方式，对未成年人进行临时照料，并为未成年人提供心理疏导、情感抚慰等服务。

未成年人因临时监护需要转学、异地入学接受义务教育的，教育行政部门应当予以保障。

17. 未成年人的其他监护人、近亲属要求照料未成年人的，经公安机关或者村(居)民委员会确认其身份后，未成年人救助保护机构可以将未成年人交由其照料，终止临时监护。

关系密切的其他亲属、朋友要求照料未成年人的，经未成年人父、母所在单位或者村(居)民委员会同意，未成年人救助保护机构可以将未成年人交由其照料，终止临时监护。

未成年人救助保护机构将未成年人送交亲友临时照料的，应当办理书面交接手续，并书面告知临时照料人有权依法向人民法院申请人身安全保护裁定和撤销监护人资格。

18. 未成年人救助保护机构可以组织社会工作服务机构等社会力量，对监护人开展监护指导、心理疏导等教育辅导工作，并对未成年人的家庭基本情况、监护情况、监护人悔过情况、未成年人身心健康状况以及未成年人意愿等进行调查评估。监护人接受教育辅导及后续表现情况应当作为调查评估报告的重要内容。

有关单位和个人应当配合调查评估工作的开展。

19. 未成年人救助保护机构应当与公安机关、村(居)民委员会、学校以及未成年人亲属等进行会商，根据案件侦办查处情况说明、调查评估报告和监护人接受教育辅导等情况，并征求有表达能力的未成年人意见，形成会商结论。

经会商认为本意见第11条第1款规定的危险状态已消除，监护人能够正确履行监护职责的，未成年人救助保护机构应当及时通知监护人领回未成年人。监护人应当在三日内领回未成年人并办理书面交接手续。会商形成结论前，未成年人救助保护机构不得将未成年人交由监护人领回。

经会商认为监护侵害行为属于本意见第35条规定情形的，未成年人救助保护机构应当向人民法院申请撤销监护人资格。

20. 未成年人救助保护机构通知监护人领回未成年人的，应当将相关情况通报未成年人所在学校、辖区公安派出所、村(居)民委员会，并告知其对通报内容负有保密义务。

21. 监护人领回未成年人的，未成年人救助保护机构应当指导村（居）民委员会对监护人的监护情况进行随访，开展教育辅导工作。

未成年人救助保护机构也可以组织社会工作服务机构等社会力量，开展前款工作。

22. 未成年人救助保护机构或者其他临时照料人可以根据需要，在诉讼前向未成年人住所地、监护人住所地或者侵害行为地人民法院申请人身安全保护裁定。

未成年人救助保护机构或者其他临时照料人也可以在诉讼中向人民法院申请人身安全保护裁定。

23. 人民法院接受人身安全保护裁定申请后，应当按照民事诉讼法第一百条、第一百零一条、第一百零二条①的规定作出裁定。经审查认为存在侵害未成年人人身安全危险的，应当作出人身安全保护裁定。

人民法院接受诉讼前人身安全保护裁定申请后，应当在四十八小时内作出裁定。接受诉讼中人身安全保护裁定申请，情况紧急的，也应当在四十八小时内作出裁定。人身安全保护裁定应当立即执行。

24. 人身安全保护裁定可以包括下列内容中的一项或者多项：

（一）禁止被申请人暴力伤害、威胁未成年人及其临时照料人；

（二）禁止被申请人跟踪、骚扰、接触未成年人及其临时照料人；

（三）责令被申请人迁出未成年人住所；

（四）保护未成年人及其临时照料人人身安全的其他措施。

25. 被申请人拒不履行人身安全保护裁定，危及未成年人及其临时照料人人身安全或者扰乱未成年人救助保护机构工作秩序的，未成年人、未成年人救助保护机构或者其他临时照料人有权向公安机关报告，由公安机关依法处理。

被申请人有其他拒不履行人身安全保护裁定行为的，未成年人、未成年人救助保护机构或者其他临时照料人有权向人民法院报告，人民法院根据民事诉讼法第一百一十一条、第一百一十五条、第一百一十六条②的规定，视情节轻重处以罚款、拘留；构成犯罪的，依法追究刑事责任。

26. 当事人对人身安全保护裁定不服的，可以申请复议一次。复议期间不停止裁定的执行。

四、申请撤销监护人资格诉讼

27. 下列单位和人员（以下简称有关单位和人员）有权向人民法院申请撤销监护人资格：

（一）未成年人的其他监护人，祖

---

① 对应 2023 年《民事诉讼法》第 103 条、第 104 条、第 105 条。——编者注

② 对应 2023 年《民事诉讼法》第 114 条、第 118 条、第 119 条。——编者注

父母、外祖父母、兄、姐,关系密切的其他亲属、朋友;

(二)未成年人住所地的村(居)民委员会,未成年人父、母所在单位;

(三)民政部门及其设立的未成年人救助保护机构;

(四)共青团、妇联、关工委、学校等团体和单位。

申请撤销监护人资格,一般由前款中负责临时照料未成年人的单位和人员提出,也可以由前款中其他单位和人员提出。

28. 有关单位和人员向人民法院申请撤销监护人资格的,应当提交相关证据。

有包含未成年人基本情况、监护存在问题、监护人悔过情况、监护人接受教育辅导情况、未成年人身心健康状况以及未成年人意愿等内容的调查评估报告的,应当一并提交。

29. 有关单位和人员向公安机关、人民检察院申请出具相关案件证明材料的,公安机关、人民检察院应当提供证明案件事实的基本材料或者书面说明。

30. 监护人因监护侵害行为被提起公诉的案件,人民检察院应当书面告知未成年人及其临时照料人有权依法申请撤销监护人资格。

对于监护侵害行为符合本意见第35条规定情形而相关单位和人员没有提起诉讼的,人民检察院应当书面建议当地民政部门或者未成年人救助保护机构向人民法院申请撤销监护人资格。

31. 申请撤销监护人资格案件,由未成人住所地、监护人住所地或者侵害行为地基层人民法院管辖。

人民法院受理撤销监护人资格案件,不收取诉讼费用。

五、撤销监护人资格案件审理和判后安置

32. 人民法院审理撤销监护人资格案件,比照民事诉讼法规定的特别程序进行,在一个月内审理结案。有特殊情况需要延长的,由本院院长批准。

33. 人民法院应当全面审查调查评估报告等证据材料,听取被申请人、有表达能力的未成年人以及村(居)民委员会、学校、邻居等的意见。

34. 人民法院根据案件需要可以聘请适当的社会人士对未成年人进行社会观护,并可以引入心理疏导和测评机制,组织专业社会工作者、儿童心理问题专家等专业人员参与诉讼,为未成年人和被申请人提供心理辅导和测评服务。

35. 被申请人有下列情形之一的,人民法院可以判决撤销其监护人资格:

(一)性侵害、出卖、遗弃、虐待、暴力伤害未成年人,严重损害未成年人身心健康的;

(二)将未成年人置于无人监管和照看的状态,导致未成年人面临死亡或者严重伤害危险,经教育不改的;

(三)拒不履行监护职责长达六个月以上,导致未成年人流离失所或者生活无着的;

（四）有吸毒、赌博、长期酗酒等恶习无法正确履行监护职责或者因服刑等原因无法履行监护职责，且拒绝将监护职责部分或者全部委托给他人，致使未成年人处于困境或者危险状态的；

（五）胁迫、诱骗、利用未成年人乞讨，经公安机关和未成年人救助保护机构等部门三次以上批评教育拒不改正，严重影响未成年人正常生活和学习的；

（六）教唆、利用未成年人实施违法犯罪行为，情节恶劣的；

（七）有其他严重侵害未成年人合法权益行为的。

36. 判决撤销监护人资格，未成年人有其他监护人的，应当由其他监护人承担监护职责。其他监护人应当采取措施避免未成年人继续受到侵害。

没有其他监护人的，人民法院根据最有利于未成年人的原则，在民法通则第十六条第二款、第四款①规定的人员和单位中指定监护人。指定个人担任监护人的，应当综合考虑其意愿、品行、身体状况、经济条件、与未成年人的生活情感联系以及有表达能力的未成年人的意愿等。

没有合适人员和其他单位担任监护人的，人民法院应当指定民政部门担任监护人，由其所属儿童福利机构收留抚养。

37. 判决不撤销监护人资格的，人民法院可以根据需要走访未成年人及其家庭，也可以向当地民政部门、辖区公安派出所、村（居）民委员会、共青团、妇联、未成年人所在学校、监护人所在单位等发出司法建议，加强对未成年人的保护和对监护人的监督指导。

38. 被撤销监护人资格的侵害人，自监护人资格被撤销之日起三个月至一年内，可以书面向人民法院申请恢复监护人资格，并应当提交相关证据。

人民法院应当将前款内容书面告知侵害人和其他监护人、指定监护人。

39. 人民法院审理申请恢复监护人资格案件，按照变更监护关系的案件审理程序进行。

人民法院应当征求未成年人现任监护人和有表达能力的未成年人的意见，并可以委托申请人住所地的未成年人救助保护机构或者其他未成年人保护组织，对申请人监护意愿、悔改表现、监护能力、身心状况、工作生活情况等进行调查，形成调查评估报告。

申请人正在服刑或者接受社区矫正的，人民法院应当征求刑罚执行机关或者社区矫正机构的意见。

40. 人民法院经审理认为申请人确有悔改表现并且适宜担任监护人的，可以判决恢复其监护人资格，原指定监护人的监护人资格终止。

申请人具有下列情形之一的，一般不得判决恢复其监护人资格：

（一）性侵害、出卖未成年人的；

（二）虐待、遗弃未成年人六个月以上、多次遗弃未成年人，并且造成重

---

① 对应《民法典》第27条第2款、第32条。——编者注

伤以上严重后果的;

(三)因监护侵害行为被判处五年有期徒刑以上刑罚的。

41. 撤销监护人资格诉讼终结后六个月内,未成年人及其现任监护人可以向人民法院申请人身安全保护裁定。

42. 被撤销监护人资格的父、母应当继续负担未成年人的抚养费用和因监护侵害行为产生的各项费用。相关单位和人员起诉的,人民法院应予支持。

43. 民政部门应当根据有关规定,将符合条件的受监护侵害的未成年人纳入社会救助和相关保障范围。

44. 民政部门担任监护人的,承担抚养职责的儿童福利机构可以送养未成年人。

送养未成年人应当在人民法院作出撤销监护人资格判决一年后进行。侵害人有本意见第40条第2款规定情形的,不受一年后送养的限制。

第一千零六十九条 【子女尊重父母的婚姻权利及赡养义务】子女应当尊重父母的婚姻权利,不得干涉父母离婚、再婚以及婚后的生活。子女对父母的赡养义务,不因父母的婚姻关系变化而终止。

【原《婚姻法》条文】

第三十条 子女应当尊重父母的婚姻权利,不得干涉父母再婚以及婚后的生活。子女对父母的赡养义务,不因父母的婚姻关系变化而终止。

【修改说明】

增加不得干涉父母离婚的规定。

【立法·要点释义】

婚姻自由也包括老年人的婚姻自由,老年人再婚应得到社会的认可和关注,得到子女的理解和支持。然而现实生活中,丧偶或者离异的老年人不在少数,而老年人再婚是障碍多、麻烦大、难上加难。本条专门作出有针对性的规定,以达到保障老年人再婚自由的目的。

现实生活中阻碍老年人再婚的障碍之一是子女干涉。一些年轻人认为,父母再婚“有辱门风”,父母积攒的财产也会流落外人手里,甚至用侮辱、威胁或者施以暴力来达到阻止父母再婚的目的。父母是否再婚,与谁结婚应由其自主决定。父母再婚后,子女不得干涉父母选择居所或者依法处分个人财产。

【编者观点】

本条中的“婚姻权利”主要是指父母的婚姻自主权。作为婚姻自由原则的具体体现,《民法典》第110条规定

"自然人享有婚姻自主权",是一项具体人格权,其他任何人都负有不得妨碍和干涉的消极义务。本条所表述的"尊重父母婚姻权利"以及"不得干涉父母离婚、再婚以及婚后的生活",从正反两个方面明确了子女的义务。婚姻自主权受侵害的父母,有权依据人格权编以及侵权责任编的相关规定,请求子女作为加害人停止侵害、排除妨碍,造成严重精神损害的有权主张精神损害赔偿。

实践中常出现子女以不赡养老人甚至断绝父母子女关系为要挟,阻止老年人再婚。子女此种行为并不构成对婚姻自主权的侵害,但是父母有权请求子女履行法定赡养义务。

【相关立法】

1.《中华人民共和国刑法》(2023年修正,2024 年 3 月 1 日施行)

第二百五十七条　【暴力干涉婚姻自由罪】以暴力干涉他人婚姻自由的,处二年以下有期徒刑或者拘役。

犯前款罪,致使被害人死亡的,处二年以上七年以下有期徒刑。

第一款罪,告诉的才处理。

第二百六十一条　【遗弃罪】对于年老、年幼、患病或者其他没有独立生活能力的人,负有扶养义务而拒绝扶养,情节恶劣的,处五年以下有期徒刑、拘役或者管制。

2.《中华人民共和国老年人权益保障法》(2018 年修正,2018 年 12 月 29日施行)

第二十一条　老年人的婚姻自由受法律保护。子女或者其他亲属不得干涉老年人离婚、再婚及婚后的生活。

赡养人的赡养义务不因老年人的婚姻关系变化而消除。

第七十六条　干涉老年人婚姻自由,对老年人负有赡养义务、扶养义务而拒绝赡养、扶养,虐待老年人或者对老年人实施家庭暴力的,由有关单位给予批评教育;构成违反治安管理行为的,依法给予治安管理处罚;构成犯罪的,依法追究刑事责任。

【法院参考案例】

庞某某诉张某某等二人赡养费纠纷案(《最高法发布老年人权益保护第二批典型案例》案例三,2022 年 4 月 8 日)

【基本案情】

原告庞某某,女,现年 78 岁,先后有两次婚姻,共育有被告张某某等六名子女,其中一名已故。子女中除张某外均已成家。庞某某诉称其现居住于地瓜中学宿舍,一人独居生活,基本生活来源于拾荒及领取低保金,现年老多病、无经济来源,请求人民法院判令被告张某某等二人每月支付赡养费。

【裁判结果】

贵州省普安县人民法院认为,成年子女应履行对父母的赡养义务,赡养包括经济上的供养、生活上照料和精神上慰藉。原、被告之间系母子(女)关系，被告应在日常生活中多关心、照顾老人，考虑老人的情感需求，善待老人。考虑到原告共有五个成年子女、部分子女还需赡养原告前夫等现实状况，结合被告张某某等二人的年龄、收入情况及原告实际生活需求，判决张某某等二人于判决生效之日起每月向原告庞某某支付赡养费。

【典型意义】

百善孝为先，赡养父母是中华民族的传统美德，也是子女对父母应尽的义务。《民法典》第1069条规定，子女应当尊重父母的婚姻权利，不得干涉父母离婚、再婚以及婚后的生活，子女对父母的赡养义务，不因父母的婚姻关系变化而终止。近年来，再婚老人的赡养问题引起社会广泛关注。当前，父母干涉子女婚姻自由现象越来越少，而子女干涉父母婚姻自由的现象却屡见不鲜，许多子女在父母再婚时设置重重障碍，无情干涉，迫使许多父母牺牲了自己的婚姻自由。有的子女以父母再婚为由，拒绝履行赡养义务。但是，赡养人的赡养义务不因老年人的婚姻关系变化而消除。经过法院的多次调解工作，子女能按时支付老年人的赡养费用，多年的母子情得以重续。

第一千零七十条　【遗产继承权】父母和子女有相互继承遗产的权利。

【立法·要点释义】

根据本法继承编第1127条规定，子女、父母都是第一顺序的继承人。享有继承权的父母，包括生父母、养父母和有抚养关系的继父母。被继承人的父和母，继承其死亡子女的财产的权利是平等的。父母即使离婚，也可以继承其亲生子女的财产。养父母离婚后，双方仍然对养子女履行了抚养义务的，仍可以继承其养子女的财产。如果养父母离婚，养子女归一方抚养，未尽抚养义务的另一方不能继承养子女的财产。如果继父(母)与生母(父)离婚，继子女随生母(父)生活，继父(母)与继子女之间的抚养关系中断，血亲关系消灭，继父(母)不享有继子女的财产继承权。

享有继承权的子女，包括亲生子女、养子女和有抚养关系的继子女。不论婚生子女，还是非婚生子女，都有同等的继承权。养子女可以继承养父母的财产，但不能继承其生父母的财产。如果抚养关系解除，养父母与养子女之间的抚养关系中断，原养子女就享有对生父母财产的继承权。继子女对继父或者继母的财产有继承权。如果继父与生母或继母与生父离婚，继父母不再抚养继子女，原继子女也不再赡养原继父母，原继子女不享有对原继父母财产的继承权。有抚养和赡养关系的继子女在继承继父母遗产的同时，仍然有权继承自己生父母的遗产。

【编者观点】

有裁判观点认为，若父母再婚时继子女已成年，继父或继母未对其进行抚养，但继子女在继父或继母年老病重时尽了赡养义务，仍可以作为法定第一顺序继承人继承遗产，类推适用第1129条关于丧偶儿媳对公婆、丧偶女婿对岳父母尽了主要赡养义务的，应作为第一顺序法定继承人的规定。但是，即便在这种场景下也无须突破法律规定赋予继承权，采用第1131条规定的遗产酌分请求权，已足以保障未形成抚养关系的继子女的利益。

第一千零七十一条　【非婚生子女权利】非婚生子女享有与婚生子女同等的权利，任何组织或者个人不得加以危害和歧视。

不直接抚养非婚生子女的生父或者生母，应当负担未成年子女或者不能独立生活的成年子女的抚养费。

【原《婚姻法》条文】

第二十五条　非婚生子女享有与婚生子女同等的权利，任何人不得加以危害和歧视。

不直接抚养非婚生子女的生父或生母，应当负担子女的生活费和教育费，直至子女能独立生活为止。

【修改说明】

将“应当负担子女的生活费和教育费，直至子女能独立生活为止”改为“应当负担未成年子女或者不能独立生活的成年子女的抚养费”。

【立法·要点释义】

非婚生子女是指没有婚姻关系的男女所生的子女，包括未婚男女双方所生的子女或者已婚男女与婚外第三人发生两性关系所生的子女。非婚生子女以前被俗称为“私生子”，具有一定歧视的含义。新中国成立以后，我国法律赋予非婚生子女与婚生子女相同的权利和义务，不仅在婚姻法中明确了非婚生子女的法律地位，而且在继承法中也对非婚生子女的继承问题作出明确规定。

【编者观点】

本条是平等原则和保护未成年人利益原则的具体化。第1073条亲子关系确认制度主要也针对非婚生子女，亲子关系的确认是本条的适用前提。有观点认为，非婚生子女确认应以否认婚生推定为前提，换而言之，如果子女法律上的父亲未提出否认之诉，则潜在的生父不能提起确认之诉，此时子女属于婚生子女。即便潜在的生父提起确认之诉，人民法院也可通过从严解释第1073条中的“正当理由”要件，保护法律上的父亲与子女的亲子关系。

非婚生子女的典型形态，包括父母未婚同居生育的子女、双方既未结婚也未同居而是通过人类辅助生殖技术所生育的子女，以及无效婚姻或者被撤销婚姻的当事人所生子女。对于最后一种情形，有的国家基于保护子女权益的需要，仍然规定其为婚生子女。由于欠缺婚生推定，非婚生子女的父亲需要以血缘为基础并按照第1073条以及《民法典婚姻家庭编解释(一)》第39条规定确定亲子关系。

实践中经常出现非婚生子女只由一方父母抚养的情况，根据最有利于未成年子女的原则，应当类推适用第1084条确定直接抚养权的归属；类推适用第1085条关于离婚后子女抚养费给付的规定，不直接抚养子女的生父母应当给付相应的抚养费；类推适用第1086条关于离婚后父母探望权的规定，赋予不直接抚养非婚生子女的一方探望权，另外一方负有协助的义务。

【司法解释】

《最高人民法院关于适用〈中华人民共和国民法典〉婚姻家庭编的解释(一)》(法释〔2020〕22号，2021年1月1日施行)

第四十条[①] **【人工授精子女的法律地位】**婚姻关系存续期间，夫妻双方一致同意进行人工授精，所生子女应视为婚生子女，父母子女间的权利义务关系适用民法典的有关规定。

【批复答复】

《最高人民法院关于夫妻关系存续期间男方受欺骗抚养非亲生子女离婚后可否向女方追索抚养费的复函》(〔1991〕民他字第63号，1992年4月2日)

经研究，我们认为，在夫妻关系存续期间，一方与他人通奸生育了子女，隐瞒真情，另一方受欺骗而抚养了非亲生子女，其中离婚后给付的抚育费，受欺骗方要求返还的，可酌情返还；至于在夫妻关系存续期间受欺骗方支出的抚育费用应否返还，因涉及的问题比较复杂，尚需进一步研究，就你院请示所述具体案件而言，因双方在离婚时，其共同财产已由男方一人分得，故可不予返还，以上意见供参考。

【公报案例】

刘某先诉徐某、尹某怡抚养费纠纷案
(《最高人民法院公报》2016年第7期)

【裁判要旨】

抚养费案件中第三人撤销权的认定，需明确父母基于对子女的抚养义务

---

① 对该条的注释详见附录一第892页。

支付抚养费是否会侵犯父或母再婚后的夫妻共同财产权。虽然夫妻对共同所有财产享有平等处理的权利,但夫或妻也有合理处分个人收入的权利。除非一方支付的抚养费明显超过其负担能力或者有转移夫妻共同财产的行为,否则不能因未与现任配偶达成一致意见即认定属于侵犯夫妻共同财产权。

【基本案情】

上海市徐汇区人民法院一审查明:原告刘某先与被告徐某系夫妻,于2008 年 4 月 15 日登记结婚。据法院已生效的(2014)徐少民初字第 60 号判决书查明:尹某芳于 2007 年 9 月 25 日生育被告尹某怡。2008 年 4 月 28 日经司法鉴定科学技术研究所司法鉴定中心鉴定被告徐某与尹某怡之间存在亲生血缘关系。原告与徐某的女儿于 2008 年 11 月 1 日出生。

2008 年 5 月 16 日,尹某芳与被告徐某签订书面《子女抚养及财产处理协议书》,约定:尹某怡由尹某芳抚养,徐某每月支付抚养费 2 万元,至尹某怡 20 周岁时止。2008 年 8 月尹某怡起诉来院[(2014)徐少民初字第 60 号判决],主张徐某在协议签订后仅支付了两个月的抚养费,要求徐某,自 2007 年 12 月起每月支付抚养费 2 万元至尹某怡 20 周岁。法院经审理于 2008 年 11 月 20 日作出判决:徐某自 2007 年 12 月每月支付尹某怡抚养费 1 万元,至尹某怡 20 周岁。当事人均未上诉。

2014 年 6 月 5 日被告尹某怡又起诉来院[(2014)徐少民初字第 60 号],称 2010 年 4 月徐某承诺将尹某怡的抚养费增加至每月 1.2 万元;2011 年 10 月徐某再次将尹某怡的抚养费增加至每月 2 万元,并履行至 2014 年 1 月,但此后徐某未付抚养费,要求徐某自 2014 年 2 月起每月给付尹某怡抚养费 2 万元至其 20 周岁止。法院于 2014 年 7 月 24 日判决:(1)徐某于本判决生效之日起 10 日内按每月 2 万元给付尹某怡 2014 年 2 月至 2014 年 6 月的抚养费共计 10 万元;(2)徐某自 2014 年 7 月起每月给付尹某怡抚养费 2 万元,至尹某怡 20 周岁止。判决后当事人均未上诉。

庭审中,原告刘某先强调(2014)徐少民初字第 60 号判决原告于今年 9 月 9 日刚知晓,法院该份判决的徐某给付尹某怡的抚养费金额和给付的年限没有法律的依据,徐某每月的税后薪资并非 12.4 万元,原告夫妻婚后也生育一女,且原告夫妻婚后并未实行夫妻财产分别制,徐某也是在被逼迫的情况下作出的承诺,故该判决侵犯了原告的合法权益,原告还提供了其目前原告无业的证明,故要求予以撤销并改判;尹某怡提供了徐某目前薪资税前 12.4 万元的证明,强调(2014)徐少民初字第 60 号判决系对徐某与尹某芳就尹某怡的抚养达成的协议进行判决的,并非抚养费纠纷,徐某对协议的内容并无异议,且尹某怡系在徐某与原告婚前生育的,法院的判决未影响原告婚后的家庭生活。

【裁判理由】

上海市第一中级人民法院二审认为:本案中被上诉人刘某先要求撤销(2014)徐少民初字第60号判决的请求权能否成立,需从以下两点分析:

第一,从(2014)徐少民初字第60号判决内容来看,在2008年已有生效判决确认原审被告徐某按每月10000元的标准支付抚养费后,徐某又分别于2010年4月12日和2011年10月13日出具承诺,将抚养费调整到每月12000元和每月20000元至上诉人尹某怡20周岁,并且其在两份承诺中都明确"如果以后有任何原因(如家人的压力上法庭)等产生关于此事的法律纠纷,本人请求法院按照本人此意愿判决"。之后,徐某亦按承诺履行至2014年1月。抚养费费用的多少和期限的长短,系先由父母双方协议,协议不成时再由法院判决。本案中徐某对于支付尹某怡抚养费的费用和期限都已经明确作出承诺,原审法院在审查双方当事人的陈述、提供的证据、徐某的收入等材料后,确认徐某应按其承诺内容履行,据此判决徐某按每月20000元的标准支付抚养费,并支付到尹某怡20周岁时止。法院认为,(2014)徐少民初字第60号判决内容并无不当。

第二,原审被告徐某就支付上诉人尹某怡抚养费费用和期限作出的承诺,是否侵犯了被上诉人刘某先的夫妻共同财产权。要解决这个问题,首先需要明确父母基于对子女的抚养义务支付抚养费是否会侵犯父或母再婚后的夫妻共同财产权。父母对未成年子女有法定的抚养义务,非婚生子女享有与婚生子女同等的权利,不直接抚养非婚生子女的生父或生母,应负担子女的生活费和教育费,直至子女能独立生活为止。虽然夫妻对共同所有的财产,有平等的处理权,但夫或妻也有合理处分个人收入的权利,不能因未与现任配偶达成一致意见即认定支付的抚养费属于侵犯夫妻共同财产权,除非一方支付的抚养费明显超过其负担能力或者有转移夫妻共同财产的行为。本案中,虽然徐某承诺支付的抚养费数额确实高于一般标准,但在父母经济状况均许可的情况下,都应尽责为子女提供较好的生活、学习条件。徐某承诺支付的抚养费数额一直在其个人收入可承担的范围内,且徐某这几年的收入情况稳中有升,支付尹某怡的抚养费在其收入中的比例反而下降,故亦不存有转移夫妻共同财产的行为。因此法院认为,徐某就支付尹某怡抚养费费用和期限作出的承诺,并未侵犯刘某先的夫妻共同财产权。

【裁判结果】

综上,上海市第一中级人民法院依照《民事诉讼法》第170条第1款第3项、《婚姻法》第25条之规定,于2015年4月23日判决如下:(1)撤销上海市徐汇区人民法院(2014)徐民一(民)撤字第3号民事判决;(2)驳回刘某先要求撤销上海市徐汇区人民法院(2014)

徐少民初字第 60 号民事判决的诉讼请求。

本判决为终审判决。

【法院参考案例】

1. 顾某与周某抚养费纠纷上诉案——未成年非婚生子女追索抚养费是否应适用诉讼时效制度[《民事审判指导与参考》2012 年第 1 辑(总第 49 辑)]

【基本案情】

黄某于 1995 年 10 月与顾某某登记结婚。1996 年 8 月,黄某与被告周某在舞厅相识并产生好感,后两人发生婚外两性关系,黄某由此怀孕。1997 年 6 月 16 日,黄某生下女儿顾某。后顾某一直跟随黄某生活,被告周某对此并不知情,未支付过抚养费、教育费等费用。1998 年 10 月,被告周某与陈某某结婚,婚后育有一子。被告周某现在苏州工业园区某人力资源有限公司工作,月平均收入为人民币 1480 元。2008 年 2 月 21 日,顾某以被告未尽抚养义务、追索抚养费为由提起诉讼,要求被告承担其出生至成年期间的抚育费人民币 129600 元(每月人民币 600 元,支付 18 年)及小学到大学的教育费人民币 31500 元。经原告申请,一审法院委托苏州大学司法鉴定所对原、被告双方是否存在亲生血缘关系进行 DNA 司法鉴定,该鉴定所出具法医物证鉴定报告称,被告周某能提供给原告顾某必需的遗传基因,父权相对机会大于 99.99%,DNA 分析结果极强支持周某与顾某之间存在亲生血缘关系。原、被告双方均对此鉴定结果无异议。

被告周某辩称:我和黄某于 1996 年 8 月在舞厅相识后产生好感并发生两性关系属实,但当时黄某已经结婚,对于原告是我的亲生女儿这个事实,我一直持怀疑态度。现在虽然经亲子鉴定,认定原告顾某与我有亲生血缘关系,但是这么多年来,我并不了解原告的实际情况,所以之前 11 年的抚育费不应由我承担。而且原告的请求超出了诉讼时效的规定,我只愿意承担近两年的抚养费,承担的标准应以工资收入 20%—30%为限。

【裁判结果】

江苏省苏州市金阊区人民法院一审认为:父母对子女有抚养的义务,未成年子女有要求父母付给抚养费的权利。顾某系被告周某的非婚生女,非婚生子女享有与婚生子女同等的权利,不直接抚养非婚生子女的生父,应当承担子女的生活费和教育费。被告周某系顾某的生父,理应承担对顾某的抚养义务。而请求抚养费是权利人基于身份关系产生的请求权,虽然也涉及一定的财产权益,但身份权毕竟是人格利益的延伸,且其主要还是身份利益,故基于身份的请求权,不受诉讼时效的限制。因此,被告周某应向顾某支付 1997 年 6 月起至 2008 年 1 月的抚养费共计人民币 35840 元,并自 2008 年 2 月起每月负担原告顾某抚养费人民币 360 元至顾某独立生活止。原告顾某从出生起即跟随生母黄某生活,改变生活环境可能对其造成不利,故原告顾某仍应由生母黄某继续抚养。依照《婚姻法》第21条、第25条,《婚姻法解释(一)》第21条,《最高人民法院关于人民法院审理离婚案件处理子女抚养问题的若干具体意见》第7条、第11条的规定,判决:原告顾某由黄某抚养至顾某独立生活止,被告周某自2008年2月起每月负担原告顾某抚养费人民币360元至顾某独立生活止并应一次性支付原告顾某自1997年6月起至2008年1月的抚育费共计人民币35840元,驳回原告顾某的其他诉讼请求。

周某不服一审判决,向苏州市中级人民法院提起上诉,认为本案的过错责任应由被上诉人的法定代理人黄某承担,抚养费应从亲子鉴定确认父女关系成立后开始承担。在二审审理过程中,经二审法院主持,双方当事人自愿达成调解:周某一次性支付被上诉人顾某自1997年6月起至2008年9月的抚养费共计人民币30000元,并自2008年2月起每月负担被上诉人顾某抚养费计人民币360元至顾某独立生活止。

2. 孙某凤诉陈某平同居关系子女抚养纠纷案(《中国法院2012年度案例·婚姻家庭与继承纠纷》)

【裁判要旨】

非婚生子女抚养权的归属应如何确定:解除非法同居关系时,对于非婚生子女的抚养问题,双方协商不成的,应根据子女的利益和双方的具体情况确定。由于非婚生子年龄幼小,长期与女方共同生活,而男方因涉嫌犯罪被羁押,不具备抚养孩子的条件,由女方抚养有利于孩子的身心健康,故非婚生子可由女方直接抚养,男方应负担适当的抚养费。

3. 余某平诉张某同居关系子女抚养纠纷案(《中国法院2012年度案例·婚姻家庭与继承纠纷》)

【裁判要旨】

非婚生子女下落不明时,父母一方是否有权向另一方主张抚养权:男方婚后与女方发生不正当关系并育有一子,该子属非婚生子女,双方对该非婚生子女均负有抚养义务。因女方独自抚养期间未尽抚养义务将非婚生子女卖与他人,故男方有权主张变更抚养关系。但男方未能提供非婚生子女的住址和姓名等基本情况,非婚生子女处于下落不明状态的,男方不能主张对非婚生子女的抚养权。

4. 是某纯诉于某洋抚养费纠纷案(《中国法院2012年度案例·婚姻家庭与继承纠纷》)

【裁判要旨】

无收入或者承诺的给付标准过高,是否为抚养费给付的免责事由:非婚生子女享有与婚生子女同等的权利,向子女支付抚养费系未与子女共同生活的父母负有的法定义务。据此,当生父或者生母未向非婚生子支付抚养费时,该非婚生子有权要求其承担相应的给付责任。至于生父或者生母是否因为辞职而暂无收入来源、其承诺的抚养费标准是否过高,均非免除抚养费给付责任的事由。

5. 刘某香诉刘某明同居关系子女抚养纠纷案[国家法官学院、中国人民大学法学院编:《中国审判案例要览(2004年民事审判案例卷)》]

【裁判要旨】

未成年女方无独立抚养子女能力,能否由女方监护人协助抚养:未成年的女方与男方按照农村风俗习惯结婚,因其未达到法定婚龄故其与男方之间系非法同居关系,不受法律保护。但双方在非法同居期间生育子女,且子女仍处于哺乳期的,应依法由女方抚养。考虑到女方系未成年人不具有独立抚养子女的能力,未成年女方的监护人亦同意协助抚养子女,可以确认由女方抚养该非婚生子女,同时女方的监护人承担协助抚养的法律责任。

第一千零七十二条 【继父母子女之间权利义务】继父母与继子女间,不得虐待或者歧视。

继父或者继母和受其抚养教育的继子女间的权利义务关系,适用本法关于父母子女关系的规定。

【立法·要点释义】

继父母是指子女母亲或者父亲再婚的配偶;继子女是指夫或者妻一方与前配偶所生的子女。继父母和继子女的关系是因子女的生父或者生母再婚而形成的,即生父母一方死亡,另一方再婚,或者生父母离婚,生父或者生母再婚。

一方面应当加大对继子女的保护力度,使他们不能因为父母婚姻状况的改变而受到不公正的待遇;另一方面也应当重视对继父母权利的保护,保障他们能老有所养。继父母和继子女之间不能相互虐待和歧视的条款,不仅适用于因生父母与继父母结婚而形成的单纯的姻亲关系,也包括已形成抚养关系的继父母与继子女。继父母与继子女的关系因具体情况的不同而具有不同的权利义务关系,主要可以分为三种类型:

(1)名义型,即生父或者生母与继母或者继父再婚时,继子女已经独立生活,或者继子女虽未成年但是由其生父母抚养,继父母没有尽抚养的义务,继子女也没有对继父母尽到赡养的义务。这种情况下,继父母与继子女之间是纯粹的直系姻亲关系,没有父母子女间的权利义务关系。

(2)收养型,即继父或者继母经继子女的生父母同意,正式办理了收养手续,将继子女收养为养子女,继父母与继子女之间的关系为养父母子女关系，该子女与和其共同生活的生父或者生母之间的关系仍为直系血亲，而与不在一起共同生活的生父或者生母一方的父母子女关系随之消灭。

(3)共同生活型，即生父(母)与继母(父)再婚时，继子女尚未成年，随生父母一方与继父或者继母共同生活时，继父或者继母对其承担了部分或者全部抚养教育义务；或者成年继子女事实上对继父母长期承担了赡养义务，形成了赡养关系。这些继子女和生父母、继父母之间实际上形成了双重权利义务关系，即继子女和生父母、继父母之间的权利义务都适用父母子女关系的规定。这种拟制血亲关系不以解除继子女与其生父母间的权利和义务关系为前提。

继父或者继母和受其抚养教育的继子女间的权利义务关系，主要包括以下内容：一是继父母对继子女有抚养和教育的义务。二是继子女对继父母有赡养和扶助的义务。三是继父母和继子女之间有相互继承财产的权利。四是继父母有教育、保护未成年继子女的权利和义务。在未成年继子女造成他人损害的，继父母应当依法承担民事责任。

【编者观点】

继父母子女关系指夫妻一方与其配偶在前婚中所生子女关系，因父母一方死亡或离婚，父或母再行结婚而形成。有观点指出，对于夫妻一方与另一方在婚前或者婚姻关系存续期间同他人所生子女，也构成继父母子女关系。

未形成抚养教育关系的继父母子女之间是纯粹的姻亲关系，不存在法律层面的权利义务内容。形成抚养教育关系的继父母部分承担了对子女的照顾责任，具有社会意义上的父母身份，本条立法本意在于尊重和进一步确认继父母子女之间业已形成的抚养教育事实，保护社会家庭关系和再婚家庭成员的合理期待，将形成抚养教育关系的继父母子女关系认定为拟制血亲。但是，继父母对继子女的抚养教育并不会形成继子女与继父母近亲属之间的身份关系，他们之间仍属于姻亲关系。《民法典》第1127条第5款以及《民法典继承编解释(一)》第13条规定的存在扶养关系的继兄弟姐妹之间，可以兄弟姐妹的身份参与继承，前提也是建立在继兄弟姐妹之间独立存在的扶养事实，而非继父母这一身份中介。

依抚养教育事实认定拟制血亲关系，看似简单直接，但是缺乏要式性和确定性，继子女与继父母均可能形成"双重血亲关系"或"双重法律地位"而导致身份关系混乱。有观点认为，相较于将继父母子女关系等同于拟制血亲关系的思路，更妥当方式是为继父母设立弱式意义上的监护权，范围限于日常生活、教育方面，足以保护继父母和继子女之间业已形成的事实关联，实现相关立法目的。

【司法解释】

1.《最高人民法院关于适用〈中华人民共和国民法典〉婚姻家庭编的解释(一)》(法释〔2020〕22 号,2021 年 1 月 1 日施行)

第五十四条①　**【再婚父母离婚后,继父母解除与继子女之间权利义务关系】**生父与继母离婚或者生母与继父离婚时,对曾受其抚养教育的继子女,继父或者继母不同意继续抚养的,仍应由生父或者生母抚养。

2.《最高人民法院关于适用〈中华人民共和国民法典〉婚姻家庭编的解释(二)》(法释〔2025〕1 号,2025 年 2 月 1 日施行)

第十八条②　**【"受其抚养教育"的认定】**对民法典第一千零七十二条中继子女受继父或者继母抚养教育的事实,人民法院应当以共同生活时间长短为基础,综合考虑共同生活期间继父母是否实际进行生活照料、是否履行家庭教育职责、是否承担抚养费等因素予以认定。

第十九条③　**【继父母子女关系解除后的权利义务】**生父与继母或者生母与继父离婚后,当事人主张继父或者继母和曾受其抚养教育的继子女之间的权利义务关系不再适用民法典关于父母子女关系规定的,人民法院应予支持,但继父或者继母与继子女存在依法成立的收养关系或者继子女仍与继父或者继母共同生活的除外。

继父母子女关系解除后,缺乏劳动能力又缺乏生活来源的继父或者继母请求曾受其抚养教育的成年继子女给付生活费的,人民法院可以综合考虑抚养教育情况、成年继子女负担能力等因素,依法予以支持,但是继父或者继母曾存在虐待、遗弃继子女等情况的除外。

【批复答复】

《最高人民法院关于继母与生父离婚后仍有权要求已与其形成抚养关系的继子女履行赡养义务的批复》(〔1986〕民他字第 9 号,1986 年 3 月 21 日)

据报告及所附材料,被申诉人王淑梅于一九五一年十二月与申诉人李春景之父李明心结婚时,李明心有前妻所生子女李春景等五人(均未成年)。在长期共同生活中,王淑梅对五个继子女都尽了一定的抚养教育义务,直至其成年并参加工作。一九八三年四月王淑梅与李明心离婚。一九八三年八月王淑梅向大连市西岗区人民法院起诉,要求继子女给付赡养费。一、二审法院判决认为,继子女李春景姐弟五人受过王

---

① 对该条的注释详见附录一第 916 页。

② 对该条的注释详见附录三第 1138 页。

③ 对该条的注释详见附录三第 1143 页。

淑梅的抚养教育,根据权利义务一致的原则,在王淑梅年老体弱,生活无来源的情况下,对王淑梅应履行赡养义务。李春景姐弟对判决不服,以王淑梅已与生父离婚,继母与继子女关系即消失为由,拒不承担对王淑梅的赡养义务,并向你院申诉。你院认为,王淑梅与李明心既已离婚,继子女与继母关系事实上已经消除,李春景姐弟不应再承担对王淑梅的赡养义务。

经我们研究认为:王淑梅与李春景姐弟五人之间,既存在继母与继子女间的姻亲关系,又存在由于长期共同生活而形成的抚养关系。尽管继母王淑梅与生父李明心离婚,婚姻关系消失,但王淑梅与李春景姐弟等人之间已经形成的抚养关系不能消失。因此,有负担能力的李春景姐弟等人,对曾经长期抚养教育过他们的年老体弱、生活困难的王淑梅应尽赡养扶助的义务。

【地方法院规范】

1.《上海市高级人民法院婚姻家庭纠纷若干问题的解答》(2006年,2020年12月修订)

七、继子女未成年时与继父母共同生活的,成年后是否有赡养继父母的义务

生父母再婚时子女尚未成年且与继父母共同生活的,如果继父母在较长时期对其进行了事实上的抚养教育,按照《民法典》第一千零七十二条的规定处理。继父母对继子女抚养教育期限较短,但综合考虑其它因素,例如继父母的抚养教育对继子女的成长起到重要作用,或为继子女作出较大付出等,也可要求继子女提供相应的经济帮助。

2.《江苏省高级人民法院民事审判第一庭家事纠纷案件审理指南(婚姻家庭部分)》(2019年)

13. 如何认定继父母子女之间形成抚养教育关系?继父母子女关系能否解除?

认定继父母子女之间是否形成抚养教育关系,可以通过审查再婚时继子女是否已经成年、双方共同生活的时间长短、是否实际接受生活上的照顾抚育、家庭身份融合程度等予以综合判断。

对于已经形成抚养教育关系的继父母子女,因生父(母)与继母(父)离婚导致再婚关系终止的,如果继父母不同意继续抚养未成年继子女的,继父母子女关系可以解除,该子女应当由生父母抚养。

对于已经形成抚养教育关系的继父母子女,因生父(母)死亡导致再婚关系终止的,在继子女未成年的情形下一般不允许解除继父母子女关系。如果生父母中的另一方愿意将未成年子女领回,继父母同意的,继父母子女关系可以解除。继子女八周岁以上的,应当征得本人同意。

对于已经形成抚养教育关系的继子女成年后,继父母子女关系一般不允

许解除。如果双方经协商一致或者双方关系恶化导致继父母或者继子女主张解除继父母子女关系的，可以解除。但继父母子女关系解除后，对于缺乏劳动能力或者生活困难的继父母，成年的继子女应当给付一定的生活费用。

对于未形成抚养教育关系的继父母子女，一方起诉主张解除继父母子女关系的，裁定不予受理，已经受理的，裁定驳回起诉。

【法院参考案例】

1. 罗某某、谢某某诉陈某监护权纠纷案——养育母亲获得代孕子女监护权的法律基础［《人民法院案例选》2017 年第 3 辑（总第 109 辑）］

【裁判要旨】

在现有法律条件下，代孕子女的亲子关系，应根据“分娩说”认定代孕母亲为生母，有血缘关系的委托父亲认领的，应认定为生父，所生子女为非婚生子女。根据《婚姻法》关于“有抚养关系的继父母子女关系”这一条款的立法目的及意图，其子女范围可扩大解释至包括夫妻一方婚前、婚后的非婚生子女，其形成要件为同时具备父母子女相待的主观意愿和抚养教育的事实行为。故与代孕子女生父有合法婚姻关系的养育母亲可基于其抚养了丈夫之非婚生子女的事实行为及以父母子女相待的主观意愿，而与代孕子女形成有抚养关系的继父母子女关系。代孕行为的违法性并不影响对代孕子女在法律上给予同等保护，在确定其监护权归属问题上应秉承儿童最大利益原则。

【基本案情】

法院经审理查明：罗某某、谢某某系夫妻，罗某系其两人之子。罗某与陈某于 2007 年 4 月 28 日登记结婚，双方均系再婚，再婚前，罗某已育有一子一女，陈某未曾生育。婚后，罗某与陈某经协商一致，通过购买他人卵子，并由罗某提供精子，采用体外授精——胚胎移植技术，出资委托其他女性代孕，于 2011 年 2 月 13 日生育一对异卵双胞胎。两名孩子出生后随罗某、陈某共同生活，2014 年 2 月 7 日罗某因病去世后则随陈某共同生活至今。两名孩子的出生医学证明上记载的父母为罗某、陈某，罗某、陈某为孩子申办了户籍登记。审理中，罗某某、谢某某提供了其在美国的女儿女婿出具的同意代为抚养孩子的承诺书。另查明：经司法鉴定，不排除罗某某、谢某某与两名孩子之间存在祖孙亲缘关系，排除陈某为两名孩子的生物学母亲。

【裁判结果】

上海市闵行区人民法院于 2015 年 7 月 29 日作出（2015）闵少民初字第 2 号民事判决：（1）两名孩子由罗某某、谢某某监护；（2）陈某于判决生效之日将两名孩子交由罗某某、谢某某抚养。宣判后，陈某提出上诉。上海市第一中级人民法院于 2016 年 6 月 17 日作出（2015）沪一中少民终字第 56 号民事判决:(1)撤销上海市闵行区人民法院(2015)闵少民初字第2号民事判决;(2)驳回罗某某、谢某某的原审诉讼请求。

【裁判理由】

法院生效裁判认为:本案的主要争议为代孕子女的法律地位之认定及其监护权归属,包括是否可视为婚生子女、是否形成拟制血亲关系及如何适用儿童最大利益原则。对于上述问题,我国法律目前没有明确规定。尽管如此,法院基于不得拒绝裁判之原则,仍得依据民法等法律的基本原则及其内在精神,结合社会道德和伦理作出裁判。

第一,关于代孕子女的法律地位之认定。代孕子女的法律地位之认定首先涉及亲子关系的认定。我国《婚姻法》对亲子关系的认定未作出具体规定,司法实践中对生母的认定根据出生事实遵循"分娩者为母"原则,生父的认定根据血缘关系确定。本案中代孕所生的两名孩子的亲子关系,法律上的生母应根据"分娩者为母"原则认定为代孕者,法律上的生父根据血缘关系及认领行为认定为罗某,由于罗某与代孕者之间不具有合法的婚姻关系,故所生子女为非婚生子女。陈某主张类推适用最高人民法院1991年函视为婚生子女,因该函针对的是以合法的人工生殖方式所生育子女的法律地位之认定,而代孕行为本身不具有合法性,故不符合类推适用之情形。

第二,陈某与两名孩子是否形成拟制血亲关系。(1)关于是否形成事实收养关系的问题。我国《收养法》明确规定收养必须向民政部门登记方始成立,经补办公证而确认的事实收养关系仅限于《收养法》实施之前已经收养的情形,故本案中欠缺收养成立的法定条件;如按事实收养关系认定,实际上是认可了代孕子女的亲权由代孕母亲转移至抚养母亲,这将产生对代孕行为予以默认的不良效果,故认定不成立事实收养关系。(2)关于是否形成有抚养关系的继父母子女关系的问题。根据法律规定,非婚生子女与婚生子女享有同等权利,故继父母子女关系的子女范围亦应包括非婚生子女。《婚姻法》第27条第2款关于"有抚养关系的继父母子女关系"的规定,系以是否存在抚养教育之事实作为拟制血亲形成与否的衡量标准。根据上述规定,其形成应同时具备两个条件:一是双方以父母子女身份相待的主观意愿;二是抚养教育之事实行为。缔结婚姻之后一方的非婚生子女,如果作为非生父母的一方具备了上述主观意愿和事实行为两个条件的,亦可形成有抚养关系的继父母子女关系。本案中,陈某存在抚养其丈夫罗某之非婚生子女的事实行为,且已完全将两名孩子视为自己的子女,故应认定双方之间已形成有抚养关系的继父母子女关系,至于该非婚生子女是否代孕所生对于拟制血亲关系的形成并无影响。

第三,关于代孕所生两名孩子的监

护权归属。联合国《儿童权利公约》第3条确立了儿童最大利益原则，我国作为该公约的起草参与国和缔约国，亦应在立法及司法中体现这一原则。就本案而言，无论是从双方的年龄及监护能力，还是从孩子对生活环境及情感的需求，以及家庭结构完整性对孩子的影响等各方面考虑，将监护权判归陈某更符合儿童最大利益原则。

综上，上海市第一中级人民法院认为，陈某与代孕所生的两名孩子之间已形成有抚养关系的继父母子女关系，其权利义务适用《婚姻法》关于父母子女关系的规定。罗某某、谢某某作为祖父母，监护顺序在陈某之后，其提起的监护权主张不符合法律规定的条件；同时，从儿童最大利益原则考虑，由陈某取得监护权更有利于两名孩子的健康成长，故对陈某的上诉请求予以支持。据此，依照《民法通则》第16条第1款及第2款、《婚姻法》第27条第2款、《民事诉讼法》第170条第1款第2项之规定，撤销一审判决，改判驳回罗某某、谢某某的一审诉请。

2. 孙某诉孙某一婚姻家庭案——形成抚养教育关系的继父母子女关系解除之考量与判定（《中国法院2023年度案例·婚姻家庭与继承纠纷》）

【基本案情】

王某与耿某系夫妻关系，1959年生有一子耿某一。后双方离婚，耿某一归王某抚养。王某与孙某于1962年再婚，婚后生有一女孙某二，耿某一此时尚未成年，后改名为孙某一。王某现已去世。孙某主张其尽到抚养义务将孙某一抚养成人，在其后近40多年的时间里，各自独立生活，不相往来，在王某去世后，双方就王某墓碑上的署名等问题发生冲突，并提交微信聊天记录，其中孙某一与孙某二发生言语冲突，导致双方关系恶化。孙某一主张其在生活中一直照顾孙某，孙某提交的微信聊天记录是孙某二与孙某一在处理母亲后事时因为悲痛情绪一时争执，并非与孙某有矛盾。孙某请求判令与孙某一解除继父子的权利义务关系。孙某一不同意解除继父子关系，其称孙某身体状况很差需要其照顾，孙某一一家愿意照顾孙某，且双方没有突出矛盾。

【案件焦点】

孙某能否解除其与孙某一的继父子关系。

【裁判要旨】

北京市海淀区人民法院经审理认为：现行法律并无按照孙某主张的理由解除继父子关系的规定，《民法典》关于亲子关系的规定应适用于有血亲关系的当事人之间，孙某的诉讼请求缺乏法律依据。判决如下：驳回孙某的全部诉讼请求。

判决后，孙某提起上诉。北京市第一中级人民法院经审理认为：

(1)孙某与孙某一是否形成具有抚养关系的继父子关系。孙某一的生母王某与孙某结婚，孙某一2岁左右即跟随王某与孙某共同生活，时间长达十余年。双方均认可孙某对孙某一存在抚养事实，双方存在抚养关系。有抚养关系的继父母与继子女之间具有拟制血亲关系。

（2）孙某请求解除其与孙某一之间的继父子关系是否有法律依据。最高人民法院曾在1988年作出的《关于继父母与继子女形成的权利义务关系能否解除的批复》中规定："继父母与继子女已形成的权利义务关系不能自然终止，一方起诉要求解除这种权利义务关系的，人民法院应视具体情况作出是否准许解除的调解或判决。"但此批复已被《最高人民法院关于废止1980年1月1日至1997年6月30日发布的部分司法解释和司法解释性质文件（第九批）的决定》（法释〔2013〕2号）废止。孙某主张适用此批复的意见，法院不予支持。现行法律中对于拟制血亲关系的解除，只针对养父母与养子女之间的收养关系的解除作了明确规定，对形成抚养关系的继父母与继子女关系的解除未有明文规定。对此法院认为，《民法典》第1072条第2款规定："继父或者继母和受其抚养教育的继子女间的权利义务关系，适用本法关于父母子女关系的规定。"据此可知，孙某与孙某一形成抚养关系的继父子关系，并不因孙某一生母王某死亡而自然解除。

但不能以《民法典》未规定父母子女关系的诉讼解除而当然认为具有抚养关系的继父子关系亦不能诉讼解除。主要理由如下：一是《民法典》第1072条第2款属于引致性条款，是为避免重复规定形成抚养关系的继父母子女权利义务关系，不宜采用反对解释认为现行法律对解除继父子关系未作明确规定，即为法律上不准许。二是《民法典》第1111条第1款，关于养父母与养子女间的权利义务关系，亦规定了适用《民法典》关于父母子女关系的规定，但养父母与成年养子女可以协议解除或诉讼解除收养关系，按照体系解释，《民法典》关于继父母子女关系"适用本法关于父母子女关系的规定"应作同样理解，即该规定并未否定可以通过诉讼解除继父母子女关系。三是《民法典婚姻家庭编解释（一）》第54条对于再婚父母离婚后，继父母解除与继子女之间权利义务关系作了规定，由此也可以看出，再婚父母离婚后形成抚养关系的继父母子女关系可以解除。在再婚父母一方死亡后，形成抚养关系的继父母与成年继子女之间的关系也应可以解除。由于《民法典》对于解除继父母与成年继子女关系的条件未作明文规定，可参照适用养父母与成年养子女解除收养关系的规定。

（3）孙某的诉讼请求能否得到支持。虽然孙某可以主张解除其与孙某一之间的继父子关系，但其诉讼请求能否得到支持应结合本案事实和证据判断。本案中，孙某一与孙某二之间存在矛盾，并非解除孙某与孙某一继父子关系的法定理由。结合孙某的举证情况、双方此前的关系、是否存在实质性突出矛盾、孙某一对于赡养孙某的态度等，以及孙某年龄和健康情况等因素，双方关系尚未达到恶化以致解除继父子关系的程度，且判决解除继父子关系也不利于孙某的权利保障，一审判决驳回孙某的诉讼请求并无不当。判决如下：驳回上诉，维持原判。

3. 陈某与陈甲、徐乙、徐丙赡养纠纷案［《婚姻家庭纠纷典型案例（山东）》案例五，最高人民法院 2015 年 11 月 20 日］

【基本案情】

原告陈某与朱某于 1986 年登记结婚，朱某系再婚。1987 年，朱某带徐乙（1975 年 6 月 8 日出生）、徐丙（1978 年 2 月 10 日出生）到临沂市莒南县文疃镇大草岭后村与原告陈某共同生活。1990 年 5 月 13 日，陈某、朱某生育一子陈甲。1991 年被告徐乙离家外出打工，1993 年被告徐丙离家外出打工。2012 年 2 月，朱某去世。原告陈某由于年事已高，且没有生活来源，基本生活困难。因三被告拒不履行赡养义务，原告陈某诉至法院，请求处理。

【裁判结果】

临沂市莒南县人民法院经审理认为，根据我国法律规定，子女对父母有赡养扶助的义务，继父母和受其抚养教育的继子女之间的权利义务与亲生父母子女关系一致。被告徐乙、徐丙随其母朱某与原告陈某长期共同生活，接受原告的抚养教育，与原告之间形成继父母子女关系，对原告陈某负有赡养义务。现原告身患疾病、生活困难，且三被告均已成年，具有赡养能力，原告的诉讼请求事实清楚，证据充分，法院予以支持。本案原告的赡养费标准应以统计部门发布的上年度当地农民年均生活消费支出为基准，考虑被告徐乙、徐丙与原告陈某的共同生活时间、感情因素及二被告目前的经济状况，法院酌定被告徐乙、徐丙负担的赡养费数额以每人每年 1500 元为宜。被告陈甲系原告陈某的亲生儿子，其对原告陈某负有当然的赡养义务，其自愿按照原告的请求以每年 3600 元的标准负担赡养费，法院予以确认。最后，法院判决被告陈甲自 2014 年起，于每年的 6 月 1 日前支付给原告陈某当年度赡养费 3600 元。被告徐乙、徐丙自 2014 年起，于每年的 6 月 1 日前分别支付给原告陈某当年度赡养费 1500 元。

【典型意义】

赡养老人是中华民族的传统美德，做好农村老人赡养工作是长期而艰巨的任务，而继父母的赡养问题更加复杂。当前农村存在很多继父母与继子女之间的关系，而这种关系问题是一个较为敏感的社会问题。正确认识继父母子女的关系性质，适用有关法律对继父母子女关系进行全面调整，具有重要的社会意义。法律规定，继父母与继子女之间有抚养关系的，继子女必须对继父母承担赡养义务。针对赡养继父母这一特殊群体,需在农村加大宣传力度,引导社会形成正确认识,及时维护农村老人合法权益,确保老人安度晚年,真正做到案结事了人和。

第一千零七十三条 【亲子关系异议之诉】对亲子关系有异议且有正当理由的,父或者母可以向人民法院提起诉讼,请求确认或者否认亲子关系。

对亲子关系有异议且有正当理由的,成年子女可以向人民法院提起诉讼,请求确认亲子关系。

【立法·要点释义】

亲子关系确立制度包括亲子关系的推定、否认、认领和非婚生子女的准正等。2018年8月提交全国人大常委会审议的《民法典》各分编草案第850条规定:“对亲子关系有异议的,父、母或者成年子女可以向人民法院提起诉讼,请求确认或者否认亲子关系。”对此规定,有的意见建议进一步提高此类诉讼的门槛,明确当事人需要有正当理由才能提起,以更好地维护家庭关系和亲子关系的和谐稳定。有的意见认为,允许成年子女提起亲子关系否认之诉,可能会导致其逃避对父母的赡养义务,建议对成年子女提起此种诉讼予以限制。宪法和法律委员会采纳了这些意见。

父或者母向人民法院提起的诉讼请求为“确认或者否认亲子关系”,必须满足“对亲子关系有异议且有正当理由”的条件。“对亲子关系有异议”是指父或者母认为现存的亲子关系是错误的,自己不是或者才是他人生物学意义上的父或者母。亲子关系对婚姻家庭关系影响巨大,更可能涉及未成年人合法权益的保护,如果任凭当事人的怀疑或者猜测就允许其提起亲子关系之诉,不利于夫妻关系和社会秩序的稳定。父或者母对亲子关系有异议时,还需举证证明其“有正当理由”,当事人应当提供初步证据证明其提出的确认或者否认亲子关系的主张,如丈夫提供的医院开具其无生殖能力的证明,又如有权机构开具的其与某人不存在亲子关系的亲子鉴定书等。人民法院根据当事人提供的初步证据,经审查符合“有正当理由”的条件的,对其提起的亲子关系之诉才能予以受理。

第2款规定提起诉讼的主体限于“成年子女”,仅指生子女,不包括养子女和继子女。成年子女向人民法院提起的诉讼请求为“确认亲子关系”,也必须满足“有正当理由”的条件。成年子女不能请求人民法院否认亲子关系。

【编者观点】

理论上,把因子女出生这一法律事实形成的亲子关系分为自然血亲和拟制血亲两种类型。前者建立在血缘关系基础上,孕出者为母,与子女具有血缘关系的为父。婚姻对父的身份起到推定作用,生母在法律上的丈夫为其父,但子女是否婚生不影响亲子关系中的权利义务内容。后者主要涉及作为法律行为的收养建立的养父母子女关系,以及通过抚养教育事实而形成抚养教育关系的继父母子女关系。另有观点认为,不具有血缘关系的婚生推定的亲子关系也属于拟制血亲,但是婚生推定并非拟制,而是属于可被反驳的推定,本条规定的亲子关系的否认就属于对推定的反驳,而且根据本条规定,亲子关系异议只能以诉讼方式提起。

亲子关系异议之诉制度在确立之初,目的在于追求推定父亲与子女的血统一致,提起异议之诉的主体仅仅限于子女在法律上的推定父亲,主张血缘真实主义原则是为了实现血缘关系和法律关系的一致性,确认自己的身份权益存在或不存在。实践中存在丈夫在离婚后发现婚生子女并非其所出,于是离婚后提起婚生子女否认之诉。本条将主体由“夫妻一方”修改为“父或母”,就是对离婚后父或者母依然可以提起否认之诉的肯定。之后一些国家将否认主体扩展至母亲和子女,同时确立了未成年子女利益最大化原则作为该制度的本旨和目标,基于家庭对儿童的重要性而将家庭的稳定作为重要的衡量因素。将成年子女作为提起亲子关系确认之诉的主体,主要不是出于实现子女对自己血缘的知情权,后者属于人格权,并不必然需要通过确认亲子关系的方式进行。个案中有法院将请求权人扩大至祖父母、兄弟姐妹等继承权人,并不妥当,本条将范围限制于父母和成年子女。

有争议的是,子女的潜在生父即婚外男性能否提出亲子关系异议之诉。本条没有采用非婚生子女的认领概念,直接从当事人诉求出发,规定为亲子关系的确认。第1款中的“父或母”,在文义上不仅包括法律上的父或母,也包括血缘上的父或母。应当承认,在一定条件下赋予潜在生父提起异议之诉的权利符合儿童最大利益原则,例如子女母亲死亡后,推定父亲拒绝抚养未成年子女又不提起否认之诉,由潜在生父提起亲子关系异议之诉,就成为保护未成年子女权益的重要手段。在孩子被抱错、成为弃婴被社会福利机构领养、孩子与父母离散等情形下,赋予潜在的生父或生母提起亲子关系确认之诉也有现实必要与合理性。

但是,立法在关注血缘真实性的同时,也应当维护身份关系和家庭的和谐,防止因一味地追求血缘真实,而忽略了当事人在常年共同生活中形成的亲情,损坏当事人现存的家庭模式和生活利益。潜在的生父或生母的亲子关系确认请求必须劣后于对既有合法父母子女关系的保护,通常情形下,根据婚生推定取得法律上父亲身份且形成实际家庭关系的一方未主动否认亲子关系时,潜在生父不能仅根据其血缘而主张确认亲子关系,母亲也不能仅以不存在血缘为由否认已经取得法律上父亲身份一方的地位。本条为此规定了“正当理由”要件，赋予法院限制潜在的父母提起诉讼的权利，极力避免产生上述消极的裁判效果。“正当理由”包含必要证据和提起确认之诉的目的两方面。“必要证据”并非要求完全充分的证据链条，而是指证据使裁判者产生亲子关系可能存在的合理确信，以防止不相干的诉讼骚扰；“提起诉讼的目的”也须具有正当性，个案中母亲为了未成年子女获得潜在生父的交通事故损害赔偿而提起诉讼，就属于目的不正当。为了符合儿童利益最大化原则，提出异议之诉的生父还必须具有明确的抚养意愿。

第2款仅仅规定了成年子女的确认之诉。有观点认为，在未成年人的监护人为其他人且其潜在生父或生母不愿意确认亲子关系时，从保护未成年人利益的角度出发，应承认未成年人本人的确认资格，并由其监护人作为法定代理人提起诉讼。

对于提起亲子关系异议之诉是否有时间限制，考虑到亲子身份关系到子女利益和家庭和谐安宁，不宜长期处于不稳定状态中。立法虽然对此未明确规定除斥期间，但是有观点认为，通过“正当理由”要件，可以为法院提供裁判空间，如果父或母在知道或应当知道子女与其不存在真实血缘的情况下，长期不提起亲子关系否认之诉，可认为不再有正当理由。如果推定父亲在对方不存在欺诈的情况下主动承认亲子关系并予以抚养，则构成否认权的放弃，嗣后不能再主张否认之诉。

【司法解释】

《最高人民法院关于适用〈中华人民共和国民法典〉婚姻家庭编的解释（一）》（法释〔2020〕22号，2021年1月1日施行）

第三十九条①　**【当事人一方拒绝做亲子鉴定的处理】**父或者母向人民法院起诉请求否认亲子关系，并已提供必要证据予以证明，另一方没有相反证据又拒绝做亲子鉴定的，人民法院可以认定否认亲子关系一方的主张成立。

父或者母以及成年子女起诉请求确认亲子关系，并提供必要证据予以证明，另一方没有相反证据又拒绝做亲子鉴定的，人民法院可以认定确认亲子关系一方的主张成立。

【地方法院规范】

1.《北京市高级人民法院民一庭关于审理婚姻纠纷案件若干疑难问题的参考意见》（2016年）

四、【亲子关系确认之诉问题】婚姻关系存续期间受孕或者出生的子女，应当推定与夫妻关系存续期间丈夫一方存在亲子关系，但符合《婚姻法司法

---

① 对该条的注释详见附录一第882页。

解释三》第二条①第一款规定情形的除外。

无合法婚姻关系为基础的亲子关系认定请求，应由主张存在亲子关系的一方承担举证责任，提供必要证据。

《婚姻法司法解释三》第二条中的“必要证据”指足以使法官产生内心确信，使举证责任产生转移的证据，如血型、DNA 鉴定相符或不相符、载有父母子女关系的出生医学证明、对方与他人在特定时段同居、男女双方在特定时间有或没有同居生活等证据。对于是否构成必要证据人民法院应结合个案案情慎重把握。

亲子关系确认之诉中，应注意未成年子女权益的保护，不得以侵害未成年人人身权益的方式取得证据。

2.《江苏省高级人民法院民事审判第一庭家事纠纷案件审理指南(婚姻家庭部分)》(2019 年)

11. 亲子鉴定应当如何启动？兄弟姐妹之间能否适用《婚姻法解释三》第二条②规定的亲子关系推定原则？提起亲子关系否认之诉的权利人范围应当如何界定？

亲子鉴定的启动应当慎重，无论是请求确认亲子关系或者否认亲子关系都要承担相应的举证责任。对当事人提供的证据，人民法院经审查并结合相关事实，认为进行亲子鉴定确有必要的，可以根据当事人申请启动亲子鉴定。当事人仅凭怀疑或者猜测申请亲子鉴定的，不予准许。但另一方当事人同意鉴定的，可以准许。

《婚姻法解释三》第二条规定的亲子关系推定原则仅适用于父母子女之间。当事人要求与同父(母)异母(父)的兄弟姐妹进行血缘关系鉴定确认亲子关系，并主张适用《婚姻法解释三》第二条的亲子关系推定原则的，不予支持。

认定亲子关系应当以真实血缘关系为基础并兼顾亲子关系的安定性。因此，应当限缩提起亲子关系否认之诉的权利人范围。依照《婚姻法解释三》第二条第一款的规定，提起亲子关系否认之诉的权利人是夫妻一方。其他亲属和成年子女提起亲子关系否认之诉的，一般不予支持。

【法院参考案例】

陈某诉刘某确认亲子关系案——严格亲子关系确认纠纷的适用条件和标准(《中国法院 2023 年度案例·婚姻家庭与继承纠纷》)

【基本案情】

1966 年，陈某与吴某同居生活，同年吴某与刘某煅结婚，婚后于 1967 年 9 月 2 日生育刘某。2021 年 10 月 25 日，

① 对应《民法典婚姻家庭编解释(一)》第 39 条。——编者注

② 对应《民法典婚姻家庭编解释(一)》第 39 条。——编者注

陈某委托福建省厦门市中心血站正道司法鉴定所就陈某与刘某之间有无亲生血缘关系进行鉴定。2021年11月4日,福建省厦门市中心血站司法鉴定所出具厦正道司鉴所[2021]亲鉴字司法鉴定意见书显示,依据现有资料和DNA分析结果,支持陈某为刘某的生物学父亲。后,陈某诉至法院,请求判令陈某与刘某系亲子关系。

【案件焦点】

(1)原告是否有提起确认亲子关系纠纷的诉讼主体资格;(2)亲子鉴定是否达到证明标准。

【裁判要旨】

福建省厦门市集美区人民法院经审理认为:本案系确认亲子关系纠纷。对亲子关系有异议且有正当理由的,父或者母可以向人民法院提起诉讼,请求确认或者否认亲子关系。本案中,陈某提交了福建省厦门市中心血站司法鉴定所出具的厦正道司鉴所[2021]亲鉴字司法鉴定意见书,可以认定陈某与刘某存在亲子关系,故陈某的诉讼请求,有事实和法律依据,本院依法予以支持。

福建省厦门市集美区人民法院依据《民法典》第1073条第1款、《民事诉讼法》第64条第1款的规定,判决如下:确认原告陈某与被告刘某存在亲子关系。

第一千零七十四条　【祖孙之间的抚养、赡养义务】有负担能力的祖父母、外祖父母,对于父母已经死亡或者父母无力抚养的未成年孙子女、外孙子女,有抚养的义务。

有负担能力的孙子女、外孙子女,对于子女已经死亡或者子女无力赡养的祖父母、外祖父母,有赡养的义务。

【立法·要点释义】

由于我国人口基数较大,三代同居的家庭仍占着不小的比例,随着人口老龄化成为一个不容忽视的社会性问题,仅靠社会的力量还不能完全承担对老年人的扶养义务。同样,对于父母已经死亡或者无力抚养的孙子女、外孙子女,社会福利机构也没有能力完全承担起抚养的义务。因此,隔代抚养是我国在相当长的时间内将面临的一个问题。

祖父母、外祖父母与孙子女和外孙子女是隔代的直系血亲关系,在具备法律条件的情况下可以形成抚养和赡养关系:一是被抚养、赡养人的父母、子女死亡或者无抚养、赡养能力。二是被抚养、赡养人确实有困难需要被抚养、赡养。当然,如果祖孙之间完全基于亲情,在对方没有困难的情况下仍愿承担一定的抚养或者赡养义务,是一种值得发扬和提倡的美德。三是承担抚养、赡养义务的人有一定的抚养、赡养能力。比如一个八岁的女孩,其父母在一场车祸中丧生,只有一个奶奶在世,奶奶没有工作，一直靠社会福利金生活，不能要求女孩的奶奶承担抚养义务。

实践中抚养或者赡养的方式或是共同生活抚养或者赡养，即被抚养或者赡养人与抚养或者赡养义务人共同居住在一起，进行直接抚养或者赡养；或是通过给付抚养或者赡养费、探视、扶助等方式完成扶养义务。

【编者观点】

在扶养义务人范围内，父母子女之间以及配偶之间的相互扶养义务处于第一顺位，而祖孙之间以及兄弟姐妹之间的相互扶养义务处于递补性质的第二顺位。本条中的祖父母、外祖父母不包括因继父母抚养教育继子女所形成的拟制血亲，继子女与继父母的父母仅仅构成姻亲关系。本条规定应当类推适用于无独立生活能力的成年子女。

祖孙之间的相互扶养义务需要具备两个前提，第一个前提是"子女已经死亡或无力赡养"，或者"父母已经死亡或者无力抚养"，指的是祖父母、外祖父母的全部子女均死亡或者客观上均无扶养能力。如果仅是全部子女中的一人或几人死亡或无力赡养，其他有赡养能力的子女应当履行赡养义务，而不应由孙子女赡养。如果还存在其他第一顺位扶养义务人如配偶，应当先由其配偶承担扶养义务。"无力抚养"的情形通常包括父母长期在监狱服刑、被羁押强制戒毒、离家下落不明、患有严重疾病或身体残疾而没有劳动能力和生活来源等客观情形，仅仅"外出打工"不能满足无力抚养的条件。即便扶养义务人丧失行为能力，仍可通过其监护人代为履行扶养义务。若父母属于主观上不履行抚养或赡养义务，则事实上履行了抚养义务的祖父母、外祖父母或者履行了赡养义务的孙子女、外孙子女，可向父母主张费用偿还。如果祖孙辈已经通过继承法上的规则取得了足以确保其生活的财产，那么祖父母、外祖父母或者孙子女、外孙子女无须给付扶养费，但仍应承担身心照料等其他扶养义务。

第二个前提是祖父母、外祖父母或者孙子女、外孙子女"有负担能力"。有观点认为，只要祖孙辈承担抚养或赡养义务会明显降低自身生活水平，则应认定为不具有负担能力，区别于父母对上下辈直系血亲承担的扶养义务，即便父母因承担扶养义务而降低自身生活水平，也不得因此免除扶养义务。

【相关立法】

1.《中华人民共和国民法典》（2021年1月1日施行）

第二十七条　父母是未成年子女的监护人。

未成年人的父母已经死亡或者没有监护能力的，由下列有监护能力的人按顺序担任监护人：

（一）祖父母、外祖父母；

（二）兄、姐；

（三）其他愿意担任监护人的个人或者组织，但是须经未成年人住所地的居民委员会、村民委员会或者民政部门同意。

2.《中华人民共和国刑法》（2023年修正，2024年3月1日施行）

第二百六十一条 【遗弃罪】对于年老、年幼、患病或者其他没有独立生活能力的人，负有扶养义务而拒绝扶养，情节恶劣的，处五年以下有期徒刑、拘役或者管制。

3.《中华人民共和国老年人权益保障法》（2018年修正，2018年12月29日施行）

第十四条 赡养人应当履行对老年人经济上供养、生活上照料和精神上慰藉的义务，照顾老年人的特殊需要。

赡养人是指老年人的子女以及其他依法负有赡养义务的人。

赡养人的配偶应当协助赡养人履行赡养义务。

第十九条 赡养人不得以放弃继承权或者其他理由，拒绝履行赡养义务。

赡养人不履行赡养义务，老年人有要求赡养人付给赡养费等权利。

赡养人不得要求老年人承担力不能及的劳动。

【司法指导文件】

《第八次全国法院民事商事审判工作会议（民事部分）纪要》（法〔2016〕399号，2016年11月21日）

（一）关于未成年人保护问题

3. 祖父母、外祖父母对父母已经死亡或父母无力抚养的未成年孙子女、外孙子女尽了抚养义务，其定期探望孙子女、外孙子女的权利应当得到尊重，并有权通过诉讼方式获得司法保护。

【法院参考案例】

1. 高某飞诉公婆梁某元、吴某莲要求变更经另一法院调解协议确定的其子由祖父母抚养改由自己抚养案［《人民法院案例选》2003年第4辑（总第46辑）］

【基本案情】

原告高某飞与被告梁某元、吴某莲的儿子梁某于1998年6月9日登记结婚，同年11月22日生子梁×。2001年3月16日，梁某因交通事故亡故后，梁×随两被告生活。同年5月，原告向台州市路桥区人民法院起诉，要求确认原告系梁×的监护人，并对梁×行使抚养权。路桥区人民法院于2001年6月4日作出民事判决，确认“原告高某飞是梁×的监护人，由原告高某飞抚养梁×至能独立生活止。被告梁某元、吴某莲于判决发生法律效力之日起三日内将梁×送交原告高某飞抚养”。该判决生效后，两被告未将梁×交给原告抚养。随即，两被告为继承儿子梁某遗产对高某飞提起诉讼，经河北省香河县人民法院调解，双方达成了调解协议，其中第 4 条载明“梁×随两原告（梁某元、吴某莲）生活”。2002 年 8 月 2 日，原告高某飞又向台州市路桥区人民法院起诉，要求变更抚养关系，由原告自行抚养梁×。

【裁判理由及结果】

台州市路桥区人民法院经审理认为：父母对子女有抚养教育的义务。梁×系原告高某飞与梁某的婚生子，梁某亡故后，原告高某飞系梁×唯一合法的法定监护人。原告在有抚养能力的前提下，对其子抚养教育的义务不能放弃。原告要求对子的抚养权合理合法，应予支持。两被告非系梁×的法定监护人，没有法定抚养权，故要求对梁×的抚养权不予支持。依据《婚姻法》第 21 条第 1 款的规定，该院于 2002 年 10 月 25 日作出判决：由原告高某飞抚养、教育梁×至能独立生活止。被告梁某元、吴某莲于判决发生法律效力之日起 10 日内将梁×送交原告高某飞抚养。

判决后，被告梁某元、吴某莲不服，向台州市中级人民法院提起上诉。诉称：依据《民法通则意见》第 22 条，抚养权是可以让渡的。上诉人、被上诉人在河北省香河县人民法院主持下达成抚养协议，被上诉人对儿子梁×的抚养权让渡给两上诉人，双方的让渡均为永久性的让渡，该协议已经香河县人民法院民事调解书确认，是合法有效的。一审法院在未发现上诉人抚养梁×的条件有任何不利变化的情况下作出变更抚养关系的判决，是对民事调解书的否定，在程序上不合法。而且上诉人不论在经济上还是时间、精力上，都有抚养梁×的很好条件。请求二审法院撤销一审判决，驳回被上诉人的诉讼请求，确认由上诉人按约继续抚养梁×。被上诉人高某飞答辩称：一审判决事实清楚，适用法律正确，实体处理得当。请求驳回上诉，维持原判。

台州市中级人民法院经审理认为：被上诉人系梁×的亲生母亲，对梁×负有法定的抚养义务。但因上诉人与被上诉人在继承梁某遗产案件中经河北省香河县人民法院作出的民事调解书中，确认梁×随两上诉人共同生活，该调解书已生效，双方依法应按调解书确定的内容履行自己的义务。现被上诉人在作出该调解书的法院未依法撤销该调解书的前提下，又提供不出证明两上诉人不具备抚养梁×能力的有关证据的情况下，提出要求变更梁×由被上诉人自行抚养的诉讼请求，与调解书确定的义务相矛盾，被上诉人的这一请求不能成立。原判决事实清楚，但适用法律错误，实体处理不当。上诉人上诉有理，应予支持。依照《民事诉讼法》第 153 条第 1 款第 2 项的规定，该院于 2003 年 2 月 11 日判决：（1）撤销台州市路桥区人民法院民事判决。（2）驳回被上诉人高某飞要求变更梁×由高某飞自行抚养的诉讼请求。

2. 周某在其子去世后诉儿媳袁某珍、孙女梁某彩赡养案(《人民法院案例选》2004年民事专辑)

【基本案情】

原告周某之子去世后,1992年6月14日周某与袁某珍分家,双方立分家字据一份,对房产进行了分割并确定袁某珍、梁某彩有对周某进行生活扶助的义务,二被告每人每月给付周某生活费10元,袁某珍承担周某一半的医疗费。字据签订后至诉讼时,周某共花费医疗费4046元,袁某珍已支付医疗费1000元,二被告均没有给付周某生活费。周某每月领取儿子的抚恤金82元,周某有一女儿已单独生活。原告要求二被告按约定支付医疗费、生活费。

【裁判理由及结果】

临颍县人民法院审理后认为,袁某珍虽不是原告亲生子女,双方有分家字据,确立了双方的权利和义务,是双方当事人真实意思表示,该字据为有效协议,原告所诉二被告没有尽扶助义务没有提供相应证据,本院不予支持。原告医疗费4046元属有效票据,袁某珍应按约定承担2023元,已支付1000元下欠1023元应予以支付。梁某彩系原告的孙女,原告有女儿及儿媳尽赡养义务,梁某彩又未在字据上签字,周某诉请梁某彩履行扶助义务的理由不能成立,本院不予支持。由于原告年岁大,没有生活劳动能力,以后生活需要有人照顾和扶助,随着生活消费水平的提高,每月10元的生活扶助实在偏低,每月100元的生活扶助费比较适当,依照《婚姻法》判决如下:(1)被告袁某珍自本判决书生效后5日内给付原告周某医疗费1023元。(2)被告袁某珍从2001年4月1日起,每月给付周某生活扶助费100元,并承担周某以后一半医疗费。(3)驳回原、被告的其他诉讼请求。

袁某珍不服原审判决,向市中级人民法院上诉称:(1)袁某珍系周某的儿媳,没有赡养周某的义务,原判增加扶助义务的费用没有法律依据。(2)分割房产是法定的权利,周某有亲生女儿赡养,分家字据上的扶养条款是无效的,依法应予以撤销。(3)周某的财产已立遗嘱,以后由其女儿继承,上诉人尽赡养义务,以后又没有继承遗产的权利。请求依法改判。被上诉人周某答辩称,原审认定事实清楚,被上诉人处分自己的财产符合法律规定,请求驳回上诉,维持原判。

二审法院审理认为,袁某珍与周某双方系婆媳关系,袁某珍在法律上没有赡养周某的义务,双方于1992年6月14日订立的分家字据,是双方当事人真实意思表示,是合法的民事行为,双方当事人应诚实信用,袁某珍应履行在该字据上确定的义务,原判决袁某珍每月给付周某100元生活费显属不当,且适用法律错误。

第一千零七十五条　【兄弟姐妹间扶养义务】有负担能力的兄、姐，对于父母已经死亡或者父母无力抚养的未成年弟、妹，有扶养的义务。

由兄、姐扶养长大的有负担能力的弟、妹，对于缺乏劳动能力又缺乏生活来源的兄、姐，有扶养的义务。

【立法·要点释义】

兄弟姐妹包括同胞兄弟姐妹、同父异母或同母异父兄弟姐妹、养兄弟姐妹和继兄弟姐妹。在特定条件下，兄、姐与弟、妹之间会产生有条件的扶养义务，兄弟姐妹间的扶养义务是第二顺序的，具有递补性质。但兄弟姐妹间一旦形成扶养义务，就是不可推卸的法定义务。

产生兄、姐对弟、妹的扶养义务，应当同时具备三个条件：(1)弟、妹须为未成年人，如果弟、妹已经成年，虽无独立生活能力，兄、姐亦无法定扶养义务。(2)父母均已死亡或者父母无力抚养，如父母在意外事故中致残没有了劳动能力和生活来源。(3)兄、姐有负担能力。

产生弟、妹对兄、姐的扶养义务，应当同时具备三个条件：(1)兄、姐既缺乏劳动能力又缺乏生活来源。(2)兄、姐没有第一顺序的扶养义务人，或者第一顺序的扶养义务人没有扶养能力。(3)弟、妹由兄、姐扶养长大且有负担能力。这表明在弟、妹未成年时，父母已经死亡或父母无抚养能力，兄、姐对弟、妹的成长尽了扶养义务。按照权利义务对等原则，弟、妹应承担兄、姐的扶养责任，且弟、妹有负担能力。

【编者观点】

继兄姐对继弟妹没有扶养义务，但是继弟妹对扶养其长大、缺乏劳动能力又缺乏生活来源的继兄姐有扶养义务。另外，编者不同意法工委的释义意见，认为在父母已经死亡或者父母无力抚养的前提下，本条应当类推适用于无独立生活能力的成年弟妹。由于兄弟姐妹间的扶养义务具有递补性质，因此其适用前提不同于第 1067 条中成年子女履行赡养义务的前提是父母“缺乏劳动能力或者生活困难”，而是兄姐必须同时具备“缺乏劳动能力又缺乏生活来源”两项要件，才产生弟妹的扶养义务。

如果同时存在符合本条以及第 1074 条的适用要件，作为扶养义务人的兄弟姐妹以及祖父母、外祖父母、孙子女、外孙子女之间处于何种扶养顺位？有观点认为，应当借鉴继承编第 1127 条关于法定继承人顺位以及第 1128 条关于代位继承人的规定，兄弟姐妹、祖父母、外祖父母同为第二顺序继承人，孙子女、外孙子女处于递补顺序的代位继承地位。继承顺序的依据是亲属关系的亲疏远近以及扶养权利义务的强度，为保持体系的一致性，兄、姐、祖父母、外祖父母应当处于同一扶养义务人顺位。编者认为，鉴于每个家庭的实际境况不同，各个扶养义务人的扶养能力也不一样，严格区分兄弟姐妹以及祖父母、外祖父母、孙子女、外孙子女之间的扶养顺位意义不大，且不利于对受扶养人利益的维护，同时符合本条以及第 1074 条适用要件时，各扶养义务人按照扶养能力协议分担，协议不成时，从最有利于被扶养义务人原则出发，通过诉讼方式决定具体扶养义务人及其义务承担方式。

【相关立法】

1.《中华人民共和国民法典》（2021 年 1 月 1 日施行）

第二十七条　父母是未成年子女的监护人。

未成年人的父母已经死亡或者没有监护能力的，由下列有监护能力的人按顺序担任监护人：

（一）祖父母、外祖父母；

（二）兄、姐；

（三）其他愿意担任监护人的个人或者组织，但是须经未成年人住所地的居民委员会、村民委员会或者民政部门同意。

2.《中华人民共和国刑法》（2023 年修正，2024 年 3 月 1 日施行）

第二百六十一条　【遗弃罪】对于年老、年幼、患病或者其他没有独立生活能力的人，负有扶养义务而拒绝扶养，情节恶劣的，处五年以下有期徒刑、拘役或者管制。

3.《中华人民共和国老年人权益保障法》（2018 年修正，2018 年 12 月 29 日施行）

第二十三条　老年人与配偶有相互扶养的义务。

由兄、姐扶养的弟、妹成年后，有负担能力的，对年老无赡养人的兄、姐有扶养的义务。

第四章 离 婚

第一千零七十六条 【协议离婚】夫妻双方自愿离婚的，应当签订书面离婚协议，并亲自到婚姻登记机关申请离婚登记。

离婚协议应当载明双方自愿离婚的意思表示和对子女抚养、财产以及债务处理等事项协商一致的意见。

【原《婚姻法》条文】

第三十一条 男女双方自愿离婚的，准予离婚。双方必须到婚姻登记机关申请离婚。婚姻登记机关查明双方确实是自愿并对子女和财产问题已有适当处理时，发给离婚证。

【修改说明】

增加了“应当签订书面离婚协议”和离婚协议的内容；强调男女双方必须亲自到婚姻登记机关申请离婚登记。

【立法·要点释义】

我国的离婚制度，分为协议离婚和诉讼离婚两种。协议离婚也叫“双方自愿离婚”，是指婚姻关系当事人达成离婚合意并通过婚姻登记程序解除婚姻关系的法律制度。协议离婚制度是婚姻自由原则的重要体现，有利于在婚姻关系已经无法继续维持的情况下，由夫妻双方心平气和地解决矛盾冲突，避免互相指责，消除对立情绪。协议离婚方式不究问离婚的原因和具体理由，有利于保护个人隐私。

申请离婚的当事人双方，必须亲自到婚姻登记机关办理离婚登记手续。当事人应当向婚姻登记机关提供结婚证，以证明双方是合法夫妻。未办理过结婚登记的男女，比如未婚同居和有配偶者与他人同居的男女双方，以及未办理结婚登记的“事实婚姻”中的男女双方申请离婚登记的，婚姻登记机关不予受理。其间发生的有关身份关系的纠纷以及涉及子女、财产问题的争议，可以诉请人民法院处理。一方或者双方当事人为限制民事行为能力或者无民事行为能力的，如精神病患者、痴呆症患者，不适用协议离婚程序，只能适用诉讼程序处理离婚问题，以维护没有完全民事行为能力当事人的合法权益。“双方自愿”是协议离婚的基本条件，对于仅有一方要求离婚的申请，婚姻登记机关不予受理，当事人只能通过诉讼离婚解决争议。

协议离婚当事人双方要签订书面离婚协议，离婚协议应当载明双方自愿离婚的意思表示和对子女抚养、财产及债务处理等事项协商一致的意见。子女抚养包括子女由哪一方直接抚养，子女的抚养费和教育费如何负担、如何给付等。由于父母与子女的关系不因父母离婚而消除，协议中最好约定不直接抚育方对子女探望权利行使的内容，包括探望的方式、时间、地点等。财产及债务处理等事项包括在不侵害任何一方合法权益的前提下，对夫妻共同财产作合理分割，对给予生活困难的另一方以经济帮助作妥善安排；在不侵害他人利益的前提下，对共同债务的清偿作出清晰、明确、负责的处理。如果婚姻关系当事人不能对子女抚养、财产及债务处理等事项达成一致意见的话，则不能通过婚姻登记程序离婚，而只能通过诉讼程序离婚。

【编者观点】

对于协议离婚中应当具备书面形式的离婚协议这一形式要件，应当采取宽泛的认定方式，不限于当事人亲自书写，当事人可以委托第三人或专业机构书写或者打印，但是依据《婚姻登记工作规范》第56条规定，双方应当于现场亲自在离婚协议上签名。对子女抚养、财产及债务处理等事项协商一致是协议离婚的必备内容，协商不一致的只能通过诉讼离婚。协商一致也包括双方协商暂时不对财产问题进行处理，例如双方在子女抚养、财产以及债务处理上存在一定的分歧，但都同意先协议离婚，嗣后再解决这些分歧，仍然满足协议离婚的要件，双方可在离婚后协商解决或者通过诉讼的方式解决。

离婚协议以完成离婚登记为生效要件，离婚登记在民法层面属于离婚的法定形式要件，在行政法层面属于行政行为，发生纠纷时分别适用民法和行政法上的救济程序。例如当第三人冒称夫妻一方与另外一方办理了离婚登记，鉴于夫妻一方并未作出同意离婚的意思表示，民法上离婚作为法律行为不成立，对于已存在的离婚登记通过行政复议或者行政诉讼解决。若离婚登记仅仅存在一些程序瑕疵，与结婚登记的程序瑕疵类似，通常不能径行撤销。

【自治条例和单行条例】

《黔南布依族苗族自治州执行〈中华人民共和国婚姻法〉的变通规定》(1999年修订)

第九条　男女双方自愿离婚的，双

方须亲自到人民法院、街道办事处、乡、民族乡、镇人民政府申请离婚,经调解无效,办理离婚手续,取得离婚证书,才能解除夫妻关系。

男女一方要求离婚的,可由有关部门进行调解或直接向人民法院提出离婚诉讼。人民法院审理离婚案件,应当进行调解;对调解无效的,应依法作出准予离婚或者不准予离婚的判决。

除婚姻登记机关、人民法院外,其他任何组织或个人都无权办理离婚手续。

【司法解释】

1.《最高人民法院关于适用〈中华人民共和国民法典〉婚姻家庭编的解释(一)》(法释〔2020〕22 号,2021 年 1 月 1 日施行)

第六十九条[①]　**【附协议离婚或者调解离婚条件的财产及债务处理协议的法律效力】**当事人达成的以协议离婚或者到人民法院调解离婚为条件的财产以及债务处理协议,如果双方离婚未成,一方在离婚诉讼中反悔的,人民法院应当认定该财产以及债务处理协议没有生效,并根据实际情况依照民法典第一千零八十七条和第一千零八十九条的规定判决。

当事人依照民法典第一千零七十六条签订的离婚协议中关于财产以及债务处理的条款,对男女双方具有法律约束力。登记离婚后当事人因履行上述协议发生纠纷提起诉讼的,人民法院应当受理。

第七十条[②]　**【男女双方协议离婚后就财产分割问题反悔,起诉请求撤销财产分割协议】**夫妻双方协议离婚后就财产分割问题反悔,请求撤销财产分割协议的,人民法院应当受理。

人民法院审理后,未发现订立财产分割协议时存在欺诈、胁迫等情形的,应当依法驳回当事人的诉讼请求。

2.《最高人民法院关于适用〈中华人民共和国民法典〉婚姻家庭编的解释(二)》(法释〔2025〕1 号,2025 年 2 月 1 日施行)

第二条[③]　**【对当事人主张"假离婚"的处理】**夫妻登记离婚后,一方以双方意思表示虚假为由请求确认离婚无效的,人民法院不予支持。

第三条[④]　**【离婚协议参照适用债权人撤销权制度】**夫妻一方的债权人有证据证明离婚协议中财产分割条款影响其债权实现,请求参照适用民法典第五百三十八条或者第五百三十九条规定撤销相关条款的,人民法院应当综合考虑夫妻共同财产整体分割及履行情况、子女抚养费负担、离婚过错等因素,依法予以支持。

---

① 对该条的注释详见附录一第 946 页。
② 对该条的注释详见附录一第 951 页。
③ 对该条的注释详见附录三第 1037 页。
④ 对该条的注释详见附录三第 1047 页。

第二十条① **【离婚协议约定财产给予子女参照适用真正利益第三人合同制度】**离婚协议约定将部分或者全部夫妻共同财产给予子女，离婚后，一方在财产权利转移之前请求撤销该约定的，人民法院不予支持，但另一方同意的除外。

一方不履行前款离婚协议约定的义务，另一方请求其承担继续履行或者因无法履行而赔偿损失等民事责任的，人民法院依法予以支持。

双方在离婚协议中明确约定子女可以就本条第一款中的相关财产直接主张权利，一方不履行离婚协议约定的义务，子女请求参照适用民法典第五百二十二条第二款规定，由该方承担继续履行或者因无法履行而赔偿损失等民事责任的，人民法院依法予以支持。

离婚协议约定将部分或者全部夫妻共同财产给予子女，离婚后，一方有证据证明签订离婚协议时存在欺诈、胁迫等情形，请求撤销该约定的，人民法院依法予以支持；当事人同时请求分割该部分夫妻共同财产的，人民法院依照民法典第一千零八十七条规定处理。

【部门参考文件】

《民政部办公厅关于能否撤销李某与张某离婚登记问题的复函》（民办函〔2003〕71号，2003年5月22日）

你厅《关于能否撤销李某与张某离婚登记问题的请示》（冀民请〔2003〕29号）收悉。现答复如下：

从你厅的请示和所附材料看，李某与张某办理离婚登记时，离婚意思表示明确，证件证明齐全，程序合法。当事人李某以假离婚、离婚的目的是逃避债务为由，请求宣布其解除婚姻关系无效，没有法律依据：(1)《婚姻法》第三十一条②规定"男女双方自愿离婚的，准予离婚。双方必须到婚姻登记机关申请离婚。婚姻登记机关查明双方确实是自愿并对子女和财产已有适当处理时，发给离婚证"。婚姻法没有关于离婚目的的规定，也未规定离婚目的对离婚效力的影响。(2)《婚姻登记管理条例》第25条"申请婚姻登记的当事人弄虚作假、骗取婚姻登记的，婚姻登记管理机关应当撤销婚姻登记，……对离婚的当事人宣布其解除婚姻关系无效并收回离婚证"是指申请人不符合婚姻登记的实质条件，通过弄虚作假，骗取登记的，婚姻登记机关应当撤销登记。而李某与张某是双方自愿离婚，并对子女抚养和财产处理达成一致意见（见双方的离婚协议书），不存在不符合离婚登记实质条件的情况，因此，婚姻登记机关不能撤销李某与张某的离婚登记。

当事人所在单位出具的证明内容是否是真实的，单位是否真实地知道当事人的离婚目的以及是否认真做了调

---

① 对该条的注释详见附录三第1145页。

② 对应《民法典》第1076条。——编者注

解和好工作,不影响离婚登记效力。

关于离婚当事人之间以及当事人与第三人之间财产、债务纠纷,可以向人民法院提起诉讼,由人民法院根据具体情况进行调解或判决。《婚姻法》第四十一条①规定:“离婚时,原为夫妻共同生活所负的债务,应当共同偿还。共同财产不足清偿的,或财产归各自所有的,由双方协议清偿;协议不成时,由人民法院判决。”1986 年 10 月 3 日最高人民法院《关于男女双方登记离婚后,因对财产、子女抚养发生纠纷,当事人向人民法院起诉的,法院应予受理的批复》(〔1986〕民他字第 45 号)②规定“男女双方经婚姻登记机关办理离婚登记后,因对财产、子女抚养引起纠纷,当事人向人民法院起诉的,可直接由有关法院依法受理”。

【地方法院规范】

1.《北京市高级人民法院民一庭关于审理婚姻纠纷案件若干疑难问题的参考意见》(2016 年)

三、【协议登记离婚瑕疵的主管】当事人以协议登记离婚有重大瑕疵为由提起离婚登记无效或撤销离婚登记的诉讼,不属于民事诉讼受案范围。

2.《江苏省高级人民法院民事审判第一庭家事纠纷案件审理指南(婚姻家庭部分)》(2019 年)

26. 夫妻双方在离婚协议中约定违约金,离婚后夫妻一方以夫妻另一方未履行离婚协议为由主张按照离婚协议约定支付违约金的,应当如何处理?

离婚协议属于有关身份关系的协议,不属于普通民商事合同。离婚后夫妻一方以夫妻另一方未履行离婚协议为由主张按照离婚协议约定支付违约金的,不予支持。

【公报案例】

莫某飞诉李某兴离婚纠纷案(《最高人民法院公报》2011 年第 12 期)

【裁判摘要】

婚姻当事人之间为离婚达成的协议是一种要式协议,即双方当事人达成离婚合意,并在协议上签名才能使离婚协议生效。双方当事人对财产的处理是以达成离婚为前提,虽然已经履行了财产权利的变更手续,但因离婚的前提条件不成立而没有生效,已经变更权利人的财产仍属于夫妻婚姻存续期间的共同财产。

【基本案情】

广东省怀集县人民法院一审查明:原告莫某飞与被告李某兴于 2002 年上

---

① 对应《民法典》第 1089 条。——编者注

② 该批复已被 2013 年 1 月 18 日施行的《最高人民法院关于废止 1980 年 1 月 1 日至 1997 年 6 月 30 日期间发布的部分司法解释和司法解释性质文件(第九批)的决定》所废止。——编者注

半年经人介绍相识,2003年3月双方登记结婚,同年10月21日生育一子李某宇。婚后,原、被告的夫妻感情较好。2007年暑假,李某兴阻止莫某飞外出做家教,双方发生言语争执。之后,夫妻关系时好时坏。2010年5月,莫某飞草拟离婚协议一份交给李某兴。李某兴答应如果儿子由其抚养和夫妻存续期间购买的宅基地(使用权登记为女方,价值20万元)归男方所有的,愿意去办离婚手续。同年7月,原、被告双方到土地管理部门将原登记在莫某飞名下的(2006)第0036号《土地使用证》范围内的土地使用权全部变更给李某兴名下。但是,李某兴反悔,不同意离婚。同年8月初,莫某飞搬离家中在外租屋居住,并向法院提起诉讼,请求判决准许离婚,并分割共同财产。经广东省怀集县人民法院主持调解,因原告莫某飞要求离婚,被告李某兴则不同意离婚,调解未果。

【裁判理由】

本案一审的争议焦点是:原告莫某飞与被告李某兴草拟的离婚协议是否生效,变更后的财产是否仍是夫妻共同财产。

广东省怀集县人民法院一审认为:原告莫某飞与被告李某兴经人介绍相识并恋爱,双方经一段时间相互了解并自愿登记结婚,双方具有较好的感情基础。婚后,原、被告在生活和工作上能相互扶持,双方建立有一定的夫妻感情;原、被告生育的儿子尚年幼,从双方诉讼中反映的情况,现儿子极需父母的爱护,双方离婚,对儿子会造成伤害,因此,莫某飞主张离婚的诉讼请求,不予支持。

对于双方当事人是否达成离婚协议问题。离婚协议是解除夫妻双方人身关系的协议,该协议是一种要式协议,必须经双方当事人签名确认才能生效,即双方在协议上签名画押是其成立的前提条件。否则,即使有证人在场见证,证明双方达成离婚合意,但由于一方没有在离婚协议上签名确认,在法律上该离婚协议是没有成立的。原告莫某飞于2010年5月草拟离婚协议一份交给被告李某兴,虽然李某兴口头答应离婚,且双方履行了共同财产分割的部分,可以认定双方对离婚达成了合意,但是由于李某兴并没有在协议上签名导致离婚协议欠缺合同成立的要件,且事后李某兴反悔不愿离婚,因此,不能根据仅有一方签名的离婚协议判决双方离婚。

对于双方当事人在离婚前作出的财产处理问题。本案离婚协议是属于婚内离婚协议,所谓婚内离婚协议,是指男女双方在婚姻关系存续期间,以解除婚姻关系为基本目的,并就财产分割及子女抚养问题达成的协议。婚内离婚协议是以双方协议离婚为前提,一方或者双方为了达到离婚的目的,可能在子女抚养、财产分割等方面作出有条件的让步。在双方未能在婚姻登记机关登记离婚的情况下,该协议没有生效,对双方当事人均不产生法律约束力，其中关于子女抚养、财产分割的约定，不能当然作为人民法院处理离婚案件的直接依据。原告莫某飞与被告李某兴在协议离婚过程中经双方协商对财产分割进行处理，是双方真实意思表示，并且已经进行了变更登记，但由于李某兴并未在离婚协议上签名，达不到离婚协议的成立要件，因此，该婚内离婚协议无效，即按该协议所进行的履行行为也可视为无效。虽然(2006)第 0036 号《土地使用证》范围内的土地使用权变更在李某兴名下，但该土地使用权还是莫某飞和李某兴婚姻存续期间的共同财产，与原来登记在莫某飞名下的性质是一样的。

综上，只要双方珍惜已建立的夫妻感情，慎重对待婚姻家庭问题，做到互相尊重、互相关心，夫妻是有和好可能的。

【裁判结果】

据此，广东省怀集县人民法院依照《民事诉讼法》第 128 条、《婚姻法》第 32 条第 2 款的规定，于 2010 年 12 月 2 日判决：驳回原告莫某飞的离婚诉讼请求。

第一千零七十七条　【离婚冷静期】自婚姻登记机关收到离婚登记申请之日起三十日内，任何一方不愿意离婚的，可以向婚姻登记机关撤回离婚登记申请。

前款规定期限届满后三十日内，双方应当亲自到婚姻登记机关申请发给离婚证；未申请的，视为撤回离婚登记申请。

【立法・要点释义】

我国的协议离婚问题突出，离婚当事人婚龄短，冲动型，轻率、草率型离婚屡见不鲜，数量增加，表明一部分婚姻当事人对婚姻的调整适应不够，甚至还没有完全相互适应就以离婚结束婚姻关系。2018 年 8 月宪法和法律委员会在向全国人大常委会提交关于《民法典》各分编草案几个主要问题中提到：实践中，由于离婚登记手续过于简便，轻率离婚的现象增多，不利于家庭稳定。为此规定了 1 个月的离婚冷静期，指夫妻协议离婚时，给要求离婚的双方当事人一段时间，强制当事人暂时搁置离婚纠纷，在法定期限内冷静思考离婚问题，考虑清楚后再行决定是否离婚。

在 30 日离婚冷静期内，任何一方不愿意离婚的，应当到婚姻登记机关撤回离婚申请，婚姻登记机关应当立即终止登记离婚程序。如果离婚冷静期届满，当事人仍坚持离婚，双方应当在离婚冷静期届满后的 30 日内，亲自到婚姻登记机关申请发给离婚证。婚姻登记机关查明双方确实是自愿离婚，并已对子女抚养、财产及债务处理等事项协商一致的，予以登记，发给离婚证。如果在离婚冷静期届满后的30日内,当事人双方没有亲自到婚姻登记机关申请发给离婚证,则视为撤回离婚申请。

【编者观点】

1950年以及1980年《婚姻法》规定的登记离婚程序,是当事人自愿申请—行政机关审查—批准办理登记—发放离婚证。1986年《婚姻登记办法》及1994年《婚姻登记管理条例》第16条确定了离婚审查期,即受理申请1个月内应当办理登记。2003年《婚姻登记条例》第13条则废除了1个月审查期,规定审查后,应当场予以登记。离婚审查期与离婚冷静期的规范目的有别,审查期内,婚姻登记机关应当对当事人是否满足离婚条件的形式和内容进行审查,审查期长短的设置是特定时期行政效率化的结果;而冷静期则是出于稳定家庭的考量,促使当事人冷静地思考是否离婚,且时长不得任意变更。

离婚冷静期内若当事人撤回申请,则自始不发生离婚的法律效果;30日冷静期届满时当事人若没有撤回离婚申请,则撤回权消灭;届满后30日内当事人为一定的行为,即亲自到婚姻登记机关申请发给离婚证;若当事人不作为,则30日后生成法定撤回权,不发生离婚的法律效力。因此结合第1款和第2款,离婚冷静期实际为30天到60天弹性期间,不短于30天,也不超过60天。

离婚冷静期制度的适用,应当让位于强制性规范以及公序良俗。对于受胁迫、受欺诈、隐瞒重大疾病未告知而结婚但已超过法定撤销期间的情形,应当排除适用冷静期条款。若夫妻一方具备第1042条所列举的重婚、婚外同居、家暴、遗弃、虐待等禁止的婚姻行为,也应当排除冷静期条款的适用。

【司法指导文件】

《最高人民法院关于进一步深化家事审判方式和工作机制改革的意见(试行)》(法发〔2018〕12号,2018年7月18日)

40. 人民法院审理离婚案件,经双方当事人同意,可以设置不超过3个月的冷静期。

在冷静期内,人民法院可以根据案件情况开展调解、家事调查、心理疏导等工作。冷静期结束,人民法院应通知双方当事人。

【部门参考文件】

《民政部关于贯彻落实〈中华人民共和国民法典〉中有关婚姻登记规定的通知》(民发〔2020〕116号,2021年1月1日)

根据《民法典》规定,对婚姻登记有关程序等作出如下调整:

二、调整离婚登记程序

根据《民法典》第一千零七十六条、第一千零七十七条和第一千零七十

八条规定,离婚登记按如下程序办理:

(三)冷静期。自婚姻登记机关收到离婚登记申请并向当事人发放《离婚登记申请受理回执单》之日起三十日内,任何一方不愿意离婚的,可以持本人有效身份证件和《离婚登记申请受理回执单》(遗失的可不提供,但需书面说明情况),向受理离婚登记申请的婚姻登记机关撤回离婚登记申请,并亲自填写《撤回离婚登记申请书》(附件4)。经婚姻登记机关核实无误后,发给《撤回离婚登记申请确认单》(附件5),并将《离婚登记申请书》、《撤回离婚登记申请书》与《撤回离婚登记申请确认单(存根联)》一并存档。

自离婚冷静期届满后三十日内,双方未共同到婚姻登记机关申请发给离婚证的,视为撤回离婚登记申请。

(四)审查。自离婚冷静期届满后三十日内(期间届满的最后一日是节假日的,以节假日后的第一日为期限届满的日期),双方当事人应当持《婚姻登记工作规范》第五十五条第(四)至(七)项规定的证件和材料,共同到婚姻登记机关申请发给离婚证。

婚姻登记机关按照《婚姻登记工作规范》第五十六条和第五十七条规定的程序和条件执行和审查。婚姻登记机关对不符合离婚登记条件的,不予办理。当事人要求出具《不予办理离婚登记告知书》(附件7)的,应当出具。

【地方法院规范】

1.《广东法院审理离婚案件程序指引》(2018年)

第二十七条　【冷静期一般规定】

人民法院在审理离婚案件中,为促使当事人约束情绪、理性诉讼,或者帮助当事人修复情感、维护婚姻,可以设置一定期限的冷静期。

当事人在冷静期内达成和解协议的,可以申请撤诉或者申请人民法院确认。

当事人在冷静期内有家庭暴力、吸毒、转移财产、藏匿未成年子女、故意拖延诉讼等情况的,人民法院应当及时终止冷静期。

第二十八条　【情绪约束冷静期】

当事人在开庭审理过程中情绪过于激动,不能理性表达意见,人民法院认为继续开庭将显著激化矛盾的,可以决定设置情绪约束冷静期。

人民法院设置情绪约束冷静期的期限不得超过20日,期限结束后,应当继续开庭审理。

人民法院在情绪约束冷静期内可以对当事人进行劝导,或者邀请专业人员进行心理干预和疏导。

第二十九条　【情感修复冷静期】

要求离婚一方当事人暂时不愿意接受调解,另一方当事人明确作出主动修复情感承诺,人民法院认为双方确实还有和好可能的,可以决定设置情感修复冷静期。

人民法院设置情感修复冷静期的期限不得超过60日。期限结束后,经双方当事人同意,人民法院可以接续进行调解。

人民法院在情感修复冷静期内应当对当事人是否履行情感修复承诺进行回访督促。经当事人申请,人民法院可以邀请有关单位和个人从事协助工作。

第三十条 【情感修复计划】

当事人作出主动修复情感承诺的,人民法院可以要求其结合婚姻关系实际情况,提出明确的情感修复计划。

人民法院可以邀请有关单位和个人帮助当事人结合婚姻家庭关系、矛盾产生原因、心理测评结论等情况,制定有针对性的情感修复计划。

当事人在情感修复冷静期内未积极履行情感修复承诺及计划的,应当作为人民法院认定夫妻感情是否破裂的不利因素。

2.《山东省高级人民法院家事案件审理规程》(2018年)

第十八条 人民法院审理离婚案件,应当根据夫妻的婚姻背景、感情基础、危机原因、能否修复等情况,对当事人的婚姻状况进行评估,区分“死亡婚姻”与“危机婚姻”,分情况采用不同的审判方式。

第十九条 人民法院审理“危机婚姻”离婚案件,应当设置感情冷静期,给当事人一个疏导情绪、修复感情、消除对立、冷静思考、理性表达的期间。

感情冷静期一般不超过3个月,不计入审限。

第二十条 感情冷静期内,人民法院应当要求不同意离婚的一方当事人制定挽救婚姻的具体措施,或委托心理咨询师、家事调解员进行心理疏导、调解。

感情冷静期内当事人挽救婚姻的情况,应当作为认定夫妻感情是否确已破裂的重要依据。

第二十一条 人民法院审理“死亡婚姻”离婚案件,不得适用感情冷静期限制当事人的离婚自由。

第一千零七十八条 【婚姻登记机关对协议离婚的查明】婚姻登记机关查明双方确实是自愿离婚,并已经对子女抚养、财产以及债务处理等事项协商一致的,予以登记,发给离婚证。

【原《婚姻法》条文】

第三十一条 男女双方自愿离婚的,准予离婚。双方必须到婚姻登记机关申请离婚。婚姻登记机关查明双方确实是自愿并对子女和财产问题已有适当处理时,发给离婚证。

【修改说明】

将“对子女和财产问题已有适当处理时”改为“子女抚养、财产及债务处理等事项协商一致的”。

【立法 · 要点释义】

婚姻登记机关应当查明当事人双方是否是自愿离婚，是否对子女抚养问题已协商一致，对财产及债务处理的事项是否协商一致。婚姻登记机关对当事人离婚协议的查明属形式审查还是实质审查，在立法中存在不同的看法和争论，本条没有明确。登记机构在自己的职权范围内，应充分履行职责，尽可能地保证如实、准确、认真负责地查明各有关事项，避免登记错误。

离婚证是婚姻关系已经合法解除的具有法律效力的文件。当事人从取得离婚证之日起，解除婚姻关系。婚姻登记机关在给当事人发离婚证的同时，应当注销结婚证。如果离婚证遗失或者损毁，当事人可以持所在单位、居民委员会或者村民委员会出具的证明，向原办理离婚登记的婚姻登记机关申请出具解除夫妻关系证明书，解除夫妻关系证明书与离婚证具有同等法律效力。

婚姻登记机关经过查明，对不符合法定离婚条件，如仅为夫妻一方要求离婚，或者夫妻双方虽然都同意离婚，但在子女和财产等问题上未达成协议的不予离婚登记，并应当以书面形式说明不予登记的理由。

夫妻双方经婚姻登记机关办理了离婚登记后，当事人一方不按照离婚协议履行应尽的义务，或者在子女抚养、财产问题上发生纠纷的，当事人可以向人民法院提起民事诉讼。

【编者观点】

本条规定婚姻登记机关对当事人是否存在离婚合意以及对子女抚养、财产以及债务处理等事项是否协商一致这两方面内容负有查明义务，“协商一致”也包括双方协商嗣后处理，不再采用《婚姻法》第 31 条要求的离婚的夫妻双方“对子女和财产问题已有适当处理”，因为双方处理是否适当，缺乏具体的判断标准，这一修改也意味着婚姻登记机关的审查标准仅为形式审查而非实质审查。

婚姻登记机关应当查明的内容，包括双方当事人的身份以及民事行为能力、证明婚姻关系的材料、婚姻登记机关的管辖权、双方的离婚合意以及子女抚养、财产以及债务处理等事项协商一致意见的离婚协议书等。如果婚姻登记程序存在瑕疵，典型的例如一方为限制或无行为能力人、第三人冒名夫妻一方与另一方申请登记离婚、在另一方未到场的情况下颁发离婚证等，当事人主张撤销离婚登记的，可以依法申请行政复议或提起行政诉讼，法院可依据《行政诉讼法》第 70 条规定,撤销离婚登记行为。但是如果离婚实质要件具备,仅仅是离婚登记程序存在一定瑕疵,尤其是夫妻一方已再婚,此时离婚登记行为不再具有可撤销内容,为了保护第三人即后婚配偶的利益,应考虑适用《行政诉讼法》第 74 条的规定,认定离婚登记程序轻微违法,对原告权利不产生实际影响。

如果双方依法离婚登记后,一方对已发生效力的离婚反悔,在原婚姻登记机关未撤销离婚登记的情况下,向法院提起离婚诉讼的,法院应不予受理。

【行政法规】

《婚姻登记条例》(国务院令第 797 号,2024 年 12 月 6 日修订,2025 年 1 月 20 日施行)

第三章　离婚登记

第十条　内地居民自愿离婚的,男女双方应当共同到一方当事人常住户口所在地的婚姻登记机关办理离婚登记。

中国公民同外国人在中国内地自愿离婚的,内地居民同香港居民、澳门居民、台湾居民、华侨在中国内地自愿离婚的,男女双方应当共同到内地居民常住户口所在地的婚姻登记机关办理离婚登记。

第十一条　办理离婚登记的内地居民应当出具下列证件和证明材料:

(一)本人的户口簿、身份证;

(二)本人的结婚证;

(三)双方当事人共同签署的离婚协议书。

办理离婚登记的香港居民、澳门居民、台湾居民、华侨、外国人除应当出具前款第(二)项、第(三)项规定的证件、证明材料外,香港居民、澳门居民、台湾居民还应当出具本人的有效通行证、身份证,华侨、外国人还应当出具本人的有效护照或者其他有效国际旅行证件。

离婚协议书应当载明双方当事人自愿离婚的意思表示以及对子女抚养、财产及债务处理等事项协商一致的意见。

第十二条　办理离婚登记的当事人有下列情形之一的,婚姻登记机关不予受理:

(一)未达成离婚协议的;

(二)属于无民事行为能力人或者限制民事行为能力人的;

(三)其结婚登记不是在中国内地办理的。

第十三条　婚姻登记机关应当对离婚登记当事人出具的证件、证明材料进行审查并询问相关情况。对当事人确属自愿离婚,并已对子女抚养、财产、债务等问题达成一致处理意见的,应当当场予以登记,发给离婚证。①

第十四条　离婚的男女双方自愿恢复夫妻关系的,应当到婚姻登记机关

① 《民法典》第 1077 条设置了 30 日的离婚冷静期制度。——编者注

办理复婚登记。复婚登记适用本条例结婚登记的规定。

【部门参考文件】

1.《民政部关于贯彻执行〈婚姻登记条例〉若干问题的意见》（民函〔2004〕76 号,2004 年 3 月 29 日）

五、关于离婚登记中的结婚证问题

申请办理离婚登记的当事人有一本结婚证丢失的,婚姻登记机关可根据另一本结婚证办理离婚登记;当事人两本结婚证都丢失的,婚姻登记机关可根据结婚登记档案或当事人提供的结婚登记记录证明等证明材料办理离婚登记。当事人应对结婚证丢失情况作出书面说明,该说明由婚姻登记机关存档。

申请办理离婚登记的当事人提供的结婚证上的姓名、出生日期、身份证号与身份证、户口簿不一致的,当事人应书面说明不一致的原因。

六、关于补领结婚证、离婚证问题

申请补领结婚证、离婚证的当事人出具的身份证、户口簿上的姓名、年龄、身份证号与原婚姻登记档案记载不一致的,当事人应书面说明不一致的原因,婚姻登记机关可根据当事人出具的身份证件补发结婚证、离婚证。

当事人办理结婚登记时未达法定婚龄,申请补领时仍未达法定婚龄的,婚姻登记机关不得补发结婚证。当事人办理结婚登记时未达法定婚龄,申请补领时已达法定婚龄的,当事人应对结婚登记情况作出书面说明;婚姻登记机关补发的结婚证登记日期应为当事人达到法定婚龄之日。

2.《婚姻登记工作规范》（民发〔2015〕230 号,2016 年 2 月 1 日）

第六章　离婚登记①

第五十四条　离婚登记按照初审—受理—审查—登记（发证）的程序办理。

第五十五条　受理离婚登记申请的条件是:

（一）婚姻登记处具有管辖权;

（二）要求离婚的夫妻双方共同到婚姻登记处提出申请;

（三）双方均具有完全民事行为能力;

（四）当事人持有离婚协议书,协议书中载明双方自愿离婚的意思表示以及对子女抚养、财产及债务处理等事项协商一致的意见;

（五）当事人持有内地婚姻登记机关或者中国驻外使（领）馆颁发的结婚证;

（六）当事人各提交 2 张 2 寸单人近期半身免冠照片;

（七）当事人持有本规范第二十九条至第三十五条规定的有效身份证件。

① 民政部为贯彻落实《民法典》中有关婚姻登记的规定,对离婚登记程序进行了调整,具体详见本栏目文件 3。——编者注

第五十六条 婚姻登记员受理离婚登记申请,应当按照下列程序进行:

(一)分开询问当事人的离婚意愿,以及对离婚协议内容的意愿,并进行笔录,笔录当事人阅后签名。

(二)查验本规范第五十五条规定的证件和材料。申请办理离婚登记的当事人有一本结婚证丢失的,当事人应当书面声明遗失,婚姻登记机关可以根据另一本结婚证办理离婚登记;申请办理离婚登记的当事人两本结婚证都丢失的,当事人应当书面声明结婚证遗失并提供加盖查档专用章的结婚登记档案复印件,婚姻登记机关可根据当事人提供的上述材料办理离婚登记。

(三)双方自愿离婚且对子女抚养、财产及债务处理等事项协商一致的,双方填写《申请离婚登记声明书》;

《申请离婚登记声明书》中"声明人"一栏的签名必须由声明人在监誓人面前完成并按指纹;

婚姻登记员作监誓人并在监誓人一栏签名。

(四)夫妻双方应当在离婚协议上现场签名;婚姻登记员可以在离婚协议书上加盖"此件与存档件一致,涂改无效。××××婚姻登记处××年××月××日"的长方形印章。协议书夫妻双方各一份,婚姻登记处存档一份。当事人因离婚协议书遗失等原因,要求婚姻登记机关复印其离婚协议书的,按照《婚姻登记档案管理办法》的规定查阅婚姻登记档案。

离婚登记完成后,当事人要求更换离婚协议书或变更离婚协议内容的,婚姻登记机关不予受理。

第五十七条 婚姻登记员对当事人提交的证件、《申请离婚登记声明书》、离婚协议书进行审查,符合离婚条件的,填写《离婚登记审查处理表》和离婚证。

《离婚登记审查处理表》和离婚证分别参照本规范第三十八条、第三十九条规定填写。

第五十八条 婚姻登记员在完成离婚证填写后,应当进行认真核对、检查。对打印或者书写错误、证件被污染或者损坏的,应当将证件报废处理,重新填写。

第五十九条 颁发离婚证,应当在当事人双方均在场时按照下列步骤进行:

(一)向当事人双方询问核对姓名、出生日期、离婚意愿;

(二)见证当事人本人亲自在《离婚登记审查处理表》"当事人领证签名并按指纹"一栏中签名并按指纹;

"当事人领证签名并按指纹"一栏不得空白,不得由他人代为填写、代按指纹;

(三)在当事人的结婚证上加盖条型印章,其中注明"双方离婚,证件失效。××婚姻登记处"。注销后的结婚证复印存档,原件退还当事人。

(四)将离婚证颁发给离婚当事人。

第六十条　婚姻登记员每办完一对离婚登记,应当依照《婚姻登记档案管理办法》,对应当存档的材料进行整理、保存,不得出现原始材料丢失、损毁情况。

第六十一条　婚姻登记机关对不符合离婚登记条件的,不予受理。当事人要求出具《不予办理离婚登记告知书》的,应当出具。

第七章　补领婚姻登记证

第六十三条　婚姻登记机关为当事人补发结婚证、离婚证,应当按照初审—受理—审查—发证程序进行。

第六十四条　受理补领结婚证、离婚证申请的条件是:

(一)婚姻登记处具有管辖权;

(二)当事人依法登记结婚或者离婚,现今仍然维持该状况;

(三)当事人持有本规范第二十九条至第三十五条规定的身份证件;

(四)当事人亲自到婚姻登记处提出申请,填写《申请补领婚姻登记证声明书》。

当事人因故不能到婚姻登记处申请补领婚姻登记证的,有档案可查且档案信息与身份信息一致的,可以委托他人办理。委托办理应当提交当事人的户口簿、身份证和经公证机关公证的授权委托书。委托书应当写明当事人姓名、身份证件号码、办理婚姻登记的时间及承办机关、目前的婚姻状况、委托事由、受委托人的姓名和身份证件号码。受委托人应当同时提交本人的身份证件。

当事人结婚登记档案查找不到的,当事人应当提供充分证据证明婚姻关系,婚姻登记机关经过严格审查,确认当事人存在婚姻关系的,可以为其补领结婚证。

第六十九条　当事人办理过结婚登记,申请补领时的婚姻状况因离婚或丧偶发生改变的,不予补发结婚证;当事人办理过离婚登记的,申请补领时的婚姻状况因复婚发生改变的,不予补发离婚证。

第七十条　婚姻登记机关对不具备补发结婚证、离婚证受理条件的,不予受理。

3.《民政部关于贯彻落实〈中华人民共和国民法典〉中有关婚姻登记规定的通知》(民发〔2020〕116 号,2021 年 1 月 1 日)

根据《民法典》规定,对婚姻登记有关程序等作出如下调整:

二、调整离婚登记程序

根据《民法典》第一千零七十六条、第一千零七十七条和第一千零七十八条规定,离婚登记按如下程序办理:

(一)申请。夫妻双方自愿离婚的,应当签订书面离婚协议,共同到有管辖权的婚姻登记机关提出申请,并提供以下证件和证明材料:

1. 内地婚姻登记机关或者中国驻外使(领)馆颁发的结婚证;

2. 符合《婚姻登记工作规范》第二

十九条至第三十五条规定的有效身份证件；

3. 在婚姻登记机关现场填写的《离婚登记申请书》(附件1)。

(二)受理。婚姻登记员按照《婚姻登记工作规范》有关规定对当事人提交的上述材料进行初审。

申请办理离婚登记的当事人有一本结婚证丢失的，当事人应当书面声明遗失，婚姻登记员可以根据另一本结婚证受理离婚登记申请；申请办理离婚登记的当事人两本结婚证都丢失的，当事人应当书面声明结婚证遗失并提供加盖查档专用章的结婚登记档案复印件，婚姻登记员可根据当事人提供的上述材料受理离婚登记申请。

婚姻登记员对当事人提交的证件和证明材料初审无误后，发给《离婚登记申请受理回执单》(附件2)。不符合离婚登记申请条件的，不予受理。当事人要求出具《不予受理离婚登记申请告知书》(附件3)的，应当出具。

(三)冷静期。自婚姻登记机关收到离婚登记申请并向当事人发放《离婚登记申请受理回执单》之日起三十日内，任何一方不愿意离婚的，可以持本人有效身份证件和《离婚登记申请受理回执单》(遗失的可不提供，但需书面说明情况)，向受理离婚登记申请的婚姻登记机关撤回离婚登记申请，并亲自填写《撤回离婚登记申请书》(附件4)。经婚姻登记机关核实无误后，发给《撤回离婚登记申请确认单》(附件5)，并将《离婚登记申请书》、《撤回离婚登记申请书》与《撤回离婚登记申请确认单(存根联)》一并存档。

自离婚冷静期届满后三十日内，双方未共同到婚姻登记机关申请发给离婚证的，视为撤回离婚登记申请。

(四)审查。自离婚冷静期届满后三十日内(期间届满的最后一日是节假日的，以节假日后的第一日为期限届满的日期)，双方当事人应当持《婚姻登记工作规范》第五十五条第(四)至(七)项规定的证件和材料，共同到婚姻登记机关申请发给离婚证。

婚姻登记机关按照《婚姻登记工作规范》第五十六条和第五十七条规定的程序和条件执行和审查。婚姻登记机关对不符合离婚登记条件的，不予办理。当事人要求出具《不予办理离婚登记告知书》(附件7)的，应当出具。

(五)登记(发证)。婚姻登记机关按照《婚姻登记工作规范》第五十八条至六十条规定，予以登记，发给离婚证。

离婚协议书一式三份，男女双方各一份并自行保存，婚姻登记处存档一份。婚姻登记员在当事人持有的两份离婚协议书上加盖“此件与存档件一致，涂改无效。××××婚姻登记处××××年××月××日”的长方形红色印章并填写日期。多页离婚协议书同时在骑缝处加盖此印章，骑缝处不填写日期。当事人亲自签订的离婚协议书原件存档。婚姻登记处在存档的离婚协议书加盖“×××登记处存档件××××年××月××

日”的长方形红色印章并填写日期。

三、离婚登记档案归档

婚姻登记机关应当按照《婚姻登记档案管理办法》规定建立离婚登记档案、形成电子档案。

归档材料应当增加离婚登记申请环节所有材料（含附件 1、4、5）。

本通知自 2021 年 1 月 1 日起施行。《民政部关于印发〈婚姻登记工作规范〉的通知》（民发〔2015〕230 号）中与本通知不一致的，以本通知为准。

4.《中国边民与毗邻国边民婚姻登记办法》（民政部令第 45 号，2012 年 10 月 1 日）

第十二条　中国边民与毗邻国边民在中国边境地区自愿离婚的，应当共同到中国边民常住户口所在地的婚姻登记机关办理离婚登记。

第十三条　办理离婚登记的双方当事人应当出具下列证件、证明材料：

（一）本人的结婚证；

（二）双方当事人共同签署的离婚协议书。

除上述材料外，办理离婚登记的中国边民还需要提供本人的居民户口簿和居民身份证，毗邻国边民还需要提供能够证明边民身份的有效护照、国际旅行证件或者边境地区出入境通行证件。

离婚协议书应当载明双方当事人自愿离婚的意思表示以及对子女抚养、财产及债务处理等事项协商一致的意见。

第十四条　办理离婚登记的当事人有下列情形之一的，婚姻登记机关不予受理：

（一）未达成离婚协议的；

（二）属于无民事行为能力或者限制民事行为能力人的；

（三）其结婚登记不是在中国内地办理的。

第十五条　婚姻登记机关应当对离婚登记当事人出具的证件、证明材料进行审查并询问相关情况。对当事人确属自愿离婚，并已对子女抚养、财产、债务等问题达成一致处理意见的，应当当场予以登记，发给离婚证。①

第十六条　离婚的男女双方自愿恢复夫妻关系的，应当到婚姻登记机关办理复婚登记。复婚登记适用本办法关于结婚登记的规定。

第十七条　结婚证、离婚证遗失或者损毁的，中国边民可以持居民户口簿、居民身份证，毗邻国边民可以持能够证明边民身份的有效护照、国际旅行证件或者边境地区出入境通行证向原办理婚姻登记的机关或者中国一方当事人常住户口所在地的婚姻登记机关申请补领。婚姻登记机关对当事人的婚姻登记档案进行查证，确认属实的，应当为当事人补发结婚证、离婚证。

---

① 《民法典》第 1077 条设置了 30 日的离婚冷静期制度。——编者注

【法院参考案例】

郭某某诉呼图壁县民政局对无民事行为能力人协议离婚核发离婚证案

[《人民法院案例选》1993 年第 4 辑(总第 6 辑)]

【基本案情】

郭某某与张某军于 1983 年 9 月结婚,生有两个女孩,自 1985 年起,郭有精神失常表现。1985 年 12 月 4 日住进呼图壁县精神病医院,诊断为癔病。1987 年 4 月 23 日又住呼图壁县精神病医院治疗 28 天;同年 5 月 20 日住乌鲁木齐市第四人民医院(精神病院)治疗 103 天,均诊断为癔病。1989 年 5 月 8 日再次住呼图壁县精神病医院,住院治疗 41 天,诊断为精神分裂症。1990 年 4 月 25 日又住进乌鲁木齐市第四人民医院治疗 77 天,诊断为精神分裂症。1990 年 12 月 13 日,郭某某与张某军达成离婚协议,填写了离婚登记申请书,双方对子女抚养、财产分割作了适当处理。芳草湖总场计划生育办公室审核后,给郭某某与张某军填发了呼芳(90)字第 024 号离婚证。1991 年 3 月 8 日,郭又住呼图壁县精神病医院,诊断为精神分裂症。3 月 29 日,郭某某之兄郭某文以其妹患有精神病,属无民事行为能力人,芳草湖总场计生办给其办理离婚登记违法,向呼图壁县民政局申诉。6 月 25 日,呼图壁县民政局作出了“关于对郭某某离婚一案的调查处理意见”,认为“郭某某属间歇性精神病,在芳草湖总场办登记离婚时具有民事行为能力,计生办为其登记离婚合法”。郭某文不服,于 1991 年 7 月 15 日以法定代理人的身份向呼图壁县人民法院提起诉讼。其理由是:郭某某患精神病,系无民事行为能力人,协议离婚不是其真实意思表示,离婚协议对郭的生活和治疗问题均未作具体安排,以致郭离婚后生活造成困难。

呼图壁县民政局答辩称:在办理离婚的整个过程中,被告均是按照我国《婚姻法》和《婚姻登记办法》的有关规定,并无半点违法行为,给郭某某与张某军发的离婚证是完全合法的。

【裁判结果】

呼图壁县人民法院受理该案后,委托呼图壁县精神病医院对郭某某是否患有精神分裂症进行鉴定。该院的鉴定结论为:郭某某患有精神分裂症。据此,呼图壁县人民法院认为:郭某某患有精神分裂症,不具有民事行为能力,在办理离婚手续时,理应在郭某某监护人的监护下行使权利,故程序违法。该院于 1991 年 11 月 7 日作出一审判决,撤销呼图壁县民政局对郭某某与张某军离婚的处理决定,宣布呼芳(90)字第 024 号离婚证无效。

呼图壁县民政局不服,以呼图壁县精神病医院不属精神病司法鉴定部门,且该鉴定内容对郭某某在实施离婚登记时是否具有民事行为能力未作结论,不能作为判决的依据等为由,上诉至昌吉回族自治州中级人民法院。

昌吉回族自治州中级人民法院根据被告呼图壁县民政局的申请,委托新疆维吾尔自治区司法鉴定委员会对郭某某在办理离婚登记时是否具有民事行为能力进行精神病司法鉴定。该鉴定结论为:郭某某属情感性精神病双相Ⅰ型,1990 年前后离婚时正处于狂躁发作期,离婚行为是由于病理性优势情感的支配,在不能控制下实施的,无协议离婚能力,即无民事行为能力。

二审法院认为:郭某某自 1985 年开始患有精神疾病,至办理离婚登记时仍未治愈。经法定精神病司法鉴定部门鉴定,郭某某在办理离婚登记时,无协议离婚能力亦无民事行为能力,故郭某某与张某军协议离婚无效,芳草湖总场计生办所填发的呼芳(90)字第 024 号离婚证无法律效力。原审判决认定事实清楚,适用法律正确。该院于 1992 年 6 月 9 日作出终审判决:驳回上诉,维持原判。

第一千零七十九条　【诉讼离婚】夫妻一方要求离婚的,可以由有关组织进行调解或者直接向人民法院提起离婚诉讼。

人民法院审理离婚案件,应当进行调解;如果感情确已破裂,调解无效的,应当准予离婚。

有下列情形之一,调解无效的,应当准予离婚:

(一)重婚或者与他人同居;

(二)实施家庭暴力或者虐待、遗弃家庭成员;

(三)有赌博、吸毒等恶习屡教不改;

(四)因感情不和分居满二年;

(五)其他导致夫妻感情破裂的情形。

一方被宣告失踪,另一方提起离婚诉讼的,应当准予离婚。

经人民法院判决不准离婚后,双方又分居满一年,一方再次提起离婚诉讼的,应当准予离婚。

【修改说明】

新增第 5 款,将《最高人民法院关于人民法院审理离婚案件如何认定夫妻感情确已破裂的若干具体意见》第 7 条关于分居 1 年后再次提起离婚的相关内容纳入立法,致力于解决司法实务中“久拖不决离不了婚”的难题。

【立法·要点释义】

诉讼离婚,是婚姻当事人向人民法院提出离婚请求,由人民法院调解或判决而解除其婚姻关系的一项离婚制度。诉讼离婚制度,适用于当事人双方对离婚有分歧的情况,包括一方要求离婚而另一方不同意离婚而发生的离婚纠纷;或者双方虽然同意离婚,但在子女抚养、财产及债务处理等事项不能达成一致意见、作出适当处理的情况。

第1款规定的诉讼外调解属于民间性质。“有关组织”是当事人所在单位、群众团体、基层调解组织等。对于离婚纠纷,诉讼外调解并不是当事人要求离婚的必经程序,也不是诉讼前的必经程序。当事人可以直接向人民法院起诉,也可以在接受调解后随时退出调解。经过调解可能出现不同的结果:一是双方继续保持婚姻关系;二是双方都同意离婚,在子女抚养、财产及债务处理等事项上也达成一致意见,采用协议离婚的方式;三是调解不成,需诉诸法院解决。

第2款规定的诉讼中的调解是人民法院审理离婚案件的必经程序。即使调解和好不成,双方还是坚持离婚的,也可以调解离婚。调解离婚有助于解决子女抚养、财产及债务处理等问题,由此而达成的调解离婚协议,双方当事人一般都能自觉履行。经过诉讼中的调解,会出现三种可能:第一种是双方互谅互让,重归于好。人民法院将调解和好协议的内容记入笔录,由双方当事人、审判人员、书记员签名或者盖章,产生协议的法律效力。第二种是双方达成全面的离婚协议,人民法院应当按照协议的内容制作调解书。调解书应写明诉讼请求、案件的事实和调解结果,并由审判人员、书记员署名,加盖人民法院印章。离婚调解书经双方当事人签收后即具有法律效力。第三种是调解无效,离婚诉讼程序继续进行。

调解不能久调不决,对于调解无效的案件,人民法院应当依法判决。人民法院对当事人提出的离婚请求和理由进行审查,人民法院既可以判决准予离婚,也可以依法驳回当事人的请求。一审判决离婚的,当事人在判决发生法律效力前不得另行结婚。当事人不服一审判决的,有权依法提出上诉。双方当事人在15天的上诉期内均不上诉的,判决书发生法律效力。第二审人民法院审理上诉案件可以进行调解。经调解双方达成协议的,自调解书送达时起原审判决即视为撤销。第二审人民法院作出的判决是终审判决。对于判决不准离婚或者调解和好的离婚案件,没有新情况、新理由,原告在6个月内又起诉的,人民法院不予受理。人民法院依法作出的调解和判决,在发生法律效力后,即具有强制执行力,当事人不履行调解书和判决书中确定的义务,人民法院可依另一方的申请予以强制执行。

诉讼离婚有着法定的必要条件,即“感情确已破裂,调解无效”,体现了当事人离婚自由的权利。准予或不准予离婚,只能以夫妻的感情状况为客观依据,并不以当事人有无违背夫妻义务或导致夫妻关系解体的特定过错为标准,不能将不准离婚作为对过错一方的惩罚手段。在如何把握“感情确已破裂”的尺度上,应当从婚姻基础、婚后感情、离婚原因、夫妻关系的现状和有无和好的可能等方面综合分析。所谓婚姻基础，即双方在结婚时的感情状况，如双方是以爱情为基础的婚姻，还是以金钱、地位、容貌为基础的结合；是自主自愿的自由婚姻，还是包办婚姻、买卖婚姻；是经过慎重了解后结婚的，还是草率结婚的。所谓婚后感情，即双方在婚后共同生活期间的感情状况，夫妻感情处于动态的变化之中，既要考察过去，又要着眼于现在。所谓离婚原因，即导致离婚的直接诱因，包括使夫妻感情发生变化的因素或事件，比如，一方有赌博、吸毒等恶习或实施家庭暴力等。所谓夫妻关系的现状和有无和好可能，即双方发生离婚纠纷前后夫妻共同生活的实际状况，以及从当事人主观态度和客观状况看，是否有重归于好的可能性。

在编纂《民法典》的过程中，一种意见认为，应将“夫妻感情破裂”改为“婚姻关系破裂”。其理由是：《民法典》婚姻家庭编的调整对象是婚姻关系，而不是感情关系。在离婚的法定标准上过分强调婚姻关系的感情内涵，容易在概念上将婚姻关系简单化。感情破裂标准不符合我国婚姻关系的现状，许多婚姻的基础并非感情，但却是自愿。夫妻感情是当事人内心的感受，法院难以识别和判断，会降低法律规定在司法实践中的可操作性，而缺乏对婚姻关系破裂事实进行分析的离婚判决，又不可避免地会产生较大的主观随意性。最终未作任何修改。

因重婚而引发的离婚案件，会出现两种情况：一是一方重婚，合法婚姻的另一方起诉离婚的。对此调解无效的，应准予离婚。二是重婚一方起诉与原配偶离婚的。对此，如夫妻感情尚未破裂，原配偶坚持不离婚的，可不准予离婚。如果夫妻感情确已破裂，调解无效的，可准予离婚。因姘居而产生的离婚纠纷，人民法院也应以夫妻感情是否确已破裂为基准，决定准予或者不准予离婚。

家庭暴力和虐待，是指发生在家庭成员之间，以殴打、捆绑、残害身体、禁闭、冻饿、凌辱人格、精神恐吓、性暴虐等手段，对家庭成员从肉体上、精神上进行伤害、摧残、折磨的行为。遗弃是指对于需要扶养的家庭成员，负有扶养义务而拒绝扶养的行为。表现为经济上不供养，生活上不照顾，使被扶养人的正常生活不能维持，甚至生命和健康得不到保障。人民法院应当查明夫妻及其他家庭成员之间的感情状况，实施暴力、虐待和遗弃行为的事实和情节。如平时感情不好，实施上述行为是经常的、一贯的、恶劣的，已严重伤害了夫妻感情，调解无效的，应准予离婚。如果平时感情尚好，上述行为是一时而为之且情节不严重的，应当责其改过并着重进行调解，化解纠纷。

因有赌博、吸毒以及酗酒等恶习而导致的离婚案件，人民法院应当查明有赌博、吸毒、酗酒等行为一方的一贯表现和事实情况。对情节较轻，有真诚悔改表现，对方也能谅解的，应着眼于调解和好。对于恶习难改，一贯不履行家庭义务，夫妻感情难以重建，夫妻难以共同生活的，经调解无效，应准予离婚。

“分居”是指夫妻间不再共同生活，不再互相履行夫妻义务，包括停止性生活，生活上不再互相关心、互相扶助等。夫妻因感情不和分居满2年，一般来说可以构成夫妻感情破裂的事实证明。当事人以此事由诉请人民法院离婚的，如经调解无效，应准予当事人离婚。适用此项规定，应注意分居的原因是由于夫妻感情不和，而不是因工作、学习等原因导致的两地分居，以及因住房问题造成的夫妻不能同室而居。分居强调的是夫妻双方互不履行夫妻义务，而不是单方面的不履行家庭义务。夫妻分居已满2年，但未造成夫妻感情确已破裂或经调解尚有和好可能的，则不能认为已具备准予离婚的条件。如果夫妻感情确已破裂，虽无分居事实或分居未满2年，也应依法准予离婚。

其他导致夫妻感情破裂的原因复杂多样，如一方犯有强奸、奸淫幼女、侮辱妇女等罪行，严重伤害夫妻感情的。再如一方婚后患严重的精神疾病，久治不愈，夫妻生活无法维持的。婚姻当事人在婚姻生活中，如无以上情况发生，但有其他因素导致夫妻感情破裂、调解无效的，人民法院亦应判决准予离婚。在夫妻一方被宣告失踪的情形下，婚姻关系已名存实亡，如果另一方提出离婚请求，人民法院即应判决准予离婚。

审判实践中，经法院判决不准离婚后再次起诉离婚的现象比较普遍，第5款规定可操作性比较强，有利于审判实践工作的展开，可以解决现实生活中久拖不决的离婚案件。

【编者观点】

有观点认为，我国的诉讼离婚以破裂主义为原则，融入了过错主义的因素，也存在目的主义的离婚理由。第3款以列举加兜底的方式规定了诉讼离婚的感情破裂标准，前3项属于过错离婚原因，符合这3项即不可反驳地推定双方感情已经破裂，法院对此并无自由裁量权。

关于第1项，如果只是与其他异性发生性关系，而未共同生活，不构成同居，但可根据情况认定为第5项“其他导致夫妻感情破裂的情形”，例如妻子与第三人发生性关系并欺诈丈夫导致错误抚养。关于第2项，实施家庭暴力或虐待、遗弃的对象不限于配偶，而是包括与夫妻共同居住的子女、一方或双方的父母以及其他家庭成员。根据举重以明轻原则，夫妻一方试图杀害对方的，也成立诉讼离婚的法定事由。关于第3项，赌博、吸毒等恶习属于过错离婚原因，但不属于第1091条离婚损害赔偿中的过错。第3项包含“等”字，意味着并非封闭性规定，还包括卖淫、嫖娼等与赌博、吸毒过错相当的恶习。

第4项规定的因感情不和分居而

离婚,是破裂主义的具体表现,有观点认为,作为离婚具体理由的分居需要同时满足心素和体素两方面要件。由于法定分居制度的欠缺,司法实践对分居的实质标准存在较大分歧。第 5 项规定的其他导致夫妻感情破裂的情形,属于兜底性规定,典型的如《民法典婚姻家庭编解释(一)》第 23 条规定的,夫妻双方因是否生育发生纠纷,致使感情确已破裂的情形。

第 4 款将一方被宣告失踪作为离婚的法定理由,一方失踪虽不一定会导致感情破裂,却足以导致婚姻破裂,因而具有目的主义特征。与宣告死亡不同,宣告失踪并不会当然导致婚姻关系的消灭。由于被宣告失踪人长期未与其配偶联络,夫妻关系往往名存实亡,如其配偶起诉要求离婚,表明配偶已无维持婚姻的意愿,至于宣告失踪是否由其配偶申请在所不问。实践中一方失踪的,另一方在起诉离婚时可能要求分割夫妻共同财产,但这种情况下法院通常不愿对夫妻共同财产作出处理,既有的夫妻共同财产仍然维持不变,夫妻共同财产制因离婚向未来解除,原告不得不在事实上继续担任失踪被告的财产代管人。

第 5 款规定"一方再次提起离婚诉讼的",意味着前后两次离婚诉讼均由同一方提起,如果非由同一方提起,法院仍应查明双方感情是否已经破裂。

【相关立法】

《中华人民共和国民事诉讼法》
(2023 年修正,2024 年 1 月 1 日施行)

第六十条　无诉讼行为能力人由他的监护人作为法定代理人代为诉讼。法定代理人之间互相推诿代理责任的,由人民法院指定其中一人代为诉讼。

第六十五条　离婚案件有诉讼代理人的,本人除不能表达意思的以外,仍应出庭;确因特殊情况无法出庭的,必须向人民法院提交书面意见。

第一百零一条　下列案件调解达成协议,人民法院可以不制作调解书:

(一)调解和好的离婚案件;

(二)调解维持收养关系的案件;

(三)能够即时履行的案件;

(四)其他不需要制作调解书的案件。

对不需要制作调解书的协议,应当记入笔录,由双方当事人、审判人员、书记员签名或者盖章后,即具有法律效力。

第一百二十七条　人民法院对下列起诉,分别情形,予以处理:

……

(七)判决不准离婚和调解和好的离婚案件,判决、调解维持收养关系的案件,没有新情况、新理由,原告在六个月内又起诉的,不予受理。

第一百三十七条　人民法院审理民事案件,除涉及国家秘密、个人隐私或者法律另有规定的以外,应当公开进行。

离婚案件，涉及商业秘密的案件，当事人申请不公开审理的，可以不公开审理。

第一百五十一条 人民法院对公开审理或者不公开审理的案件，一律公开宣告判决。

当庭宣判的，应当在十日内发送判决书；定期宣判的，宣判后立即发给判决书。

宣告判决时，必须告知当事人上诉权利、上诉期限和上诉的法院。

宣告离婚判决，必须告知当事人在判决发生法律效力前不得另行结婚。

第一百五十四条 有下列情形之一的，终结诉讼：

（一）原告死亡，没有继承人，或者继承人放弃诉讼权利的；

（二）被告死亡，没有遗产，也没有应当承担义务的人的；

（三）离婚案件一方当事人死亡的；

（四）追索赡养费、扶养费、抚养费以及解除收养关系案件的一方当事人死亡的。

【司法解释】

1.《最高人民法院关于适用〈中华人民共和国民法典〉婚姻家庭编的解释（一）》（法释〔2020〕22号，2021年1月1日施行）

第二十三条① **【夫妻双方因生育权问题发生纠纷的处理】**夫以妻擅自中止妊娠侵犯其生育权为由请求损害赔偿的，人民法院不予支持；夫妻双方因是否生育发生纠纷，致使感情确已破裂，一方请求离婚的，人民法院经调解无效，应依照民法典第一千零七十九条第三款第五项的规定处理。

第六十二条② **【无民事行为能力人作为原告提起离婚诉讼的特别规定】**无民事行为能力人的配偶有民法典第三十六条第一款规定行为，其他有监护资格的人可以要求撤销其监护资格，并依法指定新的监护人；变更后的监护人代理无民事行为能力一方提起离婚诉讼的，人民法院应予受理。

第六十三条③ **【符合法定离婚情形，不得以当事人有过错为由判决不准离婚】**人民法院审理离婚案件，符合民法典第一千零七十九条第三款规定“应当准予离婚”情形的，不应当因当事人有过错而判决不准离婚。

2.《最高人民法院关于适用〈中华人民共和国民法典〉时间效力的若干规定》（法释〔2020〕15号，2021年1月1日施行）

第二十二条 民法典施行前，经人民法院判决不准离婚后，双方又分居满一年，一方再次提起离婚诉讼的，适用民法典第一千零七十九条第五款的规定。

---

① 对该条的注释详见附录一第829页。
② 对该条的注释详见附录一第937页。
③ 对该条的注释详见附录一第941页。

3.《最高人民法院关于适用〈中华人民共和国民事诉讼法〉的解释》(法释〔2022〕11号修正,2022年4月10日施行)

第十二条 夫妻一方离开住所地超过一年,另一方起诉离婚的案件,可以由原告住所地人民法院管辖。

夫妻双方离开住所地超过一年,一方起诉离婚的案件,由被告经常居住地人民法院管辖;没有经常居住地的,由原告起诉时被告居住地人民法院管辖。

第十三条 在国内结婚并定居国外的华侨,如定居国法院以离婚诉讼须由婚姻缔结地法院管辖为由不予受理,当事人向人民法院提出离婚诉讼的,由婚姻缔结地或者一方在国内的最后居住地人民法院管辖。

第十四条 在国外结婚并定居国外的华侨,如定居国法院以离婚诉讼须由国籍所属国法院管辖为由不予受理,当事人向人民法院提出离婚诉讼的,由一方原住所地或者在国内的最后居住地人民法院管辖。

第十五条 中国公民一方居住在国外,一方居住在国内,不论哪一方向人民法院提起离婚诉讼,国内一方住所地人民法院都有权管辖。国外一方在居住国法院起诉,国内一方向人民法院起诉的,受诉人民法院有权管辖。

第十六条 中国公民双方在国外但未定居,一方向人民法院起诉离婚的,应由原告或者被告原住所地人民法院管辖。

第十七条 已经离婚的中国公民,双方均定居国外,仅就国内财产分割提起诉讼的,由主要财产所在地人民法院管辖。

第一百四十五条 人民法院审理民事案件,应当根据自愿、合法的原则进行调解。当事人一方或者双方坚持不愿调解的,应当及时裁判。

人民法院审理离婚案件,应当进行调解,但不应久调不决。

第一百四十六条 人民法院审理民事案件,调解过程不公开,但当事人同意公开的除外。

调解协议内容不公开,但为保护国家利益、社会公共利益、他人合法权益,人民法院认为确有必要公开的除外。

主持调解以及参与调解的人员,对调解过程以及调解过程中获悉的国家秘密、商业秘密、个人隐私和其他不宜公开的信息,应当保守秘密,但为保护国家利益、社会公共利益、他人合法权益的除外。

第一百四十七条 人民法院调解案件时,当事人不能出庭的,经其特别授权,可由其委托代理人参加调解,达成的调解协议,可由委托代理人签名。

离婚案件当事人确因特殊情况无法出庭参加调解的,除本人不能表达意志的以外,应当出具书面意见。

第一百四十八条 当事人自行和解或者调解达成协议后,请求人民法院按照和解协议或者调解协议的内容制作判决书的,人民法院不予准许。

无民事行为能力人的离婚案件,由其法定代理人进行诉讼。法定代理人与对方达成协议要求发给判决书的,可根据协议内容制作判决书。

第二百一十四条 原告撤诉或者人民法院按撤诉处理后,原告以同一诉讼请求再次起诉的,人民法院应予受理。

原告撤诉或者按撤诉处理的离婚案件,没有新情况、新理由,六个月内又起诉的,比照民事诉讼法第一百二十七条第七项的规定不予受理。

第二百一十七条 夫妻一方下落不明,另一方诉至人民法院,只要求离婚,不申请宣告下落不明人失踪或者死亡的案件,人民法院应当受理,对下落不明人公告送达诉讼文书。

第二百三十四条 无民事行为能力人的离婚诉讼,当事人的法定代理人应当到庭;法定代理人不能到庭的,人民法院应当在查清事实的基础上,依法作出判决。

第三百八十条 当事人就离婚案件中的财产分割问题申请再审,如涉及判决中已分割的财产,人民法院应当依照民事诉讼法第二百零七条①的规定进行审查,符合再审条件的,应当裁定再审;如涉及判决中未作处理的夫妻共同财产,应当告知当事人另行起诉。

第五百四十二条 当事人向中华人民共和国有管辖权的中级人民法院申请承认和执行外国法院作出的发生法律效力的判决、裁定的,如果该法院所在国与中华人民共和国没有缔结或者共同参加国际条约,也没有互惠关系的,裁定驳回申请,但当事人向人民法院申请承认外国法院作出的发生法律效力的离婚判决的除外。

承认和执行申请被裁定驳回的,当事人可以向人民法院起诉。

4.《最高人民法院关于办理人身安全保护令案件适用法律若干问题的规定》(法释〔2022〕17号,2022年8月1日施行)

第一条 当事人因遭受家庭暴力或者面临家庭暴力的现实危险,依照反家庭暴力法向人民法院申请人身安全保护令的,人民法院应当受理。

向人民法院申请人身安全保护令,不以提起离婚等民事诉讼为条件。

第三条 家庭成员之间以冻饿或者经常性侮辱、诽谤、威胁、跟踪、骚扰等方式实施的身体或者精神侵害行为,应当认定为反家庭暴力法第二条规定的"家庭暴力"。

第九条 离婚等案件中,当事人仅以人民法院曾作出人身安全保护令为由,主张存在家庭暴力事实的,人民法院应当根据《最高人民法院关于适用〈中华人民共和国民事诉讼法〉的解释》第一百零八条的规定,综合认定是否存在该事实。

---

① 对应2023年《民事诉讼法》第211条。——编者注

第十一条　离婚案件中，判决不准离婚或者调解和好后，被申请人违反人身安全保护令实施家庭暴力的，可以认定为民事诉讼法第一百二十七条第七项规定的“新情况、新理由”。

【司法指导文件】

《最高人民法院关于进一步深化家事审判方式和工作机制改革的意见（试行）》（法发〔2018〕12 号，2018 年 7 月 18 日）

11. 离婚案件的调解，双方当事人应亲自到场。当事人确因特殊情况无法到场参加调解的，除本人不能表达意志的以外，应当出具书面意见。

12. 家事案件的调解过程不公开，但当事人均同意公开的除外。

主持调解以及参与调解的人员，对调解过程以及调解过程中获悉的国家秘密、商业秘密、个人隐私和其他不宜公开的信息，应当保守秘密。调解人员违反保密义务给当事人造成损害的，应当承担相应法律责任。

36. 涉及个人隐私的家事案件，人民法院应当不公开审理。

涉及未成年人的家事案件，如果公开审理不利于保护未成年人利益的，人民法院应当不公开审理。

离婚案件，在开庭前，人民法院应当询问当事人是否申请不公开审理。当事人申请不公开的，可以不公开审理。

其他家事案件，当事人申请不公开审理的，人民法院经审查认为不宜公开审理的，可以不公开审理。

37. 身份关系确认案件以及离婚案件，除本人不能表达意志的以外，当事人应当亲自到庭参加诉讼。当事人为无民事行为能力人的，其法定代理人应当到庭。确因特殊情况无法出庭的，必须向人民法院提交书面意见，并委托诉讼代理人到庭参加诉讼。

应当到庭参加诉讼的当事人经传票传唤无正当理由拒不到庭的，属于原告方的，依照民事诉讼法第一百四十三条①的规定，可以按撤诉处理；属于被告方的，依照民事诉讼法第一百四十四条②的规定，可以缺席判决。

无民事行为能力的当事人的法定代理人，经传票传唤无正当理由拒不到庭的，比照上述规定处理。必要时，人民法院可以拘传其到庭。

确因特殊情况无法出庭的当事人、证人和鉴定人，经人民法院准许后，可以声音或影像传输的形式，参加开庭审理及其他诉讼活动。

38. 人民法院审理家事案件，涉及确定子女抚养权的，应当充分听取八周岁以上子女的意见。必要时，人民法院可以单独询问未成年子女的意见，并提

---

① 对应 2023 年《民事诉讼法》第 146 条。——编者注

② 对应 2023 年《民事诉讼法》第 147 条。——编者注

供符合未成年人心理特点的询问环境。

39. 人民法院审理离婚案件,应当对子女抚养、财产分割问题一并处理。对财产分割问题确实不宜一并处理的,可以告知当事人另行起诉。

当事人在离婚诉讼中未对子女抚养、财产分割问题提出诉讼请求的,人民法院应当向当事人释明,引导当事人明确诉讼请求。当事人就子女抚养问题未达成一致,又坚持不要求人民法院处理子女抚养问题的,可以判决不准离婚。

41. 人民法院判决或者调解离婚的案件,根据当事人的申请,人民法院可以为当事人出具离婚证明书。

43. 离婚案件中,对于当事人的财产状况等事实,当事人难以举证又影响案件审理结果的,人民法院应当根据当事人的申请及提供的明确的线索,向有关金融机构、当事人所在单位等相关机构调查取证。

当事人自认的涉及身份关系确认或社会公共利益的事实,在没有其他证据证明的情形下,一般不能单独作为定案依据。

44. 对于涉及财产分割问题的离婚纠纷案件,人民法院在向当事人送达受理案件通知书和应诉通知书时,应当同时送达《家事案件当事人财产申报表》。

当事人应当在举证期限届满前填写《家事案件当事人财产申报表》,全面、准确地申报夫妻共同财产和个人财产的有关状况。

人民法院应当明确告知当事人不如实申报财产应承担的法律后果。对于拒不申报或故意不如实申报财产的当事人,除在分割夫妻共同财产时可依法对其少分或者不分外,还可对当事人予以训诫;情形严重者,可记入社会征信系统或从业诚信记录;构成妨碍民事诉讼的,可以采取罚款、拘留等强制措施。

【地方法院规范】

1.《北京市高级人民法院民一庭关于审理婚姻纠纷案件若干疑难问题的参考意见》(2016年)

五十一、【离婚案件涉及第三人利益的处理】人民法院在审理离婚案件过程中,案外人以夫妻间的财产争议涉及其利益为由申请参加诉讼或一方当事人申请追加案外人作为第三人参加诉讼的,人民法院一般不予准许。夫妻间财产争议确涉及案外人利益的,应另行解决。

离婚后财产纠纷案件当事人申请追加第三人或第三人申请参加诉讼的,根据《中华人民共和国民事诉讼法》第五十六条第二款①的规定处理。

五十三、【缺席审理离婚案件的处理】离婚诉讼中,被告方下落不明但未宣告失踪的,人民法院应要求原告方提

① 对应2023年《民事诉讼法》第59条第2款。——编者注

供有关机关出具的另一方下落不明的书面证明或其他能确定证明被告方下落不明的证据，必要时人民法院应依职权对被告方下路不明的情形进行走访调查。

五十四、【非法音像证据的排除】离婚诉讼中一方提交照片、音像资料等证据证明诉讼主张的，一般应予以采纳；但有证据表明上述证据系以严重侵害他人合法权利、违反法律禁止性规定或严重违背公序良俗方法取得的除外。

2.《江苏省高级人民法院民事审判第一庭家事纠纷案件审理指南（婚姻家庭部分）》（2019 年）

3. 离婚案件原告或者上诉人本人未出庭参加诉讼，能否按撤诉或者按撤回上诉处理？

依照《民事诉讼法》第六十二条①的规定，离婚案件当事人除不能表达意思的以外，应当亲自出庭参加诉讼。离婚案件原告或者上诉人本人如果因生理疾病、年迈体弱、交通不便、自然灾害等特殊情况无法出庭的，必须向人民法院提交书面意见，并委托诉讼代理人参加诉讼。在已向人民法院提交书面意见，并委托诉讼代理人参加诉讼的情形下，人民法院不能仅因为原告或者上诉人本人未出庭参加诉讼即按撤诉或者按撤回上诉处理。但原告或者上诉人本人未出庭参加诉讼导致案件事实无法查清的，应当承担由此产生的不利法律后果。

4. 对于起诉时被告下落不明的离婚案件应当如何处理？

对于起诉时被告下落不明的离婚案件，人民法院应当慎重处理，最大限度地保障被告的合法权益。在按照原告提供的被告地址无法送达时，应当要求其补充提供被告的其他地址或者被告近亲属的地址以及联系方式，向被告近亲属了解被告下落并制作笔录，加强调查走访，必要时可以要求原告提供公安机关或者其他有关单位出具的证明被告下落不明的书面证明材料。对于穷尽送达手段被告确实下落不明的，可以依照《民诉法解释》第二百一十七条的规定，公告送达诉讼文书并缺席判决。

对于起诉时被告下落不明的离婚案件，人民法院可以依照《民诉法解释》第一百一十条的规定，要求原告本人到庭签署保证书。保证书应当载明据实提供被告地址，如有虚假愿意接受处罚等内容。事后经查证确属提供虚假地址的，按妨害民事诉讼处理。

5. 对于已经发生法律效力的不准予离婚的判决能否申请再审？

对于已经发生法律效力的不准予离婚的判决，当事人申请再审的，应予受理。

3.《广东法院审理离婚案件程序指

① 对应 2023 年《民事诉讼法》第 65 条。——编者注

引》(2018年)

第三条 【调解前置和调解优先】

离婚纠纷在登记立案前或者案件审理中未经调解的,人民法院不得进行裁判,但当事人坚持不愿调解,或者一方下落不明的除外。

人民法院审理离婚案件,应当积极消除当事人之间的对抗,优先使用调解方式解决纠纷。

第四条 【不公开审理】

离婚案件的审理,不公开进行。人民法院认为确有必要的,可以允许对案件审理没有妨碍的人旁听。

双方当事人要求公开审理,且不损害公序良俗的,人民法院可以公开审理。对涉及个人隐私、商业秘密等应当保密的证据,不得在公开开庭时出示。

人民法院不得在公众媒体中刊载能识别出当事人身份的离婚案件信息。离婚案件的裁判文书不在互联网公布。

第五条 【本人到庭】

人民法院审理离婚案件,应当要求当事人或者无民事行为能力的当事人的法定代理人本人到庭。

当事人或者法定代理人有下列情形之一的,可以要求本人通过书面、视听传输技术、视听资料等方式陈述意见,人民法院在查清事实的基础上,依法作出判决:

(一)因健康原因不能到庭的;

(二)因路途遥远、交通不便不能到庭的;

(三)因自然灾害等不可抗力不能到庭的;

(四)因遭受严重家庭暴力,不适宜到庭表达意见的;

(五)因其他正当理由不能到庭的。

原告或者其法定代理人本人经传票传唤无正当理由拒不到庭的,可以依据《中华人民共和国民事诉讼法》第一百四十三条①、《最高人民法院关于适用〈中华人民共和国民事诉讼法〉的解释》第二百三十五条的规定,按撤诉处理。

被告或者其法定代理人本人经传票传唤无正当理由拒不到庭的,可以依据《中华人民共和国民事诉讼法》第一百四十四条②、《最高人民法院关于适用〈中华人民共和国民事诉讼法〉的解释》第二百三十五条、第二百四十一条的规定,进行缺席判决。

当事人或者法定代理人本人无正当理由拒不到庭,但出于维护未成年子女利益或者公序良俗等需要,确实不适宜按撤诉处理或者缺席判决的,可以依据《中华人民共和国民事诉讼法》第一百零九条③、《最高人民法院关于适用〈中华人民共和国民事诉讼法〉的解释》第一百七十四条、第二百三十五条

① 对应2023年《民事诉讼法》第146条。——编者注

② 对应2023年《民事诉讼法》第147条。——编者注

③ 对应2023年《民事诉讼法》第112条。——编者注

的规定,对当事人或者法定代理人进行拘传。

原告主张被告下落不明,或者根据原告提供的被告住址无法联系被告的,人民法院可以依据《最高人民法院关于适用〈中华人民共和国民事诉讼法〉的解释》第一百一十条的规定,要求原告签署如实告知被告下落及联系方式的保证书。经查实原告存在故意隐瞒情形的,应当依法承担不利后果。

第六条 【全面解决纠纷】

人民法院审理离婚案件,应当一并审理所涉及的未成年子女抚养、探望和财产事项。

原告起诉时仅请求判决离婚的,可以视为一并概括请求处理未成年子女抚养、探望和财产等事项。

原告起诉时未提出未成年子女抚养、探望的诉讼请求的,人民法院应当要求其明确未成年子女抚养、探望方案。

原告起诉时未提出分割共同财产的诉讼请求,人民法院认为没有合理理由的,应当要求其明确分割共同财产的诉讼请求。

原告主张其属于《中华人民共和国婚姻法》第四十六条①规定的无过错方,经人民法院询问明确请求离婚损害赔偿的,应当要求其在本案中一并提出该项诉讼请求。

被告请求分割共同财产、离婚损害赔偿的,作为从诉合并审理。

第十六条 【离婚证明书】

人民法院作出解除婚姻关系的判决书或者调解书生效后,当事人可以向作出该裁判文书的人民法院申请出具离婚证明书。

离婚证明书的编号应当采用生效裁判文书的案号,并写明当事人婚姻关系的缔结时间、登记机关、婚姻关系解除时间、生效法律文书名称。

第十九条 【调解组织】

人民法院对当事人同意调解的离婚案件,可以委派或者委托特邀家事调解员、专职家事调解员进行调解。

经人民法院选任为家事调解员的,应当纳入专门名册管理。上级法院建立的名册,下级法院可以使用。

家事调解员开展离婚案件调解工作,应当依照《广东法院家事调解员工作规程(试行)》进行。

第二十条 【调解范围】

当事人请求调解与离婚案件有关的其他纠纷的,家事调解员可以一并调解。

当事人同意解除婚姻关系的,家事调解员应当对未成年子女的抚养和探望事项一并调解。

对于下列事项,家事调解员不得进行调解:

(一)存在无效婚姻情形,当事人请求解除婚姻关系的;

(二)当事人请求确认亲子关系或

---

① 对应《民法典》第1091条。——编者注

者否认亲子关系的。

存在下列情形，家事调解员不再进行调解，及时交由人民法院依法处理：

（一）当事人之间恶意串通，借调解侵害他人合法权益的；

（二）当事人借调解拖延诉讼，并进行隐藏、转移、变卖、损毁共同财产行为的。

第二十一条 【调解方式】

离婚案件的调解，不公开进行。

家事调解员主持调解之前，应当告知当事人调解的时间、地点、程序、规则和当事人的权利义务等事项。

家事调解员应当加强对婚姻关系的修复和维护，通过劝导、说服等方法，促使当事人和好或者理性解决纠纷。

家事调解员调解的纠纷涉及第三人利益的，可以邀请该第三人参与调解。

家事调解员根据调解工作需要，可以邀请当事人的家庭成员、亲戚朋友和有关单位协助调解，也可以请求人民法院安排家事调查员、从事心理疏导的专业人员协助调解。

家事调解员在调解中知悉的个人隐私和其他秘密，不得向与审理案件无关的单位和人员透露。

第二十二条 【诉讼前调解】

对于当事人起诉到人民法院的离婚案件，人民法院可以在登记立案前委派家事调解员进行诉前调解。

人民法院对离婚案件开展诉前调解工作，应当依照《广东省高级人民法院关于进一步加强诉调对接工作的规定》进行。

诉前调解的期限为30日。经当事人同意，可以延长。

当事人在诉前调解阶段达成调解协议申请司法确认的，人民法院应当对调解协议进行审查，依法确认调解协议的效力。

当事人不同意诉前调解，或者在调解期限内无法达成调解协议的，应当及时登记立案。

第二十三条 【诉讼中调解】

登记立案后，人民法院对可能通过调解解决的离婚案件，可以委托家事调解员进行调解。对审查后认为法律关系明确、事实清楚的离婚案件，审判员或者合议庭可以径行调解。

诉讼中调解的期限为30日。经当事人同意，可以延长。

当事人在诉讼中达成调解协议的，人民法院依照当事人的申请，依法准予撤诉或者制作调解书。

当事人不同意调解，或者在调解期限内无法达成调解协议的，应当进行判决。

第二十四条 【申请撤诉】

当事人达成调解协议或者和解协议申请撤诉的，人民法院依照《最高人民法院关于适用〈中华人民共和国民事诉讼法〉的解释》第二百三十八条、第三百三十八条①的规定进行审查后，可

---

① 对应2022年《民事诉讼法解释》第336条。——编者注

以裁定准许撤诉。

当事人申请撤诉的，人民法院对调解协议或者和解协议不作确认。

当事人撤诉后，没有新情况、新理由，六个月内又起诉的，人民法院应当依据《中华人民共和国民事诉讼法》第一百二十四条①、《最高人民法院关于适用〈中华人民共和国民事诉讼法〉的解释》第二百一十四条的规定不予受理。

第二十五条 【确认调解协议】

当事人达成调解协议申请出具调解书的，人民法院应当对调解协议进行审查确认。

有下列情形之一的，不予确认：

（一）侵害国家利益或者公序良俗的；

（二）侵害未成年子女利益或者其他案外人利益的；

（三）违背当事人真实意思的；

（四）违反法律、行政法规禁止性规定的。

当事人在调解书发生法律效力后重复起诉的，人民法院应当依据《最高人民法院关于适用〈中华人民共和国民事诉讼法〉的解释》第二百四十七条的规定不予受理。当事人申请再审的，对解除婚姻关系部分，人民法院应当依据《中华人民共和国民事诉讼法》第二百零二条②的规定不予受理。

第二十六条 【制作调解书】

当事人调解和好的，人民法院可以不制作调解书。

当事人达成解除婚姻关系调解协议的，人民法院审查确认后，应当制作调解书。

当事人就部分事项达成调解协议的，人民法院审查确认后，应当就该部分制作调解书。

当事人请求按照调解协议的内容制作判决书的，人民法院不予准许。

无民事行为能力的当事人的法定代理人请求按照调解协议的内容制作判决书的，人民法院可予准许。

当事人在诉讼过程中达成和解协议申请确认的，人民法院审查确认后，应当制作调解书。

第三十一条 【询问未成年子女】

人民法院根据案件审理需要，可以就有关事项询问未成年子女。询问的事项，应当与未成年子女的年龄、智力相适应。

人民法院不得强迫或者诱导未成年子女作出陈述。

人民法院应当集中询问有关事项，禁止多次询问未成年子女。

人民法院询问未成年子女，应当选择法庭以外的合适场所单独进行。必要时，可以邀请从事心理疏导的专业人员、学校教师、社工等人员陪同。

人民法院根据客观情况，可以采用

---

① 对应2023年《民事诉讼法》第127条。——编者注

② 对应2023年《民事诉讼法》第213条。——编者注

视听传输技术询问未成年子女。

人民法院询问未成年子女应当制作询问笔录。采用视听传输技术询问的,应当制作视听资料。

不作为证据使用的询问笔录或者视听资料内容,归入卷宗副卷。

第三十二条 【未成年子女作证】

未成年子女所作的下列陈述,不得作为证据使用:

(一)不满八周岁的未成年子女,或者八周岁以上的未成年子女就与其年龄、智力不相适应的事项所作的陈述;

(二)未成年子女请求不在法庭上出示的陈述;

(三)人民法院认为不适宜在法庭上出示的陈述。

未成年子女应当通过书面陈述、询问笔录或者视听资料等方式作出证言。除有不损害未成年子女利益的必要理由,人民法院不得通知未成年子女出庭作证。

未成年子女的证言应当在法庭上出示,并由当事人互相质证。人民法院根据质证情况,可以直接审查确定其效力,也可以通过询问未成年人进行核实。

第三十三条 【未成年子女陪护】

人民法院审理离婚案件,一般不得允许未成年子女进行旁听。未成年子女陪同当事人到庭的,人民法院应当安排专门人员陪护未成年子女在庭外等候。有条件的人民法院可以设置专门的未成年人托管场所。

第三十四条 【涉家暴离婚】

当事人主张遭受家庭暴力的,应当提供书面或者口头陈述、伤情照片、病历、带有威胁内容的录音或者手机短信、对方出具的悔过书、保证书、公安机关出警记录、告诫书、伤情鉴定意见等证据予以证明。

当事人仅能提供书面或者口头陈述、伤情照片、病历等证据,人民法院结合受伤地点、时间、常理等认为存在家庭暴力可能的,可以要求对方当事人举证证明未实施家庭暴力。

人民法院认定存在家庭暴力的,在法庭审理时应当安排当事人处于合适的安全距离或者隔离开庭。必要时,应当安排法警到庭。

当事人确因遭受严重家庭暴力而处于恐惧之中,申请以书面、视听传输技术或者视听资料陈述意见的,人民法院应当准许。

当事人以遭受家庭暴力的事实为由,请求人民法院在诉讼中对现在的住址、联系方式保密的,人民法院应当准许。

4.《云南法院家事案件审理规程》(2019年)

第十七条 离婚案件诉前调解原则上不得调解离婚。

第十八条 人民法院对家事案件进行诉中调解,可以不局限于当事人的诉讼请求。当事人申请一并调解与有关亲属之间的其他纠纷的，人民法院可以通知有关亲属参与调解，一并解决矛盾纠纷。

第三十二条　人民法院审理离婚案件，当事人对未成年子女抚养未达成一致意见的，不得调解离婚。

涉及未成年子女抚养权的，申请取得抚养权的当事人应当举证证明其申请符合未成年人的最大利益。

【法院参考案例】

1. 马某某诉丁某某离婚案——对于家暴事实的认定应当适用特殊证据规则［《中国反家暴十大典型案例（2023 年）》案例八，最高人民法院 2023 年 6 月 15 日］

【基本案情】

马某某（女）以丁某某（男）性格暴躁，多次对其实施家庭暴力为由诉至法院要求离婚，丁某某否认其实施了家暴行为，且不同意离婚。马某某提交了多次报警记录，证明其曾因遭受家庭暴力或面临家庭暴力现实危险而报警，并提供病历和伤情鉴定证明其受伤情况，丁某某未提交任何证据佐证其抗辩意见。

【裁判结果】

法院生效裁判认为，原告马某某主张丁某某对其实施暴力，并提交了相关佐证证据，虽丁某某予以否认，但马某某提交的病历资料及鉴定文书中均有“全身多处软组织挫伤”等表述，而丁某某对于马某某的伤情并未给予合理解释，综合双方的陈述以及马某某提交的证据可以确认，丁某某在其与马某某发生矛盾的过程中，确实动手殴打了马某某。法院根据家暴事实的认定，并综合经审理查明的其他事实，认定双方的夫妻感情确已破裂，判决准予离婚。

【典型意义】

（1）涉家庭暴力案件中，法院根据医疗机构的诊疗记录、伤情鉴定意见，可以认定申请人遭受家庭暴力或者面临家庭暴力现实危险的事实存在。本案中，马某某和丁某某对于家庭暴力发生的事实和经过的说法不一致，马某某对每一次家暴事实进行了详细且符合逻辑的描述，丁某某仅表述为双方“互有推搡”“搂抱”，基于马某某提交的病历资料及鉴定文书中均有“全身多处软组织挫伤”等表述，丁某某虽否认家暴行为，但对于马某某的伤情并未给予合理解释，考虑到马某某作为受害人能够提供相关证据并合理陈述，其陈述可信度要高于丁某某的陈述。该做法也符合 2022 年 7 月最高人民法院发布的《关于办理人身安全保护令案件适用法律若干问题的规定》中有关证据认定的制度规定。

（2）查清家庭暴力事实需要法官加大依职权探究力度。普通的民事诉讼，往往采用辩论主义，但要查清家庭暴力，则更需要法官依职权去探究相关事实及调取证据。本案中，马某某提交的证据并不足以证实其遭受到了家庭暴力，但法院根据其提交的证据，并结合其陈述,对于其主张的每一次家暴事实进行了仔细询问和追问,并对其最早一次遭受家暴以及自认为最严重的一次家暴等关键事实均进行了询问,马某某均给予了详细且符合逻辑的描述,通过对家暴细节进行主动调查,又根据受害人陈述可信度较高的原则,进而可以有助于家庭暴力事实的认定。

家庭暴力具有较高的私密性和隐蔽性,受害人普遍存在举证困难的问题。在涉家暴案件的审理过程中,法院可以通过积极举措降低家庭暴力事实的证明难度,平衡双方当事人之间的地位,对于认定家暴事实的,迅速作出离婚判决。本案中,法院适用一定条件下的举证责任转移及加大职权探知力度,更有利于保护在互动关系中处于弱势的家暴受害人,从而达到遏制并矫正家暴施暴人的强势控制行为,体现法院在处理涉家暴案件中的公正理念,保证裁判的公信力。

2. 张某与邹某离婚纠纷案——受暴方过错并非家暴理由,施暴方不宜直接抚养未成年子女[《中国反家暴十大典型案例(2023年)》案例九,最高人民法院2023年6月15日]

【基本案情】

张某(女)与邹某(男)于2007年4月登记结婚,自儿子邹小某出生后张某和邹某夫妻矛盾逐渐增多。2010年6月,因张某与其他异性有不正当关系,邹某用几股电话线拧成一股抽打张某。此后,邹某经常辱骂张某,稍有不顺就动手打骂,张某因做错事在先,心中有愧,从来不会还手。2013年六七月,邹某怀疑张某与其他男性有不正当关系,就把张某摁在家中地板上殴打,导致张某嘴部流血。2018年11月24日,邹某持裁纸刀划伤张某面部、衣服,并导致张某身体其他部位受伤,张某遂报警并进行了伤情鉴定,显示构成轻微伤。张某以邹某多年来数次对其实施家庭暴力为由,向人民法院请求离婚,并请求儿子邹小某由张某抚养。邹某认为张某出轨在先,具有过错,其与张某的争吵是夫妻之间的普通争吵行为,其对张某没有严重性、经常性、持续性的殴打、迫害,不构成家庭暴力,不同意离婚,且要求共同抚养儿子邹小某。

【裁判结果】

法院生效裁判认为,张某虽有过错,但邹某不能用暴力来解决问题。根据《反家庭暴力法》第2条的规定,严重性、持续性、经常性并非家庭暴力的构成要件,2018年11月24日张某所受损伤构成轻微伤,可见邹某的暴力行为已对张某的身体造成了伤害。法院认定邹某的行为构成家庭暴力。由于邹某实施家庭暴力的行为,而且双方已经分居,张某坚持要求离婚,法院判决准许双方离婚,邹小某由张某抚养,邹某于每月20日前支付邹小某抚养费1000元,直至邹小某年满18周岁为止。

【典型意义】

(1)家暴行为证据的采纳与认定

具有特殊性。家庭暴力往往具有私密性,目睹家庭暴力的极可能仅有未成年子女,导致许多家庭暴力难以得到及时认定和处理。本案中,人民法院委托家事调查员与邹小某进行谈话,邹小某对家事调查员表示其曾看到过一次父母在家吵架,父亲打了母亲,母亲的嘴部流血,综合邹某承认其与张某确实发生争吵伴有肢体接触,其对张某有压制行为,并看到张某嘴部流血,法院认定2013年六七月邹某实施了家暴行为。法院采纳未成年子女提供的与其年龄、智力相适应的证言,在能与其他证据相印证达到较大可能性标准的情况下,认定施暴人的家暴行为,既有利于充分保护受暴者,同时对涉家暴纠纷审判实践也具有指导意义。

(2)受暴方是否有过错,殴打行为是否具有严重性、经常性、持续性均不是认定家庭暴力的构成要件。《反家庭暴力法》第2条规定:"本法所称家庭暴力,是指家庭成员之间以殴打、捆绑、残害、限制人身自由以及经常性谩骂、恐吓等方式实施的身体、精神等侵害行为。"因此,家庭成员之间一方以殴打方式对另一方身体实施了侵害行为,即构成家庭暴力。本案中,邹某以张某有过错,其行为不具有严重性、经常性、持续性为由主张不构成家庭暴力,没有任何法律依据,亦不符合《反家庭暴力法》的立法精神和目的。

(3)实施家庭暴力是离婚法定事由,应依法判决离婚,及时阻断家庭暴力。审判实践中,对于初次起诉离婚,又无充分证据证明双方感情确已破裂的,人民法院本着维护婚姻家庭稳定的原则,一般判决不予离婚。但是,根据《婚姻法》第32条第3款第2项规定:"有下列情形之一,调解无效的,应准予离婚:……(二)实施家庭暴力或虐待、遗弃家庭成员的;……"因此,对于存在家庭暴力等离婚法定事由的,即便是初次起诉离婚,也应当准予离婚。邹某在婚姻关系存续期间,对张某实施家庭暴力,张某坚决要求离婚,即使邹某不同意离婚,法院也应依法判决双方离婚,及时遏制家庭暴力。

(4)根据最有利于未成年人原则,施暴方一般不宜直接抚养未成年子女。在处理离婚纠纷涉子女抚养权归属时,是否存在家庭暴力是确定子女抚养权归属的重要考量因素。审判实践中,施暴者往往辩称家暴行为只存在于夫妻之间,并不影响其对孩子的感情,甚至以希望孩子有完整的家庭为由,拒绝离婚。但是,家庭暴力是家庭成员之间的严重侵害行为,未成年子女目睹施暴过程会给其内心造成极大的心理创伤,目睹家庭暴力的未成年人实际上也是家庭暴力的受害者。因此,若父母一方被认定构成家暴,无论是否直接向未成年子女施暴,如无其他情形,一般认定施暴方不宜直接抚养未成年子女。本案中,张某仅有邹小某一子,邹某与前妻另育有一子,加之邹小某在张某、邹某分居后一直居住在张某父母家,由外公、外婆、舅舅等照顾日常生活起居，已适应了目前的生活、学习环境，为有利于儿童身心健康及防止家庭暴力的代际传递，法院认定邹小某应由张某抚养为宜。

从国际标准看，联合国《消除对妇女一切形式歧视公约》及其一般性建议框架要求，“在针对妇女的暴力（包括家庭暴力）案件中，决定监护权和探视权时应考虑受害人和儿童的权利安全”。本案裁判中考虑到儿童身心健康及预防家庭暴力的代际传递，判决由张某获得抚养权，这一裁判符合国际标准。

3. 陈某转诉张某强离婚纠纷案——滥施“家规”构成家庭暴力（《最高人民法院公布十起涉家庭暴力典型案例》案例三，2014年2月28日）

【基本案情】

原告陈某转、被告张某强于1988年8月16日登记结婚，1989年7月9日生育女儿张某某（已成年）。因经常被张某强打骂，陈某转曾于1989年起诉离婚，张某强当庭承认错误保证不再施暴后，陈某转撤诉。此后，张某强未有改变，依然要求陈某转事事服从。稍不顺从，轻则辱骂威胁，重则拳脚相加。2012年5月14日，张某强认为陈某转未将其衣服洗净，辱骂陈某转并命令其重洗。陈某转不肯，张某强即殴打陈某转。女儿张某某在阻拦过程中也被打伤。2012年5月17日，陈某转起诉离婚。被告张某强答辩称双方只是一般夫妻纠纷，保证以后不再殴打陈某转。庭审中，张某强仍态度粗暴，辱骂陈某转，又坚决不同意离婚。

【裁判结果】

法院经审理认为，家庭暴力是婚姻关系中一方控制另一方的手段。法院查明事实说明，张某强给陈某转规定了很多不成文家规，如所洗衣服必须让张某强满意、挨骂不许还嘴、挨打后不许告诉他人等。张某强对陈某转的控制还可见于其诉讼中的表现，如在答辩状中表示道歉并保证不再殴打陈某转，但在庭审中却对陈某转进行威胁、指责、贬损，显见其无诚意和不思悔改。遂判决准许陈某转与张某强离婚。一审宣判后，双方均未上诉。

一审宣判前，法院依陈某转申请发出人身安全保护裁定，禁止张某强殴打、威胁、跟踪、骚扰陈某转及女儿张某某。裁定有效期6个月，经跟踪回访确认，张某强未违反。

4. 邵某诉薛某离婚纠纷案［《婚姻家庭纠纷典型案例（河南）》案例九，最高人民法院2015年11月20日］

【基本案情】

2012年，80后青年邵某与薛某在一次网络聊天时结识，二人通过网络进行了长期的交流，逐渐开始约会见面，经过一年多的相知、相爱，终于在2013年9月正式结婚。婚后二人感情尚好，在第二年生育了一个孩子，然而双方之间的问题从此开始产生。由于生活习惯不同,加上当初网络交流时,彼此对对方家庭成员和性格特点了解并不深入,作为妻子的薛某在婚后与同来家中照顾宝宝的公婆产生了矛盾,邵某与薛某也因此经常吵架拌嘴。在一次争吵过程中,薛某终于无法忍受,与公婆动了手。无奈之下,丈夫邵某在 2015 年 4 月以夫妻感情已破裂为由起诉离婚。

【裁判结果】

郑州市惠济区人民法院经审理认为:双方因产生一些家庭琐事就轻易提起离婚,着实不太严肃。家庭内部有摩擦在所难免,加上原、被告是网恋而成的婚事,因此,彼此仍有进一步了解缓和的希望。成就一次完美的婚姻需要男女双方共同理解忍让,本案原、被告仍有希望将婚姻关系修复重好,双方感情实际上并未完全破裂,因此判决驳回诉讼请求。原、被告经法官判后释法,均未上诉。

【典型意义】

近年来,随着信息技术和交通事业的飞速发展,“网恋”“闪婚”已不再罕见,“千里之外”的异地恋也逐渐盛行,但随之而来的大量离婚纠纷,尤其是子女出生后产生家庭矛盾而引发婚姻矛盾的案件呈上升趋势。年轻人本身感情经历少,心气过重,对待婚姻关系不太严肃,稍有矛盾就诉诸离婚并不是明智之举,法院在审理时亦应当以引导当事人互相谅解、共同维护婚姻关系,不应轻易判决年轻夫妻离婚,而更应注意给闹矛盾的双方留下缓冲和解的空间。法院判决不离婚时亦在强调夫妻双方在婚姻中要注重多沟通和磨合,增强责任意识,在面临冲突时多相互体谅和宽容。同时,也要引导上一辈老人注意不可过多干涉子女的婚姻生活,应摆正自己的位置,多放手让子女自行处理婚姻中的问题,为维护子女小家庭的和谐努力。

5. 刘某森诉李某梅离婚纠纷案

(《“用公开促公正　建设核心价值”主题教育活动　婚姻家庭纠纷典型案例》案例十五,最高人民法院 2015 年 12 月 4 日)

【基本案情】

原告刘某森与被告李某梅的父亲原在一个单位工作,二人关系很好。1976 年原、被告经人介绍相识,并于 1980 年登记结婚,于 1981 年 12 月生有一子(现已成年成家)。原、被告在 30 多年的共同生活期间,曾为家庭生活琐事吵架生气,因双方沟通不畅,处理矛盾不当,为此影响了原告对被告的感情,特别是被告对原告及原告父母的冷淡,促使矛盾更加激化,原告为此曾于 2012 年 7 月 2 日向河南省焦作市解放区人民法院提起离婚诉讼,法院于 2013 年 8 月 8 日作出判决,不准原、被告离婚。2014 年 6 月 12 日原告第二次向法院提起离婚诉讼。

【裁判结果】

焦作市解放区人民法院认为,30 余年相识、相守实属不易,双方感情基础良好,应珍惜多年来建立起来的感情和家庭，在今后的生活中，各自克服和改正自身存在的问题，互相体谅和关心对方，多做有利于夫妻和好的事，少说不利于家庭和睦的话。尤其是被告如能克服待人冷淡、不善沟通、脾气冲动的问题，在生活上对原告多些关心和照顾、多些体贴和理解，原告如能念及与被告多年的夫妻情分，念及对已故老人们的承诺，念及对子孙后代的影响，共同努力，克服当前婚姻家庭中出现的困难，双方还是具有重归于好的可能的。据此，法院裁判不准原告刘某森与被告李某梅离婚。一审宣判后，双方当事人均未上诉。

【典型意义】

本案是老年离婚的典型案件。近年来，老年离婚案件数量逐渐增多，若夫妻感情确已破裂、符合《婚姻法》第32条的相关规定，可判离婚，但"少时夫妻老来伴"，在年轻的感情逐渐淡去之时，老年夫妻之间所谓的感情更多的是对一份承诺的信守和由此演变而来的符合公序良俗的家庭责任和社会担当。老年婚姻关系的解除，不能简单等同于一般离婚案件，其产生的影响牵涉至其子女甚至于孙子女在内的多个家庭，人民法院依法裁判，具有积极的导向意义，在审理老年离婚案件时，应认识到老年夫妻之间已经过数十年的磨合，实属不易，双方如能念及多年的夫妻情分，念及对自身对家庭应有的责任，共同努力，双方还是具有重归于好的可能的，从而更加慎重地审核老年夫妻离婚案件，如此才能更好地维护社会稳定、提高社会幸福指数。

6. 彭某某与李某某离婚纠纷案(《"用公开促公正 建设核心价值"主题教育活动婚姻家庭纠纷典型案例》案例二十四，最高人民法院 2015 年 12 月 4 日)

【基本案情】

1939 年 11 月出生的彭某某与 1957 年 5 月出生的李某某均系再婚家庭，各自均有子女。2008 年 11 月经媒人介绍相识，2009 年 1 月 15 日在邵阳市双清区民政局办理了结婚登记，婚后未生育子女。因被告与原告方的家庭成员相处不融洽，夫妻双方经常发生争吵。2015 年正月初二，双方发生矛盾后双方分居。原告以夫妻感情彻底破裂为由，向人民法院提起诉讼，请求人民法院判决离婚。

【裁判结果】

邵阳市双清区人民法院依法判决准予原告彭某某与被告李某某离婚。

【典型意义】

原、被告系再婚家庭，双方感情基础薄弱，婚后没有建立起真正的夫妻感情。双方因感情不和已分居至今，说明原、被告夫妻感情确已破裂，无和好可能。本案中，原、被告均有自己的各自的家庭，双方均没有很好地融入家庭中，矛盾时常发生。当然，双方离婚跟各自的子女沟通不够有关。法官提醒老年人，找老伴要多与自己的子女沟通。为人子女也要站在老年人的角度，多关心自己父母，不仅是物质上，更要有精神上的，让他们有一个幸福的晚年。

7. 赵某花与杨某良离婚纠纷案（《"用公开促公正　建设核心价值"主题教育活动婚姻家庭纠纷典型案例》案例四十七，最高人民法院 2015 年 12 月 4 日）

【基本案情】

2009 年 8 月份，原、被告相识并自由恋爱。2010 年 3 月 1 日按当地习俗举行婚礼并同居生活。2010 年 3 月 31 日，到婚姻登记机关补办结婚登记手续领取结婚证。婚后夫妻感情一般。2012 年 2 月 26 日生有长女杨甲；2014 年 12 月 24 日生有次女杨乙。原、被告婚后时因家务琐事吵闹。原告从 2014 年 12 月 31 日至今居住在原告父母家。被告多次到原告父母家喊原告，原告不跟随其回家。原告起诉要求与被告离婚；婚生子女杨甲、杨乙由原告抚养；夫妻共同财产一台电视机等归原告所有；共同债务由被告负责偿还。

【裁判结果】

本案中，原、被告系自由恋爱，婚姻基础较好，并生有两个小孩（尚幼），原、被告双方应加强沟通交流，克服生活中的各种困难，珍惜相互间的夫妻感情，正确处理好其婚姻家庭关系，共同营造和谐家庭关系，为小孩的健康成长提供有利条件。据此，依照《婚姻法》第 32 条之规定，判决不准原告赵某花与被告杨某良离婚。

【典型意义】

夫妻感情确已破裂是准予离婚的唯一法定理由。认定夫妻感情是否确已破裂，要根据离婚纠纷案件的客观事实来确定。《关于人民法院审理离婚案件如何认定夫妻感情确已破裂的若干具体意见》中规定，应当从婚姻基础、婚后感情、离婚原因、夫妻关系的现状和有无和好的可能等方面综合分析。在本案中，原、被告双方系自由恋爱，婚姻基础较好，婚后双方虽因家务琐事发生吵闹，但只要双方加强沟通交流，克服生活中的各种困难，珍惜相互间的夫妻感情，另一方面双方所生两子女尚幼，从有利于小孩的健康成长出发，综合本案实际夫妻双方仍有和好可能，据此法院判决原、被告双方不准离婚。

8. 孙某杰与王某萍离婚纠纷案（《"用公开促公正　建设核心价值"主题教育活动婚姻家庭纠纷典型案例》案例二十八，最高人民法院 2015 年 12 月 4 日）

【基本案情】

孙某杰于 2014 年 5 月 6 日向辽宁省辽河人民法院起诉称：孙某杰与王某萍于 1992 年经人介绍相识，1993 年 8 月 15 日登记结婚，1994 年 6 月生育女儿孙某男。婚后由于双方性格不合，在共同生活中经常吵架，甚至相互动手。从 2007 年 3 月起双方分居至今。2011 年女儿高考前夕，双方签订了离婚协议书和离婚协议书补充条款，但因种种原因没有办理离婚登记。之后王某萍拖延办理离婚手续,无奈孙某杰于2012年10月、2013年7月两次到法院诉讼要求离婚,后因需要搜集证据而撤诉。现孙某杰第三次起诉要求与王某萍离婚。王某萍答辩称双方感情没有完全破裂,不同意离婚。经法院查明的事实为:孙某杰与王某萍经人介绍相识,于1993年8月15日登记结婚,婚后感情很好,1994年6月生育女儿孙某男。后因双方性格差异较大,在共同生活中产生矛盾,现因感情不和分居4年。孙某杰与王某萍于2011年5月29日就离婚问题达成"离婚协议书补充条款"。孙某杰于2012年10月、2013年7月两次到法院诉讼要求离婚,后以夫妻感情破裂证据不足为由撤诉。2014年5月6日孙某杰第三次起诉要求与王某萍离婚。

【裁判结果】

辽宁省辽河人民法院审理认为:孙某杰与王某萍虽然结婚多年,但因性格差异较大,在共同生活期间产生矛盾,致使双方因感情不和分居4年之久,能够认定双方夫妻感情确已破裂。故孙某杰要求与王某萍离婚的诉讼请求,符合法律规定,予以支持。宣判后,王某萍不服一审判决,提出上诉。辽宁省辽河中级人民法院经依法审理认为:孙某杰与王某萍依法登记并生育子女,但因性格差异较大,在共同生活期间逐渐产生矛盾。自2012年起孙某杰多次起诉要求离婚,虽撤诉,但夫妻感情状况并未因此好转。通过孙某杰给王某萍留便条、发短信的行为,可以看出孙某杰与王某萍日常已经很少当面接触,结合双方曾协议离婚、孙某男的证言,可以确定双方因感情不和分居已达4年之久。二审期间本院试图调解双方和好,但孙某杰坚持要求离婚,可以看出双方夫妻感情确已破裂,故判决驳回上诉,维持原判。

【典型意义】

离婚诉讼中如何判断"感情确已破裂"成为本案审理的关键。《婚姻法》第32条第2款将"感情确已破裂"作为离婚的法定理由,该条第3款列举应准予离婚的5种情形。可见《婚姻法》采用这种概括与列举相结合的立法模式,使离婚的法定理由具有可操作性。本案中,从婚后感情来看,双方性格差异较大,在共同生活期间矛盾较多,因此二人的感情生活受到很大影响,并逐年恶化。从夫妻关系的现状来看,双方因感情不和已分居4年,且该期间很少接触。这符合《婚姻法》第32条第3款列举的应准予离婚的5种情形中的"双方因感情不和分居两年"规定。从孙某杰的离婚决心来看,孙某杰已经是第三次向法院提出离婚诉讼,且一审、二审试图调解和好,均失败,可见其离婚决心。综合以上因素,可以认定孙某杰与王某萍感情确已破裂,已无和好可能,应当准予离婚。

第一千零八十条　【婚姻关系的解除时间】完成离婚登记,或者离婚判决书、调解书生效,即解除婚姻关系。

【立法・要点释义】

完成离婚登记,取得离婚证的当事人基于配偶身份而产生的人身关系和财产关系即行终止。至此,离婚的一方当事人才可以重新选择对象登记结婚。如果双方当事人又想以婚姻的形式生活在一起,那么需要办理复婚登记。

诉讼离婚是婚姻关系当事人向人民法院提出离婚请求,由人民法院调解或判决而解除其婚姻关系的一种离婚方式。对调解离婚的,人民法院应当制作调解书。调解书应当写明诉讼请求、案件事实和调解结果。调解书由审判人员、书记员署名,加盖人民法院印章,送达双方当事人;经双方当事人签收后,即具有法律效力,男女双方的婚姻关系随即解除。一审判决离婚的,当事人不服有权依法提出上诉。双方当事人在 15 天的上诉期内均不上诉的,判决发生法律效力。当事人在一审判决发生法律效力前不得另行结婚。第二审人民法院审理上诉案件可以进行调解,经调解双方达成协议的,自调解书送达时起原审判决即视为撤销。第二审人民法院作出的判决是终审判决。诉讼离婚的当事人在接到发生法律效力的离婚判决书后,双方的婚姻关系随即解除。

【编者观点】

实践中常发生拿着离婚判决书去婚姻登记机关,登记机关不配合进行离婚登记的情况,因此本条确定离婚判决书和调解书也导致婚姻关系解除,无须再去婚姻登记机关领取离婚证,离婚登记、离婚判决书、离婚调解书在解除婚姻关系上具有同等法律效力。在办理户口变更、房产买卖、银行贷款等需要证明婚姻状况时,鉴于离婚判决书和离婚调解书中涉及大量个人隐私信息,且离婚判决书和离婚调解书是纸质文件,携带不方便,因而依据《最高人民法院关于进一步深化家事审判方式和工作机制改革的意见(试行)》第 41 条等规定,一些法院在探索家事审判改革过程中,试行给离婚案件当事人出具离婚证明书,仅记载双方姓名、身份、案号及案件生效日期,隐去了判决书和调解书中的其他事实,易于保存便于携带,与民政部门颁发的离婚证效力相同。

婚姻关系消灭的时间点为离婚判决书、调解书生效时,而非法律文书作出时。调解书从双方当事人签收之日起生效;一审法院作出的离婚判决书,自判决书送达之日起 15 日内双方未提起上诉的,判决生效;二审法院作出的离婚判决书,自宣判或送达时生效。因夫妻一方宣告失踪而判决离婚的,离婚判决书的送达适用公告送达方式。自公告发出之日起，经过60日，视为送达。

一审法院判决夫妻双方离婚，另一方提起上诉的，由于一审法院判决并未生效，夫妻双方婚姻关系尚未解除，依据《民事诉讼法》第151条，对于宣告离婚判决，法院必须告知当事人在判决发生法律效力前不得另行结婚。一方在上述期间与案外人另行登记结婚的，构成重婚。依据《民事诉讼法》第213条，当事人对于已经发生法律效力的解除婚姻关系的判决、调解书不得申请再审。即使对其中所涉及的财产分割、子女扶养和债务承担等事项再审，亦不影响既已发生的婚姻关系解除效果。办理离婚登记后一方反悔的提起诉讼，法院不予受理；登记离婚后就子女抚养权变更或有新的事实证据证明应当重新分割共有财产提起诉讼，法院应当受理。

【相关立法】

《中华人民共和国民事诉讼法》（2023年修正，2024年1月1日施行）

第一百五十一条 人民法院对公开审理或者不公开审理的案件，一律公开宣告判决。

当庭宣判的，应当在十日内发送判决书；定期宣判的，宣判后立即发给判决书。

宣告判决时，必须告知当事人上诉权利、上诉期限和上诉的法院。

宣告离婚判决，必须告知当事人在判决发生法律效力前不得另行结婚。

第二百一十三条 当事人对已经发生法律效力的解除婚姻关系的判决、调解书，不得申请再审。

【司法指导文件】

《最高人民法院关于进一步深化家事审判方式和工作机制改革的意见(试行)》（法发〔2018〕12号，2018年7月18日）

41. 人民法院判决或者调解离婚的案件，根据当事人的申请，人民法院可以为当事人出具离婚证明书。

【地方法院规范】

《广东法院审理离婚案件程序指引》（2018年）

第十六条 【离婚证明书】

人民法院作出解除婚姻关系的判决书或者调解书生效后，当事人可以向作出该裁判文书的人民法院申请出具离婚证明书。

离婚证明书的编号应当采用生效裁判文书的案号，并写明当事人婚姻关系的缔结时间、登记机关、婚姻关系解除时间、生效法律文书名称。

第一千零八十一条　【现役军人离婚】现役军人的配偶要求离婚，应当征得军人同意，但是军人一方有重大过错的除外。

【立法·要点释义】

对军人婚姻实行特别保护是维护军队稳定的需要，也是拥军优属工作的一项重要内容，对军人婚姻实行特别保护并不违背婚姻自由的原则。本规定适用的主体是现役军人和现役军人的配偶。如果双方都是现役军人，则不适用本条的规定。现役军人向非军人主动提出离婚的，不适用本条的规定，应按一般离婚纠纷处理。现役军人包括在中国人民解放军服现役、具有军籍和军衔的军官、士兵。中国人民武装警察部队虽然不属于中国人民解放军的编制序列，但是在婚姻问题上仍按现役军人婚姻问题处理。现役军人不包括在军事单位中未取得军籍的职工、退役军人以及在地方担任某种军事职务的人员。

本条的立法意图，是以一定方式限制军人配偶的离婚请求实现权，从而对军人一方的意愿予以特别支持。现役军人的配偶提出离婚，现役军人不同意，如果婚姻基础和婚后感情都比较好，人民法院应配合现役军人所在单位对军人的配偶进行说服教育，尽量调解和好或判决不予离婚。但是，如果感情确已破裂，确实无法继续维持夫妻关系，经调解无效，人民法院应当通过军人所在单位的政治机关，向军人做好工作，经其同意后，始得准予离婚。如果此类纠纷是由于第三者破坏军婚造成并且构成犯罪的，应依法追究第三者的刑事责任。“但军人一方有重大过错的除外”，是针对“应当征得军人同意”而说。过错限定在“重大过错”而非一般的过错。

【相关立法】

1.《中华人民共和国刑法》（2023年修正，2024年3月1日施行）

第二百五十九条　【破坏军婚罪】明知是现役军人的配偶而与之同居或者结婚的，处三年以下有期徒刑或者拘役。

【强奸罪】利用职权、从属关系，以胁迫手段奸淫现役军人的妻子的，依照本法第二百三十六条的规定定罪处罚。

2.《中华人民共和国国防法》（2020年修订，2021年1月1日施行）

第六十二条　军人应当受到全社会的尊崇。

国家建立军人功勋荣誉表彰制度。

国家采取有效措施保护军人的荣誉、人格尊严，依照法律规定对军人的婚姻实行特别保护。

军人依法履行职责的行为受法律保护。

【司法解释】

1.《最高人民法院关于适用〈中华人民共和国民法典〉婚姻家庭编的解释(一)》(法释〔2020〕22号,2021年1月1日施行)

第六十四条[①]　**【离婚案件中军人一方有重大过错的具体情形】**民法典第一千零八十一条所称的"军人一方有重大过错",可以依据民法典第一千零七十九条第三款前三项规定及军人有其他重大过错导致夫妻感情破裂的情形予以判断。

2.《最高人民法院关于适用〈中华人民共和国民事诉讼法〉的解释》(法释〔2022〕11号修正,2022年4月10日施行)

第十一条　双方当事人均为军人或者军队单位的民事案件由军事法院管辖。

3.《最高人民法院关于军事法院管辖民事案件若干问题的规定》(法释〔2020〕20号修正,2021年1月1日施行)

第二条　下列民事案件,地方当事人向军事法院提起诉讼或者提出申请的,军事法院应当受理:

……

(三)当事人一方为军人的婚姻家庭纠纷案件;

……

【批复答复】

《最高人民法院关于处理破坏军婚案件两个问题的批复》(1964年7月24日)

上海市高级人民法院:

你院〔64〕沪高法批字第82号报告,对"中央批转最高人民法院党组关于处理破坏军人婚姻案件的意见的报告"第二条第(一)(二)两项提出的两个问题,经我们研究后答复如下:

一、该报告第二条第(一)项指出3种一般的破坏军人婚姻的情况,可以免予刑事处分,采取批评教育、训诫等办法处理。如果犯错误的人是党员、团员或干部,建议党、团、行政组织酌予处分。其中"军人本人不愿意追究的"这种情况,是指军人妻子虽有过通奸行为,但军人本人不愿意追究,可免予刑事处分。所谓不愿意追究,也包括军人在案件作其他适当处理后,并不坚持要求给予刑事处分这一情形在内。至于对这项规定是否可以反过来理解,即虽有过通奸行为,但军人要求追究的,可给予刑事处分。我们认为,不能作这样的理解,对军人要求追究的,是否给予刑事处分,仍应按照该报告第二条所规定的总的精神和结合案件的具体情况而定。

二、该报告第二条第(二)项中"利用职权威胁、利诱成奸的",是指利用职

---

① 对该条的注释详见附录一第941页。

权威胁成奸或利用职权利诱成奸，二者有其一，即可适用这项规定。这里所说的利用职权利诱成奸，则指利用职权以政治上物质上的利益相引诱，而达到成奸的目的。例如，许以入党入团，提职提级，给予某种荣誉，或者慷公家之慨，不应奖励而奖励，不应记工分而记工分，不应多发供应票证而多发，等等。所有这些，都是与利用职权相联系的。

三、报告所附李××破坏军婚一案，经查阅原卷，看不出被告有利用职权威胁或利诱的情节。但被告事前不听军人警告，与军属通奸被发觉后，又企图串通军属隐瞒罪行，没有悔改表现，这些情节是严重的，如果影响恶劣，也可以考虑判一点刑。由于在报告和原卷中看不出该案造成的影响，因此，究竟需不需要判刑，请你们研究决定。

附：

上海市高级人民法院
关于李××破坏军人婚姻案件
涉及两个政策问题的请示
（沪高法机字第82号）

最高人民法院：

我们在审核虹口区人民法院报批的李××破坏军人婚姻案件（另附案例）时，对"中央批转最高人民法院党组《关于处理破坏军人婚姻案件的意见的报告》"中，有两条政策理解无把握，请示如下：

第一，规定第二条第一项提到："军人本人不愿意追究的，可以免予刑事处分，采取批评教育、训诫等办法处理"。可否理解为：如果军人要求追究，可以依法给予刑事处分；

第二，规定第二条第二项，"对于与军属通奸，屡教不改，影响恶劣的；利用职权威胁、利诱成奸的；或者明知为军人未婚妻子而与之结婚、姘居的，都应给予刑事处分"。其中"利用职权威胁、利诱成奸的"是指利用职权威胁和利诱成奸的，才能给予刑事处分，还是指利用职权威胁成奸，或者利用职权利诱成奸，只要两种手段中有其一，即应给予刑事处分。基于对上述政策的理解无把握，我们在讨论李××破坏军人婚姻案件中，也有两种不同的处理意见。一种认为，李××利用职权利诱军属王××成奸，而且成奸前不听军人警告，事发后，又企图串通王××隐瞒罪行，军人张××和部队组织上都提出要求严加惩处，可以判处李××短期徒刑（最多不超过一年）；另一种意见认为，李××虽系利用职权引诱军属通奸，但属一般性质，可以不判徒刑，给予党纪和行政处分。

【部门参考文件】

《军队人员婚姻管理若干规定》
（2021年1月1日）

第十三条　离婚双方均为现役军人，双方自愿离婚或者一方要求离婚的，当事人所在单位党组织或者政治工作部门应当进行调解；调解无效且双方均同意离婚的，政治工作部门出具同意离婚的《军人婚姻登记证明》，由当事人到婚姻登记机关办理离婚登记；调解无效且其中一方不同意离婚的，政治工作部门出具同意离婚的《军人婚姻登记证明》，由当事人向法院提起离婚诉讼。

配偶为非现役军人，现役军人一方要求离婚的，所在单位党组织或者政治工作部门应当视情进行调解；调解无效且对方同意离婚的，政治工作部门出具同意离婚的《军人婚姻登记证明》，由当事人到婚姻登记机关办理离婚登记；现役军人一方要求离婚，对方不同意离婚的，现役军人所在单位还可以商请对方所在单位或者地方有关部门进行调解，调解无效的，政治工作部门出具同意离婚的《军人婚姻登记证明》，由当事人向法院提起离婚诉讼。

配偶为非现役军人，配偶一方要求离婚，现役军人一方同意离婚的，政治工作部门出具同意离婚的《军人婚姻登记证明》；现役军人一方不同意离婚的，政治工作部门不得出具同意离婚的《军人婚姻登记证明》，但是经查实现役军人一方确有重大过错的除外。

政治工作部门出具同意离婚的《军人婚姻登记证明》时，应当要求离婚双方签字或者提供书面意见。

第十四条 现役军人申请离婚的审批权限，按照申请结婚的有关规定执行。

第十五条 现役军人与配偶到婚姻登记机关办理离婚登记，应当出具下列证件和材料：

（一）现役军人的军人证件、居民身份证；

（二）现役军人所在团级以上单位政治工作部门出具的同意离婚的《军人婚姻登记证明》；

（三）婚姻登记机关要求的其他证件和材料。

现役军人办理离婚登记，可以在现役军人部队驻地或者入伍前常住户口所在地的婚姻登记机关，也可以在非现役军人一方常住户口所在地的婚姻登记机关。

第十六条 文职人员或者文职人员的配偶要求离婚的，所在单位党组织或者政治工作部门应当认真了解情况，主动做好调解工作。

文职人员按照国家有关规定解除婚姻关系后30日内，应当以书面形式，经所在党支部报所在团级以上单位政治工作部门备案。

第十七条 军队管理的离休退休人员申请离婚，根据本人离休退休前军衔或者职级，按照相应级别现役军人的有关规定办理。

第十八条 军队人员所在单位党组织或者政治工作部门应当针对军队人员的婚姻纠纷，协调提供法律服务，帮助维护合法权益。

第一千零八十二条　【男方提出离婚的限制情形】女方在怀孕期间、分娩后一年内或者终止妊娠后六个月内，男方不得提出离婚；但是，女方提出离婚或者人民法院认为确有必要受理男方离婚请求的除外。

【立法·要点释义】

女方怀孕期间和分娩后1年内或终止妊娠后6个月内，身心都处在康复、调理、休养期等特殊时期。一方面，胎儿或婴儿正处在发育阶段，需要父母的合力抚育；另一方面，妇女也需要身心的康复。如果此时男方提出离婚请求，对妇女的精神刺激过重，既影响妇女的身体健康，也不利于胎儿或婴儿的保育，在上述期间内禁止男方提出离婚。在此期间，女方提出离婚的，自愿放弃法律对其的特殊保护，不受此规定的限制。

本条规定限制的是男方在一定期限内的起诉权，而不是否定和剥夺男方的起诉权，只是推迟了男方提出离婚的时间，并不涉及准予离婚与不准予离婚的实体性问题。超过法律规定的期限，不再适用此规定。但是，男方在此期间并不是绝对没有离婚请求权，法律还有例外规定，即人民法院认为"确有必要"的，也可以根据具体情况受理男方的离婚请求。所谓"确有必要"，一般是指比本条特别保护利益更为重要的利益需要关注的情形，由人民法院认定。

【编者观点】

本条规定仅针对诉讼离婚，不涉及协议离婚。男方向法院起诉要求离婚的，如果法院查明符合该条情形，会裁定驳回起诉。如法院未发现女方怀孕而判决离婚，宣判后女方发现怀孕而上诉的，经查明属实后，二审法院应撤销原判决，驳回原告起诉，不必发回原审法院重新审判。如果女方同意离婚或者女方主动提出离婚的，不受本条规定的限制。怀孕期间是指从女方受孕到分娩或者终止妊娠的期间。

法院确有必要受理男方离婚请求，主要指女方存在重大过错的情形。根据审判实践的经验，典型的过错形态包括：(1)男方有充分证据证明女方婚前与他人发生性关系导致怀孕而男方不知情的，或婚后违反忠实义务，因卖淫、通奸、姘居、重婚等与婚外男性发生性关系而导致怀孕、分娩、终止妊娠行为的。(2)双方确有不能继续共同生活的重大、急迫事由，如女方威胁男方的生命或严重侵害男方的其他合法权益，对男方虐待、遗弃或家庭暴力，拒绝履行扶养义务，或女方经常侮辱、诽谤男方，在公开场合诋毁男方声誉，损害男方人格，夫妻感情难以维持等情形。(3)女方存在严重侵害婴儿利益的行为,如虐待、遗弃、杀害等。在重大过错的判断上,应当严于第 1079 条第 3 款所列举的情形。

【相关立法】

《中华人民共和国妇女权益保障法》(2022 年修订,2023 年 1 月 1 日施行)

第六十四条 女方在怀孕期间、分娩后一年内或者终止妊娠后六个月内,男方不得提出离婚;但是,女方提出离婚或者人民法院认为确有必要受理男方离婚请求的除外。

【批复答复】

1.《最高人民法院关于适用婚姻法第十八条①规定的答复》(法办字第 3051 号,1952 年 7 月 19 日)

一、关于妇女产后,小孩当即死亡,女方在分娩后,身体业已复原,男方提出离婚,经调解无效,应否准其提出离婚的问题,我们认为,在此种情形下,仍应适用婚姻法第十八条前段规定,男方不得提出离婚。婚姻法第十八条前段规定的精神,不仅在于保护胎儿和婴儿,同时也保护妇女。妇女怀孕生产,生理上受有很大的影响。有时妇女在分娩后不久,即能工作,表面上身体似已复原,但实际上并未完全恢复。婴儿之死,对于生母的精神上已有很大的刺激,而同时她对于丈夫又未必没有感情,今如允许男方在女方分娩不满一年内提出离婚,对于产后妇女,将成为难以忍受的巨大刺激,殊非保护妇女之道。所以我们主张,在前述的情形下,仍应适用婚姻法第十八条前段规定,给产后妇女以应有的保护,比较妥当。

二、关于女方与人通奸而怀孕,生产未满一年,可否准许男方提出离婚的问题,我们认为:应根据具体情况,分析研究,由实际出发来决定处理办法,方为妥当。如果因女方通奸而怀孕,男方在女方生产未满一年内提出离婚或告诉女方通奸,受理机关可根据婚姻法摧毁封建制度和保护妇婴利益的精神,必要时并会同有关机关团体,如妇联,结合具体情况,进行说服教育或调解工作,藉使问题得到解决。假如问题解决不了,受理机关在保护妇婴利益的原则下,根据具体情况,考虑其是否可以缓予处理,也是必要的。

2.《最高人民法院民事审判庭关于贯彻执行最高人民法院〈关于人民法院审理未办结婚登记而以夫妻名义同居生活案件的若干意见〉有关问题的电话答复》(〔90〕法民字 11 号,1990 年 10 月 11 日)

三、关于女方在非法同居期间怀孕,男方提出解除非法同居关系人民法

---

① 对应《民法典》第 1082 条。——编者注

院是否受婚姻法第二十七条①的限制是否受理的问题,我们认为婚姻法第二十七条保护的前提是合法的婚姻关系,女方在非法同居期间怀孕,违反了婚姻法的有关规定,为了严肃执法,对男方诉到法院要求解除非法同居关系的,应予受理。受理后即应作出解除非法同居关系的判决。女方分娩后,再处理子女抚养问题。

【法院参考案例】

刘某某诉王某某分娩后一年内离婚纠纷案[《人民法院案例选》1994 年第 1 辑(总第 7 辑)]

【基本案情】

王某某和刘某某于 1987 年 1 月结婚,婚后生一女孩刘某,现年 5 岁。双方因性格各异,自 1988 年以来,常为生活琐事发生矛盾,吵闹打架,王某某与公婆关系也不睦,致使夫妻关系紧张。1989 年 4 月,刘某某以双方无共同语言,王某某对其不信任,无法继续共同生活为理由,诉至户县人民法院,要求与王某某离婚。案经该院调解,刘某某撤回离婚诉讼。但此后,夫妻关系仍未好转。1991 年 12 月,王某某计划外生一女孩,经双方同意送他人收养。1992 年 1 月,刘某某又以前诉理由诉至户县人民法院,坚决要求与王某某离婚。王某某辩称:夫妻间有矛盾是事实,但系刘某某与他人关系密切所造成。夫妻感情尚未破裂,坚决不同意离婚。

【裁判结果】

户县人民法院经审理认为:双方性格各异,常为生活琐事吵闹打架,刘某某撤回离婚诉讼后,双方关系仍不能好转,夫妻感情确已破裂。刘某某要求离婚,依法予以准许。根据《婚姻法》第 25 条、第 29 条、第 30 条、第 31 条、第 33 条之规定,判决如下:(1)准予刘某某与王某某离婚;(2)婚生女刘某由王某某抚养,刘某某于判决生效后 10 日内一次性给付刘某抚养费 2000 元,刘某成人后,其随父随母,由其自择,任何人不得干涉;(3)王某某婚前嫁妆及与刘某某婚后共同财产:17 寸黄河牌黑白电视机 1 台、飞鸽牌自行车 1 辆、高低柜 1 个、电镀椅 1 对、摆钟 1 个归王某某和刘某所有,其余财产归刘某某所有;(4)各人衣物归各人所有;(5)刘某某于判决生效后 10 日内一次性付给王某某生活补助费 1500 元。

宣判后,王某某不服,以双方夫妻感情尚未完全破裂,不同意离婚,以及财产分割不公,还有 800 元外债未判为理由,上诉至西安市中级人民法院。刘某某虽对该判决也有意见,但未上诉。西安市中级人民法院经审理认为:王某某与刘某某虽系自愿结婚,但因双方性格各异,加之王某某不能正确处理夫妻及其公婆之间关系,常因生活琐事吵嘴打架,夫妻感情确已破裂。刘某某要求

---

① 对应《民法典》第 1082 条。——编者注

离婚,依法应予准许。王某某上诉称尚有800元外债,因举证不足,不予认定。原审根据双方实际情况,对孩子抚养及给付王某某生活补助费的判决正确。但将夫妻财产一并判归刘某所有,判决刘某某一次性给付孩子抚养费欠当,且有夫妻财产漏判,应予部分改判。依据《婚姻法》第25条、第27条、第29条、第30条、第31条、第33条及《民事诉讼法》第153条第1款第2项之规定,于1992年9月18日判决:(1)维持原审判决第1、4、5项;(2)撤销原审判决第2、3项;(3)女孩刘某由王某某抚养,刘某某自1992年8月起每月给付王某某孩子抚养费20元,至刘某独立生活时止;(4)17寸黄河牌黑白电视机1台、飞鸽牌自行车1辆、高低柜1个、摆钟1个、电镀折叠椅1对、人造革皮箱1个、被子4床、网套1个归王某某所有,其他财产归刘某某所有。

宣判后,王某某以其分娩不足一年,判决离婚违反法律规定为理由,向西安市中级人民法院申请再审。西安市中级人民法院经审查,认为王某某的再审申请符合法律规定的再审条件,遂裁定中止原一、二审判决的执行,对本案予以再审,并通知双方当事人于再审期间不得再婚。经再审后,西安市中级人民法院认为:刘某某在王某某分娩后一年内不得提出离婚,原一、二审判决离婚明显违反法律规定,应予撤销。依据《婚姻法》第27条、《民事诉讼法》第111条第6项之规定,于1992年11月18日裁定:(1)撤销原一、二审判决;(2)驳回刘某某的起诉。

第一千零八十三条 【复婚】 离婚后,男女双方自愿恢复婚姻关系的,应当到婚姻登记机关重新进行结婚登记。

【原《婚姻法》条文】

第三十五条 离婚后,男女双方自愿恢复夫妻关系的,必须到婚姻登记机关进行复婚登记。

【修改说明】

将"夫妻关系"改为"婚姻关系",将"复婚登记"改为"结婚登记",不再使用"复婚"的概念。

【立法·要点释义】

复婚,是指离了婚的男女重新和好,再次登记结婚,恢复婚姻关系。男女双方离婚后又自愿复婚,可以通过办理恢复结婚登记。在办理复婚登记时,应提交原离婚证,以备婚姻登记机关审查。婚姻登记机关按照结婚登记程序办理复婚登记时,应当收回双方当事人的离婚证后,重新发给结婚证。收回离婚证的目的,是防止当事人重婚。

【编者观点】

男女双方离婚后未办理复婚登记以夫妻名义共同生活的,属于同居关系而非婚姻关系。双方婚姻关系从再次完成结婚登记时起算,不溯及至离婚之时。夫妻双方协议离婚后迅速复婚的,离婚协议中的子女抚养条款以及离婚经济帮助条款可以被理解为,因复婚这一行为而默示合意解除。离婚时的财产分割协议因双方离婚而生效,有观点认为,对双方仍有法律约束力,双方由此取得的财产为个人财产,不因复婚而转变成夫妻共同财产。相反观点则认为,倘若任何一方既未履行也未请求对方履行财产分割协议的,可认为财产分割条款也已被双方合意解除,约定涉及的财产重新归双方共同所有。编者认为,在离婚后迅速复婚的场景下,后一种观点更具有实质合理性。

【行政法规】

《婚姻登记条例》(国务院令第797号,2024年12月6日修订,2025年1月20日施行)

第十四条 离婚的男女双方自愿恢复夫妻关系的,应当到婚姻登记机关办理复婚登记。复婚登记适用本条例结婚登记的规定。

【部门参考文件】

《中国边民与毗邻国边民婚姻登记办法》(民政部令第45号,2012年10月1日)

第十六条 离婚的男女双方自愿恢复夫妻关系的,应当到婚姻登记机关办理复婚登记。复婚登记适用本办法关于结婚登记的规定。

【法院参考案例】

林某务、杨某真等诉林某鹏继承权纠纷案——法定继承人的认定[《人民法院案例选》2018年第11辑(总第129辑)]

【裁判要旨】

(1)男女双方离婚后必须进行复婚登记才能恢复夫妻关系,离婚后未进行复婚登记的不形成事实婚姻关系。

(2)相互继承的继父母子女之间必须形成抚养关系,生父母与继父母离婚后,继父母可以解除与继子女之间的抚养教育关系。

(3)收养必须符合一定的条件和程序,未与生父母解除父母子女关系可以反证被收养人未与收养人建立收养关系。

第一千零八十四条 【离婚后子女的抚养】父母与子女间的关系,不因父母离婚而消除。离婚后,子女无论由父或者母直接抚养,仍是父母双方的子女。

离婚后,父母对于子女仍有抚养、教育、保护的权利和义务。

离婚后,不满两周岁的子女,以由母亲直接抚养为原则。已满两周岁的子女,父母双方对抚养问题协议不成的,由人民法院根据双方的具体情况,按照最有利于未成年子女的原则判决。子女已满八周岁的,应当尊重其真实意愿。

【原《婚姻法》条文】

第三十六条 父母与子女间的关系,不因父母离婚而消除。离婚后,子女无论由父或母直接抚养,仍是父母双方的子女。

离婚后,父母对于子女仍有抚养和教育的权利和义务。

离婚后,哺乳期内的子女,以随哺乳的母亲抚养为原则。哺乳期后的子女,如双方因抚养问题发生争执不能达成协议时,由人民法院根据子女的权益和双方的具体情况判决。

【修改说明】

改"哺乳期内"为"不满两周岁",更具可操作性;将"根据子女的权益和双方的具体情况判决"改为"根据双方的具体情况,按照最有利于未成年子女的原则判决";增加"子女已满八周岁的,应当尊重其真实意愿";权利义务中增加"保护"。

【立法·要点释义】

夫妻关系是男女两性基于自愿而结成的婚姻关系,可依法律程序而成立,亦可依法律行为而消除;而父母子女关系是基于出生事实而形成的自然血亲关系,不能人为解除。离婚后,子女无论随父母哪一方生活,仍是父母双方的子女,本法关于父母子女权利义务的规定仍然适用,不能因父母离婚而受到影响。

由于继父或继母与继子女没有血缘关系,当继父(母)与生母(父)离婚时,继父或继母对曾受其抚养、教育的继子女,不同意继续抚养的,继子女与继父或继母的关系可自然解除。继父或继母愿意继续抚养继子女的,人民法院应予准许。受继父或继母长期抚养、教育的继子女已成年的,继父或继母与继子女已经形成的身份关系和权利义务关系不能因离婚而自然解除;只有在继父或继母或继子女一方或双方提出解除继父母子女关系并符合法律规定的条件下,才可以解除。但由继父或继母养大成人的并独立生活的继子女,对于生活困难、无劳动能力的继父或继母晚年的生活费用应该继续承担。

养父母与养子女之间的身份关系及其权利义务关系,不因养父母离婚必然解除。在特殊情况下,如养父母离婚时经生父母及有识别能力的养子女同意,双方自愿达成协议,未成年的养子女一方面可依法解除收养关系,由生父母抚养;另一方面可以变更收养关系,由养父或养母一方收养。

父母对子女的抚养方式会因离婚而发生变化,即由父母双方共同抚养子女变成由父或母一方直接抚养子女。有利于子女身心健康,保障子女的合法权益,是处理离婚后子女直接抚养归属问题的出发点。对离婚后的子女直接抚养问题,应考虑父母双方的个人素质、对子女的责任感、家庭环境、父母与子女的感情等因素;还应考虑不能生育和再婚有困难的父或母的合理要求。在双方各种条件都基本相同的情况下,原则上由经济能力较强的一方抚养。

不满两周岁的子女多数还在母乳喂养期,用母乳哺养对婴儿的生长发育最为有利,也有一些孩子出生后不用母乳喂养,还有一些孩子由于各种原因很早就断了母乳喂养。司法实践中通常掌握的标准是两周岁以下的子女,一般裁决由母亲直接抚养。如果母亲符合《民法典婚姻家庭编解释(一)》第 44 条所列情形之一的,也可以由父亲直接抚养。

已满两周岁的未成年子女,由父亲还是母亲直接抚养,首先应由父母双方协议决定,由父亲或者母亲直接抚养,或者在有利于保护子女利益的前提下,由父母双方轮流抚养。达不成协议时,父亲和母亲均要求直接抚养的,一方符合《民法典婚姻家庭编解释(一)》第 46 条所列情形之一的,可予优先考虑。

本法总则编第 35 条第 2 款明确规定:"未成年人的监护人履行监护职责,在作出与被监护人利益有关的决定时,应当根据被监护人的年龄和智力状况,尊重被监护人的真实意愿。"未成年人抚养权的确定,与其自身权益密切相关,不管是父母协商确定由谁抚养,还是人民法院判决决定,都要事先听取八周岁以上子女的意见,以更有利于未成年人的健康成长。

【相关立法】

1.《中华人民共和国妇女权益保障法》(2022 年修订,2023 年 1 月 1 日施行)

第七十一条　女方丧失生育能力的,在离婚处理子女抚养问题时,应当在最有利于未成年子女的条件下,优先考虑女方的抚养要求。

2.《中华人民共和国未成年人保护法》(2024 年修正,2024 年 4 月 26 日施行)

第十九条　未成年人的父母或者其他监护人应当根据未成年人的年龄和智力发展状况,在作出与未成年人权益有关的决定前,听取未成年人的意见,充分考虑其真实意愿。

第二十四条 未成年人的父母离婚时，应当妥善处理未成年子女的抚养、教育、探望、财产等事宜，听取有表达意愿能力未成年人的意见。不得以抢夺、藏匿未成年子女等方式争夺抚养权。

未成年人的父母离婚后，不直接抚养未成年子女的一方应当依照协议、人民法院判决或者调解确定的时间和方式，在不影响未成年人学习、生活的情况下探望未成年子女，直接抚养的一方应当配合，但被人民法院依法中止探望权的除外。

第一百零七条 人民法院审理继承案件，应当依法保护未成年人的继承权和受遗赠权。

人民法院审理离婚案件，涉及未成年子女抚养问题的，应当尊重已满八周岁未成年子女的真实意愿，根据双方具体情况，按照最有利于未成年子女的原则依法处理。

3.《中华人民共和国家庭教育促进法》(2022年1月1日施行)

第二十条 未成年人的父母分居或者离异的，应当相互配合履行家庭教育责任，任何一方不得拒绝或者怠于履行；除法律另有规定外，不得阻碍另一方实施家庭教育。

第三十四条 人民法院在审理离婚案件时，应当对有未成年子女的夫妻双方提供家庭教育指导。

【司法解释】

1.《最高人民法院关于适用〈中华人民共和国民法典〉婚姻家庭编的解释(一)》(法释〔2020〕22号，2021年1月1日施行)

第四十四条① **【不满两周岁子女的抚养人】**离婚案件涉及未成年子女抚养的，对不满两周岁的子女，按照民法典第一千零八十四条第三款规定的原则处理。母亲有下列情形之一，父亲请求直接抚养的，人民法院应予支持：

(一)患有久治不愈的传染性疾病或者其他严重疾病，子女不宜与其共同生活；

(二)有抚养条件不尽抚养义务，而父亲要求子女随其生活；

(三)因其他原因，子女确不宜随母亲生活。

第四十五条② **【人民法院在父母双方达成协议的情况下认定不满两周岁子女抚养权归属问题】**父母双方协议不满两周岁子女由父亲直接抚养，并对子女健康成长无不利影响的，人民法院应予支持。

第四十六条③ **【父母双方均要求直接抚养两周岁以上子女时的优先条件】**对已满两周岁的未成年子女，父母

---

① 对该条的注释详见附录一第902页。
② 对该条的注释详见附录一第905页。
③ 对该条的注释详见附录一第906页。

均要求直接抚养，一方有下列情形之一的，可予优先考虑：

（一）已做绝育手术或者因其他原因丧失生育能力；

（二）子女随其生活时间较长，改变生活环境对子女健康成长明显不利；

（三）无其他子女，而另一方有其他子女；

（四）子女随其生活，对子女成长有利，而另一方患有久治不愈的传染性疾病或者其他严重疾病，或者有其他不利于子女身心健康的情形，不宜与子女共同生活。

第四十七条① **【祖父母或外祖父母对孙子女或外孙子女的照顾情况可以作为优先条件予以考虑】**父母抚养子女的条件基本相同，双方均要求直接抚养子女，但子女单独随祖父母或者外祖父母共同生活多年，且祖父母或者外祖父母要求并且有能力帮助子女照顾孙子女或者外孙子女的，可以作为父或者母直接抚养子女的优先条件予以考虑。

第四十八条② **【父母双方协议轮流直接抚养子女】**在有利于保护子女利益的前提下，父母双方协议轮流直接抚养子女的，人民法院应予支持。

第五十五条③ **【离婚后变更抚养关系和增加抚养费的诉讼程序】**离婚后，父母一方要求变更子女抚养关系的，或者子女要求增加抚养费的，应当另行提起诉讼。

第五十六条④ **【父母一方可以要求变更子女抚养关系的法定情形】**具有下列情形之一，父母一方要求变更子女抚养关系的，人民法院应予支持：

（一）与子女共同生活的一方因患严重疾病或者因伤残无力继续抚养子女；

（二）与子女共同生活的一方不尽抚养义务或有虐待子女行为，或者其与子女共同生活对子女身心健康确有不利影响；

（三）已满八周岁的子女，愿随另一方生活，该方又有抚养能力；

（四）有其他正当理由需要变更。

第五十七条⑤ **【父母双方达成变更子女直接抚养关系的协议效力】**父母双方协议变更子女抚养关系的，人民法院应予支持。

第六十条⑥ **【离婚诉讼期间夫妻双方均拒不履行对子女抚养义务情形下采取的临时抚养措施】**在离婚诉讼期间，双方均拒绝抚养子女的，可以先行裁定暂由一方抚养。

第六十一条⑦ **【对拒不履行或妨害履行子女抚养义务的人采取强制措施】**对拒不履行或者妨害他人履行生效判决、裁定、调解书中有关子女抚养义务的当事人或者其他人，人民法院可依

---

① 对该条的注释详见附录一第 907 页。
② 对该条的注释详见附录一第 909 页。
③ 对该条的注释详见附录一第 920 页。
④ 对该条的注释详见附录一第 921 页。
⑤ 对该条的注释详见附录一第 930 页。
⑥ 对该条的注释详见附录一第 935 页。
⑦ 对该条的注释详见附录一第 936 页。

照民事诉讼法第一百一十一条①的规定采取强制措施。

2.《最高人民法院关于适用〈中华人民共和国民法典〉婚姻家庭编的解释(二)》(法释〔2025〕1号,2025年2月1日施行)

第十二条②　【人身安全保护令或人格权行为禁令可适用于抢夺、藏匿未成年子女情形】父母一方或者其近亲属等抢夺、藏匿未成年子女,另一方向人民法院申请人身安全保护令或者参照适用民法典第九百九十七条规定申请人格权侵害禁令的,人民法院依法予以支持。

抢夺、藏匿未成年子女一方以另一方存在赌博、吸毒、家庭暴力等严重侵害未成年子女合法权益情形,主张其抢夺、藏匿行为有合理事由的,人民法院应当告知其依法通过撤销监护人资格、中止探望或者变更抚养关系等途径解决。当事人对其上述主张未提供证据证明且未在合理期限内提出相关请求的,人民法院依照前款规定处理。

第十三条③　【抢夺、藏匿未成年子女的民事责任】夫妻分居期间,一方或者其近亲属等抢夺、藏匿未成年子女,致使另一方无法履行监护职责,另一方请求行为人承担民事责任的,人民法院可以参照适用民法典第一千零八十四条关于离婚后子女抚养的有关规定,暂时确定未成年子女的抚养事宜,并明确暂时直接抚养未成年子女一方有协助另一方履行监护职责的义务。

第十四条④　【优先由另一方直接抚养的情形】离婚诉讼中,父母均要求直接抚养已满两周岁的未成年子女,一方有下列情形之一的,人民法院应当按照最有利于未成年子女的原则,优先考虑由另一方直接抚养:

(一)实施家庭暴力或者虐待、遗弃家庭成员;

(二)有赌博、吸毒等恶习;

(三)重婚、与他人同居或者其他严重违反夫妻忠实义务情形;

(四)抢夺、藏匿未成年子女且另一方不存在本条第一项或者第二项等严重侵害未成年子女合法权益情形;

(五)其他不利于未成年子女身心健康的情形。

【司法指导文件】

1.《最高人民法院关于进一步深化家事审判方式和工作机制改革的意见(试行)》(法发〔2018〕12号,2018年7月18日)

38. 人民法院审理家事案件,涉及确定子女抚养权的,应当充分听取八周岁以上子女的意见。必要时,人民法院

---

① 对应2023年《民事诉讼法》第114条。——编者注

② 对该条的注释详见附录三第1118页。

③ 对该条的注释详见附录三第1124页。

④ 对该条的注释详见附录三第1133页。

可以单独询问未成年子女的意见，并提供符合未成年人心理特点的询问环境。

39. 人民法院审理离婚案件，应当对子女抚养、财产分割问题一并处理。对财产分割问题确实不宜一并处理的，可以告知当事人另行起诉。

当事人在离婚诉讼中未对子女抚养、财产分割问题提出诉讼请求的，人民法院应当向当事人释明，引导当事人明确诉讼请求。当事人就子女抚养问题未达成一致，又坚持不要求人民法院处理子女抚养问题的，可以判决不准离婚。

2.《法答网精选答问（第一批）》（最高人民法院2024年2月29日）

问题2：离婚案件中，孩子选择跟随生活的一方条件比另一方差很多，应如何处理？

答疑意见：民法典第一千零八十四条第三款规定："离婚后，不满两周岁的子女，以由母亲直接抚养为原则。已满两周岁的子女，父母双方对抚养问题协议不成的，由人民法院根据双方的具体情况，按照最有利于未成年子女的原则判决。子女已满八周岁的，应当尊重其真实意愿。"可见，最有利于未成年子女原则是解决未成年子女抚养问题的基本原则，应以此作为处理相关问题的基本出发点和落脚点。

具体到离婚纠纷中确定未成年子女由哪一方直接抚养更合适，要根据其年龄情况作区分处理：（1）对于不满两周岁的子女，应以母亲直接抚养为原则，除非存在《最高人民法院关于适用〈中华人民共和国民法典〉婚姻家庭编的解释（一）》［以下简称《民法典婚姻家庭编司法解释（一）》］第四十四条规定的确实不宜随母亲共同生活的特殊情况。（2）对于已满八周岁的子女，应当尊重其真实意愿。首先，应当尽量保证未成年子女在不受干扰的情况下发表意见，确保其意愿客观、真实。在征求未成年子女意见时，要根据未成年人的年龄和智力发育情况，选择其能够理解的方式。比如，可以采取入户调查、走访亲友、征求未成年子女住所地村（居）民委员会意见等家事调查方式，探寻其真实意愿。其次，在确定系未成年子女真实意愿的前提下，原则上应当尊重其真实意愿。这不仅是法律的明确规定，也是最有利于未成年子女原则的应有之义，是尊重未成年子女人格尊严的必然要求。需要注意的是，对于未成年子女来讲，物质条件只是确定一方抚养条件优劣的因素之一，而不是全部。未成年子女受哪一方生活上照顾较多，哪一方更能够提供情感需求、陪伴需求，更尊重其人格尊严，更有利于其身心健康发展等，均应当作为"条件"的考量要素。而物质需求还可以通过另一方支付抚养费等方式予以解决。（3）对于已满两周岁不满八周岁子女的直接抚养问题，应按照《民法典婚姻家庭编司法解释（一）》第四十六条、第四十七条规定的具体考虑因素来判断，同时也要尽量尊重其真实意愿,根据最有利于未成年子女原则作出判决。

【地方法院规范】

1.《北京市高级人民法院民一庭关于审理婚姻纠纷案件若干疑难问题的参考意见》(2016年)

六、【抚养问题处理】当事人未就未成年子女抚养问题达成一致且在离婚案件中未提出请求的,人民法院应予以释明;经释明当事人不提出相应请求的,人民法院可以依职权对未成年子女抚养问题进行处理。

对于年满六周岁未满十周岁①的未成年子女,人民法院处理抚养问题时,也可根据案情征求未成年子女的意见。人民法院征求未成年子女意见一般应单独进行,避免父母在场的情况下的不当影响。

七、【离婚诉讼中的收养关系问题】离婚案件中人民法院可以对被收养的未成年子女抚养问题在判决中予以处理。

离婚案件涉及收养行为效力的,收养行为有效性可以确认的,对收养的未成年子女抚养问题应一并处理;确有证据证明收养行为效力难以直接确认的,应另行向人民法院请求确认收养的效力。

2.《北京市高级人民法院关于处理婚姻案件中子女抚育、财产分割及住房安置问题的几点意见》(1990年)

一、关于离婚后的子女抚养问题

1. 人民法院对于准备调解或判决离婚的案件,在确定未成年子女归谁抚养时,应坚持有利于子女身心健康成长的原则,同时应根据父母双方所具备的抚养条件,父母的思想品德等因素综合考虑。

对于子女有识别能力的(指能自主、清楚地表示本人意见),一般应征询子女的意见,并应尊重子女的意见。

2. 双方离婚后,在哺乳期内的子女,原则上应归母亲抚养。根据我市情况,哺乳期可掌握为一年。②

3. 对于哺乳期内的子女,如母亲不愿抚养,或不具备抚养条件,而父亲一方愿意抚养,又具备抚养条件的,可以调解或判决子女归父亲抚养。

3.《江苏省高级人民法院关于审理婚姻家庭纠纷案件的最新解答》(2019年)

12. 离婚诉讼中,当事人就子女抚养问题未达成一致,又坚持不要求人民法院处理子女抚养问题的,应如何处理?

离婚诉讼中对于子女抚养问题的处理应贯彻子女利益最大化原则。当

---

① 《民法典》第1084条规定子女已满八周岁的,应当尊重其真实意愿。——编者注

② 《民法典》第1084条规定离婚后,不满两周岁的子女,以由母亲直接抚养为原则。——编者注

事人就子女抚养问题未达成一致,又坚持不要求人民法院处理子女抚养问题的,可以判决不准予离婚。

4.《广东法院审理离婚案件程序指引》(2018 年)

第三十五条　【未成年子女抚养方案】

原告应当提出未成年子女的抚养和探望方案。内容包括:

(一)未成年子女的直接抚养方;

(二)不直接抚养未成年子女方的抚养费负担与支付方式;

(三)不直接抚养未成年子女方行使探望权的方式与时间;

(四)方案依据的事实与理由;

(五)其他与抚养、探望未成年子女相关的事项。

被告不同意原告提出的未成年子女抚养和探望方案的,应当提出自己的方案。

双方当事人达成解除婚姻关系和未成年子女抚养、探望事项的调解协议,在财产事项处理前申请制作调解书的,人民法院审查确认后应当先行制作调解书。

第三十六条　【抚养规划】

双方当事人均主张直接抚养未成年子女,且抚养能力、条件较为接近的,人民法院可以要求双方当事人提出明确的未成年子女抚养规划。内容包括:

(一)未成年子女生活地点;

(二)未成年子女受教育规划;

(三)其他未成年子女成长规划;

(四)实现规划的经济保障。

抚养规划应当在法庭上出示,并由双方当事人提出意见。

人民法院将抚养规划作为判决未成年子女抚养事项依据的,应当封存直接抚养未成年子女方的抚养规划,并归入卷宗正卷。

不直接抚养未成年子女方认为封存的抚养规划未予履行、侵害未成年子女利益的,可以据此提起变更抚养权诉讼。

第三十七条　【亲子关系评估】

有下列情形之一的,经当事人及未成年子女同意,人民法院可以委托专业人员进行亲子关系评估:

(一)双方当事人均主张直接抚养未成年子女,且抚养能力、条件较为接近的;

(二)一方当事人抚养未成年子女的能力、条件占优,但另一方抚养意愿特别强烈的;

(三)当事人可能存在不利于直接抚养未成年子女的人格或者心理因素的;

(四)有其他需要进行亲子关系评估情形的。

专业人员受托后,应当在 30 日内完成评估工作并出具亲子关系评估报告。工作确有需要的,可以适当延期。

需要作为认定事实依据的亲子关系评估报告内容,应当在法庭上出示,并由当事人互相质证。不作为证据使用部分，归入卷宗副卷。

当事人对亲子关系评估过程、方式有异议的，人民法院可以要求专业人员以书面形式或者到庭说明情况。

第三十八条　【未成年子女意愿】

对于能够正确表达意思的未成年子女，人民法院可以就抚养和探望事项询问其意愿。

未成年子女表达的意愿可以作为人民法院判决抚养和探望事项的参考。

人民法院应当依照本指引第三十二条的规定进行询问，制作的询问笔录不在法庭上出示，归入卷宗副卷。

5.《山东省高级人民法院家事案件审理规程》(2018 年)

第二十二条　人民法院审理离婚案件，当事人对未成年子女抚养未达成一致意见的，不得调解离婚。

第二十三条　离婚纠纷案件中有下列情形的，人民法院应当指定未成年人诉讼辅助人：

(一)父母遗弃、虐待未成年子女的；

(二)父母坚持放弃子女抚养权的；

(三)未成年子女名下财产权益可能受到侵害的；

(四)未成年子女存在身心疾患等其他特殊情况的。

6.《上海市高级人民法院婚姻家庭纠纷若干问题的解答》(2006 年，2020 年 12 月修订)

三、离婚诉讼的原、被告均主张未成年子女随其共同生活，但双方经济、住房等条件较为悬殊，八周岁以上的子女表示愿意随经济条件较差甚至生活困难的一方共同生活的处理

诉讼中，除生活困难的父或母存在不宜与子女共同生活的情形外，如果子女选择随生活困难的父或母共同生活的，法官一般应当尊重子女的选择。同时，应当充分考虑子女成长过程中的各项合理需求，在法律规定的范围内确定子女抚养费。

六、离婚案件中，对确定为无民事行为能力或限制民事行为能力的成年子女的抚养问题的处理

离婚案件中，对确定为无民事行为能力的成年子女的抚养问题，应当一并予以解决。如果限制民事行为能力的成年子女缺乏独立生活能力的，在其思维相对正常的情况下，可以就随父或随母共同生活征求其本人意见。

【指导性案例】

张某诉李某、刘某监护权纠纷案

(最高人民法院指导性案例 228 号，2024 年 5 月 30 日)

【裁判要点】

(1)在夫妻双方分居期间，一方或者其近亲属擅自带走未成年子女，致使另一方无法与未成年子女相见的，构成对另一方因履行监护职责所产生的权利的侵害。

(2)对夫妻双方分居期间的监护

权纠纷，人民法院可以参照适用《民法典》关于离婚后子女抚养的有关规定，暂时确定未成年子女的抚养事宜，并明确暂时直接抚养未成年子女的一方有协助对方履行监护职责的义务。

【基本案情】

张某(女)与李某于 2019 年 5 月登记结婚，婚后在河北省保定市某社区居住。双方于 2020 年 11 月生育一女，取名李某某。2021 年 4 月 19 日起，张某与李某开始分居，后协议离婚未果。同年 7 月 7 日，李某某之父李某及祖母刘某在未经李某某之母张某允许的情况下擅自将李某某带走，回到河北省定州市某村。此时李某某尚在哺乳期内，张某多次要求探望均被李某拒绝。张某遂提起离婚诉讼，法院于 2022 年 1 月 13 日判决双方不准离婚。虽然双方婚姻关系依旧存续，但已实际分居，其间李某某与李某、刘某共同生活，张某长期未能探望孩子。2022 年 1 月 5 日，张某以监护权纠纷为由提起诉讼，请求判令李某、刘某将李某某送回，并由自己依法继续行使对李某某的监护权。

【裁判结果】

河北省定州市人民法院于 2022 年 3 月 22 日作出民事判决：驳回原告张某的诉讼请求。宣判后，张某不服，提起上诉，河北省保定市中级人民法院于 2022 年 7 月 13 日作出民事判决：(1)撤销河北省定州市人民法院一审民事判决；(2)李某某暂由上诉人张某直接抚养；(3)被上诉人李某可探望李某某，上诉人张某对被上诉人李某探望李某某予以协助配合。

【裁判理由】

本案的争议焦点是：李某某之父李某、祖母刘某擅自带走李某某的行为是否构成侵权，以及如何妥善处理夫妻双方虽处于婚姻关系存续期间但已实际分居时，李某某的抚养监护问题。

第一，关于李某某之父李某、祖母刘某擅自带走李某某的行为是否对李某某之母张某构成侵权。《民法典》第 34 条第 2 款规定："监护人依法履行监护职责产生的权利，受法律保护。"第 1058 条规定："夫妻双方平等享有对未成年子女抚养、教育和保护的权利，共同承担对未成年子女抚养、教育和保护的义务。"父母是未成年子女的监护人，双方平等享有对未成年子女抚养、教育和保护的权利。本案中，李某、刘某擅自将尚在哺乳期的李某某带走，并拒绝将李某某送回张某身边，致使张某长期不能探望孩子，亦导致李某某被迫中断母乳、无法得到母亲的呵护。李某和刘某的行为不仅不利于未成年人身心健康，也构成对张某因履行监护职责所产生的权利的侵害。一审法院以张某没有证据证明李某未抚养保护好李某某为由，判决驳回诉讼请求，系适用法律不当。

第二，关于婚姻关系存续期间，李某某的抚养监护应当如何处理。本案中，李某某自出生起直至被父亲李某、祖母刘某带走前，一直由其母亲张某母乳喂养,至诉前未满两周岁,属于低幼龄未成年人。尽管父母对孩子均有平等的监护权,但监护权的具体行使应符合最有利于被监护人的原则。现行法律和司法解释对于婚内监护权的行使虽无明确具体规定,考虑到双方当事人正处于矛盾较易激化的分居状态,为最大限度保护未成年子女的利益,参照《民法典》第1084条“离婚后,不满两周岁的子女,以由母亲直接抚养为原则”的规定,李某某暂由张某直接抚养为宜。张某在直接抚养李某某期间,应当对李某探望李某某给予协助配合。

【法院参考案例】

1. 李某诉朱某甲变更抚养关系纠纷案——父母异地共同抚养让儿童利益得到最优保障(《第三批人民法院大力弘扬社会主义核心价值观典型民事案例》案例六,最高人民法院2023年3月1日)

【基本案情】

朱某甲与李某协议离婚,双方同城居住,约定未成年儿子朱某乙由朱某甲抚养,李某每月给付抚养费,每周末接走探望并送回,时间有变动另行商定。2020年初,朱某甲因工作调动在未征得李某同意的情况下携朱某乙迁居至外埠生活,双方就孩子抚养问题产生争议。李某担心环境变化、两地分隔导致自己无法及时探望陪伴朱某乙,向人民法院起诉请求判决变更抚养关系。

【处理结果】

审理法院认为,朱某乙已年满八周岁,依照《民法典》第1084条的规定,审理法院征询了朱某乙意见,其明确表示愿同朱某甲在外埠生活。考虑到孩子在父母离婚后的抚养争议中将再度面临亲情的割裂,带来新的情感和心理创伤。在充分了解当事人情感需求及孩子心理状态基础上,审理法院坚持柔性司法,通过诚挚沟通,科学规划,最终促成双方达成最有利于未成年人的协商意见:双方分段利用时间、异地共同抚养、双方共尽义务、共担探视成本、递进抚养费用。本案一揽子解决异地抚养等一系列问题,法官引用习近平总书记“七一”重要讲话内容,寄语孩子努力奋进、自强不息。

【典型意义】

婚姻破裂,受伤害最大的通常是未成年子女。父母争夺抚养权的“战争”则可能再次将未成年子女拖入“斗争泥潭”,不利于其身心健康。本案以调解实现对未成年子女的最优保护,以柔性司法巧妙化解离异夫妻对孩子的异地抚养之争,为当前人口跨地域迁徙流动增多情况下解决离异夫妻异地抚养未成年子女问题探索出成功范例。通过异地共同抚养创新方案化解纠纷,让孩子在父母双方关爱和教育下健康成长,从而得到双重关爱和全面监护,有利于促进家庭和谐和社会稳定,有利于实现未成年人利益最大化目标,有利于弘扬和谐、文明、法治的社会主义核心价值观。

2. 闻某某诉沈某某离婚案——夫妻双方未能保障疾患未成年子女合法权益，法院可以不准离婚(《中国法院 2023 年度案例 · 婚姻家庭与继承纠纷》)

【基本案情】

闻某某与沈某某于 2014 年 2 月经人介绍相识，同年 5 月 8 日登记结婚，并于 2016 年 6 月 6 日生育沈某(患有自闭症)。二人婚后初期感情尚可。闻某某称由于婚前双方缺乏了解，感情基础薄弱。婚后双方在认知、生活习惯等方面存在较大分歧，时常因各种家庭琐事争吵，彼此缺乏信任。2019 年，闻某某向江苏省无锡市新吴区人民法院起诉离婚，法院判决不准离婚。自从闻某某起诉离婚后，二人分居，沈某由沈某某照顾，闻某某在春节期间照顾过一个月，沈某目前在沈某某老家。2020 年 12 月 10 日，闻某某第二次向法院提起离婚诉讼，并要求沈某由沈某某抚养，其每月承担抚养费 1000 元。

沈某某同意离婚，但认为沈某随闻某某生活对沈某成长更为有利，其目前不具备抚养条件，其愿意支付抚养费，并要求探视沈某。针对闻某某和沈某某上述意见，法院向二人释明了父母对于孩子的抚养义务，要求二人慎重考虑。后，二人同意轮流抚养沈某，一人抚养一年。2021 年 4 月 20 日，闻某某到庭陈述因其无稳定的工作，父亲也已离开无锡回老家居住，且其父母处于分居状态，没人帮其带孩子，其无法抚养沈某，要求由沈某某抚养沈某，其愿意支付抚养费。

【案件焦点】

在夫妻双方均同意离婚且拒绝直接抚养未成年子女的情况下，法院是否可以不准双方离婚。

【裁判要旨】

江苏省无锡市锡山区人民法院经审理认为：离婚纠纷，不仅关乎对夫妻双方婚姻关系的认定，同时也涉及对子女、财产等一系列问题的处理。特别是在涉及子女抚养问题时，应充分考虑未成年子女的合法权利，最大限度地保护未成年子女的合法权利。离婚后，子女仍是父母双方的子女，父母对子女仍有抚养、教育、保护的权利和义务。父母应当正确履行监护职责，抚养教育未成年人。本案中，经闻某某和沈某某确认，沈某患有自闭症，较其他健康的未成年人而言，沈某的学习、生活，特别是在心理上需要父母更多的陪伴与呵护。闻某某和沈某某多次强调自身的客观困难，推卸无论是人伦情感上的，还是法定义务上的应由二人承担的责任，拒绝在离婚后抚养沈某，该行为不仅违反了法律规定，也违背了公序良俗。尊老爱幼是中华民族的传统美德，未成年人的健康成长承载着国家的未来和民族的希望。无论是在婚姻中，还是在离婚后，父母依法履行对未成年子女的抚养义务，不仅是家庭责任，更是社会责任。闻某某和沈某某拒绝在离婚后抚养沈某，与中华民族的传统美德相悖，理应受到法律的否定性评价。出于保障沈某合法权利的考虑,法院对闻某某提出离婚的请求不予支持,也希望双方都能反思自己的行为,致力于修复双方的感情,即便双方感情无法修复,也应为沈某的健康成长考虑,妥善解决双方之间的矛盾。

江苏省无锡市锡山区人民法院依照《民法典》第10条、第1084条,《民事诉讼法》第64条、第142条之规定,判决如下:不准闻某某与沈某某离婚。

3. 胡某诉陈某变更抚养权纠纷案——发出全国首份家庭教育令(《最高人民法院发布九起未成年人权益司法保护典型案例》案例三,2022年3月1日)

【基本案情】

2020年8月,原告胡某和被告陈某协议离婚,约定女儿胡小某由其母即被告陈某抚养,原告每月支付抚养费。一个月后,因被告再婚,有两三个星期未送胡小某去上学。自2020年12月10日起,原告为胡小某找来全托保姆单独居住,原告自己住在距胡小某住处20公里的乡下别墅内,由保姆单独照护胡小某,被告每周末去接孩子。原告胡某认为离婚后,被告陈某未能按约定履行抚养女儿的义务,遂将陈某诉至法院,请求法院判令将女儿胡小某的抚养权变更给原告。经法庭询问,胡小某表示更愿意和妈妈陈某在一起生活。

【裁判结果】

法院经审理认为,原告胡某与被告陈某协议离婚后,对未成年女儿胡小某仍负有抚养、教育和保护的义务。本案原、被告双方都存在怠于履行抚养义务和承担监护职责的行为,忽视了胡小某的生理、心理与情感需求。鉴于胡小某表达出更愿意和其母亲即被告一起共同生活的主观意愿,法院判决驳回原告的诉讼请求。同时,法院认为,被告陈某在无正当理由的情况下由原告委托保姆单独照护年幼的女儿,属于怠于履行家庭教育责任的行为,根据《家庭教育促进法》的相关规定,应予以纠正。裁定要求陈某多关注胡小某的生理、心理状况和情感需求,与学校老师多联系、多沟通,了解胡小某的详细状况,并要求陈某与胡小某同住,由自己或近亲属亲自养育与陪伴胡小某,切实履行监护职责,承担起家庭教育的主体责任,不得让胡小某单独与保姆居住生活。

【典型意义】

《家庭教育促进法》作为我国家庭教育领域的第一部专门立法,将家庭教育由传统的"家事",上升为新时代的"国事",开启了父母"依法带娃"的时代,对于全面保护未成年人健康成长具有重大而深远的意义。《家庭教育促进法》规定,父母应当加强亲子陪伴,即使未成年人的父母分居或者离异,也应当相互配合履行家庭教育责任,任何一方不得拒绝或者怠于履行。鉴于本案被告未能按照协议切实履行抚养义务、承担监护职责,人民法院在综合考虑胡小某本人意愿的基础上依法作出判决,并依照《家庭教育促进法》,向被告发出了全国第一份家庭教育令，责令家长切实履行监护职责。家庭教育令发出后，取得了良好的社会反响。发布本案例，旨在提醒广大家长，《家庭教育促进法》明确规定，“父母或者其他监护人应当树立家庭是第一个课堂、家长是第一任老师的责任意识，承担对未成年人实施家庭教育的主体责任，用正确思想、方法和行为教育未成年人养成良好思想、品行和习惯”。希望广大家长认真学习这部重要法律，认真履行为人父母的重大责任，加强家庭家教家风建设，努力为未成年人健康成长营造良好的家庭环境。

4. 吴某群诉吴某枝抚养纠纷案（《中国法院 2012 年度案例·婚姻家庭与继承纠纷》）

【裁判要旨】

签订离婚协议后提起离婚诉讼，能否依据协议内容确认抚养权归属：夫妻双方在婚姻关系存续期间签订离婚协议，并约定婚生子女抚养权、探望权等事宜。此后夫妻双方未办理离婚登记，而一方提起离婚诉讼。因双方未能协议离婚，离婚协议的生效条件未成就，故协议未生效。人民法院则不能将尚未生效的离婚协议作为认定子女抚养权归属的依据，应当根据实际情况分析判断对子女成长较为有利的条件，依法确定子女抚养权归属。

第一千零八十五条　【离婚后子女抚养费的负担】离婚后，子女由一方直接抚养的，另一方应当负担部分或者全部抚养费。负担费用的多少和期限的长短，由双方协议；协议不成的，由人民法院判决。

前款规定的协议或者判决，不妨碍子女在必要时向父母任何一方提出超过协议或者判决原定数额的合理要求。

【立法·要点释义】

抚养费应当包括生活费、教育费和医疗费等。子女无论由母亲还是由父亲抚养，另一方都应负担必要的抚养费。现实中有的夫妻为了达成离婚的目的，有的为了争取子女由自己抚养，往往不惜在子女抚养费方面向对方作出让步。但是，父母一方在子女抚养费问题上向另一方作出不适当让步，损害的是子女的合法权益。人民法院对于父母双方协议约定子女随一方生活并由抚养方负担子女全部抚养费的，应当进行审查。如经查实，抚养方的抚养能力明显不能保障子女所需费用，可能影响子女健康成长的，应不予准许此项协议。

子女抚养费的数额，可根据子女的实际需要、父母双方的负担能力和当地的实际生活水平确定。对于有固定收入的，抚养费一般可按其月总收入的一定比例给付。负担两个以上子女抚养费的,比例可适当提高。工资总额的计算,应当包括工资、较固定的奖金、岗位补贴等。对于无固定收入的,抚养费的数额可依据其当年总收入或其所处同行业的平均收入。如农民给付的抚养费的标准一般不低于当地平均水平。个体工商户、专业承包户、私营企业主的子女抚养费,应根据其经营状况和实际利润给付。对一方无经济收入或者下落不明的,可用其财物折抵子女抚养费。

抚养费的给付方法可依父母的职业情况而定,原则上应定期给付。有工资收入的,应按月或定期给付现金,农民可按收益季度或年度给付现金、实物。有条件的也可以一次性给付,一是出国、出境人员;二是有能力一次性支付的个体工商户、专业承包户、私营企业业主等人员;三是下落不明的一方以财产折抵的;四是双方自愿、协商一致的。对于一方要求一次性给付的要慎重处理。

法律没有对抚养费的给付期限作硬性规定,尚未独立生活的成年子女有下列情形之一,父母又有给付能力的,仍应负担必要的抚育费:丧失劳动能力或虽未完全丧失劳动能力,但其收入不足以维持生活的;尚在校就读的;确无独立生活能力和条件的。

随着社会经济的发展以及人们的具体情况的不断变化,原抚养费的数额也要随之有所变化。法律赋予子女可根据实际情况向父母任何一方提出超过原定数额的要求。至于费用是否增加,增加多少,不能仅凭子女单方面的要求而确定,可由子女与父母协议解决,协议不成的,可由法院依诉讼程序处理。此外,还有减免父或母一方抚养费的情况,如抚养子女的父或母既有经济负担能力,又愿意独自承担全部抚养费;或者给付义务的父或母因出现某种困难,确实无法或没有能力给付抚养费的,可以通过协议或判决,酌情减免给付数额。但减免是有条件的,一旦被减免方情况好转,有能力给予抚养费时,应依照原定数额给付。免除抚养费,其教育子女的其他义务不能被免除。另一方不得以减免抚养费为由,限制或剥夺另一方探望子女等权利。变更抚养费,原则上限于子女提出,或根据子女利益,由直接抚养子女的一方以子女的名义提出,但权利主体只能是子女。

【司法解释】

1.《最高人民法院关于适用〈中华人民共和国民法典〉婚姻家庭编的解释(一)》(法释〔2020〕22 号,2021 年 1 月 1 日施行)

第四十九条①　**【抚养费数额的确定方法】**抚养费的数额,可以根据子女的实际需要、父母双方的负担能力和当地的实际生活水平确定。

---

① 对该条的注释详见附录一第 910 页。

有固定收入的，抚养费一般可以按其月总收入的百分之二十至三十的比例给付。负担两个以上子女抚养费的，比例可以适当提高，但一般不得超过月总收入的百分之五十。

无固定收入的，抚养费的数额可以依据当年总收入或者同行业平均收入，参照上述比例确定。

有特殊情况的，可以适当提高或者降低上述比例。

第五十条①　**【抚养费的给付方式】**抚养费应当定期给付，有条件的可以一次性给付。

第五十一条②　**【父母一方以财物折抵抚养费】**父母一方无经济收入或者下落不明的，可以用其财物折抵抚养费。

第五十二条③　**【父母协议免除一方负担抚养费】**父母双方可以协议由一方直接抚养子女并由直接抚养方负担子女全部抚养费。但是，直接抚养方的抚养能力明显不能保障子女所需费用，影响子女健康成长的，人民法院不予支持。

第五十三条④　**【抚养费的给付期限】**抚养费的给付期限，一般至子女十八周岁为止。

十六周岁以上不满十八周岁，以其劳动收入为主要生活来源，并能维持当地一般生活水平的，父母可以停止给付抚养费。

第五十八条⑤　**【子女可要求增加抚养费的情形】**具有下列情形之一，子女要求有负担能力的父或者母增加抚养费的，人民法院应予支持：

（一）原定抚养费数额不足以维持当地实际生活水平；

（二）因子女患病、上学，实际需要已超过原定数额；

（三）有其他正当理由应当增加。

第五十九条⑥　**【父母为子女改姓引发纠纷的处理】**父母不得因子女变更姓氏而拒付子女抚养费。父或者母擅自将子女姓氏改为继母或继父姓氏而引起纠纷的，应当责令恢复原姓氏。

2.《最高人民法院关于适用〈中华人民共和国民法典〉婚姻家庭编的解释（二）》（法释〔2025〕1 号，2025 年 2 月 1 日施行）

第十六条⑦　**【不负担抚养费约定的效力】**离婚协议中关于一方直接抚养未成年子女或者不能独立生活的成年子女、另一方不负担抚养费的约定，对双方具有法律约束力。但是，离婚后，直接抚养子女一方经济状况发生变化导致原生活水平显著降低或者子女生活、教育、医疗等必要合理费用确有显著增加，未成年子女或者不能独立生活

① 对该条的注释详见附录一第 911 页。
② 对该条的注释详见附录一第 913 页。
③ 对该条的注释详见附录一第 915 页。
④ 对该条的注释详见附录一第 916 页。
⑤ 对该条的注释详见附录一第 930 页。
⑥ 对该条的注释详见附录一第 933 页。
⑦ 对该条的注释详见附录三第 1137 页。

的成年子女请求另一方支付抚养费的，人民法院依法予以支持，并综合考虑离婚协议整体约定、子女实际需要、另一方的负担能力、当地生活水平等因素，确定抚养费的数额。

前款但书规定情形下，另一方以直接抚养子女一方无抚养能力为由请求变更抚养关系的，人民法院依照民法典第一千零八十四条规定处理。

第十七条[①] **【子女成年后欠付抚养费的处理】**离婚后，不直接抚养子女一方未按照离婚协议约定或者以其他方式作出的承诺给付抚养费，未成年子女或者不能独立生活的成年子女请求其支付欠付的抚养费的，人民法院应予支持。

前款规定情形下，如果子女已经成年并能够独立生活，直接抚养子女一方请求另一方支付欠付的费用的，人民法院依法予以支持。

【批复答复】

《最高人民法院关于夫妻关系存续期间男方受欺骗抚养非亲生子女离婚后可否向女方追索抚养费的复函》（〔1991〕民他字第63号，1992年4月2日）

我们认为，在夫妻关系存续期间，一方与他人通奸生育了子女，隐瞒真情，另一方受欺骗而抚养了非亲生子女，其中离婚后给付的抚育费，受欺骗方要求返还的，可酌情返还；至于在夫妻关系存续期间受欺骗方支出的抚育费用应否返还，因涉及的问题比较复杂，尚需进一步研究，就你院请示所述具体案件而言，因双方在离婚时，其共同财产已由男方一人分得，故可不予返还，以上意见供参考。

【地方法院规范】

1.《北京市高级人民法院民一庭关于审理婚姻纠纷案件若干疑难问题的参考意见》（2016年）

五、【受欺诈抚养的赔偿】夫妻一方因另一方隐瞒真相而受欺诈抚养了另一方与他人所生育子女，受欺诈抚养方请求另一方返还实际支出的抚养费用的，人民法院应予以支持；受欺诈抚养方请求的精神损害赔偿等费用，可酌情予以支持。

2.《北京市高级人民法院关于处理婚姻案件中子女抚育、财产分割及住房安置问题的几点意见》（1990年）

一、关于离婚后的子女抚养问题

4. 子女抚养费的数额，应根据子女的实际生活、学习需要，父母的收入情况和当地群众的一般生活水平综合考虑，予以确定。

……在确定父母双方各自应承担的子女抚养费数额时，不直接抚养子女的一方承担的抚养费数额，也可以高于直接抚养一方所承担的抚养费数额。

---

① 对该条的注释详见附录三第1138页。

5. 抚养费应给付至子女独立生活时止。抚养费应按月给付。经双方当事人协商同意一次性给付,对给付数额亦能达成一致意见的,也可以一次性给付。

6. 抚养费的给付数额、期限、方式等均应在法律文书中表示清楚。离婚一方以应分得的财产折抵抚养费的,亦应在法律文书中表示清楚。

7. 经婚姻登记机关办理离婚登记后,因一方不履行给付抚养费的协议,另一方就给付抚养费问题向人民法院起诉的,人民法院应当受理。

3.《江苏省高级人民法院民事审判第一庭家事纠纷案件审理指南(婚姻家庭部分)》(2019 年)

14. 在构成欺诈性抚养的情形下,男方能否主张返还给付的抚养费并赔偿精神损害抚慰金?抚养费和精神损害抚慰金的数额应当如何确定?赔偿义务主体应当如何确定?

女方隐瞒子女与男方无亲子关系的事实,使男方实际履行了抚养义务,构成欺诈性抚养侵权行为,离婚时或者离婚后男方主张返还给付的抚养费并赔偿精神损害抚慰金的,可以支持。

在确定抚养费返还数额时,男方应当对抚养费给付情况承担举证责任。确实无法举证证明的,可以参照《最高人民法院关于人民法院审理离婚案件处理子女抚养问题的若干具体意见》第 7 条的规定,根据子女的实际需要、男女双方的负担能力、婚姻关系存续期间双方的经济收入、离婚时共同财产分割情况、当地的实际生活水平等酌情判定。

精神损害抚慰金的赔偿数额可以依照《最高人民法院关于确定民事侵权精神损害赔偿责任若干问题的解释》第十条①的规定确定。

欺诈性抚养的赔偿义务主体应当是欺诈行为的实施主体。男方起诉子女承担欺诈性抚养赔偿责任的,不予支持。子女的生父与女方通谋欺骗男方的,应当承担连带赔偿责任。男方仅起诉女方承担赔偿责任的,可以不追加子女的生父为共同被告。

15. 主张给付抚养费的权利主体应当如何确定?婚姻关系存续期间主张给付抚养费的范围应当如何确定?主张给付抚养费是否适用诉讼时效?

主张给付抚养费的权利属于未成年子女或者不能独立生活的成年子女。能够独立生活的成年子女主张父母给付其未成年期间应当负担的抚养费的,不予支持。

夫妻双方均负有抚养未成年子女或者不能独立生活的成年子女的法定义务,不存在谁代谁抚养的问题,夫妻一方起诉另一方返还代为给付的抚养费的,一般不予支持。

未成年子女或者不能独立生活的

① 对应 2020 年《精神损害赔偿解释》第 5 条。——编者注

成年子女的祖父母、外祖父母、兄、姐或者其他人如果代替有抚养能力而未尽抚养义务的夫妻一方或者双方尽了抚养义务，主张夫妻一方或者双方返还代为给付的抚养费的，应予支持。

婚姻关系存续期间主张给付抚养费的范围一般为当期费用和已经发生的费用，对于尚未发生的费用，可以待实际发生后另行主张权利。

依照《中华人民共和国民法总则》第一百九十六条①的规定，主张给付抚养费的请求权不适用诉讼时效。

【法院参考案例】

1. 王某某与王甲抚养费案[《婚姻家庭纠纷典型案例（山东）》案例十，2015 年 11 月 20 日]

【基本案情】

原告王某某的母亲郭某与被告王甲于 2011 年 9 月 27 日登记结婚，原告王某某出生于 2012 年 7 月 14 日。2014 年 11 月 20 日，郭某与被告王甲在泰安市宁阳县民政局协议离婚，并签订离婚协议书一份。协议约定婚生之子王某某由其母亲郭某抚养，被告不支付抚养费。由于原告母亲婚后一直照顾原告和家庭，没有稳定的工作收入，离婚后仅靠打零工勉强维持母子两人的生活，现原告需上幼儿园要缴纳学费、生活费等费用，而被告长期工作稳定，还曾到国外务工，一直有较高经济收入，且于 2013 年在宁阳县城购买楼房一处。原告父母离婚后，被告没有给付原告抚养费。为维护合法权益，原告于 2015 年 3 月 20 日诉至法院，要求被告从 2015 年 1 月 1 日起每年给付原告生活费 7200 元，至原告独立生活为止。

【裁判结果】

泰安市宁阳县人民法院经审理认为，原告王某某系其母郭某与被告王甲的婚生孩子，双方都有抚养孩子的义务。现原告已达到入幼儿园年龄，原告的母亲无固定工作收入。被告王甲曾在新加坡务工，且于 2013 年在宁阳县城购买房产。被告主张原、被告均是农村户口，应按农村居民人均纯收入从起诉之日起支付抚养费，但原告现居住宁阳县城，被告也有较好的经济能力，因此，对于被告要求按农村人均纯收入的该项主张，法院不予采信。对于被告要求从起诉之日支付抚养费的主张，符合法律规定，法院予以采信。遂判决被告自 2015 年 4 月 1 日起开始支付原告抚养费。判决后，双方当事人均未上诉。

【典型意义】

本案是子女抚养纠纷，在这类案件中，双方当事人关系特殊。因此，在处理此类案件时，应考虑到这一特殊性，尽量协调调解结案。如果确实无法调解，对这类案件应尽快依法判决。另外，也应考虑到原告的生活环境，有时原告户口与经常居住地不一致，这时就

---

① 对应《民法典》第 196 条。——编者注

应该考虑如何最大程度保护孩子的权益。本案中,原告虽是农村户口,但原告从出生起就生活在县城,并在县城居住上学,而且被告也在县城购买住房,考虑到这些情况,法院最终判决被告按照城镇居民人均纯收入的标准支付原告抚养费。

2. 孙某某申请执行彭某某抚养费案[《婚姻家庭纠纷典型案例(北京)》案例十,2015 年 11 月 20 日]

【基本案情】

申请人孙某某与被执行人彭某某经人介绍于 2001 年 9 月登记结婚,婚后于 2007 年 8 月生育一子彭小某。后因生活琐事及性格差异导致双方发生矛盾,夫妻感情破裂。2013 年彭某某起诉要求离婚,婚生子由其抚养。后经通州法院判决准许二人离婚,婚生子由孙某某抚养,自 2013 年 12 月起彭某某每月给付孩子抚养费 1000 元,于每月 25 日前付清,至彭小某满 18 周岁止。判决生效后,被执行人彭某某未按照判决指定的期间履行给付抚养费的义务。2015 年 6 月通州法院受理孙某某申请执行彭某某抚养费纠纷一案,申请人孙某某申请法院执行 2014 年 11 月至 2015 年 5 月的抚养费共计 7000 元。

【执行情况】

通州法院立案后,电话联系被执行人彭某某,告知孙某某申请执行孩子抚养费一事,并要求被执行人彭某某给付孩子的抚养费。但是,被执行人彭某某坚称其是彭某某的弟弟,执行法官遂请求其转告彭某某履行给付抚养费的义务,其表示可以尝试联系彭某某。其后,执行法官又多次联系彭某某,但彭某某仍声称不是本人,而是彭某某的弟弟。执行法官询问为何彭某某的电话一直在其弟弟身上,彭某某声称那是单位的业务电话,彭某某不在北京回老家了,由其负责彭某某的业务。彭某某何时回京自己并不清楚,执行法官又询问彭某某有无其他联系方式,彭某某告知没有其他联系方式。经查,彭某某当时银行账户无存款。后来,执行法官通知申请人到法院并告知了上述情况。申请人孙某某表示对方就是彭某某,彭某某也有工作,只是其不愿意给付抚养费。执行法官又当即联系了彭某某,但其仍声称其并非彭某某。听到电话声音后,孙某某当即表示对方即是被执行人彭某某,彭小某也表示对方即是其父亲彭某某。并且指出彭某某的弟弟住在农村,不会说普通话,当即拆穿了彭某某的谎言。执行法官告知彭某某,如拒不履行生效判决,给付抚养费,法院将依法将其纳入失信被执行人名单,并视情将追究其刑事责任。但是,被执行人仍未主动履行给付抚养费的义务。通州法院遂依法将被执行人彭某某纳入失信被执行人名单,并将其银行账户全部冻结。后经执行法官查询,被执行人又在工商银行信用卡中心开设一张信用卡,执行法官又将该账户冻结。后来,被执行人彭某某在信用卡中存入现金,执行法官依法强制扣划了案款,该案现已执行完毕。

【典型意义】

本案是被执行人有给付孩子抚养费的能力而拒不履行法院生效判决,拒不给付未成年子女抚养费的案件。并且被执行人还采取编造谎言欺骗法官的方式拒不履行生效判决所确定的义务,严重缺乏社会诚信。《婚姻法》第21条规定:父母对子女有抚养教育的义务;父母不履行抚养义务时,未成年的或不能独立生活的子女,有要求父母给付抚养费的权利。彭某某作为彭小某的生父,对彭小某有抚养的义务,此种义务并不会因父母离婚而受影响。离婚后,父母对于子女仍有抚养和教育的权利和义务。根据《婚姻法》第37条第1款的规定,离婚后,一方抚养的子女,另一方应负担必要的生活费和教育费的一部或全部。就本案来说,法院作出的生效判决也明确彭某某每月25日前应给付彭小某抚养费1000元,直至彭小某满18周岁时止。但是,彭某某并未主动履行法院生效判决所确定的义务,不仅对其亲生儿子彭小某不闻不问,还拒绝给付孩子抚养费,未能尽到一个父亲应尽的义务。在法院立案执行后,彭某某虽有履行能力却拒不履行给付抚养费的义务,还编造谎言逃避法院的执行。这种行为不仅没有尽到一个父亲应尽的法律义务,也背离了中华民族尊老爱幼的传统美德。被执行人不仅未主动履行给付孩子抚养费的义务,还编造谎言逃避法院执行的行为是严重缺乏社会诚信的表现。人无信不立,诚信是为人处世的基本准则,也是中华民族的传统美德。现代社会是一个讲究诚信的社会,一个缺乏诚信的人不可能得到他人的尊重和社会的认同。目前,我国正大力推进社会信用体系建设,加大对被执行人的信用惩戒。未来,诚信可走遍天下,失信将会寸步难行。

第一千零八十六条 【探望子女权利】离婚后,不直接抚养子女的父或者母,有探望子女的权利,另一方有协助的义务。

行使探望权利的方式、时间由当事人协议;协议不成的,由人民法院判决。

父或者母探望子女,不利于子女身心健康的,由人民法院依法中止探望;中止的事由消失后,应当恢复探望。

【立法·要点释义】

为了便于离婚后不直接抚养子女的父或者母履行对子女抚养、教育和保护的义务,对父或者母赋予对子女探望的权利,另一方有协助的义务。通常情况下,探望权在夫妻协议离婚或者诉讼离婚时一并解决确定,当事人也可以就探望权问题单独提起诉讼。双方不应囿于夫妻离异后的冲突纷争，应从有利于子女健康成长的角度出发，对探望的时间、方式、地点，探望期间双方对子女的安排等作出协商。有意见认为，如果直接抚养子女的一方不允许非直接抚养子女的一方探望子女，非直接抚养子女的一方可以申请法院变更抚养关系。反对意见认为，探望权的设立是兼顾父母和子女双方的权利，直接抚养权的判决则主要考虑的是子女身心健康的发展和未成年人合法权益的保障，直接抚养关系变更的出发点不是父母权利的满足而是子女合法权益的保障。

人民法院在处理涉及探望权判决或裁定的执行时，强制执行的标的不能是子女的人身。对无故拒不履行人民法院已经发生法律效力的判决、裁定，拒绝一方探望子女的当事人，情节严重的，可以根据《民事诉讼法》第 114 条的相关规定，予以罚款、拘留；构成犯罪的依法追究刑事责任。

不直接抚养子女的父母一方的探望权，只有在特殊的情况下才能被加以限制。这种特殊情况主要是指探望有可能不利于子女的身心健康。如父母一方患精神疾病、传染性疾病，有吸毒等行为或对子女有暴力行为、骚扰行为等。

在《民法典》编纂征求意见中，草案曾对隔代探望权作出规定，“祖父母、外祖父母探望孙子女、外孙子女的，参照适用父母探望权的规定”。有的意见提出，通常情况下，祖父母、外祖父母可以随同孙子女、外孙子女的父母一方探望孙子女、外孙子女。《民法典》未作规定，但是不妨碍祖父母、外祖父母对孙子女、外孙子女的探望，如与直接抚养子女的一方不能协商一致，可以通过诉讼方式解决。

【编者观点】

探望权具有双重价值，既是父母对子女的亲权实现方式，也是最大化保护子女利益的手段。法院应当更多关注探望权对子女利益而非父母利益的影响，因为归根结底，探望权的设置是为了保障子女的健康成长，因此即便父母协议排除另一方的探望权，从未成年人利益最大化原则出发，这种约定无效。在确定探望权行使的方式、时间等事项时，应当征求尊重子女本人的意见，但也不能因此忽视对父母行使探望权便利性的考虑。探望权的规范目的在于保持父母与子女的沟通和交流，除了直接会面的方式，也包括电话、书信、即时通信软件等其他形式的接触。

本条仅规定了离婚情形下的探望权，而探望权的实质前提要件是父母一方未与子女共同生活，除了离婚场景外，也包括父母婚姻关系期间分居状态下，未与未成年人共同生活的父母同样享有探望子女的权利。本条仅规定了父母作为探望权的权利人，而对于祖父母、外祖父母的隔代探望权，2024 年颁布的指导性案例 229 号“沙某某诉袁某某探望权纠纷案”，正式认可了丧子老人可对孙子女“隔代探望”。实践中，通常情况下，祖父母、外祖父母可跟随父母一方行使探望权，但祖父母、外祖父母应当具有独立于父母的隔代探望权的场景，除了老人丧子情形之外，还包括家庭关系紧张、未婚生育等情况，应当在符合未成年人利益最大化原则基础上，进一步扩大祖父母、外祖父母的隔代探望权。

最高人民法院民一庭意见认为，当事人就探望权纠纷再次提起诉讼，人民法院应当受理，不适用“一事不再理”原则约束，即使存在生效裁判文书，当事人亦可再次提起诉讼。

【相关立法】

《中华人民共和国未成年人保护法》(2024年修正,2024年4月26日施行)

第二十四条 未成年人的父母离婚时，应当妥善处理未成年子女的抚养、教育、探望、财产等事宜，听取有表达意愿能力未成年人的意见。不得以抢夺、藏匿未成年子女等方式争夺抚养权。

未成年人的父母离婚后，不直接抚养未成年子女的一方应当依照协议、人民法院判决或者调解确定的时间和方式，在不影响未成年人学习、生活的情况下探望未成年子女，直接抚养的一方应当配合，但被人民法院依法中止探望权的除外。

【司法解释】

《最高人民法院关于适用〈中华人民共和国民法典〉婚姻家庭编的解释(一)》(法释〔2020〕22号,2021年1月1日施行)

第六十五条[①] **【当事人单独就探望权提起诉讼应予受理】**人民法院作出的生效的离婚判决中未涉及探望权，当事人就探望权问题单独提起诉讼的，人民法院应予受理。

第六十六条[②] **【中止探望、恢复探望的程序和形式】**当事人在履行生效判决、裁定或者调解书的过程中，一方请求中止探望的，人民法院在征询双方当事人意见后，认为需要中止探望的，依法作出裁定；中止探望的情形消失后，人民法院应当根据当事人的请求书面通知其恢复探望。

第六十七条[③] **【有权提出中止探望请求的主体】**未成年子女、直接抚养子女的父或者母以及其他对未成年子女负担抚养、教育、保护义务的法定监护人，有权向人民法院提出中止探望的请求。

第六十八条[④] **【对探望权实施强制执行措施的具体内容】**对于拒不协助

---

① 对该条的注释详见附录一第941页。
② 对该条的注释详见附录一第943页。
③ 对该条的注释详见附录一第945页。
④ 对该条的注释详见附录一第945页。

另一方行使探望权的有关个人或者组织，可以由人民法院依法采取拘留、罚款等强制措施，但是不能对子女的人身、探望行为进行强制执行。

【司法指导文件】

1.《第八次全国法院民事商事审判工作会议（民事部分）纪要》（法〔2016〕399号，2016年11月21日）

（一）关于未成年人保护问题

2. 离婚后，不直接抚养未成年子女的父母一方提出探望未成年子女诉讼请求的，应当向双方当事人释明探望权的适当行使对未成年子女健康成长、人格塑造的重要意义，并根据未成年子女的年龄、智力和认知水平，在有利于未成年子女成长和尊重其意愿的前提下，保障当事人依法行使探望权。

3. 祖父母、外祖父母对父母已经死亡或父母无力抚养的未成年孙子女、外孙子女尽了抚养义务，其定期探望孙子女、外孙子女的权利应当得到尊重，并有权通过诉讼方式获得司法保护。

2.《最高人民法院关于进一步深化家事审判方式和工作机制改革的意见（试行）》（法发〔2018〕12号，2018年7月18日）

42. 监护权纠纷、探望权纠纷、抚养纠纷等涉及未成年人的案件，对于与未成年人利益保护相关的事实，人民法院应当根据当事人的申请或者依职权进行调查取证。

3. 最高人民法院《关于当前民事审判工作中的若干具体问题》（2015年12月24日）

三、关于婚姻家庭、继承纠纷等家事案件的审理问题

第四，关于祖父母、外祖父母是否享有探望权的问题。这个问题涉及当事人的情感、隐私、风俗习惯等很多伦理因素，要尽量避免法律的刚性对婚姻家庭和未成年人生活的伤害。我们倾向认为，原则上应根据婚姻法第三十八条①规定，将探望权的主体限定为父或者母，但是可以探索在特定情况下的突破，比如祖父母或外祖父母代替已经死亡或者无抚养能力的子女尽抚养义务时，根据婚姻法第二十八条②规定，可以赋予其探望权。

【地方法院规范】

1.《上海市高级人民法院关于审理婚姻家庭纠纷若干问题的意见》（2007年，2020年12月修订）

1. 限制行为能力人能否申请行使探望权

限制行为能力人尽管行为能力受

---

① 对应《民法典》第1086条。——编者注

② 对应《民法典》第1074条。——编者注

限，但其仍有权享有亲权或与此相关的权利，因此，对于限制行为能力人申请行使探望权的，在不会对未成年子女身心造成不良影响的前提下，可以准许，并视限制行为能力人的具体情况，明确其是否应在监护人的监护下行使探望权。

2.《北京市高级人民法院民一庭关于审理婚姻纠纷案件若干疑难问题的参考意见》（2016 年）

九、【探望权特殊范围】探望权原则上属于未直接抚养子女一方享有；享有探望权的一方因死亡或丧失行为能力等情况无法行使探望权的，对孙子女、外孙子女有抚养事实的祖父母、外祖父母请求单独行使探望权的，人民法院可予以支持。

3.《江苏省高级人民法院民事审判第一庭家事纠纷案件审理指南（婚姻家庭部分）》（2019 年）

17. 祖父母、外祖父母主张隔代探望权应当如何处理？

探望权的行使主体是不直接抚养子女的父母一方，义务主体是直接抚养子女的父母一方。祖父母、外祖父母主张探望孙子女、外孙子女的，一般不予支持。但祖父母、外祖父母对未成年孙子女、外孙子女尽了抚养义务，其主张探望孙子女、外孙子女的，可以支持。

18. 离婚后子女能否主张不直接抚养的父母一方进行探望？

离婚后父母对于子女仍有抚养和教育的权利和义务。离婚后子女主张不直接抚养的父母一方进行探望的，应予支持。

19. 离婚案件中应否对探望权问题一并处理？对探望权的裁判应当如何表述？

离婚案件中当事人未主张探望权的，为减少当事人讼累，可以向当事人释明，告知当事人就探望权问题提出诉讼请求。当事人不提出诉讼请求的，基于不告不理的原则，探望权问题在离婚案件中不予处理。对探望权的裁判应当明确探望权的行使时间、期限、方式、地点。

20. 人民法院已经就探望权行使时间、期限等依法作出生效裁判后，当事人就探望权问题能否再次起诉？

人民法院已经就探望权行使时间、期限等依法作出生效裁判后，如果当事人对探望权行使时间、期限等产生新的需求，属于新的事实和理由，不受既判力的约束，当事人就探望权问题再次起诉的，应予受理。但对当事人诉讼请求的合理性应当依法审查，据以决定是否支持当事人的诉讼请求。

【指导性案例】

沙某某诉袁某某探望权纠纷案——丧子老人可对孙子女"隔代探望"（最高人民法院指导性案例 229 号，2024 年 5 月 30 日）

【裁判要点】

未成年人的父、母一方死亡,祖父母或者外祖父母向人民法院提起诉讼请求探望孙子女或者外孙子女的,人民法院应当坚持最有利于未成年人、有利于家庭和谐的原则,在不影响未成年人正常生活和身心健康的情况下,依法予以支持。

【基本案情】

沙某某系丁某某的母亲,其独生子丁某某与袁某某于2016年3月结婚,于2018年1月生育双胞胎男孩丁某甲、丁某乙。2018年7月丁某某因病去世。丁某甲、丁某乙一直与袁某某共同生活。沙某某多次联系袁某某想见孩子,均被袁某某拒绝。沙某某遂起诉请求每月1日、20日探望孩子,每次两小时。

【裁判结果】

陕西省西安市新城区人民法院于2021年6月18日作出民事判决:原告沙某某每月第一个星期探望丁某甲、丁某乙一次,每次不超过两小时,袁某某应予配合。宣判后,袁某某不服,提起上诉。陕西省西安市中级人民法院于2021年9月28日作出民事判决:驳回上诉,维持原判。

【裁判理由】

沙某某系丁某甲、丁某乙的祖母,对两个孩子的探望属于隔代探望。虽然我国法律并未对祖父母或者外祖父母是否享有隔代探望权作出明确规定,但探望权系与人身关系密切相关的权利,通常基于血缘关系产生;孩子的父、母一方去世的,祖父母与孙子女的近亲属关系不因父或母去世而消灭。祖父母隔代探望属于父母子女关系的延伸,符合我国传统家庭伦理观念,符合社会主义核心价值观及公序良俗。隔代探望除满足成年亲属对未成年人的情感需求外,也是未成年人获得更多亲属关爱的一种途径。特别是在本案沙某某的独生子丁某某已经去世的情况下,丁某甲、丁某乙不仅是丁某某和袁某某的孩子,亦系沙某某的孙子,沙某某通过探望孙子,获得精神慰藉,延续祖孙亲情,也会给两个孩子多一份关爱,有利于未成年人健康成长,袁某某应予配合。同时,隔代探望应当在有利于未成年人成长和身心健康,不影响未成年人及其母亲袁某某正常生活的前提下进行,探望前应当做好沟通。

【法院参考案例】

1. 马某臣、段某娥诉于某艳探望权纠纷案[《人民法院贯彻实施民法典典型案例(第二批)》案例十一,最高人民法院2023年1月12日]

【基本案情】

原告马某臣、段某娥系马某豪父母。被告于某艳与马某豪原系夫妻关系,两人于2018年2月14日办理结婚登记,2019年6月30日生育女儿马某。2019年8月14日,马某豪在工作时因电击意外去世。目前,马某一直随被告于某艳共同生活。原告因探望孙女马某与被告发生矛盾，协商未果，现诉至法院，请求判令：每周五下午六点原告从被告处将马某接走，周日下午六点被告将马某从原告处接回；寒暑假由原告陪伴马某。

【裁判结果】

生效裁判认为，马某臣、段某娥夫妇老年痛失独子，要求探望孙女是人之常情，符合《民法典》立法精神。马某臣、段某娥夫妇探望孙女，既可缓解老人丧子之痛，也能使孙女从老人处得到关爱，有利于其健康成长。我国祖孙三代之间的关系十分密切，一概否定(外)祖父母对(外)孙子女的探望权不符合公序良俗。因此，对于马某臣、段某娥要求探望孙女的诉求，人民法院予以支持。遵循有利于未成年人成长原则，综合考虑马某的年龄、居住情况及双方家庭关系等因素，判决：马某臣、段某娥对马某享有探望权，每月探望两次，每次不超过五个小时，于某艳可在场陪同或予以协助。

【典型意义】

近年来，(外)祖父母起诉要求探视(外)孙子女的案件不断增多，突出反映了社会生活对保障"隔代探望权"的司法需求。《民法典》虽未对隔代探望权作出规定，但《民法典》第10条明确了处理民事纠纷的依据。按照我国风俗习惯，隔代近亲属探望(外)孙子女符合社会广泛认可的人伦情理，不违背公序良俗。本案依法支持原告探望孙女的诉讼请求，符合《民法典》立法目的和弘扬社会主义核心价值观的要求，对保障未成年人身心健康成长和维护老年人合法权益具有积极意义。

2. 黎某诉方某离婚案——夫妻分居期间，未直接抚养子女一方能否主张探望权益(《中国法院2023年度案例·婚姻家庭与继承纠纷》)

【基本案情】

黎某、方某于2013年8月28日登记结婚，2014年4月2日生育女儿黎某宸。黎某因工作关系，现长期生活、居住在深圳，方某则在重庆生活、居住。婚生女黎某宸与方某共同生活居住。后黎某诉至法院，请求：(1)判令其每周至少探视一次女儿，直到女儿满18周岁为止；(2)判令方某协助配合其与其女黎某宸的日常通信自由；(3)判令方某对阻止其探视黎某宸，侵犯其合法权益的行为，进行赔礼道歉。另查明，方某已向深圳市龙岗区人民法院提起离婚诉讼，目前该案件尚在审理中。还查明，2018年5月1日，黎某到方某位于江北区塔坪5-2的住所看望女儿时，与方某发生争执。报警后，由重庆市公安局江北区分局接警，并将双方当事人带回派出所。

【案件焦点】

夫妻关系存续期间，不直接抚养子女的一方(如在分居期间)是否有探视子女的权利。

【法院裁判要旨】

重庆市江北区人民法院经审理认为,本案争议焦点在于夫妻关系存续期间,不直接抚养子女的一方是否有探视子女的权利。依照《婚姻法》及相关司法解释的规定,探望权是夫妻婚姻关系解除后行使的权利,对于婚姻关系存续期间一方能否向另一方主张探视权的行使,法律尚无明确规定。但父母对子女有抚养教育的义务,离婚后,不直接抚养子女的父或者母有探望子女的权利,另一方有协助的义务,行使探望权利的方式、时间由当事人协商,协商不成时,由人民法院判决。因此,夫妻分居后对子女的抚养也应从有利于子女健康成长的角度出发,由夫妻双方共同协商,协商不成的,由人民法院根据当事人及子女的实际情况来决定。抚养权作为一种亲权,是父母对其子女的一项人身权利,当然包括分居期间不直接抚养子女的一方探视子女的权利。直接抚养子女的一方有义务保障子女的健康成长,另一方有义务承担子女的生活和教育费用等。不直接抚养子女的一方有探望子女的权利,另一方有协助的义务。原告基于工作原因从 2016 年起便与被告分开生活,自 2018 年起双方产生离婚纠纷,继续分居生活,在此期间黎某宸一直由被告抚养照顾。原、被告双方的分居生活,势必会使得不抚养子女一方的原告不能时刻陪伴在子女身边。并且从江北区公安分局出具的案(事)接报回执可以看出,双方曾因为子女的探视问题发生纠纷。因此,虽然原、被告双方现仍系夫妻,在分居期间两人均为黎某宸的法定监护人,故原告对其有法定的监护抚养义务,也当然享有抚养、探望黎某宸的权利,这也是法定监护人行使抚养权的一个体现。因此,对原告起诉要求行使探望黎某宸的权利,应予支持。结合黎某宸现在的学习生活状况及原告的工作状况,本院酌定探视时间为每周一次,被告予以协助。若出现特殊情况,原、被告双方也应从最有利于黎某宸健康成长的角度,协商解决探视问题。故判决如下:(1)自本判决生效之日起,原告黎某每周探望一次黎某宸,被告方某应予以协助;(2)驳回原告黎某的其他诉讼请求。

方某不服重庆市江北区人民法院一审判决,向重庆市第一中级人民法院提起上诉。二审法院审查后认为,《婚姻法》第 23 条规定,“父母有保护和教育未成年子女的权利和义务”。即使双方没有离婚,黎某作为孩子父亲亦有保护和教育子女的权利,现双方处于分居状态,父女分隔两地,黎某对子女的保护教育权利也需要亲子接触、探望来实现。作为黎某宸的法定监护人,黎某探望黎某宸这是其行使抚养教育权利的一种体现,方某无权对其进行阻碍。而双方的离婚纠纷虽已另案提起,但并未生效,本案判决并未有与生效判决相抵触的可能,也不符合法定的中止审理条件。一审法院就此作出判决,并无不当。综上所述,方某的上诉请求不能成立,应予驳回;一审判决认定事实清楚,适用法律正确,应予维持。故二审法院判决如下:驳回上诉,维持原判。

3. 薛某诉马某探望权案——人工辅助生殖方式所育子女亲子关系及探望权判定(《中国法院2023年度案例·婚姻家庭与继承纠纷》)

【基本案情】

2015年11月,薛某与马某相识,后双方协商赴泰国利用购买别人卵子与马某提供的精子进行人工受孕,然后将胚胎植入薛某子宫。2018年某月某日,薛某产下一女马小某。十余日后,马某将马小某带离薛某,后薛某与马某曾产生多次对立冲突。二人均认可未登记结婚,婚姻状态均为离异。薛某曾起诉要求马小某归其抚养,被判决驳回全部诉讼请求。马某带马小某现与马某前妻王某共同生活,马小某日常称呼王某为"妈妈"。后,薛某主张其作为马小某分娩母亲有权对孩子进行探望,且探望有利于孩子的成长教育,起诉要求每周探望马小某一次。马某辩称薛某与孩子并无血缘关系,双方实为代孕关系,薛某主张探望权实为索取钱财。

【案件焦点】

(1)双方是同居关系还是代孕关系;(2)薛某作为马小某的分娩者,是否能认定为马小某的母亲,并享有探望权。

【裁判理由及结果】

北京市海淀区人民法院经审理认为:薛某提交的通话录音、短信聊天记录、微信红包及转账记录等证据具备合法性、客观性、关联性,可据此认定双方存在同居关系。而马某提交的向薛某及他人转账的证据不能证明钱款性质属于代孕费用,马某向代孕公司支付费用的证据与本案争议焦点缺乏必要关联性,故对其所称双方系代孕关系的辩解不予采信。

当事人同居期间所生的子女,适用《民法典》关于父母子女的规定。薛某与马小某虽无生物学上的基因关系,但马小某系薛某与马某在同居期间,经过二人合议,通过人工辅助生殖方式由薛某经怀孕分娩所生,系薛某与马某的非婚生子女。薛某作为不直接抚养子女的一方,有探望非婚生子女的权利,马某有协助的义务。

保护未成年人,应当坚持最有利于未成年人的原则。人民法院办理涉及未成年人案件,应当考虑未成年人身心特点和健康成长的需要。父或者母探望子女,不利于子女身心健康的,由人民法院依法中止探望;中止的事由消失后,应当恢复探望。本案双方在探望问题上无法调和,在关系上存在较为严重的对立冲突,且马小某现年仅3周岁,目前不适宜在双方关系不和谐、互信度不高的情况下接受薛某的探望。马小某自小在马某处生活,形成了较稳定的生活状态,薛某亦非其日常认知中的母亲,在目前的情况下,亦不适合以接走方式探望。因不利于马小某的健康成长，本案暂不具备探望的现实条件，故目前不宜支持薛某的探望请求。

4. 王某辉诉柴某探望权纠纷案[《婚姻家庭纠纷典型案例(河南)》案例一，最高人民法院 2015 年 11 月 20 日]

【基本案情】

原告王某辉与被告柴某经人介绍相识后于 2012 年 10 月 6 日按照农村习俗举行典礼仪式后开始同居生活，2013 年 9 月 12 日生育女儿王某瑶，后双方解除同居关系。王某辉与柴某曾因非婚生女王某瑶的抚养权纠纷诉至法院，2015 年 6 月 2 日，鹤壁市浚县人民法院判决非婚生女王某瑶暂随原告柴某生活，待其成年后随父随母由其自择。2015 年 7 月 20 日，原告王某辉因探望权纠纷到法院起诉。

【裁判结果】

浚县人民法院认为，本案中原、被告的非婚生女儿王某瑶与被告共同生活，原告作为父亲，有权探望王某瑶。现双方对原告探望权的具体时间和方式有不同意见，法院本着既要考虑不影响子女的正常生活，又要增加女儿同父亲的沟通交流、减轻子女因父母解除同居关系而带来的家庭破碎感以及既有利于子女今后身心健康成长，又能维护原告合法权利的原则，依照《婚姻法》第 38 条第 1 款、第 2 款的规定，判决原告王某辉自判决生效之日起，可于每月第一周周日 9 时至 17 时探望女儿王某瑶一次，被告柴某应予以协助。

【典型意义】

探望权是基于父母子女身份关系不直接抚养方享有的与未成年子女探望、联系、会面、交往、短期共同生活的法定权利。离婚后不直接抚养子女方探视子女产生纠纷的原因较多，问题很复杂，其产生的根源往往是由于双方“草率”离婚时对处理子女抚养及对方探望子女考虑不周，以至于产生矛盾隔阂。我国《婚姻法》对探望权的规定比较原则，仅有一条“离婚后，不直接抚养子女的父或母，有探望子女的权利，另一方有协助的义务。行使探望权利的方式、时间由当事人协议；协议不成时，由人民法院判决”。此类案件在审理时，法院在确定探望的时间和方式上，应从有利于子女的身心健康且不影响子女的正常生活和学习的角度考虑，探望的方式亦应灵活多样，简便易行，具有可操作性，便于当事人行使权利和法院的有效执行。

5. 何某某与蒋某某探望权纠纷案(《“用公开促公正 建设核心价值”主题教育活动 婚姻家庭纠纷典型案例》案例二十一，最高人民法院 2015 年 12 月 4 日)

【基本案情】

2010 年 8 月 24 日，原告何某某、被告蒋某某经法院判决离婚，婚生小孩何某珈由被告蒋某某抚养，原告何某某每月给付小孩抚养费 450 元，直至小孩 18 周岁止。判决生效后，原告每月现金支付小孩抚养费。后来因为原告未给付小孩抚养费被告申请法院强制执行,华容县人民法院执行局作出裁定要求原告每月打款进被告账户给付抚养费,从2010年11月份至起诉时止共计47张银行存款凭证。2013年10月2日被告把小孩住院医药发票给原告,要求给付相应费用而没有给付后,被告就没有让原告探望小孩至今。另外,原告于2012年2月29日和2013年3月30日分别支付900元和310元小孩医疗费用。另查明,何某珈于2010年3月9日生,现在校读书。

【裁判结果】

湖南省华容县人民法院依法判决原告何某某每月最后一个周末探望婚生儿子何某珈一次直至成年,被告蒋某某应予协助。

【典型意义】

夫妻离婚后,不直接抚养子女的一方,有探望子女的权利,另一方应予协助配合。本案中被告因小孩住院期间原告父亲去医院探望小孩没有买东西,以及原告没有马上给付小孩医疗费用而不给原告探望小孩,是不利于小孩身心健康成长的。原、被告虽已离婚,但是无法隔断父母双方与子女之间的血缘关系和情感纽带,父亲在儿子的成长过程中有着无可替代的重要地位和作用,被告不能因为原、被告双方家庭之间的矛盾影响到原告的合法权益和小孩的健康成长。法院希望双方在今后探望小孩问题上本着互谅互让、有利于小孩身心健康成长为准则,遇事多克制、协商。法院考虑从既不影响小孩现有正常生活和学习,又增加儿子与父亲的沟通交流,既维护原告的合法权益又有利于小孩身心健康成长的目的出发,酌情作出上述判决。

6. 韩某诉杨某铭探望权纠纷案

(《"用公开促公正 建设核心价值"主题教育活动 婚姻家庭纠纷典型案例》案例二十九,最高人民法院2015年12月4日)

【基本案情】

韩某与杨某铭于2014年12月1日离婚,婚生女孩杨某涵(2011年12月1日出生)归杨某铭抚养,韩某每月支付抚养费1000元。现韩某以杨某铭不让看望孩子为由,于2015年3月11日起诉来院。

【裁判结果】

原审法院判决韩某每周探视婚生女儿杨某涵一次。每次探视的时间限于周五17时韩某亲自将孩子从杨某铭处接走,次日晚17时前韩某将孩子送回,杨某铭应予以协助。杨某铭诉要求改判每个月探视两次,且不能过夜。沈阳中院经审理认为:韩某作为杨某涵的母亲,有探望孩子的权利,杨某铭具有协助的义务,原审确认的韩某探望子女时间,符合法律规定,予以维持。关于杨某铭提出因民族信仰不适宜被接走、韩某不能保证孩子安全、韩某工作性质不能保证陪孩子时间等上诉理由,因未能提供证据加以证明，缺乏事实及法律依据，不予支持。杨某铭提出必须按时给付抚养费才能探望孩子的上诉理由，因抚养费已经生效判决认定，与本案并非同一法律关系，本案不予处理。杨某铭的该项上诉理由，不能得到支持。判决驳回上诉，维持原判。

【典型意义】

《婚姻法》第 38 条规定，离婚后，不直接抚养子女的父或母，有探望子女的权利，另一方有协助的义务。行使探望权利的方式、时间由当事人协议；协议不成时，由人民法院判决。父或母探望子女，不利于子女身心健康的，由人民法院依法中止探望的权利；中止的事由消失后，应当恢复探望的权利。离婚后不直接抚养孩子的一方具有探望孩子的法定的权利，另一方不应以先行给付抚养费等理由加以干涉、阻挠。离婚后的双方应当本着有利于孩子身心健康的原则，对子女探望、教育等事项进行协商解决，为孩子营造和谐的成长环境。

第一千零八十七条　【离婚时夫妻共同财产的处理】离婚时，夫妻的共同财产由双方协议处理；协议不成的，由人民法院根据财产的具体情况，按照照顾子女、女方和无过错方权益的原则判决。

对夫或者妻在家庭土地承包经营中享有的权益等，应当依法予以保护。

【原《婚姻法》条文】

第三十九条　离婚时，夫妻的共同财产由双方协议处理；协议不成时，由人民法院根据财产的具体情况，照顾子女和女方权益的原则判决。

夫或妻在家庭土地承包经营中享有的权益等，应当依法予以保护。

【修改说明】

增加离婚财产处理中对无过错方的照顾原则。无过错方不仅可以请求损害赔偿，在财产分割时还应受到照顾。

【立法 · 要点释义】

在大多数情况下，夫妻离婚，家庭成员中未成年子女是不幸婚姻的最大受害者。因此分割夫妻共同财产时，将对子女权益的保障作为分割夫妻共同财产时优先考虑的因素。2001 年修正《婚姻法》时，新增加了离婚损害赔偿制度，加重了对婚姻中无过错方的保护，因此在分割夫妻共同财产时，暂先不考虑照顾无过错方利益的原则。《民法典》编纂过程中，有的意见提出，现实生活中因过错方导致的离婚情况较为突出，建议在判决分割夫妻共同财产时应加大对无过错方的保护，这也是当前审判实践的做法。

规定第2款的背景是在我国农村，夫妻共同财产的分割主要涉及房屋、承包的土地、果园等。中国的婚姻习俗多数是女方落户到男方，承包土地多数以男方为户主名义承包，双方一旦离婚，女方的承包经营权难以保障。

【编者观点】

离婚分割夫妻共同财产应当以均等分割作为一般原则，以体现夫妻共同财产归夫妻共同所有的制度本旨。在此基础上的补充原则为照顾子女、女方和无过错方权益，三者缺一不可，照顾子女权益放在首位，即要求根据子女生活和学习的需要，给直接抚养子女一方适当多分财产。在具体分割方式上，还要根据待分割财产的具体状态、性质和用途等属性，尽量使财产在双方间的分配有利于当事人的生产经营和生活，不损害财产的效用和经济价值。

本条相较于《婚姻法》第39条，增加了“照顾无过错方原则”，引发争议。从离婚救济体系上观察，照顾无过错方原则与离婚损害赔偿制度存在功能重叠，导致对过错行为的双重评价。有观点认为，为了协调两个制度的关系，应当在夫妻共同财产分割时限制照顾无过错方原则的适用，将“无过错方”中的“过错”，理解为离婚损害赔偿法定重大过错之外的一般过错。夫妻一方具有重大过错的，另一方得主张离婚损害赔偿；夫妻一方仅具有一般过错的，法院可以根据照顾无过错方原则对有过错的一方酌情少分。编者认为，之所以增加这一原则，是因为司法实践中判决的离婚损害赔偿金额通常不足以彰显对于过错方的惩处以及对无过错方的保护，因此转而选择杀伤力更大的共同财产分割环节实现类似的规范目的。因此，在制度适用顺位上，如果于夫妻共同财产分割环节，已经足以彰显对无过错方的照顾，则无须叠加适用离婚损害赔偿制度。

【相关立法】

1.《中华人民共和国妇女权益保障法》(2022年修订，2023年1月1日施行)

第五十五条 妇女在农村集体经济组织成员身份确认、土地承包经营、集体经济组织收益分配、土地征收补偿安置或者征用补偿以及宅基地使用等方面，享有与男子平等的权利。

申请农村土地承包经营权、宅基地使用权等不动产登记，应当在不动产登记簿和权属证书上将享有权利的妇女等家庭成员全部列明。征收补偿安置或者征用补偿协议应当将享有相关权益的妇女列入，并记载权益内容。

第五十六条 村民自治章程、村规民约，村民会议、村民代表会议的决定以及其他涉及村民利益事项的决定，不得以妇女未婚、结婚、离婚、丧偶、户无男性等为由，侵害妇女在农村集体经济组织中的各项权益。

因结婚男方到女方住所落户的，男方和子女享有与所在地农村集体经济组织成员平等的权益。

2.《中华人民共和国农村土地承包法》（2018 年修正，2019 年 1 月 1 日施行）

第十六条　家庭承包的承包方是本集体经济组织的农户。

农户内家庭成员依法平等享有承包土地的各项权益。

第三十一条　承包期内，妇女结婚，在新居住地未取得承包地的，发包方不得收回其原承包地；妇女离婚或者丧偶，仍在原居住地生活或者不在原居住地生活但在新居住地未取得承包地的，发包方不得收回其原承包地。

【司法解释】

1.《最高人民法院关于适用〈中华人民共和国民法典〉婚姻家庭编的解释（一）》（法释〔2020〕22 号，2021 年 1 月 1 日施行）

第七十一条①　**【军人所得的复员费、自主择业费等费用的归属问题及其具体的计算方法】**人民法院审理离婚案件，涉及分割发放到军人名下的复员费、自主择业费等一次性费用的，以夫妻婚姻关系存续年限乘以年平均值，所得数额为夫妻共同财产。

前款所称年平均值，是指将发放到军人名下的上述费用总额按具体年限均分得出的数额。其具体年限为人均寿命七十岁与军人入伍时实际年龄的差额。

第七十二条②　**【夫妻共同财产中的股票、债券等有价证券以及未上市股份有限公司股份等财产在离婚时的分割】**夫妻双方分割共同财产中的股票、债券、投资基金份额等有价证券以及未上市股份有限公司股份时，协商不成或者按市价分配有困难的，人民法院可以根据数量按比例分配。

第七十三条③　**【分割夫妻共同财产中以一方名义在有限责任公司的出资额】**人民法院审理离婚案件，涉及分割夫妻共同财产中以一方名义在有限责任公司的出资额，另一方不是该公司股东的，按以下情形分别处理：

（一）夫妻双方协商一致将出资额部分或者全部转让给该股东的配偶，其他股东过半数同意，并且其他股东均明确表示放弃优先购买权的，该股东的配偶可以成为该公司股东；

（二）夫妻双方就出资额转让份额和转让价格等事项协商一致后，其他股东半数以上不同意转让，但愿意以同等条件购买该出资额的，人民法院可以对转让出资所得财产进行分割。其他股东半数以上不同意转让，也不愿意以同等条件购买该出资额的，视为其同意转让，该股东的配偶可以成为该公司

① 对该条的注释详见附录一第 955 页。

② 对该条的注释详见附录一第 956 页。

③ 对该条的注释详见附录一第 958 页。

股东。

用于证明前款规定的股东同意的证据，可以是股东会议材料，也可以是当事人通过其他合法途径取得的股东的书面声明材料。

第七十四条[①] **【合伙企业中夫妻共同财产份额的分割】**人民法院审理离婚案件，涉及分割夫妻共同财产中以一方名义在合伙企业中的出资，另一方不是该企业合伙人的，当夫妻双方协商一致，将其合伙企业中的财产份额全部或者部分转让给对方时，按以下情形分别处理：

（一）其他合伙人一致同意的，该配偶依法取得合伙人地位；

（二）其他合伙人不同意转让，在同等条件下行使优先购买权的，可以对转让所得的财产进行分割；

（三）其他合伙人不同意转让，也不行使优先购买权，但同意该合伙人退伙或者削减部分财产份额的，可以对结算后的财产进行分割；

（四）其他合伙人既不同意转让，也不行使优先购买权，又不同意该合伙人退伙或者削减部分财产份额的，视为全体合伙人同意转让，该配偶依法取得合伙人地位。

第七十五条[②] **【夫妻用共有财产以一方名义投资设立的独资企业在离婚时的分割】**夫妻以一方名义投资设立个人独资企业的，人民法院分割夫妻在该个人独资企业中的共同财产时，应当按照以下情形分别处理：

（一）一方主张经营该企业的，对企业资产进行评估后，由取得企业资产所有权一方给予另一方相应的补偿；

（二）双方均主张经营该企业的，在双方竞价基础上，由取得企业资产所有权的一方给予另一方相应的补偿；

（三）双方均不愿意经营该企业的，按照《中华人民共和国个人独资企业法》等有关规定办理。

第七十六条[③] **【离婚时夫妻双方对房产分割无法达成一致协议时的处理】**双方对夫妻共同财产中的房屋价值及归属无法达成协议时，人民法院按以下情形分别处理：

（一）双方均主张房屋所有权并且同意竞价取得的，应当准许；

（二）一方主张房屋所有权的，由评估机构按市场价格对房屋作出评估，取得房屋所有权的一方应当给予另一方相应的补偿；

（三）双方均不主张房屋所有权的，根据当事人的申请拍卖、变卖房屋，就所得价款进行分割。

第七十七条[④] **【离婚诉讼中对不同所有权形态的房屋的处理】**离婚时双方对尚未取得所有权或者尚未取得完全所有权的房屋有争议且协商不成的，人民法院不宜判决房屋所有权的归属，

---

① 对该条的注释详见附录一第962页。
② 对该条的注释详见附录一第963页。
③ 对该条的注释详见附录一第965页。
④ 对该条的注释详见附录一第968页。

应当根据实际情况判决由当事人使用。

当事人就前款规定的房屋取得完全所有权后，有争议的，可以另行向人民法院提起诉讼。

第七十八条①　**【一方当事人婚前出资支付首付款按揭贷款购置，婚后登记在自己名下并由夫妻双方共同还贷的不动产的分割】**夫妻一方婚前签订不动产买卖合同，以个人财产支付首付款并在银行贷款，婚后用夫妻共同财产还贷，不动产登记于首付款支付方名下的，离婚时该不动产由双方协议处理。

依前款规定不能达成协议的，人民法院可以判决该不动产归登记一方，尚未归还的贷款为不动产登记一方的个人债务。双方婚后共同还贷支付的款项及其相对应财产增值部分，离婚时应根据民法典第一千零八十七条第一款规定的原则，由不动产登记一方对另一方进行补偿。

第七十九条②　**【用夫妻共同财产出资购买的、登记于一方父母名下的房改房，离婚时的认定处理】**婚姻关系存续期间，双方用夫妻共同财产出资购买以一方父母名义参加房改的房屋，登记在一方父母名下，离婚时另一方主张按照夫妻共同财产对该房屋进行分割的，人民法院不予支持。购买该房屋时的出资，可以作为债权处理。

第八十条③　**【离婚时夫妻一方尚未退休，基本养老金的处理】**离婚时夫妻一方尚未退休、不符合领取基本养老金条件，另一方请求按照夫妻共同财产分割基本养老金的，人民法院不予支持；婚后以夫妻共同财产缴纳基本养老保险费，离婚时一方主张将养老金账户中婚姻关系存续期间个人实际缴纳部分及利息作为夫妻共同财产分割的，人民法院应予支持。

第八十一条④　**【夫妻一方作为继承人依法可以继承的遗产离婚时在继承人之间尚未实际分割时的处理】**婚姻关系存续期间，夫妻一方作为继承人依法可以继承的遗产，在继承人之间尚未实际分割，起诉离婚时另一方请求分割的，人民法院应当告知当事人在继承人之间实际分割遗产后另行起诉。

2.《最高人民法院关于适用〈中华人民共和国民法典〉婚姻家庭编的解释（二）》（法释〔2025〕1号，2025年2月1日施行）

第十条⑤　**【企业登记的持股比例不是夫妻财产约定】**夫妻以共同财产投资有限责任公司，并均登记为股东，双方对相应股权的归属没有约定或者约定不明确，离婚时，一方请求按照股东名册或者公司章程记载的各自出资额确定股权分割比例的，人民法院不予支持；对当事人分割夫妻共同财产的请

---

① 对该条的注释详见附录一第971页。
② 对该条的注释详见附录一第979页。
③ 对该条的注释详见附录一第980页。
④ 对该条的注释详见附录一第982页。
⑤ 对该条的注释详见附录三第1105页。

求,人民法院依照民法典第一千零八十七条规定处理。

第十一条①　【夫妻一方放弃继承的效力】夫妻一方以另一方可继承的财产为夫妻共同财产、放弃继承侵害夫妻共同财产利益为由主张另一方放弃继承无效的,人民法院不予支持,但有证据证明放弃继承导致放弃一方不能履行法定扶养义务的除外。

【司法指导文件】

《最高人民法院关于进一步深化家事审判方式和工作机制改革的意见(试行)》(法发〔2018〕12号,2018年7月18日)

43. 离婚案件中,对于当事人的财产状况等事实,当事人难以举证又影响案件审理结果的,人民法院应当根据当事人的申请及提供的明确的线索,向有关金融机构、当事人所在单位等相关机构调查取证。

当事人自认的涉及身份关系确认或社会公共利益的事实,在没有其他证据证明的情形下,一般不能单独作为定案依据。

44. 对于涉及财产分割问题的离婚纠纷案件,人民法院在向当事人送达受理案件通知书和应诉通知书时,应当同时送达《家事案件当事人财产申报表》。

当事人应当在举证期限届满前填写《家事案件当事人财产申报表》,全面、准确地申报夫妻共同财产和个人财产的有关状况。

人民法院应当明确告知当事人不如实申报财产应承担的法律后果。对于拒不申报或故意不如实申报财产的当事人,除在分割夫妻共同财产时可依法对其少分或者不分外,还可对当事人予以训诫;情形严重者,可记入社会征信系统或从业诚信记录;构成妨碍民事诉讼的,可以采取罚款、拘留等强制措施。

【地方法院规范】

1.《上海市高级人民法院关于审理婚姻家庭纠纷若干问题的意见》(2007年,2020年12月修订)

3. 夫妻共同财产涉及他人情况的处理

夫妻婚后出资购买车辆,并挂靠于他人名下的,在离婚诉讼中,对该车辆不予处理。

夫妻双方与他人(未成年子女除外)共同所有的房屋,应该另案处理,但若案外人仅享有居住使用权而无所有权的,不影响该房屋在离婚诉讼中的分割。

7. 离婚后的财产纠纷中财产价值的确定

审理离婚后的财产纠纷,财产的价值应区别不同情况予以确定:若属于双方约定或法院判决不予处理的财产,财

---

① 对该条的注释详见附录三第1116页。

产价值以处理时的市场价值确定；若属于一方隐藏、转移、变卖、毁损的财产，财产价值的确定可适用“就高”原则，即离婚时财产的市场价值高，以离婚时的市场价值确定；处理财产时的市场价值高，以处理财产时的市场价值确定。

2.《广东法院审理离婚案件程序指引》(2018 年)

第三十九条　【申请调查收集证据】

当事人申请人民法院调查收集财产证据的，人民法院应当要求其提供必要的线索，线索可以是载有相关信息的原件、复印件或者照片：

(一)申请调查不动产情况的，提供不动产登记证书、不动产信息查询单、购买或抵押合同、购买发票、完税证明、支付凭证等一项或者多项；

(二)申请调查机动车情况的，提供行驶证、机动车登记证书、购车合同、购车发票、完税证明等一项或者多项；

(三)申请调查银行账户的，提供银行卡号、存折号、存单号、转账(汇款)凭证、交易流水等一项或者多项；

(四)申请调查股票账户的，提供证券公司开户信息、交易明细、证券账户与银行账户之间的转账凭证等一项或者多项；

(五)申请调查商业保险情况的，提供保险合同、购买发票、缴款凭证、理赔手续等一项或者多项；

(六)申请调查互联网金融资产的，提供平台名称和所属公司工商信息、注册账号、交易明细、与银行账户间转账记录等一项或者多项；

(七)申请调查工商登记内档的，提供营业执照、组织机构代码证、税务登记证、工商信息查询单等一项或者多项。

人民法院对依法应予准许的申请，可以先行组织离婚财产申报，也可以径行调查收集证据。

第四十条　【离婚财产申报一般规定】

当事人请求处理的共同财产范围不一致，或者存在本指引第八条第五项情形的，人民法院可以要求当事人在指定期限内进行离婚财产申报。

离婚财产申报包括全面申报、专项申报和补充申报，人民法院根据查明事实需要，可以要求当事人进行一种或者多种申报。

人民法院要求申报的，应当依据《最高人民法院关于适用〈中华人民共和国民事诉讼法〉的解释》第一百一十条的规定，要求当事人签署如实申报财产保证书。

离婚财产申报表及相关证据应当在法庭上出示，并由当事人互相质证。

经查实当事人存在故意不如实申报情形的，应当依法承担不利后果。

第四十一条　【全面财产申报】

人民法院要求进行全面财产申报的，双方当事人应当申报婚姻关系存续期间以各自或者共同名义取得，现在仍然以各自或者共同名义所有的全部财产。

申报的财产范围包括:1. 工资、住房公积金、奖金、津贴、补贴等收入;2. 土地、房产等不动产;3. 车辆、贵重私人物品等价值较大动产;4. 银行存款;5. 租金、政府津贴、农村集体组织红利等生产、经营性收益;6. 股权及其收益;7. 股票、基金等有价证券;8. 投资型保险;9. 知识产权的收益;10. 继承或赠与所得的财产;11. 其他依法属于夫妻共同所有的财产或者权益。

当事人以各自或者共同名义享有和负担的债权债务应当一并申报。

人民法院指定全面申报财产的期限不超过 20 日。根据当事人的申请,可以适当延长。

第四十二条 【专项财产申报】

当事人申请调查收集对方当事人请求范围之外的共同财产证据,但对共同财产范围争议不大的,人民法院可以要求对方当事人就该项财产现在的情况进行专项申报。

当事人申请调查收集对方当事人隐藏、转移、变卖、损毁共同财产的证据,有较为明确和充分线索的,人民法院可以要求对方当事人就该项财产在指定时期内的变动情况进行专项申报。

前款规定的时期不限于当事人第一次起诉离婚后的时期,但一般不超过两年。

人民法院指定专项申报财产的期限不超过 10 日。根据当事人的申请,可以适当延长。

第四十三条 【补充财产申报】

当事人对对方当事人的财产申报有异议,申请对异议事项调查收集证据的,人民法院可以要求对方当事人就该异议事项进行补充申报。

人民法院指定补充申报财产的期限不超过 5 日。根据当事人的申请,可以适当延长。

当事人未对财产申报异议事项申请调查收集证据,或者拒绝进行补充申报的,离婚财产申报终结。

第四十四条 【财产申报核实】

离婚财产申报终结后,人民法院应当根据当事人的申请,或者依照本指引第八条第五项的规定,对该申报的异议事项调查收集证据。

人民法院调查收集的证据,应当在法庭上出示,并由当事人互相质证。

当事人拒绝补充申报,经核实为瞒报、漏报、少报的,应当认定为故意不如实申报。

第四十五条 【财产分割特别规则】

当事人拒绝进行财产申报的,人民法院应当依据《中华人民共和国婚姻法》第四十七条①的规定,对超出其请求范围的共同财产予以不分或者少分。

当事人故意不如实申报财产的,人民法院应当依据《中华人民共和国婚姻法》第四十七条的规定,对其未如实申报的共同财产予以不分或者少分。

当事人在第一次起诉离婚后,隐

---

① 对应《民法典》第 1092 条。——编者注

藏、转移、变卖、损毁部分共同财产致使无法分割的，人民法院在分割共同财产时，应当依据《中华人民共和国婚姻法》第四十七条的规定对其不分或者少分。

3.《北京市高级人民法院民一庭关于审理婚姻纠纷案件若干疑难问题的参考意见》(2016 年)

五十五、【审判与执行衔接问题】离婚诉讼涉及夫妻共同财产分割时，如可能存在判决后需要执行部门通过过户或交付等方式实现判决确定的权利的，为便于减少诉累、提高权利保护效率，人民法院应释明当事人在诉讼请求中一并提出过户或交付等实际履行内容。

在前款所述判决主文中，存在互负给付义务情况下，可根据案件情况判令同时履行或确定履行顺序，避免出现一方履行义务但对待权利无法实际实现情形的发生。

4.《北京市高级人民法院关于处理婚姻案件中子女抚育、财产分割及住房安置问题的几点意见》(1990 年)

二、关于离婚时的财产分割问题

7. 在具体判决财产的归属时，应考虑物品的使用价值，对当事人学习、工作必需的学习资料、业务书籍、工具等，应按照当事人的实际需要，合理分割。

8. 在离婚诉讼中，如果夫妻财产与其他人的财产处于共有状态，应当由夫妻与其他共有人协商确定各自应得的财产数额，然后根据协商确定的夫妻共同财产数额进行分割。如果协商不成，可由人民法院对能够确定的夫妻共同财产进行分割。

【法院参考案例】

1. 杨某某诉张某某土地承包经营权案(《第五届依法维护妇女儿童权益十大案例》案例四，全国妇联 2023 年 12 月 4 日)

【基本案情】

杨某某(女)与张某某于 1992 年登记结婚，婚后杨某某将户口迁至张某某户内。2009 年颁发的张某某家庭《农村土地承包经营权证书》上记载承包方家庭成员为 5 人，杨某某系承包共有人之一，承包地确权总面积为 8.27 亩，承包期限自 1999 年 1 月 1 日至 2028 年 12 月 31 日。2021 年 7 月，杨某某与张某某调解离婚，但未对家庭承包土地进行分割。离婚后，杨某某的户口仍在前夫张某某户口所在村，在其他村也未取得承包地，杨某某向张某某要回属于自己的承包地，但张某某认为离婚后前妻没有资格要回承包地，故杨某某向法院提起诉讼。

河北省衡水市景县人民法院受理该案后，主办法官向张某某释明国家保护承包方的土地承包经营权，任何组织和个人不得侵犯，并根据《民法典》第 1087 条“离婚时，夫妻的共同财产由双方协议处理；协议不成时，由人民法院根据财产的具体情况，按照顾子女和女方权益的原则判决。对夫或者妻在家庭土地承包经营中享有的权益等，应当依法予以保护”的规定，认定杨某某在离婚后请求人民法院对其享有的土地承包经营权进行分割，具有正当性和合理性。最终，法院判决被告张某某于本季种植的农作物收获后10日内，将家庭承包的8.27亩土地中的1.65亩交由原告杨某某承包经营，承包地块的坐落由第三人河北省衡水市景县某村村民委员会予以调整。

【典型意义】

《妇女权益保障法》第55条规定，妇女在农村集体经济组织成员身份确认、土地承包经营、集体经济组织收益分配、土地征收补偿安置或者征用补偿以及宅基地使用等方面，享有与男子平等的权利。受“妻从夫居”传统婚嫁习俗的影响，农村妇女婚后往往将户口迁至婆家，一旦离婚，其在婆家村分得的土地可能被前夫家独自占有经营，或被村集体收回，依法享有相关权益面临现实困难。本案中，法院受理原告的诉讼请求，依据《民法典》的相关规定，认定原告享有与其他家庭成员共同占有、使用、收益和处分土地承包经营权的权利，将夫妻关系存续期间取得的土地承包经营权作为夫妻共同财产依法进行分割，判决前夫将家庭承包地中属于前妻的部分交由前妻承包经营，并由村民委员会负责调整承包地块坐落。该案对于保障农村妇女特别是离异妇女的土地合法权益，推动实践中类似问题的解决，具有积极示范意义。

2. 黄某某诉沙某某离婚纠纷案——离婚后财产纠纷中违章建筑不宜作为夫妻共同财产分割［《民事审判指导与参考》2016年第2辑(总第66辑)］

【裁判要旨】

夫妻关系存续期间搭建的违章建筑，虽然被登记在房产证中，但是基于其破坏国家行政机关对于土地、规划、建设的管理秩序，违反土地管理法、城市规划法等相关法律法规禁止性规定，不宜作为夫妻共同财产由人民法院以判决的方式予以分割。人民法院应该就此向双方当事人释明，只有当诉争违章建筑被政府依法拆迁补偿而其价值得以合法形式体现后，当事人才可以就拆迁补偿款的分割另行协商或提起诉讼。

【基本案情】

黄某某与沙某某原系夫妻关系。沙某某提起离婚诉讼并被判决准予其与黄某某离婚，黄某某对该判决不服，被重庆市第五中级人民法院判决驳回上诉，维持原判。本案离婚后财产分割所涉诉争房屋系双方当事人夫妻关系存续期间修建，该房屋所有权证(字第02455号)中载明的权利人为黄某某，住宅建筑面积为94平方米，违章建筑91.5平方米。黄某某与沙某某对诉争房屋的价值未能达成一致意见，遂起诉至重庆南岸区人民法院，请求依法对诉争房屋进行分割。

一审过程中，黄某某申请对诉争房屋价值进行评估。一审法院委托重庆普华房地产土地资产评估有限公司进行评估。资产评估有限公司作出的《房地产估价报告》载明："诉争房屋所有权证：字第 02455 号、集体土地使用证：南集用（2003）字第 0142 号，住宅（建筑面积 94 平方米，评估价值为 76600 元，违章建筑面积 91.50 平方米，评估价值 60400 元），合计 137000 元。"黄某某对评估报告无异议，但认为违章建筑不合法，不应进行折价补偿。沙某某认为诉争房屋虽然是违章建筑，却登记在房权证上，也有价值，应包括在评估价值范围内。

【裁判结果】

南岸法院一审认为，黄某某与沙某某对诉争房屋各享有 50%的产权份额，现两人已解除夫妻关系，黄某某提出对诉争房屋进行分割的请求，应予准许。双方当事人在法院主持下，选取评估机构即重庆普华房地产土地资产评估有限公司进行评估。评估人员具备评估资格、评估程序合法，一审法院对《房地产估价报告》中的评估结论予以采纳。因违章建筑记载于乡村房屋所有权证中，亦属于黄某某与沙某某两人婚姻关系存续期间共同修建，具有一定的使用价值。综合考虑本案的实际情况，诉争房屋系乡村房屋，宅基地的土地所有者为上石牛社，土地使用者为黄某某，黄某某为该社社员，本案诉争房屋即位于重庆市南岸区南山街道石牛村上石牛组的房屋归黄某某所有，房权证中载明的违章建筑归黄某某使用，由黄某某支付沙某某房屋折价补偿款共计 68500 元（137000 元）。

据此，南岸法院遂判决：（1）位于重庆市南岸区南山街道石牛村上石牛组的房屋（乡村房屋所有权证：字第 02455 号）归原告黄某某所有，房权证中载明的违章建筑归原告黄某某使用；（2）由原告黄某某支付被告沙某某房屋折价补偿款共计 68500 元。

黄某某不服一审判决，向重庆市第五中级人民法院提起上诉。重庆五中院审理认为，本案争议的焦点是涉案房屋中的违章建筑部分是否应当作为夫妻关系存续期间的共同财产进行分割的问题。一方面因违章建筑本身具有一定的财产属性，且本案涉及的违章建筑已被国家行政管理部门登记于乡村房屋所有权证中，黄某某与沙某某作为乡村房屋所有权证上记载的共有人，婚姻关系解除后双方有权对该财产价值进行分割。但违章建筑因其违法性无法进行流通交易，其价值目前尚难确定，现在分割对双方当事人均可能造成不公平结果。因此对涉案房屋的违章建筑部分暂不进行分割，双方当事人可以共同使用。今后该违章建筑价值得以确定或实现时，双方当事人均有权再分割。

据此，重庆五中院判决如下：（1）撤

销一审判决;(2)位于重庆市南岸区南山街道石牛村上石牛组的房屋即字第02455号乡村房屋所有权证中载明的面积为94平方米的住宅归原告黄某某所有,字第02455号乡村房屋所有权证中载明91.5平方米的违章建筑暂不分割;(3)由黄某某支付沙某某对于字第02455号乡村房屋所有权证中载明的面积为94平方米的住宅房屋折价补偿款共计38300元;(4)驳回黄某某的其他诉讼请求。

第一千零八十八条 【离婚经济补偿】夫妻一方因抚育子女、照料老年人、协助另一方工作等负担较多义务的,离婚时有权向另一方请求补偿,另一方应当给予补偿。具体办法由双方协议;协议不成的,由人民法院判决。

【原《婚姻法》条文】

第四十条 夫妻书面约定婚姻关系存续期间所得的财产归各自所有,一方因抚育子女、照料老人、协助另一方工作等付出较多义务的,离婚时有权向另一方请求补偿,另一方应当予以补偿。

【修改说明】

删除了"夫妻书面约定婚姻关系存续期间所得的财产归各自所有"的规定,离婚补偿制度的适用不再限于分别财产所有制;增加"先协商,再由法院判决"。

【立法·要点释义】

《婚姻法》第40条规定的离婚经济补偿,适用的前提条件是夫妻双方约定采取的分别财产制。分别财产制保证了双方独立的财产权,但是由于妇女的就业机会和经济收入大多低于男性,并且在大多数情况下,为了家庭利益而牺牲自己发展机会的往往是女性,在离婚时如果不给予补偿,会使经济弱势方的合法权益得不到保障。

在《民法典》编纂征求意见中,许多意见指出,每个配偶对家庭都作了不同但同样重要的贡献。一方因抚养子女、照料老人、协助另一方工作等付出较多义务,并且因前述原因牺牲了自己的发展机会,导致自己在婚姻关系存续期间无经济收入,或者经济收入远低于另一方,当婚姻关系终结之时,不论夫妻财产是分别财产制,还是共同财产制,离婚分割财产时,如果他们的利益得不到有效的保障,将对子女的成长极为不利,对社会的稳定产生重大影响。对此本条修改扩大了离婚经济补偿的适用范围。

本条规定是遵循权利和义务对等的原则作出的。只有在一方为婚姻共同体尽了较多义务,如抚养子女、照料老人、协助另一方工作的情况下才可向对方请求补偿。经济补偿,首先应当由要求离婚的夫妻自行协商确定,这种协商可以是在协议离婚时确定,也可以在诉讼离婚中确定。如果双方达不成协议,人民法院则依据本条的规定进行判决确定。

【编者观点】

共同财产制下离婚经济补偿制度的价值基础

《婚姻法》第 40 条将离婚经济补偿制度的适用范围限制在分别财产制,表明其规范意旨是作为克服分别财产制固有缺陷的纠偏措施,解决一方家务贡献难以在夫妻分别财产制下获得合理评价的问题。而共同财产制下,离婚时的共同财产均等分割已承认了家务劳动的价值,若叠加适用离婚经济补偿制度,会导致家务贡献的重复计算与评价。因此应当将离婚经济补偿制度的适用范围限缩在夫妻分别财产制下。《婚姻法》施行之后,由于分别财产制并非我国法定财产制类型,适用分别财产制的家庭数量相对较少,从而极大限缩了离婚经济补偿制度在实践中的适用空间。

从《民法典》的官方释义的表述中可知,无论是分别财产制还是共同财产制,离婚经济补偿制度的适用前提都在于“一方付出较多义务”,其正当性便源自对家务劳动价值的承认。家务劳动是指无法直接产生经济效益的、为满足家庭成员的生活需要所从事的劳动。其价值在直接间接两个层面得以体现:直接层面,家务劳动作为一种劳动形态,自身具有市场价值,如果双方都不承担家务劳动,则需要有偿方式由家政服务人员承担,由此导致夫妻共同财产的减少,因此家务劳动对于家庭财富的积累具有间接贡献;间接层面,家务劳动的总量是恒定的,一方从事更多的家务劳动意味着另一方从事更少,从而可以把更多时间精力投入职业工作,使得从事家务劳动较少一方有更大机率提升自己的收入水平和人力资本市场价值,这一结果受益于另一方从事的家务劳动。

共同财产制缘何也存在适用离婚经济补偿制度的可能?第一个正当性理由在于官方释义所言的“利益在婚姻关系解体之时得不到有效保障”。一方面,生活经验告诉我们,家庭共同财产的积累是一个非线性发展的过程,婚姻初期往往对应着青年阶段,双方事业刚在起步期,无论是收入还是人力资本价值都处于缓慢积累爬坡阶段;婚姻关系存续一段时间意味着人生步入中年阶段,通常意味着收入增长和职业晋升,家庭财富积累初具规模,人力资本价值也得到较大提升;婚姻关系持续至人生进入壮年阶段,收入与人力资本价值曲线或都处于高点,夫妻共同财产基本达到最大化。因此若在婚姻初期或存续时间不长便离婚,此时尚未积累到足以补偿付出较多义务一方的家庭财产，出现有分割夫妻共同财产之权，却无财产可供分割之实，“有名无实”情形下双方的权利义务关系失衡。另一方面，考虑到目前中国家庭的主流情形是“双薪制”而非“主妇制”，但传统的“男主外、女主内”的家务分工模式并未因女性外出工作而发生实质性改变，大多数家庭中妻子在辛勤工作的同时，承担了更多抚养子女、照料老人等家务劳动，因此仅仅依靠夫妻共同财产的分割，未必能够合理评价双薪制下家务劳动付出方在家务劳动上的贡献和价值。

第二个正当性理由在于官方释义所言的“一方因付出较多义务牺牲了自身的发展机遇”，即基于家庭效用最大化作出的家庭分工造成面向未来的人力资本补偿问题。付出较多义务一方在职业发展方面受到不可逆的负面影响，未来的收入水平和人力资本价值都处于弱势，而从事家务劳动较少一方有更大机率提升了收入水平和人力资本价值。婚姻存续期间，遭受收入能力损失的一方通过共同财产制，得以分享另一方收入的提升而得到相应回报，并使得整个家庭共同体的利益最大化。一旦离婚，当初基于家庭效用最大化而作出的家庭分工，却使得双方面临天壤之别的损失抑或收益。付出较多义务一方未来职业发展机会的丧失，无法继续通过另一方收入的提升而得以弥补，也就是说因付出较多家务劳动这一抉择所造成的负面影响在未来依旧持续；但是得利一方继续享受着之前家务劳动付出较少而在职业发展方面带来的红利。这一面向未来的失衡局面无法通过离婚时的共同财产分割得以矫正，需要引入离婚经济补偿制度解决人力资本价值的补偿问题。

第三个正当性理由在于官方释义所言的“将对子女的成长极为不利，对社会的稳定产生重大影响”，即在后果层面由于未能在离婚之际对收入能力损失予以重新分配，扭曲的激励机制导致婚姻行动的扭曲，对子女抚养以及社会稳定产生负面影响。如若可以合理预期从事家务劳动带来的收入损失在离婚时将会得到补偿，家务劳动一方在婚姻关系中会以家庭整体利益为出发点，采纳最佳的婚姻分工模式，通常也最有利于子女教育和抚养。如若不能合理预期从事家务劳动带来的收入损失在离婚时将会得到补偿，则原本投入家务劳动一方会以自身利益而非家庭整体利益作出选择，放弃最佳的婚姻分工模式，投入相对较少时间精力用于家务劳动以及子女教育和抚养，对子女成长产生不利影响；同时既然夫妻双方都以个人利益而非家庭整体利益为重，婚姻家庭何以稳定运行？收入和人力资本价值更高一方可能的离婚动机何以得到抑制？

【相关立法】

《中华人民共和国妇女权益保障法》

(2022 年修订,2023 年 1 月 1 日施行)

第六十八条　夫妻双方应当共同负担家庭义务,共同照顾家庭生活。

女方因抚育子女、照料老人、协助男方工作等负担较多义务的,有权在离婚时要求男方予以补偿。补偿办法由双方协议确定;协议不成的,可以向人民法院提起诉讼。

【司法解释】

《最高人民法院关于适用〈中华人民共和国民法典〉婚姻家庭编的解释(二)》(法释〔2025〕1 号,2025 年 2 月 1 日施行)

第二十一条[①]　**【离婚经济补偿的认定和处理】**离婚诉讼中,夫妻一方有证据证明在婚姻关系存续期间因抚育子女、照料老年人、协助另一方工作等负担较多义务,依据民法典第一千零八十八条规定请求另一方给予补偿的,人民法院可以综合考虑负担相应义务投入的时间、精力和对双方的影响以及给付方负担能力、当地居民人均可支配收入等因素,确定补偿数额。

【法院参考案例】

张某诉萧某离婚案[《人民法院案例选》2016 年第 6 辑(总第 100 辑)]

【基本案情】

原、被告系自由恋爱结婚。1992 年生育一男孩。原告曾于 1996 年起诉离婚,法院判决不予准许。此后,原、被告双方争吵和打架依然发生,夫妻感情日益恶化。1998 年被告与其工作单位签订停薪留职协议后,长期在外务工。自 1998 年外出打工至 2003 年期间,原、被告双方联系甚少,被告回长沙都没与原告见面,仅仅于 2002 年汇给原告 2200 元。此间,原告未征得被告的同意,将夫妻双方原购住房与原告父母的旧房某大院某栋 2 单元 302 房进行交换,并将此房屋出租,原告则与其独自抚养的儿子居住于其父母家中,以减少家庭开支。2003 年至今,被告与家庭联系日益减少,仅为其儿子换电脑、购买过复读机、MP3 和自行车等学习和生活用品,后因原告无力独自承担抚养儿子的重担,被告又承担了 2003 年后的学费,但未支付小孩的其他抚养费。2006 年 3 月,原告从其所在单位下岗,并办理协保手续,其一次性经济补偿金 37872 元已用于原告本人的协保期间的基本养老保险和基本医疗保险,未发放给本人。

另查明:原、被告的儿子从 2004 年 8 月开始患病,在医院住院及门诊治疗共用去医疗费 2447.73 元。原、被告的儿子从读书开始,由原告支付的学费合计为 1641.1 元。又查明:为购买房屋,原告借款 7700 元;被告借款 19000 元;双方无债权。长沙市某大院某栋 2 单元 302 房屋经鉴定价值为 78488 元。

---

① 对该条的注释详见附录三第 1149 页。

【裁判结果】

区人民法院审理后认为,原、被告虽系自由恋爱结婚,但双方性格差异较大,婚后没有建立起良好的夫妻感情,且从2003年至今分居已超过两年,可确认双方夫妻感情已彻底破裂,原、被告均同意离婚,法院予以准许。婚生小孩萧某某一直随原告共同生活,且被告长期在外打工,故小孩由原告抚养为宜。某大院某栋2单元302房的房产系原、被告双方借款购买,因原告多年来独自抚养小孩,对家庭所尽义务较多,而被告不但未尽丈夫的责任,而且未尽父亲的责任;父母对子女的责任,不仅仅是金钱上的付出,更多的是时间、精力的付出,而时间、精力的付出不是金钱所能衡量的。被告对家庭,不但金钱上付出较少,而且时间、精力几乎没有付出,所以原告要求被告补偿2万元的诉讼请求,应该予以支持。因原告已经承担了小孩多年的生活费、学费、医疗费等,故在原、被告为购买房屋所负债务的分担上,应由各自承担其所借债务,即原告承担本人借款7700元;被告承担本人借款19000元。因被告现工作单位及工资收入不清楚,且在诉讼后期联系不上,故原、被告位于长沙市某大院某栋2单元302室的房屋归原告所有,由原告给付被告39244元。关于原告因办理协保手续而获得的一次性经济补偿,因有证据证实此款未发放给本人,故不应作为共同财产分割。据此,依照《民事诉讼法》第130条,《婚姻法》第31条、第37条、第38条、第39条、第40条、第41条、第43条,《婚姻法解释(二)》第20条第2项的规定,判决如下:(1)原告与被告自本判决生效起解除婚姻关系;(2)原告与被告共同生育的男孩萧某某由原告抚养,由被告每月支付抚养费400元至萧某某独立生活为止;(3)长沙市某大院某栋2单元302室房屋产权归原告所有,由原告给付被告39244元;(4)原、被告双方各自所借债务由各自承担,原告承担借款7700元,被告承担借款19000元;(5)由被告补偿原告2万元;(6)各人衣物归各人所有。上述3、5项合并后,应由原告给付被告19244元,因被告应支付小孩萧某某的抚养费每月400元,故用抚养费冲抵上述款项,直至上述款项冲抵完毕为止,再由被告另行支付抚养费。

第一千零八十九条 【离婚时夫妻共同债务的清偿】离婚时,夫妻共同债务应当共同偿还。共同财产不足清偿或者财产归各自所有的,由双方协议清偿;协议不成的,由人民法院判决。

【立法·要点释义】

夫妻共同债务属于连带债务,对外夫妻双方应当依法对债权人承担连带清偿责任。在内部夫妻双方应当以共同财产共同偿还，如果夫妻共同财产不足致使不能清偿的，或者双方约定财产归各自所有没有共同财产清偿的，不论是双方当事人协商确定，还是人民法院判决确定的清偿方式、清偿比例等内容，仅在离婚的双方当事人之间有效，对债权人是没有法律效力的，债权人可以依照本法第 178 条“二人以上依法承担连带责任的，权利人有权请求部分或者全部连带责任人承担责任”的规定来要求双方履行其债务。

【编者观点】

有观点认为，自资产分割理论的防御规则角度观察，夫妻共同债务清偿的责任财产顺位是，先以夫妻共同财产清偿，不足部分再以夫妻的个人财产清偿。债权人要求配偶先以个人财产清偿的，配偶有权主张顺位抗辩。对外偿还共同债务后，夫妻双方相互之间的内部追偿份额，应考虑到共同财产的分割情况以及双方家庭扶养义务的承担情况，在个案中具体确定。

【相关立法】

《中华人民共和国民法典》（2021 年 1 月 1 日施行）

第一百七十八条　二人以上依法承担连带责任的，权利人有权请求部分或者全部连带责任人承担责任。

连带责任人的责任份额根据各自责任大小确定；难以确定责任大小的，平均承担责任。实际承担责任超过自己责任份额的连带责任人，有权向其他连带责任人追偿。

连带责任，由法律规定或者当事人约定。

第三百零七条　因共有的不动产或者动产产生的债权债务，在对外关系上，共有人享有连带债权、承担连带债务，但是法律另有规定或者第三人知道共有人不具有连带债权债务关系的除外；在共有人内部关系上，除共有人另有约定外，按份共有人按照份额享有债权、承担债务，共同共有人共同享有债权、承担债务。偿还债务超过自己应当承担份额的按份共有人，有权向其他共有人追偿。

第五百一十八条　债权人为二人以上，部分或者全部债权人均可以请求债务人履行债务的，为连带债权；债务人为二人以上，债权人可以请求部分或者全部债务人履行全部债务的，为连带债务。

连带债权或者连带债务，由法律规定或者当事人约定。

第五百一十九条　连带债务人之间的份额难以确定的，视为份额相同。

实际承担债务超过自己份额的连带债务人，有权就超出部分在其他连带债务人未履行的份额范围内向其追偿，并相应地享有债权人的权利，但是不得损害债权人的利益。其他连带债务人对债权人的抗辩，可以向该债务人主张。

被追偿的连带债务人不能履行其应分担份额的,其他连带债务人应当在相应范围内按比例分担。

第五百二十条 部分连带债务人履行、抵销债务或者提存标的物的,其他债务人对债权人的债务在相应范围内消灭;该债务人可以依据前条规定向其他债务人追偿。

部分连带债务人的债务被债权人免除的,在该连带债务人应当承担的份额范围内,其他债务人对债权人的债务消灭。

部分连带债务人的债务与债权人的债权同归于一人的,在扣除该债务人应当承担的份额后,债权人对其他债务人的债权继续存在。

债权人对部分连带债务人的给付受领迟延的,对其他连带债务人发生效力。

【司法解释】

《最高人民法院关于适用〈中华人民共和国民法典〉婚姻家庭编的解释(一)》(法释〔2020〕22号,2021年1月1日施行)

第三十五条[①] **【夫妻双方对共同债务不因婚姻关系解除而免除清偿责任】**当事人的离婚协议或者人民法院生效判决、裁定、调解书已经对夫妻财产分割问题作出处理的,债权人仍有权就夫妻共同债务向男女双方主张权利。

一方就夫妻共同债务承担清偿责任后,主张由另一方按照离婚协议或者人民法院的法律文书承担相应债务的,人民法院应予支持。

第一千零九十条 【离婚经济帮助】 离婚时,如果一方生活困难,有负担能力的另一方应当给予适当帮助。具体办法由双方协议;协议不成的,由人民法院判决。

【原《婚姻法》条文】

第四十二条 离婚时,如一方生活困难,另一方应从其住房等个人财产中给予适当帮助。具体办法由双方协议;协议不成时,由人民法院判决。

【修改说明】

删除了具体的列举情形。

【立法·要点释义】

婚姻关系终结后,法律明确要求一方对生活困难的另一方从其个人财产中给予适当的帮助,实质是夫妻间扶养义务的延续。当一对男女结为合法夫妻,法律推定双方建立了一种相互信赖、相互扶助的特殊社会关系,夫妻关

① 对该条的注释详见附录一第877页。

系存续期间，双方都为维持这个婚姻共同体作了努力，这其中包括个人的自我损失和自我牺牲；当婚姻关系终结时，不能排除一方的生活困难可能是其在婚姻关系存续期间为了家庭利益而放弃个人发展机会所造成的。离婚经济补偿只有当一方对婚姻承担了较多义务时，才有权提请。而本条关于困难帮助适用条件则是，无论夫妻哪一方是否对婚姻共同体尽了较多义务，作了多大贡献，只要在离婚时本人存在生活困难的情况，就可以向对方请求经济帮助。

一般认为若一方离婚后分得的财产不足以维持其合理的生活需要，或者不能通过从事适当的工作维持其生活需要等，均可认为是生活困难的体现。法院应考虑双方的收入和财产，双方就业能力，子女抚养，婚姻期间的生活水平等因素，合理确定扶助的数额和方式。婚姻关系中的过错不应在考虑之列，意味着有过错的一方若存在生活困难的情形，也可要求无过错方给予适当经济帮助。

【编者观点】

与法工委的立法释义意见相反，编者认为，离婚后男女双方不再承担相互扶养义务，因此，离婚经济帮助制度的正当性基础并非夫妻互相扶养义务在离婚后的延续，而是一种基于现实考量的兜底性的善后救济措施。第1088条规定了离婚经济补偿制度、第1090条规定了离婚经济帮助制度、第1091条规定了离婚损害赔偿制度，三项制度的规范意旨虽各不相同，但在功能层面均旨在消除离婚过程中存在于婚姻关系当事人之间的权利缺损状态。三项制度服务于不同的价值功能，经济补偿是基于权利人为家庭共同生活所作贡献抑或牺牲等事实的客观评价，与夫妻哪一方过错导致离婚并无关联。即便付出较多义务一方是导致离婚的过错方，也不能因导致离婚的过错而忽视甚至否认该方在婚姻存续期间对家庭作出的贡献或牺牲。离婚损害赔偿制度已经对过错行为作出了评价，在离婚经济补偿制度的适用过程中不应予以考虑，否则构成重复评价。离婚经济帮助的前提则是一方生活困难且另一方有负担能力，着眼于生活困难一方的客观需求，不考虑双方在婚姻存续期间的贡献或牺牲以及对于离婚是否存在过错。但是否存在生活困难这一客观需求，则受到经济补偿和损害赔偿后果的影响，因此第1090条的适用，应当劣后于第1088条与第1091条之后进行判断。

因此，离婚损害赔偿与离婚经济补偿两项制度原则上并行不悖，独立判断是否符合各自的构成要件。经济补偿数额与损害赔偿数额也分别计算，如若付出较多义务一方是导致离婚的非过错方，则补偿数额与赔偿数额相加；如若付出较多义务一方是导致离婚的过错方，则补偿数额与赔偿数额可以适用抵销规则。在损害赔偿以及经济补偿之后，再行判断赔偿金额或补偿金额与分割所得的共同财产相加之后，双方的客观状况是否仍满足第 1090 条的“生活困难”以及“具备负担能力”。如若原本“生活困难”的客观状况因损害赔偿或经济补偿而得以消解，则不能叠加适用离婚经济帮助制度。

【司法解释】

《最高人民法院关于适用〈中华人民共和国民法典〉婚姻家庭编的解释（二）》（法释〔2025〕1 号，2025 年 2 月 1 日施行）

第二十二条[①]　**【离婚经济帮助的处理】**离婚诉讼中，一方存在年老、残疾、重病等生活困难情形，依据民法典第一千零九十条规定请求有负担能力的另一方给予适当帮助的，人民法院可以根据当事人请求，结合另一方财产状况，依法予以支持。

【司法指导文件】

《最高人民法院对于婚姻法第二十五条[②]**规定生活费问题的意见》**（1951 年 6 月 25 日）

（一）夫妻在离婚时双方均无困难情形，经过若干时期，一方未再结婚而生活困难者，原则上他方仍应帮助维持生活。

（二）夫妻离婚时，一方生活困难，经双方协议或判决由一方一次给付他方生活费若干，经过若干时期，他方仍未结婚而生活依然困难，第二次请求帮助维持生活费者，一般的不应允许再予帮助。

（三）离婚在婚姻法颁布前，经双方协议给付生活费之后，经过若干年限又以未再行结婚而生活困难为理由，请求他方帮助维持生活费者，不应再予允许。

（四）关于帮助维持生活的期间问题，我们认为不宜作一般硬性规定，而应从需要与可能的实际情况出发，作适当的处理。对于年老、残废、疾病等实际上无生活能力者，应按具体情况更好注意照顾。

【法院参考案例】

1. 刘某某诉鲁某离婚后财产案——《民法典》实施后离婚经济帮助制度的法律适用及认定标准（《中国法院 2023 年度案例 · 婚姻家庭与继承纠纷》）

【基本案情】

鲁某（男方）与刘某某（女方）原系夫妻关系，二人于 2009 年 2 月 11 日在民政部门办理离婚登记手续并签订《离

① 对该条的注释详见附录三第 1154 页。

② 1950 年《婚姻法》第 25 条强调的是“离婚后”，1980 年《婚姻法》第 33 条、2001 年《婚姻法》第 42 条以及《民法典》第 1090 条修改为是“离婚时”。——编者注

婚协议书》。协议书约定：双方无共同财产，无共同债权、债务；将来男方的退休金自愿给女方一半，直到女方生命终止。鲁某于 2009 年 7 月 27 日再婚，于 2021 年 1 月起领取养老保险金。2021 年 5 月刘某某诉至法院，要求鲁某履行离婚协议，每月支付其 2300 元，并随国家政策每年递增。鲁某称，分割其养老保险金承诺无效，养老金属其与现任妻子的共同财产。另查，刘某某于 1987 年离职，无养老保险金。鲁某每月养老保险金为 4623.46 元。双方育有一子一女，离婚时，儿子 22 岁读大学二年级，女儿 18 岁读高中。双方《离婚协议书》中约定：儿子生活费、教育费、医疗费由男方负担，女儿高中期间生活费、教育费、医疗费由女方负担，上大学后双方各负担 50%。

【案件焦点】

鲁某应否按照其在离婚协议中的承诺，退休后向刘某某支付一半养老保险金。

【裁判要旨】

山东省枣庄市市中区人民法院经审理认为：《离婚协议书》是夫妻双方对于婚姻关系的解除、子女的抚养、共同财产的分割等问题在综合考虑的基础上达成的具有人身和财产双重性质的合意，双方关于被告的退休金自愿给女方一半的条款并非独立条款，而是以解除夫妻关系为前提，与离婚协议的其他条款作为一个整体，该条款与一般合同条款不同，具有道德义务性质，该条款具有给原告离婚补偿及离婚后生活补助费的性质。本案《离婚协议书》是双方的真实意思表示，内容并无违反法律及行政法规的强制性规定，双方均应按约履行。关于鲁某应支付金额，因其已于 2009 年 7 月 27 日再婚，领取的退休金部分缴费系使用再婚后夫妻共同财产交纳，为再婚后夫妻共同财产。鲁某提出其生活困难、无履行能力的意见，并无证据证明其资产、财务状况，不予采纳。故酌定鲁某每月给付刘某某生活补助费 1000 元。山东省枣庄市市中区人民法院判决如下：(1) 鲁某于 2021 年 1 月起每月支付刘某某生活补助费 1000 元；(2) 驳回刘某某的其他诉讼请求。

鲁某不服一审判决，提出上诉。山东省枣庄市中级人民法院经审理认为：本案《离婚协议书》系双方的真实意思表示，内容不违反法律及行政法规的强制性规定，一审法院认定协议真实有效无误。根据《婚姻法》第 42 条的规定，离婚经济帮助制度一直作为我国婚姻法中传统的离婚救济方式而存在，是社会主义道德的体现。在法律上，经济帮助不是夫妻之间互相扶养义务的继续和延伸，而是基于离婚的效力，属于婚姻法上对离婚时生活困难的一方予以经济保障的救助措施。本案《离婚协议书》是夫妻双方对于婚姻关系的解除、子女的抚养、共同财产的分割及离婚后生活等问题达成的具有人身和财产双重性质的合意，是以离婚为前提，具有男方给女方离婚经济帮助的性质，一审法院予以支持，符合法律规定。一审法院综合考虑双方当事人的实际情况，根据公平原则酌定鲁某每月给付刘某某生活补助费 1000 元，并无不当。山东省枣庄市中级人民法院依法判决如下：驳回上诉，维持原判。

2. 岳某诉曹某离婚纠纷案[《婚姻家庭纠纷典型案例(河南)》案例七，最高人民法院 2015 年 11 月 20 日]

【基本案情】

岳某与曹某经人介绍于 1999 年登记结婚。婚后育有二子。婚后双方常因家庭琐事发生争吵，夫妻感情破裂。岳某要求与曹某离婚，曹某认可夫妻感情破裂，同意离婚。双方就子女抚养和部分共同财产的分配达成了一致意见。经调查，曹某系农村家庭主妇，平日里下地干活、照顾一家老小，但没有工作及固定的经济收入。

【裁判结果】

鹤壁市淇滨区法院和中级人民法院经审理认为，岳某与曹某感情破裂，应准许离婚。曹某作为家庭妇女，对家庭付出较多，没有固定收入来源，离婚后将导致生活困难，根据婚姻法有关规定，判决岳某给付曹某经济帮助两万元。

【典型意义】

在婚姻关系中，女方往往处于弱势地位。一方面她们出于照顾家庭的考虑，往往以牺牲自己的工作甚至事业为代价；另一方面，在出现婚姻纠纷时，女方往往由于没有为家庭带来直接经济收入导致其合法权益得不到保障。在审理此类案件时，要充分查明案件事实，对于确实对家庭付出较多义务的女方应判决给予一定的经济帮助，使其合法权益能够得到保障。本案中，考虑到曹某在夫妻共同生活期间，抚育子女、照顾老人，付出较多，对家庭作出了较大的贡献；离婚后没有固定的经济收入，还要抚养孩子，经济压力比较大，因此判决岳某给付曹某经济帮助两万元。

第一千零九十一条　【离婚损害赔偿】有下列情形之一，导致离婚的，无过错方有权请求损害赔偿：

（一）重婚；

（二）与他人同居；

（三）实施家庭暴力；

（四）虐待、遗弃家庭成员；

（五）有其他重大过错。

【原《婚姻法》条文】

第四十六条　有下列情形之一，导致离婚的，无过错方有权请求损害赔偿：

（一）重婚的；

（二）有配偶者与他人同居的；

（三）实施家庭暴力的；

（四）虐待、遗弃家庭成员的。

【修改说明】

删除“有配偶者”的赘余表述；鉴于目前我国因过错方导致家庭破裂的离婚案件的增多，婚姻关系中的过错行为远不止《婚姻法》所列举的几种情形，采取列举性规定与概括性规定相结合的立法方式，增加离婚损害赔偿请求“有其他重大过错”的兜底条款，从而为规制出轨等重大过错的情形提供法律依据。

【立法·要点释义】

离婚损害赔偿制度，可以填补无过错方的损害。通过补偿损害，使无过错方得到救济和慰藉，保护无过错方的合法权益。损害赔偿作为侵权者应当承担的一种民事责任，还具有制裁实施重婚，有配偶者与他人同居，家庭暴力，虐待、遗弃家庭成员行为的当事人和预防违法行为的功能。

法院在审理离婚案件时并非必须审理及判决过错方对无过错方予以赔偿。在离婚案件中无过错方对确实有过错的另一方是否行使赔偿请求权，由受损害的无过错方自行决定，法院不能主动判决离婚损害赔偿。离婚损害赔偿既应当包括过错方给无过错方造成的财产损害的赔偿，也应当包括过错方给无过错方造成的人身损害、精神损害的赔偿。

【编者观点】

在理论界，对于离婚损害赔偿的性质，属于侵犯配偶权的侵权责任，还是未履行夫妻相互忠实义务这一法定义务而产生的责任，一直颇有争议。对于实务可能产生的影响是，如果夫妻一方对家庭成员即配偶的直系亲属实施了家庭暴力、虐待、遗弃而导致离婚，配偶主张离婚损害赔偿的同时，配偶的直系亲属仍可以主张侵权损害赔偿。

第 5 项新增“有其他重大过错”情形，何谓“重大过错”也颇有争议。有观点认为，一方的过错严重程度必须达到与前几项的重婚、与他人同居、实施家庭暴力、遗弃或虐待家庭成员具有相当性的，并因此导致夫妻离婚，才可以归入重大过错，例如女方在婚姻关系存续期间违反忠实义务生育他人子女，导致男方误将他人子女当作自己的子女长期抚养。而一些违反忠实义务的行为，如通奸、嫖娼、一夜情等，未达到重婚、与他人同居的严重程度，属于一般过错，只能依据第 1087 条主张离婚财产分割时照顾无过错方，但不能支持无过错方的离婚损害赔偿。相反观点则认为，第 5 项作为兜底条款，只要相应过错行为造成婚姻破裂或者感情破裂，都可以纳入本项的适用范围。

夫妻中的过错一方需要承担离婚损害赔偿，但是本条未涉及与夫妻一方重婚或者同居导致离婚的第三人是否需要对夫妻中的无过错一方损害赔偿。司法实践多认为第三人无须负损害赔偿责任;另有观点认为,第三人有可能与夫妻中的过错一方成立共同侵权。

【司法解释】

《最高人民法院关于适用〈中华人民共和国民法典〉婚姻家庭编的解释(一)》(法释〔2020〕22号,2021年1月1日施行)

第八十六条[①] **【损害赔偿内容以及精神损害赔偿的适用依据】**民法典第一千零九十一条规定的"损害赔偿",包括物质损害赔偿和精神损害赔偿。涉及精神损害赔偿的,适用《最高人民法院关于确定民事侵权精神损害赔偿责任若干问题的解释》的有关规定。

第八十七条[②] **【离婚损害赔偿责任承担主体以及提出损害赔偿责任请求的条件】**承担民法典第一千零九十一条规定的损害赔偿责任的主体,为离婚诉讼当事人中无过错方的配偶。

人民法院判决不准离婚的案件,对于当事人基于民法典第一千零九十一条提出的损害赔偿请求,不予支持。

在婚姻关系存续期间,当事人不起诉离婚而单独依据民法典第一千零九十一条提起损害赔偿请求的,人民法院不予受理。

第八十八条[③] **【法院受理离婚案件时的告知义务及当事人提起损害赔偿诉讼的条件】**人民法院受理离婚案件时,应当将民法典第一千零九十一条等规定中当事人的有关权利义务,书面告知当事人。在适用民法典第一千零九十一条时,应当区分以下不同情况:

(一)符合民法典第一千零九十一条规定的无过错方作为原告基于该条规定向人民法院提起损害赔偿请求的,必须在离婚诉讼的同时提出。

(二)符合民法典第一千零九十一条规定的无过错方作为被告的离婚诉讼案件,如果被告不同意离婚也不基于该条规定提起损害赔偿请求的,可以就此单独提起诉讼。

(三)无过错方作为被告的离婚诉讼案件,一审时被告未基于民法典第一千零九十一条规定提出损害赔偿请求,二审期间提出的,人民法院应当进行调解;调解不成的,告知当事人另行起诉。双方当事人同意由第二审人民法院一并审理的,第二审人民法院可以一并裁判。

第八十九条[④] **【登记离婚后再提出损害赔偿请求】**当事人在婚姻登记机关办理离婚登记手续后,以民法典第一千零九十一条规定为由向人民法院提出损害赔偿请求的,人民法院应当受理。但当事人在协议离婚时已经明确表示放弃该项请求的,人民法院不予

---

① 对该条的注释详见附录一第987页。
② 对该条的注释详见附录一第990页。
③ 对该条的注释详见附录一第991页。
④ 对该条的注释详见附录一第993页。

支持。

第九十条[①]　**【夫或妻一方或双方提起离婚损害赔偿的认定】**夫妻双方均有民法典第一千零九十一条规定的过错情形，一方或者双方向对方提出离婚损害赔偿请求的，人民法院不予支持。

【地方法院规范】

1.《北京市高级人民法院民一庭关于审理婚姻纠纷案件若干疑难问题的参考意见》(2016 年)

四十六、【婚内人身损害赔偿】婚姻存续期间，夫妻一方因家暴等行为造成另一方人身损害的，受害方可以依《中华人民共和国侵权责任法》向侵权方主张人身损害赔偿；受害方取得人身损害赔偿后，有权在离婚诉讼中依据《婚姻法》四十六条[②]主张离婚损害赔偿。

四十七、【离婚转移夫妻共同财产的损害赔偿】离婚时，一方隐藏、转移、变卖、毁损夫妻共同财产的，可依《婚姻法》第四十七条[③]少分或不分夫妻共同财产；造成损失的，另一方在离婚诉讼中可主张赔偿损失。

四十八、【擅自将夫妻共同财产赠与第三人的处理】婚姻关系存续期间，夫妻一方未经另一方许可将大额共同财物赠与第三人的，另一方可主张请求确认该赠与行为无效，返还财物；或在离婚诉讼中就该赠与行为主张损害赔偿。

2.《江苏省高级人民法院民事审判第一庭家事纠纷案件审理指南(婚姻家庭部分)》(2019 年)

14. 在构成欺诈性抚养的情形下，男方能否主张返还给付的抚养费并赔偿精神损害抚慰金？抚养费和精神损害抚慰金的数额应当如何确定？赔偿义务主体应当如何确定？

女方隐瞒子女与男方无亲子关系的事实，使男方实际履行了抚养义务，构成欺诈性抚养侵权行为，离婚时或者离婚后男方主张返还给付的抚养费并赔偿精神损害抚慰金的，可以支持。

在确定抚养费返还数额时，男方应当对抚养费给付情况承担举证责任。确实无法举证证明的，可以参照《最高人民法院关于人民法院审理离婚案件处理子女抚养问题的若干具体意见》[④]第 7 条的规定，根据子女的实际需要、男女双方的负担能力、婚姻关系存续期间双方的经济收入、离婚时共同财产分割情况、当地的实际生活水平等酌情判定。

精神损害抚慰金的赔偿数额可以

---

① 对该条的注释详见附录一第 996 页。

② 对应《民法典》第 1091 条。——编者注

③ 对应《民法典》第 1092 条。——编者注

④ 该意见已被 2021 年 1 月 1 日施行的《最高人民法院关于废止部分司法解释及相关规范性文件的决定》所废止。——编者注

依照《最高人民法院关于确定民事侵权精神损害赔偿责任若干问题的解释》第十条①的规定确定。

欺诈性抚养的赔偿义务主体应当是欺诈行为的实施主体。男方起诉子女承担欺诈性抚养赔偿责任的，不予支持。子女的生父与女方通谋欺骗男方的，应当承担连带赔偿责任。男方仅起诉女方承担赔偿责任的，可以不追加子女的生父为共同被告。

【法院参考案例】

1. 刘某某诉王某某离婚后损害赔偿纠纷案——离婚后发现子女非亲生的，可以请求返还抚养费、支付精神损害赔偿（人民法院案例库 2023-07-2-016-001）

【裁判要旨】

一方在离婚后发现婚生子女非亲生的，有权向另一方请求返还为抚养非亲生子女支出的抚养费，并请求另一方向其支付精神损害赔偿。

【基本案情】

2007年，刘某某与王某某相识相恋并开始同居生活，2008年4月13日生育男孩刘某甲。2011年7月11日，双方在景泰县民政局补办结婚登记手续。婚后于2014年2月19日生育女孩刘某乙。2018年4月16日，因夫妻感情破裂，王某某向法院起诉要求与刘某某离婚并分割婚后共同财产，同日，经法院主持调解，双方达成协议，协议约定：长子刘某甲、长女刘某乙均随刘某某共同生活，抚养费刘某某自理；婚后共同财产房屋一套、小型普通客车一辆、杨某某借款债权归王某某享有，王某某给付刘某某夫妻共同财产差价款10万元。离婚后，双方为了孩子能够健康成长继续共同生活在一起，刘某某依旧外出打工，王某某及刘某某母亲在家照顾两个孩子并经营早餐店，其间刘某某将赚来的钱转给王某某，用于家庭共同生活及抚养孩子。2020年下半年，王某某与刘某某及其母亲发生矛盾，无法继续共同生活下去，刘某某母亲便回老家居住生活，王某某一人照看两个孩子。2021年3月1日，王某某向法院起诉要求变更两个孩子由其抚养，由刘某某承担两个孩子抚养费共计1600元。同年4月8日经法院主持调解，双方达成协议，协议约定：儿子刘某甲由刘某某抚养，女儿刘某乙由王某某抚养，抚养费均自理；同时约定，2021年两个孩子继续由王某某抚养照顾，刘某某承担两个孩子抚养费15000元，于年底支付清（期间刘某某给付王某某孩子抚养费4000元）。2021年5月14日，经亲子鉴定，排除刘某某是刘某乙的生物学父亲。

【裁判结果】

甘肃省白银市景泰县人民法院作出判决：(1)王某某返还刘某某对王某

---

① 对应2020年《精神损害赔偿解释》第5条。——编者注

某孩子(刘某乙)的抚养费用 30000 元;(2)王某某赔偿刘某某精神损害抚慰金 20000 元;(3)驳回刘某某其他诉讼请求。宣判后,双方均不服一审判决,提起上诉。甘肃省白银市中级人民法院驳回上诉,维持原判。

【裁判理由】

(1)对于精神损害赔偿问题。王某某在与刘某某婚姻关系存续期间,与他人生育女儿,违反了夫妻之间忠诚的义务,王某某的行为存在明显过错,给刘某某造成了精神上的损害,故刘某某主张精神损害赔偿金,有事实和法律依据。一审法院结合过错程度、当地经济水平、王某某的经济能力等综合认定,王某某向刘某某支付精神损害抚慰金 20000 元,并无不当,王某某上诉称金额过高,缺乏事实和法律依据,不予支持。

(2)关于返还抚养费问题。夫妻之间应当相互忠实、相互尊重。刘某某与刘某乙无血缘关系,对刘某乙并无法定抚养义务,故对刘某某为刘某乙所付出的抚养费应当由王某某返还给刘某某。关于返还抚养费的数额,一审法院参照本地区生活消费支出水平,酌定为 30000 元并无不当,予以维持。

2. 陆某诉张某离婚案——在明知情况下抚养非亲生子女,离婚后无权要求返还抚养费及请求损害赔偿(《中国法院 2022 年度案例 · 婚姻家庭与继承纠纷》)

【基本案情】

陆某与张某经自由恋爱,双方于 2002 年 10 月进行婚前医学检查,陆某的检查结果为绿色色盲,睾丸小,精液镜检未发现有精子,医学建议为采取医学措施,尊重受检者意愿;张某的检查结果为未发现医学上不宜结婚情况与疾病。后双方于 2002 年 11 月 1 日登记结婚。张某于 2005 年 5 月 11 日生育一子,取名为陆甲,后改名为陆 1,现就读于某中学;于 2014 年 2 月 7 日生育一女,取名为陆 2,现就读于某小学。婚后双方感情一般,经常为家庭琐事争吵,2020 年 7 月双方再次争吵之后张某离家在外居住,双方分居至今。

2020 年 6 月 1 日陆某委托南宁市金盾司法鉴定所鉴定,鉴定事项为陆 2 与陆某之间、陆 1 与陆某之间有无亲生血缘关系。2020 年 6 月 22 日南宁市金盾司法鉴定所出具鉴定意见为:依据现有资料和 DNA 分析结果,排除陆某为陆 2 的生物学父亲,排除陆某为陆 1 的生物学父亲。

【案件焦点】

(1)离婚后,张某是否应返还陆某从出生至今抚养两个非婚生子女的抚养费;(2)张某是否应向陆某支付精神抚慰金。

【裁判要旨】

关于陆某要求返还抚养费等问题,因在婚前医学检查中,陆某与张某已明知陆某没有生育能力,陆某自述在婚后也未进行过相关治疗,故其将婚后张某生育的两个子女抚养至今，表明了陆某自愿承担两个子女的抚养义务，并不存在违背自身意愿进行抚养的情形。故对于陆某要求返还已支付的陆1与陆2的生活费、教育费、医疗费，并要求张某支付精神抚慰金，本院不予支持。综上所述，广西壮族自治区崇左市江州区人民法院依照《民法典》第1079条规定，判决如下：(1)准予陆某与张某离婚；(2)未成年子女陆1、陆2由张某直接抚养至其年满18周岁且能独立生活止；(3)夫妻共同财产：海尔洗衣机和电冰箱各1台、床铺2张、衣柜1个、彩电1台、热水器1台、三轮车1辆归陆某所有，陆某支付张某财产补偿款2025元；(4)驳回陆某其他诉讼请求。

3. 霍某诉张某某离婚案——婚内多次出轨的行为应被认定为过错行为并适用离婚损害赔偿制度(《中国法院2023年度案例·婚姻家庭与继承纠纷》)

【基本案情】

霍某起诉称，2010年12月，其与张某某经人介绍相识。2012年5月18日，双方登记结婚。婚后双方感情尚佳，但随着共同生活，双方经常因琐事吵架，霍某身心疲惫，无奈之下向张某某提出离婚。张某某曾口头同意，但迟迟不配合霍某办理离婚手续。双方自2018年5月开始分居，互不履行夫妻义务至今。此前，霍某曾于2019年3月11日起诉离婚，但法院判决驳回了霍某的诉讼请求。该判决已于2019年5月20日生效。双方在此后仍未有任何和好的迹象。现因夫妻感情已彻底破裂，已无和好可能，霍某提起二次离婚诉讼，请求判令：(1)解除婚姻关系；(2)依法分割夫妻共同财产小轿车一辆；(3)由张某某承担本案诉讼费用。

张某某辩称，其同意离婚，也同意依法分割作为夫妻共同财产的小轿车，但要求霍某支付精神损害赔偿金10万元，理由是霍某存在婚姻关系存续期间与多人存在婚外情并同居的行为。张某某为此提交了视频及照片予以证明。霍某对此并不认可。车牌号为京N58L××大众牌小轿车(以下简称涉案车辆)登记在张某某名下。庭审中，双方对于涉案车辆的分割达成一致意见，涉案车辆归张某某所有，张某某给付折价款25000元。另查，北京市海淀区14号房已拆迁。

【案件焦点】

霍某婚内多次出轨的行为是否能够被认定为离婚损害赔偿制度中的过错行为。

【裁判要旨】

北京市海淀区人民法院经审理认为：本案中，关于婚姻关系一节，双方均同意离婚，法院对此不持异议，依法予以准许。对于财产分割一节：首先，双方对于涉案车辆的分割达成一致意见，法院对此不持异议，依法予以确认，即涉案车辆归张某某所有，由张某某给付霍某折价款25000元；其次，关于张某某所主张的拆迁利益，结合双方当事人陈述情况,该拆迁利益还涉及案外第三人,本案不宜处理,双方应另行解决。

关于精神损害赔偿金一节,根据法律规定,《民法典》施行前的法律事实引起的民事纠纷案件,当时的法律、司法解释有规定的,适用当时的法律、司法解释的规定,但是适用《民法典》的规定更有利于保护民事主体合法权益,更有利于维护社会和经济秩序,更有利于弘扬社会主义核心价值观的除外。本案中,根据《民法典》第 1091 条的规定,有下列情形之一,导致离婚的,无过错方有权请求损害赔偿:(1)重婚;(2)与他人同居;(3)实施家庭暴力;(4)虐待、遗弃家庭成员;(5)有其他重大过错。相比《民法典》施行前的《婚姻法》规定,《民法典》扩大了当事人主张损害赔偿的事由,更有利于保护民事主体合法权益等,故本案应适用《民法典》的相关规定。本案中,根据张某某所提供的证据,虽不能证实霍某存在与他人同居的事实,但结合霍某的自述内容,足以证实霍某在婚姻关系存续期间存在与其他异性有不正当关系的事实,霍某对此存在重大过错,而张某某无过错。因此,对于张某某要求精神损害赔偿的诉讼请求,法院予以支持,但其主张的数额过高,具体赔偿数额由法院结合霍某的过错程度等因素酌情判定为 6 万元。

4. 陆某诉陈某离婚案[《婚姻家庭纠纷典型案例(北京)》案例五,最高人民法院 2015 年 11 月 20 日]

【基本案情】

陆某、陈某系自行相识登记结婚,育有一子陈某某。2011 年陆某、陈某开始分居并持续至今。陈某某自双方分居后跟随陆某生活。陆某称陈某在此期间认识了其他女性,并已与其一起生活,陈某认可曾有此事。陆某诉至法院要求与陈某离婚;婚生子陈某某由其抚养,陈某每月支付抚育费 3500 元,至孩子满 18 周岁;陈某每月给付其帮助费 2000 元;要求陈某支付精神损害赔偿 15000 元。

【裁判结果】

法院认为:婚姻关系的存续应以夫妻感情为基础。陆某认为夫妻感情已完全破裂诉至本院要求与陈某离婚,陈某亦同意离婚,且双方持续分居已近 3 年,应当认为双方夫妻感情无和好可能,对陆某之离婚诉请,本院予以准许。父母对子女的抚育系法定义务。关于陈某某之抚育问题,从孩子生活习惯、利于孩子成长等角度考虑,以陆某继续抚育为宜。关于子女抚育费的数额,本案中,结合双方陈述,参照双方收入情况、北京市实际生活水平等因素,本院酌定陈某每月应支付 2000 元。关于帮助费问题,双方均无证据证明对方收入状况,本院参考双方所述的收入水平、财产及居住情况,该项不予支持。关于精神损害抚慰金,鉴于陈某在双方婚姻关系存续期间确与其他婚外异性存在不正当关系,应认定在导致双方感情破裂问题上,陈某具有过错,对陆某要求陈某承担精神损害赔偿,本院予以支持,数额由本院酌定。依据《婚姻法》第32条、第37条、第46条之规定,判决如下:(1)准予陆某与陈某离婚。(2)双方婚生之子陈某某由陆某自行抚育,陈某于2014年2月起每月10日前支付孩子抚育费2000元,直至陈某某年满18周岁止。(3)陈某于本判决生效之日起7日内给付陆某精神损害抚慰金5000元。(4)驳回陆某的其他诉讼请求。

【典型意义】

我国《婚姻法》第4条规定了夫妻的互相忠实义务。婚姻应当以感情为基础,夫妻之间应当互相忠实,互相尊重,以维护平等、和睦、文明的婚姻家庭关系。维护夫妻之间的相互忠诚,不仅仅是道德义务,更是法律义务。本案中,陈某与他人存在不正当男女关系,伤害了陆某的个人感情,损害了双方之间的婚姻关系,陈某的行为是不道德的,亦违反了我国《婚姻法》规定的夫妻之间的忠实义务。陆某作为无过错方,有权提起离婚诉讼并同时请求损害赔偿,人民法院依法予以支持。

5. 张某与蒋某婚姻家庭纠纷案

(《"用公开促公正　建设核心价值"主题教育活动　婚姻家庭纠纷典型案例》案例三十六,最高人民法院2015年12月4日)

【基本案情】

蒋某与张某经人介绍相识恋爱后于2004年3月4日办理结婚登记手续。婚后于2008年9月14日生育一子张某某。后双方因生活琐事发生争吵,致使夫妻感情不睦。张某于2014年4月25日委托西南政法大学司法鉴定中心对张某和张某某进行亲子鉴定。该中心作出的鉴定结论为:不支持张某与张某某之间存在亲生血缘关系。张某遂向法院提起诉讼,请求依法判令原、被告离婚,由蒋某承担张某养育张某某的抚养费41387.5元并赔偿张某精神损害抚慰金10万元。同时查明,双方婚后于2006年共同购买位于大竹县某小区的门市一间,面积36.58㎡,产权人登记为蒋某。

【裁判结果】

大竹法院一审审理认为:张某与蒋某婚后常为生活琐事争吵,现经鉴定张某某不是张某亲生子,严重伤害夫妻感情,故法院认定夫妻感情确已破裂。张某请求蒋某支付精神损害赔偿应当支持,根据本案案情,确定精神抚慰金30000元为宜;张某既非张某某的生父,又非养父继父,无法定扶养义务,故张某要求蒋某支付张某某抚养费41387.5元,理由正当,法院予以支持;双方婚后购买位于大竹县某小区的门市一间应认定为夫妻共同财产,双方各分得一半。蒋某称婚后共同翻修原告父母房屋,应当对增值部分平均分割,因涉及第三人产权,本案不作处理。据此判决:(1)准予原告张某与被告蒋某离婚;(2)非婚生子张某某由被告蒋某抚养,被告蒋某支付原告张某养育张某某的抚养费41387.5元,被告蒋某赔偿原告张某某精神抚慰金30000元;(3)夫妻婚后购买登记于被告蒋某名下的位于大竹县某小区的门市一间,原、被告各占50%产权。

宣判后蒋某以"一审法院错误采信西南政法大学司法鉴定中心的检验报告书,判决上诉人向被上诉人返还抚养费41387.5元及赔偿精神抚慰金3万元没有事实依据,属适用法律不当"等为由向达州中院提起上诉。

达州中院审理认为:张某委托西南政法大学司法鉴定中心作出亲子鉴定检验报告书,该检验报告结论为:不支持张某与张某某之间存在亲生血缘关系。蒋某上诉称西南政法大学司法鉴定中心的鉴定检验报告书缺乏真实性,不应采信,但在一审审理中,经原审人民法院向蒋某释明,蒋某已明确表示自己不申请重新鉴定。蒋某又无其他证据证实作出该检验报告的鉴定机构或者鉴定人员不具备相关的鉴定资格、鉴定程序严重违法或鉴定结论明显依据不足,故原审法院对该鉴定结论予以采信并无不当。蒋某上诉称自己系遭受不法侵害,但未提供证据证实,对其该项诉称理由不予采纳。张某某现经鉴定非张某的亲生子,蒋某的过错行为已严重伤害夫妻感情,蒋某上诉称与张某感情较好的理由不能成立,原审法院判决准予离婚正确。因蒋某在婚姻关系存续期间存在过错,故原审法院判决蒋某向张某赔偿精神损害抚慰金并无不当。张某某与张某并无血缘关系,对其并无法定抚养义务,故对其在婚姻关系存续期间为张某某所付出的抚养费应当由蒋某支付给张某。达州中院据此判决:驳回上诉,维持原判。

【典型意义】

《婚姻法》第4条规定了夫妻应当互相忠实、互相尊重的义务。违反忠实义务往往对配偶的情感和精神造成非常严重的伤害。这和我国社会一般大众因为习惯、传统等原因对婚姻家庭的认识有很大关系。故《婚姻法解释(一)》第28条规定:《婚姻法》第46条规定的"损害赔偿",包括物质损害赔偿和精神损害赔偿。涉及精神损害赔偿的,适用《最高人民法院关于确定民事侵权精神损害赔偿责任若干问题的解释》的有关规定。本案中张某在得知张某某并非自己的亲生子后,其精神受到伤害,要求蒋某赔偿精神损害抚慰金的理由正当合法,得到了法院的支持。而张某某因与张某并无血缘关系,张某对其并无法定抚养义务,故法院对张某要求蒋某返还自己已承担的张某某的抚养费的主张予以了支持。

6. 方某某诉楚某某请求离婚损失赔偿案[《民事审判指导与参考》2014年第3辑(总第55辑)]

【基本案情】

2012 年 1 月,方某某以楚某某实施家庭暴力为由诉请离婚,请求法院判令:13 岁的婚生女楚某娴由方某某抚养,楚某某每月给付抚养费 5000 元。夫妻共同财产中有楼房两套:120 平方米的一套归方某某所有;60 平方米的一套归楚某某所有。楚某某不同意离婚,认为双方产生纠纷的原因是方某某有外遇,但自己为了女儿愿意原谅妻子,请求法院驳回方某某的诉讼请求。由于受诉法院为受理人身安全保护裁定申请的试点法院,方某某遂在起诉的同时,向该院申请人身安全保护裁定,并由朱某的妹妹为方某某作证证明楚某某到其同事朱某家中对方某某进行殴打。楚某某辩称朱某即是与方某某长期保持不正当关系的人,并提供了朱某的离婚判决书作为证据。楚某某承认其本人确实曾去朱某家理论,其间与朱某发生冲突但并未殴打方某某。朱某之妹作为方某某的中学同学与其有利害关系,其证言不可采信。鉴于诉讼中楚某某情绪激动,曾威胁如果方某某坚持离婚,将对其和朱某实施暴力,该院作出了人身安全保护裁定,禁止楚某某对方某某实施家庭暴力。但考虑到楚某某不同意离婚,愿意原谅方某某并为恢复夫妻感情做进一步努力情况,故判决驳回了方某某的诉讼请求。6 个月以后,方某某再次以同样理由请求离婚。除了重复上次诉讼中的请求外,方某某以《婚姻法》第 46 条第 3 项为依据,并以上次诉讼期间人民法院发出的人身安全保护裁定作为楚某某实施家庭暴力的证据,请求判令楚某某向其赔偿 5 万元。楚某某同意离婚,要求抚养楚某娴,由方某某按月支付抚养费 1500 元。夫妻共同财产中的 120 平方米的房屋归自己所有,60 平方米的一套房屋归方某某所有。方某某表示为了离婚可以接受楚某某的上述意见,但坚持要求将夫妻共同财产中的存款 10 万元判归其所有,并请求判令楚某某向其支付离婚损害赔偿金 5 万元。

【裁判结果】

一审法院审理认为,方某某与楚某某夫妻感情破裂,经调解无效,现双方均同意离婚,并就子女抚养问题和夫妻共同财产中的房产分割达成了一致意见,经法院询问,从小由祖母带大的楚某娴表示愿意随父亲一起生活。法院应予准许。双方当事人争议的焦点集中在楚某某是否实施家庭暴力导致离婚,对方某某有关判令楚某某向其支付离婚损害赔偿款的请求是否应予支持。方某某以第一次离婚诉讼期间人民法院发出的人身安全保护裁定作为楚某某实施家庭暴力的证据,以《婚姻法》第 46 条第 3 项为法律依据,提出离婚损害赔偿请求,事实和法律依据充分,应予支持。但考虑到方某某并未就楚某某对其实施家庭暴力的具体情况举证加以证明,故酌情判决楚某某赔偿方某某 5000 元。对 10 万元存款判决归方某某与楚某某各半所有。楚某某不服一审判决,提起上诉。楚某某认为,对于一审判决的其他内容并无异议,但导致其与方某某离婚的原因是方某某长期有外遇而不是其本人对方某某实施家庭暴力。一审判决其赔偿的数额虽然只有 5000 元,但没有事实和法律依据。故要求撤销一审判决中有关离婚损害赔偿的判项。方某某答辩认为,一审法院判决确认的赔偿数额远远不足以弥补其损失,但为了尽早从痛苦的婚姻中解脱出来,请求二审法院维持一审判决。二审法院审查当事人的上诉请求后认为,双方当事人二审的争议集中在一审法院支持方某某提出的离婚损害赔偿的诉讼请求是否正确的问题上。二审法院认为,方某某虽然依据《婚姻法》第 46 条第 3 项请求损害赔偿,但自始至终没有举出充分的证据证明楚某某对其实施了家庭暴力,更没有证明楚某某的家暴行为是导致双方当事人离婚的原因。一审法院已经查明:方某某与朱某关系暧昧是导致夫妻感情破裂的原因。方某某能够证明的唯一一次所谓家庭暴力,是楚某某到朱某家中找方某某回家时与朱某发生的冲突。一审法院在第一次受理方某某提起的离婚诉讼期间根据方某某的申请向楚某某发出人身安全保护裁定,主要原因是楚某某在诉讼中情绪激动,曾扬言要对方某某实施家庭暴力,而并非法院在查实楚某某施暴后采取的措施。故二审法院支持了楚某某的上诉请求,撤销了一审判决中有关离婚损害赔偿的判项而维持了一审判决的其他判项。二审判决后,双方当事人息诉。

本案一、二审法院就是否应当支持方某某有关离婚损害赔偿的诉讼请求而发生的争议具有一定的代表性。实际上,二审法院在案件审理过程中,也有少数法官认为应当维持原判,驳回楚某某的上诉请求。其主要理由有两个:第一,楚某某与方某某夫妻感情破裂,固然与方某某与朱某长期关系暧昧有关,但方某某的行为至多属于婚外情,并未构成有配偶者与他人同居。所以方某某仍然属于《婚姻法》第 46 条的“无过错方”,其有权请求离婚损害赔偿;第二,人民法院发出人身安全保护裁定是十分慎重的,既然有生效的裁定,方某某即无须再就楚某某实施家庭暴力举证加以证明。而应当由楚某某提出相反证据否认生效裁判文书确认的事实。如果其不能提出证据,则人民法院可以直接认定裁判文书所确认的事实。因此,方某某的诉讼请求应当得到支持。多数人则认为,根据《婚姻法》第 46 条规定,无过错方请求离婚损害赔偿的条件之一是对方实施家庭暴力导致离婚,但法院已经查明,导致楚某某与方某某离婚的主要原因是方某某与朱某长期关系暧昧,致使夫妻感情破裂。而无论楚某某是否实施过家庭暴力,均不是导致离婚的原因。因此,方某某请求离婚损害赔偿不能得到支持。我们认为,二审法院的改判是正确的。除了二审法院多数人意见所持理由外,还有一个需要补充的十分重要的理由是,人身安全保护裁定的根本目的是制止可能发生家庭暴力而不限于制止再次发生的家庭暴力。其目的决定了人民法院发出人身安全保护裁定的条件并非查实已经发生过家庭暴力,而是存在发生或者再次发生家庭暴力的可能。因此,人身安全保护裁定本身并不能证明被申请人确实曾经对申请人或者其他家庭成员实施过家庭暴力。如果我们将人民法院发出的人身安全保护裁定作为其已经查实被申请人实施家庭暴力的证明看待,实际上是不恰当地提高了人身安全保护裁定的适用条件,使得人民法院在没有认定被申请人确有家暴行为的情况下,不敢发出人身安全保护裁定,使得感到自己可能面临家庭暴力的人和以往曾遭受家暴但没有证据的人申请人身安全保护裁定时,均无法得到人民法院的支持。例如,某一离婚诉讼的当事人向法院申请人身安全保护裁定,理由是对方多次威胁要女方撤诉,称如果最终被法院判决离婚,则要杀了女方全家。但女方并无证据,只是表现出极度恐惧。又例如,一起离婚案件的男方当事人闯入女方母亲家,杀死其家庭宠物狗并称,如果不撤诉,这只狗就是女方母女二人的下场。此种情况下,认定男方实施了家庭暴力可能证据不够充分,如果深入核查家暴是否发生,则可能无法及时发出人身安全保护裁定,因而失去以法律手段制止暴力的最佳时机,如果干脆拒绝发出人身安全保护裁定,则无疑会极大地缩小人身安全保护裁定的适用范围,削弱其保护家暴受害者的作用。从人身安全保护裁定的被申请人方面看,如果该裁定本身并不意味着认定其已经实施了家庭暴力,则裁定发出后,被申请人可能更容易接受裁定,而不会不断地申请复议或寻找其他撤销该裁定的救济途径,如果该裁定本身被视为其施暴的证据,出于名誉与利益的考量,被申请人的反应可能更为激烈,要花费更多的时间、精力去寻求救济途径,而且国家在此方面也需投入更多的司法资源,而这种投入并非必须。

7. 段某洁诉尹某离婚纠纷案[《人民法院案例选》2016 年第 9 辑(总第 103 辑)]

【裁判理由】

法院生效裁判认为:原、被告因生活琐事发生矛盾,不能相互体谅,导致矛盾升级并导致双方亲戚卷入,被告尹某甚至携亲戚将原告段某洁打晕,下手之重,足以证明夫妻感情荡然无存。原告段某洁诉称夫妻感情已经破裂,予以采信,准许离婚。

被告尹某不顾及母亲对幼儿的重要性,将尚在哺乳期的儿子带回湖南老家交由父亲和保姆照顾,是严重损害幼儿身心健康的错误行为,应当予以纠正。根据《婚姻法》第 36 条规定,原告段某洁要求在离婚后抚养儿子尹某某,符合法律规定,予以支持。

原告段某洁要求每月支付抚养费 1500 元，综合考虑被告尹某月收入 7000 元以及珠海市生活水平，按照抚育费一般可按月总收入的 20%至 30%的比例给付的规定，请求的金额适当，予以支持。抚育费应当定期给付，被告尹某有稳定的工作和收入，原告段某洁没有举证证明存在需要一次性支付的情形，要求一次性支付抚养费，没有理由，不予支持。

双方婚前共同购买的御景国际花园单元房，为夫妻共同财产，应予平均分割。双方关于房屋产权归被告尹某所有，由被告尹某补偿原告段某洁 27 万元并负责偿还银行贷款余额的要求，符合法律规定，予以准许。

从原、被告提供的伤情照片以及医院病历记载，可以见到原告段某洁受钝物重击伤，属攻击伤，而被告尹某是被抓伤、咬伤，符合抵抗伤特征，再对比双方的身体和力量，可以认定被告尹某对原告段某洁实施了暴力殴打行为，构成家庭暴力。根据《婚姻法》第 46 条，实施家庭暴力导致离婚的，无过错方有权请求损害赔偿的规定，原告段某洁请求被告尹某赔偿 1 万元，金额适中、理由充分，予以支持。

第一千零九十二条　【一方侵害夫妻共同财产的处理规则】夫妻一方隐藏、转移、变卖、毁损、挥霍夫妻共同财产，或者伪造夫妻共同债务企图侵占另一方财产的，在离婚分割夫妻共同财产时，对该方可以少分或者不分。离婚后，另一方发现有上述行为的，可以向人民法院提起诉讼，请求再次分割夫妻共同财产。

【原《婚姻法》条文】

第四十七条　离婚时，一方隐藏、转移、变卖、毁损夫妻共同财产，或伪造债务企图侵占另一方财产的，分割夫妻共同财产时，对隐藏、转移、变卖、毁损夫妻共同财产或伪造债务的一方，可以少分或不分。离婚后，另一方发现有上述行为的，可以向人民法院提起诉讼，请求再次分割夫妻共同财产。

人民法院对前款规定的妨害民事诉讼的行为，依照民事诉讼法的规定予以制裁。

【修改说明】

删除“离婚时”的时间限定，更有效保障夫妻共同财产的安全；在《婚姻法解释(三)》第 4 条的基础上增加“挥霍”夫妻共同财产的情况；删除“人民法院对前款规定的妨害民事诉讼的行为，依照民事诉讼法的规定予以制裁”的规定，符合编纂《民法典》的体系化要求，因《民事诉讼法》对妨害民事诉讼行为的制裁已经予以规定。

【立法·要点释义】

隐藏是指将财产藏匿起来,不让他人发现,使另一方无法获知财产的所在从而无法控制。转移是指私自将财产移往他处,或将资金取出移往其他账户,脱离另一方的掌握。变卖是指将财产折价卖给他人。毁损是指采用打碎、拆卸、涂抹等破坏性手段使物品失去原貌,失去或者部分失去原来具有的使用价值和价值。挥霍是指对夫妻共有的财产没有目的的,不符合常理的耗费致使其不存在或者价值减损。上述违法行为,在主观上只能是故意的,不包括过失行为。

伪造债务是指制造内容虚假的债务凭证,包括合同、欠条等。根据本法第1089条规定,夫妻在离婚时,如果共同财产不足以清偿共同债务时,有可能以夫妻一方的个人财产来承担夫妻共同债务。有的夫妻一方有可能利用这一法律规定,伪造夫妻共同债务,企图侵占另一方财产。本条所讲的在离婚分割夫妻共同财产时,是指在离婚诉讼期间。

【编者观点】

《婚姻法》第47条将加害行为时间限定为“离婚时”,指的是从起诉离婚到执行终结的离婚诉讼期间。但在实践中,夫妻双方感情出现危机后,一方可能在提起离婚诉讼前就实施本条涉及的加害行为。因此为了进一步保护夫妻一方的财产权益,《民法典》删除了“离婚时”的限定。在体系协调层面,第1066条将一方有隐藏、转移、变卖、毁损、挥霍夫妻共同财产或伪造夫妻共同债务等严重损害夫妻共同财产利益的行为作为婚内析产的法定事由。因此,夫妻另一方有选择权,既可以在婚姻存续期间直接请求法院分割夫妻共同财产,也可以适用本条,在离婚分割夫妻共同财产时,再主张对一方少分或不分。

本条列举了夫妻一方实施的加害行为的几种类型,实践中只要一方实施了列举的行为即可适用本条,无须实际造成夫妻共同财产或者另一方财产的损失。夫妻一方对实施加害行为需要具备主观故意,如因过失导致财产毁损并不适用本条规定,一方在分居期间未告知经营收益的也不视为故意隐藏或转移夫妻共同财产。有观点认为,隐藏行为包括对财产实体的隐藏和对财产性质的隐瞒,例如故意不如实告知夫妻共同财产的范围或者将夫妻共同财产隐瞒为一方个人财产。本条列举加害行为类型后未加“等”字,因而有观点认为本条是封闭性规定,夫妻一方对另一方其他侵害配偶财产权益的行为,只能单独主张侵权损害赔偿。但是编者认为,从规范目的来看,只要夫妻一方故意实施的行为侵害了另一方对夫妻共同财产的权益,就应当属于本条适用的范围。

在法律效果层面，转移、变卖夫妻共同财产通常表现为，夫妻一方未经配偶同意擅自出售，另一方存在向第三人主张无权处分或者恶意串通而要求返还财产的可能性。如果夫妻一方的加害行为导致财产灭失或者无法返还，则另一方有权要求其赔偿损失。“少分或者不分”的财产范围存在争议，有观点认为，扩展至全部夫妻共同财产的立场实际上推翻了夫妻双方离婚协议或法院离婚判决中的财产分割内容，在隐藏、转移、变卖、毁损、挥霍夫妻共同财产的情形下，范围应局限于上述加害行为所涉及的那部分共同财产；而在伪造夫妻共同债务的情形下，不涉及特定范围的共同财产，应考虑到伪造债务的数额等因素，把全部夫妻共同财产纳入少分或不分的范围。另有观点认为，范围限定可能会诱发道德风险，如果加害行为被发现的概率偏低且法院倾向于酌情少分，对于夫妻一方而言，隐藏、转移等加害行为就是有利可图的。因此法院应当根据行为人的主观恶意、侵害财产权益的数额等情况，决定少分或不分的财产范围是否扩展至全部夫妻共同财产，一并处理损害赔偿和财产分割问题，方能有效抑制夫妻一方实施侵害另一方共同财产权益的行为。

【相关立法】

《中华人民共和国妇女权益保障法》(2022 年修订,2023 年 1 月 1 日施行)

第六十七条　离婚诉讼期间，夫妻一方申请查询登记在对方名下财产状况且确因客观原因不能自行收集的，人民法院应当进行调查取证，有关部门和单位应当予以协助。

离婚诉讼期间，夫妻双方均有向人民法院申报全部夫妻共同财产的义务。一方隐藏、转移、变卖、损毁、挥霍夫妻共同财产，或者伪造夫妻共同债务企图侵占另一方财产的，在离婚分割夫妻共同财产时，对该方可以少分或者不分财产。

【司法解释】

《最高人民法院关于适用〈中华人民共和国民法典〉婚姻家庭编的解释(一)》(法释〔2020〕22 号,2021 年 1 月 1 日施行)

第八十三条①　**【离婚时未涉及的夫妻共同财产的处理】**离婚后，一方以尚有夫妻共同财产未处理为由向人民法院起诉请求分割的，经审查该财产确属离婚时未涉及的夫妻共同财产，人民法院应当依法予以分割。

第八十四条②　**【当事人请求再次分割夫妻共同财产案件的诉讼时效】**当事人依据民法典第一千零九十二条的规定向人民法院提起诉讼，请求再次分

---

① 对该条的注释详见附录一第 984 页。

② 对该条的注释详见附录一第 985 页。

割夫妻共同财产的诉讼时效期间为三年,从当事人发现之日起计算。

第八十五条[①]　**【离婚案件中的财产保全】**夫妻一方申请对配偶的个人财产或者夫妻共同财产采取保全措施的,人民法院可以在采取保全措施可能造成损失的范围内,根据实际情况,确定合理的财产担保数额。

【地方法院规范】

1.《北京市高级人民法院民一庭关于审理婚姻纠纷案件若干疑难问题的参考意见》(2016年)

四十七、【离婚转移夫妻共同财产的损害赔偿】离婚时,一方隐藏、转移、变卖、毁损夫妻共同财产的,可依《婚姻法》第四十七条[②]少分或不分夫妻共同财产;造成损失的,另一方在离婚诉讼中可主张赔偿损失。

四十八、【擅自将夫妻共同财产赠与第三人的处理】婚姻关系存续期间,夫妻一方未经另一方许可将大额共同财物赠与第三人的,另一方可主张请求确认该赠与行为无效,返还财物;或在离婚诉讼中就该赠与行为主张损害赔偿。

2.《山东省高级人民法院家事案件审理规程》(2018年)

第十五条　人民法院审理婚姻、同居等关系纠纷案件,涉及财产分割的,应当指令当事人在举证期限届满前申报财产,同时告知其不如实申报应承担的诉讼风险。

第十六条　当事人应当申报下列财产:

(一)收入、银行存款;

(二)房地产等不动产;

(三)车辆等价值较大的动产;

(四)债权、股权、基金、保险、知识产权等财产性权益;

(五)其他应当申报的财产。

第十七条　对于申报不实、隐匿财产的当事人,人民法院应当裁判少分或不分财产;构成妨害民事诉讼的,给予训诫、罚款、拘留等强制措施。

3.《云南法院家事案件审理规程》(2019年)

第二十一条　当事人应当申报下列财产:

(一)收入、银行存款、银行理财产品;

(二)房地产等不动产;

(三)车辆等价值较大的动产;

(四)债权、股权、基金、保险、知识产权等财产性权益;

(五)其他应当申报的财产。

---

① 对该条的注释详见附录一第986页。

② 对应《民法典》第1092条。——编者注

【指导性案例】

雷某某诉宋某某离婚纠纷案（最高人民法院指导性案例 66 号，2016 年 9 月 19 日）

【裁判要点】

一方在离婚诉讼期间或离婚诉讼前，隐藏、转移、变卖、毁损夫妻共同财产，或伪造债务企图侵占另一方财产的，离婚分割夫妻共同财产时，依照《中华人民共和国婚姻法》第四十七条①的规定可以少分或不分财产。

【基本案情】

原告雷某某（女）和被告宋某某于 2003 年 5 月 19 日登记结婚，双方均系再婚，婚后未生育子女。双方婚后因琐事感情失和，于 2013 年上半年产生矛盾，并于 2014 年 2 月分居。雷某某曾于 2014 年 3 月起诉要求与宋某某离婚，经法院驳回后，双方感情未见好转。2015 年 1 月，雷某某再次诉至法院要求离婚，并依法分割夫妻共同财产。宋某某认为夫妻感情并未破裂，不同意离婚。

雷某某称宋某某名下在中国邮政储蓄银行的账户内有共同存款 37 万元，并提交存取款凭单、转账凭单作为证据。宋某某称该 37 万元，来源于婚前房屋拆迁补偿款及养老金，现尚剩余 20 万元左右（含养老金 14322.48 元），并提交账户记录、判决书、案款收据等证据。

宋某某称雷某某名下有共同存款 25 万元，要求依法分割。雷某某对此不予认可，一审庭审中其提交在中国工商银行尾号为 4179 账户自 2014 年 1 月 26 日起的交易明细，显示至 2014 年 12 月 21 日该账户余额为 262.37 元。二审审理期间，应宋某某的申请，法院调取了雷某某上述中国工商银行账号自 2012 年 11 月 26 日开户后的银行流水明细，显示雷某某于 2013 年 4 月 30 日通过 ATM 转账及卡取的方式将该账户内的 195000 元转至案外人雷某齐名下。宋某某认为该存款是其婚前房屋出租所得，应归双方共同所有，雷某某在离婚之前即将夫妻共同存款转移。雷某某提出该笔存款是其经营饭店所得收益，开始称该笔款已用于夫妻共同开销，后又称用于偿还其外甥女的借款，但雷某某对其主张均未提供相应证据证明。另，雷某某在庭审中曾同意各自名下存款归各自所有，其另行支付宋某某 10 万元存款，后雷某某反悔，不同意支付。

【裁判结果】

北京市朝阳区人民法院于 2015 年 4 月 16 日作出（2015）朝民初字第 04854 号民事判决：准予雷某某与宋某某离婚；雷某某名下中国工商银行尾号为 4179 账户内的存款归雷某某所有，宋某某名下中国邮政储蓄银行账号尾

① 对应《民法典》第 1092 条。——编者注

号为7101、9389及1156账户内的存款归宋某某所有,并对其他财产和债务问题进行了处理。宣判后,宋某某提出上诉,提出对夫妻共同财产雷某某名下存款分割等请求。北京市第三中级人民法院于2015年10月19日作出(2015)三中民终字第08205号民事判决:维持一审判决其他判项,撤销一审判决第三项,改判雷某某名下中国工商银行尾号为4179账户内的存款归雷某某所有,宋某某名下中国邮政储蓄银行尾号为7101账户、9389账户及1156账户内的存款归宋某某所有,雷某某于本判决生效之日起七日内支付宋某某12万元。

【裁判理由】

法院生效裁判认为:婚姻关系以夫妻感情为基础。宋某某、雷某某共同生活过程中因琐事产生矛盾,在法院判决不准离婚后,双方感情仍未好转,经法院调解不能和好,双方夫妻感情确已破裂,应当判决准予双方离婚。

本案二审期间双方争议的焦点在于雷某某是否转移夫妻共同财产和夫妻双方名下的存款应如何分割。《婚姻法》第17条第2款规定:"夫妻对共同所有的财产,有平等的处理权。"第47条规定:"离婚时,一方隐藏、转移、变卖、毁损夫妻共同财产,或伪造债务企图侵占另一方财产的,分割夫妻共同财产时,对隐藏、转移、变卖、毁损夫妻共同财产或伪造债务的一方,可以少分或不分。离婚后,另一方发现有上述行为的,可以向人民法院提起诉讼,请求再次分割夫妻共同财产。"这就是说,一方在离婚诉讼期间或离婚诉讼前,隐藏、转移、变卖、毁损夫妻共同财产,或伪造债务企图侵占另一方财产的,侵害了夫妻对共同财产的平等处理权,离婚分割夫妻共同财产时,应当依照《婚姻法》第47条的规定少分或不分财产。

本案中,关于双方名下存款的分割,结合相关证据,宋某某婚前房屋拆迁款转化的存款,应归宋某某个人所有,宋某某婚后所得养老保险金,应属夫妻共同财产。雷某某名下中国工商银行尾号为4179账户内的存款为夫妻关系存续期间的收入,应作为夫妻共同财产予以分割。雷某某于2013年4月30日通过ATM转账及卡取的方式,将尾号为4179账户内的195000元转至案外人名下。雷某某始称该款用于家庭开销,后又称用于偿还外债,前后陈述明显矛盾,对其主张亦未提供证据证明,对钱款的去向不能作出合理的解释和说明。结合案件事实及相关证据,认定雷某某存在转移、隐藏夫妻共同财产的情节。根据上述法律规定,对雷某某名下中国工商银行尾号4179账户内的存款,雷某某可以少分。宋某某主张对雷某某名下存款进行分割,符合法律规定,予以支持。故判决宋某某婚后养老保险金14322.48元归宋某某所有,对于雷某某转移的19.5万元存款,由雷某某补偿宋某某12万元。

【法院参考案例】

1. 李某诉孙某离婚后财产纠纷案
[《婚姻家庭纠纷典型案例(北京)》案例八,最高人民法院 2015 年 11 月 20 日]

【基本案情】

孙某和李某原本是夫妻,两人于 2004 年因感情不和协议离婚,双方在协议中约定:婚生子孙小某离婚后由女方抚养,孙某定期给付李某抚养费和教育费;现住公房及房屋内所有物品归女方所有;现金、存款上双方不存在共同财产,离婚时互不干涉,不需再分割;男方经营的公司、所有的汽车等财产,离婚后属男方。2014 年,李某在作为孙小某的法定代理人依据“离婚协议”要求孙某付抚养费时,发现孙某现住房是其与李某婚姻关系存续期间购买,孙某在离婚时对该房屋进行了隐瞒。故李某以此为由起诉到法院要求判决涉案房屋全部归自己所有。

被告孙某辩称,李某的起诉期早已超过两年的诉讼时效,而且当时双方因为感情不和,从 2001 年便已经开始分居。涉案的房屋是其在分居期间完全用个人的财产购买的,应属于个人财产。同时,离婚协议中的公房在离婚时已经取得完全产权,与公房相比,现住房在离婚时价值较小,而且购买此房也告诉过李某,故对于该房屋完全没有隐藏的动机和必要。况且,双方在离婚协议中明确约定“所有的汽车等财产,离婚后属男方”,自己的现住房理应属于个人财产,因此不同意李某的诉讼请求。

【裁判结果】

北京市昌平区人民法院经过审理认为,涉案房屋系在双方婚姻关系期间购买,为夫妻共同财产,应当予以分割,判决房屋归孙某所有,孙某给付李某房屋折价款 140 万元。判决后,孙某、李某均不服,向北京市第一中级人民法院提起上诉。

北京市第一中级人民法院经过审理认为,虽然双方在离婚协议中有“男方经营的公司,所有的汽车等财产,离婚后属男方”的约定,但在房产价值远大于汽车的常识背景下,以“等”字涵盖房屋,违背常理,故该房为双方婚姻关系存续期间购买,应属于双方共同财产。对于孙某所提的李某诉讼已过诉讼时效的上诉理由,因孙某未能提供证据证明李某在诉讼时效结束之前已经知道该套房屋的存在,故李某表示其作为孙小某的法定代理人在 2014 年起诉孙某给付抚养费的案件中才知道有该套房屋的解释较为合理。对于房屋的分割问题,原审法院参照李某提出的市场价格及周边地区房屋的市场价格酌情确定房屋的市场价格并无不妥,同时原审法院结合孙某隐匿财产存在过错、涉案房屋登记在孙某名下等因素,判决房屋归孙某所有,孙某给付李某折价款 140 万元,并无不当。综上,北京市第一中级人民法院最终驳回了两人的上诉,维持了原判。

【典型意义】

随着社会的发展,传统从一而终的婚姻观念已经悄然发生改变,在法院最直接的体现便是受理离婚相关的案件越来越多。曾经如胶似漆的两人,若在分道扬镳的岔路口,也能不因感情的逝去而坦诚相待,无疑也算得上是美事一件。但是现实生活往往不同于童话小说,离婚中的双方似乎总要将感情失利的不快转移到对共同财产的锱铢必较。因此,法院在审理涉及财产分割的离婚案件中,对双方共同财产予以公平分割,无疑能更好平息双方因离婚带来的不快,促进双方好合好散。在调处涉嫌隐瞒夫妻共同财产案件时明察秋毫,既是对失信一方的惩罚,亦是对另一方合法权益的维护,无疑也对社会的安定和谐有莫大的促进。

《婚姻法》第 47 条明确规定,离婚时,一方隐藏、转移、变卖、毁损夫妻共同财产,或伪造债务企图侵占另一方财产的,分割夫妻共同财产时,对隐藏、转移、变卖、毁损夫妻共同财产或伪造债务的一方,可以少分或不分。离婚后,另一方发现有上述行为的,可以向人民法院提起诉讼,请求再次分割夫妻共同财产。本案中,在案证据能够证明孙某的现住房是其在与李某婚姻存续期间用夫妻共同财产购买的,而且其主张购买该房屋已经告知李某缺乏证据支持,因此法院将涉案房屋认定为夫妻共同财产,并依法进行了分割。同时,对于隐瞒财产的分割比例问题,需要法院依据过错大小、具体案情等综合认定,故本案中李某以孙某隐瞒夫妻共同财产存在错误为由,要求涉案房屋全部归自己所有的诉讼请求亦未得到支持。天下没有不透风的墙,在夫妻缘分走到尽头之时,双方还应坦诚相待,避免日后对簿公堂,为自己的不当行为买单,既得不偿失,也失了风度。

2. 原告吕某芳诉被告许某坤离婚案(《“用公开促公正 建设核心价值”主题教育活动 婚姻家庭纠纷典型案例》案例四十三,最高人民法院 2015 年 12 月 4 日)

【基本案情】

原告吕某芳与被告许某坤于 2003 年经原告姑妈介绍认识后自由恋爱,2004 年 6 月 24 日经登记结婚。婚后双方于 2006 年到云南省宣威市生活并于 2009 年经营一家餐馆。双方于 2004 年 10 月 26 日生育长子,现读四年级;于 2009 年 3 月 6 日生育次子,现读学前班,现二子均随原告父母生活。婚后共同生活期间,因被告许某坤怀疑原告吕某芳与他人存在不正当男女关系双方产生矛盾,2015 年 3 月 22 日原、被告发生吵打。2015 年 6 月 25 日,原告吕某芳向宣威市人民法院起诉,要求与被告离婚,原、被告所生长子、次子由原告抚养,被告按月支付抚养费 4000 元直至孩子成年为止。双方有共同财产存款 50 多万元、经营餐馆价值 55000 元,由双方平均分割。另查明,2015 年 2 月 4 日至 3 月 9 日,被告许某坤从中国农业银行宣威板桥分理处销户定期一本通子账户 7 笔,支取金额合计 553932. 14 元;双方婚后经营的餐馆已变卖均分。庭审中,原告吕某芳坚持要求离婚,次子由原告负责抚养,长子由被告负责抚养,双方互不支付抚养费。双方有共同财产存款平均分割,由被告给付原告 27 万元,并由被告承担本案诉讼费。被告许某坤同意离婚,但两个孩子要由被告抚养,不需原告支付抚养费,被告一次性补偿原告 2 万元。因双方就子女抚养问题、共同存款金额及分割意见分歧过大,调解未能达成协议。

【裁判结果】

法院认为,原告吕某芳与被告许某坤婚后共同生活期间,因家庭琐事发生争吵,致使双方相处不睦;原告吕某芳起诉要求与被告许某坤离婚,被告许某坤亦同意离婚,应准予离婚。原、被告双方对婚生子的抚养问题意见分歧,因许某仁现已年满 10 岁,经法院征求其意见,其表示愿意跟随原告生活,故双方婚生长子由原告负责抚养,次子由被告负责抚养为宜。关于双方的共同财产问题,根据中国农业银行宣威板桥分理处出具的被告许某坤账号明细详单,能够证实被告许某坤自 2015 年 2 月 4 日至 3 月 9 日共销户定期一本通子账户 7 笔,金额合计 553932. 14 元。被告许某坤辩称银行的查询结果有误,系被告重复存取后的金额,但银行的查询记录只有被告的支取记录,没有存现记录,被告许某坤的辩解不能成立;另被告许某坤主张双方只有共同存款 27 万余元,但已被取出用于双方的家庭开支、日常花费及被告购买彩票,被告未提交证据证实其所支取款项用于正常合理开支,被告的辩解不能成立。故被告许某坤从中国农业银行宣威板桥分理处所支取的 553932. 14 元,系原、被告婚姻存续期内取得的合法收入,是原、被告双方的夫妻共同财产应予以平均分割,即每人应得 276966. 07 元,原告吕某芳只主张由被告许某坤给付其人民币 27 万元,依法予以准许。被告许某坤主张原告吕某芳的二哥尚欠双方 4000 元,但未提交证据加以证实,本案中对该笔债权不予认定。被告许某坤主张双方有价值 2 万余元的火腿存放于原告吕某芳的父母家中,因被告许某坤没有提交证据加以证实,本案中不予认定。依照《婚姻法》第 32 条、第 36 条、第 39 条之规定,判决:(1)准予原告吕某芳与被告许某坤离婚;(2)双方婚生长子由原告吕某芳负责抚养,次子由被告许某坤负责抚养;(3)由被告许某坤自本判决生效之日起 5 日内给付原告吕某芳人民币 270000 元。一审宣判后双方均未上诉。

【典型意义】

离婚诉讼中,很多当事人担心对方开始隐匿家庭共同财产,其实这个担心并不是多余的,几乎 60%以上的案件都会涉及一方涉嫌隐匿财产的情况。因此,防止对方隐匿财产,应当提前准备。比如,在起诉前,就将家庭共同财产的发票收集好,或请朋友做见证证言,兼采用影像取证技术。另外,对于银行存款、股票基金等,可以在起诉同时申请法院调查或律师出具调查令调查,一旦查出财产下落,可以视情况采取财产保全措施等。本案中,原告申请法院调查收集证据,法院向中国农业银行宣威板桥分理处调取被告许某坤在该行的开户及账号交易明细情况,查明被告许某坤从 2 月 4 日至 3 月 9 日共销户定期一本通子账户 7 笔,合计 553932.14 元。故法院作出前述判决。

第五章　收　　养

第一节　收养关系的成立

第一千零九十三条　【被收养人的条件】下列未成年人，可以被收养：

（一）丧失父母的孤儿；

（二）查找不到生父母的未成年人；

（三）生父母有特殊困难无力抚养的子女。

【原《收养法》条文】

第四条　下列不满十四周岁的未成年人可以被收养：

（一）丧失父母的孤儿；

（二）查找不到生父母的弃婴和儿童；

（三）生父母有特殊困难无力抚养的子女。

【修改说明】

将“不满十四周岁的未成年人”改为“未成年人”，相当于将收养对象的年龄限制放宽到 18 周岁；将“查找不到生父母的弃婴和儿童”改为“查找不到生父母的未成年人”，明确拐卖被解救后无法找到生父母的未成年人也属于被收养人范围。

【立法 · 要点释义】

收养是自然人领养他人子女为自己子女的一种法律行为，能够起到依法变更亲子关系、转移亲子间权利义务关系的法律效力，养父母子女关系也属于亲子关系的重要类型之一。

“丧失”指被收养人的父母已经死亡或者被宣告死亡。“父母”不仅包括生父母，还包括养父母以及有扶养关系的继父母，但是不包括父母被宣告失踪的情形，父母被宣告失踪的可以适用“查找不到生父母的未成年人”这一项。“查找不到”是指通过各种方式均无法找到，应当有一个合理期间的限制，个人或者有关机关经过一定期间仍查找不到生父母的未成年人，可以作为被收养人。对于暂时脱离生父母，但嗣后又被找回的未成年人，不应当成为被收养的对象。“生父母有特殊困难”既包括经济上的困难,也包括精神或者身体上的困难,如生父母双双患有重病,难以抚养其子女,由有关部门在确定是否可被收养时根据情况对“特殊困难”进行判断。

【编者观点】

现代收养制度遵循儿童利益最大化原则,以自然人有亲子关系之需求却无亲子关系之现实为标准,划定被收养人范围以及收养制度的适用空间,达到拟制收养人和被收养人之间成立亲子关系的效果,主要针对处于脱离父母或监护人的抚养、教育、保护和监护的风险中的未成年人。鉴于我国收养制度把被收养人的利益放在首位,因此满足养老需求而承认成年人收养的理由不能成立;未出生的胎儿也不是适格的被收养人。

对于被生父母故意遗弃的未成年人,应视为生父母放弃了对未成年人的监护权,应由国家介入和补位,由民政部门代表国家行使监护权,委托儿童福利机构具体履行监护职责,符合法定条件时作为送养人决定对未成年人的送养。为了避免实践中的误解,编纂《民法典》时将“弃婴和儿童”修改为“未成年人”,取消了对生父母遗弃未成年人的主观意愿的限定,明确拐卖被解救后无法找到生父母的未成年人也属于被收养人范围。收养查找不到生父母的未成年人时应切实履行公告公示程序,避免收养机制被滥用,《民法典》第1105条第2款对此明确规定。

我国立法视未成年人被遗弃或被拐获救而有不同的认定标准,对于被生父母遗弃的未成年人,《中国公民收养子女登记办法》第8条第2款规定,收养登记机关应当在登记前公告查找其生父母;自公告之日起满60日,弃婴、儿童的生父母或者其他监护人未认领的,视为查找不到生父母的弃婴、儿童。对于被拐获救的儿童,2015年8月民政部、公安部联合印发《关于开展查找不到生父母的打拐解救儿童收养工作的通知》,要求公安机关应当全力查找打拐解救儿童的生父母,在全国打拐DNA信息库录入、比对血样,1个月内未能查找到生父母或其他监护人的,社会福利机构或救助保护机构在儿童寻亲公告平台上发布儿童寻亲公告,公告期30日。儿童被送交社会福利机构或救助保护机构之日起满12个月,公安机关仍未能查找到儿童生父母或其他监护人的,可视为确实查找不到生父母,未成年人可被收养,建立起公安机关出具查找不到生父母或其他监护人的证明、社会福利机构送养的机制。

本条第3项规定生父母有特殊困难无力抚养的子女可以被送养,那么养父母、继父母有特殊困难无力抚养的子女,可否被送养?《民政部办公厅关于收养人因生活困难不能继续抚养被收养人有关问题的复函》(民办函〔2009〕

177 号)支持养父母有特殊困难无力抚养的可将子女送养。但全国人大常委会法工委持否定立场,认为可通过与生父母协商解除收养关系的方式,由生父母重新考虑是否自己抚养或者送养给其他主体。继父母有特殊困难无力抚养情形下,须考量继父母是否有法定抚养义务。如有,则可在继父母与生父母之间协商、调解或裁判分担抚养义务,一般不必要也不适宜通过收养机制解决。我国司法实践一般倾向于由生父母替补履行抚养义务的立场。

本条第 3 项存在例外情形,《民法典》第 1099 条和第 1103 条把收养条件适当放宽,规定收养三代以内同辈旁系血亲的子女、继父或继母收养继子女不受本项"生父母有特殊困难无力抚养的子女"的限制,以实现同辈旁系血亲收养的宗族共续意义以及继父母收养的家庭建构功能。

《收养法》未明确其是否具有溯及力。对于 1992 年 4 月 1 日《收养法》实施之前形成的收养关系,司法判例肯认未办理收养登记手续、未进行收养公证以及未签订收养协议的事实收养,也肯认被收养人已成年的事实收养。

【相关立法】

《中华人民共和国未成年人保护法》(2024 年修正,2024 年 4 月 26 日施行)

第五十四条　禁止拐卖、绑架、虐待、非法收养未成年人,禁止对未成年人实施性侵害、性骚扰。

禁止胁迫、引诱、教唆未成年人参加黑社会性质组织或者从事违法犯罪活动。

禁止胁迫、诱骗、利用未成年人乞讨。

第一百零九条　人民法院审理离婚、抚养、收养、监护、探望等案件涉及未成年人的,可以自行或者委托社会组织对未成年人的相关情况进行社会调查。

【行政法规】

1.《中国公民收养子女登记办法》(2023 年修订,2023 年 7 月 20 日施行)

第四条　收养社会福利机构抚养的查找不到生父母的弃婴、儿童和孤儿的,在社会福利机构所在地的收养登记机关办理登记。

收养非社会福利机构抚养的查找不到生父母的弃婴和儿童的,在弃婴和儿童发现地的收养登记机关办理登记。

收养生父母有特殊困难无力抚养的子女或者由监护人监护的孤儿的,在被收养人生父母或者监护人常住户口所在地(组织作监护人的,在该组织所在地)的收养登记机关办理登记。

收养三代以内同辈旁系血亲的子女,以及继父或者继母收养继子女的,在被收养人生父或者生母常住户口所在地的收养登记机关办理登记。

2.《国务院办公厅关于加强孤儿保障工作的意见》(国办发〔2010〕54 号,2010 年 11 月 16 日)

一、拓展安置渠道,妥善安置孤儿

孤儿是指失去父母、查找不到生父母的未满 18 周岁的未成年人,由地方县级以上民政部门依据有关规定和条件认定。地方各级政府要按照有利于孤儿身心健康成长的原则,采取多种方式,拓展孤儿安置渠道,妥善安置孤儿。

(一)亲属抚养。孤儿的监护人依照《中华人民共和国民法通则》等法律法规确定。孤儿的祖父母、外祖父母、兄、姐要依法承担抚养义务、履行监护职责;鼓励关系密切的其他亲属、朋友担任孤儿监护人;没有前述监护人的,未成年人的父、母的所在单位或者未成年人住所地的居民委员会、村民委员会或者民政部门担任监护人。监护人不履行监护职责或者侵害孤儿合法权益的,应承担相应的法律责任。

(二)机构养育。对没有亲属和其他监护人抚养的孤儿,经依法公告后由民政部门设立的儿童福利机构收留抚养。有条件的儿童福利机构可在社区购买、租赁房屋,或在机构内部建造单元式居所,为孤儿提供家庭式养育。公安部门应及时为孤儿办理儿童福利机构集体户口。

(三)家庭寄养。由孤儿父母生前所在单位或者孤儿住所地的村(居)民委员会或者民政部门担任监护人的,可由监护人对有抚养意愿和抚养能力的家庭进行评估,选择抚育条件较好的家庭开展委托监护或者家庭寄养,并给予养育费用补贴,当地政府可酌情给予劳务补贴。

(四)依法收养。鼓励收养孤儿。收养孤儿按照《中华人民共和国收养法》的规定办理。对中国公民依法收养的孤儿,需要为其办理户口登记或者迁移手续的,户口登记机关应及时予以办理,并在登记与户主关系时注明子女关系。对寄养的孤儿,寄养家庭有收养意愿的,应优先为其办理收养手续。继续稳妥开展涉外收养,进一步完善涉外收养办法。

二、建立健全孤儿保障体系,维护孤儿基本权益

(一)建立孤儿基本生活保障制度。为满足孤儿基本生活需要,建立孤儿基本生活保障制度。各省、自治区、直辖市政府按照不低于当地平均生活水平的原则,合理确定孤儿基本生活最低养育标准,机构抚养孤儿养育标准应高于散居孤儿养育标准,并建立孤儿基本生活最低养育标准自然增长机制。地方各级财政要安排专项资金,确保孤儿基本生活费及时足额到位;中央财政安排专项资金,对地方支出孤儿基本生活费按照一定标准给予补助。民政、财政部门要建立严格的孤儿基本生活费管理制度,加强监督检查,确保专款专用、按时发放,确保孤儿基本生活费用于孤儿。

……

三、加强儿童福利机构建设，提高专业保障水平

……

（三）发挥儿童福利机构的作用。儿童福利机构是孤儿保障的专业机构，要发挥其在孤儿保障中的重要作用。对社会上无人监护的孤儿，儿童福利机构要及时收留抚养，确保孤儿居有定所、生活有着。要发挥儿童福利机构的专业优势，为亲属抚养、家庭寄养的孤儿提供有针对性的指导和服务。

【部门参考文件】

1.《民政部、公安部关于开展查找不到生父母的打拐解救儿童收养工作的通知》（民发〔2015〕159 号，2020 年修正，2021 年 1 月 1 日）

一、全力查找打拐解救儿童生父母

儿童失踪后，其监护人应当及时向公安机关报警。公安机关接到儿童失踪报警后，应当立即出警处置并立案侦查，迅速启动儿童失踪快速查找机制，充分调动警务资源，第一时间组织查找，并及时免费采集失踪儿童父母血样录入全国打拐 DNA 信息库。

公安机关解救被拐卖儿童后，对于查找到生父母或其他监护人的，应当及时送还。对于暂时查找不到生父母及其他监护人的，应当送交社会福利机构或者救助保护机构抚养，并签发打拐解救儿童临时照料通知书（附件 1），由社会福利机构或者救助保护机构承担临时监护责任。同时，公安机关要一律采集打拐解救儿童血样，检验后录入全国打拐 DNA 信息库比对，寻找儿童的生父母。公安机关经查找，1 个月内未找到儿童生父母或其他监护人的，应当为社会福利机构或者救助保护机构出具暂时未查找到生父母或其他监护人的证明（附件 2）。社会福利机构或者救助保护机构在接收打拐解救儿童后，应当在报纸和全国打拐解救儿童寻亲公告平台上发布儿童寻亲公告。公告满 30 日，儿童的生父母或者其他监护人未认领的，救助保护机构应当在 7 日内将儿童及相关材料移交当地社会福利机构。社会福利机构应当尽快为儿童办理入院手续并申报落户手续，公安机关应当积极办理落户手续。

从儿童被送交社会福利机构或者救助保护机构之日起满 12 个月，公安机关未能查找到儿童生父母或其他监护人的，应当向社会福利机构出具查找不到生父母或其他监护人的证明（附件 3）。

打拐解救儿童在社会福利机构或者救助保护机构期间，如有人主张其为被公告儿童的生父母或者其他监护人的，上述机构应当立即通知公安机关，由公安机关开展调查核实工作。公安机关经调查确认找到打拐解救儿童生父母或其他监护人的，应当出具打拐解救儿童送还通知书（附件 4），由社会福利机构或者救助保护机构配合该儿童生父母或其他监护人将儿童接回。

2.《民政部婚姻司对〈收养法〉的解答》(1992年4月1日)

三、哪些人可以被他人收养?

答:收养法第四条规定,下列不满14周岁的未成年人①可以被收养:一是丧失父母的孤儿;二是查找不到生父母的弃婴和儿童;三是生父母有特殊困难无力抚养的子女。

法律之所以如此规定,主要是因为:第一,有利于收养关系的稳定。因为收养人与被收养人之间本无自然血缘关系,如果被收养人年龄过大,很难消除他们与其生父母已经形成的父母子女之情,也不易与养父母之间建立起浓厚感情,以致影响收养关系的稳定;第二,符合收养的目的。收养的本意就是为了使那些无人抚养或父母无力抚养的孩子,在养父母的抚养教育下,享受家庭的温暖,得以健康成长。

另外,考虑到我国民间习惯,收养法还规定收养三代以内同辈旁系血亲的子女可以不受被收养人不满14周岁的限制。

第一千零九十四条 【送养人的条件】下列个人、组织可以作送养人:

(一)孤儿的监护人;

(二)儿童福利机构;

(三)有特殊困难无力抚养子女的生父母。

【立法·要点释义】

根据民政部1992年发布的《民政部关于在办理收养登记中严格区分孤儿与查找不到生父母的弃婴的通知》的规定,孤儿是指其父母死亡或人民法院宣告其父母死亡的不满14周岁的未成年人。由于前条关于被收养人的规定已经将被收养人的年龄限制扩展到18周岁,与此相应,此处的"孤儿"是指其父母死亡或人民法院宣告其父母死亡的未成年人。

儿童福利机构,是指国家设立的对于孤儿、弃儿等进行监管看护的机构,主要是指各地民政部门主管的收容、养育孤儿和查找不到生父母的未成年人的社会福利院。民政部门对于需要监护但又没有具备相应监护资格的人的,需要承担兜底的监护责任,工作层面具体实施这种监护职责的是其主管的社会福利机构。

以存在特殊困难无力抚养为由送养子女的只能是生父母,不包括养父母、继父母。如果收养关系成立后,养父母确因特殊困难无力继续抚养养子女,可以通过与生父母协商解除收养关系的方式,由生父母重新考虑是否自己抚养或者送养给其他主体。

---

① 《民法典》第1093条取消了"不满十四周岁"的限制。——编者注

【编者观点】

本条规定的送养人的范围，与前条规定的被收养人的范围，原则上具有逻辑对应关系，即丧失父母的孤儿被收养，送养人为孤儿的监护人；查找不到生父母的未成年人被收养，送养人为儿童福利机构；生父母有特殊困难无力抚养的子女被收养，送养人为生父母。

只有在生父母因死亡、不能有效表达送养意思、欠缺抚养能力或可能危及被收养人人身安全时，才由其他主体实施送养行为，体现了对生父母亲权的尊重；也体现出最大限度保护被收养人利益的原则。按照《民法典》第 27 条，孤儿监护人的顺序限制是祖父母外祖父母—兄姐—愿意担任监护人的个人或组织，经住所地居委会村委会或民政部门同意。孤儿监护人实施送养行为时，按照第 1096 条规定，还应征得有抚养义务的人同意。有抚养义务的人不同意送养、监护人不愿意继续履行监护职责的，应依总则编规定另行确定监护人。

儿童福利机构是代替民政部门具体履行对特定儿童的监护职责的事业单位法人。根据《儿童福利机构管理办法》第 9 条，儿童福利机构应当收留抚养的儿童包括以下几类：一是无法查明父母或其他监护人的儿童；二是父母死亡或宣告失踪且没有其他依法具有监护资格的人的儿童；三是父母没有监护能力且没有其他依法具有监护资格的人的儿童；四是法院指定由民政部门担任监护人的儿童；五是法律规定应当由民政部门担任监护人的其他儿童。由此可见，儿童福利机构收留抚养的服务对象既包括丧失父母的孤儿，也包括查找不到生父母的未成年人，还可能包括生父母有特殊困难无力抚养或者生父母没有监护能力的未成年人。当这些未成年人符合条件、适合送养时，儿童福利机构可能作为送养人启动收养程序。但相反观点认为，儿童福利机构仅有权送养监护缺失的由其收留抚养的未成年人。即使生父母有特殊困难无力抚养，民政部门将未成年人安置在儿童福利机构收留抚养，儿童福利机构也不能自行决定将此类未成年人送养，送养人也只能分别是作为监护人的民政部门或生父母。例如《民政部关于规范生父母有特殊困难无力抚养的子女和社会散居孤儿收养工作的意见》第 2 条规定，“生父母有特殊困难无力抚养的子女由生父母作为送养人。生父母均不具备完全民事行为能力且对被收养人有严重危害可能的，由被收养人的监护人作为送养人。社会散居孤儿由其监护人作为送养人。社会散居孤儿的监护人依法变更为社会福利机构的，可以由社会福利机构送养”。该规定意味着本条第 2 项的“儿童福利机构”可能同时构成本条第 1 项的“孤儿的监护人”。

【相关立法】

《中华人民共和国民法典》(2021年1月1日施行)

第二十七条第二款 未成年人的父母已经死亡或者没有监护能力的,由下列有监护能力的人按顺序担任监护人:

(一)祖父母、外祖父母;

(二)兄、姐;

(三)其他愿意担任监护人的个人或者组织,但是须经未成年人住所地的居民委员会、村民委员会或者民政部门同意。

【行政法规】

《中国公民收养子女登记办法》(2023年修订,2023年7月20日施行)

第七条 送养人应当向收养登记机关提交下列证件和证明材料:

(一)送养人的居民户口簿和居民身份证(组织作监护人的,提交其负责人的身份证件);

(二)民法典规定送养时应当征得其他有抚养义务的人同意的,并提交其他有抚养义务的人同意送养的书面意见。

社会福利机构为送养人的,并应当提交弃婴、儿童进入社会福利机构的原始记录,公安机关出具的捡拾弃婴、儿童报案的证明,或者孤儿的生父母死亡或者宣告死亡的证明。

监护人为送养人的,并应当提交实际承担监护责任的证明,孤儿的父母死亡或者宣告死亡的证明,或者被收养人生父母无完全民事行为能力并对被收养人有严重危害的证明。

生父母为送养人,有特殊困难无力抚养子女的,还应当提交送养人有特殊困难的声明;因丧偶或者一方下落不明由单方送养的,还应当提交配偶死亡或者下落不明的证明。对送养人有特殊困难的声明,登记机关可以进行调查核实;子女由三代以内同辈旁系血亲收养的,还应当提交公安机关出具的或者经过公证的与收养人有亲属关系的证明。

被收养人是残疾儿童的,并应当提交县级以上医疗机构出具的该儿童的残疾证明。

【部门参考文件】

1.《民政部关于在办理收养登记中严格区分孤儿与查找不到生父母的弃婴的通知》(民婚函〔1992〕263号,1992年8月11日)

一、我国《收养法》中所称的孤儿是指其父母死亡或人民法院宣告其父母死亡的不满十四周岁的未成年人。

二、送养孤儿的须提交有关部门出具的孤儿父母死亡证明书(正常死亡证明书由医疗卫生单位出具,非正常死亡证明书由县以上公安部门出具)或人民法院宣告死亡的判决书。

三、收养登记员对当事人提交的孤儿父母死亡的证明应严格审查和进行必要的调查，并将调查笔录归卷存档。对当事人弄虚作假的，收养登记机关应拒绝为其办理登记。若收养登记员审查不严，玩忽职守，应视情节轻重，由其主管机关撤销其收养登记员资格或给予其必要的行政处分。

2.《民政部办公厅关于收养人因生活困难不能继续抚养被收养人有关问题的复函》（民办函〔2009〕177 号，2009 年 7 月 22 日）

《中华人民共和国收养法》第二十三条①规定："自收养关系成立之日起，养父母与养子女间的权利义务关系，适用法律关于父母子女关系的规定"，因此，已经建立了收养关系的养父母具有和被收养人原生父母同等的权利义务。《中华人民共和国收养法》第五条②规定，有特殊困难无力抚养子女的生父母可以作为送养人，故有特殊困难无力抚养子女的养父母也可以作为送养人送养其子女。养父母送养子女应当严格按照生父母送养的登记程序办理。

3.《民政部关于规范生父母有特殊困难无力抚养的子女和社会散居孤儿收养工作的意见》（民发〔2014〕206 号，2020 年修正，2021 年 1 月 1 日）

一、坚持两类儿童收养工作原则

收养应当有利于被收养未成年人的抚养、成长。要落实儿童利益最佳的原则，把"一切为了孩子"的要求贯穿于收养工作始终，让儿童回归家庭，得到父母的关爱和良好的教育。要坚持国内收养优先的原则，鼓励、支持符合条件的国内家庭收养，研究创制亲属收养的政策措施，积极引导国内家庭转变收养观念，帮助大龄和残疾儿童实现国内收养。同时，积极稳妥地开展涉外收养工作。要遵循平等自愿的原则，充分尊重被收养人和送养人的意愿，切实维护其合法权益。对送养年满八周岁以上未成年人的，要征得其本人同意。告知送养人送养的权利义务，让其知晓送养后的法律后果，方便其行使选择权利。他人不得诱使或强迫监护人送养。要坚持依法登记的原则，强化对收养登记工作人员的管理约束，不断增强法律意识，提高依法办事能力，严格依法依规办理收养登记。

二、明确送养人和送养意愿

生父母有特殊困难无力抚养的子女由生父母作为送养人。生父母均不具备完全民事行为能力且对被收养人有严重危害可能的，由被收养人的监护人作为送养人。社会散居孤儿由其监护人作为送养人。社会散居孤儿的监护人依法变更为社会福利机构的，可以由社会福利机构送养。送养人可以向

---

① 对应《民法典》第 1111 条。——编者注

② 对应《民法典》第 1094 条。——编者注

民政部门提出送养意愿。民政部门可以委托社会福利机构代为接收送养意愿。

三、严格规范送养材料

提交送养材料时,送养人可以直接向县级以上人民政府民政部门提交,也可以由受委托的社会福利机构转交。受委托的社会福利机构应当协助送养人按照要求提交送养证明材料。

送养人应当提交下列证件和证明材料:本人及被收养人的居民身份证和居民户口簿或公安机关出具的户籍证明,《生父母或监护人同意送养的书面意见》(见附件1),并根据下列情况提交相关证明材料。

(一)生父母作为送养人的,应当提交下列证明材料:

1. 生父母有特殊困难无力抚养子女的证明;

2. 生父母与当地卫生和计划生育部门签订的计划生育协议。

生父母有特殊困难无力抚养的证明是指生父母所在单位或者村(居)委会根据下列证件、证明材料之一出具的能够确定生父母有特殊困难无力抚养的相关证明:

(1)县级以上医疗机构出具的重特大疾病证明;

(2)县级残疾人联合会出具的重度残疾证明;

(3)人民法院判处有期徒刑或无期徒刑、死刑的判决书。

生父母确因其他客观原因无力抚养子女的,乡镇人民政府、街道办事处出具的有关证明可以作为生父母有特殊困难无力抚养的证明使用。

(二)如生父母一方死亡或者下落不明的,送养人还应当提交下列证明:

1. 死亡证明、公安机关或者其他有关机关出具的下落不明的证明;

2. 经公证的死亡或者下落不明一方的父母不行使优先抚养权的书面声明(见附件2)。

(三)生父母以外的监护人作为送养人的,应当提交下列证明材料:

1. 生父母的死亡证明或者人民法院出具的能够证明生父母双方均不具备完全民事行为能力的文书;

2. 监护人所在单位或村(居)委会出具的监护人实际承担监护责任的证明;

3. 其他有抚养义务的人(祖父母、外祖父母、成年兄姐)出具的经公证的同意送养的书面意见(见附件3)。

生父母均不具备完全民事行为能力的,还应当提交生父母所在单位、村(居)委会、医疗机构、司法鉴定机构或者其他有权机关出具的生父母对被收养人有严重危害可能的证明。

4.《民政部婚姻司对〈收养法〉的解答》(1992年4月1日)

四、哪些人可以作送养人?

答:收养法第五条①规定:下列公

① 对应《民法典》第1094条。——编者注

民、组织可以作送养人:(一)孤儿的监护人;(二)社会福利机构;(三)有特殊困难无力抚养子女的生父母。

上述公民或组织作为送养人,有一个共同特征,即他们是被送养人的监护人或监护教养机关。因为有关当事人的合意是收养成立的重要条件,而作为当事人一方的送养人,必须是被送养人的父母、其他监护人或监护教养机关。因此,收养法规定的可以作送养人的公民、组织正好符合这一要求。

根据我国民法通则第十六条①的规定,未成年人的监护人包括:(一)父母;(二)祖父母、外祖父母;(三)兄、姐;(四)关系密切的其他亲属、朋友愿意承担监护责任,经未成年人的父母的所在单位或者未成年人住所在地的居民委员会、村民委员会同意的。

五、有特殊困难无力抚养的子女的含义是什么?

答:有特殊困难无力抚养的子女,是指有生父母或生父母一方死亡,但其生父母或生父、生母有特殊困难不能抚养教育的未满 14 周岁的子女。如生父母重病、重残,无力抚养教育的子女或由于自然灾害等原因造成其生父母无力抚养的子女,以及非婚生子女等。

5.《儿童福利机构管理办法》(民政部令第 63 号,2019 年 1 月 1 日)

第二条　本办法所称儿童福利机构是指民政部门设立的,主要收留抚养由民政部门担任监护人的未满 18 周岁儿童的机构。

儿童福利机构包括按照事业单位法人登记的儿童福利院、设有儿童部的社会福利院等。

第三条　国务院民政部门负责指导、监督全国儿童福利机构管理工作。

县级以上地方人民政府民政部门负责本行政区域内儿童福利机构管理工作,依照有关法律法规和本办法的规定,对儿童福利机构进行监督和检查。

第四条　儿童福利机构应当坚持儿童利益最大化,依法保障儿童的生存权、发展权、受保护权、参与权等权利,不断提高儿童生活、医疗、康复和教育水平。

儿童福利机构及其工作人员不得歧视、侮辱、虐待儿童。

第六条　儿童福利机构所需经费由县级以上地方人民政府财政部门按照规定予以保障。

第九条　儿童福利机构应当收留抚养下列儿童:

(一)无法查明父母或者其他监护人的儿童;

(二)父母死亡或者宣告失踪且没有其他依法具有监护资格的人的儿童;

(三)父母没有监护能力且没有其他依法具有监护资格的人的儿童;

(四)人民法院指定由民政部门担任监护人的儿童;

(五)法律规定应当由民政部门担

---

①　对应《民法典》第 27 条。——编者注

任监护人的其他儿童。

第十条 儿童福利机构收留抚养本办法第九条第(一)项规定的儿童的,应当区分情况登记保存以下材料:

(一)属于无法查明父母或者其他监护人的被遗弃儿童的,登记保存公安机关出具的经相关程序确认查找不到父母或者其他监护人的捡拾报案证明、儿童福利机构发布的寻亲公告、民政部门接收意见等材料。

(二)属于无法查明父母或者其他监护人的打拐解救儿童的,登记保存公安机关出具的打拐解救儿童临时照料通知书、DNA 信息比对结果、暂时未查找到生父母或者其他监护人的证明,儿童福利机构发布的寻亲公告,民政部门接收意见以及其他与儿童有关的材料。

(三)属于超过 3 个月仍无法查明父母或者其他监护人的流浪乞讨儿童的,登记保存公安机关出具的 DNA 信息比对结果、未成年人救助保护机构发布的寻亲公告、民政部门接收意见以及其他与儿童有关的材料。

第十一条 儿童福利机构收留抚养本办法第九条第(二)项规定的儿童的,应当登记保存儿童户籍所在地乡镇人民政府(街道办事处)提交的儿童父母死亡证明或者宣告死亡、宣告失踪的判决书以及没有其他依法具有监护资格的人的情况报告,民政部门接收意见等材料。

第十二条 儿童福利机构收留抚养本办法第九条第(三)项规定的儿童的,应当登记保存儿童户籍所在地乡镇人民政府(街道办事处)提交的父母没有监护能力的情况报告、没有其他依法具有监护资格的人的情况报告,民政部门接收意见等材料。

父母一方死亡或者失踪的,还应当登记保存死亡或者失踪一方的死亡证明或者宣告死亡、宣告失踪的判决书。

第十三条 儿童福利机构收留抚养本办法第九条第(四)项规定的儿童的,应当登记保存人民法院生效判决书、民政部门接收意见等材料。

第十四条 儿童福利机构可以接受未成年人救助保护机构委托,收留抚养民政部门承担临时监护责任的儿童。儿童福利机构应当与未成年人救助保护机构签订委托协议。

儿童福利机构应当接收需要集中供养的未满 16 周岁的特困人员。

第二十六条 对于符合条件、适合送养的儿童,儿童福利机构依法安排送养。送养儿童前,儿童福利机构应当将儿童的智力、精神健康、患病及残疾状况等重要事项如实告知收养申请人。

对于符合家庭寄养条件的儿童,儿童福利机构按照《家庭寄养管理办法》的规定办理。

第二十七条 出现下列情形,儿童福利机构应当为儿童办理离院手续:

(一)儿童父母或者其他监护人出现的;

(二)儿童父母恢复监护能力或者有其他依法具有监护资格的人的;

（三）儿童父母或者其他监护人恢复监护人资格的；

（四）儿童被依法收养的；

（五）儿童福利机构和未成年人救助保护机构签订的委托协议期满或者被解除的；

（六）其他情形应当离院的。

第二十八条　出现本办法第二十七条第（一）项情形的，儿童福利机构应当根据情况登记保存公安机关出具的打拐解救儿童送还通知书，儿童确属于走失、被盗抢或者被拐骗的结案证明，人民法院撤销宣告失踪或者宣告死亡的判决书，以及能够反映原监护关系的材料等。

出现本办法第二十七条第（二）项情形的，儿童福利机构应当登记保存儿童原户籍所在地乡镇人民政府（街道办事处）提交的父母恢复监护能力或者有其他依法具有监护资格的人的情况报告。

出现本办法第二十七条第（三）项情形的，儿童福利机构应当登记保存人民法院恢复监护人资格的判决书。

出现本办法第二十七条第（一）项至第（三）项情形的，儿童福利机构还应当登记保存父母、其他监护人或者其他依法具有监护资格的人提交的户口簿、居民身份证复印件等证明身份的材料以及民政部门离院意见等材料。

出现本办法第二十七条第（四）项情形的，儿童福利机构应当登记保存收养登记证复印件、民政部门离院意见等材料。

出现本办法第二十七条第（五）项情形的，儿童福利机构应当登记保存儿童福利机构和未成年人救助保护机构签订的委托协议或者解除委托协议的相关材料。

第二十九条　儿童离院的，儿童福利机构应当出具儿童离院确认书。

第三十条　由民政部门担任监护人的儿童年满18周岁后，儿童福利机构应当报请所属民政部门提请本级人民政府解决其户籍、就学、就业、住房、社会保障等安置问题，并及时办理离院手续。

第三十一条　儿童福利机构收留抚养的儿童正常死亡或者经医疗卫生机构救治非正常死亡的，儿童福利机构应当取得负责救治或者正常死亡调查的医疗卫生机构签发的《居民死亡医学证明（推断）书》；儿童未经医疗卫生机构救治非正常死亡的，儿童福利机构应当取得由公安司法部门按照规定及程序出具的死亡证明。

儿童福利机构应当及时将儿童死亡情况报告所属民政部门，并依法做好遗体处理、户口注销等工作。

第四十八条　对私自收留抚养无法查明父母或者其他监护人的儿童的社会服务机构、宗教活动场所等组织，县级以上地方人民政府民政部门应当会同公安、宗教事务等有关部门责令其停止收留抚养活动，并将收留抚养的儿童送交儿童福利机构。

对现存的与民政部门签订委托代养协议的组织，民政部门应当加强监督管理。

第四十九条　儿童福利机构及其工作人员不依法履行收留抚养职责，或者歧视、侮辱、虐待儿童的，由所属民政部门责令改正，依法给予处分；构成犯罪的，依法追究刑事责任。

第一千零九十五条 【监护人送养未成年人的情形】未成年人的父母均不具备完全民事行为能力且可能严重危害该未成年人的，该未成年人的监护人可以将其送养。

【立法 · 要点释义】

本条的规范重点放在了"可以送养"，即重点强调未成年人的监护人在何种情况下可以送养该未成年人。在父母尚存的情况下，对于监护人送养未成年人的条件要求是非常严格的，如果父母任何一方属于完全民事行为能力人，意味着其具有抚养、教育未成年人的能力，这种情况下监护人不得将未成年人送养。

"可能严重危害该未成年人"，是指其父母存在危害该未成年人的现实危险，且达到严重程度的情形，比如父母双方均有严重的精神分裂症，存在暴力威胁甚至殴打未成年人的情形。即使危害行为尚未实际发生，从保护未成年人利益的角度出发，也允许监护人将其送养。

未成年人的父母双方均不具备完全民事行为能力，但是不存在可能严重危害该未成年人的情形时，监护人不能将未成年人送养。主要是考虑到子女可以在精神上陪伴父母，这种陪伴和慰藉是其他方式所不可替代的；且子女如果不被送养，成年后需要对生父母履行赡养义务，有助于对父母的权益保护。

【编者观点】

父母双方的民事行为能力缺失与对未成年人可能有严重危害这两个条件缺一不可。只满足其一要件时，可通过变更监护人或社会救助措施，兼顾不具备完全行为能力的父母权益保护以及未成年人权益保护。父母一方死亡，另一方无完全民事行为能力的未成年人，也可以按本条规定确定送养条件。本条采取赋权性规定方式，并未一律排除在父母对未成年子女有其他不利行为时，监护人送养未成年人的权限，为将来扩大监护人送养被监护人的权限预留了制度空间。有的观点认为，在生父母监护权被撤销而无望恢复，同时又拒绝送养情形下，也可由儿童福利机构等依法送养。

《民法典》第36条第1款第1项和第3项规定了监护人严重危害被监护人的情形，包括实施严重损害被监护人身心健康的行为，以及实施严重侵害被监护人合法权益的行为。《最高人民法院、最高人民检察院、公安部、民政部关于依法处理监护人侵害未成年人权益行为若干问题的意见》将监护侵害行为具体定义为父母或者其他监护人性侵害、出卖、遗弃、虐待、暴力伤害未成年人，教唆、利用未成年人实施违法犯罪行为，胁迫、诱骗、利用未成年人乞讨，以及不履行监护职责严重危害未成年人身心健康等行为。以上规范可以作为认定父母严重危害未成年人的参考。严重危害不应包括因抚养质量问题而带来的间接的、长远的不良影响。例如对于因父母智力低下，常年靠捡拾废品为生，子女经常因父母收入不稳定而饿肚子等生活窘迫，不能因父母对未成年子女的抚养质量不佳就直接剥夺其亲权。

本条规定的法律后果为监护人“可以”而非“应当”将其送养，是否送养应根据最有利于未成年人原则进行考量。除了送养外，有观点认为，也可由监护人一并承担抚养照护责任、依法律规定或经协商确定由其他亲属承担抚养照护责任、通过家庭寄养或机构寄养等方式，为未成年人提供有利的生活和成长环境。

【相关立法】

《中华人民共和国民法典》(2021年1月1日施行)

第三十六条　监护人有下列情形之一的，人民法院根据有关个人或者组织的申请，撤销其监护人资格，安排必要的临时监护措施，并按照最有利于被监护人的原则依法指定监护人：

(一)实施严重损害被监护人身心健康的行为；

(二)怠于履行监护职责，或者无法履行监护职责且拒绝将监护职责部分或者全部委托给他人，导致被监护人处于危困状态；

(三)实施严重侵害被监护人合法权益的其他行为。

本条规定的有关个人、组织包括：其他依法具有监护资格的人，居民委员会、村民委员会、学校、医疗机构、妇女联合会、残疾人联合会、未成年人保护组织、依法设立的老年人组织、民政部门等。

前款规定的个人和民政部门以外的组织未及时向人民法院申请撤销监护人资格的，民政部门应当向人民法院申请。

【司法指导文件】

《最高人民法院、最高人民检察院、公安部、民政部关于依法处理监护人侵害未成年人权益行为若干问题的意见》(法发〔2014〕24号，2014年12月18日)

一、一般规定

1. 本意见所称监护侵害行为，是指父母或者其他监护人(以下简称监护人)性侵害、出卖、遗弃、虐待、暴力伤害未成年人,教唆、利用未成年人实施违法犯罪行为,胁迫、诱骗、利用未成年人乞讨,以及不履行监护职责严重危害未成年人身心健康等行为。

2. 处理监护侵害行为,应当遵循未成年人最大利益原则,充分考虑未成年人身心特点和人格尊严,给予未成年人特殊、优先保护。

第一千零九十六条 【监护人送养孤儿的限制及变更监护人】监护人送养孤儿的,应当征得有抚养义务的人同意。有抚养义务的人不同意送养、监护人不愿意继续履行监护职责的,应当依照本法第一编的规定另行确定监护人。

【立法·要点释义】

"有抚养义务的人",是指孤儿的有负担能力的祖父母、外祖父母、兄、姐。孤儿的父母死亡后,有资格担任孤儿监护人的主体并不单一,有监护能力的祖父母、外祖父母、兄、姐都可以作为监护主体。但一般情况下,监护人不可能由多人担任,因此在监护人确定后,为尊重其他有抚养义务的人的意愿,也是为了最大限度地遵循保护未成年人利益的原则,法律要求送养应当征得有抚养义务的人的同意。比如,父母都死亡后,成年的兄、姐是未成年弟、妹的法定监护人,作为监护人的哥哥不能违背姐姐的意愿而自己决定将被监护的弟、妹送养。再如,当祖父母担任监护人时,其送养孙子女的行为应当征得外祖父母的同意。如果有抚养义务的人不同意送养,监护人又不愿意继续履行监护职责,则要通过变更监护人的方式确保未成年人的利益不受损害。

【编者观点】

本条规定了孤儿的监护人与抚养义务人共同行使送养同意权,属于监护人与抚养义务人之间的权利协调及冲突解决机制,隐含的适用前提是孤儿的监护人与抚养义务人不尽相同,孤儿的监护人未承担或未全部承担抚养义务,在送养孤儿前需要履行征询程序。

送养孤儿需要抚养义务人同意的实质合理性仍在于最有利于被收养人原则。抚养义务人是孤儿的近亲属,双方有相互扶养义务和实际生活层面的情感连接。一旦孤儿被收养则会创设新的亲子关系,抚养义务人与孤儿的亲属关系、相互扶养义务以及情感连接将被切断,对于双方均会产生重大影响。因此,若抚养义务人不同意送养孤儿,则意味着其愿意继续承担抚养义务以保障孤儿的物质生活,也不必改变孤儿熟悉的成长环境,也符合儿童利益最大化原则。监护人不愿继续履行监护职责的,通过另行确定监护人即可。也有观点指出,如果抚养义务人不同意送养,但同时拒绝实际履行抚养义务,导致生活陷入困境的孤儿失去通过收养机制争取更好生活境遇和成长环境的机会,不符合最有利于被收养人原则。因此不应赋予不承担抚养义务的义务人送养同意权。

【相关立法】

《中华人民共和国民法典》(2021年1月1日施行)

第二十七条第二款　未成年人的父母已经死亡或者没有监护能力的,由下列有监护能力的人按顺序担任监护人:

(一)祖父母、外祖父母;

(二)兄、姐;

(三)其他愿意担任监护人的个人或者组织,但是须经未成年人住所地的居民委员会、村民委员会或者民政部门同意。

第一千零七十四条　有负担能力的祖父母、外祖父母,对于父母已经死亡或者父母无力抚养的未成年孙子女、外孙子女,有抚养的义务。

有负担能力的孙子女、外孙子女,对于子女已经死亡或者子女无力赡养的祖父母、外祖父母,有赡养的义务。

第一千零七十五条　有负担能力的兄、姐,对于父母已经死亡或者父母无力抚养的未成年弟、妹,有扶养的义务。

由兄、姐扶养长大的有负担能力的弟、妹,对于缺乏劳动能力又缺乏生活来源的兄、姐,有扶养的义务。

第一千零九十七条　【生父母送养子女的原则要求与例外】生父母送养子女,应当双方共同送养。生父母一方不明或者查找不到的,可以单方送养。

【立法·要点释义】

收养关系成立后,生父母与其子女的亲子关系将因收养而消除。如果生父或者生母一方未经配偶同意即送养子女,无异于剥夺了配偶对于子女的亲权,对不知情的配偶一方不公平。在实践操作层面,可以双方共同表示送养的意思,也可以由一方表达出送养意愿,另一方表示同意。

在生父母一方不明或者查找不到时,允许另一方单方送养,主要是为了更好地保护未成年子女的利益。所谓生父母一方不明,是指不能确认被送养人的生父或者生母为谁的情况。所谓查找不到,是指经过一定期间,无法查找到生父或者生母的情况。比如未成年子女的生母无故离家出走,经过有关机关在一定期间查找仍查找不到。

【编者观点】

生父母依据本条送养子女,要同时符合《民法典》第1093条规定,即生父母有特殊困难无力抚养子女。生父母一方死亡或不具备完全行为能力时,是否可以单方送养应优先适用第1108条规定，赋予死亡一方父母对孙子女的优先抚养权，且第1108条应当类推适用于生父母一方不明或查找不到的情形。子女为非婚生子女的，对子女的收养仍需生父母共同决定，离婚也不是免除父母收养同意权的法定情形。

《民法典婚姻家庭编（草案）》（二审稿）曾经规定，“生父母送养子女，应当双方共同送养。生父母一方身份不明或者查找不到的，可以单方送养”。随后“三审稿”删除“身份”二字，引发了“不明”是否包含身份不明以及下落不明两种情形的讨论。“下落不明”以及“查找不到”都可以通过宣告失踪以及公告机制予以确认，为了扩大本条的适用空间，应当包含生母拒绝透露生父身份或不知道生父身份及去向等多种情形。但是父母一方正在服刑，不属于生父母一方不明或者查找不到的情形，另一方不得单方送养。

【法院参考案例】

乔某某诉王某1变更子女抚养关系纠纷案［《人民法院案例选》1999年第4辑（总第30辑）］

【基本案情】

乔某某与王某1原系夫妻，于1991年3月16日经秦皇岛市海港区民政局登记协议离婚，婚生男孩乔某宇（时年3岁）由王某1抚养，乔某某每月负担孩子抚养费30元。1992年3月，经朋友介绍，王某1背着乔某某，将乔某宇送给王某2、杨某某夫妇收养，并与收养人签订了送、收养协议（未经公证）。3个多月后，乔某某得知此事，于1992年7月8日，以王某1不尽抚养义务，擅自将乔某宇送给他人抚养为理由，向北京市海淀区人民法院起诉，要求变更子女抚养关系，将乔某宇判归自己抚养。王某1不同意乔某某的请求，并表示要将乔某宇领回自己抚养，但未履行许诺。

【裁判结果】

海淀区人民法院经审理认为：王某1未经乔某某同意，将孩子送他人收养，违反《收养法》第10条“生父母送养子女，须双方共同送养”的规定，送收养关系无效。考虑到王某1未能尽到抚养、教育孩子的责任，由其继续抚养，对孩子健康成长无益，故对乔某某的请求应予支持。于1992年7月31日判决：乔某某与王某1婚生男孩乔某宇由乔某某抚养（判决生效后10日内由王某1将孩子交乔某某）。王某1自1992年8月起每月负担孩子抚养费50元。

判决后，双方均未上诉。判决发生法律效力后，乔某某向受诉法院申请执行。因乔某宇仍在收养人王某2、杨某某家生活，王某1与王某2、杨某某之间对送收养关系问题未能妥善解决，收养人拒绝交还乔某宇，致使执行工作未能进行。1992年12月8日，原审法院依照审判监督程序，对本案提起再审。再审时，将乔某宇的收养人王某2、杨某某列为第三人参加诉讼。

再审中，乔某某坚持主张变更乔某宇由自己抚养。王某 1 辩称，将乔某宇送他人收养，对其成长有利；如解除收养关系，所需费用乔某某应负担一半。王某 2、杨某某称：乔某宇是其母王某 1 自愿送与我们收养的，我们对孩子很好，彼此间已建立起感情，不同意解除收养关系；如解除收养关系，要求补偿孩子生活费 9000 元。

原审法院经再审确认：收养关系无效。对此，王某 1 应负主要责任。王某 2、杨某某应将孩子交还，以前对孩子的抚养，应给予合理的经济补偿。为有利于孩子的健康成长，乔某宇由乔某某抚养为宜。于 1993 年 4 月 8 日作出再审判决：(1)撤销原一审判决；(2)王某 1 与王某 2、杨某某之间子女送收养关系无效，本判决生效后 7 日内，王某 2、杨某某将乔某宇送交乔某某；(3)乔某宇由乔某某抚养，王某 1 自 1993 年 3 月起，每月负担孩子抚养费 50 元，至乔某宇独立生活止；(4)王某 1 给付王某 2、杨某某子女抚养费 3600 元。

王某 1 不服，提出上诉。二审法院经审理，认为一审再审判决正确，于 1993 年 7 月 19 日判决：驳回上诉，维持原判。

第一千零九十八条　【收养人条件】收养人应当同时具备下列条件：

（一）无子女或者只有一名子女；

（二）有抚养、教育和保护被收养人的能力；

（三）未患有在医学上认为不应当收养子女的疾病；

（四）无不利于被收养人健康成长的违法犯罪记录；

（五）年满三十周岁。

【原《收养法》条文】

第六条　收养人应当同时具备下列条件：

（一）无子女；

（二）有抚养教育被收养人的能力；

（三）未患有在医学上认为不应当收养子女的疾病；

（四）年满三十周岁。

【修改说明】

2015 年 12 月 27 日，十二届全国人大常委会第十八次会议对《人口与计划生育法》作了修改，明确规定了“国家提倡一对夫妻生育两个子女”。与此相对应，将“无子女”改为“无子女或者只有一名子女”；将“抚养教育”改为“抚养教育和保护”；新增第 4 项“无不利于被收养人健康成长的违法犯罪记录”。

【立法 · 要点释义】

收养人只有达到一定年龄，才可能

在经济能力、心智完善程度方面满足一定标准,从而具备承担抚养被收养人的义务,更好地保障被收养人的利益。本条仅是对于一般收养条件下收养人最低年龄的规定,对于特殊情形下的收养,比如本法第1102条与第1103条的情形,则要视情况予以放宽这一限制或者增加其他年龄方面的限制。

"无子女"主要是指夫妻双方或者一方因不愿生育或不能生育而无子女,或者因所生子女死亡而失去子女,或者收养人因无配偶而没有子女。收养人既没有亲生子女,也没有养子女及形成抚养教育关系的继子女。收养人在只有一名子女的情形下,依然可以作为收养人再收养其他子女。

根据本法总则编第26条的规定,父母对未成年子女负有抚养、教育和保护的义务。"抚养、教育和保护被收养人的能力",是指收养人应当具有完全民事行为能力,在身体、智力、经济、道德品行以及教育子女等各个方面均有能力履行父母对子女应尽的义务。有关机关在办理收养登记时,需要对收养人是否具备这一能力,结合收养人家庭的具体状况、收入水平、心理健康程度等进行严格审查,有的地方试点开展了收养评估制度。

收养人不应患有相关疾病,这是对收养人在身体方面的特别要求。必要时通过专门的医学鉴定加以确定,切不可随意适用该项条件拒绝特定主体的收养要求。"医学上认为不应当收养子女的疾病"是一个概括性、包容性的概念,一般而言,患有一些精神类疾病和传染性疾病被认为不适宜收养,如精神分裂症、躁狂抑郁型精神病、艾滋病、淋病、梅毒等。除考虑疾病本身的严重性之外,还要考虑此种疾病对于被收养人可能存在的影响,谨慎认定。

"无不利于被收养人健康成长的违法犯罪记录"是本次编纂新增加的内容,并非有过任何违法犯罪记录的人都不能担任收养人,收养人从事过与未成年人健康成长有关的违法犯罪的,才会因该违法犯罪记录而被限制收养。比如,收养人曾有过对未成年人的强奸、猥亵犯罪。

【编者观点】

本条中争议较大的问题涉及第1项"子女"的范围。《收养法》是以计划生育政策下的自然亲子家庭为参照来构造相仿的收养家庭,但有观点指出,这一制度设计导致的价值悖论是,收养作为协调社会资源解决以支持和鼓励社会爱心人士助力孤苦儿童成长为其价值目标,与计划生育政策对人口进行宏观调控的制度目标迥异,不应当把收养制度依附于人口政策。不限制被收养人的数量也已经成为国际收养领域的共识。只要设定的收养条件足以保障收养人有足够资源抚育被收养人,从促进收养、保障未成年人收养权益的制度目标出发,应当对第1项"无子女"的要件进行从宽解释，仅限于未成年的亲生子女。已成年的子女以及受其抚养教育的继子女皆不宜计算为收养人的已有子女，已收养的养子女受第 1100 条第 1 款限制，收养人已经收养 1 名子女的，仅得再收养 1 名子女。

未满足第 5 项“年满三十周岁”的要件，则收养法律行为无效。第 1103 条的特别规定构成本项例外，继父或继母收养继子女时，经继子女的生父母同意即可，不受本条第 1 项与第 5 项限制，但是从最有利于被收养人原则出发，继父或继母收养继子女时，仍需符合本条第 2 项到第 4 项要件。

实践中存在办理户籍、入学等事宜时，生父母为保全名誉、掩人耳目及给予非婚生子女正式身份等目的，不表明身份而要求收养非婚生子女。收养的效果，使得该子女摆脱非婚生子女标签的同时，还能享受生父母的关爱照顾，对子女大有裨益，因此对收养非婚生子女的行为不宜一概否定。

【行政法规】

《中国公民收养子女登记办法》（2023 年修订，2023 年 7 月 20 日施行）

第六条　收养人应当向收养登记机关提交收养申请书和下列证件、证明材料：

（一）收养人的居民户口簿和居民身份证；

（二）由收养人所在单位或者村民委员会、居民委员会出具的本人婚姻状况和抚养教育被收养人的能力等情况的证明，以及收养人出具的子女情况声明；

（三）县级以上医疗机构出具的未患有在医学上认为不应当收养子女的疾病的身体健康检查证明。

收养查找不到生父母的弃婴、儿童的，并应当提交收养人经常居住地卫生健康主管部门出具的收养人生育情况证明；其中收养非社会福利机构抚养的查找不到生父母的弃婴、儿童的，收养人应当提交下列证明材料：

（一）收养人经常居住地卫生健康主管部门出具的收养人生育情况证明；

（二）公安机关出具的捡拾弃婴、儿童报案的证明。

收养继子女的，可以只提交居民户口簿、居民身份证和收养人与被收养人生父或者生母结婚的证明。

对收养人出具的子女情况声明，登记机关可以进行调查核实。

【部门参考文件】

1.《民政部、公安部、司法部，卫生部、人口计生委关于解决国内公民私自收养子女有关问题的通知》（民发〔2008〕132 号，2008 年 9 月 5 日）

一、区分不同情况，妥善解决现存私自收养子女问题

（一）1999 年 4 月 1 日，《收养法》修改决定施行前国内公民私自收养子

女的,依据司法部《关于办理收养法实施前建立的事实收养关系公证的通知》(司发通〔1993〕125号)、《关于贯彻执行〈中华人民共和国收养法〉若干问题的意见》(司发通〔2000〕33号)和公安部《关于国内公民收养弃婴等落户问题的通知》(公通字〔1997〕54号)的有关规定办理。

依据司法部《关于贯彻执行〈中华人民共和国收养法〉若干问题的意见》(司发通〔2000〕33号)的规定,对当事人之间抚养的事实已办理公证的,抚养人可持公证书、本人的合法有效身份证件及相关证明材料,向其常住户口所在地的户口登记机关提出落户申请,经县、市公安机关审批同意后,办理落户手续。

(二)1999年4月1日,《收养法》修改决定施行后国内公民私自收养子女的,按照下列情况办理:

1. 收养人符合《收养法》规定的条件,私自收养非社会福利机构抚养的查找不到生父母的弃婴和儿童,捡拾证明不齐全的,由收养人提出申请,到弃婴和儿童发现地的县(市)人民政府民政部门领取并填写《捡拾弃婴(儿童)情况证明》,经收养人常住户口所在地的村(居)民委员会确认,乡(镇)人民政府、街道办事处审核并出具《子女情况证明》,发现地公安部门对捡拾人进行询问并出具《捡拾弃婴(儿童)报案证明》,收养人持上述证明及《中国公民收养子女登记办法》(以下简称《登记办法》)规定的其他证明材料到弃婴和儿童发现地的县(市)人民政府民政部门办理收养登记。

2. 收养人具备抚养教育能力,身体健康,年满30周岁,先有子女,后又私自收养非社会福利机构抚养的查找不到生父母的弃婴和儿童,或者先私自收养非社会福利机构抚养的查找不到生父母的弃婴和儿童,后又生育子女的,由收养人提出申请,到弃婴和儿童发现地的县(市)人民政府民政部门领取并填写《捡拾弃婴(儿童)情况证明》,发现地公安部门出具《捡拾弃婴(儿童)报案证明》。弃婴和儿童发现地的县(市)人民政府民政部门应公告查找其生父母,并由发现地的社会福利机构办理入院登记手续,登记集体户口。对于查找不到生父母的弃婴、儿童,按照收养社会福利机构抚养的弃婴和儿童予以办理收养手续。由收养人常住户口所在地的村(居)民委员会确认,乡(镇)人民政府、街道办事处负责审核并出具收养前当事人《子女情况证明》。在公告期内或收养后有检举收养人政策外生育的,由人口计生部门予以调查处理。确属政策外生育的,由人口计生部门按有关规定处理。

捡拾地没有社会福利机构的,可到由上一级人民政府民政部门指定的机构办理。

3. 收养人不满30周岁,但符合收养人的其他条件,私自收养非社会福利机构抚养的查找不到生父母的弃婴和儿童且愿意继续抚养的,可向弃婴和儿童发现地的县(市)人民政府民政部门或社会福利机构提出助养申请,登记集体户口后签订义务助养协议,监护责任由民政部门或社会福利机构承担。待收养人年满 30 周岁后,仍符合收养人条件的,可以办理收养登记。

4. 单身男性私自收养非社会福利机构抚养的查找不到生父母的女性弃婴和儿童,年龄相差不到 40 周岁的,由当事人常住户口所在地的乡(镇)人民政府、街道办事处,动员其将弃婴和儿童送交当地县(市)人民政府民政部门指定的社会福利机构抚养。

夫妻双方在婚姻关系存续期间私自收养女性弃婴和儿童,后因离婚或者丧偶,女婴由男方抚养,年龄相差不到 40 周岁,抚养事实满一年的,可凭公证机构出具的抚养事实公证书,以及人民法院离婚判决书、离婚调解书、离婚证或者其妻死亡证明等相关证明材料,到县(市)人民政府民政部门申请办理收养登记。

5. 私自收养生父母有特殊困难无力抚养的子女、由监护人送养的孤儿,或者私自收养三代以内同辈旁系血亲的子女,符合《收养法》规定条件的,应当依法办理登记手续;不符合条件的,应当将私自收养的子女交由生父母或者监护人抚养。

(三)私自收养发生后,收养人因经济状况,身体健康等原因不具备抚养能力,或者收养人一方死亡、离异,另一方不愿意继续抚养,或者养父母双亡的,可由收养人或其亲属将被收养人送交社会福利机构抚养(被收养人具备完全民事行为能力的除外)。其亲属符合收养人条件且愿意收养的,应当依法办理收养登记。

(四)对于不符合上述规定的国内公民私自收养,依据《收养法》及相关法律法规的规定,由当事人常住户口所在地的乡(镇)人民政府、街道办事处,动员其将弃婴或儿童送交社会福利机构抚养。

二、综合治理,建立依法安置弃婴的长效机制

……

公安部门应依据有关规定及时为弃婴捡拾人出具捡拾报案证明,为查找不到生父母的弃婴和儿童办理社会福利机构集体户口,将已被收养的儿童户口迁至收养人家庭户口,并在登记与户主关系时注明子女关系;应积极查找弃婴和儿童的生父母或其他监护人,严厉打击查处借收养名义拐卖儿童、遗弃婴儿等违法犯罪行为。

司法行政部门应指导公证机构依法办理收养公证和当事人之间抚养事实公证。

卫生部门应加强对医疗保健机构的监督管理,配合民政、公安部门做好弃婴和儿童的收养登记工作。医疗保健机构发现弃婴和弃儿,应及时向所在地公安部门报案并移送福利机构,不得转送他人或私自收养。

……

各地应广泛深入宣传通知精神,集中处理本行政区域内2009年4月1日之前发生的国内公民私自收养。自本通知下发之日起,公民捡拾弃婴的,一律到当地公安部门报案,查找不到生父母和其他监护人的一律由公安部门送交当地社会福利机构或者民政部门指定的抚养机构抚养。公民申请收养子女的,应到民政部门申请办理收养登记。对本通知下发之前已经处理且执行完结的私自收养子女的问题,不再重新处理;正在处理过程中,但按照通知规定不予处理的,终止有关程序;已经发生,尚未处理的,按本通知执行。

2.《民政部婚姻司对〈收养法〉的解答》(1992年4月1日)

七、有抚养教育被收养人的能力主要指什么?

答:有抚养教育被收养人的能力主要指收养人有抚养和教育被收养人的经济条件、健康条件和教育能力等。经济条件是指有足够而稳定的经济来源;健康条件是指必须没有影响被收养人成长的精神病或其他严重疾病;教育能力是指收养人有引导教育被收养人健康成长的能力。当然,收养人首先要有正确的收养目的和良好的道德品质。

【法院参考案例】

赵某在离婚共同送养婚生女后诉收养人蔡某东等确认收养无效并诉原夫蔡某峰子女抚养案[《人民法院案例选》1999年第4辑(总第30辑)]

【基本案情】

原告赵某与被告蔡某峰于1992年自愿登记结婚,1994年12月婚生一女,取名蔡××。双方于1996年9月13日在婚姻登记机关自愿登记离婚。双方因都不想抚养婚生女蔡××,即在登记离婚的同日与第三人蔡某东、马某红签订了收养协议。该协议经公证机关公证后,原、被告即将蔡××送给第三人收养。此时第三人蔡某东、马某红均不满35周岁。1996年12月初,原告与被告均希望复婚,在征得了第三人蔡某东、马某红的同意后,将蔡××领回抚养。但不久双方又发生新的矛盾,均感到仍难以共同生活,又将蔡××送给第三人收养。此后,原告赵某经常去第三人的住处看望蔡××,引起第三人的反感,指责原告不该这么做。1997年5月中旬,原告赵某向新疆哈密市人民法院起诉,主张对蔡××的监护权。哈密市人民法院受理此案后,公证机关经调查确认第三人夫妇在收养蔡××时均不满35周岁,不符合收养人条件,于1997年6月18日撤销了收养公证。

【裁判结果与要旨】

哈密市人民法院经审理认为:原告与被告在离婚时同第三人达成收养协议,将他们的婚生女儿蔡××送由第三人收养,由于第三人不到法定收养人的年龄,该收养协议应确认无效,且已被公证机关撤销公证,第三人应将蔡××

送还其生父母。鉴于被告的经济条件优于原告,蔡××自出生以来一直由被告及被告的亲属照料,由被告抚养孩子更有利于孩子的健康成长,故对原告要求对孩子行使监护权,由其抚养孩子的诉讼请求不予支持。该院根据《收养法》第6条、第24条和《民法通则》第16条第1款、第58条之规定,于1997年6月28日判决如下:(1)原告赵某、被告蔡某峰与第三人蔡某东、马某红订立的收养协议无效,第三人将被收养人蔡××送还其生父母。(2)蔡××随被告生活,抚育费用由被告负担。

赵某对判决不服,向哈密地区中级人民法院提出上诉。诉称:上诉人在经济条件、文化素养等方面均优于被上诉人蔡某峰,孩子由我抚养更有利她健康成长。原审认定事实有误,将孩子判给被上诉人抚养是不正确的,故请求二审法院撤销原审判决第二项,改判孩子由我抚养,抚养费由我一人承担。蔡某峰答辩同意一审判决。

哈密地区中级人民法院经审理,查明的新事实有:上诉人赵某做服装生意,在本市有店铺且有住宅;被上诉人蔡某峰系中巴车驾驶员,驾驶其父的中巴车运送乘客,与其父母生活在一起,经济状况一般。

哈密地区中级人民法院经审理认为:上诉人赵某、被上诉人蔡某峰与原审第三人蔡某东、马某红所订立的收养协议,因第三人蔡某东、马某红不具备收养条件,公证机关撤销了该公证,原审法院据此确认该收养协议无效,并判令第三人将被收养人送还其生父母,是正确的。上诉人与被上诉人的经济状况较好,均有能力抚养孩子。但考虑到孩子年幼,且是女孩,随母亲即上诉人生活更有利于孩子健康成长。原审认定部分事实不清,处理不当,应予纠正。该院依据《婚姻法》第29条第3款和《民事诉讼法》第153条第1款第3项的规定,于1997年8月11日判决如下:(1)维持哈密市人民法院民事判决第一项。(2)撤销原审判决第二项。(3)上诉人赵某与被上诉人蔡某峰婚生的女儿蔡××随上诉人生活,抚养费由上诉人负担。

第一千零九十九条 【三代以内旁系同辈血亲的收养】收养三代以内旁系同辈血亲的子女,可以不受本法第一千零九十三条第三项、第一千零九十四条第三项和第一千一百零二条规定的限制。

华侨收养三代以内旁系同辈血亲的子女,还可以不受本法第一千零九十八条第一项规定的限制。

【原《收养法》条文】

第七条 收养三代以内同辈旁系血亲的子女,可以不受本法第四条第三项、第五条第三项、第九条和被收养人不满十四周岁的限制。

华侨收养三代以内同辈旁系血亲的子女，还可以不受收养人无子女的限制。

【修改说明】

删除了“不受被收养人不满十四周岁的限制”的规定，该限制已经被第1093条规定修订；对于华侨，“不受无子女的限制”改为“无子女或只有一名子女的限制”。

【立法·要点释义】

“三代以内旁系同辈血亲的子女”，是指兄弟姐妹的子女、堂兄弟姐妹的子女、表兄弟姐妹的子女。收养三代以内旁系同辈血亲的子女不受以下几项条件的限制：一是被收养人生父母有特殊困难无力抚养子女。即便父母并未因特殊困难丧失抚养能力，子女仍可以成为被收养的对象。二是无配偶者收养异性子女的，收养人与被收养人的年龄应当相差40周岁以上。

对于华侨收养，考虑到这一群体的特殊性，尤其是其可以为被收养人创造相对优越的成长环境，以及对于维系华侨民族感情等方面的积极意义，进一步放宽收养人子女数量的限制，不受收养人须无子女或者只有一名子女的限制。已拥有两名以上子女的华侨还可以通过收养这一方式形成与三代以内旁系同辈血亲的子女之间的亲子关系。但是只能收养一名子女的限制这一点，没有例外规定。

【编者观点】

三代以内旁系血亲之间具有一定感情基础，较容易建立起稳定持久的收养关系，与我国民间传统过继、立嗣等制度契合。血亲间收养各方的亲缘关系决定产生纠纷的可能性小，伦理身份带来的道德制约更强，被收养人的利益较有保障，且收养生效后，被收养人与生父母的亲子关系虽消除，仍产生其他亲属关系，并可保持较为密切的联系，因此不限于生父母有特殊困难无力抚养子女的情形，也不适用第1102条规定的无配偶者收养异性子女年龄应相差40周岁以上的要求。

“收养三代以内旁系同辈血亲的子女”，指的是收养人收养家族内的下一代，排除了隔代收养，例如祖父母对孙子女的收养。否则会在祖父母与孙子女之间建立父母子女关系，且导致孙子女与其生父母形成兄弟姐妹关系，有悖于传统伦理。

【行政法规】

《中国公民收养子女登记办法》

（2023年修订，2023年7月20日施行）

第四条 收养社会福利机构抚养的查找不到生父母的弃婴、儿童和孤儿的，在社会福利机构所在地的收养登记机关办理登记。

收养非社会福利机构抚养的查找不到生父母的弃婴和儿童的，在弃婴和儿童发现地的收养登记机关办理登记。

收养生父母有特殊困难无力抚养的子女或者由监护人监护的孤儿的，在被收养人生父母或者监护人常住户口所在地（组织作监护人的，在该组织所在地）的收养登记机关办理登记。

收养三代以内同辈旁系血亲的子女，以及继父或者继母收养继子女的，在被收养人生父或者生母常住户口所在地的收养登记机关办理登记。

【部门参考文件】

《司法部公证司关于可以办理收养三代以内同辈旁系血亲的孙子女为养孙子女公证的复函》（〔95〕司公函 024 号，1995 年 4 月 8 日）

经研究，对符合收养法规定条件、没有子女和孙子女的当事人，为收养三代以内同辈旁系血亲的孙子女申办收养公证的，公证处可以为其办理收养孙子女公证。关于养祖父母与养孙子女间的权利义务关系，可以比照养父母与养子女关系处理。

第一千一百条　【收养人收养子女数量】无子女的收养人可以收养两名子女；有子女的收养人只能收养一名子女。

收养孤儿、残疾未成年人或者儿童福利机构抚养的查找不到生父母的未成年人，可以不受前款和本法第一千零九十八条第一项规定的限制。

【原《收养法》条文】

第八条　收养人只能收养一名子女。

收养孤儿、残疾儿童或者社会福利机构抚养的查找不到生父母的弃婴和儿童，可以不受收养人无子女和收养一名的限制。

【修改说明】

基于我国人口生育政策的重大变化，修改收养子女人数原则上只能是一名的上限，将“只能收养一名子女”改为“无子女的收养人可以收养两名子女；有子女的收养人只能收养一名子女”。将“弃婴和儿童”改为“未成年人”。

【立法·要点释义】

如果对收养人数不加限制，则因此种方式形成的父母子女关系相较于其他父母子女关系产生不平等。收养人数的增加势必在客观上加重抚养人的经济负担，能否保证每一名被收养人的健康成长，也存在疑问。实践中，被收养人群体中的健康未成年人数量远远不能满足现实的收养需求,如果放宽收养人数的限制,会大大加剧这种收养需求与健康被收养人数量之间的不平衡,也会使得那些更需要被收养的孤儿、残疾儿童等未成年人群体无人问津。本条针对孤儿、残疾未成年人或者儿童福利机构抚养的查找不到生父母的未成年人三类特定群体,从收养人子女数量、可以收养的被收养人数量两方面均作了放宽规定,体现对于这三类群体的特别保护。

【编者观点】

依据本条规定,被收养人为孤儿、残疾未成年人或者儿童福利机构抚养的查找不到生父母的未成年人时,可以放宽收养子女的数量限制。这一规定充分考虑到了我国的社会现实情况。1992年《民政部婚姻司对〈收养法〉的解答》中对此给出了说明,"这是因为考虑到孤儿和残疾儿童的特殊情况,如孤儿可能有兄弟姐妹,并且愿意在一起生活;残疾儿童难于找到收养人等。所以,适当放宽收养人的条件,既可为国家减轻负担,也有利于孤儿和残疾儿童的生活和成长"。1998年民政部在全国人大常委会《关于〈收养法(修订草案)〉的说明》中也解释道,将收养社会福利机构抚养的查找不到生父母的儿童的条件也予放宽,是"从收养的实际情况考虑并有利于减轻社会福利机构的压力"。

【部门参考文件】

《民政部婚姻司对〈收养法〉的解答》(1992年4月1日)

八、为什么收养孤儿和残疾儿童,收养人的条件可以放宽?

答:这是因为考虑到孤儿和残疾儿童的特殊情况,如孤儿可能有兄弟姐妹,并且愿意在一起生活;残疾儿童难于找到收养人等。所以,适当放宽收养人的条件,既可为国家减轻负担,也有利于孤儿和残疾儿童的生活和成长。

第一千一百零一条 【共同收养】有配偶者收养子女,应当夫妻共同收养。

【立法·要点释义】

在收养人有配偶的情况下,对于配偶一方也将产生亲子关系的效力,因此,应当尊重配偶一方对于收养行为的意思表示,共同收养。有的意见认为,在配偶一方为无民事行为能力人或者查找不到时,应当允许另一方单独收养。但是,在配偶一方为无民事行为能力人的情况下,如果允许另一方单独为收养行为,亲子关系成立后,被收养人有可能在成年后承担较重的对于无民事行为能力的父或母的赡养义务,显然对其不利。在配偶一方查找不到的情况下,如果配偶重新出现后可能对收养行为并不同意,这显然不利于被收养人的成长。因此,对于有配偶者收养子女的,仍然要求夫妻双方共同收养。

【编者观点】

编纂《民法典》过程中,本条“二审稿”曾规定:“配偶一方为无民事行为能力人或者被宣告失踪的,可以单方收养。”尔后被删除,主要是考虑到,被收养人与无行为能力人共同生活,既无法得到来自夫妻双方的共同抚养照顾,还存在遭受无行为能力人伤害的可能,并且配偶另一方既要监护照顾无完全行为能力的配偶,又要抚养教育养子女,无法兼顾,不能保证给予养子女适宜的生活和家庭环境。失踪人生死不明,如果允许配偶单独收养,而失踪人重新出现,则会引起失踪人夫妻双方及养子女之间人身关系错综复杂,并可能与夫妻共同收养的基本原则产生冲突,因此配偶可待经过法定期间,达到宣告死亡条件之后,通过宣告死亡消灭婚姻关系,再行收养。

收养所产生的亲子关系,夫妻双方均具有养父母的身份和责任,因此应尊重配偶方对于收养行为的意思表示。夫妻双方共同实施收养行为,在其后成立的收养关系中共同承担养父母的权利义务。夫妻共同收养原则也在收养程序上得以体现,《中国公民收养子女登记办法》第 5 条第 2 款明确规定,“夫妻共同收养子女的,应当共同到收养登记机关办理登记手续;一方因故不能亲自前往的,应当书面委托另一方办理登记手续,委托书应当经过村民委员会或者居民委员会证明或者经过公证。”

在逻辑层面,第 1103 条关于继父或继母收养继子女的规定,构成“有配偶者不可单方收养子女”的例外。另外根据《民政部办公厅关于外国人收养中国儿童有关问题的复函》的规定,我国允许夫妻双方共同收养,也允许单身收养,但暂未允许同居关系者共同收养子女。

【行政法规】

《中国公民收养子女登记办法》
(2023 年修订,2023 年 7 月 20 日施行)

第五条　收养关系当事人应当亲自到收养登记机关办理成立收养关系的登记手续。

夫妻共同收养子女的,应当共同到收养登记机关办理登记手续;一方因故不能亲自前往的,应当书面委托另一方办理登记手续,委托书应当经过村民委员会或者居民委员会证明或者经过公证。

【部门参考文件】

《民政部办公厅关于外国人收养中国儿童有关问题的复函》(民办函

〔1996〕102号,1996年6月27日)

根据我国有关收养的法律规定,允许夫妻双方共同收养,也允许单身收养,但不允许其他身份关系的两个人共同收养一个孩子。

你馆来函中所提这对西班牙人不是法律意义上的夫妻关系,只是同居生活关系,所以不能共同收养中国儿童。

第一千一百零二条 【无配偶者收养异性子女的限制】无配偶者收养异性子女的,收养人与被收养人的年龄应当相差四十周岁以上。

【原《收养法》条文】

第九条 无配偶的男性收养女性的,收养人与被收养人的年龄应当相差四十周岁以上。

【修改说明】

从实践来看,并没有证据表明被收养人在两性方面遭受无配偶的收养人侵犯只限于被收养人为女性、收养人为男性这一情形,因此,基于男女平等原则,将"无配偶的男性收养女性"改为"无配偶者收养异性子女",扩大了限制对象。

【立法·要点释义】

无配偶者收养异性子女时,有可能出现在两性关系方面侵害被收养人的情况,收养可能沦为不法分子侵害未成年人权益的工具。因此,有必要对于无配偶者收养异性子女规定一定的年龄差,尽可能在客观上消除这种侵害情况的发生。在符合40周岁的年龄差这一标准的前提下,收养人往往年龄也相对较大,能否很好地承担起对未成年子女的抚养、教育和保护义务值得考虑。是否应当适当降低年龄差,在保护未成年人的合法权益与保证收养人的抚养教育能力之间应进行平衡与兼顾。本条最终的效果如何,还要经受实践的检验。

【编者观点】

我国规定无配偶者收养异性子女的特别情形下,双方之间的年龄差距为40周岁以上,而域外少有专门针对异性之间单方收养年龄差距的限制。这是由于各国收养关系的成立通常需要经过法院的审查准许才得以宣告,法院会对收养各方是否适宜建立收养关系进行实质性的审查,有收养前的评估、对收养条件的实质审查、试收养和收养后的监督回访等一系列完善的制度,无须"一刀切"式对异性单方收养作出专门的限制。我国是由登记机关进行收养登记以确立收养关系，长期以来登记机关在收养登记时侧重于对申请材料的形式审查，故有必要对异性单方收养的年龄差距作出规定。另外，按照各国通常做法，在收养人与被收养人之间执行最严格的禁婚亲制度，不仅收养期内不得结婚，即使收养关系解除后，收养人与被收养人也不得结婚，以防止收养期间内可能产生的道德和伦理风险。

有观点认为，鉴于本条的规范宗旨仅在于保护被收养人免受收养人的性侵害，所以应依立法目的限缩适用于涉及被收养人人身利益保护的范围。例如，与被收养人争夺收养人之遗产的继承人，不得援引本条提起确认收养无效之诉。

无配偶者收养同性子女的，不适用本条关于年龄差距的限制。

【相关立法】

《中华人民共和国刑法》（2023 年修正，2024 年 3 月 1 日施行）

第二百三十六条之一　【负有照护职责人员性侵罪】对已满十四周岁不满十六周岁的未成年女性负有监护、收养、看护、教育、医疗等特殊职责的人员，与该未成年女性发生性关系的，处三年以下有期徒刑；情节恶劣的，处三年以上十年以下有期徒刑。

有前款行为，同时又构成本法第二百三十六条规定之罪的，依照处罚较重的规定定罪处罚。

第一千一百零三条　【收养继子女的特别规定】继父或者继母经继子女的生父母同意，可以收养继子女，并可以不受本法第一千零九十三条第三项、第一千零九十四条第三项、第一千零九十八条和第一千一百条第一款规定的限制。

【原《收养法》条文】

第十四条　继父或者继母经继子女的生父母同意，可以收养继子女，并可以不受本法第四条第三项、第五条第三项、第六条和被收养人不满十四周岁以及收养一名的限制。

【修改说明】

删除了“不受被收养人不满十四周岁的限制”；将“不受收养一名的限制”改为“不受第一千一百条第一款的限制”。

【立法・要点释义】

子女跟随生父或生母再婚时，即使没有经过收养程序，子女与生父或生母的再婚配偶之间，也会因为再婚事实的存在而可能形成抚养教育关系。根据本法第 1084 条规定，子女与未共同生活的生母或者生父之间的父母子女关系，并未因生父母离婚的事实而消除。同时，根据本法第1072条第2款规定,如果继父或者继母与继子女间形成了抚养教育关系,也要适用本法关于父母子女关系的规定。这种情况下就会形成双重父母子女关系,在实践中因为双重权利义务的界限不明确而发生纠纷。继父或者继母可以通过收养继子女形成养父母子女关系,子女与生父母之间的亲子关系得以消除,使亲子关系更为清晰。

继父或者继母收养继子女的,必须首先得到生父母的同意。一般而言,与继子女共同生活的生母或者生父会表示同意,未与继子女共同生活的生父或者生母的意见更为重要,因为一旦继父或者继母与继子女之间的收养关系成立,意味着子女与未共同生活的生父或者生母之间的父母子女关系消除。

立法对于继父或者继母收养继子女的,继子女不必属于生父母有特殊困难无力抚养的子女;对收养人应当具备的条件,包括子女数量、抚养能力、疾病情况、违法犯罪记录以及年龄等多个方面,可以不受第1098条规定的限制。考虑到继父母收养继子女后,尚有生父或者生母一方与其共同生活,因此条件放宽有助于鼓励更多的继父母与继子女间形成收养关系,尽快稳定家庭关系;还可以不受收养人收养子女数量的限制,有助于所有与生父或生母共同生活的子女同时被继母或者继父收养,使得这些子女同在一个家庭成长,更有助于其身心健康。

【编者观点】

继父或继母经继子女的生父母同意收养继子女的,依本条规定得以豁免的条件包括:无须生父母有特殊困难无力抚养子女,不受收养子女最多为两名的数量限制,不受第1098条规定的收养人须同时满足5项条件的限制,如年满30周岁、无子女或只有一名子女等。但是有观点认为,将第1098条对收养人条件的要求整体排除,会导致与"最有利于被收养人利益"原则的背离,为了保护被收养的继子女的利益,继父或继母仍须满足第1098条第2至4项规定的收养人"有抚养、教育和保护被收养人的能力""未患有在医学上认为不应当收养子女的疾病""无不利于被收养人健康成长的违法犯罪记录"这三项标准。

【部门参考文件】

《民政部办公厅关于外国人在中华人民共和国收养继子女当事人需要出具的证件和证明材料的通知》(民办函〔2008〕4号,2020年修正,2021年1月1日)

一、收养人需要出具的证件和证明材料

依据《民法典》第一千一百零三

条、《登记办法》①第四条的规定，外国人在华收养继子女需要出具的证件和证明材料包括：

1. 跨国收养申请书；

2. 出生证明；

3. 收养人与被收养人生父或者生母结婚的证明；

4. 收养人所在国主管机关同意其跨国收养子女的证明或者主管机关同意被收养人入境入籍的证明；

5. 收养人2寸免冠照片两张。

以上文件除第五项外，均需办理公证、认证手续，并按照《登记办法》第四条、第七条的规定由中国收养中心进行审核、办理。

二、送养人需要出具的证件和证明材料

依据《民法典》第一千一百零三条、《登记办法》第五条的规定，送养人需要向省、自治区、直辖市人民政府民政部门出具的证件和证明材料包括：

1. 被收养人生父或者生母同意送养的书面意见；

2. 送养人居民户口簿和居民身份证；

3. 被收养人居民身份证或者户籍证明；

4. 送养人与被收养人之间的亲子关系证明；

5. 被收养人2寸免冠照片两张。

如果送养人死亡或者被人民法院宣告死亡的，可以不提供第一、二、四项证明材料，但再婚一方应当提交送养人的死亡证明（正常死亡证明由医疗卫生单位出具，非正常死亡证明由县以上公安部门出具）或者人民法院宣告死亡的判决书，本人的居民户口簿和居民身份证以及与被收养人之间的亲子关系证明，死亡或者被宣告死亡一方的父母不行使优先抚养权的书面声明。收养登记员对当事人提交的送养人死亡证明应当严格审查和进行必要的调查，并将调查笔录归卷存档。在办理收养登记时，《收养登记证》上有关送养人的信息不填。

被收养人年满十周岁的，应当提交被收养人同意被收养的证明。

省、自治区、直辖市人民政府民政部门对上述证件和证明材料进行审查后，认为被收养人、送养人符合收养法规定条件的，应当依据《登记办法》第六条的规定，通知中国收养中心，同时转交上述证件和证明材料的复制件及照片。

第一千一百零四条　【收养自愿原则】收养人收养与送养人送养，应当双方自愿。收养八周岁以上未成年人的，应当征得被收养人的同意。

---

① 即《外国人在中华人民共和国收养子女登记办法》。——编者注

【原《收养法》条文】

第十一条　收养人收养与送养人送养,须双方自愿。收养年满十周岁以上未成年人的,应当征得被收养人的同意。

【修改说明】

根据总则编的规定,调整收养限制民事行为能力人应当征得其同意的立法表述,将“十周岁”改为“八周岁”。

【立法·要点释义】

成立有效的收养关系,需要送养人同意送养的真实意愿。即使孤儿的监护人丧失了监护能力,也不得强制其送养未成年人,可以通过变更监护人的方式实现对未成年人合法权益的保护。

收养的未成年人如果在8周岁以上,其同意是收养能够有效成立的前提条件。主要是考虑到这一年龄段的未成年人已经有了比较成熟的自我意识,尤其在涉及人身关系的变动方面能够表达自己的真实意愿,作出符合自己内心真实意思的判断,这也是收养应当最有利于被收养人利益原则的体现。

【编者观点】

收养作为一种法律行为,因此需要当事人各方作出意思表示。理论上颇有争议的一个基础性问题是,收养行为的主体是哪几方?编者赞同的观点是,应当区分旨在建立拟制亲子关系的收养行为,以及基于收养行为所成立的拟制亲子关系即收养关系。收养行为是当事人各方所为的法律行为,收养关系则是各方经由收养所形成的权利义务关系。

对于收养法律行为,收养人、被收养人以及送养人三方都是当事人,具有独立的主体地位,即使被收养人需要法定代理人辅助作出意思表示,也不影响其独立的主体地位;送养人也不会因为其同时承担被收养人法定代理人的职责而丧失自身独立的主体地位。因此收养需要送养人、收养人以及被收养人三方主体都作出同意收养的意思表示,可以表现为提议收养的主动意思表示,也可以表现为同意收养的被动意思表示。被收养人未满8周岁的,意思表示由其法定代理人代为作出;被收养人已满8周岁的,能够作出符合自己内心真实意思的判断,收养须经其同意,否则收养行为无效,这也是收养应当最有利于被收养人利益原则的体现。

已满8周岁的被收养人的同意收养的意思表示,需由收养登记机关受领,程序上体现为《收养登记工作规范》第14条规定,收养登记员应当询问或者调查当事人的收养意愿、目的和条件。第16条规定,收养登记员要分别询问或者调查收养人、送养人、8周岁以上的被收养人的收养的意愿和目的，特别是对年满 8 周岁以上的被收养人应当询问是否同意被收养和有关协议内容。

【部门参考文件】

《收养登记工作规范》(民发〔2008〕118 号,2020 年修正,2021 年 1 月 1 日)

第十四条　收养登记员受理收养登记申请,应当按照下列程序进行:

(一)区分收养登记类型,查验当事人提交的证件和证明材料、照片是否符合此类型的要求。

(二)询问或者调查当事人的收养意愿、目的和条件,告知收养登记的条件和弄虚作假的后果。

(三)见证当事人在《收养登记申请书》(附件 1)上签名。

(四)将当事人的信息输入计算机应当用程序,并进行核查。

(五)复印当事人的身份证件、户口簿。单身收养的应当复印无婚姻登记记录证明、离婚证或者配偶死亡证明;夫妻双方共同收养的应当复印结婚证。

第十六条　收养登记员要分别询问或者调查收养人、送养人、8 周岁以上的被收养人和其他应当询问或者调查的人。

询问或者调查的重点是被询问人或者被调查人的姓名、年龄、健康状况、经济和教育能力、收养人、送养人和被收养人之间的关系、收养的意愿和目的。特别是对年满 8 周岁以上的被收养人应当询问是否同意被收养和有关协议内容。

询问或者调查结束后,要将笔录给被询问人或者被调查人阅读。被询问人或者被调查人要写明"已阅读询问(或者调查)笔录,与本人所表示的意思一致(或者调查情况属实)",并签名。被询问人或者被调查人没有书写能力的,可由收养登记员向被询问或者被调查人宣读所记录的内容,并注明"由收养登记员记录,并向当事人宣读,被询问人(被调查人)在确认所记录内容正确无误后按指纹。"然后请被询问人或者被调查人在注明处按指纹。

第一千一百零五条　【收养登记、收养协议、收养公证及收养评估】收养应当向县级以上人民政府民政部门登记。收养关系自登记之日起成立。

收养查找不到生父母的未成年人的,办理登记的民政部门应当在登记前予以公告。

收养关系当事人愿意签订收养协议的,可以签订收养协议。

收养关系当事人各方或者一方要求办理收养公证的,应当办理收养公证。

县级以上人民政府民政部门应当依法进行收养评估。

【原《收养法》条文】

第十五条　收养应当向县级以上人民政府民政部门登记。收养关系自登记之日起成立。

收养查找不到生父母的弃婴和儿童的,办理登记的民政部门应当在登记前予以公告。

收养关系当事人愿意订立收养协议的,可以订立收养协议。

收养关系当事人各方或者一方要求办理收养公证的,应当办理收养公证。

【修改说明】

增加了"县级以上人民政府民政部门应当依法进行收养评估"这一收养评估制度,以实现对收养的外在监管,保障被收养人的权益。

【立法·要点释义】

我国的收养制度采取登记成立的法定原则,即收养必须办理登记后才能有效成立,否则收养关系无效。收养登记属于一种行政确认行为,行政机关负责对当事人遵循平等自愿原则所建立收养关系的合法性及其结果进行审查确认。办理收养登记的法定机关是县级以上人民政府的民政机关。

针对不同类型的被收养人,承担具体登记职责的民政部门也有所不同,我国先后颁布了《中国公民收养子女登记办法》《华侨以及居住在香港、澳门、台湾地区的中国公民办理收养登记的管辖以及所需要出具的证件和证明材料的规定》《收养登记工作规范》等规定。收养登记机关具体可分为:(1)收养社会福利机构抚养的查找不到生父母的弃婴、儿童和孤儿的,在社会福利机构所在地的收养登记机关办理登记;(2)收养非社会福利机构抚养的查找不到生父母的弃婴和儿童的,在弃婴和儿童发现地的收养登记机关办理登记;(3)收养生父母有特殊困难无力抚养的子女或者由监护人监护的孤儿的,在被收养人生父母或者监护人常住户口所在地的收养登记机关办理登记;(4)收养三代以内旁系同辈血亲的子女,以及继父或者继母收养继子女的,在被收养人生父或者生母常住户口所在地的收养登记机关办理登记;(5)华侨以及居住在香港、澳门、台湾地区的中国公民在内地收养子女的,应当到被收养人常住户口所在地的直辖市、设区的市、自治州人民政府民政部门或者地区(盟)行政公署民政部门申请办理收养登记。

办理收养登记时,不同类型的收养人需要提交不同的登记申请材料:(1)收养人是内地居民的,应当向收养登记机关提交申请书以及下列证件、证明材料:①收养人的居民户口簿和居民身份证;②由收养人所在单位或者村民委员会、居民委员会出具的本人婚姻状况、有无子女和抚养教育被收养人的能力等情况的证明;③县级以上医疗机构出具的未患有在医学上认为不应当收养子女的疾病的身体健康检查证明;④收养查找不到生父母的弃婴、儿童的,应当提交收养人经常居住地计划生育部门出具的收养人生育情况证明。对于收养继子女的,只提交居民户口簿、居民身份证和收养人与被收养人生父或生母结婚证明。(2)收养人是华侨的,申请办理收养登记应当提交的材料包括:①护照;②收养人居住国有权机构出具的收养人的年龄、婚姻、有无子女、职业、财产、健康、有无受过刑事处罚等状况的证明材料,该证明材料应当经其居住国外交机关或者外交机关授权的机构认证,并经中国驻该国使领馆或者经已与中国建立外交关系的国家驻该国使领馆认证。(3)收养人是居住在香港、澳门、台湾地区的中国公民的,申请办理收养登记应当提交的材料包括:①居民身份证;②港澳居民来往内地通行证或者同胞回乡证与中华人民共和国主管机关给台湾居民签发或签注的有效旅行证件;③有关机构出具的收养人的年龄、婚姻、有无子女、职业、财产、健康、有无受过刑事处罚等状况的证明材料。

送养人应当向收养登记机关提交的证件及证明材料包括:(1)送养人的居民户口簿和身份证明(送养人是组织机构的,提交其负责人的身份证件)。(2)送养人是社会福利机构的,应当提交弃婴、儿童进入社会福利机构的原始记录,公安机关出具的捡拾弃婴、儿童报案的证明,或者孤儿的生父母死亡或者宣告死亡的证明。(3)送养人是监护人的,应当提交实际承担监护责任的证明、孤儿的父母死亡或者宣告死亡的证明,或者被收养人生父母无完全民事行为能力或者对被收养人有严重危害的证明。(4)送养人是生父母的,应当提交与当地计划生育部门签订的不违反计划生育规定的协议;有特殊困难无力抚养子女的,还应当提交其所在单位或者村民委员会、居民委员会出具的送养人有特殊困难的证明。其中,因丧偶或者一方下落不明,由单方送养的,还应当提交配偶死亡或者下落不明的证明;子女由三代以内旁系同辈血亲收养的,还应当提交公安机关出具的或者经过公证的与收养人有亲属关系的证明。(5)被收养人是残疾儿童的,应当提交县级以上医疗机构出具的该儿童的残疾证明。

对于查找不到生父母的未成年人而言,尽管在送养人提交申请文件及材料环节已经要求其提交相关的原始记录、报案证明等,但为了在正式办理登记前再次确认该未成年人确属查找不到生父母的状况,第 2 款对办理登记的民政部门附加了应予公告的义务,其目的在于最大限度地查找未成年人的生父母,尽可能使未成年人回归原始家庭,以最大限度保护其合法权益。根据《中国公民收养子女登记办法》第 8 条规定,收养查找不到生父母的弃婴、儿童的,收养登记机关应当在登记前公告查找其生父母;自公告之日起满60日,弃婴、儿童的生父母或者其他监护人未认领的,视为查找不到生父母的弃婴、儿童。公告期间不计算在登记办理期限内。

与收养登记不同,本法对于收养协议的签订并非强制性规定,而是可以由当事人根据具体情况自愿选择是否签订。鉴于收养是变更身份的民事法律行为,如果当事人选择签订收养协议,必须由收养人与送养人双方亲自进行,不得由他人代理。如果被收养人已年满8周岁,收养协议中还必须包含被收养人同意收养的意思表示。从形式上讲,收养协议应当采用书面形式,双方当事人各执一份,协议自双方当事人签字盖章之日起生效。

收养公证并非收养的必经程序,只有收养关系的各方当事人或者一方当事人提出办理收养公证的要求时,才依法予以办理。从办理顺序上看,公证一般应当在签订收养协议并且办理收养登记后进行;如果尚未办理收养登记,仅就收养协议进行公证,只能证明协议是真实合法的,避免以收养公证代替收养登记来认定收养关系的成立。根据《司法部关于贯彻执行〈中华人民共和国收养法〉若干问题的意见》的规定,收养关系的成立和协议解除收养关系均以登记为准。公证机构办理收养协议或者解除收养关系协议公证时,应告知当事人有关办理登记的法律规定并记录在卷,但已经登记的除外。

通过收养评估,能够更加准确、客观地确定收养人所具备的抚养教育被收养人的能力,使更符合条件、更具备能力的主体成为收养人,能够从程序和实体两方面保障被收养人的利益,体现最有利于被收养人的收养原则。我国民政部于2012年6月、2014年6月分两批启动开展了收养能力评估试点工作,从实践情况看,绝大多数试点地区均引入了专业社工力量,使用了社会工作方法,收养评估的内容包括收养动机、家庭状况、品德品行等方面。关于收养评估的标准、程序、条件、范围等,可由国务院有关部门根据本款的规定制定具体的实施办法。

【编者观点】

本条规定了包括收养登记、收养公告、收养协议、收养公证和收养评估等多项收养程序,其中最核心的程序是由收养登记机关实施的收养登记,收养评估是收养登记的辅助程序。与结婚类似,收养是要式法律行为,只有履行了法定登记程序,收养关系才成立并发生法律效力。在民法上,收养登记为收养行为的成立要件,同时也构成行政法上的行政登记行为,性质上属于县级政府民政部门的具体行政行为。收养各方主体在收养登记过程中,通过回答收养登记员的询问调查以及签名等行为,表达同意收养的意思表示，使得收养这一法律行为与行政登记行为不可分离。且收养制度直接关联被收养人的监护和保护，国家对收养关系的规制程度应该高于结婚或离婚，但是与婚姻登记瑕疵类似，不能仅仅因为收养登记程序中存在一定瑕疵，就否定收养行为之效力，收养登记行为的效力还应依行政法规和部门规章作具体判断。

收养公告是针对查找不到生父母的未成年被收养人的必经程序，由收养登记部门依法实施。未履行公告程序属于程序违法，收养登记应被撤销。有观点认为公告不能替代查找，如果被收养人的生父母并非不能查找，则即使履行了公告程序，也不属于查找不到生父母的未成年人之情形。即使公告程序存在一定瑕疵，也不能据此当然否定收养的效力。

鉴于收养登记属于登记机关的行政行为，需依循相关业务规范进行，不足以覆盖收养各方当事人的各项具体意思表示。因此法律允许各方当事人签订收养协议，就收养事项充分协商和约定，并固化为具有法律约束力的权利和义务。收养协议并非收养的必经程序。几种特殊类型的收养应当签订收养协议，包括儿童福利机构进行涉外送养的，以及收养被拐获救未成年人的。办理收养登记前，儿童福利机构应当与收养家庭签订收养协议；外国人来华收养子女的，也应当与送养人订立书面收养协议。

收养公证也非收养的必经程序，仅在当事人要求办理公证时才予以办理。1998 年修改《收养法》之前，由于法律未统一要求收养登记，因此收养公证具有的公信力，在确认和证明收养关系方面曾起到重要作用。

收养评估是收养的必经程序，未履行收养评估程序属于程序违法，可产生收养登记被撤销的法律后果。2012 年第十三次全国民政工作会议首次提出“完善儿童收养政策，建立收养评估制度”的要求。民政部于 2012 年发布《关于开展收养评估试点工作的通知》，于 2014 年下发《关于开展第二批收养评估试点工作的通知》，于 2015 年印发《收养能力评估工作指引》，要求优先以政府购买专业服务的形式，引入社会工作师、律师、医生、心理咨询师、婚姻家庭咨询师等专业人员进行收养评估，具体的评估方式、标准和流程均已明确。收养评估有助于以收养登记为中心融合实质审查、个案审查与专业服务，一般是结合试收养机制来进行。试收养本身延迟了收养程序的期限，系影响收养主体权益的重大行政事项，应在法律中明确公开方为妥当。

【相关立法】

《中华人民共和国未成年人保护法》
（2024 年修正，2024 年 4 月 26 日施行）

第九十五条　民政部门进行收养评估后，可以依法将其长期监护的未成年人交由符合条件的申请人收养。收养关系成立后,民政部门与未成年人的监护关系终止。

【行政法规】

《中国公民收养子女登记办法》(2023年修订,2023年7月20日施行)

第二条 中国公民在中国境内收养子女或者协议解除收养关系的,应当依照本办法的规定办理登记。

办理收养登记的机关是县级人民政府民政部门。

第三条 收养登记工作应当坚持中国共产党的领导,遵循最有利于被收养人的原则,保障被收养人和收养人的合法权益。

第四条 收养社会福利机构抚养的查找不到生父母的弃婴、儿童和孤儿的,在社会福利机构所在地的收养登记机关办理登记。

收养非社会福利机构抚养的查找不到生父母的弃婴和儿童的,在弃婴和儿童发现地的收养登记机关办理登记。

收养生父母有特殊困难无力抚养的子女或者由监护人监护的孤儿的,在被收养人生父母或者监护人常住户口所在地(组织作监护人的,在该组织所在地)的收养登记机关办理登记。

收养三代以内同辈旁系血亲的子女,以及继父或者继母收养继子女的,在被收养人生父或者生母常住户口所在地的收养登记机关办理登记。

第五条 收养关系当事人应当亲自到收养登记机关办理成立收养关系的登记手续。

夫妻共同收养子女的,应当共同到收养登记机关办理登记手续;一方因故不能亲自前往的,应当书面委托另一方办理登记手续,委托书应当经过村民委员会或者居民委员会证明或者经过公证。

第六条 收养人应当向收养登记机关提交收养申请书和下列证件、证明材料:

(一)收养人的居民户口簿和居民身份证;

(二)由收养人所在单位或者村民委员会、居民委员会出具的本人婚姻状况和抚养教育被收养人的能力等情况的证明,以及收养人出具的子女情况声明;

(三)县级以上医疗机构出具的未患有在医学上认为不应当收养子女的疾病的身体健康检查证明。

收养查找不到生父母的弃婴、儿童的,并应当提交收养人经常居住地卫生健康主管部门出具的收养人生育情况证明;其中收养非社会福利机构抚养的查找不到生父母的弃婴、儿童的,收养人应当提交下列证明材料:

(一)收养人经常居住地卫生健康主管部门出具的收养人生育情况证明;

(二)公安机关出具的捡拾弃婴、儿童报案的证明。

收养继子女的,可以只提交居民户

口簿、居民身份证和收养人与被收养人生父或者生母结婚的证明。

对收养人出具的子女情况声明,登记机关可以进行调查核实。

第七条 送养人应当向收养登记机关提交下列证件和证明材料:

(一)送养人的居民户口簿和居民身份证(组织作监护人的,提交其负责人的身份证件);

(二)民法典规定送养时应当征得其他有抚养义务的人同意的,并提交其他有抚养义务的人同意送养的书面意见。

社会福利机构为送养人的,并应当提交弃婴、儿童进入社会福利机构的原始记录,公安机关出具的捡拾弃婴、儿童报案的证明,或者孤儿的生父母死亡或者宣告死亡的证明。

监护人为送养人的,并应当提交实际承担监护责任的证明,孤儿的父母死亡或者宣告死亡的证明,或者被收养人生父母无完全民事行为能力并对被收养人有严重危害的证明。

生父母为送养人,有特殊困难无力抚养子女的,还应当提交送养人有特殊困难的声明;因丧偶或者一方下落不明由单方送养的,还应当提交配偶死亡或者下落不明的证明。对送养人有特殊困难的声明,登记机关可以进行调查核实;子女由三代以内同辈旁系血亲收养的,还应当提交公安机关出具的或者经过公证的与收养人有亲属关系的证明。

被收养人是残疾儿童的,并应当提交县级以上医疗机构出具的该儿童的残疾证明。

第八条 收养登记机关收到收养登记申请书及有关材料后,应当自次日起30日内进行审查。对符合民法典规定条件的,为当事人办理收养登记,发给收养登记证,收养关系自登记之日起成立;对不符合民法典规定条件的,不予登记,并对当事人说明理由。

收养查找不到生父母的弃婴、儿童的,收养登记机关应当在登记前公告查找其生父母;自公告之日起满60日,弃婴、儿童的生父母或者其他监护人未认领的,视为查找不到生父母的弃婴、儿童。公告期间不计算在登记办理期限内。

第九条 收养关系成立后,需要为被收养人办理户口登记或者迁移手续的,由收养人持收养登记证到户口登记机关按照国家有关规定办理。

第十二条 为收养关系当事人出具证明材料的组织,应当如实出具有关证明材料。出具虚假证明材料的,由收养登记机关没收虚假证明材料,并建议有关组织对直接责任人员给予批评教育,或者依法给予行政处分、纪律处分。

第十三条 收养关系当事人弄虚作假骗取收养登记的,收养关系无效,由收养登记机关撤销登记,收缴收养登记证。

第十四条 本办法规定的收养登记证、解除收养关系证明的式样,由国务院民政部门制订。

第十五条 华侨以及居住在香港、澳门、台湾地区的中国公民在内地收养子女的，申请办理收养登记的管辖以及所需要出具的证件和证明材料，按照国务院民政部门的有关规定执行。

【部门参考文件】

《收养登记工作规范》（民发〔2008〕118号，2020年修正，2021年1月1日）

第一条 收养登记机关是依法履行收养登记行政职能的各级人民政府民政部门。

收养登记机关应当依照法律、法规及本规范，认真履行职责，做好收养登记工作。

第二条 收养登记机关的职责：

（一）办理收养登记；

（二）办理解除收养登记；

（三）撤销收养登记；

（四）补发收养登记证和解除收养关系证明；

（五）出具收养关系证明；

（六）办理寻找弃婴（弃儿）生父母公告；

（七）建立和保管收养登记档案；

（八）宣传收养法律法规。

第三条 收养登记的管辖按照《外国人在中华人民共和国收养子女登记办法》、《中国公民收养子女登记办法》和《华侨以及居住在香港、澳门、台湾地区的中国公民办理收养登记的管辖以及所需要出具的证件和证明材料的规定》的有关规定确定。

第十三条 受理收养登记申请的条件是：

（一）收养登记机关具有管辖权；

（二）收养登记当事人提出申请；

（三）当事人持有的证件、证明材料符合规定。

收养人和被收养人应当提交2张2寸近期半身免冠合影照片。送养人应当提交2张2寸近期半身免冠合影或者单人照片，社会福利机构送养的除外。

第十四条 收养登记员受理收养登记申请，应当按照下列程序进行：

（一）区分收养登记类型，查验当事人提交的证件和证明材料、照片是否符合此类型的要求。

（二）询问或者调查当事人的收养意愿、目的和条件，告知收养登记的条件和弄虚作假的后果。

（三）见证当事人在《收养登记申请书》（附件1）上签名。

（四）将当事人的信息输入计算机应当用程序，并进行核查。

（五）复印当事人的身份证件、户口簿。单身收养的应当复印无婚姻登记记录证明、离婚证或者配偶死亡证明；夫妻双方共同收养的应当复印结婚证。

第十五条 《收养登记申请书》的填写：

（一）当事人“姓名”：当事人是中国公民的，使用中文填写；当事人是外国人的，按照当事人护照上的姓名填写。

（二）“出生日期”：使用阿拉伯数字，按照身份证件上的出生日期填写为“××××年××月××日”。

（三）“身份证件号”：当事人是内地居民的，填写公民身份号码；当事人是香港、澳门、台湾居民中的中国公民的，填写香港、澳门、台湾居民身份证号，并在号码后加注“（香港）”、“（澳门）”或者“（台湾）”；当事人是华侨的，填写护照号；当事人是外国人的，填写护照号。

证件号码前面有字符的，应当一并填写。

（四）“国籍”：当事人是内地居民、华侨以及居住在香港、澳门、台湾地区的中国公民的，填写“中国”；当事人是外国人的，按照护照上的国籍填写。

（五）“民族”、“职业”和“文化程度”，按照《中华人民共和国国家标准》填写。

（六）“健康状况”填写“健康”、“良好”、“残疾”或者其他疾病。

（七）“婚姻状况”填写“未婚”、“已婚”、“离婚”、“丧偶”。

（八）“家庭收入”填写家庭年收入总和。

（九）“住址”填写户口簿上的家庭住址。

（十）送养人是社会福利机构的，填写“送养人情况（1）”，经办人应当是社会福利机构工作人员。送养人是非社会福利机构的，填写“送养人情况（2）”，“送养人和被收养人关系”是亲属关系的，应当写明具体亲属关系；不是亲属关系的，应当写明“非亲属”。

收养非社会福利机构抚养的查找不到生父母的儿童的，送养人有关内容不填。

（十一）“被收养后改名为”填写被收养人被收养后更改的姓名。未更改姓名的，此栏不填。

（十二）被收养人“身份类别”分别填写“孤儿”、“社会福利机构抚养的查找不到生父母的儿童”、“非社会福利机构抚养的查找不到生父母的儿童”、“生父母有特殊困难无力抚养的子女”、“继子女”。收养三代以内同辈旁系血亲的子女，应当写明具体亲属关系。

（十三）继父母收养继子女的，要同时填写收养人和送养人有关内容。单身收养后，收养人结婚，其配偶要求收养继子女的；送养人死亡或者被人民法院宣告死亡的，送养人有关内容不填。

（十四）《收养登记申请书》中收养人、被收养人和送养人（送养人是社会福利机构的经办人）的签名必须由当事人在收养登记员当面完成。

当事人没有书写能力的，由当事人口述，收养登记员代为填写。收养登记员代当事人填写完毕后，应当宣读，当事人认为填写内容无误，在当事人签名处按指纹。当事人签名一栏不得空白，也不得由他人代为填写、代按指纹。

第十六条 收养登记员要分别询问或者调查收养人、送养人、8周岁以上的被收养人和其他应当询问或者调查的人。

询问或者调查的重点是被询问人或者被调查人的姓名、年龄、健康状况、经济和教育能力、收养人、送养人和被收养人之间的关系、收养的意愿和目的。特别是对年满8周岁以上的被收养人应当询问是否同意被收养和有关协议内容。

询问或者调查结束后,要将笔录给被询问人或者被调查人阅读。被询问人或者被调查人要写明"已阅读询问(或者调查)笔录,与本人所表示的意思一致(或者调查情况属实)",并签名。被询问人或者被调查人没有书写能力的,可由收养登记员向被询问或者被调查人宣读所记录的内容,并注明"由收养登记员记录,并向当事人宣读,被询问人(被调查人)在确认所记录内容正确无误后按指纹。"然后请被询问人或者被调查人在注明处按指纹。

第十七条 收养查找不到生父母的弃婴、弃儿的,收养登记机关应当根据《中国公民收养子女登记办法》第七条①的规定,在登记前公告查找其生父母(附件2)。

公告应当刊登在收养登记机关所在地设区的市(地区)级以上地方报纸上。公告要有查找不到生父母的弃婴、弃儿的照片。办理公告时收养登记员要保存捡拾证明和捡拾地派出所出具的报案证明。派出所出具的报案证明应当有出具该证明的警员签名和警号。

第十八条 办理内地居民收养登记和华侨收养登记,以及香港、澳门、台湾居民中的中国公民的收养登记,收养登记员收到当事人提交的申请书及有关材料后,应当自次日起30日内进行审查。对符合收养条件的,为当事人办理收养登记,填写《收养登记审查处理表》(附件3),报民政局主要领导或者分管领导批准,并填发收养登记证。

办理涉外收养登记,收养登记员收到当事人提交的申请书及有关材料后,应当自次日起7日内进行审查。对符合收养条件的,为当事人办理收养登记,填写《收养登记审查处理表》,报民政厅(局)主要领导或者分管领导批准,并填发收养登记证。

第十九条 《收养登记审查处理表》和收养登记证由计算机打印,未使用计算机进行收养登记的,应当使用蓝黑、黑色墨水的钢笔或者签字笔填写。

第二十条 《收养登记审查处理表》的填写:

(一)"提供证件情况":应当对当事人提供的证件、证明材料核实后填写"齐全"。

(二)"审查意见":填写"符合收养条件,准予登记"。

---

① 对应2023年《中国公民收养子女登记办法》第8条。——编者注

(三)“主要领导或者分管领导签名”:由批准该收养登记的民政厅(局)主要领导或者分管领导亲笔签名,不得使用个人印章或者计算机打印。

(四)“收养登记员签名”:由办理该收养登记的收养登记员亲笔签名,不得使用个人印章或者计算机打印。

(五)“收养登记日期”:使用阿拉伯数字,填写为:“××××年××月××日”。填写的日期应当与收养登记证上的登记日期一致。

(六)“承办机关名称”:填写承办单位名称。

(七)“收养登记证字号”填写式样为“(××××)AB收字YYYYY”(AB为收养登记机关所在省级和县级或者市级和区级的行政区域简称,××××为年号,YYYYY为当年办理收养登记的序号)。

(八)“收养登记证印制号”填写颁发给当事人的收养登记证上印制的号码。

第二十一条 收养登记证的填写按照《民政部办公厅关于启用新式〈收养登记证〉的通知》(民办函〔2006〕203号)的要求填写。

收养登记证上收养登记字号、姓名、性别、国籍、出生日期、身份证件号、住址、被收养人身份、更改的姓名,以及登记日期应当与《收养登记申请书》和《收养登记审查处理表》中相应项目一致。

无送养人的,“送养人姓名(名称)”一栏不填。

第二十二条 颁发收养登记证,应当在当事人在场时按照下列步骤进行:

(一)核实当事人姓名和收养意愿。

(二)告知当事人领取收养登记证后的法律关系以及父母和子女的权利、义务。

(三)见证当事人本人亲自在附件3上的“当事人领证签名或者按指纹”一栏中签名;当事人没有书写能力的,应当按指纹。

“当事人领证签名或者按指纹”一栏不得空白,不得由他人代为填写、代按指纹。

(四)将收养登记证颁发给收养人,并向当事人宣布:取得收养登记证,确立收养关系。

第二十三条 收养登记机关对不符合收养登记条件的,不予受理,但应当向当事人出具《不予办理收养登记通知书》(附件4),并将当事人提交的证件和证明材料全部退还当事人。对于虚假证明材料,收养登记机关予以没收。

第三十条 收养关系当事人弄虚作假骗取收养登记的,按照《中国公民收养子女登记办法》第十二条①的规定,由利害关系人、有关单位或者组织向原收养登记机关提出,由收养登记机关撤销登记,收缴收养登记证。

---

① 对应2023年《中国公民收养子女登记办法》第13条。——编者注

第三十一条 收养登记员受理撤销收养登记申请,应当按照下列程序进行:

(一)查验申请人提交的证件和证明材料。

(二)申请人在收养登记员面前亲自填写《撤销收养登记申请书》(附件8),并签名。

申请人没有书写能力的,可由当事人口述,第三人代为填写,当事人在"申请人"一栏按指纹。

第三人应当在申请书上注明代写人的姓名、公民身份号码、住址、与申请人的关系。

收养登记机关工作人员不得作为第三人代申请人填写。

(三)申请人宣读本人的申请书,收养登记员作见证人并在见证人一栏签名。

(四)调查涉案当事人的收养登记情况。

第三十二条 符合撤销条件的,收养登记机关拟写《关于撤销×××与×××收养登记决定书》(附件9),报民政厅(局)主要领导或者分管领导批准,并印发撤销决定。

第三十三条 收养登记机关应当将《关于撤销×××与×××收养登记决定书》送达每位当事人,收缴收养登记证,并在收养登记机关的公告栏公告30日。

第三十四条 收养登记机关对不符合撤销收养条件的,应当告知当事人不予撤销的原因,并告知当事人可以向人民法院起诉。

第三十五条 当事人遗失、损毁收养证件,可以向原收养登记机关申请补领。

第三十六条 受理补领收养登记证、解除收养关系证明申请的条件是:

(一)收养登记机关具有管辖权。

(二)依法登记收养或者解除收养关系,目前仍然维持该状况。

(三)收养人或者被收养人亲自到收养登记机关提出申请。

收养人或者被收养人因故不能到原收养登记机关申请补领收养登记证的,可以委托他人办理。委托办理应当提交经公证机关公证的当事人的身份证件复印件和委托书。委托书应当写明当事人办理收养登记的时间及承办机关、目前的收养状况、委托事由、受委托人的姓名和身份证件号码。受委托人应当同时提交本人的身份证件。

夫妻双方共同收养子女的,应当共同到收养登记机关提出申请,一方不能亲自到场的,应当书面委托另一方,委托书应当经过村(居)民委员会证明或者经过公证。外国人的委托书应当经所在国公证和认证。夫妻双方一方死亡的,另一方应当出具配偶死亡的证明;离婚的出具离婚证件,可以一方提出申请。

被收养人未成年的,可由监护人提出申请。监护人要提交监护证明。

(四)申请人持有身份证件、户

口簿。

（五）申请人持有查档证明。

收养登记档案遗失的，申请人应当提交能够证明其收养状况的证明。户口本上父母子女关系的记载，单位、村（居）民委员会或者近亲属出具的写明当事人收养状况的证明可以作为当事人收养状况证明使用。

（六）收养人和被收养人的2张2寸合影或者单人近期半身免冠照片。

监护人提出申请的，要提交监护人1张2寸合影或者单人近期半身免冠照片。监护人为单位的，要提交单位法定代表人身份证件复印件和经办人1张2寸单人近期半身免冠照片。

第三十七条　收养登记员受理补领收养登记证、解除收养关系证明，应当按照下列程序进行：

（一）查验申请人提交的照片、证件和证明材料。

申请人出具的身份证、户口簿上的姓名、年龄、公民身份号码与原登记档案不一致的，申请人应当书面说明不一致的原因，收养登记机关可根据申请人出具的身份证件补发收养登记证。

（二）向申请人讲明补领收养登记证、解除收养关系证明的条件。

（三）询问申请人当时办理登记的情况和现在的收养状况。

对于没有档案可查的，收养登记员要对申请人进行询问。询问结束后，要将笔录给被询问人阅读。被询问人要写明"已阅读询问笔录，与本人所表示的意思一致"，并签名。被询问人没有书写能力的，可由收养登记员向被询问人宣读所记录的内容，并注明"由收养登记员记录，并向被询问人宣读，被询问人在确认所记录内容正确无误后按指纹。"然后请被询问人在注明处按指纹。

（四）申请人参照本规范第十五条相关规定填写《补领收养登记证申请书》（附件10）。

（五）将申请人的信息输入计算机应当用程序，并进行核查。

（六）向出具查档证明的机关进行核查。

（七）复印当事人的身份证件、户口簿。

第三十八条　收养登记员收到申请人提交的证件、证明后，应当自次日起30日内进行审查，符合补发条件的，填写《补发收养登记证审查处理表》（附件11），报民政厅（局）主要领导或者分管领导批准，并填发收养登记证、解除收养关系证明。

《补发收养登记证审查处理表》和收养登记证按照《民政部办公厅关于启用新式〈收养登记证〉的通知》（民办函〔2006〕203号）和本规范相关规定填写。

第三十九条　补发收养登记证、解除收养关系证明，应当在申请人或者委托人在场时按照下列步骤进行：

（一）向申请人或者委托人核实姓名和原登记日期。

(二)见证申请人或者委托人在《补发收养登记证审查处理表》“领证人签名或者按指纹”一栏中签名;申请人或者委托人没有书写能力的,应当按指纹。

“领证人签名或者按指纹”一栏不得空白,不得由他人代为填写、代按指纹。

(三)将补发的收养登记证、解除收养登记证发给申请人或者委托人,并告知妥善保管。

第四十条 收养登记机关对不具备补发收养登记证、解除收养关系证明受理条件的,不予受理,并告知原因和依据。

第四十一条 当事人办理过收养或者解除收养关系登记,申请补领时的收养状况因解除收养关系或者收养关系当事人死亡发生改变的,不予补发收养登记证,可由收养登记机关出具收养登记证明。

收养登记证明不作为收养人和被收养人现在收养状况的证明。

第四十二条 出具收养登记证明的申请人范围和程序与补领收养登记证相同。申请人向原办理该收养登记的机关提出申请,并填写《出具收养登记证明申请书》(附件12)。收养登记员收到当事人提交的证件、证明后,应当自次日起30日内进行审查,符合出证条件的,填写《出具收养登记证明审查处理表》(附件13),报民政厅(局)主要领导或者分管领导批准,并填写《收养登记证明书》(附件14),发给申请人。

第四十三条 “收养登记证明字号”填写式样为“(××××)AB证字YYYYY”(AB为收养登记机关所在省级和县级或者市级和区级的行政区域简称,××××为年号,YYYYY为当年出具收养登记证明的序号)。

第四十四条 收养登记机关应当按照《收养登记档案管理暂行办法》(民发〔2003〕181号)的规定,制定立卷、归档、保管、移交和使用制度,建立和管理收养登记档案,不得出现原始材料丢失、损毁情况。

第四十五条 收养登记机关不得购买非上级民政部门提供的收养证件。各级民政部门发现本行政区域内有购买、使用非上级民政部门提供的收养证件的,应当予以没收,并追究相关责任人的法律责任和行政责任。

收养登记机关已将非法购制的收养证件颁发给收养当事人的,应当追回,并免费为当事人换发符合规定的收养登记证、解除收养关系证明。

报废的收养证件由收养登记机关登记造册,统一销毁。

收养登记机关发现收养证件有质量问题时,应当及时书面报告省(自治区、直辖市)人民政府民政部门。

第四十八条 收养登记机关及其收养登记员有下列行为之一的,对直接负责的主管人员和其他直接责任人员依法给予行政处分:

（一）为不符合收养登记条件的当事人办理收养登记的；

（二）依法应当予以登记而不予登记的；

（三）违反程序规定办理收养登记、解除收养关系登记、撤销收养登记及其他证明的；

（四）要求当事人提交《中华人民共和国收养法》、《中国公民收养子女登记办法》、《华侨以及居住在香港、澳门、台湾地区的中国公民办理收养登记的管辖以及所需要出具的证件和证明材料的规定》、《外国人在中华人民共和国收养子女登记办法》和本规范规定以外的证件和证明材料的；

（五）擅自提高收费标准、增加收费项目或者不使用规定收费票据的；

（六）玩忽职守造成收养登记档案损毁的；

（七）泄露当事人收养秘密并造成严重后果的；

（八）购买使用伪造收养证书的。

第四十九条　收养登记员违反规定办理收养登记，给当事人造成严重后果的，应当由收养登记机关承担对当事人的赔偿责任，并对承办人员进行追偿。

第五十条　收养查找不到生父母的弃婴、儿童的公告费，由收养人缴纳。

第五十一条　收养登记当事人提交的居民身份证与常住户口簿上的姓名、性别、出生日期应当一致；不一致的，当事人应当先到公安部门更正。

居民身份证或者常住户口簿丢失，当事人应当先到公安户籍管理部门补办证件。当事人无法提交居民身份证的，可提交有效临时身份证办理收养登记。当事人无法提交居民户口簿的，可提交公安部门或者有关户籍管理机构出具的加盖印章的户籍证明办理收养登记。

第五十二条　收养登记当事人提交的所在单位或者村民委员会、居民委员会、县级以上医疗机构、人口计生部门出具的证明，以及本人的申请，有效期6个月。

第五十三条　人民法院依法判决或者调解结案的收养案件，确认收养关系效力或者解除收养关系的，不再办理收养登记或者解除收养登记。

第五十四条　《中华人民共和国收养法》公布施行以前所形成的收养关系，收养关系当事人申请办理收养登记的，不予受理。

2.《收养登记档案管理暂行办法》（民发〔2003〕181号，2020年修正，2021年1月1日）

第一条　为了加强收养登记档案的规范化管理，更好地为收养工作服务，根据《中华人民共和国民法典》、《中华人民共和国档案法》、《中国公民收养子女登记办法》、《外国人在中华人民共和国收养子女登记办法》、《华侨以及居住在香港、澳门、台湾地区的中国公民办理收养登记的管辖以及所需要出具的证件和证明材料的规定》等法律、法规,制定本办法。

第二条 收养登记档案是指收养登记机关在依法办理收养登记过程中形成的记载收养当事人收养情况、具有保存价值的各种文字、图表、声像等不同形式的历史记录。

收养登记档案是各级民政部门全部档案的重要组成部分。

第三条 收养登记档案由各级民政部门实行集中统一管理,任何个人不得据为己有。

第四条 收养登记档案工作在业务上接受上级民政部门和同级档案行政管理部门的指导、监督和检查。

第五条 收养登记文件材料的归档范围是:

(一)成立收养关系登记材料:

1. 收养登记申请书;

2. 询问笔录;

3. 收养登记审批表:

4.《中国公民收养子女登记办法》第五、六条①,《华侨以及居住在香港、澳门、台湾地区的中国公民办理收养登记的管辖以及所需要出具的证件和证明材料的规定》第三、四、五、六、七条,《外国人在中华人民共和国收养子女登记办法》第十条规定的各项证明材料:

5. 收养登记证复印件;

6. 收养协议:

7. 其他有关材料。

(二)解除收养关系登记材料:

1.《中国公民收养子女登记办法》第九条②规定的各项证明材料;

2. 解除收养关系证明复印件;

3. 其他有关材料。

(三)撤销收养登记材料:

1. 收缴的收养登记证或者因故无法收缴收养登记证而出具的相关证明材料;

2. 其他有关材料。

第六条 收养登记文件材料的归档应当符合以下要求:

(一)凡应当归档的文件材料必须齐全完整。

(二)归档的文件材料中有照片或复印件的,应当图像清晰。

(三)在收养登记工作中形成的电子文件,应当按照《电子文件归档和管理规范》(G8/T18894—2002)进行整理归档,同时应当打印出纸质文件一并归档。

(四)收养登记文件材料应当在登记手续办理完毕后60日内归档。

(五)归档的文件材料除居民身份证、户籍证明、回乡证、旅行证件、护照等身份证明和收养登记证为原件的复印件外,其余均为原件。

第七条 收养登记文件材料的整理应当符合以下规则:

(一)成立收养关系登记类文件材

---

① 对应2023年《中国公民收养子女登记办法》第6条、第7条。——编者注

② 对应2023年《中国公民收养子女登记办法》第10条。——编者注

料、解除收养关系登记类文件材料和撤销收养登记类文件材料均以卷为单位整理编号，一案一卷。

（二）每卷收养登记文件材料按照以下顺序排列：

1. 文件目录；
2. 收养登记申请书；
3. 询问笔录；
4. 收养登记审批表；
5. 撤销收养登记材料；
6. 收养人证明材料；
7. 被收养人证明材料；
8. 送养人证明材料；
9. 其他有关材料；
10. 备考表。

第八条　收养登记档案的分类和类目设置为：

收养登记档案一般按照年度—国籍（居住地）—收养登记性质来分类。其中，国籍（居住地）分为内地（大陆）公民，华侨，居住在香港、澳门、台湾地区的中国公民，外国人等类别；收养登记性质分为成立收养关系登记类、解除收养关系登记类和撤销收养登记类。

第九条　收养登记档案的保管期限为永久。

第十条　收养登记档案主要供收养登记管理机关使用；其他单位、组织或个人因特殊原因需要查借阅时，须经主管领导批准，并办理查借阅手续。

第十一条　对查借阅的档案严禁损毁、涂改、抽换、圈划、批注、污染等，如发生上述情况时，依据有关法律、法规进行处罚。

第十二条　档案管理人员要严格遵守《中华人民共和国档案法》和《中华人民共和国保守国家秘密法》的有关规定，严密保管档案，同时维护当事人的隐私权，不得泄露档案内容，未经批准不得擅自扩大查借阅范围。

第十三条　在办理外国人来华收养子女登记手续之前，形成的外国收养人档案，以及国内送养人和被送养人档案的管理由民政部另行规定。

第十四条　各省（自治区、直辖市）民政部门可根据当地实际情况制定本办法的具体实施细则。

3.《民政部、公安部关于开展查找不到生父母的打拐解救儿童收养工作的通知》（民发〔2015〕159 号，2020 年修正，2021 年 1 月 1 日）

二、依法开展收养登记工作

社会福利机构收到查找不到生父母或其他监护人的证明后，对于符合收养条件的儿童，应当及时进行国内送养，使儿童能够尽快回归正常的家庭生活。

办理收养登记前，社会福利机构应当与收养家庭签订收养协议（附件 5）。

收养人应当填写收养申请书并向有管辖权的收养登记机关提交下列证件、证明材料：

（一）居民户口簿和居民身份证；

（二）婚姻登记证或者离婚判决书、离婚调解书；

（三）县级以上医疗机构出具的未患有在医学上认为不应当收养子女疾病的身体健康检查证明。

收养登记机关应当对收养人进行收养能力评估。收养能力评估可以通过委托第三方等方式开展。收养能力评估应当包括收养人收养动机、职业和经济状况、受教育程度、身体情况、道德品质、家庭关系等内容。

社会福利机构应当向收养登记机关提交下列证件、证明材料：

（一）社会福利机构法人登记证书、法定代表人身份证明和授权委托书；

（二）被收养人照片、指纹、DNA 信息和情况说明；

（三）被收养人进入社会福利机构的原始记录和查找不到生父母或其他监护人的证明等相关证明材料。

被收养人有残疾或者患有重病的，社会福利机构应当同时提交县级以上医疗机构出具的残疾证明或者患病证明。

被收养人年满 8 周岁的，收养登记机关还应就收养登记事项单独征得其本人同意。

收养登记机关在收到收养登记申请书及相关材料后，应当按照规定进行公告。自公告之日起满 60 日，打拐解救儿童的生父母或者其他监护人未认领的，收养登记机关应当为符合条件的当事人办理收养登记。对不符合条件的，不予登记并对当事人说明理由。

4.《民政部关于规范生父母有特殊困难无力抚养的子女和社会散居孤儿收养工作的意见》（民发〔2014〕206 号，2020 年修正，2021 年 1 月 1 日）

四、依法办理收养登记

（一）中国公民收养两类儿童登记。

中国公民收养两类儿童登记的办理，按照《中国公民收养子女登记办法》及相关规定执行。

（二）外国人收养两类儿童登记。

外国人收养两类儿童登记的办理，由省级人民政府民政部门对送养人提交的涉外送养材料进行审查，认为符合法律规定的，填写《生父母有特殊困难无力抚养的子女和社会散居孤儿涉外送养审查意见表》（见附件 4），并向中国儿童福利和收养中心报送，同时附两套上述涉外送养材料的复制件以及被收养人照片。

中国儿童福利和收养中心为被收养人选择到外国收养人后，向省级人民政府民政部门发出《涉外送养通知》，由省级人民政府民政部门书面通知送养人，或者由受委托的社会福利机构代为转交送养人。

送养人接到书面通知后，省级人民政府民政部门和受委托的社会福利机构，应当积极协助送养人做好交接工作，并指导送养人将收养人的情况如实告诉 7 周岁以上被收养人，帮助送养人做好被收养人的心理辅导。

受委托的社会福利机构可在自身条件允许时，应当事人一方要求，指定人员陪同送养人和被收养人办理收养登记。

外国人收养两类儿童的其他事宜参照《关于社会福利机构涉外送养若干规定》(民发〔2003〕112 号)执行。

5.《民政部办公厅关于生父母一方为非中国内地居民送养内地子女有关问题的意见》(民办发〔2009〕26 号,2020 年修正,2021 年 1 月 1 日)

一、被收养人的生父母应当提供的材料

(一)被收养人的生父或者生母是中国内地居民的,应当提供下列材料:

1. 本人居民身份证、户口簿以及 2 张 2 寸近期半身免冠照片;

2. 本人与被收养人的父母子女关系证明;

3. 本人签署的同意送养子女的书面意见;

4. 被收养人居民身份证、户口簿以及 2 张 2 寸近期半身免冠照片。

父母子女关系证明是指 DNA 鉴定证明或者公安机关、人民法院、公证机构以及其他有权机关出具的能够证明父母子女关系的文书。(下同)

(二)被收养人的生父或者生母是非中国内地居民的,应当提供下列材料:

1. 本人有效身份证件(外国人、华侨应当提供本人有效护照或者其他有效的国际旅行证件,港澳台居民应当提供有效通行证和身份证,下同)和 2 张 2 寸近期半身免冠照片;

2. 本人与被收养人的父母子女关系证明;

3. 本人签署的同意送养子女的书面意见;

4. 所在国或者所在地区有权机关出具的不反对此送养行为的证明。

若送养人所在国无法出具材料 4 中的证明,也可以提供所在国驻华使领馆出具的表明该国法律不反对此类送养行为的证明。华侨无需提供材料 4。

送养人有特殊困难无力抚养子女的,应当同时提交父母有特殊困难无力抚养子女的证明。"有特殊困难"是指生父母家庭人均收入处于当地居民最低生活保障水平的,或者生父母因病、因残导致家庭生活困难的,或者因其他客观原因导致家庭无力抚养子女的。送养人为中国内地居民的,提供本人声明及所在街道办事处、乡镇人民政府出具的当事人有特殊困难无力抚养的证明。送养人为非中国内地居民的,提供本人声明及所在国或所在地区有权机构出具的本人有特殊困难无力抚养子女的证明,当事人在中国内地居住满一年,无法提供所在国或者所在地区出具的有特殊困难无力抚养子女证明,也可以只出具本人声明。

被收养人父母一方死亡或者下落不明的,送养人应当提交死亡或者下落不明的证明以及死亡或者下落不明一方的父母不行使优先抚养权的书面证明。由非中国内地居民单方送养的,应当同时提交本部分(一)中第2、4项材料。

被收养人是残疾儿童的,应当提交县级或者二级以上医疗机构出具的该儿童的残疾证明。

被收养人年满8周岁的,应当提交被收养人同意被收养的证明。

外国人、华侨提交的声明、书面意见或者所在国出具的证明材料,应当经我国驻该国使领馆认证或者该国驻华使领馆公证或者认证。港澳台地区居民提交的声明、书面意见或者所在地区出具的证明材料应当经有权机关公证。

二、办理收养登记的程序

收养人应当按照其身份提供相应的证件和证明材料,并按照现行法律程序办理收养手续。收养登记机关应当根据收养关系当事人的身份对其证件及证明材料进行审查,符合《中华人民共和国民法典》及相关规定的,予以登记,发给收养登记证。不符合规定的,应当说明原因。

6.《收养评估办法(试行)》(民发〔2020〕144号,2021年1月1日)

第二条　中国内地居民在中国境内收养子女的,按照本办法进行收养评估。但是,收养继子女的除外。

第三条　本办法所称收养评估,是指民政部门对收养申请人是否具备抚养、教育和保护被收养人的能力进行调查、评估,并出具评估报告的专业服务行为。

第四条　收养评估应当遵循最有利于被收养人的原则,独立、客观、公正地对收养申请人进行评估,依法保护个人信息和隐私。

第五条　民政部门进行收养评估,可以自行组织,也可以委托第三方机构开展。

委托第三方机构开展收养评估的,民政部门应当与受委托的第三方机构签订委托协议。

第六条　民政部门自行组织开展收养评估的,应当组建收养评估小组。收养评估小组应有2名以上熟悉收养相关法律法规和政策的在编人员。

第七条　受委托的第三方机构应当同时具备下列条件:

(一)具有法人资格;

(二)组织机构健全,内部管理规范;

(三)业务范围包含社会调查或者评估,或者具备评估相关经验;

(四)有5名以上具有社会工作、医学、心理学等专业背景或者从事相关工作2年以上的专职工作人员;

(五)开展评估工作所需的其他条件。

第八条　收养评估内容包括收养申请人以下情况:收养动机、道德品行、受教育程度、健康状况、经济及住房条件、婚姻家庭关系、共同生活家庭成员意见、抚育计划、邻里关系、社区环境、与被收养人融合情况等。

收养申请人与被收养人融合的时

间不少于30日。

第九条　收养评估流程包括书面告知、评估准备、实施评估、出具评估报告。

(一)书面告知。民政部门收到收养登记申请有关材料后,经初步审查收养申请人、送养人、被收养人符合《中华人民共和国民法典》、《中国公民收养子女登记办法》要求的,应当书面告知收养申请人将对其进行收养评估。委托第三方机构开展评估的,民政部门应当同时书面告知受委托的第三方机构。

(二)评估准备。收养申请人确认同意进行收养评估的,第三方机构应当选派2名以上具有社会工作、医学、心理学等专业背景或者从事相关工作2年以上的专职工作人员开展评估活动。民政部门自行组织收养评估的,由收养评估小组开展评估活动。

(三)实施评估。评估人员根据评估需要,可以采取面谈、查阅资料、实地走访等多种方式进行评估,全面了解收养申请人的情况。

(四)出具报告。收养评估小组和受委托的第三方机构应当根据评估情况制作书面收养评估报告。收养评估报告包括正文和附件两部分:正文部分包括评估工作的基本情况、评估内容分析、评估结论等;附件部分包括记载评估过程的文字、语音、照片、影像等资料。委托第三方机构评估的,收养评估报告应当由参与评估人员签名,并加盖机构公章。民政部门自行组织评估的,收养评估报告应当由收养评估小组成员共同签名。

第十条　收养评估报告应当在收养申请人确认同意进行收养评估之日起60日内作出。收养评估期间不计入收养登记办理期限。

收养评估报告应当作为民政部门办理收养登记的参考依据。

第十一条　收养评估期间,收养评估小组或者受委托的第三方机构发现收养申请人及其共同生活家庭成员有下列情形之一的,应当向民政部门报告:

(一)弄虚作假,伪造、变造相关材料或者隐瞒相关事实的;

(二)参加非法组织、邪教组织的;

(三)买卖、性侵、虐待或者遗弃、非法送养未成年人,及其他侵犯未成年人身心健康的;

(四)有持续性、经常性的家庭暴力的;

(五)有故意犯罪行为,判处或者可能判处有期徒刑以上刑罚的;

(六)患有精神类疾病、传染性疾病、重度残疾或者智力残疾、重大疾病的;

(七)存在吸毒、酗酒、赌博、嫖娼等恶习的;

(八)故意或者过失导致正与其进行融合的未成年人受到侵害或者面临其他危险情形的;

(九)有其他不利于未成年人身心健康行为的。

存在前款规定第(八)项规定情形的,民政部门应当立即向公安机关报案。

第十二条 评估人员、受委托的第三方机构与收养申请人、送养人有利害关系的,应当回避。

第十三条 民政部门应当加强对收养评估小组的监督和管理。

委托第三方机构开展收养评估的,民政部门应当对受委托第三方履行协议情况进行监督。

第十四条 开展收养评估不得收取任何费用。地方收养评估工作所需经费应当纳入同级民政部门预算。

第十五条 华侨以及居住在香港、澳门、台湾地区的中国公民申请收养的,当地有权机构已经作出收养评估报告的,民政部门可以不再重复开展收养评估。没有收养评估报告的,民政部门可以依据当地有权机构出具的相关证明材料,对收养申请人进行收养评估。

外国人申请收养的,收养评估按照有关法律法规规定执行。

第十六条 省级民政部门可以结合当地情况细化、补充收养评估内容、流程,并报民政部备案。

第十七条 本办法自2021年1月1日起施行,《民政部关于印发〈收养能力评估工作指引〉的通知》(民发〔2015〕168号)同时废止。

7.《公证程序规则》(司法部令第145号,2020年修正,2021年1月1日)

第十一条 当事人可以委托他人代理申办公证,但申办遗嘱、遗赠扶养协议、赠与、认领亲子、收养关系、解除收养关系、生存状况、委托、声明、保证及其他与自然人人身有密切关系的公证事项,应当由其本人亲自申办。

公证员、公证机构的其他工作人员不得代理当事人在本公证机构申办公证。

8.《司法部公证司关于涉港事实收养如何确认的批复》(〔92〕司公函061号,1992年4月18日)

经研究认为:《中华人民共和国收养法》对本法施行前的收养如何确认没作出具体规定。根据最高人民法院《关于贯彻执行民事政策法律若干问题的意见》(1984年8月30日)和我司(84)公民字第123号《对请示关于收养公证方面几个问题的复函》(《公证工作手册》第五辑第76页)的规定,事实收养应具备:双方以父母子女相待、有抚养和长期共同生活的事实、有契约、有档案记载及群众、亲友公认或有关组织证明。涉港的事实收养,除去历史的原因外,也应具备以上条件,并应有养子女与生父母权利义务关系已消除的证明。只要具备上述条件,公证处可以为当事人出具证明养父母子女关系的亲属关系公证书,或者事实收养公证书。

来函反映的两个当事人所提供的证据,均不足以证明他们的事实收养关系,公证处不应办理他们的事实收养公证。

9.《司法部关于可以办理恢复收养关系公证的复函》（〔93〕司公函 005 号，1993 年 1 月 11 日）

经与有关部门研究认为，对于自幼收养的养子女，由养父母抚养成年后，因某种原因与养父母解除了收养关系，但又申请办理恢复收养关系公证的，经公证处审查，如果解除收养关系是经公证机关公证或人民法院调解或判决的，且恢复收养关系确实有利于对收养人的赡养的，可予以办理恢复收养关系公证。收养人可以不受收养法第六条①第（二）、（三）项的限制；被收养人可以不受收养法第四条②的限制。

10.《司法部关于为赴日人员生父母办理同意送养公证应符合收养法规定的复函》（〔93〕司公函 014 号，1993 年 2 月 13 日）

经研究认为，我国《收养法》规定，收养三代以内同辈旁系血亲的子女和收养继子女，被收养人可不受不满十四周岁的限制，其他十四周岁以上的人一般不能被收养。③ 外国人在国外收养我国公民也不得违反我国《收养法》的规定。因此，公证处为赴日本人员的生父母办理同意送养声明书公证时，应符合《收养法》关于收养关系当事人条件的规定。以前，有关这方面的规定与本规定有冲突的，以本规定为准。

11.《司法部公证司关于可以办理收养三代以内同辈旁系血亲的孙子女为养孙子女公证的复函》（〔95〕司公函 024 号，1995 年 4 月 8 日）

经研究，对符合收养法规定条件、没有子女和孙子女的当事人，为收养三代以内同辈旁系血亲的孙子女申办收养公证的，公证处可以为其办理收养孙子女公证。关于养祖父母与养孙子女间的权利义务关系，可以比照养父母与养子女关系处理。

12.《司法部关于办理收养法实施前建立的事实收养关系公证的通知》（司发通〔1993〕125 号，1993 年 12 月 29 日）

近来一些地方请示，收养法实施前建立的事实收养关系，能否办理公证。经与有关部门研究认为，对于收养法实施前已建立的事实收养关系，当事人可以申办事实收养公证。凡当事人能够证实双方确认共同生活多年，以父母子女相称，建立了事实上的父母子女关系，且被收养人与其生父母的权利义务关系确已消除的，可以为当事人办理收养公证。收养关系自当事人达成收养协议或因收养事实而共同生活时成立。

---

① 对应《民法典》第 1098 条。——编者注

② 对应《民法典》第 1093 条。——编者注

③ 《民法典》第 1093 条取消了“不满十四周岁”的限制。——编者注

办理事实收养公证由收养人住所地公证处受理。

【地方法院规范】

《江苏省高级人民法院民事审判第一庭家事纠纷案件审理指南(婚姻家庭部分)》(2019年)

12.《中华人民共和国收养法》施行后,离婚时对于未办理收养登记的未成年人应当如何处理抚养问题?

《中华人民共和国收养法》施行后,收养应当向县级以上人民政府民政部门登记,否则收养关系不成立。对于未办理登记导致收养关系不成立的,离婚时夫妻双方与未成年人之间不适用《婚姻法》关于父母子女关系的规定。

离婚时对于符合收养条件的,夫妻双方应当补办收养登记,人民法院再依照《婚姻法》关于父母子女关系的规定处理未成年人抚养问题。无法补办收养登记的,如果夫妻一方或者双方均愿意抚养未成年人,对于个人符合收养条件的,由该方补办收养登记,人民法院可以判决收养方抚养未成年人,对于未成年人的抚养费由收养方自行承担,但可以根据收养方的主张结合未成年人的实际需要、夫妻双方的负担能力、离婚时共同财产分割情况、当地的实际生活水平等酌情判令夫妻另一方给予经济帮助。如果夫妻双方均不符合收养条件或者愿意抚养的夫妻一方不符合收养条件或者夫妻双方均不愿意继续抚养未成年人的,人民法院可以依照《中华人民共和国民法总则》的相关规定待未成年人确定监护人后,再处理离婚案件。

【法院参考案例】

王某诉彭某、第三人浮梁县民政局等收养关系纠纷案——公告瑕疵对收养行为效力影响的判定[《人民法院案例选》2023年第7辑(总第185辑)]

【裁判要旨】

民政机关在办理收养登记公告时存在公告倒置等瑕疵,但并不影响被收养人事实上处于无人认领的状态,收养人符合实质收养要件,并与被收养人在取得收养登记后事实上已形成收养关系,收养过程中建立起了深厚的、难以割舍的感情的,从未成年人利益最大化原则考虑,不宜因公告瑕疵而否定收养行为的效力。

【基本案情】

法院经审理查明:王某与彭某于2006年12月30日登记结婚,因王某不具备生育能力,双方婚后一直未生育子女。2017年8月初,彭某父亲彭某某来电称在自家门口捡拾到一名出生不久的女婴,询问二人收养意愿。王某、彭某经考虑后表示愿意收养,遂于8月13日先行将女婴接至上海的住处共同照顾抚养,并为其取名王某某。彭某某因此前往浮梁县民政局处咨询如何办理收养登记手续。9月6日,彭某某向浮梁县民政局提交捡拾弃婴报案证明，载明了彭某某捡拾弃婴的过程，由证明人签名，并由彭某某所在七四零社区居委会和浮梁县公安局荞麦岭派出所签章属实。收到该报案证明后，浮梁县民政局于 9 月 10 日向彭某某出具了一份收养公告内容模板，让彭某某去浮梁县报社公告。后该局工作人员于 12 月 18 日前往浮梁县七四零社区进行实地调查，对彭某某进行调查询问并制作了笔录。12 月 25 日，王某、彭某共同向浮梁县民政局提交书面申请收养王某某，并提交各自身份证件、生育情况证明、体检报告等办理收养登记所需证明材料；该局当场对王某、彭某进行收养意愿调查，并制作了询问笔录，王某、彭某表示愿意共同收养王某某并在笔录上签名确认。同年 12 月 29 日，浮梁县民政局为收养人王某、彭某与被收养人王某某办理了（2017）浮收字第 17122906 号收养登记证。

2020 年 4 月，彭某以与王某夫妻感情破裂为由向上海市浦东新区人民法院起诉离婚，被判决驳回诉请后，又于 2021 年 1 月再次起诉离婚。在此情形下，王某认为其已不适合继续收养王某某，遂开始寻找王某某生父母。经走访调查，王某获知王某某生父母可能为被告詹某某、宁某某，且经查阅王某某收养登记档案材料，发现公告时间为收养登记证签发之后，故认为民政局在办理收养登记前未依法公告，遂起诉。

诉讼中，彭某与浮梁县民政局提交了浮梁县新闻中心收取彭某某公告费的收据和浮梁县融媒体中心出具的证明，显示公告费支付日期为 2018 年 1 月 17 日，发生于办理收养登记之后。被告詹某某、宁某某经法院传票传唤，未到庭参加诉讼。

【裁判理由】

法院生效裁判认为：收养登记程序包括当事人申请、登记机关审查和办理收养登记三个阶段。在当事人申请阶段，主要是指收养人要提交相关申请和证明材料。在登记审查阶段，审查的内容主要有：申请收养人是否符合收养人的条件、申请人真实的收养目的、申请人是否具有完全民事行为能力以及被收养人的情况等。法律规定在收养登记之前进行公告，其目的是最大可能地寻找到被收养人的生父母或其他监护人，维护未成年人及其生父母的利益。本案中王某陈述詹某某、宁某某是王某某的生父母，因公告程序倒置而影响生父母的权益，且王某陈述詹某某、宁某某希望孩子回归身边，但在本案审理过程中，詹某某与宁某某并未到庭参与这个在王某看来本应对其二人有利的诉讼程序。另据王某陈述，詹某某与宁某某已经生育了两个子女。

王某并无证据证明王某某并非弃婴，亦不能证明案涉派出所盖章的“报案证明”和浮梁县民政局所作“调查询问笔录”的内容虚假。相对于被遗弃或在儿童福利机构生活，王某某能够被王某和彭某收养，得到养父母的关爱，对其成长更为有利,也更有利于社会和谐稳定。《民法典》在对生父母的亲权与未成年人利益的衡量之下,变更了《收养法》关于"弃婴"的要求,取消了对生父母遗弃未成年人的主观意愿的限定,允许对确实查找不到生父母的未成年人进行收养,这也是未成年人利益最大化原则的要求。本案中,王某作为完全民事行为能力人,自愿与彭某一起收养王某某并办理收养登记,体现了其对尚处于襁褓之中的王某某的疼惜。王某某现已与养父母生活多年,建立起了深厚的难以割舍的感情。如果贸然解除收养关系,王某某该何去何从,这必然会对孩子的身心健康带来不利影响。故为维护未成年人合法权益,应维持王某某的生活现状为宜。

【裁判结果】

江西省景德镇市珠山区人民法院于2021年7月5日作出(2021)赣0203民初1036号民事判决:驳回王某的诉讼请求。

宣判后,王某提出上诉。江西省景德镇市中级人民法院于2021年11月25日作出(2021)赣02民终686号民事判决:驳回上诉,维持原判。

第一千一百零六条 【收养后的户口登记】收养关系成立后,公安机关应当按照国家有关规定为被收养人办理户口登记。

【立法·要点释义】

从户籍管理的角度来看,既然在法律上被收养人已经成为收养人的子女,理应将被收养人纳入收养人的户籍之中。根据《中国公民收养子女登记办法》第9条规定,收养关系成立后,需要为被收养人办理户口登记或者迁移手续的,由收养人持收养登记证到户口登记机关按照国家有关规定办理。

需要办理的户口登记类型既包括原始的户口登记,也包括户口迁移。比如在为孤儿、生父母有特殊困难无力抚养的子女办理户口手续时,因其户籍原来可能已落在其生父母或者其他监护人处,因此需要办理户口迁移手续;如果是为儿童福利机构抚养的查找不到生父母的未成年人办理户口手续,需要办理原始的户籍登记手续。

我国各地有不少关于户口登记的管理制度,为被收养人办理户口登记时,应当按照这些规定的要求,依法办理。如果对被收养人不加区别地一律准予在收养人所在地落户,可能会出现与收养人所在城市、省份户籍管理政策相抵捂的现象,不利于当地的人口管理。甚至在一些地方,会出现借收养达到落户的目的。

【行政法规】

1.《中国公民收养子女登记办法》

(2023年修订,2023年7月20日施行)

第九条　收养关系成立后,需要为被收养人办理户口登记或者迁移手续的,由收养人持收养登记证到户口登记机关按照国家有关规定办理。

2.《国务院办公厅关于解决无户口人员登记户口问题的意见》(国办发〔2015〕96号,2015年12月31日)

(三)未办理收养手续的事实收养无户口人员。未办理收养登记的事实收养无户口人员,当事人可以向民政部门申请按照规定办理收养登记,凭申领的《收养登记证》、收养人的居民户口簿,申请办理常住户口登记。1999年4月1日《全国人民代表大会常务委员会关于修改〈中华人民共和国收养法〉的决定》施行前,国内公民私自收养子女未办理收养登记的,当事人可以按照规定向公证机构申请办理事实收养公证,经公安机关调查核实尚未办理户口登记的,可以凭事实收养公证书、收养人的居民户口簿,申请办理常住户口登记。

第一千一百零七条　【亲属、朋友的抚养】孤儿或者生父母无力抚养的子女,可以由生父母的亲属、朋友抚养;抚养人与被抚养人的关系不适用本章规定。

【立法·要点释义】

所谓抚养,是指无民事行为能力或者限制民事行为能力的未成年人的亲属或者其他主体对未成年人所承担的供养、保护和教育的责任。除了适用收养制度之外,通过抚养的方式,也可以实现对于孤儿以及生父母无力抚养的子女的照顾养育,只是抚养人与被抚养人之间的关系不适用关于收养的规定,实质是未成年人的抚养权发生了变更。允许生父母的亲属、朋友在有抚养能力及抚养意愿时承担抚养未成年人的义务,充分考虑到了生父母与其亲属、朋友之间的情感联系。如果生父母的亲属、朋友在承担了抚养义务之后,因为各种原因无力继续抚养,应当及时、再次变更抚养权人,以确保未成年人的利益不受到损害。

【编者观点】

《国务院办公厅关于加强孤儿保障工作的意见》规定了亲属抚养、机构养育、家庭寄养和依法收养四种针对孤儿的安置方式。其中,家庭寄养指由孤儿父母生前所在单位或孤儿住所地的村(居)民委员会或者民政部门担任监护人的,可由监护人对有抚养意愿和抚养能力的家庭进行评估,选择抚育条件较好的家庭开展委托监护或家庭寄养,给予养育费用补贴,并由当地政府酌情给予劳务补贴。

亲属抚养为非要式的事实行为，区别于作为法律行为的收养，既可以是具有特定亲属关系的主体履行法律规定的抚养义务，也可以是非义务主体受委托或自发进行的照护行为，被立法总结为“生父母的亲属、朋友的抚养”。目的在于为孤儿或者生父母无力抚养的子女提供事实层面的、替代性的家庭生活和教育环境，而非在抚养人与被抚养人之间创设新的身份关系，也未消除被抚养人与生父母之间的血亲关系。

“生父母的亲属”不限于第 1045 条规定的具有法定抚养义务的近亲属，其他亲属或朋友关系的人均可以作为抚养人。并且在存在具有法定抚养义务的近亲属的情形下，如果其他亲属、朋友有抚养能力和意愿，且更适合抚养孤儿或生父母无力抚养的子女，也可以按最有利于未成年人的原则以及亲疏关系的远近，在各方当事人协商一致的情况下，综合考察确定生父母的其他亲属、朋友作为抚养人。当然，第 1108 条规定了祖父母享有优先抚养权，即在配偶一方死亡、另一方送养未成年子女的，死亡一方的父母有优先抚养的权利，该权利也优先于生父母的其他亲属、朋友。

“抚养人与被抚养人的关系不适用本章规定”意味着，抚养人无须受收养人条件的限制，可以有两名子女，可以不满 30 周岁，有配偶者抚养孤儿不必由夫妻双方共同抚养。双方基于抚养事实可能针对抚养费用形成不当得利返还之债，也可能针对抚养过程中的侵权行为产生损害赔偿责任，在继承法层面可能产生遗产酌给请求权。抚养关系解除后不发生身份关系的解除或者恢复问题。

【行政法规】

《国务院办公厅关于加强孤儿保障工作的意见》（国办发〔2010〕54 号，2010 年 11 月 16 日）

一、拓展安置渠道，妥善安置孤儿

孤儿是指失去父母、查找不到生父母的未满 18 周岁的未成年人，由地方县级以上民政部门依据有关规定和条件认定。地方各级政府要按照有利于孤儿身心健康成长的原则，采取多种方式，拓展孤儿安置渠道，妥善安置孤儿。

（一）亲属抚养。孤儿的监护人依照《中华人民共和国民法通则》等法律法规确定。孤儿的祖父母、外祖父母、兄、姐要依法承担抚养义务、履行监护职责；鼓励关系密切的其他亲属、朋友担任孤儿监护人；没有前述监护人的，未成年人的父、母的所在单位或者未成年人住所地的居民委员会、村民委员会或者民政部门担任监护人。监护人不履行监护职责或者侵害孤儿合法权益的，应承担相应的法律责任。

……

（三）家庭寄养。由孤儿父母生前所在单位或者孤儿住所地的村（居）民委员会或者民政部门担任监护人的，可由监护人对有抚养意愿和抚养能力的家庭进行评估，选择抚育条件较好的家庭开展委托监护或者家庭寄养，并给予养育费用补贴，当地政府可酌情给予劳务补贴。

（四）依法收养。鼓励收养孤儿。收养孤儿按照《中华人民共和国收养法》的规定办理。对中国公民依法收养的孤儿，需要为其办理户口登记或者迁移手续的，户口登记机关应及时予以办理，并在登记与户主关系时注明子女关系。对寄养的孤儿，寄养家庭有收养意愿的，应优先为其办理收养手续。继续稳妥开展涉外收养，进一步完善涉外收养办法。

【部门参考文件】

1.《民政部、最高人民法院、最高人民检察院、发展改革委、教育部、公安部、司法部、财政部、医疗保障局、共青团中央、全国妇联、中国残联关于进一步加强事实无人抚养儿童保障工作的意见》（民发〔2019〕62 号，2019 年 6 月 18 日）

一、明确保障对象

事实无人抚养儿童是指父母双方均符合重残、重病、服刑在押、强制隔离戒毒、被执行其他限制人身自由的措施、失联情形之一的儿童；或者父母一方死亡或失踪，另一方符合重残、重病、服刑在押、强制隔离戒毒、被执行其他限制人身自由的措施、失联情形之一的儿童。

以上重残是指一级二级残疾或三级四级精神、智力残疾；重病由各地根据当地大病、地方病等实际情况确定；失联是指失去联系且未履行监护抚养责任 6 个月以上；服刑在押、强制隔离戒毒或被执行其他限制人身自由的措施是指期限在 6 个月以上；死亡是指自然死亡或人民法院宣告死亡，失踪是指人民法院宣告失踪。

二、规范认定流程

（一）申请。事实无人抚养儿童监护人或受监护人委托的近亲属填写《事实无人抚养儿童基本生活补贴申请表》，向儿童户籍所在地乡镇人民政府（街道办事处）提出申请。情况特殊的，可由儿童所在村（居）民委员会提出申请。

（二）查验。乡镇人民政府（街道办事处）受理申请后，应当对事实无人抚养儿童父母重残、重病、服刑在押、强制隔离戒毒、被执行其他限制人身自由的措施、失联以及死亡、失踪等情况进行查验。查验一般采取部门信息比对的方式进行。因档案管理、数据缺失等原因不能通过部门信息比对核实的，可以请事实无人抚养儿童本人或其监护人、亲属协助提供必要补充材料。乡镇人民政府（街道办事处）应当在自收到申请之日起 15 个工作日内作出查验结论。对符合条件的，连同申报材料一并报县级民政部门。对有异议的，可根据工作需要采取入户调查、邻里访问、信函索证、群众评议等方式再次进行核实。为保护儿童隐私，不宜设置公示环节。

（三）确认。县级民政部门应当在自收到申报材料及查验结论之日起15个工作日内作出确认。符合条件的，从确认的次月起纳入保障范围，同时将有关信息录入“全国儿童福利信息管理系统”。不符合保障条件的，应当书面说明理由。

（四）终止。规定保障情形发生变化的，事实无人抚养儿童监护人或受委托的亲属、村（居）民委员会应当及时告知乡镇人民政府（街道办事处）。乡镇人民政府（街道办事处）、县级民政部门要加强动态管理，对不再符合规定保障情形的，应当及时终止其保障资格。

三、突出保障重点

（一）强化基本生活保障。各地对事实无人抚养儿童发放基本生活补贴，应当根据本地区经济社会发展水平以及儿童关爱保护工作需要，按照与当地孤儿保障标准相衔接的原则确定补贴标准，参照孤儿基本生活费发放办法确定发放方式。中央财政比照孤儿基本生活保障资金测算方法，通过困难群众救助补助经费渠道对生活困难家庭中的和纳入特困人员救助供养范围的事实无人抚养儿童给予适当补助。生活困难家庭是指建档立卡贫困户家庭、城乡最低生活保障家庭。已获得最低生活保障金、特困人员救助供养金或者困难残疾人生活补贴且未达到事实无人抚养儿童基本生活保障补贴标准的进行补差发放，其他事实无人抚养儿童按照补贴标准全额发放。已全额领取事实无人抚养儿童补贴的儿童家庭申请最低生活保障或特困救助供养的，事实无人抚养儿童基本生活补贴不计入家庭收入，在享受低保或特困救助供养待遇之后根据人均救助水平进行重新计算，补差发放。已全额领取事实无人抚养儿童补贴的残疾儿童不享受困难残疾人生活补贴。

（二）加强医疗康复保障。对符合条件的事实无人抚养儿童按规定实施医疗救助，分类落实资助参保政策。重点加大对生活困难家庭的重病、重残儿童救助力度。加强城乡居民基本医疗保险、大病保险、医疗救助有效衔接，实施综合保障，梯次减轻费用负担。符合条件的事实无人抚养儿童可同时享受重度残疾人护理补贴及康复救助等相关政策。

（三）完善教育资助救助。将事实无人抚养儿童参照孤儿纳入教育资助范围，享受相应的政策待遇。优先纳入国家资助政策体系和教育帮扶体系，落实助学金、减免学费政策。对于残疾事实无人抚养儿童，通过特殊教育学校就读、普通学校就读、儿童福利机构特教班就读、送教上门等多种方式，做好教育安置。将义务教育阶段的事实无人抚养儿童列为享受免住宿费的优先对象,对就读高中阶段(含普通高中及中职学校)的事实无人抚养儿童,根据家庭困难情况开展结对帮扶和慈善救助。完善义务教育控辍保学工作机制,依法完成义务教育。事实无人抚养儿童成年后仍在校就读的,按国家有关规定享受相应政策。

(四)督促落实监护责任。人民法院、人民检察院和公安机关等部门应当依法打击故意或者恶意不履行监护职责等各类侵害儿童权益的违法犯罪行为,根据情节轻重依法追究其法律责任。对符合《最高人民法院 最高人民检察院 公安部 民政部关于依法处理监护人侵害未成年人权益行为若干问题的意见》(法发〔2014〕24 号)规定情形的,应当依法撤销监护人监护资格。对有能力履行抚养义务而拒不抚养的父母,民政部门可依法追索抚养费,因此起诉到人民法院的,人民法院应当支持。民政部门应当加强送养工作指导,创建信息对接渠道,在充分尊重被送养儿童和送养人意愿的前提下,鼓励支持有收养意愿的国内家庭依法收养。加大流浪儿童救助保护力度,及时帮助儿童寻亲返家,教育、督促其父母及其他监护人履行抚养义务,并将其纳入重点关爱对象,当地未成年人救助保护机构每季度应当至少组织一次回访,防止其再次外出流浪。

……

2.《家庭寄养管理办法》(民政部令第 54 号,2014 年 12 月 1 日)

第一章　总　　则

第一条　为了规范家庭寄养工作,促进寄养儿童身心健康成长,根据《中华人民共和国未成年人保护法》和国家有关规定,制定本办法。

第二条　本办法所称家庭寄养,是指经过规定的程序,将民政部门监护的儿童委托在符合条件的家庭中养育的照料模式。

第三条　家庭寄养应当有利于寄养儿童的抚育、成长,保障寄养儿童的合法权益不受侵犯。

第四条　国务院民政部门负责全国家庭寄养监督管理工作。

县级以上地方人民政府民政部门负责本行政区域内家庭寄养监督管理工作。

第五条　县级以上地方人民政府民政部门设立的儿童福利机构负责家庭寄养工作的组织实施。

第六条　县级以上人民政府民政部门应当会同有关部门采取措施,鼓励、支持符合条件的家庭参与家庭寄养工作。

第二章　寄养条件

第七条　未满十八周岁、监护权在县级以上地方人民政府民政部门的孤儿、查找不到生父母的弃婴和儿童,可以被寄养。

需要长期依靠医疗康复、特殊教育等专业技术照料的重度残疾儿童,不宜安排家庭寄养。

第八条　寄养家庭应当同时具备下列条件：

（一）有儿童福利机构所在地的常住户口和固定住所。寄养儿童入住后，人均居住面积不低于当地人均居住水平。

（二）有稳定的经济收入，家庭成员人均收入在当地处于中等水平以上。

（三）家庭成员未患有传染病或者精神疾病，以及其他不利于寄养儿童抚育、成长的疾病。

（四）家庭成员无犯罪记录，无不良生活嗜好，关系和睦，与邻里关系融洽。

（五）主要照料人的年龄在三十周岁以上六十五周岁以下，身体健康，具有照料儿童的能力、经验，初中以上文化程度。

具有社会工作、医疗康复、心理健康、文化教育等专业知识的家庭和自愿无偿奉献爱心的家庭，同等条件下优先考虑。

第九条　每个寄养家庭寄养儿童的人数不得超过二人，且该家庭无未满六周岁的儿童。

第十条　寄养残疾儿童，应当优先在具备医疗、特殊教育、康复训练条件的社区中为其选择寄养家庭。

第十一条　寄养年满十周岁以上儿童的，应当征得寄养儿童的同意。

第三章　寄养关系的确立

第十二条　确立家庭寄养关系，应当经过以下程序：

（一）申请。拟开展寄养的家庭应当向儿童福利机构提出书面申请，并提供户口簿、身份证复印件，家庭经济收入和住房情况、家庭成员健康状况以及一致同意申请等证明材料。

（二）评估。儿童福利机构应当组织专业人员或者委托社会工作服务机构等第三方专业机构对提出申请的家庭进行实地调查，核实申请家庭是否具备寄养条件和抚育能力，了解其邻里关系、社会交往、有无犯罪记录、社区环境等情况，并根据调查结果提出评估意见。

（三）审核。儿童福利机构应当根据评估意见对申请家庭进行审核，确定后报主管民政部门备案。

（四）培训。儿童福利机构应当对寄养家庭主要照料人进行培训。

（五）签约。儿童福利机构应当与寄养家庭主要照料人签订寄养协议，明确寄养期限、寄养双方的权利义务、寄养家庭的主要照料人、寄养融合期限、违约责任及处理等事项。家庭寄养协议自双方签字（盖章）之日起生效。

第十三条　寄养家庭应当履行下列义务：

（一）保障寄养儿童人身安全，尊重寄养儿童人格尊严。

（二）为寄养儿童提供生活照料，满足日常营养需要，帮助其提高生活自理能力。

（三）培养寄养儿童健康的心理素质，树立良好的思想道德观念。

（四）按照国家规定安排寄养儿童接受学龄前教育和义务教育。负责与学校沟通，配合学校做好寄养儿童的学校教育。

（五）对患病的寄养儿童及时安排医治。寄养儿童发生急症、重症等情况时，应当及时进行医治，并向儿童福利机构报告。

（六）配合儿童福利机构为寄养的残疾儿童提供辅助矫治、肢体功能康复训练、聋儿语言康复训练等方面的服务。

（七）配合儿童福利机构做好寄养儿童的送养工作。

（八）定期向儿童福利机构反映寄养儿童的成长状况，并接受其探访、培训、监督和指导。

（九）及时向儿童福利机构报告家庭住所变更情况。

（十）保障寄养儿童应予保障的其他权益。

第十四条　儿童福利机构主要承担以下职责：

（一）制定家庭寄养工作计划并组织实施；

（二）负责寄养家庭的招募、调查、审核和签约；

（三）培训寄养家庭中的主要照料人，组织寄养工作经验交流活动；

（四）定期探访寄养儿童，及时处理存在的问题；

（五）监督、评估寄养家庭的养育工作；

（六）建立家庭寄养服务档案并妥善保管；

（七）根据协议规定发放寄养儿童所需款物；

（八）向主管民政部门及时反映家庭寄养工作情况并提出建议。

第十五条　寄养协议约定的主要照料人不得随意变更。确需变更的，应当经儿童福利机构同意，经培训后在家庭寄养协议主要照料人一栏中变更。

第十六条　寄养融合期的时间不得少于六十日。

第十七条　寄养家庭有协议约定的事由在短期内不能照料寄养儿童的，儿童福利机构应当为寄养儿童提供短期养育服务。短期养育服务时间一般不超过三十日。

第十八条　寄养儿童在寄养期间不办理户口迁移手续，不改变与民政部门的监护关系。

第四章　寄养关系的解除

第十九条　寄养家庭提出解除寄养关系的，应当提前一个月向儿童福利机构书面提出解除寄养关系的申请，儿童福利机构应当予以解除。但在融合期内提出解除寄养关系的除外。

第二十条　寄养家庭有下列情形之一的，儿童福利机构应当解除寄养关系：

（一）寄养家庭及其成员有歧视、虐待寄养儿童行为的；

（二）寄养家庭成员的健康、品行不符合本办法第八条第（三）和（四）项规定的；

（三）寄养家庭发生重大变故，导致无法履行寄养义务的；

（四）寄养家庭变更住所后不符合本办法第八条规定的；

（五）寄养家庭借机对外募款敛财的；

（六）寄养家庭不履行协议约定的其他情形。

第二十一条 寄养儿童有下列情形之一的，儿童福利机构应当解除寄养关系：

（一）寄养儿童与寄养家庭关系恶化，确实无法共同生活的；

（二）寄养儿童依法被收养、被亲生父母或者其他监护人认领的；

（三）寄养儿童因就医、就学等特殊原因需要解除寄养关系的。

第二十二条 解除家庭寄养关系，儿童福利机构应当以书面形式通知寄养家庭，并报其主管民政部门备案。家庭寄养关系的解除以儿童福利机构批准时间为准。

第二十三条 儿童福利机构拟送养寄养儿童时，应当在报送被送养人材料的同时通知寄养家庭。

第二十四条 家庭寄养关系解除后，儿童福利机构应当妥善安置寄养儿童，并安排社会工作、医疗康复、心理健康教育等专业技术人员对其进行辅导、照料。

第二十五条 符合收养条件、有收养意愿的寄养家庭，可以依法优先收养被寄养儿童。

第五章 监督管理

第二十六条 县级以上地方人民政府民政部门对家庭寄养工作负有以下监督管理职责：

（一）制定本地区家庭寄养工作政策；

（二）指导、检查本地区家庭寄养工作；

（三）负责寄养协议的备案，监督寄养协议的履行；

（四）协调解决儿童福利机构与寄养家庭之间的争议；

（五）与有关部门协商，及时处理家庭寄养工作中存在的问题。

第二十七条 开展跨县级或者设区的市级行政区域的家庭寄养，应当经过共同上一级人民政府民政部门同意。

不得跨省、自治区、直辖市开展家庭寄养。

第二十八条 儿童福利机构应当聘用具有社会工作、医疗康复、心理健康教育等专业知识的专职工作人员。

第二十九条 家庭寄养经费，包括寄养儿童的养育费用补贴、寄养家庭的劳务补贴和寄养工作经费等。

寄养儿童养育费用补贴按照国家有关规定列支。寄养家庭劳务补贴、寄养工作经费等由当地人民政府予以保障。

第三十条 家庭寄养经费必须专款专用，儿童福利机构不得截留或者挪用。

第三十一条　儿童福利机构可以依法通过与社会组织合作、通过接受社会捐赠获得资助。

与境外社会组织或者个人开展同家庭寄养有关的合作项目，应当按照有关规定办理手续。

第六章　法律责任

第三十二条　寄养家庭不履行本办法规定的义务，或者未经同意变更主要照料人的，儿童福利机构可以督促其改正，情节严重的，可以解除寄养协议。

寄养家庭成员侵害寄养儿童的合法权益，造成人身财产损害的，依法承担民事责任；构成犯罪的，依法追究刑事责任。

第三十三条　儿童福利机构有下列情形之一的，由设立该机构的民政部门进行批评教育，并责令改正；情节严重的，对直接负责的主管人员和其他直接责任人员依法给予处分：

（一）不按照本办法的规定承担职责的；

（二）在办理家庭寄养工作中牟取利益，损害寄养儿童权益的；

（三）玩忽职守导致寄养协议不能正常履行的；

（四）跨省、自治区、直辖市开展家庭寄养，或者未经上级部门同意擅自开展跨县级或者设区的市级行政区域家庭寄养的；

（五）未按照有关规定办理手续，擅自与境外社会组织或者个人开展家庭寄养合作项目的。

第三十四条　县级以上地方人民政府民政部门不履行家庭寄养工作职责，由上一级人民政府民政部门责令其改正。情节严重的，对直接负责的主管人员和其他直接责任人员依法给予处分。

第七章　附　　则

第三十五条　对流浪乞讨等生活无着未成年人承担临时监护责任的未成年人救助保护机构开展家庭寄养，参照本办法执行。

第三十六条　尚未设立儿童福利机构的，由县级以上地方人民政府民政部门负责本行政区域内家庭寄养的组织实施，具体工作参照本办法执行。

第三十七条　本办法自2014年12月1日起施行，2003年颁布的《家庭寄养管理暂行办法·婚姻家庭与继承纠纷》（民发〔2003〕144号）同时废止。

【法院参考案例】

赵某、刘某丙诉刘某戊等法定继承案——收养关系与代为抚养关系在司法实践中的区分认定（《中国法院2023年度案例·婚姻家庭与继承纠纷》）

【基本案情】

被继承人刘某乙与刘某甲之父刘某丁、刘某戊、刘某己、刘某庚是同胞兄弟姐妹关系。赵某与刘某乙是夫妻关系，婚后生育一女刘某丙。后赵某与刘某乙离婚，刘某乙再婚并生育一女刘某辛。刘某丁去世后，刘某甲追随其奶奶丁某搬至赵某与刘某乙共同所有的位于某村的房屋居住。刘某乙于 2019 年 9 月去世，其母丁某于 2021 年 6 月去世。赵某、刘某丙与刘某戊、刘某己、刘某庚对刘某乙的遗产分割产生争议，为此诉至法院，要求依法分割刘某乙遗留的位于某村的房屋一套以及经法院确认的债权一份。刘某戊、刘某己、刘某庚认为，法院查明上述位于某村的房屋应该是谁的，就认可是谁的，按照法律规定办。刘某甲认为，其与刘某乙之间长期以父子相称，双方之间构成收养关系，上述位于某村的房屋已经由赵某、刘某乙在离婚协议中写明赠给刘某甲，该协议已于当地民政局留存备案，该房屋的所有权属于刘某甲，不应作为刘某乙的遗产予以分割。对此，赵某、刘某丙不予认可。

【案件焦点】

(1)刘某甲与被继承人刘某乙之间是否构成收养关系；(2)位于某村的房屋是否应当作为被继承人刘某乙的遗产进行分割。

【裁判要旨】

山东省桓台县人民法院经审理认为：涉案的位于某村的房屋系赵某与被继承人刘某乙婚内所建，该房产由赵某、刘某乙共有。刘某乙去世后，其享有的 1/2 份额，应由其第一顺序继承人即刘某丙(女儿)、刘某辛(女儿)、丁某(母亲)三人等额继承，各占房产的 1/6 份额；丁某死亡后，其继承的份额再由其第一顺序继承人即刘某戊、刘某己、刘某庚以及代位继承人即刘某丙、刘某辛、刘某甲继承，其中，刘某戊、刘某己、刘某庚、刘某甲各占房产的 1/30，刘某丙、刘某辛各占 1/60。

关于刘某甲主张的涉案房产归其所有，不属于遗产的诉讼请求，依法不能成立，理由是：其一，根据《民法典》第 1105 条第 1 款的规定，收养应当向县级以上人民政府民政部门登记，收养关系自登记之日起成立，否则收养行为无效。因此，主张被抚养人与抚养人之间构成收养关系的一方当事人，应当举证证明双方符合上述收养关系成立要件。如未能履行该举证责任，即使抚养人与被抚养人对外以父子相称，抚养人与被抚养人之间也仅构成代为抚养关系，不能认定为收养关系。故结合《民法典》第 1127 条关于法定继承人中“子女”的规定，代为抚养的未成年人对代为抚养人的所有财产也就不享有继承权。根据本案查明的事实，虽然刘某甲在 2016 年 1 月 27 日之后的户口登记信息中与刘某乙以父子关系进行登记，但刘某甲并非刘某乙的直系血亲，与刘某乙没有形成法律上的收养关系，双方未办理收养登记手续，亦未形成事实上的收养关系，其不属于法律意义上的子女，不具有本案的诉讼主体资格。其二，2004 年 3 月 9 日刘某乙与赵某离婚形成的《离婚协议书》中，虽然载明了将涉案房产归刘某甲所有的条款，显示了赠与的意思表示，但刘某甲并未提供其实际占有使用该房产的证据，也未提供相应产权变更登记的证据。因此，该房产的物权未发生变动，赠与关系不成立，相反，2011 年 7 月 21 日刘某乙与赵某再次离婚形成的《离婚协议书》中，并未涉及该处房产，且 2015 年涉案房屋确权时，该处房产的土地使用权又确认到刘某乙自己名下，由此显示出刘某乙与赵某已经共同撤销了之前所作出的赠与的意思表示，并对产权进行了进一步确认，两人的合意行为并未违反法律规定，该房产仍属两人共有。

各方当事人对于山东省桓台县人民法院(2017)鲁 0321 民初 1528 号民事判决书确认的债权均无争议，山东省桓台县人民法院依法确认各方当事人各自享有的份额，即刘某丙、刘某辛、丁某各占 1/3 份额；丁某死亡后，其继承的 1/3 份额，由其第一顺序继承人即刘某戊、刘某己、刘某庚以及代位继承人即刘某丙、刘某辛、刘某甲继承，其中刘某戊、刘某己、刘某庚、刘某甲各继承 1/15，刘某丙、刘某辛各继承 1/30。

山东省桓台县人民法院依照《民法典》第 658 条、第 659 条、第 1062 条、第 1127 条、第 1128 条、第 1130 条，《民事诉讼法》第 64 条、第 144 条之规定，作出如下判决：(1)位于某村的房屋由赵某享有 1/2 份额，刘某丙享有 1/60 份额，刘某辛享有 1/60 份额，刘某戊、刘某己、刘某庚及刘某甲各享有 1/3 份额；(2)生效民事判决确认的债权，刘某丙享有 1/30 份额，刘某辛享有 1/30 份额，刘某戊、刘某己、刘某庚及刘某甲各享有 1/15 份额；(3)驳回第三人刘某甲的诉讼请求。

第一千一百零八条　【祖父母、外祖父母优先抚养权】配偶一方死亡，另一方送养未成年子女的，死亡一方的父母有优先抚养的权利。

【立法·要点释义】

配偶一方死亡，另一方可能因存在特殊困难无力抚养子女而有送养子女的需求，此时无论是基于对孙子女、外孙子女的疼爱，还是基于对自己子女情感的延续，祖父母、外祖父母一般都愿意承担起抚养孙子女、外孙子女的责任。本条赋予他们在未成年人被送养时优先抚养的权利，使未成年人在充满关爱的熟悉环境中健康成长，有助于保护未成年人的利益，也尊重了老人对自己子女、孙子女、外孙子女的情感需求。如死亡一方配偶的父母离婚，但两人同时具备且主张优先抚养权的，要综合考虑各种因素，并听取送养人的意见，确定由其中一人抚养未成年人。

死亡一方配偶的父母可以对优先抚养权表示放弃。“明示放弃”是指优先抚养权人在送养人送养未成年子女时，明确地表示自己不抚养该子女；“默示放弃”是指优先抚养权人明知送养人要送养未成年子女，但其既不作出优先抚养的直接、明确的意思表示,也没有阻止他人收养该子女,据此可以推定优先抚养权人放弃了优先抚养权。

从有利于未成年人利益最大化的角度出发,有的情况下可以考虑限制甚至剥夺优先抚养权人的优先抚养权。比如优先抚养权人存在严重危害未成年人身心健康的现实危险、不具备实际的抚养能力等。如果未成年人属于 8 周岁以上的限制行为能力人,在确定抚养权人时还要充分听取未成年人的意愿。

【编者观点】

我国立法历来注重维护亲缘关系和家庭结构,在不与儿童利益最大化原则相违背的前提下,秉持抚养优先于收养的立场,第 1096 条规定送养孤儿应征得法定抚养义务人同意,本条规定送养单亲子女应征得优先抚养权利人同意,共同构建起抚养主体同意制度,与收养进行制度衔接。

我国亲属法不少规定涉及隔代直系血亲之间的权利义务关系,第 1074 条规定了一定条件下祖孙相互之间负有抚养和赡养义务,在生存的父母一方有特殊困难无力抚养子女而具备送养条件时,有负担能力的祖父母、外祖父母依照第 1074 条本应承担起抚养、教育和保护未成年人的义务。第 1127 条和第 1128 条也规定了祖孙之间彼此享有继承权益。若孙子女、外孙子女被他人收养,不仅涉及祖孙之间血缘和情感联结在事实层面受阻,相互之间的抚养、赡养义务以及继承权益也会受到影响,因此也涉及祖孙之间的利益联结,赋予死亡一方的父母建立在隔代直系血亲基础上的优先抚养权,具有实质正当性。

本条将权利主体限定于死亡一方的父母,而非双方的父母,理由在于亲子权益主要存在于父母子女之间,仅在父母死亡或能力不足时部分转移至隔代直系血亲,这一制度设计也体现在祖父母负担抚养义务和孙子女享受代位继承权益的法定前提条件中。有观点认为,对于生存一方而言,享有的亲子权益并无向祖辈转移的必要;而死亡一方的亲子权益已经在祖孙辈之间产生,赋予其优先抚养权用以维护亲子权益,才具有必要性与合理性。

若生存一方送养子女时未通知死亡一方的父母,从而侵害了死亡一方的父母的优先抚养权,是否会因此影响到收养效力,现行法未作明确规定。有裁判观点认为,已完成收养登记的,且该收养关系有利于被收养人成长的,未通知优先抚养权人这一事实不影响收养的效力。而编者认为,鉴于祖孙之间已经建立起稳固的血缘、伦理、情感和利益联结,收养关系成立对双方权益都会产生影响,也未必有利于未成年人的成长。因此应当坚持抚养优先于收养的立场,只要死亡一方的父母具备抚养能力,有权主张优先抚养权,请求撤销收养关系。

【批复答复】

《最高人民法院民事审判庭关于夫妻一方死亡另一方将子女送他人收养是否应当征得愿意并有能力抚养的祖父母或外祖父母同意的电话答复》（〔1989〕法民字第21号，1989年8月26日）

一、根据《民法通则》第十六条，及我院《关于贯彻执行民事政策法律若干问题的意见》第三十七条规定，收养关系是否成立，送养方主要由生父母决定。

二、我院《关于贯彻执行民法通则若干问题的意见》第二十三条规定，是针对夫妻一方死亡，另一方将子女送他人收养，收养关系已经成立，其他有监护资格的人能否以未经其同意而主张该收养关系无效问题规定的。

三、在审判实际中对不同情况的处理，需要具体研究。诸如你院报告中列举的具体问题，夫妻一方死亡，另一方有抚养子女的能力而不愿尽抚养义务，以及另一方无抚养能力，且子女已经由有抚养能力，又愿意抚养的祖父母、外祖父母抚养的，为送养子女发生争议时，从有利于子女健康成长考虑，子女由祖父母或外祖父母继续抚养较为合适。

第一千一百零九条　【涉外收养】外国人依法可以在中华人民共和国收养子女。

外国人在中华人民共和国收养子女，应当经其所在国主管机关依照该国法律审查同意。收养人应当提供由其所在国有权机构出具的有关其年龄、婚姻、职业、财产、健康、有无受过刑事处罚等状况的证明材料，并与送养人签订书面协议，亲自向省、自治区、直辖市人民政府民政部门登记。

前款规定的证明材料应当经收养人所在国外交机关或者外交机关授权的机构认证，并经中华人民共和国驻该国使领馆认证，但是国家另有规定的除外。

【原《收养法》条文】

第二十一条　外国人依照本法可以在中华人民共和国收养子女。

外国人在中华人民共和国收养子女，应当经其所在国主管机关依照该国法律审查同意。收养人应当提供由其所在国有权机构出具的有关收养人的年龄、婚姻、职业、财产、健康、有无受过刑事处罚等状况的证明材料，该证明材料应当经其所在国外交机关或者外交机关授权的机构认证，并经中华人民共和国驻该国使领馆认证。该收养人应当与送养人订立书面协议，亲自向省级人民政府民政部门登记。

收养关系当事人各方或者一方要求办理收养公证的,应当到国务院司法行政部门认定的具有办理涉外公证资格的公证机构办理收养公证。

【修改说明】

取消涉外收养公证中对公证机构的限定规则。

【立法·要点释义】

第1款的"依法"是指依照我国有关收养的法律法规进行收养,法律适用方面采取属地主义。第2款说明除了遵守我国的法律之外,外国人在中国收养子女的,还需要遵守所在国的法律规定。

近20年涉外收养实践中,大量外国人申请收养中国的未成年人,导致可供跨国收养的儿童数量远远不能满足外国家庭的收养需求。为解决这一矛盾,同时尽可能为被收养人提供优质、良好的生活环境,中国收养中心自2007年开始采取为具备较好条件的外国家庭"优先办理"涉外收养的做法,进一步限缩了外国人收养中国未成年人的条件:(1)由一男一女组成婚姻关系,且关系稳定的夫妻。夫妻双方均无前婚,则婚姻持续时间需满2年;夫妻任何一方有过前婚(不超过2次),则本次婚姻持续时间需满5年。(2)夫妻双方均年满30周岁且不满50周岁。收养特殊需要儿童的,夫妻双方均需年满30周岁且不满55周岁。(3)夫妻双方身心完全健康,未患有艾滋病、智力残疾、正在传染期的传染病、精神分裂症以及恶性肿瘤、癫痫、肾病等需要长期治疗,影响预期寿命的严重疾病等。(4)夫妻任何一方具有稳定的职业,包括预收养儿童在内,家庭人均年收入应满1万美元,且家庭净资产满8万美元。(5)夫妻双方均接受过高中以上文化教育,或接受过同等学历职业技术教育。(6)家中不满18周岁的孩子不满5名,且家中最小的孩子年满1周岁。收养特殊需要儿童不受"家中不满18周岁的孩子不满5名"的限制。(7)夫妻双方均未受过刑事处罚,道德品质良好,行为端正、遵纪守法,且均不具有下列情形:有过家庭暴力、性虐待、遗弃或虐待儿童历史;有过使用鸦片、吗啡、大麻、可卡因、海洛因、冰毒等能够使人形成瘾癖的麻醉药品与精神药品的历史;有酗酒史且戒酒不满10年。(8)能正确认识收养,希望通过收养为未成年人提供一个温暖的家,满足被收养儿童健康成长的需要。正确理解跨国收养,对跨国收养可能存在的风险和被收养儿童潜在的疾病、发育滞后、安置后不适应等情况有心理准备。(9)在收养申请书中明确承诺能够接受安置后回访并按要求提供安置后报告。

第2款是对外国人收养的形式要件的规定。截至目前,与我国建立收养合作关系的国家有 17 个，包括美国、加拿大、英国、法国、西班牙、意大利、荷兰、比利时、丹麦、挪威、瑞典、芬兰、冰岛、爱尔兰、澳大利亚、新西兰、新加坡。这些国家的公民在中国收养子女的基本程序如下：(1) 递交申请。依照《外国人在中华人民共和国收养子女登记办法》第 4 条规定向所在国中央机关提交收养申请和证明文件，具体包括：①跨国收养申请书。②出生证明。③婚姻状况证明。④职业、经济收入和财产状况证明。⑤身体健康检查证明。⑥有无受过刑事处罚的证明。⑦收养人所在国主管机关同意其跨国收养子女的证明。⑧家庭情况报告，包括收养人的身份、收养的合格性和适当性、家庭状况和病史、收养动机以及适合于照顾儿童的特点等。上述八种证明文件，原则上需要由收养人所在国有权机构出具，经其所在国外交机关或者外交机关授权的机构认证，并经中华人民共和国驻该国使领馆认证。(2) 受理登记。中国收养中心对申请进行登记，并通知相关外国中央机关或收养组织。(3) 审核选配。根据外国收养人的条件和意愿并结合中国收养中心登记备案的儿童信息，为收养人选择合适的被收养儿童，同时通知外国中央机关或收养组织以征求收养人的意见。(4) 签发通知。征得收养国中央机关和收养人同意后，中国收养中心签发《来华收养子女通知书》，并通知被收养人所在地的省级民政部门。(5) 亲自来华。外国收养人接到《来华收养子女通知书》后，须持通知书原件亲自来华，到被收养人常住户口所在地的省级民政部门办理收养登记手续。(6) 办理登记。省级民政部门对符合法律规定的收养关系当事人办理收养登记，发给收养登记证书，收养关系自登记之日起成立。

本条增加了“国家另有规定的除外”的规定，是考虑到目前我国正在认真考虑、积极推动加入《关于取消外国公文书认证的公约》，增加除外规定能够为将来加入该公约、履行条约义务留下空间。

【编者观点】

2024 年 9 月 5 日，外交部发言人在例行记者会上表示，“中国政府调整了跨国收养政策，今后除外国人来华收养三代以内旁系同辈血亲的子女和继子女外，不再向国外送养儿童，这符合相关国际公约的精神。”这意味着今后不再允许外国人收养中国儿童，唯一的例外是血亲收养子女或继子女。

【相关立法】

《中华人民共和国涉外民事关系法律适用法》(2011 年 4 月 1 日施行)

第二十八条　收养的条件和手续，适用收养人和被收养人经常居所地法律；收养的效力，适用收养时收养人经常居所地法律；收养关系的解除，适用收养时被收养人经常居所地法律或者法院地法律。

【行政法规】

《外国人在中华人民共和国收养子女登记办法》(国务院令第797号,2024年12月6日修订,2025年1月20日施行)

第一条　为了规范涉外收养登记行为,根据《中华人民共和国民法典》(以下简称民法典),制定本办法。

第二条　外国人在中华人民共和国境内收养子女(以下简称外国人在华收养子女),应当依照本办法办理登记。

收养人夫妻一方为外国人,在华收养子女,也应当依照本办法办理登记。

第三条　外国人在华收养子女,应当符合中国有关收养法律的规定,并应当符合收养人所在国有关收养法律的规定;因收养人所在国法律的规定与中国法律的规定不一致而产生的问题,由两国政府有关部门协商处理。

第四条　外国人在华收养子女,应当通过所在国政府或者政府委托的收养组织(以下简称外国收养组织)向中国政府委托的收养组织(以下简称中国收养组织)转交收养申请并提交收养人的家庭情况报告和证明。

前款规定的收养人的收养申请、家庭情况报告和证明,是指由其所在国有权机构出具,经其所在国外交机关或者外交机关授权的机构认证,并经中华人民共和国驻该国使馆或者领馆认证的,或者履行中华人民共和国缔结或者参加的国际条约规定的证明手续的下列文件:

(一)跨国收养申请书;

(二)出生证明;

(三)婚姻状况证明;

(四)职业、经济收入和财产状况证明;

(五)身体健康检查证明;

(六)有无受过刑事处罚的证明;

(七)收养人所在国主管机关同意其跨国收养子女的证明;

(八)家庭情况报告,包括收养人的身份、收养的合格性和适当性、家庭状况和病史、收养动机以及适合于照顾儿童的特点等。

在华工作或者学习连续居住一年以上的外国人在华收养子女,应当提交前款规定的除身体健康检查证明以外的文件,并应当提交在华所在单位或者有关部门出具的婚姻状况证明,职业、经济收入或者财产状况证明,有无受过刑事处罚证明以及县级以上医疗机构出具的身体健康检查证明。

第五条　送养人应当向省、自治区、直辖市人民政府民政部门提交本人的居民户口簿和居民身份证(社会福利机构作送养人的,应当提交其负责人的身份证件)、被收养人的户簿证明等情况证明,并根据不同情况提交下列有关证明材料:

(一)被收养人的生父母(包括已

经离婚的)为送养人的,应当提交生父母有特殊困难无力抚养的证明和生父母双方同意送养的书面意见;其中,被收养人的生父或者生母因丧偶或者一方下落不明,由单方送养的,并应当提交配偶死亡或者下落不明的证明以及死亡的或者下落不明的配偶的父母不行使优先抚养权的书面声明;

(二)被收养人的父母均不具备完全民事行为能力,由被收养人的其他监护人作送养人的,应当提交被收养人的父母不具备完全民事行为能力且对被收养人有严重危害的证明以及监护人有监护权的证明;

(三)被收养人的父母均已死亡,由被收养人的监护人作送养人的,应当提交其生父母的死亡证明、监护人实际承担监护责任的证明,以及其他有抚养义务的人同意送养的书面意见;

(四)由社会福利机构作送养人的,应当提交弃婴、儿童被遗弃和发现的情况证明以及查找其父母或者其他监护人的情况证明;被收养人是孤儿的,应当提交孤儿父母的死亡或者宣告死亡证明,以及有抚养孤儿义务的其他人同意送养的书面意见。

送养残疾儿童的,还应当提交县级以上医疗机构出具的该儿童的残疾证明。

第六条　省、自治区、直辖市人民政府民政部门应当对送养人提交的证件和证明材料进行审查,对查找不到生父母的弃婴和儿童公告查找其生父母;认为被收养人、送养人符合民法典规定条件的,将符合民法典规定的被收养人、送养人名单通知中国收养组织,同时转交下列证件和证明材料:

(一)送养人的居民户口簿和居民身份证(社会福利机构作送养人的,为其负责人的身份证件)复制件;

(二)被收养人是弃婴或者孤儿的证明、户籍证明、成长情况报告和身体健康检查证明的复制件及照片。

省、自治区、直辖市人民政府民政部门查找弃婴或者儿童生父母的公告应当在省级地方报纸上刊登。自公告刊登之日起满 60 日,弃婴和儿童的生父母或者其他监护人未认领的,视为查找不到生父母的弃婴和儿童。

第七条　中国收养组织对外国收养人的收养申请和有关证明进行审查后,应当在省、自治区、直辖市人民政府民政部门报送的符合民法典规定条件的被收养人中,参照外国收养人的意愿,选择适当的被收养人,并将该被收养人及其送养人的有关情况通过外国政府或者外国收养组织送交外国收养人。外国收养人同意收养的,中国收养组织向其发出来华收养子女通知书,同时通知有关的省、自治区、直辖市人民政府民政部门向送养人发出被收养人已被同意收养的通知。

第八条　外国人来华收养子女,应当亲自来华办理登记手续。夫妻共同收养的,应当共同来华办理收养手续;一方因故不能来华的,应当书面委托另一方。委托书应当经所在国公证和认证。中华人民共和国缔结或者参加的国际条约另有规定的,按照国际条约规定的证明手续办理。

收养人对外国主管机关依据本办法第四条第二款和前款提及的国际条约出具的证明文书的真实性负责,签署书面声明,并承担相应法律责任。

第九条　外国人来华收养子女,应当与送养人订立书面收养协议。协议一式三份,收养人、送养人各执一份,办理收养登记手续时收养登记机关收存一份。

书面协议订立后,收养关系当事人应当共同到被收养人常住户口所在地的省、自治区、直辖市人民政府民政部门办理收养登记。

第十条　收养关系当事人办理收养登记时,应当填写外国人来华收养子女登记申请书并提交收养协议,同时分别提供有关材料。

收养人应当提供下列材料:

(一)中国收养组织发出的来华收养子女通知书;

(二)收养人的身份证件和照片。

送养人应当提供下列材料:

(一)省、自治区、直辖市人民政府民政部门发出的被收养人已被同意收养的通知;

(二)送养人的居民户口簿和居民身份证(社会福利机构作送养人的,为其负责人的身份证件)、被收养人的照片。

第十一条　收养登记机关收到外国人来华收养子女登记申请书和收养人、被收养人及其送养人的有关材料后,应当自次日起7日内进行审查,对符合本办法第十条规定的,为当事人办理收养登记,发给收养登记证书。收养关系自登记之日起成立。

收养登记机关应当将登记结果通知中国收养组织。

第十二条　收养关系当事人办理收养登记后,各方或者一方要求办理收养公证的,应当到收养登记地的具有办理涉外公证资格的公证机构办理收养公证。

第十三条　被收养人出境前,收养人应当凭收养登记证书到收养登记地的公安机关为被收养人办理出境手续。

第十四条　外国人在华收养子女,应当向登记机关交纳登记费。登记费的收费标准按照国家有关规定执行。

中国收养组织是非营利性公益事业单位,为外国收养人提供收养服务,可以收取服务费。服务费的收费标准按照国家有关规定执行。

为抚养在社会福利机构生活的弃婴和儿童,国家鼓励外国收养人、外国收养组织向社会福利机构捐赠。受赠的社会福利机构必须将捐赠财物全部用于改善所抚养的弃婴和儿童的养育条件,不得挪作它用,并应当将捐赠财物的使用情况告知捐赠人。受赠的社会福利机构还应当接受有关部门的监督,并应当将捐赠的使用情况向社会公布。

第十五条　中国收养组织的活动受国务院民政部门监督。

第十六条　本办法自发布之日起施行。1993年11月3日国务院批准，1993年11月10日司法部、民政部发布的《外国人在中华人民共和国收养子女实施办法》同时废止。

【部门参考文件】

1.《华侨以及居住在香港、澳门、台湾地区的中国公民办理收养登记的管辖以及所需要出具的证件和证明材料的规定》（民政部令第16号，1999年5月25日）

第一条　根据《中国公民收养子女登记办法》，制定本规定。

第二条　华侨以及居住在香港、澳门、台湾地区的中国公民在内地收养子女的，应当到被收养人常住户口所在地的直辖市、设区的市、自治州人民政府民政部门或者地区（盟）行政公署民政部门申请办理收养登记。

第三条　居住在已与中国建立外交关系国家的华侨申请办理成立收养关系的登记时，应当提交收养申请书和下列证件、证明材料：

（一）护照；

（二）收养人居住国有权机构出具的收养人的年龄、婚姻、有无子女、职业、财产、健康、有无受过刑事处罚等状况的证明材料，该证明材料应当经其居住国外交机关或者外交机关授权的机构认证，并经中国驻该国使领馆认证。

第四条　居住在未与中国建立外交关系国家的华侨申请办理成立收养关系的登记时，应当提交收养申请书和下列证件、证明材料：

（一）护照；

（二）收养人居住国有权机构出具的收养人的年龄、婚姻、有无子女、职业、财产、健康、有无受过刑事处罚等状况的证明材料，该证明材料应当经其居住国外交机关或者外交机关授权的机构认证，并经已与中国建立外交关系的国家驻该国使领馆认证。

第五条　香港居民中的中国公民申请办理成立收养关系的登记时，应当提交收养申请书和下列证件、证明材料：

（一）香港居民身份证、香港居民来往内地通行证或者香港同胞回乡证；

（二）经国家主管机关委托的香港委托公证人证明的收养人的年龄、婚姻、有无子女、职业、财产、健康、有无受过刑事处罚等状况的证明材料。

第六条　澳门居民中的中国公民申请办理成立收养关系的登记时，应当提交收养申请书和下列证件、证明材料：

（一）澳门居民身份证、澳门居民来往内地通行证或者澳门同胞回乡证；

（二）澳门地区有权机构出具的收养人的年龄、婚姻、有无子女、职业、财产、健康、有无受过刑事处罚等状况的证明材料。

第七条 台湾居民申请办理成立收养关系的登记时,应当提交收养申请书和下列证件、证明材料:

(一)在台湾地区居住的有效证明;

(二)中华人民共和国主管机关签发或签注的在有效期内的旅行证件;

(三)经台湾地区公证机构公证的收养人的年龄、婚姻、有无子女、职业、财产、健康、有无受过刑事处罚等状况的证明材料。

2.《民政部关于规范生父母有特殊困难无力抚养的子女和社会散居孤儿收养工作的意见》(民发〔2014〕206号,2020年修正,2021年1月1日)

三、严格规范送养材料

(四)涉外送养的,送养人还应当提交下列材料:

1. 被收养人照片;

2. 县级以上医疗机构出具的被收养人体检报告;

3. 被收养人成长报告。

体检报告参照《关于社会福利机构涉外送养若干规定》(民发〔2003〕112号)办理。被收养人成长报告应全面、准确地反映儿童的情况,包括儿童生父母简要情况、儿童成长发育情况、生活习惯、性格爱好等。7岁以上儿童的成长报告应着重反映儿童心理发育、学习、与人交往、道德品行等方面的情况。

四、依法办理收养登记

(二)外国人收养两类儿童登记。

外国人收养两类儿童登记的办理,由省级人民政府民政部门对送养人提交的涉外送养材料进行审查,认为符合法律规定的,填写《生父母有特殊困难无力抚养的子女和社会散居孤儿涉外送养审查意见表》(见附件4),并向中国儿童福利和收养中心报送,同时附两套上述涉外送养材料的复制件以及被收养人照片。

中国儿童福利和收养中心为被收养人选择到外国收养人后,向省级人民政府民政部门发出《涉外送养通知》,由省级人民政府民政部门书面通知送养人,或者由受委托的社会福利机构代为转交送养人。

送养人接到书面通知后,省级人民政府民政部门和受委托的社会福利机构,应当积极协助送养人做好交接工作,并指导送养人将收养人的情况如实告诉7周岁以上被收养人,帮助送养人做好被收养人的心理辅导。

受委托的社会福利机构可在自身条件允许时,应当事人一方要求,指定人员陪同送养人和被收养人办理收养登记。

外国人收养两类儿童的其他事宜参照《关于社会福利机构涉外送养若干规定》(民发〔2003〕112号)执行。

3.《民政部关于社会福利机构涉外送养工作的若干规定》(民发〔2003〕112号,2020年修正,2021年1月1日)

一、涉外送养的儿童必须是社会福利机构抚养的丧失父母的孤儿(以下简称孤儿)或查找不到生父母的弃婴、儿童。

二、社会福利机构送养儿童,应当向省级人民政府民政部门报送以下证明材料:

(一)社会福利机构负责人的身份证复制件。

(二)被送养儿童的户籍证明复制件。

(三)被送养儿童成长情况报告。

成长情况报告应包括以下内容:入院经过、入院初期的身体状况、在院期间各阶段的身心发育状况及免疫接种情况、性格特征及表现、喜好、与他人交往等情况。

被送养儿童年龄为0—6周岁的,还应提交《被送养儿童成长状况表》(见附件1),此表每3个月填写一次。

(四)《被送养儿童体格检查表》及化验检查报告单(见附件2)。

体检应当在定点医院进行。定点医院应当是地(市)级以上的儿童医院或设有儿科的综合性医院。定点医院由社会福利机构的主管民政部门提出。省级人民政府民政部门审核批准,报中国收养中心备案。社会福利机构或其主管民政部门要与定点医院签订合作协议,明确双方的权利和责任。体检结果有效期为6个月,超过期限的应当重新体检。

被送养儿童是病残的,应提交病残诊断证明、检查报告、治疗情况报告等。

(五)被送养儿童2寸免冠彩色照片、近期全身生活照片。被送养儿童是病残儿童且病残有外观表现的,还应提供病残部位照片。

(六)被送养儿童是孤儿的,应当提交《社会福利机构接收孤儿入院登记表》(见附件3)、孤儿父母死亡或者宣告死亡的证明、其他有抚养义务的人同意送养的书面意见。

被送养儿童是弃婴的,应当提交公安机关出具的捡拾弃婴报案的证明、《捡拾弃婴登记表》(见附件4)、《社会福利机构接收弃婴入院登记表》(见附件5)。

(七)被送养儿童年满7周岁以上的,应提交儿童有关情况的报告。

(八)被送养儿童是年满8周岁以上的,应提交该儿童同意被送养的书面意见。

三、社会福利机构送养弃婴、儿童,省级人民政府民政部门应当在当地省级报纸上刊登查找弃婴、儿童生父母的公告。自公告刊登之日起满60日,弃婴、儿童的生父母或其他监护人未认领的,视为查找不到生父母的弃婴、儿童。

公告应包括以下内容:弃婴、儿童的姓名、年龄、性别、身体特征、被捡拾的时间、地点、随身携带物品、公告期限、认领方式,并附1寸入院初期的正面免冠照片。弃婴、儿童入院前姓名不详、年龄为估算的,要特别注明。

四、省级人民政府民政部门负责审

查社会福利机构报送的材料，着重审查以下内容：

（一）报送的材料是否齐全、有效。

（二）被送养儿童的身体发育状况是否达到相应的发育水平；体检结果是否达到涉外送养各项指标的要求，是否患有智力低下、脑瘫及其他潜在性的不宜涉外送养的疾病。

（三）儿童来源是否清楚，身心发育是否健康，道德品质是否良好。

（四）有无其他不宜涉外送养的问题。

省级人民政府民政部门审查合格后，填写《涉外送养审查意见表》（见附件 6），由省级人民政府民政部门负责人签署意见，并加盖印章。

五、省级人民政府民政部门审查同意后，应当向中国收养中心报送以下材料：

（一）涉外送养儿童名单。

（二）本规定第二条所列材料的复制件。

（三）《涉外送养审查意见表》。

六、被送养儿童的材料报送中国收养中心后，省级人民政府民政部门应当做好以下工作：

（一）所报送儿童寄养在家庭的，适时通知社会福利机构解除寄养关系。

（二）如有国内公民申请收养，应当及时通报中国收养中心。若该儿童尚未选配外国收养家庭，优先安排国内公民收养；若外国收养人已同意收养该儿童，则不再安排国内公民收养。

（三）如发生儿童病重或死亡等重大情况不能送养时，应当及时书面通报中国收养中心。

七、中国收养中心为被送养儿童选择到外国收养人后，向省级人民政府民政部门发出《涉外送养通知》，由省级人民政府民政部门书面通知社会福利机构。

八、社会福利机构接到被送养儿童已被同意收养的通知后，应当做好以下工作：

（一）复查被送养儿童身心发育等方面的情况、如果情况发生较大变化不宜涉外送养的，应当及时通过省级人民政府民政部门书面通报中国收养中心。

（二）将收养父母的情况如实告诉 7 周岁以上被送养儿童，并为其提供心理咨询和辅导。

（三）做好交接被送养儿童收养登记的各项准备工作。

九、收养登记前，省级人民政府民政部门应视具体情况确定适当的融和期，以便收养人与被送养儿童相互了解和融和。省级人民政府民政部门应当在法定工作日和指定的办公地点安排外国收养人与被送养儿童、送养人见面，在确认收养关系当事人的身份无误后，由送养人向收养人介绍被送养儿童的情况和有关事项，并向外国收养人交接被送养儿童。交接被送养儿童时，送养人和收养人应当签订融和期间委托监护协议（见附件 7）。

融和期满后，收养关系当事人对收

养事宜无疑义的，收养人和送养人应当订立书面收养协议（见附件8），协议一式三份。

十、收养协议订立后，收养关系当事人应当共同到被送养儿童常住户口所在地的省级人民政府民政部门，依照《外国人在中华人民共和国收养子女登记办法》的规定，办理收养登记。收养登记完成后，省级人民政府民政部门应当及时将收养登记结果转交中国收养中心，并附收养登记证件的复制件。

十一、从事涉外收养工作的人员应当严格依法办事，增强组织纪律观念，遵守外事工作纪律，恪守职业道德，保守工作秘密；不得私自联系涉外收养事务，不得指定收养；严禁在工作中弄虚作假，严禁从涉外收养中获取不正当收益。未经中国收养中心同意，禁止向外国收养人、外国收养组织提供被送养儿童的信息资料；未经省级人民政府民政部门同意，社会福利机构不得擅自接洽外国收养人、外国收养组织。

4.《民政部关于进一步加强涉外送养工作的通知》（民函〔2000〕159号，2000年12月31日）

自从开展涉外送养工作以来，各级民政部门及儿童社会福利工作者以高度的责任感和人道主义精神，积极努力地为孤儿、弃婴创造适合其身心发育的环境。使部分失去家庭的儿童重新回归了家庭。目前，涉外送养已经成为安置、养育孤儿和弃婴的方式之一。同时，涉外送养工作的开展也为减轻社会福利机构的压力，提高管理和服务水平，改善办院条件，增进与收养国人民之间的友谊，发挥了积极作用。但是，随着工作的开展，也出现了一些问题，如不及时加以解决，将影响涉外送养工作的健康发展，有损于我国社会福利事业的形象。为进一步贯彻落实有关法律法规和全国收养工作会议精神，促进涉外送养工作依法、有序、健康地进行，现提出如下意见：

一、充分认识涉外收养工作的重要性、敏感性

涉外送养属于一种发生在不同国家和不同种族之间、不同文化背景之下的跨国收养行为，直接关系到被送养儿童的人身权益、其所在国的国家形象和外国收养人的合法利益。各级民政部门务必保持清醒的头脑。涉外送养工作要以充分保障被送养儿童的合法权益为前提。我国作为联合国《儿童权利公约》的缔约国，在《收养法》中规定："收养应当有利于被收养的未成年人的抚养、成长，保障被收养人和收养人的合法权益。"从这个意义上讲，涉外送养是我国政府为保障孤儿、弃婴合法权益所采取的一项措施，因此，在收养工作中，各地要牢固树立"优先国内公民收养，适量涉外送养"的指导思想，正确处理涉外送养与国内收养的关系，把维护我国被收养儿童的利益放在首位。要紧密结合我国社会福利社会化的进程，努力挖掘和拓展国内安置孤残儿童的

新的思路和途径。在积极鼓励国内公民收养和满足国内收养需求的前提下，适度开展并做好涉外送养工作。

收养是重要的民事法律行为。外国收养人通过合法手续在中国境内收养子女，是对我国儿童福利事业的支持和帮助，其行为受我国法律保护。各级民政部门、各地社会福利机构和中国收养中心在为在华收养子女的外国收养人办理收养手续的过程中，必须端正态度，认真负责，及时、准确地提供被收养人的真实情况，力戒为达到送养目的采取欺骗行为。

涉外送养工作也是一项政治性很强的工作，直接关系国家形象。联合国《儿童权利公约》明确指出："跨国收养应当是确认儿童不能安置于国内寄养、收养家庭或不能以任何方式在儿童原籍国加以照料的一种替代办法。"各级民政部门和相关人员对此应有正确认识，严防给境外反华势力和一些别有用心的人攻击我国儿童福利事业制造口实。

二、进一步加强对涉外送养工作的管理和监督

各省、自治区、直辖市民政部门要进一步贯彻落实全国收养工作会议精神，督促和指导本地社会福利机构建立健全涉外收养工作的各项规章制度。统一思想，慎重对待本地社会福利机构对开展涉外送养工作的愿望和要求，要从国家利益出发，严格把关。严禁把涉外送养工作当作"创收"和"扶贫"手段，不得以涉外送养捐赠款替代政府划拨给社会福利机构的事业费。

各地民政厅(局)业务主管部门，应注意不断提高业务素质和执法水平，加强对社会福利机构涉外送养工作的日常监督和检查，严格依法办事，防止把有被拐卖嫌疑、走失等来源不清或身份有待确定的儿童送养出去。要把涉外送养工作作为社会福利机构管理工作的重要组成部分，纳入考核评比内容。

各地应根据本地社会福利机构的发展实际，制定严格的标准，有选择地确定部分社会福利机构开展涉外送养工作。那些内部管理混乱、服务质量差、设施设备不完善的社会福利机构，不得开展涉外送养工作。

要进一步开展对社会福利机构中从事涉外收养工作人员的培训。社会福利机构直接从事涉外送养工作，其工作人员在实际工作中与外国收养人直接接触，他们的业务能力和政策水平直接影响当地涉外送养工作的质量甚至国家的声誉。开展对社会福利机构从事涉外送养工作人员的培训，特别是对拟开展涉外送养工作的福利机构主要管理人员的培训，应作为一项制度给予统一规定。各省、自治区、直辖市民政厅(局)每年应至少举办一次针对相关人员的培训。凡院长未经省级以上民政部门培训的福利院，不能开展涉外送养工作。在培训工作中，除加强对收养法规和政策等有关业务知识的培训外，

要注重加强对工作人员职业道德和廉洁自律的教育。

开展涉外送养工作的社会福利机构要进一步增强自身建设，以高度负责的态度开展工作。所有在院儿童，都要在接收、养育的全过程中做好详细记录和规范的档案立卷保存工作。凡开展涉外收养工作的社会福利机构，都要实行涉外收养儿童定点医院体检制度。工作人员应详细掌握儿童的身体状况特别是健康情况，在上报送养材料时严禁虚报待送养儿童的年龄，严禁把待送养孩子与非送养孩子按不同标准分开抚养，严禁为送养孩子编造空头的待送养花名册甚至到社会上找孩子，或与邻院、邻省订立利益合同代送和转送孩子。严禁社会福利机构擅自为收养组织和收养人提供预送养情况。对违反规定的社会福利机构要停止其涉外送养，严肃处理，通报全国，并追究有关领导和当事人的责任。

三、进一步规范涉外收养捐赠的管理和使用

《外国人在中华人民共和国收养子女登记办法》指出："为抚养在社会福利机构生活的弃婴和儿童，国家鼓励外国收养人、外国收养组织向社会福利机构捐赠。受赠的社会福利机构必须将捐赠财物全部用于改善所抚养的弃婴和儿童的养育条件，不得挪作它用，并应当将捐赠财物的使用情况告知捐赠人。受赠的社会福利机构还应当接受有关部门的监督，并应当将捐赠的使用情况向社会公布。"

外国收养人如有捐赠意愿的，福利机构应视情况举行一个有不同岗位人员代表参加的小型捐赠仪式，并由社会福利机构向外国收养捐赠人出具捐赠接受凭证。社会福利机构接受外汇现钞捐赠，必须严格执行我国捐赠法、外汇管理条例和国家财务制度的有关规定，不得擅自私存。接受收养捐赠的单位，必须是送养儿童的社会福利机构，其他任何部门、单位和个人不得代收或转交。

收养人捐赠，必须坚持完全自愿的原则，社会福利机构以及其他任何机构、组织和个人不得对此进行干预。社会福利机构不得强迫或变相强迫外国收养人捐赠和支付法定之外不合理的其他费用。

社会福利机构使用捐赠款物，要坚持领导班子集体确定、登记造册、张榜公布等程序，做到账目清楚，手续完备，用途公开。涉外送养捐赠款除外国收养捐赠人有指定意向外，实行专款专用。只能用于：儿童福利院（社会福利院儿童部）的基础设施改造及医疗、康复、教学、娱乐设备更新；孤残儿童接受医疗、康复、学习的费用及改善儿童的生活；送养儿童工作所需的费用（其费用不得超过捐赠款的4%）。严禁用于福利院行政经费、职工工资及福利待遇等费用的支出；特别是严禁购买小轿车、移动电话等用品。

受赠的社会福利机构必须严格遵

守《捐赠法》，及时将捐赠财物的使用情况告知捐赠人及向全体职工和社会公布。同时，受赠的社会福利机构还应接受上级民政部门和有关财务部门、审计部门的监督和检查。要建立涉外送养捐赠使用报告制度。10（含）万元人民币以上的支出，必须申报上级民政主管部门审核批准。

四、做好大龄、残疾儿童的送养工作

为鼓励外国收养人收养社会福利机构抚养的大龄儿童和残疾儿童，中国收养中心可以为其加快办理手续，并免收服务费；实行涉外送养指标调控的省份不占指标；民政部门免收登记费。

各省、自治区、直辖市民政厅（局），要结合贯彻落实全国社会福利社会化工作会议精神，进一步加强社会福利机构的各项建设，认真研究涉外送养工作的理论，探索新办法，解决新问题，切实做好我国的涉外送养工作。

5.《民政部办公厅关于外国人收养中国儿童有关问题的复函》（民办函〔1996〕102号，1996年6月27日）

根据我国有关收养的法律规定，允许夫妻双方共同收养，也允许单身收养，但不允许其他身份关系的两个人共同收养一个孩子。

你馆来函中所提这对西班牙人不是法律意义上的夫妻关系，只是同居生活关系，所以不能共同收养中国儿童。

第一千一百一十条 【保守收养秘密】收养人、送养人要求保守收养秘密的，其他人应当尊重其意愿，不得泄露。

【立法·要点释义】

收养的成立，势必会对收养家庭、原生家庭以及被收养人本身产生影响。从当事人的角度考虑，在收养成立、家庭关系重新稳定之后，可能会希望保守收养秘密，既包括被收养人被收养的事实应予保密，也包括收养家庭、原生家庭的情况的保密。相较于原生家庭父母子女之间的亲子关系，收养所形成的拟制父母子女关系更容易受到外界的影响。实践中，有很多原本相处和谐融洽的养父母与养子女，在收养事实被披露后，心生隔阂，关系淡化，甚至最终导致收养关系的解除。

对于被收养人而言，保守收养秘密有助于稳定收养关系，避免对其心理产生影响，从而有利于被收养人的健康成长；对于收养家庭而言，保守收养秘密可以使其免受原生家庭的干扰，维护收养家庭与被收养人之间和睦稳定的家庭关系；对于原生家庭而言，也有助于维护其隐私，使生父母彻底与过去告别，开始新生活，避免被收养人对生父母现有生活的打扰。

【编者观点】

由于收养导致亲子关系以及亲属关系的解除和重组,影响到多个家庭的家庭成员身份以及家庭结构,收养人、送养人要求保守收养秘密的,其他人应当尊重其意愿,不得泄露。收养信息在性质上构成第1032条中自然人不愿为他人知晓的私密信息即隐私,以及敏感个人信息,应当遵循《民法典》人格权编以及《个人信息保护法》中隐私权以及个人信息保护规则。

依本条文义,权利主体为收养人与送养人。而收养行为的主体涉及收养人、被收养人与送养人三方,收养秘密也属于被收养人的隐私,理论上三方主体均享有以收养秘密为内容的隐私权。义务主体以及义务内容,依据第1032条规定,知情的个人和组织须保守收养秘密,承担不泄露和公开的义务。尤其是对于公安机关、民政部门的收养登记机构、抚养照顾未成年人的儿童福利机构和涉及收养关系确认或变更之诉的法院等参与收养程序的机构及其工作人员,应当依照第1039条的规定,对收养关系成立和存续过程中形成的各种信息,如收养事实以及收养家庭、原生家庭的相关信息予以保密;不知情的其他个人和组织也负有尊重、不刺探、不侵扰收养主体隐私权的一般性义务。违反上述义务且符合侵权责任各构成要件的,收养各方当事人有权请求侵权人承担包括精神损害赔偿在内的侵权责任。即便收养人、送养人未要求保守收养秘密,在未明示同意披露收养信息的范围内,仍然需要遵循隐私权以及敏感个人信息的保护规则。

对于是否应当向收养人以及被收养人披露送养人的相关信息,理论上存在秘密收养模式与公开收养模式之争。有研究表明,近年来秘密收养模式有所松动,世界范围内开始出现支持收养信息披露和收养后接触与交往的新潮流。儿童心理及人格的发展往往取决于其幼年关键时期与某位成年照料者之间的亲密关系,因此主张保全儿童与昔日成长环境中对其产生重大影响的主体之间的联结关系,故而推动收养效力从排他收养、封闭收养转向支持收养后接触与交往,尝试通过“收养令+探视令”或“收养令+当事人协议”的形式保障被收养人与包括生身父母在内的原生家庭成员保持某种形式的联系。另外,基于对被收养人自我认知和身份建构需求的支持,逐渐允许应被收养人的申请向其披露送养信息。但如果生身父母明确要求保密,则可能发生不同主体权利的冲突,如何抉择尚未形成通例。支持公开收养的现实理由还包括,当被收养人遭遇重大疾病,需要来自生父母的血液、器官或其他方面的帮助才能得以救治时,不知晓其生父母的身份将导致被收养人丧失救治的机会;而且,如果被收养人和生父母彼此不知晓对方身份,可能增加不知情状态下违反禁婚亲制度的可能性。《民法典》第1037条规定,“自然人可以依法向信息处理者查阅或者复制其个人信息”,有观点认为,鉴于收养信息对于被收养人的自我认知和身份建构有重要意义,应允许被收养人成年后主张对收养信息的知情权。今后的立法仍应探索如何在保障收养关系各方主体知情权和隐私权之间寻求平衡。

【相关立法】

1.《中华人民共和国民法典》(2021年1月1日施行)

第一百一十条 自然人享有生命权、身体权、健康权、姓名权、肖像权、名誉权、荣誉权、隐私权、婚姻自主权等权利。

法人、非法人组织享有名称权、名誉权和荣誉权。

第九百九十条第一款 人格权是民事主体享有的生命权、身体权、健康权、姓名权、名称权、肖像权、名誉权、荣誉权、隐私权等权利。

第九百九十五条 人格权受到侵害的,受害人有权依照本法和其他法律的规定请求行为人承担民事责任。受害人的停止侵害、排除妨碍、消除危险、消除影响、恢复名誉、赔礼道歉请求权,不适用诉讼时效的规定。

第一千零三十二条 自然人享有隐私权。任何组织或者个人不得以刺探、侵扰、泄露、公开等方式侵害他人的隐私权。

隐私是自然人的私人生活安宁和不愿为他人知晓的私密空间、私密活动、私密信息。

第一千零三十三条 除法律另有规定或者权利人明确同意外,任何组织或者个人不得实施下列行为:

(一)以电话、短信、即时通讯工具、电子邮件、传单等方式侵扰他人的私人生活安宁;

(二)进入、拍摄、窥视他人的住宅、宾馆房间等私密空间;

(三)拍摄、窥视、窃听、公开他人的私密活动;

(四)拍摄、窥视他人身体的私密部位;

(五)处理他人的私密信息;

(六)以其他方式侵害他人的隐私权。

第一千零三十四条 自然人的个人信息受法律保护。

个人信息是以电子或者其他方式记录的能够单独或者与其他信息结合识别特定自然人的各种信息,包括自然人的姓名、出生日期、身份证件号码、生物识别信息、住址、电话号码、电子邮箱、健康信息、行踪信息等。

个人信息中的私密信息,适用有关隐私权的规定;没有规定的,适用有关个人信息保护的规定。

第一千零三十五条 处理个人信息的,应当遵循合法、正当、必要原则,不得过度处理,并符合下列条件:

（一）征得该自然人或者其监护人同意，但是法律、行政法规另有规定的除外；

（二）公开处理信息的规则；

（三）明示处理信息的目的、方式和范围；

（四）不违反法律、行政法规的规定和双方的约定。

个人信息的处理包括个人信息的收集、存储、使用、加工、传输、提供、公开等。

第一千零三十六条 处理个人信息，有下列情形之一的，行为人不承担民事责任：

（一）在该自然人或者其监护人同意的范围内合理实施的行为；

（二）合理处理该自然人自行公开的或者其他已经合法公开的信息，但是该自然人明确拒绝或者处理该信息侵害其重大利益的除外；

（三）为维护公共利益或者该自然人合法权益，合理实施的其他行为。

第一千零三十七条 自然人可以依法向信息处理者查阅或者复制其个人信息；发现信息有错误的，有权提出异议并请求及时采取更正等必要措施。

自然人发现信息处理者违反法律、行政法规的规定或者双方的约定处理其个人信息的，有权请求信息处理者及时删除。

第一千零三十八条 信息处理者不得泄露或者篡改其收集、存储的个人信息；未经自然人同意，不得向他人非法提供其个人信息，但是经过加工无法识别特定个人且不能复原的除外。

信息处理者应当采取技术措施和其他必要措施，确保其收集、存储的个人信息安全，防止信息泄露、篡改、丢失；发生或者可能发生个人信息泄露、篡改、丢失的，应当及时采取补救措施，按照规定告知自然人并向有关主管部门报告。

第一千零三十九条 国家机关、承担行政职能的法定机构及其工作人员对于履行职责过程中知悉的自然人的隐私和个人信息，应当予以保密，不得泄露或者向他人非法提供。

2.《中华人民共和国个人信息保护法》（2021年11月1日施行）

第十八条 个人信息处理者处理个人信息，有法律、行政法规规定应当保密或者不需要告知的情形的，可以不向个人告知前条第一款规定的事项。

紧急情况下为保护自然人的生命健康和财产安全无法及时向个人告知的，个人信息处理者应当在紧急情况消除后及时告知。

第二十八条 敏感个人信息是一旦泄露或者非法使用，容易导致自然人的人格尊严受到侵害或者人身、财产安全受到危害的个人信息，包括生物识别、宗教信仰、特定身份、医疗健康、金融账户、行踪轨迹等信息，以及不满十四周岁未成年人的个人信息。

只有在具有特定的目的和充分的

必要性,并采取严格保护措施的情形下,个人信息处理者方可处理敏感个人信息。

第二十九条 处理敏感个人信息应当取得个人的单独同意;法律、行政法规规定处理敏感个人信息应当取得书面同意的,从其规定。

第三十条 个人信息处理者处理敏感个人信息的,除本法第十七条第一款规定的事项外,还应当向个人告知处理敏感个人信息的必要性以及对个人权益的影响;依照本法规定可以不向个人告知的除外。

第三十一条 个人信息处理者处理不满十四周岁未成年人个人信息的,应当取得未成年人的父母或者其他监护人的同意。

个人信息处理者处理不满十四周岁未成年人个人信息的,应当制定专门的个人信息处理规则。

第三十二条 法律、行政法规对处理敏感个人信息规定应当取得相关行政许可或者作出其他限制的,从其规定。

【部门参考文件】

《收养登记工作规范》(民发〔2008〕118号,2020年修正,2021年1月1日)

第四十八条 收养登记机关及其收养登记员有下列行为之一的,对直接负责的主管人员和其他直接责任人员依法给予行政处分:

……

(七)泄露当事人收养秘密并造成严重后果的;

……

第二节 收养的效力

第一千一百一十一条 【收养的效力】自收养关系成立之日起,养父母与养子女间的权利义务关系,适用本法关于父母子女关系的规定;养子女与养父母的近亲属间的权利义务关系,适用本法关于子女与父母的近亲属关系的规定。

养子女与生父母以及其他近亲属间的权利义务关系,因收养关系的成立而消除。

【立法·要点释义】

收养在收养人与被收养人之间成立了拟制的父母子女关系,在法律适用方面与自然血亲并无差别。因此,在养子女与养父母近亲属关系方面,同样适用关于子女与父母近亲属关系的规定。如果养子女与生父母的关系继续维持,会出现双重父母子女关系,与人们的普遍认知不符。因此,只要收养关系成立,养子女与生父母及其他近亲属间的权利义务关系消除。

【编者观点】

我国立法采用完全收养，养子女完全融入收养家庭并断绝与生父母的法律关系，因此收养具有两方面效力：一是拟制效力，在养子女与养父母及其近亲属之间产生法律拟制血亲关系；二是排除效力，养子女与其生父母及近亲属之间的权利义务关系消除。

收养之后应如何适用禁婚亲制度，《民法典》并未直接规定。禁婚亲的规范目的既有伦理价值，也有优生优育价值。一方面，养子女与生父母及其亲属仍按自然血亲和亲等适用禁婚亲制度，即直系血亲和三代以内旁系血亲禁止结婚。另一方面，从伦理价值的规范目的出发，养子女与养父母及其亲属之间，虽不具有自然血亲关系，但具有父母子女以及直系近亲属身份，也应适用禁婚亲制度。而养子女与养父母除近亲属外的其他亲属，例如养父母的三代以内旁系血亲，则不在本条规定的收养效力的射程范围，因而不受禁婚亲制度的限制。养兄弟姐妹之间，在收养关系解除之后，也不再受禁婚亲制度的限制。

【部门参考文件】

《民政部婚姻司对〈收养法〉的解答》（1992 年 4 月 1 日）

十七、养父母与养子之间有什么权利义务关系？

答：自收养关系成立之日起，养父母与养子女间的权利义务关系，适用法律关于父母子女关系的规定。即父母对子女有抚养教育的义务，子女对父母有赡养、扶助的义务。父母子女间还有相互继承遗产的权利。

养子女与生父母及其他近亲属间的权利义务关系，因收养关系的成立而消除。

【公报案例】

纪某治诉纪某琴房屋继承纠纷案

（《最高人民法院公报》1988 年第 4 期）

【基本案情】

原告与被告系同胞姐妹关系。坐落在厦门市厦禾巷 26 号 4 层楼房一幢，系原告和被告生父纪某山、生母陈某共同建置，产权登记于陈某名下。被继承人生有 2 男 2 女，长子纪某河、次子纪某顺于解放前去台湾省谋生，至今下落不明。长女纪某治，自幼被他人收养；次女纪某琴，长期与母陈某共同生活。诉争的楼房 1、3、4 层由国家改造，2 层由陈某和被告居住。后来，被改造的 3、4 层楼房落实政策退还，由陈某出租。原告虽自幼被他人收养，但在成年后仍与生母保持来往，生活上多方给予关照。陈某晚年在病中，原告前往护理。1986 年 1 月陈某去世，原告与被告共同主持安葬。之后，原告提出继承、分割陈某遗产楼房，被告不同意，双方发生纠纷。经亲友和居民委员会调解，被告同意支付6000元补偿原告。后因被告反悔，原告即向开元区人民法院起诉。

【裁判理由】

开元区人民法院审理认为：厦禾巷26号楼房2、3、4层，系被继承人纪某山、陈某的遗产，依照《继承法》第10条第2款的规定，应由其法定第一顺序继承人纪某琴、纪某河、纪某顺共同继承；纪某河、纪某顺去台湾至今下落不明，其继承份额应予保留。纪某治自幼送他人收养，并与养父母保持收养关系，依照《婚姻法》第20条第2款关于“养子女与生父母之间的权利和义务，因收养关系的成立而消除”的规定，原告不能作为被继承人的法定继承人，因此也不能继承被继承人陈某的遗产。但是，鉴于原告长期对被继承人陈某给予生活上关照和经济上扶助，依照《继承法》第14条关于“继承人以外的对被继承人扶养较多的人，可以分给他们适当的遗产”的规定，可以给原告分得被继承人陈某的适当遗产。被告提出愿以6000元作为对抵偿原告可以分得被继承人遗产的价款，应予支持；至于付款期限，可酌情缩短。为便于被告修缮楼房，要求原告交还楼房产权证是合理的。

厦门市中级人民法院审理认为：上诉人纪某治自幼由他人收养，依法与生母的权利义务关系消除，不能作为法定继承人继承被继承人的遗产。但上诉人对被继承人生前扶养较多；被继承人去世后，上诉人与被上诉人共同对其安葬，依法可适当分得陈某的遗产。根据上诉人对被继承人生前扶养的情况，分给上诉人的遗产金额偏低，可适当增加。

【裁判结果】

据此，依照《民事诉讼法（试行）》第151条第1项的规定，于1988年6月1日判决如下：维持原审判决第1项；第2项变更为：纪某琴、纪某河、纪某顺共同补偿纪某治可适当分得房价款人民币8000元，该款在纪某河、纪某顺未实际管业之前，先由纪某琴支付。纪某琴应在本判决生效后6个月内先付4000元，余款在1年内付清。纪某治应在纪某琴付清上列款后，将诉争房屋的产权证交由纪某琴保存。二审诉讼费395元，由纪某治负担200元，纪某琴负担195元。

第一千一百一十二条 【养子女的姓氏】养子女可以随养父或者养母的姓氏，经当事人协商一致，也可以保留原姓氏。

【立法·要点释义】

在养子女姓氏选取方面，立法充分尊重了各方当事人的意愿。养子女可以随养父或者养母的姓氏，与本法人格权编第1015条有关子女姓氏选取的规定一致。允许养子女选取养父或者养母的姓氏,既有助于增强养子女与养父或者养母之间相互的情感认同,便于其更好更快融入收养家庭,也有利于对他人保守收养秘密,维护当事人的隐私权。当然,如果送养人与收养人双方协商一致,法律也不禁止未成年人保留原姓氏。

【编者观点】

收养关系成立后,养子女随养父或者养母的姓氏,符合最有利于被收养人利益原则,也体现了对养父母亲权的尊重以及权利义务相一致原则。因此对本条文义表述的理解是,通常情形下,养子女应当随养父或者养母的姓氏,仅在当事人协商一致的前提下,才可以保留原姓氏。如果送养人要求养子女保留原姓氏,而收养人希望养子女随养父或养母的姓氏,各方经协商不能达成一致意见,则养子女仍应当随养父或养母的姓氏。

本条适用时需要与第 1104 条规定的“收养八周岁以上未成年人的,应当征得被收养人的同意”这一规范内容相协调,本条中“经当事人协商一致”的当事人,也包含 8 周岁以上的被收养人,无论改变抑或保留姓氏,都应当经过 8 周岁以上被收养人的同意。换而言之,养子女在 8 周岁以上的,只要收养人与养子女同意,就可以随养父或者养母的姓氏;养子女不同意随养父或者养母的姓氏,应当保留其原姓氏。

【相关立法】

《中华人民共和国民法典》(2021 年 1 月 1 日施行)

第一千零一十二条　自然人享有姓名权,有权依法决定、使用、变更或者许可他人使用自己的姓名,但是不得违背公序良俗。

第一千零一十五条　自然人应当随父姓或者母姓,但是有下列情形之一的,可以在父姓和母姓之外选取姓氏:

(一)选取其他直系长辈血亲的姓氏;

(二)因由法定扶养人以外的人扶养而选取扶养人姓氏;

(三)有不违背公序良俗的其他正当理由。

少数民族自然人的姓氏可以遵从本民族的文化传统和风俗习惯。

【批复答复】

《最高人民法院关于变更子女姓氏问题的复函》(1981 年 8 月 14 日)

据来文所述,陈森芳(男方)与傅家顺于 1979 年 10 月经鞍山市中级人民法院判决离婚。婚生子陈昊彬(当年七岁)判归傅家顺抚养,由陈森芳每月负担抚养费十二元。现因傅家顺变更了陈昊彬的姓名而引起纠纷。

我们基本同意你院意见。傅家顺

在离婚后，未征得陈森芳同意，单方面决定将陈昊彬的姓名改变傅伟继，这种做法是不当的。现在陈森芳既不同意给陈昊彬更改姓名，应说服傅家顺恢复儿子原来姓名。但婚姻法第十六条①规定“子女可以随父姓，也可以随母姓”。认为子女只能随父姓，不能随母姓的思想是不对的。因此而拒付子女抚养费是违反婚姻法的。如陈森芳坚持拒付抚养费，应按婚姻法第三十五条的规定，予以强制执行。

对上述纠纷，不要作为新案处理，宜通过说服教育息讼，或以下达通知的方式解决。

【部门参考文件】

1.《收养登记工作规范》（民发〔2008〕118号，2020年修正，2021年1月1日）

第十五条　《收养登记申请书》的填写：

……

（十一）“被收养后改名为”填写被收养人被收养后更改的姓名。未更改姓名的，此栏不填。

……

第十六条　收养登记员要分别询问或者调查收养人、送养人、8周岁以上的被收养人和其他应当询问或者调查的人。

询问或者调查的重点是被询问人或者被调查人的姓名、年龄、健康状况、经济和教育能力、收养人、送养人和被收养人之间的关系、收养的意愿和目的。特别是对年满8周岁以上的被收养人应当询问是否同意被收养和有关协议内容。

……

2.《公安部关于父母一方亡故另一方再婚未成年子女姓名变更有关问题处理意见的通知》（公治〔2006〕304号，2006年9月28日）

近期，有群众连续上访，反映父母一方亡故另一方再婚后变更未成年子女姓名的问题，为依法妥善处理此类问题，切实保障公民的合法权益，现将处理意见通知如下：

依据《中华人民共和国民法通则》第十一条、第十二条、第十六条、第九十九条和《中华人民共和国户口登记条例》第十八条的规定，对父母一方亡故另一方再婚后要求变更未成年子女姓名的问题，公安机关应当区别以下不同情形，准予当事人及其监护人凭相关证明办理姓名变更手续：

一、以本人的劳动收入为主要生活来源的十六周岁以上未满十八周岁的未成年人，自主决定本人姓名的变更；其父亲和继母，或者母亲和继父要求变更其姓名的，必须征得其本人同意。

二、十周岁以上的未成年人的父亲和继母，或者母亲和继父经协商同意，

① 对应《民法典》第1015条。——编者注

要求变更该未成年人姓名的，应当征得其本人的同意。

三、不满十周岁的未成年人姓名的变更，由其父亲和继母，或者母亲和继父协商一致后决定。

第一千一百一十三条　【收养行为的无效】有本法第一编关于民事法律行为无效规定情形或者违反本编规定的收养行为无效。

无效的收养行为自始没有法律约束力。

【立法·要点释义】

收养受到民事法律行为效力判断一般原则的约束，也受国家在收养领域的一些强制性干预，以确保行为自身的合法性、正当性。对于收养效力问题，本法只规定了收养行为的无效，未规定收养的撤销。根据本法总则编第155条规定，无效的民事法律行为自始没有法律约束力。

【编者观点】

依据总则编与婚姻家庭编规定，收养行为无效的情形包括：(1)收养主体或民事行为能力不适格，如收养人、送养人、被收养人不符合第1093条、第1094条、第1098条规定的条件，或收养人、送养人不具备适格的民事行为能力（第144条）；(2)收养主体的行为属于虚假意思表示（第146条），如父母将违背计划生育政策出生的子女送给他人收养，而被收养人实际未与收养人共同生活；(3)违背公序良俗（第153条），如单身男性收养未成年少女作蓄妻之计；(4)违反法律、行政法规的强制性规定（第153条），如违反第1044条以收养之名行买卖儿童之实、第1096条孤儿的抚养义务人未同意收养、第1097条生父母未同意收养、第1100条收养人数的限制、第1101条有配偶者单独作为收养人办理收养登记且其配偶不同意收养、第1102条无配偶者收养异性子女的年龄限制、第1104条年龄在8周岁以上的被收养人未同意收养、第1105条未办理收养登记以及办理登记的民政部门对查找不到生父母的未成年人未在登记前予以公告。

程序上，一方当事人提起确认收养关系无效之诉，由法院作出确认收养无效的判决后，当事人持法院生效判决到收养登记机关请求撤销收养登记。依据《中国公民收养子女登记办法》第13条规定，收养登记机关应当撤销收养登记，并收缴收养登记证。

收养无效后，因收养形成的拟制亲子关系自始无效，而在财产方面的效力，可以类推适用第1118条，养父母对成年养子女有权主张补偿收养期间支出的抚养费，也可在其缺乏劳动能力又缺乏生活来源时，请求成年养子女给付生活费。收养无效时被收养人尚未成年的，养父母也可以请求生父母适当补偿收养期间支出的抚养费。

同为身份性法律行为，我国立法除了无效婚姻制度，还规定了可撤销婚姻制度，但未规定收养效力可撤销制度。赞同观点认为，结婚是两个成年人之间的自我决定行为，对婚姻行为的效力保有一定的意思自治的空间；而收养涉及未成年人的成长权益，收养行为的效力主要依赖于公权力的认定和管制，因此不应承认收养行为可撤销制度。但是在法律具体适用中，需要解决的问题包括，受胁迫的收养行为是否可以适用总则编可撤销制度？送养人隐瞒被收养人的病症的收养行为是否可以类推结婚隐瞒重大疾病的规定？收养效力有无补正的可能？比如收养时收养人未满30岁，但随后已满足年龄要求。编者认为，收养这一章的规范表述并不存在完全排除总则编以及婚姻家庭编关于可撤销各项制度的适用空间，可以依照其性质类推适用。

【相关立法】

《中华人民共和国民法典》（2021年1月1日施行）

第五十二条　被宣告死亡的人在被宣告死亡期间，其子女被他人依法收养的，在死亡宣告被撤销后，不得以未经本人同意为由主张收养行为无效。

第一百四十三条　具备下列条件的民事法律行为有效：

（一）行为人具有相应的民事行为能力；

（二）意思表示真实；

（三）不违反法律、行政法规的强制性规定，不违背公序良俗。

第一百四十四条　无民事行为能力人实施的民事法律行为无效。

第一百四十五条　限制民事行为能力人实施的纯获利益的民事法律行为或者与其年龄、智力、精神健康状况相适应的民事法律行为有效；实施的其他民事法律行为经法定代理人同意或者追认后有效。

相对人可以催告法定代理人自收到通知之日起三十日内予以追认。法定代理人未作表示的，视为拒绝追认。民事法律行为被追认前，善意相对人有撤销的权利。撤销应当以通知的方式作出。

第一百四十六条　行为人与相对人以虚假的意思表示实施的民事法律行为无效。

以虚假的意思表示隐藏的民事法律行为的效力，依照有关法律规定处理。

第一百五十三条　违反法律、行政法规的强制性规定的民事法律行为无效。但是，该强制性规定不导致该民事法律行为无效的除外。

违背公序良俗的民事法律行为无效。

第一百五十四条　行为人与相对人恶意串通，损害他人合法权益的民事法律行为无效。

第一百五十五条　无效的或者被撤销的民事法律行为自始没有法律约束力。

【行政法规】

《中国公民收养子女登记办法》
（2023 年修订，2023 年 7 月 20 日施行）

第十三条　收养关系当事人弄虚作假骗取收养登记的，收养关系无效，由收养登记机关撤销登记，收缴收养登记证。

第三节　收养关系的解除

第一千一百一十四条　【收养关系的协议解除与诉讼解除】收养人在被收养人成年以前，不得解除收养关系，但是收养人、送养人双方协议解除的除外。养子女八周岁以上的，应当征得本人同意。

收养人不履行抚养义务，有虐待、遗弃等侵害未成年养子女合法权益行为的，送养人有权要求解除养父母与养子女间的收养关系。送养人、收养人不能达成解除收养关系协议的，可以向人民法院提起诉讼。

【原《收养法》条文】

第二十六条　收养人在被收养人成年以前，不得解除收养关系，但收养人、送养人双方协议解除的除外，养子女年满十周岁以上的，应当征得本人同意。

收养人不履行抚养义务，有虐待、遗弃等侵害未成年养子女合法权益行为的，送养人有权要求解除养父母与养子女间的收养关系。送养人、收养人不能达成解除收养关系协议的，可以向人民法院起诉。

【修改说明】

将“养子女年满十周岁以上的，应当征得本人同意”改为“养子女年满八周岁以上的，应当征得本人同意”。

【立法・要点释义】

最有利于被收养人的原则需要贯穿收养行为的始终。本条规定了两种解除收养关系的形式，一种是收养人与送养人之间的协议解除，另一种是收养人有特定侵害被收养人利益的情形时，送养人通过诉讼解除收养关系。

原则上，在被收养人成年之前，收养人不得单方解除收养关系，主要是出于确保被收养人能够正常获得生活来源得以健康成长的考虑，防止因收养人推卸责任而致使未成年人无人抚养的状况出现。当然，如果作为收养关系当事人的收养人与送养人就解除收养关系达成一致协议，被收养人就不会陷入无人抚养的境地,可以协议解除收养关系。未成年的被收养人尽管不是收养协议当事人,要求征得 8 周岁以上的被收养人同意,同样也是出于未成年人利益最大化的考虑。

收养人不履行抚养义务,甚至可能存在虐待、遗弃等损害未成年养子女合法权益的现象,如果不允许解除收养关系,可能更不利于未成年子女的健康成长。同时,送养人作为送养主体,尽管与被收养人不再具有抚养与被抚养的关系,但赋予送养人必要的"监督"职责仍是必要的。

【编者观点】

本条确立了被收养人成年以前一般不得解除收养关系的原则以及两种例外情形。例外情形之一是各方主体协议解除收养关系,养子女 8 周岁以上的,在协议解除收养关系时未征得该被收养人同意的,协议解除无效。各方达成解除收养关系的书面协议以后,可以自行到收养登记机关办理解除收养关系的登记。例外情形之二是收养人侵害养子女合法权益,送养人有权单方要求解除收养关系,双方无法达成解除收养协议的,送养人可通过诉讼方式向法院提出主张,并由法院经过审理,作出是否准许解除收养关系的判决,帮助未成年被收养人脱离困境。收养人作为过错方,无权以其存在侵权行为为由要求解除收养关系,否则将面临道德风险。

裁判实务中存在收养人与非送养人的第三人如被收养人的生物学父亲协议解除收养关系的情形,从有利于被收养人身心健康成长的角度出发,如果被收养人表示愿意随生父一起生活,且生父的经济收入、身体健康状况、生活习惯、家庭负担等情况适合直接抚养该未成年人,则应尊重双方解除收养关系的意思表示。

【部门参考文件】

1.《民政部、公安部关于开展查找不到生父母的打拐解救儿童收养工作的通知》(民发〔2015〕159 号,2020 年修正,2021 年 1 月 1 日)

三、妥善处理打拐解救儿童收养关系解除问题

打拐解救儿童被收养后,公安机关查找到其生父母或其他监护人,或者其生父母或其他监护人又查找到该儿童的,如儿童的生父母或其他监护人要求解除收养关系,且经公安机关确认该儿童确属于被盗抢、被拐骗或者走失的,收养人应当与社会福利机构共同到民政部门办理解除收养关系登记。

儿童的生父母双方或者其他监护人有出卖或者故意遗弃儿童行为的,应当依法追究法律责任,已成立的合法收养关系不受影响。

2.《民政部婚姻司对〈收养法〉的

解答》(1992 年 4 月 1 日)

十八、在什么情况下可以解除收养关系?

答:根据《收养法》的规定,收养人在被收养人成年以前,不得解除收养关系,但收养人、送养人双方协议解除的除外,养子女年满 10 周岁①的,还应征得被养人同意,才能解除收养关系。

有下列情况,也可解除收养关系。(一)收养人不履行抚养义务,有虐待、遗弃等侵害未成年养子女合法权益行为的,送养人要求解除收养关系的,可以解除。这里的送养人是指由养子女的生父母或其他有抚养义务的人作为送养人的和社会福利机构作为送养人的两种。(二)养父母与成年养子女关系恶化,无法共同生活的,可以解除收养关系。

第一千一百一十五条　【养父母与成年养子女解除收养关系】养父母与成年养子女关系恶化、无法共同生活的,可以协议解除收养关系。不能达成协议的,可以向人民法院提起诉讼。

【立法 · 要点释义】

我国的收养制度还是养老制度的重要补充。许多养父母收养子女的初衷,除了为国家和社会减轻负担,自愿承担抚养、教育下一代的重任之外,也是为了今后自己能够老有所依、老有所养。然而养父母将被收养人抚养成年后,被收养人却可能因为各种原因与养父母交恶,以致无法共同生活,至于引起关系恶化的具体原因在所不问。实践中,成年养子女既可能因为生活方式、价值理念的不同而与养父母关系恶化,也可能存在成年后为逃避赡养义务而故意与养父母交恶。原本养父母所抱有的被收养人成年后能够履行对自己的赡养、扶助义务的期待,也会因这种关系的恶化而化为泡影。在这种情形之下,允许双方协商解除收养关系,对于彼此都有益。

如果经过协商,无法就解除收养关系达成协议,一方可以向人民法院提起诉讼来解除收养关系。对于解除收养关系后养父母的生活保障,本法第 1118 条作了规定。本条不包括养子女为未成年人时的情形。

【编者观点】

如果在被收养人成年之前,任由收养人解除收养关系,将会损害未成年被收养人的成长权益;如果在被收养人成年以后,任由被收养人解除收养关系,也会损害收养人受赡养的权益。因此无论养子女是否已成年,立法都应尽可能稳固收养关系,不应承认收养各方针

---

① 《民法典》第 1114 条已调整为"八周岁"。——编者注

对收养关系的任意解除权，仅可赋予双方协议解除以及满足法定要件时的法定解除权。

养子女成年后，通常不会继续与养父母共同居住，因此应对本条规定的“无法共同生活”进行宽松认定，只要双方行为符合正常社会观念中父母子女之间的交往、探视、照顾及赡养，应被视为满足共同生活的要件。

类似于离婚协议需要对共同财产分割、债务分担以及子女抚养问题达成合意，解除收养协议的内容，不仅包含双方自愿结束收养关系的合意，还要包含如何分割收养关系存续期间形成的家庭共有财产，如何给付收养关系解除后养父母的生活费和抚养费，如何补偿收养期间养父母支出的生活费和教育费等内容。

【法院参考案例】

1. 陈某某诉曾某某解除养母子关系理由不成立被驳回案［《人民法院案例选》1994 年第 2 辑（总第 8 辑）］

【基本案情】

原告于 1954 年 12 月 10 日收养被告为子，当时被告出生才一个多月。1959 年元月和 1963 年 7 月，原告又先后生育曾某聪和曾某恩 2 子，一家人和睦生活。1989 年被告结婚后，因其妻与原告关系不融洽，与曾某聪不和，遂与原告分灶吃饭，每月支付原告赡养费 30 元，但仍与原告共同居住。由于住房紧张，被告与曾某聪之间常为此问题发生争吵，有时甚至动手打架。1991 年 10 月 27 日，原告要求被告一家搬出另找地方居住，被告不同意，为此，曾某聪夫妇与被告再次发生斗殴。事后，被告一家 3 口人便不敢在原处居住，在外搭盖一简便房居住，同时也停止向原告支付赡养费。

1992 年 2 月，原告以被告就业后不尽赡养义务，结婚后竟指使其妻打骂原告，现家中住房不够，不能接纳被告一家回来居住，养母子关系已经恶化为理由，向厦门市思明区人民法院起诉，要求解除与被告之间的收养关系。被告辩称，自被原告收养，养母子关系一向不错，对原告也尽到了赡养义务，没有打骂原告的事实存在，养母子关系并未恶化，不同意解除收养关系。

【裁判结果】

经过庭审，原告提出被告夫妇曾打骂她一节，查无实据；被告认为矛盾的根源在于住房紧张，并表示一定要更好地履行赡养义务。

思明区人民法院审理认为：原、被告之间的收养关系是合法有效的。现双方产生矛盾的原因，在于住房紧张、兄弟不和及婆媳关系不融洽，但并未导致养母子关系恶化和事实上的解体，且被告在长时间里履行了赡养养母的义务。原告以被告不尽赡养义务和住房紧张为理由，要求解除养母子关系，理由不足，不予支持。据此，思明区人民法院根据《收养法》第 1 条、第 26 条之规定，于 1993 年 5 月 10 日作出判决：驳回原告陈某某的诉讼请求。

2. 赵某梅诉张某军解除继母子权利义务关系案［《人民法院案例选》1997 年第 3 辑（总第 21 辑）］

【基本案情】

张某军生母去世后，其父张某孝于 1978 年与原告赵某梅结婚，当时张某军年仅 5 岁，即随父与赵某梅共同生活，赵某梅承担了抚养张某军的义务。但张某军在结婚成家后，不仅不对赵某梅尽赡养义务，反而经常辱骂、殴打赵某梅，致使双方关系恶化。经多次调解无效，赵某梅在与张某军之父仍存在婚姻关系的情况下，向河南省获嘉县人民法院起诉，要求解除与张某军之间的收养关系，并要求张某军偿付收养期间她为他支付的生活费、教育费 1 万元。

【裁判结果】

获嘉县人民法院经审理查明：赵某梅自 1978 年开始抚养张某军以来，为张某军支出的生活费为 7580 元、教育费为 2250 元。获嘉县人民法院认为：原、被告之间已构成收养关系，被告负有赡养原告的义务。现被告经常辱骂甚至殴打原告，致使双方关系恶化，且经调解难以维持收养关系，原告坚决要求解除收养关系，应依法解除。被告成年之后不仅不尽赡养义务，反而虐待原告，被告应支付收养期间的生活费及教育费。依据《收养法》第 26 条、第 29 条之规定，于 1996 年 5 月 20 日判决如下：（1）解除原、被告之间的收养关系。（2）被告补偿原告生活费 7580 元、教育费 2250 元，共计 9830 元。

张某军不服此判决，上诉至新乡市中级人民法院，请求撤销原判，维持继母子关系。在二审审理过程中，经二审法院主持调解，当事人双方自愿达成如下协议：（1）赵某梅与张某军继续维持继母子关系。（2）张某军付给赵某梅 2250 元。新乡市中级人民法院确认上述协议符合法律规定，于 1996 年 8 月 15 日制发了调解书。

【责任编辑按】

一审法院在没有认定收养事实的情况下，认定原、被告之间已构成收养关系，虽然不符合事实，但法律上没有明文规定形成抚养关系的继父母与继子女之间如何解除这种关系，不能不说是其遇到的法律难题。

由于形成抚养关系的继父母与继子女之间的权利和义务，适用婚姻法对父母子女关系的有关规定，故和收养关系下的养父母与养子女之间的关系一样，同为法律拟制血亲关系。法律拟制血亲关系既可通过一定的法律事实和法律行为成立，也可通过一定的法律事实和法律行为解除，故形成抚养关系的继父母子女关系也可以解除。收养法规定了解除收养关系的条件，这个解除条件也应当是解除形成抚养关系的继父母子女关系的条件。但因收养法只是调整收养关系的法律规范，继父母子女关系不由其调整，故在法律没有明文规定形成抚养关系的继父母子女关系解除的条件的情况下,可参照收养法的规定精神来处理这类纠纷,而不是适用。所以,一审法院适用收养法的规定处理本案是不当的。

3. 卢某台诉芦某解除收养关系案——解除收养关系需考量的因素(《中国法院 2023 年度案例·婚姻家庭与继承纠纷》)

【基本案情】

卢某台与马某珍系夫妻,马某珍户籍登记为芦某之母亲。双方均认可形成收养关系。2020 年 9 月 10 日,马某珍死亡。2020 年 9 月 30 日芦某以遗嘱继承纠纷诉至北京市朝阳区人民法院,要求继承马某珍的遗产位于北京市朝阳区劲松二区某房屋 50%的产权及遗物铜狮子,并要求分割马某珍死亡抚恤金的 70%,卢某台主张该案件中的遗嘱系伪造并申请了鉴定,现该案正在审理中。

另查明,2020 年 7 月,卢某台与马某珍签订《夫妻房产分配协议》,约定将夫妻共同财产位于北京市石景山区古城南路某号房屋出售,所得售房款扣除相应契税等费用后,各得 50%。就马某珍的所得的售房款,其与王某忠(芦某称其与王某忠原系夫妻关系,双方已离婚十年,因有两个孩子,其与王某忠经常来往)签订《卖房款托管协议》,将售房款委托给王某忠管理。在北京市西城区人民法院审理的卢某台、芦某与王某忠委托合同纠纷中,所涉证据《卖房款具体使用范围》内容为:“姓名:马某珍,卖房款转入指定账号后,具体使用医院开药、住院医药费、治疗费、护理费,不能报销的自费药,如有结余由被托管人转给我的女儿和孙女。委托人:马某珍,被委托人:王某忠。”卢某台在该案件审理过程中申请对《卖房款具体使用范围》中马某珍的签名进行鉴定,北京信诺司法鉴定所出具的《司法鉴定意见书》显示检材上“马某珍”签名字迹中“马”字迹与“某珍”字迹分别来源于《卖房款托管协议》和《夫妻房产分配协议》,检材上“马某珍”的签名字迹是变造形成的。卢某台称委托合同纠纷案件原为其起诉王某忠,后追加芦某参加诉讼后,芦某提交了《卖房款具体使用范围》,芦某称《卖房款具体使用范围》系王某忠在另案中提交。

卢某台诉至法院请求解除其与芦某的亲子关系,主张收养芦某是马某珍自己决定的,自己当时在外地工作,回京时马某珍已经收养了芦某并办理了户口登记,双方关系一直不好,多年来芦某从未主动看望自己,也不尽赡养义务,2019 年自己的腿烫伤是朋友帮忙送到医院,芦某对此不闻不问,马某珍去世后,芦某根本不把自己当作养父看待,把财产看得非常重,伪造证据想取得马某珍委托王某忠保管的 80 万元,遗嘱继承纠纷是自己第一次被起诉到法院,对感情上的伤害非常大,自己认为芦某就是为了要钱要房,解除收养关系对自己是一种解脱。芦某主张自己对父母尽到了赡养义务,对保姆的日常要求关心较多,马某珍生前医疗费及去世后丧葬事宜均由其负责承担,芦某提交了马某珍的部分医疗费和丧葬费票据,但其认可医疗费及丧葬费的支出均来源于马某珍委托王某忠保管的售房款,聘请保姆的费用也并非其出资。芦某亦认可其从未支付过卢某台赡养费,也未亲自照顾过卢某台的生活、带卢某台看过病,但其主张卢某台没有找其带着去看病,而且没有生过病,逢年过节自己会前去看望卢某台,马某珍看病的路费都是自己和王某忠出的。

马某珍死亡后,卢某台欲出售位于北京市朝阳区劲松二区某号房屋,并在网站上发布了相应的信息。卢某台称2021年春节芦某未看望自己,以后想去养老院养老,故欲出售房屋。

【案件焦点】

在一方坚决不同意的情况下是否应解除双方的收养关系,应考虑哪些因素。

【裁判要旨】

北京市昌平区人民法院经审理认为:养父母与成年养子女关系恶化、无法共同生活的,又不能协议解除收养关系的,可向人民法院起诉。本案中,双方均认可卢某台与芦某存在事实上的收养关系,现卢某台坚决要求解除收养关系,根据查明的事实,芦某与卢某台长期不在一起共同生活,芦某未支付过卢某台赡养费或亲自照顾过卢某台的生活,也未经常看望,仅在过节时看望过卢某台,芦某答辩称其尽到了赡养义务、承担马某珍的医疗费和丧葬费、聘请保姆等,支出也全部来自马某珍本人的财产,马某珍死亡后双方关系恶化,因马某珍的遗产继承及委托合同纠纷、变造马某珍签名字迹等原因双方产生较大的矛盾,二人以后也无共同生活的可能性,鉴此,卢某台要求解除与芦某收养关系的诉讼请求,具有事实及法律依据,本院予以支持。关于卢某台要求芦某赔偿抚养费 30 万元的诉讼请求,卢某台未提交证据证明芦某对其有虐待、遗弃行为,故卢某台的该项诉讼请求本院不予支持。

第一千一百一十六条　【解除收养关系的登记】当事人协议解除收养关系的,应当到民政部门办理解除收养关系登记。

【立法·要点释义】

作为一种在收养人与被收养人之间成立拟制父母子女关系的民事法律行为,收养需要经登记成立。在收养关系解除后,也应当在程序上通过登记予以确认。本条的规范对象是协议解除收养关系,包括收养人与送养人协议解除,也包括养父母与成年养子女关系恶化、无法共同生活的,养父母与成年养子女协议解除。

双方应携带必要的材料，共同到民政部门办理解除收养关系登记，便于民政部门准确查明双方合意，正确办理登记。收养关系的解除效力自解除收养关系登记之日起算。

【行政法规】

《中国公民收养子女登记办法》(2023年修订，2023年7月20日施行)

第十条 收养关系当事人协议解除收养关系的，应当持居民户口簿、居民身份证、收养登记证和解除收养关系的书面协议，共同到被收养人常住户口所在地的收养登记机关办理解除收养关系登记。

第十一条 收养登记机关收到解除收养关系登记申请书及有关材料后，应当自次日起30日内进行审查；对符合民法典规定的，为当事人办理解除收养关系的登记，收回收养登记证，发给解除收养关系证明。

【部门参考文件】

《收养登记工作规范》(民发〔2008〕118号，2020年修正，2021年1月1日)

第二十四条 受理解除收养关系登记申请的条件是：

(一)收养登记机关具有管辖权。

(二)收养人、送养人和被收养人共同到被收养人常住户口所在地的收养登记机关提出申请。

(三)收养人、送养人自愿解除收养关系并达成协议。被收养人年满8周岁的，已经征得其同意。

(四)持有收养登记机关颁发的收养登记证。经公证机构公证确立收养关系的，应当持有公证书。

(五)收养人、送养人和被收养人各提交2张2寸单人近期半身免冠照片，社会福利机构送养的除外。

(六)收养人、送养人和被收养人持有身份证件、户口簿。

送养人是社会福利机构的，要提交社会福利机构法定代表人居民身份证复印件。

养父母与成年养子女协议解除收养关系的，无需送养人参与。

第二十五条 收养登记员受理解除收养关系登记申请，应当按照下列程序进行：

(一)查验当事人提交的照片、证件和证明材料。

当事人提供的收养登记证上的姓名、出生日期、公民身份号码与身份证、户口簿不一致的，当事人应当书面说明不一致的原因。

(二)向当事人讲明收养法关于解除收养关系的条件。

(三)询问当事人的解除收养关系意愿以及对解除收养关系协议内容的意愿。

(四)收养人、送养人和被收养人参照本规范第十五条的相关内容填写《解除收养登记申请书》(附件5)。

（五）将当事人的信息输入计算机应当用程序，并进行核查。

（六）复印当事人的身份证件、户口簿。

第二十六条　收养登记员要分别询问收养人、送养人、8 周岁以上的被收养人和其他应当询问的人。

询问的重点是被询问人的姓名、年龄、健康状况、民事行为能力、收养人、送养人和被收养人之间的关系、解除收养登记的意愿。对 8 周岁以上的被收养人应当询问是否同意解除收养登记和有关协议内容。

对未成年的被收养人，要询问送养人同意解除收养登记后接纳被收养人和有关协议内容。

询问结束后，要将笔录给被询问人阅读。被询问人要写明"已阅读询问笔录，与本人所表示的意思一致"，并签名。被询问人没有书写能力的，可由收养登记员向被询问人宣读所记录的内容，并注明"由收养登记员记录，并向当事人宣读，被询问人在确认所记录内容正确无误后按指纹。"然后请被询问人在注明处按指纹。

第二十七条　收养登记员收到当事人提交的证件、申请解除收养关系登记申请书、解除收养关系协议书后，应当自次日起 30 日内进行审查。对符合解除收养条件的，为当事人办理解除收养关系登记，填写《解除收养登记审查处理表》（附件 6），报民政厅（局）主要领导或者分管领导批准，并填发《解除收养关系证明》。

"解除收养关系证明字号"填写式样为"（××××）AB 解字 YYYYY"（AB 为收养登记机关所在省级和县级或者市级和区级的行政区域简称，××××为年号，YYYYY 为当年办理解除收养登记的序号）。

第二十八条　颁发解除收养关系证明，应当在当事人均在场时按照下列步骤进行：

（一）核实当事人姓名和解除收养关系意愿。

（二）告知当事人领取解除收养关系证明后的法律关系。

（三）见证当事人本人亲自在《解除收养登记审查处理表》"领证人签名或者按指纹"一栏中签名；当事人没有书写能力的，应当按指纹。

"领证人签名或者按指纹"一栏不得空白，不得由他人代为填写、代按指纹。

（四）收回收养登记证，收养登记证遗失应当提交查档证明。

（五）将解除收养关系证明一式两份分别颁发给解除收养关系的收养人和被收养人，并宣布：取得解除收养关系证明，收养关系解除。

第二十九条　收养登记机关对不符合解除收养关系登记条件的，不予受理，但应当向当事人出具《不予办理解除收养登记通知书》（附件 7），将当事人提交的证件和证明材料全部退还当事人。对于虚假证明材料，收养登记机关予以没收。

【法院参考案例】

冯某刚、周某诉冯某伟解除收养关系案——《收养法》实施前的收养行为如何认定？［《婚姻家庭纠纷典型案例(河南)》案例四，最高人民法院 2015年11月20日］

【基本案情】

1987年11月份，原告冯某刚骑三轮车出门卖菜，在村北河沟边捡到一名刚出生的弃婴，遂将其抱回家中抚养，原告冯某刚与妻子张某在1987年11月27日为该弃婴申报了户口，登记在二人户籍名下，关系为“长子”，取名冯某伟。一晃20年过去了，被告冯某伟在二原告抚育下长大成人，并在原告夫妇帮助下结婚育孩。然而，被告婚后一改往态，不仅不对年老体衰的原告夫妇尽赡养扶助义务，更纵容妻子打骂原告，引起了乡里乡亲的公愤，致使二原告身心受损，长期生活在外，不敢回家。无奈之下，老两口到法院起诉，要求解除与被告的收养关系，并支付生活费、教育费补偿金。

【裁判结果】

郑州市惠济区人民法院认为，本案的两位原告收养被告发生在1987年，即在1992年4月1日《收养法》施行之前，虽然原告事后并未办理合法手续，但鉴于原告已抚养被告长达20多年，且有村委会出具的证明和邻居、亲友公认二原告与被告系养父母子女关系的证言，理应按照收养关系来对待。被告冯某伟在成年成家后，未能正确处理家庭关系，纵容其妻打骂原告夫妇，经过当地村委会及家族长辈调解仍然未果，导致二原告与被告关系恶化，无法共同生活。原告夫妇含辛茹苦把作为养子的被告抚育长大，而被告却不善待已经年迈的二原告，更给他们的身心造成伤害，法院本着尊重原告诉求、维护老人合法权益的考虑，对原告提出的诉讼请求予以支持，依据《收养法》第27条、第30条，《最高人民法院关于贯彻执行民事政策法律若干问题的意见》第28条、第31条之规定，判决解除原告冯某刚、张某与被告冯某伟的收养关系；被告冯某伟于判决生效后一个月内支付原告冯某刚、张某生活费和教育费补偿金20万元。

【典型意义】

赡养老人是中华民族的传统美德，更是子女对父母应尽的义务，无论是亲生子女，还是养子女，均不得以任何理由推脱责任。本案原告夫妇收养被告的时间在1987年，虽然未按法律规定办理任何收养手续，但法院裁判时应充分考虑到原告夫妇的文化水平和邻里乡亲的证言，如果仅因原告未能办理收养手续便否定收养关系，不但会让群众不信服，也不利于保护作出善行的原告夫妇。被告冯某伟作为原告夫妇在河边捡回的弃婴，能够健康成长并结婚育子，完全受原告夫妇养育恩赐，原告夫妇含辛茹苦供养子上学接受教育，为其操办婚姻，帮其照顾孩子，但被告及其妻子的种种行为，不仅伤害了原告夫妇的感情与合法权益，更在社会上造成了不良影响，法院的公正裁判不仅是对忘恩负义行为的惩戒，更是民意所向。

第一千一百一十七条　【收养关系解除的法律后果】收养关系解除后，养子女与养父母以及其他近亲属间的权利义务关系即行消除，与生父母以及其他近亲属间的权利义务关系自行恢复。但是，成年养子女与生父母以及其他近亲属间的权利义务关系是否恢复，可以协商确定。

【立法·要点释义】

考虑到生父母与被收养人之间始终存在无法割舍的血缘联系，在收养关系解除后，立法要求生父母承担起对于未成年子女的抚养教育责任，以确保未成年子女的利益不受侵犯。养子女与生父母以及其他近亲属的权利义务关系自行恢复，无须办理任何手续，也不区分协议解除还是诉讼解除。

如果收养关系解除后，养子女已经成年，意味着具有独立的思考和认知能力，包括与谁确立亲子关系。立法赋予成年养子女与生父母以及其他近亲属在收养关系解除后是否恢复权利义务关系的选择权，既体现了对成年养子女及其生父母独立人格的尊重，也在一定程度上体现了权利义务相对等的原则，考虑到了成年养子女可能会对生父母将自己送养别人而未尽抚养教育之责心有不满；以及成年养子女长期与养父母共同生活，与生父母之间没有太多生活经历，双方很难建立深厚的情感。

【编者观点】

收养关系解除仅向后发生效力，对收养各方的身份和财产的法律效果不具有溯及力。因此，除了第 1118 条规定的特殊情形之外，养父母为养子女生活、教育支出的各项费用，不得以收养关系解除为由要求第三人返还；养子女也不得以与生父母的血亲关系恢复为由，主张生父或生母的继承人返还养子女应分得的继承份额。

养子女与生父母以及其他近亲属间自行恢复的权利义务关系是完整的，不因生父母曾经将子女送养而受到影响，子女不得以生父母曾经将其送养、未履行抚养义务为由，拒绝履行对生父母的赡养义务。

【部门参考文件】

《民政部婚姻司对〈收养法〉的解答》（1992 年 4 月 1 日）

二十、收养关系解除后，养子女与养父母及其他近亲属间的权利义务关系是否保留?

答:根据《收养法》的规定,收养关系解除后,养子女与养父母及其他近亲属间的权利义务关系即行消除,不再保留。因为养子女与养父母及其他亲属间的权利义务关系是基于收养关系的成立而产生的,收养关系是一种拟制血亲关系,收养关系解除后,这种拟制血亲关系也就不存在了。

二十一、收养关系解除后,养子女与生父母及其他近亲属的权利、义务关系能否恢复?

答:根据《收养法》的规定,收养关系解除后,养子女与生父母及其他亲属间的权利义务关系即行恢复,但成年养子女与生父母及其他近亲属间的权利义务关系是否恢复,可以协商确定。可见,收养关系解除时,如果养子女尚未成年,他与生父母的权利义务关系因收养关系的解除而自行恢复;如果养子女已经成年,他与生父母的权利义务关系可以恢复,也可以不恢复,这取决于他们自愿协商。

第一千一百一十八条 【收养关系解除后生活费、抚养费支付】收养关系解除后,经养父母抚养的成年养子女,对缺乏劳动能力又缺乏生活来源的养父母,应当给付生活费。因养子女成年后虐待、遗弃养父母而解除收养关系的,养父母可以要求养子女补偿收养期间支出的抚养费。

生父母要求解除收养关系的,养父母可以要求生父母适当补偿收养期间支出的抚养费;但是,因养父母虐待、遗弃养子女而解除收养关系的除外。

【立法·要点释义】

收养关系存续期间,收养人除了付出时间和精力尽心照顾未成年子女之外,还要为子女的健康成长支出生活费、教育费、医疗费等各方面费用。在收养关系一直维持的情况下,收养人在精神和物质方面的付出可以通过养子女成年后履行赡养、扶助义务得到回报和补偿。但是,在收养关系解除后,收养人的付出无法通过被收养人将来履行赡养义务的方式进行补偿。从权利义务相对等的角度出发,立法需要对双方进行利益上的平衡。

不区分协议解除还是诉讼解除,只要养父母尽了对于养子女的抚养义务,养子女成年后,对于缺乏劳动能力又缺乏生活来源的养父母,都应当给付生活费。养父母与成年养子女关系恶化、无法共同生活的,可能因成年养子女虐待、遗弃养父母而解除,养父母可以要求养子女补偿收养期间支出的抚养费,一方面是考虑权利义务的对等;另一方面也是体现对养子女虐待、遗弃养父母行为的惩戒。

在生父母提出解除收养关系要求的情形下，考虑到养父母对于养子女的成长付出了经济、时间等各方面的巨大成本，赋予养父母对于生父母抚养费的适当补偿请求权是合适的。解除收养关系的请求虽由生父母提出，但是原因在于养父母虐待、遗弃养子女的，由于养父母自身存在过错，其无权提出补偿抚养费的请求。

【编者观点】

本条规定了收养关系解除时，收养人享有的生活费给付请求权和抚养费补偿请求权。生活费给付请求权是养父母对由其抚养至成年的养子女所享有的权利，主要适用于双方对于收养关系的解除均无明显过错的情形。且前提是养父母缺乏劳动能力又缺乏生活来源。合理性在于解除收养关系使得收养各方当事人通过拟制亲子关系追求的相互扶养和继承等多重利益均衡随着身份关系的消除而被打破，已对养子女尽到抚育、监护职责的养父母未来受养子女赡养、扶助的期待利益落空，有必要通过一定的机制予以补偿。

养父母的抚养费补偿请求权分为向养子女主张补偿和向生父母主张补偿两种类型，补偿的条件和范围不同。因养子女针对养父母的虐待、遗弃等不当行为导致解除收养关系的，为了惩罚养子女的违法行为，不考虑养父母的生活状况以及养子女的经济状况，养子女均应按养父母在收养期间支付的抚养费全额补偿；而对于生父母要求解除收养关系的，因被收养人尚未成年，养父母抚养养子女投入有限，因此养父母只能要求生父母适当补偿，前提是养父母自身不存在过错。实践中应结合养父母对于解除收养关系是否有过错、生父母的负担能力、养父母的经济状况等因素，综合考量确定补偿标准和数额。在同时满足两项请求权要件时，收养人可以一并提出生活费给付请求权和抚养费补偿请求权。

本条仅列举了“虐待”和“遗弃”两种过错情形，无法周延保护养父母或养子女之利益，应当参照第1091条，将实施家庭暴力、有其他重大过错等类似性质的过错行为类推适用本条规定，未来修法时应表述为“虐待、遗弃等侵害养子女合法权益行为的”。

【法院参考案例】

王某怀在解除收养关系十余年后丧失劳动能力又无生活来源诉葛某霞经济帮助案［《人民法院案例选》2002年第2辑（总第40辑）］

【基本案情】

原告王某怀与妻子高某兰婚后未有生育。1961年，王某怀夫妇收养了未满周岁的葛某霞，并将其抚育成人。1982年，葛某霞结婚。1983年，葛因家庭琐事与王某怀夫妇产生矛盾，王某怀夫妇遂提起诉讼，要求与葛解除收养关系。经法院调解，双方于 1983 年解除了收养关系，当时未言及经济帮助问题。1996 年，高某兰病故。一年后，王某怀因多种疾病缠身，丧失了劳动能力和生活来源，遂又起诉至江苏省通州市人民法院，要求葛某霞给予经济帮助。

【裁判结果】

通州市人民法院经审理认为：原告王某怀与被告葛某霞自 1961 年至 1983 年间形成收养关系属实，但 1983 年经法院调解，双方已解除了收养关系。收养关系解除后，双方的权利义务关系即行解除。王某怀在与葛某霞解除收养关系十多年以后仍要求葛某霞给予经济帮助，缺乏法律依据，对其诉讼请求难予支持。该院依照《收养法》第 28 条(指 1998 年 11 月 4 日修改前，修改后为第 29 条)之规定，于 1998 年 12 月 15 日判决如下：驳回原告王某怀的诉讼请求。

宣判后，原告王某怀不服，以原判驳回其诉讼请求适用法律错误为由，向南通市中级人民法院提起上诉，请求二审法院适用《收养法》第 30 条的规定，撤销原审判决，改判由葛某霞给付其生活费每年 1200 元。被上诉人葛某霞未作书面答辩。

南通市中级人民法院二审认为：王某怀在与葛某霞解除收养关系时尚未缺乏劳动能力，仍能自食其力，依法不符合养子女给予经济帮助的情形。但现在王某怀年老多病，丧失了劳动能力，且孤身一人无其他经济来源，其要求葛某霞给付生活费，符合《收养法》第 30 条规定的情形，对王某怀请求的支持，符合法律的规定，符合权利义务一致的民事法律原则，亦有利于保护老年人的合法权益，使老年人能老有所养。原审判决适用法律不当，应予纠正。依照《收养法》第 30 条第 1 款(指 1998 年 11 月 4 日修改后，修改前为第 29 条第 1 款)，《民事诉讼法》第 153 条第 1 款第 2 项之规定，该院于 1999 年 6 月 16 日作出判决如下：(1)撤销通州市人民法院民事判决。(2)葛某霞从 1999 年 1 月 1 日起，每月给付王某怀生活费 80 元，至王某怀终年止。

第六编　继　承

第一章　一般规定

第一千一百一十九条　【继承编的调整范围】本编调整因继承产生的民事关系。

【立法·要点释义】

在现代民法中,继承仅指自然人死亡后的财产继承,而不涉及身份继承。自然人死亡是自然事件,这一自然事件是继承发生的法定原因。因继承产生的民事关系就是继承关系,包括三个方面的内容:一是主体,主要包括被继承人和继承人、受遗赠人。二是客体为遗产,即被继承人死亡时所遗留的个人合法财产。三是内容为继承人享有继承权,同时也承担相应的义务,如在遗产分割前妥善保管存有的遗产,根据遗嘱的要求履行被继承人对继承所附加的义务等。

有些法律对特定领域的继承问题作了相应规定。比如《农村土地承包法》第 32 条规定,承包人应得的承包收益,依照继承法的规定继承;林地承包的承包人死亡,其继承人可以在承包期内继续承包。

【编者观点】

本编仅调整财产继承关系,不包括身份继承。因继承所产生的关系不仅可能适用本编的规定,也可能适用本法其他编或者其他法律的规定。例如,继承人共同体之间形成的共同共有关系,应适用本法物权编关于共同共有的相关规定。并非所有导致继承权变动的行为,都属于因继承产生的法律关系,如依双方合意解除养子女关系,虽然会产生继承权丧失的效果,但继承权变动只是结果而非原因,故不属于继承编的适用对象。死亡赔偿金、丧葬费等财产虽与被继承人的死亡相关,但不属于遗产的范围,故不受本编调整。

一、从宗祧承继到纯粹财产继承

我国传统社会,同居共财关系中父亲去世仅意味着共财集团中少了一位成员,同居共财关系并未消解,因此不存在形式上的继承;但是儿子成为新的家长,家产实现了从祖先到子孙的传承,可谓实质意义上的继承。"父子分形同气"构成中国人"承继"观念的根柢,由此结成的祖先子孙的连锁关系便是"宗",人格、祭祀、财产三位一体,首要承继的是人格(继嗣),其次是象征人格连续关系的祭祀(承祀),最后才是家产(承业)。家产作为祭祀的物质基础,财产承继只是身份承继(宗祧继承)的附庸。在无法通过生育得到后继者时,通过设立养子继嗣。罗马法前期的"生者间概括继承"(successio inter vivos)和"死因继承"(mortis causa)同样聚焦于宗亲家庭最高权力即家父身份的交接,而不是服务于财产转移。因此继承人资格是实质性要件,概括继承死者的法律地位,取得遗产只是附带后果。而现代法中,继承人资格不再是取得遗产的要件,而是取得遗产的人的称谓。

《大清民律草案》将日本民法上"相续"一词以"继承"代之,"继承"正式成为立法术语,指"一人死亡时,其亲属或其指定之一般的包括的继承其财产"。该法形式上保留了财产继承而删除宗祧继承,实则将宗祧继承隐藏于亲属编"亲子关系"中,继续秉持宗亲、外亲和妻亲的传统分类,肯定嫡庶之别并设有"嗣子"专章,但宗祧的功能由延续宗族祭祀转变为维系家属之间友爱和谐及赡养扶助。法典体例的改变也为后续彻底废除宗祧继承创设了条件,民国立法者在政治变革和时代潮流驱使下,放弃了整合固有法和继受法的努力。《中华民国民法》完全废除宗祧继承,全盘继受了西方遗产继承制度,确立了财产继承、男女平等和遗嘱自由三大原则,法庭不再受理宗祧继承纠纷,同族侄子继承无嗣叔伯的宗祧及财产的优先权被剥夺,在立法文本上实现了继承制度的近代化。民国民法创设了"遗产继承人"概念用于表达纯粹的财产继承人,包含子女对父母的直系继承、兄弟姐妹的旁系继承以及父母对子女的逆向继承,这种世代间来回跳跃的财产传递秩序是传统家观念难以想象的。

立法者为了切断宗祧继承和财产继承的联系,还釜底抽薪地重构了亲属范围,废除宗法制下宗亲、外亲和妻亲的分类,重组为血亲、姻亲和配偶。生前立嗣被重构为收养关系,遗嘱立嗣视为指定继承,丈夫去世后妻子领养的孩子只是妻子而非丈夫的养子和继承人。异姓养子女和婚生子女地位相同,嫡母和庶子之间仅存在姻亲关系。亲属范围的重构还改变了扶养关系的运作逻辑,传统家庭的扶养和同居共财的家产相联结,而今则通过血缘或者共同居住关系与特定的人挂钩。直系血亲、兄弟姐妹之间存在相互扶养关系,其他血亲或姻亲之间是否存在扶养关系则取决于共同居住状态。

《民法典》同样只承认了纯粹财产继承,除维持血亲、姻亲和配偶的分类外,第1045条还规定了近亲属和家庭成员两类亲属范畴,并通过拟制血亲概念容纳因收养形成的养父母子女关系以及形成扶养关系的继父母子女关系,赋予相互扶养和继承的权利义务。姻亲关系不是根据血缘或自由意志建立的,是否有继承权利取决于是否承担了主要赡养义务。第1129条规定丧偶儿媳、女婿的第一顺位继承人地位,这是对传统家观念中孝文化的重要传承。

二、生前分家与死后继承的同一性

同居共财使家庭成员的收入、消费可以统一核算;承继使遥远的祖先、现存的世代以及将来的子孙之间也可以统一核算。"是我的东西"所表达的父亲享有所有权和"必须留给儿子"所表达的儿子享有承继期待权,都以"是祖宗留下来的东西"这一观念为基础。父亲被委任为家长在这一"辈"的时间段内运营家产,对家长的制约源于联结祖先和子孙的承继关系,而不仅仅是父子的同居共财关系。家产的解体分割和代际传承两个环节无法明确区隔,无论是生前分家还是死后继承,既是家产在诸子间的分割,也是家产从父辈到子辈的传承,财产承继寓于分家之中。制度层面体现为,家产被强制保存在家庭内部,生前分家和死后继承遵循诸子均分,父亲在分家和遗嘱中的自由处分严格受限。

家的要素是人与财,无论生前分家还是死后继承,都需要同时切断人与财两个方面的联结。时间效力上,分家并非单纯分割已存家产,同时还会切断未来收入和消费的共同会计关系,正如现代法中夫妻将法定夫妻共同财产制改为约定财产制,不仅影响到现有夫妻共同财产的归属,还会改变夫妻将有收入的归属。诸子均分的原则下允许权利和义务对等前提下分家时存在合理差别,譬如分给未婚兄弟特别份、分给长孙田用于祖先祭祀花销等,合理评价成员对家庭的贡献。同理,现代夫妻协力理论也认可在夫妻共同财产的认定和分割环节应考虑到双方对家庭的贡献。

父亲亡故后若家中只剩独子,则不存在分家问题,家产分割本质上是兄弟之间而非父子之间的事情;兄弟们分割家产须得到母亲许可,但母亲不得擅自处分、遗赠或者改嫁带走养老份。父母皆亡故后,诸子可以继续保持同居共财的复合型家,也可以分家。分家意味着分"房",每房之下的孙辈不能越过子辈参与分家;"兄弟亡者,子承父分",类似于现代法上的代位继承;但是"兄弟俱亡,则诸子均分",因为诸子全部亡殁时,局限于子辈的份额均等已无意义,可由孙辈越过子辈直接均分遗产,称之为越位继承。

同居共财下父亲不能实施明显害及家产的无偿赠与等行为,儿子的承继期待权是超越死者意思的难于动摇的法定权利,区别于现代法上的继承期待权,后者在必留份、特留份之外不能阻止被继承人自由处分遗产,而承继期待权对父亲有实质性拘束力,父亲常态下不能剥夺任何一位儿子的承继资格,且尽量避免任意分割家产而力求公平,这是防止子孙日后纷争的有效途径。所谓"肉要烂在锅里",如果允许遗赠给外人,就不能称为家产了,因此遗嘱这一概念对乡土社会是陌生的。黑格尔也把立遗嘱权称为“任性的权利”，扩大任性的有效性以对抗家庭关系等于削弱后者的伦理性。传统家庭中遗嘱继承与户绝立嗣两套流程通常合二为一，立遗嘱的前提是“身丧户绝”或“财产无承分人”，成为户绝之家传延门户的补救办法。南宋以降，遗嘱继承人范围和被立嗣人的选择范围基本重合，目的是不让财产流出家外。《清明集》记载遗言须“听自陈，官给公凭”，即口头陈述或文书形式的遗嘱须由官府加盖官印方可生效，与现代法上的遗嘱同采严格的要式主义。

清末修法确立个人财产制后，遗嘱自由成为所有权人处分自由必不可少的内容。虽然诸子均分且家产不外流的观念仍然根深蒂固，但是在立法层面，《中华民国民法》第1187条规定“遗嘱人于不违反关于特留分规定之范围内，得以遗嘱自由处分遗产”。《民法典》第1123条也明确了遗嘱继承优先于法定继承。法定继承人范围虽然取决于特定身份，但是在继承份额如应继份以及遗产酌给份的认定上，仍然会实质性衡量继承人的贡献，只是现代法更侧重于赡养义务的履行，而传统家族法更侧重于家产的累积。

家产不外流的传统习俗在现代继承法中依旧可通过共同遗嘱、后位继承、附义务遗嘱、遗产信托等一系列制度工具得以实现。例如共同遗嘱便契合了待父母双亡后再行分割遗产的惯习，以达到家庭财产整体性移转目的，兼具生活保障功能与预防遗产外散功能。《民法典》第1152条相较于《继承法》新增“遗嘱另有安排的除外”，给认可共同遗嘱及后位继承预留了空间。在《民法典》增设居住权制度之后，“生存配偶享有居住权+后位继承人享有所有权”是在房产等遗产重要组成部分上实现后位继承功能的可行路径。

第一千一百二十条 【继承权的保护】国家保护自然人的继承权。

【立法·要点释义】

继承权是一种基于身份关系而形成的财产性权利，具有特殊性，继承人的范围由法律明确规定。继承权属于绝对权，发生的根据是法律的规定或者被继承人所立合法有效的遗嘱。继承权的具体内容包括：接受与放弃继承的权利；取得遗产的权利；继承权受到侵害时获得救济的权利，继承人根据继承恢复请求权可以要求法院确认自己依法享有继承权，并可以请求返还其依法应得的遗产。

【编者观点】

我国传统继承观念讲究人格、祭祀、财产三位一体承继，财产承继只是身份承继即宗祧继承的附庸，因此传统情境下的继承无疑属于一种身份行为。西法东渐以来，我国民法完全废除宗祧继承，确立了纯粹财产继承，并被《继承法》和《民法典》所承继。虽然继承与特定身份休戚相关，但是我国法上的继承权不具备身份属性。首先，被继承人死亡后，与继承人不存在身份法上的任何权利义务关系，继承客体为遗产，继承权只发生财产法上的效果。第 1122 条第 1 款规定“遗产是自然人死亡时遗留的个人合法财产”，文义上仅指代积极财产，但是第 1161 条规定继承客体还包括消极遗产即债务。因此，继承权应被定义为“继承人承受被继承人遗产权利和义务的法律地位”。其次，继承权的发生根据包括法定继承和遗嘱指定，且第 1163 条未从遗产债务清偿角度区分遗嘱继承与遗赠。继承权人可以是法定继承人范围之外的任何民事主体，法定继承人也可能因各种原因丧失继承既得权，导致继承权与近亲属等特定身份不存在必然联系。

按照继承开始与遗产分割两个时间点，可以划分为继承开始前、继承开始后到遗产分割前以及遗产分割后三个阶段：第一阶段为继承期待权；第二阶段为继承既得权；第三阶段经由遗产分割，继承权已经转变为实际获得的遗产份额。

第一阶段，继承期待权通说认为并非权利，其实质系一种资格，是指潜在继承人将来参与继承的客观可能性与现实可能性，不同于停止条件未成就前当事人依据法律行为享有的期待权。在法定继承中，继承期待权即继承人资格，来自父母子女、祖孙或者兄弟姐妹等近亲属关系以及夫妻关系；在遗嘱继承中则来自立遗嘱人的指定。继承开始前，可能因收养、结婚、生子、被继承人另立遗嘱、继承人先死亡或者继承权丧失等情形，导致继承期待权人的继承顺位下降或者继承份额缩减，这些不属于对继承期待权的侵害。因此，继承期待权不包含任何具体、现实的权利内容，继承期待权人尚未享有将来遗产上的任何权利。综上所述，在继承开始前，继承期待权不能被处分，也不存在被侵害的可能，亦不可能受侵权法的保护。

第二阶段，在继承开始后，继承期待权转化为继承既得权，这是指继承既得权人在继承开始后实际享有的遗产权益和承担的遗产债务，还包括继承既得权人参与遗产管理等继承事务的权利及义务，兼具社员权属性。继承既得权性质上为绝对权，权利人对该权利有权行使、接受、抛弃或者进行其他处分。继承权亦可被第三人侵害，常见的形态如冒称继承人而占有遗产，或其他继承人超过应继承份额而占有遗产，权利人除主张侵权损害赔偿外，亦有权主张继承回复请求权。继承回复请求权独立存在的价值在于，继承人到底能分得哪项动产或不动产存在不确定性，而继承权被侵害的继承人欲依第 235 条规定主张原物返还时，需指向特定的动产或不动产，这往往使其依原物返还请求权主张继承权之救济目的难以实现。此外，继承回复请求权还具有确认继承人资格的意义，兼具人身请求权与物上请求权的混合性质，而非单纯的给付之诉。继承回复请求权、侵权请求权和物上返还请求权属于自由竞合关系，可以分别独立行使。

《继承法》第8条规定了继承权纠纷的特别诉讼时效。本法删除了该规定，有使之适用本法第188条关于普通诉讼时效的立法意图。但就继承回复请求权而言，若对方主张此项时效抗辩，受侵害的权利人不妨以此项请求权类似于原物返还请求权为由，主张类推适用本法第196条第2项，排除第188条诉讼时效的适用。

【相关立法】

1.《中华人民共和国宪法》(2018年修正，2018年3月11日施行)

第十三条 公民的合法的私有财产不受侵犯。

国家依照法律规定保护公民的私有财产权和继承权。

国家为了公共利益的需要，可以依照法律规定对公民的私有财产实行征收或者征用并给予补偿。

2.《中华人民共和国民法典》(2021年1月1日施行)

第一百二十四条 自然人依法享有继承权。

自然人合法的私有财产，可以依法继承。

3.《中华人民共和国民事诉讼法》(2023年修正，2024年1月1日施行)

第三十四条 下列案件，由本条规定的人民法院专属管辖：

(一)因不动产纠纷提起的诉讼，由不动产所在地人民法院管辖；

(二)因港口作业中发生纠纷提起的诉讼，由港口所在地人民法院管辖；

(三)因继承遗产纠纷提起的诉讼，由被继承人死亡时住所地或者主要遗产所在地人民法院管辖。

4.《中华人民共和国未成年人保护法》(2024年修正，2024年4月26日施行)

第一百零七条 人民法院审理继承案件，应当依法保护未成年人的继承权和受遗赠权。

人民法院审理离婚案件，涉及未成年子女抚养问题的，应当尊重已满八周岁未成年子女的真实意愿，根据双方具体情况，按照最有利于未成年子女的原则依法处理。

5.《中华人民共和国老年人权益保障法》(2018年修正，2018年12月29日施行)

第二十二条 老年人对个人的财产，依法享有占有、使用、收益和处分的权利,子女或者其他亲属不得干涉,不得以窃取、骗取、强行索取等方式侵犯老年人的财产权益。

老年人有依法继承父母、配偶、子女或者其他亲属遗产的权利,有接受赠与的权利。子女或者其他亲属不得侵占、抢夺、转移、隐匿或者损毁应当由老年人继承或者接受赠与的财产。

老年人以遗嘱处分财产,应当依法为老年配偶保留必要的份额。

【司法解释】

《最高人民法院关于适用〈中华人民共和国民法典〉继承编的解释(一)》(法释〔2020〕23 号,2021 年 1 月 1 日施行)

第三十九条[①] **【国家或者集体组织供给生活费用的烈属和享受社会救济的自然人遗产继承】**由国家或者集体组织供给生活费用的烈属和享受社会救济的自然人,其遗产仍应准许合法继承人继承。

【司法指导文件】

1.《第八次全国法院民事商事审判工作会议(民事部分)纪要》(法〔2016〕399 号,2016 年 11 月 21 日)

(四)关于诉讼时效问题

25. 被继承人死亡后遗产未分割,各继承人均未表示放弃继承,依据继承法第二十五条[②]规定应视为均已接受继承,遗产属各继承人共同共有;当事人诉请享有继承权、主张分割遗产的纠纷案件,应参照共有财产分割的原则,不适用有关诉讼时效的规定。

2. 最高人民法院《关于当前民事审判工作中的若干具体问题》(2015 年 12 月 24 日)

三、关于婚姻家庭、继承纠纷等家事案件的审理问题

第三,关于继承纠纷是否适用诉讼时效的问题。这个问题在实践中争议也比较大,涉及对继承法第八条如何理解的问题。我们认为,要考虑继承法出台的背景和社会经济条件因素,不能机械适用。如果对继承人资格不存在异议,只是涉及遗产分割的,可以根据《民通意见》第 177 条规定,按照共有财产分割的思路,不适用诉讼时效。对于需要确定继承人资格等不仅仅涉及遗产分割的案件,在相关法律没有修改前,仍要适用诉讼时效的规定。当然,如果存在个别继承人恶意隐瞒财产等情况的,也可以通过适用《民通意见》第 177 条、第 167 条、第 169 条的规定,用延长最长诉讼时效的办法予以解决。总之,要注意通过民事审判,促进道德建设,维护和谐美满的家庭关系和孝老爱幼的亲情关系。

---

① 对该条的注释详见附录四第 1240 页。

② 对应《民法典》第 1124 条。——编者注

【法院参考案例】

陈某某、陈某祥与陈某英等遗嘱继承纠纷案(《最高人民法院公布10起残疾人权益保障典型案例》案例五,2016年5月14日)

【典型意义】

依法切实维护残疾人的继承权。残疾人的继承权依法不受侵犯。本案中陈某某虽身体有严重残疾,但作为出嫁女,其父母在处分遗产时,并未坚持当地民间传统中将房产只传男不传女的习惯,将案涉部分房产以遗嘱的形式明确由身体有残疾的陈某某继承。人民法院通过判决的形式依法确认了遗嘱的效力,切实保护了陈某某的财产继承权,为陈某某日后的生活所需提供了坚实的物质保障。

【基本案情】

陈某某系双下肢瘫痪的残疾人,因其大嫂陈某英意图占有陈某某父母遗嘱留给陈某某及其弟陈某祥的房产,陈某某、陈某祥向人民法院起诉,请求确认某楼房第一层归陈某某所有;判决确认某楼房第二层至第六层东边全部归陈某祥占有、使用。人民法院在依法确认遗嘱效力的基础上,根据查明的案涉房屋还未取得房屋管理部门颁发的房屋所有权证书的事实,判决案涉房屋的占有、使用的权益依照遗嘱内容分别由陈某某、陈某祥继承。

第一千一百二十一条　【继承的开始时间和死亡时间的推定】继承从被继承人死亡时开始。

相互有继承关系的数人在同一事件中死亡,难以确定死亡时间的,推定没有其他继承人的人先死亡。都有其他继承人,辈份不同的,推定长辈先死亡;辈份相同的,推定同时死亡,相互不发生继承。

【立法·要点释义】

继承开始的时间非常重要,其决定着继承人、受遗赠人范围;遗产的范围;遗产所有权的转移;遗嘱的效力;继承权的放弃。

相互有继承关系的数人在同一事件中死亡的,如果没有证据能证明他们的死亡时间的先后的,第一种情况,如果有人没有其他继承人,仅有的继承人都在同一事件中死亡的,推定此人先死亡。这样可以使其遗产能够依法被继承,而不会造成无人继承的状况。第二种情况,如果他们都有其他继承人,就需要再进一步根据辈份情况来推定:(1)辈份不同的,推定长辈先死亡。例如,甲、乙爷孙二人在同一事件中死亡,两人均有其他继承人,则推定爷爷甲先死亡,其孙子乙后死亡。(2)辈份相同的,推定同时死亡,相互之间不发生继承。例如,兄弟丙、丁在同一事件中死亡,两人也都有其他继承人,则推定二人同时死亡，相互之间不继承对方的遗产。

【编者观点】

第 1 款规定了继承开始的时间，决定了相关条款的适用时点。自然死亡和宣告死亡的时点分别依第 15 条和第 48 条确定。在宣告死亡被撤销的场合，依第 53 条处理。

第 2 款是对死亡时间的推定规则，解决无法通过科学手段判断共同遇难者的准确死亡时间时，如何确定继承规则这一政策选择问题，主要目的并非探究事实真相，而是体现了利益平衡和程序简化的制度需求。如果其他利害相关人对于被继承人的死亡时间有异议的，可以通过举证证明真实死亡时间，推翻法律推定的死亡时间和死亡顺序。该款仅适用于继承领域，且与其他法律如《保险法》存在冲突时，特别法应优先适用。如果被继承人和受遗赠人在同一事件中死亡，由于死亡的受遗赠人无法作出接受遗赠的意思表示，应视为其放弃遗赠，因此确定谁先死亡并无实际意义。

2009 年《保险法》修订时，立法者借鉴美国《同时死亡示范法》(The Uniform Simultaneous Death Act)的规定，在原第 42 条中增设第 2 款，针对受益人和被保险人同时死亡且不能确定死亡顺序的情形，设置了“推定受益人死亡在先”的推定规则。例如，甲、乙系母子关系，丙为甲的父亲，丁为乙的儿子，甲以乙为受益人购买了一份人身保险，后甲、乙在一起车祸中丧生且无法认定具体死亡时间。若根据本条确立的推定规则，甲、乙因各自有继承人，所以推定作为长辈的甲先死亡，丙和乙将分别继承甲的一半遗产，而后推定乙死亡，丁将继承乙的全部以及甲的一半遗产。若适用《保险法》的规定，推定作为受益人的乙先死亡，甲和丁分别继承乙的一半遗产，而后推定甲死亡，丁作为代位继承人，将从甲处继承乙的 1/4 遗产和甲的一半遗产，最终丁将获得乙的 3/4 以及甲的一半遗产。相较于本条中的推定规则，丁将少继承 1/4 乙的遗产。从立法目的的角度出发，立法者设置“推定受益人死亡在先”的规则，主要体现了《保险法》以保护保险人利益为中心的价值取向。被保险人投保人身保险的主要目的，是希望在其死后能够给受益人提供经济上的支持和保障，然而当受益人与被保险人在同一事件中死亡时，由于即使受益人获得保险金，其实际利益也只能被受益人的继承人所享有，可能与被保险人投保时的初衷存在较大差异。更何况在现实生活中，人身保险的受益人并非总与被保险人存在继承关系，此时受益人的继承人与被保险人之间的关系将更加疏远。将保险金的受益权作为遗产留给被保险人自己的继承人，显然更可能反映被保险人的真实意愿，而此种价值取向，与继承法上的死亡推定规则并不存在根本冲突。《保险法》中增设推定受益人死亡在先规则的目的,是确保在受益人与被保险人共同遇难且不能确定死亡顺序的情况下,由被保险人的继承人取得保险金。然而想要实现这一效果,并非只能通过“推定受益人死亡在先”这一条路径,直接规定此种情况下保险金应作为被保险人的遗产,由保险人依照《保险法》规定履行给付保险金义务亦无不可。

【司法解释】

《最高人民法院关于适用〈中华人民共和国民法典〉继承编的解释(一)》(法释〔2020〕23号,2021年1月1日施行)

第一条① **【继承开始时间的确定】**继承从被继承人生理死亡或者被宣告死亡时开始。

宣告死亡的,根据民法典第四十八条规定确定的死亡日期,为继承开始的时间。

第一千一百二十二条 【遗产的范围】 遗产是自然人死亡时遗留的个人合法财产。

依照法律规定或者根据其性质不得继承的遗产,不得继承。

【原《继承法》条文】

第三条 遗产是公民死亡时遗留的个人合法财产,包括:

(一)公民的收入;

(二)公民的房屋、储蓄和生活用品;

(三)公民的林木、牲畜和家禽;

(四)公民的文物、图书资料;

(五)法律允许公民所有的生产资料;

(六)公民的著作权、专利权中的财产权利;

(七)公民的其他合法财产。

【修改说明】

精简对遗产范围的表述,将界定方式由“适当列举+兜底式”改为“概括式”,删去列举项,增加除外规定。

【立法·要点释义】

考虑到在《继承法》起草制定时,我国的市场经济尚未确立,人民群众拥有的财产有限,《继承法》列明遗产的范围在技术上易操作,也有利于提高人民群众的权利意识。随着社会主义市场经济的不断发展,经济生活中财产的种类丰富多样,总则编也规定了各种财产权的种类,没有必要在继承编重复列明各种财产类型为遗产的范围。因此,本条概括规定遗产是自然人死亡时遗留的个人合法财产。

---

① 对该条的注释详见附录四第1161页。

遗产是在自然人死亡之后到被分割之前特定时间阶段的财产状态。被继承人的人身性权利和义务不属于遗产的范围,如著作权中的署名权等人身性权利,被继承人所签订的演出合同上的权利义务。遗产仅限于被继承人死亡时遗留的个人所有的财产,他人所有的财产、家庭共有的财产都不属于遗产范围,需要先剥离出去。比如根据农村土地承包法、土地管理法的相关规定,获得土地承包经营权、宅基地使用权的主体是以户为单位,这些权利并不属于某个家庭成员。遗产是自然人死亡时遗留的合法的财产,犯罪分子死后,生前非法取得的财产并不是遗产。

【编者观点】

本条相较于《继承法》第 3 条,把遗产范围的界定方式从列举式改为"一般规定+除外规则"的概括式,确立了遗产是"自然人死亡时遗留的个人合法财产",只有依照法律规定或者根据性质不得继承的财产不属于遗产之列,通过遗产范围的"负面清单"机制,更好地适应因经济发展、技术进步以及法律制度调整而不断涌现的新型财产类型,使遗产范围能够得到更为全面的涵盖。因此,遗产作为一种总括性概念,泛指除法律规定或依其性质不得继承的财产外的一切个人合法财产。有观点将遗产界定为被继承人死亡时遗留的财产权利和义务的总和,既包括积极财产,也包括消极财产。本条在文义上仅限于积极财产,当然,是否将消极财产纳入遗产范围,并不会在司法实践中对债权人合法权益的保护产生实际影响。

学理上通常从内容上的财产性、时间上的限定性、范围上的限定性以及性质上的合法性等方面理解遗产的范围。内容上的财产性指遗产仅指财产权利,不涉及对人身权的继承。人身权与权利主体不可分离、不可让与而无法成为继承标的,如扶养费请求权、精神损害赔偿请求权等。即使是可商品化的人格权,亦不得成为继承的对象,当自然人死亡后,近亲属仅可根据第 994 条阻止他人违法使用死者的姓名、肖像等人格要素,但不能以自己名义许可被继承人的人格要素。当然,如果被继承人生前已经签订了姓名权、肖像权的许可使用协议,则对于协议中约定的报酬属于遗产范围。对于同时包含人身和财产属性的权利类型如著作权等,只有其中具有财产属性的权利内容如复制权、发行权、出租权、展览权等可以成为继承标的,而发表权、署名权、修改权和保护作品完整权等人身性著作权则不属于遗产范围,继承人仅有权在他人侵犯上述权利时予以制止并主张救济。有限责任公司的股权、合伙企业中的财产份额虽因公司或企业本身的人合性而具有不同程度的人身属性,但同样可成为遗产,但是需优先考虑其他法律规定以及相关章程的约定。某些权利虽然具有财产价值,但法律明确将其排除在遗产范围外，例如第369条规定居住权不得继承，虽然编者觉得这一规定有待商榷。

时间上的限定性强调遗产是被继承人死亡时已经取得或占有的财产，也包括将来可以取得的财产，例如继承开始后遗产产生的孳息，以及因遗产毁损灭失产生的补偿金等。而被继承人死亡时尚未获得或者已经作出处分的财产，不属于遗产。范围上的限定性排除他人所有的财产或共有中他人所有的份额，在遗产分割时，应当先分出夫妻共同财产和家庭共有财产中属于配偶和其他家庭成员的部分，剩余的才属于被继承人的遗产。被继承人的死亡赔偿金和抚恤金是对被继承人近亲属遭受的经济损失和精神痛苦的赔偿和抚恤，而非死者的个人财产，也不应纳入遗产范围。《保险法》第42条还规定了保险金在哪些情况下才属于被保险人的遗产。性质上的合法性指的是物权法意义上自然人有权享有所有权的财物才可以成为遗产，如枪支、毒品不能继承。如果第三人或司法机关认为某项财产系由被继承人非法取得，则经有权机关作出该项财产系属非法的决定后，应认定其不属于遗产。

有观点认为，本着对被继承人隐私利益的保护及对死者尊重的原则，不应该将网络虚拟财产列入遗产范围。另有观点认为，应区分社交账号与社交账号内存储的信息，适用不同的继承规则。继承人继承的是网络用户生前享有的对于网络服务的使用权，性质上属于合同债权，在确定继承规则时应重点考察网络用户主体身份的变更是否会对网络服务提供者的正常经营秩序构成不利影响。同时，网络用户对于其存储于账号内的信息享有“数字信息权”，应将其视作一项财产，除非逝者生前将隐私信息等特定信息明确排除出遗产范围，否则继承权人将有权对所有账号内存储的各项信息进行继承。例如对涉及逝者财务状况的信息，在其生前确有对所有人保密之必要，但在死后向近亲属公开却可能是符合其预期的。

【相关立法】

1.《中华人民共和国民法典》(2021年1月1日施行)

第三百六十九条 居住权不得转让、继承。设立居住权的住宅不得出租，但是当事人另有约定的除外。

2.《中华人民共和国保险法》(2015年修正,2015年4月24日施行)

第四十二条 被保险人死亡后，有下列情形之一的，保险金作为被保险人的遗产，由保险人依照《中华人民共和国继承法》的规定履行给付保险金的义务：

(一)没有指定受益人，或者受益人指定不明无法确定的；

(二)受益人先于被保险人死亡，没有其他受益人的；

（三）受益人依法丧失受益权或者放弃受益权，没有其他受益人的。

受益人与被保险人在同一事件中死亡，且不能确定死亡先后顺序的，推定受益人死亡在先。

3.《中华人民共和国社会保险法》（2018年修正，2018年12月29日施行）

第十四条　个人账户不得提前支取，记账利率不得低于银行定期存款利率，免征利息税。个人死亡的，个人账户余额可以继承。

4.《中华人民共和国海域使用管理法》（2002年1月1日施行）

第二十七条　因企业合并、分立或者与他人合资、合作经营，变更海域使用权人的，需经原批准用海的人民政府批准。

海域使用权可以依法转让。海域使用权转让的具体办法，由国务院规定。

海域使用权可以依法继承。

5.《中华人民共和国著作权法》（2020年修正，2021年6月1日施行）

第十条　著作权包括下列人身权和财产权：

（一）发表权，即决定作品是否公之于众的权利；

（二）署名权，即表明作者身份，在作品上署名的权利；

（三）修改权，即修改或者授权他人修改作品的权利；

（四）保护作品完整权，即保护作品不受歪曲、篡改的权利；

（五）复制权，即以印刷、复印、拓印、录音、录像、翻录、翻拍、数字化等方式将作品制作一份或者多份的权利；

（六）发行权，即以出售或者赠与方式向公众提供作品的原件或者复制件的权利；

（七）出租权，即有偿许可他人临时使用视听作品、计算机软件的原件或者复制件的权利，计算机软件不是出租的主要标的的除外；

（八）展览权，即公开陈列美术作品、摄影作品的原件或者复制件的权利；

（九）表演权，即公开表演作品，以及用各种手段公开播送作品的表演的权利；

（十）放映权，即通过放映机、幻灯机等技术设备公开再现美术、摄影、视听作品等的权利；

（十一）广播权，即以有线或者无线方式公开传播或者转播作品，以及通过扩音器或者其他传送符号、声音、图像的类似工具向公众传播广播的作品的权利，但不包括本款第十二项规定的权利；

（十二）信息网络传播权，即以有线或者无线方式向公众提供，使公众可以在其选定的时间和地点获得作品的权利；

（十三）摄制权，即以摄制视听作

品的方法将作品固定在载体上的权利；

（十四）改编权，即改变作品，创作出具有独创性的新作品的权利；

（十五）翻译权，即将作品从一种语言文字转换成另一种语言文字的权利；

（十六）汇编权，即将作品或者作品的片段通过选择或者编排，汇集成新作品的权利；

（十七）应当由著作权人享有的其他权利。

著作权人可以许可他人行使前款第五项至第十七项规定的权利，并依照约定或者本法有关规定获得报酬。

著作权人可以全部或者部分转让本条第一款第五项至第十七项规定的权利，并依照约定或者本法有关规定获得报酬。

第二十一条 著作权属于自然人的，自然人死亡后，其本法第十条第一款第五项至第十七项规定的权利在本法规定的保护期内，依法转移。

著作权属于法人或者非法人组织的，法人或者非法人组织变更、终止后，其本法第十条第一款第五项至第十七项规定的权利在本法规定的保护期内，由承受其权利义务的法人或者非法人组织享有；没有承受其权利义务的法人或者非法人组织的，由国家享有。

6.《中华人民共和国公司法》（2023年修订，2024年7月1日施行）

第九十条 自然人股东死亡后，其合法继承人可以继承股东资格；但是，公司章程另有规定的除外。

第一百六十七条 自然人股东死亡后，其合法继承人可以继承股东资格；但是，股份转让受限的股份有限公司的章程另有规定的除外。

7.《中华人民共和国个人独资企业法》（2000年1月1日施行）

第十七条 个人独资企业投资人对本企业的财产依法享有所有权，其有关权利可以依法进行转让或继承。

第二十六条 个人独资企业有下列情形之一时，应当解散：

（一）投资人决定解散；

（二）投资人死亡或者被宣告死亡，无继承人或者继承人决定放弃继承；

（三）被依法吊销营业执照；

（四）法律、行政法规规定的其他情形。

8.《中华人民共和国合伙企业法》（2006年修订，2007年6月1日施行）

第五十条 合伙人死亡或者被依法宣告死亡的，对该合伙人在合伙企业中的财产份额享有合法继承权的继承人，按照合伙协议的约定或者经全体合伙人一致同意，从继承开始之日起，取得该合伙企业的合伙人资格。

有下列情形之一的，合伙企业应当向合伙人的继承人退还被继承合伙人的财产份额：

（一）继承人不愿意成为合伙人；

（二）法律规定或者合伙协议约定合伙人必须具有相关资格，而该继承人未取得该资格；

（三）合伙协议约定不能成为合伙人的其他情形。

合伙人的继承人为无民事行为能力人或者限制民事行为能力人的，经全体合伙人一致同意，可以依法成为有限合伙人，普通合伙企业依法转为有限合伙企业。全体合伙人未能一致同意的，合伙企业应当将被继承合伙人的财产份额退还该继承人。

第八十条　作为有限合伙人的自然人死亡、被依法宣告死亡或者作为有限合伙人的法人及其他组织终止时，其继承人或者权利承受人可以依法取得该有限合伙人在有限合伙企业中的资格。

9.《中华人民共和国台湾同胞投资保护法》（2019年修正，2020年1月1日施行）

第五条　台湾同胞投资者投资的财产、工业产权、投资收益和其他合法权益，可以依法转让和继承。

【司法解释】

《最高人民法院关于适用〈中华人民共和国民法典〉继承编的解释（一）》（法释〔2020〕23号，2021年1月1日施行）

第二条[①]　**【被继承人尚未取得承包收益时其继承人对承包投入及增值和孳息的继承】**承包人死亡时尚未取得承包收益的，可以将死者生前对承包所投入的资金和所付出的劳动及其增值和孳息，由发包单位或者接续承包合同的人合理折价、补偿。其价额作为遗产。

【批复答复】

1.《最高人民法院关于空难死亡赔偿金能否作为遗产处理的复函》（〔2004〕民一他字第26号，2005年3月22日）

空难死亡赔偿金是基于死者死亡对死者近亲属所支付的赔偿。获得空难死亡赔偿金的权利人是死者近亲属，而非死者。故空难死亡赔偿金不宜认定为遗产。

2.《最高人民法院关于对从香港调回的被继承人的遗产如何处理的函》（民他字〔1990〕第9号，1990年4月12日）

一、被继承人林泽芸的遗产从香港调回后，被告林丛违反“通过协商解决”的一致协议，私自将遗嘱继承后剩余的遗产以自己的名义存入银行，原告要求分割遗产提起诉讼，应以继承纠纷立案审理。

二、被继承人林泽芸与被告林丛的养母子关系可予认定。但对遗产的处理，应根据被继承人生前真实意愿和权

---

① 对该条的注释详见附录四第1162页。

利义务相一致的原则，参照继承法第14条①规定的精神，分给林泽莘、林传璧、林传绥等人适当的遗产。

3.《最高人民法院关于人身保险金能否作为被保险人的遗产进行赔偿问题的批复》（1988年3月24日）

经征求有关部门的意见，现就你院请示关于人身保险金能否作为被保险人的遗产进行赔偿的问题，答复如下：

（一）根据我国保险法规有关条文规定的精神，人身保险金能否列入被保险人的遗产，取决于被保险人是否指定了受益人。指定了受益人的，被保险人死亡后，其人身保险金应付给受益人；未指定受益人的，被保险人死亡后，其人身保险金应作为其遗产处理，可以用来清偿债务或赔偿。

（二）财产保险与人身保险不同，财产保险不存在指定受益人的问题，因而，财产保险金属于被保险人的遗产。孙文兴投保的车损险是属财产保险，属于他的遗产，可以用来清偿债务或赔偿。在处理本案时，应本着上述原则，适当注意保护债权人的利益，合情合理解决。

4.《最高人民法院关于父母的房屋遗产由兄弟姐妹中一人领取了房屋产权证并视为己有产生纠纷应如何处理的批复》（1987年6月15日）

经研究，同意你院审判委员会的意见。即根据该房产的来源及使用等情况，以认定该屋为钟和记、王细的遗产，属钟秋香、钟玉妹、钟寿祥、钟妙、钟秋胜五人共有为宜。钟寿祥以个人名义领取的产权证，可视为代表共有人登记取得的产权证明。钟妙、钟秋胜已故，其应得部分由其合法继承人继承。

5.《最高人民法院关于产权人生前已处分的房屋死后不应认定为遗产的批复》（〔1987〕民他字第31号，1987年6月24日）

我们研究认为，此案讼争房屋虽系祖遗产，但陶齐氏已将产权状交与陶国祥，并在两次产权登记和私房改造中，均确定由陶国祥长期管理使用，陶冶在陶齐氏生前从未提出异议。据此应当认为该房产权早已转归陶国祥、邓秀芳夫妻共有。陶国祥死后的遗产，依法应由邓秀芳及其子女继承。陶冶无权要求继承。

6.《最高人民法院关于产权从未变更过的祖遗房下掘获祖辈所埋的白银归谁所有问题的批复》（〔1986〕民他字第38号，1987年2月21日）

被告唐学周于1985年3月15日翻建自有房屋时，在墙脚掘获刻有乾隆字样的白银29公斤4公两。该房系唐氏家族之祖遗产，历经数代均由唐姓家族人居住，从未变更过产权。族人皆知

---

① 对应《民法典》第1131条。——编者注

房下埋有白银,解放前曾两次掘获。因年代久远,白银究系唐姓家族中何人所埋不能证实。原告唐绍清等以此白银系高祖母遗产为由,起诉要求继承。被告唐学周辩称白银为其父临终前告知所埋,不同意原告唐绍清等继承。

根据以上事实,我们研究认为,被告唐学周在祖遗房下所掘获的白银,应认定为唐姓家族人所埋,视为原、被告等人的共有财产,由共有人合理分割,不宜作遗产处理。

7.《最高人民法院关于对遗产中文物如何处理问题的批复》(〔82〕民他字第 12 号,1982 年 3 月 11 日)

经研究:关于继承权问题,我们同意你院第二种意见,即按照现行有关政策法律规定,钟仁正五弟钟敬宽应有继承权。钟仁正遗产中的文物处理问题,应依靠当地党委和群众,动员钟敬宽将重要的历史文物和资料捐献给国家,国家给予钟敬宽一定的物质报酬和精神鼓励。如钟敬宽不愿捐献,可参照中共中央〔1971〕12 号文件精神和 1978 年 8 月 24 日中共中央批转上海市委《关于落实党对民族资产阶级若干政策问题的请示报告》中的有关规定,判决由国家收购,价款列入遗产,由钟敬宽继承。

【地方法院规范】

1.《北京市高级人民法院关于审理继承纠纷案件若干疑难问题的解答》(2018 年)

4. 死亡赔偿金、丧葬补助费、死亡抚恤金能否在继承案件中一并处理?

继承案件中,如有权获得死亡赔偿金、丧葬补助费、死亡抚恤金等财产的近亲属均作为当事人参加案件审理,并提出死亡赔偿金、丧葬补助费、死亡抚恤金等财产的分割请求,人民法院可以在继承案件中一并处理上述财产的分割。

5. 公房承租权能否作为遗产继承?

当事人请求继承被继承人生前的公房承租权,人民法院应告知当事人向公房所有权所在的行政机关或单位申请办理公房承租人变更手续,当事人坚持继承请求的,人民法院裁定驳回起诉。

6. 被继承人购买公房时根据工龄政策福利,使用已死亡配偶工龄折抵房款的,所获工龄政策福利能否折算后作为遗产分割?

按成本价或标准价购买公房时,依国家有关政策折算已死亡配偶一方工龄而获得政策性福利的,该政策性福利所对应财产价值的个人部分应作为已死亡配偶的遗产予以继承。

该政策性福利所对应的财产价值计算参考公式:(已死亡配偶工龄对应财产价值的个人部分÷购买公房时房屋市值)×房屋现值。

11. 作为遗产的城市住宅平房未经审批翻建、改建、扩建,没有取得新的产权证或者经明确无法办理新产权证,继承人要求继承该房屋,如何处理?

作为遗产的城市住宅平房未经审批翻建、改建、扩建,没有取得新的产权证或者经明确无法办理新产权证的,继承人要求继承该房屋及分割使用的,人民法院应予支持。但人民法院应在判决中明确,该判决不作为拆迁补偿依据;并明确对于该房屋是否属于违章建筑、能否取得房产证、应由相关行政主管部门依相关规定确定。

12. 被继承人死亡时尚未实现的股票期权等期待性权利,能否作为遗产请求继承?

被继承人死亡时行使权利条件未成就的股票期权等期待性权利,应待条件成就时主张遗产分割;该期待性权利的实现附有相应义务的,继承人在继承权利时应一并承担相应义务。

14. 继承纠纷中请求对城市成套住宅、住宅平房进行所有权分割的,如何处理?

继承纠纷中数个继承人请求将登记为成套住宅的遗产分割为数个不动产物权进行继承的,人民法院不予支持。

继承纠纷请求将登记为住宅平房的遗产分割为数个不动产物权进行继承的,应先征询相关行政主管机关意见,对是否具备物理分割、单独办理不动产权证的条件进行明确。避免出现与相关政策冲突难以执行情况。

上述不能分割为数个不动产物权进行继承的,人民法院应释明当事人变更诉讼请求为对不动产物权继承份额进行确定,并可请求进行实际使用分割。

2.《江苏省高级人民法院关于审理婚姻家庭纠纷案件的最新解答》(2019年)

50. 公房承租权能否继承?

公房分为统管公房和自管公房。公房的所有权属于国家或集体、企业、事业单位所有,当事人只享有使用权或者承租权。承租人在租赁期限内死亡,继承人要求继续承租的,可以向相关单位申请办理承租人变更手续,继承人主张继承公房承租权的,不予支持。

【法院参考案例】

1. 胡某某、何某1、何某2诉深圳高尔夫俱乐部有限公司继承纠纷案

[《人民法院案例选》2008年第4辑(总第66辑)]

【基本案情】

何某伟于2001年11月6日加入被告成为其高尔夫俱乐部会员,交纳入会费40万元。被告于2001年11月6日向被继承人何某伟颁发了会员资格证书。2004年12月21日,原告胡某某代何某伟向被告提出缺席申请(即中止打球)被准许。2006年6月9日,何某伟因病去世。原告胡某某、原告何某1、原告何某2分别是被继承人何某伟的妻子、父亲、女儿。原告认为被继承人何某伟在被告处的会员资格是其遗产,应由原告继承,但原告多次找被告协商办理继承手续时,遭到被告拒绝。为此,三原告以继承人的身份于2007年4月13日向深圳市福田区人民法院提起诉讼,请求法院判令:(1)被继承人何某伟在被告处的会员资格由原告继承,并由被告给原告办理继承手续(该会籍在2001年价值400000元);(2)本案的诉讼费用由被告承担。

被告辩称:高尔夫俱乐部的会员资格体现为一种折扣权或优惠权,该权利能否继承,自身也不清楚,请求法院依法判决。

庭审中,被告称该会员资格没有年限限制,会员每次消费时可免交果岭费(正常工作日一般为800元,节假日翻倍),但要交纳球童费、球场费、储物柜费。原告不清楚被告会员持卡消费的具体情况,但原告认为该会员卡应为一种投资卡。被继承人何某伟入会时填写的申请表上有一栏内容显示"本人明白深圳高尔夫俱乐部之会章"。被告于当庭向本院提交了其公司的会章,该会章第15条规定:"在下列情况,会员会丧失其会员资格:(1)会员资格转让;(2)本人死亡或其所属国家解散;(3)退会和被本会除名;(4)失去申请退还保证金的资格。"原告认为被告提交的该会章已过举证期,且该会章无公章和时间,故对被告提交的会章的真实性不予确认。被告于庭审中要求被告回去查询何某伟在其公司的消费情况,后被告电话答复未能查询到何某伟的消费记录情况。

【裁判意见】

深圳市福田区人民法院审理认为,中国人民银行和国家工商行政管理局于1998年11月11日下发的《会员卡管理试行办法》第2条规定:"本办法所称会员卡是指发行人和其会员之间以契约形式确定的会员消费权利的直接消费凭证。会员卡不能分红派息,也不能还本付息;可以依法转让、质押和继承。"《会员卡管理试行办法》第5条第2项规定:"会员卡所涉及的经营项目主要是高尔夫球俱乐部等高消费体育运动项目"。因本案继承纠纷所涉及的会员卡正是《会员卡管理试行办法》所规定的高尔夫球俱乐部会员卡,因此,就该卡所产生的权利与义务应受《会员卡管理试行办法》的调整。根据《会员卡管理试行办法》第2条的规定,何某伟所持有的被告会员卡应是一种可在被告处直接消费的凭证,因该消费主体特定且每次消费时可享受一定的优惠,故该卡应具有集会员资格和财产属性于一体的特征,会员资格因属会员何某伟所特有,与其自然生命联系在一起,具有身份权的特征,故在何某伟生命结束时,其会员资格应自动丧失,而会员卡的财产属性因其具有金钱价值,体现了财产权利的特征,不随会员生命的结束而消灭,故该卡所体现的财产属性原告可以转让、继承。本案三原告起诉主张的系要求继承何某伟在被告处的会员资格,因该资格在何某伟去世时已自动丧失,故对原告该主张,本院不予支持。原告起诉未提出继承何某伟生前所持有的会员卡现所具有的财产价值,故对该问题,本院不予处理。

遂依照《民事诉讼法》第 128 条、《继承法》第 3 条,参照《会员卡管理试行办法》第 2 条之规定,判决驳回原告胡某某、原告何某 1、原告何某 2 的诉讼请求。

2. 董某蓉、於嘉某、於智某、於培某、於新某诉於震某遗产继承纠纷案

[《人民法院案例选》2010 年第 3 辑(总第 73 辑)]

【要点提示】

遗产是公民死亡时遗留的个人合法财产,继承自公民死亡之时开始,但公民死亡时间与遗产分割时间并不一定是同一个时间,这期间,遗产的价值很可能因为市场因素发生变化或者遗产的表现形式发生变化而导致价值认定产生不同意见。如遗产继承人擅自处分应当与其他继承人共同继承的遗产,遗产因转化而增值的,在分割遗产时,应当按照增值后的价值进行计算。

【基本案情】

2003 年 10 月 27 日,原告於新某和被告於震某因位于宁波市北仑区大碶街道河南村地段的房屋及附属物已被列入北仑开发区建设项目拆迁范围而与宁波市北仑区原大碶镇房屋拆迁办公室分别签订了房屋腾空拆迁协议书,并于同年 11 月 7 日分别取得 244.03 平方米的房屋调产安置面积联系单(又称房票)。2004 年 5 月,於某财、杨某凤的子女於某莲、於某萍、於某祥(已过世,由其妻董某蓉代理)、於某娣签订关于父母於某财、杨某凤在宁波北仑区大碶镇河南村房地产遗产分配协议 1 份,大致载明:於某祥、董某蓉之子於新某、於震某已于 2003 年 11 月在当地拆迁组以於昌财孙子的身份代理领取了补偿金 584339 元和房屋拆迁调产安置面积 458.06 平方米的购房联系单,於某祥名下分得补偿金 309339 元和 488.06 平方米的购房联系单。2004 年 9 月 4 日,被告与宁波市北仑新矸房地产开发实业公司签订商品房买卖合同 2 份,凭房票购买了位于宁波市北仑区大碶街道高德公寓 3 幢 401 室及 8 幢 404 室房屋两套,其中 3 幢 401 室拆迁安置面积(即房票面积)为 90.16 平方米,实际面积为 90.51 平方米,支付购房款 148246 元(含储藏室);8 幢 404 室拆迁安置面积(即房票面积)为 105.45 平方米,实际面积为 105.91 平方米,被告支付购房款 175150 元(仓储藏室)。被告购买上述房屋共用去房票面积 195.61 平方米,剩余面积 48.42 平方米,被告转让给他人,得款人民币 5 万元。

【裁判结果】

浙江省宁波市北仑区人民法院经审理认为,遗产在未进行分割之前,属继承人共同共有,各继承人均系该遗产的共有人。根据於某财、杨某凤在宁波北仑区大碶镇河南村房地遗产分配协议，於某祥因祖屋被拆迁其名下分得部分现金和房票，被告作为代理人出面签订拆迁协议而取得 195.61 平方米房票，该房票应当属于於某祥和董某蓉的共同财产，其中属于於某祥的部分系遗产，原、被告双方均系该遗产的共有人。本案中双方争议的焦点是：原告认为应当按房票的价值和被告投入的资金比例来分割房屋利益；被告认为应当按照房票当时价值进行分割。法院认为，房票是拆迁人给予被拆迁人调产安置时购买安置用房的凭证。因凭房票购买安置用房的价格低于市场商品房价格，使得房票在事实上存在一定的经济价值，具有财产权性质。涉案房票是原、被告双方共同共有财产。被告凭房票购买涉案房屋，同时投入自有资金，房票因被告的购买行为而转换成房屋，原、被告双方对涉案房屋所代表的经济利益应当均享有共有权。被告主张按房票当时价值款项进行分割，因房票与被告投入的资金已转换成房屋，且涉案房屋存在升值事实，故本院对被告的该项主张不予支持，应当以涉案房屋价值为标的进行分割为宜。关于房票的价格，原告於新某出售价格为 1270 元/平方米，被告的出售价格为 1032 元/平方米，法院建议对被告用于购买涉案房屋的房票按折中平均价格 1151 元/平方米计算。综上所述，法院确定被告购房时的房票价值为 225147 元（195.61 平方米×1151 元/平方米）。根据被告的购房发票，被告购买涉案房屋支付购房款为人民币 323396 元，房票的价值在购房成本中的比例为 41.04%。该房票系於某祥和董某蓉的夫妻共同财产，其中属于於某祥的部分系遗产，原、被告双方均系於某祥的第一顺序继承人，故法院确定原告对涉案房屋价值 37.62% 的份额，被告享有 62.38% 的份额。涉案房屋价值经估价为人民币 1349703 元，被告主张购房费用和物业管理费等费用应当扣除，该主张合理，法院予以支持，依法核定为 7641 元。综上，法院确定涉案房票及以房票购买房屋产生的利益合计为人民币 1342062 元，原告应当继承分割的金额为 504883.70 元。

依照《继承法》第 3 条、第 10 条、第 13 条的规定，判决：（1）被告於震某应给付原告董某蓉、於嘉某、於智某、於培某、於新某房票价值和以房票购买房屋产生的利益合计人民币 504883.70 元（其中原告董某蓉应得 321289.70 元，原告於嘉某、於智某、於培某、於新某各应分得 45898.50 元）；（2）驳回原告董某蓉、於嘉某、於智某、於培某、於新某的其他诉讼请求。

3. 陈某超诉黄某惠继承纠纷案——公有住房承租权可以作为遗产继承①

---

① 相反观点为韩某利等诉韩某军将原由父母承租的房屋使用权在父母死亡后自己承租时予以出售所得的收益应按继承分割案[《人民法院案例选》2003 年第 2 辑（总第 44 辑）]。

[《人民法院案例选》2015年第2辑(总第92辑)]

【裁判要点】

随着住房制度改革的全面施行,公有住房承租权逐步允许转让、转租、上市交易,具有了经济价值,这种经济价值使公有住房承租权具备了独立的私有财产的性质,因此公有住房承租权可以如普通财产一般作为遗产继承。

【基本案情】

法院经审理查明:陈某超系陈某与其前妻粟某芳的婚生独女,1995年9月12日,陈某与粟某芳协议离婚并办理了离婚手续。2000年,陈某与黄某惠结婚,婚后共同居住于重棉三厂福利分配给职工陈某的公有住房,两人在婚姻关系存续期间内未生育子女。该诉争公有住房位于重庆市南岸区弹子石庆新一村,产权归属于重棉三厂,系重棉三厂分配给职工的福利住房。2002年12月21日,陈某因病去世,重棉三厂将该诉争公有住房承租人变更为黄某惠,后黄某惠一直独自在诉争房屋内居住生活并负担相关的租赁费用。2009年,重棉三厂破产清算,包括诉争房屋在内的该厂公有住房按照市政规划予以拆迁。2010年9月21日,黄某惠与重庆市南岸中央商务区开发建设有限公司签订《房屋拆迁产权调换协议》,选择产权调换的方式进行拆迁安置,安置房位于重庆市南岸区南坪东路二巷。2010年10月29日,黄某惠为产权调换安置房办理了产权登记。此后,黄某惠实际入住该拆迁安置房并进行了装修。

【裁判理由】

法院生效裁判认为:公民死亡时遗留的个人合法财产应当予以继承,遗产的范围应当包括物和权利。本案中被告黄某惠与陈某再婚后,与陈某共同居住在重棉三厂所有的位于重庆市南岸区弹子石庆新一村公有住房内。陈某死亡后,被告黄某惠以共同居住人的身份取得了诉争房屋承租权,后在诉争房屋拆迁时获得了拆迁安置房的所有权。原告陈某超认为公有住房承租权作为一项财产性权利,在被继承人陈某死亡时应当作为遗产予以分割,且无论该权利在其后转化为什么性质、状态,原告作为法定继承人都不丧失对该项财产进行分割的权利。故本案争议的焦点为公有住房承租权是否可作为遗产继承?公有住房承租权产生于计划经济时期,目的在于使在社会主义公有制下每个人都居有其所,具有公益保障性质。但随着市场经济的快速发展和房产制度的改革,传统意义上的公有住房性质发生了巨大的变化。公有住房的差价交换和公有住房的转租并无明确的法律和政策限制,公有住房承租权人能以公有住房租赁权获得财产利益,使得公有住房租赁权成为了财产性质的权利,故应当可以被继承。本案中,陈某死亡后,该公有住房承租权应当以遗产方式进行分割,故在原告未明示放弃继承的情况下,其继承利益依然凝聚在该公有住房承租权上,虽然后来该公有住房进行了拆迁和产权调换,但原告并未丧失对该承租权及其转化的利益的继承权,故原告依然可对拆迁安置房屋即重庆市南岸区南坪东路二巷16号房屋进行分割。但由于公有住房租赁权的公益保障性还是第一位的,被告黄某惠与原承租权人一直共同居住在该公有住房内,故在分割时应当对被告黄某惠予以多分。根据拆迁安置房约定价值、产权调换时的价值以及黄某惠补交房屋安置时的差价等情况,判决位于重庆市南岸区南坪东路二巷的拆迁安置房屋归被告黄某惠所有,被告黄某惠支付原告陈某超房屋折价款8万元。

【裁判结果】

重庆市南岸区人民法院于2012年10月18日作出(2010)南法民初字第03056号民事判决:(1)位于重庆市南岸区南坪东路二巷16号1栋12—13号房屋归被告黄某惠所有;(2)被告黄某惠于本判决生效之日起10日内支付原告陈某超房屋折价款8万元;(3)驳回原告陈某超其他诉讼请求。

4. 张甲诉张乙法定继承案——农村房屋拆迁获得的补偿利益应作为遗产进行分割(《中国法院2023年度案例·婚姻家庭与继承纠纷》)

【基本案情】

张甲、张乙系姐弟,张丙、吴某系二人父母。1990年8月20日政府土地登记审批表记载,张丙名下有某村编号为0502755的宅基地使用权,宅基地上附着物为本户所有。1991年12月12日,张甲的户籍迁至某街88号院99号,服务处所为某煤矿,现为户主。2000年9月28日,张丙去世。2010年7月,某村制订《某村旧房改造还房方案》,确定按《集体土地使用证》或镇建委的批示,以宅基地核准的面积乘以1.244系数还房。2010年7月5日,张乙作为张丙户的户主填写《某村村民户型申报表》。2010年7月28日,张乙、吴某的户籍从某街88号院99号迁入某村201号,该家庭户的户主变更为张乙,其登记婚姻状况为未婚。2012年2月1日,吴某去世。上述宅基地上房屋一直未予分割。2013年6月7日,某村村民委员会与张乙签订《某村拆迁及还房协议书》。2013年6月10日,某村给张乙出具《某村拆房户验收单》,证明(张丙)张乙户宅基地内外一切地上附着物已经全部清理完毕。2021年1月25日,某村村民委员会给张乙出具《证明》:张乙于2010年7月28日迁入该村后享受村民待遇。2021年4月1日,某村村民委员会给张甲出具《说明》:登记在张丙名下宅基地共计还房3套楼房,关于该宅基地的还房事宜、户型申报表、拆迁协议书均由张丙之子张乙与村委签订,并自行拆除房屋,经村委验收合格后再由其抓阄,现三套楼房均分房到张乙。后张甲与张乙因宅基地拆迁所得利益是否属于遗产并应依法分割等问题产生纠纷,诉至法院。

【案件焦点】

农村房屋拆迁获得的补偿利益应否作为遗产进行分割。

【裁判要旨】

山东省淄博市张店区人民法院经审理认为:本案中在张丙、吴某去世后,其所建合法地上附着物属于遗产,可以被继承,但登记在张丙名下的宅基地使用权不属于遗产范围,即使是成为遗产的地上附着物,也依法不得被翻建、修葺,村集体可待该地上附着物灭失或失去使用功能后依法收回该宗宅基地。现张甲提交的某村村民委员会《说明》《某村拆迁及还房协议书》与张乙提交的《某村旧房改造还房方案》等证据可以互相印证:在 2013 年 6 月 7 日某村村民委员会与张乙签订《某村拆迁及还房协议书》时,涉案 0502755 号宅基地的登记使用权人张丙及其妻子吴某已经去世,户内仅余二人成年未婚儿子张乙,某村依据宅基地还房,还得的新房与原宅基地上附着物的面积、价值均没有对应关系,该还房协议涉及村民待遇及村民自治权利,根据该协议,涉案新房并非张丙、吴某夫妇老宅基地上所建房屋的置换物,张甲不能证明该房产属于张丙、吴某夫妇去世时的遗产,其要求将上述三套新房作为遗产分割没有事实及法律依据。据此,一审判决如下:驳回原告张甲的诉讼请求。

张甲不服一审判决提起上诉。山东省淄博市中级人民法院经审理认为,遗产是自然人死亡时遗留的个人合法财产。张丙、吴某系夫妻关系,根据政府土地登记审批表涉案宅基地登记在张丙名下,能够认定张丙、吴某对涉案宅基地享有使用权,对地上附着物享有所有权。因被继承人张丙与吴某均已去世,法律未禁止非集体组织成员因继承获得涉案房屋产权性质的所有权,张甲与张乙均依法享有继承上述房屋的权利。根据涉案某村拆迁还房协议和村民户型申报表可以看出,某村村民委员会虽是与张乙签订的相关协议,但协议内容是将张丙户上的房屋拆除并将宅基地交还某村村委,某村村委给予相应的补偿,故相应的补偿应包括对张丙户上房屋及退还宅基地进行的补偿,宅基地面积仅是作为确定拆迁补偿利益的计算方式,张乙名下某村三套楼房属于拆迁利益部分,因当事人未对张丙户上房屋进行分割处理,现因涉案房屋拆迁获得了补偿,该补偿应当作为遗产进行分割。被继承人未留有遗嘱,故应当按照法定继承分割。同一顺序继承人继承遗产的份额,一般应当均等,但鉴于某村村委出具《证明》证明张乙户口迁入该村后享受村民待遇,村内拆迁所获得的利益是基于宅基地及地上附着物的安置补偿和村民安置补偿,具有一定的身份性和村民的福利待遇性,故酌定张甲分得上述三套房屋 1/3 份额。据此,二审判决如下:(1)撤销一审判决;(2)张甲分得张乙名下某村三套楼房产权的 1/3 份额;(3)驳回张甲其他诉讼请求。

5. 汽车服务公司诉张某英等被继承人债务清偿案——受益人为被保险人的人身保险金属于被保险人的遗产（《中国法院 2023 年度案例 · 婚姻家庭与继承纠纷》）

【基本案情】

被告张某英系魏某之妻，被告魏某雪、被告魏某云为魏某与张某英的子女。被告谭某梅、被告魏某怀为魏某的父母。2020 年 4 月 22 日，魏某因心梗去世。2019 年 1 月 8 日，原告汽车服务公司（出租方）与魏某（承租方）签订了《车辆租赁合同》，汽车服务公司将车牌号为京 HEE×××的广汽丰田雷凌油电混合汽车出租给魏某用于网约车运营。魏某一直使用该车辆至 2020 年 4 月 22 日。魏某在承租车辆期间有拖欠租金，且汽车服务公司代魏某交纳了租赁期间违章罚款 1400 元。魏某去世后，汽车服务公司要求五被告清偿魏某拖欠的租金 43600 元、违章罚款 1400 元。五被告称魏某没有任何遗产，不同意承担租金及违章罚款。经本院向某出行科技有限公司（以下简称某网约车公司）调查魏某去世后获得的各项补偿、补助、赔偿等情况，2021 年 10 月 15 日，某网约车公司回复本院经核查，其给予援助 27 万元。经本院向众安在线财产保险股份有限公司（以下简称众安保险公司）调查魏某的保单理赔情况，众安保险公司向本院出具《情况说明》、保险单、理赔通知书、个人定额给付保险理赔申请书，显示魏某在众安保险公司投保的个人重大疾病保险发生理赔，理赔金额为 133380 元。《保单》显示的投保人、被保险人都是魏某，个人重大疾病保险条款第 5 条受益人约定为："除另有约定外，本合同的受益人为被保险人本人。"而魏某并未指定其他人员为受益人。《理赔通知单》显示 133380 元理赔款转入了魏某雪名下的中国建设银行账户。

【案件焦点】

（1）案涉人身保险金是否属于被继承人魏某的遗产；（2）被告张某英、魏某雪、魏某云、谭某梅、魏某怀是否应当清偿被继承人魏某生前的债务。

【裁判理由及结果】

北京市朝阳区人民法院经审理认为：关于魏某去世后其债务的清偿问题，根据《民法典》第 1161 条的规定，继承人以所得遗产实际价值为限清偿被继承人依法应当缴纳的税款和债务。

超过遗产实际价值部分，继承人自愿偿还的不在此限。根据《保险法》第 42 条规定，被保险人死亡后，有下列情形之一的，保险金作为被保险人的遗产，由保险人依照《继承法》的规定履行给付保险金的义务：（1）没有指定受益人，或者受益人指定不明无法确定的……本案魏某投保的个人重大疾病保险并未指定其他受益人，根据保险条款的约定，魏某本人是受益人，因此众安保险公司理赔的 133380 元属于魏某的遗产，且该笔款项已经由五被告委托魏某雪实际领取。所以，魏某欠付原告的租金 33380.65 元、代缴违章罚款费用 1400 元,应当由其继承人进行清偿。

综上,北京市朝阳区人民法院依照《民法典》第 1122 条、第 1161 条,《民事诉讼法解释》第 108 条之规定,作出判决如下:(1)被告张某英、被告魏某雪、被告魏某云、被告谭某梅、被告魏某怀于本判决生效之日起 7 日内给付原告汽车服务公司租金 33380.65 元、代缴违章罚款费用 1400 元;(2)驳回汽车服务公司的其他诉讼请求。

第一千一百二十三条 【法定继承、遗嘱继承、遗赠和遗赠扶养协议的效力】继承开始后,按照法定继承办理;有遗嘱的,按照遗嘱继承或者遗赠办理;有遗赠扶养协议的,按照协议办理。

【立法·要点释义】

根据继承方式与被继承人的意思是否有关,继承可以分为遗嘱继承和法定继承。法定继承是在被继承人意思缺位时,立法按照男女平等、养老育幼、权利义务相一致等公平合理的规则分配被继承人的遗产。被继承人的遗产还可以因被继承人自己生前的意思而由继承人以外的人取得,第一种是遗赠,第二种是遗赠扶养协议。在涉及遗产的处理问题上,同样要贯彻意思自治的民法基本原则,遗赠扶养协议是一种双务合同,体现了双方当事人的意思,理应比仅体现一方意思的遗嘱效力优先。因此,应当依遗赠扶养协议优先处理所涉遗产。由于双方当事人可以事先约定扶养人受遗赠的财产范围,超过此范围的遗产,如果被扶养人立有遗嘱,则应当按照遗嘱处理,如果没有遗嘱,则应当按照法定继承办理。

【司法解释】

《最高人民法院关于适用〈中华人民共和国民法典〉继承编的解释(一)》(法释〔2020〕23 号,2021 年 1 月 1 日施行)

第三条① **【遗赠扶养协议与遗嘱并存时的处理】**被继承人生前与他人订有遗赠扶养协议,同时又立有遗嘱的,继承开始后,如果遗赠扶养协议与遗嘱没有抵触,遗产分别按协议和遗嘱处理;如果有抵触,按协议处理,与协议抵触的遗嘱全部或者部分无效。

【地方法院规范】

《北京市高级人民法院关于审理继承纠纷案件若干疑难问题的解答》(2018 年)

1. 以法定继承或遗嘱继承等单一继承类案由提起诉讼,审理中当事人提出包括法定继承、遗嘱继承、遗赠、遗赠扶养协议等在内的多个继承类请求,如

① 对该条的注释详见附录四第 1178 页。

何处理?

继承案件审理中,当事人分别提出法定继承、遗嘱继承、遗赠、遗赠扶养协议等分属不同案由的继承类请求,原则上人民法院应一并予以审理,案由列为继承纠纷。确因涉及当事人众多且不同种类继承请求一并审理不便于诉讼的,可释明当事人分别提起诉讼。

3. 有证据表明可能存在未参加诉讼的其他继承人存在,如何处理? 是否应由法院依职权查明?

在继承案件中有初步证据表明可能有其他未参加诉讼的继承人存在,人民法院在实体审判中应依职权进行调查核实。依已有证据及依职权调查核实的证据均无法确证该自然人的存在及继承人身份的,人民法院不予追加。

7. 农村宅基地上房屋能否适用遗赠?

遗赠人生前将宅基地上房屋遗赠本集体经济组织以外的人,受遗赠人在遗赠人死后主张因遗赠取得宅基地上房屋所有权的,人民法院不予支持。

【法院参考案例】

1. 张某等诉杨某继承纠纷案[《人民法院案例选》2016 年第 4 辑(总第 98 辑)]

【弘扬的价值:友善互助】

“远亲不如近邻”。邻里关系是人们生活中的重要关系,邻里之间互帮互助,是我国社会的优良传统和善良风俗。倡导、培育和维护良好的邻里关系,是互相理解、互相关照、和谐相处的社区建设重要内容。本案中,杨某的父亲由邻居长期照顾,杨某的父亲遂将其房产遗赠给张某的儿子,于法有据,于情合理,人民法院依法予以支持。

【基本案情】

原告张某夫妇及其子与被告杨某的父亲是邻居关系。自 20 世纪 50 年代以来,张某夫妇给予杨某父亲很多照顾,双方一直相处较好,往来频繁。相反杨某多年未与父亲来往,直至 2011 年 11 月才取得联系并探望了父亲。此后,杨某父亲在住院期间,口头表示将其房屋遗赠给张某的儿子,并有多位证人在场证明。2012 年 3 月,杨某父亲去世。后原、被告因杨某父亲的遗产继承问题进行诉讼,人民法院依法判决杨某父亲的房屋归张某的儿子所有,其他财产由杨某继承。

2. 唐某某等诉汪某 1 等遗赠协议纠纷案[《人民法院案例选》2002 年第 1 辑(总第 39 辑)]

【基本案情】

奎屯垦区人民法院经审理查明:被继承人汪某义生前系新疆生产建设兵团农七师 131 团中学教师,因病医治无效,于 1998 年 1 月 18 日在农七师 131 团医院病故。汪某义生前无配偶和子女,被告人汪某 1 是其胞兄,现在甘肃省漳县三岔乡务农。第三人汪某 2 系汪某 1 之子。原告唐某某曾经是汪某义的学生,在学习上、生活上曾得到汪某义很多的帮助。唐某某中学毕业后考入大学,大学毕业后分配工作,在长达十几年的时间里,唐某某与汪某义始终彼此书信来往不断,相互关心,情同父子,直至以父子相称。被继承人汪某义在新疆工作的20多年里,原告刘某某的父母亲念汪孤身一人,给予了多方面的关心与帮助,逢年过节,汪某义总是在刘某某父母家中度过,彼此建立了深厚的感情,以致后来汪某义与刘某某母亲结为姐弟,与刘某某以甥舅相称。1996年,汪某义家里的电视机被盗,刘某某将自己家的一台21寸金星彩色电视机搬到汪某义屋里让其使用。多年来,他们相互有许多经济帮助,从未算过经济账。被继承人汪某义病重住院治疗长达近4个月的时间里,原告刘某某、唐某某均放下本职工作,专程从外地赶至医院,在汪的病床前守护照料,直至被继承人汪某义病故、火化。被告汪某1及第三人汪某2于1998年1月22日(汪死亡第五天)才从甘肃赶来奎屯,将汪的骨灰带回老家安葬。

被继承人汪某义在病故前三天即1998年1月15日晚立有口头遗嘱。该遗嘱的基本内容是:(1)死后火化,不土葬,骨灰交侄儿汪某2带回老家安葬;(2)死后交一年的党费;(3)党支部的组织费支票交徐某平校长;(4)其他事情已告诉唐某某,由唐某某告诉你们。此时汪已很虚弱,不想多说话,在场人有校长徐某平、副校长赵某松及其同事胡某海、黄某民、陈某等人,当时唐某某未在病房。为落实汪关于遗产处理的意见,遂由陈某通知唐某某马上来医院。唐某某到医院后,在病房外把汪某义向他表达的意思给在场的人作了这样的复述:所有财产扣除自费药品的费用外,共有5万元,其中2万元给刘某某,以感谢刘全家多年来对我的关怀;全部家具及生活用品给侄子汪某2,另再给他1万元现金,并请求单位给予他的户口从甘肃老家迁到131团;剩余一两万元,如你(指唐某某)不出国就把婚结了。对唐某某的复述,在场的人均未提出异议,亦未做文字记录。汪某义病故后第三天即1998年1月20日,原告刘某某因急于返回乌鲁木齐市处理事务,根据汪某义向唐某某交待其后事的内容,并在131团中学校长徐某平、副校长赵某松及刘某的见证下,与唐某某签订了一份关于处理汪某义的遗产的"协议书"。该协议书载明:(1)汪某义老师的遗产金额总数的45%分配给汪某义老师外甥刘某某,35%分配给汪某义老师的义子唐某某,20%分配给汪某义老师的侄子汪某2,家中彩电归还给刘某某;(2)汪某义老师的书籍捐献给131团中学;(3)汪某义老师的花卉和小纪念品,唐某某和刘某某委托给131团中学全权处理;(4)汪某义老师的家具和其他家什分配给汪某义老师的侄子汪某2。被告汪某1及第三人汪某2等陆续赶来奎屯后,对汪某义的后事处理及遗产分配均未提出异议。同月 2 日，在 131 团中学副校长赵某松的见证下，唐某某与汪某 1、汪某 2 等就汪某义的遗产分配问题签订了“补充协议”。协议内容为：……（3）汪某义的遗产应为扣除各项应该扣除的费用之后的实际剩余数额；（4）遗产的实际剩余总额中，分给汪某义的亲侄儿汪某 2 25%的金额及现有全套家具，分给汪某义的外甥刘某某 40%的金额，分给汪某义的义子唐某某 35%的金额；（5）此协议是汪老师胞兄汪某 1 及侄儿汪某 2 来学校后，经认真考虑协商，于离开奎屯返乡前与唐某某签订，不得随意更改。该“补充协议”对遗产分配的调整部分，已事先征得了原告刘某某的同意。随后，唐某某返回昆明市，汪某 1、汪某 2 等返回原籍。1998 年 3 月，在 131 团中学的帮助下，汪某 2 及妻儿举家迁至 131 团一连务农。同月 27 日，第三人汪某 2 将汪某义的主要遗产住宅楼一套以 51790 元卖给了 131 团中学校长徐某平。徐某平扣除 15000 元，将 36790 元交第三人汪某 2。二原告得知上述情况后，要求第三人汪某 2 按照“补充协议”中的约定分得遗产，但均遭拒绝，因此成讼。

另查明，被继承人汪某义还遗留有简易人身保险金 3219.40 元、养老基金 987.36 元、长寿还本保险金 600 元、集资房入股分红款 483.36 元，合计 529012 元。还查明，为给被告汪某 1 送达诉讼文书，二原告支付邮寄费用 124.20 元。

原告刘某某、唐某某诉称：根据被继承人汪某义生前口头遗嘱，并在 131 团中学领导及汪某 1 见证下，我们与汪某 1、汪某 2 就遗产分配达成协议：刘某某分得遗产的 40%，唐某某分得遗产的 35%，汪某 2 分得遗产的 25%。此后，我们因工作繁忙分别返回乌鲁木齐市和昆明市，全部遗产交汪某 2 管理。同年 3 月 27 日，汪某 2 擅自作主将主要遗产即楼房一套以 51790 元卖给 131 团中学校长徐某平，将卖楼款全部占为己有。我们要求按“协议书”约定分配被继承人的遗产。

被告人汪某 1 答辩称：我是被继承人汪某义的唯一法定继承人，原告刘某某、唐某某均不是法定继承人，他们主张的口头遗嘱不符合法律规定的形式要件，是无效的，本案应按法定继承来分割遗产。被告汪某 1 同时提出反诉，要求原告刘某某返还侵占被继承人汪某义的遗产电视机一台及 700 元现金。

第三人汪某 2 陈述：我受父亲汪某 1 的委托接收遗产，符合法律规定。关于 1998 年 1 月 27 日我和父亲与原告唐某某签订的协议，是受欺骗所签，是无效的。

【裁判意见】

奎屯垦区人民法院经审理认为：被继承人汪某义生前留有口头遗嘱，且在其死亡前两天已公之于众，无人提出异议；被继承人汪某义去世后，其后事大都遵照其遗嘱办理，因此应确认其遗嘱合法、有效。原、被告及第三人之间就遗产分配问题达成的“补充协议”,不违背被继承人汪某义的口头遗嘱,是原、被告及第三人真实意思的表示,对其效力予以确认。鉴于被继承人的口头遗嘱有效,被告汪某1主张按法定继承处理遗产,本院不予支持。被告汪某1提出原告刘某某返还侵占被继承人汪某义的遗产电视机一台的反诉请求,因该电视机是原告刘某某暂给被继承人汪某义使用的,本院不予支持。原告刘某某与被继承人汪某义生前有许多经济往来,在经济上彼此不分,故对被告汪某1要求刘某某返还700元的反诉请求,本院亦不予支持。第三人汪某2提出“补充协议”是其与父亲在受欺骗的情况下与唐某某签订的,主张该补充协议无效,因其未提供确凿的证据证实,故本院不予采信。被继承人汪某义的遗产,应用以清偿其生前所欠的债务和其他费用,剩余的部分由原、被告和第三人根据遗嘱和协议分得。第三人汪某2将被继承人遗留的房产变卖后占有了大部分价款,不仅违反了被继承人的遗嘱,也违反了原、被告和第三人签订的补充协议,应将超出自己应得份额的遗产返还给原告。依照《继承法》第16条、第17条第4款、第33条第1款和《民法通则》第55条、第57条之规定,该院于2000年5月18日判决如下:(1)被继承人汪某义遗产42080.12元,扣除原告唐某某给被继承人资助房款5000元,付给原告唐某某;扣除第三人汪某2回原籍安葬骨灰的费用4000元,付给第三人汪某2,余额为33080.12元。(2)遗产33080.12元,由原告刘某某分得13232元,原告唐某某分得11578元,第三人汪某2分得8270.12元。被继承人汪某义的全套家具及生活用品由第三人汪某2分得。(3)本判决生效后10日内,第三人汪某2将多占有的遗产24519.88元交来本院。(4)第三人汪某2付给原告刘某某、唐某某为给其送达诉讼文书所支出的124.20元费用。(5)驳回被告汪某1的反诉请求。

汪某1不服判决上诉称:被继承人的口头遗嘱不是其真实的意愿,不符合继承法规定的条件,因此不具有法律效力……刘某某、唐某某答辩称:原审认定事实清楚,判决各方当事人所得遗产的份额符合被继承人的遗嘱,故请求二审法院维持原审判决,驳回上诉人汪某1的上诉。

农七师中级人民法院经审理认为:被继承人汪某义住院治病期间,一直神志清醒,对于后事的处理已向无利害关系的多人表达,其口头遗嘱内容真实,应确认有效。上诉人汪某1上诉称该口头遗嘱不是被继承人真实意思的表示,但未提供证据证实,故其上诉请求本院不予支持。

上诉人汪某1与唐某某订立的“补充协议”是双方真实意思的表示,并征得了刘某某的认可,应当作为本案当事人对遗产分割的依据,当事人应当按该补充协议的约定分得遗产。

唐某某、刘某某虽不属法定继承人,但他们在被继承人生前,尤其在被继承人生前的最后几个月里,尽了照料、赡养义务,依法应适当分得部分遗产。原审判决给他们分得遗产和分得遗产的数额是正确的,但表述他们“继承遗产”不当,应予纠正。

农七师中级人民法院依照《民事诉讼法》第 153 条第 1 款第 1 项的规定,于 2000 年 8 月 31 日判决如下:(1)维持新疆奎屯垦区人民法院民事判决之第 1、3、4、5 项。(2)变更新疆奎屯垦区人民法院民事判决第 2 项为:遗产中钱款为 33080.12 元,由刘某某分得 13232 元,唐某某分得 11578 元,汪某 2 继承 8270.13 元,汪某义的遗留家具及生活用品由汪某 2 继承。

第一千一百二十四条　【继承和遗赠的接受和放弃】继承开始后,继承人放弃继承的,应当在遗产处理前,以书面形式作出放弃继承的表示;没有表示的,视为接受继承。

受遗赠人应当在知道受遗赠后六十日内,作出接受或者放弃受遗赠的表示;到期没有表示的,视为放弃受遗赠。

【立法·要点释义】

放弃继承就是继承人作出不接受继承、不参与遗产分割的意思表示。放弃继承的继承人既可以是遗嘱继承人,也可以是法定继承人。继承人放弃继承可以在继承开始后随时作出,可以向遗产管理人作出,也可以在涉遗产的诉讼中向人民法院作出,还可以向其他继承人作出。由于遗产管理人在继承开始后需要一段时间才能确定,所以《民法典》未进一步明确必须向遗产管理人作出放弃继承的表示。放弃继承关系继承人的重大利益,有必要以要式法律行为作出,《民法典》增加规定放弃的意思表示应当以书面方式作出,避免当事人之间就遗产分割发生争议。

继承人仅以所分得遗产为限对被继承人的债务承担责任,是否限定时限对继承人的权利义务没有太大影响。且在我国不少地方存在这种习俗,即长辈过世后不会立即分割遗产,往往会等到该长辈的配偶亦过世后,晚辈继承人才一并分割长辈的遗产。此外,被继承人死亡后,继承人往往处于悲痛中,要求继承人在短期内作出是否接受继承的意思表示未必恰当。

放弃继承必须在被继承人死亡后放弃。如果被继承人尚未死亡,继承人就作出放弃继承的意思表示,这种放弃是无效的。放弃必须在遗产处理前作出,在遗产处理之后,遗产的所有权已经转移给继承人,此时继承人放弃的不是继承,而是所继承遗产的所有权。如果是遗嘱继承的继承人放弃继承,根据第 1154 条第 1 项的规定,所涉遗产即按照法定继承办理；如果是法定继承人放弃继承，那么该继承人本应分得的遗产份额就应由其他继承人分割。继承人放弃继承，放弃的效力溯及继承开始之时。

作出接受或者放弃受遗赠的期限为60日，从受遗赠人知道之日起算。接受遗赠必须以明示的方式作出意思表示，受遗赠人在法定期限不作出意思表示的视为放弃。考虑到接受遗赠属于行使权利的行为，不宜对当事人要求过高，在形式上法律不作书面方式的硬性规定，只要受遗赠人作出意思表示即可。

【编者观点】

继承权的性质直接关涉对放弃继承行为性质的认定。身份行为说认为放弃继承属于对继承人身份的确认；财产行为说强调放弃行为仅发生遗产归属的效果；复合行为说则认为，放弃行为同时产生身份确认与遗产归属两方面效果，但是财产行为的性质更为浓厚。虽然继承与特定身份休戚相关，但是我国法上的继承权不具备身份属性，放弃继承是一种财产行为，理由如下：首先，被继承人死亡后，与继承人不存在身份法上的任何权利义务关系，继承客体为遗产，继承权只发生财产法上的效果。第1122条第1款规定“遗产是自然人死亡时遗留的个人合法财产”，文义上仅指代积极财产，但是第1161条规定继承客体还包括消极遗产即债务。因此，继承权应被定义为“继承人承受被继承人遗产权利和义务的法律地位”，放弃继承与身份权利义务无关。其次，继承权的发生根据包括法定继承和遗嘱指定，且第1163条未从遗产债务清偿角度区分遗嘱继承与遗赠。继承权人可以是法定继承人范围之外的任何民事主体，法定继承人也可能因各种原因丧失继承既得权，导致继承权与近亲属等特定身份不存在必然联系，放弃继承与特定身份并不挂钩。

按照继承开始与遗产分割两个时间点，放弃继承可以划分为继承开始前、继承开始后到遗产分割前以及遗产分割后三个阶段：第一阶段为继承期待权；第二阶段为继承既得权；第三阶段经由遗产分割，继承权已经转变为实际获得的遗产份额。放弃继承主要与前两个阶段有关。

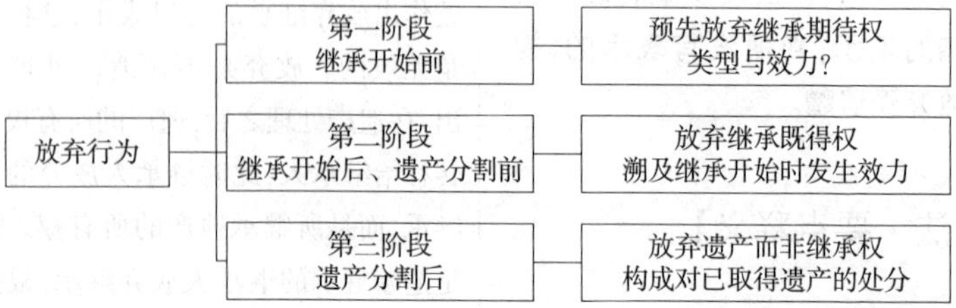

第一阶段，继承期待权是指潜在继承人将来参与继承的客观可能性与现实可能性，不同于停止条件未成就前当事人依据法律行为享有的期待权。在法定继承中，继承期待权即继承人资格，来自父母子女、祖孙或者兄弟姐妹等近亲属关系以及夫妻关系；在遗嘱继承中则来自立遗嘱人的指定。继承开始前，可能因收养、结婚、生子、被继承人另立遗嘱、继承人先死亡或者继承权丧失等情形，导致继承期待权人的继承顺位下降或者继承份额缩减，这些不属于对继承期待权的侵害。因此，继承期待权不包含任何具体、现实的权利内容，继承期待权人尚未享有将来遗产上的任何权利。

第二阶段，继承期待权转化为继承既得权，这是指继承既得权人在继承开始后实际享有的遗产权益和承担的遗产债务，还包括继承既得权人参与遗产管理等继承事务的权利及义务，兼具社员权属性。继承既得权人对该权利有权行使、接受、抛弃或者进行其他处分，权利受到侵害时有权主张继承回复请求权。有学者认为，继承既得权也可能因为权利人放弃继承而消灭，因此权利人范围仍处于发展与变化之中，属于形成权性质，区别于接受继承之后属于支配权性质的继承权。《民法典继承编解释(一)》第 37 条规定“放弃继承的效力，追溯到继承开始的时间”。因此更妥当的理解是，放弃继承后继承既得权自始不存在，无须进一步区分是形成权还是支配权。

放弃继承既得权在德国法上被称为继承的拒绝，有学者认为“拒绝继承”这一术语相较于“放弃继承”更为科学，拒绝的对象是尚未确定的权益，与第二阶段继承人的状态相吻合；而放弃的对象是已享有的权益，与第三阶段继承人的状态更吻合。继承人在遗产处理中尚未实际取得遗产份额前放弃继承的，司法实践通常也认可该放弃行为追溯至继承开始时发生效力。在第二阶段，继承人放弃继承的效力溯及至继承开始时发生，对应的遗产尚未形成夫妻共同财产，故继承人的配偶无权主张放弃继承的行为无效。

第三阶段，遗产分割后的放弃继承行为实质上是对已取得遗产的处分，如果继承人放弃时表示将遗产留给特定人且对方接受，实际上成立赠与合同。在遗产分割后，依据第 1062 条第 1 款第 4 项，遗产已成为夫妻共同财产，此时放弃继承的行为已超出家庭日常生活需要的范畴，未经配偶追认，对其不发生效力。

类似于合同法上的真正利益第三人合同、债务免除、债权人与承担人缔结的免责债务承担，这些制度背后的道理是一致的，虽然施惠行为无须受惠人同意，但是恩惠不得强施，因此受惠人可以拒绝——“你可以给，我也可以拒”。第二阶段的放弃继承既得权便是基于这个逻辑，放弃的是一种确定性。“如果你还没有决定给，我可以提前拒吗？”预先放弃继承处理的就是这一问题。为什么在一切尘埃落定之前，人无法放弃不确定性，或者暂且不能发生效力呢？在充满法律父爱主义底色的各种教义学层面的论证理由之外，也许只是因为不确定性的另一个称谓“命运”。人的悲剧性往往就在于塑造理性的神话，试图用理性意志对抗命运的不确定，而法律的悲剧就是人的悲剧的缩影。

【司法解释】

《最高人民法院关于适用〈中华人民共和国民法典〉继承编的解释（一）》（法释〔2020〕23号，2021年1月1日施行）

第三十二条[①] **【放弃继承权限制】**继承人因放弃继承权，致其不能履行法定义务的，放弃继承权的行为无效。

第三十三条[②] **【以书面形式放弃继承】**继承人放弃继承应当以书面形式向遗产管理人或者其他继承人表示。

第三十四条[③] **【以口头方式放弃继承权】**在诉讼中，继承人向人民法院以口头方式表示放弃继承的，要制作笔录，由放弃继承的人签名。

第三十五条[④] **【放弃继承权期限】**继承人放弃继承的意思表示，应当在继承开始后、遗产分割前作出。遗产分割后表示放弃的不再是继承权，而是所有权。

第三十六条[⑤] **【放弃继承反悔】**遗产处理前或者在诉讼进行中，继承人对放弃继承反悔的，由人民法院根据其提出的具体理由，决定是否承认。遗产处理后，继承人对放弃继承反悔的，不予承认。

第三十七条[⑥] **【放弃继承权效力】**放弃继承的效力，追溯到继承开始的时间。

第四十四条[⑦] **【继承诉讼中追加共同诉讼当事人】**继承诉讼开始后，如继承人、受遗赠人中有既不愿参加诉讼，又不表示放弃实体权利的，应当追加为共同原告；继承人已书面表示放弃继承、受遗赠人在知道受遗赠后六十日内表示放弃受遗赠或者到期没有表示的，不再列为当事人。

【司法指导文件】

《第八次全国法院民事商事审判工作会议（民事部分）纪要》（法〔2016〕399号，2016年11月21日）

（四）关于诉讼时效问题

25. 被继承人死亡后遗产未分割，各继承人均未表示放弃继承，依据继承

---

① 对该条的注释详见附录四第1221页。
② 对该条的注释详见附录四第1225页。
③ 对该条的注释详见附录四第1226页。
④ 对该条的注释详见附录四第1227页。
⑤ 对该条的注释详见附录四第1236页。
⑥ 对该条的注释详见附录四第1238页。
⑦ 对该条的注释详见附录四第1248页。

法第二十五条①规定应视为均已接受继承,遗产属各继承人共同共有;当事人诉请享有继承权、主张分割遗产的纠纷案件,应参照共有财产分割的原则,不适用有关诉讼时效的规定。

【批复答复】

1.《最高人民法院关于向勋珍与叶学枝房屋纠纷一案的复函》(〔1990〕民他字第45号,1990年11月15日)

经研究认为:宁国锋夫妇于1929年、1946年先后死亡,所遗房屋由三子宁让祥一家一直居住至今,其他子女宁福英、宁雪冰、宁让贤于1986年以前先后死亡,他们生前均未表示放弃继承。根据我国《继承法》第25条②和我院《关于贯彻执行〈中华人民共和国民法通则〉若干问题的意见(试行)》第177条的规定和该案具体情况,宁氏姐弟对其父母所遗房产可视为接受继承,并对未分割的房产享有共有权。据此,我们基本同意你院的第二种意见,即宁雪冰之妻向勋珍现提出分割的房屋,可按分割共同财产的诉讼请示处理。但鉴于叶学枝一家居住使用房屋达40多年等情况,为稳定住房秩序,可由叶学枝给予向勋珍等转继承人适当补偿。

2.《最高人民法院关于继承开始时继承人未表示放弃继承遗产又未分割的可按析产案件处理问题的批复》(〔1987〕民他字第12号,1987年10月17日)

据你院报告称:费宝珍与费翼臣婚生三女一子,在无锡市有房产一处共241.2平方米。1942年长女费玉英与周福祥结婚后,夫妻住在费家,随费宝珍生活。次女费秀英、三女费惠英相继于1950年以前出嫁,住在丈夫家。1956年费翼臣、费宝珍及其子费江迁居安徽,无锡的房产由长女一家管理使用。1958年私房改造时,改造了78.9平方米,留自住房162.3平方米。1960年费翼臣病故,费宝珍、费江迁回无锡,与费玉英夫妇共同住在自留房内,分开生活。1962年费玉英病故。1985年12月,费宝珍、费江向法院起诉,称此房为费家财产,要求周福祥及其子女搬出。周福祥认为,其妻费玉英有继承父亲费翼臣的遗产的权利,并且已经占有、使用四十多年,不同意搬出。原审在调查过程中,费秀英、费惠英也表示应有她们的产权份额。

我们研究认为,双方当事人诉争的房屋,原为费宝珍与费翼臣的夫妻共有财产,1958年私房改造所留自住房,仍属于原产权人共有。费翼臣病故后,对属于费翼臣所有的那一份遗产,各继承人都没有表示过放弃继承,根据《继承

---

① 对应《民法典》第1124条。——编者注

② 对应《民法典》第1124条。——编者注

法》第二十五条第一款①的规定,应视为均已接受继承。诉争的房屋应属各继承人共同共有,他们之间为此发生之诉讼,可按析产案件处理,并参照财产来源、管理使用及实际需要等情况,进行具体分割。

【法院参考案例】

1. 罗某蓉、罗某玉诉王某雅等法定继承纠纷案[《人民法院案例选》2011 年第 2 辑(总第 76 辑)]

【要点提示】

依照我国行为习惯,私章不具有识别个人身份的法律特征,也不具有代表本人意思的法律效力,仅加盖私章而无本人签名且本人提出异议的放弃继承证明,形式上不符合继承人放弃继承的法律要件。

继承开始后,在继承人均未表示放弃继承且遗产也未进行分割的情况下,不存在继承人权利被侵犯的问题,遗产归全体继承人共有,任何共有人随时都可以提出分割共有物的请求,该权利实质为形成权而非请求权,不适用诉讼时效的规定。

【基本案情】

成都市锦江区人民法院经审理查明:黄某五与罗某林系夫妻关系,婚后共生育罗某、罗某辉、罗某蓉、罗某玉四个子女。黄某五购买了成都市金泉街 99 号房屋并于 1959 年 8 月 12 日取得房屋所有证。罗某林于 1946 年 10 月 12 日死亡,此后黄某五未再婚,其于 1970 年 9 月 16 日死亡,生前未立遗嘱。黄某五与罗某林的父母均先于黄某五、罗某林死亡。罗某辉于 1958 年死亡,其与妻子宋某华婚后共生育罗某庆、罗某琼两个子女,宋某华后与他人再婚。罗某庆于 1994 年 7 月 26 日死亡,其与丈夫宋某成婚后生育一子宋某恒。罗某于 1995 年 10 月死亡,其与妻子王某雅婚后共养育罗某丽、罗某成、罗某俊三个子女。

黄某五死亡后,罗某、王某雅、罗某俊在成都市金泉街 99 号房屋居住。1973 年 12 月,罗某向成都市房产管理局产权监理处申请办理成都市金泉街 99 号房屋的继承登记,提交了其所在单位出具的关于罗某的基本情况及在其母亲遗产房屋内居住情况的证明,罗某申请办理房屋产权登记的申请书,由罗某书写的署名为罗某蓉并加盖一枚“罗某容”印章、内容为同意放弃产权、房屋由罗某继承的证明,由罗某书写的署名为罗某玉并加盖一枚“罗某玉”印章、内容为同意放弃产权、房屋由罗某继承的证明。1974 年 1 月 28 日,罗某取得成都市房产管理局颁发的成都市金泉街 99 号房屋产权证(权字第 4169 号),房屋产权人户名由黄某五变更登记为罗某。1976 年 4 月 14 日,罗某庆、罗某群(琼)向成都市产权监理处递交

---

① 对应《民法典》第 1124 条第 1 款。——编者注

申请书,认为将遗产房屋登记为罗某一人未征求其意见,申请注销罗某的产权证进行共有权利登记。此后,成都市房产管理局产权监理处将权字第 4169 号房屋产权证收回并加盖注销章。成都市房产管理局产权监理处曾告知罗某、罗某庆等补具各自书面意见。成都市金泉街 99 号房屋的相关继承人一直未向成都市房产管理局产权监理处补具关于继承成都市金泉街 99 号房屋的书面意见重新办理登记。2009 年 8 月,成都市金泉街 99 号房屋参与改造收购,由王某雅、罗某俊、罗某成与改选方签订《改造房屋收购协议》,收购价款 1576894 元。现该房已腾退交出,罗某俊已申领整体搬迁一次性奖励 3 万元。庭审中,罗某蓉、罗某玉表示请求分割的共有财产可以是房屋补偿款,罗某丽、罗某群、宋某恒表示分割的共有财产应当是房屋而不是补偿款。

【裁判结果】

成都市锦江区人民法院经审理认为:

1. 关于成都市金泉街 99 号房屋的权属问题。虽然罗某曾取得成都市金泉街 99 号房屋产权证,将房屋产权人户名由黄某五变更登记为罗某,但在罗某庆、罗某群(琼)提出异议后,成都市房产管理局产权监理处已将该房屋产权证收回并加盖注销章,而黄某五的继承人此后未向成都市产权监理处补具关于继承该房屋的书面协议重新办理登记手续,故该房屋的权属已恢复到罗某办理变更登记前的状态,即仍然属于黄某五所有。

2. 关于罗某蓉、罗某玉是否享有房屋继承权的问题。因两份放弃产权的证明均由罗某书写,虽然加盖有“罗某容”和“罗某玉”印章,但罗某蓉、罗某玉并未在上面签字,不能确定是其本人的意思表示;虽然成都市房产管理局产权监理处在办理罗某申请变更房屋产权登记过程中,通过了相关审核程序并向罗某颁发了房屋产权证,但并无证据证明在办理房屋产权变更登记过程中有罗某蓉、罗某玉本人到场,特别是在此次继承登记程序还存在遗漏其他继承人意见、罗某蓉的署名与印章(“罗某容”)不一致等其他问题的情况下,不能据此反推出以罗某蓉、罗某玉名义出具的证明应当经过其本人的确认;再结合罗某在其房屋产权证被收回至其去世长达十多年的时间内,未再向产权监理处重新提交关于继承分割房屋的书面意见以及罗某蓉、罗某玉放弃继承的书面证明这一情况,不能认定罗某蓉、罗某玉有放弃继承的意思表示。况且,由于颁发给罗某的房屋产权证已被收回并注销,房屋恢复为产权仍属黄某五所有,现房屋尚未分割处理,目前罗某蓉、罗某玉也未表示要放弃继承,故即使罗某蓉、罗某玉曾经在罗某申请办理房屋变更登记时有过同意放弃继承的意思表示,也并不影响罗某蓉、罗某玉在房屋分割前所享有的继承权。

3. 关于本案是否已经超过诉讼时

效的问题。王某雅等辩称，黄某五于1970年去世时继承就开始，罗某蓉、罗某玉至今起诉，早已超过诉讼时效。本院认为，被继承人黄某五死亡时，发生继承的事由，随着继承的开始，黄某五遗产的所有权即应从黄某五名下转到各继承人名下，在黄某五的继承人均未表示放弃继承且遗产也未进行分割的情况下，遗产应当归全体继承人共有，在遗产分割前的共有关系存续期间，任何共有人随时都可以提出分割共有物的请求，现原告罗某蓉、罗某玉作为黄某五的继承人即遗产的共有人起诉要求分割共有财产，符合法律规定，本案不适用诉讼时效的规定。相反，如果认为本案已过诉讼时效，将会导致成都市金泉街99号房屋始终属于死亡多年的黄某五所有的情况出现，从而产生所有权缺位问题，实际上也剥夺了各继承人的法定权利。

4. 关于遗产范围及各继承人继承份额的问题。成都市金泉街99号房屋属于黄某五死亡时遗留的财产，其继承人均享有继承权，虽然该房屋已由王某雅、罗某俊、罗某成代表参与改造户黄某五(亡)签订了改造房屋收购协议，但因其他部分继承人明确表示请求分割的共有财产是房屋而不是收购价款，故本案分割处理的遗产范围为成都市金泉街99号房屋。因黄某五的配偶和父母均先于其死亡，故其第一顺序继承人应为黄某五的四个子女即罗某、罗某辉、罗某蓉、罗某玉，对成都市金泉街99号房屋的继承份额各为25%。因罗某在黄某五死亡后、遗产分割前死亡，其继承份额应依法由其配偶王某雅及其子女罗某丽、罗某成、罗某俊转继承。黄某五死亡时继承即开始，黄某五未立遗嘱，罗某因继承取得的房屋所有权份额，系罗某与王某雅婚姻关系存续期间所得的夫妻共同财产，罗某死亡后，其继承份额的一半应归王某雅所有，剩余一半再由王某雅、罗某丽、罗某成、罗某俊均等分割，即罗某继承成都市金泉街99号房屋的25%份额中，由王某雅享有15.625%，由罗某丽、罗某成、罗某俊各享有3.125%。因罗某辉先于黄某五死亡，而罗某辉共生育罗某庆、罗某群两个子女，其中罗某庆于1994年死亡，生前生育一子宋某恒，故罗某辉继承成都市金泉街99号房屋的25%份额，应依法由罗某群、宋某恒代位继承，各享有12.5%的份额。

据此，依照《继承法》第2条、第3条第2项、第5条、第10条、第11条、第13条第1款、第25条第1款，《婚姻法》第17条第1款第4项，《物权法》第29条、第99条，《继承法意见》第52条的规定，判决成都市金泉街99号房屋(建筑面积92.60平方米)由原告罗某蓉、罗某玉各享有25%的财产份额，由被告王某雅享有15.625%的财产份额，由被告罗某俊、罗某成、罗某丽各享有3.125%的财产份额，由被告罗某群、宋某恒各享有12.5%的财产份额。案件宣判后，各方当事人均未提起上诉，判决已发生法律效力。

2. 杨某甲、杨某乙诉丁甲继承纠纷案——非真实意思表示的认定［《人民法院案例选》2021 年第 11 辑（总第 165 辑）］

【裁判要旨】

在民法中，意思表示真实是法律行为有效的一般要件，然而在司法实践中将意思表示真实狭义理解并直接定义为意思自治，并过分强调意思自治将会使当事人举证陷入过于艰难的境地。认定当事人在法律行为中的意思表示是否真实应当结合案件事实综合考虑。

【基本案情】

法院经审理查明：1988 年 4 月 14 日马某己与杨某丙登记再婚。马某己于 2011 年 1 月 12 日死亡，杨某丙于 2014 年 12 月 7 日死亡。丁甲系杨某丙的儿子，杨某甲、杨某乙系杨某丙的兄弟，马某甲、马某乙、马某丙、马某柱、马某戊系马某己的子女，马某柱于 2008 年 12 月 9 日死亡，马某丁系马某柱的儿子。昆明市顺城街西侧新月花园 B 幢 2 单元×××号房屋系马某己与杨某丙的夫妻共同财产。杨某丙在中国邮政储蓄银行金碧路营业处账号为 607310×××××××××8506 有存款人民币 2414.57 元。杨某丙在中国银行昆明市金碧支行营业部账号 1340××××4213 的存款 34016.86 元已由被告马某戊领取，扣除被告为杨某丙办丧事的费用 3216 元，剩余款项为 30800.86 元。

2011 年 2 月 11 日，杨某丙留下一份自书《遗嘱》，载明将坐落于昆明市顺城街新月花园 B 座 2 单元×××号房产属于自己的份额由其两个兄弟杨某甲、杨某乙各继承 50%；将自己储蓄的定期（或活期）的剩余所有存款全部遗留给杨某甲、杨某乙，两人各继承 50%；原单位发给的丧葬费由杨某甲、杨某乙各继承 50%；新月花园 B 座 2 单元×××号房产内的所有家具、电器中属于自己的份额由杨某甲、杨某乙各继承 50%。2015 年 1 月 1 日，原告杨某甲、杨某乙各出具一份《放弃遗产继承的申明》，载明自愿放弃其姐姐杨某丙遗产继承的权利。

2014 年 12 月 24 日法院受理了丁甲诉马某甲、马某乙、马某丙、马某丁、马某戊继承纠纷一案，于 2015 年 4 月 2 日作出（2015）五法民二初字第 58 号民事判决：（1）顺城街西侧新月花园 B 幢×××号房屋由马某甲、马某乙、马某丙、马某丁、马某戊共同继承所有。（2）马某甲、马某乙、马某丙、马某丁、马某戊于本判决生效后 10 日内支付丁甲房屋补偿款人民币 408720 元。（3）被继承人杨某丙在中国邮政储蓄银行金碧路营业处账号为 607310×××××××××8506 的存款 2414.57 元由丁甲继承。（4）马某戊于本判决生效后 10 日内支付丁甲人民币 30800.86 元。判决生效后，双方已经按照判决内容履行完毕。

2015 年 9 月 8 日，原告杨某乙、杨某甲因丁甲与马某甲、马某乙、马某丙、马某丁、马某戊继承纠纷一案，不服法院(2015)五法民二初字第58号生效判决,向法院提起第三人撤销之诉,法院于2016年9月19日作出(2015)五法民二初字第857号民事判决:驳回原告杨某乙、杨某甲的诉讼请求。后原告上诉,昆明市中级人民法院于2017年6月6日作出(2016)云01民终5609号民事判决:(1)撤销昆明市五华区人民法院(2015)五法民二初字第857号民事判决;(2)撤销昆明市五华区人民法院(2015)五法民二初字第58号民事判决。在审理过程中,被告丁甲申请对原告所提交的杨某丙的《遗嘱》中的指印进行司法鉴定。云南云通司法鉴定中心受理后,出具终止鉴定通知书,载明因摁指印的当事人已经去世,无法提取供比对的指印样本,故无法正常开展后续鉴定工作,已决定终止鉴定。本案诉争房屋原、被告均认可价值为817440元。庭审中杨某甲、杨某乙表示两份《放弃遗产继承的申明》没有法律效力,是在丁甲的欺骗下才书写的。

【裁判结果】

云南省昆明市五华区人民法院于2018年11月22日作出(2017)云0102民初9171号民事判决:(1)顺城街西侧新月花园B幢×××号房屋由被告马某甲、马某乙、马某丙、马某丁、马某戊共同继承所有。(2)驳回原告杨某甲、杨某乙的全部诉讼请求。

宣判后,杨某甲、杨某乙不服一审判决提出上诉。云南省昆明市中级人民法院于2019年12月29日作出(2019)云01民终1561号民事判决:撤销一审判决,丁甲于本判决生效之日起15日内返还给杨某甲、杨某乙人民币441935.43元,以上款项杨某甲、杨某乙各享有50%。

【裁判理由】

法院生效裁判认为:(1)关于杨某丙自书《遗嘱》的性质。首先,该《遗嘱》要件齐备,在《遗嘱》中,杨某丙处分的财产为自己的存款、丧葬费、房产及附属财产中自己的份额,故该《遗嘱》形式合法。其次,丁甲虽在一审中对《遗嘱》的真实性提出异议并申请对杨某丙指纹进行鉴定,但最终未有鉴定结论,丁甲应当对其抗辩主张承担举证不力的后果。最后,根据双方当事人当庭陈述及上诉人提交的电话录音,在杨某丙与马某已结婚后并居住于顺城街西侧新月花园B幢×××号房屋期间,丁甲从未看望过杨某丙,也不曾对杨某丙尽赡养义务。杨某甲、杨某乙看望过杨某丙,马某已去世后,马某甲、马某乙、马某丙、马某丁、马某戊仍对杨某丙尽赡养义务。所以杨某丙在自书《遗嘱》中将遗产分配给杨某甲、杨某乙合乎情理。综上,应当认定杨某丙的自书《遗嘱》真实合法有效。

(2)关于杨某甲、杨某乙出具《放弃遗产继承的申明》的性质。首先,对于电话录音的真实性,本案当事人均未提出异议,则应当视为丁乙与杨某甲、杨某乙在电话录音中的交谈内容系真实意思表示。其中,丁乙向杨某甲、杨某乙提出需要二人出具一份放弃继承遗产的申明,原因是如果同时存在法定继承和遗嘱继承的情况,法院不给立案,而法院已经于2014年12月24日立案,法院立案情况依法通知原告即丁甲,丁甲、丁乙对于已经立案的情况是完全知悉的;但2015年1月1日,杨某甲、杨某乙出具放弃继承遗产申明时,丁甲、丁乙向杨某甲、杨某乙隐瞒了法院已经立案的事实,因此,丁乙所作与事实不符的言辞对于杨某甲、杨某乙具有欺骗性。其次,杨某甲、杨某乙在电话录音中一再表示,如果丁甲不愿意与对方(马某甲、马某乙、马某丙、马某丁、马某戊)打官司分遗产的话,自己去与对方打官司,该言辞已经明确表示了杨某甲、杨某乙对于杨某丙的遗产本意并非要放弃继承。最后,杨某甲、杨某乙在与丁甲联系时,双方的原意是共同取得杨某丙的遗产,但在(2015)五法民二初字第58号案件的审理过程中,丁甲向法院隐瞒了杨某甲、杨某乙持有遗嘱的事实,在通过诉讼分得杨某丙遗产后,也并未与杨某甲、杨某乙协商所得遗产的处理情况,违背了通话时商议的本意。所以,上诉人杨某甲、杨某乙所提"是受丁甲、丁乙欺骗才出具《放弃遗产继承的申明》"有理有据,法院予以采信。

(3)关于杨某丙遗产的继承问题。杨某丙自书《遗嘱》合法有效,是否经过公证并不影响其效力,故杨某丙的遗产应按遗嘱继承处理,由杨某甲、杨某乙各继承50%,丁甲不享有继承权。因(2015)五法民二初字第58号判决书的判决内容已经执行完毕,上诉人在二审中重新明确的诉讼请求并未超出一审诉讼请求范围,为减少当事人诉累,法院直接判决丁甲将分割所得的财产,即顺城街西侧新月花园B幢×××号房屋补偿款408720元、杨某丙在中国邮政储蓄银行金碧路营业处账号为607310×××××××××8506的存款人民币2414.57元、杨某丙在中国银行昆明市金碧支行营业部账号1340××××4213的剩余存款30800.86元,返还杨某甲、杨某乙。

第一千一百二十五条 【继承权的丧失】继承人有下列行为之一的,丧失继承权:

(一)故意杀害被继承人;

(二)为争夺遗产而杀害其他继承人;

(三)遗弃被继承人,或者虐待被继承人情节严重;

(四)伪造、篡改、隐匿或者销毁遗嘱,情节严重;

(五)以欺诈、胁迫手段迫使或者妨碍被继承人设立、变更或者撤回遗嘱,情节严重。

继承人有前款第三项至第五项行为,确有悔改表现,被继承人表示宽恕或者事后在遗嘱中将其列为继承人的,该继承人不丧失继承权。

受遗赠人有本条第一款规定行为的，丧失受遗赠权。

【原《继承法》条文】

第七条 继承人有下列行为之一的，丧失继承权：

（一）故意杀害被继承人的；

（二）为争夺遗产而杀害其他继承人的；

（三）遗弃被继承人的，或者虐待被继承人情节严重的；

（四）伪造、篡改或者销毁遗嘱，情节严重的。

【修改说明】

第 4 项增加“隐匿”遗嘱的情形；继承人丧失继承权的情形增加一项：以欺诈、胁迫手段迫使或者妨碍被继承人设立、变更或者撤回遗嘱，情节严重；增加规定：被继承人宽恕行为和继承权恢复的情形；增加规定：受遗赠人有本条第一款规定行为的，丧失受遗赠权。

【立法·要点释义】

继承权丧失是指继承人因对被继承人或者其他继承人实施了法律所禁止的行为，而依法被取消继承被继承人遗产的资格。

故意杀害被继承人以及为争夺遗产而杀害其他继承人，主观上都要求继承人存在杀人的故意，不包括过失犯罪，也不包括过失或者因正当防卫致被继承人或其他继承人死亡。这两种犯罪行为，不论是既遂还是未遂，都将丧失继承权。犯罪动机上，前者不要求继承人是为了取得被继承人的遗产杀害被继承人，而后者要求动机为争夺遗产。

行为人实施了遗弃被继承人的行为，不论是否严重，依法将失去继承权。继承人虐待被继承人必须情节严重，才构成丧失继承权的法定事由。实施遗弃、虐待两种行为认定丧失继承权的，不需要继承人达到构成遗弃罪和虐待罪的程度。

为尊重被继承人的遗愿，伪造、篡改、隐匿或者销毁遗嘱情节严重的，构成丧失继承权的法定事由。所谓伪造，就是被继承人未立遗嘱，继承人无中生有假冒被继承人所立遗嘱。所谓篡改，就是对被继承人所立的遗嘱的部分内容予以修改。所谓隐匿，就是将被继承人的遗嘱予以藏匿，不告知其他继承人或者遗产管理人。所谓销毁，就是将被继承人所立的合法有效的遗嘱予以损毁以致灭失。所谓情节严重，可以是继承人侵占了被继承人的巨额遗产，也可以是导致其他继承人未能参与遗产分割以致生活困难等。

所谓欺诈，是指继承人故意欺骗被继承人，使被继承人陷入错误判断，并基于此错误判断而立遗嘱、变更遗嘱内容或者撤回所立遗嘱。所谓胁迫,就是继承人通过威胁、恐吓等不法手段对被继承人思想上施加强制,由此使被继承人产生恐惧心理并基于恐惧心理而立下遗嘱、修改遗嘱内容或者撤回所立遗嘱。

继承权恢复的条件是:第一,继承人是因为实施了前款第 3 项至第 5 项的行为而丧失继承权。如果继承人因为故意杀害被继承人或者为争夺遗产杀害其他继承人而丧失继承权的,则不论如何不能恢复继承权。第二,继承人确有悔改,就是继承人在实施上述行为后,从内心认识到自己的错误,并积极主动改正。比如曾经遗弃被继承人,后醒悟认识自己的错误,即承担起养老育幼、相互扶助的义务,以实际行动赡养、扶养、抚养被继承人,或者继承人隐匿了遗嘱后,承认错误而交出遗嘱。既要有悔改的外在行为,还要有内在的主观态度改正。

被继承人可以通过宽恕恢复继承人丧失的继承权,宽恕的意思表示既可以是以书面方式作出,也可以是口头作出,可以是向丧失继承权的继承人作出,也可以是向其他人作出。被继承人也可以通过在遗嘱中仍将丧失继承权的继承人列为继承人的方式恢复继承权。宽恕制度的目的是尊重被继承人的真实意思,因此即便继承人确有悔改,如果被继承人未作出恢复继承权的意思表示,继承权仍无法恢复。丧失受遗赠权属于绝对丧失,不得再恢复。

【编者观点】

学理上根据继承人所涉行为是否导致继承权终局丧失,继承权的丧失可分为绝对丧失和相对丧失。继承权的绝对丧失,指无论受损害的被继承人或其他继承人是否宽宥继承人的违法行为,继承权均消灭,包括故意杀害被继承人以及为争夺遗产而杀害其他继承人两种具体情形。继承权的相对丧失,指继承人虽然存在不当行为,但其嗣后有悔改行为且得到被继承人宽宥,则不丧失继承权,具体包括本条第 1 款第 3 项至第 5 项行为。

对于第 1 项和第 2 项,不管因何动机杀害被继承人均导致继承权的丧失,而故意杀害其他继承人则须以争夺遗产为目的。为争夺遗产杀害代位继承人或非同一顺位的继承人,亦导致继承权丧失。理由在于将对象错误的杀害排除在外,不符合规范目的,而且不能完全排除继承人为防止后顺位继承人对其继承资格提出质疑而实施杀害行为的可能性,因此范围应包括所有法定继承人。继承人是否被免予刑事处罚,与是否丧失继承权无关联。行为人故意伤害并导致被继承人或其他继承人死亡,不构成杀害,但是如果故意伤害被继承人同时构成第 3 项的虐待被继承人情节严重,也会发生行为人丧失继承权的后果。

第 3 项针对严重违反亲属间法定

扶养义务的行为。被继承人有生活来源但无独立生活能力的，仍可为遗弃对象。被继承人有独立生活能力的或继承人无力尽扶养义务的，则不构成遗弃。消极行为亦可构成遗弃，如对不能自理的父母置之不理，但因被继承人过错引起双方分开居住或来往不密切的，不构成遗弃。虐待被继承人只有满足情节严重的要件，才会导致继承权丧失，例如以各种手段进行身体或精神上的摧残或折磨。若只是一时的不关心照顾或因家务发生争吵打骂，不应认定为情节严重。遗弃、虐待的认定与受害人的主观感受存在较大关联，这与遗弃罪和虐待罪均为自诉案件同理。因此不能仅根据客观标准剥夺继承权，需要考察被继承人的主观真实意愿。

第 4 项伪造、篡改、隐匿或者销毁遗嘱，阻碍了遗嘱所表示的被继承人最后意志的实现，需具备故意要件，过失致使遗嘱损毁的不认定为销毁遗嘱。上述行为同样需满足情节严重的要件，情节严重的认定，除了《民法典继承编解释(一)》第 9 条规定的侵害了缺乏劳动能力又无生活来源的继承人的利益并造成其生活困难的这一标准，还应考虑其对遗产分配结果的改变是否严重违背被继承人的意愿，以及是否给其他继承人的合法权益造成严重损害。

第 5 项为新增，继承人实施欺诈、胁迫等行为的对象是被继承人，达到限制其遗嘱自由的目的，不以为自身谋利为必要，也可能是为他人谋利或者为损害被继承人利益。第 1143 条规定了欺诈、胁迫的遗嘱无效，但遗嘱效力与继承权丧失是两个问题，如果有该行为的继承人未丧失继承权，就会出现遗嘱无效但继承人仍可依法定继承规则继承遗产的矛盾局面。继承人因实施欺诈、胁迫等行为若要丧失继承权，同样需要满足情节严重的要件，从继承人行为的恶劣程度以及损害被继承人遗嘱自由的严重程度进行判断。如果被继承人只是一时被欺诈、胁迫，而后仍有机会根据真实意愿设立、变更或撤回遗嘱，或者欺诈、胁迫行为涉及的遗产数额较小、对遗产分配结果造成的实际影响不大，则不宜认定为情节严重。可考虑保留行为人的继承权，而仅根据第 1143 条认定遗嘱无效，并酌情少分其遗产。

根据不当行为发生的时间，继承权的丧失既包括继承资格的丧失，也包括继承既得权的丧失。前者从继承人实施该不当行为时丧失，后者溯及至继承开始之时。若继承开始后才发生丧失的法定事由(如杀害继承人，当然继承原则下只会发生转继承问题，凶手无法得逞)，也溯及至继承开始时发生效力。继承权丧失不同于继承能力丧失，仅对特定被继承人发生效力，而不妨碍对其他被继承人享有的继承权。如某人杀害配偶，并不丧失对父母子女的继承权。当然，依据法条文义，也不排除为争夺遗产而杀害兄弟姐妹，导致同时丧失对所有以该兄弟姐妹为继承人的被继承人的继承权，包括父、母以及其他兄弟姐妹等。

第 2 款规定了导致继承权恢复的宽宥制度。规范目的在于对被继承人意志自由的尊重；让双方尽释前嫌，继承人也有更为具体的改过自新的动力和缘由，被继承人也能重新体会给予亲人的快乐及亲情的温馨；继承人付出必须代价后回归社会时，最需被继承人的宽恕接纳和社会的宽容。悔改表现是指继承人认识到自己行为的错误性，并实施了相关的悔改行为，如道歉、积极履行扶养义务等。有观点认为，确定是否有悔改表现是一个主观性很强的判断，法院的判断很可能与被继承人的并不一致，导致继承权能否恢复的结果与被继承人的意愿相悖。因此对“确有悔改表现”应采取主客观相结合的标准，并将被继承人的宽宥表示作为认定继承人确有悔改表现的主要依据。被继承人的宽宥行为属于准法律行为中的感情表示，需要被继承人具备行为能力，但无须不当行为人受领，且不应拘泥于具体形式。只要被继承人通过可判断的客观方式表明其谅解继承人即认定为宽恕，包括口头、文字等明示，也包括默示，如双方关系改善、接受扶养、共同生活等。被继承人再次设立遗嘱，仍将行为人列为继承人的，可以推定为有宽宥意思。如果被继承人只是在法定事由发生后，没有特意改变既有遗嘱中对丧失继承权的继承人的遗产分配安排，则不能产生继承权恢复的法律效果。

依据第 2 款规定，杀害行为导致继承权绝对丧失，不适用宽宥。理由在于，杀害被继承人或其他继承人的行为，不仅严重违背伦理道德，对被继承人的家庭关系造成巨大伤害，而且也对社会公共秩序和公序良俗造成严重威胁，若允许故意杀害被继承人的人恢复继承权，在法感情层面难以被社会公众所接受；而允许被继承人根据自己的意愿，宽恕故意杀害其他继承人的人，则可能引发其他继承人的强烈不满与担忧。而反对观点认为，不同案件中，继承人实施杀害行为的动机、方式以及造成的结果各不相同，若一概排除宽宥制度的适用，可能会在个案中造成不公平的结果，特别是在被继承人没有其他继承人的情况，亦不利于引导继承人改过自新。例如未成年人因与父母争吵而激情杀人未遂，在服刑完毕后很可能继续与父母共同生活并得到父母彻底谅解，若严格禁止父母恢复子女的继承权，不利于正常家庭关系的恢复。因此，继承权是否绝对丧失，应考虑被继承人意愿，而不能仅考虑继承人行为的恶劣性。除杀害其他继承人的，都应规定为相对丧失。

第 3 款规定如果受遗赠人存在第 1 款规定的行为，同样会丧失受遗赠权。有观点认为，受遗赠人与被继承人之间不存在近亲属身份，不能类推适用第 2 款宽宥的规定。若受遗赠人确有悔改表现，被继承人表示宽宥的，重新设立遗赠遗嘱即可。

【司法解释】

1.《最高人民法院关于适用〈中华人民共和国民法典〉继承编的解释(一)》(法释〔2020〕23号,2021年1月1日施行)

第五条①　**【司法确认继承权丧失】**在遗产继承中,继承人之间因是否丧失继承权发生纠纷,向人民法院提起诉讼的,由人民法院依据民法典第一千一百二十五条的规定,判决确认其是否丧失继承权。

第六条②　**【认定继承人虐待被继承人是否构成情节严重以及是否追究刑事责任与丧失继承权之间的关系】**继承人是否符合民法典第一千一百二十五条第一款第三项规定的"虐待被继承人情节严重",可以从实施虐待行为的时间、手段、后果和社会影响等方面认定。

虐待被继承人情节严重的,不论是否追究刑事责任,均可确认其丧失继承权。

第七条③　**【继承人故意杀害被继承人犯罪形态与丧失继承权的关系】**继承人故意杀害被继承人的,不论是既遂还是未遂,均应当确认其丧失继承权。

第八条④　**【被继承人遗嘱指定由有绝对丧失继承权情形的继承人继承遗产时,应确认遗嘱无效以及该继承人丧失继承权】**继承人有民法典第一千一百二十五条第一款第一项或者第二项所列之行为,而被继承人以遗嘱将遗产指定由该继承人继承的,可以确认遗嘱无效,并确认该继承人丧失继承权。

第九条⑤　**【继承人伪造、篡改、隐匿或者销毁遗嘱行为情节严重的认定】**继承人伪造、篡改、隐匿或者销毁遗嘱,侵害了缺乏劳动能力又无生活来源的继承人的利益,并造成其生活困难的,应当认定为民法典第一千一百二十五条第一款第四项规定的"情节严重"。

2.《最高人民法院关于适用〈中华人民共和国民法典〉时间效力的若干规定》(法释〔2020〕15号,2021年1月1日施行)

第十三条　民法典施行前,继承人有民法典第一千一百二十五条第一款第四项和第五项规定行为之一,对该继承人是否丧失继承权发生争议的,适用民法典第一千一百二十五条第一款和第二款的规定。

民法典施行前,受遗赠人有民法典第一千一百二十五条第一款规定行为之一,对受遗赠人是否丧失受遗赠权发生争议的,适用民法典第一千一百二十五条第一款和第三款的规定。

---

① 对该条的注释详见附录四第1179页。
② 对该条的注释详见附录四第1181页。
③ 对该条的注释详见附录四第1182页。
④ 对该条的注释详见附录四第1184页。
⑤ 对该条的注释详见附录四第1185页。

【地方法院规范】

《北京市高级人民法院关于审理继承纠纷案件若干疑难问题的解答》（2018 年）

24. 继承人具有继承法第七条①外严重损害被继承人、其他被继承人权益情形时，如何承担责任？

继承人以争夺遗产为目的严重损害被继承人、其他继承人权益，未构成《继承法》第七条规定情形的，人民法院可酌情减少其应继承的遗产。

【法院参考案例】

1. 高某乙诉高小某法定继承纠纷案（《最高法发布第二批继承纠纷典型案例》案例四，2024 年 12 月 12 日）

【基本案情】

高某甲与高小某系父子关系，高小某为独生子女。1992 年，高小某（时年 20 周岁）在与父母的一次争执之后离家出走，从此对父母不闻不问。母亲患病时其未照顾，去世时未奔丧。高某甲身患重病期间，做大手术，需要接送、看护和照顾，但高小某也未出现。高某甲有四个兄弟姐妹，分别为高某乙、高某丙、高某丁和高某戊。高某乙对高某甲夫妻照顾较多。

高某甲去世后，高某乙联系高小某处理高某甲的骨灰落葬事宜，高小某不予理睬，却以唯一法定继承人的身份，领取了高某甲名下部分银行存单。

高某乙起诉至法院，认为高小某遗弃高某甲，应丧失继承权，高某甲的遗产应由第二顺序继承人继承。高某丙、高某丁和高某戊均认可高小某应丧失继承权，并出具声明书表示放弃继承高某甲的遗产。

【裁判情况】

审理法院认为，子女应当履行对老年人经济上供养、生活上照料和精神上慰藉的赡养义务。继承人遗弃被继承人的，依法应丧失继承权。高小某自 1992 年离家后，30 余年来对被继承人不闻不问、置之不理。不仅未给予父母任何经济帮助，亦未有电话联系，没有任何经济和精神赡养，父母去世后，亦怠于对父母送终，对高某甲已经构成遗弃。遂判决：高某甲的遗产归高某乙继承所有；高小某在高某甲去世后自高某甲账户内所取款项归高某乙继承所有，高小某应于判决生效之日起 10 日内返还。

【典型意义】

《民法典》第 1125 条规定“继承人有下列行为之一的，丧失继承权：……（三）遗弃被继承人，或者虐待被继承人情节严重”。孝敬父母，是我国传统美德的重要组成部分。父母给予子女生命和关爱，当父母年老体衰时，子女对其进行赡养是应有之义。赡养义务不因父母有收入、身体状况良好而免除。本案中，高小某 30 余年对父母没有任何赡养行为，法院认定其行为构成

---

① 对应《民法典》第 1125 条。——编者注

遗弃,并判决其丧失继承权,对其行为作出了否定性评价,彰显了法律对社会价值的正面引导,有利于弘扬中华民族孝亲敬老的传统美德。

2. 伪造遗嘱转移遗产继承人丧失继承权(《2023年度江苏法院家事纠纷典型案例》案例十,江苏省高级人民法院、江苏省妇女联合会2024年3月7日)

【基本案情】

王某于2021年6月2日去世,由于其父母、妻子、子女均先于其离世,王某的兄弟姐妹王甲等五人成为其法定继承人。2022年,赵某等非王某亲属持王某2020年9月26日书写的一份自书遗嘱,将王甲等五兄弟姐妹诉至法院,要求继承遗产。据赵某陈述,王某去世前曾得到赵某等四人照料,故写下遗嘱约定其享有的A房屋产权份额由王甲等五兄弟姐妹继承,B房屋由赵某等四人继承,赵某等四人各分得银行理财款10万元,剩余银行理财款上缴国库。案件审理过程中,王甲也提交了一份落款时间为2021年6月8日的王某自书遗嘱,约定A房屋由王甲继承,B房屋由其余四兄弟姐妹继承,银行理财款由王甲继承。经法院委托司法鉴定,赵某提交的遗嘱字迹与王某本人的字迹样本为同一人所写,王甲提交的遗嘱字迹形成时间晚于2021年7月1日,落款处王某签名字迹与王某本人的字迹样本不是同一人所写。在王某去世后及诉讼期间,王甲多次从王某的银行卡中累计转出60余万元。

【裁判结果】

江苏省南通市崇川区人民法院认为,王某2020年9月26日所立自书遗嘱符合法律规定,合法有效。王甲提供的2021年6月8日的遗嘱系其伪造,为无效遗嘱。王甲伪造遗嘱后毫无悔改表现且转移王某巨额遗产,情节严重,丧失对王某遗产的继承权。遂判决:A房屋份额由除王甲外的其余四兄弟姐妹平均继承,B房屋由赵某等四人平均继承,银行理财款由赵某等四人各分得10万元,王甲将转移的王某银行理财款60余万元退出,连同剩余银行理财款上缴国库。

【典型意义】

遗嘱是被继承人对其生前财产分配意愿的表达,遗嘱自由权既衍生于个人财产权,又承载着被继承人的人格利益,应予充分的尊重和保障。侵犯被继承人遗嘱自由,不仅侵犯了被继承人自由处分财产的权利,也侵犯了其他继承人的继承权。《民法典》第1125条设立了继承权丧失制度,其中第1款第4项规定,继承人有伪造、篡改、隐匿或者销毁遗嘱行为,情节严重的,丧失继承权。该项规定以尊重被继承人的意愿、保护被继承人的遗嘱自由为核心,通过对严重妨害遗嘱自由的行为苛以丧失继承资格的法律后果,规范继承人的合法继承行为,对于维护社会道德人伦和家庭伦理、维持良好的遗产继承秩序无疑具有重要的意义。

第二章　法定继承

第一千一百二十六条　【继承权男女平等原则】继承权男女平等。

【立法·要点释义】

“继承权男女平等”原则在《民法典》继承编中体现在以下几个方面:(1)继承权的取得不因自然人的性别不同而不同。(2)确定法定继承人的范围及继承顺序、继承份额不因自然人的性别不同而不同。(3)代位继承不因自然人的性别不同而不同。(4)在夫妻财产继承中,夫妻继承地位平等,处分所继承的财产的权利平等。

【编者观点】

男女平等的障碍:从宗族伦理到意思自治

传统家庭中,妇女在娘家和夫家分别扮演女儿和妻子两种身份角色。作为妻子,丈夫在世期间其人格被吸收,丈夫去世后依据是否有子分别对应分家和承祧两套流程。寡妻先以妻子继而以婆婆、祖母的身份经营或指派他人经营亡夫产业,被称为继管,历代律令习俗均认同寡妻以自己名义提起家产诉讼。然而继管不同于所有,寡妻没有处分权限,名分之别不仅可防止寡妻挥霍家产,也确保孤儿寡母在贪婪的亲戚或土地兼并者胁迫下实施的家产处分无效。

无子时寡妻通过承祧挑选嗣子,但是唐宋并未强制宗祧继承,唐《户令》“应分条”规定“寡妻妾无男者,承夫分”,守节寡妻可继承丈夫的家产,唯禁止典卖亡夫财产或带产改嫁。明初确立强制侄子继嗣,“妇人夫亡无子守志者,合承夫分,须凭族长择昭穆相当之人继嗣”,明确了“妻承夫分”的继管性质,仅视为嗣子继承家产的过渡阶段,寡妻地位一落千丈。清中叶在鼓励寡妻守贞理念推动下,要求挑选嗣子须满足“昭穆相当”和“顺孀妇之心”双重要件,赋予寡妻在族侄中自由择继的权利,强制继嗣的同时又扩张了寡妻对家产的控制权。

针对女儿,滋贺秀三认为,家产由儿子们总括性承继,部分家产“拨”或“酌分给”与家有密切关系的女儿、长期同居的义子、赘婿或者妾，称之为“承受”，区别于以人格连续为本质的“承继”。女儿的权利限于被抚养至成年以及出嫁时获得一笔嫁妆，随嫁财产是女儿间接参与娘家分家的常用方式。而仁井田陞、柳田节子等学者从《清明集》判词记载推论，南宋时期女儿在分家和承继时享有“女承分”，例如在户绝场合，唐律规定全部家产归女儿所有；宋代区分未嫁女、归宗女和出嫁女，所获家产份额递减；明代强制侄子继嗣后，女儿对家产的权利才开始劣后于族兄弟。《大清律例》中财产继承第一顺序为诸子均分，第二顺序为在室女和赘婿，第三顺序为出嫁女，寡妻作为特殊顺序继承人处理。《大清民律草案》仍然区分继承和承受，为女儿出嫁的花销不同于对外人的赠与，倘若没有明显损害承继人的应得份，通常予以认可。

综上所述，传统家族法中男女针对家产的权利严重不对等，寡妻仅在家产从丈夫传承至儿子的过渡阶段对家产有受限的继管权；女儿有权承受而非承继部分家产，但在顺位和份额上都劣后于儿子。民国立法者由此认为实现男女家庭平等的三大障碍是承祧、单系继承以及家产制，改革方向定为废除宗祧继承、以双系继承代替父系继承以及以个人财产制取代家产制。民国民法继承编草案曾规定，成年子女若继续与父母同居并对家庭财产作出贡献，分家时所得份额取决于其贡献。草案这一规定事实上剥夺了对家产少有贡献的出嫁女针对家产享有的权利，顾虑到此举有违男女平等，正式文本予以删除，法典文本中男女平等得到完全贯彻，女性的法律地位相比传统家族法有了根本性提升。

然而，立法改革的实际效果远没有预想中乐观。新法对寡妻利弊参半，寡妻成为丈夫继承人的代价是丧失了对家产整体的继管权限，在原本承祧程序下家产继承人的决定权也被剥夺；新法对寡媳更是造成灾难性后果，寡媳作为姻亲不再是公公的继承人，仅在与夫家同居的前提下得以被赡养；新法对女儿而言，有利的一面是其继承父亲遗产的同时可经由母亲的继承权间接获得外祖父母的家产，但是个人财产制和死后继承结合之后，实践中父亲有权通过生前赠与方式将绝大多数财产留给儿子。生前分家披上赠与的外衣，将立法许诺的男女继承权平等止于文本之上。根本原因在于，新法运行于分家和承祧习俗依然占据主导地位的旧社会结构环境中，两者之间的鸿沟导致立法预期与实际效果南辕北辙。

男女平等在法律文本与社会现实之间体现出的落差今日并未完全湮灭。本条“继承权男女平等”置于法定继承章之首，是否意味着男女平等仅为法定继承原则，遗嘱继承中无须虑及这一原则？个人所有权、赠与以及遗嘱自由的结合，是否完全可以规避男女平等的实现？应当承认，意思自治原则赋予所有权人的决定自由与男女平等原则希冀达到的实质平等之间存在冲突，为此现代继承法通过设置一系列制度试图缓和原则之间的冲突。首先，《民法典》遗嘱继承和遗赠章规定必留份、遗产酌给份以及比较法上的特留份三项制度，限制了被继承人对遗产的处分自由，其规范目的虽非实现男女平等，但是在事实层面有助于达到平等效果。其次，法定继承时将被继承人对部分子女出资等适用归扣以调整剩余遗产分配，弥合生前分家传统与死后继承制度造成的不平等鸿沟，也有助于男女平等目标的实现。最后，若遗嘱包含传男不传女等内容，遗嘱内容可能因违反公序良俗而无效，遗嘱无效后直接适用法定继承达至男女平等的结果。

在法定继承领域，继承权男女平等指的是女子不论已婚未婚、初婚再婚、从事社会工作还是家务劳动，与男子在法定继承人的范围和顺序上、代位继承与转继承上、应继份额上平等。在某些地区，依然残存着“嫁出去的女儿是泼出去的水”的传统观念，限制出嫁女参与遗产继承，还存在禁止寡妇再婚时带走丈夫遗产的情况。依据继承权男女平等原则，无论女儿是否出嫁，其均与兄弟平等享有继承权，如果出嫁女较少或未履行对父母的扶养义务，可以调整应继份的具体分配份额；无论妻子在丈夫去世后是否再婚，都有权处分其继承的财产，《民法典》第 1157 条明确规定：“夫妻一方死亡后另一方再婚的，有权处分所继承的财产，任何组织或者个人不得干涉。”

【相关立法】

1.《中华人民共和国宪法》(2018 年修正，2018 年 3 月 11 日施行)

第四十八条　中华人民共和国妇女在政治的、经济的、文化的、社会的和家庭的生活等各方面享有同男子平等的权利。

国家保护妇女的权利和利益，实行男女同工同酬，培养和选拔妇女干部。

2.《中华人民共和国民法典》(2021 年 1 月 1 日施行)

第四条　民事主体在民事活动中的法律地位一律平等。

3.《中华人民共和国妇女权益保障法》(2022 年修订，2023 年 1 月 1 日施行)

第二条　男女平等是国家的基本国策。妇女在政治的、经济的、文化的、社会的和家庭的生活等各方面享有同男子平等的权利。

国家采取必要措施，促进男女平等，消除对妇女一切形式的歧视，禁止排斥、限制妇女依法享有和行使各项权益。

国家保护妇女依法享有的特殊权益。

第五十八条　妇女享有与男子平等的继承权。妇女依法行使继承权，不受歧视。

丧偶妇女有权依法处分继承的财产,任何组织和个人不得干涉。

第六十条 国家保障妇女享有与男子平等的婚姻家庭权利。

【批复答复】

《最高人民法院华东分院关于〈指示顾婉贞等与顾沈氏等分析遗产案件的处理办法〉的通报》(东法民字第03242号,1951年7月9日)

对于处理顾婉贞诉顾沈氏等分析遗产一案,经研究后,我们同意你院的意见。根据报告中看,顾永烂将全部遗产分赠给他的三个儿子,而将他女儿的继承权完全剥夺,这是不合理的。在重新分配遗产时,仍要照顾实际情况,而不应采取机械的平均分配的方法,同时要防止因分配遗产而影响原有工商业的经营与发展。

第一千一百二十七条 【继承人的范围及继承顺序】 遗产按照下列顺序继承:

(一)第一顺序:配偶、子女、父母;

(二)第二顺序:兄弟姐妹、祖父母、外祖父母。

继承开始后,由第一顺序继承人继承,第二顺序继承人不继承;没有第一顺序继承人继承的,由第二顺序继承人继承。

本编所称子女,包括婚生子女、非婚生子女、养子女和有扶养关系的继子女。

本编所称父母,包括生父母、养父母和有扶养关系的继父母。

本编所称兄弟姐妹,包括同父母的兄弟姐妹、同父异母或者同母异父的兄弟姐妹、养兄弟姐妹、有扶养关系的继兄弟姐妹。

【立法·要点释义】

法定继承,又被称为"无遗嘱继承",是指继承人范围、继承顺序、继承份额等均由法律直接规定的继承方式。我国法定继承人的范围包括:配偶、子女、父母、兄弟姐妹、祖父母、外祖父母,根据本法第1129条规定,对公婆尽了主要赡养义务的丧偶儿媳和对岳父母尽了主要赡养义务的丧偶女婿也是法定继承人。

法定继承顺序具有优先性和排他性,只有在没有前一顺序的继承人继承时,后一顺序的继承人才能继承遗产。同一顺序继承人有多人时,原则上平均分配遗产。在第一顺序继承人中,如果子女先于被继承人死亡,根据代位继承制度,子女的直系晚辈血亲可以代位继承。"没有第一顺序继承人继承"包括该主体不存在、死亡、丧失继承权、放弃继承等情形。

一些意见建议,将父母列在配偶和

子女之后作为第二顺序继承人。主要理由为:在被继承人的父母死亡时,其部分遗产由其子女即被继承人的兄弟姐妹继承,最终导致遗产向旁系血亲分散。很多地区人们的继承习惯仍然是子女优先于父母继承,即在死者有后人时,父母一般不参与遗产继承。死者的父母如属于年老无劳动能力或者无经济来源不能独立生活的人,死者的子女作为孙辈有义务对祖辈进行扶养,或者通过社会保障制度给予一定的养老金或者基本生活费,不能将赡养问题与继承问题混为一谈。《民法典》继承编保留了《继承法》的规定,在我国家庭少子化的背景下,父母在子女成家立业时基本倾其所有将财产赠与子女,如果子女死亡时父母无法继承,不仅不公平合理,其心理也无法接受,并且今后养老也会成为问题。中华民族的传统美德中,孝文化占据着重要地位,先于父母死亡的人一般都希望能为父母留下一笔财产以供他们安度晚年,而法定继承制度是对被继承人财产处分意愿的推定。

一些意见建议,将配偶列为无固定继承顺序的继承人,与任意一顺序的法定继承人共同继承,其他法定继承人顺序越远,配偶的继承份额就越大。当被继承人无直系晚辈血亲和父母继承时,配偶将继承全部遗产,这会妨碍被继承人的其他血亲尤其是兄弟姐妹、祖父母等关系密切的血亲继承权的行使,也往往不符合被继承人的意愿,尤其在婚姻关系短暂的情形下更为明显。《民法典》继承编保留了《继承法》的规定,无论从亲属关系的亲疏远近,还是从扶养关系的密切程度上,将配偶作为第一顺序法定继承人理所当然。如果不将配偶固定在第一顺序,易产生被继承人死亡后没有子女、父母时,所留遗产便由配偶与被继承人的兄弟姐妹等共同继承,虽然也可以规定继承份额的不同,但终究不算合理,也容易产生纠纷。

继承编界定的父母和子女的范围,要比婚姻家庭编的规定宽泛,继承编的规定为“有扶养关系的继父母(继子女)”,这既包括继子女受继父母抚养的情形,也包括继子女赡养继父母的情形。根据婚姻家庭编的规定,只有在继子女受到继父母抚养时,才可以适用父母子女之间权利义务关系的规定。如果一个继子女在未成年时期并未受其继父母的抚养,但是其对继父母进行了赡养,虽然按照婚姻家庭编的规定该继子女与继父母之间不适用父母子女之间权利义务关系的规定,但是按照继承编的规定,该继子女可以被认定为其继父母的子女,相互具有第一顺序继承人的地位。一方面,符合权利义务相一致的原则;另一方面,主要是考虑到与被继承人形成扶养关系的继父母,彼此间有较多的感情和金钱投入,在被继承人死亡后,扶养将无法进行,留有一定的遗产继续对其继父母进行扶养也符合被继承人的意愿。

【编者观点】

如配偶一方在离婚诉讼过程中或者在协议离婚冷静期内死亡，生存一方是否有权以配偶身份继承死者的遗产？形式上，被继承人在死亡时婚姻关系并未解除，因此生存配偶仍保有法定继承人身份。但是如果完全忽视夫妻双方婚姻关系已经走向终结的事实，适用与婚姻关系正常状态下相同的继承规则，并不符合被继承人的真实意愿。有观点认为，继承权以配偶权存在为前提，若因生存配偶因过错违背夫妻相互忠实扶助义务，或者双方感情确已破裂，被继承人已申请离婚或已同意离婚，并具备离婚的实质要件，则剥夺配偶的继承人资格，更能体现被继承人遗产处分的真实意愿。或者至少对配偶的继承份额作酌情调整。

【司法解释】

1.《最高人民法院关于适用〈中华人民共和国民法典〉继承编的解释(一)》(法释〔2020〕23号，2021年1月1日施行)

第十条[①]　**【养子女对生父母扶养较多时可分得生父母适当遗产】**被收养人对养父母尽了赡养义务，同时又对生父母扶养较多的，除可以依照民法典第一千一百二十七条的规定继承养父母的遗产外，还可以依照民法典第一千一百三十一条的规定分得生父母适当的遗产。

第十一条[②]　**【继父母子女在法定继承中的双重继承权】**继子女继承了继父母遗产的，不影响其继承生父母的遗产。

继父母继承了继子女遗产的，不影响其继承生子女的遗产。

第十二条[③]　**【养子女与兄弟姐妹间的法定继承关系】**养子女与生子女之间、养子女与养子女之间，系养兄弟姐妹，可以互为第二顺序继承人。

被收养人与其亲兄弟姐妹之间的权利义务关系，因收养关系的成立而消除，不能互为第二顺序继承人。

第十三条[④]　**【继子女与兄弟姐妹间的法定继承关系】**继兄弟姐妹之间的继承权，因继兄弟姐妹之间的扶养关系而发生。没有扶养关系的，不能互为第二顺序继承人。

继兄弟姐妹之间相互继承了遗产的，不影响其继承亲兄弟姐妹的遗产。

2.《最高人民法院关于适用〈中华人民共和国保险法〉若干问题的解释(三)》(法释〔2020〕18号修正，2021年1月1日施行)

第九条　投保人指定受益人未经

---

① 对该条的注释详见附录四第1186页。
② 对该条的注释详见附录四第1187页。
③ 对该条的注释详见附录四第1189页。
④ 对该条的注释详见附录四第1189页。

被保险人同意的，人民法院应认定指定行为无效。

当事人对保险合同约定的受益人存在争议，除投保人、被保险人在保险合同之外另有约定外，按以下情形分别处理：

（一）受益人约定为“法定”或者“法定继承人”的，以民法典规定的法定继承人为受益人；

（二）受益人仅约定为身份关系，投保人与被保险人为同一主体时，根据保险事故发生时与被保险人的身份关系确定受益人；投保人与被保险人为不同主体时，根据保险合同成立时与被保险人的身份关系确定受益人；

（三）约定的受益人包括姓名和身份关系，保险事故发生时身份关系发生变化的，认定为未指定受益人。

【批复答复】

1.《最高人民法院关于未成年的养子女，其养父在国外死亡后回生母处生活，仍有权继承其养父的遗产问题的批复》（〔1986〕民他字第 22 号，1986 年 5 月 19 日）

据报告称，戴文化、戴文良兄弟二人于 1929 年至 1931 年先后从菲律宾回国在泉州市新街四十一号建楼房一座，由其父母戴淑和、林英蕊等人居住。1942 年戴母林英蕊收黄钦辉为戴文化的养子。黄钦辉与祖母林英蕊共同生活，由其养父戴文化从国外寄给生活费和教育费，直至 1955 年戴文化在国外去世。当时黄钦辉尚未成年，后因生活无来源于 1957 年回到生母处。1980 年黄钦辉向法院提起诉讼，要求继承其养父戴文化新街四十一号楼房遗产。

经我们研究认为：黄钦辉于 1942 年被戴文化之母林英蕊收养为戴文化的养子，直至 1955 年戴文化去世，在长达十三年的时间里，其生活费和教育费一直由戴文化供给。这一收养关系戴文化生前及其亲属、当地基层组织和群众都承认，应依法予以保护。

关于黄钦辉是否自动解除收养关系或放弃继承权的问题，黄钦辉因养父戴文化 1955 年在国外去世，当时本人尚未成年，在无人供给生活费，又无其他经济来源的情况下，不得不于 1957 年回到生母处生活，对此不能认为黄钦辉自动解除了收养关系。黄钦辉在继承开始和遗产处理前，没有明确表示放弃继承，应当依法准许其继承戴文化的遗产。

2.《最高人民法院民事审判庭关于钱伯春能否继承和尚钱定安遗产的电话答复》（〔1986〕民他字第 63 号，1987 年 10 月 16 日）

1. 我国现行法律对和尚个人遗产的继承问题并无例外的规定，因而，对作为公民的和尚，在其死后，其有继承权的亲属继承其遗产的权利尚不能否定；

2. 鉴于本案的具体情况，同意对

和尚钱定安个人遗款的继承纠纷，由受理本案的法院在原、被告双方之间作调解处理。

请你院按照我院审判委员会的上述意见办理。对你院的请示报告不再作文字批复。

附：

上海市高级人民法院
关于钱伯春能否继承和尚钱定安
遗产的请示报告

(86)沪高民他字第4号

最高人民法院：

钱伯春的叔父钱定安在解放前是上海清凉寺和尚，解放初还俗，以设摊卖香烟为生，与一妇女同居，未生育，其妻于1973年死亡。1981年钱定安到上海玉佛寺当和尚，因脑溢血于1984年9月26日死亡，丧葬由玉佛寺料理。不久其兄（即钱伯春之父）也死亡。其弟表示放弃继承。钱伯春凭本市黄浦区公证处出具的继承权公证文书，从银行提取了钱定安的遗产1500元存款。之后，钱伯春又去玉佛寺要求继承已被该寺收取的钱定安的其他遗产计存款2700元和国库券100元等，该寺不允。

上海市宗教事务管理局和佛教协会认为，宗教有特殊性，按照佛教的传统，和尚的生养死葬均由寺庙负责，他们的遗产归寺庙所有，故应尊重佛教传统，和尚的遗产继承人不得继承。

我院民庭有两种意见。一种意见：应遵照国家宗教政策，和尚的生养死葬均由寺庙负责，与家庭已无权利义务关系。因此和尚的遗产应归寺庙所有。另一种意见：继承法对此没有特别规定，和尚的继承人依法应有继承权。

我院审委会意见：我国宪法、民法通则和继承法都规定，保护公民的私有财产的继承权。继承法对和尚遗产的继承无例外规定，因此和尚的继承人依法可以继承。因涉及宗教政策，为慎重处理，特报告你院，请批示。

3.《最高人民法院关于朱秀珍继承张裕仁遗产案的批复》（1985年3月28日）

我院研究认为：朱秀珍与张裕仁的合法婚姻关系，在张裕仁死亡以前，未曾依法解除，且事实上仍有联系；朱秀珍与陈玉林属于非法同居关系。因此，朱秀珍作为张裕仁的配偶，对张裕仁的遗产享有继承权。

本案在程序上，张裕仁的另一配偶何月卿在张死后依法享有的权利，现在还有权利承担人，人民法院就应当通知其参加诉讼。但原审法院没有通知，因此本案以发回重审为宜。

4.《最高人民法院关于顾月华诉孙怀英房产继承案的批复》［法（民）复〔1985〕15号，1985年2月7日］

我院经研究认为，根据本案实际情况，孙怀英有权继承丈夫顾鸿滨的遗产，同时，鉴于她长期经管房屋，付出了代价，在分配遗产时，还应给予适当照顾。

附：

江苏省高级人民法院关于顾月华诉孙怀英房产继承案件的请示报告

最高人民法院：

我省兴化县人民法院受理了一件房产继承案件，处理没有把握，特请示如下：

原告人顾月华（女，65 岁，兴化县人，上海市某合作商店退休职工，现住上海市浦东南路东建二村）与被告人孙怀英（女，67 岁，兴化县人，上海市某居民加工组退休职工，现住兴化县昭阳镇）是姑嫂关系。双方所争议的房屋有四间（隔成八小间）原属原告人的祖父顾祥太所有。顾祥太（于 1935 年以后不久死亡）生子顾秋和，顾秋和先娶梅氏，梅氏约于 1910 年生子顾鸿滨后不久病亡，到 1917 年顾秋和又娶邹氏为妻，次年生女顾月华。顾、邹夫妇把儿、女抚养成人。顾鸿滨于 1935 年左右与孙怀英结婚，顾月华也于同一时期结婚，随夫去上海定居。同年，邹氏亦去上海女儿顾月华处生活。1941 年顾秋和病死，邹氏回乡办理了丧事仍去上海，房屋没有明确分割，此后由顾鸿滨、孙怀英夫妇住用，1952 年顾鸿滨病死，不久孙怀英因生活困难去上海谋生定居，与婆邹氏、姑顾月华没有往来。

上述房屋于 1953 年 1 月由兴化县人民政府发给“契纸执照”。此执照是解放初期人民政府换发的新证，执照中注明，受业主是孙怀英。原业主栏未填姓名。在附注栏中注明：此房是“祖遗产业，原契遗失，补给此照”。发证以后，邹氏是否知道，无法查清，双方当事人在上海期间，房屋由孙怀英租给他人住用。

1975 年，邹氏（80 岁）在上海死亡，其生前没有提出过处理房屋的主张，是否放弃产权也无法证实，孙怀英于 1980 年退休回兴化，部分住用此房，其余仍然出租，1981 年 4 月，顾月华得知孙怀英要出卖房屋，即回兴化要求继承母亲的遗产，发生纠纷，诉讼到人民法院。

县、市、省法院在审理中有两种意见：

第一种意见认为：原房主顾祥太在媳妇邹氏于 1935 年去上海以后不久死亡，他的遗产房屋已被儿子顾秋和继承，顾秋和于 1941 年病故，该房产即被一起生活的儿子顾鸿滨夫妇继承。1952 年顾鸿滨病亡，该房产又全部转移给其妻孙怀英所有。孙怀英长期以来对房屋行使了产权，人民政府又于 1953 年 1 月发给她房产执照（即契纸执照），而邹氏于 1935 年去上海以后，从未主张过房屋产权，事实上放弃了房产权，故邹氏没有遗产房屋可让顾月华继承。

第二种意见认为：原房主顾祥太死

亡以后，他的遗产房屋应由其子顾秋和继承，为顾秋和与邹氏夫妇的共有财产，虽然邹氏在 1935 年去上海女儿顾月华处生活，但她与顾秋和仍是夫妻关系，顾秋和于 1941 年死亡，邹氏回乡料理了丧事，房屋一直没有分割，而且原房屋至今尚在，只是先后由顾鸿滨、孙怀英管理和使用。尽管在 1953 年 1 月人民政府发给的“契纸执照”上注明受业主是孙怀英，但此执照同时注明房屋属“祖遗产业，原契遗失”，发契纸执照时，有没有征求此房共有人邹氏的意见，邹氏是否知道此事，邹氏生前有没有表示过放弃房屋产权均无法证实，上述房屋中的一部分产权应为邹氏所有。邹氏在 1975 年死亡以后，鉴于其子顾鸿滨早已死亡，也没有留下子女；其媳妇孙怀英也非与她共同生活，故邹氏的遗产应由其女儿顾月华继承，在处理中，可以从具体情况出发，给孙怀英以适当照顾。

我们对此案通过多次讨论，未取得一致意见，特此请示，请予批复。

5.《最高人民法院民事审判庭关于未经结婚登记以夫妻名义同居生活一方死亡后另一方有无继承其遗产权利的答复》（〔1987〕民他字第 40 号，1987 年 7 月 25 日）

你院关于未经结婚登记以夫妻名义同居生活，一方死亡后另一方有无继承其遗产权利的案情报告收悉。经研究认为，在本案中，不能承认刘美珍与栾庆吉为事实婚姻。

至于栾庆杰死亡后遗留的财产，可按财产纠纷处理。

附：

辽宁省高级人民法院
关于未经结婚登记以夫妻名义同居生活一方死亡后另一方有无继承其遗产权利的案情报告

原告：刘美珍，女，28 岁，辽宁省盖县九寨村农民。

被告：栾焕章，男，58 岁，住址同上，系工人。

栾焕章之子栾庆吉与刘美珍于 1983 年 12 月，未履行结婚登记，即举行结婚仪式后以夫妻名义同居生活。15 天后，栾庆吉、刘美珍与其父母分居另过。1985 年 7 月 7 日栾庆吉在帮助沙宪洲家打井时，不慎触电死亡。沙家付给栾家补偿费 3500 元，经镇司法助理调解，栾庆吉之父栾焕章得 2600 元、刘美珍得 900 元。栾秋吉共同生活期间的财有：

一、刘美珍的个人财物 29 件，价值 232 元；

二、栾庆吉的遗产 9 件，价值 395 元；

三、刘、栾同居期间的共同财产 35 件价值一千零四十四元四角。

另外，刘、栾“婚后”居住的房屋两间半是栾庆吉父母给他们的。

栾庆吉死后，刘美珍诉讼到法院，

要求分割共同财产和继承栾的遗产，栾的父母栾焕章、沙素梅不同意刘的请求。

盖县人民法院按继承纠纷立案，于1986年11月17日审理认为刘、栾虽未登记结婚，已共同生活近2年，属于事实婚姻，在法律上享有夫妻间的一切权利。刘不但对婚姻关系存续期间的共同财产享有分割权，而且对其夫栾庆吉的遗产有继承权。栾焕章、沙素梅不准刘美珍继承是无理的。故依法判决：

（一）刘美珍的个人财产归其个人所有；

（二）共同财产7件，归刘美珍所有；

（三）共同财产28件和栾庆吉的个人遗产归栾焕章所有。

宣判后，栾焕章、沙素梅不服，以刘美珍与栾庆吉未办结婚登记手续，不是合法婚姻关系，不能以配偶的身份取得遗产继承权为由，提起上诉。

营口市中级人民法院审理并经审判委员会讨论，有两种意见：

一、认为刘美珍与栾庆吉系自由恋爱，虽未办结婚登记手续，但事实上举行了结婚仪式，共同生活近二年，两人感情较好，为群众所公认，除未登记外，其他都符合婚姻法规定的结婚条件，属事实婚姻，国家对事实婚姻是采取有条件的承认的，所以刘美珍应以配偶的身份取得继承权。

二、认为刘美珍与栾庆吉未履行结婚登记手续，即同居是违法的。婚姻登记不是可有可无的，它和婚姻法的其他规定一样都是社会主义法制的组成部分，不登记就是违背国家法律，因此，不能确立其合法的夫妻关系，不能以配偶的身份取得合法继承权。

省法院合议庭经过评议亦有两种意见：

第一种意见认为，刘美珍不应享有合法继承权。理由是：（一）婚姻法第七条①明确规定："要求结婚的男女双方必须亲自到婚姻登记机关进行结婚登记……取得结婚证，即确立夫妻关系"。只有履行这一法定程序，才能确立是合法的夫妻关系。（二）婚姻法、继承法所说的夫妻间相互有继承遗产的权利，一般地说，是指的合法夫妻，而不是事实婚姻。（三）刘美珍、栾庆吉是在新婚姻法公布后，经过宣传贯彻3、4年没有任何压力的情况下，未履行结婚登记手续，即行同居生活，是一种故意违法行为，如果承认他们互相间的继承权，就等于承认他们是合法夫妻，这不仅是不严肃的，而且也是不利于维护社会主义婚姻家庭关系的巩固与发展。（四）鉴于刘美珍、栾庆吉共同生活近一年零七个月，生活上互相照顾，所以，可从栾庆吉遗产中分出一定份额，照顾给刘美珍。但是原审法院把刘美珍、栾庆吉作为合法夫妻进行保护，刘美珍享有夫妻间的继承权利是不妥

---

①　对应《民法典》第1049条。——编者注

的，本案应按财物纠纷处理为宜。

另一种意见认为，刘美珍与栾庆吉虽未履行结婚登记手续，但事实上举行了结婚仪式，共同生活一年零七个月，已为群众所公认，是事实婚姻。栾庆吉死后，刘美珍享有夫妻间的一切权利，应按继承案件处理，保护刘美珍的合法继承权。

【公报案例】

邹某蕾诉高某某、孙某、陈某法定继承纠纷案（《最高人民法院公报》2020年第6期）

【裁判摘要】

离婚中，作为继父母的一方对受其抚养教育的继子女，明确表示不继续抚养的，应视为继父母与继子女关系自此协议解除。继父母去世时，已经解除关系的继子女以符合《继承法》中规定的"有扶养关系的继子女"情形为由，主张对继父母遗产进行法定继承的，人民法院不予支持。

【基本案情】

上海市静安区人民法院一审查明：被继承人孙某某与邹某娟于1974年3月登记结婚，1974年12月22日生育一女名孙某蕾，后更名邹某蕾即本案原告。孙某某与邹某娟于1981年9月28日经新疆昌吉市人民法院调解离婚。孙某某与陈某某于1984年12月8日再婚，婚后陈某某与其前夫所生之子陈某随孙某某共同生活在上海市重庆北路×号，1991年10月17日孙某某与陈某某协议离婚。后孙某某与刘某某再婚，婚后未生育子女，并于2000年11月16日协议离婚。2002年5月16日孙某某与被告高某某登记结婚，婚后生育一女名孙某。孙某某于2016年5月3日死亡，其父母均先于其死亡。

又查明，系争房屋于2000年办理产权登记，登记产权人为孙某某。孙某某于2016年5月3日死亡后，被告高某某、孙某于2016年5月9日向上海市闸北公证处申请办理继承公证，后以（2016）沪闸证字第2171号公证书（2016年8月22日出具）确定系争房屋由高某某、孙某共同继承。2016年8月23日高某某、孙某申请变更系争房屋的产权登记，2016年9月5日系争房屋核准变更登记权利人为高某某、孙某各享有二分之一产权份额。

审理中，被继承人孙某某的哥哥孙某忠到庭陈述：原告邹某蕾是孙某某与邹某娟所生女儿，孙某某与陈某某再婚后，孙某某、陈某某及陈某某与前夫所生之子被告陈某共同生活在上海市重庆北路×号，孙某某与陈某某离婚后，陈某某与陈某均迁走，孙某某与刘某某再婚后，并未生育子女，也没有子女与其共同生活。

【裁判理由】

上海市第二中级人民法院二审认为：对陈某是否符合《继承法》规定的与被继承人形成扶养关系的继子女的争议焦点，作出如下评判。根据《继承法》第 10 条规定，判断继父母子女之间是否享有继承权，以是否形成扶养关系为标准。继父母子女在事实上形成了扶养关系，由直系姻亲转化为拟制血亲，从而产生法律拟制的父母子女间的权利义务。确定是否形成扶养关系应以继承实际发生时为节点。本案中，陈某两岁时，因生母陈某某与被继承人孙某某结婚，确实与孙某某共同生活，形成事实上的继父子关系，孙某某与陈某某共同抚养教育过陈某，后陈某某与孙某某协议离婚。根据 1993 年 11 月 3 日《最高人民法院关于人民法院审理离婚案件处理子女抚养问题的若干具体意见》第 13 条规定："生父与继母或生母与继父离婚后，对曾受其抚养教育的继子女，继父或继母不同意继续抚养的，仍应由生父母抚养。"对于上述规定，法院认为，继父母与继子女是基于姻亲而发生的一种事实上的抚养关系，这种关系是法律拟制的，离婚后，在继父母不愿意继续抚养的情况下，应视为继父母子女关系的解除，他们之间父母子女的权利义务不复存在。本案中，陈某曾经由孙某某抚养过，但是在其生母陈某某与孙某某离婚时，陈某 9 岁还尚未成年，且孙某某、陈某某在离婚协议中明确约定陈某由陈某某继续抚养，孙某某不再承担抚养费用，在此情形下，应当认定孙某某不再继续抚养是对原已形成抚养事实的终止，孙某某与陈某之间的继父子关系视为解除，而且，陈某与孙某某的继父子关系解除之后至孙某某病故时，期间长达 20 余年之久，双方再无来往。陈某于 1998 年出国至今仅回国 3 次，短时间停留，其成年后也不存在赡养孙某某的事实。故而，法院认为，陈某与被继承人孙某某之间虽存在过抚养事实，但因孙某某与陈某生母陈某某离婚后不再抚养陈某，以及陈某成年后未履行赡养义务，本案继承发生时，陈某与被继承人孙某某之间继父子关系已解除，双方的权利义务不复存在，陈某不符合《继承法》规定的有扶养关系的继子女。综上，陈某对被继承人孙某某的遗产不享有继承权。一审判决认定陈某为法定继承人不当，依法予以纠正。

遗产是公民死亡后遗留的个人合法财产，公民依法享有财产继承权。继承开始后，没有遗嘱的，按照法定继承办理。一审判决根据在案证据以及一审庭审中证人孙某忠当庭作证的证人证言，认定邹某蕾为被继承人孙某某与前妻邹某娟所生之女，将其列为法定继承人，并无不妥，予以确认。本案中，系争房屋系原登记在被继承人孙某某个人名下的产权房屋，被继承人孙某某生前未立遗嘱，其遗产应按法定继承处理。邹某蕾作为孙某某与前妻邹某娟所生女儿，高某某作为孙某某的配偶，孙某作为孙某某与高某某的婚生女儿，依法均应作为孙某某的第一顺位法定继承人继承系争房屋产权。同时，鉴于高某某长期与孙某某共同生活，对被继承人尽了主要的扶养义务，故在分配遗产时，依法可以适当多分。综上，高某某、孙某的部分上诉请求成立，依法予以支持。一审判决认定陈某为法定继承人不当，予以纠正。

【裁判结果】

据此，上海市第二中级人民法院依照《继承法》第10条、《民事诉讼法》第170条第1款第2项之规定，于2018年10月31日作出判决：(1)撤销上海市静安区人民法院(2016)沪0106民初18925号民事判决。(2)登记在高某某、孙某名下属于被继承人孙某某遗产的上海市西藏北路×室房屋产权由邹某蕾、高某某、孙某按份共有，其中，邹某蕾享有30%份额，高某某享有40%份额，孙某享有30%份额；邹某蕾、高某某、孙某应于判决生效之日起30日内共同办理上述地址房屋产权变更手续，邹某蕾、高某某、孙某互有配合义务，因办理上述地址房屋产权变更手续所产生的费用由邹某蕾、高某某、孙某按比例负担。

【法院参考案例】

1. 曾某泉、曾某军、曾某、李某军与孙某学婚姻家庭纠纷案［《人民法院贯彻实施民法典典型案例(第二批)》案例十二，最高人民法院2023年1月12日］

【典型意义】

习近平总书记强调："家风是一个家庭的精神内核，也是一个社会的价值缩影。"本案是人民法院弘扬新时代优良家风，维护尽到赡养义务的成年继子女权益的典型案例。《民法典》明确规定了有扶养关系的继子女与婚生子女、非婚生子女、养子女同属于子女范畴。审理法院依法认定对继父母尽到赡养义务的成年继子女属于有扶养关系的继子女，享有继父母死亡抚恤金分配权，同时确定年老患病的遗孀享有更多分配份额，为弘扬敬老爱老的传统美德，鼓励互助互爱的优良家风提供了现实样例。

【基本案情】

曾某彬(男)与曾某泉、曾某军、曾某三人系父子关系，孙某学(女)与李某军系母子关系。2006年，李某军34岁时，曾某彬与孙某学登记结婚。2019年11月4日，曾某彬去世，其单位向孙某学发放一次性死亡抚恤金163536元。曾某彬生前10余年一直与孙某学、李某军共同在李某军所有的房屋中居住生活。曾某彬患有矽肺，孙某学患有(直肠)腺癌，李某军对曾某彬履行了赡养义务。曾某泉三兄弟主张李某军在曾某彬与孙某学结婚时已经成年，双方未形成扶养关系，故李某军不具有上述死亡抚恤金的分配资格。

【裁判结果】

生效裁判认为，一次性死亡抚恤金是针对死者近亲属的一种抚恤，应参照继承相关法律规范进行处理。本案应由曾某彬的配偶、子女参与分配，子女包括有扶养关系的继子女。成年继子女对继父母履行了赡养义务的,应认定为有扶养关系的继子女。本案中,曾某彬与孙某学再婚时,李某军虽已成年,但三人共同居住生活在李某军所有的房屋长达 10 余年,形成了《民法典》第 1045 条第 3 款规定的更为紧密的家庭成员关系,且曾某彬患有矽肺,孙某学患有癌症,二人均需家人照顾,根据案件事实可以认定李某军对曾某彬履行了赡养义务。考虑到孙某学年老患病且缺乏劳动能力,遂判决孙某学享有曾某彬一次性死亡抚恤金 40%的份额,李某军与曾某泉三兄弟各享有 15%的份额。

2. 文甲、文乙与文某杰继承纠纷案——无亲子关系情况下继父子关系的认定[《人民法院案例选》2021 年第 6 辑(总第 160 辑)]

【裁判要旨】

母亲怀有某男子的孩子而与他人结婚,该他人明知孩子非其亲生而在孩子出生后以父子身份共同生活、抚养教育,该男子与孩子之间形成了具有扶养关系的继父子关系。

【基本案情】

法院经审理查明:被继承人文丙与被告文某杰的母亲文某芳于 1985 年 1 月登记结婚,于 1988 年 8 月办理了协议离婚手续,于 1993 年 2 月 25 日办理复婚登记手续。1993 年 10 月 28 日,文某芳生育文某杰,文某杰出生至 2012 年文丙、文某芳离婚纠纷案件一审时,均由文丙、文某芳共同抚养。2012 年 6 月 20 日,文某芳起诉文丙离婚至昆明市官渡区人民法院,昆明市官渡区人民法院于 2012 年 9 月 10 日判决准予离婚,文某芳对判决不服提出上诉,经昆明市中级人民法院调解并于 2012 年 12 月 25 日出具民事调解书,调解协议确认:文丙、文某芳自愿离婚。2013 年 4 月 17 日,文丙以文某芳为被告向昆明市官渡区人民法院提起离婚后损害责任纠纷诉讼,认为文某芳对文某杰的出生问题进行欺诈,文丙在被欺诈的情况下养育了文某芳和其他男人所生的孩子 19 年,故要求文某芳赔偿已付出的抚养费和精神损失费,并要求确认其与文某杰无亲子关系,该案经昆明市官渡区人民法院判决驳回了文丙的诉讼请求,后昆明市中级人民法院维持了一审判决。上述案件确认文丙无生育能力,文丙与文某杰之间不具有亲子关系。

另查明,在文丙与文某芳离婚诉讼之前,文丙与文某杰以父子名义共同居住、生活,文丙对文某杰进行了抚养。在文丙与文某芳离婚后,2015 年 7 月 22 日办理退休手续时交单位的呈批表中子女情况为文某杰;在 2017 年文丙患病后,文某杰以亲属(儿子)身份填写了医院相关材料;在文丙去世后,文某杰办理了文丙的殡葬事宜。无当事人披露、亦无证据表明被继承人文丙有遗嘱,或与他人订立过《遗赠扶养协议》。

【裁判结果】

云南省昆明市呈贡区人民法院于2018年7月16日作出(2017)云0114民初1999号民事判决书,判决驳回原告文甲、文乙的全部诉讼请求。案件受理费24400元、保全费5000元,由原告文甲、文乙负担。

宣判后,原告文甲提出上诉。云南省昆明市中级人民法院于2019年3月5日作出(2018)云01民终7911号民事判决书,对于文某杰与文丙之间形成了具有扶养关系的父子关系,以及文某杰系文丙第一顺位继承人的一审观点予以确认,同时认定一审判决适用法律正确,仅以一审判决没有考虑到本案的实际情况即"一、文甲身患多种疾病且不适宜工作,无生活来源;二、文甲系文丙的弟弟,文丙在生前对其给予了较多的扶养,故文甲虽然不是第一顺序继承人,也可分得适当的遗产"为由改判文某杰向文甲补偿继承款项30万元。

【裁判理由】

法院生效裁判认为:《继承法》第10条规定首先明确了我国继承法法定继承的继承顺序,本案中无证据显示文丙留有遗嘱或与他人订立过《遗赠扶养协议》,故文丙去世后其财产问题应当按照法定继承处理。二原告系文丙的兄弟姐妹,系第二顺位的继承人,在文丙的父母已过世,其离异未再婚无配偶的情况下,要继承遗产的前提是文丙无符合法定继承条件的子女。故被告文某杰是否与文丙形成父子关系,能否作为文丙的第一顺序继承人继承文丙的遗产,系本案争议的两大焦点。

关于文丙与文某杰的关系问题,原告认为系继父母子女关系,但认为因文丙提起离婚后损害责任纠纷诉讼而解除;被告认为同时构成了《继承法》规定的婚生子女、非婚生子女、养子女和继子女四种关系。法院认为,婚生子女指在婚姻关系存续期间受胎或者出生的子女,非婚生子女是指婚姻关系以外受胎所生的子女,如未婚同居、通奸、强奸所生的子女,上述两种关系均基于子女出生事实而构成具有自然血亲关系的父母子女关系。虽然文丙与文某芳在文某杰出生时系夫妻关系,但文丙本身不具有生育能力,无法生育子女,文丙与文某杰之间不具有自然血亲关系,故不构成婚生和非婚生的父子关系。《继承法》同时规定了法律拟制的父母子女关系,即基于法律的认可而人为地设定养父母子女关系和继父母与受其抚养教育的继子女关系,无抚养关系的继父母继子女之间不产生父母子女关系。养子女是指基于收养行为而使本无亲子关系的人因法律的拟制而成为收养人的子女,根据《收养法》相关规定,收养行为系民事法律行为,要有收养的合意并办理收养登记手续,本案中明显不符合收养关系的情形。

最后,继子女关系是指配偶一方对另一方与前配偶或其他男子或女子所生的子女之间所形成的关系,继子女关系无须经特定的法定程序认定,继子女与继父母之间无自然血亲关系。本案中,文某芳怀有其他男子的孩子与文丙结婚,文丙明知文某杰非其亲生,在文某杰出生后双方以父子身份共同生活、文丙对文某杰进行了抚养教育,在文丙患病后,文某杰也对文丙进行了照顾,并以儿子的身份办理了丧事,故双方之间是具有扶养关系的继父子关系,文某杰对文丙有继承权。在文丙与文某芳离婚后损害责任纠纷一案中,文某芳也主张文丙与文某杰系继父子关系,与本案原告的主张一致,本院予以认定。

针对继父子关系是否解除的问题,虽然原告以前述离婚后损害责任纠纷诉讼为由主张继父子关系已经解除,但该纠纷是文丙与文某杰母亲文某芳之间的诉讼,文某杰并非当事人,从该案并不能直接得出文丙有解除继父子关系的意思表示。且在该案诉讼之后,文丙、文某杰的户口登记关系仍为父子,文丙个人于 2015 年填写的《干部退休呈批表》子女情况写的是文某杰,文丙并未否认双方父子关系并作出相关意思表示。尤其是在文丙患病后,文某杰以儿子身份签署手术同意书、输血同意书等,在文丙过世后以儿子身份办理丧葬事宜,都是在尽为人子女的义务,上述事实都与原告的主张相矛盾。

法院审理认为,文丙与文某杰不具备亲子关系虽是无争议的事实,但文某杰作为文丙前妻文某芳的儿子与文丙以父子身份及名义共同居住生活到成年,即便在文某芳与文丙离婚后,双方的父子关系并未自然终结,如果文丙有意解除双方关系,是有时间和条件作出相关意思表示的,但其并未作出相关意思表示,故无法认定继父子关系解除。此外,在文丙患病及过世后,文某杰尽到了为人子女的义务,也与我国《继承法》关于继子女仅在具有扶养关系时才享有继承权的规定及精神相一致。综上,法院认为文某杰作为与文丙有扶养关系的继子,系第一顺序继承人,有权继承被继承人文丙的遗产,对于原告要求判令文某杰不享有继承权以及要求继承文丙遗产的诉讼请求,因依据不足法院不予支持。

第一千一百二十八条　【代位继承】被继承人的子女先于被继承人死亡的,由被继承人的子女的直系晚辈血亲代位继承。

被继承人的兄弟姐妹先于被继承人死亡的,由被继承人的兄弟姐妹的子女代位继承。

代位继承人一般只能继承被代位继承人有权继承的遗产份额。

【原《继承法》条文】

第十一条　被继承人的子女先于被继承人死亡的,由被继承人的子女的晚辈直系血亲代位继承。代位继承人一般只能继承他的父亲或者母亲有权继承的遗产份额。

【修改说明】

新增被继承人的兄弟姐妹的子女适用代位继承制度，扩大了法定继承人的范围，使被继承人的侄、甥也进入了代位继承人的范围；将“他的父亲或者母亲”改为“被代位继承人”。

【立法·要点释义】

代位继承也被称为间接继承，是相对于本位继承而言，指具有法定继承权的人因主客观原因不能继承时，由其直系晚辈血亲按照该继承人的继承地位和顺序，继承被继承人遗产的制度。具有法定继承权的人称为被代位继承人；按照被代位继承人的地位和顺序继承遗产的人称为代位继承人。

原《继承法》中，被代位继承人仅限于被继承人的子女，代位继承人仅限于被继承人子女的直系晚辈血亲。该规定虽然保障了遗产向被继承人的直系晚辈血亲流转，但是考虑到我国法定继承人的范围狭窄，容易导致遗产无人继承，有必要扩大被代位继承人的范围。兄弟姐妹是与被继承人关系最近的旁系血亲，兄弟姐妹的子女即被继承人的侄子女、甥子女，与被继承人在血缘和情感上有较为紧密的联系，现实生活中无子女的叔伯姑舅姨往往由其侄子女、甥子女给予精神慰藉与生活帮助，让侄子女、甥子女继承遗产符合遗产向晚辈流传的原则，也符合民间传统中继承遗产的习惯。《民法典》扩大了被代位继承人的范围，被继承人的兄弟姐妹也可作为被代位继承人，在其先于被继承人死亡时，其子女可以代位继承。

《民法典》没有将继承人丧失继承权作为代位继承的发生原因。若允许丧失继承权的继承人其直系晚辈血亲代位继承，则违背继承权丧失制度的目的，容易引发道德风险。根据《民法典继承编解释(一)》第17条规定，可以通过酌分遗产请求权以及被继承人立遗嘱的方式，分给其直系晚辈血亲一定的遗产。《民法典》也没有将继承人放弃继承作为代位继承发生的原因。继承人放弃继承的，并不是客观上不能行使继承权，而是对自己权利的一种处分，法律应当尊重当事人的意愿选择。

子女的代位继承人与兄弟姐妹的代位继承人的亲等限制不同。子女的代位继承人为其直系晚辈血亲，即被代位继承人的子女、孙子女、外孙子女、曾孙子女等，不受辈份的限制，在代位继承时以辈份大者优先。兄弟姐妹的代位继承人仅限于其子女，即被继承人的侄子女、甥子女。因为兄弟姐妹属于旁系血亲，如果旁系血亲的代位继承人的范围过于宽泛，就会使与被继承人没有太多血缘关系以及情感联系的人取得遗产。

代位继承人要根据被代位继承人的地位和顺序继承遗产。子女为第一顺序继承人,因此子女的直系晚辈血亲在代位继承时是以第一顺序继承人的身份参与继承。兄弟姐妹为第二顺序继承人,兄弟姐妹的子女在代位继承时是以第二顺序继承人的身份。代位继承人一般只能继承被代位继承人有权继承的遗产份额,在存在法律规定的多分、少分或者不分等情形时,其继承遗产的份额可能会有所变化。

【编者观点】

代位继承仅适用于法定继承,不适用于遗嘱继承。根据第 1154 条第 3 项规定,遗嘱继承人先于被继承人死亡时,遗产中相关部分内容即告失效,代位继承人的应继份额只能根据法定继承规则确定。

代位继承存在代表权说和固有权说两种理论基础。我国立法和司法实践主要采纳代表权说,认为代位继承人享有的是被代位人对被继承人享有的继承权。因此,被代位人先于被继承人死亡是代位继承发生的唯一原因,而当继承人丧失或者放弃继承权时,其晚辈直系血亲不得代位继承,否则有违继承权丧失的制度目的以及继承人放弃继承的初衷。固有权说则认为,代位继承人对于被继承人遗产的继承是基于自己固有的继承权,并不以被代位人是否有继承权为前提。只是当被代位人在世时,按照亲等近者优先的原则,代位人享有的继承权无法实际行使。这一观点在一些继承权丧失场景下,更有利于维护孙子女等代位继承人的利益,降低了遗产无人继承的概率。

第 1 款与第 2 款规定的代位继承人范围不同。被代位人是被继承人的子女的,代位继承人包括被代位人的所有直系晚辈血亲,且不受代数限制,由与被代位人亲等较近者行使代位继承权。被代位人是被继承人的兄弟姐妹的,代位继承人则仅限于被代位人的子女,理由是现实生活中叔伯姑舅姨与侄(甥)子女的子女之间亲等关系较远,并无密切的情感连接,因此不应将被继承人侄(甥)子女的晚辈直系血亲全部纳入代位继承人范围。

第 3 款规定,代位继承人一般只能继承被代位继承人有权继承的遗产份额。因此当代位继承人有数人时,应当共同继承被代位人的应继份额。而当被继承人的子女全部先于被继承人死亡时,多个孙子女之间是均分被继承人的遗产,还是孙子女基于代位继承父辈享有的继承份额?实践中,被继承人的子女通常不是同时死亡,因此各孙子女的代位继承权是陆续且分别获得的,且考虑到按支继承以及子股平衡的传统继承理念,该特殊情形下坚持代位继承的解决方案相较于均分遗产更为合理。

【司法解释】

1.《最高人民法院关于适用〈中华人民共和国民法典〉继承编的解释

(一)》(法释〔2020〕23 号,2021 年 1 月 1 日施行)

第十四条[①]　**【被继承人子女的直系晚辈血亲代位继承不受辈数限制】**被继承人的孙子女、外孙子女、曾孙子女、外曾孙子女都可以代位继承,代位继承人不受辈数的限制。

第十五条[②]　**【养子女、继子女是否适用代位继承】**被继承人的养子女、已形成扶养关系的继子女的生子女可以代位继承;被继承人亲生子女的养子女可以代位继承;被继承人养子女的养子女可以代位继承;与被继承人已形成扶养关系的继子女的养子女也可以代位继承。

第十六条[③]　**【代位继承人可以多分遗产的情形】**代位继承人缺乏劳动能力又没有生活来源,或者对被继承人尽过主要赡养义务的,分配遗产时,可以多分。

2.《最高人民法院关于适用〈中华人民共和国民法典〉时间效力的若干规定》(法释〔2020〕15 号,2021 年 1 月 1 日施行)

第十四条　被继承人在民法典施行前死亡,遗产无人继承又无人受遗赠,其兄弟姐妹的子女请求代位继承的,适用民法典第一千一百二十八条第二款和第三款的规定,但是遗产已经在民法典施行前处理完毕的除外。

【司法指导文件】

《法答网精选答问(第四批)》(最高人民法院 2024 年 4 月 11 日)

问题 2:代位继承人成年后从未履行赡养义务,应否均分遗产?

答疑意见:从现行法律规定来看,法定继承以均等继承为原则,对于尽到较多赡养义务的也只是规定“可以”多分而非“应当”多分。但是就代位继承而言,代位继承人仅仅是承继了其父或母作为被继承人的第一顺位继承人的继承权,并不涉及赡养义务问题。这样的制度安排体现了对赡养的正向鼓励,但仍然强调维护以身份为基础的继承权利义务关系。因此,对于代位继承人而言,决定其能否均等继承的根本在于其身份是否符合代位继承的构成要件。当然,此种情况下,如果其他继承人尽到较多赡养义务,也应当是让有关继承人多分,而不是让该代位继承人少分。

【批复答复】

《最高人民法院关于代位继承问题的批复》(法编字第 5950 号,1951 年 6 月 15 日)

(一)丈夫死后,其妻要求代位继

① 对该条的注释详见附录四第 1190 页。
② 对该条的注释详见附录四第 1191 页。
③ 对该条的注释详见附录四第 1199 页。

承的问题:我们认为夫妻间有互相继承遗产的权利,但相互间不应有代位继承的问题存在,也就是丈夫死后,妻不应代夫继承翁婆的遗产,同样的,妻死后,夫不应代妻继承岳父母的遗产。据来文所称:"丈夫死后其妻因与婆母不睦,分居度日,其婆母由其他子女供养,至婆母死后,其分居已久之儿妇,又要求代夫继承遗产",我们认为这个儿媳如有子女可以代父继承遗产,但其本人不能代夫继承遗产。如果丈夫生前已继承其父(即儿媳的翁)的遗产,而在生前和死后一直没有从大家庭财产中分割出来,则儿媳已经继承了丈夫所已继承的那一部分,当然现在仍可主张分割。但这并不是一个代位继承的问题。

(二)关于寡妇要求代夫继承丈夫胞兄遗产的问题,我们认为单就代位继承一点来说,弟媳是没有代夫继承其兄遗产之权的。

【公报案例】

王某学等三人与王某德继承案

(《最高人民法院公报》1985 年第 4 号)

【基本案情】

哈尔滨市中级人民法院经审理查明:三上诉人与被上诉人王某德系叔侄、姑侄关系。被继承人王某远、李某岭夫妇分别于 1963 年、1984 年死亡。被继承人婚生王某学、王某芳、王某昌、王某贤、王某刚 5 名子女。王某昌早已死亡,无配偶和子女。王某芳于 1954 年死亡,有配偶和婚生子女王某德、王某文和王某霞。1967 年,王某芳之妻带 3 名子女改嫁。王某芳之妻虽然带子女改嫁,但在被继承人李某岭在世时,经常来往,关心照顾其生活,过年过节还去探望送食品。被继承人李某岭死亡时,被上诉人王某德送去 70 元,与王某学、王某刚、王某贤共同料理丧事。被继承人遗有道外区南十四道街 135 号院内 83.507 平方米房产,由王某学、王某刚和案外人周某发分别居住。被继承人李某岭死亡后,被上诉人王某德,以要求代位继承被继承人所遗房产为由,向道外区人民法院提起诉讼。原审法院认定,三上诉人同被上诉人,对被继承人都尽了赡养义务,均是合法继承人。故判决将被继承人的所遗房产 83.507 平方米,由三上诉人与被上诉人平均继承,各继承 20.877 平方米。根据房产的结构(间数)和当事人居住现状,房产实际分割如下:王某学继承 21.487 平方米,王某刚继承 21.18 平方米,王某贤继承 19.96 平方米,王某德兄妹三人代位继承 20.88 平方米。多出平均继承份额部分,以款相抵,王某学、王某刚、王某德三人共补 82.50 元,由王某贤所得。对以上判决,三上诉人不服,以被上诉人王某德之父对被继承人未尽赡养义务,王某德兄妹系晚辈血亲,无权继承被继承人的遗产为由提起上诉。

【裁判理由及结果】

哈尔滨市中级人民法院审理认为:

被上诉人之父王某芳，虽然先于被继承人死亡，但在生前对被继承人尽到了赡养义务，因此，应当享有继承权利。至于被上诉人是王某芳的晚辈直系血亲，按照我国有关政策规定，有权代位继承其父应得的遗产份额。因此，原审判决根据当时双方赡养被继承人的经济能力，以及在遗产分割后，有利于生活需要和不损害使用的情况，将该项遗产平均分配是适当的。据此，于 1985 年 5 月 7 日，依照《民事诉讼法（试行）》第 151 条第 1 项的规定，判决驳回上诉，维持原判。

1985 年 11 月 29 日，最高人民法院审判委员会第 237 次会议，依照《人民法院组织法》第 11 条第 1 款的规定，在总结审判经验时认为，目前有些地方，特别是农村，仍存在着无故剥夺随母改嫁的子女继承生父遗产或代位继承的权利的陋习，这是不符合我国现行法律规定的。《婚姻法》第 18 条规定："夫妻有相互继承遗产的权利。父母和子女有相互继承遗产的权利。"《继承法》第 11 条规定："被继承人的子女先于被继承人死亡的，由被继承人的子女的晚辈直系血亲代位继承。代位继承人一般只能继承他的父亲或者母亲有权继承的遗产份额。"各级人民法院今后在审理继承案件中，应认真执行这些规定，切实保护随母改嫁的子女的继承和代位继承的合法权利。哈尔滨市道外区人民法院和哈尔滨市中级人民法院对该案的判决是符合以上法律规定的，可供各级人民法院借鉴。

【法院参考案例】

1. 贾某一、张某诉贾某二、贾某三继承纠纷案［《最高法发布继承纠纷典型案例（第一批）》案例二，2024 年 12 月 3 日］

【基本案情】

2021 年，贾某去世，无配偶，无子女。贾某的父母、祖父母、外祖父母均先于其去世。贾某有贾某一、贾某二、贾某三、贾某四这四个兄弟姐妹。贾某四于 2007 年去世，生前育有一女张某。现贾某一、张某将贾某二、贾某三诉至法院，主张共同继承贾某名下房产，各享有 25%的产权份额。

【裁判情况】

审理法院认为，被继承人贾某未留有遗嘱，生前无配偶及子女，父母均先于其死亡，无第一顺序继承人。第二顺序继承人中，祖父母、外祖父母均先于其去世，故应由其兄弟姐妹继承。贾某的妹妹贾某四先于贾某死亡，应由贾某四女儿张某代位继承。

同一顺序继承人继承遗产的份额，一般应当均等。对被继承人尽了主要扶养义务的继承人，分配遗产时，可以多分。本案中，贾某二、贾某三在贾某生前尽到了更多的扶养义务，在贾某去世后亦为其操办了丧葬事宜，依法应予适当多分。张某在诉讼中自愿将其应继承份额各半赠与贾某二、贾某三，系对自己权利的处分,依法予以准许。遂判决:诉争房屋由贾某一继承 20%的产权份额,贾某二、贾某三各继承 40%的产权份额。

【典型意义】

《民法典》第 1128 条第 2 款规定:“被继承人的兄弟姐妹先于被继承人死亡的,由被继承人的兄弟姐妹的子女代位继承。”《民法典》在原有被继承人子女的直系晚辈血亲代位继承的基础上新增被继承人兄弟姐妹的子女代位继承的规定,扩大了法定继承人的范围,可以保障财产在家族内部的传承,减少产生无人继承的情况,同时促进亲属关系的发展,鼓励亲属间养老育幼、相互扶助。同时,对尽了更多扶养义务的继承人适当多分遗产,以及张某在诉讼中自愿赠与继承份额的做法,不仅体现了权利义务相一致的原则,也有力弘扬了家庭成员间互相尊重、互相帮助、维护亲情的和谐家风。

2. 苏某甲诉李某田等法定继承纠纷案[《人民法院贯彻实施民法典典型案例(第一批)》案例八,最高人民法院 2022 年 2 月 25 日]

【典型意义】

本案是适用《民法典》关于侄甥代位继承制度的典型案例。侄甥代位继承系《民法典》新设立的制度,符合我国民间传统,有利于保障财产在血缘家族内部的流转,减少产生遗产无人继承的状况,同时促进亲属关系的发展,引导人们重视亲属亲情,从而减少家族矛盾、促进社会和谐。本案中,审理法院还适用了遗产的酌给制度,即对继承人以外的对被继承人扶养较多的人适当分给遗产,体现了权利义务相一致原则,弘扬了积极妥善赡养老人的传统美德,充分体现了社会主义核心价值观的要求。

【基本案情】

被继承人苏某泉于 2018 年 3 月死亡,其父母和妻子均先于其死亡,生前未生育和收养子女。苏某泉的姐姐苏某乙先于苏某泉死亡,苏某泉无其他兄弟姐妹。苏某甲系苏某乙的养女。李某田是苏某泉堂姐的儿子,李某禾是李某田的儿子。苏某泉生前未立遗嘱,也未立遗赠扶养协议。上海市徐汇区华泾路某弄某号某室房屋的登记权利人为苏某泉、李某禾,共同共有。苏某泉的梅花牌手表 1 块及钻戒 1 枚由李某田保管中。苏某甲起诉请求,依法继承系争房屋中属于被继承人苏某泉的产权份额,及梅花牌手表 1 块和钻戒 1 枚。

【裁判结果】

生效裁判认为,当事人一致确认苏某泉生前未立遗嘱,也未立遗赠扶养协议,故苏某泉的遗产应由其继承人按照法定继承办理。苏某甲系苏某泉姐姐苏某乙的养子女,在苏某乙先于苏某泉死亡且苏某泉的遗产无人继承又无人受遗赠的情况下,根据《民法典时间效力规定》第 14 条,适用《民法典》第 1128 条第 2 款和第 3 款的规定,苏某甲有权作为苏某泉的法定继承人继承苏某泉的遗产。另外,李某田与苏某泉长期共同居住,苏某泉生病在护理院期间的事宜由李某田负责处理,费用由李某田代为支付,苏某泉的丧葬事宜也由李某田操办,相较苏某甲,李某田对苏某泉尽了更多的扶养义务,故李某田作为继承人以外对被继承人扶养较多的人,可以分得适当遗产且可多于苏某甲。对于苏某泉名下系争房屋的产权份额和梅花牌手表1块及钻戒1枚,法院考虑到有利于生产生活、便于执行的原则,判归李某田所有并由李某田向苏某甲给付房屋折价款人民币60万元。

第一千一百二十九条 【丧偶儿媳、女婿的继承权】丧偶儿媳对公婆,丧偶女婿对岳父母,尽了主要赡养义务的,作为第一顺序继承人。

【立法·要点释义】

继承法除了高度重视血亲、婚姻关系两种关系以外,还高度重视扶养关系在继承中的作用。儿媳、女婿丧偶之后,其与公婆、岳父母之间的姻亲关系也因为婚姻关系的灭失而不复存在。丧偶儿媳对公婆、丧偶女婿对岳父母是没有法律上的赡养义务,其赡养老人完全是在履行道德义务。尽了主要赡养义务的丧偶儿媳和丧偶女婿可以作为第一顺序继承人参与继承,这被认为是我国《继承法》法定继承制度中的一个重要特色,符合社会主义核心价值观,符合中华民族传统家庭美德和公序良俗,也充分符合权利义务相一致的原则。

是否尽了主要赡养义务,需要结合相关因素判断:一是在时间上,要对公婆或者岳父母有长期性、经常性的赡养,直至其身故;二是在程度上,这种赡养是公婆或者岳父母的主要生活支柱。丧偶儿媳、丧偶女婿是否尽到主要赡养义务不宜以其他具有赡养义务的法定继承人没有尽赡养义务为必要条件。

【编者观点】

我国《继承法》关于丧偶儿媳、女婿享有附条件继承权的规定,突破了继承仅在血亲和配偶范围内的传统,是将姻亲纳入继承的第一个立法例。丧偶儿媳、女婿作为第一顺位继承人,直接排除了其他顺位的血亲继承人,与将财产尽可能留在本家族内的继承传统相违背;且若同时儿媳、女婿的子女再以孙子女身份代位继承,该子女一支事实上获得两份遗产,也有违按支继承的习俗。因此,该制度在理论层面存在较大争议。有观点主张为了保持子股平衡,丧偶儿媳、女婿作为第一顺序继承人应以不存在代位继承人为前提条件;若有代位继承人,丧偶儿媳、女婿作为遗产酌给请求权人再分得适当遗产。理由是,被继承人的其他非法定继承人血亲、姻亲以及朋友、邻居等非亲属，尽了主要赡养义务的，同样只能享有遗产酌给请求权。

丧偶儿媳、女婿享有附条件继承权的规定，目的在于弘扬尊老爱幼的中华民族传统家庭美德以及社会主义核心价值观，鼓励丧偶儿媳、女婿对公婆及岳父母承担道德上的赡养义务，也体现了权利义务相一致原则。只有当姻亲关系与赡养事实结合，才产生拟制血亲的法律效果，一旦扶养关系成立，姻亲关系的存续与否不再重要，即便丧偶儿媳、女婿再婚，只要继续对老人承担主要赡养义务，其法定继承人身份不会发生改变。

司法实践中从三个方面对于主要赡养义务进行界定。首先，儿媳、女婿在经济上对老人进行了扶助、供养，支付的赡养费、生活费、医疗费在公婆或岳父母的日常开销中占据较大比例，足以满足公婆或岳父母的日常生活需要，不低于当地平均生活水平。其次，在生活上提供照料，在精神上予以慰藉。有裁判观点认为在生活上应与老人有“持久的、经常性的”共同居住，每周看望一两次只可视为对老人有过赡养行为，不能视为尽了主要赡养义务。对于经受了老年丧子之痛的老人，需要精神上的陪伴和抚慰。最后，对老人的赡养具有连续性，不应发生间断。如果存在开始赡养、后来不赡养，或者间断性赡养的情况，则不宜承认儿媳、女婿法定继承人身份，但可通过遗产酌给请求权的方式给予必要补偿。

【相关立法】

《中华人民共和国妇女权益保障法》(2022 年修订,2023 年 1 月 1 日施行)

第五十九条　丧偶儿媳对公婆尽了主要赡养义务的，作为第一顺序继承人，其继承权不受子女代位继承的影响。

【司法解释】

《最高人民法院关于适用〈中华人民共和国民法典〉继承编的解释(一)》(法释〔2020〕23 号,2021 年 1 月 1 日施行)

第十八条[①]　**【无论丧偶儿媳、丧偶女婿是否再婚，均不影响其子女代位继承】**丧偶儿媳对公婆、丧偶女婿对岳父母，无论其是否再婚，依照民法典第一千一百二十九条规定作为第一顺序继承人时，不影响其子女代位继承。

第一千一百三十条　【遗产分配规则】同一顺序继承人继承遗产的份额，一般应当均等。

对生活有特殊困难又缺乏劳动能力的继承人，分配遗产时，应当予以照顾。

---

① 对该条的注释详见附录四第 1201 页。

对被继承人尽了主要扶养义务或者与被继承人共同生活的继承人，分配遗产时，可以多分。

有扶养能力和有扶养条件的继承人，不尽扶养义务的，分配遗产时，应当不分或者少分。

继承人协商同意的，也可以不均等。

【立法·要点释义】

如果存在多个同一顺序的法定继承人，就涉及法定继承中遗产份额的分配问题，即法定应继份制度。法定应继份是指多个法定继承人在继承过程中依法分配遗产时，法律规定其应当取得的遗产份额。本法在规定继承人应当取得的遗产份额时未区分血亲继承人和配偶继承人，同一顺序的法定继承人继承遗产的份额一般应当均等，不因性别、年龄、婚否等因素而有所不同。继承遗产的份额均等是继承权平等原则的体现。

第2款规定体现出遗产在被继承人死亡后继续扶养继承人的功能，以及家庭成员之间团结互助的优良传统。应当予以照顾的继承人必须同时满足以下两个条件：一是生活有特殊困难，而不是有一般困难，例如继承人没有独立的经济来源或者经济收入难以维持当地最低生活水平；二是缺乏劳动能力，根本无法通过参加劳动改变生活困难的局面，而不是劳动能力不强。

对被继承人尽了主要扶养义务的继承人，是指对被继承人在经济上提供主要来源或者在生活上给予主要照顾的继承人，在遗产分配时给予这类继承人适当倾斜，有利于鼓励尊老养老，也符合权利义务相一致和公平原则。与被继承人共同生活的继承人，相较其他继承人而言，与被继承人在经济、生活、情感上存在更为密切的关系，彼此之间具有扶养关系，多分遗产一般也符合被继承人的意愿。

如果继承人自身无生活来源或者缺乏劳动能力，根本不具备扶养被继承人的能力和条件，则不属于应当不分或者少分遗产的情形。继承人是否尽到扶养义务一般是从客观上来判断，但是实践中也存在继承人有扶养能力和扶养条件，愿意尽扶养义务，但是被继承人因有固定收入和劳动能力，明确表示不要求其扶养的情形，不应当以此为依据对该继承人不分或者少分。如果被继承人生前需要继承人扶养，继承人有扶养能力和扶养条件却不尽扶养义务的，情节严重的还应丧失继承权，甚至可能构成遗弃、虐待被继承人的刑事犯罪。

【编者观点】

本条规定了法定继承中的法定应继份，但并不意味着本条在遗嘱继承场合没有作用。如果遗嘱继承只是调整了继承顺序,未明确具体的继承份额,遗嘱继承人之间的应继份额,根据本条第1款一般应当均等。

第2款规定了照顾弱者为规范目的的法定不均等情形,继承人需同时满足生活有特殊困难以及缺乏劳动能力两项要件。继承人虽然自身没有财产或收入,但有除被继承人以外的其他人扶养,通常不属于本款规定情形。"特殊困难"并无明确标准,一般指无行为能力或限制民事行为能力人、未成年人、高龄老人、残疾人、患有重大疾病的人等。有固定收入如退休金、养老金等不影响生活有特殊困难又缺乏劳动能力的认定。照顾的程度取决于特殊困难程度,一般越年幼或者是所患病越重,其所分得的遗产就越多;对于不动产,司法裁判明显谨慎许多,对其照顾的范围比较小;而对于金钱遗产,司法裁判照顾的程度则比较高。

第3款和第4款规定了根据权利义务相一致推出的法定不均等情形,继承人少分遗产需要满足有扶养能力和扶养条件却不尽扶养义务两个要件。根据《民法典继承编解释(一)》第22条,继承人有扶养能力和扶养条件,愿尽扶养义务,但被继承人因有固定收入和劳动能力,明确表示不要求其扶养的,在分配遗产时,一般不应据此降低其继承份额。法官应当对继承人的行为严重性作出说明。如果继承人不尽扶养义务已构成遗弃,则丧失继承权,不适用本条。若该继承人嗣后存在悔改表现且得到被继承人宽宥而恢复了继承权,在分割遗产时亦应考虑其不尽扶养义务的事实。

第5款表明第1款是任意性规范,可由继承人意思自治进行调整,继承人共同体可以约定不均等分配遗产,该约定须全体继承人一致同意,而非少数服从多数,对全体继承人发生效力,且不得损害继承人的债权人等利害关系人利益,不能减少或免除继承人对第三人的债务清偿责任。

我国是否应当规定遗产归扣制度?

遗产归扣指的是为了平衡共同继承人的利益,将继承人在继承开始前从被继承人处受赠的特定财产视为应继份的预付,于遗产分割时予以扣除。传统家庭同居共财关系下,家产的解体分割和代际传承两个环节无法严格区分,生前分家和死后继承既是家产在共有人之间的分割,也是财产从父辈到子辈的承继。无论生前还是死后,家产分割本质上是兄弟之间而非父子之间的事情,原则上诸子均分,儿子享有的"承继期待权"是超越死者意思的难于动摇的法定权利,不同于现代法上的继承期待权,对父亲通过生前或者遗嘱方式处分家产的权利产生实质性拘束。传统家族法中虽然没有名曰"遗产归扣"的具体规范,但在实践中会把分家也视为死后应继份的预付,在继承环节予以扣除,以达至家产诸子均分的效果。例如唐宋以降在分家时会预留给未婚姊妹一份嫁妆,用于平衡未婚姊妹与出嫁女的利益，并作为连接生前分家和死后继承两个阶段的桥梁，使得家庭成员在各阶段所获得的家产总额大体均等。

从《大清民律草案》到《中华民国民法》，纯粹的财产继承取代了宗祧继承，遗嘱继承优先于法定继承，全面确立了个人所有权和遗嘱自由原则，继承限于死亡时开始，分家被直接剔除出国家实证法范畴。但是在相当长的实际社会生活中，个人所有权并未真正取代家产制，分家和立嗣行为依旧普遍存在并脱逸于国家法的调整范围。因此，《大清民律草案》和《中华民国民法》都继受了比较法上的遗产归扣制度，在国家法继承制度和民间法分家制度这一新的二元结构下，用于平衡各子女间的利益。

当代民众继承习惯调查表明，生前特别赠与和遗产归扣作为民间惯习仍普遍存在，父母健在时会分配及赠与相当数量的家产给结婚或别居的子女，大约三分之一的财产代际传递在被继承人生前完成；父母去世后，别居子女或者不再主张继承剩余遗产；或者把受赠的大额财产纳入共同遗产平均分配；或者遗产分割时对未获得生前特别赠与的共居子女有所照顾。

独生子女政策抑制了在多子女之间遗产分配不均的问题，因此实证法上遗产归扣制度的缺失未引发社会问题。然而伴随着我国城镇住房制度改革和计划生育政策调整，这一局面正在发生变化。一方面，20 世纪 90 年代以来福利住房分配被商品房取代，城市房价高企不下以及年轻人工作和结婚之初收入有限两个因素，导致夫妻一方或双方的父母出资支付首付款、夫妻婚后共同还贷的购房模式成为普遍现象。父母出资性质是借贷还是特别赠与、赠与对象是子女一方抑或夫妻双方、房产在物权法和婚姻法层面的归属认定，成为司法实践和理论争议中的焦点问题。另一方面，我国从独生子女时代开始过渡至多子女时代。父母生前若仅为部分子女购房出资，去世后各子女依法定继承平均分配剩余遗产，将导致每位子女所获财产严重不均等，该后果也未必符合父母的真实意思，生前赠与和死后继承分离导致的矛盾更为凸显。因此，在多子女时代重新引入遗产归扣制度符合社会现实需要。

遗产归扣并未限制父母的意思自治，意思自治在生前赠与和遗嘱继承两个环节都得以体现。在生前赠与环节，一方面，遗产归扣并未否定赠与合同的效力，即便受赠财产超过应继份，子女作为受赠人也无须在归扣环节退回超额部分，因此遗产归扣对生前赠与未造成任何影响。若因生前赠与导致没有足额遗产用于必留份和遗产酌给份，并要求作为受赠人的子女在实现必留份和遗产酌给份限度内扣还相应价值，则属于必留份和遗产酌给份制度对赠与的限制，与遗产归扣制度无关。另一方面，若作为被继承人的父母对生前赠与有免除归扣的意思，则不再适用遗产归扣,以体现对父母意思自治的尊重。免除归扣的意思既可以在赠与时作出,也可以在赠与后甚至通过遗嘱作出,父母享有遗嘱自由就包含自行决定生前赠与是否负担归扣义务的自由。

在遗嘱继承环节,意思自治体现为遗嘱继承优先于法定继承,遗嘱本身意味着偏爱,父母有权立遗嘱将除必留份和遗产酌给份之外的所有遗产留给部分子女或者他人,因此遗嘱继承不存在遗产归扣的适用空间,归扣仅适用于法定继承。仅当遗嘱所列继承份额与法定应继份完全相同,可推知父母的真实意思是希望平等对待各子女、遵循法定继承的遗产分配方案,存在遗产归扣的适用空间。

支撑遗产归扣的,归根结底有两个实质性理由:“大的小的一样爱”,法定继承预设父母对各子女应当一视同仁、不分厚薄、同等慈爱;“早给晚给都是给”,生前特别赠与和死后继承都是父母子女之间财产代际传承的方式,应当一体化评价,过于强调时间点的区分意义体现了纯粹形式化逻辑推演的低劣趣味。而真正的阻碍则来自父母的偏爱,如果遗嘱是偏爱,为何生前特别赠与不是?技术上的处理方式是,“偏爱应当说出来”,若父母未在赠与时或遗嘱中明确特别赠与不适用遗产归扣,则推定规则仍然应当致力于实现“诸子均分”这一家庭法中最悠久也最朴素的公平理想。

原《继承法》与《民法典》皆未明确规定遗产归扣,但存在容纳遗产归扣的解释论空间。本条第1款规定,“同一顺序继承人继承遗产的份额,一般应当均等”。该条款的价值基础与遗产归扣相契合,遗产份额均等正是不厚此薄彼的亲情伦理在家产分配领域的体现。第1款中“一般应当均等”的表述,不仅引出后续第2—5款规定的继承人之间不均等分配的例外情形,还赋予法官在这些情形下运用遗产归扣进行利益平衡的自由裁量空间。

本条第2款规定,“生活有特殊困难又缺乏劳动能力的继承人,分配遗产时,应当予以照顾”。第3款规定,“对被继承人尽了主要扶养义务或者与被继承人共同生活的继承人,分配遗产时,可以多分”。既然第2款提及“生活有特殊困难又缺乏劳动能力”,第3款前段又提到“尽了主要扶养义务”,则第3款后段“与被继承人共同生活的继承人可以多分遗产”,着眼点不在于承担扶养义务的多少或者继承人自身条件是否困难,隐含的前提是共同生活的子女未像其他子女一样通过特别赠与得到分家立业的财产,给共同生活的子女多分遗产意味着减少已获特别赠与的子女的遗产份额,实质上等同于遗产归扣的法律效果,也契合当代社会民众的继承习惯。《民法典继承编解释(一)》第23条规定并非对遗产归扣的否定,而是强调我国继承法的价值序列中,履行扶养义务比平衡各子女利益更为重要,适用遗产归扣以尽扶养义务为前提。

【司法解释】

《最高人民法院关于适用〈中华人民共和国民法典〉继承编的解释(一)》(法释〔2020〕23号,2021年1月1日施行)

第四条① **【遗嘱继承与法定继承并存时的处理】**遗嘱继承人依遗嘱取得遗产后,仍有权依照民法典第一千一百三十条的规定取得遗嘱未处分的遗产。

第十九条② **【法定继承人多分遗产的认定标准】**对被继承人生活提供了主要经济来源,或者在劳务等方面给予了主要扶助的,应当认定其尽了主要赡养义务或主要扶养义务。

第二十二条③ **【有扶养能力和扶养条件的继承人未尽扶养义务时,继承份额一般不受影响】**继承人有扶养能力和扶养条件,愿意尽扶养义务,但被继承人因有固定收入和劳动能力,明确表示不要求其扶养的,分配遗产时,一般不应因此而影响其继承份额。

第二十三条④ **【与被继承人共同生活但不尽扶养义务的继承人可以少分或不分遗产】**有扶养能力和扶养条件的继承人虽然与被继承人共同生活,但对需要扶养的被继承人不尽扶养义务,分配遗产时,可以少分或者不分。

【批复答复】

《最高人民法院关于继承权问题意见的复函》(法编字第9199号,1951年9月20日)

二、关于同一顺序继承人间,各人应得继承份额多寡的问题,我们认为可不遽作硬性的规定,目前可以平均为原则;但得斟酌具体情况,如各继承人的生活情况,发展生产等条件,而有所增减。同一顺序的继承人中有属代位继承者,一般的应按房代位继承;其应继的份额,遇有特殊情况亦得予以照顾。

【公报案例】

王健某等五人诉王某范继承纠纷案

(《最高人民法院公报》1993年第2期)

【基本案情】

深圳市南山区人民法院经审理查明:原告王健某、王强某、王绮某、王舜某、王友某均系被继承人王某宁与前妻的婚生子女。1989年7月,王某宁与被告王某范再婚,婚后无子女。第三人王某1及其弟王某2,均是王某范与前夫的婚生子女。王某1于1986年7月迁至香港定居,王某2于1989年2月去日本留学。1991年6月1日,王某宁在香港病故,因未留遗嘱,原告与被告为分割遗产发生纠纷,诉至法院。

被继承人王某宁于1985年购买深圳市建设路德兴大厦第2座16楼D单

---

① 对该条的注释详见附录四第1179页。
② 对该条的注释详见附录四第1202页。
③ 对该条的注释详见附录四第1204页。
④ 对该条的注释详见附录四第1205页。

元房产 1 套,现价值港币 210903 元。1987 年 7 月,王某宁购买深圳市人民南路海丰苑衡山阁第 1 栋 15 楼 H 单元房产 1 套,现价值港币 316031 元,同年 7 月 30 日把该房产一半产权通过公证赠与被告王某范。1988 年 4 月,王某宁与第三人王某 1 共同贷款购买深圳市华侨城东方花园别墅第 1 座 2 楼 B 单元房产 1 套,现价值港币 1010907 元,同时还购买东方花园别墅第 2 座 2 楼 E 单元房产 1 套,现价值港币 1035146 元,买房时贷款港币 60 万元,已由王某宁和王某 1 共同偿还。

被继承人王某宁与被告王某范婚后居住在东方花园别墅第 1 座 2 楼 B 单元,在此期间购置了三菱牌冷气机 4 台,珠江牌钢琴 1 架,日立牌 2 英寸彩色电视机 1 台和电话机 1 部等家庭用具。东方花园别墅第 2 座 2 楼 E 单元房产从 1991 年 3 月 1 日至 1992 年 1 月 30 日出租,每月租金港币 400 元,由王某范收取。

【裁判理由及结果】

深圳市南山区人民法院认为:原告王健某、王强某、王绮某、王舜某、王友某都是被继承人王某宁的亲生子女,被告王某范是王某宁的妻子,依照《继承法》第 10 条第 1 款和第 13 条第 1 款的规定,均为王某宁的第一顺序继承人,有平等的继承权。原告所诉王某范虐待王某宁,应丧失继承权的主张,以及王某范提出原告不尽赡养义务,应当不分或少分遗产的主张,均因不能举出相应的证据,依照《民事诉讼法》第 64 条的规定,不予支持。第三人和代替其弟王某 2 要求作为王某宁的继子女继承遗产一节,因在王某宁与王某范结婚前,2 人就已去香港和日本居住,且没有足够证据证实 2 人与王某宁之间已形成扶养关系,依照《继承法》第 10 条第 3 款的规定,不能成为王某宁的继承人。

被告王某范于 1989 年 7 月与被继承人王某宁结婚,婚后购置的冷气机、电话机、钢琴、彩色电视机等家庭用具和从 1991 年 3 月 1 日至同年 6 月 1 日出租房屋收取的租金,是夫妻关系存续期间所得的财产,依照《婚姻法》第 13 条第 1 款的规定,应为夫妻共同财产,其中一半产权归王某宁所有。王某范与王某宁结婚时间较短,婚后一直在家休息,没有从事经营性工作,没有收入。王某宁归还婚前买房的贷款时,是动用自己在香港账户上的资金。这部分资金是王某宁的婚前个人财产,不能认为是夫妻共同财产。海丰苑衡山阁 1 栋 15 楼 H 单元房产 1 套,王某宁购买后已将其中一半产权经过公证赠与王某范,该赠与行为有效,王某宁只对另一半房产拥有所有权。东方花园别墅第 1 座 2 楼 B 单元,第 2 座 2 楼 E 单元房产 2 套,均是王某宁与第三人王某 1 共同出资购买,王某宁有一半产权。上述属王某宁所有的房产,均是王某宁婚前个人财产,共值港币 1391945 元。王某宁死后,这部分房产连同夫妻共同财产中属王某宁所有的财产，以及1991年6月1日王某宁死亡后王某范继续收取的房屋租金，是王某宁的遗产，应由5原告与被告继承。

被告王某范在王某宁生前与其共同生活，直至王某宁死亡，依照《继承法》第13条第3款的规定，可以多分遗产。据此，深圳市南山区人民法院在查清事实，分清是非的基础上，依照《民事诉讼法》第85条的规定，对此案进行了调解。双方当事人于1992年3月31日自愿达成如下协议：(1)坐落于深圳市华侨城东方花园别墅第2座2楼E单元的房产1套，归第三人王某1所有。(2)坐落于深圳市建设路德兴大厦第2座6楼D单元和人民路海丰苑衡山阁15楼H单元的房产2套，归被告王某范所有。(3)坐落于深圳市华侨城东方花园别墅第1座2楼B单元的房产1套，归原告王健某、王强某、王绮某、王舜某、王友某共有。(4)三菱牌冷气机1台、日立牌20英寸彩色电视机1台、出租东方花园别墅第2座2楼E单元所得租金以及被告王某范与王某宁婚后所使用的日常生活物品，均归王某范所有。三菱牌冷气机3台、电话机1部、珠江牌钢琴1架归原告王健某、王强某、王绮某、王舜某、王友某共有。(5)被继承人王某宁在香港的遗产和遗留的债务，双方当事人同意到香港有关部门请求处理。案件受理费及财产评估费，原告、被告和第三人各负担1/3。

【法院参考案例】

1. 孙丙诉袁某、孙乙继承纠纷案——分配遗产时应依法保护被继承人老年配偶权益(《人民法院老年人权益保护第三批典型案例》案例六，最高人民法院2023年4月27日)

【基本案情】

老人袁某与孙甲有婚生子孙乙、养女孙丙。二人有房产、存款若干。2005年孙甲患病不能自理，住院15年至去世均由袁某照顾护理。孙乙因犯罪长期服刑。孙丙大学毕业到外埠工作定居。老人住院期间仅探望几次。孙甲去世尚未安葬时，孙丙即起诉要求分配遗产。

【裁判理由及结果】

审理法院认为，原《继承法》第13条规定，同一顺序继承人继承遗产的份额，一般应当均等。对被继承人尽了主要扶养义务或者与被继承人共同生活的继承人，分配遗产时，可以多分。有扶养能力和有扶养条件的继承人，不尽扶养义务的，分配遗产时，应当不分或者少分。本案中，孙甲未留遗嘱，应当按照法定继承顺序继承，第一顺位继承人为袁某、孙乙、孙丙。袁某年过70，存款甚少，与孙丙关系无法缓和，孙乙7年后才能出狱，袁某面临老无所依的状况。判决孙甲遗产中的房产、银行存款、抚恤金等均归袁某所有，并分别给付孙乙、孙丙少部分折价款。

【典型意义】

家庭是组成社会的最基本单元，子女赡养、夫妻扶助，是老年人步入晚年后最常见的养老方式。家庭成员应当尊重、关心和照料老年人，成年子女更是负有赡养父母的法定义务。子女与配偶虽同为第一顺位法定继承人，但在依照法定继承分配遗产时，对被继承人尽了主要扶养义务或者与被继承人共同生活的继承人，可以多分；而对有扶养能力和有扶养条件的继承人，不尽扶养义务的，应当不分或少分。本案二审考虑了各继承人履行义务的情况，并特别注意保护被继承人老年配偶的合法权益，以确保老年人老有所居、老有所养。

2. 郭某甲诉郭某乙继承纠纷案——继承纠纷案件中对居住权的裁判方法[《人民法院案例选》2021 年第 1 辑（总第 155 辑）]

【裁判要旨】

在处理继承纠纷案件中的房产分割问题时，不应单纯保障继承人的财产性权利，而应综合考虑各继承人的经济状况、住房条件等因素，在合理的限度内优先保障相对弱势一方的居住权等与人身相关的基本生存权，从而体现我国民法的人文关怀精神，将和谐、友善、法治等社会主义核心价值观落到实处。

【基本案情】

法院经审理查明：被继承人郭某丙与其配偶马某某生育郭某甲、郭某乙二子；马某某于 1999 年 3 月 6 日去世，郭某丙于 2018 年 8 月 22 日去世。郭某丙的父母已先于郭某丙与马某某去世，马某某的父母亦已先于郭某丙与马某某去世。位于济南市历下区某街房产系郭某丙参加济南市房改取得产权，登记所有权人为郭某丙，登记时间为 2000 年 10 月 21 日。郭某丙在申请参加上述房改时使用了马某某 34 年的工龄折扣。

在该案审理过程中，郭某甲向一审法院提出司法鉴定申请，要求对涉案房产的基本市场价值进行评估，一审法院予以准许。山东明和房地产评估经纪有限公司于 2020 年 4 月 20 日出具评估报告书，结论为涉案房产评估总价值 107.9131 万元。2020 年 5 月 21 日，郭某乙对《评估报告》提出异议，认为涉案房产价值最高应为 88 万元，与《评估报告》价格悬殊，显失客观公正；2020 年 5 月 27 日，山东明和房地产评估经纪有限公司对郭某乙提出的异议进行书面回复，认为《评估报告》客观公正，不需要调整。

另查明，郭某乙与任某某于 1990 年 4 月 7 日生育一女郭某丁，于 2008 年 12 月 10 日在济南市历下区民政局登记结婚，二人在婚前同居期间及结婚后一直居住于涉案房产内。被继承人郭某丙去世后，该房产仍由郭某乙居住使用至今。除上述房产外，郭某乙及其配偶、女儿没有其他住房；郭某甲现自有一套住房。郭某甲与郭某乙均主张涉案房产的所有权及使用权。此外，郭某乙目前患有脑梗死等严重疾病,生活难以自理。

【裁判结果】

山东省济南市历下区人民法院于2020年6月8日作出(2020)鲁0102民初1467号民事判决:(1)济南市历下区某街房产归郭某甲所有;(2)郭某甲支付郭某乙房产补偿款539565.5元,于判决生效之日起10日内付清。

宣判后,郭某乙提出上诉。山东省济南市中级人民法院于2020年9月16日作出(2020)鲁01民终9596号民事判决:(1)维持山东省济南市历下区人民法院(2020)鲁0102民初1467号民事判决第1项、第2项及案件受理费的负担;(2)位于济南市历下区某街房产由郭某乙居住使用。

【裁判理由】

法院生效裁判认为:本案争议焦点为被继承人郭某丙生前位于济南市历下区某街的房产及其丧葬费、抚恤金、工资、各项补助、医保卡余额的分割问题。关于涉案房产,首先,郭某乙主张郭某丙已将涉案房产赠与其及配偶、女儿所有,并提交了相应的视频资料,郭某甲对其主张不予认可。经审查,上述视频资料的形式和内容不符合遗嘱或遗赠的法定形式,郭某丙生前亦未将涉案房产过户至郭某乙及其配偶、女儿名下;并且,郭某乙亦未提供充分的证据证明郭某甲应当不分或少分遗产。因此,一审法院认定郭某乙、郭某甲对涉案房产享有均等的继承权并无不当。其次,虽然郭某甲与郭某乙均主张涉案房产的所有权,且郭某甲认可的房产价格较高,但是考虑到郭某乙长期在涉案房产中居住,并无其他住房,且患有重病,而除涉案房产外,郭某甲已有一套住房可供居住,故二审法院认为,一审法院仅仅判决涉案房产归郭某甲所有而忽视与郭某乙生存有关的居住使用权,有所不当。对此,二审法院予以纠正,在维持一审判项的基础上加判该房产由郭某乙居住使用。

关于涉案丧葬费、抚恤金、工资、各项补助及医保卡余额,郭某乙主张对上述款项予以分割,郭某甲认为应当扣除郭某丙的生活费、医疗费。因为丧葬费、抚恤金并非被继承人的遗产,郭某乙亦未提供充分的证据证明其主张的郭某丙遗留其他款项的具体结余情况,故一审法院对郭某乙的主张不予支持并告知其在证据充分后可另行主张权利,并无不当。

3. 汪某红诉汪某华继承纠纷案

(《最高人民法院、中国残疾人联合会残疾人权益保护十大典型案例》案例一,2021年12月2日)

【基本案情】

汪某红为持证智力残疾人,残疾等级二级,经当地民政局审核,符合农村居民最低生活保障政策有关规定,享受最低生活保障。汪某富系汪某红之父,汪某华系汪某富养子。1988年,汪某富将汪某华、汪某红共同居住的房屋翻新重建。1996 年因洪水冲毁部分房屋,汪某华重新建设了牛栏等附属房屋;后又建设厨房、洗澡间各一间,并对房屋进行了修缮。汪某富去世后,2019 年,案涉房屋被列入拆迁范围,汪某华与某某人民政府签订《房屋拆迁安置补偿协议》,约定含主体房屋、附属房及简易房、附属物在内的拆迁补偿价款共 490286.7 元,汪某华实际领取。汪某红认可其中部分房屋由汪某华建设,扣除相应补偿款后剩余款项为 314168 元。汪某红起诉请求汪某华返还其中的 230000 元。

【裁判结果】

安徽省宁国市人民法院经审理认为,汪某华作为养子,对汪某富进行赡养并承担了汪某富的丧葬事宜。汪某红享有低保且生活困难,分配遗产时亦应对其进行照顾。综合考虑涉案房屋及部分附属设施的建造、管理以及继承人赡养汪某富等实际情况,酌定汪某红继承的财产份额为 30%,即 94250 元(314168 元×30%)。遂判决汪某华支付汪某红 94250 元。

安徽省宣城市中级人民法院经审理认为,汪某红系智力残疾人,其家庭为享受最低生活保障的特殊家庭。依据《继承法》第 13 条第 2 款有关“对生活有特殊困难的缺乏劳动能力的继承人,分配遗产时,应当予以照顾”的规定,人民法院在确定遗产继承份额时应给予汪某红特殊照顾及倾斜保护。汪某华应向汪某红支付拆迁补偿款 157084 元(314168 元×50%)。遂撤销一审判决,改判汪某华支付汪某红拆迁补偿款 157084 元。

【典型意义】

通常情况下,同一顺序的各个法定继承人,在生活状况、劳动能力和对被继承人所尽的赡养义务等方面条件基本相同或相近时,继承份额均等。一审法院认定汪某华对被继承人履行了较多的赡养义务,同时对于遗产有较大贡献,进而认定其有权继承遗产的 70%。从法律层面分析,似乎并无不当。但是,《继承法》同时规定,对于生活有特殊困难、缺乏劳动能力的继承人,分配遗产时应当予以照顾。本案中,汪某红及其配偶均身有残疾,其家庭经区民政局审核享受最低生活保障。汪某红生活具有特殊困难,符合《继承法》关于遗产分配时照顾有困难的特殊人群的规定。鉴于此,二审法院在遗产分配时,从照顾汪某红生活需要的角度出发,在一审判决的基础上,对遗产分配比例进行了调整,较好地实现了法理与情理的有机统一。

4. 贾某诉李某某继承纠纷案(《人民法院老年人权益保护十大典型案例》案例七,最高人民法院 2021 年 2 月 24 日)

【基本案情】

李某某系被继承人曹某某母亲,年近 70。贾某系曹某某妻子,双方于 2019 年 6 月 4 日登记结婚。2019 年 8 月 7 日曹某某因所在单位组织的体育活动中突发疾病去世。曹某某父亲已于之前去世，曹某某无其他继承人。被继承人曹某某去世后，名下遗留房产若干、存款若干元及其生前单位赔偿金、抚恤金若干元。贾某诉请均分曹某某遗产。本案在审理过程中，人民法院引入了专业的心理咨询师参与庭前准备工作，逐步缓解失独老人不愿应诉、拒绝沟通的心态，同时也对原告进行心理介入，疏导其与被告的对立情绪；在庭审中做了细致的心理工作，宣解中华传统优良家风，修复了双方因失去亲人造成的误解和疏远。本案虽然并未当庭达成和解，但在宣判之后，双方当事人多次向合议庭表达满意，并在本案一审判决生效后自行履行完毕。

【裁判结果】

陕西省西安市新城区人民法院认为，本案被继承人无遗嘱，应按照法定继承进行遗产分配。对被继承人尽了主要扶养义务或者与被继承人共同生活的继承人，分配遗产时，可以多分。结合对子女抚养的付出及贾某与被继承人结婚、共同生活时间、家庭日常贡献等因素，酌定遗产分配比例为：贾某分配20%，李某某分配80%。工亡补助金部分不属于遗产范围，被继承人单位已考虑实际情况对李某某予以充分照顾，故二人各分配50%。

【典型意义】

本案被继承人无遗嘱，应以法定继承进行遗产分配。对被继承人尽了主要扶养义务或者与被继承人共同生活的继承人，分配遗产时可以多分。被继承人母亲将其抚养长大，付出良多，痛失独子，亦失去了照顾其安度晚年的人，理应在遗产分配时予以照顾。法院在审理此类涉及保护老年人权益案件及遗产继承纠纷案件时，应注重对当事人进行心理疏导工作，充分释明法律规定，宣讲优良家风，修复双方的对立关系；利用多元化纠纷解决机制，化解家庭矛盾，弘扬中华孝文化，体现老有所养、尊老爱幼、维护亲情的和谐家风。

5. 顺位越前责任越大 义务未尽少分遗产（《2023年度江苏法院家事纠纷典型案例》案例九，江苏省高级人民法院、江苏省妇女联合会2024年3月7日）

【基本案情】

杨某生前结过两次婚，与第一任妻子育有一子杨小某，与第二任妻子未生育子女，但共同将第二任妻子与前夫所生的女儿江某抚养成人。江某成年后，杨某与第二任妻子离婚，杨某一直与杨小某一起生活。杨某晚年罹患重病，杨小某亦身染恶疾，父子二人日常起居开销、就医用药全靠杨某的哥哥、姐姐及侄子照顾、补贴。杨小某、杨某相继离世后，江某认为其系杨某唯一的第一顺序继承人，遂诉至法院要求独自继承杨某名下的房屋。

【裁判结果】

江苏省无锡市锡山区人民法院认为，虽然法律规定继承开始后，由第一顺序继承人开始继承，第二顺序继承人不能继承,但法律亦规定了继承人以外的对被继承人扶养较多的人,可以分给适当的遗产,而有扶养能力和扶养条件的继承人不尽扶养义务的,应当不分或者少分遗产。杨某虽然与江某形成有抚养教育关系的继父女关系,江某有权作为第一顺序继承人继承杨某的遗产,但在杨某生前江某未尽赡养义务,杨某一直由其哥哥、姐姐及侄子照顾,故杨某的哥哥、姐姐及侄子可以适当分得杨某的遗产,江某应少分杨某的遗产。遂判决:江某分得杨某名下房屋 10%的份额,杨某的哥哥、姐姐及侄子共分得 90%的份额。江某不服,提起上诉。江苏省无锡市中级人民法院认为,江某虽由杨某抚养长大,但江某对于患病的杨某从未陪伴照顾,未尽到子女应尽的赡养义务,一审法院根据江某、杨某哥哥、姐姐及侄子对杨某所尽扶养义务的多寡酌定各方的遗产继承份额,公平合理。遂判决:驳回上诉,维持原判。

【典型意义】

“夫孝者,百行之冠,众善之始也。”孝为德本,孝亲敬老是中华民族的传统美德,赡养父母也是为人儿女的法定义务。但现实生活中,有些子女往往在父母需要他们陪护时“百般推脱”,在继承遗产时却“当仁不让”,此种行为不仅应受到道德的谴责,更不会受到法律的保护。《民法典》第 1130 条第 4 款规定:“有扶养能力和有扶养条件的继承人,不尽扶养义务的,分配遗产时,应当不分或者少分。”第 1131 条规定:“对继承人以外的依靠被继承人扶养的人,或者继承人以外的对被继承人扶养较多的人,可以分给适当的遗产。”继承人继承顺序的确定不仅仅是为了区分身份关系的亲疏,更是为了体现继承人应尽扶助义务的多寡,身为第一顺序的继承人,也是第一顺序的责任人,应承担更多的赡养扶助义务。本案裁判不仅充分肯定了家庭关系中的和谐互助行为,更体现了“不养老者少分或者不分遗产”的司法裁判理念,实现了个案裁判结果上的公平正义,将社会主义核心价值观生动融入了司法裁判。

第一千一百三十一条　【酌情分得遗产权】对继承人以外的依靠被继承人扶养的人,或者继承人以外的对被继承人扶养较多的人,可以分给适当的遗产。

【原《继承法》条文】

第十四条　对继承人以外的依靠被继承人扶养的缺乏劳动能力又没有生活来源的人,或者继承人以外的对被继承人扶养较多的人,可以分给他们适当的遗产。

【修改说明】

《继承法》对依靠被继承人扶养的继承人以外的人分给适当遗产条件严

苛，要求既缺乏劳动能力又没有生活来源，这实质上排除了大部分受被继承人扶养的人分得适当遗产的机会，使一些虽然有劳动能力但因其他原因导致生活来源较少的被扶养人以及虽然有一些生活来源但无劳动能力的被扶养人在被继承人死亡后生活水平大幅下降，这也不符合被继承人的意愿。《民法典》删去“缺乏劳动能力又没有生活来源的”这一要件，降低了被扶养人享有酌给请求权的门槛，体现了创设遗产酌给请求权的初衷。之所以要赋予受扶养人遗产酌给请求权，是因为其依靠被继承人扶养这一事实情况本身，至于造成此种结果的原因为何并不重要。

【立法·要点释义】

如果将继承活动仅仅限定在血缘、婚姻关系的人之间，可能会出现不公平的局面，例如与被继承人形成扶养关系的人不属于继承人，即使其与被继承人有非常密切的经济、生活和情感上的联系，在被继承人没有订立遗嘱的情况下，也不能继承任何遗产。酌给遗产制度对法定继承制度作了补充，使得法定继承人之外与被继承人之间形成扶养关系、共同生活关系等的人能够基于此项制度获得被继承人的遗产。该制度符合民众的传统习惯和家庭伦理道德；使得扶养扶助在被继承人死后仍得以延续，不会使相关人员立即丧失对原有生活的依靠；法律推定被继承人愿意继续用遗产维持被他扶养的人的生活或者报答扶养他的人，符合被继承人的个人意志；客观上扩大了遗产受益人的范围，避免遗产被全部收归国有。民间形成事实上亲属关系的情况比较多，例如未办理结婚登记的同居异性伴侣、未办理收养登记但是共同生活的成年人与未成年人等，这些人不能作为法定继承人继承时，人们也愿意将遗产留给一定的事实关系中的人员。

可以分给适当遗产的人为继承人以外的人，与被继承人之间具有扶养关系，既包括依靠被继承人扶养的情形，也包括对被继承人扶养较多的情形。“扶养”指经济来源的提供、劳务帮助等方面的扶助，包括扶养、抚养、赡养三种类型。可以分给适当遗产的份额不具有确定性，可以综合考虑其与被继承人之间扶养关系的程度、遗产数额以及法定继承人的具体情况等因素，由当事人之间协商确定或者由法院确定适当的遗产份额。

可以分给适当遗产的适用情形为遗产按照法定继承办理时。如果被继承人生前以有效的遗嘱或者遗赠扶养协议等处分了全部遗产，没有为与其有扶养关系的继承人以外的人保留遗产份额，则应尊重被继承人的意思表示。如果被继承人立了遗嘱或者遗赠扶养协议，但是因存在本法第 1154 条规定的情形导致遗产中的有关部分按照法定继承办理的，对于这部分遗产可以适用本条规定。

【编者观点】

遗产酌给请求权指非法定继承人以及后顺位没有继承既得权的法定继承人这两类主体，基于与被继承人生前的扶养关系，因客观需要而依法从被继承人处分得适当遗产的权利。取得遗产不是基于继承权，而是法律规定的特别条件，主流观点认为遗产酌给请求权是一项对于遗产的独立债权，继承开始后，请求权人需通过向遗产管理人或者继承人积极主张酌给请求权，方可酌分一定数额的遗产，遗产酌给请求权的行使需要受到诉讼时效的限制。遗产酌给请求权的规范目的在于个案衡平，涉及被继承人实施的抚养扶助行为是否需要延伸，以及对被继承人的扶助抚养行为是否应得到回报，对应依靠被继承人扶养以及对被继承人生前扶养较多两类酌情分得遗产人。第二顺序的法定继承人未参与继承，但其依靠被继承人扶养或对被继承人扶养较多，亦可依本条主张遗产酌分请求权。

在计划生育造就的家庭结构中，一对夫妇要供养四位老人和两位孩子，家庭结构模式让扶养行为如实进行已不可能；就业的多样化、流动性和跨地域更加剧了法定扶养义务人的现实缺位。非法定扶养义务人即远亲甚至熟人扶养，成为缓解法定扶养人现实缺位最有效方式。对于一些虽然存在事实扶养关系但无法定继承关系的家庭，如旁系血亲组成的家庭、未婚同居家庭、事实收养家庭来说，遗产酌给请求权保障了无继承关系的扶养人和被扶养人的合法权益，有助于鼓励和规范非法定扶养扶助行为、同居扶养扶助行为以及姻亲扶养扶助行为，同时也构成对被继承人遗嘱自由的限制。

本条的扶养较多不同于《民法典继承编解释(一)》第19条规定的“尽了主要扶养义务”。赋予扶养人遗产酌给请求权的目的，是对其前期投入给予的补偿，因此扶养人对于被继承人的扶养，并不需要达到与“尽了主要扶养义务”同等的程度。有疑问的是，除了扶养较多，无偿帮助被继承人事业或者其他行为的，能否有遗产酌给。

根据第1162条规定，遗产酌给请求权作为一项遗产债权，应当优先于继承权和受遗赠权得到清偿。有观点认为，有必要区分受扶养人和扶养人的酌给请求权，前者因涉及对权利人基本生存权益的保障，应优先于继承权和受遗赠权得到清偿；而后者体现的是对生前扶养的报偿，其权利实现的紧迫程度相对较低，应在必留份、遗赠扶养协议请求权之后，与继承权和受遗赠权在同一顺序按比例分配。

需要协调遗产归扣、必留份及遗产酌给份三项制度。原则上遗产归扣仅适用于法定继承，而必留份是用于限制遗嘱继承的，如果仅认可遗产归扣产生对受赠子女少分或者不分剩余遗产的“弱效力”，则遗产归扣与必留份两项制度不会发生交集；如果认可遗产归扣发生受赠子女返还受赠财产的“强效力”，则当生前赠与或遗嘱处分之后，没有足额的剩余遗产保障必留份和遗产酌给份的实现，需要回答在实现必留份和遗产酌给份限度内，能否要求归扣义务人返还相当价值的受赠财产。由此使得遗产归扣与必留份以及遗产酌给份之间发生了交集。

返还受赠财产的正当性理由在于保障特定主体的生存权益。鉴于我国不少地区社会保障与慈善福利体系尚不健全，人的生存权益在价值位阶中处于优先地位。必留份和遗产酌给份两项制度通过遗产延续了被继承人的生前扶养行为，两项制度的区别仅在于权利人是否在法定继承人范围内。在遗产债务清偿顺序中，如果遗产不足以清偿所有债务，必留份与遗产酌给份优先于附担保债务、普通遗产债务、遗赠和遗嘱继承而得到优先受偿。因此，与遗嘱处分性质类似的生前赠与，在价值序列上同样劣后于必留份与遗产酌给份。比较法上经由扣减制度，由特留份权利人请求遗产管理人或继承人扣减遗嘱或遗赠处分的相应部分来保障特留份的实现。

为了保障必留份和遗产酌给份的实现，在救济路径上，无须通过归扣权利人要求受赠人返还受赠财产的“强效力”模式，而是采用合同法上的债权人撤销权，鉴于必留份和遗产酌给份也属于遗产债权，赋予必留份和遗产酌给份权利人以债权人撤销权，实现对遗产份额的保全。具体方式为，首先计算补足必留份和遗产酌给份所需遗产份额；其次计算各项生前赠与、遗嘱及遗赠处分的财产价值；最后由权利人在补足范围内撤销生前赠与、遗嘱及遗赠，请求受赠人返还相应财产价值。作为生存保障对意思自治的限制，无须考察赠与人是否具备免除遗产归扣的意思，但在涉及撤销赠与行为的方式、顺位等问题时，可以借鉴遗产归扣的制度规范。

【司法解释】

《最高人民法院关于适用〈中华人民共和国民法典〉继承编的解释(一)》(法释〔2020〕23号，2021年1月1日施行)

第十七条①　【不能代位继承的直系晚辈血亲可以分得适当遗产】继承人丧失继承权的，其晚辈直系血亲不得代位继承。如该代位继承人缺乏劳动能力又没有生活来源，或者对被继承人尽赡养义务较多的，可以适当分给遗产。

第二十条②　【继承人以外的人酌情分得遗产】依照民法典第一千一百三十一条规定可以分给适当遗产的人，分给他们遗产时，按具体情况可以多于或者少于继承人。

第二十一条③　【适当分给遗产的

① 对该条的注释详见附录四第1200页。
② 对该条的注释详见附录四第1203页。
③ 对该条的注释详见附录四第1203页。

人具有独立诉讼主体资格】依照民法典第一千一百三十一条规定可以分给适当遗产的人,在其依法取得被继承人遗产的权利受到侵犯时,本人有权以独立的诉讼主体资格向人民法院提起诉讼。

第四十一条①　**【遗产酌给请求权人有权适当取得无人继承又无人受遗赠遗产】**遗产因无人继承又无人受遗赠归国家或者集体所有制组织所有时,按照民法典第一千一百三十一条规定可以分给适当遗产的人提出取得遗产的诉讼请求,人民法院应当视情况适当分给遗产。

【公报案例】

陈某锡申请认定财产无主案(《最高人民法院公报》1995 年第 4 期)

【基本案情】

申请人陈某锡要求认定上海市河间路 323 弄 12 号前半间房屋为无主财产,并将该房屋判归其所有,向财产所在地上海市杨浦区人民法院提出申请。上海市杨浦区人民法院依照《民事诉讼法》关于特别程序的规定,由审判员独任审理,经审理查明:坐落于上海市河间路 323 弄 12 号前半间约 7 平方米房屋,系申请人陈某锡之姑母陈某妹遗留的私房。陈某妹于 1989 年 9 月死亡。陈某妹与丈夫徐某龙(于 1979 年 6 月死亡)生前育有一子,名徐某林(于 1973 年 1 月死亡)。陈某妹的丈夫徐某龙及儿子徐某林死亡后,其生活主要由申请人陈某锡照料。陈某锡对陈某妹尽了较多的扶养义务。

上海市杨浦区人民法院依照《民事诉讼法》第 175 条的规定,于 1994 年 4 月 18 日在该院公告栏及上述财产所在地发出认领该财产的公告,法定公告期为 1 年。公告期届满,上述财产无人认领。

【裁判结果】

上海市杨浦区人民法院认为,位于该市河间路 323 弄 12 号前半间约 7 平方米房屋确属无主财产,依法应收归国家或者集体所有。鉴于申请人陈某锡对原房屋所有人陈某妹生前尽了主要扶养义务,依照《继承法》第 14 条关于“继承人以外的对被继承人扶养较多的人,可以分给他们适当的遗产”的规定,应当从该无主财产中分给陈某锡适当的财产。但是,该无主财产价值不大,收归国家或集体所有无多大实际意义。因而,申请人陈某锡要求将上述无主财产归其所有,符合法律规定,对此应予支持。据此,该院于 1995 年 8 月 4 日判决如下:上海市河间路 323 弄 12 号前半间房屋归陈某锡所有。

【法院参考案例】

1. 严某诉某保险公司人身保险合同纠纷案(《最高法发布第二批继承纠纷典型案例》案例三,2024 年 12 月 12 日)

---

① 对该条的注释详见附录四第 1244 页。

【基本案情】

徐某系某村集体经济组织成员，为残疾人。2020年3月，其所在的区残疾人联合会为其投保了团体人身意外伤害险，徐某为被保险人，限额5万元。保险期内，徐某因溺水死亡。

徐某生前主要由严某负责照料生活；死后，由严某料理后事。徐某无第一顺序和第二顺序继承人，所在集体经济组织向法院承诺放弃案涉保险合同下的权益，并和当地派出所共同出具书面说明，认可严某对徐某扶养较多。严某向法院起诉，请求保险公司给付保险金。

【裁判情况】

审理法院认为，案涉保险合同项下的保险利益为徐某遗产。徐某生前作为某村集体经济组织成员，无第一顺序和第二顺序继承人，所在村集体经济组织已书面承诺放弃案涉保险合同下的权益，对徐某扶养较多的严某有权向某保险公司主张案涉保险合同项下的保险利益。遂判决：某保险公司于判决生效之日起10日内向严某给付保险金50000元。

【典型意义】

根据《保险法》第42条规定，人身保险被保险人死亡后，若没有指定受益人的，保险金作为被保险人的遗产，由保险人依照继承相关规定履行给付保险金的义务。本案中，徐某系人身保险的被保险人，没有指定受益人，故其死亡后，保险金应作为其遗产，由保险公司给付继承人。经过事实查明，徐某系"五保户"，无第一顺序和第二顺序继承人，所在集体经济组织又承诺放弃案涉保险合同权益，该种情形下，人民法院根据《民法典》第1131条"对继承人以外的依靠被继承人扶养的人，或者继承人以外的对被继承人扶养较多的人，可以分给适当的遗产"规定，认定严某属于可以分得适当遗产的人，并判决保险公司向其给付保险金，是对遗产酌给制度的适用。区别于继承制度较强的身份性特征，遗产酌给制度系通过法律规定对自愿进行扶养行为者赋予权利，倡导友善、互助的价值理念。本案裁判符合中华民族传统美德，有利于减少扶养人顾虑，鼓励在全社会形成养老爱老的良好社会氛围。

2. 高某翔诉高甲、高乙、高丙继承纠纷案——自愿赡养老人继承遗产案

（《人民法院大力弘扬社会主义核心价值观十大典型民事案例》案例九，最高人民法院2020年5月13日）

【基本案情】

高某启与李某分别系高某翔的祖父母，高某翔没有工作，专职照顾高某启与李某生活直至二人去世，高某启与李某后事由高某翔出资办理。高某启与李某去世前立下代书遗嘱，主要内容为因高某翔照顾老人，二人去世后将居住的回迁房屋送给高某翔。高甲、高乙、高丙为高某启与李某的子女，案涉回迁房屋系高某启、李某与高甲交换房产所得。高甲、高乙、高丙认为案涉代书遗嘱的代书人是高某翔的妻子，且没有见证人在场，遗嘱无效。高某翔以上述三人为被告提起诉讼，请求确认高某启、李某所立案涉遗嘱合法有效，以及确认其因继承取得案涉回迁房屋的所有权。

【裁判结果】

鞍山市中级人民法院认为，高某翔提供的代书遗嘱因代书人是高某翔的妻子，在代书遗嘱时双方是恋爱关系，这种特殊亲密的关系与高某翔取得遗产存在身份和利益上的利害关系，属于《继承法》第 18 条规定的禁止代书人，因此其代书行为不符合代书遗嘱的法定形式要求，应属无效。本案应当按照法定继承进行处理。高某翔虽然不是法定第一顺序继承人，但其自愿赡养高某启、李某并承担了丧葬费用，根据《继承法》第 14 条的规定，继承人以外的对被继承人扶养较多的人，可以分配给他们适当的遗产，高某翔可以视为第一顺序继承人。

《继承法》第 14 条所规定的“适当分配遗产”，是指与非继承人所行扶养行为相适应，和其他有赡养义务的继承人所尽赡养义务相比较的适当比例。高某翔虽没有赡养祖父母的法定义务，但其能专职侍奉生病的祖父母多年直至老人病故，使老人得以安享晚年，高某翔几乎尽到了对高某启、李某两位被继承人生养死葬的全部扶养行为，这正是良好社会道德风尚的具体体现，并足以让社会、家庭给予褒奖。而本案其他继承人有能力扶养老人，但仅是在老人患病期间轮流护理，与高某翔之后数年对患病老人的照顾相比，高甲、高乙、高丙的行为不能认为尽到了扶养义务。据此，高某翔有权获得与其巨大付出相适应的继承案涉回迁房屋的权利。

【典型意义】

遗产继承处理的不仅是当事人之间的财产关系，还关系到家庭伦理和社会道德风尚，继承人应当本着互谅互让、和睦团结的精神消除误会，积极修复亲情关系，共促良好家风。本案中，高某翔虽没有赡养祖父母的法定义务，但其能专职侍奉生病的祖父母多年直至老人病故，是良好社会道德风尚的具体体现，应当予以鼓励。本案裁判结合《继承法》的规定对高某翔的赡养行为给予高度肯定，确定了其作为非法定继承人享有第一顺位的继承权利，并结合其赡养行为对高某翔适当继承遗产的范围进行合理认定，实现了情理法的有机融合，弘扬了团结友爱、孝老爱亲的中华民族传统美德。

第一千一百三十二条　【继承的处理方式】继承人应当本着互谅互让、和睦团结的精神，协商处理继承问题。遗产分割的时间、办法和份额，由继承人协商确定；协商不成的，可以由人民调解委员会调解或者向人民法院提起诉讼。

【立法 · 要点释义】

各个继承人对遗产的共同所有是一种暂时性的共有关系,继承遗产的目的是将遗产的所有权分配并转移给各个继承人。遗产分割是指继承开始后,依据法律或者按照遗嘱在各继承人之间进行遗产分配的民事法律行为。在遗产分割时,应当先分出配偶或者他人的财产、应当保留胎儿的继承份额、应当清偿被继承人依法应当缴纳的税款和债务等。

遗产分割的时间,一般由继承人之间协商确定,既可以在继承开始后请求分割,也可以约定在一定的期间后或者特定的条件成就时再分割遗产。遗产分割的办法主要有四种,即实物分割、变价分割、折价补偿分割、保留共有。实物分割,一般适用于可分物的遗产。变价分割,既可以用于不宜进行原物分割的遗产,也可以用于继承人均不愿意取得该种遗产的情况,此时可以将该遗产变卖后换取变价款,各个继承人按照应当继承遗产的份额比例对变价款进行分割。折价补偿分割,适用于继承人中有人愿意取得某项不宜进行原物分割的遗产的情况,由该继承人取得该项遗产的所有权,然后由取得遗产所有权的继承人按照其他继承人应当继承遗产的份额比例,分别向其他继承人补偿相应的价款。保留共有,适用于遗产不宜进行原物分割,继承人又均愿意取得遗产,或者各个继承人基于某种目的,愿意保持共有状态的情形,各个继承人可以根据其应当继承遗产的份额比例对遗产享有所有权。遗产分割的份额,应当以法律规定的或者当事人协商的各个继承人应当继承的遗产份额为依据。

【编者观点】

继承人就继承问题出现的纠纷,可由调解委员会调解。根据《民事诉讼法》第 205 条之规定,申请司法确认的调解协议,应当是经过人民调解委员会调解达成的调解协议,如果是继承人之间自行达成的遗产分配协议,则不能直接申请司法确认。《人民调解法》以立法形式确认了调解协议司法确认制度,赋予经确认的调解协议以强制执行效力。根据《人民调解法》第 33 条规定,经调解达成调解协议的,当事人可自调解协议生效之日起 30 日内,共同向调解组织所在地的基层人民法院提出司法确认申请,经审查符合法律规定的,人民法院应以裁定书形式依法确定调解协议有效,从而使调解协议的内容获得强制执行力。如果当事人在调解协议中未给胎儿保留继承份额,协议可能因损害案外人合法权益而不被法院确认其效力,人民法院应当出具驳回申请裁定书。如果超过期限或有当事人不愿意申请司法确认,则调解协议仅具有债权效力,无法借助司法确认程序获得强制执行力。司法确认属于特别程序，实行一审终审，当事人不能对裁定本身提起上诉，但可根据再审程序申请再审。调解并非解决继承纠纷的必经程序，当事人也可直接向法院提起诉讼。

【司法解释】

《最高人民法院关于适用〈中华人民共和国民事诉讼法〉的解释》（法释〔2022〕11 号修正，2022 年 4 月 10 日施行）

第七十条　在继承遗产的诉讼中，部分继承人起诉的，人民法院应通知其他继承人作为共同原告参加诉讼；被通知的继承人不愿意参加诉讼又未明确表示放弃实体权利的，人民法院仍应将其列为共同原告。

【法院参考案例】

秦某某与程某英等继承纠纷案［《最高法发布继承纠纷典型案例（第一批）》案例三，2024 年 12 月 3 日］

【基本案情】

程某与秦某某婚后生育程某英等四子一女。程某于 2022 年病故，因其子女均在外工作，村委会出资为其购置棺材等丧葬用品并办理了丧葬事宜。程某生前尚有存款人民币余额 9 万余元，其配偶秦某某与程某英等五个子女因继承权发生纠纷。

经当地村委会及镇综治中心、镇人民法庭共同组织调解，程某英等子女感谢村委会的帮扶，均愿意先将各自享有的遗产份额赠与秦某某，再由秦某某出面将遗产赠与村委会。经当地镇人民调解委员会主持，各方当事人就遗产份额赠与秦某某之意达成调解协议，后就调解协议共同向人民法院申请司法确认。司法确认后，秦某某将遗产赠与村委会，最终用于修缮当地道路，惠及本村友邻。

【裁判情况】

审理法院认为，各方当事人达成的调解协议，符合司法确认调解协议的法定条件，遂裁定该调解协议有效，当事人应当按照调解协议的约定自觉履行义务。

【典型意义】

《民法典》第 1132 条规定“继承人应当本着互谅互让、和睦团结的精神，协商处理继承问题”。本案中，村委会作为基层自治组织，主动帮助子女不在身边的村民处理身后事；继承人感恩帮扶，最终一致决定将遗产捐赠，也是一种善意的传递，弘扬了社会主义核心价值观。同时，本案也是一起通过诉前调解和司法确认，多元化解继承纠纷的典型案例。人民法院从纠纷产生便主动参与调解，与当地基层自治组织、综治中心协力促成当事人间矛盾的化解，后又应当事人申请进行了司法确认，并见证了当事人将案涉遗产赠与村委会及村委会将遗产用于修缮当地道路，参与了纠纷处理的全过程，帮助当事人既解开了法结，又打开了心结，保全了珍贵的亲情。

第三章 遗嘱继承和遗赠

第一千一百三十三条 【遗嘱处分个人财产】自然人可以依照本法规定立遗嘱处分个人财产,并可以指定遗嘱执行人。

自然人可以立遗嘱将个人财产指定由法定继承人中的一人或者数人继承。

自然人可以立遗嘱将个人财产赠与国家、集体或者法定继承人以外的组织、个人。

自然人可以依法设立遗嘱信托。

【原《继承法》条文】

第十六条 公民可以依照本法规定立遗嘱处分个人财产,并可以指定遗嘱执行人。

公民可以立遗嘱将个人财产指定由法定继承人的一人或者数人继承。

公民可以立遗嘱将个人财产赠给国家、集体或者法定继承人以外的人。

【修改说明】

新增自然人可将遗产赠与组织;在第十三届全国人民代表大会第三次会议审议民法典草案的过程中,宪法和法律委员会经研究认为,《信托法》对遗嘱信托已经作了规定,遗嘱信托应主要适用《信托法》进行规范,《民法典》作为民事领域基本法,可以对此作衔接性规定。据此新增自然人享有设立遗嘱信托的权利。

【立法·要点释义】

立遗嘱是指自然人生前依照法律规定预先处分其个人财产,安排与此有关的事务,并于其死亡后发生效力的单方民事法律行为。立遗嘱的主体为自然人,遗嘱的内容为处分个人财产,不包括非财产性的内容,虽然有的遗嘱中可能包含处理非财产性事务的内容,但这不属于继承编意义上的遗嘱内容。根据取得遗产的人的身份来区分遗嘱继承和遗赠,如果按照遗嘱的内容,取得遗产的人为法定继承人以内的人,则属于遗嘱继承;取得遗产的人为法定继承人以外的人,则属于遗赠,这充分体现了遗嘱自由原则。

遗嘱执行人是指遗嘱人在遗嘱中指定的负责实现遗嘱的财产处分内容的人,主要职责为遗产管理、处理遗嘱人的债权债务、按照遗嘱内容分割与交付遗产等。遗嘱执行人既可以是法定继承人,也可以是法定继承人以外的人。在继承开始后,遗嘱执行人即为遗产管理人。

【编者观点】

第 1 款和第 2 款规定了遗嘱继承,第 1 款使用了"处分"这一术语,但内涵不仅包括财产层面的处分行为,也包括与财产处分相关的行为,如指定遗嘱执行人、遗产管理人、设定监护,等等。我国继承法欠缺遗嘱执行人的具体规范,遗嘱执行人不适用于法定继承,遗嘱人也可委托他人指定遗嘱执行人;未指定或指定的执行不能时,应被遗产管理人制度涵盖。

第 4 款规定了遗嘱信托,指被继承人基于对受托人的信任,通过遗嘱的方式将财产权委托给后者,由其以自己的名义为受益人的利益或特定目的,进行财产管理或处分的行为。遗嘱信托为《民法典》新增规定,与《信托法》第 13 条相呼应。依《信托法》第 8 条第 2 款,适格的遗嘱信托须满足遗嘱的书面形式要件。相对于其他信托,依《信托法》第 13 条第 2 款,遗嘱信托的设立具有特殊性,如果遗嘱指定的人拒绝或者无能力担任受托人,应由受益人另行选任受托人;受益人为无行为能力人或限制行为能力人,由其监护人代行选任。

第 3 款规定了遗赠,指遗嘱人依遗嘱无偿给予受遗赠人财产上利益的行为。遗赠必依遗嘱为之,本质上仍为遗嘱或遗嘱中的部分内容。在法律行为理论框架中,遗赠为死因行为,虽在生前为之,待遗嘱人死亡时才发生效力;遗赠为单独行为,无须受遗赠人的任何表示,但发生效力之后,受遗赠人有是否承认的自由。容易与遗赠混淆的是死因赠与,指以受赠人于赠与人死亡时仍生存为停止条件的赠与,性质上属于合同而非单方法律行为,在赠与人死亡前已经成立。从社会经济意义观察,两者皆以行为人死亡为效力发生的基准,都有赖于继承人或遗嘱执行人的执行,因此可以类推适用遗赠的规定。

比较法上,主要存在两种遗赠的立法模式。第一种模式以德国与瑞士为典型。以承受的遗产内容即是否承担遗产债务为标准,区分遗赠与遗嘱继承。继承人概括继承被继承人的全部遗产,同时也要对遗产债务承担责任;受遗赠人享有接受遗赠财产的权利,但不承担清偿遗产债务的责任。遗嘱继承人或者受遗赠人既可以是法定继承人,也可以是法定继承人以外的人,范围上没有特别要求。在这种模式中,遗赠不能导致物权变动,仅产生受遗赠人请求继承人交付遗赠物的债权效力。在有限责任继承原则下，最终结果层面，该模式中遗嘱继承与遗赠两者并无多大实质性差别。

德瑞模式通常不承认概括遗赠，如果遗嘱人将全部或部分抽象的遗产份额赠与他人，被归入遗嘱继承而非遗赠；相反，取得特定遗赠的人为受遗赠人，而不能作为遗嘱继承人。受遗赠人与被继承人之间不发生任何身份关系，亦不成立共同共有关系。但由于继承人指定和遗赠指定均表现为获得财产利益，且“传给”“赠给”等概念在口语中经常混用，导致对继承人和受遗赠人的区分会出现困难。认定标准还是回到是否承受遗产债务以及请求权的性质这一实质问题上，被继承人是否有意令受益人参与遗产清算、作为遗产所有人享有管理和处分权限；还是仅享有针对继承人的债权请求权。不能仅仅以是否给予个别遗产标的为判定标准，依照《德国民法典》第 2087 条第 2 款的解释规则，唯有疑义时，才能将给予单个标的视为遗赠指示。

第二种模式以法国、意大利、日本等国为代表，不区分遗赠与遗嘱继承，凡是遗嘱人以遗嘱方式将遗产分配给他人，无论是否在法定继承人范围内，也不论遗产内容为积极财产还是消极财产，均称为遗赠。这种模式中，遗赠又分为概括遗赠和特定遗赠。概括遗赠又称为包括遗赠，指遗嘱人将遗产的全部或部分抽象份额概括地指定他人承受，遗产内容包括积极财产和消极财产即债务。特定遗赠指遗嘱人将特定而具体的遗产权利指定他人承受，受遗赠人不承受遗产债务。特定遗赠并不以特定物为限，以债权为标的或债务免除亦为特定遗赠。可见，概括遗赠的受遗赠人与法定继承人的地位相同，概括遗赠与继承具有相同的效力，能直接导致物权变动。

综上所述，比较法上两种遗赠的立法模式，看似差异极大，实则仅仅是相关概念内涵与外延不一致而已，两种立法模式背后的逻辑完全相同，皆以遗产承受人是否承受遗产债务为区分标准，辅之以物权效力或债权效力等不同的法律效果。

本条第 2—3 款规定，“自然人可以立遗嘱将个人财产指定由法定继承人中的一人或者数人继承。自然人可以立遗嘱将个人财产赠与国家、集体或者法定继承人以外的组织、个人”。除了部分术语稍加调整，本条内容源自《继承法》第 16 条，作为规范遗嘱继承与遗赠的基础性条款，仍以遗产承受人的身份“是否在法定继承人范围内”作为区分标准。

受遗赠权与遗嘱继承权的行使方式也不一样，第 1124 条源自《继承法》第 25 条，《民法典》对继承人放弃继承的表示增加了书面形式的要求。条文中两个“视为”均属于法律拟制，反映了立法者希冀将遗产保留给死者近亲属的价值取向。受遗赠人以及继承人与遗嘱人的关系不同,基于身份与血缘关系的联结,推定法定继承人会接受遗嘱人的遗产。因此第1124条顺应了第1133条关于遗嘱继承与遗赠的区分标准,条文背后的法理逻辑是自洽的。当然,从立法论角度观察,为了实现对受遗赠人的保护,权利抛弃通常不能推定,受遗赠人无明白意思的情况下,应推定其接受遗赠更为妥当。

遗赠不同立法模式的实质区分标准,是遗产承受人是否需要承担遗产债务。第1162条规定意味着受遗赠人的权利劣后于遗产债务及税款。紧接着,第1163条修改自《继承法意见》第62条,删除了"遗产已被分割而未清偿债务时"这一前提,意味着在遗产分割之前的共有阶段,于遗产范围内,受遗赠人也应承担同遗嘱继承人相同的清偿义务,只是具体的操作由遗产管理人进行。仅从遗产债务清偿层面观察,《继承法意见》第62条清楚表明了司法机关将遗嘱继承与遗赠同等对待的态度,第1163条更是将司法解释中的这一立场,通过编纂《民法典》,在国家基本立法层面作了进一步确认。综上所述,我国法中并未从遗产债务清偿角度区分遗嘱继承与遗赠,两者的唯一区别,在于遗产承受人的身份是否在法定继承人范围之内。

由此引发的问题是,我国《民法典》中遗赠的概念,是否涵括了比较法上概括遗赠与特定遗赠两种类型?以及在立法层面,对于这两种类型,是否有进一步区分的必要性?对于《民法典》是否应当承认概括遗赠,学界多数持否定态度,《民法典(草案学者建议稿)》也多遵从德国法模式,并叠加遗产承受人身份要素,依据"继受遗产之内容"与"遗产继受人与遗嘱人之关系"双重标准,区分遗嘱继承与遗赠,认为受遗赠人只能是法定继承人范围以外的人,且仅能承受积极财产,无须承受遗产债务。学界观点及编者的针对性驳斥意见略作梳理如下:有学者认为,遗赠是一种无偿行为,即使遗赠负有负担,该负担也不能成为受遗赠的对价。而概括遗赠使受遗赠人居于遗嘱继承人同样的法律地位,既享有权利又须履行义务,与遗赠的性质相违。这一观点将德国法上仅承受积极财产的遗赠概念机械地套用到了中国法上。另有学者认为,不承认概括遗赠,对于继承法律关系的清晰化以及增强遗产执行中的可操作性具有一定的现实意义。还有学者认为,继承并非纯粹受益的过程,将遗产概括地指定由继承人以外的人继承并不妥当。法定继承人之外的人由于不了解情况而导致承担债务,有失公允,且外人参与继承事务也不符合民间的继承传统。遗赠究其性质如同遗产债权一样,乃遗产上之负担,受遗赠人不负遗产债务清偿之义务,《继承法意见》第62条将遗嘱继承人与受遗赠人在遗产债务清偿中置于同等地位,实乃立法缺陷。

编者认为《民法典》中的遗赠涵盖

了概括遗赠，理由如下：首先，从前引规范来看，第 1133 条并未对遗赠标的进行限制，既可以是遗嘱人的全部财产和部分财产份额，也可以是特定财产；第 1163 条并未将受遗赠人排除出清偿遗产债务的义务人范畴，因此认为受遗赠人只享有接受遗产的权利而不承担义务，不符合规范意旨。以上两个条文从一正一反两方面认可了概括遗赠。

其次，从我国遗产继承实际情况来看，被继承人经常会指定法定继承人范围内的人继承某项特定财产，性质相当于德国的遗赠或法国、意大利的特定遗赠；也普遍会指定法定继承人范围外的人概括承受遗嘱人的全部遗产或部分抽象的遗产份额，性质上相当于德国的遗嘱继承或法国、意大利的概括遗赠。将遗嘱继承人与受遗赠人同等对待符合我国的继承实际。究其实质，遗产承受人的身份“是否在法定继承人范围内”，作为一种纯粹形式意义上的区分标准，并不会对遗嘱人的具体财产安排造成实质导向性影响。换句话说，这一分类只是沿袭了我国传统的家庭继承观念与称谓，因此有学者主张，或可完全抛弃受益人身份的区分标准。然而，家庭法的权威一直以来都并非源自教义，而是来源于社会存在本身。家庭法的任务是准确描述而非建构社会现实，起决定性作用的，是自然的理性而非技艺的理性。若传统或整个社会观念认可了从遗产承受人身份角度区分继承与遗赠，立法没有必要移植他国的遗赠概念另起炉灶，颠覆民众认知，增加整个社会的学习和适用法律的成本。

最后，从遗嘱人的意思自治角度观察，若遗赠人在遗嘱中明确作出了概括遗赠的意思表示，或者某继承人仅继承特定财产的意思表示，只要不违反法律和公序良俗，有何理由阻碍其效力？何况在遗产债务清偿部分搭建起合理方案之后，概括遗赠与特定遗赠的区分意义仅仅在于，若遗产中特定遗赠物之外的其他部分足以清偿遗产债务，则无须动用特定遗赠的财产权益。清偿债务时若要拍卖部分遗产，遗赠的特定物应列于后位，仅此而已。

综上所述，中国法中的遗赠包括了概括遗赠与特定遗赠，同样，遗嘱继承也包括了抽象份额的继承与特定物的继承，鉴于遗产管理人制度下，遗产债务清偿体系及相应的物权变动模式会重新建构，立法层面不存在对遗赠以及遗嘱继承进一步类型化的必要。

一、遗赠效力的两种立法模式

遗赠效力有债权效力与物权效力之争。易言之，遗赠标的物是否于继承开始时当然移转于受遗赠人，还是须完成登记或交付后才能转移于受遗赠人？第一种观点认为，遗赠能否导致物权变动，须依遗赠的种类而定，概括遗赠具有物权效力，而特定遗赠仅具有债权效力。第二种观点认为，无论是概括遗赠还是特定遗赠，均仅发生债权效力，如此方符合现有的遗产债务清偿顺序，当遗产不足清偿债务时，遗赠请求权无法获得实现。受遗赠人在继承开始后，自继承人或遗嘱执行人交付动产或进行不动产登记，遗赠的物权效力才能发生。第三种观点认为，主张遗赠具有债权效力，主要还是着眼于各国的物权变动体系。物权变动除需要当事人的意思之外，原则上还要求登记或交付，因此只有采意思主义的法国、意大利、日本承认遗赠的物权效力。第四种观点认为，遗赠具有物权效力，受遗赠人在法定期间接受遗赠后，其效力溯及于继承开始时生效。受遗赠人自此时起获得遗赠物所有权，基于物上请求权请求遗赠义务人交付标的物。第五种观点认为，继承权在我国民法体系中是独立于物权和债权之外的财产权，因此具有独立的法律效力。

承认概括遗赠并采意思主义物权变动模式的立法例，如法国、日本、意大利、葡萄牙等，因概括受遗赠人与继承人地位相同，故承认概括遗赠与继承直接导致物权变动。对于特定遗赠，意大利明确承认其物权效力，《法国民法典》第1014条虽赋予了物权效力，但法国最高法院判决意见认为，该项权利如同债权，受到请求权行使的时效限制。日本判例主张物权变动效力，而学说上则有争议，有学者认为，特定遗赠尽管能够导致物权变动，但因遗赠物没有交付或登记，故不能对抗第三人；而概括遗赠的受遗赠人与继承人法律地位相同，通常不发生对抗第三人问题。法国与意大利还赋予受遗赠人在清偿其受遗赠物负担的债务后享有代位权，对继承人或其他遗产承受人代位行使债权人的权利。我国司法实务中，法院判决通常会明确表示遗赠人死亡时，发生物权变动的法律效果。

不承认概括遗赠并采形式主义物权变动模式的立法例，如德国、瑞士、奥地利、俄罗斯等，认为继承可以直接导致物权变动。德国法中，土地登记制度仅适用于法律行为的物权变动，而不适用于继承等权利概括继受的情形。发生继承事实时，即使被继承人仍被登记于登记簿，其继承人已成为土地上物权之权利人。但遗赠不能导致物权变动，否则将与概括继承原则相悖。继承开始时，受遗赠人依法获得向继承人主张的债法性质的交付请求权，无须作出接受的表示，但可以拒绝。在我国台湾地区“民法”上，通说也认为，不问概括遗赠或特定遗赠，仅有债权效力，受遗赠权比一般遗产债权劣后，受遗赠人须于继承开始后，经移转登记或交付才能取得遗赠物的所有权。在德国法中，若被继承人想在不改变继承份额的情况下将某财产利益给予共同继承人之一，就要借助先取遗赠，被继承人对单独的先位继承人给予先取遗赠的，先位继承人在先位继承情形发生时直接获得赠与标的的所有权。在这种特殊情况下，遗赠例外具有物权效力。

遗赠与遗嘱继承均是被继承人无偿给予他人财产上利益的行为。与被继承人的普通债务相比，无偿性债务与负担若未得到给付,后果仅是权利人的财产没有获得预期增益,并未损及固有财产权益。因此,遗赠与遗嘱继承的清偿顺位劣后于遗产上的其他普通债务,具有实质正当性。依第1123条规定,遗嘱继承与遗赠的顺位仅仅优先于未立遗嘱时方才适用的法定继承。

综上所述,若将遗赠效力定性为债法性质的请求权,则该债务劣后于其他遗产普通债务,与被继承人生前未履行的赠与合同债务以及遗嘱继承一起,在遗产清偿了普通债务还有剩余时,方可请求遗产管理人以剩余的积极遗产履行;若将遗赠效力定性为物上请求权,则受遗赠人取得的遗赠权益上存在法定负担,须待遗产债务清偿即涤除了物上负担之后,由遗产管理人从剩余的积极遗产中返还。无论遗赠采债权效力抑或物权效力,在增设遗产管理人制度并厘清遗产债务清偿顺序之后,结果层面并无实质性区别。

二、基于遗赠发生的物权变动的体系构造

不少学者认为,遗赠作为典型的法律行为,虽然自遗赠人死亡时才发生效力,但仍是建立在遗赠的效果意思旨在发生相应遗产的物权变动的基础上,区别于作为法律事实的继承。因此,遗赠引起的物权变动不属于"非基于法律行为的物权变动",将继承与遗赠这两类不同性质的原因所引起的物权变动合并于《物权法》第29条并不妥当,应予删除或另行规定。虽有学者主张,基于法律行为的物权变动与交易密切相关,遗赠系无偿行为,不同于交易表现形态的双务法律行为的观点,反对者认为,同为无偿的非交易行为的赠与以及同为单方法律行为的抛弃,在物权变动上均遵从了公示要求,没有必要将遗嘱作为例外。

在继承法理论中,遗赠通常以遗嘱方式进行,属于广义遗嘱继承的范围。如果认定遗赠引起的物权变动是基于法律行为的物权变动,为何同一份遗嘱中针对法定继承人的遗嘱继承,引起的物权变动属于非基于法律行为的物权变动?面向遗嘱继承人的遗嘱与面向受遗赠人的遗赠,形式常常统合在一份遗嘱中,都承载了被继承人明确的意思表示,仅仅因为遗产承受人的身份差异,而采取不同的物权变动模式,难谓有实质合理性。

遗嘱行为属于法律行为,但遗嘱继承与遗赠并非单纯基于遗嘱行为发生,而是基于遗嘱行为与遗嘱人死亡的法律事实两者而发生。换言之,导致物权变动的原因事实在构成上包含了遗嘱行为,但并非唯一原因,需要与遗嘱人死亡这一法律事实相结合。导致物权变动的原因事实=法律行为(遗嘱)+事件(遗嘱人死亡)。原因事实构成上的复合性,体现为不同立法例对于遗嘱人死亡与遗嘱两者分量及法律意义的评判差异。如果更看重意思表示在遗赠中的作用,则倾向于意定的物权变动方案;如果更看重死亡的意义,则倾向于法定的物权变动方案。

为了体现导致物权变动的两个原因事实的不同作用，以德国法为代表的立法例，区分了不同阶段的物权变动，遗嘱人死亡的效果，仅限于导致遗产由遗嘱人移转到遗产继受人手中，而遗嘱的作用更多体现于遗产的具体分割环节，通过遗嘱人意思表示呈现的遗产分配方案，决定遗产中各项具体财产权益的归属。基于这一逻辑，遗赠仅具有债权效力，与遗产分割阶段采取的移转公示主义相协调。而以法国法为代表的立法例，则赋予遗嘱人死亡这一法律事实，直接导致遗产由遗嘱人移转给各遗产继受人的法律效果。遗嘱、遗产分割协议和相关裁判文书，虽然可以作为遗产分割或确定遗产归属的依据，但仅仅起到辅助性和过程性意义，在共有遗产分割时采取宣示主义，各继承人或受遗赠人所取得的遗产溯及于继承开始时生效。

综上所述，导致物权变动的原因事实，包括法律行为（遗嘱）与事件（遗嘱人死亡），鉴于原因事实构成上的复合性，有必要区分因遗赠发生的两个不同阶段的物权变动。第一阶段的物权变动因遗嘱人死亡引发，属于非基于法律行为的物权变动，遗产由被继承人所有移转为遗产继受人共有。《物权法》第29条规定的"因继承或者受遗赠取得物权的，自继承或者受遗赠开始时发生效力"，指的便是该阶段发生的物权变动。第二阶段的物权变动发生于遗产继受人之间，依法或依据遗嘱上的意思表示对遗产进行具体分配，使其从共有状态至归属于各继承人以及受遗赠人单独所有，依据遗产分割方式，分别属于基于法律行为以及非基于法律行为的物权变动。

【相关立法】

《中华人民共和国信托法》（2001年10月1日施行）

第八条　设立信托，应当采取书面形式。

书面形式包括信托合同、遗嘱或者法律、行政法规规定的其他书面文件等。

采取信托合同形式设立信托的，信托合同签订时，信托成立。采取其他书面形式设立信托的，受托人承诺信托时，信托成立。

第十三条　设立遗嘱信托，应当遵守继承法关于遗嘱的规定。

遗嘱指定的人拒绝或者无能力担任受托人的，由受益人另行选任受托人；受益人为无民事行为能力人或者限制民事行为能力人的，依法由其监护人代行选任。遗嘱对选任受托人另有规定的，从其规定。

【批复答复】

1.《最高人民法院关于财产共有人立遗嘱处分自己的财产部分有效处分

他人的财产部分无效的批复》(〔1986〕民他字第24号,1986年6月20日)

经研究,我们基本同意你院审判委员会讨论的第一种意见。双方讼争的房屋,原系冯奇生及女儿冯湛清、女婿刘卓三人所共有。冯奇生于1949年病故前,经女儿冯湛清同意,用遗嘱处分属于自己和冯湛清的财产是有效的。但是,在未取得产权共有人刘卓的同意下,遗嘱也处分了刘卓的那一份财产,因此,该遗嘱所涉及刘卓财产部分则是无效的。在刘卓的权利受到侵害期间,讼争房屋进行了社会主义改造,致使刘卓无法主张权利。现讼争房屋发还,属于刘卓的那份房产应归其法定继承人刘坚等依法继承。

2.《最高人民法院关于对分家析产的房屋再立遗嘱变更产权其遗嘱是否有效的批复》(〔1985〕民他字第12号,1985年11月28日)

关于建国前已经析产确权,能否再予以重新分割或立遗嘱继承等问题,经研究答复如下:张家定之祖父张文卿(张士国之父)于1948年将其家中自有房宅,除自己居住的一处外,其余四处均分给四个儿子。建国后由人民政府颁发了产权证。1953年张文卿召开有镇政府干部参加的家庭会议,经协商,重新调整各自分得的房产,以清偿分家前的债务,立了经镇政府认可的“房屋分管字据”,均无异议。1955年张文卿夫妇将调整给二儿媳的房产,又立遗嘱由四子张士国“继承”。1966年巫溪县人民法院按“遗嘱”作了调解。二儿媳的女儿张家定等人不服,提起申诉。据上,我们认为,对张家在1948年析产后,经财产所有人共同协商,于1953年分家时达成的各自管业且已执行多年的房产协议,应予以维护。张文卿夫妇于1955年所立“遗嘱”无效。

3.《最高人民法院关于向美琼、熊伟浩、熊萍与张凤霞、张旭、张林录、冯树义执行遗嘱代理合同纠纷一案的请示的复函》(〔2002〕民一他字第14号,2003年1月29日)

经研究认为,目前,《中华人民共和国民法通则》、《中华人民共和国继承法》对遗嘱执行人的法律地位、遗嘱执行人的权利义务均未作出相应的规定。只要法律无禁止性规定,民事主体的处分自己私权利行为就不应当受到限制。张凤霞作为熊毅武指定的遗嘱执行人,在遗嘱人没有明确其执行遗嘱所得报酬的情况下,与继承人熊伟浩、熊萍等人就执行遗嘱相关的事项签订协议,并按照该协议的约定收取遗嘱执行费,不属于《中华人民共和国律师法》第三十四条①禁止的律师在同一案件中为双方当事人代理的情况,该协议是否有效,应当依据《中华人民共和国合同法》的规定进行审查。只要协议的签订

① 对应2017年《律师法》第39条。——编者注

出于双方当事人的自愿,协议内容是双方当事人真实的意思表示,不违反法律和行政法规的禁止性规定,就应认定为有效。如果熊伟浩、熊萍等人以张凤霞乘人之危,使其在违背真实意思表示的情况下签订协议为由,请求人民法院撤销或者变更该协议,应有明确的诉讼请求并提供相应的证据,否则,人民法院不宜主动对该协议加以变更或者撤销。

【法院参考案例】

1. 陈某杰、陈某霞等诉陈春某、陈国某等物权确认纠纷案——附期限分产协议中财产归属的认定[《人民法院案例选》2013 年第 4 辑(总第 86 辑)]

【裁判要点】

父母子女之间约定父母的房产在父母死亡后归子女所有的协议,属分产协议而非父母所立遗嘱。父母子女在分产协议中所附期限排除了父母对该房产的继承权,应取得该房产所有权的子女先于父母死亡的,对该房产的期待权应由该子女的其他法定继承人继承。

【基本案情】

法院经审理查明:陈某昌和周某明系夫妻,生育陈世某、陈国某、陈春某、陈根某、陈小某、陈开某、陈某娥 7 名子女。陈世某和王某琴系夫妻,生育陈某杰、陈某霞 2 名子女。1983 年 2 月 3 日,陈某昌与陈世某、陈国某、陈春某、陈根某、陈小某、陈开某签订父子协议 1 份,对家中财产进行了分割,并对父母的赡养问题作了约定。其中第 2 条约定:陈世某因早已成家立业,对现有房产不再参加分配,每年负担父母生活费捌拾肆元……第 4 条约定:等到楼屋建好后,要造二间小屋给父母居住,费用由六个儿子平均负担,待父母都亡故后,该二间小屋归陈世某所有。1989 年 12 月,陈某昌向所在村申请建房用地 36 平方米,经批准后,于 1991 年、1992 年建造了建筑占地面积分别为 23.67 平方米和 14.53 平方米的平屋 2 间。陈世某于 1999 年 11 月 12 日死亡,周某明于 2002 年 8 月 30 日死亡。2004 年 4 月 16 日,陈某昌与陈国某签订赠与合同 1 份,约定:陈某昌将坐落在宁波市鄞州区钟公庙街道前周村后周的砖木结构平屋 3 间(其中 1 间建筑面积为 11.7 平方米,另外 2 间系上述建筑占地面积分别为 23.67 平方米和 14.53 平方米的平屋)其享有的 50%产权赠与陈国某。本院于 2005 年 5 月 18 日作出(2005)甬鄞民一初字第 1912 号民事判决书,判决陈某昌、陈国某于 2004 年 4 月 16 日签订的赠与合同中关于陈某昌将平屋 2 间(建筑面积 38.2 平方米)的 50%产权赠与给陈国某部分的合同无效。2006 年 3 月 22 日,陈某昌与钟公庙街道新村建设办公室签订拆迁调产协议书,确定陈某昌享有被拆上述 2 间平屋的安置权。陈某昌于 2008 年 4 月 20 日死亡。

【裁判结果】

浙江省宁波市鄞州区人民法院于

2011年8月5日作出(2011)甬鄞民初字第358号民事判决:位于宁波市鄞州区钟公庙街道后周村陈某昌名下已被拆迁的建筑占地面积分别为23.67平方米和14.53平方米的平屋2间的安置权利属原告王某琴、陈某杰、陈某霞所有。宣判后,双方当事人均未上诉,一审判决已经发生法律效力。

【裁判理由】

法院生效裁判认为:《民法通则》第54条规定:"民事法律行为是公民或者法人设立、变更、终止民事权利和民事义务的合法行为。"陈某昌与陈世某、陈国某、陈春某、陈根某、陈小某、陈开某签订父子协议,分割家庭财产,约定赡养父母事宜,该协议系各方当事人的真实意思表示,对协议签订各方当事人均具有法律约束力。父子协议中"由六个儿子造二间平屋给陈某昌、周某明夫妇居住,待陈某昌、周某明夫妇都去世后,该2间平屋归陈世某所有"的内容是协议各方对该2间平屋所有权归属的约定,即在陈某昌、周某明夫妇去世这一期限届至时,该2间平屋即属陈世某所有,陈世某享有取得该2间平屋所有权的期待权。陈世某去世后,其享有的对该2间平屋的期待权理应由其法定继承人享有。陈世某去世时,其第一顺序法定继承人有其父母陈某昌、周某明、配偶原告王某琴和子女原告陈某杰、陈某霞,第二顺序法定继承人有其弟妹被告陈国某、陈春某、陈根某、陈小某、陈开某、陈某娥。但在陈世某去世时,陈某昌、周某明夫妇仍是该2间平屋的所有权人,且根据父子协议的约定,该2间平屋只有在陈某昌、周某明夫妇均去世后才能使陈世某原本享有的期待权得以实现,所以陈某昌、周某明夫妇不能继承陈世某对该2间平屋的期待权。陈世某对该2间平屋的期待权只应由除陈某昌、周某明以外的其他第一顺序法定继承人即原告王某琴、陈某杰、陈某霞继承,被告陈国某、陈春某、陈根某、陈小某、陈开某、陈某娥作为陈世某的第二顺序法定继承人无权继承。该2间平屋在陈某昌去世前已被拆迁,在陈某昌去世后,该2间平屋的安置权利应属原告王某琴、陈某杰、陈某霞所有。被告陈国某、陈小某、陈开某、陈某娥关于该2间平屋的安置权利应属被告陈国某所有以及其各自享有继承份额的辩解意见,因缺乏事实和法律依据,本院不予采信。

2. 李某良、李某弟诉李某贞法定继承纠纷案——死因赠与的司法适用

[《人民法院案例选》2022年第9辑(总第175辑)]

【裁判要旨】

如果被继承人和法定继承人就赡养和遗产继承签订的协议内容确系被继承人的真实意思表示,可以推定被继承人愿意将其财产赠与该继承人,当继承人也有接受财产赠与的意思表示的,可认定该协议为死因赠与协议。

【基本案情】

法院经审理查明:被继承人石某娣(2019年12月31日去世)与李某根(2000年1月4日报死亡)系夫妻关系,双方生育了原告李某良、李某弟、被告李某贞共3名子女。2004年11月12日,石某娣作为申请人提出民事调解申请,被申请人为李某良、李某弟,请求明确在动迁过程中以谁的名义签订安置协议。同日,上海市浦东新区三林镇人民调解委员会就石某娣、李某良、李某弟三人的纠纷进行调解,纠纷简要情况为:"上述当事人系母子关系,为征地动迁安置产生纠纷,申请由我调委调解,本调委召集当事人调解,在调解中查明,石某娣与丈夫李某根生育二子,长子李某良、次子李某弟。李某根于2000年1月病逝。在李某良建造房屋时,将李某根居住面积申请建造在其名下,石某娣原独有土地使用证1份,建筑面积为21 m^2。2002年4月,由李某弟以石某娣的名义,由李某弟出资,将原21 m^2老房屋新建楼房,占地33 m^2,建筑66 m^2(许可证号NO.0007478)。在这次动迁中,石某娣提出,造房许可证是在我名下,故要求以自己的名义参订安置协议。李某弟认为66 m^2的楼房建筑面积由其出资建造,要求有份额,由此产生矛盾。"经调解,自愿达成如下协议:(1)在石某娣名下的66 m^2建筑面积在评估单中为66 m^2×1850元+速迁费16000元+搬场费1320元=139420元,归石某娣所有,其余房屋估价费由李某弟所有。(2)石某娣在参订安置协议时获得一套一室一厅56.43 m^2的房屋,价值为188758.35元,差额49338.35元,由李某良、李某弟各半承担(24669.18元),就此由李某良在2004年12月31日前,将24669.18元交付给李某弟,石某娣参协时将二儿子名写上。(3)在动迁过渡中,由李某弟负责石某娣的居住。石某娣的过渡费7920元由李某弟享有。(4)石某娣今后的生老病死一切费用,由李某良、李某弟共同承担。石某娣获得新房后,由兄弟二人负责将房屋装修,费用各半。石某娣百年后,所有房屋产权由李某良、李某弟各半继承。调解协议上有调解员签名,并盖有上海市浦东新区三林镇人民调解委员会的公章。

2005年1月14日,工作人员吕某某就上述编号为(2004)浦三林调字47号调解协议对当事人石某娣回访时的记录情况为:房屋折价费购买安置房一套一室一厅。差额49338.35元,两个儿子分别拿出24669.18元,现协议已签订,房子也分配了。另查明:上海市浦东新区大道站路××弄×××号×××室房屋于2009年6月19日权利人登记为石某娣。

【裁判结果】

上海市浦东新区人民法院于2020年12月25日作出(2020)沪0115民初73315号民事判决:(1)上海市浦东新区大道站路××弄×××号×××室房屋由原告李某良、李某弟共同共有;(2)被告李某贞于本判决生效之日起10日内配合原告李某良、李某弟办理上述房屋变更过户手续。宣判后，原、被告未提出上诉，判决已发生法律效力。

【裁判理由】

法院生效裁判认为：两原告与被继承人石某娣签订的调解协议书系于三林镇人民调解委员会达成，有三林镇人民调解委员会工作人员在场并签字确认，且根据三林镇人民调解委员会事后对石某娣的回访情况及后续各方当事人的履行情况，可以认定该协议系各方当事人的真实意思表示。被告主张其非石某娣的真实意思表示，未提供证据证明，法院难以采信。上述协议约定并不限于赡养内容，亦包含了差额购房款的承担以及对动迁利益的分配，被告以该协议违反公序良俗为由主张无效，于法无据。两原告主张上海市浦东新区大道站路××弄×××号×××室房屋归两原告所有，于法有据，法院予以支持。

3. 严某秋诉严某遗嘱继承案——遗嘱要求遗产“不能传给外姓人”的性质分析及对遗嘱继承的影响(《中国法院2023年度案例·婚姻家庭与继承纠纷》)

【基本案情】

严某洲与王建某系夫妻关系，二人育有一子严某1、一女严某秋。严某1与康某雯育有一子严某，严某1于1998年12月8日去世。2002年5月23日，严某洲及王建某至北京市丰台区公证处申请公证。严某洲申请事项为：因年老体弱，为避免去世之后房产发生财产纠纷，故立此遗嘱为证。王建某申请事项为：因年迈多病，为避免死后发生财产纠纷，故立遗嘱，并申办公证。

2002年6月18日，北京市丰台区公证处出具0722号公证书。被公证《遗嘱》的内容为：我和我的夫人均为部队离休干部，育有一子一女。子严某1，女严某秋，儿媳康某雯、孙严某。我们共有军队售给我们两人的六居室房子1套，存有郭沫若亲笔书写的字1幅、黄胄的画1幅，以及名贵的若干字画，以及家中一切生活物品……我和夫人自1950年至今，结婚50多年，历经坎坷，同甘共苦，患难与共。在我现今身体尚健，神志清楚之时，我将属于我的房子、字画及家中一切物品，全部给予我的夫人王建某，由她根据实际情况决定身后继承人。如夫人先我去世，上述财产全部由女儿严某秋继承。时间为2000年6月1日。

同日，北京市丰台区公证处出具0723号公证书。被公证的《遗嘱》的内容为：今天是我70岁生日，回顾我坎坎坷坷，历经磨难的一生……在我身体尚健，头脑清醒时，根据《继承法》第13条、第17条，亲笔立下我的遗嘱：我和我丈夫严某洲均为部队离休干部，我们育有一子一女，子严某1，女严某秋，儿媳康某雯、孙严某。我和我丈夫严某洲有六居室房子1套，是军队按照国家政策，根据我和严某洲的军龄、级别售予我们二人的，是我和严某洲共有的房产……我的孙儿严某，出生于1981年，我还没有离休，工作繁忙，没有亲自帮助抚养，但在他成长的各个阶段都给予了力所能及的经济上的帮助……根据上述情况，在我去世后，我遗留的一切，包括我丈夫给予我的房产、黄胄的画、郭沫若的字等，均归我女儿严某秋继承。但有一条规定：父母遗留的房产及名画墨宝，不能传给外姓人……时间为2001年6月23日。

2014年6月11日，王建某去世。2018年6月21日，严某洲去世。另查，位于北京市丰台区六里桥的涉案房屋为军队房改成本价售房，房屋产权证的填发日期为2000年1月12日，登记建筑面积为157.24平方米。王建某就房产、黄胄的画及郭沫若的字及名画墨宝等中属于其所有的部分，要求严某秋“不能传给外姓人”，严某据此要求严某秋应先行承诺对该部分财产不得处分。双方未能协商一致，严某秋遂起诉要求：(1)请求判令被继承人位于北京市丰台区六里桥房屋归严某秋所有，严某协助办理该房屋的过户手续。(2)诉讼费由被告承担。

【案件焦点】

立遗嘱人出于家族传承目的，在遗嘱中对特定继承财产作出“不能传给外姓人”等属于限定或指定遗产的再度处分或再次继承的遗嘱内容性质及效力如何认定，以及对遗嘱继承人继承遗产有何影响。

【裁判要旨】

北京市丰台区人民法院经审理认为，《继承法》规定：公民可以立遗嘱将个人财产指定由法定继承人的一人或者数人继承。自书、代书、录音、口头遗嘱，不得撤销、变更公证遗嘱。本案原北京市丰台区公证处所公证的两份遗嘱，经严某一方申请公证复查后该公证处作出维持公证书的决定，而严某仅针对公证书所存在的个别形式或程序性瑕疵进行了质疑，但并未就其质疑举证证明公证处所公证的遗嘱人订立遗嘱这一民事法律行为的本身存在效力上的瑕疵，且根据在案证据亦足以认定二被继承人经公证的遗嘱系二人真实意思表示，故涉案公证书应当作为认定事实的依据。根据在案事实，王建某于2014年先于严某洲去世，其公证遗嘱明确将其“遗留的一切财产”均归严某秋继承，严某洲于公证遗嘱中明确“将属于我的房子、字画及家中一切物品，全部给予我的夫人王建某”，如王建某先于其去世，则上述财产均由严某秋继承，故王建某与严某洲的财产均应由严某秋继承。其中，王建某就房产、黄胄的画及郭沫若的字及名画墨宝等中属于其所有的部分，要求严某秋“不能传给外姓人”，严某据此要求严某秋应先行承诺对该部分财产不得处分。本院对此注意到：从该遗嘱的指向性上看，系针对传承人的限制，且其内容并未违背当前公序良俗；从义务的履行来看，所限制的时间为财产的再行继承或处分时,时间在本案财产继承之后,且时间并未确定;从遗嘱的内容来看,该要求仅对严某秋的所继承该部分份额设定了消极义务,即系对取得财产后的另行处分给予一定的约束,而非对取得财产本身的约束,故仅在义务违反且损害了利害关系人权益时才发生相应的责任。因此,该遗嘱内容并非对严某秋继承遗产设定的先决条件。故严某要求严某秋作出承诺没有事实及法律依据,但如严某秋在获得该部分财产后违反遗嘱中的约束要求并损害到严某利益的,严某可就此向严某秋另行主张相应责任。综合上述分析,被继承人王建某、严某洲名下的全部财产、字画及家中一切物品均应由严某秋继承。

一审判决后,严某上诉至北京市第二中级人民法院,二审法院同意一审法院裁判意见,判决如下:驳回上诉,维持原判。

第一千一百三十四条 【自书遗嘱】自书遗嘱由遗嘱人亲笔书写,签名,注明年、月、日。

【立法·要点释义】

遗嘱是死因行为,只有在遗嘱人死亡时发生法律效力,当遗嘱的真实性和内容产生争议时,因遗嘱人已经死亡而无法探知其真实意思。因此,为了保证遗嘱的真实性和可靠性,指导当事人正确审慎地设立遗嘱,尽量减少因遗嘱产生的继承纠纷,遗嘱行为成为要式民事法律行为的典型。

自书遗嘱是指遗嘱人本人将处分遗产的意思表示亲自用文字手写出来的遗嘱。自书遗嘱由于是遗嘱人本人亲笔书写,意思表示真实、自由并且容易鉴别真伪,因此形式要求较为简单,可以随时设立,不需要有见证人在场见证,设立过程私密,是最简便易行的遗嘱形式。自书遗嘱在形式上需要符合以下要求:遗嘱人必须亲笔书写遗嘱的全部内容。如果遗嘱中有部分内容是由他人书写,则不构成自书遗嘱。遗嘱人必须签名,即亲笔书写其姓名,但不要求在遗嘱每一页签名。

在遗嘱没有签名的情况下,以盖章或者捺指印来确认遗嘱的真实性并不是可靠的方法。印章具有可复制性,并且可以被他人控制、支配。指印虽然具有身份识别上的唯一性,但是在遗嘱人无意识、死亡时存在被强按指印的可能性,也可能存在因遗嘱人的指纹样本没有留存而难以鉴定的情况。尤其是自书遗嘱不要求见证人在场见证,如果允许以盖章或者捺指印的方式取代签名,可能会增加伪造遗嘱的风险。

遗嘱人在自书遗嘱中必须注明其设立遗嘱的具体时间,即注明年、月、日,未注明日期或者所注明的日期不具体的,自书遗嘱不生效。注明年、月、日可以确定遗嘱设立的时间和先后,如果在遗嘱设立以后遗嘱人撤回、变更了该遗嘱，或者遗嘱人实施了与该遗嘱内容相反的民事法律行为，那么该遗嘱的部分或者全部内容将不发生法律效力。在遗嘱人立有数份遗嘱时，如果遗嘱之间内容相抵触的，以最后的遗嘱为准。遗嘱设立的时间可以用来确定遗嘱人在立遗嘱时是否具有遗嘱能力，从而判断遗嘱人所立的遗嘱是否有效。

【编者观点】

确定自书遗嘱效力的关键不在于遗嘱人所书遗嘱的外在形式，而在于确定遗嘱人死因处分之意思。即使遗嘱人没有使用“遗嘱”的表达，在自书遗嘱所要求的全部形式要件得到满足时，日记、书信、贺卡皆可认定为自书遗嘱的特殊方式。形式强制并不意味着证据法上的书证原件，即使自书遗嘱嗣后非因遗嘱人的原因灭失，法院仍可依《民事诉讼法解释》(2022 年修正)第 111 条的规定，结合其他证据和案件情况，认定复印件的效力。

日期要件的意义在于证明自书遗嘱成立的时间，从而判断遗嘱人在订立该自书遗嘱时的行为能力；在存在多份遗嘱时作为时间先后的确认基准——如果有遗嘱无日期而其他遗嘱有日期，无明确日期的遗嘱无效；如果全部遗嘱都没有明确日期，全部无效。也有裁判观点认为，当只存在 1 份遗嘱，即使遗嘱上无日期或未具体到年月日，若与遗嘱人遗嘱能力无涉，法院适当放宽日期形式要求，承认遗嘱效力。另有裁判观点认为，自书遗嘱记明了年、月，未标明日，但多份遗嘱内容相似，互相印证，遗嘱有效；甚至于书写的便签虽无明确的“月、日”，但能确定是 1999 年书写，认定有效。

本条所称签名仅指手写签署名字，不包括加盖名章以及捺印。签名具备身份识别功能和终结功能，即表示遗嘱完结且内容完整，如遗嘱为多页，则每页页末都应签名。当然，如果在遗嘱的落款处已经由遗嘱人亲笔签名，遗嘱的每一页都可以确认为遗嘱人的亲笔书写的，也应当认可该自书遗嘱的效力。立遗嘱人也可通过别称、昵称或艺名签名。信函遗嘱中签名亲属称谓如“你的父亲”，也应认可其效力。仅有信封上的签名一般无法构成信封内遗嘱的外部延续或终止标志，不属于有效签名，除非证明以签字方式将信封封口且无其他开口可能。

如果遗嘱存在涂改或增删，遗嘱人应在涂改或增删处额外加盖手印或签名，以确保此涂改或增删是由其本人所为。有裁判观点认为，增删、涂改部分不影响遗嘱人真实意思表示和对遗嘱内容的理解的，遗嘱有效；增删、涂改部分内容与其他遗嘱相互印证的，遗嘱有效。

【司法解释】

1.《最高人民法院关于适用〈中华

人民共和国民法典〉继承编的解释（一）》（法释〔2020〕23号，2021年1月1日施行）

第二十七条[①] **【遗书按自书遗嘱对待的认定标准】**自然人在遗书中涉及死后个人财产处分的内容，确为死者的真实意思表示，有本人签名并注明了年、月、日，又无相反证据的，可以按自书遗嘱对待。

2.《最高人民法院关于民事诉讼证据的若干规定》（法释〔2019〕19号修正，2020年5月1日施行）

第九十二条 私文书证的真实性，由主张以私文书证证明案件事实的当事人承担举证责任。

私文书证由制作者或者其代理人签名、盖章或捺印的，推定为真实。

私文书证上有删除、涂改、增添或者其他形式瑕疵的，人民法院应当综合案件的具体情况判断其证明力。

第一千一百三十五条 【代书遗嘱】代书遗嘱应当有两个以上见证人在场见证，由其中一人代书，并由遗嘱人、代书人和其他见证人签名，注明年、月、日。

【立法·要点释义】

代书遗嘱是指根据遗嘱人表达的遗嘱内容，由他人代为书写的遗嘱。代书遗嘱通常适用于遗嘱人由于一些特殊的原因不能亲笔书写遗嘱，故委托他人代为书写遗嘱的情形。代书遗嘱不是代书人代理遗嘱人设立遗嘱，遗嘱人虽然不能亲笔书写遗嘱，但是要亲自、独立作出处分个人财产的意思表示，而代书人的职责为如实地记录遗嘱人的意思表示，不能干涉遗嘱人的意思表示，也不能在记录的过程中扭曲、篡改遗嘱人的意思表示。代书人在书写完遗嘱后，应当交给遗嘱人和其他见证人核对，遗嘱人和其他见证人确认无误后，遗嘱人、代书人和其他见证人均须在遗嘱上亲笔书写姓名。遗嘱人、代书人和其他见证人签名，既表明了自己的身份，也表明了对遗嘱内容以及立遗嘱过程的确认。在代书遗嘱中必须注明立遗嘱的具体日期。

代书遗嘱、打印遗嘱、录音录像遗嘱、口头遗嘱都需要两个以上的见证人在场见证，“以上”包括本数，即这类遗嘱的见证人最少为两人。见证人是指证明遗嘱真实性的第三人。法律之所以认可遗嘱人在没有见证人的情况下亲笔书写的自书遗嘱的有效性，是由于每个人因教育程度、书写习惯等方面的独特性而使得其亲笔书写的遗嘱具有不可复制性，如果日后产生争议还可以通过笔迹鉴定这一手段辨别真伪。代书遗嘱则是通过无利害关系的见证人来佐证遗嘱人的意思表示，以确保遗嘱

---

① 对该条的注释详见附录四第1212页。

人是在自愿状态下作出的真实意思表示,如果日后因该代书遗嘱产生纠纷,可以通过见证人来判断遗嘱的真实性与可靠性。见证人需要符合一定的资格条件,一方面必须要有见证遗嘱真实性的能力,另一方面要有中立性,即与遗嘱的内容没有利害关系。符合资格、数量要求的见证人须在场见证,即必须在场全程参与立遗嘱的过程,不能在事后签个名来代替在场见证。代书人为见证人中的一人,需要符合见证人的资格条件。代书人在代书遗嘱时,只能用亲笔手写的方式,不能运用打印等其他方式。

【编者观点】

主张依代书遗嘱取得遗产的当事人,只需要就该代书遗嘱的存在以及有两个以上见证人在场见证提供证据予以证明。主张代书遗嘱无效的当事人,需要提供证据证明见证人不适格、遗嘱系伪造、遗嘱人受胁迫或欺诈,或者相关签名等形式要件存在瑕疵。

代书人只能按照立遗嘱人的意思表示,记载遗嘱人口述的遗嘱内容,不能对遗嘱内容作出实质性更改。代书遗嘱非由遗嘱人亲笔书写,因此代书人用什么书写方式来记录遗嘱人的意思表示并无区别,代书人亲笔书写和用电脑打字记录的遗嘱均属于代书遗嘱范围。

本条要求代书遗嘱也需要具备遗嘱人签名。有不同观点认为,鉴于现实中许多代书遗嘱是由于遗嘱人不具有书写能力才采取代书遗嘱的方式,且代书遗嘱的设立宗旨是为弥补遗嘱人因疾病、文化程度等原因不能书写,遗嘱人没有书写能力的情况下,要求其亲笔签名才认可遗嘱的效力,反倒有违立法本意。由此,从方便遗嘱人的角度出发,对于遗嘱人,应该认可按指印与签字具有同等效力。但是,对于代书人和见证人,还是应当在每一页都签名。另有裁判观点在遗嘱人不能亲笔书写名字时,认可按手印或盖章作为签名的法律效力。但是相反裁判观点认为,若不存在不能签名的情况,盖章不是有效形式:"本案遗嘱仅盖有遗嘱人的私章,而无签名,加之死者私章一直存放于上诉人处,故难以断定遗嘱上的印章是否为死者亲自加盖。"有法院结合立遗嘱录像,认为遗嘱人在尝试签名失败的情况下,以语言表达认可并以摁手印方式确认代书遗嘱是合理的,符合形式要件。

见证人在场见证,指见证人须全程参与代书遗嘱的订立,以确保遗嘱人口述、代书人代书以及见证人见证在时空上同步。即使遗嘱上有见证人签名,但其未全程参与遗嘱人终意表达、代书人书写、遗嘱人确认签名等过程的,遗嘱因不符合法律规定的在场见证要件而无效。见证人未签名而通过其他形式表明身份的,实践中未绝对否定代书遗嘱效力,有裁判观点认为,虽然见证人未在代书遗嘱上签名,但专门制作了见证书，载明代书遗嘱制作过程，该行为与代书遗嘱手写稿和打印文本中均已明确载明遗嘱人的意思表示相吻合。足以证明该遗嘱是遗嘱人的真实意思表示。另有裁判观点认可，虽然代书人和见证人没有在遗嘱文本上签名，但均在律师见证书上签名，亦能够证明该代书遗嘱形成的过程。

夫妻共同遗嘱的类型与效力

广义的共同遗嘱指二人或多人在同一文件上合立的遗嘱，包括形式意义的和实质意义的共同遗嘱两大类。前者又可以称为同时遗嘱，指二人以上将内容独立的多个遗嘱记载于同一文件，立遗嘱人的意思表示相互独立，内容不产生相互拘束性，一方遗嘱生效与否不影响另一方遗嘱的效力，为多个普通遗嘱的简单集合；后者为狭义的共同遗嘱，核心特征为双方死因处分的关联性，一方因另一方设立特定内容的遗嘱，才相应地作出终意处分。通常又分为四种类型：一为相互指定型，即指定对方为自己的遗嘱继承人，对方也指定自己为遗嘱继承人；二为共同指定型，即共同指定第三人为双方的唯一继承人，这两类又被合称为“相互遗嘱”；三为柏林式遗嘱（Berliner Testament），即相互指定对方为继承人，并约定后死亡一方将遗产留给共同指定的受益人，实践中最为常见；四为“相关遗嘱”，即两份遗嘱虽然形式上独立，但是互以对方内容为条件，一份撤回或失效时，另一份亦失效，一份执行则另一份不得撤回，近于继承契约。

当代各国或地区立法例对共同遗嘱有三种立场。德国和奥地利明确承认夫妻共同遗嘱；法国、日本、意大利明确禁止共同遗嘱；瑞士与我国台湾地区未明确承认或禁止，美国各州的态度也并非一致，部分州承认“共同遗嘱”（joint will）与“互惠遗嘱”（mutual will），英国衡平法院创设了互惠遗嘱，效力相当于在后死亡一方财产权益上创设了一个“推定信托”。近年来，一些国家的禁止立场有所松动，例如西班牙在加利西亚等四个地区试点承认夫妻共同遗嘱获得成功，并通过法定担保等工具降低了共同遗嘱带来的风险。

我国自清末修律以来，《大清民律草案》第1501条及《民国民律草案》第1435条均效仿日本民法，明文规定二人以上不得共立遗嘱。民国时期《中华民国民法》虽删除禁止之文，仍未明确采纳共同遗嘱。1985年《继承法》未规定共同遗嘱，原司法部曾明令禁止公证处办理监护人与被监护人的共同遗嘱公证。直至2000年《遗嘱公证细则》第15条规定：“两个以上的遗嘱人申请办理共同遗嘱公证的，公证处应当引导他们分别设立遗嘱。遗嘱人坚持申请办理共同遗嘱公证的，共同遗嘱中应当明确遗嘱变更、撤销及生效的条件。”视为间接承认了共同遗嘱的效力。

学理上，禁止共同遗嘱的理由多强调共同遗嘱限制了生存配偶遗嘱撤回之自由，终意处分的意愿受到不当影响，共同遗嘱人之意思易生疑义，与夫妻人格各自独立相悖，以及结构复杂难以执行容易发生纠纷。承认共同遗嘱的理由则包括：首先，所有权处分自由不仅体现为生前的财产处分，也应延伸到死后财产的安排。其次，只有分家析产或家庭成员死亡时，个人财产才从家庭或夫妻共有财产中分离出来，尚未析出的个人财产很难通过普通遗嘱预先安排，共同遗嘱可以为此提供解决方案。再次，共同遗嘱契合了我国社会中待父母双亡后再进行遗产分割的习惯传统。最后，共同遗嘱并没有违反强制性规范和公序良俗，否认其效力有违私法自治。在功能层面，共同遗嘱既可以保护配偶利益，如约定任何一方死亡，遗产归属生存配偶；也可以保护子女利益，如约定待双方均去世后财产转归未成年子女继承，还可以达到家庭财产整体性移转的目的，避免继承人之间为争夺遗产引起家庭纠纷。

承认共同遗嘱的立法例通常也仅仅限于夫妻订立的共同遗嘱，以婚姻关系实质存续为前提。若离婚则共同遗嘱的身份、感情以及财产基础皆不复存在，共同遗嘱无实现的可能；若一方已起诉离婚或离婚判决已作出但尚未生效，此时一方死亡视同婚姻关系解除，共同遗嘱失效。限于夫妻订立的原因在于唯有夫妻之间契合设立共同遗嘱所需的信任程度、共同财产以及共同的受益人——子女。除此之外，几乎不可能出现非同一家之人共立遗嘱的情况，父母子女间互立遗嘱也被视为有违伦常。且家产通常向直系卑血亲方向流转，兄弟姐妹共立遗嘱亦相当罕见。

《民法典》第 134 条规定了单方、双方、多方法律行为以及决议行为几种类型。学理上多认为合同、共同行为和决议均属于多方法律行为，遗嘱则是典型的单方法律行为。而共同遗嘱的“共同”二字表征了多个主体之间的“合意”，且各意思表示的效力彼此关联牵制，这与单方法律行为效力不受他人影响的特征不符。鉴于共同遗嘱所具有的表意人身份相同、意思表示内容相同、方向相同等特征，教科书多定性为共同行为，即同方向平行的多个意思表示一致而成立的法律行为。共同行为兼具有多方行为（内部关系）与单方行为（外部关系）的特点，难以简单归类。有学者从外部关系角度，认为立遗嘱人虽为两人，但是无须以被指定的继承人同意为生效要件，因而仍属于单方法律行为。有学者认为需要区分共同遗嘱的类型，共同指定型和柏林式遗嘱中双方追求的利益和目的同一，属于共同行为；而相互指定型遗嘱体现了继承利益的交换性，属于双方法律行为。

法律行为又分为生前行为与死因行为。死因行为即死因处分，指被继承人针对死后遗产作出的安排，在被继承人死亡时生效。继承法上的“处分”不同于处分行为的“处分”，不直接改变权利状况。德国法上的死因处分包括遗嘱、继承合同和放弃继承合同。继承合同与共同遗嘱功能近似，由被继承人与继承人、其他自然人或法人就继承权或受遗赠权利的取得或消灭达成合意，不属于“终意处分”，因此与遗嘱区分开来。继承合同被称为合同是因为相对方需接受被继承人的处分表示（要约），并由此发生约束力，体现出死因处分与合同的双重属性，到底属于单方、双方抑或多方法律行为同样存在争议。单方行为说认为继承合同不同于通常的合同，被继承人死亡时始生效力，相对人无权参与死因处分内容的制定，仅有权无视继承合同即拒绝接受给予。

关于共同遗嘱的生效时间也不统一，相互指定型自一方死亡时生效，其他类型则存在“部分生效”“效力待定”以及“全部生效”等不同观点，有裁判认为共同指定型自双方均死亡时生效，相关遗嘱自一方死亡时部分生效。有学者指出，“部分生效说”的问题在于，共同遗嘱的内容具有整体性和关联性，为何可以仅承认部分效力而否定其他部分？“效力待定说”则无法解释若遗嘱尚未生效，一方死亡后遗产权属如何发生变更，生存配偶是遗产的所有权人还是管理人？“全部生效说”的悖论在于，遗嘱作为死因处分，遗嘱人未全部死亡时，生存配偶的遗嘱内容如何可以生效？综上所述，学理和裁判对于共同遗嘱的法律行为类型以及生效时间皆存在很大争议。

对于共同遗嘱的法律行为类型与生效时间的讨论，应回归到死因处分这一基点。无论共同遗嘱形式上是否记载于一份文件，实质皆为夫妻分别针对自己的遗产所作的死因处分，各方的死因处分只能针对该方自己的遗产。因此，共同遗嘱在内容上是两个独立的单方法律行为。各方死因处分的“关联性”或“相互依存性”则通过“条件”这一法律行为理论中的工具得以实现。简而言之，夫妻共同遗嘱=各方死因处分+条件。如此方可解释，为何禁止共同遗嘱的立法例同样禁止双方在各自遗嘱中设立“互惠性条件”，例如《意大利民法典》第635条规定，若遗嘱人在遗嘱中附加了自己在继承人的遗嘱中享有利益的条件，该遗嘱处分无效。

条件具有的三大功能，在共同遗嘱上皆可得到体现。首先，夫妻可以通过设立条件克服死亡时间相隔的障碍，预见一方死亡后生前配偶的各种行为并作出防范措施，从而将先死亡一方死因处分的生效和效果实际发生在时间上进行分离。其次，通过设立条件可以将一方死因处分的动机纳入法律考量的范围，作为死因行为效果的阀门，不致因为生存配偶无法预料的反常行为而受挫。最后，通过设立条件可以对生存配偶的行为方式施加影响，给予足够的激励保障生存配偶不会任意撤回或变更其自身的死因处分。

学理通常认为，条件可以限制法律行为是否生效。而受到条件限制的其实只是法律行为所欲达到的效果，并非法律行为是否生效本身，条件不属于法律行为的效力要件。条件产生拘束力一方面是因为体现了当事人的意愿，另一方面是因为法律对法律行为已经作出了有效评价。附条件法律行为是否成立和生效，取决于法律行为本身的成立和生效要件是否齐备，与条件并没有关联。附解除条件的法律行为毫无疑问在条件成就前已经生效发生法律效果；附停止条件的法律行为在条件成就之前也已经生效，任何一方均不得任意摆脱“法锁”的束缚，只是未发生由条件控制的某些具体的法律效果。有学者意识到这一问题，解释方案是把条件视为法律行为的特别生效要件，认为符合一般生效要件的法律行为已具有拘束力，条件限制的是法律行为效力的实现。综上所述，在共同遗嘱中，死因处分自该方死亡时便生效，但条件未成就时不发生特定的法律效果。

应区分死因处分与以死亡为条件的法律行为，死因处分是被继承人就其财产所进行的死后始生效力的给予，法律关系于死亡之时才形成；反之，以死亡为条件的法律行为，法律关系已于法律行为实施之时成立，该法律行为可以是生前行为，也可以是死因行为，后者最典型的就是柏林式共同遗嘱，即夫妻一方作出的死因处分上附有另一方死亡为内容的停止条件，死因处分于被继承人死亡时生效，于另一方死亡时产生相应法律效果。简而言之，柏林式共同遗嘱=死因处分+以死亡为条件。

遗嘱可以附解除条件吗？有学者认为，解除条件使法律行为从条件成就时无效，这与继承人可以取得遗产的所有权相违。遗产一旦被收回，再按法定继承重新分配，会耗费太多社会资源，并且使得继承事务过于复杂，因此附解除条件的遗嘱视解除条件不存在。《意大利民法典》第639条为了防止附解除条件的遗嘱在条件成就时的受益人利益无法得到保障，要求条件成就前保有遗产利益的人提供担保。《瑞士民法典》第490条也要求先位继承人在继承遗产时提供担保，否则不得取得遗产。还有一些遗嘱将受益人在不确定时段里不赌博、不酗酒或者继续开展某项公益事业作为获取遗产之条件，若解释为停止条件，则是否成就须受益人死亡时方可确定，导致生前实际上没有取得遗产的可能，因此一些立法例将其解释为解除条件。在美国，法院通常将模棱两可的条件也推定为解除条件。简而言之，共同遗嘱的死因处分若以另一方死亡为解除条件，则死因处分于被继承人死亡时生效并产生法律效果，但效果处于不确定的状态，另一方死亡时解除条件成就，相应法律效果自动终止并恢复至原来的法律状态。

共同遗嘱的实质特征是双方于遗嘱中的意思表示具有关联性。“关联性处分”是对多个死因处分之间关系的描述，“须认为假如没有配偶另一方的处分，配偶一方的处分就不会为之，其中一项处分之无效或被撤回，导致另一项处分不生效力”。依条件理论，关联性处分把双方紧密联系的处分动机这一事实状态，通过“条件”这一私法工具，在法律效果层面相互依存。先死亡一方死因处分的生效，以生存配偶撤回其死因处分为解除条件。

实践中的难点在于条件是否存在即关联性处分的认定。共同遗嘱并非必须载于同一文件，共同遗嘱中可能包含双方多个死因处分，有的构成关联性处分，有的属于单独处分，关联性处分不生效力并不影响其他单独处分的效力。所附条件也未必在遗嘱内容中得以明示，需要进行意思表示解释来确认条件的存在。意思表示解释时，应根据具体情况认定遗嘱涉及的各方利益状态与身份关系，这一过程更多依赖社会生活经验而非形式逻辑推演。《德国民法典》第2270条第2款对关联性认定作了解释性规定，“夫妻因立遗嘱而互受利益，或夫妻之一方受他方之给予，而生存配偶对受遗赠人所为遗赠之处分，乃有利于先行死亡配偶之血亲或其他亲近之人者，于有疑义时，应认为其处分相互间，有相互牵连之关系”。

首先，在相互指定型遗嘱中，夫妻各自的死因处分互相使对方受益，存在关联性无须赘言。夫妻各自的死因处分被视为附解除条件，条件内容是本方死亡前配偶撤回遗嘱。若一方死亡时配偶未撤回，则解除条件不可能成就，先死亡一方的死因处分发生永久的法律效果，遗产由生存配偶继承。对于配偶的死因处分而言，因为继承人先于配偶即被继承人死亡，则配偶的死因处分无法生效。如果配偶未订立新的遗嘱，依《民法典》第1154条，配偶死亡时遗产依法定继承处理。

其次，在柏林式共同遗嘱中，考察对象是配偶甲指定配偶乙为继承人或先位继承人这一死因处分，与配偶乙指定子女丙为最终受益人这一死因处分之间是否具有关联性。第一种情形，若子女丙为双方共同生育，则两个处分成立单向关联性，假设配偶乙不指定子女丙为最终受益人，则甲也不会指定配偶乙为先位继承人，反之则否。第二种情形，若丙为甲前婚所生子女，则甲指定配偶乙为继承人和乙指定丙为最终受益人之间具有关联性。依生活经验可以想象，若乙不同意指定丙为最终受益人，则先死亡的甲很大概率会将至少部分遗产交由丙直接继承，而不会指定乙为唯一继承人。第三种情形，若丙为甲前婚所生子女，先死亡的配偶乙指定甲为继承人和甲指定丙为最终受益人这两个行为之间是否构成关联性，取决于丙和继父母乙是否构成《德国民法典》第2270条中的“亲近关系”。德国学理界定何为“亲近关系”非常严格，一般的熟人朋友关系尚不适格，须达到类似近亲属的程度。我国继承法中，若丙与继父母乙之间存在扶养关系或通过收养形成养父母子女关系，法律评价等同于亲父母子女，乙给丙留有遗产符合人之常情，可以认定甲乙两个行为之间具备关联性；若乙和丙没有往来、关系生疏，则甲指定丙为最终受益人与乙并无利益关联，不具备关联性，乙先死亡后，甲可以不受共同遗嘱约束而撤回自己的死因处分或另行指定他人继承。

依条件理论，柏林式遗嘱中关联性处分可以视为附有两个停止条件和解除条件，借以控制两个阶段不同的法律效果。停止条件一的内容是自己先于配偶死亡，条件成就时遗产由生存配偶继承；停止条件二的内容是配偶先于共同指定的最终受益人死亡，条件成就时遗产转由最终受益人继承；解除条件的内容是生存配偶生前撤回关联性处分，条件成就时，先死亡一方关联性处分的法律效果终止，先死亡一方的遗产重新按法定继承处理。

最后，在共同指定型遗嘱中，夫妻的死因处分指向相同的第三方，夫妻之间没有因各自死因处分而存在利益往来，除非双方明确表示以对方不撤回死因处分为解除条件，否则推定为各自处分不具备关联性。例如夫妻共同指定子女为继承人，父母把遗产给子女继承本是家庭人伦关系的常态，无法断定一方改变想法不让子女继承时，也会导致另一方将子女排除出继承人范围。德国学理便认为，指定子女为继承人的处分之间不成立关联性。因此一方死亡后，配偶可任意撤回自己的死因处分。简而言之，共同指定型遗嘱不符合关联性认定，不属于实质意义的共同遗嘱。

原《继承法》第 20 条第 1 款规定："遗嘱人可以撤销、变更自己所立的遗嘱。"此处的"撤销"实为"撤回"，《民法典》第 1142 条改采"撤回"这一术语。"撤回"与"撤销"是两种消灭已发出的意思表示的方式，"撤回"针对未生效的意思表示，意义在于阻止意思表示生效。因为意思表示尚未生效，对他人权益尚未造成影响，因此表意人可以任意撤回以实现意思自由。遗嘱作为死因处分，立遗嘱人死亡时才生效，因此以自由撤回为原则，撤回不需要特别理由，此乃遗嘱自由应有之义。若新旧遗嘱内容上相互矛盾，旧遗嘱也视为被撤回。

"撤销"针对已生效的意思表示，相对人已产生信赖利益，表意人受其拘束不得随意撤销。但是为了保障意思的自由和真实，赋予表意人在意思表示瑕疵等法定撤销事由下的撤销权，同时为了保护善意相对人的信赖利益，赋予其损害赔偿请求权以平衡双方利益。第 1143 条将受欺诈、胁迫的遗嘱效力直接规定为无效，但缺乏重大误解订立遗嘱的效力规定。订立遗嘱时若存在重大误解，可类推适用总则编第 147 条重大误解的一般规定，只是撤销权人不可能是"行为人"即立遗嘱人，而是遗嘱撤销后的直接受益人。

订立共同遗嘱的夫妻均在世时，各自死因处分尚未生效，可以协商一致明示撤回或变更共同遗嘱，或者以新的共同遗嘱替代之。一方也可以单方撤回或变更共同遗嘱中己方的死因处分，通知另一方即可，无须另一方同意。另一方可以选择维持或更改死因处分，可能因此造成信赖利益损失，例如因订立共同遗嘱而做了准备工作，则有权要求撤回方损害赔偿。夫妻一方死亡后，需要区分生存配偶的死因处分中，哪些是单独处分，哪些是关联性处分。单独处分可以任意撤回，关联性处分能否撤回？

共同遗嘱中一方的撤回自由须与另一方的信赖利益进行协调。其中信赖利益体现为继承人的指定和遗产分配的方案。学理上认为，共同遗嘱的变更撤回具有非自由性，基于先死亡方的信赖利益，关联性处分实际上具有类似合同约束力的特殊性质，生存配偶原则上不得撤回遗嘱，《德国民法典》第2271条第2款采纳了这一做法。即使生存配偶在数十年间想法和生活状况发生重大变化，亦不得修改其处分。但是关联性处分的约束力不是绝对的，为了避免对生存配偶限制过于严苛，可以基于法定事由如意思表示瑕疵（动机错误或内容错误）主张撤销，或者以放弃接受继承为代价免受共同遗嘱约束。司法裁判中，多数观点肯定生存配偶有权撤回或变更共同遗嘱中涉及自己所有的财产的内容。

夫妻可以预先约定放弃遗嘱撤回权吗？裁判观点倾向于认可遗嘱不可撤回的约定，或者只有双方才可以撤回或变更的约定。《德国民法典》第2302条规定了不可限制的遗嘱自由，立遗嘱人不得预先放弃撤回权，单方表示还是合同约定放弃的均属无效。这种确立最后意思的自由是不可让渡的，它不仅能够平缓对死亡的焦虑，应当保留给每个人直至生命最后一刻，同时也是一件隐秘的武器，帮助年老者维系其社会关系和情感。正是这种包含意志和情感的人格利益，决定了遗嘱自由不可事先放弃。

编者认为，协调共同遗嘱中的撤回自由与信赖利益，并非必须采取禁止撤回的方案。例如一方死亡后，生存配偶在世期间可能因各种途径获得大量财产，很难认为死亡一方对于这些财产存在信赖利益，任何情况下都对生存配偶施以严格的处分限制未必具有实质合理性。另外，遗嘱撤回权是遗嘱自由的重要内容，禁止撤回这种严苛的限制需要立法层面有明确规范，在《民法典》未明文规定共同遗嘱时，仍应遵循《民法典》第1142条的自由撤回原则。对先死亡一方的利益，通过撤回关联性处分的法律效果层面进行保护。依条件理论，关联性处分通过条件在法律效果上相互依存，先死亡一方死因处分的生效，以生存配偶撤回自己的死因处分为解除条件。因此，当生存配偶撤回自己的死因处分时，解除条件成就，先死亡方关联性处分的法律效果自动终止，恢复到死亡前的法律状态。此时先死亡一方在无共同遗嘱情形下如何分配遗产的真实意愿已无法探寻，适用于多数情形且结果大致公平的法定继承成为唯一替代方案。因此针对先死亡一方的遗产，有溯及力地适用法定继承。生存配偶对先死亡一方遗产标的已经作出的处分，转化为无权处分。

各国皆把遗嘱作为法定要式行为，以形式强制实现警告功能、澄清功能以及证据功能，最大限度保证遗嘱体现了立遗嘱人的真实意思。鉴于《民法典》并未把共同遗嘱作为独立的遗嘱形式，因此需要逐一检视共同遗嘱是否符合各法定遗嘱形式的要件。有学者认为，共同遗嘱可以采取公证、自书、代书、录音、口头等各种法定形式订立。有学者认为，共同遗嘱只能采用自书、代书和公证三种形式。

我国实践中，共同遗嘱多采公证或者自书遗嘱形式。依《遗嘱公证细则》第 15 条第 1 款："两个以上的遗嘱人申请办理共同遗嘱公证的，公证处应当引导他们分别设立遗嘱。"言外之意是分立于不同文件的遗嘱不被视为共同遗嘱，同时第 2 款又认可了以公证形式在同一文件上订立的夫妻共同遗嘱。问题在于，共同遗嘱与分立的个人遗嘱在关联性、撤回和变更等方面存在质的差别，公证处引导夫妻分立遗嘱，事实上违背了夫妻共同订立遗嘱的意愿。夫妻一同前往公证处订立遗嘱，无论是被引导分别设立遗嘱还是坚持共同订立遗嘱，仅仅是形式上的差别，不影响双方死因处分具备关联性这一核心要义。因此只要夫妻一同前往公证处办理遗嘱公证，充分表达了共同订立遗嘱的意愿，内容一致或具备关联性，无论形式上是共立还是分立，皆应当认定为采取公证遗嘱形式设立的共同遗嘱。

自书形式的共同遗嘱多采取一方书写、另一方签名或盖章的做法，订立过程中可能没有见证人、存在一名见证人或者两名以上见证人等不同情况。我国台湾地区不承认共同遗嘱，认为书写遗嘱一方符合自书遗嘱形式而有效，签字盖章一方不符合自书遗嘱形式而无效。我国大陆裁判的惯常做法也是将共同遗嘱拆分为两份个人遗嘱，书写遗嘱一方通常成立有效的自书遗嘱；签字盖章一方能否成立有效的代书遗嘱，取决于订立过程是否满足两个以上见证人等形式要求。

另有裁判观点没有"借壳"代书遗嘱，而是直接承认了共同遗嘱是一种合法的遗嘱形式。2015 年一起继承纠纷中，一审法院认定一方为自书遗嘱，另一方为代书遗嘱，二审法院则认为遗嘱是夫妻基于共同意思表示对共同财产的处分，以共同遗嘱不违反强制性规定为由承认其效力。2013 年一起继承纠纷中，法院也认为一方书写遗嘱内容、另一方签字确认的遗嘱形式合法，不适用代书遗嘱规定，直接认定为有效的共同遗嘱。有法官建议为保障共同遗嘱反映双方的真实意思，应采取签字盖章一方写明"以上遗嘱确属本人真实意思表示"等确认词后再签字的做法。

北京高院发布的《关于审理继承纠纷案件若干疑难问题的解答》第 19 条规定，"以夫妻双方名义共同订立的处理夫妻共同财产的遗嘱，符合遗嘱形式要件的应为有效。当事人仅以遗嘱内容为一方书写，不符合代书遗嘱相关形式要件为由请求认定遗嘱无效的，人民法院不予支持”。该解答并未承认独立的自书共同遗嘱，而是采纳了将共同遗嘱分拆为自书遗嘱与代书遗嘱的方案，维持了遗嘱形式强制的要求，同时对代书遗嘱的要件采取了更宽松的态度，使多数共同遗嘱被认定有效，疏值赞同。

除了公证、自书与代书三种形式，第1136—1138条规定，录音录像遗嘱、打印遗嘱与危急情形下的口头遗嘱均需要两个见证人在场等要件。编者认为，只要共同遗嘱满足了打印遗嘱形式规定的要件，没有理由与自书、代书形式作区分处理，应认同打印的共同遗嘱的效力。对于录音录像遗嘱而言，一方面，遗嘱人在口头语言表达上是否清楚明确无法保证，另一方面，当一方作为主陈述人而另一方仅表示同意时，另一方的同意能否认定为双方合意很难判断，为法院在夫妻意思表示一致的认定上增加了难度，例如2016年一起夫妻共同遗嘱纠纷中，北京市西城区法院与二中院对录音形式的遗嘱效力认定便不相同。因此应当排除录音录像形式的共同遗嘱。口头遗嘱中见证人是否了解共同遗嘱的法律特点、是否知晓夫妻双方关联性处分的意思表示，实践中可能难以把握，从而导致事后对夫妻双方真实意思的解释困难，也应予以排除。

【地方法院规范】

1.《北京市高级人民法院关于审理继承纠纷案件若干疑难问题的解答》(2018年)

19. 共同遗嘱能否认定有效？在世一方能否单方撤销、变更共同遗嘱？

以夫妻双方名义共同订立的处理夫妻共同财产的遗嘱，符合遗嘱形式要件的应为有效。当事人仅以遗嘱内容为一方书写，不符合代书遗嘱相关形式要件为由请求认定遗嘱无效的，人民法院不予支持。

夫妻一方先死亡的，在世一方有权撤销、变更遗嘱中涉及其财产部分的内容；但该共同遗嘱中存在不可分割的共同意思表示，上述撤销、变更遗嘱行为违背该共同意思表示的除外。

2.《江苏省高级人民法院关于审理婚姻家庭纠纷案件的最新解答》(2019年)

51. 如何认定共同遗嘱的生效时间？在共同遗嘱人一方死亡的情况下，生存方能否变更、撤销遗嘱？

共同遗嘱，为两个或者两个以上遗嘱人共同设立一份遗嘱，司法实践中最为常见的是夫妻共同遗嘱。共同遗嘱的生效时间可区分以下情形确定：

(1)共同遗嘱人互为继承人，即互相指定对方为继承人，一方死亡时遗嘱生效，生存一方的遗嘱内容即失效；

(2)共同指定第三人为继承人，此

类遗嘱必须在共同遗嘱人均死亡的情况下遗嘱才生效;

(3)相互指定对方为继承人,并指定遗产最终由第三人继承,此类遗嘱的生效时间分两个阶段:共同遗嘱人之一死亡,相互继承的遗嘱内容生效,生存一方依据遗嘱取得遗产;当最后一个遗嘱人死亡,遗嘱全部生效,第三人依据遗嘱取得财产。

在共同遗嘱人生存期间,可以通过共同意思表示变更、撤销遗嘱。

共同遗嘱人一方先死亡的,生存方仅可变更、撤销涉及其个人财产部分的遗嘱内容,但遗嘱内容不可分割、变更、撤销行为违背共同遗嘱人共同意思表示的除外。

针对第三款另一种观点:共同遗嘱的内容相互制约、相互关联,具有严格的内在整体性和变更、撤销的非自由性。共同遗嘱人一方先死亡的,生存方不得变更、撤销遗嘱。

【法院参考案例】

1. 钱某甲诉钱某乙等继承案——代书遗嘱形式存在瑕疵时的效力认定(《中国法院2023年度案例·婚姻家庭与继承纠纷》)

【基本案情】

钱某大与朱某仙系夫妻,先后生育五个儿子、两个女儿,分别为长子钱某清、次子钱某某、三子钱某乙、四子钱某甲、五子钱某戊、长女钱某英、次女钱某丁。钱某某终身未婚未育,生前立有代书遗嘱,将位于大松坟头1号的房屋交由钱某甲继承。戴某余作为代书人,潘某良作为见证人在代书遗嘱上签字。大松坟头1号房屋拆迁安置得无锡市惠山区501室、无锡市惠山区502室、无锡市惠山区904室共计3套安置房。其后,8名继承人因房屋继承产生纠纷,钱某甲诉至法院请求按照代书遗嘱内容继承相关房屋。

庭审中,戴某余陈述,其与钱某某系同一生产队的,2002年5月10日,钱某某叫其至大松坟头1号房屋内代书遗嘱,由钱某某口述遗嘱,其进行记录,其写好遗嘱后交给钱某某签字,再由潘某良签字。潘某良陈述,其与钱某某系同一生产队的,当时钱某某身体不好,他说想把房子给钱某甲,想找戴某余写个纸头,让其签个字作为证据,后来有一天钱某某将其叫至大松坟头1号房屋,其到场时戴某余在写,遗嘱基本已经写好,未听到钱某某本人口述遗嘱内容,但看到戴某余和钱某某在遗嘱上签字,其看遗嘱内容与钱某某之前说过的要把房子给钱某甲一致,遂亦在遗嘱上签字,钱某甲当时也在场。钱某某生前与钱某甲一起生活,晚年的医疗费由钱某甲承担,丧葬事宜由钱某甲操办。

【裁判要旨】

江苏省无锡市惠山区人民法院经审理认为:代书遗嘱应当有两个以上见证人在场见证,由其中一人代书,注明年、月、日,并由代书人、其他见证人和遗嘱人签名。从形式上看,代书遗嘱并未要求立遗嘱人、代书人及见证人必须摁手印,也未要求立遗嘱人、代书人、见证人均注明年、月、日。被告认为,钱某某有能力自书遗嘱,无须代书遗嘱,遗嘱上的签字由 3 支笔形成不合常理,遗嘱在钱某某去世多年后才出现,故而遗嘱无效,均系被告主观推断,本院不予采信。被告认为代书遗嘱系钱某某被迫签字,未提交证据证明,本院不予采信。关于代书遗嘱不符合时空一致性要求的抗辩,本院认为,在立遗嘱之前,钱某某已向潘某良告知要将房屋留给钱某甲,潘某良虽未听到钱某某口述遗嘱内容,但亲眼见证了戴某余、钱某某在遗嘱上签字,也确认过遗嘱的内容与钱某某之前的意思表示一致,代书人、见证人均为钱某某同一生产队的乡邻,并非律师,在遗嘱见证的过程中虽有瑕疵,但将房屋交由钱某甲继承确系钱某某真实意思表示。两位证人虽然对立遗嘱的地点及在场人的陈述不一致,但考虑到立遗嘱至今已近 20 年,记忆可能会出现偏差,两位证人的陈述并未出现重大矛盾,故本院认为证人的证言可以采信。被告申请对遗嘱上钱某某的笔迹真伪进行鉴定,而根据钱某乙的陈述,被告所提供的比对样本原件持有人亦认可遗嘱上钱某某的签字系本人所签,因被告无法提供样本原件导致鉴定被退回,应由被告自行承担相应的举证不能的法律后果。被告不认可遗嘱的形成时间,未提交证据,本院对其抗辩不予采信。根据两位证人的证言,再结合钱某某生前与钱某甲共同生活,晚年由钱某甲照顾并垫付医疗费、操办丧事,钱某某将遗产留给钱某甲具有合理性,故本院认为钱某某所立代书遗嘱系其真实意思表示,该代书遗嘱有效。根据该代书遗嘱,大松坟头 1 号房屋由钱某甲继承,故大松坟头 1 号房屋拆迁安置所得 3 套安置房亦应由钱某甲继承。

江苏省无锡市惠山区人民法院依照《继承法》第 3 条、第 5 条、第 16 条、第 17 条第 3 款,《民法典时间效力规定》第 1 条第 2 款,《民事诉讼法》第 64 条第 1 款、第 144 条之规定,判决如下:(1)无锡市惠山区 501 室、无锡市惠山区 502 室、无锡市惠山区 904 室房屋归钱某甲所有;(2)钱某乙等于本判决生效之日起 10 日内协助钱某甲办理上述房屋的不动产权证至钱某甲名下。

2. 严某诉姚某甲等遗赠、物权确认纠纷案——境外遗嘱的法律适用与效力认定(人民法院案例库 2023-10-2-032-002)

【裁判要旨】

一、境外遗嘱的法律适用

在继承法律关系中,产生、变更或消灭民事关系的法律事实发生在国外,为涉外民事关系,应当依照《涉外民事关系法律适用法》确定案件应当适用的准据法。该法第 32 条规定,遗嘱方式,符合遗嘱人立遗嘱时或者死亡时经常居所地法律、国籍国法律或者遗嘱行为地法律的，遗嘱均为成立；第 33 条规定，遗嘱效力适用遗嘱人立遗嘱时或者死亡时经常居所地法律或者国籍国法律。该法对涉外民事关系中遗嘱方式、遗嘱效力的法律适用有明确规定，应当适用该规定而不应采用最密切联系原则去适用法律。

二、境外遗嘱的效力认定

我国继承法虽未对共同遗嘱作出明文规定，但只要该共同遗嘱的订立不违反我国法律的禁止性规定，具备遗嘱的形式要件和实质要件，应认定为有效。当事人如在中国境内依据在国外订立的遗嘱主张相关权利，还必须符合中国的法律法规。在国外订立的遗嘱不违反我国的公序良俗，也不损害国家、集体、个人利益的，应认定遗嘱有效。

【基本案情】

法院经审理查明：被告姚某甲与蒋某共生育四个女儿，即姚某乙、姚某丙、姚某丁、姚某戊。被告王某、展某、陈某分别是姚某甲的女婿与外孙子女。蒋某于 2000 年 4 月 8 日在上海报死亡，姚某乙于 2004 年 11 月 8 日 10 时 30 分在德国朗根（黑森）去世。

原告严某与被继承人姚某乙曾于 1975 年在上海市静安区登记结婚，婚后未生育。1987 年原告赴德国探亲，后姚某乙亦前往德国。约 1989 年，原告办理了巴拉圭移民手续。1992 年，原告与姚某乙在巴拉圭亚松森市当地法院离婚。后姚某乙与 E 办理了结婚登记。1994 年 1 月 8 日，原告与姚某乙在德国法兰克福市进行了遗产继承公证："公证员为法兰克福市汉某，公证办理地点为法兰克福市雷帝考街××号，参与公证的第一当事人严某（具有巴拉圭国籍），第二当事人姚某乙（具有中国国籍），双方当事人均未育有子女，也未曾收养子女。公证员向双方当事人指出，公证员不了解巴拉圭与中国继承法的相关规定，双方当事人声明：如有一切后果公证员不承担任何责任；以下协议在形式和内容上完全以德国继承法规定为准。在公证过程中，公证员认定遗嘱人具有独立的民事行为能力。双方当事人的德语水平均足以参与公证过程，无须要求证人或翻译到场。双方当事人向公证员口头声明如下：我们共同缔结以下的遗产继承协议。1. 我们相互把对方指定为各自唯一的遗产继承人。2. 我们两人中寿命较长的一方可于在世期间或临终之时自由处理其自有财产以及其从另一方处所获的遗产。3. 若我们双方同时亡故或者在同一事件中短时间内先后亡故，且双方均未对遗产做出安排决定的，则我们双方的遗产均按照德国法律规定的继承顺序进行处理。这种情况下，我们各自的遗产应由各自的父母继承，若父母一方不在世的，由其后裔或者我们各自的兄弟姐妹代位继承。即便在上述情况下，姚某乙的丈夫不得继承遗产。4. 我们双方均保留作废此遗产继承协议的权利。一方作废本遗产继承协议须进行公证,并当面向另一方进行声明。5. 本遗产继承协议应交法兰克福市地方法院保管。我们双方此前已要求公证处向我们出具协议副本。此外,公证处也留存协议副本一份。6. 我们双方的遗产净值申报为17万德国马克。”2001年,德国向姚某乙颁发护照,此时姚某乙已获准加入德国籍。

2000年2月25日,被告姚某甲与案外人董某签订公有住房差价交换合同,通过公有住房差价交换的形式,被告姚某甲取得了系争房屋的使用权,合同记载:系争房屋的调入方户名为姚某甲,同住人为蒋某、姚某乙。原、被告庭审中确认,实际是通过买卖取得系争房屋使用权,支付对价为25万元。2000年7月6日,以姚某甲、姚某乙的名义办理了系争房屋公有住房出售手续,购买公房产权时使用了姚某甲的工龄优惠,支付价款20828元。2000年10月26日,系争房屋登记为姚某甲与姚某乙共同共有。原、被告审理中确认,姚某乙在系争房屋差价交换、购买售后产权时,人均在国外,国内户籍注销,交易材料中的身份证不是姚某乙合法持有证件,签名、盖章均不是姚某乙本人所为。

2000年4月蒋某去世时,姚某乙曾回国奔丧。2003年8月,原告与姚某乙曾回上海探亲,在上海停留一段时间。2004年11月8日10时30分(德国当地时间),姚某乙因病在德国朗根(黑森)去世,德国死亡证明记载死者配偶是德国老人E(已故)。同月13日,姚某丁在上海代原告办理了墓穴认购手续,认购上海福寿园双穴墓地。2005年1月3日,原告回到上海与姚某乙的家人共同办理了姚某乙的落葬事宜。同年3月10日,德国法兰克福的A向被告姚某甲邮寄了一封信。原告称因提出房屋过户之事,被告姚某甲要求原告提供姚某乙死亡证,故原告委托德国老人E的女儿从德国寄到上海。被告姚某甲否认有同意办理产权过户的说法。2005年4月4日,原告书写收条1份,内容为:本人收到姚某乙在2000年交爸爸姚某甲人民币16万元整。原告陈述,被告在给付该款时扣除了购买墓穴的4万元,实际收到12万元。

2005年6月10日,被告之间签订了1份《上海市房地产买卖合同》,出卖人写为被告姚某甲、姚某乙,买受人为被告王某、展某、陈某,双方同意以70万元价款转让系争房屋权利。合同及转让材料中姚某乙的身份证明、签名、图章应均为伪造。同月26日,系争房屋被核准登记为被告王某、展某、陈某共同共有。审理中,被告王某、展某、陈某未能提供已实际给付70万元的凭证。2006年7月19日,原告回到上海重新进行户籍登记。2012年7月11日,原告在向房屋登记部门查询系争房屋产权信息时发现系争房屋产权发生了变更,认为自己的权益受到侵犯,故向法院提起诉讼。

【裁判结果】

上海市静安区人民法院于2013年12月20日作出(2013)静民三(民)初字第22号民事判决:(1)被告姚某甲、王某、展某、陈某就上海市静安区系争房屋签订的《上海市房地产买卖合同》无效;(2)上海市静安区系争房屋产权归原告严某与被告姚某甲共同共有,被告姚某甲、王某、展某、陈某应于本判决生效之日起10日内配合原告严某办理上述房屋的产权过户手续,产生的相关税费按国家规定承担。宣判后,被告姚某甲、王某、展某、陈某均不服一审判决,提出上诉。上海市第二中级人民法院于2014年4月16日作出(2014)沪二中民一(民)终字第294号民事判决:驳回上诉,维持原判。

【裁判理由】

法院生效裁判认为,本案的争议焦点为:(1)法律适用问题;(2)原告是否是姚某乙遗产的合法继承人;(3)系争房屋权利的归属。

针对争议焦点一,本案所涉的继承法律关系,产生、变更或消灭民事关系的法律事实发生在国外,为涉外民事关系,应当依照《涉外民事关系法律适用法》确定本案的法律适用。该法第2条第2款规定,本法和其他法律对涉外民事关系法律适用没有规定的,适用与该涉外民事关系有最密切联系的法律;第32条规定,遗嘱方式,符合遗嘱人立遗嘱时或者死亡时经常居所地法律、国籍国法律或者遗嘱行为地法律的,遗嘱均为成立;第33条规定,遗嘱效力适用遗嘱人立遗嘱时或者死亡时经常居所地法律或者国籍国法律。遗嘱人姚某乙立遗嘱时国籍为中国籍,原告现向法院提起诉讼,并主张适用中国法律,法院可以适用中国法律认定遗嘱是否成立及遗嘱的效力。

针对争议焦点二,原告与姚某乙订立的《继承遗产协议》是一份共同遗嘱,我国《继承法》虽未对共同遗嘱作出明文规定,但只要该共同遗嘱的订立不违反我国法律的禁止性规定,具备遗嘱的形式要件和实质要件,应可认定为有效。从形式要件上看,原告与姚某乙采用法律许可的公证方式订立共同遗嘱,从实质要件上看,公证员认定遗嘱人具有独立的民事行为能力,德语水平足以参与公证过程,并亲自向公证员表述了协议内容,遗嘱内容处分的为原告与姚某乙个人的合法财产,且《继承遗产协议》订立之后原告或姚某乙均未对协议声明过作废,因此该《继承遗产协议》应为有效。在《继承遗产协议》中,原告与姚某乙相互以对方为自己遗产的唯一继承人,该共同遗嘱属于相互遗嘱。相互遗嘱中一个遗嘱人死亡,另一遗嘱人尚健在时,应当确认已经死亡的遗嘱人所作的意思表示生效,尚健在的遗嘱人所作的意思表示失效。原告与姚某乙在订立协议时,已没有夫妻关系,不是彼此的法定继承人,两人通过共同遗嘱的方式,将各自的遗产赠与法定继承人以外的继承人,我国《继承法》中规定该行为为遗赠。从协议表述内容应认定双方所作的遗赠为概括遗赠,即到立遗嘱的任何一方去世时,他的所有财产由另一方继承,不限于双方立协议时申报的财产,立协议之后获得的个人财产也应包括在内。我国《继承法》规定,受遗赠人应当在知道受遗赠后两个月内,作出接受或者放弃受遗赠的表示。但在本案的共同遗嘱中,立遗嘱却是一种双方的民事行为,共同遗嘱的成立乃是原告与姚某乙双方共同合意的结果,原告与姚某乙订立共同遗嘱、领取公证书的行为,应视为两人在获知受对方遗赠的同时即明确作出了接受遗赠的表示。之后,原告与姚某乙长期保管着公证遗嘱,原告对姚某乙生病期间的照料、原告在姚某乙去世后购买墓地、送姚某乙骨灰回国落葬等行为,都是接受遗赠意思表示外在的持续行为。原告称回国办理完丧事后亦提出过房产过户事宜,被告姚某甲要求原告提供姚某乙的死亡证明,故才有德国的A给被告姚某甲寄来信件的说法,考量寄信的时间、地点及被告姚某甲对信件未能给出更合理解释等因素,法院认为原告的说法有一定可信度。故法院认为,原告在姚某乙作出遗赠决定时及姚某乙去世前后都以自己的行为表示了接受遗赠,原告应是姚某乙本案所涉遗产的合法继承人。

针对争议焦点三,办理系争房屋购买手续时姚某乙在国外,交易中提交的材料存在瑕疵,但却能表明被告姚某甲对于登记姚某乙成为共有产权人是明知而且追求的(否则不必采取提交瑕疵材料的方式实施),原告提交的姚某乙所保管系争房屋原产权证复印件,也可推知姚某乙生前即知晓且同意系争房屋的产权共有情况,因此系争房屋由被告姚某甲、姚某乙共同共有系双方真实意思表示,在此前提下,交易材料虽有瑕疵,仍应根据不动产物权登记公信原则,确定在姚某乙去世前,被告姚某甲、姚某乙为系争房屋的合法权利人。原告应是姚某乙遗产的合法继承人,原告在姚某乙去世时即应成为系争房屋的权利人,原告对系争房屋物权主张权利,不受诉讼时效的限制;原告虽然不是系争房屋买卖合同的相对方,但其作为系争房屋权利人,在权利受到侵犯的情况下,可以起诉主张四被告间的房屋买卖合同无效,要求确定房屋权利归属。再次,系争房屋买卖合同列姚某乙为出售人,而此时姚某乙已去世,合同中姚某乙的签名系伪造,纵观整个事件处理过程,被告姚某甲与姚某乙的姐妹们对于原告为姚某乙遗产的继承人应当是知晓的,四被告采取冒用姚某乙名义的方式进行变更登记且未支付相应价款,故四被告的行为应认定为恶意串通,损害原告的利益,根据《合同法》的规定应认定为无效。

第一千一百三十六条　【打印遗嘱】打印遗嘱应当有两个以上见证人在场见证。遗嘱人和见证人应当在遗嘱每一页签名，注明年、月、日。

【立法·要点释义】

《民法典》将打印遗嘱规定为一种新的法定遗嘱形式。打印遗嘱实质上是一种书面遗嘱，遗嘱内容以数据电文形式存储在计算机等设备上的不构成遗嘱，遗嘱人须将遗嘱内容通过打印机等从电子数据形式转换为书面形式。打印遗嘱既可以由遗嘱人自己编辑、打印，也可以由遗嘱人表述遗嘱内容，他人代为编辑、打印，由于打印的文字缺乏与个人特征的关联性，仅凭打印的遗嘱内容难以判断打印遗嘱的具体制作人。因此，对于打印遗嘱区分是遗嘱人自己打印还是他人代为打印意义不大。即使是遗嘱人自己编辑和打印的体现其真实意思表示的遗嘱，也可能被他人通过技术手段篡改，尤其是在遗嘱有多页时，页面容易被替换。因此，打印遗嘱需要有更加严格的形式要件，要求有两个以上见证人在场见证、在遗嘱的每一页由遗嘱人和见证人签名。如果遗嘱人、见证人只在遗嘱最后一页签名，没有在每一页签名，则不能认定打印遗嘱有效。

【编者观点】

打印遗嘱的见证人应全程见证录入和打印两个环节，仅录入而未打印的，即使存在电子签名亦不符合打印遗嘱的要件。打印遗嘱不存在可供鉴定的笔迹，伪造较为容易，故在签名要件上更为严苛，遗嘱人和见证人应在打印遗嘱的每页单独签名，并注明年、月、日，日期的注明亦应书写而非打印。

【司法解释】

《最高人民法院关于适用〈中华人民共和国民法典〉时间效力的若干规定》（法释〔2020〕15 号，2021 年 1 月 1 日施行）

第十五条　民法典施行前，遗嘱人以打印方式立的遗嘱，当事人对该遗嘱效力发生争议的，适用民法典第一千一百三十六条的规定，但是遗产已经在民法典施行前处理完毕的除外。

【地方法院规范】

《北京市高级人民法院关于审理继承纠纷案件若干疑难问题的解答》（2018 年）

18. 打印遗嘱的性质与效力？

继承案件中当事人以打印遗嘱系被继承人自己制作为由请求确认打印遗嘱为有效自书遗嘱的，人民法院不予支持。但确有达到排除合理怀疑程度的证据表明打印遗嘱由被继承人全程制作完成,并具备自书遗嘱形式要件的,可认定为有效自书遗嘱。

打印遗嘱由被继承人以外的人制作的,应符合法律规定的代书遗嘱形式要件。

【法院参考案例】

刘某起与刘某海、刘某霞、刘某华遗嘱继承纠纷案[《人民法院贯彻实施民法典典型案例(第二批)》案例十三,最高人民法院 2023 年 1 月 12 日]

【典型意义】

《民法典》顺应时代的变化,回应人民群众的新需要,将打印遗嘱新增规定为法定遗嘱形式。本案依据打印遗嘱规则,准确认定打印遗嘱的成立和生效要件,明确打印人的不同不影响打印遗嘱的认定。打印遗嘱应当有两个以上见证人在场见证,否则不符合法律规定的形式要件,应认定打印遗嘱无效。本案有利于推动打印遗嘱规则在司法实践中的正确适用,有利于践行《民法典》的新增亮点规定,对于依法维护老年人的遗嘱权益,保障继承权的行使具有重要意义。

【基本案情】

刘某海、刘某起系刘某与张某的子女。张某和刘某分别于 2010 年与 2018 年死亡。刘某起持有《遗嘱》1 份,为打印件,加盖有立遗嘱人张某人名章和手印,另见证人处有律师祁某、陈某的署名文字。刘某起称该《遗嘱》系见证人根据张某意思在外打印。刘某起还提供视频录像对上述遗嘱订立过程予以佐证,但录像内容显示张某仅在 1 名见证人宣读遗嘱内容后,在该见证人协助下加盖人名章、捺手印。依刘某起申请,一审法院分别向两位见证人邮寄相关出庭材料,1 份被退回,1 份虽被签收但见证人未出庭作证。刘某海亦持有打印《遗嘱》1 份,主张为刘某的见证遗嘱,落款处签署有“刘某”姓名及日期“2013 年 12 月 11 日”并捺印,另有见证律师李某、高某署名及日期。刘某订立遗嘱的过程有视频录像作为佐证。视频录像主要显示刘某在两名律师见证下签署了遗嘱。此外,作为见证人之一的律师高某出庭接受了质询,证明其与律师李某共同见证刘某订立遗嘱的过程。

【裁判结果】

生效裁判认为,刘某起提交的《遗嘱》为打印形成,应认定为打印遗嘱而非代书遗嘱。在其他继承人对该遗嘱真实性有异议的情况下,刘某起提交的遗嘱上虽有两名见证人署名,但相应录像视频并未反映见证过程全貌,且录像视频仅显示 1 名见证人,经法院多次释明及向《遗嘱》记载的两位见证人邮寄出庭通知书,见证人均未出庭证实《遗嘱》真实性,据此对该份《遗嘱》的效力不予认定。刘某海提交的《遗嘱》符合打印遗嘱的形式要件,亦有证据证明见证人全程在场见证,应认定为有效。

第一千一百三十七条　【录音录像遗嘱】以录音录像形式立的遗嘱，应当有两个以上见证人在场见证。遗嘱人和见证人应当在录音录像中记录其姓名或者肖像，以及年、月、日。

【原《继承法》条文】

第十七条第四款　以录音形式立的遗嘱，应当有两个以上见证人在场见证。

【修改说明】

增加规定：录音录像遗嘱应当记录遗嘱人和见证人的姓名或肖像，以及年、月、日。

【立法·要点释义】

《民法典》将《继承法》中的录音遗嘱修改为录音录像遗嘱。录音遗嘱是遗嘱人口述遗嘱内容并用录音的方式记录而成的遗嘱，录像遗嘱是遗嘱人表达遗嘱内容并用录像的方式记录而成的遗嘱。随着社会经济的发展以及手机、摄像机等电子设备视频拍摄功能的普及，以录像形式记录事件的方式得到了越来越多的运用，用录像形式制作而成的音像资料，比起单纯的音频资料能够更加直观地表达所记录的内容。遗嘱人以录像形式立遗嘱，可以更全面地反映其真实意思表示。

在特殊情况下无法用口述方式的，例如遗嘱人为聋哑人的，可以通过打手语的方式表达遗嘱内容。无论采用哪种形式，遗嘱人在录音录像遗嘱中都应该亲自表达遗嘱内容，不能由他人转述。

鉴于录音录像遗嘱容易被人通过剪辑等技术处理伪造或者篡改，录音录像遗嘱应当有两个以上的见证人在场见证，参加录音录像遗嘱制作的全过程。由于录音录像遗嘱不是书面遗嘱，遗嘱人和见证人无法签名，因此在录音遗嘱中，遗嘱人和见证人应当在录音中用口述的方式分别记录其姓名，表明遗嘱人与见证人的身份，并体现见证人在场见证；在录像遗嘱中，遗嘱人和见证人应当在录像中展示其肖像，在记录肖像的同时，遗嘱人和见证人也可以用口述或者其他方式表明其姓名，这样可以通过视频画面得知遗嘱人与见证人的身份、遗嘱人立遗嘱与见证人在场见证的过程。遗嘱人和见证人应当在录音录像的过程中用口述或者其他方式表明遗嘱设立的时间。

【编者观点】

本条除增设录像遗嘱形式外，还强化了要件要求，规定见证人亦应在录音录像中记录其姓名或肖像以及年、月、日。对于录音遗嘱而言，遗嘱人及见证人应口述其姓名;对于录像遗嘱,见证人应在录像中记录其肖像。虽然见证人不一定全程出现在录音录像中,但必须在场见证其制作,以确保其时空一致性。录音录像可由遗嘱人本人进行,亦可由见证人或第三人进行。录音录像遗嘱的制作应当连续、完整,不得嗣后剪辑、拼接或进行其他加工制作。有裁判观点认为,无法提供录音资料原件或录音资料系剪辑过的复制件,不是原始证据,遗嘱无效;鉴定意见显示,录像带4处时间点视频与音频有不连续现象,录像带不是不间断、连续、同步全程录像,不能作为录音录像遗嘱;表达遗产分配意愿的谈话记录不符合法律规定的录音遗嘱形式要件,不属于录音遗嘱。

见证人应将记载遗嘱的音像制品封存,遗嘱人、见证人在封存好的录音、录像遗嘱的封口上签名并注明年、月、日。被继承人死亡后,录音、录像遗嘱应当在见证人、继承人、受遗赠人以及其他利害关系人都到场的情况下当众启封,由遗嘱执行人当众播放。"录音、录像遗嘱"证据可以同诉讼法中的"视听资料"证据形式相对应。

应当区分录音录像遗嘱和公证遗嘱。《遗嘱公证细则》第16条规定,公证人员与年老体弱、患有危重病或间歇性精神病、患弱智或聋、哑、盲的遗嘱人谈话时应当录音录像。在实践中,公证机构可能会将录音、录像作为公证核实并取得民事证据的重要手段。但是公证遗嘱的设立中进行的录音、录像,无论在程序、形式要件以及法律效力上均不同于录音、录像遗嘱。

【司法解释】

《最高人民法院关于民事诉讼证据的若干规定》(法释〔2019〕19号,2020年5月1日施行)

第十五条 当事人以视听资料作为证据的,应当提供存储该视听资料的原始载体。

当事人以电子数据作为证据的,应当提供原件。电子数据的制作者制作的与原件一致的副本,或者直接来源于电子数据的打印件或其他可以显示、识别的输出介质,视为电子数据的原件。

第九十三条 人民法院对于电子数据的真实性,应当结合下列因素综合判断:

(一)电子数据的生成、存储、传输所依赖的计算机系统的硬件、软件环境是否完整、可靠;

(二)电子数据的生成、存储、传输所依赖的计算机系统的硬件、软件环境是否处于正常运行状态,或者不处于正常运行状态时对电子数据的生成、存储、传输是否有影响;

(三)电子数据的生成、存储、传输所依赖的计算机系统的硬件、软件环境是否具备有效的防止出错的监测、核查手段;

(四)电子数据是否被完整地保

存、传输、提取,保存、传输、提取的方法是否可靠;

(五)电子数据是否在正常的往来活动中形成和存储;

(六)保存、传输、提取电子数据的主体是否适当;

(七)影响电子数据完整性和可靠性的其他因素。

人民法院认为有必要的,可以通过鉴定或者勘验等方法,审查判断电子数据的真实性。

第九十四条　电子数据存在下列情形的,人民法院可以确认其真实性,但有足以反驳的相反证据的除外:

(一)由当事人提交或者保管的于己不利的电子数据;

(二)由记录和保存电子数据的中立第三方平台提供或者确认的;

(三)在正常业务活动中形成的;

(四)以档案管理方式保管的;

(五)以当事人约定的方式保存、传输、提取的。

电子数据的内容经公证机关公证的,人民法院应当确认其真实性,但有相反证据足以推翻的除外。

【法院参考案例】

杨甲等诉杨戊、杨己继承案——不符合法定形式要件的录像遗嘱应属无效①(《中国法院 2023 年度案例·婚姻家庭与继承纠纷》)

【基本案情】

位于顺义区牛山镇北京维尼纶厂生活区×楼×门××号房屋(以下简称诉争房屋)登记于杨某和名下,系杨某和的福利分房,该房屋属于棚户区改造土地开发项目范围。杨某和与赵某系夫妻关系,杨某和 2007 年去世,赵某 2020 年去世。二人育有六个子女:长女杨甲,次女杨乙,三女杨己,长子杨丙,次子杨丁,三子杨戊。因杨某和已故,2018 年 7 月,征收人(甲方)与被征收人赵某、六原被告(乙方)签订了征收补偿协议及补充协议。杨戊作为乙方的委托代理人代为办理补偿协议相关事宜并领取了款项。原告杨甲、杨乙、杨丙、杨丁因继承纠纷起诉被告杨戊、杨己,四原告要求继承杨某和、赵某遗留下拆迁补偿款 520 万元,因拆迁款被杨戊领取,要求杨戊支付四原告每人 86.66 万元及利息。

诉讼中,杨戊不同意返还四原告应当继承的补偿款,并提交 2018 年视听资料,证明其母赵某立遗嘱明确将涉案房屋及财产留给杨戊继承。该视听资料,为杨戊录制的视频,长达 40 余分钟。

【案件焦点】

(1)赵某是否订立遗嘱对遗产进

---

①　相反观点参见王某新、王某霞诉王某全等继承案(《中国法院 2023 年度案例·婚姻家庭与继承纠纷》),轻微瑕疵不影响遗嘱效力。——编者注

行分配;(2)该遗嘱是否属于录像遗嘱,是否有效。

【裁判要旨】

北京市顺义区人民法院经审理认为:赵某是否订立遗嘱对遗产进行分配应从以下三个方面考虑。

1. 被继承人订立遗嘱方式的审查。本案中,被告杨戊提交1份2018年录制的视听资料,其主要录像内容记录被继承人去世后如何分配遗产,该种方式虽然在《继承法》中并未规定,但按照法律精神适用《民法典》的规定更有利于保护民事主体合法权益,有利于弘扬社会主义核心价值观的应适用《民法典》,故根据《民法典》第1137条的规定,该案中的遗嘱属于录像立遗嘱的方式。

2. 判断录像遗嘱的效力。遗嘱是否具有法律效力,最关键的一点是符合法定的形式要件,录像遗嘱应当有两个以上见证人在场见证。遗嘱人和见证人应当在录音录像中记录其姓名或者肖像,以及年、月、日,见证人亦要符合《民法典》规定。该录像内容遗嘱人和见证人均没有在遗嘱中口述姓名和日期,虽然提交的在场邻居签字的声明中包含签字和日期,但录像遗嘱应当是在录像中口述姓名和日期,所以该录像遗嘱不符合法定形式要件;另外,本案整个视频过程均是在见证人于某花的询问下进行的聊天形式的对话,整个聊天过程中继承人之一的杨戊一直参与谈话,与遗嘱只能由遗嘱人自己独立自主地做出,不能由他人的意思辅助或者代理的法律要求相悖。综上,案涉录像遗嘱应属无效。

3. 录像遗嘱无效后遗产分配的确定。本案中,诉争房屋拆迁转化的补偿款系杨某和、赵某夫妻共同财产转化为的遗产,杨某和去世前未立遗嘱,杨某和的遗产应当法定继承,赵某无权对杨某和的遗产进行处理。原、被告六人系二人子女,属于同一顺序继承人,应按照法定继承原则处理。综上,判决如下:(1)被告杨戊于本判决生效之日起7日内支付原告杨甲、杨乙、杨丙、杨丁及被告杨己每人80万元及利息(以80万元为基数,自2021年3月2日起至实际付清之日止,按照全国银行间同业拆借中心公布的贷款市场报价利率的标准计算);(2)驳回原告杨甲、杨乙、杨丙、杨丁的其他诉讼请求。

杨戊不服,提起上诉。北京市第三中级人民法院同意一审法院裁判意见,判决如下:驳回上诉,维持原判。

第一千一百三十八条　【口头遗嘱】遗嘱人在危急情况下,可以立口头遗嘱。口头遗嘱应当有两个以上见证人在场见证。危急情况消除后,遗嘱人能够以书面或者录音录像形式立遗嘱的,所立的口头遗嘱无效。

【立法·要点释义】

口头遗嘱,是指遗嘱人用口述的方式表达其处分遗产的意思表示的遗嘱形式。在一些危急情况下,遗嘱人来不及或者没有条件立其他形式的遗嘱时,口头遗嘱成为满足遗嘱人立遗嘱愿望的可行的遗嘱形式。危急情况主要是指遗嘱人生命垂危或者遇到了重大灾害或者意外等紧急情况,随时有生命危险而来不及或者没有条件立其他形式的遗嘱。在非危急情况下设立的口头遗嘱无效。口头遗嘱由于没有记录的载体,因此需要有两个以上见证人在场见证,不要求口头遗嘱须作成书面形式或者录音录像形式,也不要求遗嘱人和见证人签名,注明年、月、日等。

处在危急情况中的遗嘱人在立口头遗嘱后死亡的,口头遗嘱即发生法律效力。考虑到口头遗嘱的内容完全依靠见证人的表述证明,准确性与证明力低,容易发生纠纷,在危急情况消除后,遗嘱人在世并且能够以其他形式立遗嘱的,口头遗嘱失效。如果遗嘱人没有另立其他形式的遗嘱而死亡的,视为被继承人未立遗嘱,其遗产按法定继承的方式分配。

【编者说明】

本条把立口头遗嘱限于危急情况,对于何为“危急情况”,立法规定不明确。危急情况是指遗嘱人处在生命垂危或其他紧急情况下,已无法采用其他形式设立遗嘱,包括但不限于遗嘱人因自然灾害、意外事故、重病急病、海难或空难等致生命有危险,或者其他特殊情形,如不以遗嘱人生命危急为前提而发生的交通、通信阻断(因飓风、地震、洪水、罢工等)、传染病、战争或与外界隔绝等情况。

有的口头遗嘱没有制作笔录,继承开始后,几个见证人或因时间久远无法完整回忆,或因故意作伪证,对于遗嘱的内容复述存在矛盾,易引起继承纠纷。为尽可能确保口头遗嘱真实有效,有观点建议设立口头遗嘱应制作笔录,并在将来确立口头遗嘱检验规则。依《民事诉讼证据规定》第 86 条第 1 款,当事人对口头遗嘱事实的证明标准较“高度盖然性标准”更为严格。

《民法典》编纂过程中,草案曾规定,“危急情况解除后,遗嘱人能够用书面或者录音录像形式立遗嘱的,所立的口头遗嘱经过三个月无效”。最终,《民法典》未明确规定口头遗嘱失效的具体时间。我国司法实践中,遗嘱人能否以其他方式设立遗嘱,由法院具体确认。如果当事人对口头遗嘱没有争议,不发生继承纠纷,法律没有必要追究口头遗嘱的效力;如果发生纠纷,则应由主张遗嘱有效的人证明遗嘱人不能另立遗嘱。法院可以综合考察相关情形,确定合理期间。

【司法解释】

1.《最高人民法院关于适用〈中华人民共和国民事诉讼法〉的解释》（法释〔2022〕11号修正，2022年4月10日施行）

第一百零九条 当事人对欺诈、胁迫、恶意串通事实的证明，以及对口头遗嘱或者赠与事实的证明，人民法院确信该待证事实存在的可能性能够排除合理怀疑的，应当认定该事实存在。

2.《最高人民法院关于民事诉讼证据的若干规定》（法释〔2019〕19号修正，2020年5月1日施行）

第八十六条 当事人对于欺诈、胁迫、恶意串通事实的证明，以及对于口头遗嘱或赠与事实的证明，人民法院确信该待证事实存在的可能性能够排除合理怀疑的，应当认定该事实存在。

与诉讼保全、回避等程序事项有关的事实，人民法院结合当事人的说明及相关证据，认为有关事实存在的可能性较大的，可以认定该事实存在。

第一千一百三十九条 【公证遗嘱】公证遗嘱由遗嘱人经公证机构办理。

【立法·要点释义】

公证遗嘱的有效成立，除了需要遵守本法关于遗嘱效力的规定以外，还需要遵守我国有关公证的法律规定。公证遗嘱必须由遗嘱人本人亲自办理，不得委托他人办理。遗嘱人办理遗嘱公证时，应当亲自到住所地或者遗嘱行为发生地的公证处提出申请。遗嘱人亲自到公证处有困难的，可以书面或者口头形式请求有管辖权的公证处指派公证人员到其住所或者临时处所办理。公证遗嘱应当由两名公证人员共同办理，由其中1名公证员在公证书上署名。因特殊情况由1名公证员办理时，应当有1名见证人在场，见证人应当在遗嘱和笔录上签名。遗嘱人在办理公证遗嘱时，应当向公证机关提供书面遗嘱或者向公证机关表述遗嘱内容。

公证人员在办理遗嘱公证时，要依法对遗嘱人立遗嘱行为的真实性、合法性予以审查，审查的内容包括：遗嘱人是否具有完全民事行为能力，遗嘱人的意思表示是否真实，遗嘱的内容是否完备、文字表述是否准确，遗嘱内容是否违反法律规定和社会公共利益，遗嘱的签名、制作日期是否齐全以及办理公证的程序是否符合规定等。公证遗嘱采用打印形式。遗嘱人根据遗嘱原稿核对后，应当在打印的公证遗嘱上签名、盖章或者按手印。

【编者观点】

公证遗嘱有严谨的设立程序，须符合《公证法》《遗嘱公证细则》和《公证程序规则》的规定。当事人需要向公证机构提出申请、提交遗嘱处分的财产情况、提交遗嘱手稿等材料。公证人员在审查完材料认为可以受理此项公证后，要对当事人提供的遗嘱手稿或者草稿进行打印，当事人对遗嘱内容进行确认后在打印遗嘱上签名，由其中1名公证员在公证书上署名；因特殊情况由1名公证员办理时，应当有1名见证人在场，见证人应当在遗嘱和笔录上签名。办理公证的人员须符合时空一致性要求，全程亲自办理，不得由其他人代为办理。在遗嘱公证办理完毕后，公证机构出具给当事人的是打印遗嘱与公证证词粘贴在一起的公证书。为确保遗嘱系遗嘱人真实意思，遗嘱人应同时在相应文书上签名（包括有修改、补充的遗嘱草稿，遗嘱人提供的遗嘱，公证申请表，公证人员代为起草的遗嘱，谈话笔录，打印的公证遗嘱等）。签名存在困难时，可以盖章或捺印等方式替代。

公证遗嘱的目的是对遗嘱制作行为的真实性、合法性的确认和证明，而非对于遗嘱内容的真实性、合法性的确认和证明。因此公证机关只应进行形式审查，主要是审查遗嘱人是否具有完全民事行为能力，遗嘱内容是否系遗嘱人的真实意思表示，以及遗嘱文字是否合法且表达是否容易有歧义，而不能对遗嘱具体内容如财产权属状况等进行实质审查。原因在于，遗嘱内容是否有效在立遗嘱人死亡时才能确定，遗嘱设立时尚无法确定，如是否无权处分，是否保留必留份只能以遗嘱生效时为标准判断；如果要求把遗嘱内容审查清楚再予办证，也会延误办理遗嘱公证的时间；审查遗嘱内容也不符合公证工作的保密原则，导致遗嘱人处分其死后财产的意愿难以实现。对于公证机关是否需要审查遗嘱内容违法背俗则存在争议。

公证遗嘱存在形式程序瑕疵的，如办理公证遗嘱过程中虽未进行录音录像、公证谈话笔录无公证人员签字、公证书原稿无签发人签字、未提取立遗嘱人指纹等，有裁判观点认为不能因为公证形式上存在瑕疵而否定该遗嘱为真实意思表示，认定遗嘱有效；或者经复查公证机构作出撤销决定的，满足遗嘱要件的，视为遗嘱未公证。

【相关立法】

《中华人民共和国公证法》（2017年修正，2018年1月1日施行）

第二条　公证是公证机构根据自然人、法人或者其他组织的申请，依照法定程序对民事法律行为、有法律意义的事实和文书的真实性、合法性予以证明的活动。

第六条　公证机构是依法设立，不

以营利为目的,依法独立行使公证职能、承担民事责任的证明机构。

第十一条　根据自然人、法人或者其他组织的申请,公证机构办理下列公证事项:

(一)合同;

(二)继承;

(三)委托、声明、赠与、遗嘱;

(四)财产分割;

(五)招标投标、拍卖;

(六)婚姻状况、亲属关系、收养关系;

(七)出生、生存、死亡、身份、经历、学历、学位、职务、职称、有无违法犯罪记录;

(八)公司章程;

(九)保全证据;

(十)文书上的签名、印鉴、日期,文书的副本、影印本与原本相符;

(十一)自然人、法人或者其他组织自愿申请办理的其他公证事项。

法律、行政法规规定应当公证的事项,有关自然人、法人或者其他组织应当向公证机构申请办理公证。

第十二条　根据自然人、法人或者其他组织的申请,公证机构可以办理下列事务:

(一)法律、行政法规规定由公证机构登记的事务;

(二)提存;

(三)保管遗嘱、遗产或者其他与公证事项有关的财产、物品、文书;

(四)代写与公证事项有关的法律事务文书;

(五)提供公证法律咨询。

第二十五条　自然人、法人或者其他组织申请办理公证,可以向住所地、经常居住地、行为地或者事实发生地的公证机构提出。

申请办理涉及不动产的公证,应当向不动产所在地的公证机构提出;申请办理涉及不动产的委托、声明、赠与、遗嘱的公证,可以适用前款规定。

第二十六条　自然人、法人或者其他组织可以委托他人办理公证,但遗嘱、生存、收养关系等应当由本人办理公证的除外。

第三十六条　经公证的民事法律行为、有法律意义的事实和文书,应当作为认定事实的根据,但有相反证据足以推翻该项公证的除外。

第三十九条　当事人、公证事项的利害关系人认为公证书有错误的,可以向出具该公证书的公证机构提出复查。公证书的内容违法或者与事实不符的,公证机构应当撤销该公证书并予以公告,该公证书自始无效;公证书有其他错误的,公证机构应当予以更正。

【司法解释】

《最高人民法院关于民事诉讼证据的若干规定》(法释〔2019〕19号修正,2020年5月1日施行)

第十条　下列事实,当事人无须举证证明:

（一）自然规律以及定理、定律；

（二）众所周知的事实；

（三）根据法律规定推定的事实；

（四）根据已知的事实和日常生活经验法则推定出的另一事实；

（五）已为仲裁机构的生效裁决所确认的事实；

（六）已为人民法院发生法律效力的裁判所确认的基本事实；

（七）已为有效公证文书所证明的事实。

前款第二项至第五项事实，当事人有相反证据足以反驳的除外；第六项、第七项事实，当事人有相反证据足以推翻的除外。

【部门参考文件】

1.《遗嘱公证细则》（司法部令第 57 号，2000 年 7 月 1 日）

第三条　遗嘱公证是公证处按法定程序证明遗嘱人设立遗嘱行为真实、合法的活动。经公证证明的遗嘱为公证遗嘱。

第四条　遗嘱公证由遗嘱人住所地或者遗嘱行为发生地公证处管辖。

第五条　遗嘱人申办遗嘱公证应当亲自到公证处提出申请。

遗嘱人亲自到公证处有困难的，可以书面或者口头形式请求有管辖权的公证处指派公证人员到其住所或者临时处所办理。

第六条　遗嘱公证应当由两名公证人员共同办理，由其中一名公证员在公证书上署名。因特殊情况由一名公证员办理时，应当有一名见证人在场，见证人应当在遗嘱和笔录上签名。

见证人、遗嘱代书人适用《中华人民共和国继承法》第十八条①的规定。

第七条　申办遗嘱公证，遗嘱人应当填写公证申请表，并提交下列证件和材料：

（一）居民身份证或者其他身份证件；

（二）遗嘱涉及的不动产、交通工具或者其他有产权凭证的财产的产权证明；

（三）公证人员认为应当提交的其他材料。

遗嘱人填写申请表确有困难的，可由公证人员代为填写，遗嘱人应当在申请表上签名。

第八条　对于属于本公证处管辖，并符合前条规定的申请，公证处应当受理。

对于不符合前款规定的申请，公证处应当在三日内作出不予受理的决定，并通知申请人。

第九条　公证人员具有《公证程序规则（试行）》第十条规定情形的，应当自行回避，遗嘱人有权申请公证人员回避。

第十条　公证人员应当向遗嘱人

---

① 对应《民法典》第 1140 条。——编者注

讲解我国《民法通则》、《继承法》中有关遗嘱和公民财产处分权利的规定，以及公证遗嘱的意义和法律后果。

第十一条 公证处应当按照《公证程序规则（试行）》第二十三条的规定进行审查，并着重审查遗嘱人的身份及意思表示是否真实、有无受胁迫或者受欺骗等情况。

第十二条 公证人员询问遗嘱人，除见证人、翻译人员外，其他人员一般不得在场。公证人员应当按照《公证程序规则（试行）》第二十四条的规定制作谈话笔录。谈话笔录应当着重记录下列内容：

（一）遗嘱人的身体状况、精神状况；遗嘱人系老年人、间歇性精神病人、危重伤病人的，还应当记录其对事物的识别、反应能力；

（二）遗嘱人家庭成员情况，包括其配偶、子女、父母及与其共同生活人员的基本情况；

（三）遗嘱所处分财产的情况，是否属于遗嘱人个人所有，以前是否曾以遗嘱或者遗赠扶养协议等方式进行过处分，有无已设立担保、已被查封、扣押等限制所有权的情况；

（四）遗嘱人所提供的遗嘱或者遗嘱草稿的形成时间、地点和过程，是自书还是代书，是否本人的真实意愿，有无修改、补充，对遗产的处分是否附有条件；代书人的情况，遗嘱或者遗嘱草稿上的签名、盖章或者手印是否其本人所为；

（五）遗嘱人未提供遗嘱或者遗嘱草稿的，应当详细记录其处分遗产的意思表示；

（六）是否指定遗嘱执行人及遗嘱执行人的基本情况；

（七）公证人员认为应当询问的其他内容。

谈话笔录应当当场向遗嘱人宣读或者由遗嘱人阅读，遗嘱人无异议后，遗嘱人、公证人员、见证人应当在笔录上签名。

第十三条 遗嘱应当包括以下内容：

（一）遗嘱人的姓名、性别、出生日期、住址；

（二）遗嘱处分的财产状况（名称、数量、所在地点以及是否共有、抵押等）；

（三）对财产和其他事务的具体处理意见；

（四）有遗嘱执行人的，应当写明执行人姓名、性别、年龄、住址等；

（五）遗嘱制作的日期以及遗嘱人的签名。

遗嘱中一般不得包括与处分财产及处理死亡后事宜无关的其他内容。

第十四条 遗嘱人提供的遗嘱，无修改、补充的，遗嘱人应当在公证人员面前确认遗嘱内容、签名及签署日期属实。

遗嘱人提供的遗嘱或者遗嘱草稿，有修改、补充的，经整理、誊清后，应当交遗嘱人核对，并由其签名。

遗嘱人未提供遗嘱或者遗嘱草稿的,公证人员可以根据遗嘱人的意思表示代为起草遗嘱。公证人员代拟的遗嘱,应当交遗嘱人核对,并由其签名。

以上情况应当记入谈话笔录。

第十五条 两个以上的遗嘱人申请办理共同遗嘱公证的,公证处应当引导他们分别设立遗嘱。

遗嘱人坚持申请办理共同遗嘱公证的,共同遗嘱中应当明确遗嘱变更、撤销及生效的条件。

第十六条 公证人员发现有下列情形之一的,公证人员在与遗嘱人谈话时应当录音或者录像:

(一)遗嘱人年老体弱;

(二)遗嘱人为危重伤病人;

(三)遗嘱人为聋、哑、盲人;

(四)遗嘱人为间歇性精神病患者、弱智者。

第十七条 对于符合下列条件的,公证处应当出具公证书:

(一)遗嘱人身份属实,具有完全民事行为能力;

(二)遗嘱人意思表示真实;

(三)遗嘱人证明或者保证所处分的财产是其个人财产;

(四)遗嘱内容不违反法律规定和社会公共利益,内容完备,文字表述准确,签名、制作日期齐全;

(五)办证程序符合规定。

不符合前款规定条件的,应当拒绝公证。

第十八条 公证遗嘱采用打印形式。遗嘱人根据遗嘱原稿核对后,应当在打印的公证遗嘱上签名。

遗嘱人不会签名或者签名有困难的,可以盖章方式代替在申请表、笔录和遗嘱上的签名;遗嘱人既不能签字又无印章的,应当以按手印方式代替签名或者盖章。

有前款规定情形的,公证人员应当在笔录中注明。以按手印代替签名或者盖章的,公证人员应当提取遗嘱人全部的指纹存档。

第十九条 公证处审批人批准遗嘱公证书之前,遗嘱人死亡或者丧失行为能力的,公证处应当终止办理遗嘱公证。

遗嘱人提供或者公证人员代书、录制的遗嘱,符合代书遗嘱条件或者经承办公证人员见证符合自书、录音、口头遗嘱条件的,公证处可以将该遗嘱发给遗嘱受益人,并将其复印件存入终止公证的档案。

公证处审批人批准之后,遗嘱人死亡或者丧失行为能力的,公证处应当完成公证遗嘱的制作。遗嘱人无法在打印的公证遗嘱上签名的,可依符合第十七条规定的遗嘱原稿的复印件制作公证遗嘱,遗嘱原稿留公证处存档。

第二十条 公证处可根据《中华人民共和国公证暂行条例》规定保管公证遗嘱或者自书遗嘱、代书遗嘱、录音遗嘱;也可根据国际惯例保管密封遗嘱。

第二十一条 遗嘱公证卷应当列为密卷保存。遗嘱人死亡后,转为普通卷保存。

公证遗嘱生效前，遗嘱卷宗不得对外借阅，公证人员亦不得对外透露遗嘱内容。

第二十二条 公证遗嘱生效前，非经遗嘱人申请并履行公证程序，不得撤销或者变更公证遗嘱。

遗嘱人申请撤销或者变更公证遗嘱的程序适用本规定。

第二十三条 公证遗嘱生效后，与继承权益相关的人员有确凿证据证明公证遗嘱部分违法的，公证处应当予以调查核实；经调查核实，公证遗嘱部分内容确属违法的，公证处应当撤销对公证遗嘱中违法部分的公证证明。

第二十四条 因公证人员过错造成错证的，公证处应当承担赔偿责任。有关公证赔偿的规定，另行制定。

2.《公证程序规则》（司法部令第145号，2020年修正，2021年1月1日）

第十一条 当事人可以委托他人代理申办公证，但申办遗嘱、遗赠扶养协议、赠与、认领亲子、收养关系、解除收养关系、生存状况、委托、声明、保证及其他与自然人人身有密切关系的公证事项，应当由其本人亲自申办。

公证员、公证机构的其他工作人员不得代理当事人在本公证机构申办公证。

第十二条 居住在香港、澳门、台湾地区的当事人，委托他人代理申办涉及继承、财产权益处分、人身关系变更等重要公证事项的，其授权委托书应当经其居住地的公证人（机构）公证，或者经司法部指定的机构、人员证明。

居住在国外的当事人，委托他人代理申办前款规定的重要公证事项的，其授权委托书应当经其居住地的公证人（机构）、我驻外使（领）馆公证。

第十四条 公证事项由当事人住所地、经常居住地、行为地或者事实发生地的公证机构受理。

涉及不动产的公证事项，由不动产所在地的公证机构受理；涉及不动产的委托、声明、赠与、遗嘱的公证事项，可以适用前款规定。

第五十三条 公证机构办理遗嘱公证，应当由二人共同办理。承办公证员应当全程亲自办理，并对遗嘱人订立遗嘱的过程录音录像。

特殊情况下只能由一名公证员办理时，应当请一名见证人在场，见证人应当在询问笔录上签名或者盖章。

公证机构办理遗嘱公证，应当查询全国公证管理系统。出具公证书的，应当于出具当日录入办理信息。

第六十条 公证案卷应当根据公证事项的类别、内容，划分为普通卷、密卷，分类归档保存。

公证案卷应当根据公证事项的类别、用途及其证据价值确定保管期限。保管期限分短期、长期、永久三种。

涉及国家秘密、遗嘱的公证事项，列为密卷。立遗嘱人死亡后，遗嘱公证案卷转为普通卷保存。

公证机构内部对公证事项的讨论意见和有关请示、批复等材料，应当装订成副卷，与正卷一起保存。

3. 中国公证协会《办理继承公证的指导意见》（2009年10月22日）

第一条　为了规范公证机构办理继承公证事项，根据《中华人民共和国民法通则》、《中华人民共和国继承法》、《中华人民共和国公证法》、《公证程序规则》和有关法律、法规、规章以及《中国公证协会专业委员会业务规则制定程序》的规定，制定本指导意见。

第二条　当事人可以就继承被继承人某项遗产向公证机构申请办理继承公证，也可以就继承被继承人数项遗产一并向公证机构申请办理继承公证。

二个以上当事人继承同一遗产的，应当共同向一个公证机构提出公证申请。

第三条　当事人申请办理继承公证，应当提交下列材料：

（一）当事人的身份证件；

（二）被继承人的死亡证明；

（三）全部法定继承人的基本情况及与被继承人的亲属关系证明；

（四）其他继承人已经死亡的，应当提交其死亡证明和其全部法定继承人的亲属关系证明；

（五）继承记名财产的，应当提交财产权属（权利）凭证原件；

（六）被继承人生前有遗嘱或者遗赠扶养协议的，应当提交其全部遗嘱或者遗赠扶养协议原件；

（七）被继承人生前与配偶有夫妻财产约定的，应当提交书面约定协议；

（八）继承人中有放弃继承的，应当提交其作出放弃继承表示的声明书；

（九）委托他人代理申办公证的，应当提交经公证的委托书；

（十）监护人代理申办公证的，应当提交监护资格证明。

本条所称"死亡证明"，是指医疗机构出具的死亡证明；公安机关出具的死亡证明或者注明了死亡日期的注销户口证明；人民法院宣告死亡的判决书；死亡公证书。

本条所称"亲属关系证明"，是指被继承人或者继承人档案所在单位的人事部门出具的证明继承人与被继承人之间具有亲属关系的证明；基层人民政府出具的证明继承人与被继承人之间具有亲属关系的证明；公安机关出具的证明继承人与被继承人之间具有亲属关系的证明；能够证明相关亲属关系的婚姻登记证明、收养登记证明、出生医学证明和公证书。

第四条　当事人有合理理由无法提交本指导意见第三条规定的死亡证明或者亲属关系证明的，应当提交二件以上足以证明相关死亡事实或者相关亲属关系的其他证明材料。

当事人有合理理由无法提交财产权属（权利）凭证原件的，应当提交财产权属（权利）凭证制发部门出具的其他证明材料。

第五条　公证机构办理继承公证，除需要按照《公证程序规则》规定的事项进行审查外，还应当重点审查下列事项：

（一）当事人的身份是否属实；

（二）当事人与被继承人的亲属关系是否属实；

（三）被继承人有无其他继承人；

（四）被继承人和已经死亡的继承人的死亡事实是否属实；

（五）被继承人生前有无遗嘱或者遗赠扶养协议；

（六）申请继承的遗产是否属于被继承人个人所有。

第六条　对当事人提交的符合本指导意见第三条规定的材料，公证机构除需要按照《公证程序规则》的规定进行审查外，还应当采用下列方式对亲属关系证明、死亡证明和财产权属（权利）凭证原件进行重点核实：

（一）对亲属关系证明，应当向出具证明材料的单位核实；

（二）对死亡证明和财产权属（权利）凭证原件进行审查后有疑义的，应当向出具证明材料的单位核实。

第七条　对当事人提交的符合本指导意见第四条规定的其他证明材料，公证机构应当按照《公证程序规则》的规定，根据不同情况采用适当的方式进行审查。对证明相关死亡事实或者相关亲属关系的证明材料，公证机构应当向出具证明材料的单位或者个人核实。证明材料经核实，应当能够互相印证且能够共同证明被继承人或者其他继承人的死亡事实或者相关亲属关系。

第八条　公证机构办理继承公证，应当询问当事人并制作询问笔录。询问笔录除需要按照《公证程序规则》的规定应当载明的内容外，还应当载明下列内容：

（一）被继承人死亡的时间、地点、原因；

（二）被继承人生前工作单位、住址、婚姻状况；

（三）申请继承的遗产的来源、取得时间、权属及基本状况；

（四）被继承人全部法定继承人（包括尽了主要赡养义务的丧偶儿媳或者女婿）的姓名、性别、与被继承人的亲属关系、工作单位、住址。法定继承人已经死亡的，应当载明死亡的时间；

（五）在继承人以外有无依靠被继承人扶养的缺乏劳动能力又没有生活来源的人或者对被继承人扶养较多的人，有无需要为其保留遗产份额的胎儿；

（六）被继承人生前有无遗嘱或者遗赠扶养协议，有几份；

（七）继承人中有无表示放弃继承的。

第九条　公证机构办理继承公证，除需要按照《公证程序规则》的规定向当事人进行告知外，还应当重点告知下列内容：

（一）当事人隐瞒、遗漏继承人（包括有权分得适当遗产的其他人）的，或者隐瞒、遗漏被继承人遗嘱（遗赠扶养协议）的，应当承担相应的法律责任；

（二）继承遗产的，应当在继承遗产实际价值内清偿被继承人依法应当缴纳的税款和债务；

（三）遗嘱（遗赠扶养协议）附有义务的，继承人（受遗赠人）应当履行义务。

第十条　当事人申请办理继承金额（数量）不明的银行卡（证券资金账户）内钱款（证券）公证的，公证机构应当告知其先申请办理用途为查询卡（户）内金额（数量）的亲属关系公证，待金额（数量）确定后，公证机构可以为其办理继承公证。

当事人申请办理继承存放在银行保管箱内物品公证的，公证机构应当告知其先申请办理用途为查询保管箱内物品的亲属关系公证和开启保管箱清点物品的保全证据公证，待保管箱内属于被继承人所有的物品的种类和数量确定后，公证机构可以为其办理继承公证。

第十一条　当事人依照《中华人民共和国保险法》第四十二条的规定申请办理继承被继承人死亡保险金公证的，公证机构应当依照《中华人民共和国继承法》及本指导意见的有关规定为其办理继承公证。

第十二条　当事人申请办理继承有限责任公司股权公证的，公证机构应当告知其《中华人民共和国公司法》第七十六条①的规定。

当事人申请办理继承有限责任公司股东资格公证的，应当提交公司章程和其现任职证明。公证机构应当审查公司章程对当事人继承股东资格有无限制性规定以及审查当事人所从事的职业是否限制其继承股东资格。根据公司章程和有关法律规定，当事人不能继承股东资格的，公证机构为其办理继承股权公证。

第十三条　当事人依照《中华人民共和国合伙企业法》第五十条和第八十条的规定申请办理继承合伙人财产份额或者合伙人资格公证的，公证机构参照本指导意见第十二条的规定办理。

第十四条　公证机构办理遗嘱继承公证，应当按照下列方式审查确认遗嘱的效力：

（一）遗嘱为公证遗嘱的，公证机构应当对遗嘱内容是否符合法律规定进行审查，并向全体法定继承人核实，核实的内容包括询问被继承人有无其他遗嘱或者遗赠扶养协议，法定继承人中有无缺乏劳动能力又没有生活来源的人。

法定继承人对公证机构的核实没有回复的，或者无法与法定继承人取得联系的，公证机构在对遗嘱进行审查后，可以确认遗嘱的效力；

（二）遗嘱为公证遗嘱以外的其他符合法定形式的遗嘱的，公证机构应当取得

---

①　对应 2023 年《公司法》第 90 条。——编者注

全体法定继承人对遗嘱内容无异议的书面确认,并经审查认为遗嘱的内容符合法律规定,可以确认遗嘱的效力;

(三)遗嘱为在境外所立的遗嘱的,公证机构应当根据法律、法规及司法部的有关规定确认遗嘱的效力。

第十五条 除《公证法》和《公证程序规则》规定的不予办理公证的情形外,有下列情形之一的,公证机构不予办理遗嘱继承公证:

(一)根据法律规定遗嘱继承人丧失继承权的;

(二)遗嘱经审查无效或者效力无法确认的;

(三)遗嘱处分的财产不属于被继承人个人所有或者被继承人生前已经处分了遗嘱所涉及的财产的;

(四)继承同一遗产,遗嘱继承人中有人未提出公证申请且又未作出放弃继承表示的;

(五)利害关系人与遗嘱继承人就遗嘱内容是否符合《中华人民共和国继承法》第十九条①的规定有争议的;

(六)利害关系人有充分证据证明遗嘱继承人没有履行遗嘱所附义务的。

第十六条 除《公证法》和《公证程序规则》规定的不予办理公证的情形外,有下列情形之一的,公证机构不予办理法定继承公证:

(一)根据法律规定法定继承人丧失继承权的;

(二)被继承人生前所立遗嘱或者签订的遗赠扶养协议已经处分了法定继承人申请继承的遗产的;

(三)法定继承人中有人未提出公证申请且又未作出放弃继承表示的;

(四)法定继承人不能协助公证机构完成核实或者有关单位及个人拒绝协助公证机构进行核实的;

(五)法定继承人之间对法定继承人的范围、遗产的权属或者是否有适用《中华人民共和国继承法》第十二条②、第十四条③规定的人有争议的。

第十七条 继承人表示放弃继承的声明书应当亲自在公证员面前作出。继承人不能亲自到受理继承公证申请的公证机构作出放弃继承表示的,其表示放弃继承的声明书应当经过公证。

继承人表示放弃继承的,公证机构仅需审查继承人个人的意思表示。

第十八条 受遗赠人申请办理接受遗赠公证的,公证机构参照本指导意见有关办理遗嘱继承公证的规定办理。

第十九条 本指导意见由中国公证协会常务理事会负责解释。

4. 中国公证协会《办理遗嘱保管事务的指导意见》(中公通〔2016〕21号,2016年7月13日)

第一条 为规范公证机构办理遗

① 对应《民法典》第1141条。——编者注

② 对应《民法典》第1129条。——编者注

③ 对应《民法典》第1131条。——编者注

嘱保管事务,根据《中华人民共和国继承法》、《中华人民共和国公证法》和有关法律、法规、规章以及《中国公证协会专业委员会业务规则制定程序》的有关规定,制定本指导意见。

第二条　本指导意见所称遗嘱保管事务,是指公证机构依据遗嘱人的申请对其提交的遗嘱进行密封、存放、相关信息备案,并根据有关人员申请提供遗嘱取回、开启、领取等一系列服务的公证事务。

第三条　公证机构可对申请人提交的下列遗嘱进行保管:

(一)自书遗嘱;

(二)代书遗嘱。

第四条　遗嘱保管的申请人应当是遗嘱人。

第五条　申请人应当向公证机构提交身份证明,并书面提出遗嘱保管申请,书面申请中应当载明:

(一)申请人的身份信息及联系方式;

(二)申请保管的遗嘱形式;

(三)如申请人指定遗嘱领取人的,应当载明遗嘱领取人的身份信息和联系方式;

(四)开启遗嘱、领取遗嘱的条件;

(五)遗嘱原件由公证机构留存、遗嘱领取人仅领取遗嘱复印件的承诺;

(六)全体法定继承人信息备注。

第六条　公证机构保管遗嘱,应当指派两名公证人员共同办理,其中一名应当是公证员。保管按照下列方式进行:

(一)申请人在公证人员面前将申请保管的遗嘱密封于信封内交与公证员;

(二)公证员在信封上亲笔注明:“×××(遗嘱人)于××××年××月××日在××公证处,将其密封的遗嘱交由本处保管”字样;

(三)申请人和公证人员在信封的封缝处签名并注明时间;

(四)公证人员应当对上述封存过程制作书面记录,并由申请人签名确认。

第七条　公证机构应当向申请人出具保管证书。

保管证书应当载明申请人的身份信息、遗嘱的形式、遗嘱领取人的身份信息及联系方式、遗嘱开启与领取的条件等内容。

保管证书一式两份,一份交与申请人,一份由公证机构留档。

第八条　公证机构应当将保管的遗嘱相关信息在全国公证遗嘱备案查询平台上备案。

已备案的保管遗嘱应当作为办理继承公证时遗嘱检认的依据。

第九条　公证机构应当按照公证档案管理规定,将保管证书、遗嘱、保管申请书、书面记录及其他与保管有关的材料一并立卷并列为密卷保管。

公证机构应当建立遗嘱保管登记簿,登记簿可以是电子形式,也可以是纸质。

第十条　申请人可以随时取回遗嘱。

申请人取回遗嘱应当向公证机构提交书面申请并交回保管证书。公证机构应当指派两名公证人员共同办理，其中一名应当是公证员。

如申请人不能交回保管证书的，应当书面说明。

取回遗嘱按以下方式进行：

（一）申请人与公证人员一起核验遗嘱密封状况；

（二）申请人与公证人员共同拆启密封的信封，取出遗嘱；

（三）公证人员应当将取回遗嘱的过程制作成书面记录，并由申请人签名确认。

申请人请求打开存放遗嘱信封的，视为取回遗嘱。如需继续保管的，应当重新办理保管手续。

第十一条　申请人取回遗嘱后，公证机构对遗嘱的保管终止。公证机构应当及时在遗嘱保管登记簿和全国公证遗嘱备案查询平台进行备注。

第十二条　申请人死亡后，遗嘱领取人可持申请人的死亡证明申请开启密封遗嘱和领取遗嘱复印件，遗嘱原件由公证机构继续保存。

申请人未指定遗嘱领取人或者遗嘱领取人死亡、丧失民事行为能力的，申请人的全体法定继承人可以参照本条第一款规定申请开启、领取遗嘱复印件。

第十三条　遗嘱领取人申请开启、领取遗嘱的，应当向公证机构提交书面申请。公证机构应当指派两名公证人员共同办理，其中一名应当是公证员。

开启、领取遗嘱按以下方式进行：

（一）遗嘱领取人与公证人员一起核验遗嘱密封状况；

（二）遗嘱领取人与公证人员共同拆启密封信封，取出遗嘱，拆启信封时应当保持信封上封条和签名的完整性，已经拆启的信封，由公证机构存档；

（三）公证人员对遗嘱进行复制，并加盖印章确认与原件相符；

（四）公证人员应当将领取遗嘱复印件的过程制作成书面记录，并由遗嘱领取人签名确认；

（五）公证人员应当及时在遗嘱保管登记簿和全国公证遗嘱备案查询平台进行备注。

第十四条　公证机构应当对遗嘱的保管、取回、开启和领取的主要环节进行录像并将录像随遗嘱保管卷宗存档。

第十五条　本指导意见由中国公证协会常务理事会负责解释。

附件一

遗嘱保管告知书

（参考格式）

保管申请人：

根据《中华人民共和国继承法》、《中华人民共和国公证法》和中国公证协会《办理遗嘱保管事务的指导意见》等有关规定，现将办理遗嘱保管事务有关注意事项告知如下：

一、遗嘱保管含义

（一）遗嘱保管事务，是指公证机构依据遗嘱人的申请对其提交的遗嘱进行密封、存放、相关信息备案，并根据有关人员申请提供遗嘱取回、开启、领取等一系列服务的公证事务。

（二）公证机构可对申请人提交的下列遗嘱进行保管：

1. 自书遗嘱；

2. 代书遗嘱。

二、遗嘱订立、撤销、效力规定

为确保您申请保管的遗嘱符合法律规定，本处将《继承法》中有关遗嘱的法律规定简要告知如下，请您在将遗嘱提交本处之前，自行检验您申请保管的遗嘱内容及形式是否符合法律规定：

（一）遗嘱订立

根据《继承法》第十七条①规定，自书遗嘱由遗嘱人亲笔书写，签名，注明年、月、日。代书遗嘱应当有两个以上见证人在场见证，由其中一人代书，注明年、月、日，并由代书人、其他见证人和遗嘱人签名。

根据《继承法》第十八条②规定，下列人员不能作为遗嘱见证人：1. 无行为能力人、限制行为能力人；2. 继承人、受遗赠人；3. 与继承人、受遗赠人有利害关系的人。根据《继承法》第十九条③规定，遗嘱应当对缺乏劳动能力又没有生活来源的继承人保留必要的遗产份额。

（二）遗嘱撤销

根据《继承法》第二十条④规定，遗嘱人可以撤销、变更自己所立的遗嘱。立有数份遗嘱，内容相抵触的，以最后的遗嘱为准。自书、代书、录音、口头遗嘱，不得撤销、变更公证遗嘱。

（三）遗嘱效力

1. 根据《继承法》第二十二条⑤规定，无行为能力人或者限制行为能力人所立的遗嘱无效；遗嘱必须表示遗嘱人的真实意思，受胁迫、欺骗所立的遗嘱无效；伪造的遗嘱无效；遗嘱被篡改的，篡改的内容无效。

2. 根据《最高人民法院关于贯彻执行〈中华人民共和国继承法〉若干问题的意见》第三十八条⑥规定，遗嘱人以遗嘱处分了属于国家、集体或他人所有的财产，遗嘱的这部分，应认定无效。

3. 遗嘱不符合法定形式可能会导致遗嘱无效。

---

① 对应《民法典》第1134条至第1139条。——编者注

② 对应《民法典》第1140条。——编者注

③ 对应《民法典》第1141条。——编者注

④ 对应《民法典》第1142条。该条调整了“公证遗嘱效力优先”的规定，确立了“最后遗嘱”的法律地位。——编者注

⑤ 对应《民法典》第1143条。——编者注

⑥ 对应《民法典继承编解释（一）》第26条。——编者注

三、遗嘱保管注意事项

（一）为保证您申请本处保管遗嘱目的顺利实现，请您如实告知本处以下信息，并请保证您所述信息真实无误：

1. 申请人的身份信息及联系方式；

2. 申请保管的遗嘱形式；

3. 如指定遗嘱领取人的，请注明遗嘱领取人的身份信息及联系方式。

（二）为保证您申请保管遗嘱目的顺利实现，您申请保管的遗嘱相关信息将在全国公证遗嘱备案查询平台备案。

（三）您可随时取回遗嘱，遗嘱取回后，本处对遗嘱的保管结束。如您请求拆封存放遗嘱信封的，视为取回遗嘱，如还须继续保管的，应当重新办理保管手续。

（四）公证机构对您申请保管的遗嘱内容及形式不承担审查义务。如因您申请保管的遗嘱内容及形式不符合法律规定而导致的法律后果，本处将不承担责任。

特别提示：请您在本告知书上签字（捺指印）之前务必认真阅读本告知书。如果您有疑问或者异议，可以要求本处公证人员作出解答；如果您阅读本告知书有困难，可以要求本处公证人员向您宣读。经您签字确认后，本告知书将存入本处的公证档案，作为您已经知悉本告知书所载明内容的证据。

保管申请人（签字或者捺指印）：××××

××××年××月××日

遗嘱保管证书

（参考格式）

登记编号：（　　）××字第××号

申请人：张A，男，××××年××月××日出生，公民身份号码：××××，现住××省××市××街××号。

保管内容：自书/代书遗嘱。

遗嘱领取人：张B，男，××××年××月××日出生，公民身份号码：××××，现住××省××市××街××号，联系方式：×××。

申请人去世后，遗嘱领取人可持申请人的死亡证明申请开启密封遗嘱、领取遗嘱复印件。

本证书仅是申请人将其所称遗嘱文件提交本处保管的凭证，并非继承证书。

××公证处

××××年××月××日

附件二

关于《办理遗嘱保管事务的指导意见》的说明

根据工作安排，中国公证协会业务规则委员会制定了《办理遗嘱保管事务的指导意见》（以下简称《保管意见》）。现将制定《保管意见》有关情况说明如下：

一、制定《保管意见》的必要性

公证保管事务是公证机构的非证明业务,保管遗嘱是其重要组成部分。从公证实践看,保管业务尚在逐步拓展阶段。据统计,2014年全国各公证机构共办理保管事务7169件,仅为当年遗嘱公证的1/10。由于实践不足,公证保管业务尚未形成统一的操作规范。

随着经济社会的发展,社会需求日渐多元化,人民群众对于遗嘱公证的法律需求也在不断变化,公证行业应当积极应对,主动开展多方位法律服务。根据遗嘱公证实践及借鉴大陆法系国家和地区的有益经验,新形势下推广遗嘱保管事务有其合理性和必要性。同时,根据司法部【(88)司公字第60号】关于"在当事人申办遗嘱继承公证时,我公证机关应对遗嘱进行检验"的批复精神,推广遗嘱保管事务,可以为探索解决继承公证中非公证遗嘱的发现和效力认定问题拓宽工作渠道。

二、制定《保管意见》的工作过程

为了深化和巩固公证在婚姻家庭法律服务领域的传统地位,2014年,中国公证协会围绕遗嘱公证做了大量工作:整合内部公证遗嘱信息,建立了全国公证遗嘱备案查询平台,编写《公证遗嘱业务发展报告(2014)》,开展遗嘱公证公益服务活动等。其中,2014年9月15日,在中国公证协会印发的《关于开展为老年人免费办理遗嘱公证公益服务活动的通知》中,提出"有条件的公证机构可以依托全国公证遗嘱备案查询平台试行开展免费遗嘱保管工作",向公证行业提出开展遗嘱保管的工作要求。

2015年1月7日,中国公证协会业务规则委员会召开第一次全体委员会会议,研究制定《保管意见》。业务规则委员会在充分借鉴俄罗斯、西班牙及我国澳门地区《民法典》中关于公证人保管遗嘱的规定,收集整理部分地方有关实践经验,征求部分业内专家意见的基础上,起草了《保管意见》并在七届六次常务理事会上通报有关情况。2015年10月,业务规则委员会汇总吸收常务理事意见后,提出征求意见稿。

2015年12月22日,中国公证协会发布通知,就《办理遗嘱保管事务的指导意见(征求意见稿)》向部律公司、法制司,各省、自治区、直辖市公证协会公开、广泛地征求意见、建议。2016年1月18日,业务规则委员会召开审稿会,对收集到的意见和建议进行研究,并在积极吸纳意见、建议的基础上形成了送审稿,经七届七次常务理事会议审议通过。

三、制定《保管意见》的原则

(一)区分遗嘱保管和遗嘱公证,减少非必要办证环节

公证机构与保管申请人之间的关系类似于保管合同关系,所以保管遗嘱事务与遗嘱公证在程序上应有明显的区别,即在办理保管遗嘱事务中应淡化"审查"和"程序"色彩,不宜按照《公证程序规则》中办理公证的申请、告知、询问、审查、出具公证书等程序来设计遗

嘱保管程序,尽可能减少非必要的办证环节,提高服务效率,降低服务成本。但为了实现遗嘱保管的目的,保证保管遗嘱的真实性及避免因保管方式不当而引发的纠纷,询问、告知和工作记录等环节仍十分必要。

(二)注重实用与创新相结合

我国《继承法》因制定时间较早,所以目前在《继承法》中关于"公示"、继承中的非诉程序的规定基本处于缺失状态,实践中争议较大。因此,《保管意见》中考虑在注重实用效果的同时,进行了一定的创新和探索,如规定了采密封方式保管遗嘱、遗嘱的开启等,以求对公证机构办理此类事务有一定前沿性指引作用。

(三)着眼当下,布局未来

尽管我国公证机构保管遗嘱尚未形成规模,但在大陆法系国家,由公证人保管遗嘱是一种常规的遗嘱保存方式。公证机构在职能属性和业务能力等方面均具有保管遗嘱的天然优势,通过公证机构保管遗嘱能够尽可能地防止非公证遗嘱的"埋没",为遗嘱人遗嘱意愿的实现提供程序保障。为此,《保管意见》要求保管遗嘱也要在全国公证遗嘱备案查询平台进行备案。通过平台管理,增加行业遗嘱信息的保有量,实现数据共享共通,为公证机构开展后续继承公证提供便利。

四、《保管意见》主要条款的说明

(一)关于遗嘱保管对象的界定

对遗嘱保管对象是涵盖《继承法》规定的所有遗嘱类型,还是从实务出发进行必要限制,行业争议较大。业务规则委员会认为,考虑到各地公证机构保管条件的差异、现实中各类遗嘱的数量、不同介质遗嘱保存难易程度等因素,公证机构保管的遗嘱类型界定为书面形式遗嘱比较合适。同时,考虑到公证遗嘱在办理后即已在全国公证遗嘱备案查询平台上备案,无单独再规定之必要,但可以在修订《遗嘱公证细则》时予以统筹考虑。因此,《保管意见》确定公证机构遗嘱保管的范围为自书遗嘱和代书遗嘱。

(二)关于遗嘱保管申请人的界定

关于遗嘱保管申请人,除遗嘱人本人外,是否可由遗嘱人指定的人作为申请人,实践中各地规定差异较大。业务规则委员会认为,考虑到保管风险、遗嘱保管方式和保管程序等因素,遗嘱保管服务中,公证机构能够且必须审核的是遗嘱人的身份和行为能力,确定其在保管遗嘱申请活动中的申请、承诺、所提交遗嘱的真实性等内容和信息,因此,《保管意见》将申请人范围暂限定为遗嘱人本人,以最大限度地确定遗嘱之出处,确保法律真实。

(三)关于遗嘱保管的办理主体

遗嘱保管属于《公证法》规定的公证事务,是否必须由公证员亲自办理,业内存在一定争议。业务规则委员会认为,尽管遗嘱保管事务是事务性工作,但因保管的文书是遗嘱,应当保证此项工作的严肃性,故参照遗嘱公证的办理模式，确定为办理遗嘱保管必须由两名公证人员办理，且其中一名必须是公证员。

（四）关于对申请保管对象是否审查的问题

对保管的对象是否审查，大家有不同意见，业务规则委员会进行了重点研究，并达成共识：原则上，公证机构对申请人申请保管的遗嘱不进行审查。主要基于以下考虑：一是保管方式考虑。《保管意见》采取密封保管的方式，申请保管的当事人可能事先已经将遗嘱密封好，携带至公证机构申请保管，在此情况下，公证机构无从审查。二是服务内容考虑。遗嘱保管是公证机构开展的公证事务，而非公证事项，如果仍然按照公证事项的流程对遗嘱内容进行审核，则无异于办理遗嘱公证，不利于开展这项公证事务。三是执业风险考虑。遗嘱保管是一项正在探索的事务，《保管意见》有关遗嘱保管的程序设置无法做到很严密，增加审查要求则会增加公证机构的执业风险，推行起来会遇阻力。

尽管公证机构无须对当事人申请保管的遗嘱进行审查，但需要进行充分的提示和告知，尽可能地让申请人提交保管的遗嘱符合法定形式和要求。

另外，需要特别说明的是，《保管意见》未规定公证机构、公证员对申请保管的遗嘱进行审查，并不排斥公证机构在实际开展这项公证服务过程中，对遗嘱的形式要件进行实际审查。

（五）关于遗嘱保管信息备案问题

考虑到公证机构办理遗嘱保管事务，并非单纯的事务性保管，而是为给遗嘱人的终意表达提供一个可以发现的渠道，因此在全国公证遗嘱备案查询平台进行备案十分必要。《保管意见》规定，凡是申请保管的遗嘱均须在全国公证遗嘱备案查询平台上备案，这是申请保管遗嘱须接受的前提和条件。同时，规定在全国公证遗嘱备案查询平台上备案的遗嘱应当作为办理继承公证时遗嘱检认的依据，以尽可能地发挥遗嘱保管的功用和效能，为公证机构办理继承公证提供必要的支持和协助。

特此说明。

5.《司法部公证律师司关于以遗嘱方式将遗产指定给已婚子女个人所有的遗嘱能否办理公证事宜的复函》（〔88〕司公字第102号，1988年10月26日）

经与有关部门研究认为：申请人以遗嘱的方式将遗产指定归子女个人所有，而不得作为婚后夫妻共同所有财产的遗嘱，属附条件的遗嘱。我国婚姻法第十三条①虽然规定“夫妻在婚姻关系存续期间所得的财产，归夫妻共同所有”，但是还规定“双方另有约定的除外”。因此该遗嘱在生效时，如遗嘱受益人能够按遗嘱中所附的条件，与其配偶达成协议，即可按遗嘱继承遗产，如

①　对应《民法典》第1062条。——编者注

达不成协议,就不能按遗嘱继承遗产。故公证处可为此附条件的遗嘱办理公证。

6.《司法部办公厅关于中国委托公证人(香港)办理的在港设立的处分内地财产的遗嘱公证有关问题的通知》(司办通〔2010〕59号,2010年6月17日)

根据2002年司法部律公司《委托公证业务规则》附件一《继承遗产声明书格式》,以及2008年10月31日中国委托公证人协会[通告第713号]对前述《继承遗产声明书》修订后的格式有关规定,在不能获得香港高等法院检定的情况下,中国委托公证人(香港)可以按照规定的方式办理在香港没有遗产的被继承人在港设立的处分内地财产的遗嘱公证。各公证机构在办理香港居民处分内地财产的遗嘱公证时,请按上述《规则》办理,不得拒绝使用。

7.《司法部律师公证工作指导司对〈关于遗嘱公证能否因未录音或录像而被撤销的请示〉的复函》(〔2001〕司律公函052号,2001年12月12日)

一、《遗嘱公证细则》第十六条是为保障遗嘱人的合法权益,正确认定遗嘱人于立遗嘱时的行为能力,增强遗嘱公证的证明力而作的特别规定,它不是遗嘱公证生效的必备要件。从保护遗嘱人合法权益的角度出发,一般不宜以欠缺录音或录像形式而认定遗嘱公证无效。

二、考虑到《遗嘱公证细则》第十六条规定的基本宗旨和我国现阶段人民的生活水平、身体状况、精神状态等因素,该条第(一)项中的"年老体弱"通常是指:年满七十岁以上且因身体虚弱影响其思维意识能力或语言表达能力的老人;该条第(二)项"危重伤病人"通常是指:因患严重疾病或受到严重身体伤害影响其思维意识能力或语言表达能力的伤病人。

三、遗嘱公证不是行政行为,遗嘱公证书也不是行政文书,不宜适用《行政诉讼法》的规定解决对公证文书的异议问题。

8.《司法部律师公证工作指导司关于监护人与被监护人订立或变更共同遗嘱不应予以公证的复函》(〔99〕司律公函026号,1999年4月29日)

经研究认为,符合法律规定条件的遗嘱方为有效。根据有关法律、法规和司法解释,设立或变更遗嘱的行为应由遗嘱人亲自实施,遗嘱人应有遗嘱能力(即完全民事行为能力),遗嘱必须表示遗嘱人的真实意思,不能由他人代理,且遗嘱只能处分其个人财产。因此,公证处不应办理监护人与无民事行为能力或者限制民事行为能力的被监护人的共同遗嘱公证,也不应办理其变更共同遗嘱公证。已经办理的应予撤销。

9.《司法部、中国银行业监督管理委员会关于在办理继承公证过程中查询

被继承人名下存款等事宜的通知》(司发通〔2013〕78 号,2013 年 3 月 19 日)

为保障存款人及其继承人的合法权益,便利当事人申办存款继承公证,及时办理银行存款过户或者支付手续,根据我国《商业银行法》、《公证法》、《继承法》等法律法规的规定,现就办理继承公证过程中查询被继承人名下存款等事宜通知如下:

一、经公证机构审查确认身份的继承人,可凭公证机构出具的《存款查询函》查询作为被继承人的存款人在各银行业金融机构的存款信息。

公证机构出具《存款查询函》,应当审查确认存款人的死亡事实及查询申请人为存款人的合法继承人。

二、银行业金融机构接到《存款查询函》后,应当及时为继承人办理查询事宜,并出具《存款查询情况通知书》。

继承人为多人的,可以单独或者共同向银行业金融机构提出查询请求。查询申请人可在公证机构签署《委托书》,授权他人代为查询。

三、公证机构在办理继承公证过程中需要核实被继承人银行存款情况的,各银行业金融机构应当予以协助。

四、在办理继承公证过程中查询或者核实银行业金融机构管理、知悉的具有遗产性质的其他财产权益的情况依照本通知执行。

五、公证机构、银行业金融机构要加强协作、配合,积极做好存款查询和核实工作,切实保障存款人及其继承人的合法权益,维护银行存款过户和支付秩序。

六、本通知自发布之日起施行。本通知执行过程中遇到的问题,由司法部会同中国银行业监督管理委员会解释。

请各省(区、市)司法厅(局)和银监局,分别将本通知转发至本辖区内各公证机构、各银监分局和银行业金融机构。

附件:

1.《存款查询函》格式

2.《存款查询情况通知书》格式

3.《委托书》格式

附件 1

存款查询函

(　　)第　号

各有关银行业金融机构:

本公证机构已经受理×××(查询申请人姓名)(身份证件类型及号码)的继承公证申请,并对存款人×××(存款人姓名)(身份证件类型及号码)的死亡事实(死亡时间:××年××月××日)及×××(查询申请人姓名)的继承人身份进行了审查确认。请根据×××(查询申请人姓名)的申请,协助查询被继承人×××(存款人姓名)名下的个人银行存款信息以及银行管理、知悉的理财产品、股票、基金、信托等其他财产权益的关联信息。

公证机构联系人：

联系电话：

×××公证处(公章)

××年××月××日

注：

1. 本函仅用于查询被继承人遗产信息，不作为相关财产支付或者过户的凭据。

2. 如查询申请人另行委托他人查询的，请在本函中附注如下内容：查询申请人×××委托×××(受托人姓名)(身份证件类型及号码)代为查询上述信息(见所附当事人签署的《委托书》)。

3. 本函由接受查询的银行业金融机构收执留存，公证机构依照查询需求出具相应份数。

附件 2

存款查询情况通知书

×××公证处：

×××(查询申请人姓名)于××年××月××日提交了你处出具的《存款查询函》[(××)第××号]。现将查询情况通知如下：

一、存款信息

存款人姓名(户名)：

存款人身份证件类型及其号码：

存款基本情况：

账号/卡号	存入时间	截止时间	存款余额	币种	备注

二、管理、知悉的理财产品、股票、基金、信托等其他财产权益的关联信息：(可另纸出具)

金融机构联系人：

联系电话：

×××金融机构(印章)

××年××月××日

注：

1. 本通知书仅用于办理继承公证，不得用于其他用途。

2. 定期存款应当列明存款的存入时间；对于活期存款，如果被继承人死亡后仍有存取记录的，应当列明该存取记录。上述存款记录以打印清单的形式附在本通知后。

3. 存款如处于冻结等权利受限状态的，请在“备注”栏中予以注明。

附件 3

委托书

本人×××(查询申请人姓名)(身份

证件类型及号码）系存款人×××（存款人姓名）（身份证件类型及号码）的×××（亲属关系）。现存款人×××（存款人姓名）已经于××年××月××日去世，我作为其合法继承人，现在×××公证处签署此委托书，授权×××（受托人姓名）（身份证件类型及号码）代为办理查询被继承人×××（存款人姓名）名下的个人银行存款信息及银行管理、知悉的理财产品、股票、基金、信托等其他财产权益的关联信息。

委托人：（签名）

××年××月××日

注：该委托书应当与《存款查询函》相粘连，并加盖公证机构钢印。

10. 中国公证协会《办理小额遗产继承公证的指导意见》（中公通〔2016〕20 号，2016 年 2 月 2 日）

第一条　为进一步提高小额遗产继承公证的办证效率，方便当事人取得小额遗产，根据《中华人民共和国继承法》、《中华人民共和国公证法》、《公证程序规则》和有关法律、法规、规章以及《中国公证协会专业委员会业务规则制定程序》的有关规定，制定本指导意见。

第二条　适用本指导意见办理小额遗产继承公证应当符合下列条件：

（一）申请继承的单笔遗产数额不超过人民币五万元。具体限额由各地方公证协会根据本地实际情况在本项规定的最高限额内确定具体标准；

（二）申请继承的遗产为被继承人名下的存款、养老金、公积金、基金、证券账户内的资产、职业年金等财产；

（三）申请人为第一顺序法定继承人；

（四）申请人保证被继承人生前无遗嘱且无遗赠扶养协议。

第三条　适用本指导意见办理公证，可以由法定继承人中的一人或者数人提出公证申请。申请人应当提交下列证明材料：

（一）申请人的身份证件；

（二）被继承人的死亡证明；

（三）遗产权利凭证或者证明；

（四）载明被继承人全部第一顺序法定继承人的亲属关系证明；

（五）申请人的承诺书；

（六）与申请公证有关的其他材料。

第四条　公证机构适用本指导意见办理公证，应当重点审查下列事项：

（一）当事人的身份是否属实；

（二）被继承人死亡的事实；

（三）当事人是否为第一顺序法定继承人。

公证员通过书面审查、询问未发现当事人的陈述或者提供的证明材料有疑义的，可以不再进行核实。

第五条　公证机构适用本指导意见办理继承公证，应当通过全国公证遗嘱备案查询平台，查询被继承人有无遗嘱。

第六条　有下列情形之一的,不适用本指导意见办理公证:

(一)不符合本指导意见第二条所规定的条件;

(二)公证员在审查中发现当事人的陈述或者提供的证明材料有重大疑义;

(三)申请人有不诚信记录;

(四)继承关系较为复杂或者继承人之间有争议;

(五)公证员认为不适用本指导意见的其他情形。

第七条　本指导意见由中国公证协会常务理事会负责解释。

附件一

办理小额遗产继承公证告知书

(参考格式)

公证申请人:

根据《中华人民共和国继承法》、《中华人民共和国公证法》和中国公证协会《办理小额遗产继承公证的指导意见》等有关规定,现将申请办理小额遗产继承公证的法律意义、法律后果以及注意事项告知如下:

一、申办小额遗产继承公证应当向本处如实陈述以下事实,并保证向本处提交的全部证明材料真实无误:

(一)被继承人死亡的准确时间;

(二)被继承人遗产权属的真实情况;

(三)被继承人是否立过遗嘱或者遗赠扶养协议;

(四)被继承人第一顺序继承人的情况,即被继承人配偶、全部子女(包括婚生子女、养子女、非婚生子女和有扶养关系的继子女)和父母(包括生父母、养父母、有扶养关系的继父母)的情况。

二、《继承法》第二十四条①规定"存有遗产的人,应当妥善保管遗产,任何人不得侵吞或者争抢。"据此,您领取遗产后应当妥善保管遗产,并及时通知本告知书第一条第(四)项所列明的第一顺序所有继承人,与全体继承人协商分割您依据公证书所领取保管的遗产。

三、在本处出具继承公证书后,如果出现下列情形之一,本处可能更正、补正或者撤销公证书,您需向相关的权利人承担恢复原状、返还财产和补偿的义务,对他人或者本处造成侵害的,还应当承担侵权责任。这些情形包括但不限于:

(一)有遗嘱继承人或者受遗赠人就小额遗产主张遗嘱继承或受遗赠的权利;

(二)在出具公证书后,有人民法院的判决书或者其他有效的法律文件证明您所继承的遗产实际不属于被继承人所有,或者不完全属于被继承人所有;

---

①　对应《民法典》第1151条。——编者注

（三）您所继承的遗产并非属于合法财产；

（四）隐瞒或者遗漏同等顺序的其他继承人。

本处特别提示：请您在本告知书上签字（捺指印）之前务必认真阅读本告知书。如果您有疑问或者异议，可以要求本处公证人员作出解答；如果您阅读本告知书有困难，可以要求本处公证人员向您宣读。经您签字确认后，本告知书将存入本处的公证档案，作为您已经知悉本告知书所载明内容，并愿意承担相应责任的证据。

公证申请人（签字或者捺指印）：×××

××××年××月××日

承诺书

（参考格式）

××公证处：

本人因申办×××遗留的存款（或者其他财产）、继承公证一事，现承诺如下：

一、本人在申请办理公证中所作的陈述和提交的相关死亡证明、亲属关系证明等证明材料均真实无误。

二、本人经与其他所有继承人核实后确认，未发现被继承人生前订立遗嘱或者签订遗赠扶养协议。

三、本人领取上述存款（或者其他财产）后，将尽妥善保管义务，并依法与其他全体继承人协商分配所领取保管的款项。

四、如有继承人或者其他利害关系人向银行（或者其他单位）或者公证机构主张分配上述款项的权利，由本人负责处理相关争议，如不能及时妥善平息相关争议，本人承诺随时按照公证机构的要求将领取保管的上述款项及时提存到公证机构保管。

承诺人（签字或者捺指印）：×××

××××年××月×日

公证书

（参考格式）

（　）××字第×号

申请人：张A，男，××××年××月××日出生，公民身份号码：××××，现住××省××市××街××号。

公证事项：继承（小额遗产）

申请人张A于××××年××月××日向本处申请办理继承被继承人李××名下的银行存款公证，并提供了身份证件、死亡证明、亲属关系证明、财产证明等证明材料。

本处向申请人告知了办理继承小额遗产公证的意义、法律后果、法定继承人的范围和继承人申办公证的权利义务。申请人承诺所提供的证明材料和陈述均真实无误，并承诺在领取被继承人李××的上述存款后尽妥善保管义务，并依法与其他全体继承人协商分配所领取保管的款项。如有争议,申请人承诺随时按照公证机构的要求将领取保管的上述款项及时提存到公证机构保管。

根据申请人提交的上述证明材料和申请人的承诺,本处现确认申请人所主张的以下事实:

一、被继承人李××于××××年××月××日死亡;

二、被继承人李××名下有存款:人民币×××元;

三、被继承人李××的第一顺序继承人共有以下二人:

张A,男,××××年××月××日出生,公民身份号码:××××,现住××省××市××街××号,是被继承人的配偶。

张B,女,××××年××月××日出生,公民身份号码:××××,现住××省××市××街××号,是被继承人的女儿。

四、张A承诺,其领取上述存款后,负保管责任并与其他继承人依法协商进行分割。

综上,根据《中华人民共和国继承法》第二条①、第十条②、第二十四条,《中华人民共和国物权法》第九十六条③等有关规定,兹证明被继承人李××生前存于××银行的×××元人民币存款(存单号码:××××××××)由继承人张A和张B共同继承,并由继承人张A代表上述继承人领取和保管存款。

本公证书仅用于继承上述遗产,用于其他事项无效。

××公证处

公证员×××

××××年××月××日

附件二

关于《办理小额遗产继承公证的指导意见》的说明

根据工作安排,中国公证协会业务规则委员会起草了《办理小额遗产继承公证的指导意见》(以下简称《小额继承意见》),现就制定《小额继承意见》有关情况说明如下:

一、制定《小额继承意见》的必要性

继承公证是一项传统的公证业务,对保证《继承法》的正确实施,保护继承关系当事人的合法权益,维护社会和谐稳定发挥了重要作用。近年来,社会舆论对继承公证中有关问题反映较多,其中对小额遗产继承公证问题反映较为突出。对此,一些地方公证协会、公证机构结合本地公证实践先后制定了有关小额遗产继承公证的指导意见和办证规范,针对小额遗产继承公证提出了简化程序等措施。为进一步满足多

① 对应《民法典》第1121条。——编者注

② 对应《民法典》第1127条。——编者注

③ 对应《民法典》第300条。——编者注

样化的社会需求,逐步完善公证执业程序,让人民群众切实感知公证行风建设效果,有必要及时总结各地实践经验和有益做法,制定《小额继承意见》,满足社会对小额遗产继承公证的现实需求。

二、制定《小额继承意见》的工作过程

2007年,业务规则委员会起草《办理继承公证的指导意见(征求意见稿)》时,在该指导意见原稿中原载有小额继承简易程序的条款,后因当时常务理事会讨论时对此内容分歧意见较大,故在该指导意见中删除了此部分内容。2014年9月,业务规则委员会结合行业实践和社会需求重新将起草《小额继承意见》列入工作计划。2014年10月,业务规则委员会提出意见初稿。2015年1月,经业务规则委员会会议讨论,形成意见第二稿。2015年7月,经征求部分协会领导和常务理事意见,业务规则委员会经修改提出第三稿并在七届六次常务理事会上通报有关情况。2015年10月,业务规则委员会汇总吸收常务理事意见后,提出征求意见稿。

2015年12月22日,中国公证协会发布《关于征求〈办理小额遗产继承公证的指导意见〉(征求意见稿)等意见的通知》,向部律公司、法制司,各省、自治区、直辖市公证协会公开、广泛地征求意见、建议。2016年1月18日,业务规则委员会召开审稿会,对收集到的意见和建议进行研究,在积极吸纳意见、建议的基础上形成了送审稿,经七届七次常务理事会议审议通过。

三、制定《小额继承意见》的原则

制定《小额继承意见》始终坚持两个原则:一是遵循法定程序,简化办证环节。在遵循《公证法》和《公证程序规则》所规定的基本程序要求的基础上,着眼于提高服务效率,降低服务成本,减少办证环节。二是搁置争议,重在实施效果。对于继承公证实践中尚存争议、短期内难以达成共识的问题暂时搁置,不作规定。

目前的《小额继承意见》共有七条,主要分为四部分:一是制定目的、依据、适用范围,第一条、第二条;二是关于办证程序的规定,第三条至第五条;三是关于不适用本指导意见办理公证的情形,第六条;最后是关于解释权的规定,第七条。

四、对适用《小额继承意见》的特别说明

制定《小额继承意见》,意在规范小额遗产继承公证这一类公证业务的办理。《小额继承意见》作为行业指导意见,不排斥、亦不否认地方公证协会目前正在积极探索且与地方相关部门和单位达成共识采用"领取、保管资格"模式处理小额遗产继承问题的做法,两者分属不同公证事项,互不冲突。但是,遗产所在地有关部门或者单位,要求按照《小额继承意见》出具小额遗产继承公证书的,公证机构应当按照本指导意见办理。

五、对《小额继承意见》主要条款

的说明

（一）关于“小额遗产”的界定标准

1. 适用小额继承程序的遗产数额计算方式。鉴于各地情况不一，《小额继承意见》只规定了单笔最高限额，各地可以根据本地实际进行选择是单笔限额还是累计限额。主要考虑是，各地已经行之有效的做法可得以延续，同时，限制累计数额需要公证机构之间能够联网查询，目前在全国推行尚有困难。

2. 适用小额继承的遗产数额上限规定。多数地方公证协会规定小额继承的上限为 1 万—2 万元之间，最高为 5 万元。参照新修订的《民诉法》关于小额诉讼的有关规定，《小额继承意见》将小额继承数额上限规定为人民币 5 万元或者其他等额货币。

3. 公证执业区域规定。一些地方公证协会规定，适用小额继承程序的遗产必须存放在本执业区域，目的是防止重复申请。但目前银行存款在多数情况下都是“通存通兑”，因此规定不限制执业区域为宜。

（二）关于继承申请人的范围

关于小额继承，是否需要全体继承人共同提出公证申请，业内主要做法是，“一名法定继承人提出申请即可，不必全体继承人共同申请，也无需其他法定继承人提交委托书”、“可以由一名法定继承人申请，也可以由数名继承人共同申请，还可以由其他继承人委托申请，委托书不必公证”和“全体申请人必须亲自提出公证申请，或者提交经过公证的委托书或者经过公证的放弃继承声明书”。《小额继承意见》对小额遗产继承公证的申请人范围态度明确，即只能够是“第一顺序法定继承人”。如果允许第二顺序法定继承人提出公证申请，则意味着公证员需要核实、确认被继承人没有第一顺序法定继承人或者第一顺序法定继承人全部放弃或是丧失继承权，存在法律关系、公证程序复杂的问题。在具体提起公证申请的人数上，《小额继承意见》采用折中方案：“由法定继承人中的一人或者数人提出公证申请”，在程序上尽可能方便申请人。

（三）关于委托申请问题

在全国意见征询中，各地对委托申办小额遗产继承的做法意见不一。委员会讨论决定删除有关委托申办小额遗产继承公证的规定。继承人未亲自申请公证的，不列为公证申请人，但列为继承人，确定其继承权。同时，完善承诺书条款，由申请人承诺分配及承担相应法律责任，尽可能地将公证机构能够审核、确信的部分作为审查重点，确保公证质量。

（四）关于放弃继承权问题

放弃继承权涉及继承人的重大民事权利，因此，《小额继承意见》原要求“亲自到公证机构作出放弃继承的意思表示或者提交放弃继承公证书。”但在全国意见征询中，意见不一。委员会讨论认为，《小额继承意见》在公证申请程序设置上已经非常便民,放弃继承的实际需求会很少,没有必要再对该问题进行规定。如果当事人一定要放弃对小额遗产的继承,则由公证机构自行决定采用要求亲自到公证处声明、就近办理放弃继承公证书或者通过居委会、村委会、单位等第三方辅助见证等方式,灵活处理。

(五)关于当事人提交证明材料的要求

根据制度设计目的和公证审查重点,《小额继承意见》对当事人提交资料的要求进行了明确。《小额继承意见》认为,公证机构办理小额遗产继承目的是便民,办理该类公证的审查重点是申请人的身份、被继承人的死亡事实、第一顺序法定继承人范围、继承标的、申请人的自我承诺等内容。因此,《小额继承意见》第三条对资料要求进行列举并设置了兜底条款。

需要特别说明的是,被继承人的死亡事实是公证审查的重中之重,公证机构要严格按照中公协《办理继承公证的指导意见》第三条第二款规定,审慎审查。

(六)关于"申请人"、"当事人"的表述问题

《小额继承意见》根据办证进度不同,在公证申请阶段采用"申请人"的表述,在公证受理之后,采用"当事人"的表述。无论是"申请人"还是"当事人",在条文中所指代的对象都是明确的。

(七)关于排除适用问题

《小额继承意见》第六条具体列举了五类不适用的情形,包括继承关系较为复杂或继承人之间有争议等,同时,设置了兜底条款,尽可能地在切实便民的同时,降低公证执业风险。

(八)关于询问告知问题

为了增强操作性,《小额继承意见》没有规定询问条款和告知条款,而是采用附录的方式,将告知书参考文本等作为《小额继承意见》的附件。另,继承公证的询问笔录参考格式已经制定,故《小额继承意见》不再附录。

(九)关于小额遗产继承公证书用途限制

为防止将小额遗产继承公证书用于其他公证事项,《小额继承意见》认为,有必要在公证书中以注释的方式规定,"本公证书仅用于继承上述遗产,用于其他事项无效。"

(十)关于附件使用问题

为方便公证机构操作,《小额继承意见》提供了《办理小额遗产继承公证告知书》、《承诺书》和《公证书》3个附件。附件作为参考格式,供公证机构在适用本意见办理小额遗产继承公证时参考使用。各地公证机构也可根据本地区实际情况,灵活掌握。

【地方法院规范】

《北京市高级人民法院关于审理继承纠纷案件若干疑难问题的解答》(2018年)

21. 公证被撤销的公证遗嘱效力如何认定?

公证遗嘱因公证程序本身存在瑕疵等原因导致公证被撤销的,公证遗嘱丧失法律效力。但对于公证处在制作公证遗嘱过程中留存保管的当事人自行制作的自书遗嘱、代书遗嘱、录音遗嘱等,应结合《继承法》及司法解释的相关规定对遗嘱效力作出认定。

第一千一百四十条 【作为遗嘱见证人的消极条件】下列人员不能作为遗嘱见证人:

(一)无民事行为能力人、限制民事行为能力人以及其他不具有见证能力的人;

(二)继承人、受遗赠人;

(三)与继承人、受遗赠人有利害关系的人。

【原《继承法》条文】

第十八条 下列人员不能作为遗嘱见证人:

(一)无行为能力人、限制行为能力人;

(二)继承人、受遗赠人;

(三)与继承人、受遗赠人有利害关系的人。

【修改说明】

在一些情况下遗嘱见证人虽然是完全民事行为能力人,但是可能不具有事实上的见证能力,例如文盲以及对遗嘱所使用的语言掌握不充分的人,因身体缺陷而不具有知晓遗嘱内容的能力的人,这些人员对遗嘱具体内容的识别与理解存在一定的欠缺,如果承认此类见证人的资格,对遗嘱的真实性可能会产生一定的影响。经研究,增加"其他不具有见证能力的人"不得担任遗嘱见证人。

【立法·要点释义】

遗嘱见证人是指在现场亲历遗嘱人立遗嘱的过程,能够证明遗嘱真实性的人。代书遗嘱、打印遗嘱、录音录像遗嘱、口头遗嘱均需要有两个以上见证人在场见证。公证遗嘱因特殊情况由1名公证员办理时,应当有1名见证人在场。

以下人员不能作为遗嘱见证人:(1)无民事行为能力人、限制民事行为能力人以及其他不具有见证能力的人,见证能力的有无要根据具体事实情况进行判断。(2)受遗赠人是遗嘱的直接受益人,不能作为遗嘱见证人。遗嘱人通过立遗嘱处分个人财产的行为,会使继承人的利益受益或者受损。由继承人、受遗赠人担任见证人,可能会给遗嘱人造成影响,导致其作出的遗嘱并非出于真实意愿。继承人、受遗赠人在知晓遗嘱内容后还可能为了自己的利益而作出不真实的证明,难以确保遗嘱内容的真实性。(3)与继承人、受遗赠人有利害关系的人,可能会因遗嘱人对遗产的分配而间接地获得利益,有可能受利益驱动而作不真实的证明,因此不宜担任遗嘱见证人,其具体范围无法通过立法明确规定。

【编者观点】

遗嘱见证人应当现场目睹见证订立遗嘱的全过程,才能了解遗嘱人设立遗嘱时的心智状态和真实意愿。司法实践认为,如果见证人未现场见证或者中途离开,未能见证设立遗嘱的整个过程,可能会导致遗嘱无效。

遗嘱见证不需要专业任职资格,但不代表遗嘱见证无任何要求。除了无法完全辨别自己行为的无行为能力人、限制行为能力人,本条新增"其他不具有见证能力的人",指虽具有完全民事行为能力,但限于自身的生理功能局限、语言障碍、文字障碍等无法对遗嘱的设立过程进行有效见证的人。原因在于不同遗嘱形式对见证人的听、说、读、写能力有不同要求,须依具体情形进行个案认定。例如在代书遗嘱或打印遗嘱中,若见证人缺乏文字阅读能力,无法理解代书或打印遗嘱的含义,或者存在听力障碍,无法听清遗嘱人口述,即明显欠缺遗嘱见证能力。在公证遗嘱中,法律明确规定公证人员及其配偶、直系血亲和直接下属不可以作为遗嘱见证人。聋哑人不适合作为录音录像遗嘱的见证人,不会使用中文的人不适合作为中文遗嘱的见证人,不懂少数民族语言的人不适合作为用少数民族语言作出的遗嘱的见证人。如果有三个遗嘱见证人,其中某个遗嘱见证人不符合法定条件,若有证据证明遗嘱是遗嘱人的真实意思表示,且剩余的遗嘱见证人人数符合法定形式条件,则不影响对遗嘱效力的判断。

排除利害关系人的原因在于,其与遗嘱存在利害关系,无法客观公正证明遗嘱,并可能妨碍或诱导遗嘱人的意愿表达,判断的关键在于遗嘱是否会直接影响其自身利益。利害关系人包括继承人、受遗赠人本人以及与二者有利害关系的人,如被继承人的近亲属,继承人、受遗赠人的债权人、债务人,共同经营的合伙人等。遗产酌给请求权的实现不受遗嘱影响,故遗产酌给请求权人可作为遗嘱见证人。司法实践中对遗嘱指定继承人之外的其他法定继承人、旁系血亲、姻亲、朋友、雇佣员工能否做见证人存在争议。例如肯定观点认为,除了指定继承人之外的其他法定继承人原本可能按法定继承获得继承权,却同意做见证人,更能证明遗嘱人的真实意思。但否定观点认为,双方可能存在其他形式的利益输送和交换关系。

法律不禁止对遗嘱见证按照付出

获得酬劳，在遗嘱人死亡后，利害关系人对遗嘱有争议时，遗嘱见证人应对遗嘱设立过程所见所闻及遗嘱内容的知晓及意思表示作出进一步说明。如果遗嘱见证人无正当理由拒绝作证或者作假证，对因此造成的损失应承担赔偿责任。如果因可归责于遗嘱见证人的原因导致遗嘱内容泄露或者遗嘱毁损灭失造成损失，遗嘱见证人也应当进行赔偿。

【司法解释】

《最高人民法院关于适用〈中华人民共和国民法典〉继承编的解释（一）》（法释〔2020〕23号，2021年1月1日施行）

第二十四条[①]　**【因与继承人、受遗赠人有利害关系，不能作为遗嘱的见证人的主体范围】**继承人、受遗赠人的债权人、债务人，共同经营的合伙人，也应当视为与继承人、受遗赠人有利害关系，不能作为遗嘱的见证人。

第一千一百四十一条　【必留份】遗嘱应当为缺乏劳动能力又没有生活来源的继承人保留必要的遗产份额。

【立法·要点释义】

一些大陆法系国家通过特留份制度对遗嘱人自由处分个人财产的权利作了适当限制。特留份是指遗嘱人立遗嘱处分个人财产时，必须给特定的法定继承人即特留份权利人保留的遗产份额。遗嘱人只能对特留份以外的个人财产进行自由处分。特留份权利人的范围一般都小于法定继承人的范围，仅限于与遗嘱人关系密切的家庭成员。为了保障权利人的特留份，规定特留份的国家还详细规定了扣减制度。

《民法典》未规定特留份制度，但是规定了必留份制度。特留份制度侧重于保护特定法定继承人的最低限度的继承利益，使遗产保留于家庭之中。必留份制度则侧重于保障有特殊困难的继承人的基本生活需要，使遗产发挥对弱势群体扶养的功能。特留份权利人的确定依据为血缘、婚姻等身份关系，大多为与遗嘱人关系最为密切、继承顺序靠前的法定继承人，而不考虑其是否有被扶养的需要。而必留份权利人的确定依据为身份关系以及受扶养的客观需要，为同时具备缺乏劳动能力和没有生活来源两个条件的法定继承人，该继承人既可以是第一顺序继承人，也可以是第二顺序继承人。特留份的计算一般都有具体的标准。我国法律则未对必留份规定具体的份额，在实践中要根据个案的具体情况而确定，以满足必留份权利人的生活需要，在分割遗产时如果不足以清偿被继承人应当缴纳的税款和债务的，也应当为其保留

---

① 对该条的注释详见附录四第1206页。

必要的遗产。

【编者观点】

必留份指为保护缺乏劳动能力又没有生活来源的继承人利益而保留的遗产份额。在有第一顺位继承人时，如果缺乏劳动能力又没有生活来源的继承人处于第二顺位，也属于必留份权利人范围。必留份权利人须同时满足缺乏劳动能力以及缺乏生活来源两项标准。即使继承人有其他扶养义务人，只要其他扶养义务人与遗嘱人处于同一顺位或劣后顺位，仍应保留继承人的必留份。有观点建议将适用对象扩大到胎儿、未成年子女、70 周岁以上的父母以及欠缺行为能力的成年子女、配偶等范围。

《民法典》没有明确必留份的实现方式和数额标准，法院通常考虑必留份权利人的实际生活需要，包括年龄、身体状况、经济情况、教育医疗等方面的需求，是否有其他扶养人以及其他扶养人的身体、经济状况等因素，并结合城镇农村居民人均消费性支出，将权利人能否维持当地正常生活水平作为确定数额的重要标准。只要遗嘱人为权利人未来的生活作出特别安排，即便形式上未分配遗产，也无须通过必留份重复保障。例如在“段某甲、段某乙诉段某丙、段某丁、段某戊、段己分家析产、继承纠纷案”中，立遗嘱人一方面为特定继承人设立居住权，另一方面通过将房屋所有权给该特定继承人监护人的方式，换取监护人对该继承人未来的生活照顾，应当认定立遗嘱人以设立居住权的方式为特定继承人保留了必留份。

如果遗嘱人未给必留份权利人保留必留份，遗嘱对必留份所作的处分无效，必留份权利人可以以自己的名义向法院起诉要求补足必留份。遗嘱涉及必留份部分的部分无效不影响其他部分的效力。

特留份指被继承人不得以遗嘱或生前赠与等方式，侵害法律规定应保留给特定继承人的遗产份额。特留份权利人通常包括子女、配偶、父母等关系最为亲近的近亲属。权利人在实现特留份范围内有权主张扣减，使与特留份冲突的生前赠与、遗嘱及遗赠全部或部分无效。在区分负担行为与处分行为的语境下，赠与财产尚未交付时，权利人得主张抗辩权；已交付时得主张形成权，搭配原物返还或不当得利请求权达到实现特留份的效果。

遗产酌给份指因对被继承人进行扶养或因客观需要而分得适当遗产的权利，性质上属于法定遗赠。分得遗产不是基于特定身份关系，而是基于没有法定扶养义务的人之间的扶养事实。该制度沿袭自我国固有法，在我国台湾地区“民法”亦有明文规定。权利人包括后顺位没有继承既得权的法定继承人以及继承人范围以外的人，例如从事了非法定或者同居扶养扶助行为的当事人。酌给意味着不存在固定数额和单一标准，酌给份额由法官根据生前扶养年限、扶养标准以及依赖程度等因素在利益衡量后酌定。

上述三项制度的理论基础和权利人殊异。特留份基于家族协同说，仅适用于特定继承人即核心家庭成员，通过限制遗嘱自由维护亲属身份的伦理价值，目的在于将特定比例财产留在核心家庭，与继承人的经济状况无关。必留份基于死后扶养说，适用于被继承人负有法定扶养义务的对遗产有客观需要的继承人，权利人是否适格取决于个案情况，出发点并非限制遗嘱自由，而是在社会保障体系尚不健全的背景下，延续被继承人生前应负担的法定扶养义务。遗产酌给份适用于依靠被继承人扶养或者对被继承人生前扶养较多这两类情形，为了满足生存保障需求或是基于衡平理念对生前扶养进行报偿，体现了我国继承法权利与义务相一致原则。

原《继承法》与《民法典》未规定特留份，编者赞同这一做法。首先，特留份淡化了继承权与赡养义务之间的逻辑关联，若继承人不履行赡养义务却仍保有特留份，与我国传统孝文化以及扶养义务和继承权利相挂钩的原则相背离；其次，我国已步入老龄化社会，特留份限制了老年人通过遗嘱自由督促子女履行赡养义务的空间；再次，通过特留份将财产强制留在家庭成员内部达到改善继承人生活质量的目的，在现今社会缺乏足够的正当性；最后，特留份的计算以应继份为基础，司法实务通常会结合扶养义务的履行状况及实际生活需要综合计算应继份，法院在应继份环节通过自由裁量很容易达到规避特留份的效果。

【司法解释】

《最高人民法院关于适用〈中华人民共和国民法典〉继承编的解释(一)》(法释〔2020〕23号,2021年1月1日施行)

第二十五条[①]　**【遗产处理时，应为缺乏劳动能力又没有生活来源的继承人留下必要遗产】**遗嘱人未保留缺乏劳动能力又没有生活来源的继承人的遗产份额，遗产处理时，应当为该继承人留下必要的遗产，所剩余的部分，才可参照遗嘱确定的分配原则处理。

继承人是否缺乏劳动能力又没有生活来源，应当按遗嘱生效时该继承人的具体情况确定。

【法院参考案例】

1. 刘某与范小某遗嘱继承纠纷案

(《最高法发布第二批继承纠纷典型案例》案例二，2024年12月12日)

【基本案情】

范某与吉某原系夫妻关系，于1989年育有范小某，后二人离婚，范某2011年与刘某再婚。范小某自2006年

---

① 对该条的注释详见附录四第1207页。

即患有肾病并于2016年开始透析治疗,2020年出现脑出血。范某2021年6月订立自书遗嘱一份,载明:“我所有的房产及家里的一切财产,待我百年后,由妻子刘某一人继承,产权归刘某一人所有。”

2021年11月,范某去世。刘某诉至法院,要求按照遗嘱内容继承案涉房屋。诉讼中,范小某辩称其身患重病,丧失劳动能力,亦无生活来源,范某虽留有遗嘱,但该遗嘱未按照法律规定为其留有必要份额,故该遗嘱部分无效,其有权继承案涉房屋的部分份额。

【裁判情况】

审理法院认为,范某在自书遗嘱中指定刘某为唯一继承人虽是其真实意思表示,但因范小某作为范某的法定继承人身患肾病多年,缺乏劳动能力又无生活来源,故应为其保留必要份额。结合案涉房屋价值和双方实际生活情况,酌定由刘某给付范小某房屋折价款。遂判决:案涉房屋由刘某继承,刘某给付范小某相应房屋折价款。

【典型意义】

《民法典》第1141条规定:“遗嘱应当为缺乏劳动能力又没有生活来源的继承人保留必要的遗产份额。”该条规定的必留份制度是对遗嘱自由的限制,旨在平衡遗嘱自由和法定继承人的利益,以求最大限度保护缺乏劳动能力又没有生活来源的继承人的生存权利。遗嘱人未为缺乏劳动能力又没有生活来源的继承人保留遗产份额的,遗产处理时,应当为该继承人留下必要的遗产,所剩余的部分,才可参照遗嘱确定的分配原则处理。本案裁判通过房屋折价补偿的方式,既保障了缺乏劳动能力又没有生活来源的范小某的权益,又尊重了范某遗嘱中财产由刘某继承的遗愿,实现了保护弱势群体权益和尊重遗嘱自由的有效平衡。

2. 陈某3等与陈某1继承纠纷上诉案[《民事审判指导与参考》2013年第2辑(总第54辑)]

【基本案情】

2011年1月,陈某3、陈某4和陈某1之父陈某风死亡。陈某风生前为家族企业老板,留有遗嘱。因其配偶已先于陈某风死亡,故陈某风在遗嘱中为其长子陈某3、次子陈某4各留有公司股份的30%,小儿子陈某1本来一直与陈某风共同经营企业,但3年前因车祸重伤,丧失行为能力。考虑到陈某1的再婚妻子在其遭遇车祸丧失行为能力后曾经提出过离婚,只是因为当时尚未对陈某1今后的生活作出妥善安排而被法院驳回,且胡某艳已经实际上与陈某1分居的情况,为了使小儿子今后的生活有保障,陈某风将家族企业股份的35%留给了陈某1之子陈某2并限制陈某2在陈某1有生之年转让股份。陈某风在遗嘱中要求陈某2照顾其父的生活,陈某3、陈某4对此负有监督之责,有权从陈某2每年应分得的收益中直接划扣陈某1在疗养院的全部生活护理费用。2011 年 2 月,胡某艳以陈某 1 的法定代理人的身份起诉,请求法院认定陈某风的遗嘱无效。按照法定继承的原则分割陈某风的遗产。理由是陈某风的遗嘱没有给丧失劳动能力的法定继承人陈某 1 留有遗产。

陈某 3、陈某 4 和陈某 2 则认为,陈某风的遗嘱合法有效。陈某风正是考虑到已经丧失行为能力的陈某 1 主要靠其子陈某 2 照顾,且胡某艳已经与陈某 1 分居的事实,为了使陈某 1 今后的生活得到经济保障,才通过遗嘱作出上述安排的。不能因为遗嘱在形式上没有给陈某 1 留有遗产,就认定该遗嘱无效。

【裁判结果】

一审法院认为,《继承法》第 19 条规定:"遗嘱应当对缺乏劳动能力又没有生活来源的继承人保留必要的遗产份额。"陈某风的遗嘱,没有为丧失劳动能力又没有生活来源的儿子陈某 1 保留必要的遗产份额,因此该遗嘱无效。陈某 1 为无民事行为能力人,其配偶胡某艳作为监护人有权代陈某 1 提起诉讼,其诉讼请求应当得到支持。一审法院判决陈某风的遗嘱无效,按照法定继承原则分割陈某风的遗产。

陈某 3、陈某 4 和陈某 2 均不服一审判决,提起上诉,请求撤销一审判决,认定陈某风的遗嘱有效,驳回陈某 1 一审的诉讼请求。

二审法院认为,陈某风的遗嘱虽然在形式上没有给丧失劳动能力又没有生活来源的继承人陈某 1 保留必要的遗产,但实际上遗嘱人充分考虑了小儿子陈某 1 面临的生活困境,为了使其今后的生活获得更好的经济保障,陈某风将家族企业中最大的股份给了陈某 1 的儿子陈某 2,并明确规定陈某 2 负有照顾其父陈某 1 生活的义务。陈某风还指定自己另外两个儿子陈某 3 和陈某 4,即陈某 1 的哥哥、陈某 2 的叔叔,负责监督陈某 2 履行义务,还在陈某 1 有生之年限制了陈某 2 转让企业股份,在陈某 1 住疗养院的生活费、护理费不到位的情况下,授权陈某 3、陈某 4 直接从陈某 2 在企业的收益中划扣。陈某风作为陈某 1 之父,对自己丧失行为能力的儿子今后的生活安排,不可谓不尽心。陈某风不仅没有剥夺陈某 1 继承权的意思,反而是考虑到陈某 1 的再婚妻子在他丧失行为能力后已经与其分居,且曾经起诉离婚的情况,为了不使其掌控陈某 1 的财产,才作出了上述安排。因此,该遗嘱不因剥夺无劳动能力又无其他生活来源的继承人的继承权而无效。

二审法院撤销一审判决,改判驳回了陈某 1 的诉讼请求。

【参考观点】

本案争议的实质问题是:陈某风的遗嘱是否因没有给丧失劳动能力又没有其他生活来源的法定继承人陈某 1 保留必要的遗产份额而无效。在二审法院审理过程中,曾经有过三种不同观点。

第一种观点是同意一审法院的观点,认为陈某风的遗嘱中,毕竟没有直接给丧失劳动能力又没有其他生活来源的陈某1保留必要的遗产。陈某风所作的处分,并不一定能够为陈某1今后的生活提供保障。只有真正将财产分割到陈某1的名下,才对陈某1最为有利,也才符合我国继承法的规定。

第二种观点则认为,根据《民法通则》第17条的规定,无民事行为能力人的监护人是其配偶。胡某艳是陈某1之妻,有权代理陈某1提起民事诉讼。在二人没有离婚、且陈某1的其他有监护资格的关系密切的亲属没有提出变更监护人的情况下,胡某艳代陈某1提出的诉讼请求合情合理,很难驳回。建议陈某2通过申请变更监护人的办法解决争议。只要陈某2提出这项申请,在变更监护人的必要程序没有完成前,继承诉讼应当中止审理。如果陈某2最终成为其父亲陈某1的法定监护人,则胡某艳的法定代理人资格就不复存在,胡某艳也就没有权利代理陈某1提起此项诉讼。

第三种观点即为二审法院判决所依据的观点,也是该院经研究形成的倾向性意见。我们认为,第三种观点更具有合理性。主要理由如下:

首先,陈某风所立遗嘱,充分考虑了其法定继承人中丧失行为能力的小儿子陈某1的利益,已经在遗产分配上为陈某1今后的生活提供了经济保障。陈某风了解陈某1的婚姻状况,特别是在陈某1因车祸丧失行为能力后不久,其妻胡某艳曾经起诉离婚并与陈某1分居,且从不过问陈某1的生活状况的事实,是促使陈某风将本欲留给陈某1的遗产,指定由陈某1之子陈某2继承的原因。其次,陈某风给陈某2 35%的公司股份,其数额超过了给自己其他两个儿子陈某3、陈某4的数额,主要目的仍是让陈某2更好地履行照顾其父陈某1的义务。陈某2作为遗嘱继承人继承陈某风的遗产是附有义务的,只不过继承所附的照顾其父亲陈某1的生活的义务,与陈某2依照我国《婚姻法》第21条第3款的规定,对父母所应承担的法定赡养义务是一致的。再次,为了保证陈某2有赡养其父陈某1的经济实力,陈某风还在遗嘱中对陈某2转让其通过继承所获得的家族企业股份作出了限制性规定,即在陈某1有生之年,限制陈某2转让上述股权份额。最后,陈某风还指定自己的另外两个儿子陈某3、陈某4监督陈某2是否及时支付了陈某1在疗养院的生活、护理费用,如果没有及时支付,授权陈某3、陈某4从陈某2所得的股权收益中直接划扣。纵观陈某风遗嘱的全部内容,应该看到陈某风作为父亲,为自己丧失行为能力的儿子所作的周密安排。从法律意义上说,这种安排没有剥夺无劳动能力又没有其他生活来源的法定继承人的继承权,遗嘱因为不违反法律而应当被认定有效;从情理上说,遗嘱所体现的一个父亲对儿子的舐犊深情,亦应得到尊重。那种仅仅根据遗嘱的文字表述,即认为陈某风的遗嘱剥夺了无劳动能力又没有生活来源的法定继承人的继承权,并因此认定陈某风的遗嘱无效的观点是错误的。同时,也应该看到,由于陈某1是无民事行为能力人,其诉讼是由胡某艳作为法定代理人代为提起的,驳回陈某1的诉讼请求本身,并不会损害其合法权益,也不会对其精神上造成伤害。

【最高人民法院民一庭意见】

判断遗嘱人所立遗嘱是否违反《继承法》第19条的规定,属于没有为缺乏劳动能力又没有生活来源的继承人保留必要的遗产份额,应当对遗嘱的实质内容进行分析。只要遗嘱人在处分遗产时为缺乏劳动能力又没有生活来源的继承人今后的生活作出了特别安排,即使形式上没有指定其继承遗产,亦不应当认定遗嘱人未保留缺乏劳动能力又没有生活来源的继承人的遗产份额。

第一千一百四十二条 【遗嘱的撤回与变更】遗嘱人可以撤回、变更自己所立的遗嘱。

立遗嘱后,遗嘱人实施与遗嘱内容相反的民事法律行为的,视为对遗嘱相关内容的撤回。

立有数份遗嘱,内容相抵触的,以最后的遗嘱为准。

【原《继承法》条文】

第二十条 遗嘱人可以撤销、变更自己所立的遗嘱。

立有数份遗嘱,内容相抵触的,以最后的遗嘱为准。

自书、代书、录音、口头遗嘱,不得撤销、变更公证遗嘱。

【修改说明】

将“撤销”改为“撤回”,“撤回”是对还未生效的意思表示予以撤回,使其不发生法律效力,而“撤销”是对已经生效的意思表示予以撤销,使其具有溯及力地消灭。遗嘱行为是死因民事法律行为,遗嘱在遗嘱人死亡时生效,遗嘱人只能在其死亡前即遗嘱生效前取消其意思表示,因此用“撤回”遗嘱更加准确。增加“视为对遗嘱相关内容撤回”的情形,即遗嘱人实施与遗嘱内容相反的民事法律行为。公证遗嘱与其他形式的遗嘱相比,具有证明力更强的特点,然而《继承法》赋予公证遗嘱在适用效力位阶上的优先性,不允许遗嘱人以其他形式的遗嘱撤回或者变更,存在使遗嘱人的最终意愿不能实现,不当限制遗嘱自由等弊端,有悖于遗嘱制度的宗旨,因而删除公证遗嘱效力优先的规定。

【立法・要点释义】

遗嘱的撤回是指遗嘱人在立遗嘱后又对该遗嘱加以取消。遗嘱的变更是指遗嘱人在立遗嘱后又对该遗嘱作出修改。遗嘱的撤回和变更产生的法律后果为遗嘱中被撤回、被变更的内容不发生效力。遗嘱人从立遗嘱到遗嘱生效的这段时间,可能会因种种原因,改变其当初立遗嘱时的意愿。法律允许并保障遗嘱人撤回、变更自己所立的遗嘱,是遗嘱自由原则的必然要求。

一些情况下,遗嘱人虽然没有以明示的意思表示撤回遗嘱,但是其行为已经表明撤回遗嘱时,应当承认遗嘱人具有撤回遗嘱的意思表示。第 2 款强调遗嘱人实施的行为是民事法律行为,如果遗嘱人的行为并非出于自己的意愿,例如因过失而导致其遗嘱处分的标的物灭失的,不构成对遗嘱的撤回。

【编者观点】

第 1 款规定了遗嘱的撤回与变更。遗嘱的作出无须他人受领,他人利益也不因遗嘱人的撤回而受损害,因此遗嘱人可自由撤回其遗嘱。"变更"实际上是对遗嘱部分内容的撤回。

第 2 款规定了遗嘱的推定撤回,此推定可被反驳。遗嘱人实施的相反民事法律行为最典型的是对遗嘱中处分的特定财产进行生前处分,但不限于处分行为,只要遗嘱人实施了负担行为,即使遗嘱所处分的财产权属尚未发生变动,亦认定遗嘱被撤回。还包括离婚、解除收养等身份行为,并可以目的性扩张适用于针对遗嘱及其处分财产的事实行为(如故意销毁遗嘱或将遗嘱处分的房屋拆除)以及准法律行为(如对遗嘱所处分债权对应债务人进行催告而产生生前清偿)。例如,甲把房子遗嘱继承给乙,又与丙订立买卖合同,是视为对遗嘱的撤回,还是遗嘱未撤回,买卖价金作为代位物继续继承?若无明确表示,应视为撤回,如此符合国人隐晦的行事风格,何况是无偿行为。如果立遗嘱人嗣后提起诉讼要求遗嘱继承人搬离遗嘱所处分的房屋并交还房屋产权证书,这一诉讼行为撤回遗嘱吗?综合考量其他情况,认可其相反行为性质亦无障碍。

还有一种相反行为类型为其他导致特定财产变动的法律事实,实践中常见情形如公司分立、合并导致立遗嘱人持有的股权发生变动,第三人或者意外事件导致财产灭失毁损,财产被征收或者征用等。原则上,只要财产变动不包含立遗嘱人的自愿行为,则无论特定财产发生多少次变动,抑或其权利形态发生了多少次变化,均适用代位规则,将遗嘱效力扩展至代位财产。理由在于,不能从立遗嘱人对财产灭失的沉默这一事实中推断出其有撤回遗嘱的意思表示,除法律规定而被拟制和基于当事人约定的特定意义而被推定外,沉默本身不具有意思表示的意义。司法实务中争议较大的是，房屋被征收或拆除，遗嘱是否视为撤回。否定观点认为，遗嘱中确定的原房屋继承人不能以原房屋被拆迁后所得补偿房屋或补偿款为原房屋的变更物主张继承。原因在于立遗嘱人以补偿协议形式同意将标的物拆迁，被视为以行为做出与立遗嘱相反的意思表示并导致标的物灭失，补偿金或产权调换房屋属于立遗嘱后新获得的财产。而肯定观点则认为，房屋拆迁属于物权置换的性质，并非变卖房屋，并不意味着被继承人对遗嘱的更改。

相反法律行为本身无须满足遗嘱的形式强制，可以附条件或期限。有观点认为，在相反法律行为无效时，需依具体无效类型，确定行为人是否存在实施该行为的真意。如存在，即使行为无效，仍应作相反法律行为处理。另有观点认为，如遗嘱人误将遗嘱当成其他文件而意外销毁，或者遗嘱人成为非完全民事行为能力人后销毁遗嘱，遗嘱人虽有外在的销毁行为，却无撤回或者变更遗嘱的意思存在，不应当认定产生撤回或者变更遗嘱的效力。

第3款规定前后遗嘱内容相抵触，若前后遗嘱内容全部抵触，则在前遗嘱被完全撤回；若只是内容部分抵触，仅导致在前遗嘱部分内容被撤回或变更。如果数份遗嘱内容并无抵触，应当认定数份遗嘱都有效。试举例如下，例一，第1份遗嘱规定住房由妻子继承，第2份遗嘱规定1/3住房由儿子继承。例二，第1份遗嘱规定住房由妻子继承，存款由儿子继承，第2份遗嘱规定住房由儿子继承。第一种处理方式是，在例一中，1/3住房由儿子继承，2/3住房法定继承；例二中，住房由儿子继承，存款走法定继承。第二种处理方式是，例一中，1/3住房儿子继承，2/3住房妻子继承；例二中，住房儿子继承，存款也由儿子继承。编者认为第二种处理方式更为合理。因内容相抵触，新遗嘱撤回旧遗嘱后，新遗嘱因某些原因无效或遗嘱人撤回新遗嘱，旧遗嘱效力是否自动恢复，司法实践中存在争议。

【相关立法】

《中华人民共和国民法典》（2021年1月1日施行）

第一百四十条 行为人可以明示或者默示作出意思表示。沉默只有在有法律规定、当事人约定或者符合当事人之间的交易习惯时，才可以视为意思表示。

第一百四十一条 行为人可以撤回意思表示。撤回意思表示的通知应当在意思表示到达相对人前或者与意思表示同时到达相对人。

【司法解释】

《最高人民法院关于适用〈中华人民共和国民法典〉时间效力的若干规

定》(法释〔2020〕15 号,2021 年 1 月 1 日施行)

第二十三条　被继承人在民法典施行前立有公证遗嘱,民法典施行后又立有新遗嘱,其死亡后,因该数份遗嘱内容相抵触发生争议的,适用民法典第一千一百四十二条第三款的规定。

【地方法院规范】

《北京市高级人民法院关于审理继承纠纷案件若干疑难问题的解答》(2018 年)

19. 共同遗嘱能否认定有效?在世一方能否单方撤销、变更共同遗嘱?

以夫妻双方名义共同订立的处理夫妻共同财产的遗嘱,符合遗嘱形式要件的应为有效。当事人仅以遗嘱内容为一方书写,不符合代书遗嘱相关形式要件为由请求认定遗嘱无效的,人民法院不予支持。

夫妻一方先死亡的,在世一方有权撤销、变更遗嘱中涉及其财产部分的内容;但该共同遗嘱中存在不可分割的共同意思表示,上述撤销、变更遗嘱行为违背该共同意思表示的除外。

20. 遗嘱所涉特定财产在继承开始前非因被继承人原因发生形态变化的,所涉部分之遗嘱能否被认为撤销?

遗嘱中所涉特定财产在继承开始前非因被继承人原因发生形态变化的,如损害赔偿等,被继承人未对形态变化后的财产安排再次作出遗嘱意思表示的,视为原遗嘱已撤销;但有证据表明被继承人客观上无法再次作出遗嘱意思表示的除外。

22. 最后一份遗嘱被撤销时在先遗嘱效力?

被继承人立有数份内容抵触的有效遗嘱,最后一份遗嘱被撤销的,在先的前一份遗嘱发生效力,但当事人对是否恢复在先遗嘱效力以及恢复哪一份遗嘱效力另有表示的除外。

被继承人立有数份内容抵触的有效遗嘱,最后一份遗嘱被认定无效时,在先的前一份遗嘱发生效力。

【法院参考案例】

罗某甲诉罗某乙、吴某某继承纠纷案——立遗嘱后个人财产状态发生变化的处理路径[《人民法院案例选》2022 年第 3 辑(总第 169 辑)]

【裁判要旨】

年迈老人订立遗嘱后,因逐渐丧失民事行为能力而无法修改遗嘱时,若遗嘱处分的标的物在继承开始前已灭失,就该灭失标的物部分的遗嘱,在继承开始后已无任何法律上的意义。法院在处理因该标的物灭失而产生的遗产纠纷时,应充分考虑遗嘱人最后的真实意思表示,综合考虑该标的物灭失的原因及后果,依法平衡遗嘱指定的已灭失标的物的继承人与其他继承人之间的权利,妥善处理作为灭失标的物替代物的遗产。

【基本案情】

法院经审理查明：原告父母罗某丙、彭某某婚后共有3个子女，分别是罗某丁、罗某乙、罗某甲。婚后，罗某丙取得了位于成都市金牛区人民北路一段8号1栋3单元41号的1套房屋，并通过参与房改取得了该房屋的所有权，该房屋登记在罗某丙名下。罗某丁于2000年去世，其婚生女为吴某某。2005年，罗某丙去世。罗某丙去世后直至2012年，彭某某与罗某甲及其家人共同居住在成都市金牛区人民北路一段8号1栋3单元41号房屋。五冶集团家委会出具证明，彭某某的生活均由原告罗某甲一人照料。2012年6月，因金牛区旧城改造，成都市金牛区人民北路一段8号1栋3单元41号房屋被纳入搬迁范围，该房屋经调换为位于成都市金牛区万担仓路2号1栋1单元12号楼6号面积为89.88平方米的房屋，同时，根据《人民北路一段6、8号院附条件协议搬迁补偿安置方案》的规定，因该房屋经调换后还产生各种政策性补偿、补贴、补助及各种奖励170601元，安置补助费(从2015年3月至2018年7月)140400元，爱心救助费3万元(该爱心救助费系对彭某某个人的补助)。上述费用已由罗某甲领走10万元。而位于成都市金牛区万担仓路2号1栋1单元12号楼6号房屋现因继承人间未达成一致而未能交付。2012年成都精卫司法鉴定所出具法医精神病鉴定意见书：证明彭某某有严重的智力残疾，为无民事行为能力人。同年，五冶家委会指定罗某甲为其母彭某某的监护人。2015年8月彭某某去世。

为证实自己的主张，罗某甲还向法院提交了1份《遗嘱》，该《遗嘱》的内容为：彭某某选择罗某甲赡养自己，并由罗某甲继承位于成都市金牛区人民北路一段8号1栋3单元41号房屋。该《遗嘱》的落款日期为2005年9月28日。罗某乙、吴某某对该《遗嘱》是否是彭某某本人书写提出异议，并申请进行司法鉴定，后法院委托成都联合司法鉴定就该《遗嘱》是否为彭某某本人书写进行鉴定。后鉴定机构于2019年7月17日作出鉴定意见，认为该《遗嘱》中所有的“彭某某”签名与样本材料中所有的“彭某某”签名均是同一人书写。据此，法院认定该《遗嘱》系彭某某本人作出。

【裁判结果】

四川省成都市金牛区人民法院于2019年9月16日作出(2018)川0106民初12193号民事判决：(1)基于拆除成都市金牛区人民北路一段8号1栋3单元41号房屋产生的剩余补偿金额341001元(含罗某甲已领取的10万元)由罗某甲享有；(2)基于拆除成都市金牛区人民北路一段8号1栋3单元41号房屋产生的取得位于成都市金牛区万担仓路2号1栋1单元12号楼6号房屋的权利，由罗某甲享有60%，由罗某乙、吴某某各享有20%；(3)驳回罗某甲的其他诉讼请求。

【裁判理由】

法院生效裁判认为:根据庭审查明的情况,本案中对罗某丙享有法定继承权的是彭某某、罗某甲、罗某乙、吴某某四人,对彭某某遗产享有法定继承权的是罗某甲、罗某乙、吴某某三人。在罗某丙未订立遗嘱的情况下,原位于成都市金牛区人民北路一段 8 号 1 栋 3 单元 41 号房屋,彭某某享有被拆迁房屋 62.5%的权利,罗某甲、罗某乙、吴某某各享有被拆迁房屋 12.5%的权利。法院认定罗某甲所提交的《遗嘱》系彭某某的真实意思表示,但在彭某某去世之前,其遗嘱所处分的被拆迁房屋已经灭失,根据《继承法意见》第 39 条规定,彭某某的《遗嘱》视为被撤销。根据查明的事实,在 2012 年拆迁之时,彭某某已经存在意识不清的情况,而罗某甲则被社区指定为彭某某的监护人,同时,罗某甲作为持有《遗嘱》之人代彭某某同意将《遗嘱》处分的被拆迁房屋处分的行为,系处分了他人财产权利,现罗某乙、吴某某未提出异议,仅能视为其对罗某甲处分其权利的追认,不能代表其认可诉争被拆迁房屋取得的各项权利应当由罗某甲全部继承。

但不能否认的是,从 2005 年罗某丙去世之后,罗某甲尽到了对彭某某的赡养义务,因此罗某甲对于彭某某的遗产有权多分。综上所述,法院酌情确认,拆迁补偿款剩余的部分由罗某甲享有,而诉争房屋由罗某甲享有 60%的权利,由罗某乙、吴某某各享有 20%的权利。

第一千一百四十三条　【遗嘱无效的情形】无民事行为能力人或者限制民事行为能力人所立的遗嘱无效。

遗嘱必须表示遗嘱人的真实意思,受欺诈、胁迫所立的遗嘱无效。

伪造的遗嘱无效。

遗嘱被篡改的,篡改的内容无效。

【立法·要点释义】

遗嘱除了需要符合法律规定的形式方面的要求以外,遗嘱的有效还需要具备民事法律行为有效的条件,既包括总则编规定的一般条件,也包括继承编规定的特别条件。继承编规定在下列情形下遗嘱无效:(1)遗嘱人不具有遗嘱能力。遗嘱能力是指自然人依法享有的可以用遗嘱形式处分个人财产的能力或资格,只有具有完全民事行为能力的人才可以立遗嘱。(2)遗嘱并非遗嘱人真实的意思表示,一是遗嘱必须出于遗嘱人的自愿,本法第 148 条、第 150 条赋予受欺诈方、受胁迫方以撤销权,撤销权针对的是已经生效的民事法律行为,使其具有溯及力地消灭,但是遗嘱自被继承人死亡时生效,已经死亡的遗嘱人无法撤销其有瑕疵的意思表示,因此受欺诈、胁迫所立的遗嘱无效。二是遗嘱的内容真实可靠,伪造的遗嘱、遗嘱被篡改的内容属于虚假的遗嘱,遗嘱人并未作出相应的意思表示。伪造的遗嘱全部无效;篡改是在真实遗嘱的基础上对遗嘱的部分内容进行改动,由于遗嘱的内容可能是多方面的,各项内容之间可以互相独立,因此遗嘱被篡改的内容无效,未被篡改的内容仍然有效,体现了对遗嘱人真实意思表示的尊重。

【编者观点】

遗嘱无效事由不限于本条规定,包括主体不适格(遗嘱人立遗嘱时具有遗嘱能力)、意思表示不真实(胁迫、欺骗、伪造、篡改遗嘱)、欠缺形式要件(遗嘱形式应符合法律要求,程度不同对效力影响也不同,不必然导致无效)、内容违法或背俗(遗嘱不得违反法律禁止性规定和公序良俗;不得违反必留份要求、保留胎儿应继份额要求)、与遗赠扶养协议抵触等瑕疵,原则上还可适用《民法典》总则编关于法律行为无效的规定。

第2款规定受欺诈、胁迫所立遗嘱无效,区别于第148—150条关于欺诈、胁迫导致法律行为可撤销的规定。原因在于遗嘱效力争议往往发生在继承开始以后,遗嘱人此时已经死亡,无从请求撤销。有观点认为,由于受益人通常纯获利益,不值得特别保护,故即使第三人实施欺诈、胁迫,且受益人并不知情,亦不妨碍将遗嘱作无效评价。裁判观点认为,若欺骗胁迫的行为或内容与遗嘱的订立无关,遗嘱仍认定为有效。例如张某3等三人在李某立遗嘱时隐瞒了张某7已去世的消息,但李某所立遗嘱的财产处分未涉及张某7,故张某7去世与否不影响李某处分其遗产的真实意思表示。

立遗嘱是高度人身性质的行为,不得委托代理,不得将效力依附于配偶的同意,禁止授权第三人撤销或变更遗嘱;也不得将决定权委诸第三人,有争议的是可否由第三人自由选择受益人或标的,例如遗嘱指定孤儿院负责人选出10个孤儿,每人获得一定金额遗产。

【相关立法】

《中华人民共和国民法典》(2021年1月1日施行)

第一百四十三条 具备下列条件的民事法律行为有效:

(一)行为人具有相应的民事行为能力;

(二)意思表示真实;

(三)不违反法律、行政法规的强制性规定,不违背公序良俗。

第一百五十五条 无效的或者被撤销的民事法律行为自始没有法律约束力。

【司法解释】

1.《最高人民法院关于适用〈中华

人民共和国民法典〉继承编的解释(一)》(法释〔2020〕23 号,2021 年 1 月 1 日施行)

第二十六条①　**【遗嘱处分他人财产部分无效】**遗嘱人以遗嘱处分了国家、集体或者他人财产的,应当认定该部分遗嘱无效。

第二十八条②　**【遗嘱人立遗嘱时的民事行为能力与遗嘱效力的关系】**遗嘱人立遗嘱时必须具有完全民事行为能力。无民事行为能力人或者限制民事行为能力人所立的遗嘱,即使其本人后来具有完全民事行为能力,仍属无效遗嘱。遗嘱人立遗嘱时具有完全民事行为能力,后来成为无民事行为能力人或者限制民事行为能力人的,不影响遗嘱的效力。

2.《最高人民法院关于适用〈中华人民共和国民事诉讼法〉的解释》(法释〔2022〕11 号修正,2022 年 4 月 10 日施行)

第一百零九条　当事人对欺诈、胁迫、恶意串通事实的证明,以及对口头遗嘱或者赠与事实的证明,人民法院确信该待证事实存在的可能性能够排除合理怀疑的,应当认定该事实存在。

【法院参考案例】

1. 张某军诉蔡某珍遗赠纠纷案——遗嘱有效性审查[《人民法院案例选》2013 年第 3 辑(总第 85 辑)]

【裁判要点】

根据《继承法》规定,公民可以依照该法规定立遗嘱处分个人财产,可以立遗嘱将个人财产赠给国家、集体或者法定继承人以外的人。但遗嘱人所立遗嘱中就遗产继承设定的约束内容有违法律规定,该遗赠应属无效。

【基本案情】

法院经审理查明:张祥某与张某生婚后先后生育长女张宝妹、长子张胜某。张某生病故后,张某仁入赘与张祥某再婚,并生育儿子张建某。张胜某与张建某系同母异父的兄弟关系。母亲张祥某于 1994 年 8 月去世,张建某之父张某仁于 2004 年 11 月去世。1994 年 5 月蔡某珍与张建某以夫妻名义共同生活,于 2006 年 10 月 31 日办理结婚登记手续,双方未生育子女。张建某已于 2006 年 12 月 4 日病故,生前与蔡某珍共同居住在锡山区东港镇港下社区张巷上 10 号 3 间 2 层楼房和张巷上 9 号的 3 间平房内。张建某于 2006 年 11 月 19 日在病重期间书写遗书 1 份,载明:“我去世后,东面 3 间楼房使用权归我妻蔡某珍,西面 3 间平房也归我妻蔡某珍安身之处,如我妻蔡某珍今后嫁人,3 间平房归我侄子张某军所有。”在遗书上有蔡某珍、张胜某、兄长朱某法、姐夫孙某德、蔡某东等作为见证人签名。遗书中所列张某军系张胜某之子、

① 对该条的注释详见附录四第 1209 页。
② 对该条的注释详见附录四第 1215 页。

张建某之侄子。

另查明：蔡某珍与张坚平于 2007 年 6 月 12 日登记结婚，于 2007 年 10 月对 3 间平房进行修缮和墙面粉饰，2008 年 4 月生育 1 女，同年 11 月在该平房内为女儿举办“百日酒”。

【裁判结果】

无锡市锡山区人民法院于 2013 年 1 月 9 日作出（2012）锡法湖民初字第 0307 号民事判决驳回张某军诉讼请求。宣判后，张某军提起上诉，在二审期间申请撤回上诉，2013 年 4 月 28 日无锡市中级人民法院准许张某军撤回上诉，原审判决即发生法律效力。

【裁判理由】

法院生效判决认为：公民可以依法立遗嘱处分个人财产。本案中张建某亲笔书写遗书及签名、注明年、月、日，并经数名见证人见证签名，就其居住的房产予以处分，故其书写的遗书为自书遗嘱。公民立遗嘱将个人财产赠给国家、集体或者法定继承人以外的人，为遗赠。张某军系张建某之侄子，属于法定继承人以外的人，其诉讼主张基于遗赠法律关系而提出，故本案案由应为遗赠纠纷。张某军在本案中提起的诉讼主张涉及 2 处房产，即张巷上 9 号 3 间平房与张巷上 10 号 3 间 2 层楼房，本案的争议焦点是上述两处房产是否应归张某军所有。

关于张巷上 10 号 3 间 2 层楼房，因张建某书写的遗书中涉及遗赠的部分为张巷上 9 号 3 间平房，而张巷上 10 号 3 间 2 层楼房并未列入遗赠的范围，张某军也非张建某的法定继承人，也不存在代位继承、转继承等情形，故张某军要求判令张巷上 10 号 3 间 2 层楼房归其所有的诉讼请求，无法律依据，本院不予支持。关于张巷上 9 号 3 间平房，因张建某所立遗嘱中就该处遗产的继承设定了约束内容，即“如我妻蔡某珍今后嫁人，3 间平房归我侄子张某军所有”，该约束内容有违法律规定，故涉及遗赠的内容无效，张某军无受遗赠权，理由如下：婚姻自由是我国《宪法》规定的一项公民基本权利，是我国《婚姻法》规定的基本婚姻制度，具体而言体现为婚姻自主权这一人格权利，即自然人有权在法律规定的范围内，自主自愿决定本人的婚姻，不受其他任何人强迫与干涉。张建某去世后，蔡某珍是否再婚应完全由蔡某珍自行决定，如蔡某珍选择再婚也是人之常情，故张建某立下遗嘱但设定了约束内容，限制蔡某珍的婚姻自由，违反了有关婚姻自由的法律规定，故张建某所立遗嘱中“如我妻蔡某珍今后嫁人，3 间平房归我侄子张某军所有”的内容应属无效，即张某军受遗赠的内容无效。

需要指出的是，即使张建某的遗赠行为有效，根据法律规定，受遗赠人应当在知道受遗赠后 2 个月内，作出接受或者放弃受遗赠的表示。到期没有表示的，视为放弃受遗赠。本案中张建某死亡后，蔡某珍与张某平于 2007 年 6 月起在原蔡某珍与张建某共同生活的房屋中结婚、共同生活、修缮房屋，且于2008 年 11 月生育女儿举办“百日酒”。张某军作为遗书持有人并居住在同村，应当知道张建某遗产内容中其受遗赠的“条件”成就，但张某军未举证证明其在“条件”成就后 2 个月内作出接受遗赠的表示，亦应视为放弃受遗赠。综上，张某军在本案中的诉讼主张，无法律依据，法院不予支持。

2. 简某权诉简某广、简某芳、简某云、简某娟遗嘱继承纠纷案［《民事审判指导与参考》2019 年第 1 辑（总第 77 辑）］

【案情简介】

罗某英于 2003 年 9 月 12 日去世，其父母先于罗某英去世。简某权和简某广、简某芳、简某云、简某娟均为第一顺序法定继承人。根据被继承人罗某英户籍和身份资料显示，罗某英于 1931 年 12 月出生，文化程度：小学。

2002 年 8 月 9 日，罗某英写下《遗言》1 份：“我本人过身后，原意将现住房屋产权留给四仔简某权，三女简某云有居住权，房屋不能出租或出卖，如有变动需经五儿女签名同意；本人余下现金首饰留给五儿女平分……”

被继承人罗某英生前一直与原告简某权一家共同居住在涉案房屋，现简某权仍在该房屋居住。简某权名下没有其他房屋。其他四被告婚后（简某广：1981 年；简某芳：1981 年；简某云：1987 年；简某娟：1995 年）陆续搬出涉案房屋。

原告简某权据《遗言》依法要求继承上述房产全部所有权，遭简某广、简某芳、简某云、简某娟拒绝，遂成诉。四被告辩称：罗某英没有将处分权给简某权，且从罗某英的文化水平及当时的生活环境看，其生活的年代对户籍非常看重，平时“担心简某权一家没有地方挂户口”，故罗某英所说的产权仅仅是给简某权一家挂户口的地方，而不是真正意义上的产权。

【裁判结果】

一审法院经审理认为，从《遗言》的表述上分析，该房屋的处分权必须由原、被告五人同意才能够行使，即原告不享有单独的处分权。没有单独的处分权，也就不具备对该房产的完全物权即所有权。因此，对被告主张“罗某英所说的产权仅仅是给简某权一家挂户口的地方，而不是真正意义上的产权”之抗辩意见予以采纳，《遗言》所涉房屋应当按照法定继承处理。据此判决原告与四被告各继承 1/5 的产权。

二审法院经审理认为，罗某英将涉案房屋产权遗留给四儿子简某权的意思表示是清晰明确的，其关于三女简某云有居住权、未经同意不能出租或出售等只是遗嘱附有的义务，系对继承人所有权的限制，而不是对所有权的否定，不足以推断出四被告所抗辩的只是给原告简某权一家挂靠户籍的意思。简某权上诉主张其应享有涉案房屋的全部所有权份额有理，应予支持。需要指出的是,简某权继承涉案房屋的所有权时,需尊重被继承人罗某英生前遗愿,履行《遗言》所确定的简某云有居住权及未经简某广、简某芳、简某云、简某娟同意不得对涉案房屋出租或出售之义务。遂判决:涉案房屋的全部所有权份额由简某权继承。

【参考观点】

第一种观点认为,由于所有权是指所有人对自己的不动产或者动产,依法享有占有、使用、收益和处分的权利,其中处分权是所有权的核心内容。从《遗言》中“愿意将现住房屋产权留给四仔简某权,三女简某云有居住权,房屋不能出租或出卖,如有变动需经五儿女签名同意”的表述上分析,该房屋的处分权必须由简某权、简某广、简某芳、简某云、简某娟五人同意才能够行使,即简某权不享有单独的处分权。没有单独的处分权,也就不具备对该房产的完全物权即所有权。因此,罗某英的《遗言》并非将涉案房屋指定由简某权一人继承,应当按照法定继承处理,由作为第一顺序法定继承人的五个子女平等地继承,即各享有 1/5 的产权。一审法院持这一观点。

第二种观点认为,遗嘱的解释应探寻被继承人的内心真意,力求符合遗嘱愿望,而非仅仅因遗嘱存在个别错误或部分歧义而轻易否定其效力。从《遗言》的文义来看,罗某英将涉案房屋产权遗留给四儿子简某权的意思表示是清晰明确的。《遗言》对继承人继承房屋所有权所附的相关限制性条件,不足以否定被继承人罗某英通过遗嘱方式将涉案房屋的产权给予简某权的意愿。且亦不符合《继承法》第 22 条关于遗嘱无效的法定情形。四儿子简某权主张其应享有涉案房屋的全部所有权份额有理,应予以支持。二审法院持这一观点。

我们同意第二种观点。

(一)遗嘱解释的目的和规则

《继承法》对遗嘱的解释规则未作规定,相关的学术研究成果亦如凤毛麟角。① 与此形成鲜明对比的是,立法及学界关于合同等双方法律行为的解释规则较为全面,论著亦较为丰富。遗嘱解释是正确理解遗嘱人的意思、执行遗嘱、法院裁判的前提。为避免实践中案件审判的混乱,遗嘱解释急需在理论上予以厘清。我们认为,遗嘱作为一种单方的、无须受领的法律行为,与合同等双方法律行为存在本质区别,因此,遗嘱解释的目的和规则应与合同解释进行区分,避免简单地将合同等双方法律行为的解释规则直接适用于遗嘱解释。探求遗嘱人内心真意应为遗嘱解释的

---

① 以“遗嘱解释”为关键词在中国知网上检索,期刊论文仅有 3 篇文章:郭明瑞、张平华的《遗嘱解释的三个问题》,梁分的《遗嘱解释应坚持“区别说”》和《关于未来〈民法典继承编〉中应规定遗嘱解释规则的探讨》。著作方面亦不多见,仅有陈棋炎、黄宗乐、郭振恭的《民法继承新论》以及张平华、刘耀东的《继承法原理》。

首要原则，并在此前提下适用如下具体规则：文义解释规则、整体解释规则、错误不害真意规则、尽可能使遗嘱有效规则、利益平衡规则。

1. 遗嘱解释目的

在现代民法上，遗嘱是遗嘱人生前在法律允许的范围内，按照法律规定的方式对其遗产或其他事务所作的个人处分，并于遗嘱人死亡时发生效力的单方法律行为。遗嘱行为是一种典型的要式行为、死因行为、单方无相对人的行为，系遗嘱人通过自己的意思表示的内容来决定遗嘱的法律效果。因此，首先应对遗嘱解释与合同解释的目的进行区分：合同属于有相对人的意思表示，为顾及相对人了解的可能性、平衡表意人与相对人之间的利益，应以探求表示行为的客观意义为目标。相反，作为没有相对人的意思表示，遗嘱解释应以探求表示行为的主观意义为准，既非取决于某个特定的受领人的理解可能性，也不取决于遗嘱人针对多数人的理解可能性，而原则上以遗嘱自行所指的内容，即遗嘱解释以探求遗嘱人内心意思为准①。尤其是遗嘱出现个别错误或模糊歧义时，对遗嘱的解释应以探寻遗嘱人内心真意为目标，力求确认遗嘱的效力。轻易否认遗嘱的效力，适用法定继承处理被继承人的遗产，无疑是对遗嘱人意思（遗嘱人合法权利）的漠视，亦同遗嘱制度的本质特征以及现代民法的基本原理背道而驰。而且，我国自古就有"死者为大（尊）"以及"人之将死，其言也善"的传统观念。所以，探求遗嘱人内心真意，维护和执行遗嘱人的遗愿，是近亲属们义不容辞的任务，也是人民法院在审理此类案件中应遵循的首要原则。

2. 遗嘱解释规则

借鉴域外相关立法例和理论成果，结合我国民法及继承法的基本原理，我们认为，在以探寻遗嘱人内心真意为目的的前提下，遗嘱解释宜适用如下具体规则：第一，文义解释规则，即对遗嘱的法律文本的字面含义进行解释。这一规则又派生出"扶手椅规则"，即当对遗嘱进行解释的时候，解释者此时应当想象自己就是那个安静地坐在扶手椅中订立遗嘱的人。直接将语言学家给这个词语所作的定义予以解释，常有悖于遗嘱人的遗愿。此即文义解释的主观性，该特点明显区别于合同解释，其目的在于保护遗嘱人，而非保护误认的继承人（或第三人）。第二，整体解释规则，即对遗嘱内容的各部分相互进行解释，从而保持遗嘱逻辑上的一体性，并澄清可能存在的歧义。很多立法例都明确规定了整体解释方法，如《澳门民法典》第2024条第1项规定：对遗嘱之规定作出解释时应根据遗嘱之上下

---

① 参见［德］卡尔·拉伦茨：《德国民法通论》，王晓晔等译，法律出版社2003年版，第471页；［日］四宫和夫：《日本民法总则》，唐晖等译，台湾地区五南图书出版公司1995年版，第32页。

文而采纳最符合遗嘱人意思之解释。第三,尽可能使遗嘱有效规则,即当遗嘱可能面临成立或不成立、有效或无效解释时,尽可能解释为成立、有效。因为,没有人订立遗嘱是希望让该遗嘱归于无效。北京市曾有统计数据显示:60%的遗嘱被判定无效或部分无效①,这显然与长期以来不重视遗嘱人的意思自治,相关的遗嘱解释规则缺如相关。第四,利益平衡规则,即在遗嘱解释出现多个解释结果时,应当结合遗嘱文本,综合考虑实质公平、家庭和谐、养老扶幼、保护弱者的价值取向。美国大法官本杰明·N·卡多佐认为,法律的实效要求法官在判案中,绝对离不开对社会因素的考虑;只有将司法与社会实际需要紧密结合,才能体现司法的本质与目的②。司法裁判中对遗嘱的解释也同样如此。只是,这种利益平衡往往在裁判文书中没有明述,但其隐含的价值衡量在最终处理结果中必然有所体现。

(二)本案的处理思路

被继承人罗某英自书《遗言》中对于涉案房屋的处分,有一定的歧义。一方面,其明确将涉案房屋的产权(所有权)遗留给四儿子简某权,另一方面,在遗嘱中又对该所有权中的核心权能——处分权予以限制,即未经其他四位继承人的同意,不得出租或出售。能否据此否认遗嘱的效力,进而适用法定继承,这既是双方当事人诉辩的焦点,也是一、二审法院的分歧所在。我们认为,《遗言》中关于三女简某云有居住权、未经同意不能出租或出售等只是遗嘱附有的义务,系对继承人所有权的限制,而不是对所有权的否定。理由如下:首先,从文义解释来看,罗某英在《遗言》中将涉案房屋产权遗留给四儿子简某权的意思表示是清晰明确的。其次,从整体解释来看,《遗言》中关于涉案房屋的表述,全文并无转折或但书,具有逻辑上的一体性,结合罗某英的年龄及文化程度,因此,法院最后认定《遗言》中"原意"为笔误,实际应系"愿意"之义。再次,从目的解释来看,应坚持以探寻被继承人的内心真意为首要目标,力求符合遗嘱愿望,不能仅因遗嘱存在部分歧义而轻易否定其效力。本案《遗言》中对继承人所有权(主要是处分权)所附之义务,应解释为限制条件而非否定条件。原审法院仅根据《遗言》中有对继承人所有权附有限制条件而否认被继承人罗某英通过遗嘱方式将涉案房屋的产权给予简某权的意愿,从而不确认《遗言》的效力,并据此对本案适用法定继承处理,显然与罗某英立遗嘱的内心真意不符。最后,从利益平衡角度来看,遗嘱解释应结合遗嘱

---

① 王志永:《60%的遗嘱被宣告无效》,载《北京日报》2006年11月2日。

② [美]本杰明·卡多佐:《司法过程的性质》,苏力译,商务印书馆1998年版,第16—17页。

文本,综合考虑家庭和谐、养老扶幼、保护弱者的价值取向。将涉案房屋判令归简某权所有,体现了对被继承人对条件最差的四儿子简某权舐犊之情的确认。虽然,这种利益平衡在裁判文书中没有明述,但其隐含的价值衡量在案件的处理结果中已然体现。

【最高人民法院民一庭意见】

遗嘱是典型的要式行为、死因行为、无相对人的单方法律行为,与合同等双方法律行为存在本质区别,故遗嘱解释不同于一般的合同解释。被继承人立遗嘱的本意是希望其所立的遗嘱能够生效,并能够按照遗嘱人的真意来处理遗产。因此,遗嘱的解释应探寻被继承人的内心真意,力求符合遗嘱愿望,而非仅仅因遗嘱存在个别错误或部分歧义而轻易否定其效力。

第一千一百四十四条　【附义务的遗嘱继承或遗赠】遗嘱继承或者遗赠附有义务的,继承人或者受遗赠人应当履行义务。没有正当理由不履行义务的,经利害关系人或者有关组织请求,人民法院可以取消其接受附义务部分遗产的权利。

【原《继承法》条文】

第二十一条　遗嘱继承或者遗赠附有义务的,继承人或者受遗赠人应当履行义务。没有正当理由不履行义务的,经有关单位或者个人请求,人民法院可以取消他接受遗产的权利。

【修改说明】

将“个人”改为“利害关系人”;增加“附义务部分”,将可以取消接受的遗产范围界定得更为明确。

【立法 · 要点释义】

附义务的遗嘱继承或者遗赠,是指遗嘱继承人或者受遗赠人在继承遗嘱人的财产时需要履行遗嘱人对其附加的特定义务,否则其接受附义务部分遗产的权利可能被法院取消的遗嘱继承或者遗赠。这种义务既可以是作为的义务,也可以是不作为的义务。不仅能充分发挥遗嘱人财产的价值,还能让遗嘱人的遗愿得以实现,充分尊重遗嘱人的意思表示。

遗嘱继承人或者受遗赠人履行遗嘱所附义务的前提为接受继承或者遗赠,如果放弃继承或者受遗赠,则没有履行该义务的责任。不履行遗嘱所附义务的法律后果为法院取消其接受附义务部分遗产的权利。由于遗嘱生效时遗嘱人已经死亡,为了保障遗嘱中所附义务的履行和遗嘱人意愿的实现,需要由相关主体监督义务人履行相应义务。法定继承人、遗嘱执行人、因遗嘱所附义务的履行而受益的自然人和组织等利害关系人或者有关组织可以向法院申请取消义务人接受遗产的权利。

【编者观点】

遗嘱为遗嘱继承人或受遗赠人创设的义务与遗产的取得存在牵连,但继承人接受继承或受遗赠人接受遗赠不属于承诺,附义务遗嘱也并非双务合同。义务在本质上为负担,不同于附条件的遗嘱,所附义务是否履行都不影响遗嘱本身的效力。附义务的遗嘱自遗嘱人死亡时发生效力,而非取决于继承人或受遗赠人履行义务的时间,不履行义务也不会导致遗嘱当然失效以及继承人或受遗赠人的资格消灭,只是在继承人或受遗赠人无正当理由不履行义务的情形下,经利害关系人或者有关组织请求,人民法院可以取消其接受附义务部分遗产的权利。依限定继承原则,接受继承或遗赠,并不意味着继承人或受遗赠人愿意承担超过其受益范围的义务。所附义务不能违反法律的强制性规定和公序良俗,例如遗嘱人不能设定受遗赠人不得再婚的义务。

有观点认为,当遗嘱所附义务履行不能时,附义务部分的遗产根据法定继承进行分配。当遗嘱所附义务仍可履行时,如果遗嘱继承人、受遗赠人没有正当理由不履行的,遗嘱人的继承人或遗嘱执行人享有履行请求权,有权请求遗嘱继承人、受遗赠人在合理期间内继续履行义务或者向法院申请强制执行。人民法院作出取消不履行遗嘱附加义务的遗嘱继承人或者受遗赠人接受附义务部分遗产的权利的决定后,依法定继承处理遗嘱人的相应遗产;或者由提出请求的继承人或受益人按遗嘱人的意愿履行义务并接受遗产。

【司法解释】

《最高人民法院关于适用〈中华人民共和国民法典〉继承编的解释(一)》(法释〔2020〕23号,2021年1月1日施行)

第二十九条① **【附义务遗嘱或遗赠无正当理由不履行该义务的法律后果】**附义务的遗嘱继承或者遗赠,如义务能够履行,而继承人、受遗赠人无正当理由不履行,经受益人或者其他继承人请求,人民法院可以取消其接受附义务部分遗产的权利,由提出请求的继承人或者受益人负责按遗嘱人的意愿履行义务,接受遗产。

【法院参考案例】

1. 程某甲诉程某乙、程某丙等共有物分割纠纷案——遗嘱自由与被继承人滥用财产权的界定[《人民法院案例选》2020年第9辑(总第151辑)]

【裁判要旨】

被继承人享有遗嘱自由,可订立附

---

① 对该条的注释详见附录四第1216页。

义务遗嘱。继承人通过遗嘱继受取得遗产,应受遗嘱限制。但遗嘱自由并非绝对自由,如果被继承人订立的遗嘱过分限制了物的效用,导致遗产成为没有活力的"僵尸财产",应当认定被继承人滥用财产权,遗嘱相关内容不具有法律效力,仅对继承人产生道德情感约束。

【基本案情】

法院经审理查明:程某甲与程某乙、程某丙、程某丁均系被继承人程某戊与艾某某的子女。艾某某、程某戊生前留有案涉房屋 1 套,二人分别于 2003 年、2014 年死亡。程某戊于 2000 年 11 月 27 日书写的《关于购房的一些想法和几点意见》中载明:"……这房子任何时候都不要变卖、不要租赁、不要作抵押用,这房子就称是程家的老屋留着它。因为这房子它凝聚着我和某文革命一生的心血,它是来之不易的……这房子的原承租人是我和艾某某,但这房子在购买时是我大女儿程某甲出资购买的,且根据历史情况她和她的儿女均一直和我们一起生活,因此,当我和某文离世后,这房子就归程某甲继承。"艾某某在文末签名并写同意。2012 年 8 月 23 日,程某戊办理公证遗嘱 1 份,载明:"我的住房等等遗物,均由程某甲、程某乙、程某丙、程某丁四人平均分配,各得 25%。"程某甲曾于 2014 年将程某乙、程某丙、程某丁诉至一审法院,要求继承案涉房屋。经两审和申请再审审查后,生效判决确认:案涉房屋由程某甲继承 5/8 份额,程某乙、程某丙、程某丁各继承 1/8 份额。

本案中,双方均确认案涉房屋现处于空置状态,父母安葬在江苏省南京西天寺陵园。程某丙称其每个月会到案涉房屋拖地、浇花,并称程某甲没有房屋钥匙。程某甲因投资失败,与兄弟姐妹商量分割房屋不成,提起本案诉讼。诉讼中,程某甲称其现没有经济能力购买程某乙等三人对案涉房屋所享有的份额,程某乙等三人则称不愿意购买程某甲的份额。

【裁判结果】

江苏省南京市鼓楼区人民法院于 2018 年 11 月 28 日作出(2018)苏 0106 民初 10029 号民事判决:驳回程某甲的诉讼请求。

宣判后,程某甲不服原审判决,提起上诉。江苏省南京市中级人民法院于 2019 年 4 月 17 日作出(2019)苏 01 民终 965 号民事判决:(1)撤销一审民事判决;(2)自本判决生效之日起,程某甲可向法院申请拍卖、变卖案涉房屋,所得价款由程某甲享有 5/8,程某乙、程某丙、程某丁各享有 1/8。

【裁判理由】

法院生效裁判认为:本案争议焦点是案涉房屋是否应予拍卖、变卖并分割价款。首先,虽然双方系通过遗嘱继受取得案涉房屋,但该四人作为所有权人依法有权对物进行基本的利用并受益。其次,被继承人在遗嘱中提出案涉房屋"任何时候都不要变卖、不要租赁、不要作抵押用”,从文义可见,该意思表示所作的要求限制了案涉房屋所有权项下的收益、处分权能;如本案所示,在共有人存在争议的情况下,该房屋所有权项下的占有、使用权能也实际受限。故可见,案涉遗嘱限制了该房屋作为物所应具有的效能,各共有人对房屋不能实现基本的利用,艾某某与程某戊通过该房屋想要寄托的初衷亦无法实现。据此,艾某某与程某戊对房屋继承人所作的约束应属于道德情感约束,不能亦不应对继承人起到法律上的约束力。一审判决适用法律不当,二审法院予以纠正。双方当事人按份共有案涉房屋,且并未约定不得分割,现程某甲要求分割,应予准许。因双方均不同意折价买入对方份额,故上诉人要求将案涉房屋进行拍卖、变卖,所得价款由双方根据份额分割的主张,于法有据,予以支持。

本案系家事案件。双方围绕案涉房屋先后产生多个诉讼,亲情裂痕不断加深,乃至不相往来。现双方均年岁较长,应以亲情为重,深刻理解父母希望子孙后代团结和谐的期望,不囿于特定空间,抓紧把握眼下时间,勠力同心,这才是对父母最好的慰藉。尤其是程某甲作为长女,更应主动采取措施缓和、修复与弟弟妹妹的关系;程某乙、程某丙、程某丁则应理解姐姐程某甲在父母购入案涉房屋时所作的牺牲与贡献。

2. 顾甲A、顾甲B、顾甲C诉顾乙B、顾甲D等遗嘱继承纠纷案——遗嘱义务与法定义务的位阶比较(人民法院案例库 2023-16-2-030-002)

【裁判要旨】

(1)我国《继承法》将附义务的遗嘱作为公民处分其遗产的一种重要方式列入遗产继承制度中,从法律上肯定了附义务遗嘱的地位和作用。案涉代书遗嘱为附义务遗嘱,亦属于附义务的民事法律行为。该义务施加是单方意思表示,无须与对方协商,也无须征得对方同意,相对人只存在接受与不接受的选择权,义务具有强制性,如果相对人不履行义务,其享有的权利可能被撤销。

(2)我国《继承法》等都规定了成年子女有赡养扶助父母的义务。子女赡养父母是法定义务,但父母在遗嘱中明确由哪个儿女赡养是父母的自由,指定赡养人并不免除其他子女的赡养义务。对于立遗嘱人的赡养义务,出现了法定义务和遗嘱义务并存的情况。从义务性质来看,遗嘱义务应当具有优先性,而法定义务则具有兜底补充性。根据《继承法》的相关规定,遗嘱对于遗产的处置要优先于法律的默示处置规则。因此,只有在遗嘱继承人无力承担赡养义务的前提下,其余法定继承人方才承担赡养义务。从遗嘱制度的设立初衷来看,遗嘱制度旨在体现立遗嘱人的意愿,保护其对自有财产的支配权。从案涉遗嘱内容来看,立遗嘱人之意愿并非由全部法定继承人对其承担赡养义务。从权利义务一致原则来看,其余两位非遗嘱继承人未获得继承收益，如仍让其负担丧葬费不符合权利义务一致的原则。而四位遗嘱继承人所负担的遗嘱义务亦明显小于其所享有的继承利益。

【基本案情】

被继承人顾某某与沈某 1 系配偶，两人生育顾甲 A、顾甲 B、顾甲 C、顾甲 E、顾乙 B、顾甲 D、顾甲 F 等 7 个子女。沈某 1 于 1996 年 5 月 14 日报死亡；顾某某于 2017 年 12 月 15 日死亡。上述两人死亡时，其父母均已分别先于该两人死亡。顾甲 F 于 2013 年 10 月 4 日死亡，其配偶为沈某 2，两人未生育子女。案外人顾甲 G 系顾甲 D 之女。2018 年 6 月 1 日，被申诉人顾甲 A、顾甲 B、顾甲 C 共同向上海市徐汇区人民法院提出诉讼，请求：本市冠生园路×××弄×××号×××室房屋（以下简称×××室房屋）中属于被继承人顾某某的 2/3 份额由三原告及被告顾甲 D 均等继承；继承方式上要求按份共有，不要求实际分割房屋。

一审法院查明：×××室房屋产权于 2000 年登记于顾甲 F、顾丙名下（共同共有），后于 2009 年 5 月 25 日变更登记于顾甲 F、顾丙、顾某某名下（共同共有）。顾甲 F 死亡后，其配偶沈某 2 作为原告至一审法院提起分家析产、遗嘱继承纠纷诉讼，一审法院于 2016 年 7 月 22 日作出（2015）徐民一（民）初字第 9796 号民事判决，认定并判决，×××室房屋产权由顾甲 F、顾丙、顾某某各享有 1/3；顾甲 F 在×××室房屋中的 1/3 产权份额归顾某某所有。顾某某等人提起上诉，上海市第一中级人民法院于 2016 年 10 月 27 日作出（2016）沪 01 民终 9259 号民事判决，驳回上诉，维持原判。目前×××室房屋产权未作变更。顾甲 D 为顾某某丧事事宜共支出人民币 59559.20 元（以下币种相同）。

【裁判结果】

上海市徐汇区人民法院于 2018 年 11 月 14 日作出（2018）沪 0104 民初 12469 号民事判决：（1）本市冠生园路×××弄××号×××室房屋中属于被继承人顾某某的 2/3 产权份额由原告顾甲 A、顾甲 B、顾甲 C、被告顾甲 E、顾乙 B、顾甲 D 均等继承；（2）原告顾甲 A、顾甲 B、顾甲 C、被告顾甲 E、顾乙 B 应于判决生效之日起 10 日内分别给付被告顾甲 D 支出的丧事费用 9926.53 元。案件受理费减半收取，计 9600 元，由原告顾甲 A、顾甲 B、顾甲 C 各负担 1600 元，由被告顾甲 E、顾乙 B、顾甲 D 各负担 1600 元。

顾甲 A、顾甲 B、顾甲 C 不服一审判决，上诉请求：撤销原审判决，改判支持上诉人一审诉讼请求。顾甲 D 亦不服一审判决，上诉请求：（1）撤销原审判决第一项，改判×××室房屋中属于被继承人顾某某的 2/3 份额由顾甲 A、顾甲 B、顾甲 C、顾甲 D 均等继承；（2）应从顾某某遗产中扣除顾甲 D 对顾某某享有的债权共计 13 笔 267000 元。

上海市第一中级人民法院经审理

认为,系争代书遗嘱文本、代书人、见证人证言等证据相互印证,可以证明设立2009年8月8日代书遗嘱时,有两名见证人即蔡某某、李某在场,该代书遗嘱是顾某某真实意思的表示,符合法律规定的代书遗嘱形式要件,故认定顾某某于2009年8月8日所立代书遗嘱合法有效。一审法院对此认定有误,予以更正。另,关于顾甲D主张的借款及其他费用,由于借款数额较大但顾甲D未提供钱款给付的证据以及其他费用的借条,故对顾甲D的该项上诉主张不予支持。一审法院认定正确,予以支持。上海市第一中级人民法院于2019年2月28日作出(2019)沪01民终395号民事判决:(1)维持上海市徐汇区人民法院(2018)沪0104民初12469号民事判决第2项;(2)撤销上海市徐汇区人民法院(2018)沪0104民初12469号民事判决第1项;(3)本市冠生园路237弄26号×××室房屋中属于被继承人顾某某的2/3产权份额由顾甲A、顾甲B、顾甲C、顾甲D均等继承。一审案件受理费计9600元,由顾甲A、顾甲B、顾甲C、顾甲E、顾乙B、顾甲D各负担1600元。二审案件受理费共计12800元,由上诉人顾甲A、顾甲B、顾甲C、顾甲D各负担2133元,被上诉人顾甲E、顾乙B各负担2134元。

顾甲E、顾乙B不服二审判决,向上海市第一中级人民法院申请再审。该院于2019年8月27日作出(2019)沪01民申344号民事裁定,驳回顾甲E、顾乙B的再审申请。

顾乙B不服,向检察机关申请抗诉。上海市人民检察院以丧葬费承担主体有误为由向上海市高级人民法院提出抗诉。上海市高级人民法院依法予以支持,并裁定提审。上海市高级人民法院经审理认为本案系争遗嘱有效,应充分尊重立遗嘱人的意愿,由4位遗嘱继承人继承房产,同时分担丧葬费用。原一、二审判决适用法律不当,应予以纠正。上海市高级人民法院于2020年9月18日作出(2020)沪民再11号民事判决:(1)维持上海市第一中级人民法院(2019)沪01民终395号民事判决第2项、第3项;(2)撤销上海市第一中级人民法院(2019)沪01民终395号民事判决第1项;(3)顾甲A、顾甲B、顾甲C应于本判决生效之日起10日内分别给付顾甲D支出的丧事费用人民币14889.8元。一审案件受理费人民币9600元,由顾甲A、顾甲B、顾甲C、顾甲D各负担人民币2400元。二审案件受理费人民币12800元,由顾甲A、顾甲B、顾甲C、顾甲D各负担3200元。

【裁判理由】

法院生效裁判认为,关于本案遗嘱效力问题:本案遗嘱在订立时有蔡某某、李某两人到场见证并署名,翌日又有许某、潘某某两位律师对遗嘱进行了审查确认。该案事实除系争代书遗嘱本身和律师见证书等书证外,在原一审程序中蔡某某、许某亦出庭作证,上述证据之间可以相互印证,系争遗嘱的订立系立遗嘱人的真实意思表示,且符合法律规定的代书遗嘱的形式要件,故本案遗嘱合法有效。关于丧葬费的分担问题:法律并不禁止遗嘱人通过遗嘱为继承人设定义务。但是根据权利义务一致以及公平的原则,继承人的义务应小于遗嘱继承所取得的遗产利益,且继承人同意负担遗嘱义务。本案争议的遗嘱第 2 条明确,被继承人的"生老病死费用"由其自有财产先行支付,不足部分由遗嘱所列的 6 位晚辈"按房产份额分摊"。现尚无证据证明被继承人的自有财产已足以支付丧葬费,故按照上述遗嘱意愿,丧葬费应由遗嘱所列 6 位继承人分担,但是鉴于顾甲 F、顾丙两人未获得任何遗嘱利益,且顾甲 F 早于遗嘱人顾某某死亡,故遗嘱该项内容对顾甲 F 与顾丙不生效力。综上,本案系争遗嘱有效,应充分尊重立遗嘱人的意愿,由 4 位遗嘱继承人继承房产,同时分摊丧葬费用。

第四章 遗产的处理

第一千一百四十五条 【遗产管理人的选任】继承开始后，遗嘱执行人为遗产管理人；没有遗嘱执行人的，继承人应当及时推选遗产管理人；继承人未推选的，由继承人共同担任遗产管理人；没有继承人或者继承人均放弃继承的，由被继承人生前住所地的民政部门或者村民委员会担任遗产管理人。

【立法 · 要点释义】

遗产管理人是在继承开始后遗产分割前，负责处理涉及遗产有关事务的人。如何处理遗产不仅涉及继承人之间的利益分配，还涉及被继承人生前的债权人的利益。需要有人妥善保管遗产，并在不同主体之间分配。《继承法》未规定遗产管理人，随着我国经济的快速发展，人民群众的财富不断增加，很多被继承人留下巨额遗产，也有很多债务需要偿还，因此，建立遗产管理人制度越来越有必要。

遗嘱执行人是遗嘱人在遗嘱中指定的执行遗嘱事务的人。一般而言，遗嘱执行人都是被继承人信任之人，由其管理遗产更符合被继承人意愿。遗嘱执行人执行遗嘱本来就需要处理遗产，由其担任遗产管理人也更为便利。没有遗嘱执行人时，由被继承人推选出遗产管理人。所谓推选，就是全体继承人共同推举出其中一名或者数名继承人为遗产管理人，是按照少数服从多数的规则还是全体一致同意的规则，由继承人之间协商确定。如果继承人未推选遗产管理人，则由全体继承人共同担任遗产管理人。没有推选可能是由于继承人人数少，没必要推选遗产管理人，或者继承人达成一致由全体共同管理遗产；也可能是由于继承人之间无法推选出一致认可的遗产管理人。在全体继承人担任遗产管理人时，作出决策需要由全体继承人协商达成一致。

如果没有继承人或者继承人均放弃继承，遗产就属于无人继承的遗产，如果被继承人是集体所有制组织成员的，遗产归其生前所在的集体所有制组织所有；如果被继承人并非集体所有制组织成员的，则其遗产归国家所有并用于公益事业。城镇的无人继承遗产由民政部门担任遗产管理人更为妥当，农村居民生前作为集体所有制组织成员，享受了集体所有制组织的很多权益，遗产由其所在的村民委员会管理更合理。

【编者观点】

本条规定了四类遗产管理人的选任方式，分别为遗嘱指定的遗嘱执行人；继承人推选；继承人共同担任；民政部门或村委会。四类遗产管理人相应的权利义务内容有区别。

第一句规定尚未明确的是，遗嘱未处分的遗产，是否需要另一位遗产管理人？有观点认为，若遗嘱继承人之外的法定继承人对遗嘱执行人担任全部遗产的遗产管理人不持异议时，遗嘱执行人可以充任全部遗产的遗产管理人；反之，则依据本条规定的其他选任方式单独产生应按法定继承处理的遗产的遗产管理人，由遗嘱执行人与遗产管理人协同配合，共同履行遗产管理人的职责。

第二句应改为，“没有遗嘱执行人或者遗嘱执行人没有能力没有意愿担任遗产管理人的”，该情况下继承人推选遗产管理人的范围，既包括在继承人范围内部推选，也包括外部专业人士担任。被推选的人未必限于自然人，具有民事主体资格的法人、非法人组织也可以担任遗产管理人。

第三句规定的“继承人未推选的”，包括三种情形：一是各继承人都拒绝通过推选方式产生遗产管理人；二是继承人之间无法通过多数决推选出遗产管理人；三是继承开始后，各继承人未及时推选。上述情形下都由继承人共同担任遗产管理人，推选及共同担任皆涉及决议行为，可类推合伙合同以及委托合同相关规定。因法定原因丧失继承权的人，不得担任遗产管理人。若只有受遗赠人没有继承人，编者认为，受遗赠人也可以担任遗产管理人。

第四句规定由民政部门或者村民委员会兜底担任遗产管理人。必要时，民政部门可以将该项行政职能委托给居民委员会行使，但相关法律责任仍由民政部门承担。之前司法实践中多认为继承人不能当庭放弃继承，逃避义务，《民法典》未限制继承人在遗产分割前放弃继承，但是基于诚信原则，如果继承人已开始履行遗产管理人职责，则不能中途放弃继承；也不能在拒绝履行管理人职责的同时，又拒不放弃继承。有观点认为，在遗产管理人未确定情形下，不影响债权人在继承开始后直接向继承人主张权利，也不构成诉讼时效中止的事由。

【相关立法】

《中华人民共和国信托法》(2001年10月1日施行)

第十三条　设立遗嘱信托，应当遵守继承法关于遗嘱的规定。

遗嘱指定的人拒绝或者无能力担任受托人的，由受益人另行选任受托人;受益人为无民事行为能力人或者限制民事行为能力人的,依法由其监护人代行选任。遗嘱对选任受托人另有规定的,从其规定。

第三十九条 受托人有下列情形之一的,其职责终止:

(一)死亡或者被依法宣告死亡;

(二)被依法宣告为无民事行为能力人或者限制民事行为能力人;

(三)被依法撤销或者被宣告破产;

(四)依法解散或者法定资格丧失;

(五)辞任或者被解任;

(六)法律、行政法规规定的其他情形。

受托人职责终止时,其继承人或者遗产管理人、监护人、清算人应当妥善保管信托财产,协助新受托人接管信托事务。

【公报案例】

向某琼等人诉张某霞等人执行遗嘱代理协议纠纷案(《最高人民法院公报》2004年第1期)

【裁判摘要】

遗嘱执行人在遗嘱人没有明确其执行遗嘱所得报酬的情况下,与继承人就执行遗嘱相关事项自愿签订代理协议,并按照协议约定收取遗嘱执行费,不属于《律师法》第34条禁止的律师在同一案件中为双方当事人代理的情形,应认定代理协议有效。

【基本案情】

宝鸡市中级人民法院经审理查明:1997年2月23日,原告向某琼之夫、熊某浩和熊某之父熊某武请当时任正达律师事务所律师的被告张某霞见证并代书了遗嘱,遗嘱对其所有的现金、企业、房产等财产向各法定继承人和其他人进行了分配,并聘请张某霞为终身法律顾问,指定张某霞为遗嘱执行人。该遗嘱一式七份,全部由张某霞保管,继承开始由张某霞负责实施。1997年2月28日,熊某武去世。1997年3月1日和4月14日,张某霞分别与熊某、熊某浩签订协议书。协议根据熊某武的遗嘱主要约定以下事项:张某霞要遵照遗嘱的规定办好各种手续;熊某浩、熊某聘请张某霞担任法律顾问、财务顾问,维护熊某浩、熊某合法权益,全权委托张某霞对继承的企业财产进行审计,保障熊某浩、熊某两人的权益得到充分兑现;律师应收遗嘱析产代理费按国家规定从遗产中扣除。因向某琼为精神病患者,其民事行为由熊某浩代理。1997年4月22日,张某霞分别向向某琼、熊某浩出具了正达律师事务所收到15万元、3万元律师遗嘱析产代理费的收款收据。但其所收到的18万元未交正达律师事务所。1997年4月7日,张某霞向熊某出具了"情况说明",情况说明中称执行遗嘱全部费用已交清。张某霞在庭审中承认实际收取了熊某2万元现金,没有出具收据。1997年4

月底,张某霞按照熊某武遗嘱将遗产全部分配完毕。张某霞在 1997 年 3 月至 4 月执行遗嘱期间共领取北方集团公司工资、补贴、顾问费等共计 3048 元,并报销了差旅费。

另查明:正达律师事务所为合作制律师事务所,由张某、张某录、张某霞、冯某义 4 人申报,1994 年 7 月 25 日经陕西省司法厅批准成立。1998 年 1 月 1 日,张某、张某录退出正达律师事务所。1998 年 3 月 24 日,正达律师事务所经清产后移交宝鸡县司法局。

【裁判理由】

陕西省高级人民法院认为,本案双方当事人的争议焦点是:张某霞作为遗产执行人与部分遗产继承人就执行遗产相关事宜签订的委托代理协议是否有效?

《民法通则》和《继承法》均没有对遗嘱执行人的法律地位和遗嘱执行人的权利义务作出明确规定。只要不违反法律的禁止性规定,民事主体有权处分自己权利。张某霞作为熊某武指定的遗嘱执行人,在熊某武没有明确其执行遗嘱应得到报酬的情况下,与继承人熊某浩、熊某等人就执行遗嘱的相关事项签订协议,并按照该协议的约定收取遗嘱执行费,不属于《律师法》第 34 条禁止的律师在同一案件中为双方当事人代理的情况。一审判决根据《律师法》第 34 条的规定认定当事人之间的协议无效,属适用法律错误,应予纠正。

熊某浩等人与张某霞签订的委托代理协议是否有效,应依据《合同法》的规定审查。熊某浩等人虽主张与张某霞签订委托代理协议,是受张某霞的误导,但却无法提供相应证据证明该协议是在违背其真实意思表示的情况下签订的,或者该协议是法律规定的无效合同或可撤销合同,故对其要求撤销或宣告两份委托代理协议无效的主张,依法不予支持。

【裁判结果】

综上,依照《民事诉讼法》第 153 条第 1 款第 2 项之规定,于 2003 年 3 月 1 日判决:(1)撤销宝鸡市中级人民法院的民事判决;(2)宝鸡县正达律师事务所张某霞与熊某浩签订的执行遗嘱协议书有效;(3)驳回向某琼、熊某浩的诉讼请求。本判决为终审判决。

【法院参考案例】

王某诉赵某等法定继承纠纷案

[《最高法发布继承纠纷典型案例(第一批)》案例一,2024 年 12 月 3 日]

【基本案情】

被继承人赵某与王某系夫妻关系,共生育赵一、赵二、赵三。赵某与王某二人在某村建造房屋 11 间。2000 年,赵某去世,未留有遗嘱,赵某父母也早于赵某去世。2016 年,王某与当地人民政府房屋征收办公室签订房屋征收补偿预签协议,约定被征收房屋产权调换三套楼房及部分补偿款。王某于 2022 年收到回迁入住通知书。现王某与赵一、赵二、赵三就赵某的遗产继承事宜协商未果,诉于法院。各方对于赵某留有的遗产如何管理未有明确意见。

【裁判情况】

本案当事人除王某外,赵一、赵二、赵三均在国外生活。为妥善处理此案,审理法院前往村委会、房屋征收指挥部了解被继承人赵某的家庭成员情况、遗产范围及状况、遗产所涉债权债务等情况,并向当事人依法告知《民法典》关于遗产管理人制度的规定,当事人均表示同意确定一名遗产管理人处理遗产继承事宜,并一致推选现居国内的王某作为遗产管理人。王某在审理法院引导下及时清理遗产并制作遗产清单,多次通过在线视频的方式向其他继承人报告遗产情况。经析法明理耐心调和,各方当事人最终就遗产分割达成和解协议。

【典型意义】

《民法典》新增遗产管理人制度,规定了遗产管理人的选任、职责等内容。本案处理过程中,一方面,审理法院坚持和发展新时代"枫桥经验",积极借助村委会、房屋征收指挥部的力量,全面了解遗产状况和继承人相关情况,为案件化解奠定了良好的基础。另一方面,审理法院充分发挥遗产管理人制度的作用,充分尊重当事人意愿,依法引导当事人推选出合适的继承人担任遗产管理人,并指导遗产管理人履行职责,得到了其他继承人的一致认可,是法定继承案件中适用遗产管理人制度的积极探索和有益尝试。最终,各方当事人达成和解协议,真正实现案结事了人和。

第一千一百四十六条 【法院指定遗产管理人】对遗产管理人的确定有争议的,利害关系人可以向人民法院申请指定遗产管理人。

【立法·要点释义】

因遗产管理人的确定发生的争议有三种:第一种是遗嘱执行人不愿意参与遗产管理,或者多个遗嘱执行人之间因遗产管理发生纠纷;第二种是继承人之间因为遗产管理发生纠纷;第三种是其他利害关系人对遗产管理人的确定有异议。

《民事诉讼法》第34条第3项规定,因继承遗产纠纷提起的诉讼,由被继承人死亡时住所地或者主要遗产所在地人民法院专属管辖。确定遗产管理人的纠纷也属于因继承遗产引发的纠纷,故也应由被继承人死亡时的住所地或者主要遗产所在地法院管辖。利害关系人一般包括遗嘱执行人、继承人、被继承人生前住所地的民政部门或者村民委员会,以及受遗赠人等其他与遗产有利害关系的人。

继承编第1145条规定遗产管理人选任的范围包括遗嘱执行人、继承人、民政部门或者村民委员会。因此,人民法院应在这些主体中指定遗产管理人,应当结合被继承人生前所立遗嘱等有关文件,尽量尊重被继承人的内心意愿,同时根据候选人的能力水平、与被继承人的关系亲疏程度、公信力等确定。

【编者观点】

本条规定了遗产管理人的司法指定制度,由人民法院而非民政部门和村民委员会享有指定权,人民法院不能主动介入,须依利害关系人申请而启动相应的司法程序,在民事诉讼程序上参照"特别程序"审理。利害关系人指与遗产管理人的确定有利害关系的人,以及与遗产的处理有利害关系的人,通常包括继承人、受遗赠人、遗赠扶养协议的扶养人、遗嘱执行人、债权人、债务人、共同经营的合伙人,以及民政部门、村委会,等等。

本条适用的前提条件是"对遗产管理人的确定有争议的",编者认为应当理解为"遗产管理人无法确定的",否则债权人会反对所有从继承人内部推选的遗产管理人,导致第 1145 条的规范目的无法实现。也有观点认为第 1145 条不构成人民法院指定遗产管理人的前置程序,申请司法指定的前提是"对遗产管理人的确定有争议的",而非"穷尽所有的遗产管理人确定程序仍不能确定遗产管理人"。当出现争议时,相关当事人可以不再依第 1145 条规定的顺序启动下一确定程序,可以将争议提交人民法院,由人民法院直接指定遗产管理人。

鉴于遗产管理事务具有极强的专业性,实践中,人民法院可以参照公司清算程序中指定清算组人员的相关规定进行指定。基于特定遗产的特殊性质,为了维护遗产价值和利害关系人权益,有必要赋予人民法院在遗产管理人指定程序中必要的遗产处置权。

【公报案例】

顾某甲、顾某乙、顾某丙申请指定遗产管理人案(《最高人民法院公报》2023 年第 12 期)

【案例要旨】

继承开始后,没有继承人的,对被继承人没有法定扶养义务但事实上扶养较多的人,符合《民法典》第 1131 条规定"可以分给适当的遗产"的条件,遗产的妥善保管与其存在法律上的利害关系,其有权向人民法院申请指定遗产管理人。

【基本案情】

江苏省太仓市人民法院一审查明:杨某梧(出生于 1929 年 8 月 18 日)与杨某本(出生于 1930 年 12 月 23 日)系姐弟关系。二人父母先于二人去世,二人均未婚、无配偶,无其他兄弟姐妹。杨某梧于 2014 年 6 月 8 日死亡,杨某本于 2021 年 1 月 30 日死亡。二人生前居住在太仓市城厢镇实小弄×幢××室房屋内,该房屋土地使用权和房屋所有权登记在杨某梧名下。顾某娣与顾某伯系申请人顾某甲、顾某乙、顾某丙的祖父母。顾某娣系杨某本乳母。

另查明：杨某本为聋哑残疾人，在杨某梧死亡后，政府相关单位协调安排杨某本生活时，杨某本选择由申请人顾某甲、顾某乙、顾某丙照顾其晚年生活。因杨某本生活不能自理，申请人顾某甲、顾某乙对其进行日常照顾，并帮其雇佣护工照料。2017 年 9 月 24 日，杨某本因病至太仓市中医医院治疗，经诊断为“脑梗塞、高血压病、肺炎”。后经太仓市中医医院治疗，于 2017 年 10 月 15 日转至太仓市新安康复医院住院治疗，直至 2021 年 1 月 30 日死亡。在太仓市新安康复医院治疗期间，申请人顾某甲、顾某乙、顾某丙定期对其进行探望，住院期间的护工费、伙食费、医疗费等均由顾某甲负责处理。杨某本死亡后，其丧葬事宜由三申请人处理。后顾某甲向其所在社区申请，将杨某梧、杨某本及其父母的骨灰盒一并安葬在太仓市娄东街道香花桥社区的集体塔灵内。每逢祭祖纪念日，三申请人按照当地风俗进行祭拜。

审理中，经向杨某梧、杨某本生前所在的太仓市城厢镇府东社区居民委员会调查，该居民委员会认可申请人顾某甲、顾某乙、顾某丙本案所述事实，并表示三申请人系杨某本和杨某梧指定的照顾二人的人员，且三申请人也对两位老人尽到了照顾义务。

【裁判理由】

江苏省太仓市人民法院一审认为：《民法典》第 1145 条规定：“继承开始后，遗嘱执行人为遗产管理人；没有遗嘱执行人的，继承人应当及时推选遗产管理人；继承人未推选的，由继承人共同担任遗产管理人；没有继承人或者继承人均放弃继承的，由被继承人生前住所地的民政部门或者村民委员会担任遗产管理人。”第 1146 条规定：“对遗产管理人的确定有争议的，利害关系人可以向人民法院申请指定遗产管理人。”

本案中，杨某梧死亡后，其无第一顺序继承人，杨某本作为第二顺序继承人，有权继承包括案涉房屋在内的遗产。依据《民法典》第 230 条的规定，因继承取得物权的，自继承开始时发生效力。因此，杨某本通过继承已取得杨某梧名下包括案涉房屋在内相应遗产的物权。现杨某本于 2021 年 1 月 30 日死亡，其无继承人，符合《民法典》第 1145 条、第 1146 条所界定的申请指定遗产管理人的情形。因申请人顾某甲、顾某乙、顾某丙在杨某本生前对其扶养较多，符合《民法典》第 1131 条规定“可以分给适当的遗产”的条件，故三申请人有权作为利害关系人，申请人民法院指定遗产管理人。

第一，根据《民法典》第 1131 条的规定，继承人以外的对被继承人扶养较多的人，可以分给适当的遗产。该条基于权利义务相一致的原则，赋予继承人以外的对被继承人扶养较多的人酌情分得遗产的权利。本案中，申请人顾某甲、顾某乙、顾某丙并非杨某本的继承人，但对杨某本生前的饮食、医疗等极尽照顾，生活上扶助较多。因三申请人对杨某本进行了事实上的扶养，尽到的扶养义务较多，故依据上述法律规定，三申请人符合《民法典》第 1131 条规定的“可以分给适当的遗产”情形，有权作为利害关系人申请指定遗产管理人。

第二，本案中，申请人顾某甲、顾某乙、顾某丙虽然与杨某本无血亲和姻亲关系，没有赡养杨某本的法定义务，但基于祖辈与杨某本的特定关系，三申请人与杨某本在生活中联系紧密。尤为重要的是，杨某本选择三申请人照顾其晚年生活，三申请人亦尽心照料、陪伴杨某本多年，给予其精神上的慰藉，直至杨某本病故，使其得以安享晚年。在杨某本去世后，三申请人负责其全部丧葬事宜，并按照风俗祭祖，符合中华民族赡养老人、扶残救济的传统美德，这也是社会主义良好道德风尚的具体体现，应予鼓励。因此，准予三申请人作为利害关系人申请指定遗产管理人，有利于弘扬文明、和谐、诚信、友善的社会主义核心价值观。

第三，在无法确定遗产管理人的情况下，遗产存在毁损、灭失、侵占等风险，继承人、受遗赠人、遗产债权人等利害关系人的权益可能受到损害。为避免损害发生，《民法典》设定遗产管理人制度，以保障遗产的安全性和相关民事主体的合法利益。本案中，杨某本无法定继承人、受遗赠人和遗产债权人，如不允许申请人顾某甲、顾某乙、顾某丙申请指定遗产管理人，不利于遗产的保存、管理和处理。

鉴于民政部门承担社会救济、社会福利事业、社区服务等工作，比较了解辖区内公民的家庭关系、财产状况等，有能力担任遗产管理人，故对申请人顾某甲、顾某乙、顾某丙申请指定杨某本生前住所地的民政部门即太仓市民政局作为遗产管理人的请求，依法予以支持。

依据《民法典》第 1147 条，太仓市民政局担任杨某本遗产管理人后的职责为：(1) 清理遗产并制作遗产清单；(2) 向继承人报告遗产情况；(3) 采取必要措施防止遗产毁损、灭失；(4) 处理被继承人的债权债务；(5) 按照遗嘱或者依照法律规定分割遗产；(6) 实施与管理遗产有关的其他必要行为。

【裁判结果】

综上，江苏省太仓市人民法院依照《民法典》第 1127 条、第 1131 条、第 1145 条、第 1146 条、第 1147 条规定，于 2022 年 12 月 7 日作出判决：指定太仓市民政局作为杨某本的遗产管理人。

【法院参考案例】

欧某士申请指定遗产管理人案

[《人民法院贯彻实施民法典典型案例（第一批）》案例九，最高人民法院 2022 年 2 月 25 日]

【典型意义】

侨乡涉侨房产因年代久远、继承人散落海外往往析产确权困难，存在管养维护责任长期处于搁置或争议状态的窘境，不少历史风貌建筑因此而残破贬损。本案中，审理法院巧用《民法典》新创设的遗产管理人法律制度，创造性地在可查明的继承人中引入管养房屋方案"竞标"方式，让具有管养维护遗产房屋优势条件的部分继承人担任侨房遗产管理人，妥善解决了涉侨祖宅的管养维护问题，充分彰显了《民法典》以人为本、物尽其用的价值追求，为侨乡历史建筑的司法保护开创了一条全新路径。

【基本案情】

厦门市思明区某处房屋原业主为魏姜氏（19 世纪生人）。魏姜氏育有三女一子，该四支继承人各自向下已经延嗣到第五代，但其中儿子一支无任何可查信息，幼女一支散落海外情况不明，仅长女和次女两支部分继承人居住在境内。因继承人无法穷尽查明，长女和次女两支继承人曾历经两代、长达 10 年的继承诉讼，仍未能顺利实现继承析产。《民法典》实施后，长女一支继承人以欧某士为代表提出，可由生活在境内的可查明信息的两支继承人共同管理祖宅；次女一支继承人则提出，遗产房屋不具有共同管理的条件，应由现实际居住在境内且别无住处的次女一支继承人中的陈某萍和陈某芬担任遗产管理人。

【裁判结果】

生效裁判认为，魏姜氏遗产的多名继承人目前下落不明、信息不明，遗产房屋将在较长时间内不能明确所有权人，其管养维护责任可能长期无法得到有效落实，确有必要在析产分割条件成就前尽快依法确定管理责任人。而魏姜氏生前未留有遗嘱，未指定其遗嘱执行人或遗产管理人，在案各继承人之间就遗产管理问题又分歧巨大、未能协商达成一致意见，故当秉承最有利于遗产保护、管理、债权债务清理的原则，在综合考虑被继承人内心意愿、各继承人与被继承人亲疏远近关系、各继承人管理保护遗产的能力水平等方面因素，确定案涉遗产房屋的合适管理人。次女魏某燕一支在魏姜氏生前尽到主要赡养义务，与产权人关系较为亲近，且历代长期居住在遗产房屋内并曾主持危房改造，与遗产房屋有更深的历史情感联系，对周边人居环境更为熟悉，更有实际能力履行管养维护职责，更有能力清理遗产上可能存在的债权债务；长女魏某静一支可查后人现均居住漳州市，客观上无法对房屋尽到充分、周到的管养维护责任。故，由魏某静一支继承人跨市管理案涉遗产房屋暂不具备客观条件；魏某燕一支继承人能够协商支持由陈某萍、陈某芬共同管理案涉遗产房屋，符合遗产效用最大化原则。因此判决指定陈某萍、陈某芬为魏姜氏房屋的遗产管理人。

第一千一百四十七条　【遗产管理人的职责】遗产管理人应当履行下列职责：

（一）清理遗产并制作遗产清单；

（二）向继承人报告遗产情况；

（三）采取必要措施防止遗产毁损、灭失；

（四）处理被继承人的债权债务；

（五）按照遗嘱或者依照法律规定分割遗产；

（六）实施与管理遗产有关的其他必要行为。

【立法·要点释义】

遗产管理人应当在法律规定的权限范围内实施管理遗产的行为。首要职责就是清理遗产，既要清理债权，也要清理债务，将被继承人的个人财产与家庭共有财产以及夫妻共同财产予以区分。清理遗产时要实施清点遗产的必要行为，比如向占有遗产的继承人、利害关系人了解情况，查询被继承人投资的公司的财务状况，向银行查询被继承人的存款情况等，其他相关主体应当予以配合。遗产管理人清理遗产后，应当制作书面的遗产清单，详细列明被继承人遗留的所有财产情况、债权债务情况等。

遗产管理人应当向全体继承人报告遗产情况，既包括遗嘱继承人，也包括法定继承人，但第 2 项并未规定遗产管理人必须向债权人、受遗赠人报告遗产情况。报告的形式应当是书面形式，报告的内容包括各种不同的遗产类型，以及被继承人的债权债务等。如果被继承人在遗嘱中特别说明某项遗产应当秘密归属于某个特定的继承人，则不宜向全体继承人公布。

遗产管理人需要积极妥善保管遗产，采取必要的措施防止遗产毁损、灭失。第一种是物理上的毁损、灭失。比如遗产中包括易腐烂的水果、海鲜等，遗产管理人应当将此类遗产及时出售变现，保留其现金价值。第二种是法律上的毁损、灭失。比如遗产中的部分动产被侵权人占有，甚至被犯罪分子盗窃。遗产管理人也应当采取必要的法律措施，确保遗产不遭受非法侵害。遗产管理人没有确保遗产增值的义务，对遗产不宜有太大的处分权，只要确保遗产处于正常状态，不至于毁损、灭失即可。当然，如果遗产管理人是由全体继承人共同担任，协商一致的情况下也可以对遗产实行必要的处分。

遗产管理人应当处理被继承人的债权债务。发现被继承人生前有债权的，应当通过各种方式，包括诉讼方式依法请求债务人偿还。发现被继承人生前负有债务的，也应当以遗产清偿债务。如果被继承人所遗留的债权债务仍处于诉讼程序之中，尚未最终确定，遗产管理人应当积极参与相关诉讼，确保遗产利益最大化。遗产管理人处理完债权债务后,也应当将处理情况向继承人报告,以便继承人掌握遗产的实际情况。

遗产管理人妥善保管遗产仅仅是暂时性职责,其最终任务就是分割遗产。分割遗产的依据包括遗嘱要求和法律规定。如果被继承人生前签订了遗赠扶养协议,应当优先按照遗赠扶养协议的约定来处理遗产。

【编者观点】

我国立法对于遗产管理人的地位采法定职责说。遗产管理人围绕遗产处理程序的清算目的展开管理,不得实施超出遗产清算目的范围的行为,遗产管理人在管理职责范围内实施的行为,法律效果归属于继承人,而继承人虽为名义上的财产权利人,但财产处分权已被法定让渡给遗产管理人。遗产管理人行为并非单纯维护继承人的利益,同样要保障债权人等利害关系人利益,因此不是继承人或被继承人的代理人。

第一项职责是清理遗产并制作遗产清单。遗产管理人需要明确被继承人的遗产状况,清查其资产和负债情况,防止部分继承人和遗产保管人故意隐匿和私吞遗产,将遗产与夫妻共同财产、家庭共同财产、合伙财产等区分开,编制遗产清单的期限控制在3—6个月内。遗产管理人清理遗产时可采取必要措施,如从他人处取回财产,为确认遗产权益向有关组织或者个人发送询证函,在公开媒体上刊登遗产债权申报公告或者财产认领公告,委托有资质的第三方对遗产价值进行评估等。遗产清单应开列被继承人所遗留的积极财产和消极财产明细,包括实物遗产、权益遗产、现金遗产、所欠税款等。为保证遗产清单对遗产债权人的对抗效力,遗产管理人在遗产清单制作完毕后,应向已知的遗产债权人书面通知,并要求遗产债权人在一定期限内通过书面回执的方式予以确认;同时将遗产清单以公告方式对潜在的未查明的遗产债权人进行通知。

第二项职责是向继承人报告遗产情况。有观点认为,遗产管理人对于继承人应当主动报告,否则有怠于报告的不作为责任风险;对于其他利害关系人为被动报告,应受遗赠人、遗产债权人等的要求,有义务向相关利害关系人报告遗产情况。

第三项职责是采取必要措施防止遗产毁损、灭失,如针对鲜活易腐的动产,应及时变价处理;针对未出栏的畜禽,应继续喂养或者及时变卖;针对未采摘的果蔬,应继续看护管理;针对图书资料、生产生活用具等,应及时整理收储以防散失;针对破败但修复费用不高的不动产,应及时进行必要的修缮。原则上遗产管理仅限于保存、利用和改良行为,有必要时才包括处分行为,如偿还丧葬费用、维持生前扶养人的生活开支、依授权或遗嘱指示对遗产合理投资等。遗产管理人未尽到采取必要措施防止遗产毁损之注意义务的，对因此而造成的毁损、灭失损害，应对继承人等利害关系人承担损害赔偿责任。遗产保管行为的核心在于维持财产的价值，不包括利用遗产投资，除非被继承人在遗嘱中另有指示。

第四项职责是处理被继承人的债权债务。遗产债权已经到期的，遗产管理人应向债务人发送催收通知或者直接向人民法院提起诉讼，要求债务人履行并中断时效；如果债权债务纠纷已经进入诉讼程序，遗产管理人应以诉讼担当人的身份参加诉讼。对于债权人的债权申报，遗产管理人应审慎认定，必要时可提请仲裁或者通过诉讼解决。确认遗产债务之后，遗产管理人可以直接用遗产清偿遗产债务，也可以协助继承人予以偿还。在遗产不足以清偿全部债务时，遗产管理人不能实施偏颇清偿行为。

第五项职责是按照遗嘱或者依照法律规定分割遗产。首先是确定每位继承人的应继份和受遗赠人的受遗赠份额，然后分割遗产并将具体财物移交给继承人和受遗赠人。遗产管理人明知存在债务未清偿而进行遗产分割的，应依本法第 1148 条的规定承担相应民事责任。

第六项为遗产管理人设置了兜底职责，即“实施与管理遗产有关的其他必要行为”。“必要行为”如查明继承人放弃继承的意思表示是否真实、查明被继承人是否留有合法有效的遗嘱、通知受遗赠人并要求其于法定期限内作出接受或者放弃受遗赠的意思表示、以原告身份起诉请求确认被继承人丧失继承权或者受遗赠人丧失受遗赠权、参加正在进行的以被继承人为一方当事人的诉讼或者仲裁程序、对被继承人生前作为受托人的受托事务采取必要的处理措施、对被继承人生前签订尚未履行完毕的合同作出终止履行或者继续履行的决定、代为行使股东权利参与股东会、继续经营被继承人生前的营业或其他经济实体、遗产处理程序终结后制作遗产清算管理报告等。

【司法指导文件】

《法答网精选答问(第三批)》(最高人民法院 2024 年 3 月 21 日)

问题 3:遗产管理人是否有独立的诉权?

答疑意见:民法典规定了遗产管理人制度,但未对遗产管理人是否具有独立诉权进行明确,因此对于遗产诉讼中遗产管理人能否以自己的名义起诉或应诉问题,目前尚存争议。从立法目的来看,遗产管理人制度是为了保障遗产的完整性和安全性,公平、有序地分配遗产,使遗产上各项权利得以实现的一项综合性制度。为保障遗产管理人基于遗产管理目的而实施相应民事行为的实体权利,包括对债权债务的处分权等,应当认可遗产管理人在遗产管理期间享有相应的诉权。从起诉条件来看，根据民事诉讼法第一百二十二条规定，起诉必须符合下列条件：(一)原告是与本案有直接利害关系的公民、法人和其他组织；(二)有明确的被告；(三)有具体的诉讼请求和事实、理由；(四)属于人民法院受理民事诉讼的范围和受诉人民法院管辖。遗产管理人在履行遗产管理职责时提起民事诉讼的，可视为满足“与本案有直接利害关系”的条件。

司法实践在一定程度上也肯定了遗产管理人的独立诉讼地位。如根据《最高人民法院关于民事执行中变更、追加当事人若干问题的规定》第二条第一款、第十条第一款规定，遗产管理人在执行程序中可以作为执行人、被执行人。最高人民法院在(2020)最高法民再111号翁某、吕某第三人撤销之诉再审案中认为，一般情况下，遗产管理人及受托人进行遗产收集，为遗产管理、分配创造条件，有利于遗嘱受益人权利的实现，也有利于及时按照遗嘱分配遗产。因此，遗产管理人及受托人在收集遗产过程中遇到障碍，无法及时收集并有效管理遗产时，有权以自己名义对相关民事主体提起民事诉讼以保证遗产安全。

需要明确的是，即使承认遗产管理人享有相对独立的诉权，这种诉权的行使也应当被限定于遗产管理人的职责履行范围之内；与履行遗产管理职责无关的诉讼主张，不应得到支持。在法律、司法解释未明确遗产管理人的独立诉权之前，有必要对“遗产管理人在民事诉讼中的独立主体地位”持审慎态度，避免给大量的继承诉讼带来实操层面的困难。司法实践中，不同的案件还需结合案件事实情况后再分析适用。

【地方政府规定】

1.《上海市自然资源确权登记局未提交公证文书或者生效法律文书及遗产管理人办理继承、受遗赠转移登记的试行规则》(2022年8月26日)

1. 申请主体

因继承、受遗赠取得房地产，且依据《上海市不动产登记技术规定》(以下简称“技术规定”)第4.2.20条申请转移登记的，申请人应当是继承人、受遗赠人。

根据《民法典》第一千一百四十五条至一千一百四十九条等规定有遗产管理人的，遗产管理人应当协助申请人办理转移登记。

2. 提交材料

因继承、受遗赠取得房地产申请转移登记的，当事人应当到不动产所在地的区登记事务机构提交规定的申请登记文件。

2.1 继承人或者受遗赠人以及相关当事人无法提交公证文书或者生效法律文书的，应当向登记事务机构提交下列文件：

(一)《上海市不动产登记申请书》

(原件)；

(二)全部继承人、受遗赠人的身份证明(复印件)；

(三)不动产权属证书(原件)；

(四)确定全部法定继承人基本情况表(原件)；

(五)被继承人或者遗赠人的死亡证明材料,可以是医疗机构出具的死亡证明;公安机关出具的死亡证明或者注明死亡具体时间的注销户口证明;人民法院宣告死亡的判决书;死亡公证书;其他能够证明被继承人或者遗赠人已死亡的材料(原件)；

(六)被继承人或者遗赠人的婚姻状况证明,可以是单身情况说明书、结婚证、婚姻登记档案、离婚证、民事判决书、调解书、离婚证明(复印件)；

(七)被继承人或者遗赠人的亲属关系证明和户籍证明,其中,被继承人或者遗赠人的亲属关系证明可以是被继承人或者遗赠人生前所在单位人事部门、户籍所在地街道办事处或者乡镇政府出具的证明材料,其他能够证明相关亲属关系的材料等(原件)；

(八)全部法定继承人与被继承人之间的亲属关系证明,可以是户口簿、婚姻证明、收养证明、出生医学证明、亲属关系公证书,公安机关以及村委会、居委会、继承人单位出具的证明材料,其他能够证明相关亲属关系的材料等(原件)；

(九)被继承人或者遗赠人生前与配偶有夫妻财产约定的,提交书面约定协议(复印件)；

(十)生效的遗嘱或者遗赠扶养协议(复印件)；

(十一)继承人或者受遗赠人之间就继承或者受遗赠的不动产份额达成协议的,提交份额约定书(原件)；

(十二)继承人中有放弃继承的,应当提交经公证的放弃继承权声明书或者在登记事务机构现场签署放弃继承权声明书(原件)；

(十三)涉及遗赠的,受遗赠人应当至区登记事务机构现场签署受遗赠人已接受(放弃)遗赠不动产声明书(原件);受遗赠人无法到场的,可以提交经公证的受遗赠人接受(或者放弃接受)遗赠声明书。全部法定继承人应当至区登记事务机构现场签署确认遗赠行为的声明(原件)；

(十四)地籍图(原件二份)；

(十五)房屋平面图(原件二份)；

(十六)契税完税证明(原件)；

2.2 遗产管理人应当向登记事务机构提交下列文件:

(一)能够证实其为遗产管理人的证明材料(原件),可以是已生效的判决书或者调解书,确定遗产管理人的公证文书,遗嘱或者推选遗产管理人的证明材料以及有关单位出具的遗产管理人的证明文件。

其中,遗产管理人的证明材料为已生效的判决书或者调解书的,有关单位出具的遗产管理人的证明文件,申请人可免于提交本试行规则第2.1条第

(六)至(十一)项的申请材料;遗产管理人的证明材料为确定遗产管理人的公证文书或者遗嘱的,应当由全部继承人共同到区登记事务机构查验该公证文书或者确认该遗嘱;遗产管理人的证明材料为遗产管理人推选书的,应当由全部继承人共同到登记事务机构现场核实并签名,或者提交经公证的遗产管理人推选书,经公证的遗产管理人推选书应当由全部继承人共同到不动产所在地的登记事务机构进行查验或者签署确认声明。

(二)遗产管理人的身份证明(复印件)。

2.3 继承人已死亡的,转继承人参照上述要求提供材料,并提交转继承人享有继承权的证明文件。

2.4 涉及代位继承的,还需要提交代位继承人享有被代位继承人继承权的证明文件。

3. 受理前的查验材料

登记受理前,申请人或者遗产管理人到登记事务机构提交办理继承、受遗赠的申请材料后,登记事务机构应当对提交的材料进行查验。

材料齐全且符合法定形式的,登记事务机构应当与当事人预约现场核验的时间。有遗产管理人的,应当现场查验确定遗产管理人的身份证明材料。全部继承人现场推选遗产管理人的,应当当场核验完成。

登记受理前现场核验时,登记事务机构应当就继承、受遗赠相关事实进行询问,做好记录,并由全部相关人员签名确认。

法定继承的,应由全部法定继承人共同到登记事务机构进行继承材料查验。已经提交放弃继承权公证书的,该继承人无需到场。

遗嘱继承的,应当由全部法定继承人共同到登记事务机构确认提交的遗嘱是否为最后一份有效遗嘱。

受遗赠的,应当由全部法定继承人和受遗赠人共同到登记事务机构查验申请材料。

按照本条第二款推选遗产管理人的,可以由遗产管理人进行现场核验。

4. 调查核实

现场核验后,登记事务机构认为需要进一步核实情况的,可以依法对继承、受遗赠的相关材料、事实进行查验、实地查看或者调查,全部继承人、遗产管理人、相关当事人应当予以配合。

5. 公告

登记事务机构可以将继承、受遗赠转移登记相关的事项进行公告。

公告的主要内容包括:(一)继承人或者受遗赠人姓名;(二)被继承人或者遗赠人姓名;(三)申请登记的不动产坐落;(四)提出异议的期限、方式和受理机构;(五)遗产管理人姓名或者名称;(六)需要公告的其他事项。

公告在市规划资源部门门户网站以及不动产所在地的区登记事务机构公告栏予以发布,公告期不少于三个月。经公告无异议或异议不成立的,登记事务机构应当正式受理。

公告期间,当事人对公告有异议的,应当在异议期间提出书面异议申请,登记事务机构应当按下列程序处理:

(一)登记事务机构应当自收到书面异议之日起 15 个工作日内将答复通知书和书面异议的副本送达相关当事人;

(二)相关当事人应当自收到答复通知书和书面异议副本之日起 15 个工作日内就异议事项向登记事务机构作出书面答复;

(三)登记事务机构对异议事项和相关当事人的答复进行调查核实,异议成立的,作出不予受理的决定,并书面告知相关当事人;异议不成立的,书面告知异议申请人。相关当事人逾期未提交书面答复的,登记事务机构作出不予受理的决定,并书面告知相关当事人。

6. 相关事项的记载

继承人或者受遗赠人申请办理转移登记时,政府已经依法收回国有土地使用权并有文件记载的,登记事务机构应当在不动产登记簿和不动产权属证书上注记该国有土地使用权已被依法收回。

7. 准予登记

登记事务机构应当在《技术规定》第 4.2.32 条规定的时限内完成对登记申请的审核。经审核符合《技术规定》第 4.2.31 条规定的,登记事务机构应当将登记事项记载于不动产登记簿,记载日为登记日。

8. 其他

本规则其他未尽事宜,按照《技术规定》执行。

2.《北京市不动产继承(受遗赠)登记操作规范》(2024 年 3 月 11 日)

本规范适用于我市行政辖区内,当事人因继承(受遗赠),不提交继承权公证材料或者生效的法律文书办理不动产继承(受遗赠)登记工作。

不动产登记机构应当根据《中华人民共和国民法典》(以下简称"《民法典》")等有关法律法规对申请材料进行审核并办理不动产登记。具体要求如下:

1. 申请

继承人(受遗赠人)向不动产登记机构申请办理继承(受遗赠)不动产登记的,应当按照本规范提交申请材料。

1.1 申请材料

(1)不动产登记申请书原件;

(2)不动产权属证书原件;

(3)继承人(受遗赠人)的身份证件材料、户口簿;

(4)证实被继承人(遗赠人)死亡的材料,包括医疗机构出具的证实死亡的材料或公安机关出具的证实死亡的材料(包括但不限于注明死亡日期的注销户口材料)或人民法院宣告死亡的生效法律文书等其他能够证实被继承人(遗赠人)死亡的材料;

(5)继承人(受遗赠人)与被继承

人(遗赠人)之间的亲属关系材料,包括户口簿、收养关系材料、出生医学证明或独生子女证、婚姻关系和人事档案材料等。

被继承人(遗赠人)单位或档案管理部门出具的体现亲属关系的人事档案材料。

前述材料无法直接体现亲属关系的,还需公安机关以及村委会、居委会、被继承人或继承人单位等出具的能够证实相关亲属关系的材料。如受遗赠人与遗赠人无亲属关系的,只需遗赠人与其继承人的亲属关系材料;

(6)被继承人(遗赠人)生前有遗嘱或者遗赠扶养协议的,需其全部遗嘱或者遗赠扶养协议;

(7)继承人就继承不动产达成协议的,需不动产继承协议;

(8)因受遗赠取得不动产权利的,需能够证实已依法作出接受遗赠意思表示的书面材料;

(9)被继承人(遗赠人)生前与配偶有夫妻财产约定的,需书面协议;

(10)拟继承(受遗赠)的不动产登记有关情况的《查询结果》以及根据查询结果需要提供的有关文件;

(11)放弃继承的,应当提供经公证或认证的放弃继承权声明或者在不动产登记机构查验人员见证下现场签署《放弃继承权声明》;

(12)继承人先于被继承人死亡的,代位继承人参照上述规定提供材料;继承人于被继承人死亡后遗产分割前死亡的,转继承人参照上述规定提供材料;受遗赠人依法做出接受遗赠的意思表示后且于遗产分割前死亡的,转继承人参照上述规定提供材料;

(13)有遗产管理人的,需依法确定遗产管理人身份的材料和遗产管理人的身份证件材料,如有不动产继承分配方案的,还需继承方案;

(14)如申请办理不动产继承(受遗赠)的当事人到公安、法院、医院、民政、街道(乡镇)、社区(村)、工作单位、人事档案专门存档机构等有权部门获取证实相关继承人死亡或亲属关系的材料,确已穷尽手段仍难以获取的,可以申请采取书面承诺方式办理,具体适用情形如下:

①被继承人死亡时已满 85 周岁,主张被继承人父母先于被继承人死亡,且被继承人、继承人人事档案、户籍摘抄等材料均不存在被继承人父母记录或无法证实死亡时间的。

②主张被继承人父母于《中华人民共和国户口登记条例》实施前已经去世,且被继承人、继承人人事档案、户籍摘抄等材料均不存在被继承人父母记录或无法证实死亡时间的。

③继承人提供的亲属关系材料中记载信息不完全一致,如简繁体不同、同音不同字、阴阳历换算等情况,但本人能够说明原因,且提供的其他继承材料能确认亲属关系的。

④不动产由多人共同继承,部分继承人提供的人事档案、户籍档案等材料

不能直接证实其与被继承人存在亲属关系，但其他继承材料可间接体现亲属关系，且与被继承人有亲属关系的继承人一致认可该部分继承人与被继承人亲属关系的；

(15)根据相关法律法规和规定需要提交的其他材料。

1.2 申请材料的形式要求

1.2.1 继承人(受遗赠人)提交申请材料应当同时提供原件和复印件，不动产登记机构在核对原件与复印件的一致性后，在复印件上注明“与原件一致”字样并签字，留存复印件。因特殊情况不能提供原件的，可以提交该材料的出具机构或职权继受机构确认与原件一致的复印件。

1.2.2 书面承诺应当包括以下内容：

(1)承诺的死亡事实或亲属关系情况；

(2)继承人到公安、法院、医院、民政、街道(乡镇)、社区(村)、工作单位、人事档案专门存档机构等有权部门，针对承诺事项的查询过程及结果；

(3)承诺人自愿承担书面承诺可能产生的全部法律责任的意思表示。

1.3 继承人范围

按照《民法典》继承编等法律规定予以确定。法定继承的，有第一顺序继承人继承的，第二顺序继承人无需参加继承查验，且无需提供相关材料。

1.4 其他事项

继承人(受遗赠人)等当事人向不动产登记机构咨询业务办理要求时，不动产登记机构应当向当事人告知应当提交的申请材料和办理继承查验的要求，以及当事人可先行到档案窗口查询不动产登记的有关情况，并应当根据《查询结果》所附提示内容先行予以处理。

不放弃继承权且无法到场进行继承(受遗赠)查验需要委托的，委托书应当经公证或认证。

2. 查验

继承材料查验是不动产登记机构对继承人(受遗赠人)按照本规范提交的继承(受遗赠)登记全部申请材料的内容及所证实的情况进行审查。

现场查验是不动产登记机构向继承人(受遗赠人)等核实材料是否属实；就确定拟继承不动产的权利人、办理不动产登记所提交的继承材料等，继承人(受遗赠人)等是否存有异议；以及见证放弃继承权的继承人签署放弃继承权声明的过程。

2.1 继承材料查验

对继承材料，重点查验以下内容：

(1)能否证实继承人(受遗赠人)的身份；

(2)能否证实被继承人(遗赠人)的死亡事实；

(3)能否证实继承人(受遗赠人)与被继承人(遗赠人)的亲属关系；

(4)继承人先于被继承人死亡的，能否证实继承人的死亡事实，能否证实代位继承人符合法律规定且身份属实，以及与已死亡继承人的亲属关系；

（5）继承人于被继承人死亡后遗产分割前死亡的，能否证实继承人的死亡事实，能否证实转继承人符合法律规定且身份属实，以及与已死亡继承人的亲属关系；

（6）遗产处置前受遗赠人死亡的，能否证实受遗赠人的死亡事实，能否证实受遗赠人已作出接受遗赠的意思表示且符合法律规定，能否证实其继承人的身份，以及与受遗赠人的亲属关系；

（7）有遗嘱的，遗嘱的形式是否符合法定形式；

（8）有遗产管理人的，能否证实其身份；

（9）被继承的不动产是否属于被继承人（遗赠人）的个人合法财产；是否与不动产登记簿或生效的法律文书记载的内容一致；是否存在其他共有人；

（10）是否适用出具书面承诺的情形；

若当事人存在以下情形的，不适用书面承诺方式：

①依法参与继承的所有继承人（受遗赠人）中有失信被执行人或其他严重不良信用记录的。

②依法参与继承的所有继承人（受遗赠人）曾经虚假承诺或提供虚假材料申请不动产登记的。

③依法参与继承的所有继承人（受遗赠人）拒绝承担书面承诺带来的法律后果的。

④依法参与继承的所有继承人（受遗赠人）承诺已穷尽调查取证途径，但不动产登记机构发现其并未实际调查取证的；

（11）各项继承材料之间能否相互印证，不存在冲突或不一致的情形；

（12）根据材料需要核实的其他情况。

2.2 现场查验

继承材料齐全且符合法定形式的，不动产登记机构应当通知继承人（受遗赠人）等当事人于查验时间到不动产所在地的不动产登记机构进行查验。

（1）查验工作应当由两名以上的查验人员共同完成，并全程录音录像。

（2）对法定继承的，由依法参与继承的全部法定继承人共同查验继承材料；对遗嘱继承的，由依法参与继承的全部法定继承人共同查验遗嘱的有效性及是否为最后一份遗嘱；对受遗赠的，由依法参与继承的全部法定继承人和受遗赠人共同查验继承材料；提供放弃继承权公证书的，该继承人无需到场。应到现场人员未到场，不得进行查验。有遗产管理人、遗嘱见证人等的，应当一并到场参加查验。

（3）查验当日，查验人员对拟继承（受遗赠）不动产登记情况进行档案查询，并出具查询结果。

经查询，不动产存在预告登记、异议登记、网签等情形的，不得进行查验，查验人员将已收取的材料全部予以退回，并告知到现场人员对前述情形予以处理,待具备条件后可重新提出申请。

(4)签署相关文件

到现场人员应当签署《继承(受遗赠)查验相关事宜如实告知声明》,声明应由承诺人本人签字并摁留指印。

(5)询问记录

查验人员应当对到现场参加查验的全部继承人(受遗赠人)、遗产管理人等当事人进行询问,并将询问情况如实记录。

到现场参加查验的全部继承人(受遗赠人)、遗产管理人等当事人应当在询问记录上签字并摁留指印。

经询问和查验,得知有继承人未到现场的,或需要补充提交相关材料的,或需要进一步向出具证明材料的单位、被继承人(遗赠人)原所在单位或居住地的村委会、居委会等部门核实相关情况的,应当中止查验。

2.3 查验结果

(1)经查验,继承人(受遗赠人)等当事人对继承人、继承材料等继承事项提出异议,或对参加查验的遗产管理人身份/遗产管理人出具的继承方案(遗嘱)有异议等影响确定继承人(受遗赠人)的,继承查验终止。不动产登记机构应当将已收取的全部申请材料一并予以退回。

(2)经查验,继承人(受遗赠人)等当事人对提交材料的内容和真实性均认可,对确定的继承人(受遗赠人)均认可,查验完成。由确定的继承人(受遗赠人)作为该不动产的转移登记的申请人签署《继承(受遗赠)不动产登记具结书》;放弃继承的继承人,签署《放弃继承权声明》。

3. 受理

完成继承查验并符合下列条件的,不动产登记机构应当予以受理:

(1)不动产登记申请书记载的申请人与签署《继承(受遗赠)不动产登记具结书》的申请人一致;

(2)申请材料形式符合要求;

(3)符合法律、行政法规等规定的其他条件。

4. 审核

受理后,不动产登记机构应当根据《民法典》等法律和行政法规对申请材料、查验和询问情况做进一步审核。

5. 公示

审核后,对继承相关事项在北京市规划和自然资源委员会网站进行公示,公示期为15个工作日。

公示期间,对公示有异议的,应当在提出异议的期限内以书面方式到不动产登记机构的办公场所提出异议,书面异议载明权利主张的,不动产登记机构应当终止办理,向申请人出具《不予登记告知书》,并将全部申请材料予以退回。

6. 登簿发证

公示期满无异议的,将申请登记事项完整地记载于不动产登记簿,并向权利人颁发不动产权证。

自受理之日起5个工作日内办结,公示及补充材料等时限不计算在登记时限内。

7. 其他

继承(受遗赠)不动产涉及重大财产权益,不动产登记机构应当高度重视该项工作,可以结合工作实际,根据本规范,进一步细化工作要求,综合运用登记相关政策,加强工作规范管理,严格落实审慎审查的工作标准。具备条件的,可以积极探索通过购买服务等方式,进一步保障查验工作的合法性、准确性。

不动产登记机构可以探索建立不动产继承(受遗赠)诚信制度,对当事人存在失信记录的、在不动产继承(受遗赠)查验中隐瞒事实、虚假陈述、虚假承诺、提交虚假或伪造变造材料的,纳入不动产继承(受遗赠)诚信制度负面清单。

本规范自印发之日起施行,有效期5年。《北京市继承(受遗赠)不动产登记工作程序(试行)》(市规划国土发〔2016〕101号)和《关于修订〈北京市继承(受遗赠)不动产登记工作程序(试行)〉的通知》(京规自发〔2019〕303号)同时废止。

本规范与《北京市不动产登记工作规范》规定不一致的,以本规范内容为准。

附件1

查询结果(当事人查询)

查询人:

根据您的查询申请,现将坐落____房屋的查询结果告知如下:

不动产权利人:

不动产权属证书号:

房屋建筑面积:

房屋规划用途:

房屋权利来源:

抵押情况:□有抵押　□无抵押(抵押权人:　)

查封情况:□有查封　□无查封(查封法院:　)

异议登记:□有异议登记　□无异议登记(登记申请人:　)

预告登记:□有预告登记　□无预告登记(预告登记权利人:　)

网签情况:□已网签　□无网签

其他情况:

以上查询结果仅供查询人办理继承(受遗赠)查验时参考。查询人对查询结果中涉及国家机密、个人隐私、商业秘密的信息负有保密义务,不得泄露给他人,也不得不正当使用。

查询结果截止时间为____年____月____日____点____分。

查询部门(盖章)

年　月　日

附:

办理继承(受遗赠)不动产登记时参考使用本查询结果的注意事项

申请办理继承(受遗赠)不动产登

记业务时,对不动产登记查询结果存在以下情形的,应予以注意:

一、存在查封的情形

查封全部解除后,不动产登记机构方可办理不动产继承(受遗赠)的转移登记。关于查封的解封问题,请向查封机关进行咨询。

二、存在异议登记的情形

存在异议登记的,不适用本规范。

三、存在预告登记的情形

存在预告登记的,不适用本规范。

四、存在网签的情形

对于网签情况建议向房屋交易部门进一步核实确认。经核实,确存在网签情形的,不适用本规范。

附件2

继承(受遗赠)查验相关事宜如实告知声明

本人____(身份证件号:______),于__年__月__日到北京市规划自然资源委员会＊＊分局参加被继承人(遗赠人)____(姓名)名下不动产(不动产权属证书号:______;坐落:______)的继承(受遗赠)查验。对不动产登记机构询问的事项以及其他可能关系到继承(受遗赠)该不动产的有关事实,本人特此声明:

本人所述均为事实,提交的全部材料均真实有效。如因隐瞒事实、虚假陈述、提供变造或伪造相关材料,致使遗漏继承人、与遗产相关的其他重要情况等,导致不动产登记错误、损害其他利害关系人合法权益的,由此产生的全部法律责任(包括且不限于民事责任、刑事责任),本人自愿承担。

声明人签字:

摁留指印处:

时间: 年 月 日

附件3

继承(受遗赠)不动产登记具结书

继承人(受遗赠人):__________

身份证件号码:______________

被继承人(遗赠人):__________

身份证件号码:______________

因继承(受遗赠)被继承人(遗赠人)的不动产,具结人____于__年__月__日在(不动产登记机构)________参加继承(受遗赠)查验。(具结人)____保证以下事项的真实性:

一、被继承人(遗赠人)____于__年__月__日在______(地点)死亡。

二、被继承人(遗赠人)的不动产坐落于__________。

三、被继承人(遗赠人)的不动产权由____继承(受遗赠)。

四、除第三项列举的继承人(受遗赠人)外,其他继承人放弃继承权或者无其他继承人(受遗赠人)。

以上情况如有不实,本人愿承担一

切法律责任，特此具结。

具结人签字：
摁留指印处：
时间： 年 月 日

附件4

放弃继承权声明

声明人：____，男/女，身份证件号码：________，联系电话：________，现住______________。

被继承人____于__年__月__日在________（地点）死亡，死亡后遗留有如下不动产：

坐落：__________________________

不动产权属证书号：____________

本人与被继承人是____关系。根据《民法典》第一千一百二十七条/第____条的规定，本人是被继承人的合法继承人之一，且不存在丧失继承权的情形，对被继承人死亡时遗留的上述遗产享有合法继承权。

现本人郑重声明，本人自愿无条件放弃对上述遗产的继承权。

以上情况均真实无误，如有虚假，本人愿意承担由此而引起的一切经济和法律责任。

特此声明。

声明人签字： 摁留指印处：
时间： 年 月 日

见证人（查验人员）签字：
见证时间： 年 月 日

附件5

继承（受遗赠）不动产登记事项公示

编号：（2024）＊＊区第（001）号

现有不动产登记申请人申请继承（受遗赠）____［被继承人（原权利人）］名下坐落于__________不动产。经审核，现对该事项进行公示。如有异议，请自本公示之日起15个工作日内由本人到我机构现场提交异议书面材料。逾期未收到异议的，我机构将依法办理不动产转移登记。

地　　址：__________________

联系方式：__________________

公示单位：北京市规划和自然资源委员会＊＊分局
（登记专用章）
年 月 日

3.《天津市规划和自然资源局、天津市高级人民法院遗产管理人参与不动产继承登记工作操作指引》（2024年1月1日）

为落实《国务院关于开展营商环境创新试点工作的意见》（国发〔2021〕24号）中“将遗产管理人制度引入不动产非公证继承登记”的创新改革要求，持续优化营商环境,提升不动产登记便利度,根据《中华人民共和国民法典》有关规定,结合我市实际情况,制定本指引。

一、遗产管理人制度

根据《中华人民共和国民法典》第 1145、1146、1147 条规定,继承开始后,遗产管理人的产生方式如下:有遗嘱执行人的,由遗嘱执行人担任遗产管理人;没有遗嘱执行人的,继承人应当及时推选遗产管理人;继承人未推选的,由继承人共同担任遗产管理人;没有继承人或继承人均放弃继承的,由被继承人生前住所地的民政部门或村民委员会担任遗产管理人;对遗产管理人的确定有争议的,利害关系人可以向人民法院申请指定遗产管理人。遗产管理人的职责为:清理遗产并制作遗产清单;向继承人报告遗产情况;采取必要措施防止遗产毁损、灭失;处理被继承人的债权债务;按照遗嘱或者依照法律规定分割遗产;实施与管理遗产有关的其他必要行为。

遗产管理人应秉持依法、公正、诚信的原则,对遗产进行清理、保护、管理、分割,依法保护遗产安全,保障继承人、债权人及其他利害关系人合法权益不受侵害。

二、适用范围

遗嘱执行人担任、继承人推选、继承人共同担任或者人民法院指定的遗产管理人,协助申请人办理不动产非公证继承(受遗赠)登记的,适用本通知规定。

民政部门或者村民委员会担任遗产管理人的,另行规定。

三、申请主体

不动产继承的转移登记由继承人(受遗赠人)向不动产登记经办机构提出申请,遗产管理人应当到场协助进行继承(受遗赠)材料查验等事项。

被继承人(遗赠人)生前未办理不动产权证书的,继承人(受遗赠人)可提交被继承人(遗赠人)合法权属资料与继承(受遗赠)登记一并申请办理。

四、申请材料

申请人应当提交以下材料:

(一)不动产登记申请书;

(二)申请人身份证明;

(三)不动产权属证书;

(四)遗产管理人资格确认书(附件 1)以及有关遗嘱、司法文书等;

(五)遗产管理人的身份证明;

(六)被继承人(遗赠人)死亡的证明材料;

(七)经遗产管理人和全体法定继承人确认的亲属关系表(附件 2)以及亲属关系证明材料;

(八)不动产继承(受遗赠)分配协议(附件 3)以及相关证明材料。

不动产继承(受遗赠)分配协议应当经过继承人(受遗赠人)和遗产管理人在不动产登记机构设立的登记场所,在不动产登记经办机构人员的见证下签字确认。其中,法定继承的,由全部法定继承人和遗产管理人签字确认;遗嘱继承的,由遗嘱继承人和遗产管理人签字确认;受遗赠的,由受遗赠人和遗产管理人签字确认。继承人(受遗赠人)中有放弃继承(受遗赠)的,应当书面声明放弃继承权(受遗赠)(附件 4)。

五、审查要点

(一)遗产管理人与资格确认书或有关遗嘱、司法文书、公证文书记载的遗产管理人一致。

遗嘱执行人担任、继承人推选以及继承人共同担任遗产管理人的,全部法定继承人(受遗赠人)需到场进行遗产管理人资格确认。有第一顺序继承人的,第二顺序继承人无需到场。属于下列情形之一的,遗产管理人资格无需全部法定继承人(受遗赠人)确认:

1. 遗产管理人由人民法院生效法律文书指定的;

2. 遗产管理人推选经过公证的。

(二)涉及申请登记的不动产在遗产管理人的职责范围内。

(三)亲属关系表、不动产继承(受遗赠)分配协议已经过遗产管理人和相关继承人签字确认。

(四)申请登记的不动产权利在不动产登记簿记载范围内。

(五)申请登记的不动产不存在《天津市不动产登记规范》第 4.8.2 条不予登记情形。

(六)申请登记事项与不动产登记簿记载不冲突,申请登记的不动产存在抵押权登记、地役权登记、居住权登记、预告登记、异议登记、更正登记、查封登记等情形的,按相关规定执行。

(七)申请登记事项经公告无异议或者异议不成立。

六、工作流程

(一)材料核验。不动产登记经办机构在受理登记前,应当对遗产管理人的身份、资格确认情况以及申请材料当场进行查验,并就继承(受遗赠)相关情况对遗产管理人和继承人(受遗赠人)进行询问,制作继承(受遗赠)询问记录(附件 5)。

对于申请人确实无法取得死亡证明、有关亲属关系证明的,可以在其知晓并接受《天津市不动产非公证继承登记承诺告知书》(附件 6.1)的全部内容后,签署《天津市不动产非公证继承登记承诺书》(附件 6.2)。

(二)申请受理。材料核验后,在遗产管理人协助下,由继承人(受遗赠人)向不动产登记经办机构申请不动产继承登记。对符合受理条件的,不动产登记经办机构应当予以受理;对不符合受理条件的,不动产登记经办机构应当场向申请人出具不予受理告知书,并将申请材料退回。

(三)公告。不动产登记经办机构应当对拟登记的不动产登记事项,在不动产登记机构门户网站公告(附件 7),公示期不少于 15 个工作日。

(四)登簿发证。公告期满无异议的,将申请事项记载于不动产登记簿,并向权利人颁发不动产权证书。

七、不动产登记资料查询

继承开始后,遗产管理人查询、复

制不动产登记资料的,参照适用《不动产登记资料查询暂行办法》中不动产权利人的相关规定,遗产管理人还需提交被继承人(遗赠人)死亡的证明材料和遗产管理人资格确认书。

附件 1

遗产管理人资格确认书

（模板）

遗产管理人:__________

证件类型:__________

证件号码:__________

联系电话:__________

兹担任被继承人(受遗赠人):____(证件号码:____,死亡时间:____)名下(1. 坐落:____,产权证号:____;2. 坐落:____,产权证号:____)的遗产管理人。

一、产生方式

□遗嘱执行人为遗产管理人;

□继承人推选的遗产管理人;

□继承人共同担任遗产管理人;

□人民法院指定的遗产管理人。

二、证明材料来源

□人民法院指定遗产管理人的生效法律文书;

□遗产管理人推选公证文书;

□经过全部法定继承人书面确认的遗产管理人(遗嘱执行人担任遗产管理人、继承人推选的遗产管理人和继承人共同担任遗产管理人)。

*附:遗产管理人证明材料,如生效法律文书、公证书、遗嘱执行人证明材料等

三、法定职责

根据《民法典》及相关规定,遗产管理人依法履行了下列职责:

(一)清理遗产并制作遗产清单;

(二)向继承人报告遗产情况;

(三)采取必要措施防止遗产毁损、灭失;

(四)处理被继承人的债权债务;

(五)按照遗嘱或者依照法律规定分割遗产；

(六)实施与管理遗产有关的其他必要行为。

我(们)对遗产管理人的产生方式、证明材料和法定职责予以认可。遗嘱执行人担任遗产管理人的,符合《民法典》第1142条第三款“立有数份遗嘱,内容相抵触的,以最后的遗嘱为准”之规定。承诺继承人(受遗赠人)向不动产登记经办机构提供的申请材料均真实、合法、有效,并承担因故意或者重大过失造成继承人、受遗赠人、债权人损害的一切法律责任。

遗产管理人签名：

年 月 日

继承人(受遗赠人)签名：

年 月 日

(属于证明材料来源第三项情形的,应当由全部法定继承人当场签名)

附件2

亲属关系表

<table>
<tr><td rowspan="3">被继承人</td><td>姓　　名</td><td></td><td>性　　别</td><td></td></tr>
<tr><td>证件类型</td><td></td><td>证件号码</td><td></td></tr>
<tr><td>死亡时间</td><td></td><td>生前住地</td><td></td></tr>
</table>

<table>
<tr><td>第一顺序继承人</td><td>关系</td><td>姓名</td><td>身份证号码</td><td>联系方式</td><td>备注(已故的,注明死亡时间)</td></tr>
<tr><td>配偶</td><td></td><td></td><td></td><td></td><td>注明婚姻关系起止时间</td></tr>
<tr><td rowspan="4">全部子女(含已死亡的子女、婚生子女、非婚生子女、养子女、有抚养关系的继子女、胎儿)</td><td></td><td></td><td></td><td></td><td></td></tr>
<tr><td></td><td></td><td></td><td></td><td></td></tr>
<tr><td></td><td></td><td></td><td></td><td></td></tr>
<tr><td></td><td></td><td></td><td></td><td></td></tr>
</table>

父母(含生父母、养父母、有抚养关系的继父母)					
第二顺序继承人	**关系**	**姓名**	**身份证号码**	**联系方式**	**备注(已故的,注明死亡时间)**
兄弟姐妹、祖父母、外祖父母					

填写注意事项:

(1)全体继承人名单应包括被继承人的父母、配偶及所有子女等继承人;有第一顺序继承人的,无需填写第二顺序继承人。

(2)属于法定继承人范围但已死亡的,应在附记表格的备注栏注明其死亡日期,以及受遗赠、代位继承、转继承等情况。

(3)继承人中涉及胎儿的,应为其保留继承份额。

(4)丧失继承权等其他需要说明的情况应在备注中注明。

★附:全部法定继承人与被继承人之间的亲属关系证明材料以及身份证明材料

我(们)对亲属关系以及相关证明材料的真实性和准确性予以确认。

全部法定继承人、遗嘱继承人或受遗赠人签名:

年　月　日

遗产管理人签名:

年　月　日

附件 3

不动产继承(受遗赠)分配协议

(模板)

被继承人(遗赠人):____(证件号码:____,死亡时间:____),遗产管理人:

____(证件号码:____)。根据《民法典》及相关规定,充分知晓遗产管理人的权利、义务、职责与责任,依法形成了如下不动产继承(受遗赠)分配方案:

序号	坐落	产权证号	继承人(受遗赠人)	证件号码	取得方式
1					
2					
3					

★附:遗嘱或者遗赠抚养协议、放弃继承权(受遗赠)声明书等相关材料

以上不动产属于遗产管理人的管理职责范围,我(们)同意以上不动产的分配。

遗嘱继承(受遗赠)的,已核实遗嘱(遗赠抚养协议)的真实有效性,符合《民法典》第1142条第三款"立有数份遗嘱,内容相抵触的,以最后的遗嘱为准"之规定。承诺以上事项及相关材料真实、合法、有效,并承担因此造成的一切法律责任。

全部法定继承人、遗嘱继承人或受遗赠人签名:

年　月　日

遗产管理人签名:

年　月　日

附件 4

放弃继承权的声明

(模板)

声明人:____________身份证明号码____________

被继承人(遗赠人):____________身份证明号码____________

声明人____声明并保证以下事项的真实性:

一、被继承人(遗赠人)____于____年____月____日死亡。

二、被继承人(遗赠人)的不动产坐落于____,不动产权属证书号:____。

三、本人声明放弃对上述不动产的继承权。

以上情况如有不实,本人愿承担一切法律责任,特此声明。

声明人签名:

年　月　日

附件 5

继承(受遗赠)询问记录

(遗产管理人协助办理)

谈话时间:　　年　　月　　日		询问事由:不动产继承权
接谈地点:		
询问人:		记录人:
被询问人:	身份证号:	家庭住址:
被询问人:	身份证号:	家庭住址:
被询问人:	身份证号:	家庭住址:
询问人告知:我们是天津市区不动产登记中心工作人员,根据《中华人民共和国民法典》、《天津市不动产登记条例》、《天津市不动产登记规范》等有关规定,现采取询问方式了解、核实不动产继承事项的有关情况。您的谈话内容将被记录,作为有关情况的书面证明材料,并须对此承担相应的法律责任。因此应当如实陈述有关情况。		

序号	询问内容	询问结果
1	是否有遗漏的继承人(受遗赠人)?	□是,遗漏情况:______ □否
2	申请登记的不动产是否属于被继承人或者遗赠人单独所有?	□是 □否,共有情况:______
3	被继承人生前是否有遗嘱或者遗赠抚养协议?	□有,具体情况:______ □没有

4	被继承人生前是否对上述不动产进行婚前财产或夫妻财产约定?	□存在,已提交证明材料 □不存在
5	提交的《亲属关系表》以及亲属关系证明材料是否真实、准确?	□是 □否
6	《不动产继承(受遗赠)分配协议》签订前,是否已将被继承人的债务、税款等有关事项进行清偿处理或知晓继承遗产的,应当在继承遗产实际价值内清偿被继承人依法应当缴纳的税款和债务。	□是,已经处理完毕。 □否,不存在此情况。
7	《不动产继承(受遗赠)分配协议》签订前,是否对存在缺乏劳动能力又没有生活来源的继承人保留必要的遗产?	□是,保留必要遗产。 □否,不存在此情况。
8	提交的《不动产继承(受遗赠)分配协议》以及遗赠抚养协议、放弃继承声明书等材料是否真实有效?	□是 □否
9	提交的遗嘱是否符合《民法典》关于遗嘱形式的合法规定?其内容是否为被继承人具有民事行为能力时最后一份合法、真实意思的表示?	□是,符合相关法律规定。 □否,不是遗嘱形式继承。
10	是否知晓申请登记的不动产存在抵押权、地役权、居住权或者发生预告登记、异议登记、更正登记、查封登记等情形和办理继承登记的法律后果?	□存在,具体情况:______ □不存在
11	根据《民法典》第二百二十二条、《不动产登记暂行条例》第十六条和第二十九条规定,申请人对提交的申请材料真实性负责。当事人提供虚假材料申请登记,给他人造成损害的,应当承担赔偿责任。登记机构可以撤销登记,并有权要求你您赔偿登记机构因此所蒙受的损失。	□已知晓,我已如实陈述

其他需要询问的事项(如有,可以另附询问记录)

____

____

以上记录内容(我已详细阅读或仔细听了工作人员的宣读),我们对上述询问事项回答真实,对提交申请材料的真实性和有效性负责。如有不实,愿承担一切法律责任。同时,对工作人员的告知内容我已全面了解清楚。

被询问人共同签名:

年 月 日

遗产管理人签字:

年 月 日

附件 6.1

天津市不动产非公证继承登记承诺告知书

根据《中华人民共和国民法典》《不动产登记暂行条例》《不动产登记暂行条例实施细则》《不动产登记操作规范(试行)》等的有关规定,申请办理不动产非公证继承登记应向不动产登记经办机构提交申请书、身份证明、权属来源、亲属关系证明、死亡证明等材料,为切实解决非公证继承登记中申请人穷尽取证途径仍无法取得死亡证明、亲属关系证明,符合以下情形的可以签署《天津市不动产非公证继承登记承诺书》作出书面承诺并愿意承担法律责任,不再提交死亡证明、亲属关系证明。

一、适用主体和情形

不动产继承登记(非公证)申请人具备完全民事行为能力,应当主动到公安、法院、医院、民政、街道(乡镇)、社区(村组)以及被继承人和相关人员工作单位等积极获取死亡证明和亲属关系证明,仍然无法获取的时间久远的历史遗留问题,方可适用告知承诺制。

(一)可以适用不动产继承登记告知承诺制的通常包括以下情形:

1. 被继承人死亡时年满 80 周岁,因相关档案资料、户籍管理资料确无记载而无法提供被继承人父母死亡证明的。

2. 申请人陈述被继承人父母已经去世,被继承人、继承人人事档案、户籍摘抄等材料均不存在被继承人父母记录,申请人无法提供被继承人父母死亡证明的。

3. 不动产由多人共同申请继承,部分申请人提供的人事档案、户籍摘抄等材料不能直接证实其与被继承人的亲属关系,其余已能证实与被继承人有亲属关系的申请人一致同意证明该申请人与被继承人的亲属关系的。

4. 计划生育政策实施之前,被继承人生育一个子女无法出具独生子女证明的或因继承人出生年代久远无法提供独生子女相应证明的,在申请人提供的相关户籍资料、人事档案资料中确无明确记载存在其他人的。

5. 被继承人、申请人的人事档案、户籍摘抄等记载信息与当前有效证件记载不完全一致(如名字同音混用、出生日期公历和农历混用、性别笔误等),且户籍管理部门确无记载,无法出具更名或曾用名证明等情况,但可以通过绝大部分申请材料相互印证形成证据链条的。

二、承诺方式

采用书面承诺方式,申请人应当向登记经办机构提交本人签字后的告知承诺书原件。承诺书需由遗产管理人和全体法定继承人(受遗赠人)共同做出承诺,不可代为承诺。

三、承诺效力

申请人书面承诺已经符合告知的条件、要求,同意不动产登记经办机构对承诺事项进行公示,并愿意承担不实承诺的法律责任后,不动产登记经办机构不再要求提供有关证明而依据书面承诺办理相关事项。

四、不实承诺责任

(一)申请人故意隐瞒真实情况、提供虚假承诺等情形骗取不动产登记的,不动产登记经办机构有权终止办理,直接变更或撤销依据承诺制作出的不动产登记,向公安机关报案或向司法机关起诉。申请人涉嫌犯罪的,由司法机关依法追究刑事责任;给他人造成损害的,申请人应依法承担赔偿责任。

(二)不动产登记经办机构协同相关部门加大失信联合惩戒力度,构建"一处失信,处处受限"的失信联合惩戒机制。申请人骗取登记行为一经确认,其个人信息按规定推送至国家、省市、区信用信息平台,向社会公开失信行为,并列入不动产登记黑名单。

附件 6.2

天津市不动产非公证继承登记承诺书

申请人：______身份证号码：____________________

申请人：______身份证号码：____________________

申请人：______身份证号码：____________________

现申请办理继承转移登记被继承人（遗赠人）___遗留坐落于________的不动产转移登记，申请人穷尽取证途径仍无法取得以下证明材料，现承诺如下：

根据不动产登记经办机构的告知，全体申请人已知晓并接受《天津市不动产非公证继承登记承诺告知书》的全部内容。

全体申请人提出的登记申请内容属实，申请材料真实有效。基于________客观原因，申请人无法从相关部门取得□死亡证明□亲属关系证明，全体申请人承诺____

____。

由此造成法律责任概由全体申请人承担相关责任。

全体申请人签名：

承诺日期

遗产管理人签名：

承诺日期

附件 7

继承（受遗赠）不动产登记公告

（遗产管理人协助办理）

根据《不动产登记暂行条例实施细则》第十四条的规定，经初步查验，不动产登记经办机构拟对下列不动产办理继承（受遗赠）登记。根据《不动产登记暂行条例实施细则》第十七条的规定，现予以公告。如有异议，请自本公告之日起十五个工作日内（____年__月__日之前）将异议书面材料送达不动产登记经办机构。逾期无人提出异议或者异议不成立的，不动产登记经办机构将予以登记。

异议书面材料送达地址：____________

联系方式：____________

序号	权利人（被继承人/遗赠人）	不动产权利类型	不动产坐落	不动产权证号	登记申请人（继承人/受遗赠人）	遗产管理人

注明：提交《天津市非公证不动产继承登记证明事项承诺书》的，需将承诺书一并公告。

4.《珠海市不动产登记中心关于将遗产管理人制度引入不动产非公证继承登记的通知》（2024年5月20日）

为进一步优化登记财产营商环境，提升不动产登记便利度，根据《中华人民共和国民法典》相关规定，结合自然资源部等四部门印发的《关于进一步提升不动产登记便利度促进营商环境优化的通知》（自然资发〔2024〕9号）精神，我中心将遗产管理人制度引入不动产非公证继承登记，现将有关事项通知如下：

一、遗产管理人产生

依据《中华人民共和国民法典》第一千一百四十五条至第一千一百四十八条之规定，遗产管理人按遗嘱执行人担任、继承人推选担任、继承人共同担任、被继承人生前住所地的民政部门或者村民委员会担任、人民法院指定担任的方式进行确定。继承开始后，遗产管理人可按照遗嘱或者依照法律规定分割遗产。遗产管理人因故意或者重大过失造成继承人、受遗赠人、债权人损害的，应当承担民事责任。

被继承人于2021年1月1日前死亡的，可以适用原《继承法》的规定，也可以根据继承人（受遗赠人）的意愿适用遗产管理人制度。

二、业务办理要求

遗产管理人分配遗产的，申请继承（受遗赠）转移登记时，遗产管理人应当与继承人（受遗赠人）一并到场，出具身份证明材料，接受不动产登记部门询问，在遗产管理人分割遗产相关的材料上签名确认，并对其接受询问的答复内容、提交材料、签名材料的真实性、合法性、有效性负责。

属遗嘱或遗赠的，遗产管理人应按照遗嘱或遗赠（扶养）协议分割遗产，申请继承（受遗赠）转移登记时，申请人应当向登记部门提交遗嘱或遗赠(扶养)协议,全体法定继承人应到场确认遗嘱或遗赠(扶养)协议属被继承人或遗赠人生前最后一份遗嘱或遗赠(扶养)协议。遗嘱或遗赠(扶养)协议未确定遗嘱执行人的,全体法定继承人还应当对遗产管理人身份进行签名确认,但法院指定遗产管理人的除外。应到场继承人不能到场的,可以出具经公证的材料确认意见。有第一顺序继承人的,第二顺序继承人无需到场。

属法定继承的,全体法定继承人应当共同到场确认遗产管理人身份,并对遗产管理人出具的遗产分割方案进行签字确认。

法院指定遗产管理人的,应当提交指定生效法律文书。法院指定的遗产管理人对其出具的遗产分配方案真实性、合法性、有效性、公平合理性负责,无需全体法定继承人到场对遗产分配方案进行签字确认。

由被继承人生前住所地的民政部门或者村民委员会担任遗产管理人的,应提交没有继承人或者继承人均放弃继承证明,以及民政部门或者村民委员会担任遗产管理人的书面材料。

三、办理时限

遗产管理人分割遗产的,不动产非经公证继承(受遗赠)转移登记的承诺办理时限由一般的 30 个工作日压缩为 10 个工作日,公告期由 3 个月压缩为 1 个月。

附件 1

遗嘱、遗赠(扶养)协议
真实有效性承诺书

申请人____因继承被继承人(遗赠人)____名下坐落为______________(权证号码:______)的不动产权,于__年__月__日向珠海市不动产登记中心申请办理不动产转移登记,申请人向不动产登记部门所提交的□遗嘱/□遗赠(扶养)协议是被继承人(遗赠人)生前意识清醒的状态下所立/签订的最后一份□遗嘱/□遗赠(扶养)协议,对□遗嘱/□遗赠(扶养)协议真实性、合法性、有效性,我(们)均予以认可。

以上内容真实无误,以上内容如有不实,本人愿承担一切法律责任及法律后果。

承诺人(全体应到场人员)
签名指印:
年　月　日

附件 2

遗产管理人身份确认书

兹证明____证件号码:____是被继承人(遗赠人)____(生前身份证号:____)的遗产管理人,有权依法分割处置遗产。对其依法分割处置遗产作出的遗产分配方案,我(们)均予以认可。

全体法定继承人(受遗赠人)
确认签名指印:
年 月 日

附件 3

遗产管理人声明书

兹有被继承人(遗赠人)____(生前身份证号:____)□生前无法定继承人□所有法定继承人均放弃继承权,根据《中华人民共和国民法典》第一千一百四十五条之规定,我单位依法担任被继承人的遗产管理人,并依法分割处置其遗产。

以上内容均属实,如有虚假,愿意承担由此引起的一切法律责任及法律后果。

特此声明。

声明人(签章):
(此处民政部门或者村民委员会加盖单位公章)
年 月 日

【法院参考案例】

张某兰诉魏某兴被继承人债务清偿纠纷案——债务人的继承人放弃遗产继承权时的责任认定[《人民法院案例选》2020 年第 4 辑(总第 146 辑)]

【裁判要旨】

债权人起诉债务人的继承人,请求其在所继承遗产的价值范围内清偿债务,继承人虽放弃继承权但仍实际控制、管理遗产的,仍应作为遗产的管理人,以债务人的遗产清偿债务。

【基本案情】

法院经审理查明:2016 年 4 月 20 日,魏某兴的母亲胡某梅因需用资金向张某兰借款 10 万元,借款同时出具借条 1 张交由张某兰收执,该借条落款的下方还载明每月还 3000 元。2017 年 3 月 20 日,胡某梅再次向张某兰借款 3 万元,同时出具借条 1 张交由张某兰收执,借条落款下方载明每月还 900 元。2017 年 8 月 27 日,胡某梅再一次向张某兰借款 5 万元,同时出具借条 1 张交由张某兰收执,在借条载明每月还 1500 元。2017 年 9 月 10 日,胡某梅又一次向张某兰借款 6 万元,同时出具借条 1 张交由张某兰收执,借条上载明每月还 1800 元。上述借贷关系形成后,胡某梅均未向张某兰偿还借款及利息。2018 年 2 月 25 日,胡某梅亡故。胡某梅的父母、丈夫均已过世多年,魏某兴系胡某梅唯一子女。胡某梅名下财产有地址在漳浦县绥安镇龙湖路锦绣西湖商品房两套。2018 年 4 月 12 日,魏某兴出具声明,表示自愿放弃继承胡某梅的全部遗产。但上述两套房产的钥匙仍由魏某兴保管。胡某梅尚有弟弟胡某团、胡某志两个第二顺序的继承人。二审诉讼中,胡某团、胡某志均向二审法院声明放弃继承权。

【裁判结果】

福建省漳浦县人民法院于 2018 年 4 月 17 日作出(2018)闽 0623 民初 1252 号民事判决:驳回原告张某兰诉讼请求。

宣判后,张某兰提出上诉。福建省漳州市中级人民法院于 2018 年 9 月 11 日作出(2018)闽 06 民终 1927 号民事判决:(1)撤销福建省漳浦县人民法院(2018)闽 0623 民初 1252 号民事判决;(2)魏某兴应于判决发生法律效力之日起 15 日内,从被继承人胡某梅的遗产中向张某兰清偿胡某梅生前所负债务 24 万元,并按年利率 24% 支付至款项还清之日止的利息。其中,10 万元从 2016 年 4 月 20 日起计息,3 万元从 2017 年 3 月 20 日起计息,5 万元从 2017 年 8 月 27 日起计息,6 万元从 2017 年 9 月 10 日起计息。

【裁判理由】

法院生效裁判认为:《继承法》第 24 条规定:"存有遗产的人,应当妥善保管遗产,任何人不得侵吞或者争抢。"据此,遗产管理人负有保管遗产的义务。魏某兴虽在本案诉讼中声明放弃继承,但胡某梅的遗产仍由魏某兴实际占有、管理和控制,魏某兴并未根据《继承法》第 32 条"无人继承又无人受遗赠的遗产,归国家所有;死者生前是集体所有制组织成员的,归所在集体所有制组织所有"的规定,将遗产依法移交给有关国家机关或集体组织接管,故其作为遗产管理人,负有以遗产清偿债务的义务。至于《继承法》第 33 条第 2 款规定,"继承人放弃继承的,对被继承人依法应当缴纳的税款和债务可以不负偿还责任",是指放弃继承的,继承人无须以自己的财产承担偿还责任,但并不排除继承人从遗产中偿还被继承人的债务。综上,张某兰的上诉请求成立。借贷双方约定 4 笔借款的年利率均为 36%,张某兰主张按年利率 24% 支付利息,应予支持,并应分别从每笔借款之日起计算利息至还清之日止。

第一千一百四十八条 【遗产管理人的责任】遗产管理人应当依法履行职责,因故意或者重大过失造成继承人、受遗赠人、债权人损害的,应当承担民事责任。

【立法·要点释义】

遗产管理人不得滥用管理权限,其承担民事责任的构成要件包括:第一,客观上实施了不当的遗产管理行为,必须是在实施遗产管理过程中给利害关系人造成了损害。如果不是因为遗产管理行为损害了继承人、受遗赠人、债权人的利益,则不属于本条规定的范畴,应当按照侵权责任编或者其他法律的规定承担责任。第二,主观上有故意或者重大过失。第三,不当管理行为造成遗产的损失,进而损害了继承人、受遗赠人、债权人的利益。

【编者观点】

第1147条规定了遗产管理人承担的法定职责范围，意味着遗产管理人与继承人、受遗赠人以及其他遗产债权人之间存在法定债权债务关系，可准用委托合同的规定，因遗产管理人违法实施管理行为导致上述主体固有利益受损的，遗产管理人应承担损害赔偿责任。鉴于遗产管理人的行为可能侵害遗产共同体成员的财产权，当然也可以请求侵权损害赔偿，并要求不法侵占遗产的遗产管理人返还遗产。

遗产管理人也有可能与被继承人、继承人共同体之间订立委任合同，存在委托关系，应当适用《民法典》有关委托合同的相关规定，继承人作为合同当事人或者根据其继受的合同当事人地位，遗产管理人对继承人承担的受托人责任表现为违约责任。遗产管理人在代理实施遗产的管理和处置行为时，因其不当行为还应承担代理人责任，第164条、第171条都有适用余地。

根据本条规定，遗产管理人承担的是过错责任，排除了无过错责任原则的适用。同时本条又把遗产管理人的过错限缩为"故意或者重大过失"，主要是考虑到遗产管理人的受托是概括受托，遗产清算事务繁重复杂，如果对其设定过重的注意义务，可能会适得其反。反对观点认为，对故意或重大过失责任应予限缩解释，仅适用于遗产管理人为无偿管理，且被继承人无特殊指示或继承人与其无特殊约定的情形。遗产管理人为有偿管理的，应类推适用第929条的规定，对违反善良管理人的注意义务承担一般过错责任。如果委托合同对遗产管理人的注意义务有特别约定的，应承认其效力；但是委托合同中对于遗产管理人故意或重大过失的免责约定，相关条款因违反第506条的强制性规定而无效。

本条在赔偿范围上未作任何限定，有观点认为，遗产管理人承担责任要遵循完全赔偿原则。因藏匿遗产、未制作遗产清册、记载不实债务或不计入财产、不当处分遗产的，对遗产债务承担无限责任。另有观点认为，遗产管理人承担责任也应遵循限定继承原则，承担责任范围以遗产实际价值为限。

【司法解释】

《最高人民法院关于民事执行中变更、追加当事人若干问题的规定》（法释〔2020〕21号修正，2021年1月1日施行）

第二条 作为申请执行人的自然人死亡或被宣告死亡，该自然人的遗产管理人、继承人、受遗赠人或其他因该自然人死亡或被宣告死亡依法承受生效法律文书确定权利的主体，申请变更、追加其为申请执行人的，人民法院应予支持。

作为申请执行人的自然人被宣告失踪,该自然人的财产代管人申请变更、追加其为申请执行人的,人民法院应予支持。

第十条 作为被执行人的自然人死亡或被宣告死亡,申请执行人申请变更、追加该自然人的遗产管理人、继承人、受遗赠人或其他因该自然人死亡或被宣告死亡取得遗产的主体为被执行人,在遗产范围内承担责任的,人民法院应予支持。

作为被执行人的自然人被宣告失踪,申请执行人申请变更该自然人的财产代管人为被执行人,在代管的财产范围内承担责任的,人民法院应予支持。

第一千一百四十九条 【遗产管理人的报酬】遗产管理人可以依照法律规定或者按照约定获得报酬。

【立法·要点释义】

遗产管理人管理遗产需要耗费时间和精力,特别是对于巨额遗产需要花费更多精力。遗产管理人不仅要履行法律规定的职责,还需要承担因过错造成利害关系人损失的责任。权利应当与义务相匹配,赋予遗产管理人获得报酬的权利有必要且合理。

遗产管理人可以要求获得报酬,也可以不要求有报酬。如果法律规定遗产管理人有权获得报酬的,遗产管理人可以要求获得报酬;如果当事人之间约定遗产管理人可以获得报酬的,遗产管理人可以根据约定获得报酬。遗产管理人报酬的多少由当事人约定,如果是人民法院指定遗产管理人的,人民法院可以酌情确定遗产管理人的报酬。

【编者观点】

遗产管理人的报酬可以由双方约定,在性质上属于共益债务,有别于管理费用,两者涉及全体继承人与遗产债权人的共同利益,也是遗产债务管理、清偿各程序能够顺利进行的先决条件,因此在清偿顺序中应当优先支付、随时清偿。若遗产不足以同时清偿继承费用和共益债务,继承费用优先受偿。遗产管理人因管理、处置遗产而对遗产的占有为有权占有,且该占有与报酬请求权系产生于同一法律关系,因而在继承人支付报酬前,遗产管理人对其所保管占有的遗产有权行使留置权。

当继承人和遗嘱执行人担任遗产管理人时,是否享有报酬请求权存在争议。有观点认为,本条并未将继承人和遗嘱执行人排除在外,无论何方主体担任遗产管理人,对实施遗产管理行为给予一定的劳务报偿都是公平合理的。如果遗嘱执行人因遗嘱执行已经获得报酬,其作为遗产管理人可不再享有报酬请求权。人民法院指定遗产管理人时,可由当事人协商报酬;协商不成的,由人民法院参照《最高人民法院关于审理公司强制清算案件工作座谈会纪要》《最高人民法院关于审理企业破产案件确定管理人报酬的规定》等规定确定。

第一千一百五十条 【继承开始的通知】继承开始后,知道被继承人死亡的继承人应当及时通知其他继承人和遗嘱执行人。继承人中无人知道被继承人死亡或者知道被继承人死亡而不能通知的,由被继承人生前所在单位或者住所地的居民委员会、村民委员会负责通知。

【立法·要点释义】

继承开始意味着继承人范围的确定、继承人和受遗赠人能够作出接受与放弃的意思表示、遗嘱执行人能够开始执行遗嘱。继承开始的通知直接影响遗赠扶养协议中的扶养人、债权人等利害关系人权利的行使与放弃。

负有继承开始通知义务的人是继承人。通常来说,与被继承人共同生活的继承人最先知道被继承人死亡的事实,有义务及时通知其他继承人和遗嘱执行人。负有继承开始通知义务的主体还包括被继承人生前所在单位、住所地的居民委员会或者村民委员会。其他知晓被继承人死亡事实的主体,也可以告知利害关系人被继承人死亡的事实。

【编者说明】

本条规定的法定的通知对象不同于民间“报丧”的对象,仅限于其他继承人和遗嘱执行人两类通知权利人,而不包括远亲属、受遗赠人、遗赠扶养协议的扶养人、遗产债务的债权人等。继承人之外的主体,即便其知道被继承人死亡的事实,也不负有法律上的通知义务,若其实施了通知行为,在性质上属于无因管理。另有观点认为,死亡通知既是一项法律义务,也是一项道德义务,因此对通知义务人的范围宜作适当扩大解释。被继承人的“生前住所地”应当包括“经常居住地”以及“临时居住地”,该地的居委会或者村委会也负有通知义务。

因通知义务人违反通知义务,导致遗产灭失或者其他继承人丧失参与继承程序的机会,损害其他继承人利益的,不仅需要承担财产损害赔偿责任,还可能引发精神损害赔偿责任。因死亡时间、地点、遗愿通知不实而造成其他继承人的重大误解致其正当权益受到损害的,通知义务人也要承担损害赔偿责任。有观点认为,考虑到继承人和单位、居委会、村委会的通知义务形成基础不同,继承人应承担过错责任;而单位、居委会、村委会仅承担故意或重大过失责任。

【司法解释】

《最高人民法院关于适用〈中华人民共和国民法典〉继承编的解释(一)》(法释〔2020〕23 号,2021 年 1 月 1 日施行)

第三十条①　【人民法院知道有继承人而无法通知的应保留其应继承遗产】人民法院在审理继承案件时,如果知道有继承人而无法通知的,分割遗产时,要保留其应继承的遗产,并确定该遗产的保管人或者保管单位。

第一千一百五十一条　【遗产的保管】存有遗产的人,应当妥善保管遗产,任何组织或者个人不得侵吞或者争抢。

【立法·要点释义】

被继承人生前可能占有控制着自己所有的财产,这些财产也可能被其他人占有控制,有的遗产可能是银行存款,有的遗产可能是由他人承租的不动产,有的遗产可能被他人借用,有的遗产可能被被继承人所投资公司其他股东所控制,有的专利可能被其他许可人使用着。继承人死亡后,只要是存有遗产的人,都有义务妥善保管遗产。即便继承人放弃了继承,如果继承人存有遗产,也有义务保管好直至其他继承人接手。

存有遗产的人,必须像善良管理人一样保管好遗产,确保遗产不被损害、毁损或者灭失。妥善保管就是维持遗产的正常状态。这种保管仅仅是一种消极性的义务,保管人并没有义务确保遗产保值增值。比如,存有的遗产是有价证券,市场价值波动很大,保管人没有义务根据市场行情予以变现防止价值贬损。但是,如果存有的是易腐败的食品等遗产,保管人就有义务予以变卖、拍卖,防止遗产腐败丧失价值。如果存有遗产的人与被继承人没有合同或者其他法律关系,此时即构成无因管理关系,需要根据无因管理的法律规定承担义务,享有权利。

所谓侵吞就是不能据为己有,不论谁存有遗产,都必须如实告知遗产管理人其存有遗产的事实,在其不愿意继续保管时,还应当将遗产交由遗产管理人保管。即便根据继承人所留下的遗嘱该遗产由其继承或者受遗赠,存有遗产的继承人或者受遗赠人也必须告知遗产管理人遗产由其存有。比如,甲生前留有 1 份遗嘱,遗嘱中将其所有的 1 幅名人字画 A 指定由其孙子乙继承。乙由于办画展需要,曾向甲借用 A 字画,画展结束后未归还给甲而是继续留在自己家中。甲死亡后,乙得知遗嘱指定了 A 字画由其继承,此时,乙也应当将其存有 A 字画的事实告知其他继承人或者遗嘱执行人。

---

① 对该条的注释详见附录四第 1218 页。

所谓抢夺就是非法夺取。如果遗产管理人因为清理、管理遗产的需要，要求存有遗产的人交出遗产，存有遗产的人就应当将遗产交由管理人统一管理，以便遗产管理人清理遗产、制作遗产清单并依法对遗产进行分割。

【编者观点】

遗产保管人实际控制被继承人财产，既可是继承人，也可是受遗赠人或其他人。立法使用了“存有”而没有使用“占有”，原因在于“占有”一般限于“有体物”，而无法涵盖权益型遗产等无体物。事实上的占有人和法律上权益的持有人，共同构成遗产的“存有人”。

遗产保管人仅仅是消极保管之人，没有管理、清算和处理遗产的权利，应及时移交财产给遗产管理人。“不得侵吞”主要针对遗产保管人，“不得争抢”则针对“任何组织或者个人”，即便是有权分得遗产的继承人、受遗赠人，也不得争抢遗产。情况紧急时，遗产保管人有权对遗产进行必要管理和处理，例如把易腐败变质的遗产寄存于专业仓储机构或者变卖后保管价金。

遗产保管人保管遗产是否享有报酬请求权，取决于保管人先前对遗产的取得占有是否有偿。对于有偿保管，遗产保管人承担过错责任；对于无偿保管，保管人承担故意或者重大过失责任；对于遗产的无权恶意占有人，保管行为是无偿的，且保管人承担过错责任。因保管遗产支出的必要费用，遗产保管人享有费用偿还请求权。

【司法解释】

《最高人民法院关于适用〈中华人民共和国民法典〉继承编的解释(一)》(法释〔2020〕23号，2021年1月1日施行)

第四十三条[①] **【法定继承人少分遗产的认定标准】**人民法院对故意隐匿、侵吞或者争抢遗产的继承人，可以酌情减少其应继承的遗产。

【法院参考案例】

宋某某诉彭某乙等被继承人债务清偿案——继承人均放弃继承时被继承人遗留债务的清偿[《人民法院案例选》2021年第5辑(总第159辑)]

【裁判要旨】

诚信是民事活动的基本原则，当事人应当按照约定全面、适当履行义务。为保护债权人利益，防止不当逃避债务，继承人虽放弃继承但仍实际控制、管理遗产的，仍应以债务人的遗产清偿债务。

【基本案情】

法院经审理查明：宋某某分别于2015年4月27日、5月26日向彭某甲借款5万元和3万元，两笔借款均约定月利息1.2%，期限6个月，逾期将承担

① 对该条的注释详见附录四第1247页。

日 1‰的违约责任。其间,彭某甲曾向宋某某还款 2 万元,2019 年 2 月 27 日彭某甲死亡。彭某甲父亲彭某乙、母亲曹某某庭审中明确表示放弃继承。彭某甲和赵某某婚后分别于 1998 年 7 月 25 日、2008 年 1 月 20 日生育彭某丙、彭某丁,2012 年 8 月 9 日彭某甲与赵某某解除婚姻关系,离婚约定:登记在彭某甲名下位于舞钢市院岭办事处李培庄×号楼 3××房归赵某某所有,长子彭某丙由赵某某抚养;位于舞钢市院岭办事处龙寓花园小区×号楼 1××号住房归彭某甲所有,彭某丁由彭某甲抚养。彭某甲死后彭某丁随彭某乙和曹某某生活。审理中,赵某某提供 1 份其与彭某甲的房产交换协议,证明离婚协议中舞钢市院岭办事处李培庄×号楼 3××房、龙寓花园小区×号楼 1××号住房均归其所有,并提供彭某乙证言加以证明。

二审期间,赵某某提交了彭某丙的放弃继承权声明书,彭某乙称彭某丁也放弃对彭某甲财产的继承权。二审另查明,彭某甲在向宋某某借款时将其位于舞钢市李培庄×号楼×幢 3××房屋抵押给宋某某作为对其借款的担保,但并未办理抵押登记,现该房屋由赵某某控制占有。

【裁判结果】

河南省舞钢市人民法院于 2019 年 9 月 11 日作出(2019)豫 0481 民初 1803 号民事判决:(1)彭某丙、彭某丁于本判决生效之日起 15 日内在其继承的遗产范围内偿还彭某甲对宋某某借款本息 65760 元。(2)驳回宋某某对彭某乙、曹某某、赵某某的诉讼请求。

一审宣判后,赵某某、彭某丙、彭某丁不服,提起上诉。河南省平顶山市中级人民法院于 2020 年 1 月 1 日作出(2019)豫 04 民终 3266 号民事判决:(1)维持河南省舞钢市人民法院(2019)豫 0481 民初 1803 号民事判决第二项,即“驳回宋某某对彭某乙、曹某某、赵某某的其他诉讼请求”。(2)撤销河南省舞钢市人民法院(2019)豫 0481 民初 1803 号民事判决第一项即“彭某丙、彭某丁于本判决生效之日起 15 日内在其继承的遗产范围内偿还彭某甲对宋某某借款本息 65760 元”。(3)宋某某可就龙寓花园小区×号楼 1××号房屋或李培庄×号楼 3××房屋拍卖或变卖所得价款受偿 65760 元的债权,由赵某某协助履行。限本判决生效之日起 30 日内履行完毕。

【裁判理由】

法院生效裁判认为:彭某甲向宋某某借款有借款协议、转账证明、证人证言等证据相互印证,二人之间债权债务关系明确,应予确认。虽然彭某甲与赵某某的房产控制和占有因二人私下约定几经变动,但都不能改变彭某甲生前与宋某某的债权债务关系,亦不能影响宋某某实现债权。彭某甲去世后,其继承人应当在继承其遗产实际价值的范围内清偿其所欠宋某某的债务。在彭某甲的继承人都声明放弃继承的情况下,彭某甲被他人实际控制、占有的财产应作为其遗产用以清偿债务。关于彭某甲的个人遗产问题,彭某甲与赵某某在离婚之际约定龙寓花园小区×号楼1××号住房归彭某甲所有,李培庄×号楼3××房归赵某某所有,虽然赵某某称二人后来签订有换房协议,但该协议真实性无法确认,赵某某虽对龙寓花园房产进行了装修且一直居住在此,但无法证明该房屋所有权发生了变动,故龙寓花园小区×号楼1××号住房应依二人离婚协议所载归彭某甲生前所有,彭某甲死后该房屋属于其个人遗产,在彭某甲的继承人都声明放弃继承的情况下,宋某某有权在其债权范围内就该房屋变卖所得价款受偿。因彭某甲与赵某某离婚时约定李培庄×号楼3××房归赵某某所有在先,彭某甲将该房屋所有权证书抵押给宋某某作为借款担保在后,且赵某某并未对此提出异议,说明赵某某对该房屋抵押一事已经知晓,因此,宋某某亦可以主张在债权范围内就该房屋变卖或拍卖所得价款受偿。考虑到彭某甲在购买龙寓花园房产后没有办理所有权登记,宋某某实现债权可能存在困难,宋某某可在债权范围内就龙寓花园小区×号楼1××号住房或李培庄×号楼3××房屋拍卖或变卖所得价款进行受偿。因这两套房屋现都由赵某某控制,赵某某有义务协助履行。

第一千一百五十二条 【转继承】继承开始后,继承人于遗产分割前死亡,并没有放弃继承的,该继承人应当继承的遗产转给其继承人,但是遗嘱另有安排的除外。

【立法·要点释义】

继承根据继承人本人是否实际继承,可以分为本继承、代位继承和转继承。本继承就是继承人自己在继承顺序之中直接继承被继承人财产;转继承就是继承人本人在遗产分割前死亡,其应得的遗产份额转由其继承人继承。被转位继承的人称为被转继承人,实际继承的人称为转继承人,转继承人包括所有法定继承人。转继承则既适用于法定继承,也适用于遗嘱继承。

发生转继承的条件包括:一是被转继承人在被继承人死亡后,遗产分割前死亡。被转继承人只有在此特定的时段死亡才发生转继承的问题。如果在被继承人死亡前死亡,则可能发生代位继承的问题;如果在遗产分割之后死亡的,则是一个新的继承问题,不存在转继承。二是被转继承人未放弃继承。三是遗嘱没有其他安排,被继承人在其遗嘱中,没有特别说明所留遗产仅限于给继承人本人,不得转继承给其他人。

【编者观点】

本条相较于《继承法意见》，从"其继承遗产的权利转移给他的合法继承人"修改为"该继承人应当继承的遗产转给其继承人"，这意味着立法对于转继承的性质的理解发生了变化，先前司法解释的观点是，转继承人承继的是被转继承人的继承权；而《民法典》的观点是，转继承人承继的是被转继承人应继承的份额。理由在于，继承权本身并非被继承人死亡时遗留的财产权，不能由其继承人继承。在继承开始之后，被继承人的遗产已经发生了向被转继承人等继承人的权利变动；当被转继承人死亡时，其从被继承人处继承取得的、尚未分割的遗产，就构成了被转继承人死后遗留的财产，应由其继承人继承。因此，转继承人取得的是尚未向被转继承人分割的、由其继承而来的应继份额。

我国法是否放开了后位继承？

本条还增加了"遗嘱另有安排的除外"的但书，在解释上为遗嘱人指定后位继承人等更加灵活的遗嘱安排预留了空间。传统的柏林式遗嘱中，立遗嘱人拥有更多样化地进行终意处分以便更久控制其财产的可能性，在实践中得到广泛运用。先死亡一方的遗产在德国法学理中有两种流转路径：其一是合并模式，也称为完全继承和终位继承模式。一方死亡时，生存配偶成为完全继承人，先死亡一方的遗产被生存配偶继承后成为其个人财产的一部分，当生存配偶死亡时，双方指定的最终受益人才继承该方遗产。其二是分离模式，也称为先位继承和后位继承模式，夫妻相互指定后死亡一方为另一方的先位继承人，同时共同指定第三方为后位继承人。一方死亡时，另一方作为先位继承人取得遗产，此时生存配偶占有的财产分为独立的两部分，一为自己的个人财产，二为继承的配偶遗产。当生存配偶死亡时，依法发生两项继承，最终受益人一方面通过后位继承获得先死亡一方的遗产，另一方面通过普通继承获得后死亡一方的遗产。

常见的后位继承发生情形，除了先位继承人死亡，还包括一定期间的经过或者某事件的发生如先位继承人再婚等，可由被继承人在死因处分中自由决定。若被继承人在继承人指定中附加了停止条件或解除条件，条件成就时，直接发生后位继承，无须被继承人明确说明。后位继承通过时间上的先后关系来确保多个继承人都能享有继承利益，有利于在实践中消除老年人的再婚障碍，解决了生存配偶与子女的利益冲突，并发挥类似居住权的保障功能。

两种模式的区分关键在于生存配偶处分权限的大小。合并模式下，生存配偶为完全继承人，可以通过生前行为任意处分继承的遗产；而分离模式下，生存配偶作为先位继承人，在后位继承开始之前，虽然名义上继承了遗产，但仅仅享有占有、使用和收益的权利，受到严格的处分限制。采取合并模式抑或分离模式，取决于立遗嘱人的意愿，意愿不明确时需进行意思表示解释作业。当遗嘱内容是“一方过世后所有财产均由另一方管理使用直到去世，双方去世后全部财产由子女继承”，意味着生存方对遗产只有管理和使用权利，属于分离模式；当遗嘱内容是“一方先去世后全部财产赠给另一方，双方过世后全部财产赠给子女”，则意味着生存配偶对遗产有完全的管理和处分权，属于合并模式。若意思表示解释仍无法查明立遗嘱人的真实意图，鉴于分离模式下先位继承人的处分受限、家庭财产被人为区隔为两部分、夫妻死亡时间相隔久远时遗产的利用和权属状况过于复杂，宜采合并模式作为推定规则，赋予生存配偶更多的遗产处分权限。

若后位继承人在继承发生后，先于生存配偶死亡、放弃或者丧失继承权，由谁最终继承先死亡一方的遗产？第一种观点认为，此时后位继承因条件无法成就而不发生效果，导致继承关系因主体减少而简化，由生存配偶即先位继承人继承遗产并取得完整的所有权。第二种观点认为，鉴于后位继承权本身也可以继承，除非被继承人另有安排，相关权利转移给后位继承人的继承人（《德国民法典》第 2108 条第 2 款）。解决这一问题的关键，是探寻被继承人的真实或可推定意图。若被继承人更关注后位继承人，应认定后位继承权可以继承，否则应通过遗嘱排除后位继承权的可继承性。

分离模式下，一方死亡导致继承开始，先位继承人即配偶是遗产所有权人，有权处分遗产所属标的（《德国民法典》第 2112 条）。但为了保护后位继承人的利益，学理上将后位继承人在后位继承发生之前所享有的权利称为期待权，这一名称易引发歧义。编者认为，后位继承人享有的权利并非继承权层面的期待权，而是条件理论层面的期待权。一方死亡后，作出的死因处分生效，后位继承人同样属于继承人，继承权性质从继承期待权转变为继承既得权，只是该继承既得权上附加的条件尚未成就，不发生相应的法律效果。既然是继承既得权，后位继承人可以接受或放弃，无须等到后位继承条件成就。如此方能解释，当生存配偶损害后位继承人在先死亡一方的遗产上所享有的利益时，后位继承人可要求其损害赔偿；但是生存配偶生前处分自己的财产时，继承人此时仅享有继承期待权，并不存在损害。

条件未决期间的期待权人也享有附条件权利的经济属性甚至是资本属性。附条件权利的经济价值已经得到全面承认，这一法律地位可以继承、转让、用以设立担保、被担保、对之提起诉讼以及保全。后位继承人可以把后位继承权作为信用基础，在经济上加以利用或转让。出让或抵押后位继承权的行为也被视为接受后位继承。当后位继承人有理由认为其权利受到显著侵害的危险时，可以请求先位继承人提供担保（《德国民法典》第2128条）。后位继承人还可以作出中断诉讼时效等法律性的保全行为，以及禁止先位继承人在农业用地上修筑采石场等事实性的保全行为。对遗产标的毁损或没收而赔偿所得以及借助遗产资金所得之物，均依物上代位自动归属于遗产（《德国民法典》第2111条）。先位继承人于土地登记簿上登记权利时，登记部门须依职权一并登记后位继承人或进行预告登记（《瑞士民法典》第490条），以此排除第三人主张善意取得。

全面确立期待权的权利属性，还要求实体和程序上一系列配套的保障措施，如债法层面的损害赔偿请求权与物法层面的中间处分无效制度。《德国民法典》第160条所谓的法定之债关系，可以推导出附条件义务人的保护义务。后位继承人可以监督先位继承人管理遗产利益的行为并要求其答复询问（《德国民法典》第2127条）。未决期间一方过错侵害另一方附条件权利的，另一方在条件成就时有权请求损害赔偿。《德国民法典》第161条规定未决期间的处分损害附条件权利人利益的无效，导致条件对处分行为的限制具有“物权效力”。先位继承人被课以诸多处分限制，财产保管义务禁止其进行重大不利的生前行为，如对土地、土地权利、船舶的处分以及无偿处分，损害后位继承人利益的无效（《德国民法典》第2113条）；死后移转义务禁止通过死因行为损害后位继承人利益。禁止先位继承人的债权人强制执行该遗产的基础部分（但可执行用益部分），避免遗产因先位继承人的个人债务而受损（《德国民法典》第2115条）。

先位继承人死亡时，后位继承开始，遗产转归后位继承人所有（《德国民法典》第2139条）。先位继承人的继承人或遗产管理人有义务向后位继承人交付遗产，该义务辅之以相应的损害赔偿请求权。先位继承人对后位继承人应承担的责任（法定之债关系）适用有关遗产管理的规定（《德国民法典》第2130条以下）。后位继承人由此得到双重保护，当先位继承人不法地将遗产赠与他人，后位继承人既可依所有物返还请求权要求受赠人返还（处分行为依《德国民法典》第2113条无效），也可以向先位继承人主张损害赔偿请求权，因为该处分违反了先位继承人对后位继承人承担的保护义务（《德国民法典》第2138条第2款）。

为了维护柏林式遗嘱中最终受益人的可期待利益，或者为了使生存配偶免除共同遗嘱的约束，夫妻可以在共同遗嘱中规定再婚条款，若生存配偶再婚，双方的晚辈直系血亲可立即主张针对死亡一方遗产的法定继承份额，或者主张直接发生后位继承。合并模式下，再婚条款可解释为附解除条件地指定后死亡一方为完全继承人；分离模式下，可解释为附停止条件地指定生存配偶为先位继承人、子女为后位继承人。再婚条款有其合理性,先死亡一方同意其财产被生存配偶继承的前提,是预期这部分遗产在配偶死亡后转由自己的子女继承。可是生存配偶一旦再婚,对子女而言,因再婚而出现的继父母以及半血缘兄弟姐妹会获得继承权,从而瓜分掉子女本可以继承的遗产份额。此外,生存配偶再婚后直至死亡前,继承的先死亡一方的遗产也可能被新的家庭成员实际消耗掉。这些再婚导致的变故既不利于子女的可期待利益,也有违先死亡一方的真实意愿,需要通过再婚条款加以防范和避免。因此,再婚条款具有正当性,不构成对婚姻自由的不当限制。

后位继承实质上对所有权从时间维度进行了分割,条件成就前归属于先位继承人,条件成就后归属于后位继承人。在后位继承开始之前,先位继承人虽然名义上是所有权人,但仅享有占有、使用和收益的权利,并受到严格的处分限制。这一结构与强调现实权益以及未来权益在时间轴上彼此独立并存的英美财产权体系完美契合。与此相反,大陆法系物权法采纳绝对所有权理论,所有权人对物享有完整、排他、统一、全面且不可分割的权利。分离模式相当于禁止作为所有权人的先位继承人对遗产的所有权让与,而学理一般认为,意思自治不得改变作为物权内容一部分的处分权,《德国民法典》第 137 条也规定,违反让与禁止的处分行为效力不受影响,处分权人仅因违反让与禁止负有债法责任。因此后位继承与绝对所有权理论是相悖离的。

柏林式遗嘱的目的在于保障立遗嘱人的财产最终归属于后位继承人,同时保证生存配偶能够获得遗产的用益,兼具生活保障功能与预防遗产外散功能,与用益权遗赠在经济层面具有相似性。先位继承人的权利受到后位继承限制,权利内容几乎趋同于用益权。有立法例直接将附解除条件的遗嘱分配视为给受益人设立用益权,以此限制受益人的处分权限。例如《奥地利普通民法典》第 613 条认为继承人取得的是有限制的所有权,具有用益权人的权利和义务。有裁判观点认为,如果共同遗嘱中约定"一人先去世,房产归另一人所有;如两人都去世,则由指定继承人继承",生存一方拥有的仅仅是居住使用权。

若生存配偶仅对遗产享有用益权,自然没有处分权限,并且对所有权人负有一系列义务,如维持物的用途和良好状态、必要时对物维修和保养。先死亡一方的遗产仅发生一次物权变动,由后位继承人所有,生存配偶死亡时用益权消灭,所有权自动回复到完满状态,无须再次发生物权变动。若后位继承人先于生存配偶死亡、放弃或者丧失继承权,则由后位继承人的继承人继承遗产,生存配偶作为用益权人的身份不变。简而言之,在大陆法系绝对所有权观念下,对共同遗嘱引发的后位继承,宜采用“生存配偶享有用益权+后位继承人享有所有权”的理想路径，比受限制的所有权方案更符合逻辑，也更为便捷。

遗嘱作为法律行为，应适用《民法典》第 158 条以下附条件民事法律行为的相关规范。附条件遗嘱在逻辑上必然导致对相关遗产的先位受益和后位受益，换而言之，为避免遗产处于无人接管的状态，只要允许遗嘱附条件，相当于承认了后位继承。《民法典》第 1152 条相较于《继承法意见》新增“遗嘱另有安排的除外”，意味着立法给后位继承预留了空间。遗憾的是，本次《民法典》编纂，物权编仅仅增设了居住权而未设用益权。用益权与居住权在传统民法上都属于人役权，居住权衍生自用益权，结构相似但内容更狭窄，仅指在他人房屋上居住的权利。实务中共同遗嘱所涉对象绝大部分为不动产，因此解释论上，或可退而求其次，“生存配偶享有居住权+后位继承人享有所有权”亦为现行规范供给下实现后位继承功能的一条可行路径。

遗嘱方式如何设立居住权？

《民法典》第 368 条末句规定“居住权自登记时设立”，全国人大法工委编写的释义书回避了第 371 条与第 368 条的关系问题，导致遗嘱方式设立居住权的物权变动是否需要参照第 368 条成为争论不休的难题，学界和实务界的分歧大致可以分为三种观点。第一种观点认为，遗嘱方式设立的居住权应当参照第 368 条采取登记生效主义，属于基于法律行为发生的物权变动，居住权自登记时设立。《民法典》施行之后有部分裁判意见倾向于该种观点。

第二种观点认为，遗嘱方式设立的居住权依据第 230 条自继承开始时设立，属于非基于法律行为发生的物权变动，第 230 条相较于第 368 条应该优先适用。居住权人自继承开始就可以获得房屋租金等收益，针对所有权人的债权人强制执行房屋的要求有权提起第三人异议之诉，避免登记之前因继承人处分房屋导致居住权人无法取得居住权，实现立遗嘱人设立居住权的目的。最高人民法院发布的《人民法院贯彻实施民法典典型案例（第一批）》“邱某光与董某军居住权执行案”认为，遗嘱方式设立居住权不适用第 368 条，《民法典》施行之后大多数裁判意见倾向于这一观点。但是上述案例其实属于法院对遗产的裁判分割，依据第 229 条而非第 230 条，自法律文书生效时居住权设立，自然无须登记。

第三种观点认为遗嘱方式设立的居住权自遗嘱生效时设立，未经登记不得对抗善意第三人，以平衡居住权人与房屋善意受让人的利益。有学者认为，若遗嘱确定的居住权人居住在房屋内，基于占有的权利外观，应认定为房屋的受让人符合《民法典物权编解释（一）》第 15 条第 1 款第 5 项“受让人知道他人已经依法享有不动产物权”的情形，从而排除善意取得。反对登记对抗主义思路的学者认为，在当然继承制度下，不单单是居住权，经由遗嘱分配的所有权也会发生权利实际变动情况与权利外观的冲突，如果移转所有权采取登记生效而设立居住权采取登记对抗，会导致法律评价矛盾。

坚持区分对待遗嘱继承和遗赠的观点认为，遗嘱继承设立的居住权自继承开始时设立，而遗赠设立的居住权应参照第368条，居住权自登记时设立。有学者认为，因继承形成的共同共有关系应当以法定继承人身份作为识别标准，因此受遗赠人不应被纳入这种共有关系之中。《上海市不动产登记技术规定》也区分了遗嘱继承与遗赠，规定："受遗赠设立居住权的，申请人还应当召集全部继承人或者遗产管理人到场确认，并提交书面确认声明。"而编者认为，继承领域不同于婚姻家庭领域，因继承形成的共有关系是一种临时性的、着眼于财产而非人身关系的共同体，在遗产管理人负责遗产清算的制度设计下，遗产继承人或者受遗赠人无法任意处分遗产，遗产债权人的利益已经得到妥善保护，将包括居住权在内的遗产承受人限于法定继承人范围以增加共同体成员的可识别性不具有实益。

遗嘱方式设立的居住权作为物上负担影响到房屋的市场价值，还涉及遗产债务的实现方式以及拍卖、变卖顺位等问题。如果遗嘱继承人或者受遗赠人未放弃继承或受遗赠，在第一阶段立遗嘱人死亡时，依据第230条直接设立居住权，暂时性归属于遗产承受人共同体所有，无须登记。遗产清算完毕时如果房屋仍属遗产范围，在第二阶段遗产分割时，居住权人作为遗产承受人共同体的共有人，依据遗嘱对遗产管理人享有协助居住权登记请求权，依据第368条居住权自登记时设立。由于第一阶段设立居住权无须登记，第二阶段的居住权登记为首次登记；倘若由法院通过裁判分割遗产的方式设立居住权，自法律文书生效时居住权直接设立，无须登记。

从遗嘱生效后到第二阶段居住权首次登记前，遗嘱确立的居住权人尚未独立获得居住权，该期间内如何保障其居住利益？遗嘱方式设立的居住权具有保障功能，居住权人在遗嘱生效后首次登记前，作为遗产承受人共同体的共有人，在不妨碍遗产管理人清偿遗产债务的前提下，有权依据有效的遗嘱对房屋占有、使用和收益，遗嘱的功能类似于共有人之间就如何具体利用共有物达成的分管协议。

为了保障居住权人利益，结合《民法典》新增的遗产管理人制度，应把居住权登记纳入遗产管理人的法定职责范围。第1147条第5—6项规定，遗产管理人应当履行的职责包括"按照遗嘱或者依照法律规定分割遗产"以及"实施与管理遗产有关的其他必要行为"，解释论上均可涵盖办理居住权登记的义务。《上海市不动产登记技术规定》及其《补充规定》先行一步，规定遗产管理人可以代为申请居住权登记，并且要求首次登记时遗产管理人应召集全部法定继承人或者遗产管理人当场确认设立居住权的情况，提交书面确认声明等材料。《不动产登记法（征求意见稿）》第33条也规定，因继承、受遗赠取得不动产申请不动产登记的，不动产登记机构可以根据遗产管理人等方式确认继承权并予以办理。

如果遗产管理人未履行居住权登记的法定职责，例如未告知遗嘱继承人或者受遗赠人依据遗嘱获得居住权的事实、拒绝协助遗嘱继承人或者受遗赠人进行居住权登记，依据《民法典》第1148条“遗产管理人……因故意或者重大过失造成继承人、受遗赠人、债权人损害的，应当承担民事责任”，居住权人有权请求遗产管理人承担赔偿责任，并有权要求其继续协助办理居住权登记。

当遗嘱生效且继承人或者受遗赠人接受遗产后，若遗产管理人不积极协助登记居住权，鉴于遗嘱与合同都属于意定居住权的设立方式，应当同等保护，把设立居住权的遗嘱也解释为《民法典》第221条以及《不动产登记法（征求意见稿）》第93条中的“其他不动产物权的协议”，居住权人办理正式的居住权登记前，有权向登记机构申请预告登记，进一步保障居住权人利益。相较于居住权首次登记，应当适当降低预告登记时提供证明材料的要求，适用《不动产登记法（征求意见稿）》第33条规定的告知承诺制，减轻预告登记人的证明负担。预告登记产生权利保全效力，《民法典》第221条规定，“未经预告登记的权利人同意，处分该不动产的，不发生物权效力”，有效防范了所有权人在预告登记存续期间的擅自处分行为。

《民法典》颁布实施以来，《不动产登记暂行条例》与《不动产登记暂行条例实施细则》于2024年作出修改，可将居住权作为《不动产登记暂行条例》第5条第10项“法律规定需要登记的其他不动产权利”予以登记。《不动产登记法（征求意见稿）》第6条中登记的权利类型第8项已列明居住权，第53条规定了居住权的首次登记、变更登记和注销登记，其中设立居住权的首次登记包括合同、遗嘱以及生效法律文书三种方式，大致可以窥见未来《不动产登记法》中涉及居住权登记的相关程序和内容。

《民法典》新增居住权以来，各地陆续修订了不动产登记领域的地方性法规和地方政府规章，增加了合同、遗嘱、生效法律文书等居住权设立方式，由登记机关首次登记并核发居住权证明的内容，但是除了《上海市不动产登记技术规定》之外，大都欠缺具体的登记类型、登记流程、申请人、申请材料、审查要点等内容。2021年以来，武汉、合肥、济南、长沙、石家庄、齐齐哈尔等市制定了居住权登记操作规范或登记办法，对居住权首次登记的申请人、申请材料、审查要点等内容作了较为详尽的规定，为未来《不动产登记法》完善居住权登记制度奠定了基础。

遗嘱方式设立居住权最常见的情形是立遗嘱人在原本不存在居住权的房屋上新设居住权，把居住权和房屋产权分配给不同的遗产承受人。该情形下，居住权在继承开始前并不存在，居住权登记性质属于首次登记，而房屋产权因继承或遗赠发生转移登记。多地的规范性文件皆规定，居住权首次登记可以先于房屋产权转移登记办理，也可以一并办理或者在房屋产权转移登记后办理。可见，居住权首次登记具有独立性，在遗嘱引发物权变动的两个阶段完成1次登记即可，类似于《德国土地登记条例》第40条规定的省略登记。济南、石家庄、上海等地规定，居住权首次登记应在房屋产权办理再次转移登记前完成。原因在于，房屋产权第一次转移登记意味着遗产分割已经完成，房屋产权业已归属于特定的遗产承受人，而再次转移登记意味着遗产承受人已将房屋处分给第三人。既然第三人取得房屋产权时登记簿上不存在居住权这一负担，居住权人当然不能于再次转移登记完成后要求登记居住权，以保护第三人对不动产登记簿的信赖。

居住权首次登记与房屋产权转移登记是否一并申请办理，会影响登记申请人范围以及所需申请材料的详略程度。实践做法可分为三种情形：第一种情形是居住权首次登记先于房屋产权转移登记。《不动产登记暂行条例》第14条规定，继承、接受遗赠取得不动产权利的可以由当事人单方申请，《不动产登记法（征求意见稿）》第31条承继了该条规定，各地登记办法也都认可由遗嘱确定的居住权人单方申请。申请材料根据《不动产登记暂行条例实施细则》第14条以及各地的居住权登记办法，除了登记申请书、身份证明、不动产权属证书等登记所需的一般性材料外，针对遗嘱设立所需的特别材料包括生效的遗嘱以及遗嘱人的死亡证明。此时虽为单方申请，但是申请人应当召集全体继承人到场，书面确认是否为生效遗嘱，可见程序要求严苛，若继承人不配合易陷入僵局。鉴于遗产管理人负有协助办理居住权登记的义务，申请人可以召集遗产管理人到场书面确认居住权状况，以降低登记难度。

济南和石家庄等地规定，如果提交的遗嘱为继承或接受遗赠公证书，则登记机构直接办理首次登记；如果提交的是其他形式的遗嘱，还需要登记机构审查其效力，或者要求提交全部继承人确认遗嘱生效的书面材料。由此可见，公证遗嘱无须再经其他继承人书面确认，是居住权首次登记最为便捷的方式。《不动产登记法（征求意见稿）》第33条规定，申请人申请登记可适用告知承诺制，减轻申请人提供证明材料的负担，同时申请人应承担不实承诺的法律责任，以保护其他权利人利益，该做法值得肯定。

第二种情形是一并申请办理居住权首次登记与房屋产权转移登记，由遗嘱确定的居住权人与全体继承人、受遗赠人共同申请，申请材料除遗嘱外，武汉等地规定不再需要重复提交遗嘱人的死亡证明。

第三种情形是居住权首次登记后于房屋产权转移登记办理，多数地方规定由遗嘱确定的居住权人单方申请，而《石家庄市不动产居住权登记办法（试行）》和《上海市不动产登记技术规定》规定，申请人还应当包括现不动产登记簿记载的全部产权人。编者认为，现房屋产权人同样是依据遗嘱或者法定继承获得房屋，设立居住权与现房屋产权人的意思毫无关联，何况现房屋产权人有何动力配合居住权人申请登记居住权？且未办理房屋产权再次转移登记之前，并不涉及潜在交易第三人的保护问题。因此，由遗嘱确定的居住权人单方申请可以有效避免现房屋产权人不配合完成登记手续的风险，现房屋产权人作为共同申请人毫无必要。申请材料除生效遗嘱外，无须另行提交遗嘱人的死亡证明。

【司法解释】

《最高人民法院关于适用〈中华人民共和国民法典〉继承编的解释（一）》（法释〔2020〕23号，2021年1月1日施行）

第三十八条①　【受遗赠人在遗产分割前死亡的法律后果】继承开始后，受遗赠人表示接受遗赠，并于遗产分割前死亡的，其接受遗赠的权利转移给他的继承人。

第一千一百五十三条　【遗产的确定】夫妻共同所有的财产，除有约定的外，遗产分割时，应当先将共同所有的财产的一半分出为配偶所有，其余的为被继承人的遗产。

遗产在家庭共有财产之中的，遗产分割时，应当先分出他人的财产。

【编者观点】

遗产分割是共有财产分割的原因，权利主体是被继承人的配偶和其他家庭成员。被继承人的配偶请求分割的是夫妻共有财产中归其所有的一半，其他家庭成员请求分割的是家庭共有财产中归其所有的份额。就家庭共有财产的遗产析出份额而言，应综合考量被继承人对于家庭共有财产的贡献、家庭成员的人数等因素，酌定具体的析出份额。如果共有人怠于请求分割影响到债权人债权实现，共有人的债权人有权主张第535条的债权人代位权。

有裁判观点认为，被继承人配偶去世后，未对遗产进行分割，亦无继承人

① 对该条的注释详见附录四第1239页。

明确表示放弃继承权,其后被继承人在遗嘱中对未分割的配偶遗产在内的所有财产进行了处分,对配偶遗产的处分部分无效,发生法定继承。

本条规定的“除有约定的外”的约定,应包括夫妻财产分割协议以及共同遗嘱。有观点认为,“一半”应改为“应属于配偶的份额”,有过错的配偶对夫妻共同财产的份额通常少于一半。但反对观点认为,鉴于双方未离婚,被继承人死亡时的财产分割应与双方离婚时的财产分割有所区别。即使被继承人一方存在婚姻法上的过错,另一方亦不能依第1091条主张多分财产,遗产均应按一半份额析出。

【地方法院规范】

《北京市高级人民法院关于审理继承纠纷案件若干疑难问题的解答》(2018年)

2. 遗产尚未从共有财产中析出如何处理?遗产中有案外人权益时如何处理?

继承案件所涉遗产未从共有财产中析出,如共有财产的共有权人均作为继承案件当事人参加诉讼,人民法院应释明当事人提出分家析产诉讼请求,在继承案件中一并审理,列为分家析产、继承并列案由。经释明后当事人不提出分家析产诉讼请求的,仍对全部共有财产提出继承请求的,人民法院应判决驳回诉讼请求。

确有证据表明继承案件所涉遗产与案外人存在权属争议的,应释明当事人另案先行处理该权属争议。

【公报案例】

莫某欢、岑某明诉岑荣某、岑某、林某弟继承纠纷案(《最高人民法院公报》1988年第1期)

【基本案情】

顺德县人民法院审理查明:原告莫某欢是被告岑荣某的弟媳,被告岑某、林某弟的儿媳。莫某欢与岑某之子岑华某1981年结婚,1982年生一子岑某明。1983年4月,岑华某通过岑荣某与其妻舅——本案第三人方某光协商,经当时生产队的同意,将原由方某光承包并已停业的木器店转由岑华某承包。该木器店后更名为幸福乡十队五金木器店,由岑华某独资经营,账户、贷款、交纳管理费、税款等经济活动,均以岑华某名义进行。开业初期,岑荣某曾在短时间内协助岑华某组织过货源,后即由岑华某自行购销。在此期间,由于五金木器店生意兴隆,盈利较多,岑华某和莫某欢在和平村建2层楼房1幢,购买了电视机、洗衣机等电器和125C摩托车1辆,并用1900元安装电话机1部于岑荣某家。莫某欢承包的商店存有货底款1000元。1986年3月,岑华某患病,委托岑荣某代管五金木器店。同年4月30日,岑华某病故。同年5月,莫某欢要求接管丈夫遗下的五金木器店,被告岑荣某不愿交出,引起纠纷。同年 6 月,莫某欢向顺德县人民法院起诉,要求保护她和岑某明继承岑华某遗产的权利。

关于五金木器店是岑华某一人承包独自经营,还是合伙经营,经查:1986 年 6 月间,岑荣某串通第三人方某光,伪造假承包合同,以此证明原承包木器店即由岑某出资、方某光出铺面、岑荣某组织货源、岑华某管理铺面的合伙经营事实。岑荣某等人还串通知情人,“不要理他们家里的事”。由此证明,五金木器店是岑华某独自经营,并非合资经营。

原告在起诉中要求取回岑华某于 1985 年放在其弟岑南某家中的杉木 15 根,要求继承岑华某婚前与家庭共同购置的 160 根杉木中的份额,以及被告岑荣某提出电话机是他出资安装的,均证据不足,不予认定。

在案件审理期间,被告人岑荣某和第三人方某光伪造证据,制作假合同,依照《民事诉讼法(试行)》第 77 条的规定,决定分别处以 200 元罚款,并予以训诫教育。诉讼期间,顺德县人民法院委托该县木材公司等单位派员,对诉争的五金木器店的财产和原告现住楼房等财产,进行了核价。其中:五金木器店现存木材核价 2.8 万元,杉棚上盖 7030 元,店内机械、设备 800 元,摩托车 1 辆 3815 元,电话机 1 台 1900 元,原告现住的楼房 33392 元,原告屋内的电视机、洗衣机等核价 1900 元,莫某欢承包的商店货底核价 1000 元,以上共计 77837 元。

【裁判理由】

顺德县人民法院在查明事实,分清是非的基础上,经调解未能达成协议。顺德县人民法院认为:原告莫某欢与被告岑荣某、岑某、林某弟诉争的五金木器店、电话机和莫某欢现住的 2 层楼房等财产,系莫某欢与丈夫岑华某生前婚姻关系存续期间所得的财产,依照《婚姻法》第 13 条第 1 款的规定,归夫妻共同所有。依照《继承法》第 26 条第 1 款关于夫妻在婚姻关系存续期间所得的共同所有的财产,如果分割遗产,应当先将共同所有的财产的一半分出为配偶所有,其余的为被继承人的遗产的规定,属于莫某欢和岑华某夫妻婚姻关系存续期的共有财产 77837 元,分出 38918.5 元为莫某欢所有,其余 38918.5 元为岑华某的遗产。依照《继承法》第 10 条第 1 款规定的继承顺序,莫某欢、岑某明、岑某、林某弟为第一顺序继承人。依照《继承法》第 13 条第 2 款规定,对生活有特殊困难的缺乏劳动能力的继承人,分配遗产时,应当予以照顾。继承人岑某、林某弟目前承包几十亩鱼塘,家庭较为富裕;莫某欢年富力强,有劳动能力,3 人可共继承岑华某遗产的 1/4;岑某明年仅 5 岁,尚无劳动能力,可继承 3/4。

【裁判结果】

顺德县人民法院于 1987 年 5 月 19 日,判决如下:

（1）五金木器店、莫某欢现住 2 层楼房、安装在岑荣某家的电话机 1 部、125C 摩托车 1 辆、莫某欢承包商店的货底款、电视机、洗衣机等，核价 77837 元，均为原告莫某欢和岑华某共同所有，各分一半。

（2）岑华某的遗产 38918.5 元，莫某欢、岑某、林某弟各继承 3243.21 元；岑某明继承 29188.87 元。岑某明所继承的份额，由法定代理人莫某欢代管。

（3）岑某、林某弟 2 人所继承的 6486.42 元，其中 1900 元由岑荣某支付（岑华某的电话机归岑荣某所有），其余部分自本判决发生法律效力后 30 日内，由莫某欢付清。

第一千一百五十四条 【按法定继承办理】有下列情形之一的，遗产中的有关部分按照法定继承办理：

（一）遗嘱继承人放弃继承或者受遗赠人放弃受遗赠；

（二）遗嘱继承人丧失继承权或者受遗赠人丧失受遗赠权；

（三）遗嘱继承人、受遗赠人先于遗嘱人死亡或者终止；

（四）遗嘱无效部分所涉及的遗产；

（五）遗嘱未处分的遗产。

【原《继承法》条文】

第二十七条 有下列情形之一的，遗产中的有关部分按照法定继承办理：

（一）遗嘱继承人放弃继承或者受遗赠人放弃受遗赠的；

（二）遗嘱继承人丧失继承权的；

（三）遗嘱继承人、受遗赠人先于遗嘱人死亡的；

（四）遗嘱无效部分所涉及的遗产；

（五）遗嘱未处分的遗产。

【修改说明】

增加规定：受遗赠人丧失受遗赠权，遗产中的有关部分也按照法定继承办理；第 3 项中新增“遗嘱继承人、受遗赠人先于遗嘱人终止”的情形。

【立法 · 要点释义】

法定继承作为法律规定的继承方式，能够填补被继承人的遗愿空白。因此，在被继承人未就遗产作出处分，或者所作处分因特定原因而不实际发生效力时，就需要按照法定继承处理被继承人的遗产。

【编者观点】

第 3 项意味着遗嘱继承人先于被

继承人死亡时，并不发生代位继承，遗嘱继承人所涉遗产按照法定继承办理。第 3 项还增加了“终止”二字，因为受遗赠人并不局限于自然人，根据第 1133 条第 3 款规定，国家、集体或者法定继承人以外的组织都可以成为受遗赠人。本条并非封闭式列举，根据第 1155 条规定，胎儿娩出时为死体的，为胎儿保留的遗产份额也按照法定继承办理。

第一千一百五十五条 【胎儿预留份】遗产分割时，应当保留胎儿的继承份额。胎儿娩出时是死体的，保留的份额按照法定继承办理。

【立法·要点释义】

总则编第 16 条规定，涉及遗产继承、接受赠与等胎儿利益保护的，胎儿视为具有民事权利能力；但是胎儿娩出时为死体的，其民事权利能力自始不存在。因此，胎儿在遗产继承方面具有民事权利能力。但毕竟胎儿尚未出生，无法确认胎儿是否能够正常出生。所谓保留胎儿的继承份额，就是在计算参与遗产分割的人数时，应该将胎儿列入计算范围，作为参与分割的一分子，将其应得的遗产划分出来。这里的继承份额既包括法定继承的继承份额，也包括遗嘱继承时的份额。

在分娩胎儿时有两种情况：第一种是顺利分娩成为独立的民事主体。为胎儿所保留的遗产即成为出生之婴儿的财产。第二种情况是分娩失败，娩出的胎儿为死体，包括继承的权利能力在内的所有权利能力都溯及地消灭。所保留的遗产按照法定继承办理，即由被继承人的法定继承人继承。

【编者观点】

胎儿享有继承能力以被继承人死亡时已受胎且非死产为限。人们忍受遗腹子在继承份额方面的悬而未决，以从源头上避免兄弟姐妹之间的纠纷，目的在于维护家庭和平。本条仅针对法定继承，不适用于遗嘱继承场合。遗嘱继承中通过第 1141 条规定的必留份制度保护胎儿利益。

应当注意到，第 16 条与第 1155 条遵循了不同的逻辑。第 16 条逻辑是让胎儿在出生前就已经根据其权利能力取得继承的财产。因而允许胎儿的法定代理人在其出生之前主张继承权利并分割遗产，则若胎儿出生时为死体的，其权利能力视为自始不存在，由此产生其继承财产的返还。这种做法一方面无谓增加了诉讼成本，另一方面也增加了财产返还不能的风险，不利于对其他法定继承人利益的保护。而第 1155 条的逻辑是胎儿在出生后获得预先保留的份额。在胎儿出生前为分割的，对于胎儿的应继份并不向其法定代理人直接为移交，而是通过为胎儿保留其“或然”的继承份额，推迟了对这部分遗产的分割处分，由遗产管理人代为保管，平衡了胎儿和其他法定继承人利益的保护。当胎儿娩出时为活体时，由遗产管理人向其法定代理人进行移交；当胎儿娩出时为死体时，由遗产管理人按照法定继承办理。据此规定，胎儿保留份的移交是附法定停止条件的。

当被继承人在遗嘱中指定胎儿为受遗赠人时，放弃受遗赠是侵害胎儿利益的行为，因而胎儿的法定代理人无权代为放弃受遗赠。胎儿为受遗赠人时不受第 1124 条规定的限制，应当直接拟制胎儿接受遗赠的表示。

【相关立法】

《中华人民共和国民法典》（2021 年 1 月 1 日施行）

第十六条　涉及遗产继承、接受赠与等胎儿利益保护的，胎儿视为具有民事权利能力。但是，胎儿娩出时为死体的，其民事权利能力自始不存在。

【司法解释】

1.《最高人民法院关于适用〈中华人民共和国民法典〉继承编的解释（一）》（法释〔2020〕23 号，2021 年 1 月 1 日施行）

第三十一条①　**【保留胎儿继承份额】**应当为胎儿保留的遗产份额没有保留的，应从继承人所继承的遗产中扣回。

为胎儿保留的遗产份额，如胎儿出生后死亡的，由其继承人继承；如胎儿娩出时是死体的，由被继承人的继承人继承。

2.《最高人民法院关于适用〈中华人民共和国民法典〉总则编若干问题的解释》（法释〔2022〕6 号，2022 年 3 月 1 日施行）

第四条　涉及遗产继承、接受赠与等胎儿利益保护，父母在胎儿娩出前作为法定代理人主张相应权利的，人民法院依法予以支持。

【指导性案例】

李某、郭某阳诉郭某和、童某某继承纠纷案（最高人民法院指导性案例 50 号，2015 年 4 月 15 日）

【裁判要点】

（1）夫妻关系存续期间，双方一致同意利用他人的精子进行人工授精并使女方受孕后，男方反悔，而女方坚持生出该子女的，不论该子女是否在夫妻关系存续期间出生，都应视为夫妻双方的婚生子女。

（2）如果夫妻一方所订立的遗嘱中没有为胎儿保留遗产份额，因违反《继承法》第 19 条规定，该部分遗嘱内容无效。分割遗产时，应当依照《继承

---

①　对该条的注释详见附录四第 1220 页。

法》第 28 条规定，为胎儿保留继承份额。

【基本案情】

原告李某诉称：位于江苏省南京市某住宅小区的 306 室房屋，是其与被继承人郭某顺的夫妻共同财产。郭某顺因病死亡后，其儿子郭某阳出生。郭某顺的遗产，应当由妻子李某、儿子郭某阳与郭某顺的父母即被告郭某和、童某某等法定继承人共同继承。请求法院在析产继承时，考虑郭某和、童某某有自己房产和退休工资，而李某无固定收入还要抚养幼子的情况，对李某和郭某阳给予照顾。

被告郭某和、童某某辩称：儿子郭某顺生前留下遗嘱，明确将 306 室赠予二被告，故对该房产不适用法定继承。李某所生的孩子与郭某顺不存在血缘关系，郭某顺在遗嘱中声明他不要这个人工授精生下的孩子，他在得知自己患癌症后，已向李某表示过不要这个孩子，是李某自己坚持要生下孩子。因此，应该由李某对孩子负责，不能将孩子列为郭某顺的继承人。

法院经审理查明：1998 年 3 月 3 日，原告李某与郭某顺登记结婚。2002 年，郭某顺以自己的名义购买了涉案建筑面积为 45.08 平方米的 306 室房屋，并办理了房屋产权登记。2004 年 1 月 30 日，李某和郭某顺共同与南京军区南京总医院生殖遗传中心签订了人工授精协议书，对李某实施了人工授精，后李某怀孕。2004 年 4 月，郭某顺因病住院，其在得知自己患了癌症后，向李某表示不要这个孩子，但李某不同意人工流产，坚持要生下孩子。5 月 20 日，郭某顺在医院立下自书遗嘱，在遗嘱中声明他不要这个人工授精生下的孩子，并将 306 室房屋赠与其父母郭某和、童某某。郭某顺于 5 月 23 日病故。李某于当年 10 月 22 日产下 1 子，取名郭某阳。原告李某无业，每月领取最低生活保障金，另有不固定的打工收入，并持有夫妻关系存续期间的共同存款 18705.4 元。被告郭某和、童某某系郭某顺的父母，居住在同一个住宅小区的 305 室，均有退休工资。2001 年 3 月，郭某顺为开店，曾向童某某借款 8500 元。南京大陆房地产估价师事务所有限责任公司受法院委托，于 2006 年 3 月对涉案 306 室房屋进行了评估，经评估房产价值为 19.3 万元。

【裁判结果】

江苏省南京市秦淮区人民法院于 2006 年 4 月 20 日作出一审判决：涉案的 306 室房屋归原告李某所有；李某于本判决生效之日起 30 日内，给付原告郭某阳 33442.4 元，该款由郭某阳的法定代理人李某保管；李某于本判决生效之日起 30 日内，给付被告郭某和 33442.4 元、给付被告童某某 41942.4 元。一审宣判后，双方当事人均未提出上诉，判决已发生法律效力。

【裁判理由】

法院生效裁判认为：本案争议焦点主要有两方面：一是郭某阳是否为郭某

顺和李某的婚生子女?二是在郭某顺留有遗嘱的情况下,对306室房屋应如何析产继承?

关于争议焦点一。《最高人民法院关于夫妻离婚后人工授精所生子女的法律地位如何确定的复函》中指出:“在夫妻关系存续期间,双方一致同意进行人工授精,所生子女应视为夫妻双方的婚生子女,父母子女之间权利义务关系适用《中华人民共和国婚姻法》的有关规定。”郭某顺因无生育能力,签字同意医院为其妻子即原告李某施行人工授精手术,该行为表明郭某顺具有通过人工授精方法获得其与李某共同子女的意思表示。只要在夫妻关系存续期间,夫妻双方同意通过人工授精生育子女,所生子女均应视为夫妻双方的婚生子女。《民法通则》第57条规定:“民事法律行为从成立时起具有法律约束力。行为人非依法律规定或者取得对方同意,不得擅自变更或者解除。”因此,郭某顺在遗嘱中否认其与李某所怀胎儿的亲子关系,是无效民事行为,应当认定郭某阳是郭某顺和李某的婚生子女。

关于争议焦点二。《继承法》第5条规定:“继承开始后,按照法定继承办理;有遗嘱的,按照遗嘱继承或者遗赠办理;有遗赠扶养协议的,按照协议办理。”被继承人郭某顺死亡后,继承开始。鉴于郭某顺留有遗嘱,本案应当按照遗嘱继承办理。《继承法》第26条规定:“夫妻在婚姻关系存续期间所得的共同所有的财产,除有约定的以外,如果分割遗产,应当先将共同所有的财产的一半分出为配偶所有,其余的为被继承人的遗产。”最高人民法院《继承法意见》第38条规定:“遗嘱人以遗嘱处分了属于国家、集体或他人所有的财产,遗嘱的这部分,应认定无效。”登记在被继承人郭某顺名下的306室房屋,已查明是郭某顺与原告李某夫妻关系存续期间取得的夫妻共同财产。郭某顺死亡后,该房屋的一半应归李某所有,另一半才能作为郭某顺的遗产。郭某顺在遗嘱中,将306室全部房产处分归其父母,侵害了李某的房产权,遗嘱的这部分应属无效。此外,《继承法》第19条规定:“遗嘱应当对缺乏劳动能力又没有生活来源的继承人保留必要的遗产份额。”郭某顺在立遗嘱时,明知其妻子腹中的胎儿而没有在遗嘱中为胎儿保留必要的遗产份额,该部分遗嘱内容无效。《继承法》第28条规定:“遗产分割时,应当保留胎儿的继承份额。”因此,在分割遗产时,应当为该胎儿保留继承份额。综上,在扣除应当归李某所有的财产和应当为胎儿保留的继承份额之后,郭某顺遗产的剩余部分才可以按遗嘱确定的分配原则处理。

【相似案例】

(1)李某花、范某诉范某业、滕某继承纠纷案(《最高人民法院公报》2006年第7期)。

(2)人工授精子女抚养纠纷案(《最高人民法院公报》1997年第1期)。

第一千一百五十六条　【遗产分割】遗产分割应当有利于生产和生活需要,不损害遗产的效用。

不宜分割的遗产,可以采取折价、适当补偿或者共有等方法处理。

【立法·要点释义】

正常情形下,遗产分割应该是继承的最后一个环节。遗产可能是动产、不动产,也可能是有价证券、银行存款,还可能是投资性资产。对生产资料型遗产的分割而言,应该按照有利于生产的原则进行。不能损害遗产本身的生产性用途,确保遗产分割后还能用于正常的生产经营。还得考虑继承人的能力、职业等因素,确保遗产分割后能得到继承人的合理充分利用。对于生活性用途的遗产,则应该考虑如何分割更便利于继承人的生活。比如对于被继承人日常使用的电视机、洗衣机等生活物品,应将这些遗产尽量分割给予与被继承人共同生活的继承人,这样便于继承人继续使用这些遗产。应确保实现遗产的使用价值、经济价值最大化,充分实现遗产的效用。比如,被继承人死亡时遗留有明代古董家具一套,如果予以拆分,价值将明显减少,此时就应由一个继承人继承这一套家具更适宜。

遗产分割的方式包括四种:实物分割是对遗产进行物理上的分离,继承人按照各自份额分别占有不同部分。有的遗产不适合进行实物分割,进行实物分割可能导致该遗产失去价值,或者所有继承人都不想取得该遗产的实物,就可以变卖该遗产取得价款,由继承人按照各自的继承份额对价款进行分割。如果其中有继承人愿意取得该遗产,就可以由该继承人取得遗产的所有权。再由取得遗产所有权的继承人根据其他继承人对该遗产的价值所应取得的比例,支付相应的价金,对其他继承人予以补偿。所有继承人都愿意取得该遗产的,或者继承人基于某种生产或生活的目的,愿意继续维持遗产的共有状况,就可以由继承人对该遗产继续享有共有权。这时的共有属于按份共有,即根据各继承人应继承的份额共同享有所有权。保留共有的可能是对家庭具有特殊纪念意义的物品。

【编者观点】

继承人或受遗赠人为复数时,在遗产分割前,继承人或受遗赠人形成遗产共同体,对遗产的权利状态为共同共有或准共有。遗产共同体可以协商一致不分割遗产,继续维持共有状态,也可以主张分割遗产。如果被继承人指示遗产不得分割,继承人同样可协商确定分割遗产。若被继承人指定遗嘱执行人,确保遗产不被分割,遗嘱执行人有权拒绝继承人的分割请求。但是若继承人存在重大理由,即使存在被继承人禁止分割的指示,同样有权请求分割。

第2款中的“不宜分割”指的是“不宜实物分割”,可以采取“折价”“适当补偿”或者“共有”等“变价分割”的方法处理。该款中的“共有”应被解释为按份共有,如果约定将共同共有转变为按份共有,应认定为采取了“变价分割”的遗产处理方法,共有之基础并非继承关系。“折价”包含“拍卖”“变卖”等具体折价方式。若继承人分割所得的财产存在瑕疵,根据第304条第2款规定的瑕疵担保责任,由其他继承人分担损失。所分财产是否存在瑕疵,应以遗产分割为判断时间点。

因继承发生的两个阶段的物权变动

导致物权变动的原因事实,包括法律行为(遗嘱)与事件(遗嘱人死亡),鉴于原因事实构成上的复合性,有必要区分因继承发生的两个不同阶段的物权变动。第一阶段的物权变动因遗嘱人死亡引发,属于非基于法律行为的物权变动,遗产由被继承人所有移转为遗产继受人共有。《物权法》第29条规定的“因继承或者受遗赠取得物权的,自继承或者受遗赠开始时发生效力”,指的便是该阶段发生的物权变动。第二阶段的物权变动发生于遗产继受人之间,依法或依据遗嘱上的意思表示对遗产进行具体分配,使其从共有状态至归属于各继承人以及受遗赠人单独所有,依据遗产分割方式,分别属于基于法律行为以及非基于法律行为的物权变动。

第一阶段的物权变动属于非基于法律行为的物权变动,作为法律行为的遗嘱,在这一阶段的法律意义在于,通过遗嘱指定遗嘱继承人与受遗赠人,发生将部分法定继承人排除出遗产继受人,或者将部分法定继承人以外的人纳入遗产继受人范畴的法律效果。遗产被移转至遗产继受人群体,这是一个过渡性、概括的共同体,共同体成员取决于遗嘱指定与法律规定。例如,遗嘱人甲有第一顺位的法定继承人乙与丙,若甲立遗嘱将自己的全部遗产留给丙与好友丁,甲死亡之后,若不涉及必留份、遗产酌给份等情形,则由丙与丁依据遗嘱的指定成为遗产继受人,乙被排除出该共同体;若甲通过遗嘱仅仅处分了3/4的遗产给丙与好友丁,则乙依据法定继承规范,对剩余的1/4遗产中部分份额享有继承权,乙、丙、丁共同构成甲的遗产继受人共同体。

当继承人或受遗赠人为复数时,共同组成的遗产继受人共同体,在遗产上成立共同共有关系。这种缺乏公示手段的物权变动,是否会给物权公示原则所保护的第三人利益以及交易安全带来明显不利?一方面,因继承发生被继承人债权债务的概括承受,并不会对遗嘱人与第三人之间业已存在的法律关系进行任何变更,也不会创设新的权利义务关系;另一方面,《民法典》时代,由遗产管理人统一处理被继承人的债权债务,其他继承人或受遗赠人并无处分遗产的权限,且清偿债务之后才会分配遗产，因此该阶段的物权变动并不会影响到遗产债权人的利益。依据第1148条的新增规范，遗产管理人因故意或者重大过失造成继承人、受遗赠人、债权人损害的，还要承担民事责任。另外，第232条还明确了非基于法律行为取得不动产物权的物权人，在处分该物权时应遵循公示原则。综上所述，这一阶段并无保护第三人交易安全的需求，直接赋予继承或遗赠以物权效力，不仅减少不必要的公示成本，还在当然继承主义下避免遗产归属出现无主状态。

有学者认为，应区分特定物遗赠与非特定物遗赠。特定物遗赠因标的物特定，遗嘱人死亡时特定物的物权即可移转于受遗赠人，而非特定物遗赠须待标的物特定之后方能移转，典型如金钱遗赠，只能发生债法上的请求权。若采纳遗赠发生物权效力，会导致将金钱遗赠与特定物遗赠区别对待。在我国立法层面对遗赠以及遗嘱继承没有进一步类型化的必要。无论是概括遗赠还是特定遗赠，在遗产债务清偿顺位排序上，均劣后于遗产上的其他普通债务。为了保护遗产债权人的利益，即便是特定物遗赠，也需要在满足了遗产债务清偿之后，才可以由遗产管理人分割剩余的积极遗产时，将该特定物交付或移转登记给受遗赠人。因此，增设遗产管理人制度后，该阶段的物权变动无须区分特定物与非特定物遗赠，皆统一移转至遗产继受人共同体共有。

遗产移转至遗产继受人共同体之后，并非马上进入遗产分割的物权变动阶段。两个阶段之间，横亘着遗产管理人主导的遗产清算。两个阶段之间，遗产继受人共同体的成员可能发生变化。遗赠通常对受遗赠人有益，然而亦不能悖于受遗赠人的意思而强制其受益，因此受遗赠人有接受或放弃的自由。依据第1124条，部分继承人或受遗赠人有权放弃继承权或受遗赠权；依据第1125条，部分继承人或受遗赠人有可能被确认丧失继承权或受遗赠权。受遗赠人接受遗赠系消极维持遗赠的效力，自遗嘱人死亡时发生；放弃或丧失的是继承或受遗赠的身份，而非遗产共有中的潜在份额，这些变故也溯及遗嘱人死亡时发生效力。若受遗赠人放弃遗赠不溯及于遗赠人死亡时，则遗赠物所生孳息可能归属于受遗赠人，由此违反其放弃遗赠的意愿。因此，最终遗产如何分配受到诸多因素制约，并非继承开始时可以确定。两个阶段的制度设计为遗产清算以及各种变故留有缓冲期，有利于尽可能在遗产分割之前消除潜在的纠纷。

两个阶段之间，遗产的范围与形态也可能发生变化。虽然《继承法意见》第38条规定，遗嘱人以遗嘱处分了国家、集体或他人所有的财产，遗嘱的这一部分，应认定为无效。但参照各国立法例，从尊重遗嘱人意愿角度，应承认遗嘱人明知是他人财产仍遗赠时，遗嘱人的真实意思是要求以自己遗产为对价取得此项财产交付给受遗赠人，只要此项负担不超过清偿债务之后的遗产价值即可。此时，遗产的形态因遗赠的效果意思而发生了转化。

遗产管理人以遗产作为责任财产，清偿完毕遗产债务，若有积极财产剩余，才构成第二阶段遗产分割的标的。当然，自物权变动角度观察，遗产管理人为了清偿债务，将遗产中的特定权益移转给遗产债权人，经交付或登记，同样发生遗产相应部分的物权变动，且遵循基于法律行为的物权变动的公示规则。

第二阶段的物权变动发生于遗产继受人之间，依法或依据遗嘱上的意思表示进行遗产分割，从而完成遗产的最终物权变动。这一阶段导致物权变动的原因事实与遗嘱人死亡无关，而是遗产承受人之间分割共同共有财产的法律行为。有观点认为，继承要解决的问题是遗产如何从被继承人移转给继承人，至于如何分割遗产，是继承人及相关权利人之间的财产分配问题，该问题虽与继承有密切联系，本质上并非继承问题。然而，若缺少这一阶段，遗嘱中对遗产具体处分的效果意思并未真正实现，所以作为法律行为的遗嘱或遗赠，在第二阶段的法律意义在于，通过如何分配遗产的意思表示，为共有物分割方式以及份额提供了根据。从这一角度观察，将遗产分割阶段的物权变动，纳入基于继承或受遗赠发生的物权变动的讨论范畴，仍有实际意义。

遗产分割的效力如何设计，各国或地区的立法例有“宣示主义”与“移转主义”两种模式。法国、意大利、日本、葡萄牙及我国澳门地区等立法例采宣示主义，又称为“溯及主义”，指各共同继承人及受遗赠人因遗产分割所得财产，被视为自继承开始时直接继受于被继承人或遗赠人，归其单独所有，第一阶段因当然继承而导致的暂时性的遗产共同共有关系，拟制为自始不存在。遗产分割与物权法上通常的共有物分割，不同点便是共有物分割从分割时发生效力，而遗产分割溯及自继承开始时发生效力。遗产分割的实质，是将各共同继承人以及受遗赠人的应继份，从共同共有遗产中特定化的过程。由于宣示主义未将遗产分割作为独立的处分行为看待，这一阶段不存在新的物权变动，仅是对遗产溯及继承开始时归属于各继承人与受遗赠人的宣示，无须经过登记或交付。我国大陆继承法学界多采宣示主义模式。德国、瑞士、西班牙及我国台湾地区“民法”等立法例采移转主义，又称为“不溯及主义”，认为遗产分割具有创设或移转物权的效力，性质上属于将共有变更为各继承人与受遗赠人单独所有的处分行为。遗产分割后，各继承人与受遗赠人就分得之财产，始能取得单独所有权。

编者认为，第二阶段的物权变动应独立于第一阶段的物权变动，采移转主义模式，不同阶段实现不同的制度功能。在第二阶段中，遗产分割的物权变动应当采用共有物分割的相同规则。具体而言,遗产分割有指定分割、协议分割与裁判分割等方式。若采用裁判分割方式,作为形成之诉,属于第229条规定的基于法律文书发生的物权变动,无须登记或交付;若采用协议分割或遗嘱指定分割方式,基于分割协议与遗嘱的法律行为性质,属于意定的物权变动,自交付或登记时生效。根据第304条第2款规定,分割后共同继承人及受遗赠人相互负瑕疵担保责任。

另外,依据第232条"非经登记,不发生物权效力"的规定,各继承人与受遗赠人分割不动产时,必须先办理"继承登记",然后才能通过"移转登记"来实现该不动产的二次物权变动。该"继承登记"在性质上属于宣示登记,不同于设权登记,并无创设物权的效力,只在于宣示已经发生的物权变动而已。因为继承登记中的登记人随着共有物分割时的移转登记,很快要从登记簿上"消失",因此为了避免这种烦琐的纯为形式主义的登记手续,比较法上有所谓"省略登记"的规定,如《德国土地登记条例》第40条规定,可放弃继承人的中间登记过程。这种省略登记应为我国法律所承认。

【相关立法】

《中华人民共和国民法典》(2021年1月1日施行)

第三百零四条 共有人可以协商确定分割方式。达不成协议,共有的不动产或者动产可以分割且不会因分割减损价值的,应当对实物予以分割;难以分割或者因分割会减损价值的,应当对折价或者拍卖、变卖取得的价款予以分割。

共有人分割所得的不动产或者动产有瑕疵的,其他共有人应当分担损失。

【司法解释】

《最高人民法院关于适用〈中华人民共和国民法典〉继承编的解释(一)》(法释〔2020〕23号,2021年1月1日施行)

第四十二条① **【特殊遗产分割原则】**人民法院在分割遗产中的房屋、生产资料和特定职业所需要的财产时,应当依据有利于发挥其使用效益和继承人的实际需要,兼顾各继承人的利益进行处理。

【部门参考文件】

《中国银保监会办公厅、中国人民银行办公厅关于简化提取已故存款人小额存款相关事宜的通知》(银保监办发〔2021〕18号,2021年1月28日)

为进一步优化金融服务,便利群众办理存款继承,根据《中华人民共和国商业银行法》《中华人民共和国银行业

① 对该条的注释详见附录四第1246页。

监督管理法》《储蓄管理条例》等法律和行政法规,经商相关部门,银保监会、人民银行决定简化已故存款人小额存款提取手续。现将相关事项通知如下:

一、符合条件的已故存款人的继承人,向银行业金融机构申请提取已故存款人的小额存款,银行业金融机构应当按照本通知规定办理,不再适用《中国人民银行关于执行〈储蓄管理条例〉的若干规定》(银发〔1993〕7号)以及《中国人民银行 最高人民法院 最高人民检察院 公安部 司法部关于查询、停止支付和没收个人在银行的存款以及存款人死亡后的存款过户或支付手续的联合通知》(〔80〕银储字第18号)关于提取已故存款人存款须经公证的规定。

二、适用本通知规定办理已故存款人小额存款提取业务应当同时符合下列条件:

(一)已故存款人在同一法人银行业金融机构的账户余额合计不超过1万元人民币(或等值外币,不含未结利息);

(二)提取申请人为已故存款人的配偶、子女、父母,或者公证遗嘱指定的继承人、受遗赠人;

(三)提取申请人同意一次性提取已故存款人存款及利息,并在提取后注销已故存款人账户。

银行业金融机构可以上调本条第(一)项规定的账户限额,但最高不超过5万元人民币(或等值外币,不含未结利息)。

外币存款按照提取当天国家外汇管理局公布的汇率中间价折算。

三、银行业金融机构自身发行的非存款类金融产品适用本通知关于简化提取的规定,其本金和收益一并计入第二条第(一)项规定的账户限额。

非存款类金融产品未到期且无法提前终止,或者无法办理非交易过户的,应当在该产品到期或满足赎回条件后一次性提取。

银行业金融机构代为办理公积金提取等业务的,应当告知提取申请人按照相关部门的要求办理。

四、已故存款人的配偶、子女、父母办理已故存款人小额存款提取业务,应当向存款所在银行业金融机构提交以下材料:

(一)死亡证明等能够证明已故存款人死亡事实的材料;

(二)居民户口簿、结婚证、出生证明等能够证明亲属关系的材料;

(三)提取申请人的有效身份证件;

(四)提取申请人亲笔签名的承诺书。

五、已故存款人的公证遗嘱指定的继承人或受遗赠人办理已故存款人小额存款提取业务,应当向存款所在银行业金融机构提交以下材料:

(一)死亡证明等能够证明已故存款人死亡事实的材料;

(二)指定提取申请人为已故存款人的继承人或受遗赠人的公证遗嘱;

(三)提取申请人的有效身份

证件；

（四）提取申请人亲笔签名的承诺书。

六、银行业金融机构应当对提取申请人提交的材料进行必要审查，审查时应当尽到合理谨慎义务。

七、提取申请人隐瞒真实情况，通过提交虚假材料、作出虚假承诺等方式冒领存款，涉嫌犯罪的，银行业金融机构应当将相关线索移交司法机关。

八、银行业金融机构应当加强对已故存款人小额存款提取业务的内控管理，制定规范的业务流程和操作标准，妥善保管客户信息及交易资料。

九、银行业金融机构应当加强与公安部门、民政部门、公证机构等相关单位的协作，健全信息联网核查机制，保障存款安全和继承人合法权益。

十、银行业自律组织应当充分发挥行业自律、协调和服务职能，指导会员制定已故存款人小额存款提取业务规范，协调做好相关政策咨询和金融服务。

十一、根据经济社会发展情况，银保监会商人民银行可以调整第二条规定的小额存款的金额标准。

十二、本通知不适用于涉及境外个人的存款提取事项。

境外个人包括持港澳居民往来内地通行证、台湾居民往来大陆通行证、港澳台居民身份证或其他有效旅行证件的港澳台同胞，持外籍护照或外国人永久居留证的外国公民，以及持中国护照及境外永久居留证件的定居国外的中国公民。

附件：

1. 承诺书参考样本（提取申请人为已故存款人的配偶、子女、父母）

2. 承诺书参考样本（提取申请人为已故存款人的公证遗嘱指定的继承人或受遗赠人）

附件 1

承诺书参考样本

（提取申请人为已故存款人的配偶、子女、父母）

××××（银行业金融机构名称）：

本人姓名______，证件号码____，与存款人______的关系是______。本人现申请提取______在你行遗留的小额存款（账户号码为______），特承诺如下：

一、本人在办理提取业务时所作的陈述和所提交的材料均真实无误；

二、本人经与其他所有继承人核实后确认，未发现存款人生前订立了遗嘱或者遗赠扶养协议；

三、本人同意一次性提取账户内全部资金，并同意在提取完毕后注销账户；

四、本人领取存款后，将尽到妥善保管义务，并依法与其他全体继承人协商分配所提取的款项；

五、如有其他继承人或者利害关系人向你行主张分配上述款项的权利，由本人负责处理相关争议并承担赔偿责任；

六、本人愿意承担违反本承诺的法律责任。

承诺人：×××（亲笔签名）

××××年××月××日

附件 2

承诺书参考样本

（提取申请人为已故存款人的公证遗嘱指定的继承人或受遗赠人）

××××（银行业金融机构名称）：

本人姓名______，证件号码____，与存款人______的关系是______。本人现申请提取______在你行遗留的小额存款（账户号码为______），特承诺如下：

一、本人在办理提取业务时所作的陈述和所提交的材料均真实无误；

二、本人经与其他所有继承人核实后确认，未发现存款人生前订立了其他内容相抵触的有效遗嘱或者遗赠扶养协议；

三、本人同意一次性提取账户内全部资金，并同意在提取完毕后注销账户；

四、本人领取存款后，将尽到妥善保管义务，并依法与其他全体继承人协商分配所提取的款项；

五、如有其他继承人或者利害关系人向你行主张分配上述款项的权利，由本人负责处理相关争议并承担赔偿责任；

六、本人愿意承担违反本承诺的法律责任。

承诺人：×××（亲笔签名）

××××年××月××日

【法院参考案例】

陈某金、陈某凤诉陈某全继承纠纷案［《人民法院案例选》2005 年第 4 辑（总第 54 辑）］

【要点提示】

根据我国《继承法》的规定，继承开始后，如果被继承人留有遗嘱，应当按照遗嘱的内容处理其遗产。在没有遗嘱或者遗嘱对遗产没有进行处理时，应当按照法定继承处理被继承人的遗产。在具体分割被继承人的财产时，应当首先确定属于被继承人个人遗产的范围，然后按照《继承法》确立的原则，对被继承人的遗产进行分割。

【案件事实】

陈某旺、魏某兰夫妻共生育有二子，即原告陈某金与被告陈某全。陈某旺拥有位于福建省龙岩市新罗区西城西安中路 14 号房产 1 幢（以下简称西安中路房产）。该房屋分 2 部分，南半部分 2 层于 1976 年建造，共 9 间房间（其中 1 间由楼上客厅改成）和 1 间客厅，另有天井 1 个；北半部分 3 层于 20 世纪 80 年代初建造，共 6 间房间，在靠房屋西面另建有猪舍 1 间、厕所 1 间。1990 年 9 月,龙岩市房地产管理局对该房屋进行产权登记,并颁发龙房权证字第 06792 号房屋所有权证,确定该房屋所有权人为陈某旺(共有人栏内为空白)。2003 年 7 月,龙岩市国土资源局颁发龙国用(2003)第 200300 号土地使用权证,确定讼争整栋房屋土地使用权人为陈某旺。2002 年 11 月,被告陈某全要求龙岩市房地产管理局将讼争房屋的北半部分产权登记在其名下。2003 年 10 月 28 日,龙岩市房地产管理局(未将龙居权证字第 06792 号房屋所有权证撤销或注销)作出 20035033 号房屋所有权证,将讼争房屋的北半部分产权登记在被告陈某全名下。由于原告陈某金提出异议,故未将此证发放。魏某兰生前与原告陈某金共同生活。2002 年 5 月 3 日魏某兰去世。2002 年 9 月 18 日,陈某旺立下遗嘱,表示将位于西安中路房产属其本人的部分由原告陈某凤、被告陈某全继承。2003 年 2 月 20 日陈某旺去世。现原告陈某金诉至法院,请求法院判决将坐落于西安中路房产的一半归原告陈某金继承。诉讼中,法院依法追加陈某凤为共同原告参加诉讼。

另查明,陈某旺与前妻章某英生育一子陈某河,陈某河于"文革"期间去世。陈某河有一子二女,即儿子陈中某、女儿陈雪某、陈某冰。诉讼中,陈中某、陈雪某、陈某冰均表示放弃对该房产的代位继承权。又查明,1956 年,陈某旺、魏某兰夫妻抱养赖某凤(即本案原告陈某凤,并将赖姓改为陈姓)为养女。之后,原告陈某凤一直与养父母共同生活。1972 年,原告陈某凤与被告陈某全结婚。再查明,讼争房产从 1996 年、1997 年起的管业情况如下:南半部分靠西面楼上楼下一直 4 间,北半部分靠南面 2 楼、3 楼各 1 间由原告陈某金管业;其余 9 间房间由被告陈某全夫妻管业;楼梯、天井、客厅共用;目前,猪舍、厕所双方均未使用。

【裁判结果】

福建省龙岩市新罗区人民法院经审理认为,我国有关房地产管理法规定,县级以上地方人民政府房产管理部门是房屋所有权登记的法定职能部门。讼争龙岩市新罗区西城西安中路 14 号房屋 1 幢,包括南北两部分,已经龙岩市房管局作出的龙房权证字第 06792 号房屋所有权证确权登记,陈某旺是该房屋的所有权人,该证在未被撤销之前仍然具有法律效力,故应认定讼争整栋房屋均属于陈某旺、魏某兰夫妻的遗产。本案中,原告陈某凤从小即被陈某旺、魏某兰夫妻抱养,一直与陈某旺、魏某兰夫妻共同生活,形成了收养事实,而该收养事实发生在我国《收养法》公布实施之前,根据当时的政策和法律,应认定陈某凤与陈某旺、魏某兰夫妻之间形成了事实收养关系,虽然陈某凤后来与被告陈某全结婚,但并不能改变其作为陈某旺、魏某兰夫妻养女的身份,故原告陈某凤有权继承陈某旺、魏某兰夫妻的遗产。陈某旺立下的遗嘱,是其真实意思表示,遗嘱的形式符合法律规定,内容未违反法律法规强制性规定,应认定有效。诉讼中,被继承人陈某旺的孙子女陈中某、陈雪某、陈某冰均表示放弃对讼争房产的代位继承权,未违反法律规定,予以照准。

综上,对于被继承人陈某旺、魏某兰夫妻的遗产,应按下列方式继承:先将该房产按夫妻共同财产析出,陈某旺、魏某兰各得一半,因魏某兰先于陈某旺去世,故属魏某兰的遗产部分由陈某旺、陈某全、陈某金、陈某凤分4份继承,因魏某兰生前与原告陈某金共同生活,在分配魏某兰遗产时,原告陈某金可以适当多分。由于陈某旺生前立下遗嘱,属陈某旺的遗产部分由陈某全、陈某凤夫妻继承。在具体分配遗产时应按《继承法》第29条规定进行,由于南半部分楼梯、天井、客厅不宜分割,应由双方共同所有、共同使用为宜。依照《继承法》第5条、第10条、第13条、第25条第1款、第29条的规定,判决如下:(1)被继承人陈某旺、魏某兰夫妻拥有的坐落于西安中路房屋遗产,原告陈某金分得南半部分房屋西侧楼上楼下二直四间;原告陈某凤、被告陈某全分得南半部分房屋东侧楼上楼下二直四间及客厅对上房间(二楼中间)一间、北半部分房屋六间及楼梯部分、猪舍及厕所各一间。(2)被继承人陈某旺、魏某兰夫妻拥有的坐落于西安中路房屋遗产中南半部分楼梯、天井、客厅归原告陈某金、陈某凤、被告陈某全共同所有、共同使用。

原告陈某凤、被告陈某全不服判决,向福建省龙岩市中级人民法院提出上诉。龙岩市中级人民法院根据上述事实和证据认为:讼争龙岩市新罗区西城西安中路14号房屋1幢,包括南北两部分,已经龙岩市房管局龙房权证字第06792号房屋所有权证确权登记归陈某旺所有,该证在未被撤销之前仍然具有法律效力。因此,应认定讼争整栋房屋均属于陈某旺、魏某兰夫妻遗产。上诉人上诉称讼争房产的北半部分属于上诉人所建,应归上诉人所有的依据不足,不予采信。上诉人陈某凤从小即被陈某旺、魏某兰抱养,一直与陈某旺、魏某兰共同生活,形成了收养事实,根据《收养法》公布实施之前的政策和法律,应认定陈某凤与陈某旺、魏某兰夫妻之间形成了事实收养关系。故上诉人陈某凤有权继承陈某旺、魏某兰夫妻的遗产。被继承人陈某旺立下的遗嘱,是其真实意思表示,遗嘱的形式符合法律规定,内容未违反法律法规强制性规定,应认定有效。被上诉人主张陈某凤不是陈某旺、魏某兰的养女,不能参与分配遗产,以及陈某旺的遗嘱不是其真实意思表示的主张没有事实和法律依据,不予支持。对于被继承人陈某旺、魏某兰夫妻的遗产,应按下列方式继承:对于陈某旺、魏某兰的遗产部分由陈某旺、魏某兰各得一半,因魏某兰先于陈某旺去世,故属魏某兰的遗产部分由陈某旺、陈某全、陈某金、陈某凤分 4 份继承，由于陈某旺生前立下遗嘱，属陈某旺的遗产部分由陈某全、陈某凤夫妻继承。在具体分配遗产时应按《继承法》第 29 条规定进行。由于南半部分楼梯、天井、客厅不宜分割，应由双方共同所有、共同使用为宜。由于被继承人魏某兰生前确系与被上诉人陈某金共同生活，根据《继承法》第 13 条的规定：与被继承人共同生活的继承人，分配遗产时，可以多分。因此，原审法院确定的房屋分配方案并无不当。房屋南半部分楼梯、天井、客厅由于使用需要，不宜分割，应由双方共同所有、共同使用，上诉人要求该部分所有权归其所有的请求不予支持。综上，原审判决认定事实清楚，适用法律正确，应予维持。依照《民事诉讼法》第 153 条第 1 款第 1 项之规定，判决如下：驳回上诉，维持原判。

第一千一百五十七条　【再婚时对所继承遗产的处分】夫妻一方死亡后另一方再婚的，有权处分所继承的财产，任何组织或者个人不得干涉。

【立法・要点释义】

夫妻任何一方死亡，另一方均有再婚的权利。在世的配偶一方不论是否再婚，都有权处分自己继承取得的财产。考虑到我国的特殊国情，在有的地方还有些落后习俗，“寡妇带产改嫁”仍受到一定的限制，保留本条规定还是有必要的。不论是再婚者的子女、公婆或者岳父母、兄弟姐妹，还是其他姻亲、血亲，以及其他家族人员等，都不得干涉。

所谓干涉就是施加影响力，包括阻止、破坏、阻扰。比如被继承人甲死亡后，其妻子乙继承获得位于 A 村的房产 1 套。后乙与 B 村的丙再婚，因丙无房，故丙搬来 A 村与乙共同居住。甲的哥哥丁认为，乙所继承的房屋为其家族的祖屋，外人不得入住，遂欲阻止丙入住。乙继承取得了房产后，有权与再婚配偶共同居住使用，丁的行为属于非法干涉乙对财产的处分权。

第一千一百五十八条　【遗赠扶养协议】自然人可以与继承人以外的组织或者个人签订遗赠扶养协议。按照协议，该组织或者个人承担该自然人生养死葬的义务，享有受遗赠的权利。

【原《继承法》条文】

第三十一条　公民可以与扶养人签订遗赠扶养协议。按照协议，扶养人承担该公民生养死葬的义务，享有受遗赠的权利。

公民可以与集体所有制组织签订

遗赠扶养协议。按照协议，集体所有制组织承担该公民生养死葬的义务，享有受遗赠的权利。

【修改说明】

《民法典》扩大了供养人的范围，将“扶养人”“集体所有制组织”改为“继承人以外的组织或者个人”，不再局限于集体所有制组织，以满足养老形式多样化需求。

【立法·要点释义】

遗赠扶养协议制度源于我国农村地区的“五保户”制度。“五保户”就是在农村地区无劳动能力、无生活来源又无法定赡养、扶养义务人，或者其法定赡养、扶养义务人无赡养、扶养能力的，由集体经济组织负责其供养及死后的丧葬。随着我国社会保障制度的不断完善，国家逐步完善了农村的养老保险等相关制度，国务院专门制定了《农村五保供养工作条例》，从职责分工、供养对象、供养内容、供养形式等方面予以规范。

遗赠扶养协议就是自然人（遗赠人、受扶养人）与继承人以外的组织或者个人（扶养人）签订的，由扶养人负责受扶养人的生养死葬，并享有受遗赠权利的协议，是一种双方法律行为，这是遗赠扶养协议与遗赠、遗嘱的本质区别。遗赠扶养协议需要以书面方式作出，一旦成立生效，对双方当事人都有法律约束力，双方必须严格遵守，否则将构成违约。遗赠扶养协议是有偿的，双方都需要向对方支付对价。扶养人支付对价的方式就是负责受扶养人的生养死葬，受扶养人就是通过死后将遗产赠与扶养人的方式支付对价。

受扶养的自然人不论基于何种原因，不论其是否有法定的扶养义务人，只要其本人欲通过此种方式养老，即可以采取遗赠扶养协议方式。另一方必须为继承人以外的组织或者个人，法定继承人是不能与被继承人签订遗赠扶养协议的。本条规定的组织应当具备承担养老职能，既可以是法人，也可以是非法人组织。

扶养义务包括两个方面：一是“生养”。在受扶养人生存期间，扶养人需要承担对受扶养人生活上的照料和扶助义务，特别是在受扶养人生病时应当提供照护，在协议中应尽量写明照料的标准和水平。二是“死葬”。扶养人应当负责办理受扶养人的丧事，包括按照受扶养人的遗愿办理遗体火化、埋葬等事宜。扶养人的权利主要就是根据协议取得受扶养人所赠与的遗产。双方应当在协议中写明，受扶养人拟将哪些遗产赠与扶养人，还应约定受扶养人在世期间不得擅自处分协议所涉及的财产。协议中可以约定，如果一方违反约定，比如扶养人拒绝扶养或者受扶养人擅自处分协议涉及的财产，另一方有权要求解除遗赠扶养协议，并要求对方承担相应的补偿责任,比如要求受扶养人支付相应的供养费用。

受扶养人死亡后,扶养人才开始根据协议获得受遗赠权,这种权利并不会因为对方死亡而消灭。遗赠扶养协议不仅对签订遗赠扶养协议的双方具有法律约束力,对受扶养人的继承人、其他受遗赠人也有约束力。受扶养人的遗嘱不能与遗赠扶养协议内容相矛盾,如果相抵触,应当执行遗赠扶养协议的内容。

【编者观点】

本条第一句将遗赠扶养协议的缔结主体限于继承人以外的组织或个人,文义上排除了继承人,理由是继承人负有法定扶养义务。问题在于法定继承人为何不能与被继承人签署扶养协议?法定义务约定化是对法定义务具体化的结果,使法定义务内容更加明确,实现方式更有保障。遗赠扶养协议使赡养义务具体化,并不表示该项法定义务不复存在。当约定的扶养人不能、不愿或不能继续履行扶养义务时,无论协议中是否约定免除某继承人的扶养义务,被继承人仍有权请求法定的扶养义务人履行扶养义务。在存在第一顺位继承人的情况下,法定扶养义务由第一顺位继承人负担,此时阻止第二顺位继承人以及代位继承人与被继承人订立遗赠扶养协议,更无正当性。

为避免纠纷,遗赠扶养协议属于书面要式行为,但要式程度低于遗嘱,可因履行被接受而治愈形式瑕疵,但对此存在争议。在协议内容方面,目前仅限于生养死葬,不允许当事人进行个性化的约定,如是否包括精神性扶养、能否对遗赠财产的日常管理和收益进行约定,一定程度上弱化了被扶养人试图通过遗赠扶养协议一揽子解决的养老功能。扶养行为应更多关注生养义务,尤其考虑到现实中不尽赡养义务的法定继承人,在被继承人死亡后抢办丧事的并非罕见,扶养人往往难以阻拦,因此死葬义务的履行,应更多考虑扶养人是否有条件和可能参与才更为合情合理。协议双方未对协议中的遗产范围进行约定的,原则上包括被扶养人的全部遗产。

遗赠扶养协议性质为有偿,但是遗产价值与扶养人支出的生活费用和劳务报酬无须等价,只要双方认为合理,即使扶养人取得的遗产价值超过提供的扶养价值,也不因此构成不当得利。有观点认为,遗赠扶养协议并非双务合同,扶养人不享有不安抗辩权。被继承人在订立遗赠扶养协议后,不能再进行与该协议相抵触的死因处分,否则其处分无效。无效判断的时点为继承开始时,如果遗赠扶养协议嗣后被撤销或解除,则遗嘱处分不受影响。而对于生前处分权限,有观点认为,被继承人原则上仍可在生前处分遗赠扶养协议涉及的财产,扶养人只能依据《民法典继承编解释(一)》第40条,主张遗赠人不履行遗赠扶养协议,请求解除协议并偿还已支付的供养费用。被扶养人死后,法定继承人与扶养人之间形成法定的债权债务关系。依第1123条规定,扶养人优先于其他受遗赠人,从遗产中获得清偿。

遗赠扶养协议以双方的信赖关系为基础,具有极强的人身属性,被扶养人和扶养人容易因生活习惯差异等原因而产生矛盾,当双方无法相互理解和信任导致信赖关系破裂时,继续维持协议对双方均无益处。此外,遗赠扶养协议期限不固定,为避免限制当事人的自由,应允许协议双方享有任意解除权,对于因解除协议给对方造成的损失,应当予以赔偿。

解除遗赠扶养协议时,应当综合考虑协议履行情况、解除事由及被扶养人经济状况,确定合理的补偿规则。如因正当理由致协议解除的,应考虑扶养人出于善良风俗而自愿扶养被扶养人的初衷和已有付出,可根据被扶养人的经济状况酌情补偿已支付的供养费用。如因被扶养人主观事由致协议解除,被扶养人有过错的,扶养人可要求被扶养人全额补偿已支付的供养费用且承担解除协议的损害赔偿责任。如因扶养人主观事由致协议解除,扶养人有过错的,则已支付供养费用全部不予补偿。如因双方主观原因致协议解除,须根据双方过错大小确定合理补偿方案。

【相关立法】

《中华人民共和国老年人权益保障法》(2018年修正,2018年12月29日施行)

第二十条 经老年人同意,赡养人之间可以就履行赡养义务签订协议。赡养协议的内容不得违反法律的规定和老年人的意愿。

基层群众性自治组织、老年人组织或者赡养人所在单位监督协议的履行。

第三十六条 老年人可以与集体经济组织、基层群众性自治组织、养老机构等组织或者个人签订遗赠扶养协议或者其他扶助协议。

负有扶养义务的组织或者个人按照遗赠扶养协议,承担该老年人生养死葬的义务,享有受遗赠的权利。

第四十八条 养老机构应当与接受服务的老年人或者其代理人签订服务协议,明确双方的权利、义务。

养老机构及其工作人员不得以任何方式侵害老年人的权益。

【行政法规】

《农村五保供养工作条例》(国务院令第456号,2006年3月1日施行)

第六条 老年、残疾或者未满16周岁的村民,无劳动能力、无生活来源又无法定赡养、抚养、扶养义务人,或者其法定赡养、抚养、扶养义务人无赡养、抚养、扶养能力的，享受农村五保供养待遇。

第九条　农村五保供养包括下列供养内容：

（一）供给粮油、副食品和生活用燃料；

（二）供给服装、被褥等生活用品和零用钱；

（三）提供符合基本居住条件的住房；

（四）提供疾病治疗，对生活不能自理的给予照料；

（五）办理丧葬事宜。

农村五保供养对象未满 16 周岁或者已满 16 周岁仍在接受义务教育的，应当保障他们依法接受义务教育所需费用。

农村五保供养对象的疾病治疗，应当与当地农村合作医疗和农村医疗救助制度相衔接。

第十二条　农村五保供养对象可以在当地的农村五保供养服务机构集中供养，也可以在家分散供养。农村五保供养对象可以自行选择供养形式。

第十三条　集中供养的农村五保供养对象，由农村五保供养服务机构提供供养服务；分散供养的农村五保供养对象，可以由村民委员会提供照料，也可以由农村五保供养服务机构提供有关供养服务。

【司法解释】

《最高人民法院关于适用〈中华人民共和国民法典〉继承编的解释（一）》（法释〔2020〕23 号，2021 年 1 月 1 日施行）

第四十条① **【解除遗赠扶养协议条件和法律后果】**继承人以外的组织或者个人与自然人签订遗赠扶养协议后，无正当理由不履行，导致协议解除的，不能享有受遗赠的权利，其支付的供养费用一般不予补偿；遗赠人无正当理由不履行，导致协议解除的，则应当偿还继承人以外的组织或者个人已支付的供养费用。

【部门参考文件】

《遗赠扶养协议公证细则》（司发〔1991〕047 号，1991 年 4 月 3 日）

第二条　遗赠扶养协议是遗赠人和扶养人为明确相互间遗赠和扶养的权利义务关系所订立的协议。

需要他人扶养，并愿将自己的合法财产全部或部分遗赠给扶养人的为遗赠人；对遗赠人尽扶养义务并接受遗赠的人为扶养人。

第三条　遗赠扶养协议公证是公证处依法证明当事人签订遗赠扶养协议真实、合法的行为。

第四条　遗赠人必须是具有完全

---

① 对该条的注释详见附录四第 1241 页。

民事行为能力、有一定的可遗赠的财产、并需要他人扶养的公民。

第五条 扶养人必须是遗赠人法定继承人以外的公民或组织,并具有完全民事行为能力、能履行扶养义务。

第六条 遗赠扶养协议公证,由遗赠人或扶养人的住所地公证处受理。

第七条 办理遗赠扶养协议公证,当事人双方应亲自到公证处提出申请,遗赠人确有困难,公证人员可到其居住地办理。

第八条 申办遗赠扶养协议公证,当事人应向公证处提交以下证件和材料:

(一)当事人遗赠扶养协议公证申请表;

(二)当事人的居民身份证或其他身份证明;

(三)扶养人为组织的,应提交资格证明、法定代表人身份证明,代理人应提交授权委托书;

(四)村民委员会、居民委员会或所在单位出具的遗赠人的家庭成员情况证明;

(五)遗赠财产清单和所有权证明;

(六)村民委员会、居民委员会或所在单位出具的扶养人的经济情况和家庭成员情况证明;

(七)扶养人有配偶的,应提交其配偶同意订立遗赠扶养协议的书面意见;

(八)遗赠扶养协议;

(九)公证人员认为应当提交的其他材料。

第九条 符合下列条件的申请,公证处应予受理:

(一)当事人身份明确,具有完全民事行为能力;

(二)当事人就遗赠扶养协议事宜已达成协议;

(三)当事人提交了本细则第八条规定的证件和材料;

(四)该公证事项属于本公证处管辖。

对不符合前款规定条件的申请,公证处应作出不予受理的决定,并通知当事人。

第十条 公证人员接待当事人,应按《公证程序规则(试行)》第二十四条规定制作笔录,并着重记录下列内容:

(一)遗赠人和扶养人的近亲情况、经济状况;

(二)订立遗赠扶养协议的原因;

(三)遗赠人遗赠财产的名称、种类、数量、质量、价值、座落或存放地点,产权有无争议,有无债权债务及处理意见;

(四)扶养人的扶养条件、扶养能力、扶养方式,及应尽的义务;

(五)与当事人共同生活的家庭成员意见;

(六)遗赠财产的使用保管方法;

(七)争议的解决方法;

(八)违约责任;

(九)公证人员认为应当记录的其

他内容。

公证人员接待当事人，须根据民法通则和继承法等有关法律，向当事人说明签订遗赠扶养协议的法律依据，协议双方应承担的义务和享有的权利，以及不履行义务承担的法律责任。

第十一条 遗赠扶养协议应包括下列主要内容：

（一）当事人的姓名、性别、出生日期、住址，扶养人为组织的应写明单位名称、住址、法定代表人及代理人的姓名；

（二）当事人自愿达成协议的意思表示；

（三）遗赠人受扶养的权利和遗赠的义务；扶养人受遗赠的权利和扶养义务，包括照顾遗赠人的衣、食、住、行、病、葬的具体措施及责任田、口粮田、自留地的耕、种、管、收和遗赠财产的名称、种类、数量、质量、价值、座落或存放地点、产权归属等；

（四）遗赠财产的保护措施或担保人同意担保的意思表示；

（五）协议变更、解除的条件和争议的解决方法；

（六）违约责任。

第十二条 遗赠扶养协议公证，除按《公证程序规则（试行）》第二十三条规定的内容审查外，应着重审查下列内容：

（一）当事人之间有共同生活的感情基础，一般居住在同一地；

（二）当事人的意思表示真实、协商一致，协议条款完备，权利义务明确、具体、可行；

（三）遗赠的财产属遗赠人所有，产权明确无争议；财产为特定的、不易灭失；

（四）遗赠人的债权债务有明确的处理意见；

（五）遗赠人有配偶并同居的，应以夫妻共同为一方签订协议；

（六）扶养人有配偶的，必须征得配偶的同意；

（七）担保人同意担保的意思表示及担保财产；

（八）公证人员认为应当查明的其他情况。

第十三条 符合下列条件的遗赠扶养协议，公证处应出具公证书：

（一）遗赠人和扶养人具有完全民事行为能力；

（二）当事人意思表示真实、自愿；

（三）协议内容真实、合法，条款完备，协议内容明确、具体、可行，文字表述准确；

（四）办证程序符合规定。

不符合前款规定条件的，应当拒绝公证，并在办证期限内将拒绝的理由通知当事人。

第十四条 订立遗赠扶养协议公证后，未征得扶养人同意，遗赠人不得另行处分遗赠的财产，扶养人也不得干涉遗赠人处分未遗赠的财产。

第十五条 无遗赠财产的扶养协议公证，参照本细则办理。

公证书格式(1)

公证书

(　　)××字第××号

兹证明遗赠人×××(男或女,××××年×月×日出生,现住××省×市×街××号)与扶养人×××(男或女,××××年×月×日出生,现住××省××市××街××号)于××××年×月×日自愿签订了前面的《遗赠扶养协议》,并在我的面前,在前面的协议上签名(盖章)。×××与×××签订上述协议的行为符合《中华人民共和国民法通则》第五十五条和《中华人民共和国继承法》①的规定。

××省××市公证处

公证员×××

××××年×月×日

公证书格式(2)

公证书

(　　)××字第××号

兹证明遗赠人×××(男或女,××××年×月×日出生,现住××省××市××街××号)与扶养人××××(单位名称)代表人×××(男或女,××××年×月×日出生,现住××省××市××街××号)于××××年×月×日自愿签订了前面的《遗赠扶养协议》,并在我的面前,在前面的协议上签名(盖章)。×××与××××(单位名称)的代表人×××签订上述协议符合《中华人民共和国民法通则》第五十五条和《中华人民共和国继承法》②的规定。

××省××市公证处

公证员×××

××××年×月×日

【法院参考案例】

1. 蔡某诉庞小某等遗赠扶养协议纠纷案(《最高法发布第二批继承纠纷典型案例》案例一,2024年12月12日)

【基本案情】

戴某与第一任丈夫生育庞小某,丈夫于1992年离世。与第二任丈夫蔡某于2017年离婚。2019年开始,戴某因身患多种疾病,长期卧床,需要人陪护照顾,求助庞小某,庞小某不顾不理,还表示不愿意负担母亲日后的治疗费用。戴某后与蔡某签订《协议书》,约定由蔡某作为扶养人,负责照顾戴某日后生活起居,支付医疗费并处理丧葬事宜,戴某去世之后,将其名下房屋赠与蔡某。

---

① 对应《民法典》第143条及继承编相关规定。——编者注

② 对应《民法典》第143条及继承编相关规定。——编者注

签订协议后，蔡某依约履行义务直至戴某离世。蔡某处理完戴某的丧葬事宜，依据《协议书》主张权利时，庞小某拒绝协助蔡某办理房屋变更登记事宜。蔡某遂将庞小某诉至法院，请求依法取得戴某名下房屋。

【裁判情况】

审理法院认为，戴某与蔡某签订的《协议书》性质上属于遗赠扶养协议，是在见证人的见证下签订完成，系双方真实意思表示、合法有效。蔡某对戴某生前尽了扶养义务，在戴某死后也为其办理了殡葬等事宜，有权依据协议约定取得戴某名下房屋。庞小某作为戴某的儿子，在戴某患病情况下未履行赡养义务，在戴某去世后又主张按法定继承分配案涉房屋，其主张不能成立。遂判决蔡某受遗赠取得戴某名下房屋。

【典型意义】

《民法典》第 1158 条规定"自然人可以与继承人以外的组织或者个人签订遗赠扶养协议。按照协议，该组织或者个人承担该自然人生养死葬的义务，享有受遗赠的权利"。遗赠扶养协议制度为人民群众提供了行为准则和价值引导，有利于保障老年人"老有所养，老有所依"。如果扶养人如约履行协议约定的生养死葬的义务，人民法院应当尊重当事人意思自治，对扶养人的合法权益予以保护。

2. 某居委会诉吴某等人遗赠扶养协议纠纷案(《人民法院抓实公正与效率践行社会主义核心价值观典型案例》案例七，最高人民法院 2023 年 8 月 2 日)

【基本案情】

2003 年 9 月，无锡市梁溪区扬名街道某社区居委会与曹某及其兄弟姐妹签订协议，约定由某居委会定时定员结对子照看关心曹某，每月给予曹某基本生活费，免费看病诊治，逢年过节给予曹某各类生活补助及慰问生活用品等，养老至寿终；曹某现有的动产和不动产在曹某寿终后，产权移交某居委会。此后，某居委会按照约定履行了扶养义务。曹某逝世后，曹某的四个子女要求继承遗产，与某居委会产生争议。某居委会遂将曹某的四个子女吴某等人诉至法院，请求判令：(1)确认某居委会与曹某签订的协议有效；(2)曹某名下的房屋、股权、现金、存款归某居委会所有。

【裁判理由及结果】

江苏省无锡市梁溪区人民法院认为，老年人自愿与基层群众性自治组织签订的由该组织承担其生养死葬义务并接收、处置其遗产内容的协议，应认定为遗赠扶养协议。基层群众性自治组织承担了对该老年人的日常生活照料、精神慰藉并为其养老送终的，应认定为已经履行了生养死葬的义务，依法享有受遗赠的权利。案涉协议符合法律有关遗赠扶养协议的规定，属于有效的遗赠扶养协议，原告某居委会对被扶养人曹某已尽到扶养义务，判决被继承人曹某安置所得的房屋以及其生前遗留的股权、现金、银行存款本息归某居委会所有。江苏省无锡市中级人民法院二审维持原判。

【典型意义】

我国已经迈入老龄化社会，空巢老人、孤寡老人的养老困境愈来愈频繁地呈现在我们面前，亟待全社会协同破解难题。我国法律所规定的遗赠扶养协议制度的主要目的在于使那些没有法定赡养义务人或虽有法定赡养义务人但无法实际履行赡养义务的孤寡老人，以及无独立生活能力老人的生活得到保障。本案中，人民法院对居委会提供的遗赠扶养协议予以确认，对居委会的赡养行为作出认定，充分肯定了居委会对老人养老送终所起的作用。本案的审理不仅实现了个案上的公平正义，更能够倡导全社会积极助力养老，让“不尽孝者少分或者不分遗产”的司法理念深入人心，有力地弘扬尊老、敬老、爱老、助老的中华传统美德，教育引导人们增强对社会主义核心价值观的内心认同，让崇尚和践行社会主义核心价值观成为人民群众的自觉行动和全社会的良好风尚。

第一千一百五十九条 【遗产分割时的义务】分割遗产，应当清偿被继承人依法应当缴纳的税款和债务；但是，应当为缺乏劳动能力又没有生活来源的继承人保留必要的遗产。

【原《继承法》条文】

第三十三条 继承遗产应当清偿被继承人依法应当缴纳的税款和债务，缴纳税款和清偿债务以他的遗产实际价值为限。超过遗产实际价值部分，继承人自愿偿还的不在此限。

继承人放弃继承的，对被继承人依法应当缴纳的税款和债务可以不负偿还责任。

【修改说明】

将“继承遗产”改为“分割遗产”，明确遗产分割前，应当清偿被继承人的应缴税款和债务；再次强调特留份规定。

【立法·要点释义】

被继承人在生前不仅会留有财产，还会留下债务或者其他义务。被继承人生前所负担的各种债务，理论上称为遗产债务。这种债务可能完全是被继承人个人的债务，也可能是共同债务中被继承人应当分担的那部分债务。遗产债务需要用遗产来偿还。遗产管理人的职责之一就是清点并处理被继承人的债权债务。被继承人生前所欠税款和债务，应当是在分割遗产之前予以清偿。遗产管理人在清理完债权债务之后，再按照遗嘱的内容处分其余遗产。如果在分割遗产之前,不知道被继承人存在遗产债务的,在遗产分割之后,仍需要依法以遗产予以清偿。

如果被继承人生前有未缴纳的税款,所欠的税款可以视为其对国家所欠的债务。债务包括合同之债,也包括侵权之债、不当得利或者无因管理之债;可能是主债务,也可能是因为提供保证、抵押、质押而形成的从债务;可能纯属个人债务,也可能是与他人形成的共同债务、连带债务。

保留必要遗产的前提是遗产可能不足以清偿债务和缴纳税款。如果遗产比较多,清缴税款和偿还债务后仍绰绰有余,则没有必要专门予以保留。保留遗产指向的对象是缺乏劳动能力又没有生活来源的继承人。继承人以外的人不能享有此权利。这也是我国很多立法所坚持的一贯立场,比如《民事诉讼法》第254条规定,被执行人未按执行通知履行法律文书确定的义务,人民法院有权扣留、提取被执行人应当履行义务部分的收入,但应当保留被执行人及其所扶养家属的生活必需费用。《税收征收管理法》第40条第3款规定,个人及其所扶养家属维持生活必需的住房和用品,不在强制执行措施的范围之内。第42条规定,税务机关采取税收保全措施和强制执行措施必须依照法定权限和法定程序,不得查封、扣押纳税人个人及其所扶养家属维持生活必需的住房和用品。

【编者观点】

我国旧制为宗祧继承,采取身份与财产共同传承的无限概括继承方式,私人财产与家庭财产又不刻意区分,合力形塑了"父债子还"的习惯传统,遗产债务清偿被裹挟在家长人格的延续和权力的继承中,意外得到了充分保障。遗产债权人享有的扩张性权利实为绵延家祀的社会理念所导致的附带结果。随着家族观念的淡化与功能的解体,以及从身份继承到财产继承的改制,死者遗留的债务非为家族所需,强迫继承人对遗产债务承担无限责任的做法丧失了社会经济基础,由此责任承担上的限定继承取代了无限继承。加上遗产范围上的概括继承与遗产处理上的当然继承,三者的失败结合,造就和凸显了遗产债务清偿问题。

概括继承的遗产包括积极财产与消极财产,使遗产继承与债务清偿不可避免会彼此牵制;当然继承使共同继承人团体自继承开始就取得遗产;无条件限定继承无须继承人编制遗产清册,即使继承人存在转移、隐匿、挥霍浪费遗产等不当行为,也不会对遗产债务承担无限责任;独立于继承人的遗产管理人的缺失,使继承人在遗产管理分割中缺乏监管,极易侵害遗产债权人的正当权益。基于上述原因,遗产债务清偿与债权人利益保护已经成为我国继承法中急需解决的问题。

继承法的立法目的不应仅是“保护公民的私有财产的继承权”，更应扩展为“保护民事主体在遗产继承中的合法权益”，保护的主体除了继承人，还包括债权人等其他利害关系人。现代继承法的立法目的是妥善处理死者遗留的财产关系，其中以继承权为中心的遗产继承是明线，以债权人利益保护为中心的遗产债务清偿是暗线，两者并行，共同实现对继承人利益与遗产债权人利益的保护。现行规范仅仅围绕死者与亲属之间的继承关系展开，对遗产债务清偿问题规定得极为粗略，要从制度根源上解决遗产债务问题，关键措施是由遗产管理人代替继承人负责遗产债务清偿事宜，废除直接继承方式，借鉴英国法中的剩余财产交付主义，被继承人死后遗产先归遗产管理人清算，清算期间遗产管理人对遗产享有管理权，遗产财团是一种没有所有人的财产独立类型，具有民事权利能力。若遗产不足以清偿债务，遗产清算程序即告终结，效果与限定继承并无二致；若清偿后有剩余遗产，则分配给继承人，由于此时债务已清偿完毕，分割的遗产只是积极财产，概括继承不再有存在意义。如此一来，经遗产管理人之手，先清偿债务、后分配遗产，各阶段的财产归属与权益实现都清晰有序。

遗产债务与负担按照发生时间，可以分为三种类型，即继承人生前所负的债务（继承开始前存在的债务）、继承开始时生效的债务或负担，以及继承开始后产生的债务。

继承开始前存在的债务为被继承人生前以意定或法定方式产生，大致可以分为五种：一为特定物上附担保物权的债务；二为国家作为债权人的税收债务；三为涉及生存利益与人格利益的债务，包括人身损害赔偿之债以及劳动债务中的劳动报酬、社会保险费与补偿金；四为惩罚性债务，包括侵权债务中的惩罚性赔偿、行政罚款和刑事罚金；五为普通债务，包括合同、无因管理和不当得利之债、财产侵权之债以及超出生存利益的劳动债务。以下对其中一些类型做进一步说明。

首先探讨劳动债务，包括被继承人生前开办个人独资企业、合伙企业或个体工商户，死亡时欠付受雇人的劳动报酬、社会保险费和经济补偿金，以及受雇人要求被继承人支付的其他收入。但并非所有劳动债务都涉及生存利益，清偿顺序上需区分处理。依国家统计局《关于工资总额组成的规定》第4条，劳动报酬即工资总额由基本工资、奖金、津贴和补贴、加班加点工资以及特殊情况下支付的工资六个部分组成，不包括离职后福利、辞退福利和其他长期职工福利。经济补偿金则是在劳动合同终止或解除时，用人单位应当向劳动者支付的经济补偿，性质上为劳动合同项下支付工资义务的替补赔偿。劳动报酬与经济补偿金由雇主直接发放给受雇人，是日常工作期间以及劳动合同被解除期间维持生存的必要条件，清偿顺序不同于其他福利收入。

社会保险费包括企业应为职工缴纳的基本养老保险费、基本医疗保险费、失业保险费、工伤保险费、生育保险费等基本社会保险费和住房公积金，俗称“五险一金”。社会保险费中由用人单位负责缴纳的部分，除了基本医疗保险费用中约30%比例划入职工个人账户之外，其他都记入各社会保险统筹基金。1999年前后，国务院重新制定颁布了《失业保险条例》和《社会保险费征缴暂行条例》，社会保险费征缴方式类似于国家税收。不过不可将社会保险费等同于税收债务，用人单位虽是向社会保险统筹基金而非个人账户缴纳社会保险费，但若未按时足额缴纳，会对劳动者现实和未来的养老、医疗等生存利益造成严重影响。因此，欠缴的社会保险费应与劳动报酬处于同一清偿顺位，社会保险机构向遗产管理人申报债权。

其次探讨合同债务。合同债务包括附条件、未届清偿期、存续期间不确定以及债务存在与否有争执等多种情形，宜参考《企业破产法》相关规定，就个案情形予以确认。合同债务还包括连带债务与保证债务等特殊类型。除了债权人与债务人，增加了保证人或连带债务人等第三方主体，清偿与内部追偿关系更为复杂。当连带债务人之一死亡时，若申报的债权限定为该债务人的内部分担份额，则无法反映出连带债务人对全部债权额的连带清偿关系；若申报的为全部债权额，又不能反映出各债务人内部分担关系。分歧在于是倾向于对外连带责任的充分承担，还是对内责任的公平分担。考虑到连带债务首要强调对债务充分清偿，将各连带债务人的全部财产都纳入责任财产，因此申报全部债权额更符合连带债务的本意。如果死亡的连带债务人超出应分担份额清偿，超出部分内部追偿回来后追加分配给遗产的其他债权人或继承人。若债权人未申报债权，借鉴《企业破产法》规定，其他连带债务人已代替死亡债务人清偿的，以其对该债务人的求偿权申报债权；尚未代替清偿的，以其对该债务人的将来求偿权预先申报债权。

当保证合同中债务人死亡时，保证人对未受清偿的债权继续承担清偿责任。为了保护保证人的追偿利益，若债权人未申报债权，保证人可参加遗产分配，以对债务人的求偿权或将来求偿权申报债权。在连带共同保证中，债权人未申报债权的，各保证人应当作为一个主体申报债权，预先行使追偿权。若债权人已申报债权，随后向保证人主张未受清偿部分，保证人对该部分不能再向遗产管理人申报债权，否则相当于同一债权参与了两次遗产分配。当保证合同中保证人死亡时，保证债务可成为继承标的，作为遗产债务继续存在。连带保证类推适用连带债务的方案，债权人可以全部债权额申报债权，遗产管理人用遗产清偿后可向债务人和其他保证人追偿。一般保证中保证债务属或有债务，债权人可先以全部债权额申报债权，获得的清偿提存，若随后债务人偿还债务，已提存的清偿额作为遗产再分配给其他债权人。也有学者认为此时应取消先诉抗辩权，因为保证人死亡时维持先诉抗辩权与保证设立的宗旨相违背。编者不敢苟同，先诉抗辩权作为一般保证人享有的顺位照顾，会间接影响到该保证人的所有债权人利益，该利益在保证人死后仍应继续体现在遗产清偿的顺位照顾上。

继承开始时生效的债务与负担以被继承人死亡为生效条件，均为继承领域相关制度。依性质分为三种类型，一为必留份与依靠被继承人扶养的遗产酌给份，涉及生存利益；二为遗赠扶养协议之债与对被继承人扶养较多的遗产酌给份，属于有偿性的债务和负担；三为遗赠之债与遗嘱继承，具有无偿性特征。

继承开始后产生的债务包括继承费用与共益债务。继承费用指为了债务清偿与遗产分割的顺利进行以及为遗产管理、处分等而必须随时支付的费用，涵盖诉讼费、管理变价和分配遗产的费用、遗产管理人执行职务的报酬和聘用工作人员的费用等。共益债务指为遗产共同利益而负担的，或因遗产管理、变现、分配而产生的债务，最典型的是遗产管理人为了遗产利益对外签订合同发生的债务，还包括待履行双务合同项下的债务、遗产上发生的无因管理和不当得利债务、遗产或管理人致人损害产生的侵权债务等。为债权人共同利益而发生，是继承费用和共益债务的核心特征。若个别债权人未在规定期限内申报债权而后补充申报时，对债权的调查费用、债权人参加遗产清偿程序的费用等均不能作为共益费用。

在继承费用方面，丧葬费的性质颇有争议。多数学者认为，若被继承人死后没有负担法定扶养义务的继承人，则丧葬费为被继承人的个人债务，且属于继承费用优先受偿；若存在负担法定扶养义务的继承人，依公序良俗，对被继承人生养死葬是该继承人应尽的义务，丧葬费不属于继承费用，而是继承人应负担的个人债务，当然遗产充足时也可由遗产支付。若有证据证明，继承人在被继承人死亡后购买墓穴是受被继承人生前委托的情形除外。

被继承人死后，为其个人独资企业或合伙企业继续营业而支付的水电费用、劳动报酬和社会保险费等其他费用，是为全体债权人的共同利益，应当列为共益债务。遗产管理人对当事人双方均未履行完毕的合同，有权选择继续履行或解除合同。该做法主要源于“使遗产财产价值最大化”的原则和恢复遗产偿债能力的考量。为了鼓励合同相对人继续履行，就需要将合同债务定性为共益债务，赋予其优先受偿的权利，以降低相对人的履行风险。相对人未经遗产管理人请求而自愿履行，若因此增加了遗产财产，为公平对待相对人并示鼓励,也应将合同债务定性为共益债务。

遗产因受第三人无因管理而产生的管理费用偿还之债,以及因遗产管理人的行为使遗产增加的不当得利,均为共益债务。若遗产管理人选择解除双方均未履行完毕的合同,应向合同相对方返还所受领的给付,若按解除导致不当得利返还后果的理论,也属共益债务优先偿还。因遗产或遗产管理人执行职务而发生的侵权债务为共益债务,理由是若将因照管不慎而发生的侵权之债归于普通债务,将降低遗产管理人的注意程度,威胁公众安全。也有学者持不同意见,认为仅因损害时间不同而对受害人区别对待,不具有实质合理性;且遗产致人损害的债务并不能达成遗产保值增值的目的,被划入共益债务有可探讨余地。

继承费用与共益债务优先支付、随时偿付

继承费用与共益债务涉及全体继承人与遗产债权人的共同利益,也是遗产债务管理、清偿各程序能够顺利进行的先决条件,因此在清偿顺序中应当优先支付、随时清偿。若遗产不足以清偿所有继承费用和共益债务,先行清偿继承费用,因为继承费用是为管理、变卖和分配遗产而必须付出的成本性支出,大都因为消极的维持行为而发生,其发生具有必然性;而共益债务是为使债权人共同受益而承担的义务,多因合同、侵权及不当得利等积极行为而负担,其发生具有或然性,因此继承费用比共益债务之于遗产债务清偿程序更具有直接性和迫切性。当然,遗产充足时仍以随时清偿为原则,仅当尚待清偿的继承费用和共益债务超过遗产价值,才对两者进行排序。若遗产不足以清偿所有继承费用或共益债务,依比例清偿。

生存权益优先

人的基本生存权益在价值序列中处于优先地位。遗产中有四类债务和负担与生存利益休戚相关,一是必留份,二是依靠被继承人扶养的遗产酌给份,三是劳动报酬、社会保险费与补偿金,四是人身损害赔偿之债。

必留份针对缺乏劳动能力又没有生活来源的法定继承人,为生前应负担的法定扶养义务的延续,应予以特别保障,列在遗产债务之前优先受偿。依靠被继承人扶养的遗产酌给份权利人同样缺乏劳动能力又没有生活来源,只是被继承人对其并无法定扶养义务。有学者基于此认为,若赋予该遗产酌给份优先于普通债务受偿,等于将本应由法定扶养人或国家承担的义务不合理地转嫁给债权人。但鉴于我国不少地区社会保障与慈善福利体系尚不健全,通过遗产延续被继承人的生前扶养行为,对特定受益人生存利益的维持更具紧迫性与现实意义。因此该遗产酌给份与必留份处于同一清偿顺序,仅次于继承费用与共益债务。有时被继承人通过生前赠与和遗赠行为安置了遗产酌给份权利人,理论上应尊重被继承人生前意志，不应再用遗产酌给份替代赠与和遗赠行为。但在遗产不足以清偿所有债务的情形下，遗赠因顺序劣后因而难以实现，为了保障权利人的生存利益，应赋予其遗产酌给份以代替无法实现的遗赠。

人身损害不同于财产损害，人身损害赔偿的一般赔偿范围包括医疗费、护理费、交通费等为治疗和康复支出的合理费用，以及因误工减少的收入；造成残疾的，还应当赔偿残疾生活辅助具费和残疾赔偿金；造成死亡的，还应当赔偿丧葬费和死亡赔偿金。人身侵权易发生削弱甚至完全破坏受害人劳动能力与生活自理能力的特殊后果，人身损害赔偿是为维持受害人基本生存、人身健康和医疗康复所必需。若不及时赔偿会让受害人生活陷入窘迫，甚至有致残危险，威胁到被害人的活动自由。而且《企业破产法》赋予优先权的职工的“医疗、伤残补助、抚恤费用”与人身损害赔偿中各项赔偿费用的性质和基本用途没有太大差别，若仅仅因债权人的身份不同就内外有别，显然有违设立该项优先权的初衷，不能实现所追求的社会政策目标。因此，应将人身损害赔偿之债与其他侵权之债区分处理，在继承费用与共益债务之后优先受偿。

劳动债务的清偿顺序也是企业破产清算面临的重要问题。近代以来随着劳动者权益的日益强调，劳动债权优先权被大多数国家立法所采纳。但是自20世纪以来，各国立法上出现了弱化劳动债权优先权的回潮。时至今日，德国、英国、比利时、荷兰等国破产法中，劳动债务被视为普通债务，因为破产法和继承法并不适合也无法提出保护劳动者的最终解决方案，应当通过健全社会保障制度以及劳动者保护基金等配套措施，使得劳动者可在相当长时间领取失业保险和社会保险，综合起来对劳动者利益的保护比仅提升其清偿顺位更有效。这也许是我国未来根本解决劳动债务问题的方向，但在我国目前社会福利保障体系下，无论是从保障劳动者生存利益层面，还是从维护社会稳定角度出发，破产财产对于解决劳动债务依旧不可或缺，《企业破产法》将劳动报酬、社会保险费以及补偿金列在普通债务之前清偿。

继承法可参考借鉴《企业破产法》，将被继承人死亡时欠付的劳动报酬、社会保险费和经济补偿金等涉及受雇人生存利益的劳动债务，优先于普通债务清偿。受雇人的离职后福利、辞退福利、其他长期职工福利，以及董事、监事和高级管理人员的高额薪酬，性质上虽属于劳动报酬，但远远超出维持生存利益的功能目的，因此只有按照该企业职工的平均工资计算出的数额享有优先受偿权利，或者对优先偿付的企业管理人员的薪酬总额进行限制。

附担保债务优先：与劳动债务的顺位关系

附担保债权在大陆法系破产法中被称为别除权，既包括为债权设立的担保物权或法定特别优先权，也包括让与担保。别除权在性质上也属于破产债权，原则上不受破产清算程序限制，当别除权人放弃优先受偿后，可自动转为普通债权受偿；当担保债权额高于所担保标的物之价额时，仅于标的物价额范围内享有优先权，扣除标的物价额后的剩余债权为普通债权。继承法在这个问题上与破产法并无二致。附担保债权与其他债权的客体处于不同维度上，附担保债权针对遗产中的特定物，而其他债权则是以遗产整体作为清偿基础。在责任财产上设立担保也是一种资产分割，担保权人相对于遗产的普通债权人，可以从担保物这块特别财产优先受偿。因此在担保权与其他优先权之间，若担保物之外的其他遗产足以清偿继承费用、共益债务以及各项涉及生存利益债务，则不能以担保物清偿，担保权人得对抗其他优先权人。若两者发生冲突，即其他遗产不足以清偿优先债权，应当如何处理?

如前文所述，继承费用与共益债务是遗产债务清偿能够顺利进行的先决条件，由债务人财产随时清偿。债务人财产也包括负有担保物权或法定特别优先权的特定财产，担保权利的申报和审查、担保财产的保存或保全等行为无疑也需要费用并消耗管理人的劳动，如果这些全部由非特定财产承担，对普通债权人而言并不公平，因此发生冲突时，继承费用与共益债务应当优先于附担保债务。即便特定案件中管理人的工作没有涉及担保权利，考虑到法律规则的效率面向，避免事后审查的烦琐，统一规定继承费用与共益债务的优先性仍然是合理的。

必留份、依靠被继承人扶养的遗产酌给份是基于被继承人生前扶养而产生的负担，必留份权利人与遗产酌给受益人往往处于整个社会最弱势地位，涉及生存法益这一基本人权，人身侵权中的受害人处于同样法律地位。在其他遗产不足以偿付上述债务和负担时，针对特定担保物，在满足基本生存需要的最低限度内，必留份、依靠被继承人扶养的遗产酌给份以及人身侵权之债优先于担保物权。

涉及受雇人生存利益的劳动债务是否类推必留份等享有优先于附担保债务的清偿顺序?支持的观点主要集中于受雇人谈判能力弱、工资拖延的客观可能、工资风险防范手段的先天性欠缺、人力资本分类决定的工作转换概率低、职工对企业的“人身依附”现状、工薪阶层对工资风险的承受能力、维护社会稳定等方面。而反对者认为，虽然劳动合同不能视为典型的合意之债，受雇人实际拥有的谈判地位还明显处于弱势，但毋庸置疑享有一定的自主选择权，可以通过用脚投票、协商要求提高工资等方式，未雨绸缪地应对企业主死亡、企业破产等潜在风险。2006 年颁布的《企业破产法》第 132 条以“老事老办法，新事新办法”的折中方式，规定仅在该法公布之日前所欠的职工工资等费用,优先于担保物权得以清偿。时至今日,劳动债务相对于附担保债务不再享有优先地位。另外,现行《企业破产法》或劳动保障制度很难覆盖家庭保姆等雇佣情形,这些类型的劳动债务是否有优先性值得进一步探讨。

涉及生存利益的四种债务与给付类型中,得主张必留份、依靠被继承人扶养的遗产酌给份以及人身损害侵权的主体数量范围皆有限或可预期,偿付标准控制在满足生存需求的最低限度,使得优先受偿数额处于可控的有限范围,多数情形下不会涉及遗产中的特定担保物,对交易安全秩序的冲击相当有限。而劳动债务所涉金额,则取决于被继承人生前开办的个人独资企业、合伙企业的雇佣人数以及欠薪时间。若雇佣人数多、欠薪时间长,则规模庞大的劳动债务常常会耗尽所有或大部分遗产,劳动债务的优先受偿不啻于事实上消解了附担保债务的别除权益。

总而言之,需参考《企业破产法》上的诸多方案,从保障受雇人最低限度生活需求这一规范目的出发,严格限制劳动债务的优先受偿范围,平衡生存利益与交易安全两种基本价值。可以从类别、时间和总额度等方面进行限制,未来立法可将类别限于劳动报酬、社会保险费和补偿金;时间限于被继承人死亡前6个月,计算基准限定为依据各地实际情况分别发布的最低工资标准。

税收债务应当优先吗?

税收债务指作为税收债权人的国家得请求作为税收债务人的纳税人履行缴纳税款这一金钱给付的法律关系。税收债务也存在多种类型,除了被继承人生前所欠税款外,还包括遗产清算中的新生税收,如遗产管理人继续履行未履行完毕的合同发生的税收、遗产管理人将遗产变卖拍卖或处置产生的税收、被继承人的企业继续经营发生的税收。上述税收支出旨在保障遗产管理程序的顺利进行,等同于继承费用与共益债务而处于最优先清偿顺序。税收的滞纳金兼具损害赔偿与行政罚款的双重性质,超过基准利率部分为惩罚性滞纳金,类同惩罚性债务劣后受偿,且参照附利息债务,自被继承人死亡之日起停止计算滞纳金。

税收债务毋庸置疑劣后于涉及生存利益的债务,《税收征收管理法》第38条规定,个人及其所扶养家属维持生活必需的住房和用品,不在税收保全措施和强制执行措施的范围之内。税收债务与附担保债务的清偿顺序在我国破产法立法上颇有反复。《税收征收管理法》第45条的思路是以税收债务与附担保债务的成立时间确定相互之间的优先关系。而《企业破产法》关于担保权的实现在体系上并未置于"变价和分配"章节,担保物权的实现在破产程序之外进行,而税收债务优先受偿的财产基础仅以破产财团为限,所以担保物权在立法逻辑上优先于税收债权。需严格限制劳动债务针对附担保债务的优先性,举重以明轻,劣后于劳动债务的税收债务并不优先于附担保债务。理论上,任何一种优先权都应当是公开性质的权利,以使后发生的债权可规避享有优先权的财产范围,或预见清偿障碍的风险。而税收债务的发生无须登记,税收机关目前不能及时公示所有的欠税情况,欠税公告是选择性的。这使得设定担保时债权人很难知悉被继承人的欠税额度,税收债务不具备优先于附担保债务的正当性基础。

税收债务与普通债务的清偿顺序争议极大。赞成税收债务优先的有三个基本理由,一是基于税收的公益性,税收是用以进行再分配的重要手段,税收所得主要用于公共品的开发与建设。反对观点认为,虽然税款整体上具有社会公共福利的公益属性,但具体到每一笔税款的公益性未必突出,且过分强调税款的优先性会危害交易安全,增加交易风险。二是基于税收的风险性,税收是一种缺乏对待给付的无调节能力的非自愿债务,被继承人可在欠税后仍有足够财产时,于生前通过设定担保逃避税收债务。反对观点认为,税收的保障措施众多,税务机关可以进行税收保全、强制执行,可以强制纳税人提供担保,可以预先征收,可以加收滞纳金,可以公告纳税人欠税情况,可以限制纳税人或其法定代表人出境,甚至还享有代位权和撤销权。这些措施是具有公法属性的保障措施,对于债务人的威慑效果更为显著,远非私法保障措施所能及,既然在破产程序外有强大的税款征收实现手段,税收机关消极怠于行使其权力,在破产程序中不应再给予特殊保护。三是基于税收的非合意性,税收并非政府主动选择特定债务人依照合约达成的结果。但恰恰税收的比率和数额是由政府一方确定的,在确定这些比率和数额时,政府有足够条件对相关债务所隐含的风险大小作出相对客观的评估预测,同时根据预测结果决定提高或降低相应税费比率。

反对税收债务优先的理由还包括,国家不与普通债权人争利、欠缴税款的征收成本高昂且对国家财政能力不会造成过大影响、国家财政承受损失的能力远超没有国家强制力作后盾的普通债权人。要整体上妥善解决逃税行为,不应采取将税收债务顺位提前到担保物权之前的简单手段。现代福利国家的税负急剧增加,若仍让其享有优先受偿地位,将极大地降低其他一般债权的受偿比例。鉴于此,虽然各国制定破产法时大多规定了税收债务的优先地位,但德国、澳大利亚、丹麦、挪威、瑞典等国近年来纷纷对税收债务优先受偿制度激进改革,将税收债务作为一般普通债务对待。基于上述分析,税收债务应与普通债务处于同一清偿顺序。

普通债务优先于无偿性债务与负担

遗赠与遗嘱继承均是被继承人无偿给予他人财产上利益的行为。与普通债务相比,无偿性债务与负担若未得到给付,后果仅是权利人的财产没有获得预期增益，并未损及固有财产权益。据此，其顺位劣后于其他普通债务，具有实质正当性。本条与第1162条规定遗赠和继承劣后于普通债务及税款。继承人先行交付遗赠的，交付行为并非无效，若因此导致债权人受有损害的，应负赔偿之责任。受损害之债权人也可对受遗赠人请求返还其不当得利的数额。遗嘱继承与遗赠的主要区别在于受遗赠人不属于法定继承人范围，债务清偿方面应相同处理，顺位优先于未立遗嘱时方才适用的法定继承。如果遗赠或遗嘱继承的客体为特定物，因清偿债务需要拍卖变卖部分遗产的，只要其他遗产有资力清偿债务，就不能拍卖变卖该特定物。

被继承人生前负担的普通债务，包括各种合同、无因管理、不当得利以及财产侵权，在被继承人死后并未因人身专属性而灭失，转化为遗产债务形式存在的，皆属于互负对待给付意义上的有偿性或回复性债务，清偿顺序优先于遗赠与遗嘱继承。保证债务虽然形式上具有补充性、无偿性和单务性特征，但实际上保证人常常是以负担保证责任为对价换取了较为优越的交易条件或其他利益，而后者并不体现在保证债务当中。以提供保证作为营业内容的商事保证并非无偿，民事保证中为了限定风险，保证人可通过一般保证约定享有先诉抗辩权，仅负担补充责任，无须在清偿顺序中单独处理保证债务，赠与债务同理。

继承领域的普通债务与负担包括遗赠扶养协议之债与对被继承人生前扶养较多的遗产酌给份。有学者认为，遗赠扶养协议中权利实现的滞后性与义务履行的前置性并存，扶养人承担了比一般债权人更大的债权实现风险，应当享有优先受偿机会。编者认为，协议双方在订立协议时不仅能够预见到履行方式带来的风险，而且可以通过约定控制减缓风险，甚至通过获偿概率的降低换取其他优越的交易条件，因此遗赠扶养协议债务不应优先于普通债务。对遗赠扶养协议的有偿性特征还需要个案判断，若扶养人获得的遗赠价值远超一般意义上扶养的对价，超出部分可定性为遗赠，在遗产清偿顺序上区分处理。

对被继承人生前扶养较多的遗产酌给份，实质上是在没有法定扶养义务的被继承人与扶养人之间，将适量遗产作为生前扶养的报偿。由于双方未签订遗赠扶养协议，有学者认为可构成无因管理之债，与合同债务处于同一清偿顺序。还有学者认为，被继承人与扶养人之间为道义上的扶养关系，不产生强制偿还义务，因此受偿顺序应劣后于遗赠扶养协议以及普通债务。编者认为，该扶养行为并非“道义”能完全涵盖。一方面，计划生育造就的家庭结构中常见一对夫妇要扶养四位老人和两位孩子，扶养义务的履行颇有难度；就业的多样化、流动性和跨地域更加剧了扶养义务人的现实缺位。远亲甚至熟人承担起扶养职责,成为缓解扶养义务人缺位的最有效方式。另一方面,姻亲之间以及非婚同居双方的扶养行为非常普遍,没有继承权或是遗赠扶养协议之名,却可以通过遗产酌给制度解决双方现实中的继承问题,且符合当事人以遗产作为生前扶养报偿的预期。因此将该遗产酌给份与遗赠扶养协议以及普通债务列为同一顺序更为合理。

非合意之债优先于合意之债吗?

在普通债务中,权利的产生原因不外乎合意与非合意两大类。合意债务最典型的是合同债务,包括有财产担保的债务。是否给债务提供财产担保,也是合同双方合意谈判的结果。附担保债权人或许正是通过比较低的利率或交易条件换取相对较高的获偿概率,而普通债权人则可能是通过获偿概率的降低,换取了较为优越的交易条件或较高的利率。合同双方由于对合同风险有合理的预期,可以就对方的违约行为乃至死亡等突发事件采取诸如设定担保、同时履行抗辩、不安抗辩、变更或解除合同等预防风险措施,否则意味着债权人做好了风险自担的准备或存在主观上的疏忽。

非合意之债中债权人不能通过意思自治对债权的产生及权利义务内容作出选择,最典型的是侵权之债。从侵权债务的形成机制上看,侵权行为的发生对于侵权行为的受害人往往非自愿且不可预期,很难事先采取相应的预防措施,受害人不知道债务人负担风险的能力,通常也不能相应调整其债权的具体内容、数额或者风险。当债务人将本来可用作补偿受害人的财产拿来设定担保时,缺少像合同债权人那样可防范风险的救济机制,且不能自由转让。

侵权债务作为非合意之债是否应优先于合同等合意之债?学者提供了多种方案,如直接赋予侵权债务优先于合同债务甚至附担保债务的受偿顺位,或是在担保财产中裁减一定比例给侵权债权人,或是将部分或一定比例附担保债务转化为普通债务以削弱其优先顺位。英国《2002年企业促进法》第252条便规定,清算人或者破产管理人须将被设定浮动担保的财产的既定部分用于普通债权的清偿,且不得将该部分财产分配给享有浮动担保的债权人。

人身损害赔偿是为维持受害人基本生存、人身健康和医疗康复所必需,因此将人身损害与财产损害区分处理,前者在继承费用与共益债务之后优先受偿。对于财产损害,合意与非合意之差别尚不构成债务清偿顺序上区分处理的理由,许多合意或自愿债务的标的,如劳动合同、供货合同、保险合同等,都牵涉权利人的重大利益,其债权实现的重要性并不亚于财产侵权的受害人甚至人身损害的受害人。为了避免遗产债务清偿顺序过于繁杂,可将财产侵权债务与其他合意债务置于同一清偿顺位。

惩罚性债务劣后

惩罚性债务包括侵权惩罚性赔偿、

行政罚款与刑事罚金。侵权惩罚性赔偿属于民事责任，后两者属于公法责任。所有类型的民事责任皆优先于行政或刑事责任，论证理由包括：国家承受财产损失的能力大于个人，民事责任优先是保护弱者的体现；民事责任主要目的在于补偿，后两者在于惩罚；民事责任指向个人权益救济，更为直接迫切，后两者着眼于社会安定与一般公众利益；民事责任优先可减少当事人交易前核查对方是否存在违法行为的投入，降低交易成本。

目前我国已初步建立惩罚性赔偿制度，规范目的已经超出填补损害功能。若惩罚性赔偿债务的受偿顺位等同于普通债务，遗产不足时，实际效果并非惩罚了侵权人即被继承人，而是间接惩罚了其他遗产债权人，不利于保护多数普通债权人利益；因侵权人已经死亡，惩罚性赔偿已无法达到惩戒和警告侵权人的目的。综上所述，惩罚性赔偿应当劣后于普通债务，但优先于行政罚款和刑事罚金得到清偿。

【地方法院规范】

《北京市高级人民法院关于审理继承纠纷案件若干疑难问题的解答》（2018年）

26. 是否所有继承人都应当参加被继承人债务履行案件诉讼程序？主文如何表述？

被继承人债务履行案件中，债权人仅起诉部分继承人的，人民法院应释明债权人追加其他继承人作为被告参加诉讼；经释明债权人不追加其他继承人的，人民法院应在告知其可能丧失相应债权请求权后，依职权通知其他继承人以第三人身份参加诉讼，以便一并查明继承遗产情况。

被继承人债务履行案件中，如人民法院判决继承人承担履行债务责任，判决主文应表述为“法定继承人××、×××在遗产继承范围内连带清偿……；不足部分由遗嘱继承人（受遗赠人）某某承担×分之×、遗嘱继承人（受遗赠人）某某某承担×分之×……”。

27. 受赠人能否要求继承人继续履行被继承人生前签订的赠与合同？继承人是否享有撤销赠与的权利？

被继承人生前签订赠与合同约定将财产赠与受赠人，死亡时尚未履行的，受赠人有权请求继承人履行赠与合同；继承人有权按照《中华人民共和国合同法》第一百八十六条①撤销该赠与合同。

第一千一百六十条　【无人继承的遗产的处理】　无人继承又无人受遗赠的遗产，归国家所有，用于公益事业；死者生前是集体所有制组织成员的，归所在集体所有制组织所有。

---

①　对应《民法典》第658条。——编者注

【原《继承法》条文】

第三十二条　无人继承又无人受遗赠的遗产，归国家所有；死者生前是集体所有制组织成员的，归所在集体所有制组织所有。

【修改说明】

考虑到无人继承遗产由国家无偿取得，为了充分发挥这部分财产的价值，更好地体现“取之于民用之于民”的宗旨，明确了无人继承的遗产归国家所有后，用于公益事业。

【立法·要点释义】

被继承人的遗产无人接收，可能客观上既没有继承人，也没有受遗赠人；也可能继承人全部放弃继承，受遗赠人也都放弃受遗赠；或者继承人全部丧失继承权且未得以恢复；还可能没有法定继承人或者法定继承人丧失继承权，仅在遗赠中处理了部分遗产，其余遗产也构成无人继承遗产。

公益事业可以是教育事业、医疗事业、慈善事业等。至于具体用于何种公益事业，则由政府主管部门具体分配。如果死者生前是集体所有制组织成员的，因其生前一般都会通过集体获得土地承包经营权、分红等经济利益，将其遗产确定归集体所有制组织所有也合情合理，且土地承包收益、宅基地上的房产等具有特殊性质的财产，规定由集体所有制组织所有，也便于集体所有制组织根据本集体的具体情况作出妥善处理。

【编者观点】

根据我国传统，无主财产历来归公，即归国家或者集体所有。《民事诉讼法》第 202—204 条规定了认定财产无主的特别程序。本条并规定具体的遗产受领主体。裁判实践中，街道办、民政局以及政府都被作为受领主体。第 1145 条规定了没有继承人或继承人均放弃继承时，由民政部门或者村民委员会担任遗产管理人，应当由民政部门统一代表国家受领遗产，由村委会代表集体所有制组织受领遗产。根据《民事诉讼法》第 204 条规定，判决认定财产无主后，原财产所有人或者继承人出现，有权在 3 年的诉讼时效期间内请求人民法院判决将此前归公的无主遗产向其返还。

本条对归国家所有的无主遗产的用途新增限制性规定，即“用于公益事业”。如果死者生前是集体所有制组织成员，则其遗产归集体所有制组织所有，且遗产使用不受公益事业用途目的之限制。公益事业目的之判断，应参照《公益事业捐赠法》第 3 条的规定。有观点认为，由公益事业管理机构通过设置公益信托的方式对无主遗产进行管理比较恰当。《信托法》第60条规定："为了下列公共利益目的之一而设立的信托，属于公益信托：（一）救济贫困；（二）救助灾民；（三）扶助残疾人；（四）发展教育、科技、文化、艺术、体育事业；（五）发展医疗卫生事业；（六）发展环境保护事业，维护生态环境；（七）发展其他社会公益事业。"

【相关立法】

《中华人民共和国民事诉讼法》（2023年修正，2024年1月1日施行）

第二百零二条 申请认定财产无主，由公民、法人或者其他组织向财产所在地基层人民法院提出。

申请书应当写明财产的种类、数量以及要求认定财产无主的根据。

第二百零三条 人民法院受理申请后，经审查核实，应当发出财产认领公告。公告满一年无人认领的，判决认定财产无主，收归国家或者集体所有。

第二百零四条 判决认定财产无主后，原财产所有人或者继承人出现，在民法典规定的诉讼时效期间可以对财产提出请求，人民法院审查属实后，应当作出新判决，撤销原判决。

【司法解释】

《最高人民法院关于适用〈中华人民共和国民事诉讼法〉的解释》（法释〔2022〕11号修正，2022年4月10日施行）

第三百四十八条 认定财产无主案件，公告期间有人对财产提出请求的，人民法院应当裁定终结特别程序，告知申请人另行起诉，适用普通程序审理。

第四百六十条 发生法律效力的实现担保物权裁定、确认调解协议裁定、支付令，由作出裁定、支付令的人民法院或者与其同级的被执行财产所在地的人民法院执行。

认定财产无主的判决，由作出判决的人民法院将无主财产收归国家或者集体所有。

【批复答复】

《最高人民法院关于处理农村合作化后所发生的土地、继承纠纷的复函》（法研字第52号，1958年3月26日）

三、享受"五保"待遇的社员死亡后，其遗产应如何继承？享受"五保"待遇的社员死亡后，其已入社的生产资料不应列入继承遗产范围以内，可以继承的遗产，应仅限于房屋、家具等生活资料。有继承权的人，如果在合作社对被继承人实行"五保"以前，曾对被继承人尽过扶养义务，或者在合作社对被继承人实行"五保"以后，仍尽一部分扶养义务的，在被继承人死亡后，可以酌量分给该继承人一部分遗产；其余遗产归合作社所有。如果有的"五保户"生前完全依靠合作社来生活，死后由社予以埋葬的，其遗产应全部归社所有。

第一千一百六十一条　【限定继承】继承人以所得遗产实际价值为限清偿被继承人依法应当缴纳的税款和债务。超过遗产实际价值部分,继承人自愿偿还的不在此限。

继承人放弃继承的,对被继承人依法应当缴纳的税款和债务可以不负清偿责任。

【立法·要点释义】

我国继承原则上属于限定继承,继承人对被继承人的遗产债务不负无限清偿责任,而仅以所继承遗产的实际价值为限负清偿责任。对于超过遗产实际价值部分的债务,继承人自愿替被继承人偿还的,法律尊重当事人的自主选择。

放弃继承是指既放弃了遗嘱继承,也放弃了法定继承。继承了遗产的继承人仅需对遗产债务承担有限清偿责任,如果继承人放弃了继承,并没有从被继承人的遗产中获得任何利益,要求其对被继承人的债务承担清偿责任,相当于将他人的民事责任强加于继承人,有违民法的意思自治原则。

【编者观点】

继承开始后,遗产归遗产共同体成员共有,遗产债务在性质上即为共有财产作为责任财产所负的共同债务。共同债务包括对外承担和对内分担两个问题,本条规定的限定继承原则,指的是每个继承人对遗产债务清偿的外部有限责任限于“所得遗产实际价值”;第 1163 条则规定的是共同债务的对内分担问题,即遗产债务应先由法定继承人负责清偿,不足以偿还部分由遗嘱继承人和受遗赠人按照所获得遗产的实际价值的比例来清偿。

依法制作遗产清单并增强其权威性和可信度,对于贯彻限定继承原则、平衡保护继承人利益和债权人利益至关重要。在限定继承原则下,遗产清单的效力主要体现为证据效力。当继承人提出遗产清单并主张以遗产清单所列遗产的实际价值为限承担有限的遗产债务清偿责任时,若债权人主张在遗产清单之外还有其他遗产时,债权人须对其主张承担举证责任。

由于遗产尚未分割,整个遗产均可成为查封、扣押、冻结的对象。除非继承人已分得遗产,否则其固有财产不能成为查封、扣押、冻结的对象。某一位继承人以固有财产清偿遗产债务后,有权依第 524 条第三人代为履行规则,向其他继承人追偿。某一位继承人放弃限定继承抗辩,不对其他继承人发生效力。

依概括继承原则,继承人放弃继承的,对遗产债务不负清偿责任。有观点认为,现行法未限制继承人放弃继承的期间,继承人不能违背诚信原则,在一审中不主张放弃继承,而在二审中主张放弃继承。继承人以其继承人身份任遗产管理人并履行相关职责,系以行为表示其接受继承,嗣后原则上不宜承认其放弃继承的效力。

【批复答复】

《最高人民法院关于蒋秀蓉诉彭润明、邱家乐、朱翠莲继承清偿债务纠纷一案的批复》(〔1990〕民他字第23号,1991年1月26日)

经研究认为:蒋秀蓉在彭润明、邱国红夫妇家当保姆期间,被犯罪分子王念先杀伤致残,彭、邱夫妇亦在与该罪犯搏斗中被杀身亡。从本案事实看,蒋秀蓉并非因保护雇主一家的生命、财产安全或其他利益而被杀伤,故要求从雇主的遗产中补偿其医疗费、生活费等,于法无据。但鉴于蒋秀蓉是在受雇期间受害的具体情况,可尽量对被告多做说服工作,争取其自愿从遗产中给予蒋秀蓉适当照顾。如调解不成,即判决驳回蒋秀蓉的诉讼请求。

【法院参考案例】

米泉市驰诚汽车租赁有限公司与张某1等被继承人清偿债务案[《人民法院案例选》2010年第4辑(总第74辑)]

【基本案情】

原告汽车租赁公司诉称:张某军在2007年11月25日租用我公司的新B69549号车,同日19时其在驾车行至乌奎高速公路上与公路护栏相撞,导致车辆和护栏均损坏,其负事故的全部责任。后又发生了第二起交通事故,张某军在事故中死亡。张某军在租用我公司车辆中造成交通事故,我公司已经赔偿了有关费用,同时我公司也为修理受损车辆支付了修理费。我公司向公路管理部门赔偿了损失3840元、支付施救费300元、停车费600元、车辆修理费10906元,同时张某军欠我公司车辆被查扣和修理期间4个月的租金16800元。此事故是发生在张某军与被告徐某某夫妻关系存续期间,故徐某某应当对上述费用承担赔偿责任。张某2在事故发生后从张某军的银行卡上支取了105000元交给了被告张某1、朱某某,而二人是张某军的父母,故其应当在此范围内承担赔偿责任。第三人张某2没有尽到妥善保管上述支取款义务,也应当承担相应的责任。

被告张某1、朱某某辩称:我们与本案没有任何关系。张某军是成年人,其应当对自己的行为负责,他的遗产也没有给我们。张某2从银行取出105000元交给我们后都用于还债了,总共还了12万元。原告在明知我儿子喝醉了,为了挣每天140元的租赁费将车辆出租给他,事故的发生完全是由于原告自己的原因造成的。要求驳回原告对我们的起诉。被告徐某某未答辩。

第三人张某2述称:事故发生交警队将张某军的储蓄卡交给我时谁也没

有说不能支取,我从他在邮局的卡上支取了 105000 元全部给我父母用于偿还张某军生前所欠的债务了,另外还借了 15000 元来还账。另外从工行牡丹卡上支取了 4000 元用于结清张某军原来所欠有关费用。我不应承担民事责任。

米东区人民法院经审理查明:2007 年 11 月 25 日 17 时 30 分,原告驰诚汽车租赁公司与张某军签订了 1 份汽车租赁合同,由张某军租赁该公司的新 B69549 号桑塔纳轿车,期限 1 天至次日 17 时 30 分,每日租金 140 元,张某军应当先向该公司交保证金 2000 元。合同中还登记了张某军的身份证和驾驶证号码。合同签订后因张某军身边现金不够,其又到位于米东区文化南路的原米泉市邮政储蓄 ATM 机上分两次共支取了 2500 元钱用于向原告支付保证金。后原告方工作人员要求张某军在汽车外观图上签名后将该车交给张某军。当日 19 时 10 分许,张某军驾驶该车沿乌奎高速公路由东向西行至 G312A-4264km+56.9m 路段时,与道路护栏相撞,造成车辆和护栏均受损的交通事故。经自治区交警总队高等级公路支队昌吉大队认定张某军负此事故的全部责任,应当承担事故的全部经济损失。同日 19 时 30 分许,王某弦驾驶新 C23182 号江淮小型客车同向行至该路段时,与下车查看车辆受损情况的张某军相撞,造成张某军当场死亡。经自治区交警总队高等级公路支队昌吉大队认定,张某军负第二次事故的主要责任,王某弦负事故的次要责任。事后因双方对张某军死亡的原因存在争议,经委托新疆中信司法鉴定中心于 2007 年 11 月 29 日进行鉴定,确认张某军死亡时每 100 毫升血液中含乙醇(酒精) 129.71 毫克。2008 年 1 月 25 日,原告在支付了因张某军所撞坏护栏的赔偿款 3840 元和新 B69549 号车于事故后在指定地点停放的费用 1600 元后,才将该车从高速公路管理局昌吉管理处路政大队取回,原告为此支付拖车费 300 元。事故发生后,张某军的姐姐张某 2 从张某军的银行卡中支取了共计 105000 元现金,此款均已经由张某 2 交给被告张某 1 夫妇。张某 2 另从张某军开户的工行牡丹卡上支取了 4000 元。因双方未能就赔偿事宜达成协议,原告提起诉讼后向法院申请要求对车辆的修复费用进行评估;法院委托新疆方夏资产评估事务所评估,该所于 2008 年 5 月 8 日作出鉴定结论为:新 B69549 号车损坏的修复价值为 10906 元,原告为此支付鉴定费 1000 元。鉴定结论作出后,原告于 2008 年 6 月 28 日将该车送到乌鲁木齐米东区四通涂漆维修部修理,其间,原告为购买配件支付 8071 元,另向该维修部支付修理费 3000 元。另查:被告徐某某与张某军于 2005 年 5 月 16 日登记结婚,在本案诉讼开始后下落不明。

【裁判结果】

米东区人民法院经审理认为,依法成立的合同受到法律的保护,合同当事人均应当按照约定履行各自的义务。本案租赁合同签订后，原告向张某军履行了交付合格车辆的义务，张某军就应当按照租赁物的性质和合同约定及法定的方法使用租赁物。张某军在事故发生后被检测出血液中有乙醇含量，而其是具有合法驾驶资格和完全民事行为能力的人，应当知道不能在酒后驾车，但其未能遵守法定义务，违章驾车，导致其在驾驶车辆过程中发生与公路护栏相撞的事故，被认定为负事故的全部责任并承担全部经济损失。由于张某军给原告造成的损失发生在其与徐某某夫妻关系存续期间，属于夫妻共同债务，因此被告徐某某应当承担赔偿责任。被告张某1、朱某某占有张某军存款105000元，其所提供的证据不能证明此款已经用于偿还张某军生前所欠债务，故二被告应当在取得上述财产范围内承担民事责任。第三人张某2将取回的张某军存款105000元交给了被告张某1和朱某某，其对此部分财产已经不享有支配和管理的权利，其对此不应担责，但其当庭没有提供证据证明其余4000元确实用于偿还张某军生前欠款，其应当在此4000元范围内对原告承担民事责任。本院对原告主张因张某军违章驾车造成护栏损失而支出的赔偿款3840元和因车辆停放支出的停车费1600元中的600元、拖车费300元及车辆修理费10906元，予以支持。车辆租赁费损失应当仅包括原告不能控制车辆的被查扣期间和修理期间的损失，通过对证据的审查，该车被查扣时间为60日、车辆修理时间为15天，合计75天，按照合同约定每天140元的租赁费标准，其租赁费损失为10500元。被告徐某某经本院公告传唤未到庭参加诉讼，本院视为其已经放弃了在本案一审中答辩和质证的权利。

米东区人民法院依照《民事诉讼法》第130条，《民法通则》第84条，《继承法》第24条，《合同法》第8条、第32条、第107条、第217条、第219条、第226条和《婚姻法解释(二)》第26条之规定，判决如下：(1)被告徐某某向原告驰诚汽车租赁公司支付护栏赔偿款3840元、停车费600元、车辆修理费10906元、拖车费300元、租赁费10500元，合计26164元，扣除已经预付的2000元，余款24164元于判决生效后立即付清。(2)被告张某1、朱某某在占有张某军存款105000元范围内对上述债务承担民事责任，于判决生效后立即向原告履行完毕。(3)第三人张某2在占有张某军存款4000元的范围内对上述债务承担民事责任，于判决生效后立即向原告履行完毕。

宣判后，原审被告张某1、朱某某不服原审判决，上诉称：(1)被上诉人驰诚公司在我儿子张某军饮酒的状态下，将车租赁给张某军，对此所产生的后果，应由被上诉人驰诚公司承担。(2)原审确认由我们承担的车辆修理费及租赁费未考虑被上诉人未从交警部门及时取车、修车，对此被上诉人驰诚公司也存在过错。综上,请求二审法院依法改判。

被上诉人驰诚公司答辩称:我公司与张某军签订汽车租赁合同时,张某军与我公司办理了租车手续,并对车辆进行了检验,这些情况足以证明张某军与我公司签订合同时并未饮酒。虽然事故发生后,检测出张某军血液中含有乙醇,但从我公司租车到发生事故存在一个时间段,在这个时间段,张某军有饮酒时间,故我公司不存在过错。请求二审法院驳回上诉,维持原判。原审被告徐某某未到庭答辩。

原审第三人张某 2 述称:我是张某军的姐姐,在事故发生后,交警队将张某军的储蓄卡交给我,我从其卡上支取 105000 元全部给我父母,我父母用该款偿还张某军生前所欠债务。另外,我从工行牡丹卡上支取了 4000 元用于结清张某军所欠的费用,故我不应承担责任。

乌鲁木齐市中级人民法院经审理查明的案件事实与原审法院查明的案件事实基本一致。另查,原审被告徐某某、上诉人张某 1、朱某某依据已生效的昌吉市人民法院(2008)昌民一初字第 0687 号民事判决,已从肇事人王某弦所在的石河子市农八师高级中学处获得赔偿款 83177.96 元。2008 年 6 月 25 日,经乌鲁木齐市工商行政管理局核准,米泉市驰诚汽车租赁有限公司名称变更为乌鲁木齐市驰诚汽车租赁有限公司。

乌鲁木齐市中级人民法院经审理认为,继承遗产应当清偿被继承人依法应当缴纳的税款和债务,缴纳的税款和清偿债务以他的遗产实际价值为限。本案所涉及的被继承人张某军的债务,是其与被上诉人驰诚公司于 2007 年 11 月 25 日签订租赁合同,并交付 2000 元保证金后,在租赁合同履行过程中,张某军违反合同约定导致车辆受损所形成的合同之债。在该租赁合同履行过程中,被上诉人驰诚公司向张某军履行了交付合格车辆的义务,但张某军未能遵守相关法定义务违章驾车,导致其驾驶租赁车辆与公路护栏相撞的事故,并被新疆维吾尔自治区公安厅交通警察总队高等级公路支队昌吉大队认定负事故的全部责任,承担此事故的全部经济损失。由于张某军的过错行为,致使其租赁的车辆在事故中受损,对此张某军应按合同向被上诉人驰诚公司承担车辆受损后的民事赔偿责任。因张某军在同时间发生的交通事故中死亡,故对驰诚公司的赔偿责任应由其继承人在继承遗产的范围内予以清偿。本案中,张某军第一顺序继承人是其父母即上诉人张某 1、朱某某,其妻子原审被告徐某某,以上三人除共同获得张某军交通事故死亡一案的赔偿款外,上诉人张某 1、朱某某还取得张某军的存款 105000 元,故上诉人张某 1、朱某某及原审被告徐某某应对本案承担连带赔偿责任。原审第三人张某 2 虽不是张某军的遗产继承人,但其支取张某军的存款4000元的事实存在，其也应在其支取的4000元范围内承担民事责任。上诉人张某1、朱某某上诉提出被上诉人驰诚公司明知张某军饮酒将车辆出租，产生的后果应由该公司承担，其出示的证据并不能证实驰诚公司在明知张某军饮酒的状态下将车辆出租的事实，故此项上诉理由不成立，法院不予采纳。依据被上诉人驰诚公司提供的相关票据及评估报告，法院认定上诉人张某1、朱某某、原审被告徐某某赔付被上诉人驰诚公司因张某军违章驾车造成护栏损失所支出的赔偿款3840元、拖车费300元；根据评估部门确认，该车的修理费为10906元，应按该数额予以认定。关于车辆租赁费的损失及停车费损失的认定，法院认为，对车辆被查扣期间的租赁费损失及停车损失，双方均有责任，应各承担50%的民事责任。车辆本身受损，是由于张某军违章驾车所致，因此，该车辆修理费用理应由上诉人张某1、朱某某、原审被告徐某某承担，故上诉人张某1、朱某某上诉提出车辆修理费应考虑被上诉人驰诚公司存在过错的上诉理由无事实依据，法院不予采纳。对于车辆被查扣期间的租赁费损失的上诉理由其合理部分，法院予以采纳。原审法院确定本案案由及适用法律有误，法院予以纠正。

乌鲁木齐市中级人民法院依照《民事诉讼法》第130条、第157条、第153条第1款第3项，《继承法》第24条、第33条，《合同法》第119条、第219条之规定，判决如下：(1)撤销乌鲁木齐市米东区人民法院(2008)米东民二初字第29号民事判决；(2)上诉人张某1、朱某某及原审被告徐某某共同赔偿被上诉人驰诚公司护栏损失费3840元；(3)上诉人张某1、朱某某及原审被告徐某某共同赔偿被上诉人驰诚公司车辆修理费10906元；(4)上诉人张某1、朱某某及原审被告徐某某共同赔偿被上诉人驰诚公司租赁费6300元(2100元+8400元×50%)；(5)上诉人张某1、朱某某及原审被告徐某某共同赔偿被上诉人驰诚公司拖车费300元；(6)上诉人张某1、朱某某及原审被告徐某某共同赔偿被上诉人驰诚公司停车费800元(1600元×50%)；(7)原审第三人张某2在其支取张某军存款4000元的范围内向被上诉人驰诚公司承担赔偿责任。

第一千一百六十二条　【遗赠与遗产债务清偿】执行遗赠不得妨碍清偿遗赠人依法应当缴纳的税款和债务。

【立法·要点释义】

遗嘱执行人或者遗产管理人在执行遗赠之前，应当先用遗产偿还遗赠人所欠税款和债务，清偿之后，如果遗产尚有剩余则再执行遗赠；同样，如果执行遗赠之后，债权人才知道遗赠人死亡、遗产被分割的事实,则其有权要求受赠人将所得遗产用于偿还债务。

【编者观点】

遗赠不同立法模式的实质区分标准,是遗产承受人是否需要承担遗产债务。本条规定意味着受遗赠人的权利劣后于遗产债务及税款。紧接着,第1163条修改自《继承法意见》第62条,删除了"遗产已被分割而未清偿债务时"这一前提,意味着在遗产分割之前的共有阶段,于遗产范围内,受遗赠人也应承担同遗嘱继承人相同的清偿义务,只是具体的操作由遗产管理人进行。仅从遗产债务清偿层面观察,第1163条清楚表明了将遗嘱继承与遗赠同等对待的态度。因此,我国法中并未从遗产债务清偿角度区分遗嘱继承与遗赠,两者的唯一区别,在于遗产承受人的身份是否在法定继承人范围之内。

第一千一百六十三条 【既有法定继承又有遗嘱继承、遗赠时的债务清偿】既有法定继承又有遗嘱继承、遗赠的,由法定继承人清偿被继承人依法应当缴纳的税款和债务;超过法定继承遗产实际价值部分,由遗嘱继承人和受遗赠人按比例以所得遗产清偿。

【立法·要点释义】

遗产债务应先由法定继承人负责清偿,所谓超过法定继承遗产实际价值部分,就是法定继承人所获得遗产的实际价值不足以偿还被继承人的遗产债务。遗嘱继承人和受遗赠人按比例清偿,是指由遗嘱继承人和受遗赠人按照所获得遗产的实际价值的比例来清偿。如果只有遗嘱继承人,则由各遗嘱继承人按比例清偿;如果只有受遗赠人,则由各受遗赠人按比例清偿。

【编者观点】

遗产债务清偿顺序的确定与变更,事关理念、规范和技术诸多维度,限制遗产的个别强制执行而代之以集体清偿程序本身,就是一种社会化安排。生存利益的债务、税收债务、侵权债务等非常态问题带来的风险对政治、社会及经济秩序具有危害性,由此产生各种优先权。优先权意味着超越纯粹的债权人立场与法律考量,转而渗入更多的利益评估和国家公共政策,以权衡社会经济效果等"非经济目标"。鉴于公共政策的渗入往往难以准确评估绩效并容易产生不可预期的风险,对优先权的设置需要在整体考量经济、社会和法治情势基础上,寻求理念、规范和技术等维度的平衡。实际上,若协调得当,用以提高非经济目标的优先措施可以同时增加社会的总体福利。同时,限制既有优先权需以其他补偿性制度作为前提,防止过度牺牲弱势群体和公共利益。

债务清偿顺序本质上属于风险分配机制,变更须考虑对各方主体的预期及行动带来的影响。不少优先权在实践中并未产生可欲的效果,相反给市场交易和融资带来了诸多不确定的风险,并且可能增加对被继承人及遗产管理人的监督成本。债权人之间对于遗产的博弈属于“零和游戏”,过多分配给优先权人必然意味着普通债权人可获份额的减少,若因优先权设置过多对交易安全秩序造成冲击,且没有分散担保物权及普通债权失效的补救或补偿机制,债权人与债务人之间会自发展开新一轮寻求债务秩序安全的博弈,为融资增添更多成本和壁垒。如果连附担保债权都靠不住,原本的普通债权人必然竞相责成债务人提供担保或提高担保条件,如要求高额财产抵押或人保与物保并存,催生出大量的担保欺诈和专业担保公司等“担保产业链”。可见,法律规则在特定问题上的功能越强大,在其他领域蕴含的风险可能就越多,不能期望凭借个别制度的修正而一劳永逸地解决问题。

清偿顺序的公平性和可操作性都很重要。必须充分认识到清偿顺序规则实际效果的局限性,若遗产总额不足,复杂的清偿顺序客观上并无实益。需要避免的误区是创设过多的优先权。从历史发展上看,各国都经历了逐步削减优先债权的过程。以德国破产法为例,1877 年破产法中规定了数量繁多的优先权,以至于审查与确认优先权成为破产程序的主要工作,而由于担保物权的大量存在,无担保的债权通常都只能得到名义上的清偿(实际清偿比例很少超过 5%),债权确认与排序工作成为徒劳,造成司法资源的浪费。新型优先权的构建立法成本高,需经过反复调研和论证。是否特殊对待,应参酌债权人收回债权的能力、获取信息的能力以及承受损失的能力等因素综合决定。

第一顺位为继承费用与共益债务,两者涉及全体继承人与遗产债权人的共同利益,也是遗产债务管理、清偿各程序能够顺利进行的先决条件,因此在清偿顺序中应当优先支付、随时清偿。若遗产不足以同时清偿继承费用和共益债务,继承费用优先受偿。

第二顺位为保障基本生存权益的债务及负担,包括必留份、依靠被继承人扶养的遗产酌给份、人身损害赔偿以及劳动报酬、社会保险费与经济补偿金。优先受偿范围严格控制在满足特定权利主体生存需求的标准之内。遗产不足以清偿该顺位债务的,依比例受偿。

第三顺位为附担保债务,涉及遗产中的特定物,受偿基础不同于其他遗产债务。担保物之外有其他遗产足以清偿继承费用、共益债务以及保障生存利益的债务时,不能以担保物清偿。若其他遗产不足以清偿,上述债务在满足基本生存需要的限度内优先，并从类别、时间和总额度等方面严格限制劳动债务的优先受偿范围。

第四顺位为普通债务，包括以国家为债权人的税收债务、其他劳动债务、合同债务、财产侵权、无因管理和不当得利、遗赠扶养协议债务、对被继承人生前扶养较多的遗产酌给份等有偿性或回复性的债务与负担。为了减少债权确认和排序成本，以上类型的遗产债务之间不再区分清偿顺序。遗产不足以清偿该顺位债务的，依比例受偿。

第五顺位为惩罚性债务，包括侵权惩罚性赔偿、行政罚款与刑事罚金。民事惩罚性赔偿应当劣后于普通债务，但优先于行政罚款和刑事罚金得到清偿。

第六顺位为遗赠之债与遗嘱继承，劣后于普通债务。如果遗赠或遗嘱继承的客体为特定物，因清偿债务需要拍卖变卖部分遗产的，其他遗产足以清偿时便不能拍卖变卖该特定物。若还剩余不属于遗嘱继承范围的其他遗产，适用法定继承。

当债权人未于规定期限申报债权，仅得就剩余遗产行使权利。分割遗产后仍有未申报债权未清偿的，各继承人包括受遗赠人按照所分得遗产的比例在分得遗产范围内承担责任。依据本条规定，遗产已被分割而未清偿债务时，如有法定继承又有遗嘱继承和遗赠的，首先由法定继承人用其所得遗产清偿债务；不足清偿时，剩余的债务由遗嘱继承人和受遗赠人按比例用所得遗产偿还；如果只有遗嘱继承和遗赠的，由遗嘱继承人和受遗赠人按比例用所得遗产偿还。其中“按比例以所得遗产清偿”，指按所得遗产之实际价值的比例清偿。遗嘱继承人和受遗赠人对遗产债务承担的是按份责任，而非连带责任。

附录一

《最高人民法院关于适用〈中华人民共和国民法典〉婚姻家庭编的解释(一)》注释

一、一般规定

第一条 【虐待的认定】持续性、经常性的家庭暴力,可以认定为民法典第一千零四十二条、第一千零七十九条、第一千零九十一条所称的"虐待"。

【司法解释·注释】

《反家庭暴力法》将家庭暴力的行为主体规定为家庭成员之间,但并未限制在共同居住的特定情形,家庭成员以外共同生活的人之间实施的暴力行为,也参照该法规定执行。通常将家庭暴力概括为对家庭成员的"身体、精神、性"等三方面实施的暴力行为,构成家庭暴力并不要求有伤害后果的形成。《反家庭暴力法》没有将对"性"的暴力单独列出,但在对身体暴力、精神暴力后加一个"等"字,表明家庭暴力的表现形式不仅限于对身体和精神的侵害。对于经济暴力,比如,掌握家庭经济大权的一方,在任何情况下,都不让另一方支配夫妻共同财产,也应当属于家庭暴力的表现形式。

本条从行为的实施时间和后果程度的层次上,对家庭暴力和虐待予以明确区别。虐待的性质和危害程度要比一般的家庭暴力更严重,家庭暴力通常是偶发性和间断性的,只有持续性、经常性的家庭暴力,才构成虐待。对于虐待行为情节不恶劣、后果不严重的,应当采取批评教育的方式解决。尤其是父母对子女教育方法不当、简单粗暴,甚至打骂,但其主观上不是有意识地对子女进行摧残、折磨的,不能视为虐待罪而追究其刑事责任。但如果被虐待人要求处理的,可以依照《治安管理处罚法》第45条第1项的规定,给予治安处罚,即处5日以下拘留或者警告。

《反家庭暴力法》正式确立了人身安全保护令制度,并将该制度作为对家庭暴力受害者提供人身安全保障的重要措施。人民法院在对涉家庭暴力离婚案件审理中,一旦认定加害人的行为构成家庭暴力,在确认夫妻感情确已破裂且调解无效时,就会成为判决应当准予离婚的理由和依据,还涉及无过错方请求损害赔偿的问题。

受害人需要向法院提交存在现实家庭暴力的证明,包括但不限于:出警记录,家庭暴力现场及受害人身体受到伤害的照片、录像,告诫书,伤情鉴定书,就诊记录,相关组织的接待记录,家庭暴力施暴人的保证书,证人证言;聊天记录及通话录音等。然而,受害人收集证据难是客观现实。在申请人身安全保护令案件中,人民法院适当降低对证明力的要求,在请求判决离婚和损害赔偿的离婚案件中,证明标准就要把握得严一些。

第二条 【与他人同居的认定】民法典第一千零四十二条、第一千零七十九条、第一千零九十一条规定的"与他人同居"的情形,是指有配偶者与婚外异性,不以夫妻名义,持续、稳定地共同居住。

【司法解释·注释】

本条着重解决的就是如何对重婚行为以外的有配偶者与婚外异性,不以夫妻名义同居行为的认定问题,是对禁止重婚的补充。实践中存在与配偶以外的第三人同居时,既不登记结婚,也不以夫妻名义同居生活,而是以秘书、表妹、保姆等相称的情形。"有配偶者与他人同居"不是犯罪,其只承担民事法律责任,是法院判决离婚的法定情形,无过错方可以据此要求损害赔偿。

"与他人同居"中的"他人"是指婚外异性,对于配偶一方因对方与同性同居请求判决解除婚姻关系时,如果符合法定离婚条件,可以适用《民法典》第1079条"其他导致夫妻感情破裂的情形"而判决准予离婚。

"有配偶者与他人同居"的行为与通奸、嫖娼及其他偶发性的婚外性行为有区别,应将两性间的同居理解为持续、稳定的共同居住生活,而不是临时短暂性地共居一处。至于对同居关系的居住期限如何把握,应从双方共同生活的时间长短、双方关系的稳定程度等方面进行考虑。共同居所是一个证据,可以有力地证明双方的同居关系,但是不能要求一定要有共同居所。

第三条 【审理同居关系纠纷的规定】当事人提起诉讼仅请求解除同居关系的,人民法院不予受理;已经受理的,裁定驳回起诉。

当事人因同居期间财产分割或者子女抚养纠纷提起诉讼的,人民法院应当受理。

【司法解释·注释】

我国法律并没有禁止无婚姻关系者同居的规定,法律没有规定同居关系的合法性,但这并不能反向推出同居关系就是非法的结论。人民法院受理解除同居关系案件,多数是为解决基于这种同居关系所附带产生的财产分割及子女抚养纠纷,本意并不是对这种同居关系本身加以调整。同居关系并非法定身份关系,同居状态无法定公示要件,同居双方亦无法律上的权利义务关系,因此,不需要通过人民法院判决方式解除。而且,即便法院判决解除同居关系,当事人如果再次同居,判决书等于一纸空文,这样也有损司法的权威。因此,不应在判决主文中涉及解除同居关系的问题,也不需要单独就该项诉讼请求单独作出驳回起诉的裁定。只有在仅有一项解除同居关系的诉讼请求,而人民法院已经受理的情况下,才需要作出驳回起诉的裁定。

《民法典》关于有配偶者与他人同居的问题,主要涉及3个法条,分别是第1042条规定"禁止有配偶者与他人同居",第1079条规定与他人同居,调解无效的,应当准予离婚,第1091条规定与他人同居,导致离婚的,无过错方有权请求损害赔偿。如其他同居关系一样,该种情况下的同居双方并无法律上的权利义务关系,通过人民法院判决方式予以解除无实质意义。具体方式上可以通过对有配偶者判决离婚、照顾无过错方分割财产以及支持有配偶者婚姻关系中无过错方损害赔偿请求权的方式予以规制。

对未办理结婚登记而以夫妻名义共同生活的男女,根据同居时间不同予以区别对待:在1994年2月1日民政部《婚姻登记管理条例》公布实施以前,男女双方已经符合结婚实质要件的,即按事实婚姻处理;该条例实施以后的,则不再按事实婚姻处理,而是告知其按照法律规定补办结婚登记,未补办结婚登记的,认定为同居关系而非事实婚姻。

当事人对于同居关系导致的财产分割及子女抚养问题的争议,按一般普通民事案件审理。在女方怀孕时,法院仍然可以受理男方有关同居期间财产纠纷的起诉。《民法典》仅就婚姻被确认无效或者被撤销后,之前同居期间所得的财产处理进行了规定,即"同居期间所得的财产,由当事人协议处理;协议不成的,由人民法院根据照顾无过错方的原则判决"。《民法典》并未对其他情况同居期间的财产处理作出明确规定。对于同居期间所得的财产,在双方无特别约定的情况下,不能简单地适用法定共同所有制进行认定。关于同居期间所生子女的抚养问题发生争议的,可以根据未成年人利益最大化原则,比照离婚时子女抚养的规定进行处理。

有配偶者与他人同居,为解除同居关系,双方以借款或者其他形式确定补偿金,一方起诉要求支付该补偿金的,人民法院不予支持;一方履行后反悔,主张返还已经支付的补偿金的,人民法院亦不予支持。但如果有配偶者是以夫妻共同财产给付,合法配偶以侵害夫妻共同财产权为由起诉主张返还的除外。

【编者观点】

同居关系不是婚姻家庭关系,值得思考的是,法律应如何处理同居关系。事实上,同居者完全可以通过约定建构彼此之间的相互扶养关系以及共同财产制的财产关系。在外部关系方面,如果在作为债权人的第三人看来,同居者已经构成了同居共财的生活共同体,且所举之债是为了其共同生活或共同生产经营,债务承担上则不妨类推适用合伙规则。不同于有着相对明确、稳定的社会规范的婚姻关系,不同的同居关系之间差异性极大,贸然将同居关系纳入“家庭”概念范畴,不仅会对家庭伦理秩序造成冲击,更是难以调和不同类型同居者之间迥异的规范需求。因此,相较于通过立法对同居关系的内容进行设定,从合同层面认可不违反公序良俗的同居协议,或许是更为可行的选择。

在家庭作为国家治理单元这个语境下,同居关系是否有被界定为“家庭”的空间?从社会公平的角度出发,应当作肯定回答,或者说,至少在社会福利法层面,存在将同居关系与家庭等量齐观的空间,以实现某种治理目标,而不用担心将伦理秩序稀释、冲散的问题。家庭之所以可以成为再分配的制度工具,是因为家庭是一个生活、消费的共同体,且其成员之间遵循着利他主义的行动逻辑。对于同居生活的同性恋人,或者是因子女反对而没有结婚的老年伴侣,其感情联系、生活方式可能与夫妻没有区别,将这些人完全排除在以家庭为基础的福利制度之外,并不符合社会公正。当然,这些人仍然可以以个人名义或者是以“单人户”的方式申请最低生活保障等福利,但是不可否认的是,仍然有不少福利是专门或者优先分配给家庭的。例如,相比于个人,北京小客车的车牌指标更优先分配给家庭,这里的“家庭”则不再包括仅由申请者个人组成的“单人户”。

不过,通过法律拟制手段将同居关系涵摄于“家庭”概念范围内,终究只是权宜之计。尽管允许政府基于治理需要相对灵活地界定“家庭”概念,但这种“灵活”仍应当受到常识的限制,不应超出配偶、血亲和姻亲的范围。更妥当的方案是,在制定社会福利政策时,认真对待同居关系这种“准家庭”所具有的社会再分配功能,并设计与之相适配的社会福利制度。

【批复答复】

《最高人民法院民事审判庭关于贯彻执行最高人民法院〈关于人民法院审理未办结婚登记而以夫妻名义同居生活案件的若干意见〉有关问题的电话答复》(〔90〕法民字11号,1990年10月11日)

二、关于处理非法同居案件中,双方对非婚生子女抚养和非法同居期间财产处理已达成协议,是分别制作判决书、调解书还是用判决形式一并处理的问题，我们认为：解除非法同居案件中的子女抚养和财产分割属于牵连之诉，应予一并处理。当事人对子女抚养和财产分割达成协议的，人民法院只须将当事人之间达成的协议直接写进判决书即可，无须分别制作判决书、调解书。

【地方法院规范】

《上海市高级人民法院关于适用最高人民法院婚姻法司法解释（二）若干问题的解答（一）》（2004年，2020年12月修订）

六、基于同居关系，当事人仅诉请分割财产或确定子女抚养，或一并诉请分割财产和确定子女抚养的，如何确定案由？

答：司法解释（二）施行后，基于同居关系，当事人仅诉请分割财产或子女抚养的，人民法院应当受理，案由可根据具体诉请确定为"同居关系析产纠纷"或"同居关系子女抚养纠纷"。

如果当事人同时诉请要求分割财产和子女抚养，案由可确定为"同居关系纠纷"。

第四条 【当事人仅以《民法典》第1043条为依据提起诉讼的处理】当事人仅以民法典第一千零四十三条为依据提起诉讼的，人民法院不予受理；已经受理的，裁定驳回起诉。

【司法解释·注释】

夫妻之间互负忠实义务是配偶权的一项主要权利义务内容。互相忠实义务是指作为配偶权主体的夫妻不得为婚外之性交，在性生活上互守贞操，保持感情专一。同时，夫妻相互之间一方不得恶意遗弃他方，不得为第三人利益牺牲和损害配偶利益。如配偶一方违反该义务，或第三人侵害此项配偶权，受害一方配偶有权提起损害赔偿之诉。

当事人在不起诉离婚的情况下，单独以违反夫妻忠实义务起诉的，因无具体权利义务内容，人民法院不应予以受理。但是，夫妻违反忠实义务如重婚、婚外与他人同居等行为属于法定的离婚事由，对方可以起诉离婚，并且无过错方可以请求离婚损害赔偿。对于婚外情、婚外性行为等其他违反夫妻忠实义务的，如果该行为导致夫妻感情确已经破裂的，也可以根据《民法典》第1079条第3款第5项"其他导致夫妻感情破裂的情形"之规定判决离婚。同时，如果能够认定属于"重大过错"，应当判决其承担离婚损害赔偿责任。违反夫妻忠实义务的一方即使不符合"重大过错"标准，作为一般过错方，在分割夫妻共同财产时，也应对无过错方予以照顾。

第五条 【彩礼纠纷问题的处理】当事人请求返还按照习俗给付的彩礼的，如果查明属于以下情形，人民法院应当予以支持：

(一)双方未办理结婚登记手续；

(二)双方办理结婚登记手续但确未共同生活；

(三)婚前给付并导致给付人生活困难。

适用前款第二项、第三项的规定，应当以双方离婚为条件。

【司法解释·注释】

本条在决定彩礼是否返还时，是以当事人是否缔结婚姻关系为主要判断依据的。给付彩礼后未缔结婚姻关系的，原则上收受彩礼一方应当返还彩礼。给付彩礼后如果已经结婚的，原则上彩礼不予返还，只是在一些特殊情形下才支持当事人的返还请求。结婚前给付彩礼的，必须以离婚为前提，人民法院才能考虑支持给付人的返还请求。如果是判决不准离婚的，对彩礼问题也就不能支持当事人的请求。

必须是本地区确实存在这种结婚前给付彩礼的习俗的，所以适用本条规定时必须对象明确，不能过于宽泛。给付彩礼后，虽然办理了结婚登记，但双方并未真正在一起共同生活就离婚的，实践中大有人在。而且由于给付彩礼，全家已经债台高筑，生活陷于困境，根据案件具体情况，酌情确定返还数额能够更好地平衡各方利益。

【编者观点】

“彩礼”作为自传统社会一直延续至今的婚嫁习俗，伴随着社会发展与地区差异，其功能、内涵以及外延一直变动不居，能否成为规范的法律术语令人生疑。有鉴于此，原《婚姻法解释(二)》起草过程中，曾采用“结婚前给付对方财物”这一更为严谨的表述。但是考虑到这一表述过于冗长，且与“彩礼”这一生活用语脱节，让民众难以把握规范本意，容易混淆彩礼与普通赠与的区别，从而导致条文适用范围太大。故而最高人民法院最终以问题为导向，在规范中采纳了“彩礼”这一用语。

彩礼习俗虽未进入《婚姻法》和《民法典》，但是因彩礼引发的纠纷一直属于我国家事审判实践中的热点和难点。《婚姻法解释(二)》第 10 条正式从国家法层面对彩礼习俗进行介入和改造，规范内容被《民法典婚姻家庭编解释(一)》第 5 条完全承继。但是近年来，彩礼纠纷集中于已办理结婚登记但共同生活时间较短以及已共同生活但未办理结婚登记两类案件，均无法适用上述条文，导致实践中法律适用不统一，引发大量争议。2024 年初最高人民法院颁布《涉彩礼纠纷规定》，试图填补国家法的漏洞。

【地方法院规范】

《上海市高级人民法院关于适用最高人民法院婚姻法司法解释(二)若干问题的解答(二)》(2004年,2020年12月修订)

四、彩礼给付后,男女双方仅是形成同居关系,为此,给付彩礼的父母或亲属依司法解释(二)第十条第(一)项①的规定要求对方返还彩礼的,能否支持?

答:根据司法解释(二)第十条第(一)项的规定,男女双方未办理婚姻登记的,彩礼应当返还。实践中男女双方可能基于对法律规定的不了解而仅形成同居关系,但是在法院释明相应法律规定后,男女双方基于感情状况可能愿意补办登记,若人民法院简单地判决返还彩礼反而有失公平或易引发矛盾。因此,在审理上述情形的彩礼返还案件时,人民法院应根据个案实际情况,必要时可向同居的男女双方释明法律规定,在其不补办结婚登记的情况下,可判决返还。

【公报案例】

杨某坚诉周某妹、周某皮返还聘金纠纷案②(《最高人民法院公报》2002年第3期)

【基本案情】

厦门市集美区人民法院经审理查明:1998年8月,经两位媒人介绍,原告杨某坚与被告周某妹相识。后经二人的父母同意,双方决定结婚。9月24日,杨某坚给周某妹聘金23万元。周某妹和被告周某皮收款后写下1张收据,称:"兹因本人周某妹于1998年9月24日嫁与台湾杨某坚先生,收其结婚聘金人民币贰拾叁万元正。如有反悔,愿如数退还。空口无凭,特立此据。收款人:周某皮、周某妹。"当天中午,女方出钱办了订婚宴,同日举行"婚礼",晚上二人入住酒店。26日以后,周某妹随杨某坚到上海,在杨某坚的别墅里以夫妻名义共同居住,杨某坚的父亲杨某顺对周某妹也以公公和儿媳相称。其间,杨某坚将其所有的一部先锋90摩托车送至周某妹家,当时未言明是赠与还是存放。11月24日,周某妹因与杨某坚的家里人发生争执,返回厦门。后双方协商解除婚约,杨某坚多次要求周某妹返还聘金,未果,遂提起诉讼。

【裁判理由】

厦门市集美区人民法院认为:本案是一起因巨额聘金引发的涉台婚姻纠纷,争议焦点在于判明23万元聘金和摩托车是何种性质的财产,应否返还。要妥善解决这一纠纷,不仅要依照法律

---

① 对应《民法典婚姻家庭编解释(一)》第5条第1款第1项。——编者注

② 本案所涉相关法律规定已发生变化,应当按照《涉彩礼纠纷规定》处理。——编者注

规定,还要顾及双方当事人的实际情况。本案原告杨某坚长年居住在台湾省台北市,被告周某妹、周某皮则生活在福建省农村。双方当事人虽同为中国公民,但来自于不同的法域。这个原因,决定了双方当事人对婚约、婚姻的认识不同,由此产生本案纠纷。聘娶婚在我国的历史上曾经流行,聘金、聘礼是这种婚姻制度中成婚的必要条件。聘娶婚把女方当成商品进行买卖,一般由父母强迫、包办而成,剥夺了女方的婚姻自主权,是变相的买卖婚姻,应当取缔。现在,聘娶婚虽然法律不予承认,但仍然作为民俗在福建省的农村和台湾省流传。

《婚姻法》第7条规定:"要求结婚的男女双方必须亲自到婚姻登记机关进行结婚登记。符合本法规定的,予以登记,发给结婚证。取得结婚证,即确立夫妻关系。"由此可见,只有履行了结婚登记手续,才能结婚。本案双方当事人未办结婚登记,他们之间不存在婚姻。最高人民法院在《关于人民法院审理未办结婚登记而以夫妻名义同居生活案件的若干意见》(以下简称若干意见)第3条规定:"自民政部新的婚姻登记管理条例施行之日起,未办结婚登记即以夫妻名义同居生活,按非法同居关系对待。"原告杨某坚、被告周某妹未登记结婚就以夫妻名义共同生活,应当认定是同居关系。这种关系不受法律保护,依法应予解除。

《婚姻法》对男女双方自行订立婚约的行为虽然不予禁止,但不承认婚约具有法律约束力。我国台湾地区的"民法"认为婚约有法律效力,只是不能请求强迫履行。原告杨某坚来自台湾,经人介绍与被告周某妹相识。在双方当事人及其家长都同意后,双方订立了婚约,杨某坚为此自愿给付对方巨额聘金。杨某坚不是为强迫与女方成婚而给付聘金,周某妹一方也没有为收受聘金而强迫、包办婚姻。本案聘金不是买卖婚姻中的彩礼,不能以收缴的办法处理。

若干意见第10条规定:"解除非法同居关系时,同居生活期间双方共同所得的收入和购置的财产,按一般共有财产处理。同居生活前,一方自愿赠送给对方的财物,可比照赠与关系处理"。聘金是原告杨某坚自愿给付被告周某妹一方的,但双方当事人从认识到同居,前后不足1个月的时间,不存在深厚的感情基础,认定23万元聘金是杨某坚的无偿赠与,理由不能成立。双方给付与接受聘金是有前提条件的,那就是必须成就婚姻。这个意思在周某妹、周某皮写下的收据中,也表示得明白。据此可以判定,本案的巨额聘金,是附条件的赠与物。

附条件的赠与,只有在所附条件成就时生效。如果所附条件未成就,赠与不发生法律效力,赠与物应当返还。本案双方当事人没有登记结婚,他们之间不存在婚姻关系,赠与所附的条件没有成就,被告周某妹、周某皮应当将聘金返还给原告杨某坚。考虑到杨某坚给付的聘金，一部分已经用于双方一致同意举办的订立婚约和“结婚”活动，杨某坚还与周某妹同居生活过一段时间，聘金返还的数额应当根据上述情况，结合双方各自的生活水平权衡。周某妹、周某皮主张17.4万余元的聘金已经在举办“婚礼”、给媒人送红包和添置“新婚”物品等方面花费，却对此不能举证，不予认定。杨某坚在庭审中表示同意只返还聘金15万元，这是其处分自己的权益。这个处分不违反法律规定，应予准许。

从法律上看，双方当事人之间不存在婚姻关系。订立婚约不属于民事法律行为，所以解除婚约后是否赔偿，法律也没有规定。本案的婚约是双方当事人自愿订立的，也是双方当事人自愿协商解除的。订立婚约没有给被告周某妹带来任何名誉损失。周某妹、周某皮反诉原告杨某坚违约，请求判令杨某坚赔偿周某妹的青春和名誉损失，于法无据，应当驳回。被告周某妹、周某皮承认原告杨某坚的先锋90摩托车在其家中存放，但无法举证证明该摩托车是杨某坚自愿赠与的。现杨某坚请求返还，周某妹、周某皮应予返还。

【裁判结果】

综上，厦门市集美区人民法院判决：(1)被告周某妹、周某皮应于本判决生效之日起1个月内，给原告杨某坚返还聘金15万元和先锋90摩托车1辆。(2)驳回周某妹、周某皮的反诉请求。

【法院参考案例】

陈某某等诉周某某婚约财产案——婚后长期分居两地的生活状态未超越订立婚约时可预见范围的，不符合法定“登记结婚但确未共同生活”的彩礼返还条件

(《中国法院2023年度案例·婚姻家庭与继承纠纷》)

【基本案情】

林某、陈某系夫妻关系，陈某某系林某、陈某之子。陈某某与周某某于2015年2月24日订婚，2016年1月9日举办婚礼，2017年1月9日登记结婚。2015年2月22日，林某通过转账的方式向周某某汇款100万元作为彩礼，周某某将上述款项于同日办理了7天通知存款。2015年2月28日，周某某将7天通知存款到期后的本息共计1000058.33元又汇给了林某。2015年2月至2018年1月，林某或者陈某某每月向周某某支付10000~20000元不等的款项。周某某、陈某某于2015年6月去海南拍婚纱照。2015年11月，陈某某去北京看望周某某。2016年2月，陈某某、周某某同去日本旅游。2017年2月，陈某某、周某某同去马尔代夫旅游。2017年5月、6月，陈某某两次去北京探望周某某。2017年6月9日，周某某经门诊体检诊断为妊娠状态。2015年9月，周某某成为某音乐学院全日制研究生，进入该院音乐教育系学习，学制3年，2015年9月至2018年6

月,周某某主要在北京居住、生活、学习。周某某、陈某某因共同生活时间较短,聚少离多,感情失和。2018年4月,陈某某诉至法院,要求与周某某离婚,法院于2018年7月判决两人离婚。

2020年4月16日,周某某以委托理财合同纠纷为由将林某诉至法院,要求返还理财款本金100万元等。一审判决林某返还周某某理财款本金100万元等。林某不服该判决,上诉至杭州中院,杭州中院经审理认为:"就周某某将该100万元款项交给林某而产生的法律关系,周某某在前案中否认其与林某之间存在委托理财关系,林某在前案中辩称的'打理'亦非通常意义上的委托理财关系,而应属林某管理周某某、陈某某的家庭财务。从林某、陈某某自2015年2月起至2018年1月止向周某某的转账情况来看,可以认定该款项一直独立存在。且在未经所有权人明确认可的情况下,林某无权对该100万元进行处分。现周某某主张林某还款,鉴于周某某已与陈某某离婚,且陈某某在本案中未主张权利,故本院认定林某应向周某某返还50万元。"

林某等人因婚约财产纠纷提起本案诉讼,主张陈某某、周某某已经离婚,周某某收到给付的100万元彩礼后,双方未共同生活,因此要求返还100万元彩礼。周某某认可收到案涉100万元彩礼的事实,但认为双方自缔结婚约前至判决离婚期间一直存在共同生活关系,案涉彩礼不符合法定的返还条件。

【裁判要旨】

浙江省杭州市余杭区人民法院经审理认为:首先,周某某在与陈某某订婚后前往北京读书学习,双方因此聚少离多、共同生活时间较少,但双方于周某某在音乐学院读书期间登记结婚,且登记结婚发生在案涉彩礼给付后,由此可见双方在登记结婚时对婚后"聚少离多"的生活状态已有一定的预见,并表示接受。其次,虽陈某某、周某某婚后共同生活时间较少,但自结婚后的1年多时间,双方均曾努力维系婚姻家庭关系。第一,陈某某、周某某婚后有共同出国旅游;第二,被告收到案涉彩礼后不到1周内即将彩礼100万元交由原告林某打理,且在此期间,林某、陈某某按月向周某某转账;第三,虽陈某某、周某某婚后分居两地,但陈某某数次去北京探望周某某,周某某也有在法定假期回到杭州;第四,周某某于2017年6月9日经医院诊断为妊娠状态。由上可见,陈某某、周某某婚后存在共同生活状态,且这种生活状态也符合双方订立婚约以及结婚时的预期。原告的诉请,不符合法定的彩礼返还情形,法院不予支持。

浙江省杭州市余杭区人民法院依照《民事诉讼法》第67条之规定,作出如下判决:驳回原告林某、陈某、陈某某的全部诉讼请求。

林某、陈某、陈某某不服一审判决,提出上诉。浙江省杭州市中级人民法院经审理认为:陈某某、周某某于2015年

2 月 24 日订婚,此后两人曾共同去海南拍婚纱照,在周某某于北京求学期间,陈某某多次去北京看望周某某,并与其去日本、马尔代夫旅游,节假日期间共同往返于杭州、温州两地,双方在此期间,于 2017 年 1 月 9 日办理了结婚登记,直至 2018 年 7 月解除婚姻关系。根据上述情节,该院认定双方存在共同生活的事实。综上,原审判决并无不当。

二、结　　婚

第六条 【补办婚姻登记的婚姻效力起算时间】男女双方依据民法典第一千零四十九条规定补办结婚登记的,婚姻关系的效力从双方均符合民法典所规定的结婚的实质要件时起算。

【司法解释·注释】

在《民法典》编纂过程中,从一审稿开始一直到二审稿,“以伪造、变造、冒用证件等方式骗取结婚登记的”均属于婚姻无效的原因之一,但在最终审议稿中该条并未采纳。当事人以伪造、变造、冒用证件等方式骗取结婚登记的实为结婚登记过程中的瑕疵问题;而结婚登记是结婚登记机关的行政行为,如果登记过程中存在瑕疵,这不应属于民事纠纷,当事人应当通过依法申请行政复议或者提起行政诉讼的方式,撤销该错误的婚姻登记。

考虑到规定补办结婚登记制度只是出于我国实践中存在大量符合结婚的实质要件的男女双方欠缺办理结婚登记这一形式的现状,为了更好地从法律角度保护双方当事人以及儿童的合法权益而作出的一种补救性规定,并不代表立法对于事实婚姻的认可。本条规定采取了补办结婚登记具有溯及力的观点,对于男女双方当事人依法补办结婚登记的,在补办之前的婚姻效力亦为法律所认可。当然,只能溯及双方均符合结婚的实质要件时,而不是溯及到男女双方以夫妻名义同居生活时。

补办结婚登记必须在婚姻登记机关履行特定的程序,即补办登记的形式要件为夫妻双方在登记机关作出补办结婚登记的声明并办理登记。《婚姻登记工作规范》第 42 条规定:“申请补办结婚登记的,当事人填写《申请补办结婚登记声明书》,婚姻登记机关按照结婚登记程序办理。”审判人员在审理过程中要严格区分正常办理结婚登记和补办结婚登记的情形。

第七条 【未办理结婚登记而以夫妻名义共同生活的男女起诉请求离婚的处理】未依据民法典第一千零四十九条规定办理结婚登记而以夫妻名义共同生活的男女,提起诉讼要求离婚的,应当区别对待:

(一)1994年2月1日民政部《婚姻登记管理条例》公布实施以前,男女双方已经符合结婚实质要件的,按事实婚姻处理。

(二)1994年2月1日民政部《婚姻登记管理条例》公布实施以后,男女双方符合结婚实质要件的,人民法院应当告知其补办结婚登记。未补办结婚登记的,依据本解释第三条规定处理。

【司法解释·注释】

我国对于事实婚姻特指为符合结婚实质要件,仅欠缺形式要件的狭义事实婚姻。对于1994年2月1日民政部《婚姻登记管理条例》公布实施以前,男女双方已经符合结婚实质要件的,由于当时法律认可事实婚姻的效力,人民法院对其合法性予以认可,即便是未补办结婚登记的,仍是合法有效的婚姻关系,因此可以按照事实婚姻进行处理。

对于1994年2月1日民政部《婚姻登记管理条例》公布实施以后,男女双方符合结婚实质要件却未办理结婚登记的,由于《婚姻登记管理条例》中已经明确规定了此种情况下婚姻无效,则人民法院应当告知其补办结婚登记,补办登记完成后方可对离婚请求予以处理。如若在人民法院告知后男女双方仍未补办结婚登记,一律将按照同居关系处理,不再属于事实婚姻,其婚姻关系不受法律保护。

【地方法院规范】

《江苏省高级人民法院民事审判第一庭家事纠纷案件审理指南(婚姻家庭部分)》(2019年)

6. 事实婚姻经调解不能和好的,能否判决不准予离婚?

事实婚姻经调解不能和好的,应当依照最高人民法院《关于人民法院审理未办结婚登记而以夫妻名义同居生活案件的若干意见》第6条的规定,调解或者判决准予离婚。

第八条 【未办理结婚登记而以夫妻名义共同生活的男女之间的继承权问题】未依据民法典第一千零四十九条规定办理结婚登记而以夫妻名义共同生活的男女,一方死亡,另一方以配偶身份主张享有继承权的,依据本解释第七条的原则处理。

【司法解释·注释】

未按《民法典》第1049条规定办理结婚登记而以夫妻名义共同生活的男女,属于1994年2月1日《婚姻登记管理条例》公布实施以前,符合结婚实质要件的,按事实婚姻处理。对事实婚姻的态度与合法婚姻是同样的,在一方死亡后，另一方即可以配偶身份享有继承财产的权利。属于1994年2月1日《婚姻登记管理条例》公布实施以后才开始形成的共同生活关系，只能属于同居关系。如果双方符合结婚实质要件，自愿去登记机关补办结婚登记手续的，补办登记之后一方死亡的，另一方即可以配偶身份享有继承权。否则，如果在未补办结婚登记状态下一方死亡的，男女双方间的关系只能按同居关系处理，另一方以配偶身份主张享有继承权的，不予支持。

同居关系中一方死亡，另一方以配偶身份主张继承权不予支持，不意味着其完全不能分得被继承人的遗产。人民法院审理涉及遗产继承纠纷的案件中，遇到有些男女双方共同生活多年，虽然不属于事实婚姻，也未事先进行补办婚姻登记，没有法律意义上配偶的身份，但实际上相互之间尽到了较多的扶养和照料。特别是那些对被继承人单方尽了较多的经济上的投入和生活上的帮扶照顾，与被继承人之间的感情也稳定且良好的人。对属于上述这类情况的生存者一方而言，如果仅仅因不具备配偶身份关系就在继承问题上完全否定分得遗产的权利，于情于理都不甚合适。有鉴于此，《民法典》第1131条规定：“对继承人以外的依靠被继承人扶养的人，或者继承人以外的对被继承人扶养较多的人，可以分给适当的遗产。”

【公报案例】

谢某辉、郑某本诉陈某军等继承纠纷案①(《最高人民法院公报》1992年第3期)

【基本案情】

碑林区人民法院经公开审理查明：原告谢某辉、郑某本分别系被继承人郑某的父母。被告陈某军、陈某英、陈某玉、陈某忠分别系被继承人陈某杰的兄姐。郑某、陈某杰从1987年1月起，即以夫妻名义公开同居生活，并购置生活用具。上述事实，有证人证言、陈某杰生前信件等书证证明。1989年4月11日夜，郑某、陈某杰在家中被害死亡。郑某、陈某杰死亡后，遗有存款及现金12810元，债权1万元，彩电2台，冰箱、洗衣机、收录机、电视投影机、电风扇各1台，金项链1条及家具、生活日用品等。以上遗产，经西安市公安局核查后，由被告保管。还查明，郑某生前系西安市硅酸盐制品厂车间会计，1964年4月20日出生，与陈某杰同居生活时已年满23周岁，无配偶。陈某杰生前系个体工商户，1961年6月22日出生，与郑某同居生活时已年满26周岁，无配偶。郑某与陈某杰共同生活期间，未生育子女。陈某杰的父亲陈某民、母

① 事实婚姻关系的一方死亡后另一方可以配偶身份享有继承权，也适用第1127条。——编者注

亲吴某花已分别于1977年、1982年去世。

西安市中级人民法院在审理中,除第一审查明的事实外,又查明,据公安机关对郑某、陈某杰被杀害时间出具的法医鉴定结论证实,陈某杰的死亡时间先于郑某20分钟左右。还查明,郑某、陈某杰被害后,上诉人谢某辉、郑某本与被上诉人陈某军等4人共同出资并主持了丧事,被上诉人送的花圈上称被害人郑某为"弟媳"。陈某杰生前借被上诉人陈某玉人民币1000元未还。

【裁判理由】

西安市中级人民法院认为:郑某、陈某杰生前以夫妻名义公开生活,已形成事实婚姻,应视为夫妻关系,其财产应为夫妻共同财产。《继承法》第2条规定:"继承从被继承人死亡时开始。"第10条第2款规定,遗产继承,在"继承开始后,由第一顺序继承人继承,第二顺序继承人不继承。没有第一顺序继承人继承时,由第二顺序继承人继承"。陈某杰死亡在郑某之前约20分钟,依照《继承法》的规定,陈某杰死亡后,其遗产应由第一顺序继承人郑某继承。郑某死亡后,其遗产应由第一顺序继承人即本案上诉人谢某辉、郑某本继承。

陈某杰所遗债务,由谢某辉、郑某本用所得遗产清偿。陈某军、陈某英、陈某玉、陈某忠系陈某杰的第二顺序法定继承人,无权继承陈某杰的遗产。但是,陈某军等4被上诉人,对陈某杰生前有一定扶助,陈某杰、郑某死亡后,与上诉人共同办理了丧事,依照《继承法》第14条的规定,可以分给他们适当的遗产。原审判决认定事实不清,适用法律不当,依法应予改判。

【裁判结果】

据此,该院于1991年3月19日判决:(1)撤销第一审判决。(2)分给被上诉人陈某军、陈某英、陈某玉、陈某忠每人2000元。(3)上诉人谢某辉、郑某本继承其余全部遗产。(4)上诉人谢某辉、郑某本在本判决生效后1个月内1次给付陈某杰欠陈某玉债务1000元。

第九条　【有权请求确认婚姻无效的主体范围】有权依据民法典第一千零五十一条规定向人民法院就已办理结婚登记的婚姻请求确认婚姻无效的主体,包括婚姻当事人及利害关系人。其中,利害关系人包括:

(一)以重婚为由的,为当事人的近亲属及基层组织;

(二)以未到法定婚龄为由的,为未到法定婚龄者的近亲属;

(三)以有禁止结婚的亲属关系为由的,为当事人的近亲属。

【司法解释·注释】

对无效婚姻的效力如何确认,按照当然无效主义的观点,只要婚姻关系属于无效婚姻的，则无须经任何人专门主张，亦无须经有关部门履行特定程序予以确认，该类婚姻自从其缔结开始当然不发生法律效力。按照宣告无效主义的观点，效力问题必须由当事人主动提出，由相关部门按照法律规定的要件进行判断，如确属符合无效婚姻认定标准的，作出无效的认定结论，其效力向前溯及该无效行为产生之初。我国对无效婚姻采用宣告无效的制度，即在现实生活中，如果当事人之间、其他人或有关机关与当事人之间对婚姻效力发生争议时，可通过一定的诉讼程序请求人民法院确认所争议的婚姻无效。

无效婚姻与普通的离婚纠纷有所不同，由于无效婚姻问题已经超出了个体家庭关系范畴，对社会公共利益和广大民众的价值判断等方面均产生负面效应，故对其效力问题有权提出主张的主体，就不应仅仅限于夫妻关系中的丈夫或者妻子，受其影响的相关人员也应当有权表达自己的意志，应认可其亲属、检察院和其他社会组织也享有对涉及无效婚姻提出请求依法确认的诉讼权利。

"利害关系人"的内涵和范围，在婚姻无效的三种不同类型中表现也不尽一致。因重婚导致的婚姻无效在三种无效婚姻类型中，性质是最严重的。不仅违反我国一夫一妻制这一婚姻法基本原则，刑事方面还构成重婚罪而依法被追究刑事责任，对社会公共利益的危害程度极大。为体现国家和社会对婚姻家庭领域重婚行为的干预和制裁，利害关系人的范围为婚姻关系当事人的近亲属及基层组织，是三类无效婚姻中利害关系人范围最广的。基层组织可以包括当事人所在单位、住所地居民委员会、村民委员会、派出所、民政部门及妇联、工会等有关组织机构。

对以未到法定婚龄为由请求确认婚姻无效的，一方面，因为对未达婚龄者的年龄状况，只有其近亲属才能比较准确了解；另一方面，达到最低结婚年龄于早婚者而言自然会逐步符合条件，且早婚者的年龄多数情形下与法定最低结婚年龄相差不大，相对于其他两种无效婚姻情形而言，社会危害性较小。因此，利害关系人是未达法定婚龄者的近亲属。

有禁止结婚的亲属关系还缔结婚姻，从促进人类身心健康发展和维护正确伦理观念方面考虑，对此种无效婚姻应当适时介入和干预。考虑到当事人双方之间存在什么样的亲属关系，只有特定范围内的亲戚之间最为清楚，外人事实上很难准确知晓，故将利害关系人限定在当事人的近亲属范围内。

【编者观点】

本条关于有权请求确认婚姻无效的利害关系人范围有待商榷。现实生活中，未达法定婚龄者早婚，多数是由其父母或者近亲属欺骗、唆使或者迫使而为，这些主体显然并没有请求确认婚姻无效的意愿和可能性,从而使得早婚现象得不到有效制约和控制,禁婚亲场景下同理。依据《未成年人保护法》第6条规定,“保护未成年人,是国家机关、武装力量、政党、人民团体、企业事业单位、社会组织、城乡基层群众性自治组织、未成年人的监护人以及其他成年人的共同责任”。如果其他组织或个人无权请求宣告该婚姻无效,会导致婚姻无效的立法规范目的落空。因此,应适当扩大有权请求确认婚姻无效的利害关系人范围,规定当事人所在地的基层组织也可以成为请求权人。当然,在制度保障层面,若无配套的机构、规章和经费,当事人所在地的基层组织是否有意愿行使,则不单单是婚姻家庭法所能解决的问题。

【批复答复】

《最高人民法院行政审判庭关于婚姻关系当事人死亡后近亲属能否提起行政诉讼请示的答复》(〔2014〕行他字第17号,2014年12月26日)

婚姻关系当事人死亡后,其近亲属以婚姻关系当事人未到场办理婚姻登记、事后也不知晓婚姻登记为由提起诉讼,请求确认婚姻登记行为无效的,人民法院应当依法受理,并依据查明的事实依法作出裁判。请求确认婚姻登记行为无效的诉讼,起诉期限从近亲属知道婚姻登记行为之日起计算,但最长不得超过两年。

第十条 【导致婚姻无效的阻却事由已经消失时的处理】当事人依据民法典第一千零五十一条规定向人民法院请求确认婚姻无效,法定的无效婚姻情形在提起诉讼时已经消失的,人民法院不予支持。

【司法解释·注释】

提高人口素质和保护下一代的健康,虽然是禁止近亲结婚的重要原因,但并不是唯一原因,还基于人类长期以来对家庭伦理、道德观念的认知等多方面考虑。由于此种以血缘为纽带的亲属关系是固有的、一生下来就形成的特定关系,往后也不会消失。因此,通常情况下,由于存在禁止结婚的亲属关系而形成的无效婚姻,不存在阻却事由,任何时候都可以请求予以确认其为无效婚姻。考虑到重婚的严重社会危害性,该种情形也不存在阻却事由。

禁止近亲结婚的亲属关系也包括法律拟制的血亲关系。在法律拟制的亲属关系没有解除前,对其应当按照法定的禁止近亲结婚的规定处理。在收养关系依法解除后,当事人之间不具有法律禁止结婚的亲属关系,我国立法也不存在即使收养关系解除后仍不得结婚的规定。

构成早婚的,当事人年龄距最低结婚年龄要求也不会提前太多,对在发生争议时已经符合法律要件规定的婚姻关系,没有必要将其确认为无效婚姻。未到法定结婚年龄的婚姻,应当在男女当事人未到法定结婚年龄届至前提出或确认其婚姻无效,人民法院或者婚姻登记机关确认某婚姻关系时,在双方是否符合法定婚龄条件时,仅以其审理或者办理时的实际年龄为标准。当阻却事由已经消失,对婚姻关系效力的认定,应当从双方均符合法律规定的实质要件时计算。假设某女2010年1月1日19周岁时与他人通过欺瞒手段在登记机关领取了结婚证书。在其未满20周岁之前该婚姻关系属于无效婚姻,自2011年1月1日其年满20周岁之后,该婚姻关系应当被认定为合法有效。

第十一条 【人民法院受理请求确认婚姻无效案件后的处理】人民法院受理请求确认婚姻无效案件后,原告申请撤诉的,不予准许。

对婚姻效力的审理不适用调解,应当依法作出判决。

涉及财产分割和子女抚养的,可以调解。调解达成协议的,另行制作调解书;未达成调解协议的,应当一并作出判决。

【司法解释·注释】

考虑到2017年《民事诉讼法》第177条并未明确规定确认婚姻无效的案件应当适用特别程序规定进行审理,按照2017年《民事诉讼法》第157条、第162条和第178条的规定实行一审终审的案件,不能直接解读出包含确认婚姻关系无效的案件。因此,此类案件与其他民事案件一样,均以两审终审制为基本原则,故而本条删去了《婚姻法解释(一)》第9条"有关婚姻效力的判决一经作出,即发生法律效力"的规定。

第1款的基本含义是,对请求确认婚姻无效的案件,人民法院受理后,对原告的撤诉申请不能予以准许,也不得按撤诉处理,而只能由人民法院依职权依法作出判决。在具体程序上,准予或不准予撤诉,人民法院都应当作出裁定。本款规定的目的在于体现国家强制力对无效婚姻的干预和制裁。

对无效婚姻的处理,《婚姻法解释(一)》倾向于宣告婚姻无效的有权机关仅限于人民法院。2003年施行的《婚姻登记条例》第9条只对撤销婚姻作了规定,删除了《婚姻登记管理条例》中有关婚姻登记管理机关负有依法处理违法婚姻行为职责的规定。① 婚姻登记机关主要是对公民缔结婚姻的行为在登记环节的监督管理,第16条规定婚姻登记机关收到人民法院宣告婚姻无效或者撤销婚姻的判决书副本

---

① 依据《婚姻登记条例》(2024年修订)第9条,因胁迫或者不如实告知患有重大疾病结婚的,另一方当事人也只能向人民法院请求撤销婚姻。——编者注

后,应当将该判决书副本收入当事人的婚姻登记档案。可以看出《婚姻登记条例》并不主张婚姻登记机关行使宣告婚姻无效的职责。婚姻关系作为一种民事法律关系,其法律效力的确认不仅关系婚姻当事人双方间的人身和财产权利义务,还关系子女合法权益的保障。应认为人民法院作为司法机关,对法律关系效力的认定,享有最终裁判权,就婚姻无效的宣告确认,不应由婚姻登记机关作出,而只能由人民法院通过审理后,以民事判决形式最终予以确认。

对婚姻效力问题的审理,因其体现的是审判权对婚姻是否违法无效的价值评价,不能依当事人的意愿确定,因而不具备适用调解解决的前提基础。《民事诉讼法解释》第143条也明确规定:"适用特别程序、督促程序、公示催告程序的案件,婚姻等身份关系确认案件以及其他根据案件性质不能进行调解的案件,不得调解。"往往当事人还会同时提出有关子女抚养、财产分割等诉求,因该部分纠纷的处理,与其他普通民事纠纷并无本质区别,仅涉及当事人对自身权利的处分,通常不会损及社会公共利益和社会秩序,应充分尊重当事人的个人意愿,人民法院可以将处理该部分民事权益争议与确认婚姻无效部分分开处理。

【地方法院规范】

1.《上海市高级人民法院关于适用最高人民法院婚姻法司法解释(二)若干问题的解答(一)》(2004年,2020年12月修订)

七、无效婚姻诉讼中,哪些情况可准许申请人撤诉?民诉法关于按自动撤诉处理的规定,人民法院能否适用?

答:根据司法解释(二)第二条①的规定,在婚姻关系无效的情况下,当事人申请撤诉的,人民法院不予准许。但若在审理中发现根据最高人民法院婚姻法司法解释(一)[以下简称司法解释(一)]第八条②规定,原有导致婚姻无效的事由已消除,则婚姻关系转为有效,此时,人民法院可向当事人释明,当事人申请撤诉的,可予准许。

对于婚姻无效案件审理中,出现符合民诉法规定的按自动撤诉处理情形时,人民法院应当主动查明婚姻关系是否无效,若无效则不能按自动撤诉处理而应宣告婚姻关系无效,若有效则可以按自动撤诉处理。

2.《江苏省高级人民法院民事审判第一庭家事纠纷案件审理指南(婚姻家庭部分)》(2019年)

7. 无效婚姻能否按撤诉处理?婚姻被宣告无效或者被撤销之前又与他人结婚的,是否构成重婚?以重婚为由

① 对应《民法典婚姻家庭编解释(一)》第11条。——编者注

② 对应《民法典婚姻家庭编解释(一)》第10条。——编者注

申请宣告婚姻无效，如果申请时重婚情形已经消失的，应当如何处理？

为体现国家强制力对无效婚姻的干预和制裁，无效婚姻经查证属实的，即使原告经传票传唤无正当理由拒不到庭或者中途退庭，也不能按撤诉处理，应当依法作出宣告婚姻无效的判决。

依照《婚姻法解释一》第十三条①的规定，无效或者可撤销婚姻只有在依法被宣告无效或者被撤销时才自始不受法律保护。因此，婚姻被宣告无效或者被撤销之前又与他人结婚的，构成重婚。

以重婚为由申请宣告婚姻无效，申请时即使当事人已经办理了合法婚姻的离婚登记手续或者合法婚姻配偶一方已经死亡等导致重婚情形已经消失的，亦应予以支持。

第十二条 【人民法院对受理的离婚案件，经审查认为婚姻无效的处理】人民法院受理离婚案件后，经审理确属无效婚姻的，应当将婚姻无效的情形告知当事人，并依法作出确认婚姻无效的判决。

【司法解释·注释】

无效婚姻是否定性确认之诉，而离婚诉讼是混合之诉，既是确认之诉，又是变更之诉、给付之诉。实践中经常会出现当事人以离婚案由起诉，经审理却发现婚姻关系存在法定无效情形的情况。法官应当行使释明职责，将婚姻无效的情形告知当事人，可以同时告知当事人将起诉离婚的诉讼请求改变为请求确认婚姻无效的诉讼请求，并依法作出确认婚姻无效的判决；当事人坚持原离婚诉讼请求的，应依职权改变案由，直接判决驳回诉讼请求并确认婚姻关系无效；虽然原告系以离婚之诉起诉，但经审查存在婚姻无效法定情形而原告申请撤诉的，不准许撤诉；双方当事人请求就婚姻关系效力问题进行调解的，不予准许。总之，不应要求当事人撤回离婚起诉后再行立案请求确认婚姻无效，针对离婚的起诉无须再从程序上裁定驳回起诉。

【地方法院规范】

1.《北京市高级人民法院民一庭关于审理婚姻纠纷案件若干疑难问题的参考意见》(2016年)

一、【婚姻无效的审理】人民法院受理离婚诉讼案件后，经审查确属无效婚姻的，应释明当事人变更诉讼请求。经释明当事人不申请宣告婚姻无效的，人民法院可驳回离婚的诉讼请求，依据《婚姻法司法解释一》第九条②作出宣告婚姻无效的判决。

离婚案件中被告方主张婚姻无效

---

① 对应《民法典婚姻家庭编解释(一)》第20条。——编者注

② 对应《民法典婚姻家庭编解释(一)》第11条。——编者注

的,人民法院应在离婚案件中对婚姻无效主张一并审理。

2.《上海市高级人民法院关于适用最高人民法院婚姻法司法解释(二)若干问题的解答(一)》(2004年,2020年12月修订)

八、当事人诉请离婚,人民法院审理后发现婚姻关系无效,如何处理?

答:根据司法解释(二)第三条①之规定,人民法院应向当事人告知婚姻关系无效之事实,当事人变更离婚诉请为申请宣告婚姻无效的,人民法院可变更案由并分别制作婚姻无效判决书和财产分割、子女抚养的判决书或调解书,当事人的地位在婚姻无效判决中仍可表述为原、被告。

对于当事人仍坚持诉请离婚的,人民法院可依职权变更案由,并分别制作婚姻无效判决书和涉及财产分割、子女抚养的判决书或调解书,关于婚姻无效的判决书主文应表述为"一、驳回离婚诉请;二、婚姻关系无效",当事人地位可仍为原、被告。

第十三条 【就同一婚姻关系受理了离婚和请求确认婚姻无效两个案件后的审理顺序】人民法院就同一婚姻关系分别受理了离婚和请求确认婚姻无效案件的,对于离婚案件的审理,应当待请求确认婚姻无效案件作出判决后进行。

【司法解释·注释】

无论是由同一个人民法院分别受理了这样两个案件,还是由不同的两个人民法院分别受理了这样两个案件,均应中止对离婚案件的审理,首先由受理了申请确认婚姻无效案件的人民法院就该婚姻关系是否有效作出判决。如果该婚姻关系经由人民法院判决确认为有效,则受理离婚案件的人民法院应当继续审理离婚案件。如果该婚姻关系被确认为无效,受理离婚案件的人民法院则应当驳回当事人关于解除婚姻关系的案件即离婚案件的诉讼请求。

人民法院一旦就婚姻效力问题作出判决,应当将判决书副本抄送受理了同一婚姻关系的离婚案件的人民法院,或者通知本院负责审理该离婚案件的合议庭或者独任审判员。收到判决书副本的人民法院或者本院的合议庭、独任审判员应当根据判决确定的婚姻效力,及时作出是否驳回当事人离婚诉讼的裁定。

婚姻关系被宣告无效后,人民法院驳回离婚案件原告的起诉,当事人要求人民法院对其婚姻无效后的财产分割和子女抚养争议进行审理的,人民法院应当继续审理。司法实践中一般存在两种情况:一是请求人民法院确认婚姻

---

① 对应《民法典婚姻家庭编解释(一)》第12条。——编者注

无效的申请由婚姻关系当事人一方提出，当事人可能会同时提出请求人民法院处理同居期间共同财产的分割和子女抚养纠纷，人民法院应当针对当事人的诉讼请求作出裁决，在宣布婚姻无效的同时，由同一个法院对当事人之间的财产分割、子女抚养争议作出裁决，既可以节约司法资源，有效地避免确认婚姻无效后，因当事人转移财产等行为给案件的审理及执行造成的麻烦，又可以为当事人减少讼累；二是请求人民法院确认婚姻关系无效的申请是由利害关系人提出，而婚姻关系当事人之一在其他法院提起离婚诉讼。受理无效婚姻宣告申请的人民法院在宣告当事人婚姻无效的同时，不能在缺少当事人诉讼请求的情况下，主动为婚姻关系当事人裁决有关财产分割和子女抚养问题。因为后者是平等主体之间的民事权益之争，当事人依法享有实体上和程序上的处分权。

【地方法院规范】

《上海市高级人民法院关于适用最高人民法院婚姻法司法解释(二)若干问题的解答(一)》(2004 年，2020 年 12 月修订)

九、同一法院或不同法院，就同一事实，既受理了无效婚姻案件又受理了离婚案件，判决婚姻关系无效后，另一已受理的离婚案件如何处理？

答：离婚案件以夫妻双方形成合法婚姻关系为前提，在该婚姻关系已为生效判决认定无效的情形下，对另一离婚诉由的案件，人民法院可依职权直接变更其案由为无效婚姻。

同时，由于该所谓离婚案件实际需要处理的是婚姻关系无效后的财产分割和子女抚养纠纷。若婚姻无效案件当事人的申请中已包括处理财产分割和子女抚养的，人民法院可直接对离婚案件作出驳回离婚诉请的判决，当事人之间的财产分割和子女抚养纠纷则在婚姻无效案件中处理；若婚姻无效案件当事人的申请中不包括处理财产分割和子女抚养的，则人民法院对离婚案件，除判决驳回离婚诉请外，还应就婚姻关系无效后的财产分割和子女抚养进行处理。

第十四条 【请求确认婚姻无效的无效婚姻当事人及利害关系人在该婚姻关系一方或者双方死亡情形下的诉讼权利】夫妻一方或者双方死亡后，生存一方或者利害关系人依据民法典第一千零五十一条的规定请求确认婚姻无效的，人民法院应当受理。

【司法解释·注释】

无效婚姻的自始无效并不以婚姻当事人一方或双方的自然死亡或宣告死亡而当然无效。在婚姻当事人一方或双方自然死亡或宣告死亡的情形下，当事人或利害关系人提起确认婚姻无效的请求,经人民法院审查作出确认婚姻无效判决的结果,才能认为该婚姻不具有合法性的效力。在发生被宣告死亡人并未实际死亡、重新出现的情况下,也不存在自行恢复的问题。

无效婚姻自始没有法律约束力,当事人不具有夫妻的权利和义务,但在法律上可能存在有关非婚生子女的抚养纠纷。在婚姻被宣告无效后,有关父母子女的权利义务应依照关于父母子女的法律规定处理,以保护子女合法权益为原则。

在婚姻当事人的夫妻双方都死亡时,子女可能为了继承财产权益而请求确认婚姻无效,分割财产要涉及婚姻的效力。《婚姻法解释(二)》第 5 条规定,夫妻一方或者双方死亡后 1 年内,生存一方或者利害关系人申请宣告婚姻无效的,人民法院应当受理。2020 年清理制定司法解释过程中向全国人大常委会法工委征求意见时,全国人大常委会法工委提出,1 年期间法律依据不足,故予以删除。婚姻无效是当事人缔结婚姻违反法律强制性规定而导致的后果,是公权力对私法自治的评价,应不受诉讼时效的限制。

第十五条 【利害关系人请求确认婚姻无效案件中的当事人地位】利害关系人依据民法典第一千零五十一条的规定,请求人民法院确认婚姻无效的,利害关系人为原告,婚姻关系当事人双方为被告。

夫妻一方死亡的,生存一方为被告。

【司法解释·注释】

在利害关系人请求确认婚姻关系无效的案件中,根据《民事诉讼法》第 122 条规定,适用普通程序审理的案件,应当采用原告、被告的称呼,因此,将该利害关系人列为原告,应无异议。一旦婚姻关系被确认无效,婚姻关系当事人中生存的一方同时丧失其作为死者第一顺序继承人的身份,与死者亲属之间的姻亲关系也将归于消灭。也即确认婚姻无效所针对的婚姻关系当事人,与人民法院拟作出的关于婚姻关系效力的判决,具有法律上的利害关系,其婚姻关系的合法性直接受该判决拘束,因此,应当将其列为案件的被告。人民法院根据利害关系人的申请就婚姻关系合法性所作出的判决,对夫妻中生存的一方与死者之间曾经拥有的配偶身份关系具有直接的拘束力。

夫妻双方均已死亡的,婚姻关系当事人不再具有诉讼主体资格,不能被列为被告。实践中,是否能将此类案件作为没有被告的特殊案件处理,需要进一步斟酌;可否根据案件具体情况将与确认婚姻无效有实际利害关系的人如继承人列为被告,也需要进一步调研论证。

无效婚姻在该婚姻当事人一方或者双方死亡后，给予利害关系人以司法救济途径，是符合实际情况的，对于仍然生存着的一方婚姻关系当事人及其双方的近亲属确实存在着独立的身份利益，而不仅仅是财产利益。例如，某男子在有配偶的情况下，又与他人登记结婚，异地生活。很显然，这是一种重婚行为，但其原来的配偶并不知道这一事实。后来，该男子与其重婚的配偶一同因交通事故死亡，而其周围的许多人又知道死者是经过结婚登记的"合法夫妻"。如果不允许该男子原来的配偶和子女请求确认其第二个登记婚无效，则他们丧失的除了因不能以第一顺序继承人继承遗产的财产利益以外，可能还有在公众眼中的合法的夫妻名分和婚生子女地位。不允许其通过法定程序请求确认其已经死亡的配偶或者近亲属的第二个登记婚因重婚而无效，不仅会导致财产继承关系的混乱，而且对其合法婚姻关系的配偶和子女是不公平的。

第十六条 【处理由重婚导致的无效婚姻案件涉及财产问题时对合法配偶财产权利的保护】人民法院审理重婚导致的无效婚姻案件时，涉及财产处理的，应当准许合法婚姻当事人作为有独立请求权的第三人参加诉讼。

【司法解释·注释】

审理离婚等婚姻家庭纠纷案件时，通常不允许第三人参加诉讼。主要考虑离婚是两个人之间的事，他人无权干涉并参与到诉讼中。但在审理重婚案件时涉及财产处理的，可能会造成对合法配偶权益的侵犯。如果不允许其参加诉讼，其救济的办法只有另案起诉主张自己的权利，但实际上财产经处理后，事后再控制很难，结果极有可能是权利落空。故如果人民法院审理因重婚导致的无效婚姻案件涉及财产问题，合法婚姻当事人申请参加诉讼的，人民法院应当允许其作为有独立请求权的第三人参加诉讼，有利于查明当事人之间财产的真实情况，以便法院公平合理地处理纠纷。

合法婚姻配偶一方作为有独立请求权的第三人，对无效婚姻双方欲确认权属、变更权属、分割财产、补偿或赔偿给付等财产标的具有独立的请求权，即认为该财产属于夫妻双方共同共有的财产，甚至是合法婚姻配偶一方单独所有的财产等，不能直接在无效婚姻双方当事人之间进行确权、分割，或者用来向一方为给付等。

有些情况下，虽然案件本身并不涉及无效婚姻的效力确认问题，但合法婚姻配偶一方仍有权作为有独立请求权的第三人提出诉讼请求，申请参加诉讼。比如，甘某系有妇之夫，以情人卢某的名义购买一套商品房并办理了房屋产权手续。后甘某与卢某发生矛盾不欢而散,甘某要求卢某退回房屋不成,遂起诉到法院,要求卢某退回房屋或购房款。甘某之妻知晓后,以购房款是夫妻共同财产为由,要求参加诉讼,并提出独立的诉讼请求。

第十七条 【结婚登记程序存在瑕疵应如何处理】当事人以民法典第一千零五十一条规定的三种无效婚姻以外的情形请求确认婚姻无效的,人民法院应当判决驳回当事人的诉讼请求。

当事人以结婚登记程序存在瑕疵为由提起民事诉讼,主张撤销结婚登记的,告知其可以依法申请行政复议或者提起行政诉讼。

【司法解释·注释】

对于婚前即患有医学上认为不应当结婚的疾病,婚后也一直未能治愈,但在一方死亡前夫妻一直生活在一起的婚姻,按照"有利溯及"的原则,虽然《婚姻法》认定该种情形下为无效婚姻,但是《民法典》已经不再认为是无效的情况下,应当按照有利于尊重婚姻自主权的原则,不确认该种婚姻属于无效婚姻为宜。

婚姻登记是一种行政确认行为,而不是行政许可行为,根本原因就在于婚姻自由是公民享有的一项基本权利。在婚姻登记中,行政机关的职责只不过是对当事人行使婚姻自由权的合法性及其结果进行审查确认。结婚登记程序固然也是为保护婚姻当事人的利益而设定的,但法律更重视结婚登记的实质,甚至为达到实质目的而迁就结婚登记程序。对于有瑕疵的行政行为,除非"严重且明显",并不当然无效或可撤销。瑕疵可以补正的尽量补正,如果无法补正或者补正徒劳无益,只要程序瑕疵没有明显影响实质决定,程序瑕疵可以忽略不计。作为一种既存的社会关系,"婚姻"已形成事实,并以此为基础向社会辐射出各种关系,简单地否认这种身份关系的存在,必然会对家庭及社会产生一系列的负面影响。撤销结婚登记行为的法律后果与婚姻被确认无效或被撤销的法律后果相同,撤销婚姻登记的后果等同于没有登记,双方当事人之间不存在受到法律保护的夫妻关系。

《婚姻登记条例》第9条规定,婚姻登记机关对因胁迫结婚的,有撤销该婚姻、宣告结婚证作废的权力。① 该条还限定了"不涉及子女抚养、财产及债务问题"的条件。言下之意,因受胁迫结婚的当事人之间涉及子女抚养、财产分

---

① 依据《婚姻登记条例》(2024年修订)第9条,因胁迫或者不如实告知患有重大疾病结婚的,另一方当事人也只能向人民法院请求撤销婚姻。——编者注

割及债务清偿问题的,应当到法院请求撤销婚姻。民事审判超越职权范围直接审查行政机关作出的婚姻登记行为的合法性,在法律关系上存在难以理顺的问题。在司法实践中,对于因结婚登记程序瑕疵引起的婚姻效力纠纷,主要解决途径是当事人先找婚姻登记机关,请求其撤销结婚登记,对于婚姻登记机关不予撤销或者对其处理不服的,再提起行政诉讼。

一方当事人在离婚诉讼中以结婚登记程序存在瑕疵为由,对民政部门颁发的结婚证效力提出异议,认为彼此之间不存在夫妻关系的,首先要解决的就是结婚登记的效力问题。从民事审判角度来讲,应当裁定驳回当事人的起诉,同时进行释明,告知其可以找民政部门解决,或者直接提起行政诉讼。

一方或双方没有亲自到场办理结婚登记手续,而是由他人代理甚至冒名顶替进行结婚登记的,若当事人明知他人代理其进行结婚登记,且对此不持异议,但有公开举行的婚礼、并共同以配偶身份生活、凭结婚证办理准生证或申报子女户口等行为,表明双方缔结婚姻是其真实的意思表示,其结婚登记中的瑕疵不足以影响婚姻效力。若一方当事人不同意结婚,他人冒名顶替与另一方当事人进行结婚登记的,不仅严重违反结婚程序,也违背了当事人的结婚意志。如果被冒名的当事人请求撤销结婚证的,人民法院应予支持。

实际生活中,因一方未达到法定婚龄而借用他人身份证件登记结婚的情形并不少见。如果结婚证上载明的主体对结婚证效力提出异议的,可以请求民政部门撤销结婚登记或直接提起行政诉讼。如果实际共同生活的当事人请求离婚的,法院应当对当事人进行释明,告知因其结婚登记存在瑕疵,请求离婚的双方与结婚证上载明的主体不符,无法判断双方是否存在婚姻关系。若当事人坚持自己的诉讼请求,则应当裁定驳回起诉;若经过法院释明后,当事人变更诉讼请求,主张解决同居期间的财产分割、子女抚养等问题时,法院可以依法继续进行审理。我国对婚姻关系的确立采取登记主义模式,记载于结婚证上的申请人才是行政机关认可缔结婚姻并承认婚姻关系的当事人。基于行政行为的相对性,该结婚证的效力不应及于实际共同生活的当事人,当事人之间不存在法律所承认的婚姻关系。

如果一方当事人向婚姻登记机关提供虚假身份证等证明材料,骗取了结婚证,其目的是骗取钱财,婚姻登记机关是在受欺骗的情况下作出的婚姻登记发证行为,该行政行为形式上虽然已经存在,但因具有重大、明显的瑕疵,应当确认该行政行为无效。鉴于婚姻登记机关一般不受理此类问题,根据《行政诉讼法解释》第 94 条第 1 款的规定,受骗一方的救济途径是提起行政诉讼,请求确认结婚登记行为无效。

【编者观点】

有观点认为，婚姻效力纠纷事实上的处理渠道，不仅有婚姻登记机关与法院共同主管的外双轨，在法院内部也存在行政诉讼与民事诉讼的内双轨。这种主管上的双轨制与审判上的双轨制存在诸多弊端，行政诉讼时效也难以满足解决婚姻效力纠纷的需要。根据《行政复议法》第20条的规定，公民、法人或者其他组织认为具体行政行为侵犯其合法权益的，可以自知道该具体行政行为之日起60日内提出行政复议申请。根据《行政诉讼法》第46条的规定，向法院提起行政诉讼的，自知道或应当知道作出行政行为之日起6个月内提出。而婚姻效力纠纷经常因超出60日行政复议期限或者6个月的行政诉讼期限，而难以进入行政复议程序或行政诉讼程序。从立法论出发，应当直接排除婚姻效力纠纷中适用行政诉讼时效的规定，或者从当事人申请婚姻登记机关撤销婚姻登记时开始起算时效。

【法院参考案例】

李某某诉黄某某离婚案——他人冒用身份信息骗取结婚登记后下落不明，被骗婚姻当事人若提起民事诉讼的应如何处理(《中国法院2023年度案例·婚姻家庭与继承纠纷》)

【基本案情】

2008年9月17日，李某某经朋友介绍认识自称家住广西田东县祥周镇中平村的黄某某。当日，黄某某答应与李某某返回其户籍地广西藤县办理结婚登记手续。次日，李某某、黄某某到广西藤县民政局办理了结婚登记手续，领取了结婚证。后双方共同生活了7天左右，黄某某声称要去广东打工，于2008年9月26日独自外出打工至今未归。之后，李某某多方找寻黄某某无果。为了解除与黄某某的夫妻关系，李某某向法院提起离婚诉讼。在案件审理过程中，黄某某坚称自己自幼与同村的黄某相识，后结为夫妻，生育一子一女，并于1992年3月6日补办了结婚登记手续。自己并不认识李某某，也从未离开过广西田东县，不可能与李某某登记结婚。为了进一步查明案件事实，法院分别于2021年8月20日、23日到广西田东县公安局祥周镇派出所、广西田东县祥周镇中平村了解黄某某所述情况是否全部属实。广西田东县公安局祥周镇派出所出具户籍登记证明，证实黄某某与黄某系夫妻，并生育一子一女。广西田东县祥周镇中平村村民委员会出具证明，证实黄某某与黄某是合法夫妻，并且结婚至今从未外出离开过广西田东县。法院又通过全国民政局婚姻登记系统查询到黄某某2004年至2009年先后与丈夫黄某、李某某等15个人办理过结婚登记，其身份信息可能被借用或冒用。2021年10月15日，在对李某某、黄某某进行询问的过程中，双方确认彼此并不认识，也未办理过结婚登记。

【案件焦点】

冒用他人身份信息骗取结婚登记后下落不明的，被骗婚姻当事人若提起民事诉讼应如何处理。

【裁判要旨】

广西壮族自治区百色市田东县人民法院经审理认为：根据《民事诉讼法》第124条规定："人民法院对下列起诉，分别情形，予以处理：(一)依照行政诉讼法的规定，属于行政诉讼受案范围的，告知原告提起行政诉讼……"《民法典婚姻家庭编解释(一)》第17条规定："当事人以民法典第一千零五十一条规定的三种无效婚姻以外的情形请求确认婚姻无效的，人民法院应当判决驳回当事人的诉讼请求。当事人以结婚登记程序存在瑕疵为由提起民事诉讼，主张撤销结婚登记的，告知其可以依法申请行政复议或者提起行政诉讼。"本案中，黄某某户籍地和居住地均为广西田东县祥周镇中平村，广西田东县祥周镇中平村村民委员会出具证明，证实黄某某与本村黄某于1989年结婚后，从未外出离开过广西田东县。经查，黄某某与广西田东县祥周镇中平村村民黄某于1992年3月6日登记结婚。在全国民政局婚姻登记系统显示以黄某某名义与他人登记结婚的有十几次之多，且均处于婚姻关系存续期间。诉讼过程中，法院召集双方当事人进行质证，李某某、黄某某确认没有见过对方，也不认识对方，双方没有共同到民政部门办理过结婚登记手续。故本案存在他人借用或冒用黄某某的居民身份证与李某某进行婚姻登记的事实，李某某、黄某某的婚姻登记行政行为存在瑕疵，依法应当由当事人向婚姻登记部门申请撤销或直接提起行政诉讼。

综上，百色市田东县人民法院依照《民事诉讼法》第119条、第124条，《民法典婚姻家庭编解释(一)》第17条，《民事诉讼法解释》第208之规定，裁定如下：驳回李某某的起诉。

第十八条 【因受胁迫而请求撤销婚姻】行为人以给另一方当事人或者其近亲属的生命、身体、健康、名誉、财产等方面造成损害为要挟，迫使另一方当事人违背真实意愿结婚的，可以认定为民法典第一千零五十二条所称的"胁迫"。

因受胁迫而请求撤销婚姻的，只能是受胁迫一方的婚姻关系当事人本人。

【司法解释·注释】

胁迫行为的实施主体既可以是婚姻关系的一方当事人，也可以是属于其一方的第三人，如其近亲属、朋友等；受胁迫者可以是婚姻关系的当事人，也可以是其近亲属。因受胁迫而请求撤销婚姻的,只能由受胁迫一方的婚姻当事人本人提出,其近亲属及其他组织和个人均无权提出。该规定是为充分体现法律规定的婚姻自由原则,尊重当事人对婚姻关系的自由意愿,如果受胁迫方愿意继续共同生活,人民法院不能主动撤销当事人的婚姻关系。

《民事诉讼法解释》第109条规定:"当事人对欺诈、胁迫、恶意串通事实的证明,以及对口头遗嘱或者赠与事实的证明,人民法院确信该待证事实存在的可能性能够排除合理怀疑的,应当认定该事实存在。"明确将对欺诈、胁迫、恶意串通等特殊事实的证明标准,提高到了排除合理怀疑的程度。表述为"足以"等内容的实体法规定,体现了对此类待证事实提高证明标准的立法倾向,在审判实践中,应当适用高于高度可能性标准的证明标准。

【编者观点】

胁迫针对的是受胁迫一方以及其近亲属的人身和财产性法益,但是不包括胁迫方自身的法益,因此胁迫方以自杀等损害自身法益的方式要挟结婚,不构成胁迫。

第十九条 【"一年"期间的性质】民法典第一千零五十二条规定的"一年",不适用诉讼时效中止、中断或者延长的规定。

受胁迫或者被非法限制人身自由的当事人请求撤销婚姻的,不适用民法典第一百五十二条第二款的规定。

【司法解释·注释】

《民法典》总则编第152条第2款增加规定了当事人自民事法律行为发生之日起5年内没有行使撤销权的,撤销权消灭。从体系解释的角度,需要回答该款是否适用于婚姻家庭编中婚姻撤销权这一问题。由于胁迫或非法限制人身自由的情形可能一直处于持续状态,如果自被胁迫或者非法限制人身自由之日起5年内没有行使撤销权的,撤销权即消灭,将对当事人的基本人身权益产生重大影响。本条在《婚姻法解释(一)》第12条的基础上专门增加了一款,明确受胁迫或者被非法限制人身自由的当事人请求撤销婚姻的,不适用《民法典》第152条第2款的规定,以体现婚姻家庭编保护当事人婚姻自主权的基本价值取向。

一方隐瞒重大疾病的婚姻,另一方撤销权消灭的1年除斥期间可以参照适用本条的规定。

第二十条 【婚姻自始没有法律约束力的理解】民法典第一千零五十四条所规定的"自始没有法

律约束力",是指无效婚姻或者可撤销婚姻在依法被确认无效或者被撤销时,才确定该婚姻自始不受法律保护。

【司法解释·注释】

无效或者被撤销的婚姻,婚姻关系自始不发生法律效力。即从当事人结婚之时,婚姻就没有法律效力,而不是从婚姻登记机关或人民法院确认之时起婚姻才没有法律效力。本条对"自始无效"的法律规定之理解与适用作出明确规定,采宣告无效主义观点,认为只有经依法宣告无效或者依法撤销后,才能确认该婚姻关系自始无效。

在审判实践中,存在法院遇到婚姻登记人员明知不符合登记条件而予以登记并发给结婚证的情形时,在案件审理中直接宣布该婚姻登记无效,按未办理结婚登记处理的情形,这种做法并不妥当。因为婚姻登记是婚姻登记管理机关的行政行为,属行政管理权行使范畴,在当事人未提起行政诉讼的情况下,有关结婚证是否有效的问题只能由发证机关或其上级行政管理机关作出解释。法院应在查明事实的基础上,建议婚姻登记机关或其上级行政管理机关撤销婚姻登记,宣布婚姻无效并收回结婚证,然后再按未办理结婚登记处理,而不宜由法院代替婚姻登记机关直接宣告此婚姻登记无效,审判权与行政管理权不能相混淆。

【编者观点】

我国立法对婚姻无效采取宣告无效主义,因此尽管无效婚姻存在法定无效原因,只有经过有权机关宣告或确认程序后,方才发生无效的后果,并溯及至婚姻一开始。若未经宣告或确认程序的,仍视为有效婚姻,该方案是考虑到违法婚姻作为一种既存的社会关系,会向社会辐射扩散并以此为基础形成各种社会关系。若采取当然无效,则不利于当事人合法权益的保护,也不利于对合法婚姻和违法婚姻的区分,并可能危害婚姻秩序。对违法婚姻的善意方和恶意方予以区别对待,也有利于保护违法婚姻中善意一方的利益。

若婚姻被宣告无效或被撤销之前,在同居期间,一方已死亡的,另一方不能以配偶的身份继承对方的遗产。另一方,若符合"继承人以外的对被继承人扶养较多的",可以分给适当的遗产。

第二十一条 【人民法院在审结确认婚姻无效或者撤销婚姻案件后应做的工作】人民法院根据当事人的请求,依法确认婚姻无效或者撤销婚姻的,应当收缴双方的结婚证书并将生效的判决书寄送当地婚姻登记管理机关。

【司法解释·注释】

与离婚案件审理同样的道理,既然婚姻已被宣告无效或被撤销,那么证明婚姻关系的结婚证书就理所应当被收缴。明确要求人民法院将生效的判决书寄送当地婚姻管理机关,是人民法院和行政管理机关沟通之需要,以便当地的婚姻登记管理机关及时了解当事人的最新婚姻状况及判决结果,更好地进行婚姻管理,同时更好地保护当事人及第三人的利益。根据《婚姻登记条例》第16条的规定:"婚姻登记机关收到人民法院宣告婚姻无效或者撤销婚姻的判决书副本后,应当将该判决书副本收入当事人的婚姻登记档案。"该行政法规的规定,应当视作与本条直接衔接的法律规定。

2018年3月1日,最高人民法院和民政部签署了《关于开展部门间信息共享的合作备忘录》,根据备忘录约定,将人民法院判决、裁定或调解的涉及暴力干涉婚姻自由罪、重婚罪、婚姻自主权纠纷、离婚纠纷、婚姻无效纠纷、撤销婚姻纠纷、宣告失踪、宣告死亡、认定公民无民事行为能力、限制行为能力等案由的已结案件信息及时交换至民政部。

【行政法规】

《婚姻登记条例》(国务院令第797号,2024年12月6日修订,2025年1月20日施行)

第十六条 婚姻登记机关收到人民法院宣告婚姻无效或者撤销婚姻的判决书副本后,应当将该判决书副本收入当事人的婚姻登记档案。

第二十二条 【处理无效或被撤销婚姻当事人同居期间所得的财产】被确认无效或者被撤销的婚姻,当事人同居期间所得的财产,除有证据证明为当事人一方所有的以外,按共同共有处理。

【司法解释·注释】

本条只适用于婚姻被确认无效或者被撤销后同居期间的财产分割问题,而不适用一般同居关系终止时的财产纠纷。当事人无法达成协议时,应当按照照顾无过错方的原则判决。这里的无过错方是相对于导致婚姻无效或被撤销的过错方而言的,比如重婚当事人中并不知情的一方或被胁迫结婚的一方等。由于法律没有明确在什么基础上照顾无过错方,司法解释确定除了有证据证明为一方所有的以外,按照共同共有处理,即一般在共同共有的基础上照顾无过错方。如果有证据证明为一方所有的,即首先认定为个人财产,不发生共同财产的分割问题,但仍要体现出照顾无过错方的原则。

【编者观点】

本条确立了被确认无效或者被撤销的婚姻情形下共同共有推定规则。而其他类型的非婚同居关系不存在此种推定。对于该推定，一种意见认为，处理无效或被撤销婚姻的财产问题，原则上双方同居期间各自收入应认定为个人财产，共同所得的收入和购置的财产按照按份共有处理，同居期间为共同生产生活形成的债权债务，债权按照按份共有处理，债务双方负连带责任。理由在于夫妻法定共同财产制以有效婚姻为前提条件，被宣告为无效或被撤销的婚姻当事人没有合法配偶的身份关系，同居期间并非婚姻关系存续期间，所得财产不能当然按照夫妻共同财产的规则处理，否则就无所谓有效婚姻和无效婚姻了。另一种意见则认为，无效和可撤销婚姻虽然不符合法定的结婚要件，但是对于当事人同居期间所得财产，不宜完全按照各自财产归各自所有，共同购置的财产按实际出资情况按份共有的原则处理，否则不利于保护妇女儿童和老年人的合法权益。

学界另有观点认为，对于不同类型的无效婚姻，是否形成共同共有性质的“夫妻财产”，需要分情形讨论。对于禁婚亲或未达法定婚龄导致婚姻无效的，双方同居期间形成共同财产符合当事人意愿，仅仅是因为强制性规范而不能承认其人身关系的合法性。因此对于同居期间的财产关系，宜比照有效婚姻的离婚财产分割规则处理，即按共同共有处理。对于因重婚导致婚姻无效的，财产关系的处理牵涉重婚者、重婚配偶以及重婚者原配偶三方的利益平衡，原则是无过错方的利益不应受到损害，禁止重婚者因此获利，甚至应由其承担损害赔偿等不利后果。在这一原则下，重婚期间形成的同居财产不能简单以共同共有方式处理。对于因胁迫或者隐瞒重大疾病导致婚姻被撤销，被欺诈或被胁迫一方缔结婚姻的意思表示并非自由或真实，也会影响到对于同居期间双方财产关系的真实意思，不宜直接按照共同共有原则处理。

【地方法院规范】

《江苏省高级人民法院民事审判第一庭家事纠纷案件审理指南(婚姻家庭部分)》(2019年)

9. 同居期间形成的财产应当如何分割?

同居关系不同于合法婚姻关系，对于同居期间一方的工资、奖金、生产经营收益以及因继承、赠与等途径所得的合法收入，原则上归本人所有。双方在同居期间有共同购置的财产或者共同经营所得的收入，如果查明属于按份共有，按照各自的出资额比例分享权利；如果查明属于共同共有，则对共有财产共同享有权利；如果无法查明是按份共有还是共同共有，视为按份共有，不能确定出资额比例的,视为等额享有。

对于被宣告无效或者被撤销的婚姻,当事人同居期间所得的财产,按共同共有处理,但有证据证明为当事人一方所有或者按份共有的除外。

【法院参考案例】

董某诉李某等同居关系析产案——无效婚姻中的财产如何分割(《中国法院2023年度案例·婚姻家庭与继承纠纷》)

【基本案情】

韩某与李某于1988年9月27日登记结婚,婚后于1990年8月23日生育一女韩甲。韩某与赵某于1994年9月29日登记结婚,于1995年4月12日生育一女韩乙。2001年7月30日,北京市海淀区人民法院出具(2001)海民初字第5323号民事调解书,确认赵某与韩某离婚。韩某与董某于2002年7月3日登记结婚,于2002年2月14日生育一子韩某2。韩某于2017年7月24日去世。2018年,北京市海淀区人民法院出具(2018)京0108民初6358号民事判决书,判决韩某与董某于2002年7月3日登记的婚姻无效。

2020年董某向法院起诉:(1)确认302号房屋为董某与韩某共同共有;(2)确认宝马X1轿车1辆归董某所有。

经审理查明,2001年11月20日,韩某与房地产公司签订《商品房买卖合同》,购买涉案房屋,房款共570509元。2016年12月26日,韩某取得涉案房屋所有权证书。就涉案车辆情况,2015年4月27日,董某向汽车销售服务公司支付购车定金50000元。2015年5月21日,韩某与北京汽车销售服务公司签订《汽车销售协议》,购买涉案车辆。车价款合计214000元,其中首付款10700元,保险费约9000元、上牌费2000元、其他费用8800元。其中贷款107000元,贷款期限12个月。2015年8月21日,董某向汽车销售服务公司转账50000元。2015年8月24日,董某再次向汽车销售服务公司支付购车款共计26082元。

就302号房屋,(1)董某提交发票两张,证明涉案房屋首付款120509元系其支付,李某、韩甲、韩乙表示发票中载明的付款人为韩某,故对董某所述不予认可;(2)董某提交票据若干,证明就涉案房屋支付了公维、税费等各项杂费并进行装修、购买家具家电,李某、韩甲、韩乙表示上述票据显示的付款人是韩某,且上述情况与房屋权属无关;(3)董某提交借款合同、北京农商银行转账记录、北京华地澳商贸有限公司代转账说明,证明其曾于2015年3月8日、2015年3月23日共向韩某账户转账50000元,用于偿还涉案房屋贷款。李某、韩甲、韩乙对此不予认可;(4)董某提供中国工商银行历史明细清单若干,证明涉案车辆贷款系其按月偿还至清偿完毕,李某、韩甲、韩乙对证据的真实性认可,但对证明目的不认可。

【案件焦点】

案涉302号房屋是否属于韩某与董某共同共有,应如何分割。

【裁判要旨】

北京市海淀区人民法院经审理认为:在审理同居关系析产纠纷时,如果双方在同居期间有共同购置的财产或有共同经营所得的收入,应当按照双方的出资份额、所作贡献等公平合理地予以分割。具体到本案,董某虽主张涉案房屋系其与韩某于同居期间共同出资购置的房产,但未提交任何有效证据证明其出资情况,而其提交的装修票据及杂费票据也仅能证明针对涉案房屋的实际居住使用情况,该居住并非改变涉案房屋权属的行为,故对董某称涉案房屋属于其与韩某共同共有不予支持。就涉案车辆,董某提交了完整的证据链证明该车辆为董某个人出资购置,则该车辆应归董某所有。据此,原审法院判决如下:(1)韩某名下宝马轿车1辆归董某所有;(2)驳回董某其他诉讼请求。

宣判后,董某提起上诉。

北京市第一中级人民法院经审理后认为,根据本案查明的事实,因双方婚姻关系被宣告无效,双方在同居期间未对财产进行约定,故依法确认双方在同居期间取得的涉案房屋为双方共同共有。本院考虑涉案房屋购买时间、购房出资、房屋居住使用情况、房屋维护情况、董某在同居期间不具有主观过错的情况,酌定董某在涉案房屋中享有50%的份额。一审法院以董某未能提交其出资购买房屋的证据为由,驳回董某的诉讼请求属于适用法律不当,本院依法予以改判。综上所述,一审法院认定事实有误,适用法律不当,本院予以纠正,上诉人董某的上诉请求和理由,有事实和法律依据,本院予以支持。依照《民事诉讼法》第170条第1款第2项之规定,判决如下:(1)维持北京市海淀区人民法院(2020)京0108民初53882号民事判决第1项;(2)撤销北京市海淀区人民法院(2020)京0108民初53882号民事判决第2项;(3)韩某名下302号房屋中董某占有50%房屋份额。

三、夫妻关系

第二十三条 【夫妻双方因生育权问题发生纠纷的处理】 夫以妻擅自中止妊娠侵犯其生育权为由请求损害赔偿的,人民法院不予支持;夫妻双方因是否生育发生纠纷,致使感情确已破裂,一方请求离婚的,人民法院经调解无效,应依照民法典第一千零七十九条第三款第五项的规定处理。

【司法解释·注释】

夫妻双方均享有生育权,但女方有优先于男方的生育决定权,妻子为妊娠、分娩承担了更多生理风险及心理压力,为抚育子女成长通常也会付出较丈夫更大的牺牲,包括但不限于入职、升迁、事业发展等方面的代价。《妇女权益保障法》赋予已婚妇女不生育的自由,是为了强调妇女在生育问题上享有的独立权利,不受丈夫意志的左右。夫妻任何一方都可以不经对方同意而行使不生育权,且在法律无明确的禁止时,也可以在作出同意生育的意思表示后撤回该意思。不生育的自由是通过避孕、堕胎、绝育来实现的。国民普遍存在着子女是爱情产物的心理,一方的不生育除偶为观念支配下的决定外,多由夫妻感情淡漠甚至破裂而引起,没有了感情的生育只会增加夫妻双方乃至即将出生的子女的痛苦及不便。

妻子未经丈夫同意擅自中止妊娠,虽可能对夫妻感情造成伤害,甚至危及婚姻关系的稳定,但丈夫并不能以本人享有的生育权来对抗妻子享有的生育决定权,故妻子单方中止妊娠不构成对丈夫生育权的侵犯,丈夫不得以生育权受侵害为由提起损害赔偿之诉。双方所作的涉及生育权行使限制的约定,应当认定为无效。医疗机构实施中止妊娠的手术,只要取得女方的同意,就不构成侵权,无须承担赔偿责任。但是如果不允许丈夫以此为理由提出离婚,实质上就是强迫丈夫娶一个不愿生育的配偶,其后果即严重侵害了公民的生育权。因此,夫妻因是否生育问题产生纠纷、导致感情确已破裂的,应作为离婚的法定理由之一。在调解无效时,人民法院可以按照《民法典》第 1079 条第 3 款第 5 项“其他导致夫妻感情破裂的情形”的规定判决准予双方离婚。也就是说,离婚应该是解决夫妻之间生育冲突的合理途径和明智选择,通过解除婚姻关系,使欲生育的一方有可能再婚而实际享有生育权。

无配偶者也享有生育权。单身、未婚同居生子现象越来越多,婚姻的存在是生育权得以实现的方式,但并不是唯一的方式。生育权作为一切自然人应当享有的人格权,是通过婚姻来实现,还是通过非婚性行为或现代科学技术来实现,完全是一个人的自主选择权,法律都应当保障。

实践中还存在男方因经济困难、出现第三者、婚姻即将解体甚至不喜欢孩子等原因不愿生育而女方坚持生育的情形。男方不得基于其不愿生育而强迫女方堕胎,因为既然男方在和女方发生性关系时没有采取任何避孕措施,这一行为本身表明其已以默示的方式行使了自身的生育权。因此,女方执意生育仍不能免除男方作为父亲的任何义务。

【法院参考案例】

1. 李某诉启东市陈黄秀珍医院及第三人王某霞生育权纠纷案[《人民法院案例选》2009 年第 2 辑(总第 68 辑)]

【裁判要点】

夫妻双方都享有生育权,如果对生

育权的行使形成冲突,应遵循夫妻生育权协商行使的原则,但更要从不同主体利益的重要性方面去判断何种自由更值得尊重和保护。

【基本案情】

2006 年 3 月 12 日,王某霞在首胎怀孕 7 个月的情况下,未告诉丈夫李某,而在兄嫂陪同下到启东市陈黄秀珍医院(以下简称医院)要求进行终止妊娠手术,并书面声明:"因夫妻关系破裂准备离婚……引产所致纠纷与医院无关。"王某霞于当日下午入住医院,经术前检查未发现胎儿异常。下午 3 时 30 分,医院对王某霞施行了终止妊娠手术。术后王某霞与李某分居。李某得知妻子王某霞终止妊娠后,将医院列为被告、妻子为第三人,向江苏省启东市人民法院提起诉讼。

【裁判理由】

启东市人民法院经审理认为,生息繁衍是人类依据人的自然属性当然享有的权利。《妇女权益保障法》第 51 条规定:"妇女有按照国家有关规定生育子女的权利,也有不生育的自由。"2002 年 9 月 1 日施行的《人口与计划生育法》第 17 条规定:"公民有生育的权利。"依据一般社会观念及对法律用语的通常理解,公民理所当然地同时包含男性和女性。因此,原告李某作为男性公民,其生育权的享有应受法律的保护。生育权系人格权的一种,具有对世属性,原告可以要求任何人不得侵犯其生育权。故原告提起本案诉讼,符合法律规定,原告是本案的适格当事人。至于原告的诉请能否得到法律的支持,这涉及本案生育权的行使问题,与原告的主体资格无涉。

《人口与计划生育法》中"公民有生育的权利"的规定,重在宣示生育权是公民的基本权利,不受非法的干预。但是,公民行使该项权利,仍需遵守法律设定的方式和界限。其中,夫妻双方的合意尤应被理解为生育权积极行使的必要条件之一。由于男女生理之不同,女方在怀孕、妊娠、分娩、哺育子女的过程中,较男方更多地承受了生理上的风险和心理上的压力,女方甚至会因生育而影响到自身的生存与发展,法律理应优先尊重女方生育与否的意向。因此,《妇女权益保障法》对妇女不生育自由权利的规定是对妇女应有的保护,而非对男性生育权的忽视。

通常情况下,夫妻双方能够就是否生育达成一致意见,之所以出现争执,往往由夫妻冲突或感情不和所致。在此情况下,要求协助对方生育,不仅会给其中的一方乃至双方带来精神上的痛苦和生活上的不便,也未必利于即将出生的子女,这种结果,对社会也同样是不利的。本案中,第三人王某霞与原告李某在本案讼争事实发生前即已产生感情上的裂痕,双方已面临婚姻解体的危机。虽然原告李某否认夫妻间的感情问题,将夫妻分居的责任归咎于被告,但从第三人王某霞的术前书面申请以及其让兄嫂而非丈夫陪同接受人流手术的情况分析,第三人王某霞与原告李某之间显然已经积累了较多矛盾。正是这种矛盾的客观存在,使得第三人王某霞有了离婚的想法并作出了不生育的决定。如果强令第三人王某霞选择正常分娩,其在离婚后,将痛苦面对一系列难题。因此,第三人王某霞在该种情形下决定终止妊娠的行为,不违背法律的规定,也符合常理。由于第三人王某霞终止妊娠具有正当、合理的权利基础,被告为第三人王某霞施行终止妊娠术,既是对其意愿的尊重,更是被告为保障女性公民不生育权利的尊重,故被告的手术未侵犯原告的合法权益,不应受到法律上的责难。

综上,原告李某所享有的生育权不能对抗第三人王某霞不生育的权利。被告的手术行为是为第三人王某霞正当行使权利而提供的业务上的协助,不构成对原告生育权的侵害,无须承担民事责任。2006 年 5 月 19 日,启东市人民法院根据《妇女权益保障法》第 51 条、《人口与计划生育法》第 17 条之规定及《民法通则》第 106 条第 2 款规定之精神,作出判决:驳回原告李某的诉讼请求。

一审宣判后,双方当事人均未上诉,一审判决已发生法律效力。

2. 张某某诉范某某人格权纠纷案——夫妻意愿冲突时生育权的行使规则[《人民法院案例选》2023 年第 2 辑(总第 180 辑)]

【裁判要旨】

男女双方对于生育事宜应当平等协商。确无法协商一致的,按照“分阶段优先”规则处理。怀孕前,男女任何一方不生育意愿受优先尊重保护。怀孕后,女性一方的生育或不生育意愿受优先尊重保护,男方对女方所生子女承担抚养监护义务。

【基本案情】

法院经审理查明:张某某(男)与范某某(女)在外务工时相识相恋并于 2008 年 2 月 20 日自愿登记结婚。张某某系初婚,范某某系再婚,范某某与前夫育有一女跟随张某某与范某某共同生活,婚后二人一直未生育共同的子女。婚后张某某要求范某某通过手术恢复生育能力,但遭到范某某拒绝。张某某庭审中称,当时考虑到二人夫妻感情尚好,并且范某某承诺会与其白头偕老,张某某便接受了范某某拒绝生育一事,并表示愿意将范某某与前夫之女视为己出进行抚养,现该女儿已成年。后来,范某某因夫妻二人发生矛盾,于 2019 年 10 月诉请离婚,后自愿撤回了起诉。2021 年 4 月,范某某再次诉请离婚被法院判决驳回。现张某某认为,范某某多次起诉离婚,背弃了当年白头偕老的承诺,拒绝生育导致自己年岁已高,至今未育有自己的子女,给其造成了严重的精神伤害,故于 2021 年 7 月诉至重庆市潼南区人民法院,要求范某某支付精神抚慰金 15 万元。

【裁判结果】

重庆市潼南区人民法院于2021年8月9日作出(2021)渝0152民初5072号民事判决:驳回原告张某某的诉讼请求。一审宣判后,双方当事人均未上诉,判决已发生法律效力。

【裁判理由】

法院生效裁判认为:生育不是婚姻的必然结果,女性也并非生育工具,公民享有生育的权利,同时也享有不生育的自由。根据《妇女权益保障法》第51条第1款的规定,妇女有按照国家有关规定生育子女的权利,也有不生育的自由。《民法典婚姻家庭编解释(一)》第23条规定,夫以妻擅自中止妊娠侵犯其生育权为由请求损害赔偿的,人民法院不予支持;夫妻双方因是否生育发生纠纷,致使感情确已破裂,一方请求离婚的,人民法院经调解无效,应依照《民法典》第1079条第3款第5项的规定处理。由此可见,夫妻双方因是否生育发生纠纷导致夫妻感情破裂的,一方可以请求按照诉讼离婚的程序处理,故判决驳回了张某某的诉讼请求。

第二十四条 【对“知识产权的收益”的具体规定】民法典第一千零六十二条第一款第三项规定的“知识产权的收益”,是指婚姻关系存续期间,实际取得或者已经明确可以取得的财产性收益。

【司法解释·注释】

婚姻关系存续期间一方取得的知识产权权利本身归一方专有,作者的配偶无权在作者本人的著作中署名,也无权决定作品是否发表。智力成果只有转化为具体的有形财产后才属于夫妻共同财产。如果作者的手稿、字画、设计稿等在离婚时还未能出版或未被采用,那它就仅仅属于夫妻一方的精神财富,且具有人身性,由于不具有物质财富的内容,故不能请求分割。但由知识产权取得的经济利益,则属于夫妻共同财产。因为这些知识产权的获得是在婚姻关系存续期间,离不开配偶一方的支持和帮助。如因转让专利获得的转让费,因发表作品取得的稿酬等,应当属于夫妻共同所有。

知识产权属于无形资产,知识产权价值的定价复杂性和不确定性,决定了即使是商业用途开发研究的知识产权,在价格确定前,其经济收益仍然是不能确定的,因此难以在离婚时作为夫妻共同财产实现分割。所以,要对知识产权的财产性收益进行分割,前提是能够确定其价值,同时,需要根据夫妻之间关系建立的时间确定是否属于夫妻共同财产。

知识产权因类型不同,收益也不相同。以专利为例,专利权人的收益可以从以下几方面考虑:一是通过实施专利来实现收益;二是通过许可、转让、评估融资等交换实现收益;三是以专利池(群)圈占市场,阻止竞争对手在已形成的或未来的市场内发展等方式占领市场收益。此外,根据专利权的生命周期、专利权人维持专利权的成本,权利人还可以综合运用上述收益策略,以达到收益最大化。

知识产权本身的取得和其财产性权益的取得有时并不同步。应当纳入夫妻财产范畴予以分割的知识产权收益,包括已得收益和期待得到的收益,这种期待得到的收益是将来可以明确取得的收益。比如,一方在婚姻关系存续期间已经和出版社签订了合同,关于稿酬的约定也是明确具体的,如果离婚时还没有实际拿到这笔稿酬,该稿酬也应属于夫妻共同财产。认定知识产权是否属于夫妻共同财产,应以该知识产权的财产性收益的取得是否在婚姻关系存续期间为判断标准,而不应以该知识产权权利本身的取得的时间为判断依据。例如一方在离婚时尚未出售的20幅画,作者有决定将其作品永久收藏、馈赠他人和依法出售等的权利。在其经济利益未实现前,尚不具备法律规定的"所得的财产"的条件。

实践中,以知识产权财产性收益已经明确的时间是否在婚姻关系存续期间内,作为判断该部分收益归属的标准。知识产权财产性收益明确的时间在婚前的,即使收益实际取得在婚后,该收益仍为个人婚前财产。知识产权财产性收益明确的时间在婚姻关系存续期间的,则无论收益的实际取得是在婚姻关系存续期间还是在离婚之后,该收益均为夫妻共同所有。知识产权财产性收益明确的时间在离婚后的,该收益为个人财产。

关于尚未实际取得但明确可以取得的知识产权收益的分割方法,可以考虑按照合同明确约定的知识产权人取得相应财产收益的时点、方式等予以处理,即明确权利人在实际取得该部分财产收益后,即负有向另一方支付相应分割财产收益的义务,逾期不支付的,另一方可以以生效裁判作为依据诉诸强制执行。

虽然离婚时一方尚未确定地取得相应知识产权财产收益,但是如果该知识产权项目的完成是在婚姻关系存续期间内,则另一方相应对知识产权的获得付出了相应配合、支持。《最高人民法院关于人民法院审理离婚案件处理财产分割问题的若干具体意见》第15条曾规定:"离婚时一方尚未取得经济利益的知识产权,归一方所有。在分割夫妻共同财产时,可根据具体情况,对另一方予以适当的照顾。"虽然该解释已经被废止,但该条规定可以作为此种情况下处理案件的参考。

【编者观点】

知识产权的收益主要包括著作权人的作品在出版、上演、播映后取得的报酬,或允许他人使用而获得的报酬;

专利权人、商标权人转让其专利权、商标权或许可他人使用所获得的报酬。实践中发生争议的缘由主要在于知识产权的取得与收益的取得存在时间差。知识产权的取得应以“创造活动的完成”作为判定的优先性因素，专利权和商标权的取得需要履行相应的申请程序，存在一定的时间差，但权利能否取得的核心还是在于专利技术方案、商标本身。编者认为知识产权收益的归属，应当以知识产权的取得时间而非收益的取得时间为准，若知识产权为一方婚前取得，但婚后方才取得收益的，婚后收益应当归属于个人所有；若知识产权为一方在婚姻存续期间取得，则婚姻关系终止后取得的收益，同样归夫妻共同所有。

【地方法院规范】

《上海市高级人民法院关于适用最高人民法院婚姻法司法解释(二)若干问题的解答(一)》(2004年,2020年12月修订)

三、如何判断婚姻关系存续期间所实际取得的知识产权财产性收益的归属?

答:司法解释(二)第十二条①规定婚姻关系存续期间实际取得或已经明确可以取得的知识产权的财产性收益为夫妻共同所有。据此,对于在婚姻关系存续期间内已经明确,但实际取得却在离婚之后的这部分知识产权财产性收益也应为夫妻共同所有。与此标准相统一,我们认为,实践中可以知识产权财产性收益已经明确的时间是否在婚姻关系存续期间内,作为判断该部分收益归属的标准。具体如下:

1. 知识产权财产性收益明确的时间在婚前的,即使收益实际取得在婚后,该收益仍为个人婚前财产;

2. 知识产权财产性收益明确的时间在婚姻关系存续期间的,则无论收益的实际取得是在婚姻关系存续期间,还是在离婚之后,该收益均为夫妻共同所有;

3. 知识产权财产性收益明确的时间在离婚后的,该收益为个人财产。

第二十五条 【关于夫妻共同所有的财产的规定】婚姻关系存续期间,下列财产属于民法典第一千零六十二条规定的“其他应当归共同所有的财产”:

(一)一方以个人财产投资取得的收益;

(二)男女双方实际取得或者应当取得的住房补贴、住房公积金;

(三)男女双方实际取得或者应当取得的基本养老金、破产安置补偿费。

---

① 对应《民法典婚姻家庭编解释(一)》第24条。——编者注

【司法解释·注释】

所谓“婚姻关系存续期间”指的是夫妻双方登记结婚之日起至婚姻关系终止之日止的期间。包括结婚之后夫妻双方共同生活期间、领取结婚证后双方尚未共同生活期间、夫妻双方婚后分居期间,以及一方向人民法院提起离婚诉讼,人民法院准予离婚的调解或者判决尚未生效期间。但需要注意以下几种情况不包括在内:一是双方虽然共同生活,但因双方不具备结婚实质要件,未领取结婚证的期间;二是双方登记离婚或诉讼离婚生效后,两人又在一起同居生活的期间。“所得”是针对财产权利的取得,而不要求对财产实际占有。同样道理,婚前财产在婚后取得,也应属于一方的个人财产。比如,一方的父亲在婚前死亡,婚姻关系存续期间才分割遗产,由于继承权从被继承人死亡时开始享有,故这笔遗产应认定为一方的个人财产。《民法典》第 1049 条既然规定了允许双方补办登记,那么登记的效力就应追溯到双方具备实质结婚要件的同居期间,对同居期间的财产应按夫妻共同财产处理。

一方婚前财产的婚后自然孳息,比如,对于一方婚前的财产存入银行所产生的自然孳息,一方婚前所有的房屋出租而未通过共同劳动所取得的房屋租金等,认定为一方个人的财产比较适宜。一方用婚前个人积蓄在婚后购买的有形财产的归属问题,由于这只是原有财产价值存在形态发生了变化,其价值取得始于婚前,故应当认定为一方的个人财产。

用婚前个人财产在婚后进行生产、经营活动所增值部分,应属于夫妻共同财产。有的家庭男方用自己的婚前财产进行各类投资,女方在家照顾家庭、操持家务、照顾孩子,如果离婚时男方进行投资所赚的钱与女方无关,这显然不利于维护家庭和谐,不利于保护弱势群体的利益。但如果一方用婚前个人财产在婚后进行生产、经营、投资,由于经营不善产生损失,离婚时不能要求以夫妻共同财产进行抵偿。因为离婚时只能对现存的财产进行分割,已经消耗、灭失的财产不在分割之列。一方婚前用自己的财产投资做公司的股东,婚后取得的股东分红属于投资经营性的收益,认定为夫妻共同财产比较适宜。

基于住房公积金的本质属性(即工资性),单位按职工工资的一定比例,为职工缴存住房公积金,实质是以住房公积金的形式给职工增加了一部分住房工资,从而达到促进住房分配机制转换的目的。住房公积金的所有权是限制性所有权,职工对公积金的占有、使用、收益和处分四项职能的行使受到一定程度的限制。节余的住房公积金在职工退休后,可以一次性提取用于晚年生活。住房公积金实际上就是平时收入的储备,属于工资的一部分。住房补贴同样也属于工资的范畴,它只是扩大了工资的外延，改变了工资的形式而已。发放住房补贴的目的是解决家庭成员的共同居住问题，而非职工个人的居住困难。尽管从表面上看，这项补贴列在了职工的个人名下，但实际上是充分考虑了职工结婚并组建家庭的因素。如果夫妻双方在婚姻关系存续期间动用公积金等住房资金购买房屋，该住房当然视为夫妻共同财产，只是共同财产通过购买房屋这一行为由货币转化为实物。

离婚时所要分割的只是婚姻关系存续期间的住房补贴和住房公积金。从《住房公积金管理条例》的规定可以看出，当事人离婚并不是提取住房公积金的事由。在具体操作上，可以先计算出双方婚姻关系存续期间的住房公积金、住房补贴的总额，然后再在夫妻之间进行分割。经过互相折抵后，实际上一方在具体执行时需要拿出的现金可能并不多。

基本养老金是指国家和社会在劳动者年老丧失劳动能力的情况下，为使其老有所养、安度晚年而给予劳动者本人的经济帮助和社会保险。之所以将婚姻关系存续期间的基本养老金归属于夫妻共同财产，主要是考虑到如果一方退休而另一方在职，若将基本养老金定性为一方的个人财产，而配偶一方的工资则是共同财产，显然是不公平的。从公平的角度考虑，应将婚姻关系存续期间取得的破产安置补偿费规定为夫妻共同财产。比如，配偶一方的企业破产，领取了一大笔破产安置补偿费，而这时婚姻生活的全部费用都靠在职一方的收入来支付，破产一方的安置补偿费却被视为一方的个人财产，恐怕也是令人难以接受的。

【编者观点】

本条第1项隶属于第1062条第1款第2项规定的投资收益的一种类型，第2项和第3项隶属于第1062条第1款第1项规定的“工资、奖金、劳务报酬”。之所以把住房公积金视为具有工资性质，是因为其作为一种个人储蓄、单位资助、统一管理、专项使用的住房长期储金，实际上就是平时收入的储备。根据养老保险金管理制度，需要个人连续缴纳15年养老保险费用才有资格领取。未达到退休年龄，不能领取，所以基本养老金是职工退休后的生活保障，不是对其退休前工作的补偿。对于离婚诉讼时尚未退休不符合领取养老金的当事人，养老金不能作为夫妻共同财产予以分割。为协调利益平衡，未能分割养老保险金的一方，有权分割以共同财产实际缴付的个人部分，这是对共同积累财产的分割。

对于离婚纠纷案件中夫妻一方请求分割另一方因企业改制等原因获得的“工龄买断款”的，最高人民法院民一庭倾向性意见认为，买断工龄款是发放给职工的一次性补偿费用，与发放到军人名下的复员费、自主择业费等有相似之处,均包含劳动或者军队工作补偿、失业或再就业保障金。所以买断工龄款的归属可参照对军人复员费、自主择业费的规定处理,按年份平均分成若干等份,属于婚姻关系存续期间所对应的款项为夫妻共同财产,属于军人结婚前和离婚后所得部分为军人的个人财产,婚姻关系存续期间的长短将直接体现在认定夫妻共同财产的数额上。在处理买断工龄款时,可以将一方企业发放的买断工龄款总额按具体年限均分得出平均值,其具体年限为人均寿命70岁与一方参加工作时实际年龄的差额,以夫妻婚姻关系存续年限乘以年平均值,所得数额即为夫妻共同财产。

【地方法院规范】

1.《上海市高级人民法院关于适用最高人民法院婚姻法司法解释(二)若干问题的解答(一)》(2004年,2020年12月修订)

二、离婚诉讼中,夫妻双方对破产安置补偿费中属于婚姻关系存续期间共同所有的具体数额有争议时,人民法院如何处理?

答:虽然根据司法解释(二)第十一条①之规定,婚姻关系存续期间实际取得的或应当取得的破产安置补偿费应为夫妻共同所有。但考虑到实践中存在着夫妻婚姻存续期间较短,以及破产安置补偿费的具体构成包含非工资补偿或安置补偿内容等特殊情形,若简单地将安置补偿费一概作为共同财产处理,反而有失公平并易激化矛盾。

因此,若诉讼中当事人对破产安置补偿费是否均属共同财产争议较大、难以确定其中属于共同财产的具体数额时,人民法院可通过被安置方的婚龄与其工龄的比例来计算破产安置补偿费中属于共同财产的数额。具体而言,该比例大于1则所取得的破产安置补偿费均为共同财产;比例小于1则破产安置补偿费中相同比例部分,为共同财产。如夫妻一方于婚姻关系存续期间内取得破产安置补偿费10万元,该方婚龄为5年,工龄为10年,其婚龄与工龄的比例为1∶2,那么10万元破产安置补偿费的二分之一即5万元为共同财产;若婚龄为10年,工龄为5年,其婚龄与工龄的比例为2∶1,则10万元破产安置补偿费均为共同财产。

2.《江苏省高级人民法院民事审判第一庭家事纠纷案件审理指南(婚姻家庭部分)》(2019年)

32. 夫妻一方婚前购买的股票在婚后的增值收益的性质应当如何认定?

夫妻一方婚后对婚前购买的股票没有进行买卖,股票因市场行情变化产生的增值收益为自然增值,除当事人另有约定外,应当认定为夫妻一方的个人财产。夫妻一方婚后对婚前购买的股

① 对应《民法典婚姻家庭编解释(一)》第25条。——编者注

票进行买卖产生的增值收益为主动增值,除当事人另有约定外,应当认定为夫妻共同财产。

3.《北京市高级人民法院民一庭关于审理婚姻纠纷案件若干疑难问题的参考意见》(2016年)

十五、【买断工龄款的性质与分割】离婚案件涉及分割买断工龄款可参照《婚姻法司法解释二》第十四条①关于军人所得复员费、自主择业费的规定予以处理。

【法院参考案例】

1. 沈某诉陶某林离婚养老保险金分割纠纷案[《人民法院案例选》2009年第1辑(总第67辑)]

【裁判要点】

根据《婚姻法解释(二)》的规定,婚姻关系存续期间男女双方实际取得或者应当取得的养老保险金属于《婚姻法》第17条规定的"其他应当归共同所有的财产",因此夫妻双方在婚姻关系存续期间均以各自的工资缴纳的养老保险金属于夫妻共同财产。由于各自缴纳的数额有别,法院应对离婚时男女双方现有的保险金利益进行衡平处理。

【基本案情】

江苏省淮安市清浦区人民法院查明:原、被告于1991年10月经人介绍相识恋爱,于1992年12月17日登记结婚,婚生一女陶某。原、被告婚后夫妻感情起初尚好,后因被告经常打麻将、不顾家庭导致夫妻产生矛盾。2006年9月,原告曾向本院起诉,要求与被告离婚,后撤诉。但此后原、被告夫妻关系并没有改善。2007年4月23日,原告再次向本院提起离婚诉讼。

原、被告婚后夫妻共同财产有:长虹牌29英寸彩电1台、海尔牌182升冰箱1台、格力牌柜式空调1台、位于本市清浦区富春花园D组团13幢103室房屋1套(含车库,庭审中原、被告一致认可该房屋包括橱柜等一切装潢和车库总价值34万元);被告名下公积金37447.94元、股份33050元(该股份由被告分别于2005年10月18日、11月17日转让给金某模、丁某胜)。另查明,原、被告在社会保险经办机构个人账户中的养老保险金分别为15879.93元、54328.46元(其中原告个人缴纳8551.55元,被告个人缴纳27619.33元,其余均为单位缴纳)。

案件审理期间,原、被告对夫妻感情确已破裂不持异议,对婚后夫妻共同动产、不动产及住房公积金按法律规定进行分割也无异议,但对双方名下的养老保险金是否是夫妻共同财产却各持己见。原告认为养老保险金是夫妻共同财产,要求进行分割;而被告却认为养老保险金是个人财产,不应当进行分割。

---

① 对应《民法典婚姻家庭编解释(一)》第71条。——编者注

【裁判理由】

江苏省淮安市清浦区人民法院经审理认为,原、被告夫妻感情确已破裂,现双方自愿离婚,并就女儿的抚养权、婚后所购买房屋的价值达成一致意见,应依法照准。女儿陶某的抚养费,由被告按照其月收入2000元的25%负担。对于原、被告婚后夫妻共同财产的分割,鉴于被告对造成夫妻离婚负有过错,而原告现无固定工作,靠打工维持生活,故应本着保护妇女子女利益和照顾无过错方原则分割夫妻共同财产。原告要求分割被告名下的养老保险金,根据《婚姻法解释(二)》第11条第3项规定,婚姻关系存续期间男女双方实际取得或应当取得的养老保险金应当认定为夫妻共同财产。现行养老保险金管理制度规定,劳动者个人账户下的养老保险金交给国库,待其到达退休年龄时,由国家按月发放退休金给劳动者,劳动者不能实际取得个人账户下的养老保险金。因此,原、被告名下已缴纳的养老保险金不宜分割。但考虑到原、被告每月由单位扣缴的养老保险金是从夫妻共同财产即工资中支付的,现被告扣缴的数额明显高于原告,故在分割夫妻共同财产时应将被告缴纳的高于原告部分的养老保险费按各半分割后从被告应得财产中扣除。原告要求分割被告名下的股金,因股金已被被告转让他人,且转让行为发生于诉讼前双方共同生活期间,现原告无证据证明此款由被告用于不正当开支,故本院对原告该请求不予支持。

【裁判结果】

该院依照《民事诉讼法》第128条,《婚姻法》第32条第2款、第37条第1款、第38条第1款和第2款、第39条第1款,《婚姻法解释(二)》第11条第2项,《最高人民法院关于人民法院审理离婚案件处理财产分割问题的若干具体意见》的规定,判决:(1)准予原告沈某与被告陶某林离婚。(2)婚生女儿陶某随原告沈某生活,被告陶某林从2007年6月起,每月负担陶某抚养费500元,直至其独立生活时止。(3)被告陶某林于每月第一、第三个星期的星期天8时至18时探视女儿陶某,原告沈某应予协助。(4)位于富春花园D组团13幢103室房屋1套(含车库和房屋装潢)归原告沈某所有。原告沈某于本判决生效后30日内支付被告陶某林房屋补偿款15万元。(5)长虹牌29英寸彩电1台、海尔牌182升冰箱1台、格力牌柜式空调1台归原告沈某所有。(6)被告陶某林名下公积金37447.94元,由原告沈某分得2.3万元,由被告陶某林分得14447.94元。

一审宣判后,双方当事人均未上诉,判决已发生法律效力。

2. 高某芬诉骆某斌离婚纠纷案

[国家法官学院、中国人民大学法学院编:《中国审判案例要览(2012年民事审判案例卷)》]

【裁判要旨】

一方婚内取得的单位的股票期权，是否属于夫妻共同财产：婚姻关系存续期间，公司员工获取了单位向其授予的股票期权。因股票期权是一个公司授予其员工在一定的期限内，按照固定的期权价格购买一定份额的公司股票的权利，具有工资薪金的性质，属于法律规定的夫妻在婚姻关系存续期间所得的共同财产。故双方终止婚姻关系时，员工获得的股票期权应作为夫妻共同财产进行分割。

3. 李某玲诉卢某生离婚后财产纠纷案［《审判监督指导》2004年第4辑（总第16辑）］

【裁判要旨】

单位改制时依工龄量化的资产，是否属于夫妻共同财产：夫妻双方离婚后，一方因单位改制而获得了量化资产额，该量化资产额包括其曾向单位出资所得的收益以及根据其工龄等因素量化的资产两部分。其中投资所得的收益部分属于夫妻共同财产，应予分割，夫妻一方工龄等因素量化的资产因具有人身依附性而属于其个人财产，不能进行分割。

4. 叶某某诉颜某某离婚纠纷案［《人民司法·案例》2013年第10期（总第669期）］

婚内获得的工龄买断款，是否属于夫妻共同财产：婚姻关系存续期间，一方领取了工作单位发放的工龄买断款，此后夫妻双方离婚。因工龄买断款系单位对夫妻一方工作过程中作出的贡献进行补偿并对其今后生活提供一定保障的款项，同时具有夫妻共同财产和个人财产的属性，故不应采取简单平分的分割方式，而应在工龄买断款中区分出婚姻关系存续期间内的买断款，按照夫妻共同财产依法分割，其余部分则属于获取买断款一方的个人财产，另一方无权主张分割。

5. 秦某刚诉陈某离婚后财产纠纷案（《人民法院报》2011年6月23日）

婚内为未成年子女投保的返还型保险是否属于夫妻共同财产：夫妻一方在与其配偶婚姻关系存续期间为双方生育的未成年子女投保返还型保险，保险合同中约定被保险人和受益人均系未成年子女。虽然上述保险的保险费是出自夫妻共同财产，但因该返还型保险具有人身依附性，故在合同尚未到期时，应当认定该保险的保险收益为未成年子女的个人财产。双方离婚后，均无权请求分割该份保险的保险利益。

第二十六条 【夫妻一方个人财产在婚后产生的收益的归属】夫妻一方个人财产在婚后产生的收益，除孳息和自然增值外，应认定为夫妻共同财产。

【司法解释 · 注释】

本条采用“收益”一词来描述夫妻一方个人财产婚后所得,包括投资收益、孳息和增值三种类型。狭义上的投资是指将货币和实物投放于企业以获得利润;广义上的投资还包括将货币投放于某些产品上以获得增值,如房地产投资、黄金投资等,本质上为投资产品的增值收益。在此使用狭义的投资概念,增值单独作为一种类型。孳息,是指由原物或权利所产生的额外收益,分为天然孳息和法定孳息。天然孳息亦称为直接孳息,如果树结出的果实。法定孳息亦称为间接孳息,如银行存款得到的利息、出租房屋或者物品得到的租金等。不过也有观点认为租金属于经营性收益,不属于孳息。

狭义的增值所涉及的物或权利增加的利益与原物或原权利并未分离,而孳息及投资收益与原物或原权利是分离独立的。增值分为自然增值和主动增值。自然增值,是指该增值的发生是因通货膨胀或市场行情的变化所致,与夫妻一方或双方是否为该财产投入物资、劳动、投资、管理等无关,比如夫妻一方个人婚前所有的房屋、古董、字画、珠宝、黄金等,在婚姻存续期间价格上涨,持有的股票因公司业绩优异而价格上扬等。主动增值与通货膨胀或市场行情变化无关,而是因夫妻一方或双方对该财产所付出的劳动、投资、管理等相关。财产所有人在此状态的发生过程中起到了积极推动作用,比如夫妻一方的婚前个人所有的房屋因另一方在婚姻存续期间对它的装修而产生的增值部分。

本条规定关于夫妻一方财产在婚后产生的收益归属原则上应认定为夫妻共同财产,还规定了两种除外类型,其原因在于夫妻另一方对个人财产的天然孳息、自然增值的形成及产生未提供贡献,故而为个人财产。但从协力理论的角度出发,法定孳息不宜均界定为个人财产,最典型如出租房屋所获得的租金,这一孳息与个人财产投资获得的收益并不存在差异,以租金为代表的法定孳息也应属于夫妻共同财产。而夫妻一方婚前银行存款及其利息则更宜解释为夫妻一方个人财产。总之,在判断孳息是否为夫妻个人财产时,应当从协力理论出发,考察夫妻一方对财产的取得是否作出贡献。

以往着眼点多放在“夫妻一方婚前财产”在婚姻存续期间所产生的收益上,但根据当事人的约定或法律规定,夫妻在婚姻存续期间的所得亦有可能归属夫妻一方个人财产,而本条规定对“夫妻一方个人财产”并未局限在“婚前”这个时点上,故对夫妻在婚姻存续期间所得且应归属于夫妻一方个人财产在婚后所产生的收益如何确定归属,亦适用本条规定。

【编者观点】

对于一方婚前财产在婚后产生的增值收益，以该增值所基于的主观能动性行为或客观被动性行为作为划分标准，司法解释采用了一般原则加例外规定的模式，考虑到法定婚后所得共同制这一夫妻财产制基本形态、对女性利益以及家务劳动价值的保护，认为投资经营行为是夫妻婚姻生活的一部分，原则上为夫妻共同财产。强调了客观被动性的孳息和自然增值作为例外，主要是基于协力理论，自然增值是因通货膨胀或市场行情变化所致，孳息归属于原物所有权人为民法一般原理，均与夫妻一方或双方是否为该财产投入劳务、管理无关。司法解释中未出现“主动增值”的表述，主要考虑到采用规定孳息、自然增值除外的方法，便于法官具体操作及统一裁量尺度。例如一方婚后用个人财产购买彩票所得收益，如果双方当事人没有事先约定，该收益应认定为夫妻共同财产；一方财产用于借贷而于婚后取得的利息属于法定孳息，离婚时应当认定为一方的个人财产。

最高人民法院法官观点认为，对一方婚后用婚前财产购买房产所带来的收益，需要区分是投资购房还是家庭居住。在将婚前房产用于非自住的投资用途时，另一方有权主张其投资收益。比如，夫妻一方婚后用婚前个人存款购买反租式酒店公寓，期间获取租金收益，房屋租金与存款利息相比，是由市场的供求规律决定的，并且与房屋本身的管理状况紧密相连。出租方应当履行租赁物的维修义务，应当保障租赁物的居住安全，其获得租金往往需要投入更多的管理或劳务，因此，租金收益作为经营性收益，应当属于夫妻共同所有。有的炒房客用自己的婚前财产在婚后不断买进卖出房产，花费大量的时间和精力，所获收益认定为夫妻共同财产比较公平。如果一方个人所有的房屋用于婚后共同居住，虽然婚姻关系存续期间进行过数次交易，但始终属于家庭唯一住房，离婚时对房屋增值部分，认定为个人财产比较适宜。

【地方法院规范】

1.《北京市高级人民法院民一庭关于审理婚姻纠纷案件若干疑难问题的参考意见》(2016年)

十三、【“孳息”、“自然增值”范围的界定】《婚姻法司法解释三》第五条①中的“孳息”、“自然增值”一般应理解为未经经营或投资行为所得之“孳息”、“自然增值”。

个人所有的古董、黄金、股票、债券、房屋等财产婚后自然增值部分应为个人财产，但上述财产婚后因经营或投资行为而产生的升值增值利益部分，应

---

① 对应《民法典婚姻家庭编解释(一)》第26条。——编者注

认为属于《婚姻法》第十七条①和《最高人民法院关于适用〈中华人民共和国婚姻法〉若干问题的解释(二)》(以下简称《婚姻法司法解释二》)第十一条②规定,一方经营或以个人财产投资取得的收益,应为共同财产。

2.《江苏省高级人民法院民事审判第一庭家事纠纷案件审理指南(婚姻家庭部分)》(2019年)

32. 夫妻一方婚前购买的股票在婚后的增值收益的性质应当如何认定?

夫妻一方婚后对婚前购买的股票没有进行买卖,股票因市场行情变化产生的增值收益为自然增值,除当事人另有约定外,应当认定为夫妻一方的个人财产。夫妻一方婚后对婚前购买的股票进行买卖产生的增值收益为主动增值,除当事人另有约定外,应当认定为夫妻共同财产。

【法院参考案例】

王某某与李某离婚纠纷上诉案
[《民事审判指导与参考》2013年第4辑(总第56辑)]

【案情简介】

王某某与李某于2008年8月登记结婚,未生育子女。婚后李某用出售自己婚前房屋的款项购买了安徽省宁国市××小区房屋1套,总价款为181800元,房屋产权登记在李某自己名下,王某某用自己婚前住房公积金账户上的45000元对该房屋进行了装修。2011年6月,李某将该房以448000元的价格卖给他人。婚后双方购买的家具及海尔冰箱、康佳彩电、三洋洗衣机、煤气灶等在卖房时也一并留给了买房人,大约估价为8000元,包含在448000元房价中。王某某婚前有1套房屋,婚后一直用于出租,租金收入约72000元。

2011年10月王某某诉至一审法院,要求判令双方离婚,并对夫妻共同财产依法分割,包括分割李某出售婚后所购宁国市××小区房屋的增值收益。李某同意离婚,但认为诉争房屋及其增值收益属于其个人财产,与王某某无关。王某某个人所有房屋的租金收入72000元,应当作为夫妻共同财产进行分割。

【裁判情况】

一审法院经审理认为,王某某与李某夫妻感情确已破裂,现双方当事人均同意离婚,故准予王某某与李某离婚。在财产分割方面,宁国市××小区房屋是李某用出售自己婚前房屋的款项购买,属于一方的婚前财产在婚后进行了转化,即由李某一方的婚前房产转化为货币形式,然后再由货币形式转化为诉争房产,不应影响其个人财产的性质认定。

---

① 对应《民法典》第1062条。——编者注

② 对应《民法典婚姻家庭编解释(一)》第25条。——编者注

李某购买宁国市××小区房屋用于家庭居住，并非投资，其将该房屋卖给他人的增值部分，依照《婚姻法解释(三)》第 5 条的规定，该增值属于自然增值，离婚时应归李某个人所有；婚后双方用夫妻共同财产购买的家具、电器等，出售房屋时一并转让，总房款中的 8000 元应认定为夫妻共同财产。

王某某用婚前住房公积金账户上的 45000 元对房屋进行了装修，虽然《婚姻法解释(二)》第 11 条规定，婚姻关系存续期间夫妻双方实际取得或者应当取得的住房补贴、住房公积金，属于夫妻共同财产的范围，但前提是该住房补贴、住房公积金是婚姻关系存续期间取得的。而个人住房公积金账户中的数额可能包括婚前取得和婚后取得两个部分，本案中王某某系用婚前取得的住房公积金 45000 元装修房屋，该部分住房公积金应认定为王某某一方的婚前财产。由于装修材料已添附到房屋上，成为房屋不可分割的组成部分，离婚时对房屋价格整体评估时，应一并考虑房屋的实际装修状况，故 448000 元总房款中也包含房屋装修部分。考虑到房屋装修的折旧因素，李某应支付王某某 40000 元的房屋装修补偿款。关于王某某个人所有房屋的租金收入 72000 元，性质属于经营性收入，按照《婚姻法》第 17 条的规定，应认定为夫妻共同财产。

综上，一审法院判决：准予王某某与李某离婚；李某支付王某某房屋装修补偿款 40000 元及出售夫妻共同所购家具、电器的款项 4000 元；王某某支付李某房屋租金收入 36000 元。

一审判决后王某某不服提出上诉，王某某坚持认为李某婚后所购房屋及出售房屋的增值收益属于夫妻共同财产，而其出租房屋的租金收入不应认定为夫妻共同财产，因为房屋出租事宜全部由其自己打理，包括寻找合适的租户、签订租赁合同、维修设施等，李某根本就不关心，租金收入当然也与李某无关。二审法院经审理后判决：驳回上诉，维持原判。

【参考观点】

该案争议的焦点问题是：(1)李某用于婚后购房的资金来源于出售其婚前个人所有的房屋，诉争房屋是否属于夫妻共同财产的范围，增值部分应如何处理；(2)王某某个人所有房屋于婚姻关系存续期间的租金收入应如何认定。

1. 关于李某用于婚后购房的资金来源于出售其婚前个人所有的房屋，诉争房屋是否属于夫妻共同财产的范围，增值部分应如何处理的问题。

第一种意见认为，位于宁国市××小区的房屋，系李某用出售自己婚前房产所得资金购买，虽然该购房行为发生在双方婚姻关系存续期间，但购房款来源于李某的婚前财产，王某某对此也没有异议。从性质上来说，这只是李某一方的婚前财产由原来的房产转化为货币再转化为诉争房产，所谓万变不离其宗，该房屋应属李某个人所有。李某将诉争房屋再次转让,由于房价上涨的市场因素而获利丰厚,但该收益属于自然增值,根据相关司法解释的规定,增值部分也应属于李某一方所有。关于婚姻关系存续期间对房屋进行装修一节,应考虑装修款来源及相应的折旧因素,由李某对王某某予以合理补偿。

第二种意见认为,双方登记结婚在前,李某出售原房屋继而再购新房在后。取得结婚证即确立夫妻关系,除法律规定和双方另有约定外,原则上婚后所得都应认定为夫妻共同财产。故李某婚后所购宁国市××小区的房屋应定性为夫妻共同财产,出售房屋所得增值收益也属于夫妻共同财产,离婚时应当依法予以分割。

我们认为,上述第一种意见是适当的。

本案中李某在婚后用出售自己婚前房产所得资金购买诉争房屋,不能机械地认为该房屋系婚后购买就属于夫妻共同财产,还要审查购买房屋的资金来源。根据民法的基本原理,货币形式和其他财产形态之间的转化并不改变所有权的性质。从国外法律的规定来看,一些国家通过明文规定的方式将"夫妻个人财产的替代物",认定为夫妻一方的个人财产。如《瑞士民法典》第198条规定了以下财产为夫妻一方个人所有的财产:(1)夫妻一方专有的个人使用物品;(2)结婚时属于夫妻一方所有的财产,或在婚姻关系存续期间通过继承或其他方式无偿取得的财产;(3)因精神赔偿所获得的补偿金;(4)夫妻一方个人财产的替代物。

2. 关于王某某个人所有房屋于婚姻关系存续期间的租金收入应如何认定的问题。

第一种意见认为,对于一方个人所有的房屋婚后出租取得的租金收入,应确立一个推定原则,即一方婚前所有的房屋在婚姻关系存续期间所得的租金首先推定为夫妻共同所有,但若房屋所有人有证据证明房屋出租的经营管理仅由一方进行的,则婚姻关系存续期间的租金收益应归房产所有人个人所有。比如发布租赁信息、寻找租户、带人看房、签订房屋租赁合同、催收租金等均是由房屋所有人负责,另一方从始至终没有参与,对于经营出租房屋并无任何贡献,此种情况下应认定房屋租金归属房产人个人所有。

第二种意见认为,虽然房屋租金在民法理论上被认为属于法定孳息,仅仅从法律定义的角度分析,房屋租金是依据租赁合同收取的法定孳息,应归租赁物的所有人所有。但是,租赁行为本身也是一种经营活动,也需要付出时间、精力和劳动。考虑到租金与单纯的银行存款利息不同,出租方对房屋还有维修等义务,租金的获取与房屋本身的管理状况密切相连,需要投入一定的管理或劳务,故将租金认定为经营性收益比较适宜。尤其对那种夫妻一方依靠房租收益维持生计的情形,如果将一方所有的房屋婚后出租的租金收益认定为个人财产，而另一方的工资、奖金收入则属于夫妻共同财产，结果显然是极不公平的。

我们同意第二种意见。当今世界主流越来越强调家务劳动与出外工作、投资经营对于家庭具有同等价值，第一种意见忽略了家务劳动应有的价值，不利于妇女权益的保护及婚姻家庭关系的稳定。另外，从证据的角度来说，判断一方是否对经营出租房屋作出过贡献，恐怕也有一定的难度。

【最高人民法院民一庭意见】

一方婚后用个人财产购买房屋，离婚时该房屋属于"个人财产的替代物"，应认定为个人财产，其自然增值也属于个人财产；一方个人所有的房屋婚后用于出租，其租金收入属于经营性收入，应认定为夫妻共同财产。

第二十七条 【由一方婚前承租，婚后用共同财产购买的房屋所有权归属】由一方婚前承租、婚后用共同财产购买的房屋，登记在一方名下的，应当认定为夫妻共同财产。

【司法解释·注释】

我国城镇居民房屋的取得，主要按照房改政策从本单位购买公有住房即房改房，或者从市场上购买商品房、经济适用房、私有房屋。房改房在出售前基本上是由本单位职工以低租金承租的房屋。根据房改政策，职工购买公有房屋实行市场价、成本价或标准价。职工以市场价购买的住房，产权归个人所有，可以依法进入市场交易，其交易所得在按规定交纳有关税费后，收入归个人所有。职工以成本价购买的住房，产权归个人所有，一般住用 5 年后可以依法进入市场交易，在补交土地使用权出让金或所含土地收益和按规定交纳有关税费后，收入归个人所有。职工按标准价购买的住房，拥有部分产权，即占有权、使用权、有限的收益权和处分权，可以继承，产权比例按售房当年标准价占成本价的比重确定。

实际生活中，夫妻在婚姻关系存续期间购买的承租房屋绝大部分为公有房屋，即房改房。本条所要解决的，是个人在婚姻关系存续期间按市场价或成本价购买其承租的公有房屋的权属问题。一种观点认为，房改房原本是单位根据职工的职务、工龄、家庭人口等多种因素综合考虑而给予职工的福利，按房改政策出售，仍是上述福利政策的延续。国家多年实行低工资制，现在按成本价售房给职工，等于将多年积累的工资差额，一次性地补发给职工。因此，对购房前结婚不久的人来说，此房实际上是用购房一方婚前工资取得购买的婚前财产，如果另一方对购得的房改房，仅凭交款在婚姻关系存续期间即主张是夫妻共同财产，是不公平的。而本条认为,对夫妻一方婚前承租的房屋,尽管该房屋是所在单位出租给其个人居住,个人享有相应的福利性待遇,但终究尚未取得房屋所有权,只要该承租房屋是婚后用夫妻共同财产购买,就应属夫妻共同所有。夫妻一方以不动产登记簿记载的权利主体为其个人为由,主张该房屋为个人财产的,需举证证明该房屋是婚前个人财产,或者是以其个人财产购买,或者双方有明确约定属于其个人所有。否则,应认定为夫妻在婚姻关系存续期间取得的共同财产。

司法实务中,还存在婚前由一方承租的公有房屋,婚后以个人财产购买的房屋权属的问题。按照《国务院关于深化城镇住房制度改革的决定》(已失效),职工按成本价购买公有住房,每个家庭只能享受一次,职工购买现已住用的公有住房的,售房单位应根据购房职工建立住房公积金制度前的工龄给予工龄折扣。此外,还要综合考虑职工的职务、家庭人口等多种因素。可见,按房改政策出售的房屋是上述福利政策的延续,公有住房的出售价格中包含了夫妻双方的工龄折扣等福利待遇,不能简单地认为承租的公有房屋是以个人财产购买的,即是个人财产。

【地方法院规范】

《上海市高级人民法院关于适用最高人民法院婚姻法司法解释(二)若干问题的解答(一)》(2004 年,2020 年 12 月修订)

四、离婚诉讼中,婚前由夫妻一方承租或由父母承租,婚后以夫妻共同财产购买为产权的公房,其公房使用权本身蕴涵的价值如何归属和处理?

答:根据司法解释(二)第十九条①的规定,夫妻一方婚前承租的公房,婚后以共同财产购买为产权的,该房屋为夫妻共同所有。但,从上海的实际情况出发,由于公房使用权可通过承租权转让的方式上市交易,具有一定的交换价值。因此,在婚姻关系存续期间,以共同财产出资将原有公房的使用权转为产权后,在离婚分割该房屋时,一概不考虑原一方承租时的使用权价值,也有失公允,对此我们认为实践中可区分下列情形处理:

1. 一方婚前承租的公房是基于福利政策分配取得,婚后以共同财产购买为产权的,由于在婚姻关系存续期间内无法体现出原公房使用权的交换价值,则在离婚分割该产权房时可不考虑原公房使用权的交换价值单独归属问题;

2. 一方婚前承租的公房使用权是其以个人财产支付对价取得的,婚后又以共同财产购买为产权,在离婚分割该产权房时,应当将取得原公房使用权时所支付对价部分确定为当时承租的夫或妻一方个人所有,产权房的剩余部分价值按共同财产分割;

① 对应《民法典婚姻家庭编解释(一)》第 27 条。——编者注

3. 对于婚前由夫或妻一方父母承租、婚后又以共同财产购买为产权的公房,原公房使用权的交换价值可参照司法解释(二)第二十二条①的规定,推定为父母对夫妻双方的赠与,离婚时可直接将产权房按共同财产分割处理。

【法院参考案例】

赵某1、赵某2诉赵某3遗嘱继承纠纷案[《民事审判指导与参考》2018年第2辑(总第74辑)]

【案例要旨】

房改房不同于普通商品房,其房屋价格不是单纯的市场价格。夫妻一方使用已故配偶工龄优惠购买的房改房,考虑到从承租权转化为所有权之间的承继性,应将此类房改房认定为夫妻共同财产。

【案情简介】

许某与赵某系夫妻关系,双方婚后育有三子,即赵某1、赵某2、赵某3。许某于2004年6月死亡,2004年12月赵某出资4万余元购买其与许某婚姻关系存续期间承租(1987年)的单位"房改房",2008年4月取得房屋所有权证。2008年10月,赵某至北京市某公证处立下遗嘱,内容为:上述房屋产权由儿子赵某1和赵某2共同继承,由赵某1继承上述房屋70%的产权份额,赵某2继承30%的产权份额。赵某死亡后,兄弟三人因继承房产问题发生纠纷。赵某1、赵某2起诉至一审法院,要求对父亲公证遗嘱中所涉及的上述房屋享有继承权,其中赵某1享有70%,赵某2享有30%。赵某3辩称,赵某遗留的诉争房屋原系赵某和许某共同居住,并且是用双方共同存款购买,所以对于公证遗嘱中涉及许某的部分应当认定为无效。

【裁判结果】

一审法院认为,本案争议焦点在于诉争房屋是否为被继承人赵某的个人财产。综合本案证据,诉争房屋系用赵某与许某的夫妻共同财产购买,虽然登记在赵某名下,但其中部分权益属于许某。对于赵某所立遗嘱处分许某权益的部分,应当认定为无效,该部分应按照法定继承予以处理。

一审判决后赵某1、赵某2不服提起上诉。二审法院认为,公有住房的承租、房改制度具有极强的福利属性,与合同法中的租赁及商品房买卖具有明显的区别。公房承租制度是我国在一定的历史条件下及特定的发展阶段中的福利制度,其福利属性表现为由夫妻一方承租,只缴纳少许的费用即可长期居住、使用,在后续的房改政策中可以成本价购买并通过折算工龄获得优惠。作为原承租人的父母去世后,其子女一般均可以继续承租并参加房改。本案中,赵某与许某自1987年开始承租诉争房屋,虽以赵某名义承租,但该项福

① 对应《民法典婚姻家庭编解释(一)》第29条。——编者注

利应属赵某与许某共同取得、共同享有。本案诉争房屋虽系赵某在许某去世后购买,但该房的权属取得毕竟不同于商品房的购买,系对原有福利的形态转化,不能简单地理解为由赵某单独所有,而应认定含有许某的部分权益。综上判决:驳回上诉,维持原判。

赵某1、赵某2不服申请再审,再审法院认为:赵某与许某自1987年承租涉案房屋,虽以赵某名义承租,但该项福利应属赵某和许某共同取得和享有。涉案房屋虽系赵某在许某去世后所购买,但该房屋的权属取得毕竟不同于商品房的购买。因此,许某对涉案房屋应享有部分权益。原审法院依据查明的事实,对涉案房屋的分割处理并无不当,遂驳回赵某1、赵某2的再审申请。

【参考观点】

司法部律师公证工作指导司曾就享受本人工龄和已死亡配偶生前工龄优惠后所购公房是否属于夫妻共同财产的问题分别向建设部和最高人民法院征求过意见,但两个部门的答复意见截然不同。建设部(建住房市函〔1999〕005号)复函认为,按照目前我国城镇住房制度改革的有关政策,按成本价或标准价购买公有住房以城镇职工家庭(夫妇双方)为购房主体,且每个家庭只能享受一次。如果一方按房改政策购买住房时享受了其配偶的工龄优惠,该住房应当视为其夫妇双方共同购买,即应视为夫妻共同财产。

最高人民法院2000年2月17日〔2000〕法民字第4号复函认为,夫妻一方死亡后,如果遗产已经继承完毕,健在一方用自己的积蓄购买的公有住房应视为个人财产,购买该房时所享受的已死亡配偶的工龄优惠只是属于一种政策性补贴,而非财产或财产权益。夫妻一方死亡后,如果遗产没有分割,应予以查明购房款是夫妻双方的共同积蓄,还是配偶一方的个人所得,以此确认所购房屋是夫妻共同财产还是个人财产;如果购房款是夫妻双方的共同积蓄,所购房屋应视为夫妻共同财产。

2013年4月8日起施行的法释〔2013〕7号《最高人民法院关于废止部分司法解释和司法解释性质文件(第十批)的决定》中以"与现行房改政策不一致"为由废止了〔2000〕法民字第4号复函。

房改房的权属认定问题一直存在争议,审判实践中因"房改房"引发的纠纷屡见不鲜,但各地法院把握的标准并不统一,主要存在以下两种观点:一种观点认为,根据《继承法》的有关规定,遗产是公民死亡时遗留的个人合法财产。夫妻生存一方取得房屋所有权时,死亡一方的民事权利能力因其死亡而终止,故其并不具备取得房屋所有权的主体资格。夫妻共同财产是指一方或双方在婚姻关系存续期间取得的财产,而离婚和死亡是导致婚姻关系终止的原因,夫妻一方死亡后,婚姻关系自然终止。死亡配偶一方在世时并未取得房屋的所有权,只是取得了房屋的承租权,故夫妻生存一方使用已故配偶工龄购买的“房改房”不应认定为夫妻共同财产。

另一种观点认为,最高人民法院〔2000〕法民字第4号复函“唯出资论”的观点完全忽视了“房改房”的福利因素,可能导致极其不公平的结果。“房改房”是国家根据职工工龄、职务、家庭人口等多种因素综合考虑后在房屋价值计算上给予职工的政策性优惠福利,其与我国长期实行低工资制度、住房实行福利性实物分配制度密不可分。这种政策性优惠福利实质上是对职工的一种工资差额的补偿,属于财产性权益,职工生前没有实际取得并不能就此否定其对这种财产性权益的拥有资格。根据现行房改政策,房改售房并不会因为一方死亡而受影响。在职工去世后,这种财产性权益通过配偶的购买行为转化为房屋形态,将工龄优惠折扣通过房价表现出来。“房改房”不同于普通商品房,其房屋价格不是单纯的市场价格,相对于市场价有很大的优惠。为购房出资只是取得房屋所有权的一个因素,但绝不是最重要的因素,因其低廉的价格对于取得房屋产权显然远远不够。如果仅凭出资就可以主张房屋产权,将导致购买“房改房”时已死亡配偶及其子女的合法权益无法得到保障。因此,使用已故配偶工龄所购“房改房”,应由健在一方与已故配偶共同共有。

我们认为,第二种观点更符合房改政策的精神,处理结果更加公平。

其一,“房改房”作为特定历史条件下的一种房屋形式,将逐渐退出历史的舞台。但从目前的情况看,“房改房”还是普遍存在于各大城市中,成为离婚、继承等相关案件处理时一大难点。“房改房”属于计划经济时期国家政策性福利分房,具有补偿性、社会保障性、国家统筹性、价格低廉性、享受权利一次性等特点。使用配偶工龄购房的优惠措施,并非仅仅是对房价的政策性补贴,而是对原有承租权的承袭和转化,是死亡配偶享有共有权的依据。在认定“房改房”的权属时,不能简单粗暴地割裂历史,完全忽略“房改房”从承租权转化为所有权的承继事实。既不能简单依据出资来源,也不能仅以购房合同的签订时间及房产证取得时间来判断房屋产权归属,而应从特定历史时期的特定国情出发,充分考量国家政策制定的初衷和现实国情,作出公平合理的判断。

其二,“房改房”实际上是卖给夫妻双方而非仅向夫妻中的一方出售,其购买价格远远低于房屋的市场价值。《国务院关于深化城镇住房制度改革的决定》第18条规定,以成本价或标准价购房的,每个家庭只能享受一次,享受住房福利待遇的对象应是夫妻双方,而不是售房单位的职工一方。

其三,已故配偶的工龄优惠体现的是享有物权的资格身份,而非仅仅是一种政策性补贴。《婚姻法解释

(三)》第12条已经明确:“婚姻关系存续期间,双方用夫妻共同财产出资购买以一方父母名义参加房改的房屋,产权登记在一方父母名下,离婚时另一方主张按照夫妻共同财产对该房屋进行分割的,人民法院不予支持。购买该房屋时的出资,可以作为债权处理。”也就是说,“房改房”的购买资格决定产权归属,出资仅具有特定情况下的债权意义。

其四,从我国夫妻共同财产的立法本意来看,夫妻共同财产,是在婚姻关系存续期间所得的财产。婚姻关系存续期间,自合法婚姻缔结之日起,至夫妻一方死亡或离婚生效之日止。这里讲的“所得”,是指对财产权利的取得,而不要求对财产实际占有。①如果一方在婚姻关系存续期间与出版社签订合同,约定取得稿费的数额,但直到婚姻关系终止后才实际取得这笔稿费,由于取得稿费的权利产生于婚姻关系存续期间,故这笔稿费应当认定为夫妻共同财产。同样道理,“房改房”所有权的取得来源于婚姻关系存续期间的承租权,而根据1996年2月5日《最高人民法院关于审理离婚案件中公房使用、承租若干问题的解答》的规定精神,对于婚后一方或双方申请取得公房承租权的房屋,离婚双方均可承租。既然公房承租权属于夫妻双方,购买公房时使用了已故配偶的工龄优惠取得公房的所有权,考虑到从承租权转化为所有权之间的承继性,将这类“房改房”认定为夫妻共同财产更为适宜。

【最高人民法院民一庭意见】

“房改房”不同于普通商品房,其房屋价格不是单纯的市场价格。夫妻一方使用已故配偶工龄优惠购买的“房改房”,考虑到从承租权转化为所有权之间的承继性,应将此类“房改房”认定为夫妻共同财产。

第二十八条 【夫妻一方擅自出卖共有房屋的处理】一方未经另一方同意出售夫妻共同所有的房屋,第三人善意购买、支付合理对价并已办理不动产登记,另一方主张追回该房屋的,人民法院不予支持。

夫妻一方擅自处分共同所有的房屋造成另一方损失,离婚时另一方请求赔偿损失的,人民法院应予支持。

【司法解释·注释】

该类纠纷大致可分为以下三种情形:第一,不动产权证书上登记的权利人为夫妻双方,夫妻一方与第三人签订房屋买卖合同;第二,不动产权证书上登记的权利人仅为夫妻中一方,登记权

---

① 全国人民代表大会常务委员会法制工作委员会编:《中华人民共和国婚姻法释义》,法律出版社2001年版,第64页。

利人与第三方签订房屋买卖合同;第三,不动产权证书上登记的权利人仅为夫妻中的一方,另一方与第三人签订房屋买卖合同。上述三种情形又可从房屋是否办理转移登记、买受人是否支付对价和买受人是否善意等不同角度划分出更多的案件类型。

本条中"夫妻共同所有房屋"特指的是夫妻共同共有房屋,而不包含夫妻按份共有房屋在内。本条是以夫妻一方出售行为是无权处分行为作为逻辑起点。夫妻另一方同意其配偶对夫妻共同所有房屋进行出售,可有书面、口头、电话和电子数据等多种意思表现形式。鉴于夫妻关系的紧密性,如果夫妻另一方虽未对房屋出售事宜明确表示意见,但其行为已经表明其同意出售的,则可直接认定其对出售已经默示同意。本条所称同意应为夫妻另一方对其配偶出售房屋的概括授权。也即,只要有证据证明夫妻另一方曾作出同意出售房屋的意思表示,即应推定该同意为对其配偶自主决定出售价格、付款方式、交付时间等事项的概括同意。夫妻另一方如要否定该概括同意,必须提出证据证明其对房屋买受人所作的同意出售房屋的意思表示明确不包括上述事项。

对于动产的受让人,可以将其具有重大过失而不知道让与人无让与权利认定为非属善意,但对作为不动产的房屋而言,应当以第三人对不动产登记的信赖作为判断是否构成不动产善意取得的标准,将判断第三人是否为善意的时间点设定在记载于登记簿时。在通常情况下,只要第三人信赖了不动产登记,就应推定其为善意,除非有证据证明其事先明知不动产登记错误或者登记簿中有异议登记的记载。这里的善意不以第三人进一步核实登记事项为前提。理由在于房屋权属登记不实并非由第三人导致,以第三人对房屋权属登记的信赖作为善意判断标准并不排斥对夫妻另一方的事先防范,夫妻另一方的权益损害可以得到充分事后救济。在举证责任的分配上,原则上应由否认第三人为善意之人的夫妻一方负举证责任。

要判断第三人在取得房屋所有权时支付的对价是否合理,一般应以主观标准为准,只要合同双方已经完成转移登记,即应推定该对价为合理。除非夫妻另一方举证证明该对价与市场同类房屋差价悬殊或是法官根据日常生活经验足以判断该对价确实明显有悖常情。特殊情形下,法院也可以将争议房屋交由房屋估价机构进行估价。考虑到市场交易的个体性差异和交易行情的多变性,只要评估价与合同约定对价不存在明显差异,则应认定对价属于合理范畴。

本条在就夫妻另一方是否可追回房屋的问题上,并未根据房屋用途作出区分对待。有专家提出夫妻另一方可以追回属于家庭共同生活居住需要的房屋。但是"家庭共同生活用房"的概念表述在实践中难以操作。如果出现第三人耗尽所有财产仍无法取得房屋,而放任夫妻另一方以所谓家庭共同生活用房为由追回别墅、公寓等豪华住宅,则明显与社会一般观念不符。即便需要在特殊情形下保护夫妻另一方的生存居住权,也可在民事执行程序中对唯一住房不予执行。

夫妻一方适用本条请求赔偿损失应以提起离婚诉讼为前提。本解释第88条也明确规定,夫妻一方只有在提起离婚诉讼时才能请求另一方赔偿损失。这里的赔偿损失不涉及精神损害赔偿。虽然本解释第86条将《民法典》第1091条中的"损害赔偿"明确规定为包括物质损害赔偿和精神损害赔偿。但就本条规范对象而言,仅仅针对房屋这一财产利益,与《民法典》第1091条主要针对精神利益相去甚远。

【编者观点】

一、内外归属方案的外部效应——夫妻一方单独处分共同财产

(一)处分权限的缺失与解决路径

首先需要厘清夫妻共同财产制下夫妻一方的处分权限。物权方案下,夫妻共同所有等同于共同共有,则无论共同财产中的特定财物公示在双方或一方名下,一方单独处分都构成无权处分。

一种解决路径是通过表见代理补足处分权限。例如江苏高院的审理指南采取原《婚姻法解释(一)》第17条第2项"有理由相信其为夫妻双方共同意思表示"的思路,同时认为需要"审查当事人先前行为是否足以造成确信(在场未表示反对)、是否从公开场所取得(通过中介)、手续是否齐备(本人在场、证件原件、授权委托书)等予以综合判断",而不能仅仅以夫妻关系推定构成表见代理。司法实践中还具有典型性的一类案情是夫妻作为出卖人有意仅由一方签订买卖合同,如履行过程中房地产市场价格继续上涨,便以买卖未经夫妻双方同意为由拒绝履行合同。这意味着需要对夫妻共同意思表示的内容进行实质性甄别。

另一种解决路径是通过善意取得或者不动产登记簿公信力保护无权处分中的善意交易相对人。问题是如何判断交易相对人善意?根据婚姻状况判断善意的观点认为,依据夫妻共同财产制,交易一方已婚叠加房屋为婚后购买这两项法律事实,足以公示出房屋为夫妻共同所有,交易相对人知悉的不构成善意。但是上述两项法律事实的判断充斥着不确定性,例如婚姻状况虽登记但并不对外开放查询,再如夫妻订立无须公示的财产约定将共同财产中特定财物转为个人财产,交易相对人如何知悉这些信息?强加给交易相对人查询义务而增加交易成本是否正当?如果既无义务查询也无法查询,则根据婚姻状况判断善意不可行。根据物权公示状况判断善意便是《民法典》第311

条规定的善意取得。本条第 1 款“一方未经另一方同意出售夫妻共同所有的房屋”可以容纳三种情形：第一种是双方为登记权利人时一方擅自处分；第二种是非登记权利人一方擅自处分；第三种是登记权利人一方擅自处分。物权方案下这三种情形都属于无权处分，但第 28 条第 1 款仅适用于第三种情形，因为交易相对人对登记簿的信赖构成善意。当然，构成善意取得要求“已经办理权属转移登记”，在另一方未予追认前，交易相对人要求无权处分人办理过户登记的请求无法得到支持，仅有权要求无权处分人承担其他形式的违约责任。

综上所述，物权方案相当于在物权公示标准之外叠加了夫妻共同财产制标准，两个标准不符其一皆构成无权处分，婚姻财产的存在人为扩展了无权处分的认定和适用空间，增加了交易相对人与已婚者的交易成本，严重干扰交易安全。

而在债权方案以及内外归属方案下，只须从物权维度认定无权处分，无须虑及夫妻财产制的影响。仅当夫妻一方擅自处分登记在另一方名下或者双方名下的特定财物时才构成无权处分，因此上述三种情形中第三种情形变为了有权处分，第 1 款仅适用于前两种情形。但是不动产交易中受让人的善意指信赖登记簿上的权利记载，在前两种情形中几乎无法构成善意，这意味着第 1 款是以物权方案作为理论预设，立法论层面应予删除。夫妻一方擅自处分共同财产在物权维度构成无权处分的，只能通过表见代理路径补足处分权限。

（二）有权处分时对配偶利益的救济

物权维度下，夫妻一方单独处分共同财产如果构成有权处分，则下一步需要考察该有权处分在婚姻维度是否侵害到配偶的财产权益。对此需要区分有偿交易与无偿或者低价处分两种情形。有偿交易情形下，夫妻共同财产仅发生形态上的变化，经济利益由不动产实物形态转化为货币或其他财产形式，整体并未受损，也不会威胁影响到婚姻生活的正常维系，配偶利益无须救济。深圳中院的裁判指引便认为，有偿交易中即使认定夫妻双方均应承担协助办理过户登记的义务，也不会损害未签约一方利益。

而无偿或低价处分情形下，夫妻共同财产整体受损，配偶利益如何救济？潜在共有方案提出基于婚姻关系的财产处分限制，认为不论是否有权处分以及客体是否为夫妻共同财产，只要该处分导致婚姻生活无法正常延续，例如对外转让家庭唯一住所，都需要配偶同意或追认，以达到优先保护配偶利益的需要。有学者提出“婚姻住宅”概念，当住宅作为家庭住所，无论所有权人是谁，对住宅的处分都要避免配偶陷入无房居住的困境。基于婚姻关系的财产处分限制固然可以作为救济理由，但在我国实证法中并无这一概念，且其背后的逻辑仍然是试图通过婚姻维度的价值穿透影响物权维度的处分效力。最高人民法院也认为实践中对家庭生活用房作例外规定很难操作，如果交易相对人耗尽财产仍无法取得房屋，却放任配偶以家庭生活用房为由追回别墅、公寓等豪华住宅，与社会一般观念不符。特殊情形下为保护生存配偶的居住利益，可通过民事执行程序中对唯一住房不予执行来实现。

编者认为，夫妻共同财产制原则上预设夫妻各享共同财产半数抽象份额，夫妻还可以通过约定财产制以及特定财产约定，分配婚姻维度各自在共同财产以及特定财物上的归属及份额。如果一方单独处分的特定财物价值不及该方在共同财产上享有的抽象份额，则配偶所受损失，离婚时有权依据第2款请求另一方损害赔偿，也可以离婚时主张另一方不分或少分夫妻共同财产，都足以达到救济目的。只有当单独处分的特定财物价值超过该方在共同财产上享有的抽象份额，或者单独处分的特定财物在婚姻维度归属于配偶一方，才实质性危及配偶的利益，价值排序上应优先保护配偶。救济路径上，对于无偿或低价处分情形下的负担行为，有裁判意见认为可根据案件事实认定交易双方构成恶意串通，从而导致负担行为无效。从处分行为角度，需要区分是否办理过户登记提供不同的救济措施。

如果尚未办理过户登记，作为有权处分，交易相对人自然有权要求登记一方过户以履行合同，有观点认为为了确保交易相对人的继续履行请求权，需要否认登记错误的可能性，从而在婚姻身份下构成了区别对待。编者认为，婚姻维度和物权维度的归属不一致有很多原因，也可能是基于夫妻的意思表示刻意为之，因此不应从登记错误的角度定性和观察。从强制执行法角度救济更为便捷，配偶可以作为案外人提出执行异议从而阻止执行过户登记，并通过析产的方式保障在共同财产上享有的潜在份额，具体方式下文另行详述。

如果已经办理过户登记，存在类推适用债权人撤销权的空间，单独处分共同财产一方对配偶负有赔偿义务，配偶作为赔偿义务方的债权人，有权撤销相应处分。有观点认为，鉴于夫妻离婚或一方死亡时有多少共同财产面临分配面临巨大的不确定性，债权人撤销权构成要件中“影响债权实现”难以判断。编者认为，不同于财产法上债权人撤销权旨在平衡债权人、债务人以及相对人三方独立市场主体的利益，本情形下债权人和债务人是夫妻身份并且叠加了共同财产这一特别财产，实现债权关联着未来离婚时夫妻共同财产的分割以及离婚损害赔偿，意味着债权本身不可避免存在不确定性，因而对“影响债权实现”应作宽松认定。既然价值排序上已经明确优先保护配偶而非无实际损失的交易相对人，则交易时“赠与或低价转让的财产价值超过共同财产一半份额或者超出婚姻维度处分方的归属份额”只是一种形式化的判别标准，只要配偶证明赠与或低价转让的财产是夫妻共同财产中的重要组成如不动产，或者该特定财物在婚姻维度已经归属于配偶，债权人撤销权要件即告成立。配偶行使撤销权后，处分方与相对人之间另行处理违约责任问题。

二、内外归属方案的外部效应——夫妻一方作为案外人提出执行异议

（一）夫妻一方能否阻却另一方的普通债权人执行夫妻共同房产

《民事诉讼法解释》第 310 条第 1 款规定，“案外人就执行标的享有足以排除强制执行的民事权益的”，执行异议成立。“足以排除强制执行的民事权益”意味着案外人在房产上的权益优于申请执行人。在案外人层面，案外人若享有所有权和用益物权以及《执行异议和复议规定》第 30—31 条（《执行异议和复议规定》第 30 条：“金钱债权执行中，对被查封的办理了受让物权预告登记的不动产，受让人提出停止处分异议的，人民法院应予支持；符合物权登记条件，受让人提出排除执行异议的，应予支持。”《执行异议和复议规定》第 31 条第 1 款：“承租人请求在租赁期内阻止向受让人移交占有被执行的不动产，在人民法院查封之前已签订合法有效的书面租赁合同并占有使用该不动产的，人民法院应予支持。”）规定的预告登记、不动产租赁权等物权化债权，有权阻却债权人强制执行。案外人若仅享有债权请求权，有观点区分了返还型债权与取得型债权，依据《执行异议和复议规定》第 26 条第 1 款第 1 项（金钱债权执行中，案外人依据执行标的被查封、扣押、冻结前作出的另案生效法律文书提出排除执行异议……该法律文书系就案外人与被执行人之间的权属纠纷以及租赁、借用、保管等不以转移财产权属为目的的合同纠纷，判决、裁决执行标的归属于案外人或者向其返还执行标的且其权利能够排除执行的，应予支持），返还型债权可以排除强制执行；取得型债权又可进一步分为买卖、赠与等交付型债权以及合同解除、不当得利返还等恢复原状型债权，按照物权变动登记生效规则，交付型债权不可排除强制执行。但是，最高人民法院以“中国特色的物权期待权理论”为依托，在《查封、扣押、冻结财产规定》第 15 条后段（被执行人将其所有的需要办理过户登记的财产出卖给第三人……第三人已经支付全部价款并实际占有，但未办理过户登记手续的，如果第三人对此没有过错，人民法院不得查封、扣押、冻结）以及《执行异议和复议规定》第 28 条［金钱债权执行中，买受人对登记在被执行人名下的不动产提出异议，符合下列情形且其权利能够排除执行的，人民法院应予支持：（一）在人民法院查封之前已签订合法有效的书面买卖合同；（二）在人民法院查封之前已合法占有该不动产；（三）已支付全部价款，或者已按照合同约定支付

部分价款且将剩余价款按照人民法院的要求交付执行;(四)非因买受人自身原因未办理过户登记]中认可了房产买受人的交付型债权符合一定条件时优先于申请执行人的普通金钱债权。在申请执行人层面,通常仅享有普通金钱债权或者基于房产买卖或赠与合同的特定物债权,而不享有《执行异议和复议规定》第27条(申请执行人对执行标的依法享有对抗案外人的担保物权等优先受偿权,人民法院对案外人提出的排除执行异议不予支持,但法律、司法解释另有规定的除外)规定的担保物权等优先受偿权,因而适格的案外人有权阻却执行。

针对婚姻房产,第一种情形是婚姻维度房产为夫妻共同财产,且在物权维度登记在双方名下,按份共有或共同共有。当夫妻一方的普通债权人请求强制执行该房产时,另一方作为共有人提起案外人执行异议之诉,主张对共有房产享有实体权利因而请求排除执行的,会被判决驳回诉讼请求。虽然依据《查封、扣押、冻结财产规定》第12条第1款,被执行人的配偶无法阻却执行,但是配偶作为共有人而非被执行人,不应对被执行人的债务承担清偿责任。2005年《上海市高级人民法院关于执行夫妻个人债务及共同债务案件法律适用若干问题的解答》明确规定必须先通过析产诉讼确定债务人份额后,执行法院才能执行。依据《查封、扣押、冻结财产规定》第12条第2—3款(共有人协议分割共有财产,并经债权人认可的,人民法院可以认定有效。查封、扣押、冻结的效力及于协议分割后被执行人享有份额内的财产;对其他共有人享有份额内的财产的查封、扣押、冻结,人民法院应当裁定予以解除。共有人提起析产诉讼或者申请执行人代位提起析产诉讼的,人民法院应当准许。诉讼期间中止对该财产的执行)有权主张"先析产、后执行"。执行程序不能强制分割共同财产,在无法通过协议分割确定债务人在其中的份额时,配偶可提起析产诉讼或者申请执行人代位提起析产诉讼。即便析产之诉未获支持,房产在执行程序中被强制拍卖,被执行人的配偶仍可依据共有份额主张房屋拍卖所得价款中的相应部分。

第二种情形是婚姻维度房产为夫妻共同财产,但物权维度仅登记在一方名下。名义登记人的普通债权人强制执行该房产,另一方能否就其潜在份额阻却执行?有的法院要求被执行人的配偶先提起确权之诉,确定其对登记在被执行人名下的房产享有共有份额,然后方可依据《查封、扣押、冻结财产规定》第12条主张先析产、后执行。如果名义登记人的行为构成《民法典》第1066条第1项的隐藏、转移、变卖、毁损、挥霍夫妻共同财产或者伪造夫妻共同债务等严重损害夫妻共同财产利益的行为,另一方有权主张婚内析产,并针对析产后归属于自己的房产或相应份额阻却执行。同样的思路可以处理夫或妻一方的普通债权人对登记在举债方名下的夫妻共有股权申请强制执行时,举债方配偶提起案外人异议之诉的权属判断。

(二)夫妻中约定产权人能否阻却名义登记人的普通债权人执行房产

第三种情形是婚姻维度依据夫妻房产约定归属于约定产权人,但物权维度尚未完成移转或变更登记(未加名、更名或除名),仍归名义登记人所有。名义登记人的普通债权人请求强制执行房产,约定产权人是否有权提出案外人执行异议阻却执行?有的裁判持赞成意见,有的裁判则不予支持。既然《查封、扣押、冻结财产规定》第 15 条和《执行异议和复议规定》第 28 条承认了房产买受人有权排除强制执行,举轻以明重,法律地位优于房产买受人的约定产权人也有权排除强制执行,最高人民法院近些年对此予以认可。《执行异议和复议规定》第 28 条要求满足四个要件,即查封前已订立书面买卖合同、买受人已占有不动产、已支付全部价款以及非因买受人自身原因未办理过户登记。夫妻中约定产权人提起案外人执行异议之诉的场合无须支付价款,第 28 条在婚姻关系中可以类推为下述三个要件。

第一个要件是查封前双方已约定房产归一方所有。查封具有冻结效力,如果允许被执行人在房产查封后仍有权通过夫妻财产约定或者离婚财产协议转移房产,婚姻关系则沦为逃债工具,且违反《查封、扣押、冻结财产规定》第 24 条规定(被执行人就已经查封、扣押、冻结的财产所作的移转、设定权利负担或者其他有碍执行的行为,不得对抗申请执行人)。为何不是内部房产约定时间早于执行债权的成立时间即可?最高人民法院案例和有的学者持这一见解。反对观点认为,被执行人的个人债务具有隐蔽性,配偶未必知情且无从控制,因此以债务发生时间决定配偶能否排除强制执行过于苛刻。编者认为,普通金钱债权成立后,债务人的一般责任财产发生变动属于常态,债权人对于债务人一般责任财产范围的信赖利益,仅在债的保全限度内具有正当性,因此当普通金钱债权成立之后、查封之前,夫妻房产约定符合债权人撤销权要件时,债权人通过行使债权人撤销权自我保护。当然,夫妻房产约定中无偿性和低价的判断不同于市场交易,需要谨慎认定。考虑到子女抚养、债务承担等复杂因素后,如果存在夫妻共同财产及共同债务分割比例显著失当,足以被认定为恶意逃债,可以作为执行债权人对案外人执行异议的抗辩事由。

第二个要件是查封前约定产权人已合法占有不动产。鉴于婚姻关系的特殊性,无须对占有界定过于严苛,既可以是约定产权人单独占有房产,也可以是夫妻以及其他近亲属共同占有。不止一套家庭房产时,既包括以居住的方式直接占有,也包括以出租的方式间接占有。

第三个要件是约定产权人未办理过户登记不存在过错。在夫妻财产制和各种夫妻财产约定影响下,物权维度的房产登记状态与婚姻维度的内部归属"表里不一"已是常态,且房产变更登记存在大量客观限制,不能把内外归属表里不一都归责于约定产权人一方。有观点认为,《查封、扣押、冻结财产规定》第15条的"可归责性"标准(约定产权人未办理过户登记并无过错)相比《执行异议和复议规定》第28条的"可归因性"标准(非因约定产权人自身原因未办理过户登记),更能涵盖对无过错的约定产权人的保护。可认定为过错的情形包括基于避税或者阻止另一方再婚等违法背俗理由不办理过户登记,以及客观条件具备后长期不办理过户登记。

可能存在的另一个问题是,约定产权人的普通债权人请求强制执行房产,该房产是否属于约定产权人的责任财产,名义登记人能否阻却执行?绝大多数场景下,夫妻之间的房产约定在未过户登记之前并不被包括约定产权人的普通债权人在内的第三人知悉,何谈请求强制执行房产,似乎是一个伪问题。假设约定产权人的普通债权人知悉房产归属约定的存在,能否强制执行房产?编者认为,该情形下物权维度房产被过户登记至约定产权人名下只是时间问题,物权公示的规范目的在于保护交易相对人利益,而在约定产权人的普通债权人请求执行房产场合,显然与物权公示的规范目的并不冲突,因此应当穿透物权公示,而更注重内部实质财产权益的归属,不应赋予名义登记人阻却执行的权利。约定产权人的普通债权人还可以通过诉讼保全和债的保全措施维护自身权益,《民法典》第535条将债权人代位权从到期债权扩展到对相对人的权利,包括请求配合过户登记的权利,因此约定产权人的普通债权人也有权代位请求名义登记人办理过户登记。

(三)《民事强制执行法(草案)》执行析产模式的弊端以及具体适用

夫妻共同财产分割有协议析产、诉讼析产以及执行析产三种方式,前述《查封、扣押、冻结财产规定》第12条第2—3款规定了前两种模式,分割共同共有财产确定份额后再予执行。然而实践中分割协议基本很难达成,诉讼析产程序难以操作且有悖于执行效率原则,形成共同共有财产的执行困境。各地法院如广东高院和吉林高院开始探索执行法院结合案件具体情况对共同共有财产进行强制分割的解决之道。最高人民法院在2022年《民事强制执行法(草案)》第173条明确放弃诉讼析产模式,改采执行析产模式:"人民法院查封被执行人与他人的共同共有财产,应当及时通知被执行人和共有人。(第1款)共有人在收到通知之日起十五日内,与被执行人协议分割并经申请执行人认可的,人民法院可以依据本法第一百七十一条第二款规定处理。(第2款)未在前款规定期限内协商一致的,人民法院可以处置共同共有财产。所得执行款按照被执行人和共有人出资额占比进行分配;不能确定出资额的,等额均分。(第3款)”

根据《民事强制执行法(草案)》第173条规定,夫妻与债权人各方收到通知之日起15日内未能达成析产协议的,执行法院可直接分割共同共有财产确定财产份额,对共有物强行变价后执行变价款中属于债务人的份额,返还债务人配偶的份额,无须待析产诉讼后再恢复执行。分割的对象是执行款而非共同房产,执行分割方法为先确定出资额占比,不能确定出资额的等额分割。共有人或申请执行人认为执行析产侵害其财产权利的,可提起执行异议之诉。

反对观点认为,首先,夫妻以及申请执行人之间就被执行人的共有房产份额争议属于实体权利义务问题,根据审执分离原则应通过诉讼程序解决,执行法院无权先行认定实体法层面的共有份额问题。其次,界定共有人在共同财产中的具体出资额已经超越了对财产外在情状调查的范围,进入实质审查领域,执行程序无力保障共同财产认定和份额界定的准确性,很容易催生区分债务人个人财产与夫妻共同财产的执行异议。最后,执行共同财产需要先取得对全体共有人的执行依据,否则相当于变相追加其他共有人为被执行人,极易侵害债务人配偶等共有人利益。如果是为了提升针对共有房产的执行效率,在各方协商不成的前提下,可以通知共有人在诸如15日的指定期限内提起析产诉讼,逾期未提的,可通知申请执行人在指定期限内代位提起析产之诉,逾期未提的则解除查封,借此缓解执行实务中共有财产被长期查封却无法实际执行的问题。

肯定观点则认为,首先,诉讼析产与既判力相对性理论不契合,在婚姻房产被查封、扣押、冻结后,对该房产另案取得的法律文书原则上不能拘束本案执行。其次,若将执行程序存在的所有实体判断事项都由审判程序处理,执行权将难以行使,对执行标的权属关系的界定,属于民事执行权中的判断事项。最后,执行程序中对实体权利义务的初步判断不具有既判力,可能在之后的执行救济程序中被推翻。

编者认为,可以运用内外归属方案解释《民事强制执行法(草案)》第173条,其适用对象限于特定财物在物权维度归属状态为不区分共有份额的共同共有,但该特定财物在婚姻维度的归属状态可能是夫妻共同所有或者一方个人独有,夫妻双方也可能约定了各自份额多少,第173条第3款规定的各共有人出资额占比指的便是婚姻维度夫妻各自的份额。但是第173条最大的问题是未能正确预估计算夫妻出资额占比的复杂性,这绝非执行程序中的初步判断可以胜任。假若未来正式通过的《民事强制执行法》依旧采用第173条的方案,下文尝试提供婚姻房产中夫妻各自份额的认定和计算方法。

内外归属方案下,购房合同由哪方在婚前或婚后订立、婚前或婚后登记于哪一方这些影响因素都与婚姻维度的归属脱钩,唯一的影响因素是资金来源。第一种情形是夫妻一方一次性全额支付房价或全额首付并以个人财产还贷,房产属于买方个人财产;第二种情形是双方或一方用个人财产支付首付,婚后共同还贷,房屋成为个人财产与夫妻共同财产的混合体;第三种情形是双方婚后用共同财产支付首付并还贷。婚姻维度重要的并非房产归属,而是夫妻各自的份额。婚后以共同财产支付的首付款和还贷部分及其增值,被归入夫妻共同所有的份额,一方婚后以自己的工资收入还贷在共同财产制下也被视为共同还贷。一方个人财产支付的首付和贷款在婚后的增值部分归入个人所有还是共同所有存在争议,需要界定属于主动增值的投资收益还是因市场价值变化而导致的被动自然增值。分歧实质在于法定财产制下共同财产的范围,而范围大小归根结底取决于价值判断而非逻辑推演。编者认为,在认定共同还贷时已经考虑到夫妻家务劳动价值等贡献因素,因此认定个人财产婚后增值性质时无须重复计算另一方的协力和贡献,个人财产婚后增值仍然归入个人财产。

执行法院通过执行析产方式分割共同共有的婚姻房产时,根据上述方法认定婚姻维度债务人一方的个人财产和夫妻共同财产,对属于个人财产的部分计算各自占比,对属于夫妻共同财产的部分原则上根据等额分割原则计算占比。如果房产购买时间久远且债务人夫妻无法提供相关出资证据也适用等额分割原则。最高人民法院相关判例、北京高院以及浙江高院的执行规定都明确原则上以夫妻共同财产1/2份额为限执行。其合理性在于执行法院执行析产时婚姻关系尚未解除,因此在这一阶段无须倾斜保护子女、女方和无过错方利益,否则相当于通过执行程序实质性评判并且分割夫妻共同财产,构成以执代审,难以保障当事人举证和法庭辩论等程序权利。

【批复答复】

《最高人民法院关于夫妻一方未经对方同意将共有房屋赠与他人属于夫妻另一方的部分应属无效的批复》(〔1987〕民他字第14号,1987年8月5日)

经研究,我们认为,该案争执之房屋原系王镛、王守瑜、王庆贞之母的财产。出典后,由王镛于1937年出资赎回,解放后,该房屋确权为王镛所有。在王镛与孙跃文婚姻关系存续期间,夫妻任何一方所得之财产,包括上述房屋,应属夫妻共同财产,夫妻一方在处理共同财产时,应取得另一方的同意。王镛在征求孙跃文意见时,孙明确表示不同意将房屋赠与王守瑜以后在赠与书上又未签字,因此赠与应属无效。但鉴于王守瑜已长期掌管使用,王镛生前曾有过赠与的明确表示,其子女当时也表示同意的历史状况,从实际情况出发,以认定一部分为王镛和孙跃文的遗产,一部分属于王守瑜的遗产为宜。按照继承法的规定,双方的遗产分别由他们各自的法定继承人继承。

【地方法院规范】

《江苏省高级人民法院民事审判第一庭家事纠纷案件审理指南(婚姻家庭部分)》(2019年)

40. 夫妻一方擅自处分共有不动产应当如何处理?

《婚姻法解释三》第十一条①规定仅适用于"登记在夫妻一方名下,该方处分"的情形,受让人在符合《中华人民共和国物权法》第一百零六条②规定情形下,其主张取得物权的,应予支持。在不符合《中华人民共和国物权法》第一百零六条规定情形下,依照《婚姻法解释一》第十七条第二项的规定,如果受让人能够举证证明"有理由相信其为夫妻双方共同意思表示"的,受让人主张继续履行合同的,亦应予以支持。

对"登记在夫妻双方名下、夫妻一方处分"以及"登记在夫妻一方名下,夫妻另一方处分"的情形,可以依照《婚姻法解释一》第十七条第二项的规定,如果受让人能够举证证明"有理由相信其为夫妻双方共同意思表示"的,受让人主张继续履行合同的,应予支持。

对于"有理由相信其为夫妻双方共同意思表示",可以通过审查当事人先前行为是否足以造成确信(在场未表示反对)、是否从公开场所取得(通过中介)、手续是否齐备(本人在场、证件原件、授权委托书)等予以综合判断。

第二十九条 【父母为双方结婚购置房屋出资行为的性质】 当事人结婚前,父母为双方购置房屋出资的,该出资应当认定为对自己子女个人的赠与,但父母明确表示赠与双方的除外。

当事人结婚后,父母为双方购置房屋出资的,依照约定处理;没有约定或者约定不明确的,按照民法典第一千零六十二条第一款第四项规定的原则处理。

【司法解释·注释】

一方的婚前财产为夫妻一方的财产。从现实社会生活中反映的情况看,父母为子女购买房屋出资的目的往往是为子女结婚,出资的真实意思表示也应是对自己子女的赠与。因此,当事人双方结婚前,各方的父母即使是为当事

① 对应《民法典婚姻家庭编解释(一)》第28条。——编者注

② 对应《民法典》第311条。——编者注

人双方购置房屋出资的,该出资也应当认定为对自己子女的个人赠与。

从现实社会生活中反映的情况看,也确实存在大量父母为子女购买房屋而出资时,因与儿媳或女婿关系不睦,其出资的真实意思表示只是对自己子女的赠与,而不愿意由自己的子女与儿媳或女婿共有的情况。因此,即使当事人双方结婚后,各方的父母为当事人双方购置房屋而出资,但如果父母明确表示该出资为对自己子女的个人赠与的,该出资不能认定为当事人双方共同所有的财产。为统一裁判尺度,本条第2款还明确当事人可以事先约定出资的性质和归属。

现实生活中,由于父母与子女不和、子女离婚时父母为保全自己的出资等原因还经常会出现父母请求返还出资的情形。父母请求返还出资所主张的基础法律关系往往为借贷而非赠与。基于父母子女之间密切的人身财产关系,父母出资时很少留下证据证明自己出资的性质。一旦涉讼,双方的主要证据均为当事人陈述。对父母出资为子女购买房屋行为的法律性质,应尊重双方意思自治。父母出资赠与的真实意思表示,一般应发生在出资的当时或在出资后。父母日后再主张借贷关系则一般不能得到支持。对借贷关系是否成立应严格遵循"谁主张谁举证"原则。如果父母有关借贷的举证不充分,则应认定该出资为赠与行为。借贷关系中一般都立字为据,因此,主张借贷关系的父母应比主张赠与关系的子女更接近证据并更容易保留证据。父母子女间的亲缘关系决定了父母出资为赠与的可能性高于借贷,进而,由主张借贷关系这一低概率事件存在的父母来承担证明责任也与一般人日常生活经验感知保持一致。综上,在父母一方不能就出资为借贷提供充分证据的情形下,一般都应认定该出资为对子女的赠与。

【编者观点】

父母为子女购房出资的性质与归属

(一)父母出资与房产归属脱钩

《婚姻法解释(三)》第7条第1款将父母赠与意图与产权登记挂钩,产权登记在一方名下的,推定为对出资人子女一方的赠与;同时将产权登记与房产归属的认定挂钩,产权登记在一方名下的,认定为该方的个人财产。第2款又反过来弱化了产权登记的效力,在双方父母皆为购房出资的场景下,注重出资的构成,将房产归属认定为以出资份额按份共有。该条虽便于司法认定以及统一裁量尺度,但在教义学和价值伦理层面皆遭受学界诟病。《民法典婚姻家庭编解释(一)》保留了《婚姻法解释(二)》第22条的同时删除了《婚姻法解释(三)》第7条,为区分"父母出资的归属"与"子女所购房产的归属"提供了解释空间。

父母出资虽然为子女购房提供了金钱资助,但出资事实不应成为决定子女所购房产归属以及共有关系性质的依据。“父母把钱给子女”的“出资行为”以及“子女拿着父母给的钱买房”的“购房行为”属于两项独立的法律行为,应当分别认定其性质和所涉财物的归属。《婚姻法解释(二)》已经意识到这一区分,官方释义将《婚姻法解释(二)》“要解决的对象目标确定为父母为子女购置房屋的出资问题,而不再是房屋”。

父母出资与房产归属脱钩的步骤是,第一步,解决父母出资的归属,出资属于子女一方还是夫妻双方,涉及将父母出资的意思表示解释为赠与或借贷,合同相对方是子女一方或夫妻双方;还涉及法定财产制中夫妻共同财产与个人财产的边界。这一步完成之后,父母的出资转变为子女的个人财产或夫妻共同财产。第二步,解决子女所购房产的归属和份额,该步骤仍需考虑购房资金来源,但仅限于夫妻共同财产或某一方个人财产两个来源,不再溯源至双方父母的出资。

如果父母以子女名义购房,子女才是购房合同的买方,仍应区分出资归属与房屋归属;如果父母以自己名义全款购房,随后过户到自己子女或夫妻双方名下,赠与的客体是房产而非出资,推定为对自己子女的赠与,成为子女个人财产;如果父母以自己名义按揭贷款购房并支付首付款,随后过户到自己子女或夫妻双方名下,赠与的客体也是房产而非首付款,推定为对自己子女的赠与,若由夫妻共同还贷,在婚姻内部关系中再行计算个人所有及共同所有的份额。

(二)父母出资行为的性质:借贷抑或赠与

现实生活中,由于父母与子女不和或者子女离婚时父母希望保全自己的购房出资等原因,父母会主张请求返还购房出资款,理由是出资的基础法律关系为借贷而非赠与。对出资行为的性质认定应当尊重当事人的意思自治,这是本条在《婚姻法解释(二)》第 22 条基础上增加“依照约定处理”的用意所在。第 1 款并未排除父母出资被认定为借贷的可能性,并非针对赠与或是借贷的推定规则,该条隐含的适用前提恰恰是出资行为业已被认定为赠与。尚未解决的难题是,对出资性质没有约定或者约定不明确时,推定为借贷还是赠与?表面上涉及父母意思表示的解释问题,实质上仍是政策决断和价值判断问题。

基于父母子女间密切的人身关系和中国传统家庭文化的影响,实践中父母出资时一般都不会跟子女签署正式书面的赠与或借贷合同,离婚时对是否存在口头合同及其内容往往成为争议焦点。最高人民法院的立场是推定为赠与,如果子女主张赠与而父母主张借贷;或者离婚时子女一方主张是借贷从而构成夫妻共同债务,对借贷关系是否成立需严格遵循“谁主张谁举证”原则,理由是主张借贷关系的一方比主张赠与关系的一方更接近且更容易保留证据,将出资为借贷的证明责任分配给父母比将出资为赠与的证明责任分配给子女更符合证明责任分配原则。有的法院因为无法排除倒签借据的可能性,以产权登记作为优势证据否定借据的效力。最高人民法院强调,在相关证据的认定和采信上,应适用《民事诉讼法解释》第105条,运用逻辑推理和日常生活经验法则,对证据有无证明力和证明力大小进行判断,准确认定法律关系的性质。

推定为赠与的实质性理由是,父母子女间的亲缘关系决定了赠与的可能性高于借贷。从中国现实国情看,子女刚参加工作缺乏经济能力,无力独自负担买房费用,父母基于对子女的亲情,往往自愿出资为子女购置房屋。从日常生活经验看,大多数父母出资的目的是希望改善子女的居住条件,而非日后收回这笔出资。从传统观念的延续看,传统家庭历来选择子女结婚的当口作为两代之间“分家”传递家业的契机,将分家实践表述成赠与虽然别扭,后果上并无太大差别,若表述为借贷则与分家观念完全相悖。

推定为借贷的实质性理由是,一方面,父母对成年子女原则上不负担抚养义务,对子女购房当然没有法定出资义务;另一方面,鉴于父母将多年积攒的全部或大部分养老积蓄用于子女购房,若子女对父母不尽赡养义务且出资被视为赠与,现实中父母可能会陷入“人财两空”的困境。为了在制度层面避免上述风险,不妨推定为借贷,保留父母的出资返还请求权。若子女仅为一人且不考虑时效,父母对子女享有的借款债权最终经由子女继承导致的债权人与债务人身份混同而消灭,保障父母权益的同时并不影响子女的实际权益。有裁判观点支持将父母出资推定为以帮助为目的的临时性资金出借,子女负有偿还义务。有观点从举证责任角度展开,认为赠与是无偿、单务的法律行为,对受赠人而言纯获利益,而对于赠与人影响极大,因此举证责任由主张赠与的一方承担,不能依据父母子女关系自然推定为赠与。

采取何种推定规则,很大程度取决于合同相对方是子女一方还是夫妻双方,即出资资金归属于谁。出资性质认定与资金归属两个问题环环相扣,如果推定为父母仅赠与自己子女,则在房产内部份额取决于资金来源的结论下,父母的出资不会因离婚而被另一方攫取,这一结果反过来会最大限度减少将出资认定为赠与的顾虑,没有必要认定为借贷。鉴于本书结论是推定为仅对自己子女出资,因此视为赠与不会导致对父母不公的社会效果,还可避免借贷引发的返还关系,降低规范适用的复杂度。

(三)父母出资资金的归属:赠与子女一方抑或夫妻双方

《婚姻法解释(二)》第22条根据

夫妻财产制规则,依据结婚时间采取截然相反的推定规则。双方结婚前,父母出资推定为对自己子女的赠与;结婚后推定为对夫妻双方的赠与,成为夫妻共同财产。《婚姻法解释(三)》第7条被删除意味着意思推定与产权登记脱钩,且双方父母出资时房产不再为按份共有。官方删除理由是按份共有与家庭伦理性特征不相符,也与《民法典》第1062条“在没有明确表示赠与一方的情况下,应当归夫妻共同所有”的规定相冲突。依据《民法典》第308条,在双方没有明确约定的情况下,基于家庭关系的特殊属性,亦不宜认定为按份共有。理论上,不动产登记簿的推定效力是对权利人和权利内容的推定,而非对导致物权变动的意思表示内容的推定,后者属于负担行为的任务。因此产权登记本身无法推出登记权利人通过何种途径获得房产,更无法推导意图赠与一方还是双方。实践中,购房环节包含诸多复杂情形,因为政策、贷款等原因,房产登记在一人名下同夫妻内部对房产归属的意思可能并不一致,更无法通过登记推定父母的意思。

本条回到《婚姻法解释(二)》第22条的传统立场。推定规则是否具有实质合理性,需要从三个方面依次验证:首先,是否符合现实社会中父母出资时的真实意愿;其次,是否有利于保障出资方父母因预支养老费用而换取的期待利益;最后,依据出资时间采取截然相反的推定规则的理由是否成立。

首先,须探究父母出资时的真实意愿。父母的真实意愿为何重要?因为法定财产制下有必要区分交换所得和非交换所得。基于买卖、租赁等自愿有偿交易以及侵权、不当得利等非自愿行为的交换所得均具有对价性,相对方的意思和利益止于交换,并不关心作为对价的财产在所有权移转之后是否成为夫妻共同财产;即便相对方关心财产内部归属并与夫妻一方作出约定,基于合同相对性也只能约束交易双方,无法约束交易方的配偶,换而言之不能对抗法定财产制的效力。但在基于赠与、继承的无偿所得关系中,赠与财产的归属对基于身份关系或个人情感而作出的赠与行为具有决定性影响,赠与人通常不希望所赠财产由第三人分享。即便是同居共财的传统中国大家庭也区分劳动所得与无偿所得,家族中某人“白白”从别人那儿得到东西属于他的特有财产。因此,无偿所得的归属可转化为对赠与人真实意思的解释问题,关系到赠与人同夫妻双方的情感及利益关联、赠与的具体场景等社会生活事实。

父母为子女购房出资的主要目的是满足子女的婚姻生活所需,出资时父母都希望子女婚姻幸福稳定,不愿设想子女婚姻解体的可能。表达祝福时为了避免引起儿媳或女婿的不快和误会,父母一般不愿意明确出资性质和出资对象,也不会与子女签署书面协议,国人相对隐晦的行事风格导致事后父母通常无法提供明确赠与子女一方的证据。《婚姻法解释(三)》第7条为此才把房产登记在自己子女名下的含蓄方式推定为父母只对自己子女赠与的意思。血亲与姻亲的天然差异,决定了为自己子女提供婚后居住条件,才是促使父母出资的本意。鉴于子女在未来可能面临的离婚风险,无论是婚前还是婚后,父母大额出资的真实意思表示都是对自己子女一方的赠与,属于子女的个人财产。如果一概将出资认定为父母为对夫妻双方的赠与,势必违背父母为子女购房出资的初衷,缺乏社会认同。法律本质是不保护不劳而获的,因子女离婚而承担包括养老费用在内的家庭财产流失一半的严重后果,绝大多数出资的父母都会无法接受。于是在实践中出现伪造债务、虚假诉讼甚至父母与自己子女倒签赠与合同种种乱象,无非体现了父母希望在子女离婚时保住自己毕生辛苦积蓄的诉求。

其次,须探究父母出资后养老等期待利益的保护。父母为子女购房出资凝结着浓厚的伦理和亲情因素,既是家庭财产基于血亲关系传续的需要,也是子女更好履行赡养义务的物质保障。父母为子女结婚购房往往预支了未来的养老费用,甚至向亲朋好友举债,出资很大程度上蕴含着对子女未来履行赡养义务的期待。《老年人权益保障法》规定赡养人的配偶应当协助赡养人履行赡养义务。在当前闪婚、闪离现象增多和老龄化问题加剧的背景下,一旦夫妻离婚,原配偶连“协助”赡养义务都没有了,已经引起父母的普遍担忧。法院系统从社会效果出发,明确提出离婚诉讼中不仅要保护婚姻双方当事人利益,也要保护双方老人的合法权益。因此,从保护父母养老等期待利益的角度,不宜将父母出资认定为对夫妻双方的赠与。

最后,须探究以结婚时点为区分标准是否合理。夫妻关系不同于“一时性”债之关系的交易行为,结婚这一法律行为生效,仅仅意味着一段可能漫长的婚姻存续关系的开始。各方行为都围绕服务婚姻生活这一“继续性”关系而展开,结婚的具体时点反而不具备重要性和敏感性。父母于子女“新婚之际”出资购房便可满足子女婚姻生活的居住需求,“新婚之际”体现为结婚登记前后的整块时间段而非某个特殊时点,实际出资在这一时点之前或之后具有偶然性,也完全不影响出资目的实现。传统社会同样存在类似观念,父母赠与女儿的嫁资未必在出嫁时交付,待出嫁后经过一段时间,确定夫妇和睦之后再交付的也不少。因此,本条的区分标准是一种没有实质合理性的形式逻辑推演,父母婚前或婚后出资都仅视为对自己子女的赠与。同理,房产登记时间以及登记方也具有偶然性,例如实践中常见因开发商的原因导致购房人未能于婚前取得房屋产权证书。

综上所述,父母为子女购房出资的理想规则是,无论出资发生在婚前还是婚后、部分还是全额、一方还是双方,都推定为对自己子女的赠与,成为自己子女的个人财产。通过保障父母出资利益不因子女离婚而受损,打消父母的担心,有利于将父母的意图统一推定为赠与而非借贷,同时避免了赠与夫妻双方前提下迂回适用赠与所附条件不成就、所附义务未履行、因主观交易基础丧失的情事变更主张酌情返还等救济手段,简化规范体系的复杂性。解释论层面为了达到赠与自己子女的法律效果,对《民法典》界定个人财产的第 1063 条第 3 项"遗嘱或者赠与合同中确定只归一方的财产"中"确定"一词,宜作扩大解释。

【法院参考案例】

1. 王某晶诉吴某离婚纠纷案[《人民法院案例选》2012 年第 2 辑(总第 80 辑)]

【裁判要点】

婚前一方父母以该方名义签订房屋买卖合同、交付定金及首付款,结婚后办理房屋产权登记,且登记在该方个人名下。离婚时双方对该房屋产权归属不能达成协议的,人民法院可以判决该房屋产权归登记一方。

2. 李×2(男)诉李×1(女)离婚纠纷案——父母为子女出资购买房屋所给付的首付款性质及恶意转移财产的认定[《人民法院案例选》2017 年第 7 辑(总第 113 辑)]

【裁判要旨】

(1)夫妻关系存续期间,对于父母为子女出资购买房屋所给付的首付款的性质,一方主张系夫妻共同借款,一方主张系父母对于自己一方的赠与,在双方均未提供充分有效证据时,应依据《婚姻法解释(二)》第 22 条第 2 款之规定,将该出资认定为父母对夫妻双方的赠与。

(2)离婚时,一方主张对方在婚姻关系存续期间存在恶意转移夫妻共同财产情形的,应结合其提供的证据,并审查财产转移的目的、用途、时间等具体证据,综合认定。证据不足的,不能认定。

3. 姚某诉王某婚约财产纠纷案——双方以缔结婚姻为目的共同出资购房并将房屋登记在一方名下,分手时应综合各项因素确定返还数额(人民法院案例库 2023-07-2-012-001)

【裁判要旨】

双方以缔结婚姻为目的购房并将房屋登记在一方名下,且对房屋归属无明确约定的情况下,在缔结婚姻的目的无法实现时,不能简单地套用投资收益原则处理以感情为基础、以缔结婚姻为目的的婚约财产纠纷,不能将支付购房款比例或者登记权利人身份与房屋增值收益直接挂钩,应当基于婚约的性质、目的,统筹考虑房款支付情况,房屋增值,房屋登记、使用和维护情况以及房地产限购政策对当事人的实际影响等各种因素,确定返还数额。

第三十条 【军人的伤亡保险金等费用归属】军人的伤亡保险金、伤残补助金、医药生活补助费属于个人财产。

【司法解释·注释】

在涉及军人的离婚诉讼中,认定军人个人财产的原则应当是判断某一项财产是否具有严格的专属于军人特定身份的性质。军人伤亡保险制度是对服役期间因战、因公死亡或者致残的军人,以及因病致残的初级士官和义务兵,在享受抚恤待遇的同时,再给予死亡保险金或者伤残保险金。《军人保险法》第12条规定:"军人伤亡保险所需资金由国家承担,个人不缴纳保险费。"由此,军人伤亡保险完全由国家负担。军人伤亡保险分为伤残保险和死亡保险。因战、因公致残获得的伤残保险金属军人个人财产,伤残保险的受益人为军人本人。因战、因公死亡获得的死亡保险金不属于军人个人财产,而归保险受益人所有。军人的伤残补助金不仅与其生命健康关系密切,直接关系到伤残军人的身体状况、精神状态及生活质量,还是国家对于因战、因公致残军人英勇行为的肯定和表彰,对于保护军人个人权利具有重要意义。因此,军人的伤亡保险金、伤残补助金与军人这一身份密切相关,明显具有特定的人身属性,应当属于军人一方的个人财产。

发给患慢性病复员干部的医药生活补助费,系由医药补助费和生活补助费两部分组成,因为这些带病复员干部,既需服用药品,又因失去了部分劳动能力,无法维持本人生活,故需要以适当的医药和生活补助,以利于其恢复健康。从其特定的人身性质来看,也应认定为军人一方的个人财产。

复员费和转业费是每一个复转军人都要领取的经济补贴,用于其安家立业的支出,为附条件的夫妻共同财产。

军属优待金严格意义上叫作军人家庭优待金,既不属于军人个人财产,也不属于军人夫妻共同财产,而是为照顾义务兵家庭的特殊财产,士官、军校学员和军官不享受优待金待遇。军属优待金是军属家庭特殊共有财产,主要用于优待军人父母和未成年的弟、妹,军人亡故(牺牲)前对这部分财产没有处分权。死亡抚恤金是国家为表示对死亡的现役军人的褒扬和对其遗属的抚慰,既不属军人财产,也不属夫妻共同财产,归烈士、因公牺牲军人、病故军人的遗属所有。

第三十一条 【夫妻一方的个人财产不因婚姻关系延续而转化为夫妻共同财产】民法典第一千零六十三条规定为夫妻一方的个人财产,不因婚姻关系的延续而转化为夫妻共同财产。但当事人另有约定的除外。

【司法解释·注释】

如果把婚前财产因结婚时间的延续而纳入夫妻共同财产的范围,极有可能使富有阶层视结婚为危途,在社会上更多地发生同居等非婚行为。

如果夫妻一方的个人财产在婚姻关系存续期间已经由夫妻双方或一方消费或者已经自然损耗的,所有权人亦不得要求对方给予补偿。

【编者观点】

本条确立了性质不转化规则,基于时间标准确定为夫妻一方所有的个人财产,不会因为婚姻关系的存续而转化为夫妻共同财产。原《最高人民法院关于人民法院审理离婚案件处理财产分割问题的若干具体意见》第 6 条曾经规定:“一方婚前个人所有的财产,婚后由双方共同使用、经营、管理的,房屋和其他价值较大的生产资料经过 8 年,贵重的生活资料经过 4 年,可视为夫妻共同财产。”该规定已经被废止。

【地方法院规范】

《北京市高级人民法院民一庭关于审理婚姻纠纷案件若干疑难问题的参考意见》(2016 年)

十二、【婚前财产形态变化不影响性质】双方对婚前个人财产归属没有约定的,该财产不因婚姻关系的持续或因财产存在形态的变化而转化为夫妻共同财产。

【法院参考案例】

杨某乙诉杨某甲离婚后财产纠纷案——婚后以个人财产购置的房屋应认定为夫妻共同财产还是个人财产(人民法院案例库 2023-16-2-015-003)

【裁判要旨】

夫妻共同财产,是指夫妻双方或一方在婚姻存续期间所得,除法律另有规定或夫妻双方另有约定之外,归属夫妻共同所有的财产。离婚案件中对财产的分割,仅指夫妻共同财产,夫妻的个人财产及其他财产均不在分割之列。夫妻一方个人所有的财产,不因婚姻关系的延续而转化为夫妻共同财产。在婚姻关系存续期间,夫妻一方以个人财产购置的房屋等不动产仍应归个人所有,不属于夫妻共同财产。

第三十二条 【夫妻之间赠与房产】婚前或者婚姻关系存续期间,当事人约定将一方所有的房产赠与另一方或者共有,赠与方在赠与房产变更登记之前撤销赠与,另一方请求判令继续履行的,人民法院可以按照民法典第六百五十八条的规定处理。

【司法解释·注释】

《民法典》第 658 条规定:“赠与人在赠与财产的权利转移之前可以撤销赠与。经过公证的赠与合同或者依法不得撤销的具有救灾、扶贫、助残等公益、道德义务性质的赠与合同,不适用前款规定。”该条并未将夫妻之间的赠与排除在外,为夫妻在赠与房产过户前对未经公证的赠与合同的任意撤销权提供了依据。

有观点认为,根据《民法典》第 1065 条第 2 款规定,夫妻之间赠与房产的约定也属于财产约定的内容,该约定对双方具有法律约束力,则赠与方未按约定办理变更登记的,受赠方有权要求继续履行,这也是诚信原则的应有之义。但该款是在夫妻约定财产制度这一前提下对夫妻内部关系所作的规定,与本条适用的情形有着本质的不同。夫妻财产制契约功能和目的是总体上安排夫妻财产关系,针对的是概括财产或集合财产;夫妻间无偿给予的目的在于改变一项特定财产的权利归属。夫妻财产制契约主要是面向将来发生效力的;夫妻间无偿给予通常针对的是既有财产中的特定物。夫妻财产制契约属于继续性合同,对双方婚姻关系存续期间持续获得的财产产生持续的约束力;而夫妻间无偿给予合同属于一次性合同。

本条所指的“当事人”是狭义的当事人。之所以用“当事人”而不用“夫妻”的概念,是因为涉及赠与房产的离婚纠纷进入诉讼后,其已经成为民事案件的当事人。因此,在审判实践中对“当事人”不应作扩大解释。赠与人在赠与财产的权利转移之前可以撤销赠与,其中的“权利转移”就是办理赠与房产过户登记,凡已办理房产过户登记的,或者虽未办理过户登记,但已办理房产公证手续的,人民法院对夫妻一方关于继续履行赠与合同的请求予以支持。本条中用“可以”而不用“应当”来表述,但不能将“可以”理解为法官的自由裁量权,应理解为在不具备前述两种情形时,人民法院对当事人关于继续履行夫妻房产赠与合同的请求,一般不予支持。

本条旨在解决夫妻房产赠与合同的任意撤销权而非法定撤销权引起的纠纷,故本条应排除法定撤销权的适用。适用本条应符合的条件是,夫妻双方已经签订了房产赠与合同;赠与的标的物是房产;房产尚未进行转移登记或“加名”的变更登记,赠与人仍是赠与房产的所有权人。

夫妻房产赠与合同中放弃任意撤销权的约定有效。受赠人据此请求继续履行赠与合同的,即使赠与房产未经公证,人民法院也应予支持。

【编者观点】

本条在《婚姻法解释(三)》第 6 条夫妻房产赠与即“换名”基础上,增加了赠与部分房产份额即“加名”，实践中还存在将夫妻共同所有的房屋约定为一方单独所有即“除名”。有观点认为，夫妻间赠与同普通赠与无异，应当适用《民法典》合同编第 658 条任意撤销权的规定。另有观点认为，夫妻间赠与同普通赠与明显有别，属于家庭法上的特殊赠与或曰夫妻间基于婚姻的给予，受赠财物应归入夫妻共同财产而非受赠人的个人财产。还有观点认为不应一概而论，夫妻的真实意思具有决定性意义，若意思是即便离婚也不影响赠与，则认定为与夫妻身份无关的普通赠与，否则认定为以维护婚姻关系存续为目的的夫妻间给予。

依据内外归属方案，夫妻间赠与合意达成，直接发生婚姻维度的归属效力，房产加名的，房产性质已经从赠与方个人财产转化为夫妻共同财产，赠与人不再享有任意撤销权。对于赠与方的救济措施是，若因受赠方重大过错导致离婚，赠与方可行使法定撤销权；若受赠方提出离婚且赠与方无过错，赠与方主张情事变更并要求返还受赠财产。物权维度与普通赠与相同处理，房产权属仍应通过移转或变更登记完成物权变动。受赠方有权在婚姻存续期间或离婚时请求赠与方协助完成移转或变更登记。

【法院参考案例】

1. 史某诉周某离婚案——夫妻一方保证婚后所有财产归另一方的性质与效力认定［《人民法院案例选》2020 年第 2 辑(总第 144 辑)］

【裁判要旨】

夫妻为缓和矛盾所出具的婚后所有财产归另一方的保证，属于婚姻关系中的财产赠与。在赠与财产的权利转移之前，赠与人可以撤销赠与。

2. 赵某诉岳某确认合同效力案——夫妻之间赠与房产以后赠与方反悔，赠与协议效力应依照合同法律制度的有关规定予以审查认定(《中国法院 2023 年度案例·婚姻家庭与继承纠纷》)

【基本案情】

赵某与岳某于 2012 年 8 月 13 日登记结婚。赵某婚前申购限价商品房 1 套(以下简称涉案房屋)，建筑面积 86.27 平方米。2014 年 4 月 11 日，涉案房屋的所有权登记信息显示，该房屋为赵某单独所有。2014 年 4 月 16 日，赵某与岳某就涉案房屋所有权签署《关于房屋归属的约定》，载明涉案房屋产权人为赵某，现经夫妻双方共同协商，一致同意将上述房产登记为赵某与岳某双方共同共有；同日，双方在不动产登记部门办理了相应变更登记手续，将涉案房屋所有权人变更为赵某、岳某(共同共有)。2014 年 12 月 12 日，赵某与岳某签署《财产约定》，载明赵某与岳某共同共有的涉案房屋申请变更为按份共有，份额为岳某拥有 99%、赵某拥有 1%；同日，双方在不动产登记部门办理了相应变更登记手续，将涉案房屋所有权人变更为赵某、岳某按份共有,赵某共有份额1%、岳某共有份额99%。2019年5月24日,赵某与岳某签署《赠与协议》,载明赵某与岳某就涉案房屋自愿达成《赠与协议》,赵某自愿将涉案房屋的所占份额全部赠与岳某个人所有,岳某表示自愿接受该赠与;同日,双方在不动产登记部门办理了相应不动产权变更登记手续,将涉案房屋所有权人变更为岳某(单独所有)。此后,岳某将涉案房屋出售予案外人杨某,并于2019年6月10日办理不动产登记变更手续。

另查,赵某因脑内血肿,于2014年10月5日至10月21日于民航总医院住院治疗。经诊断,赵某患有脑内血肿、高血压、吸入性肺炎等疾病。出院记录载明赵某出院情况为:神志清楚,对答准确,言语较流利。2014年10月26日至12月13日,赵某入住北京年轮中医骨科医院,就脑出血后遗症进行康复治疗,病历载明赵某半身不遂,语言不利,神志清楚。

本案审理过程中,赵某申请对其在本案所涉及的《赠与协议》签订之日(2019年5月24日)的民事行为能力进行鉴定,法院予以准许。经摇号确定法大法庭科学技术鉴定研究所作为此次鉴定机构。2020年12月8日,法大法庭科学技术鉴定研究所向法院出具《关于赵某鉴定的补充材料函》,要求补充赵某签订《赠与协议》之日前后1个月内的病历材料。经法院询问赵某,其表示无法提供上述材料,并请求法庭告知鉴定机构,以便办理退案。2020年12月22日,法大法庭科学技术鉴定研究所向法院出具《关于赵某案的不予受理函》,载明因该案鉴定材料不充分,不予受理相应鉴定。

【裁判理由及结果】

北京市通州区人民法院经审理认为,有下列情形之一的,合同无效:(1)一方以欺诈、胁迫的手段订立合同,损害国家利益;(2)恶意串通,损害国家、集体或者第三人利益;(3)以合法形式掩盖非法目的;(4)损害社会公共利益;(5)违反法律、行政法规的强制性规定。当事人对自己提出的主张,有责任提供证据。本案中,赵某并未提供充分证据证明其与岳某于2019年5月24日签署的《赠与协议》存在无效的情形,故法院对于其要求确认上述《赠与协议》无效的主张不予支持。关于赵某所述的岳某对其存在遗弃、未尽夫妻扶养义务的情形,法院认为,如情况属实,赵某可另行解决,但不足成为《赠与协议》无效的理由。综上,北京市通州区人民法院依据《合同法》第52条及《民事诉讼法》第64条第1款之规定,判决如下:驳回赵某的诉讼请求。

赵某不服上述一审判决,向北京市第三中级人民法院提起上诉。北京市第三中级人民法院经审理认为:本案争议焦点为涉案《赠与协议》的效力。上述协议签订于《民法典》实施前,对于其合同效力的认定应适用当时的法律规定。本案中,赵某与岳某于夫妻关系存续期间签订涉案《赠与协议》,约定赵某将涉案房屋的所占份额全部赠与岳某所有,且随后办理了过户登记,即财产权利已经发生转移。对于此类与身份相关的财产协议,其效力认定并不排斥合同法的适用,即合同有效要件应包括缔约双方具备相应的民事行为能力,且合同内容不存在《合同法》第 52 条规定情形等。

赵某上诉称因其患有疾病不具备签订《赠与协议》的民事行为能力,从而导致涉案协议无效。对此,赵某曾于一审审理中申请对签订涉案协议时的民事行为能力进行鉴定,因其无法提供鉴定所需的病历材料导致鉴定机构未予受理,其应对该事实无法通过鉴定方式查明承担不利诉讼后果,即赵某主张签订涉案协议时其不具备相应民事行为能力,缺乏证据支持,故其据此主张涉案协议无效本院不予采纳。赵某上诉主张岳某与其签订《赠与协议》属于以合法形式掩盖非法目的,因以合法形式掩盖非法目的适用应以合同双方存在共同虚假意思表示为前提,故赵某该项主张系对法律规定理解有误,本院对其该项主张亦不予采纳。

赵某另称岳某在签订涉案《赠与协议》后对其存在遗弃、未尽夫妻扶养义务的情形,即便其所述属实,亦不构成导致双方在先签订的涉案协议无效的情形,如上述情形属实其可另行解决。综上,北京市第三中级人民法院依照《民事诉讼法》第 170 条第 1 款第 1 项之规定,判决如下:驳回上诉,维持原判。

第三十三条 【夫妻一方婚前个人债务在婚姻关系存续期间的负担原则及其例外】债权人就一方婚前所负个人债务向债务人的配偶主张权利的,人民法院不予支持。但债权人能够证明所负债务用于婚后家庭共同生活的除外。

【司法解释·注释】

如果夫妻一方为了利用婚姻关系逃避婚前的个人债务,而采用约定的方式将婚前负债一方的个人财产于婚后转移在其配偶的名下,或者用于婚后夫妻的共同生活,如购置大量结婚用品、房屋、家具和室内装修等供夫妻双方婚后共同居住或共同使用,从而损害债权人合法利益,并将此作为其拒不履行债务的事由时,人民法院不予支持。

如何证明夫妻一方的婚前债务与夫妻双方婚后共同财产的因果关系是债权人的权利能否得到保护的重要条件。本条根据“谁主张谁举证”的基本原则,规定由债权人对上述事实承担证明责任。由于婚姻家庭关系在较大程度上具有私密性,其财产流向和交易很难被债权人所掌握,这就需要司法实践中运用逻辑推理和日常生活经验法则,对证据有无证明力和证明力大小进行判断。如债权人举证证明了借款的时间、结婚的时间以及结婚时购置的大量物品等,由此可以推定债务人所负债务用于婚后共同生活。人民法院可以要求债务人及其配偶就否认的事实承担证明责任。如果夫妻双方能够举证证明结婚时购置的物品或其他夫妻共同财产的形成,与债务人婚前所举债务无关,债务人的配偶就不应承担该债务的清偿责任;如果双方所持证据均不能完全证明自己的主张时,作为主张事实成立的一方,债权人所举证据应当需要达到高度可能性证明标准;而对于作为抗辩一方的配偶,所举证据只要达到让债权人主张的事实达到真伪不明的程度即可。

夫妻一方的婚前个人债务转化为共同债务后,债务人的配偶只在其实际接受财产或受益的范围内承担清偿责任,这更符合公平负担的原则。

第三十四条 【夫妻共同债务的排除性规定】夫妻一方与第三人串通,虚构债务,第三人主张该债务为夫妻共同债务的,人民法院不予支持。

夫妻一方在从事赌博、吸毒等违法犯罪活动中所负债务,第三人主张该债务为夫妻共同债务的,人民法院不予支持。

【司法解释·注释】

2014年以后,受民间借贷案件高发的影响,夫妻债务问题越来越突出,出现了夫妻一方与债权人恶意串通损害另一方权益,而人民法院适用《婚姻法解释(二)》第24条判令未举债一方配偶共同承担虚假债务、非法债务的极端案例。为及时有效解决这一问题,最高人民法院在《婚姻法解释(二)》第24条的基础上增加两款规定,即本条规定内容,并同时出台了《最高人民法院关于依法妥善审理涉及夫妻债务案件有关问题的通知》。

《民法典》第154条规定,行为人与相对人恶意串通,损害他人合法权益的民事法律行为无效。夫妻一方与第三人恶意串通虚构债务的,该民事法律行为无效。而且由于是虚构的债务,债本身即不存在,自然不能认定为是夫妻共同债务。人民法院要注意区分表见代理与夫妻一方与第三人恶意串通之间的区别。《民法典》第1092条明确"伪造夫妻共同债务"的,另一方可以请求再次分割夫妻共同财产。在我国赌博、吸毒均为违法行为,其中产生的债权债务亦不受法律保护,更不能认定为夫妻共同债务由其配偶负担。

【司法指导文件】

《最高人民法院关于依法妥善审理

涉及夫妻债务案件有关问题的通知》(法〔2017〕48号,2017年2月28日)

四、区分合法债务和非法债务,对非法债务不予保护。在案件审理中,对夫妻一方在从事赌博、吸毒等违法犯罪活动中所负的债务,不予法律保护;对债权人知道或者应当知道夫妻一方举债用于赌博、吸毒等违法犯罪活动而向其出借款项,不予法律保护;对夫妻一方以个人名义举债后用于个人违法犯罪活动,举债人就该债务主张按夫妻共同债务处理的,不予支持。

七、制裁夫妻一方与第三人串通伪造债务的虚假诉讼。对实施虚假诉讼的当事人、委托诉讼代理人和证人等,要加强罚款、拘留等对妨碍民事诉讼的强制措施的适用。对实施虚假诉讼的委托诉讼代理人,除依法制裁外,还应向司法行政部门、律师协会或者行业协会发出司法建议。对涉嫌虚假诉讼等犯罪的,应依法将犯罪的线索、材料移送侦查机关。

第三十五条 【夫妻双方对共同债务不因婚姻关系解除而免除清偿责任】当事人的离婚协议或者人民法院生效判决、裁定、调解书已经对夫妻财产分割问题作出处理的,债权人仍有权就夫妻共同债务向男女双方主张权利。

一方就夫妻共同债务承担清偿责任后,主张由另一方按照离婚协议或者人民法院的法律文书承担相应债务的,人民法院应予支持。

【司法解释·注释】

夫妻财产是夫妻共同债务的全部担保,这种责任不因离婚协议或人民法院裁判文书已对夫妻财产作出分割处理而移转,可以防止夫妻双方恶意串通诈害债权人,增强财产交易的安定性。债务人婚姻的风险是债权人不可能预料的风险,债务人之间的内部关系不论如何变化,对债权人而言,他们都必须共同承担债务的清偿责任。如果允许债务人通过离婚协议或人民法院的生效判决来移转或改变夫妻双方对外承担的共同债务,债权人的权利就可能因债务人婚姻关系的变化而落空和丧失,这种不以自己过失为基础的权利丧失有悖公平和正义之法理。

人民法院对夫妻共同财产的判决,在债权人未参加诉讼的前提下,只能就夫妻内部的财产问题进行判决,而不可能将债权人的债权纳入其裁判的范围之内。在司法实践中,债权人在债务人解除婚姻关系之后又向债务人或其配偶主张权利的,一般分为两种情况:(1)离婚协议或人民法院的生效判决对夫妻财产作出处理时,遗漏了夫妻双方对外承担的共同债务,债权人可以向夫或妻的任何一方主张权利。(2)离婚协议或人民法院的生效判决对夫妻财产作出处理的同时,可能将夫妻共同债务划分给无力偿还债务的一方,使财产分割与债务承担相分离。债权人对债务人的信赖建立在其夫妻关系存在和夫妻共同财产负担能力的基础之上。现在债务人因婚姻关系解除而必须变更共同财产之归属,不得据此而侵害债权人基于原先信赖所产生的利益。债权人在其权利未能实现之前,仍可以向夫或妻任何一方主张权利。

夫妻双方中任何一方在婚姻关系解除后又因共同债务承担清偿责任的,离婚协议或人民法院生效判决中关于夫妻共同财产和共同债务的负担原则是夫妻一方要求另一方负担相应责任的依据和标准。夫妻之间离婚时对共同财产和共同债务进行约定,已经充分考虑到了夫妻双方与共同财产来源、共同财产增值、子女抚养等之间的相互关系,并体现了民事法律关系中当事人双方意思自治的原则。人民法院在判决夫妻离婚时,也已经将夫妻之间分割财产的原则进行了综合考量,充分考虑了夫妻在分割财产和分担债务时的多种因素。

离婚之诉虽是复合之诉,但解除婚姻关系的诉请是前提和基础,财产分割和子女抚养等诉讼请求是从属之诉。因此,债权人以有独立请求权的第三人的身份参与离婚诉讼应当慎重。至于债权人的合法权益,完全可以通过另一个诉讼向离婚夫妻主张。按照本条规定,即使离婚判决对债务分担比例作出处理,债权人依然有权向双方或任何一方主张权利,其债权的实现不受影响。

人民法院对夫妻共同财产已经作出终局判决后,对同一诉求不得再次作出相反的判决。但是,债权人以夫妻一方或双方为被告所提起的诉,是一个独立的诉,而夫妻之间因分割共同财产的离婚之诉,对债权人之诉没有既判力。

第三十六条 【夫妻一方死亡后,另一方应当对共同债务承担清偿责任】夫或者妻一方死亡的,生存一方应当对婚姻关系存续期间的夫妻共同债务承担清偿责任。

【司法解释·注释】

在实际生活中,生存一方所行使的追偿权要受夫妻财产制度和遗产继承制度的限制和制约。共同债务应当首先用共同财产清偿,如共同财产不足以清偿,可以用死亡一方的其他遗产清偿,如一方的婚前财产等个人财产。生存一方求偿权的行使以死亡一方的全部遗产的实际价值为限,超过遗产实际价值的部分,除继承人自愿偿还以外,生存一方的求偿权将不能实现。

如果夫妻一方死亡时双方尚未解除婚姻关系的,生存一方承担了连带清偿责任并获得追偿权后,因追偿权与继承权发生纠纷的,人民法院在处理这类纠纷时应当体现照顾子女和女方权益的原则。

【地方法院规范】

《济南市中级人民法院关于当前民商事审判若干法律适用问题的解答(四)》

92. 民间借贷纠纷中,债务人(借款人)为自然人的,债务人死亡后,债权人起诉债务人的所有家庭成员的,其还款责任如何确定?

我们认为,首先应当查明该债务的性质,根据不同债务性质分别处理。(1)根据《最高人民法院关于适用〈中华人民共和国婚姻法〉若干问题的解释(二)》第二十四条①关于"债权人就婚姻关系存续期间夫妻一方以个人名义所负债务主张权利的,应当按夫妻共同债务处理。但夫妻一方能够证明债权人与债务人明确约定为个人债务,或者能够证明属于婚姻法第十九条第三款规定情形的除外"的规定,查明是否是夫妻共同债务。如果确认系夫妻共同债务的,则应当根据《最高人民法院关于适用〈中华人民共和国婚姻法〉若干问题的解释(二)》第二十六条②关于"夫或妻一方死亡的,生存一方应当对婚姻关系存续期间的共同债务承担连带清偿责任"的规定,判决由生存配偶对该债务承担连带清偿责任、驳回债权人对其他家庭成员的诉讼请求。

【法院参考案例】

1. 王某诉赵某某民间借贷纠纷案——夫妻共同债务的认定[《人民法院案例选》2021年第10辑(总第164辑)]

【裁判要旨】

夫或妻一方死亡的,生存一方应当对婚姻关系存续期间的共同债务承担连带清偿责任。夫妻一方在婚姻关系存续期间以个人名义超出家庭日常生活需要所负的债务,债权人以属于夫妻共同债务为由主张权利的,人民法院不予支持,但债权人能够证明该债务用于夫妻共同生活、共同生产经营或者基于夫妻双方共同意思表示的除外。

【基本案情】

法院经审理查明:被告赵某某与马某某于2002年6月17日登记结婚。婚后二人共同经营密山市连珠山镇晓龙婚庆礼仪服务部,主要经营范围是婚庆礼仪、照相、录像服务。企业类型为个体工商户。密山市连珠山镇晓龙婚庆礼仪服务部宣传牌匾上的联系电话158××××××××系赵某某手机号,赵某某参与过该婚庆礼仪服务部经营活动。2018年9月18日,马某某在原告王某处借款2万元,约定2019年1月份还清,并出具借条1份。马某某在借款人处签名,并加盖密山市连珠山镇晓龙婚庆礼仪服务部的公章。2018年11月23日,马某某因坠楼去世。马某某在

① 对应《民法典婚姻家庭编解释(一)》第34条。——编者注

② 对应《民法典婚姻家庭编解释(一)》第36条。——编者注

去世之前,一直与赵某某同居生活。借款到期后,因该笔借款未予偿还。王某认为该笔借款系马某某与赵某某婚姻关系存续期间所负的共同债务,故诉至法院,要求赵某某给付借款2万元,并承担本案的诉讼费用。

【裁判结果】

黑龙江省密山市人民法院于2019年4月26日作出(2019)黑0382民初1400号民事判决:被告赵某某给付原告王某借款本金2万元,于本判决生效后7日内付清。宣判后,赵某某不服原审判决,提起上诉。黑龙江省鸡西市中级人民法院于2019年9月30日作出(2019)黑03民终584号民事判决:驳回上诉,维持原判。

【裁判理由】

法院生效裁判认为:合法的借贷关系受法律保护。马某某与原告王某之间的借款关系事实清楚,证据充分,权利义务关系明确,双方借贷关系合法有效。根据《婚姻法解释(二)》第26条:"夫或妻一方死亡的,生存一方应当对婚姻关系存续期间的共同债务承担连带清偿责任。"该笔债务系马某某与被告赵某某在夫妻关系存续期间所产生的债务,并加盖了二人共同经营的密山市连珠山镇晓龙婚庆礼仪服务部公章,且所负债务也未超过家庭生活、经营所需,属于夫妻共同债务。故王某要求赵某某给付借款本金2万元的诉讼请求,符合法律规定,法院予以支持。赵某某虽辩称,不知道借款的事实,但未能提供相关证据予以证明,且马某某在去世之前,一直与赵某某共同生活,故对其抗辩理由法院不予支持。

2. 杨某与刘某某离婚纠纷案[《婚姻家庭纠纷典型案例(山东)》案例三,最高人民法院2015年11月20日]

【基本案情】

2010年12月,原告杨某与被告刘某某经人介绍登记结婚,结婚时间较短且未生育子女。婚后双方因家务琐事经常发生矛盾,难以共同生活,杨某两次向法院起诉离婚,刘某某表示同意离婚。婚前,刘某某购买了商品房1套,别克凯越轿车1辆。婚后二人签订了1份"保婚"协议,约定上述房子和车辆为夫妻共同财产,并注明若杨某提出离婚,协议无效。协议签订1年后,杨某起诉离婚,要求分割夫妻共同财产。

【裁判结果】

滨州市滨城区人民法院经审理认为,原、被告双方夫妻感情确已破裂,准予双方离婚。诉讼双方约定涉案房产、车辆为共同财产,系双方当事人真实意思表示,不违反法律规定,应予支持。对杨某、刘某某婚后共同财产,法院依法予以分割。最后,法院判决:(1)准予杨某与刘某某离婚。(2)杨某在刘某某处的婚前个人财产新日电动车1辆归杨某个人所有;杨某、刘某某婚后共同财产中的42寸海信电视1台、电视柜1个归杨某所有,澳柯玛冰箱1台、餐桌1张带4把椅子归刘某某所有。(3)杨某、刘某某婚后共同财产中位于滨州市滨城区黄河五路渤海二十二路明日星城小区42号楼1单元302室的住房1套归刘某某所有(剩余贷款16万元左右由刘某某偿还),刘某某给付杨某该项财产分割款60000元;婚后共同财产中的鲁MKR236别克凯越轿车1辆归杨某所有,杨某给付刘某某该项财产分割款22500元;折抵后,刘某某需支付杨某财产分割款37500元;以上给付事项于判决生效后10日内付清。(4)驳回杨某、刘某某其他诉讼请求。

【典型意义】

这是一起涉及婚内财产协议效力的案件。当前,许多人在婚前婚内签订一纸"保婚"文书,而"谁提离婚,谁便净身出户",往往成为婚内财产协议中的恩爱信诺,以使得双方打消离婚念头,一心一意地经营好婚姻。但是,这些协议究竟有没有效力?根据《婚姻法》第19条"夫妻双方可以约定婚姻关系存续期间所得财产以及婚前财产归各自所有、共同所有或部分各自所有、部分共同所有。约定应采用书面形式,没有约定或约定不明确的,适用本法第十七条、第十八条的规定。夫妻对婚姻关系存续期间所得的财产以及婚前财产的约定,对双方具有约束力"。本案中的《协议书》由当事人双方签字认可,且有见证人签字,协议书签署后双方共同生活1年以上,在刘某某无相反证据证实杨某存在欺诈、胁迫的情形时,《协议书》内容应视为双方真实意思表示,不违反法律规定,法院应予支持。对于《协议书》所附"一方提出离婚,协议无效"的约定,因限制他人离婚自由,违反法律规定和公序良俗而无效,其无效不影响协议书其他条款的效力。

第三十七条 【夫妻一方所称第三人知道该夫妻财产约定时,由谁负举证责任的规定】民法典第一千零六十五条第三款所称"相对人知道该约定的",夫妻一方对此负有举证责任。

【司法解释·注释】

在夫妻实行分别财产制的情况下,夫妻一方对外所负债务不能当然地认定为个人债务,需要保护相对人的善意信赖利益,只有在相对人知道该约定时,才认定为是夫妻个人债务,以其个人财产清偿。事实上,交易相对人是很难清楚别的夫妻之间有何财产约定的,因夫妻的财产约定属于内部契约,具有很强的隐秘性,如果要求必须由相对人来举证,未免有失公允。"相对人知道该约定的"本属夫妻一方的主张,而不是相对人的主张,因此,根据"谁主张谁举证"的基本原则,也应由夫妻一方承担举证责任。我国目前对夫妻财产制并没有法定的公示方法,公证仅是对双方对财产约定真实性的确认,不能当然地认为只要经过公证,交易相对人即应当知悉。

第三十八条 【夫妻一方在婚姻关系存续期间请求分割夫妻共同财产】婚姻关系存续期间,除民法典第一千零六十六条规定情形以外,夫妻一方请求分割共同财产的,人民法院不予支持。

【司法解释·注释】

本条规定的核心要义即是确定了在婚姻关系存续期间,不允许分割共同财产为原则,允许分割为例外。在审判实践中,要严格掌握上述原则,将《民法典》第303条规定的"重大理由"仅限定在《民法典》第1066条的两种情形,除该条规定的两种情形外,不能类推适用,亦不能作扩大解释,以避免婚姻关系存续期间随意主张分割夫妻共同财产,损害家庭稳定,影响夫妻共有财产的保障功能。

夫妻双方实行分别财产制,也不意味着夫妻一方只负担各自的生活费用而不承担扶养对方的义务,如当一方患有重病时,另一方仍有义务尽力照顾,并提供有关医疗费用。在夫妻一方患病时,另一方如不履行扶养义务的,拒绝给付扶养费或者对于扶养费数额、支付方式等具体内容产生争议的,患病方有权直接向人民法院提起诉讼,或者向人民调解组织提出调解申请,要求其支付医疗费、履行法定扶养义务,另一方不自动履行生效判决的,可通过强制执行程序实现对其个人财产和夫妻共同财产的处置,不需要通过本条规定的方式来实现救济。如果夫或妻一方患病或者没有独立生活能力,有扶养义务的配偶拒绝扶养,情节恶劣的,构成遗弃罪的,还应当承担刑事责任。

四、父母子女关系

第三十九条 【当事人一方拒绝做亲子鉴定的处理】父或者母向人民法院起诉请求否认亲子关系,并已提供必要证据予以证明,另一方没有相反证据又拒绝做亲子鉴定的,人民法院可以认定否认亲子关系一方的主张成立。

父或者母以及成年子女起诉请求确认亲子关系,并提供必要证据予以证明,另一方没有相反证据又拒绝做亲子鉴定的,人民法院可以认定确认亲子关系一方的主张成立。

【司法解释·注释】

实践中,有关亲子关系确认和否认的案件常见的几种情形:第一,离婚诉讼中的女性当事人提出其与配偶在婚姻关系存续期间所生育的子女与其配偶不具有亲子关系，进而请求人民法院判决由自己一人抚养未成年子女；第二，离婚诉讼中的男性当事人提出其配偶于双方婚姻关系存续期间生育的子女与自己无亲子关系，进而请求人民法院判决其本人不承担抚育该子女的义务，并判令女方向其赔偿自子女出生的抚育费及给男方造成的精神损失；第三，单独提起的确认亲子关系之诉；第四，单独提起的否认亲子关系之诉；第五，在继承纠纷案件中，因确认或者否认某自然人的法定继承人身份而引出的亲子关系确认争议。

随着科技迅速发展，DNA亲子鉴定，否定亲子关系的准确率几乎能达到100%，肯定亲子关系的准确率达到99.99%，鉴于该技术的极高准确度，人民法院在审判实践中已经将其作为判断亲子关系是否存在的重要证据。审判实践中，很多情况是当事人一方不配合，导致无法采集检材。司法实践一般采用间接强制鉴定方式进行，即相对人无正当理由拒绝配合法院命令进行亲子鉴定时，法院可以据此推定不利于相对人的事实。同时也要注意到，亲子鉴定对于一个家庭的维系、亲情的延续具有重要影响，人民法院在选择适用这一方法时要格外慎重，应当将鉴定的过程、结论的意义向当事人作适当的释明。如果当事人提供的证据足以证明其主张，则没有必要做亲子鉴定。如果提出否认亲子关系一方只有怀疑，而没有相关的证据令人相信其主张可能成立，只是希望通过亲子鉴定证实或者否认其怀疑，则受诉法院不宜轻易支持其关于进行亲子鉴定的申请，而应当向当事人释明亲子鉴定可能给其婚姻家庭和配偶、子女带来的伤害，对于确实没有证据的，应当驳回其诉讼请求。

提供证据的程度应达到“必要”且能“予以证明”。这是对主张利己事实者提供证据所要达到程度的要求。对提起亲子关系诉讼的一方当事人来说，其提供的证据可能不够充分，但必须能够形成合理证据链条证明当事人之间可能存在或者不存在亲子关系，足以达到转移举证责任的条件。其申请亲子鉴定只是对所举证据的一种补充（补强）而不是作为其主张的唯一证据。请求确认亲子关系，应当提供亲子鉴定报告等可证明血缘关系的证据。请求否认亲子关系，一般应当提供证据证明存在下列情形之一：一是在妻子受胎期间，有明显证据证明双方不存在同居的事实，包括异地工作证明、行程证明、证人证言等可以形成完整证据链的综合证据。二是丈夫有生理缺陷或没有生育能力，包括时间不能、空间不能、生理不能。可通过医院医学证明等相关证据综合判断。三是子女和其他人存在血缘关系，包括子女和其他人亲子鉴定报告等证据，可以证明子女和其他人存在生物学意义上的亲子关系。

提起请求否认亲子关系之诉的诉讼主体是父或母一方，不包括成年子女，理由是应兼顾亲子关系的安定性，在当事人之间已发生了亲情和亲子关系的社会事实的情况下,从保护儿童最大利益原则出发,应限制当事人以外的人否认亲子关系,故不允许子女法律意义上的父或母之外的第三人作为原告提起诉讼。父母抚养子女成年后,子女应当负有赡养义务,为防止出现成年子女否认亲子关系后不再对原法律意义上的父母承担赡养义务的情形,故规定成年子女不可作为原告提起亲子关系否认之诉。

两款规定均采用“可以”认定否认或确认亲子关系的存在与否,并未采用程度更高的“应当”一词,意在显示本条仅是提供了一种针对一方当事人没有证据又拒绝做亲子鉴定的情况下,人民法院适用证据规定处理此类纠纷的方法。但不能将其绝对化,因为真实的血缘关系并非亲子关系成立的唯一要素,亲子身份关系的安定,婚姻、家庭的和谐稳定和未成年子女利益最大化仍然是人民法院处理涉及亲子关系的案件时所应遵循的原则。机械地理解本条则可能导致裁判者一味地追求血缘真实,而忽略当事人在常年共同生活中形成的亲情,损坏当事人现存的家庭模式和现实生活利益,故裁判者应当极力避免产生如此消极的裁判效果。

对于有迫切抚育需要的未成年人,应果断适用本条第2款之规定,判决确认亲子关系,以保护未成年人的合法权益。对于请求认领已经跟随母亲另组家庭生活的未成年人为其非婚生子女的当事人,人民法院在具备本条第2款条件的情况下,还应权衡支持其诉讼请求对未成年子女的影响,该子女是否已经被继父通过法律程序收养、子女是否因年幼适宜随母亲生活以及主张认领非婚生子女的一方是否曾因虐待、遗弃子女被判刑等情况。对于8周岁以上的未成年人,不能简单强制其做亲子鉴定,要充分考虑其对事情的理解程度,通过监护人做好工作,避免极端事件的发生。

所谓欺诈性抚养关系,是指在婚姻关系存续期间乃至离婚后,女方故意隐瞒其子女非与男方所生之事实,使男方误将子女视为亲生子女予以抚养的行为。因受欺诈人原并无抚养义务,其已经支付的抚养费用对子女的生父母而言构成不当得利,故其可以行使不当得利请求权,请求返还已经支付的抚养费用。同时符合精神损害赔偿要件的,可以支持其精神损害赔偿请求。在确定抚养费返还数额时,原告应当对抚养费给付情况承担举证责任。确实无法举证证明的,可以根据子女的实际需要、婚姻关系存续期间双方的经济收入、离婚时共同财产分割情况、当地的实际生活水平等酌情判定。当然,由于此类案件不仅涉及财产关系,更涉及人身关系,受欺诈人对孩子付出的不仅有抚养费,更多的还有感情投入,所以这类案件还是应以调解为主,争取双方协商解决。

【法院参考案例】

1. 钱××诉王某兵抚育费纠纷案［(《人民法院案例选》2005年第4辑(总第54辑)］

【裁判要点】

非婚生子女请求抚育费纠纷中，亲子鉴定的程序启动应考虑子女的最大利益、人权保障、身份安定、家庭安宁及公共利益等价值的平衡。对确有必要性与正当性的请求，法院可要求被指认为生父的被告配合鉴定，如无正当理由拒绝，法院得裁量原告所举证据，区别情况作出相应判决。

【基本案情】

原告母亲钱某民与被告王某兵在打工时相识。1995年正月，钱某民与案外人张某涛举行婚礼，同年7月10日补领结婚证，1996年1月19日生钱××。2003年3月12日，钱某民与张某涛经海安法院调解离婚，调解书载明：婚生子钱××随钱某民生活并由其负责抚育；张某涛的婚前财产自愿赠与其子钱××所有。2005年9月，钱××诉至海安县人民法院，要求判令王某兵承担抚育费。一审中，原告申请对王某兵、钱××作亲子鉴定，原审法院通知王某兵配合，但遭拒绝，致鉴定未成。

【裁判结果】

海安县人民法院经审理认为，子女抚育纠纷案件的审理应基于原、被告之间存在抚育关系。本案中原告所举之证据不足以证明被告与原告之间系父子关系，因而也就难以认定原、被告之间存在抚育关系。原告虽申请与被告进行亲子鉴定，但被告不同意作鉴定，因亲子鉴定关系到夫妻双方、子女和他人的人身关系和财产关系，应从严掌握，不得强迫当事人作亲子鉴定，故主张原、被告之间存在血缘关系的举证责任应由原告方承担。原告主张钱某民与王某兵在打工期间同居、怀孕，受骗后迫于无奈与张某涛恋爱，并仓促结婚，有悖于“十月怀胎，一朝分娩”之生育常识；原告系钱某民与张某涛在婚内期间所生，原告提供的证据也证明了其父亲系张某涛，生效调解书亦已明确原告系张某涛与钱某民的婚生子。据此，原告钱××向被告王某兵主张抚育费依据不足，法院遂依据《民事诉讼法》第64条、《民事诉讼证据规定》第2条、第76条之规定，判决如下：驳回原告钱××要求被告王某兵给付抚育费的诉讼请求。

宣判后，钱××不服，向南通市中级人民法院提起上诉称，原审根据上诉人出生年月及生效调解书认定张某涛为生父依据不足，根据上诉人所举证据可以认定被上诉人即为本人生父，现被上诉人拒绝配合亲子鉴定，原审应认定亲子关系。被上诉人答辩称，原审认定事实清楚，适用法律正确，请求驳回上诉，维持原判。

南通市中级人民法院经审理后认为，认定本案抚育关系的前提是双方当事人存在亲子关系,亲子关系事关双方当事人的血缘关系,继而引起未成年人利益保护、现存相关家庭的感情冲突及诸多潜在利害关系人的利益冲突,对家庭、社会的稳定亦有重要关系,因此,民事诉讼程序采用严格证明标准,上诉人仅提供了被上诉人在公安部门的反映记录及有关证人的书面证明,但公安部门的记录材料不能反映被上诉人与上诉人母亲有存在生育可能的密切关系,有关证人未到庭作证,且同时期上诉人母亲已与他人形成婚姻关系,前述证据及现实不足以使法官作出亲子关系的认证,加之最高人民法院相关司法解释对亲子鉴定要求从严掌握,现被上诉人拒不同意配合鉴定,法院无法启动鉴定程序。上诉人主张以被上诉人拒不配合而推定亲子关系,没有法律依据。上诉人既然不能证明亲子关系的存在,故其要求给付抚育费的主张难以成立。据此,二审法院依照《民事诉讼法》第153条第1款第1项之规定,于2005年3月9日作出(2006)通中民一终字第0272号民事判决:驳回上诉,维持原判。

2. 许小某诉周一某、周二某继承纠纷案——继承纠纷中亲子关系的证明责任和认定标准[《人民法院案例选》2019年第6辑(总第136辑)]

【基本案情】

原告(被上诉人)许小某诉称:其与周一某、周二某是同母异父的兄妹关系,其母亲陈晓某于2015年12月17日因病去世。陈晓某和许小某父亲许国某于1968年生下许小某,1969年7月离婚。离婚后许小某随许国某在河南省尉氏县生活。后陈晓某与周某再婚,先后生下周一某、周二某。许小某十来岁时,曾与陈晓某、周某、周一某、周二某一同在河北省光宗县生活过几年,后周一某、周二某随母亲来北京工作生活,许小某到郑州上学工作至今。陈晓某来京后,许小某与母亲一直有联系,并经常往来。今年元旦许小某通过母亲单位得知母亲去世。在母亲病重时,周一某、周二某未送医就诊,也未通知许小某。许小某故起诉至法院,请求:(1)依法分割被继承人陈晓某位于北京市西城区天宁寺前街北里201房屋的2/9归许小某所有;(2)依法分割被继承人陈晓某位于北京市西城区天宁寺前街北里202房屋的2/9归许小某所有;(3)依法分割被继承人陈晓某的存款。

被告(上诉人)周一某、周二某辩称:不同意许小某的诉讼请求。(1)许小某没有证据证明其是陈晓某的儿子,其提交的证据不具有相应证明力。(2)陈晓某生前已留下录音遗嘱,其指定的继承人为周一某、周二某。(3)周一某、周二某赡养、照顾母亲陈晓某及父亲周某的晚年生活,并给母亲看病、治疗。

法院经审理查明,陈晓某与周某系夫妻关系,二人共育有二女,分别是周一某、周二某。周某于 2015 年 9 月 20 日因病去世。周某去世后,陈晓某未再婚。陈晓某于 2015 年 12 月 17 日因病去世。

本案二审期间,经许小某申请,二审法院委托法大法庭科学技术鉴定研究所对许小某与周一某、周二某是否存在同母异父半同胞关系进行鉴定。后该所出具"不予受理函",称该单位目前尚没有线粒体 DNA 的检测能力,决定不予受理此鉴定。许小某要求将本案移送到北京华大方瑞司法物证鉴定中心鉴定,周一某、周二某表示不同意。

本案二审期间,合议庭向许小某所在单位郑州市二七区社会治安巡防管理办公室对该单位证明及许小某的档案、入党材料进行了核实。经查,许小某系该单位临时工,没有人事档案,其入党材料中,母亲"陈晓某"的姓名、出生日期均有明显修改,许小某的出生地"新疆"也系修改。许小某入党材料中,其亲属的外调材料被调查人为"许国某、汪书某"。另经二审调查询问,该单位负责人称其单位所出具的证明中,写明许小某与陈晓某系母子关系的依据是入党材料及许小某本人陈述。

【裁判结果】

北京市西城区人民法院作出(2016)京 0102 民初 15845 号民事判决:(1)天宁寺前街 201 房屋由许小某、周一某、周二某继承,其中许小某占 1/5 的份额,周一某占 2/5 的份额,周二某占 2/5 的份额;(2)天宁寺前街 202 房屋由许小某、周一某、周二某继承,其中许小某占 1/5 的份额,周一某占 2/5 的份额,周二某占 2/5 的份额;(3)周某名下的中国建设银行账户和中国工商银行账户中的存款本金和利息由许小某、周一某、周二某所有,其中许小某占 1/5 份额,周一某占 2/5 份额,周二某占 2/5 份额;(4)陈晓某名下的中国工商银行账户、中国建设银行账户中截至 2015 年 9 月 16 日的存款本金和利息由许小某、周一某、周二某所有,其中许小某占 1/5 份额,周一某占 2/5 份额,周二某占 2/5 份额;(5)陈晓某名下的中国工商银行账户、中国建设银行账户中的存款本金和利息(扣除上述账户中截至 2015 年 9 月 16 日的存款本金和利息)由许小某、周一某、周二某所有,其中许小某占 1/4 份额,周一某占 3/8 份额,周二某占 3/8 份额;(6)驳回许小某的其他诉讼请求。

宣判后,周一某、周二某不服原审判决,提起上诉。北京市第二中级人民法院于 2018 年 4 月 8 日作出(2017)京 02 民终 4366 号民事判决:驳回许小某全部诉讼请求。

【裁判理由】

法院生效判决认为:本案争议的焦点是许小某是否具备法定继承人身份。

1. 许小某就其与陈晓某存在亲子关系负有举证责任,其提供的证据不足以证明亲子关系存在。主张法律关系存在的当事人,应当对产生该法律关系的基本事实承担举证证明责任,许小某应当就其与陈晓某存在母子关系承担举证责任。本案中,许小某主张其系陈晓某与其父许国某的婚生子,称许国某与陈晓某曾登记领取了结婚证,并办理了正式的离婚手续。但许小某对于许国某与陈晓某结婚、离婚的情况,不能提供相应的结婚证、离婚证(或离婚判决书)等证据,也未能提供婚姻登记部门的相关档案材料佐证。到庭证人均未亲自见证陈晓某与许国某在新疆登记结婚、离婚的事实,许小某在一审中提交的公安机关、村委会的证明缺乏陈晓某相应户籍登记情况及婚姻登记情况佐证,均系传来证据。在许小某提供的入党材料中,经核实,母亲"陈晓某"的名字、出生日期均有明显涂改,许小某的出生地也有明显涂改。至于许小某提供的合影照片、书信封面、汇款单不能直接证明双方有血缘关系,故许小某主张的事实,证据不足。

2. 半同胞亲缘关系鉴定与亲子鉴定价值取向不同,不能类比适用《婚姻法解释(三)》第2条规定的亲子关系推定规则。本案中,因陈晓某已经去世,无法与许小某进行亲子关系鉴定。许小某申请对其与周一某、周二某之间具备半同胞亲缘关系进行鉴定,周一某、周二某表示不同意。为此,许小某提出,其就与陈晓某之间具备自然血亲关系提供了证据,周一某、周二某不同意鉴定,应当适用《婚姻法解释三》第2条规定,人民法院应当推定许小某与陈晓某之间的血亲关系成立。对于许小某这一意见,本院不予采信。首先,许小某向法庭提交的证据未达到"必要证据"这一标准。其次,亲缘关系鉴定更具有很强的伦理性,虽然是认定亲缘关系的最直接证据,但不能轻易启动。此外,许小某提出的鉴定是半同胞亲缘关系鉴定,并非亲子鉴定,周一某、周二某作为陈晓某的婚生子女和法定继承人对于陈晓某本人鉴定样本的缺失并无过错,因样本缺失而启动家族基因鉴定,要求适用法律上的亲子关系推定,可能导致家庭秩序混乱,故法院认为,本案并非《婚姻法解释(三)》第2条中推定亲子关系一方的主张成立的情形。故二审法院认为,许小某主张按法定继承人的身份继承陈晓某的遗产,证据不足,对其主张依法予以驳回。

3. 刘某甲诉张某否认亲子关系纠纷案——否认亲子关系推定规则的适用[《人民法院案例选》2022年第11辑(总第177辑)]

【裁判要旨】

婚姻关系存续期间,父或母为争取孩子的抚养权,以单方亲子鉴定报告提请否认对方与孩子亲子关系之诉,对方不认可单方亲子鉴定报告,拒绝做亲子鉴定的,原告主张适用《民法典婚姻家庭编解释(一)》第39条第1款推定否认亲子关系,法院应不予支持。

【基本案情】

法院经审理查明:原告刘某甲、被告张某于2015年2月9日办理婚姻登记手续,刘某甲于 2018 年 5 月 22 日生育一男孩。2021 年 1 月,刘某甲向法院起诉离婚,法院驳回其诉讼请求。婚生小孩的出生医学证明和户籍证明均登记张某系小孩的父亲,该小孩曾在被告家中生活,由被告父母照顾抚养,并就读幼儿园。自 2021 年 11 月 22 日起该小孩在刘某甲处抚养。

【裁判结果】

江西省遂川县人民法院于 2021 年 10 月 26 日作出(2021)赣 0827 民初 2417 号民事判决:驳回刘某甲的全部诉讼请求。宣判后,刘某甲提出上诉。江西省吉安市中级人民法院于 2021 年 12 月 31 日作出(2021)赣 08 民终 2727 号民事判决:驳回上诉,维持原判。

【裁判理由】

法院生效裁判认为:亲子关系的确认和否认,对于子女而言,不仅涉及一系列权利义务的产生、消灭,更涉及亲子身份关系的安定、婚姻家庭的和谐稳定,对未成年人的健康成长有重大影响。本案纠纷发生在刘某甲与张某婚姻关系存续期间,刘某甲以双方感情破裂,张某照顾不好小孩,为了小孩的健康成长为由提起本案诉讼,但其并未提供证据证明张某存在虐待小孩及不利于小孩健康成长的行为,且小孩现在在刘某甲处抚养,也不存在剥夺刘某甲抚养小孩权利的情形,其提起本案诉讼目的不具有正当性。《民法典婚姻家庭编解释(一)》第 39 条第 1 款规定,父或者母向人民法院起诉请求否认亲子关系,并已提供必要证据予以证明,另一方没有相反证据又拒绝做亲子鉴定的,人民法院可以认定否认亲子关系一方的主张成立。而该推定规则并非对所有的亲子关系异议之诉均“应当”适用。刘某甲虽然提供了亲子鉴定意见书,但该鉴定书真实性无法确认,且无其他证据予以佐证,其不具备提供了必要证据这一推定前提。再者,法律不强制当事人必须进行亲子鉴定,本案不能以张某不同意做亲子鉴定就当然适用《民法典婚姻家庭编解释(一)》第 39 条第 1 款之规定。

4. 陈某甲诉刘某甲、王某、武某、刘某乙、刘某丙被继承人债务清偿纠纷案——诉讼主体竞合下未成年人的诉讼参与与继承地位认定(人民法院案例库 2023-14-2-031-001)

【裁判要旨】

(1)在未成年人的法定代理人出现诉讼主体竞合,诉讼地位冲突,直接代理可能损害未成年人合法权益的情形下,宜采用在诉讼中指定临时法定代理人的方式解决诉讼主体竞合问题,并实际参与诉讼。

(2)在亲子关系或亲缘关系难以直接确认的情况下,对非婚生子女与被继承人之间的亲子关系或亲缘关系可通过其提供的证据材料来推定,实现对非婚生子女继承权的同等保护。司法实践中常见的证据材料包括公权力机关出具的证明(户籍证明)、社会团体依职权制作的书证(出生证)、原始存档书证(自书信息)等。

【基本案情】

法院经审理查明:原告陈某甲与刘某丁于2015年相识,于2016年1月生育刘某丙,生育刘某丙后至2018年期间双方处于同居状态,同居期间,刘某丁向原告借款共计76.54万元。刘某丁于2018年9月21日报死亡。陈某甲生育刘某丙时,刘某丁曾以夫妻关系签署手术知情同意书、以家属身份确认剖宫产。刘某丙的出生医学证明载明,父亲刘某丁、母亲陈某甲。刘某丙出生后长期跟随陈某乙(陈某甲之父)夫妻生活。刘某丁生前在平安养老保险股份有限公司上海分公司投保有团体人身保险,理赔申请资格中载明,刘某丁与刘某丙系父女关系,陈某甲作为刘某丙的法定代理人,代为参与刘某丁的保险金分配,代为与武某确认保险金分配比例并代为领取保险金。另查明,刘某丁与被告武某系夫妻关系,于2013年10月11日登记结婚,双方育有一子即本案被告刘某乙。被告刘某甲与王某分别系刘某丁的父母。

【裁判结果】

上海市闵行区人民法院于2019年8月29日作出民事判决:(1)被告刘某甲、王某、武某、刘某乙、刘某丙于本判决生效之日起10日内在继承刘某丁遗产实际价值范围内归还原告陈某甲借款本金76.54万元;(2)被告刘某甲、王某、武某、刘某乙、刘某丙于本判决生效之日起10日内在继承刘某丁遗产实际价值范围内归还原告陈某甲逾期还款利息52863元。宣判后,双方未提出上诉,判决已发生法律效力。

【裁判理由】

法院生效裁判认为:关于诉讼主体竞合下未成年人的诉讼参与,本案中,陈某甲身兼原告及被告刘某丙法定代理人的双重身份,诉讼主体出现竞合,在原告表示不愿意放弃对该未成年人主张权利的情况下,若机械地适用《民事诉讼法》的相关规定,认定母亲陈某甲为该未成年人的法定代理人参与诉讼,将使母亲身兼原告、被告双重身份,诉讼地位冲突,违背了当事人对抗的基本诉讼原理,也可能损害该未成年人的合法权益。对于如何及时、有效维护该未成年人的利益,审判实践中有撤销或变更监护、委托监护、指定代理等做法。鉴于本案不涉及监护人明显不履行监护职责或实施严重侵害被监护人合法权益的行为,故本案不适用撤销或变更监护、委托监护做法,故而采用在诉讼中临时指定法定代理人的方案解决诉讼主体竞合问题更为合理。同时,因刘某丙的祖父母刘某甲、王某同为本案被告,经公告送达传票未到庭应诉,无法有效保护未成年人的利益,反观陈某乙夫妇(刘某丙外祖父母),长期与刘某丙共同居住生活,陈某乙亦愿意在本案中作为刘某丙的指定法定代理人参加诉讼,且为完全民事行为能力人,故法院临时指定陈某乙作为刘某丙在本案中的法定代理人参与诉讼,维护其合法权益。案件审理过程中,陈某乙通过书面形式,表达愿意临时作为刘某丙的法定代理人参与案件诉讼,并对本案发表了相关意见。

关于非婚生子女继承地位的认定,根据法律规定,身份关系不适用自认。当被继承人死亡难以进行亲子鉴定且亲缘关系鉴定结论无法得出明确、排他的指向性意见时,如何确认刘某丙的继承人地位,法院应当对此主动审查。结合本案证据,刘某丙的出生医学证明上明确载明,其母亲为陈某甲、父亲为刘某丁。出生医学证明是由医院出具的具有一定证明力的书面材料,一般而言,出生医学证明能够较为全面真实地反映父母信息,但审判实践中,也曾发现因医院管理不规范、审查不严谨等原因导致出生医学证明所记载的内容难以反映真实信息的情况。本案法院经过进一步调查发现,医院留档的剖宫术前告知书等书面材料中均有刘某丁作为家属或配偶签署的多份材料,并附有刘某丁提供的身份证复印件,能够对出生医学证明进行充分佐证。此外,陈某甲作为刘某丙的法定代理人,曾参与确认刘某丁的保险金的分配方案,并代为领取了刘某丁的相应保险金。法院通过上述相互印证的材料,结合原告与刘某丁的同居事实进行综合判断,认定原告的举证已达到使法院认定亲子关系成立的合理确信,故认定刘某丙作为刘某丁的非婚生女儿,与刘某丁的婚生子女享有同等的继承地位,作为刘某丁的第一顺位继承人,对刘某丁的遗产享有法定继承权。

5. 张甲诉王某、柳某继承案——无亲子鉴定意见情况下非婚生子女继承权的认定(《中国法院2023年度案例·婚姻家庭与继承纠纷》)

【基本案情】

被继承人董乙与被告王某系夫妻关系,被告柳某是被继承人董乙的母亲,被继承人董乙的父亲于2005年10月死亡。柳某夫妇育有子女七人:长子董甲、二子董乙、三子董丙、四子董丁、长女董戊、二女董己、三女董庚。董乙于2017年3月死亡,生前未留有遗嘱。原告张甲主张其系被继承人董乙与张乙的非婚生子,并提交了以下证据:(1)张乙住院生育张甲时病案首页所留电话与董乙电话一致;(2)住院费用清单上患者签字处所签的名字是董乙;(3)张甲的《新生儿卡介苗接种知情同意书》《接种乙型肝炎疫苗知情同意书》《北京市新生儿耳聋基因筛查知情同意书》《北京市新生儿疾病筛查采血卡》上监护人处均有董乙的签字;(4)董乙给张甲的红包,其中3个红包祝福语上有“爸董乙”的字样。在案件审理中,经鉴定,上述董乙的签名均系董乙本人所签。此外,经鉴定,张甲与董丙具有叔侄关系。但是,张甲的《出生医学证明》上所登记的父亲为案外人尹某,母亲为张乙。尹某与张乙于2014

年5月7日结婚,张乙于2014年7月13日生下张甲,后张甲随尹某办理了户籍手续。被告王某认为上述证据仅能证明张乙与董乙关系密切,无法证明张甲与董乙具有血缘关系,因此不同意张甲的诉讼请求。

【案件焦点】

张甲是否与被继承人董乙具有血缘关系,能否作为董乙的法定继承人继承董乙的遗产。

【裁判要旨】

北京市西城区人民法院经审理认为:首先,司法鉴定意见书证明董丙与张甲之间具有叔侄关系,虽然该鉴定结论不能排除董乙的其他同父母兄弟系张甲父亲的可能性,但可以证明董丙的同父母兄弟之一应系张甲的父亲;其次,原告母亲张乙在医院住院生育张甲时的住院病案、住院费用清单及新生儿注射疫苗的知情同意书,上述文件中均有董乙的签名,经鉴定为董乙本人所签,可以证明董乙在张乙住院生育期间为张甲办理各种手续并在新生儿监护人处签名;再次,红包上显示"爸董乙"经鉴定系董乙本人所签;最后,被告王某亦未否认张甲之母与董乙曾经关系密切,结合原告提交的其他在案证据,认为张甲系董乙亲生子女的可能性已达到高度的盖然性。因此,认定张甲系董乙的法定继承人,可以依法继承董乙的遗产。

综上,北京市西城区人民法院依照《继承法》第3条、第10条、第13条、第26条及《民事诉讼法》第144条之规定,判决如下:(1)登记在董乙名下的位于北京市西城区×路×号院×号房屋由王某、柳某、张甲继承,其中王某占2/3份额,柳某占1/6份额,张甲占1/6份额;(2)登记在董乙名下的北京市海淀区×路×号院×号楼×门×层×房屋由王某、柳某、张甲继承,其中王某占2/3份额,柳某占1/6份额,张甲占1/6份额;(3)驳回原告张甲其他诉讼请求。

王某不服原审判决,提起上诉。北京市第二中级人民法院经审理认为:张甲亦提交了其与案外人尹某之间不存在亲子关系的《法医物证鉴定意见书》及《公证书》,综合本案证据,张甲系董乙之子的事实达到高度盖然性标准,一审法院认定张甲系董乙的合法继承人并无不当。综上所述,原审判决认定事实清楚,适用法律正确,应予维持。北京市第三中级人民法院依据《民事诉讼法》第170条第1款第1项之规定,判决如下:驳回上诉,维持原判。

第四十条 【人工授精子女的法律地位】婚姻关系存续期间,夫妻双方一致同意进行人工授精,所生子女应视为婚生子女,父母子女间的权利义务关系适用民法典的有关规定。

【司法解释·注释】

本条源于1991年《最高人民法院

关于夫妻离婚后人工授精所生子女的法律地位如何确定的复函》。人工授精是一种非自然的受孕方式,一般分为同质人工授精和异质人工授精两种情形。实践中,同质人工授精,精子和卵子来源于夫妻双方,该子女与父母双方均有血缘关系,为双方的亲生子女。异质人工授精的,因子女与父亲本无血缘关系,只是法律推定其为父子(女),根据本条规定,夫妻关系存续期间,夫妻双方一致同意进行人工授精,所生子女应视为婚生子女,继承编中关于子女继承权的相关规定同样适用于人工授精所生子女。对于未满足上述要件,如非在婚姻关系存续期间,或是妻子在丈夫不同意或妻子对丈夫有所隐瞒的情形下实施人工授精所生育的子女,一般则不具有婚生子女的法律地位。

夫妻婚姻关系存续期间,女方未经男方同意,擅自进行人工授精,事后丈夫也没有明确表示异议,并且实际抚养了该子女的,则可以从其实际行为推定为"夫妻双方一致同意",孩子也应当认定为夫妻双方的婚生子女。同质人工授精,无论丈夫是否同意,所生子女均应视同夫妻双方婚生子女。至于丈夫的权利则只能通过其他途径进行救济。

非夫妻关系存续期间,男方基于自己生育子女的意思表示而同意利用自己精子生育子女的情形下,该子女为父母协商一致同意生育,同其父母均有生物学上的血缘关系,故该子女为男女二人所生子女无疑义。如果女方在男方不知情的情况下,擅自使用他人精子进行人工授精所生子女,则该子女与男方无法律上的亲子关系。若男方仅基于捐献精子,帮助他人通过人工授精生育子女的,则所生子女仅同母亲具备亲子关系,与捐献精子的男方亦无法律上的亲子关系。

一方在人工授精之前反悔的,一般应当准许,此时若一方(通常为女方)在人工授精前不顾对方反对坚持进行人工授精的,所生子女原则上不可适用本条规定。一方(通常为男方)在实施人工授精后反悔的,一般不予允许。因夫妻双方已一致同意人工授精,在人工授精开始后女方已受孕的情况下,一方反悔需经过对方的同意,不得以单方意志擅自变更或解除,该种情形下所生子女应视为婚生子女。女方若在实施人工授精后反悔并擅自中止妊娠的,男方不得以生育权受侵害为由提起损害赔偿之诉。人身权的限制不能够成为合同约定内容,夫妻双方一致同意进行人工授精的行为不可视为双方签订生育契约,男方不可以此请求女方承担违约责任。

【编者观点】

人工授精分为同质人工授精和异质人工授精,后者的子女和父亲无血缘关系,只是法律推定为父子(女)。本条主要指异质人工授精,可能存在遗传父母(卵子和精子的提供者)、孕育母亲(怀孕胎儿的代理母亲)以及养育父母(婴儿的抚养者)。我国目前通说认为,孕出者为母,与子女具有血缘关系的为父。法律上父亲的确定,首先适用婚生推定规则或知情同意规则,在婚生推定的父亲否认亲子关系后,适用血缘真实主义。丈夫死亡后,配偶利用其生前保留的精子受孕生育,由于欠缺男方的同意,父亲与子女的法律关系并不成立。

【指导性案例】

李某、郭某阳诉郭某和、童某某继承纠纷案(最高人民法院指导性案例50号,2015年4月15日)

【裁判要点】

(1)夫妻关系存续期间,双方一致同意利用他人的精子进行人工授精并使女方受孕后,男方反悔,而女方坚持生出该子女的,不论该子女是否在夫妻关系存续期间出生,都应视为夫妻双方的婚生子女。

(2)如果夫妻一方所订立的遗嘱中没有为胎儿保留遗产份额,因违反《继承法》第19条规定,该部分遗嘱内容无效。分割遗产时,应当依照《继承法》第28条规定,为胎儿保留继承份额。

【基本案情】

原告李某诉称:位于江苏省南京市某住宅小区的306室房屋,是其与被继承人郭某顺的夫妻共同财产。郭某顺因病死亡后,其儿子郭某阳出生。郭某顺的遗产,应当由妻子李某、儿子郭某阳与郭某顺的父母即被告郭某和、童某某等法定继承人共同继承。请求法院在析产继承时,考虑郭某和、童某某有自己房产和退休工资,而李某无固定收入还要抚养幼子的情况,对李某和郭某阳给予照顾。

被告郭某和、童某某辩称:儿子郭某顺生前留下遗嘱,明确将306室赠予二被告,故对该房产不适用法定继承。李某所生的孩子与郭某顺不存在血缘关系,郭某顺在遗嘱中声明他不要这个人工授精生下的孩子,他在得知自己患癌症后,已向李某表示过不要这个孩子,是李某自己坚持要生下孩子。因此,应该由李某对孩子负责,不能将孩子列为郭某顺的继承人。

法院经审理查明:1998年3月3日,原告李某与郭某顺登记结婚。2002年,郭某顺以自己的名义购买了涉案建筑面积为45.08平方米的306室房屋,并办理了房屋产权登记。2004年1月30日,李某和郭某顺共同与南京军区南京总医院生殖遗传中心签订了人工授精协议书,对李某实施了人工授精,后李某怀孕。2004年4月,郭某顺因病住院,其在得知自己患了癌症后,向李某表示不要这个孩子,但李某不同意人工流产,坚持要生下孩子。5月20日,郭某顺在医院立下自书遗嘱,在遗嘱中声明他不要这个人工授精生下的孩子,并将306室房屋赠与其父母郭某和、童某某。郭某顺于5月23日病故。李某于当年10月22日产下一子，取名郭某阳。原告李某无业，每月领取最低生活保障金，另有不固定的打工收入，并持有夫妻关系存续期间的共同存款18705.4元。被告郭某和、童某某系郭某顺的父母，居住在同一个住宅小区的305室，均有退休工资。2001年3月，郭某顺为开店，曾向童某某借款8500元。南京大陆房地产估价师事务所有限责任公司受法院委托，于2006年3月对涉案306室房屋进行了评估，经评估房产价值为19.3万元。

【裁判结果】

江苏省南京市秦淮区人民法院于2006年4月20日作出一审判决：涉案的306室房屋归原告李某所有；李某于本判决生效之日起30日内，给付原告郭某阳33442.4元，该款由郭某阳的法定代理人李某保管；李某于本判决生效之日起30日内，给付被告郭某和33442.4元、给付被告童某某41942.4元。一审宣判后，双方当事人均未提出上诉，判决已发生法律效力。

【裁判理由】

法院生效裁判认为：本案争议焦点主要有两方面：一是郭某阳是否为郭某顺和李某的婚生子女？二是在郭某顺留有遗嘱的情况下，对306室房屋应如何析产继承？

关于争议焦点一。《最高人民法院关于夫妻离婚后人工授精所生子女的法律地位如何确定的复函》中指出："在夫妻关系存续期间，双方一致同意进行人工授精，所生子女应视为夫妻双方的婚生子女，父母子女之间权利义务关系适用《中华人民共和国婚姻法》的有关规定。"郭某顺因无生育能力，签字同意医院为其妻子即原告李某施行人工授精手术，该行为表明郭某顺具有通过人工授精方法获得其与李某共同子女的意思表示。只要在夫妻关系存续期间，夫妻双方同意通过人工授精生育子女，所生子女均应视为夫妻双方的婚生子女。《民法通则》第57条规定："民事法律行为从成立时起具有法律约束力。行为人非依法律规定或者取得对方同意，不得擅自变更或者解除。"因此，郭某顺在遗嘱中否认其与李某所怀胎儿的亲子关系，是无效民事行为，应当认定郭某阳是郭某顺和李某的婚生子女。

关于争议焦点二。《继承法》第5条规定："继承开始后，按照法定继承办理；有遗嘱的，按照遗嘱继承或者遗赠办理；有遗赠扶养协议的，按照协议办理。"被继承人郭某顺死亡后，继承开始。鉴于郭某顺留有遗嘱，本案应当按照遗嘱继承办理。《继承法》第26条规定："夫妻在婚姻关系存续期间所得的共同所有的财产，除有约定的以外，如果分割遗产，应当先将共同所有的财产的一半分出为配偶所有，其余的为被继承人的遗产。"最高人民法院《继承法意见》第38条规定："遗嘱人以遗嘱处分了属于国家、集体或他人所有的财产,遗嘱的这部分,应认定无效。”登记在被继承人郭某顺名下的306室房屋,已查明是郭某顺与原告李某夫妻关系存续期间取得的夫妻共同财产。郭某顺死亡后,该房屋的一半应归李某所有,另一半才能作为郭某顺的遗产。郭某顺在遗嘱中,将306室全部房产处分归其父母,侵害了李某的房产权,遗嘱的这部分应属无效。此外,《继承法》第19条规定:“遗嘱应当对缺乏劳动能力又没有生活来源的继承人保留必要的遗产份额。”郭某顺在立遗嘱时,明知其妻子腹中的胎儿而没有在遗嘱中为胎儿保留必要的遗产份额,该部分遗嘱内容无效。《继承法》第28条规定:“遗产分割时,应当保留胎儿的继承份额。”因此,在分割遗产时,应当为该胎儿保留继承份额。综上,在扣除应当归李某所有的财产和应当为胎儿保留的继承份额之后,郭某顺遗产的剩余部分才可以按遗嘱确定的分配原则处理。

【法院参考案例】

1. 王××诉张××抚养纠纷案[《人民司法·案例》2014年第14期(总第697期)]

【裁判要旨】

女方与男方解除同居关系后擅自利用冷冻胚胎生子的,男方是否应承担抚养义务:夫妻双方共同拥有胚胎的处置权,在双方知情同意的情况下可对胚胎进行处置,否则不得对胚胎进行任何处理。在已依法解除非法同居关系的情况下,女方在未告知男方的情况下,擅自利用冷冻胚胎进行胚胎移植手术并生育子女。因女方的行为违背男方的主观意愿,故可将男方视为精子的捐献者,其与据此生育的子女之间无法律上的亲子关系,亦无抚养义务。

2. 王×诉周×抚养费纠纷案[《人民司法·案例》2014年第14期(总第697期)]

【裁判要旨】

有与女方生育意愿并提供精液的男方对以辅助生殖技术生育的子女,应否负抚养义务:婚姻关系存续期间,女方未经男方同意,即与第三人达成共同生育子女的意愿,并利用第三人所提供的精液经辅助生殖技术生育子女。因男方与女方擅自利用辅助生殖技术生育的子女不存在血缘关系,且事后对此表示反对,故男方与该子女之间未建立抚养关系。因第三人具有与女方生育子女的意思表示,且其提供精子不具有公益目的,故应认定上述子女系女方与第三人的非婚生子女,第三人应对该子女承担抚养义务。

3. 程天×诉程德×抚养费纠纷案[国家法官学院、中国人民大学法学院编:《中国审判案例要览(2010年民事审判案例卷)》]

【裁判要旨】

男方是否应向未经其同意所孕育

的试管婴儿支付抚养费:因男方无法生育,双方遂于婚姻关系存续期间协议以试管婴儿的方式生育子女,但因胚胎存在异常而流产。此后双方离婚,男方虽作出无条件保证配合完成试管婴儿的承诺,但在女方进行第二管胚胎植入手术前拒绝到医院签字,并明确表示不同意女方植入胚胎,此时应视为无条件保证承诺无效。女方单方进行胚胎植入手术并生育子女的,与男方无关,男方无须支付抚养费。

第四十一条 【“不能独立生活的成年子女”的含义】尚在校接受高中及其以下学历教育,或者丧失、部分丧失劳动能力等非因主观原因而无法维持正常生活的成年子女,可以认定为民法典第一千零六十七条规定的“不能独立生活的成年子女”。

【司法解释·注释】

父母对未成年子女具有无条件抚养的义务,而对成年子女的抚养义务则是有条件的。子女进入大学后,绝大多数已年满 18 周岁,已是完全民事行为能力人,无论从生理还是心理角度讲,已基本具备了独立生活的能力和条件,即使父母不予提供支持,自己也有以勤工俭学、自主创业、争取助学金等收入来维持学习和生活的能力,如将抚养范围扩大到子女大学期间,则可能在一定程度上不利于培养当代大学生的独立自主能力。接受九年义务教育以上的高等教育相当于一种智力投资,此项投资的直接受益人是子女本人,依照权利义务相一致原则,子女应为自己的预期可得利益作出相应付出,故供子女上大学不是父母的法定义务,是否支付完全取决于父母的意愿。绝大多数有经济能力的父母是愿意为成年子女承担高等教育等所需费用的,对于实在没有经济能力的父母,即使规定了法定义务,实际意义也并不是很大。

如果成年子女的父母已就该子女大学期间的教育费、生活费等费用达成协议,约定一方或者双方同意承担此部分费用,那么对双方均有约束力,父母未支付抚养费的,成年大学生可以据此向父母一方或者双方主张该协议约定的抚养费用。

不能独立生活的成年子女在已有配偶的情形下,配偶是承担供养、扶助的义务的责任主体。但如不能独立生活的一方患病所需医疗费等开销确实超出其配偶的能力范围时,可以请求不能独立生活一方的父母给予一定帮助。父母自愿为成年患病子女支付医疗费用的,亦无权向其子女的配偶主张该部分医疗费用。在夫妻婚姻关系终止或消灭后,双方不再负担互相扶养的义务时,具有经济能力的父母对不能独立生活的成年子女仍应承担起抚养责任。

【地方法院规范】

《上海市高级人民法院婚姻家庭纠纷若干问题的解答》(2006 年,2020 年 12 月修订)

四、离婚诉讼中,子女正在接受高中或相当于高中学历教育的,对子女抚养费的处理

根据《民法典》一千零六十七条以及最高人民法院《关于适用〈中华人民共和国婚姻法〉若干问题的解释(一)》第二十条①的规定,“不能独立生活的子女”包括尚在校接受高中及以下学历教育的成年子女。因此,夫妻离婚时,正在接受高中或相当于高中学历教育的子女虽未满十八周岁,但正常情况下该子女毕业前将满十八周岁的,从减少当事人讼累的角度出发,对子女抚养费的给付期限可以判决至子女高中或相当于高中学历教育毕业时止。

夫妻离婚时,子女已满十八周岁但仍在接受高中或相当于高中学历教育、尚未毕业的,对子女抚养费的判决,应尊重当事人的选择。当事人双方同意在离婚诉讼中一并解决子女抚养费问题的,可判决至高中或相当高中学历教育毕业时止;当事人对子女抚养费一并解决持异议的,应由成年子女自行主张权利。

【法院参考案例】

1. 李某某诉李某抚养费纠纷案——对已就读大学的成年子女支付抚养费的诉讼请求,一般不予支持②(人民法院案例库 2023-07-2-022-001)

【裁判要旨】

已就读大学的成年子女,不宜认定为《民法典》第 1067 条规定的“不能独立生活的成年子女”。对其要求支付抚养费的诉讼请求,人民法院一般不予支持。

【基本案情】

法院经审理查明:李某、李某 1 系李某某的父亲、母亲,二人于 2003 年生育女儿李某某。2012 年 12 月 31 日,因夫妻感情破裂,二人协议离婚,并约定:李某某(女)9 岁,归李某 1 抚养,李某 2(男)7 岁,归李某抚养,两个小孩的所有费用由男方承担。离婚后,李某按照离婚协议约定负担了李某某大部分生活学习费用至李某某高中毕业且年满 18 周岁,之后未再支付过李某某生活学习费用。李某某母亲李某 1 支付了李某某高中期间部分生活学习费用,并在李某某考上大学后支付了李某某大一学杂费及其他生活费用。李某离婚后又另行重组家庭并生育了一幼子,李

---

① 对应《民法典婚姻家庭编解释(一)》第 41 条。——编者注

② 相反观点案例参见《人民法院案例选》2000 年第 2 辑中刘某申因成年后上学期间无收入诉父刘某增加抚育费案[详见《民法典婚姻家庭编解释(一)》第 58 条案例]。——编者注

某 2 现就读高二,随李某一起居住生活。目前李某经营一家门锁店生意。二审期间另查明,李某某已经办理了国家无息助学贷款。

【裁判结果】

江西省广昌县人民法院于 2021 年 12 月 20 日作出(2021)赣 1030 民初 1159 号民事判决:(1)李某给付李某某就读大学期间的生活费每月 750 元,限于每月 10 日前付清,从 2021 年 9 月开始支付至李某某大学毕业时止;(2)李某给付李某某大学 4 年期间学费每年 6000 元,分别于每年 9 月 10 日前付清,从 2021 年支付至 2024 年;(3)驳回李某某的其他诉讼请求。宣判后,李某不服一审判决,提出上诉。江西省抚州市中级人民法院于 2022 年 4 月 26 日作出(2022)赣 10 民终 251 号民事判决:(1)撤销江西省广昌县人民法院(2021)赣 1030 民初 1159 号民事判决;(2)驳回李某某的诉讼请求。

【裁判理由】

法院生效裁判认为:根据《民法典婚姻家庭编解释(一)》第 41 条规定,已满 18 周岁且在接受高等教育期间的子女,不属于《民法典》第 1067 条规定的"不能独立生活的成年子女"。一审判决认定李某不再有给付李某某抚养费的法定义务正确。就我国人情伦理及社会传统习惯而言,大多数具有经济能力的父母是愿意培养子女进入高等学府,供养子女接受高等教育的;从道德层面来讲,作为有负担能力的父母,也应对尚在就读高等教育、一时还无法独立承担自己生活、教育开销的成年子女承担抚养责任,让孩子完成学业。但正如上述法律规定,父母为成年子女支付大学期间的学费和生活费只是基于亲情和道义,而不是法定义务。在本案中,李某将李某某抚养至接受高等教育,还有两子需要抚养,其中幼子不足 1 周岁,李某提出其已不具有负担能力,本案也没有证据证明李某具有负担能力。且李某某目前已办理了国家助学贷款,能够弥补在校期间各项费用不足,该贷款系无息贷款,可以在毕业后分期偿还。一审法院忽视李某的负担能力和李某某的实际情况,判决李某给付李某某大学期间的学费和生活费错误,应予以纠正。

2. 徐×诉徐××、石××抚养费纠纷案[《人民司法·案例》2012 年第 12 期(总第 647 期)]

【裁判要旨】

健康的成年子女能否再要求父母支付抚养费:父母离婚后,未与子女共同生活的一方已按照法院生效判决确定的数额,向子女支付了抚养费,直至子女年满 18 周岁。此后,已完成高中学业,且身体、精神健康的子女再行起诉要求父母支付抚养费的,因其不属未成年人或不能独立生活的子女,故其父母不再负有向其支付抚养费的法定义务。

第四十二条 【“抚养费”的具体内容】民法典第一千零六十七条所称“抚养费”,包括子女生活费、教育费、医疗费等费用。

【司法解释·注释】

生活费是指维持子女日常生活必须支出的费用,如必要的衣食住行等费用。司法实践中认定的教育费的范围主要是高中、初中和小学的教育费用,包括学费、书本费及孩子必须接受的教育项目的相关支出。超出基本教育的额外教育费用,如各种补习班、兴趣班、课外班的费用,各种择校费等,往往不被计算在教育费范畴,由未成年人父母协商确定。学前教育虽不属于国家义务教育,但已较为普及,国家也非常重视适龄儿童的学前教育,故将学前教育费用纳入抚养费范围符合国情和实际需要。高等教育费用是否纳入由父母承担的抚养费,应当根据子女需要和父母的负担能力决定。目前的普遍情况是,子女在高中毕业之后接着上大学,由于没有经济积累和稳定的就业机会,上学期间的学费、生活费由父母负担。虽然个别人在大学期间兼职赚取学费或贷款助学,但借此脱离对父母的依赖实现经济独立的情况比较少见。因此,子女读大学期间的抚养费宜由有负担能力的父母承担,但同时社会应为大学生创造就业机会,鼓励他们尽可能自食其力。医疗费包括医药费、住院费和诊疗费,目前我国基本医疗保险基本实现全覆盖,未成年人应当缴纳的居民基本医疗保险费、新型农村合作医疗保险费,应由父母负担。除此之外的商业保险、补充医疗保险等,不在抚养费范围内。

本条中“等费用”的“等”应当理解为“等外等”。考虑到抚养期间子女的需求以及抚养人的情况可能会发生变化,以“等费用”的方式为抚养费增减变化留下空间。

确定抚养费应遵循必要性、合理性和共担性的原则。抚养费的范围主要依未成年子女的实际需要来确定,一是普通人的一般生活、教育培训、医疗健康需求;二是具体个人的特殊需求,如残疾儿童需要轮椅、助听器等生活辅助用品,生病需要治疗等。既要保障未成年人利益的最大化,也要避免超前的奢侈性给付,或者过低给付。抚养费由父母共同承担,对于非必要性支出,如超出普通消费水平的保险费、旅游费等生活支出,超出义务教育范围的培训费、择校费和超出正常治疗标准的医疗费等费用,父母一方决定支付之前,应先与对方进行协商,征得同意。未经协商,父母一方擅自决定采用高付费方案的,原则上由该方承担相应费用。

【法院参考案例】

许某红诉杨某银离婚纠纷案[国家法官学院、中国人民大学法学院编:《中

国审判案例要览(2006 年民事审判案例卷)》]

【裁判要旨】

离婚后为子女购买保险的费用,是否属于抚养费:夫妻双方因感情破裂结束婚姻关系,婚后所育子女虽跟随夫妻一方生活,但夫妻双方仍负有抚养及教育子女的法定义务。因该法定义务以满足子女的基本生活需要为限,故夫妻一方为子女购买保险不属于履行该义务,应视为其对自有财产行使处分权的行为,该方无权要求对方承担一半的保险费用。

第四十三条 【夫妻在婚姻关系存续期间不履行抚养子女义务的情形下,人民法院支持子女抚养费请求权】婚姻关系存续期间,父母双方或者一方拒不履行抚养子女义务,未成年子女或者不能独立生活的成年子女请求支付抚养费的,人民法院应予支持。

【司法解释·注释】

父母是否履行抚养义务的判断标准,就是父母双方或者一方是否实际以其收益承担子女抚养费用,一般并不需考虑夫妻双方是否分居。关于何为"拒不履行抚养子女义务",实践中比较多见的情形是父母虽然还处于婚姻关系存续期间,由于家庭矛盾、生活方式、厌烦照料等原因,其中一方虽然有正常的收入,但是对于孩子不管不顾,在具备抚养能力的情况下仍然拒不履行抚养义务,不与未成年子女或不能独立生活的子女共同生活,也不支付抚养费用。实践中父母双方均不履行抚养义务的情形也是有的,如有的夫妻在未成年子女出生后即将子女寄养在祖父母或者外祖父母家,夫妻二人不履行抚养义务。未成年子女的祖父母或者外祖父母往往由于疼惜孩子,也只能承担起照看孩子的责任。此种情形不但是违法行为,甚至有可能构成遗弃犯罪。

除为未成年子女的生活、学习提供生活费、教育费、医疗费等物质方面的抚养外,在孩子成长教育过程中对未成年子女进行适当的陪伴、关爱也是父母所应尽的义务的一部分。父母双方或者一方已经支付抚养费,但未履行陪伴、照料等义务,当然可以认定父母未完全尽到抚养、教育义务,但是未成年子女并不能据此向父母双方或者一方追索抚养费。

被父母抚养的权利是一种持续性权利,不应适用诉讼时效。父母双方或者一方不履行抚养义务,因抚养义务的持续性,受抚养子女的抚养费请求权亦不应受诉讼时效的限制。《民法典》第 196 条第 3 项规定,请求支付抚养费、赡养费或者扶养费的请求权不适用诉讼时效的规定。

未成年子女或者不能独立生活的成年子女是主张抚养费的适格主体,与其共同生活的父母一方或者监护人作为法定代理人可以代理子女参加诉讼。实践中一些地区的留守儿童的抚养问题涉及父母双方均拒不履行抚养子女义务的情形。留守老人的文化程度往往不高,在没有其他监护人的情况下,由留守儿童或者老人向人民法院提起诉讼基本上不可能实现。可以参照2014年最高人民法院、最高人民检察院、公安部、民政部联合发布的《关于依法处理监护人侵害未成年人权益行为若干问题的意见》的有关精神,积极探索由妇联组织、未成年人保护组织等机构直接作为原告代未成年人提起诉讼的模式,督促未成年人父母履行抚养义务,解决父母不履行监护职责的现实问题。

被撤销监护资格的父母只是被撤销与其监护资格有关的与未成年人共同生活、教育、保护等权利,但对于其支付抚养费的义务,则应当继续履行,并不因监护人资格被撤销而消灭。

【法院参考案例】

顾某红诉周××抚养费纠纷案[国家法官学院、中国人民大学法学院编:《中国审判案例要览(2009年民事审判案例卷)》]

【裁判要旨】

子女请求父母支付抚养费是否适用诉讼时效的规定:女方与男方发生不正当男女关系并生育子女,但男方对女方生育子女的事实并不知情。后子女在超过一般诉讼时效期间后请求男方支付抚养费。虽该请求权涉及一定的财产权益,但主要是基于身份关系提起的,故不受诉讼时效的限制。男方不得以子女请求支付抚养费已超过诉讼时效为由,拒绝履行支付抚养费义务。

第四十四条 【不满两周岁子女的抚养人】离婚案件涉及未成年子女抚养的,对不满两周岁的子女,按照民法典第一千零八十四条第三款规定的原则处理。母亲有下列情形之一,父亲请求直接抚养的,人民法院应予支持:

(一)患有久治不愈的传染性疾病或者其他严重疾病,子女不宜与其共同生活;

(二)有抚养条件不尽抚养义务,而父亲要求子女随其生活;

(三)因其他原因,子女确不宜随母亲生活。

【司法解释·注释】

久治不愈的传染性疾病或其他严重疾病判断标准为影响到子女的健康成长。一是对子女可能造成侵害的疾病,例如传染性疾病、精神疾病;二是行动不便,无法照料子女起居,例如瘫痪。如母亲仅患有一般性疾病,经治疗短期内可以痊愈,则不在此限。如父母双方均患有久治不愈的传染性疾病或其他严重疾病的，则应选择相对较轻、更有利于子女健康成长的一方直接抚养。

第三项规定为兜底条款，可以参考 2014 年最高人民法院、最高人民检察院、公安部、民政部联合发布的《关于依法处理监护人侵害未成年人权益行为若干问题的意见》第 1 条列举的监护侵害行为作为认定本条规定的子女不适宜与母亲共同生活的相关情形：本意见所称监护侵害行为，是指父母或者其他监护人性侵害、出卖、遗弃、虐待、暴力伤害未成年人，教唆、利用未成年人实施违法犯罪行为，胁迫、诱骗、利用未成年人乞讨以及不履行监护职责严重危害未成年人身心健康等行为。除此之外，对于母亲一方有吸毒、赌博等恶习、严重违法犯罪记录等情形的，也应作为考量子女是否适宜与母亲共同生活的因素。

养父母离婚时，如果养父母是双方作为收养人共同收养子女，双方与养子女均无直接血缘关系，由养母对于两周岁以下子女直接抚养和一般意义上由具有血缘关系的母亲直接抚养并没有区别，应当适用《民法典》和本条规定。如果养母原系子女的继母，子女的父亲是其亲生父亲，双方具有血缘关系，养母与其离婚时，虽然母亲在抚养两周岁以下子女具有一定的优势，但是由于子女与父亲的关系更为紧密，即使养母主张抚养子女，此种情况下，也应由父亲直接抚养为宜。

有些协议离婚的案件中，父母一方在协议中承诺放弃抚养权，从字面意义上看是放弃对于子女抚养的权利，但由于抚养子女既是权利也是义务，是不能放弃的，故而这项约定不能产生父母不承担子女抚养义务的效果。这种约定的真实意思应当解释为放弃直接抚养子女的权利，而非放弃抚养权。不直接抚养子女的父母，应按照协议约定或者法院判决支付抚养费。

本条规定存在一个限定性条件即“父亲请求直接抚养的”。在母亲具备本条规定的情形时，父亲如果未请求直接抚养，从儿童最大利益原则出发，人民法院可以依法向当事人释明相关情况，多做调解工作，在父亲具备抚养条件的情况下，尽量由父亲直接抚养。

【司法指导文件】

《最高人民法院、最高人民检察院、公安部、民政部关于依法处理监护人侵害未成年人权益行为若干问题的意见》（法发〔2014〕24 号，2014 年 12 月 18 日）

1. 本意见所称监护侵害行为，是指父母或者其他监护人（以下简称监护人）性侵害、出卖、遗弃、虐待、暴力伤害未成年人，教唆、利用未成年人实施违法犯罪行为，胁迫、诱骗、利用未成年人乞讨，以及不履行监护职责严重危害未成年人身心健康等行为。

【地方法院规范】

《北京市高级人民法院关于处理婚

姻案件中子女抚育、财产分割及住房安置问题的几点意见》(1990年)

一、关于离婚后的子女抚养问题

3. 对于哺乳期内的子女,如母亲不愿抚养,或不具备抚养条件,而父亲一方愿意抚养,又具备抚养条件的,可以调解或判决子女归父亲抚养。

【法院参考案例】

王某诉黄某1离婚案——两周岁以下子女由母亲直接抚养的原则不应轻易突破(《中国法院2023年度案例·婚姻家庭与继承纠纷》)

【基本案情】

王某、黄某1于2017年相识,后于2018年12月8日登记结婚,2019年11月26日育有一女黄某2。王某系初婚,黄某1系再婚。被告婚前购买了411号房屋,于2014年2月20日登记至个人名下,婚后双方共同偿还房屋贷款。后双方因离婚纠纷诉至法院。庭审中,双方均主张对黄某2的抚养权。王某主张黄某1存在家庭暴力行为,以及婚内与他人同居的行为。另查,本案审理过程中,黄某1向审理法院申请人身保护令,称王某于2021年5月9日将其父母打伤,黄某1至永顺派出所报警并申请验伤,尚无验伤报告。审理法院裁定驳回了黄某1的申请。另查明,2020年,案外人罗某以同居关系纠纷为由,将黄某1诉至法院,北京市朝阳区人民法院经审理,于2020年7月29日作出(2020)京0105民初6889号民事判决书,其中关于孩子抚养权及抚养费的诉请,判决被告与罗某之女黄某由罗某抚养,被告每月支付抚养费2500元至黄某年满18周岁止。该案判决书事实认定部分记载"原、被告于2015年相识,于2017年2月10日育有一女黄某……被告……于2020年7月10日的庭前会议中陈述其自黄某出生至2018年冬天,一直与原告、黄某共同居住"。

【案件焦点】

离婚后不满两周岁的子女由母亲直接抚养的原则是否能够轻易打破。

【裁判要旨】

北京市通州区人民法院经审理认为:婚生女黄某2虽不满两周岁,但考虑到黄某2出生后一直由爷爷奶奶帮忙照料,黄某1在京有自有住房、稳定且相对较高的工资收入,法院认为黄某2由黄某1抚养为宜。判决如下:婚生女黄某2由黄某1抚养,王某自2021年6月起,于每月20日前支付婚生女黄某2抚养费2500元,至黄某2年满18周岁止。

判决后,王某提起上诉。北京市第三中级人民法院经审理认为:王某和黄某1均主张对方存在家庭暴力的情形,但综合本案中双方对冲突过程的陈述、公安机关数次处理双方纠纷的案卷材料、双方伤情情况等在案证据及本案实际情况,法院认为尚不足以认定双方中任一方构成家庭暴力。在此情形下,黄某1虽主张王某不适宜抚养黄某2,但其并未提出充足的依据亦未提供充分有效的证据，以证明王某存在《民法典》第1084条及《民法典婚姻家庭编解释（一）》第44条规定的黄某2作为未满两周岁子女，确不宜随母亲王某生活的法定情形。因此，本案中对子女抚养问题的处理还应当遵循法律明确规定的不满两周岁的子女应由母亲直接抚养之原则。据此，本案改判双方婚生女黄某2由王某抚养。对于子女抚养费，王某明确表示无须黄某1给付黄某2的抚养费，法院对此不持异议，明确黄某2由王某自行抚养。

北京市第三中级人民法院依照《民法典》第1084条、《民法典婚姻家庭编解释（一）》第44条、《民事诉讼法》第170条第1款第2项之规定，判决如下：（1）维持北京市通州区人民法院（2021）京0112民初11518号民事判决第1项、第3项、第4项；（2）撤销北京市通州区人民法院（2021）京0112民初11518号民事判决第2项、第5项；（3）婚生女黄某2由王某自行抚养；（4）驳回王某和黄某1的其他诉讼请求。

第四十五条 【人民法院在父母双方达成协议的情况下认定不满两周岁子女抚养权归属问题】父母双方协议不满两周岁子女由父亲直接抚养，并对子女健康成长无不利影响的，人民法院应予支持。

【司法解释·注释】

由父亲直接抚养不满两周岁子女需要满足两个限定性条件：（1）父母双方就子女抚养问题达成协议；（2）对子女健康成长无不利影响。采用并列的表述形式，意味着二者需同时满足，缺一不可。

司法介入时，需要以“对子女健康成长无不利影响”为主要判断标准，对抚养协议的合法性和合理性进行审查，决定能否适用本条规定。例如，协议中以“是否再婚”作为能否抚养子女的条件，没有考虑到由哪方抚养子女更有利于其健康成长的实际情况，限制了应该抚养子女一方的再婚自由，该抚养协议无效。

抚养协议不是确定子女抚养权的唯一依据，法官需要以“有利于子女的身心健康、保障子女的合法权益”作为前提和出发点，再结合各方的抚养条件、抚养能力综合考虑，妥善处理未成年子女抚养权的归属问题。具体而言，需充分考虑子女能够得到照顾、子女本身的健康状况、子女生活环境、教育环境、父母的收入情况等因素。实践中可以采取反向排除的方法，下列情形应当纳入考虑范围之内：第一，患有久治不愈的传染性疾病或者其他严重疾病，子女不宜与其共同生活。第二，实施家庭暴力或虐待、遗弃家庭成员的。第三，有赌博、吸毒等恶习的。第四，有其他不利于子女身心健康的违法犯罪记录，不宜与子女共同生活的。

第四十六条 【父母双方均要求直接抚养两周岁以上子女时的优先条件】对已满两周岁的未成年子女,父母均要求直接抚养,一方有下列情形之一的,可予优先考虑:

(一)已做绝育手术或者因其他原因丧失生育能力;

(二)子女随其生活时间较长,改变生活环境对子女健康成长明显不利;

(三)无其他子女,而另一方有其他子女;

(四)子女随其生活,对子女成长有利,而另一方患有久治不愈的传染性疾病或者其他严重疾病,或者有其他不利于子女身心健康的情形,不宜与子女共同生活。

【司法解释·注释】

丧失生育能力的父母由于不能再孕育其他子女,一般会尽可能地将全部的关爱、照顾和呵护给予现有子女,为子女健康成长提供有利的环境和条件,在其能力范围之内最大限度关爱、照顾、保护子女,在一定程度上也体现了对子女的合法权益的保护。

子女随其生活时间较长,这一规定旨在保障子女生活环境的稳定性,如果子女跟随一方生活已经成为一种习惯,并且对子女以后的成长没有不利影响的,应尽量保持其生活环境的稳定和连续,能够使未成年人在充满关爱的熟悉环境中健康成长,有助于保护未成年人的利益。子女随其生活时间较长,一般可以掌握在3年以上。改变生活环境对子女健康成长应是明显不利,而不是一般不利。例如,子女已经接受了该方的生活环境,难以适应对方的生活环境;另一方生活状况、条件明显恶劣;该方当地的教育条件明显优于对方等。只具备其中一个因素的,不享有优先抚养权。

第3项中的其他子女,无论是否与一方共同生活,均可成立优先抚养条件,并非单指已在身边共同生活的子女。本项优先抚养条件的内容,实际上是没有其他任何子女的一方,与有其他任何子女的一方相比,有优先抚养子女的权利。

对子女生活有利的条件,包括生活条件、教育条件、居住条件以及父母一方的品行修养、知识层次、身体健康状况等。但是,仅仅具备子女随其生活对成长有利的这些条件,尚不足以享有优先抚养的权利,还必须同时具备另一方特定的不利条件,才构成本项优先抚养条件。

本条中的"优先考虑"并不是应当或必须,也并非只要出现这几种情形之一,直接抚养权就一定归属于某一方,仍然要结合其他情况综合考虑,坚持最有利于未成年子女的原则进行裁判。有一种观点认为，子女在离婚诉讼中实际随哪一方共同生活，子女就应判决归哪一方直接抚养，擅自改变子女的生长环境会对子女造成不利的影响，若判归不实际控制子女的一方进行抚养，会造成执行上的困难。此种观点不恰当，从社会效果上来看，若法院将子女随其共同生活作为单一的判决标准，可能会向社会发出一个误导的信号，让人们错误地认为，把子女"抢到手"或者"藏起来"满足随其共同生活条件就能获得子女的抚养权。法院认定抚养子女的优先条件时要结合父母双方的具体条件进行通盘考虑，避免产生父母在离婚时藏匿、争夺子女的情形。

【法院参考案例】

孙某诉王某霞抚养纠纷案（《中国法院2012年度案例·婚姻家庭与继承纠纷》）

【裁判要旨】

夫妻离婚时，年龄尚小的婚生女抚养权归属如何确定：男女双方在婚姻关系存续期间生育一女，双方分居后一方因夫妻感情破裂提起离婚诉讼。分居期间，婚生女一直由女方抚养，且在女方住所地的幼儿园就读，女方有固定收入。现男女双方均主张对婚生女的抚养权，虽男方的经济状况优于女方，但婚生女年龄尚小，由女方直接抚养婚生女更有利于其生活、教育及成长。应由女方抚养婚生女，男方支付相应的抚养费。

第四十七条 【祖父母或外祖父母对孙子女或外孙子女的照顾情况可以作为优先条件予以考虑】父母抚养子女的条件基本相同，双方均要求直接抚养子女，但子女单独随祖父母或者外祖父母共同生活多年，且祖父母或者外祖父母要求并且有能力帮助子女照顾孙子女或者外孙子女的，可以作为父或者母直接抚养子女的优先条件予以考虑。

【司法解释·注释】

祖父母、外祖父母参与子女的抚养是长期存在的一种生活习惯，有的祖父母、外祖父母甚至主要承担了孙子女、外孙子女的监护任务。子女不仅仅是夫妻之间的子女，更是联系整个家庭、家族的纽带。祖父母、外祖父母对于自己的孙子女、外孙子女都疼爱有加，所谓"隔代亲"即指此义。因此，在父母离婚均要求抚养子女的情况下，要在祖父母、父母、子女之间找到法律规定的平衡点。

祖父母、外祖父母并不是争夺抚养子女的主体，无权就争执的抚养问题作出决断。本条根据实际生活的需要，对子女的祖父母、外祖父母的条件作适当的限制,作为父母的优先抚养条件来对待,即相对的优先抚养条件。相对的优先抚养条件不必然具备排斥他方抚养子女的效力。即便孩子与祖父母或外祖父母共同生活,抚养义务人也不是祖父母或外祖父母。祖父母或外祖父母对小孩的抚养教育,仅是帮忙性质的扶助,绝不能替代父母任何一方对子女的抚养与教育。

认定祖父母或外祖父母是否有能力帮助子女照顾孙子女或外孙子女,要从是否满足未成年子女健康成长的物质基础和精神基础两个方面综合评判。物质基础是指在物质上、经济上、生活上对子女的日常照料,包括子女的生活费、教育费、医疗费的负担和日常生活的照料。精神基础是指在思想、品德、学业等方面对子女的全面培养和管理教育。要考虑祖父母或外祖父母的生理状态(包括年龄、健康状态等)以及是否有固定的住所、稳定的经济收入;还要考虑祖父母或外祖父母的心理状态(包括有无精神疾病等)、教育程度、行为习惯(如有无赌博、吸毒及虐待子女等不良行为)等条件。

【批复答复】

《最高人民法院民事审判庭关于夫妻一方死亡另一方将子女送他人收养是否应当征得愿意并有能力抚养的祖父母或外祖父母同意的电话答复》([1989]法民字第21号,1989年8月26日)

三、在审判实际中对不同情况的处理,需要具体研究。诸如你院报告中列举的具体问题,夫妻一方死亡,另一方有抚养子女的能力而不愿尽抚养义务,以及另一方无抚养能力,且子女已经由有抚养能力,又愿意抚养的祖父母、外祖父母抚养的,为送养子女发生争议时,从有利于子女健康成长考虑,子女由祖父母或外祖父母继续抚养较为合适。

【法院参考案例】

须加某诚诉严某荣变更抚养关系纠纷案[国家法官学院、中国人民大学法学院编:《中国审判案例要览(2009年民事审判案例卷)》]

【裁判要旨】

离婚后男方将年幼子女交由祖父母长期抚养,女方是否有权变更抚养权:夫妻双方离婚后,抚养年幼子女的男方长期在中国工作,而年幼子女长期居住日本,由男方的父母进行抚养、照顾。虽然该情形不能直接认定男方不具备与年幼子女共同生活的条件,但其行为实质上对年幼子女健康成长十分不利;从利于子女的健康成长角度出发,在女方有能力抚养年幼子女且愿意与年幼子女共同生活时,应变更子女的抚养权,判令由女方直接抚养该年幼子女。

第四十八条 【父母双方协议轮流直接抚养子女】在有利于保护子女利益的前提下，父母双方协议轮流直接抚养子女的，人民法院应予支持。

【司法解释·注释】

单亲抚养模式割裂了未成年子女与父母其中一方的紧密联系，使其不能得到完整的父爱和母爱，不利于其身心健康。采用协议轮流抚养子女方式，能够有效缓解二者之间紧张关系，有助于消除抚养权争夺纠纷，相对平衡了双方的权利和义务，不仅使离婚双方的权利得到应有的维护，义务得到有效的履行，而且在子女的物质生活、医疗保健和受教育的权益得到切实保障的同时，能够保障子女与父母双方的接触，使子女得到相对完整的父爱和母爱，最大限度地减少因父母离婚对子女的伤害，也使他们的身心健康得到保障。

一方直接抚养，既可以由双方当事人约定，也可以由法院判决确定；轮流抚养的方式，我国目前仅允许双方协议约定。这主要是因为轮流抚养的适用较一方抚养要复杂得多，具有多重不确定因素，不同性别、年龄、家庭环境、经济状况等的子女对父或母的需求是不同的，需要双方当事人协调、配合。轮流协议的内容一般包括轮流抚养的具体方式、轮流抚养的周期、地点及时间安排、探望权、抚养费的负担、一方出现特殊情况，不能按约定时间抚养的情况处理及争议的处理方式等。轮流抚养协议应从有利于子女健康成长出发，由父母双方自愿达成，在此人民法院应扮演消极批准者的角色。

当父母协商的周期严重不利于子女的成长和身心健康时，法院应要求父母双方重新协商。抚养期限包括轮流抚养的始期、终期以及每次的轮流周期。一般情况下，父母以在同一市区居住为宜，父母异地居住的，不利于未成年子女的学习和生活。轮流直接抚养的时间应适度把握，时间过短，频繁变换子女生活环境，不利于子女身心健康；过长，不利于增进子女与父母双方的感情，不符合轮流抚养的初衷。一般情况下，对于学龄前少儿，抚养周期一般至少以 1—2 个月为宜；子女已入托或入学的，以 1 学期或 1 学年为宜，每次可在开学前搬到直接抚养方处生活。双方各自抚养的时间，可以根据实际情况调整，不一定强求一致。

轮流抚养子女并不意味着在一方直接抚养时，可以免除另一方给付抚养费的义务。实践中一般存在两种方案：一种是父母双方各自在抚养期间承担孩子的生活费、医疗费、教育费；另一种方案是双方按照一定比例共同拿出一部分资金作为孩子的抚养经费。父母双方轮流抚养的情况下，一方直接抚养子女期间，未与子女共同生活的一方具有探望子女的权利，直接抚养方有协助的义务。

子女年龄在两周岁以上，八周岁以下的，夫妻双方原则上可直接协议轮流抚养。两周岁以下的幼儿，原则上应由母亲直接抚养；八周岁以上的未成年子女通常都有了一定的辨别能力和判断能力，是否愿意轮流，应征求子女本人意见，由其本人作出选择。

直接抚养方对未成年子女的抚养应以亲自抚养为主，因为父母对子女的直接抚养效果是无法替代的。如果直接抚养的一方仅为"名义"上的抚养人，未成年子女实际由祖父母或其他亲属照料，导致抚养权与实际抚养完全分离，将使未成年人实际脱离父母双方的直接监护，在成长过程中缺少父爱及母爱的呵护。

第四十九条 【抚养费数额的确定方法】抚养费的数额，可以根据子女的实际需要、父母双方的负担能力和当地的实际生活水平确定。

有固定收入的，抚养费一般可以按其月总收入的百分之二十至三十的比例给付。负担两个以上子女抚养费的，比例可以适当提高，但一般不得超过月总收入的百分之五十。

无固定收入的，抚养费的数额可以依据当年总收入或者同行业平均收入，参照上述比例确定。

有特殊情况的，可以适当提高或者降低上述比例。

【司法解释·注释】

本条规定了三种考虑因素：子女的实际需要、父母双方的负担能力、当地的实际生活水平。审判实践中，一般首要审查子女的实际需要、父母双方的负担能力，而后考察当地实际生活水平。抚养费的数额应当以正当且必要为限，即使抚养义务人具有较高收入，当子女提出不合理的过高要求时，也可以拒绝，因为这个需要超出了"实际需要"的限度。子女抚养费的确定，还要考虑父母双方的经济收入及经济条件，若父母的经济条件较好，愿意负担更高的子女抚养费也是合情合理的，不必一定与当地生活水平相一致。如果父母的生活条件较差，所能负担子女抚养费的上限已经低于当地生活水平，也不宜强行要求负担超过其支付能力的抚养费。当双方对子女抚养费数额的多少产生分歧，且通过其他两项因素无法判断时，则应该适用当地实际生活水平标准加以调整。

无固定收入者，如农民、个体工商户、小摊贩以及从事其他经营性活动的人员等。对于农民，可以按季度或者按年收入，参照本条第2款的比例确定；对于个体工商户、小摊贩和从事其他经营性活动的人员，既可按季度或按年收入，也可以按同行业的平均收入确定。

第4款规定的目的在于当处理抚养费问题时，若遇一方收入畸高或畸低时，人民法院可以根据子女的实际需要、当事人的负担能力、当地的实际生活水平适当调整抚养费负担比例。

实际生活中，经常出现抚养费给付方负担能力发生变化的情况，如给付义务人失业、患病或企业停工停产带来劳动者收入的降低。父母如有下列情形之一的，可适当降低负担比例：（1）收入明显减少；（2）长期患病或丧失劳动能力，又无经济来源，确实无力按原定数额给付子女抚养费的；（3）因违法犯罪被监禁，失去经济能力无力给付的，但恢复人身自由后又有经济来源的，则应按原协议或判决给付。因负担能力变化降低抚养费数额的，一旦其恢复甚至超过原来的抚养能力，子女仍有权要求调整抚养费支付比例。

【地方法院规范】

《北京市高级人民法院民一庭关于审理婚姻纠纷案件若干疑难问题的参考意见》（2016年）

十、【抚养费的范围与计算】抚养费包括必要生活费、教育费、医疗费等费用，应主要根据当地实际生活水平和子女实际需要确定，也应当考虑父母实际负担能力。一方未经协商擅自支付必要费用之外的生活费、教育费、医疗费等费用，要求另一方分担的，人民法院一般不予支持。

补课费、课外兴趣培养费等超出国家规定的全日制教育费用之外的教育支出，应根据客观教育环境、收入情况、支出数额等因素确定是否属于必要教育费。

抚养费计算时依据的月总收入，系指税后年总实际收入按月均计算的实际收入，包括住房公积金、年终奖、季度奖等实际收入在内。

第五十条 【抚养费的给付方式】抚养费应当定期给付，有条件的可以一次性给付。

【司法解释·注释】

定期给付的期间的长短可依父母的收入方式确定。对于有工资收入的，通常应当按月给付，但在给付方从事农业生产或其他生产经营活动，没有固定收入的，也可以按季度或年度支付。法院应在判决书或调解书中注明具体的给付办法，以便于今后子女抚养费的履行。通常均应给付至子女成年，即满18周岁时为止。但在成年子女没有劳动能力或其他特殊原因导致不能独立生活时，父母仍有抚养义务；子女成年后能够独立生活，父母仍自愿继续给予经济帮助的，亦不禁止。

一次性给付，是指将定期应付的抚养费数额，乘以将子女抚养到一定年龄的期间,计算抚养费总数,一次性给付完毕。一次性给付抚养费可能存在诸多风险,应当审慎采取一次性给付抚养费的方式:首先,一次性给付抚养费不足以涵盖父母对子女抚养义务的全部内容。在现实生活中,年满 18 岁与独立生活并不完全统一,一次性给付的抚养费通常计算至子女 18 岁,随着社会物质文化事业的发展,子女受教育层次的提高,或因就业、物价上涨等正当理由,子女年满 18 周岁后,并不一定具备独立生活的能力。一次性给付抚养费难以预测子女在成长过程中的客观需要,从最大限度保护子女利益的角度看,可能不够合理。其次,不恰当地使用一次性给付,可能不利于对子女的教育和成长。大量的离婚案件中,双方当事人积怨较深。如果判决一方一次性给付抚育费,与子女共同生活的一方容易视子女为私有财产,限制、甚至拒绝对方探视和教育子女,这不仅侵犯了对方的合法权益,还极大程度上影响子女的身心健康。再次,一次性给付抚养费容易引起新的纠纷。如子女在成年前死亡的、子女年幼未能使用抚养费的、直接抚养孩子的一方存在挥霍抚养费可能的,极易引发双方新的矛盾纠纷。最后,当事人主张采取一次性给付抚养费的方式,可能存在以给付抚养费规避法律的情形,成为违法犯罪的手段。

人民法院判定抚养人是否应一次性给付抚养费的,需考虑一次性支付的可能性和必要性。所谓可能性是指抚养人是否具有一次性支付的负担能力。所谓的必要性,是指定期给付抚养费将不利于保障子女受抚养权利的。在有证据或事实表明,抚养义务人存在逃避法定义务的行为,或者可能有无法按时支付抚养费的风险,法院有必要对当事人请求一次性支付抚养费的诉求予以考虑。例如,在父母或子女为出国、出境人员的情况下,为避免定期给付抚养费在履行上的不便,应当判令由给付人一次性给付抚养费。

若法院原先所判决、调解的抚养费的基础不存在或发生很大变化,依据当时的条件和标准支付抚养费,已经不能满足未成年人基本生活要求的,即便父母一方已经一次性给付了抚养费,未成年子女仍有权基于法定情形,向其提出超过协议或判决原定数额的合理抚养费。

对于子女抚养费的给付方式,一般可由父母双方协商确定,但对父母经平等协商,就抚养费给付方式等问题所达成的明确、具体的协议,人民法院仍然具有审查义务。若协议约定抚养费的给付方式明显不利于保护子女的合法权益的,鉴于未成年子女才是抚养费请求权的权利主体,人民法院可不予认可。

【法院参考案例】

米某诉裴某江抚养费纠纷案[国家法官学院、中国人民大学法学院编:《中国审判案例要览(2011 年民事审判案

例卷)》]

【裁判要旨】

定居国外的子女请求生父支付抚养费是否应一次性给付:男女双方未经办理结婚登记生育的子女属于非婚生子女,在该子女长期由女方单独抚养的情况下,男方应当向该子女支付抚养费。至于抚养费是定期支付抑或一次性支付,则应当综合考虑男方的支付能力以及是否具有一次性支付的必要来确定。如果男方名下登记有房产与机动车,其本人亦经营公司,且非婚生子与女方定居国外,那么可以认定男方具有一次性支付的能力和必要,此时男方应当一次性给付非婚生子抚养费至18周岁止。

第五十一条 【父母一方以财物折抵抚养费】父母一方无经济收入或者下落不明的,可以用其财物折抵抚养费。

【司法解释·注释】

应当允许父母通过提供其他物质条件的形式代替金钱给付的形式,来承担其负担能力范围以内的抚养义务。如父母双方已就一方以财产折抵抚养费达成一致,并就一方以财物折抵抚养费作出详细约定的,双方的约定并不违反法律、行政法规的强制性规定,也便于抚养义务的履行,对未成年子女的利益保护具有积极意义。在综合当地经济水平、对子女的抚养期限,以及财产价值等因素后,足以认定其提供财产份额与其需要支付的抚养费数额基本相当的,人民法院可以准许。

在父母双方未能就一方以财物折抵抚养费作出详细约定的情况下,考虑到财物折抵抚养费可能引发一系列纠纷,人民法院应当审查给付方的情况是否符合无经济收入或者下落不明的条件。

考虑到抚养费的特殊性质,将抵作抚养费的财物认定为是独立于父母和子女之间,具有人身属性的财产,专门用于保障被抚养人的生活、受教育和医疗权益。

【法院参考案例】

苏某恺、苏某嘉诉苏某喜抚养费案——债权债务转让能否作为支付抚养费的方式(《中国法院2023年度案例·婚姻家庭与继承纠纷》)

【基本案情】

魏某燕与被告苏某喜于2011年登记结婚,婚后于2012年12月19日生育一子原告苏某恺,于2016年5月25日生育一子原告苏某嘉。双方于2019年8月19日协议离婚,《离婚协议书》载明:男方向女方一次性支付孩子抚养费共计30万元整;双方确认在婚姻关系存续期间没有发生任何共同债务,确认各自名下的债权归各自所有,各自名下的其他债务归各自承担。

后原、被告因抚养费支付问题产生纠纷,二原告诉至法院,请求被告支付二原告 2019 年 8 月至 2021 年 2 月的抚养费共计 57000 元;同时,请求被告于 2021 年 3 月起每月 10 日前支付两原告每月 1500 元抚养费至两原告 18 周岁止。

另查明,魏某燕于 2015 年向苏某丰(苏某喜之兄)出具 2 张《收条》,载明魏某燕共计收到苏某丰理财款 31 万元,并约定了回款日及利息。2019 年 8 月 16 日,魏某燕(甲方、债务转移方)与苏某丰(乙方、贷款人)、苏某喜(丙方、债务受让人)签订《债权债务转让协议》,约定:截至 2019 年 8 月 16 日,甲方欠乙方 30 万元,甲、乙、丙三方一致同意将甲、乙双方确定的甲方对乙方的债务转移给丙方承担,丙方直接向乙方偿还债务,承担法律规定的债务人的相关义务。

庭审中,苏某喜提交的另外一份《离婚协议书》载明:男方以债权债务转让的形式,替女方偿还个人债务 30 万元整,用以支付孩子一次性抚养费用。苏某喜称婚姻存续期间魏某燕向苏某丰借款未偿还,离婚时约定由苏某喜代魏某燕偿还 30 万元借款,该款项用于抵扣抚养费,而民政局工作人员要求离婚协议书中尽量避免以债权债务形式抵扣抚养费,故最终备案的《离婚协议书》中未提及以 30 万元转让债务抵扣抚养费事宜。魏某燕对 30 万元债务转让一事不持异议,但认为该笔款项与抚养费无关,抵扣抚养费侵害了孩子的合法权益,故不认可苏某喜以转让债务抵扣抚养费的主张。

【案件焦点】

苏某喜是否已经按照约定一次性支付抚养费,债权债务转让能否作为一种支付抚养费的方式进行抵偿。

【裁判理由及结果】

北京市丰台区人民法院经审理认为:按照法律规定,离婚后,一方抚养子女,另一方应负担必要的生活费和教育费,负担费用的多少和期限的长短,可由双方协议,协议不成的,由法院判决。苏某喜与魏某燕在《离婚协议书》中就子女抚养费约定由苏某喜一次性支付 30 万元,但苏某喜并未提交充分证据证明其已向苏某恺、苏某嘉支付完毕 30 万元抚养费,且抚养费属于对子女的特定给付,具有人身专属性,苏某喜主张通过债权债务转让方式支付抚养费有损苏某恺、苏某嘉的合法权益,故对苏某喜表示已支付完毕 30 万元抚养费的辩称意见,本院不予采纳。苏某喜与魏某燕及案外人苏某丰的债权债务问题可另案处理。现苏某恺、苏某嘉提起诉讼要求变更抚养费为每人每月 1500 元,结合二人的年龄、生活支出、苏某喜经济能力等因素,其请求尚在合理范围之内,本院予以支持;变更之前的抚养费应按《离婚协议书》约定的标准予以支付,具体金额由本院依法核算。

综上所述,北京市丰台区人民法院依照《民法典》第 1084 条第 1 款、第 2 款,第 1085 条之规定,判决如下:(1)苏某喜于本判决生效之日起 10 日内支付苏某恺、苏某嘉2019年8月19日至2021年3月31日抚养费18521元;(2)自2021年4月起,苏某喜每月给付苏某恺抚养费1500元,至苏某恺年满18周岁时止;(3)自2021年4月起,苏某喜每月给付苏某嘉抚养费1500元,至苏某嘉年满18周岁时止;(4)驳回苏某恺、苏某嘉的其他诉讼请求。

第五十二条 【父母协议免除一方负担抚养费】父母双方可以协议由一方直接抚养子女并由直接抚养方负担子女全部抚养费。但是,直接抚养方的抚养能力明显不能保障子女所需费用,影响子女健康成长的,人民法院不予支持。

【司法解释·注释】

无论是在父母的婚姻关系存续期间,还是双方决定离婚时,父母双方均可以通过协商一致,免除不直接抚养子女一方给付抚养费的义务。父母关于免除一方给付抚养费义务的约定,应当包括两项内容:一是由一方直接抚养子女;二是由直接抚养方负担子女全部抚养费。人民法院应当审慎作出认定与处理,父母一方为争夺抚养权而作出的免除一方给付抚养费义务的意思表示,很难说是出于其真实意思表示。并且,从有利于保障子女权益的角度出发,如果直接抚养方的抚养能力明显不能保障子女所需费用,可能影响子女健康成长的,人民法院不应准许。

父母双方协议一致免除一方给付抚养费义务的,并不是否定其作为父或母的身份,仍对子女负有法定抚养义务。实践中,经常出现父母双方在约定免除一方给付抚养费义务的协议中,同时约定双方轮流直接抚养子女的情况。在以有利于子女健康成长为首要考虑因素的前提下,父母轮流直接抚养子女的,在一方直接抚养子女期间,免除另一方不直接抚养子女给付抚养费的义务,实际操作上不存在障碍,也有助于维系、加深子女与父母之间的亲情关系,可以认可该约定的效力。

【批复答复】

《最高人民法院关于离婚时协议一方不负担子女抚养费经过若干时间他方提起要求对方负担抚养费的诉讼法院如何处理问题的复函》(1981年7月30日)

第一个问题。据你院来文所述,男女当事人在民政部门登记离婚,对孩子抚养问题,当时以一方抚养孩子,另一方不负担抚养费达成协议。过若干时间(如一两年)后,抚养孩子的一方以新婚姻法第三十条①为依据,向法院提起要求对方负担抚养费用的诉讼。另

① 对应《民法典》第1085条。——编者注

一方则据原协议拒绝这种要求。人民法院应如何处理?

我们认为,根据婚姻法第二十九条①“父母与子女间的关系,不因父母离婚而消除。离婚后,子女无论由父方或母方抚养,仍是父母双方的子女。”“离婚后,父母对子女仍有抚养和教育的权利和义务”和第三十条“关于子女生活费和教育费的协议或判决,不妨碍子女在必要时向父母任何一方提出超过协议或判决原定数额的合理要求”的规定,抚养孩子的一方向法院提起要求对方负担抚养费用的诉讼,人民法院应予受理,并根据原告申述的理由,经调查了解双方经济情况有无变化,子女的生活费和教育费是否确有增加的必要,从而作出变更或维持原协议的判决。

第二个问题。当事人邓森,因双方和孩子的情况发生了较大变化,要求改变原来对孩子抚养费部分的判决。我们同意你院的下述意见:即“邓森所提不是基于对原判不服的申诉,而是依据新情况提出诉讼请求。”因此,可由你院发交基层法院作新案处理。

第五十三条 【抚养费的给付期限】抚养费的给付期限,一般至子女十八周岁为止。

十六周岁以上不满十八周岁,以其劳动收入为主要生活来源,并能维持当地一般生活水平的,父母可以停止给付抚养费。

【司法解释·注释】

16 周岁以上的未成年子女,能够凭借其劳动收入维持当地一般生活水平的情况下,符合视为成年人的基本条件,父母可以停止给付抚养费。值得注意的是,本条规定了父母可以向子女停止支付抚养费,但并未免除父母对子女的抚养义务。父母对子女的抚养义务,应当包括精神与物质两个方面,给付抚养费虽然并不能等同于纯粹的金钱给付义务,但以物质保障为主。未满 18 周岁的子女被视为成年人的,父母可以停止给付抚养费的,仍应当对子女尽到必要的关心与照顾。

已满 16 周岁的子女凭借其劳动收入能够“维持当地一般生活水平”,与其收入是否能够满足其成长的实际需要并不具有对等性。依据本解释第 42 条之规定,抚养费应包括子女生活费、教育费、医疗费等费用。因此,“视为”成年人的未成年子女,虽然以其劳动收入为主要生活来源,但该收入无法满足其接受教育、医疗的实际需要时,父母仍有给付子女受教育和医疗等费用的义务。

第五十四条 【再婚父母离婚后,继父母解除与继子女之间权利

① 对应《民法典》第 1084 条。——编者注

义务关系】生父与继母离婚或者生母与继父离婚时，对曾受其抚养教育的继子女，继父或者继母不同意继续抚养的，仍应由生父或者生母抚养。

【司法解释·注释】

受抚养教育的主体应限于未成年继子女或者虽成年但不能独立生活的继子女，受抚养教育的方式可以多样，一般是表现为继子女和继父母共同生活，并由继父母对继子女给予了生活、教育和医疗方面的照料和帮助。或者继子女没有和继父母共同生活，但继父母对继子女进行了持续的、较大数额的经济供养。还要求这一抚养教育行为经过一定的期间，应至少具有数年的时间，以符合权利义务相一致的原则。此外，还需要尊重继父母和继子女的意思。如果继父母和继子女之间已经互相明确表达了不成立拟制血亲的意思，那么即使双方共同生活，进行了抚养教育，也不宜轻易认定成立拟制血亲。

双方的拟制血亲关系在原则上不能自然解除，但因双方之间成立的拟制血亲关系以及由此产生父母子女的权利义务关系，是源于继父母自愿对继子女履行了抚养教育义务而产生的，并非继父母对继子女的法定义务，应当允许继父母在一定条件下，以放弃将来的权利来提前释放自己的义务。但如果生父或生母死亡，在形成抚养教育关系的未成年子女无其他抚养人的情况下，一般不允许解除继父母子女关系。双方的拟制血亲关系解除后，继子女应否返还继父母的抚养教育费用，可结合解除的原因、继子女的过错程度等因素，从公平合理的角度予以判定。

【编者观点】

如果继子女的生父与继母或生母与继父的婚姻关系终止，继父母对未成年继子女已经通过抚养教育事实而成立拟制血亲，该拟制血亲关系原则上不能自然解除。继父母对未成年继子女仍有抚养教育的权利和义务，受继父母抚养长大的继子女，对缺乏劳动能力或生活困难的继父母有赡养义务，双方互为继承人，彼此享有继承权。如果生父或生母死亡，在形成抚养教育关系的未成年子女无其他抚养人的情况下，基于儿童利益最大化原则，这种拟制血亲不会自然消灭，一般不允许解除。

鉴于继父母是因自愿抚养事实而非履行法定抚养义务而形成拟制血亲关系，虽然业已形成拟制血亲关系的继父母子女关系不会因为继父母与生父母离婚而消灭，但是也不应强制由不愿意继续承担抚养义务的继父母继续抚养。因此，如果离婚时继父母拒绝继续抚养，或者离婚时继父母与成年继子女关系恶化，应当认可双方协议或诉讼解除拟制血亲关系，如此也可避免生父母一方再婚导致继子女具有多个继父母的情形。另有观点认为,鉴于此种关系无法进行登记,有赖于法院对抚养教育事实进行确认,同理也不宜承认双方协议的解除效力,须进行司法确认。

因抚养教育事实而成立的继父母子女关系与因收养这一法律行为而成立的养父母子女关系皆属于拟制血亲,因此形成抚养教育关系的继父母子女关系的解除应当类推适用第1118条关于养父母子女关系的解除规则,缺乏劳动能力又缺乏生活来源的继父母一方,可要求经继父母一方抚养成年的继子女给付生活费;如果因继子女虐待、遗弃继父母而导致解除的,继父母可以要求继子女补偿抚养教育的费用。另外,形成抚养教育关系的继父母子女关系解除之后,继子女在继父母生前对继父母扶养较多的,享有第1131条规定的酌情分得遗产请求权。

【地方法院规范】

《江苏省高级人民法院关于审理婚姻家庭纠纷案件的最新解答》(2019年)

20. 继父母子女关系能否及如何解除?

再婚关系终止,无论是因为离婚或是生父母死亡而终止,继父母与继子女之间的关系均不当然解除。

对于已经形成抚养教育关系的继父母子女,因生父与继母或生母与继父离婚导致再婚关系终止的,如果继父母不同意继续抚养未成年继子女的,继父母子女关系可以解除,该子女应由生父母抚养。

对于已经形成抚养教育关系的继父母子女,因生父或生母死亡导致再婚关系终止的,在继子女未成年的情形下一般不允许解除继父母子女关系。但如果生父母中的另一方愿意将未成年子女领回的,继父母子女关系可以解除。

对于已经形成抚养教育关系的继子女成年后,继父母子女关系一般不允许解除。但如果双方经协商一致或双方关系恶化导致继父母或继子女主张解除继父母子女关系的,可以解除。但解除关系后,对于无劳动能力的或生活困难的继父母,成年的继子女仍应承担赡养扶助的义务。

对于未形成抚养教育关系的继父母子女,双方仅为姻亲关系,再婚关系终止的,继父母子女关系自然解除。

【法院参考案例】

1. 继母宋某敏因继女的生父死亡诉继女的生母赵某领回抚养案[《人民法院案例选》2000年第4辑(总第34辑)]

【基本案情】

1991年3月,被告赵某与其前夫于某成协议离婚,双方协议所生之女于某姝(1986年10月17日出生)随于某成生活。同年10月,于某成与原告宋某敏结婚。于某成再婚后一段时间,于某姝随其祖母在外省市生活。1995年，鉴于上海教学条件和质量较好，于某姝回上海与父于某成及继母宋某敏共同生活。1998年4月9日，于某成患病去世。原告宋某敏随即向上海市南市区人民法院提起诉讼。称：其与于某姝无血亲关系，于某姝应随其生母即被告赵某生活。要求变更抚养关系。

南市区人民法院经审理查明上述事实外，还查明：于某成去世后，原告现尚未再婚，收入较为稳定，与于某姝共同居住在2室1厅的住房。被告于1992年3月也已再婚。现被告夫妇都已下岗，在外打工。被告居住其公婆租赁的28平方米住房内，该住房共有6人居住，其中在册户籍5人。法院经征询于某姝的意见，她表示愿继续随原告共同生活。

【裁判结果】

南市区人民法院认为：被告与于某成协议离婚时，双方明确所生之女于某姝随父共同生活。于某成与原告结婚后，较长时期来，于某姝与原告家庭共同生活，以此可以认定原告与于某姝之间已形成事实上的抚养与被抚养的关系。根据有关法律规定，继母与受其抚养教育的继子女之间的权利义务关系，应适用生母与生子女之间的关系。应当认为，该关系不因生父死亡而自然终止。鉴于近几年来于某姝一直随原告共同生活，且原告经济收入、住房等条件均优于被告之事实，为稳定抚养关系，有利于被抚养人的健康成长，原告现要求变更于某姝随被告共同生活之诉，缺乏理由，不予支持。根据《婚姻法》第15条第1款、第21条第2款之规定，该院于1998年12月9日判决如下：原告宋某敏要求变更抚养之诉不予准许。

原告宋某敏不服此判决，仍以原诉讼理由上诉于上海市第一中级人民法院，要求变更抚养关系。被上诉人赵某答辩同意一审判决，要求维持原判。

上海市第一中级人民法院查明认定的事实与原审判决相同。该院认为：宋某敏与于某成再婚时，于某姝尚年幼。1995年起，于某姝随宋某敏夫妇共同生活，故宋某敏与于某姝之间已形成继母女抚养关系。该抚养关系并不因于某姝生父于某成的死亡而自然消失。法律规定，继父母和受其抚养教育的继子女之间的权利义务，适用对父母子女关系的有关规定。原审法院根据本案的实际情况，为有利于未成年子女的健康成长，依法所作的判决并无不当。宋某敏要求变更抚养关系的上诉请求，理由不足，本院难以支持。根据《民事诉讼法》第153条第1款第1项之规定，该院于1999年2月12日判决如下：驳回上诉，维持原判。

2. 生父死亡后继母刘某诉生母杨某萍领回生女案［《人民法院案例选》2003年第4辑（总第46辑）］

【基本案情】

被告杨某萍与熊某辉于1986年8月4日生育一女，取名熊某妮。1988年

12月,被告杨某萍与熊某辉离婚,熊某妮归熊某辉抚养。1989年6月,原告刘某与熊某辉结婚,熊某妮一直随刘某和熊某辉共同生活。2002年6月27日,熊某辉逝世。此后,原告刘某要求被告杨某萍将熊某妮领回抚养,被告杨某萍未予同意。为此,原告刘某于2003年6月4日向长沙市雨花区人民法院提起诉讼,称:其已无能力抚养熊某妮,要求被告杨某萍将生女领回抚养。

【裁判理由及结果】

长沙市雨花区人民法院认为:熊某妮系被告杨某萍与熊某辉所生子女,熊某妮与被告杨某萍所形成的血缘关系,不因被告杨某萍与熊某辉离婚而解除。熊某妮与原告刘某所形成的收养关系,是基于原告刘某与熊某辉结婚,继母收养继女所产生的。现熊某辉已死亡,熊某辉与原告刘某之间的婚姻关系自然解除。因此,原告刘某与继女熊某妮所产生的事实收养关系因婚姻关系的解除而自然解除,原告刘某不再承担熊某妮的抚养义务,熊某妮应由其生母杨某萍领回抚养。被告杨某萍以抚养小孩条件不如原告刘某,来抗辩其抚养小孩义务的理由,于法无据。原告刘某要求被告杨某萍领回其亲生女儿熊某妮并归其抚养,是合法的,本院予以支持。据此,依据《婚姻法》第36条第1款、第2款之规定,长沙市雨花区人民法院于2003年7月28日判决如下:被告杨某萍应于本判决生效后3日内将熊某妮领回抚养。

3. 杨某1诉杨某2抚养纠纷案
[《人民司法·案例》2011年第20期(总第631期)]

【裁判要旨】

继父在与生母离婚后,能否解除与未成年继子女的抚养关系:未成年子女的生母与继父离婚后,继父明确表示不愿再抚养该未成年子女的,可以解除未成年子女与继父之间的抚养关系。即使未成年子女的生母与继父离婚时曾明确约定未成年子女由继父抚养,亦不影响继父对该解除权的行使。在继父对未成年子女停止抚养时,该子女的生母应当履行法定抚养义务。

第五十五条 【离婚后变更抚养关系和增加抚养费的诉讼程序】离婚后,父母一方要求变更子女抚养关系的,或者子女要求增加抚养费的,应当另行提起诉讼。

【司法解释·注释】

《民事案件案由规定》明确规定了"抚养费纠纷""变更抚养关系纠纷"为抚养纠纷下的四级案由。另行起诉不违反一事不再理原则,变更抚养关系与增加抚养费,是要求人民法院重新确定父母对未成年子女的抚养义务。

就变更抚养关系纠纷案件而言,与子女共同生活或不与子女共同生活的父母一方均可作为原告起诉,对方即为被告。如未成年人父母均亡,其随祖父母或其他亲属生活,与未成年人共同生活并对其实行监护的亲属也可以作原告,起诉由未成年人其他亲属担当监护人并共同生活。

就增加抚养费纠纷案件而言,基于子女是抚养费请求权的法定主体,主张权利提起诉讼的原告是未成年的子女,而被告则应是父母中的一方或双方。因未成年人不具有或不完全具有行为能力,故其在提起诉讼时必须要有法定代理人代为诉讼。也有观点认为,不直接抚养子女的父母一方若未能随着社会生活水平的提高而及时增加给付的抚养费,实质上是增加直接抚养子女一方的负担,从诉的利益角度,应当允许直接抚养子女的一方父母提起增加抚养费的诉讼。

第五十六条 【父母一方可以要求变更子女抚养关系的法定情形】具有下列情形之一,父母一方要求变更子女抚养关系的,人民法院应予支持:

(一)与子女共同生活的一方因患严重疾病或者因伤残无力继续抚养子女;

(二)与子女共同生活的一方不尽抚养义务或有虐待子女行为,或者其与子女共同生活对子女身心健康确有不利影响;

(三)已满八周岁的子女,愿随另一方生活,该方又有抚养能力;

(四)有其他正当理由需要变更。

【司法解释·注释】

虽然通过协议离婚或者诉讼离婚都能从最有利于子女原则出发确定子女由哪一方直接抚养,但该判断多为离婚当时特定时点的静态分析,而对子女的抚养是一个长期的动态过程。随着时间的推移,离婚时协商或裁判所依据的父母双方的抚养能力和抚养条件等可能会发生显著变化,甚至可能因此影响子女的健康成长。故从最有利于子女健康成长角度,应允许父母双方以协议或诉讼方式变更与子女的直接抚养关系。离婚后父母一方诉至法院要求变更子女抚养关系的原因主要有:行使探望权受阻;经济条件显著变化;抚养费给付瑕疵;在子女户口迁移、就学等关涉子女基本权益的问题上产生争议等。

有权要求变更子女直接抚养关系的可以为父母中任何一方。这里的父母包括亲生父母、养父母、形成抚养教育关系的继父母等。司法实务中,较为常见的是不直接抚养子女的父母一方提起变更直接抚养子女关系诉讼。从有利于子女利益最大化出发,也应准许直接抚养子女一方提出变更子女直接抚养关系的诉讼。

是否变更子女直接抚养关系,应以最有利于子女原则为基本衡量标准。主要从两个维度把握:客观不能和主观不愿。关于客观不能,则主要看现有直接抚养子女一方是否具备抚养子女的抚养能力,最常见的导致父母丧失照顾能力的原因就是直接抚养子女一方的身体健康出现严重问题。关于主观不愿,最典型的表现就是与子女共同生活的一方基于各种原因不愿对子女尽抚养义务,甚至有家庭暴力、虐待、遗弃子女行为。此外,少数直接抚养子女一方还有吸毒、赌博等恶习,会对子女身心健康产生不利影响。直接抚养子女一方经济收入、住房条件、居住地、工作方式、工作地点等发生重大变化以及具有不良嗜好等,都可以作为"对子女身心健康确有不利影响"的事实。实务中还出现了父母一方故意不尽抚养义务并以不尽抚养义务为由起诉要求变更子女直接抚养关系的情形。究其原因,多为直接抚养子女一方本不愿抚养子女,之所以取得直接抚养子女权,要么是因为父母双方都不愿抚养,而由法院裁判,要么是为了离婚时多分得财产,而同意直接抚养子女。故一般不宜支持其以本条第 2 项规定的"不尽抚养义务"为由提出的变更子女直接抚养关系请求。

实务中有子女明确表示不愿由现有直接抚养一方继续抚养,要求变更直接抚养关系的情形。第 3 项是从"任何人都是自身利益最佳判断者"引申出来的规定。

实务中存在祖父母、外祖父母要求变更抚养关系的情形。一是父母死亡或无力抚养时,未成年子女由祖父母一方或外祖父母一方抚养后,另一方要求变更直接抚养关系的情形;二是祖父母、外祖父母离婚后,不直接抚养未成年孙子女、外孙子女的祖父母一方或者外祖父母一方要求变更直接抚养关系的情形;三是父母无力抚养但仍坚持抚养,祖父母、外祖父母要求变更直接抚养关系的情形;四是未成年子女因父母无力抚养而交由祖父母、外祖父母抚养后,父母恢复抚养能力,要求变更直接抚养关系的情形,也可类推本条规定情形处理。

司法实务中也存在婚姻关系存续期间,变更子女直接抚养关系的纠纷。一是夫妻一方否认亲子关系后,拒绝抚养婚生子女,并要求变更抚养关系由夫妻共同抚养变为另一方单独抚养;二是第三方确认其与婚生子女的亲子关系后,要求变更抚养关系由夫妻共同抚养变更为由自己直接抚养。以上两种情形都不以夫妻双方离婚为前提,可类推适用本条规范。

【地方法院规范】

《上海市高级人民法院婚姻家庭纠纷若干问题的解答》(2006 年,2020 年 12 月修订)

五、对未成年子女的抚养及抚养

费,夫妻离婚时已有约定或法院对此已作出判决的,此后不久,未成年子女要求增加抚养费,或未成年子女的父母一方要求变更抚养关系的处理

离婚后,支付抚养费一方的收入或未成年子女的生活、教育、医疗支出未显著增加的,对未成年子女要求增加抚养费的请求不予支持。

未成年子女的父或母要求变更抚养关系,具备最高人民法院《关于人民法院审理离婚案件处理子女抚养问题的若干具体意见》第 16 条①规定的情形之一的,应予支持。

【法院参考案例】

1. 张某 1 诉王某 1 变更抚养关系纠纷案[《人民法院案例选》2011 年第 2 辑(总第 76 辑)]

【裁判要点】

无论是协议离婚还是判决离婚,原抚养关系是对父母双方抚养条件、孩子基本状况等因素综合考量的结果,因此,抚养条件是否发生不利于被抚养人的重大变化是判断抚养关系是否需要变更的重要标准。

【基本案情】

福建省福州市仓山区人民法院经审理查明:原、被告于 1999 年登记结婚,2006 年协议离婚,2003 年生下一女张某 2,2005 年 12 月 6 日生下另一女王某 2。离婚协议书约定,女儿张某 2 由被告王某 1 抚养教育,原告张某 1 每月负担抚养费 5000 元至孩子 18 周岁为止。双方未对另一女王某 2 的抚养权归属及抚养费的支付进行明确约定。

【裁判理由及结果】

福建省仓山区人民法院认为:根据《婚姻法》第 36 条第 3 款的规定,离婚后,哺乳期后的子女,如双方因抚养问题发生争执不能达成协议时,由人民法院根据子女的权益和双方的具体情况判决。《最高人民法院关于人民法院审理离婚案件处理子女抚养问题的若干具体意见》(以下简称《处理子女抚养问题的若干具体意见》)第 3 条第 3 项规定,对两周岁以上未成年的子女,父方和母方均要求随其生活,一方有下列情形之一的,可予优先考虑:无其他子女,而另一方有其他子女的。本案被告生育两个女儿,原告无其他子女,结合现有原、被告双方的抚养能力和抚养条件等具体情况,从有利于子女身心健康,保障子女的合法权益出发,婚生女张某 2 由原告抚养,更有利于其健康成长。故原告的诉讼请求,一审法院予以支持。至于原告提出抚养费的问题,与本案系不同的法律关系,应另案处理。依照《婚姻法》第 36 条第 3 款,《处理子女抚养问题的若干具体意见》第 3 条第 3 项、第 16 条第 4 项之规定,判决如下:从判决生效之日起,原告张某 1 与被告王某 1 的婚生女张某 2 随原告张

---

① 对应《民法典婚姻家庭编解释(一)》第 56 条。——编者注

某1共同生活。

一审宣判后,被告王某1不服提出上诉。上诉人王某1上诉称:上诉人王某1与被上诉人张某1于2006年协议离婚至今已4年,根据离婚协议,婚生女张某2一直随其生活,受到良好的抚养和教育,被上诉人张某1极少主动要求探视,更长期拖欠抚养费。一审法院忽视上述事实,在没有任何事实依据证明张某2存在需要变更抚养权才有利于其身心健康、保障其合法权益的情况下,仅凭被上诉人张某1无其他子女判令变更抚养权,不仅不利于孩子的健康成长,而且有悖于法律规定。请求:(1)撤销福州市仓山区人民法院(2010)仓民初字第224号民事判决;(2)改判维持上诉人与被上诉人离婚协议关于抚养权和抚养费的协定;(3)本案一、二审的诉讼费由被上诉人承担。被上诉人辩称,被上诉人要求变更抚养权有充分的事实和法律依据,请求维持原判。除一审法院查明的事实外,福州市中级人民法院另查明:上诉人王某1离婚后即带着张某2搬出原、被告共同居住处,单独居住于其父亲所有的房屋;张某2户籍登记于王某1父亲王某3(父)户内,现就读于福州阳光国际学校。

福州市中级人民法院认为:依照《婚姻法》第21条第1款之规定,父母对子女有抚养教育的义务。被上诉人张某1离婚时,与上诉人王某1就婚生女张某2抚养权问题达成协议,同意张某2由王某1携带抚养,合情、合理、合法,无论其当时是否知道王某2非其亲生,对张某2抚养权的安排都是其真实意思的表示。处理子女抚养问题,应从有利于子女身心健康,保障子女的合法权益出发,结合父母双方的抚养能力和抚养条件等具体情况妥善解决。《处理子女抚养问题的若干具体意见》第3条列举了在审理离婚案件时可予优先考虑的四种情形,其中第2、3项与本案有关,即有第2项规定的"子女随其生活时间较长,改变生活环境对子女健康成长明显不利的"和第3项规定的"无其他子女,而另一方有其他子女的"情形的,可予优先考虑。比较该条第2、3项规定,第2项是基于子女利益考虑,而第3项是基于父母利益考虑,根据审理子女抚养问题应从有利于子女身心健康,保障子女的合法权益出发的原则,审理离婚案件处理子女抚养问题时应首先考虑有无第2项情形。《处理子女抚养问题的若干具体意见》第16条列举了变更抚养关系的4种情形,都是基于子女利益考虑。张某2自小由王某1照看,离婚后抚养至今,已经适应现有的生活环境、生活条件,现正接受小学教育,在其生活环境、生活条件没有发生重大恶化的情况下,维持其现有生活的稳定性和连续性,对其健康成长最为有利。上诉人王某1的上诉理由成立,二审法院予以支持。被上诉人张某1没有证据证明王某1抚养能力下降、抚养条件恶化,不具备法律规定变更抚养关系的条件,其相关辩称缺乏事实和法律依据。原判依据《处理子女抚养问题的若干具体意见》第3条第3项认定张某2由张某1抚养更有利于其健康成长,并依据第16条第4项之规定,判决支持张某1提出的变更子女抚养关系的诉求欠当,应予纠正。据此,依照《民事诉讼法》第153条第1款第2项、《处理子女抚养问题的若干具体意见》第16条之规定,判决如下:(1)撤销仓山区人民法院(2010)仓民初字第224号民事判决。(2)驳回原审原告张某1的诉讼请求。

2. 宋甲诉郭乙变更抚养关系案——变更抚养关系的遵循原则及考量因素(《中国法院2023年度案例·婚姻家庭与继承纠纷》)

【基本案情】

郭丙是宋甲与郭乙之女,现年14岁。宋甲与郭乙于2013年9月26日在民政局协议离婚,约定婚生女郭丙由宋甲抚养,郭乙每月支付抚养费800元至郭丙年满18周岁止。2019年11月15日,宋甲因郭丙盗窃家中现金,便以管教孩子的名义,对郭丙进行了殴打,造成郭丙轻微伤。郭乙认为宋甲管教不当,并去妇联、派出所举报宋甲存在家庭暴力。宋甲认为,郭乙的行为造成郭丙与其严重抵触、对立,不听从宋甲管教。为此,宋甲诉至法院,请求判决婚生女郭丙由郭乙抚养,宋甲每月支付抚养费800元。郭乙自述其自有房屋已对外出售,家庭经济困难,不具备抚养孩子的条件。案件审理过程中,经征询郭丙的意见,郭丙明确表示愿意同宋甲一起生活,由宋甲照顾抚养,认为宋甲能够更好地抚养郭丙,不同意由郭乙抚养。

【案件焦点】

(1)对未成年子女实施不当教育行为是否必然导致抚养关系变更;(2)未成年子女抚养权变更的具体考量因素及判断标准。

【裁判要旨】

北京市朝阳区人民法院经审理认为:父母与子女间的关系,不因父母离婚而消除。离婚后,子女无论由父或母直接抚养,仍是父母双方的子女。离婚后,哺乳期的子女,如双方因抚养问题发生争执不能达成协议时,由人民法院根据子女的权益和双方的具体情况判决。离婚后,一方要求变更抚养关系的,应具有正当理由。宋甲与郭乙在离婚时约定郭丙由宋甲抚养,现宋甲以郭乙的行为造成郭丙与其严重对立、拒不听从管教为由,请求变更抚养关系。考虑到郭丙长期与宋甲共同生活,并由宋甲照顾抚养,生活环境较为稳定。在郭乙表示不具备抚养能力,且郭丙明确表示愿随宋甲生活,宋甲能够更好地照顾郭丙的情况下,本院认为,郭丙由宋甲抚养更为适宜。因此,对于宋甲要求变更抚养关系的诉讼请求,本院不予支持。需要指出的是,抚养教育未成年子女为父母之法定义务,父母均应从有利于未成年子女成长发展的角度,采用合理、合法、合乎未成年成长发展阶段的教育方式来教导子女。希望宋甲与郭乙在对孩子的教育方面能够相互协商、相互理解,共同为子女打造良好的成长环境。

北京市朝阳区人民法院依照《婚姻法》第36条,《最高人民法院关于人民法院审理离婚案件处理子女抚养问题的若干具体意见》第5条、第16条,《民法典时间效力规定》第1条之规定,判决如下:驳回原告宋甲的全部诉讼请求。

3. 韩某某、张某申请人身安全保护令案——直接抚养人对未成年子女实施家庭暴力,人民法院可暂时变更直接抚养人[《人民法院反家庭暴力典型案例(第二批)》案例五,最高人民法院2023年11月27日]

【基本案情】

申请人韩某某在父母离婚后跟随父亲韩某生活。韩某在直接抚养期间,以韩某某违反品德等为由采取木棍击打其手部、臀部、罚跪等方式多次进行体罚,造成韩某某身体出现多处软组织挫伤。韩某还存在因韩某某无法完成其布置的国学作业而不准许韩某某前往学校上课的行为。2022年9月,某派出所向韩某出具《家庭暴力告诫书》。2022年11月,因韩某实施家暴行为,公安机关依法将韩某某交由其母亲张某临时照料。2022年12月,原告张某将被告韩某诉至人民法院,请求变更抚养关系。为保障韩某某人身安全,韩某某、张某于2022年12月向人民法院申请人身安全保护令。

【裁判理由及结果】

人民法院经审查认为,父母要学会运用恰当的教育方式开展子女教育,而非采取对未成年人进行体罚等简单粗暴的错误教育方式。人民法院在处理涉未成年人案件中,应当遵循最有利于未成年人原则,充分考虑未成年人身心健康发展的规律和特点,尊重其人格尊严,给予未成年人特殊、优先保护。韩某作为韩某某的直接抚养人,在抚养期间存在严重侵犯未成年人身心健康、不利于未成年人健康成长的行为,故依法裁定:(1)中止被申请人韩某对申请人韩某某的直接抚养,申请人韩某某暂由申请人张某直接抚养;(2)禁止被申请人韩某暴力伤害、威胁申请人韩某某;(3)禁止被申请人韩某跟踪、骚扰、接触申请人韩某某。

【典型意义】

一般人身安全保护令案件中,申请人的请求多为禁止实施家暴行为。但对被单亲抚养的未成年人而言,其在学习、生活上对直接抚养人具有高度依赖性,一旦直接抚养人实施家暴,未成年人可能迫于压力不愿也不敢向有关部门寻求帮助。即使人民法院作出人身安全保护令,受限于未成年人与直接抚养人共同生活的紧密关系,法律实施效果也会打折扣。本案中,考虑到未成年人的生活环境，人民法院在裁定禁止实施家庭暴力措施的基础上，特别增加了一项措施，即暂时变更直接抚养人，将未成年人与原直接抚养人进行空间隔离。这不仅可以使人身安全保护令发挥应有功效，也能保障未成年人的基本生活，更有利于未成年人的健康成长。

4. 胡某诉张某变更抚养关系案——全国第一道未成年人“人身安全保护令”（《保护未成年人权益十大优秀案例》案例六，最高人民法院 2019 年 5 月 31 日）

【基本案情】

原告胡某、被告张某于 2000 年经法院判决离婚，女儿张某某（1996 年出生）由父亲张某抚养。离婚后，张某经常酗酒、酒后打骂女儿张某某。2005 年，张某因犯抢劫罪被判处有期徒刑 3 年。刑满释放后，张某酗酒恶习未有改变，长期对女儿张某某实施殴打、谩骂，并限制张某某人身自由，不允许其与外界接触，严重影响了张某某的身心健康。2011 年 3 月 19 日深夜，张某酒后将睡眠中的张某某叫醒实施殴打，张某某左脸受伤，自此不敢回家。同月 26 日，不堪忍受家庭暴力的张某某选择不再沉默，向司法部门写求救信，揭露其父家暴恶行，态度坚决地表示再不愿意跟随父亲生活，要求跟随母亲胡某生活。胡某遂向法院起诉，请求变更抚养关系。鉴于被告长期存在严重家暴行为，为防止危害后果进一步扩大，经法官释明后，原告胡某向法院提出了保护张某人身安全的申请。

【裁判结果】

法院经审理认为，被告张某与其女张某某共同生活期间曾多次殴打、威胁张某某，限制张某某人身自由的情况属实，原告的申请符合法律规定。依法裁定：（1）禁止张某威胁、殴打张某某；（2）禁止张某限制张某某的人身自由。裁定作出后，该院向市妇联、区派出所、被告所在村委会下达了协助执行通知书，委托上述单位监督被告履行裁定书确定的义务。后本案以调解方式结案，张某自 2011 年 4 月 28 日起由胡某抚养。

【典型意义】

本案中，湖南某法院发出了全国第 1 道针对未成年人的“人身安全保护令”，为加强对未成年人的保护做了有益探索，为推动“人身安全保护令”写入其后的《反家庭暴力法》积累了实践素材，为少年司法事业作出了巨大贡献。数十家媒体和电视台对该案进行了宣传报道，产生了良好的社会效果。该案还引起联合国官员及全国妇联相关领导的关注，他们对这份“人身安全保护令”做出了高度评价。本案调解过程中，人民法院还邀请当地妇联干部、公安民警、村委会干部、村调解员共同参与对被告的批评教育，促使被告真诚悔悟并当庭保证不再实施家暴行为。本案是多元化解纠纷机制、社会联动机制在未成年人司法中的恰当运用，同时也为充分发扬"枫桥经验"处理未成年人保护案件做出了良好示范。

5. 江某诉钟某变更抚养关系案——依法保障未成年人的受教育权(《保护未成年人权益十大优秀案例》案例十,最高人民法院 2019 年 5 月 31 日)

【基本案情】

原告江某与被告钟某于 2009 年 3 月 10 日登记结婚,婚后育有一子,取名江某俊。2011 年 9 月 20 日,双方因感情不和,经法院调解协议离婚,约定儿子江某俊由母亲钟某抚养,江某每月支付抚养费 600 元,直到孩子独立生活为止。离婚后,钟某将婚姻的不幸转嫁到孩子身上,以种种理由拒绝让父子相见。更为严重的是,钟某无工作,租住在廉租房内靠亲人接济为生,常年闭门不出,也不让江某俊上学读书。江某曾于 2015 年 6 月 8 日向法院起诉要求变更抚养权,后撤回起诉。为了孩子的成长,2016 年 10 月 11 日江某再次向法院提起诉讼要求变更江某俊抚养关系,后经法院主持调解,江某与钟某达成和解协议,江某俊抚养权依然归钟某,江某俊的生活、教育所需费用均由江某承担。江某按约履行了调解书约定的义务,但是钟某拒不履行调解书约定义务。江某俊年满 8 周岁,已达到适学年龄,经法院多次执行,钟某仍拒绝送孩子上学,严重影响了孩子的健康成长,而江某俊爷爷奶奶为了孩子上学,频繁越级上访,导致矛盾激化。

2018 年 3 月,原告江某再次向法院起诉,要求变更儿子抚养关系。为了化解矛盾,法院联合该市未成年保护办公室,妇联、团委、家调委、社区、教育等部门工作人员积极配合,多次上门调解,钟某仍拒绝送孩子上学。经与孩子沟通,孩子表示愿意上学读书,未成年保护办公室和市妇联联合取证,并作为未成年保护组织出庭支持诉讼。

【裁判结果】

法院经审理认为,适龄儿童接受义务教育是家长的义务,根据市团委、妇联作为未成年人保护组织为江某俊调取的大量证据材料,证明钟某作为法定监护人,剥夺江某俊的受教育权,严重影响了孩子的身心健康发展,侵犯了未成年人的合法权益。为保护江某俊的受教育权,保障其健康成长,法院在事实证据充分的情况下,依法变更江某俊的抚养关系。

【典型意义】

父母或者其他监护人应当尊重未成年人受教育的权利,必须使适龄未成年人依法入学接受并完成义务教育,不得使接受义务教育的未成年人辍学。与子女共同生活的一方不尽抚养义务,另一方要求变更子女抚养关系的,人民法院应予支持。本案中,江某俊随钟某生活期间,钟某不履行监护义务,拒绝送江某俊上学,不让孩子接受义务教育,严重侵犯了孩子受教育权利。钟某无工作,无住房,无经济来源,无法保障孩子生活、学习所需,且侵犯孩子受教育权，本着儿童利益最大化原则，法官判决支持江某变更抚养关系的诉求。

子女的成长是一个长期的动态过程，随着时间的推移，离婚时协商或判决所依据的父母双方的抚养能力和抚养条件可能会在子女成长过程中产生很大的变化，所以法律出于保证子女的健康成长考虑，允许离婚夫妇以协议或诉讼的方式变更与子女的抚养关系。在抚养的过程中，不光要给予生活保障，学习教育权利更应当保障，如果一方怠于履行义务，人民法院将依法进行抚养关系变更。

6. 尚某红诉阚某离婚后财产纠纷案［国家法官学院、中国人民大学法学院编：《中国审判案例要览（2005年民事审判案例卷）》］

【裁判要旨】

离婚后子女抚养关系的变更，是否影响财产分割协议的效力：夫妻双方离婚后，一方提起诉讼以其抚养的子女并非亲生为由请求变更子女抚养关系的，符合法律规定。但因子女抚养关系的变更并不必然影响离婚协议中财产的分割，且离婚协议中对财产的分割并无欺诈、胁迫等情形，故对方以抚养关系的变更导致财产分割协议已无实际意义为由，请求重新分割财产的，没有法律依据，原财产分割协议仍然有效。

7. 唐某荣诉刘某莲变更抚养关系纠纷案（《中国法院2012年度案例·婚姻家庭与继承纠纷》）

【裁判要旨】

经济条件优越是否是变更抚养关系的法定事由：未成年子女的父母离婚时经法院生效判决确定了由女方抚养子女，之后男方以女方患有严重疾病、不利于继续抚养子女为由，提起诉讼，请求变更抚养关系。虽然男方的经济条件较女方优越，但因该事实不能作为变更子女抚养关系的法定事由，且女方已提供证据证明其不存在传染病和严重疾病，对抚养子女不构成影响。此时，依据抚养权变更的抚养不利原则，不应变更抚养关系。

8. 屈某诉刘某庆变更抚养关系纠纷案［国家法官学院、中国人民大学法学院编：《中国审判案例要览（2010年民事审判案例卷）》］

【裁判要旨】

单方承诺是否能作为变更子女抚养权的依据：男女双方因夫妻感情破裂经法院调解离婚，离婚时双方约定婚生子女均由男方抚养，女方享有探视权，并应支付抚养费。同时男方承诺，将婚生子的户口落到特定城市，否则女方有权无条件将婚生子女的抚养权全部收回。男方的该承诺因违反我国现行法律法规的规定而无效，且女方现无法提供证据证明由其抚养子女更有利于子女的健康成长，子女亦表示愿随男方共同生活，因此女方无权请求变更抚养关系。

第五十七条 【父母双方达成变更子女直接抚养关系的协议效力】父母双方协议变更子女抚养关系的,人民法院应予支持。

【司法解释·注释】

从司法实务情况看,父母双方达成变更子女直接抚养关系协议后,仍通过裁判变更子女直接抚养关系的情形主要有一方事后不认可,另一方起诉要求变更;或者因办理子女户口要求等原因需要通过司法裁判方式予以确认;以及父母一方起诉变更子女直接抚养关系后,双方在诉讼中达成变更子女直接抚养关系协议。

根据日常生活经验判断,父母达成的变更子女直接抚养关系的协议,一般都应最有利于子女。不可否认,现实生活中确实存在父母为了一己之私,变更子女直接抚养关系后不利于子女利益最大化的情形。但反过来,如果因此而对所有变更子女直接抚养关系协议主动进行实质审查,则会因家庭生活的私密性、当事人内心真意很难查明而不当加大司法成本,甚至因信息不对称,而在是否同意变更子女直接抚养关系的问题上作出不利于子女的判断。

实务中如果父母双方达成的变更子女抚养关系的协议中有“不再承担抚养义务”“放弃抚养权”等描述,应结合上下文探究其真实意思表示是放弃抚养抑或仅仅是不再给付抚养费或不再行使探望权。如为前者,则最终对该协议作出部分无效或者全部无效的认定。若双方约定“只要男方再婚而女方未婚,抚养权就变更为女方”,则违反了《民法典》第1041条所规定的“实行婚姻自由、一夫一妻、男女平等的婚姻制度”和第1042条“禁止包办、买卖婚姻和其他干涉婚姻自由的行为”的强制性规定,应当无效。

人民法院不能产生父母双方一旦达成变更子女直接抚养关系的合法有效协议,就应直接裁判变更子女直接抚养关系的机械理解。父母达成的变更子女直接抚养关系的协议可以作为变更子女直接抚养关系的直接证据,但并不必然导致子女直接抚养关系的变更。此外,如果协议中关于变更子女直接抚养关系的条款存在理解分歧,从维护未成年子女既有生活学习环境稳定出发,一般不宜依据该协议,作出变更子女直接抚养关系的裁判。

第五十八条 【子女可要求增加抚养费的情形】具有下列情形之一,子女要求有负担能力的父或者母增加抚养费的,人民法院应予支持:

(一)原定抚养费数额不足以维持当地实际生活水平;

(二)因子女患病、上学,实际需要已超过原定数额;

（三）有其他正当理由应当增加。

【司法解释·注释】

有权提起增加抚养费诉讼的原告只能是子女。理由在于，向子女给付抚养费是不直接抚养子女父母一方履行抚养子女法定义务的最主要方式。《民法典》第1085条也规定了有权要求增加抚养费的主体为子女，并未包括直接抚养子女的父母一方。增加抚养费诉讼不以父母已经离婚为前提，特殊情况下，子女向父母要求增加给付抚养费，也可能发生在父母婚姻关系存续期间。现实生活中存在对子女生活所需不愿付出甚至离家外出，长期不归对子女不管不问的不负责任父母。虽然此时父母尚未离婚，但父母一方或双方长期不给付或不增加给付子女抚养费的行为，明显不利于子女健康成长。在父母没有婚姻关系情形下，非婚生子女要求父母给付抚养费也无须以父母离婚为前提。

子女要求增加抚养费的前提是不直接抚养子女父母一方有负担能力，这里的负担能力主要是指负担增加抚养费的能力。从司法实务层面看，如果不直接抚养子女一方客观上不具备给付增加抚养费的负担能力，那么即便以满足本条规定的必要情形为由，判令不直接抚养子女一方增加给付抚养费，也会导致实际执行不能，甚至可能激化父母子女间矛盾。

对于已生效裁判确定的内容，特别是判项确定的抚养费数额，可以通过当事人提起新的诉讼加以变更。本条规范的几种情形，都属于《民事诉讼法解释》第248条规定的“新情况、新理由”，为重复起诉的例外情形。上学实际需要特指确定抚养费后新出现的超出常规教育费用支出的不可预见但又有必要性的教育费用。至于子女进入私立贵族学校、参加课后补习班或兴趣班等产生的费用，一般不属于本条涵盖范畴。

【司法解释】

《最高人民法院关于适用〈中华人民共和国民事诉讼法〉的解释》（法释〔2022〕11号修正，2022年4月10日施行）

第二百一十八条 赡养费、扶养费、抚养费案件，裁判发生法律效力后，因新情况、新理由，一方当事人再行起诉要求增加或者减少费用的，人民法院应作为新案受理。

【地方法院规范】

《上海市高级人民法院婚姻家庭纠纷若干问题的解答》（2006年，2020年12月修订）

五、对未成年子女的抚养及抚养费，夫妻离婚时已有约定或法院对此已

作出判决的,此后不久,未成年子女要求增加抚养费,或未成年子女的父母一方要求变更抚养关系的处理

离婚后,支付抚养费一方的收入或未成年子女的生活、教育、医疗支出未显著增加的,对未成年子女要求增加抚养费的请求不予支持。

未成年子女的父或母要求变更抚养关系,具备最高人民法院《关于人民法院审理离婚案件处理子女抚养问题的若干具体意见》第16条①规定的情形之一的,应予支持。

【法院参考案例】

1. 余某诉余某望抚养费纠纷案——抚养费标准是否能随物价上涨而提高?[《婚姻家庭纠纷典型案例(河南)》案例三,最高人民法院2015年11月20日]

【基本案情】

原告余某的母亲和父亲2008年经调解离婚,双方达成调解协议,余某由母亲抚养,其父亲余某望当庭一次性给付抚养费23000元。2013年余某在某双语实验学校上小学二年级,年学费3600元,其母亲无固定收入,主要收入来源为打工。后余某诉至法院请求其父余某望每月给付抚养费1000元,到2023年6月30日其满18岁止。

【裁判结果】

根据《婚姻法》第37条规定,关于子女生活费和教育费的协议或判决,不妨碍子女在必要时向父母任何一方提出超过协议或判决原定的数额的合理要求。《最高人民法院关于人民法院审理离婚案件处理子女抚养费问题的若干具体意见》第18条规定,原定抚育费数额不足以维持当地实际生活水平的,子女可以要求增加抚育费。本案中原告余某父母离婚时间是2008年,当时双方协议余某父亲当庭一次性给付子女抚养费23000元,平均每月62.5元。而2012年度河南省农村居民人均生活消费支出为5032.14元,平均每月419元。根据上述情况,余某父亲原来给付的抚养费目前显然不足以维持当地实际生活水平,因此驻马店市确山县人民法院判决支持了原告余某要求增加抚养费的请求。

【典型意义】

世界许多国家和地区的婚姻家庭法立法时都遵循"儿童利益优先原则"和"儿童最大利益原则",目前,我国的《婚姻法》和《未成年人保护法》也明确规定了保护妇女、儿童合法权益的原则。"未成年人利益优先原则"和"未成年人最大利益原则"应当成为我国婚姻家事立法的基本原则,尽可能预防和减少由于父母的离婚,给未成年子女带来的生活环境上的影响及未成年子女性格养成、思想变化、学习成长等不利因素。在婚姻家庭类案件中,人民法院

① 对应《民法典婚姻家庭编解释(一)》第56条。——编者注

在对未成年子女的抚养费进行判决、调解时，抚养费标准一般是依据当时当地的社会平均生活水平而确定。但随着经济的发展，生活水平的提高及物价上涨等因素，法院原先所判决、调解的抚养费的基础已经不存在或发生很大改变，再依据当时的条件和标准支付抚养费，已经不能满足未成年人基本的生活要求，不能保障未成年子女正常的生活和学习。因此，法律和司法解释规定未成年子女有权基于法定情形，向抚养义务人要求增加抚养费。本案正是基于最大限度保障未成年子女利益的考量，在原审调解书已经发生法律效力的情况下，准予未成年子女余某向人民法院提起新的诉讼，依法支持其请求其父增加抚养费的主张。该判决契合了我们中华民族尊老爱幼的传统家庭美德教育，符合社会主义核心价值观的要求。

2. 刘某申因成年后上学期间无收入诉父刘某增加抚育费案［《人民法院案例选》2000年第2辑（总第32辑）］

【基本案情】

原告刘某申之父母，即被告刘某与王某兰在1992年3月经法院调解离婚，原告随母亲王某兰生活，抚育费由王某兰自理。1992年7月，原告曾起诉到法院要求其父刘某给付抚育费，法院为此判决刘某每月给付原告40元抚育费。1995年10月，原告再次起诉要求其父刘某增加抚育费，又经法院判决刘某每月给付原告抚育费增至120元。现原告因在天津市电子仪表技术学校上学，学习、生活费用增加，原每月120元的抚育费不够学习、生活所用，遂向天津市河东区人民法院提起诉讼，称：自己虽已年满18周岁，但仍在上学，没有经济收入，母亲单位也不景气，生活确有困难，要求被告刘某增加给付其抚育费。

【裁判结果】

河东区人民法院经审理查明：原告之母确已从单位下岗。被告现状属实，其每月工资收入为723.10元。河东区人民法院经审理认为：抚养子女是父母应尽的义务。现原告虽已成年，但尚在上学，没有经济收入，其母与被告仍需对其尽抚养义务。而原告之母现生活确有一定困难，被告应酌情增加抚育费。依照《婚姻法》第15条的规定，该院于1998年4月10日判决如下：被告刘某从1998年4月份起每月给付原告刘某申抚育费180元，至其生活自立时止。

第五十九条 【父母为子女改姓引发纠纷的处理】父母不得因子女变更姓氏而拒付子女抚养费。父或者母擅自将子女姓氏改为继母或继父姓氏而引起纠纷的，应当责令恢复原姓氏。

【司法解释·注释】

根据2002年《公安部关于父母离

婚后子女姓名变更有关问题的批复》,对于离婚双方未经协商或协商未达成一致意见而其中一方要求变更子女姓名的,公安机关可以拒绝受理;对一方因向公安机关隐瞒离婚事实,而取得子女姓名变更的,若另一方要求恢复其子女原姓名且离婚双方协商不成,公安机关应当予以恢复。

从有利于子女利益最大化、亲子关系稳定、亲情延续、家庭和谐等因素考虑,变更子女姓氏原则上应经父母一致同意。但在变更子女姓氏更有利于子女利益的情形下,父母一方有权单方变更子女姓氏。子女年满8岁的,变更子女姓氏均应征求子女意见。在抚养费纠纷案件中,经常出现不直接抚养子女的父母一方以父母另一方擅自变更子女姓氏为由,拒不支付抚养费的情形。其暗含的逻辑就是将维持子女姓氏作为给付抚养费的条件或对价。将抚养费给付与子女姓氏挂钩的做法与父母对子女抚养的法定义务属性背道而驰,也与子女姓氏所标示的血缘关系、亲情关系、文化传承等属性相冲突。

未成年子女可以变更姓氏为与继子女形成抚养教育关系的继父母姓氏。实际情况是,父母一方未经父母另一方同意,擅自将子女姓氏改为继母或继父姓氏的情形时有发生,需在未成年子女生父或生母、继父或继母以及未成年子女利益三方之间进行利益衡量和价值判断。首先,就未成年子女生父或生母而言,如未成年子女姓氏改为继父或继母姓氏则意味着血缘关系标示的切断、亲子关系的淡化、情感失去寄托甚至会引发对其社会评价的降低;其次,就继父或继母而言,未成年子女改为继父或继母姓氏,则是对其抚养教育继子女的回报,有利于促进其今后更好照顾继子女;最后,对未成年子女而言,子女自身姓氏与所在之家庭称姓不符,易招致周围人的讽刺、嘲弄,有违最有利于未成年子女原则。

对父母一方单方将子女姓氏改为继母或继父姓氏原则上应作否定评价。这里的擅自包括父母一方依无效变更子女姓氏约定单方将子女姓氏变更的情形。如果变更子女姓氏约定不涉及其他法定义务的免除,则原则上可认可该协议约定效力,除非违反最有利于子女原则;如果该变更子女姓氏约定涉及父母法定义务等的免除,则可考虑认定约定无效。如果生父母与继父、继母之间对于子女姓氏改为继父、继母姓氏不能达成一致,也可以折中选择改为与子女共同生活一方的生父母的姓,这样既保证了子女于家庭之中姓氏的一致性,也使各方当事人对子女姓名之利益得到平衡。

对于离婚后父母一方隐瞒离婚事实,单方变更子女姓氏的,父母另一方可以直接申请公安机关恢复原姓氏。如未果,父母另一方则可通过行政诉讼撤销该变更登记的具体行政行为。司法实务还存在父母一方擅自变更子女姓氏后,父母另一方提起民事诉讼,要求确认该变更行为无效、恢复原姓氏的情形。父母一方诉请确认父母另一方单方变更子女姓氏行为无效,因变更登记子女姓氏主体是行政机关,变更登记是行政机关行使其行政职权的一种行为,且该行为已完成。父母一方的诉讼标的实质上是行政机关变更登记子女姓氏这一具体行政行为的效力,故不属于民事案件受理范围。

第六十条 【离婚诉讼期间夫妻双方均拒不履行对子女抚养义务情形下采取的临时抚养措施】在离婚诉讼期间,双方均拒绝抚养子女的,可以先行裁定暂由一方抚养。

【司法解释·注释】

虽然父母也可能在不起诉离婚甚至没有婚姻关系的情形下,拒不履行抚养子女义务,但由于这些情形并未进入司法程序,人民法院基于不诉不理原则,无从得知也无权处理这些情形中的拒不履行抚养义务情形。从司法实务中的反馈可知,大多数情况下,法院通过受理案件发现父母双方均不履行抚养子女义务情形都在离婚诉讼中,故本条限定为"离婚诉讼期间"。

本条中"先行裁定暂由一方抚养"的法律性质类似于行为保全,不能作为直接抚养关系确认的依据。本条中先后用了"在离婚诉讼期间""先行裁定""暂由"的表述,足以说明本条并非最终确定子女抚养关系的裁判依据。"先行裁定暂由一方抚养"并不符合先予执行的构成要件,裁定先予执行的前提一般是当事人提出了给付之诉。而就本条规定的离婚诉讼中当事人争议的子女抚养义务而言,实质是当事人就双方共同抚养子女变更为由哪一方直接抚养子女产生争议,不属于给付之诉的范畴。而且,先予执行的启动必须由当事人提出申请,而本条规定的人民法院先行裁定并未设定该前提条件。人民法院在决定是否采取行为保全措施时,并不严格遵循当事人处分原则。由于父母双方在离婚诉讼期间都向法庭表明拒绝对子女直接抚养,对子女在离婚诉讼期间的抚养问题表现出了漠不关心的态度,故通常也不会主动申请法院裁定将子女暂由一方抚养。在此情形下,从最有利于子女利益原则出发,人民法院有必要及时依职权裁定暂由父母中一方抚养。

人民法院对由父母一方暂时抚养子女的裁定进行执行,本质上是对被执行人应履行的完成行为的执行。从子女对父母的情感依赖和血缘联系而言,父母一方亲自履行抚养行为显然相对于其他人替代抚养一般更有利于子女健康成长,更符合最有利于未成年子女原则。如果对其采取强制措施后,父母一方仍不履行的,除了可能构成拒不执行生效判决、裁定罪之外,还可以基于对子女抚养的紧迫现实需求,考虑参照适用《民事诉讼法》第263条的规定,委托有关单位或其他人完成暂时抚养子女行为,费用由裁定暂时抚养的父母一方在指定期限内预先支付。未预付的,人民法院可以对该费用强制执行。

先行裁定父母一方暂时抚养子女虽然只是诉讼中的临时性救济措施,并不意味着司法最终确定子女由哪方最终抚养,但鉴于离婚诉讼期间,父母大多数都已处于事实分居状态,故从最有利于未成年子女原则出发,另一方应当向子女给付离婚诉讼期间的抚养费。

第六十一条 【对拒不履行或妨害履行子女抚养义务的人采取强制措施】对拒不履行或者妨害他人履行生效判决、裁定、调解书中有关子女抚养义务的当事人或者其他人,人民法院可依照民事诉讼法第一百一十一条①的规定采取强制措施。

【司法解释·注释】

法院作出涉及子女抚养义务的判决、裁定、调解书后,当事人要么因身患疾病、失去人身自由、经济条件下降、他人妨害等原因客观上不能履行抚养义务,要么因再婚不愿抚养、行使探望权受阻等原因主观上不愿履行抚养义务。对于前者,当事人不具备抚养能力和条件,并没有主观可归责性,不具备法律制裁的基础。而对于后者,因其并非不具备抚养能力和条件,只是主观上不愿履行抚养义务,具有主观过错,可通过立法采取各种方式督促其履行抚养义务、制裁其过错行为。

拒不履行抚养义务的祖父母、外祖父母以及有负担能力的兄、姐拒不履行生效裁判确定的对未成年弟、妹扶养义务,也可类推适用本条规定,对其采取妨害民事诉讼的强制措施。有关子女抚养义务的生效判决,是指人民法院依法对案件审理就直接抚养关系归属、抚养费给付等案件实体问题作出具有约束力的结论性生效判定(包括一审未上诉判决或二审判决、按二审程序审理作出的再审判决)。有关子女抚养义务的生效裁定是指人民法院在诉讼中为处理有关子女抚养义务的程序事项和个别实体事项而作出的具有约束力的结论性判定。有关子女抚养义务的生效调解书是指人民法院制作的,记载当事人所达成的包括抚养义务在内的调解协议内容的法律文书。

【相关立法】

《中华人民共和国民事诉讼法》
(2023年修正,2024年1月1日施行)

第一百一十四条 诉讼参与人或

① 《民事诉讼法》2021年修正之后,原第111条调整为第114条;2023年修正之后,条文数没有变化。——编者注

者其他人有下列行为之一的,人民法院可以根据情节轻重予以罚款、拘留;构成犯罪的,依法追究刑事责任:

(一)伪造、毁灭重要证据,妨碍人民法院审理案件的;

(二)以暴力、威胁、贿买方法阻止证人作证或者指使、贿买、胁迫他人作伪证的;

(三)隐藏、转移、变卖、毁损已被查封、扣押的财产,或者已被清点并责令其保管的财产,转移已被冻结的财产的;

(四)对司法工作人员、诉讼参加人、证人、翻译人员、鉴定人、勘验人、协助执行的人,进行侮辱、诽谤、诬陷、殴打或者打击报复的;

(五)以暴力、威胁或者其他方法阻碍司法工作人员执行职务的;

(六)拒不履行人民法院已经发生法律效力的判决、裁定的。

人民法院对有前款规定的行为之一的单位,可以对其主要负责人或者直接责任人员予以罚款、拘留;构成犯罪的,依法追究刑事责任。

五、离　　婚

第六十二条 【无民事行为能力人作为原告提起离婚诉讼的特别规定】无民事行为能力人的配偶有民法典第三十六条第一款规定行为,其他有监护资格的人可以要求撤销其监护资格,并依法指定新的监护人;变更后的监护人代理无民事行为能力一方提起离婚诉讼的,人民法院应予受理。

【司法解释·注释】

由于《民法典》第 28 条已经规定配偶是第一顺位的法定监护人,故在该欠缺民事行为能力人没有意定监护人的情形下,配偶不可能作为该欠缺民事行为能力人的第一顺位监护人,代表其向自己提出主张,而其父母等其他有监护资格的人在其已有法定监护人的情形下,也不能直接代表其维护权益。为解决这一矛盾,有必要先撤销配偶的法定监护权,并由人民法院依法指定新的监护人以维护欠缺民事行为能力人的权益。鉴于配偶一方严重侵害无民事行为能力人权益的行为,违反了夫妻之间的扶助义务、破坏了夫妻间的感情基础,婚姻已经名存实亡,故有必要及时解除该特殊情形下的婚姻关系。

原则上身份行为不能代理,他人不能代无民事行为能力人提起离婚诉讼,但在特殊情况下如无民事行为能力人受到其配偶虐待并危及生命健康或其配偶恶意侵吞、转移无民事行为能力人的财产时,可能会出现在合法婚姻的幌子下肆意侵害无民事行为能力人权益的情况。鉴于原告无民事行为能力,其法定监护人为配偶的特殊情况,本条规定其他有监护资格的人在申请撤销配偶监护权,变更监护关系后可代其提起离婚诉讼,法院在对当事人双方婚姻状况实质审查后,依法作出准许离婚或不准许离婚的判决。此为特殊情形下对无民事行为能力人的一种救济途径。

无民事行为能力人作为原告起诉作为特殊的救济途径,其限制条件为无民事行为能力人的配偶存在《民法典》第 36 条第 1 款规定的行为:(1)实施严重损害被监护人身心健康的行为;(2)怠于履行监护职责,或者无法履行监护职责且拒绝将监护职责部分或者全部委托给他人,导致被监护人处于危困状态;(3)实施严重侵害被监护人合法权益的其他行为。在司法实践中经常遇到无民事行为能力人的配偶一方为了某些财产利益,既不提出离婚,也不履行夫妻扶养义务,甚至擅自变卖夫妻共同财产的情形。侵害无民事行为能力人的利益不仅包括财产利益,也包括人身利益。手段主要为遗弃、虐待、家庭暴力。

在证据收集上,鉴于夫妻生活的私密性,应加大法院依职权调查取证的力度;在事实认定上,对于感情是否破裂,也应从严把握。我国法律规定的感情破裂原则是一种客观标准,并不等同于婚姻当事人的感情确实已经破裂这一主观感受。在当事人不能理解行为性质并作出判断的情况下,法定代理人也应可以根据婚姻当事人的客观表现对其感情情况作出判断。

无民事行为能力人在离婚诉讼中,被确认为生活完全不能自理,或者大部分不能自理,或者部分不能自理的几种情况,均属于法律规定的一方生活困难情形。对方在离婚时应给予一次性的经济帮助款项或者一定的财产,以保障无民事行为能力人在离婚后的正常生活。审判实践中,一方为无民事行为能力人的利害关系人或其近亲属,往往在离婚时向另一方提出过高的要求和条件,如对方不答应所提要求和条件,则坚持不同意离婚;或者要求让对方对无民事行为能力人给予完全性的治疗,即要求待治愈后再离婚的现象;或者要求离婚不离家,仍想由对方继续进行关照、护理无民事行为能力人的各项生活;等等。这些要求均不符合法律规定。

离婚诉讼双方当事人在未办理离婚手续的情况下,仍系夫妻关系,在离婚期间的无民事行为能力人,要求对方支付因治疗疾病所支出的医疗费、生活费,对方又未履行扶养义务的,人民法院应当依法予以支持。

【地方法院规范】

1.《上海市高级人民法院婚姻家庭纠纷若干问题的解答》(2006 年,2020 年 12 月修订)

一、离婚案件中对当事人行为能力的认定

根据《民法典》……的规定,当事

人是否患有精神病，人民法院应当根据司法精神病学鉴定或者参照医院的诊断、鉴定确认。但是，依据病史资料及其它相关证据足以证明诉讼当事人为无民事行为能力人或限制民事行为能力人，且近亲属对此不持异议的除外。

二、精神病患者作为原告提起离婚诉讼的处理

作为民事法律关系主体，精神病患者同样有主张离婚的权利。因此，其可以作为原告提起离婚诉讼，如果该当事人被确定为无民事行为能力或限制民事行为能力的，应由其法定代理人代为参加诉讼。

2.《北京市高级人民法院民一庭关于审理婚姻纠纷案件若干疑难问题的参考意见》（2016年）

五十二、【无诉讼行为能力人离婚案件的代理问题】离婚诉讼案件中被告一方为限制行为能力人、无诉讼行为能力人，原告一方为其监护人的。人民法院可参照《最高人民法院关于适用〈中华人民共和国民事诉讼法〉的解释》第八十三条规定，由其他有监护资格的人协商确定诉讼中的法定代理人；协商不成的，由人民法院在有监护资格的人中指定。被告方除配偶外没有民法通则第十七条第一款①规定的监护人的，人民法院可以指定《中华人民共和国民法通则》第十七条第三款②规定的有关组织担任诉讼中的法定代理人。

3.《广东法院审理离婚案件程序指引》（2018年）

第七条　【诉讼能力】

能够正确表达意思的未成年子女，可以就其抚养、探望事项发表意见。

八周岁以上的未成年子女，可以就与其年龄、智力相适应的事项作证。

在诉讼中，利害关系人提出当事人患有精神病，要求宣告该当事人无民事行为能力或者限制民事行为能力的，应当告知其向有管辖权的人民法院提出申请，受诉人民法院按照特别程序立案审理后，本诉讼中止。

当事人仅提出对方当事人患有精神病的证据，不申请宣告对方当事人无民事行为能力或者限制民事行为能力，该对方当事人的父母、成年子女或者其他近亲属也明确表示尊重本人意愿，不作申请的，诉讼继续进行。必要时，人民法院可以通知该对方当事人近亲属陪同出庭。

人民法院经调查认为当事人存在不能辨认自己行为的情形，其利害关系人均不申请宣告该当事人无民事行为能力的，应当协调居民委员会、村民委员会、学校、医疗机构、妇女联合会、残疾人联合会、依法设立的老年人组织或者民政部门等组织提出该宣告申请。

---

① 对应《民法典》第28条。——编者注

② 对应《民法典》第32条。——编者注

【法院参考案例】

陈某某与吕某某离婚纠纷案[《婚姻家庭纠纷典型案例(山东)》案例四,最高人民法院2015年11月20日]

【基本案情】

原告陈某某与被告吕某某于1980年经人介绍相识,双方在未办理结婚登记手续的情况下开始同居生活。1983年6月4日生育长子吕甲,1986年5月30日生育次子吕乙,1988年12月28日生育三子吕丙,现三个孩子均已成年,并已独立生活。原告陈某某系重性精神分裂症患者,患病后无法独立生活,被告吕某某不履行夫妻间的扶养义务。因此,原告陈某某提起诉讼,请求判令与被告吕某某离婚,均分夫妻财产,并要求吕某某返还工资款33000元,并给予其经济帮助金60000元。本案中,陈某系原告陈某某的姐姐,并且是原告的监护人。

【裁判结果】

枣庄市山亭区人民法院经审理认为,原告陈某某系不能辨识自己行为的精神病人,是无民事行为能力人。原告陈某某的监护人陈某作为法定代理人代为诉讼,符合法律规定。原、被告虽未办理结婚登记手续,但1980年即开始同居生活,至1994年2月1日双方已符合结婚的实质要件,属事实婚姻。原告陈某某因患精神疾病生活无法自理,被告吕某某不履行夫妻间的扶养义务,现原告陈某某请求离婚,符合法律规定,应予以准许。原告陈某某要求均分共同财产,但未提供财产清单及相关证据证明,不予支持,待权利人有证据后,可另行主张。原告陈某某要求被告吕某某偿还其2005年至2013年的工资款33000元,证据不足,法院不予支持。原告陈某某要求被告吕某某给予其60000元经济帮助金,根据《婚姻法》第42条的规定,结合本案实际,法院认为被告吕某某给予原告陈某某20000元经济帮助金为宜。

【典型意义】

本案中的一个焦点问题是原告陈某某的姐姐陈某,是否能代为提起离婚诉讼。夫妻关系存续期间,夫或妻一方可能会因疾病或外力损伤而出现无民事行为能力或限制民事行为能力状态。一般人的离婚可以通过协商、诉讼等多种方式解决,但对于这一类特殊的人群,他们的离婚只能通过诉讼来解决。无民事行为能力人属于无法表达真实意思的人。在离婚案件中,无民事行为能力人无论是作为原告还是被告,其第一顺序监护人系配偶,如果纠结于《民事诉讼法》的规定,则会出现无民事行为能力人的合法权益受到配偶侵犯时,只要配偶不提出离婚,则其永远也离不了婚。为了保护无民事行为能力人的权益,应由除其配偶外的其他监护人代为提起离婚诉讼。本案中,原告陈某某因患精神疾病生活无法自理,被告吕某某不履行夫妻间的扶养义务,原告陈某某的姐姐作为监护人代为请求离婚，符合法律规定，应予以准许。

第六十三条 【符合法定离婚情形，不得以当事人有过错为由判决不准离婚】人民法院审理离婚案件，符合民法典第一千零七十九条第三款规定“应当准予离婚”情形的，不应当因当事人有过错而判决不准离婚。

【司法解释·注释】

现代社会对离婚采取了比较宽容的态度，在立法上逐步地由过错原则向破裂原则发展，离婚日益失去其制裁、惩罚被告的作用，而被看成是对婚姻关系事实上破裂的确认，看成是摆脱陷于困境的婚姻的一种手段。不能因为当事人有过错就剥夺其法律赋予的婚姻自由的权利。离婚的唯一法定标准是夫妻感情确已破裂，而不应考虑当事人一方是否有过错。无论是过错方提出离婚还是无过错方提出离婚，只要符合离婚的法定情形，经调解无效的，一般应当准予离婚。

过错责任在离婚问题上表现为对过错方离婚作出一些限制性规定：一是过错方起诉要求离婚，而无过错方不同意的离婚纠纷，人民法院可以拒绝其离婚请求，判决不准离婚。二是在夫妻共同财产的分割上，要向无过错方倾斜。但并不意味着有过错方在特定情形下，不可以提出经济性补偿或者经济帮助的请求。

第六十四条 【离婚案件中军人一方有重大过错的具体情形】民法典第一千零八十一条所称的“军人一方有重大过错”，可以依据民法典第一千零七十九条第三款前三项规定及军人有其他重大过错导致夫妻感情破裂的情形予以判断。

【司法解释·注释】

在对军婚实行特殊保护的前提下，本条对如何判断军人侵害配偶合法权益的情形进行了明确：军人一方重婚或与他人婚外同居；军人一方实施家庭暴力或虐待、遗弃家庭成员；军人一方有赌博、吸毒等恶习屡教不改；军人一方有其他重大过错导致夫妻感情破裂的情形。需要注意的是，军人有重大过错主要是指军人的过错对夫妻感情造成了严重伤害，比如军人犯了强奸罪，被法院依法判处有期徒刑。现役军人的配偶提出离婚，法院经审查认为军人一方有重大过错的，可以不必征得军人同意而判决准予离婚。

第六十五条 【当事人单独就探望权提起诉讼应予受理】人民法院作出的生效的离婚判决中未涉

及探望权,当事人就探望权问题单独提起诉讼的,人民法院应予受理。

【司法解释·注释】

对于人民法院已经就探望权行使的时间、方式依法作出判决,事后当事人又向人民法院请求变更的,不予受理为宜。为了避免当事人之间再次发生纠纷,在就探望权问题进行判决时,应该尽量作出原则性规定,而不宜判得过于细致。

离婚的父或母关于探望权的行使都应本着有利于未成年子女身心健康发展的原则,在人民法院关于判决子女抚养及探望权行使的时间、方式时,应当充分考虑到子女本身的意愿。在探望权行使的问题上,更应该注重对子女的保护,不得违背子女意愿强行进行探望。当然,未成年子女因年龄等原因,有的孩子太小,根本无法用语言表达,有的可能由于受一方当事人的错误影响,不能客观地反映有关情况,所以子女的意愿并不能作为法官断案的必然依据,不能抛开其他一切因素不顾而一味按子女意愿进行判决。但是,对子女年纪稍微大些的,法官应该听取其自己的意愿,如果子女对父或母的探望有抵触情绪,不愿意让父母探望,每次探望都使得子女的情绪受到激烈刺激,并影响其正常生活、学习的,就不宜再让父母探望。

【编者观点】

法院在审理离婚案件中,对离婚后不直接抚养子女一方父或母对子女的探望权,是否应一并作出判决,一种意见认为,在离婚案件中,只要存在探望权,无论当事人是否诉请行使,法院都应对探望权的行使方式和时间作出具体判决。另一种意见认为,只有当事人在诉讼中诉请行使对子女的探望权时,法院才有必要对探望权的行使方式和时间作出判决。编者赞同的观点是,人民法院受理及审理民事案件应坚持不告不理的原则。当事人对探望权纠纷可以与离婚诉讼同时提出,也可以离婚后单独就此提起诉讼。无论何时提出,只要符合法律规定,人民法院均应依法受理,并就当事人所诉求的问题进行审理。

【地方法院规范】

《北京市高级人民法院民一庭关于审理婚姻纠纷案件若干疑难问题的参考意见》(2016年)

八、【离婚后探望权的确定与中止】离婚时对行使探望权方式与内容未予以明确,离婚后发生争议的,可提起探望权纠纷诉讼,对行使探望权内容、方式、周期等予以确定。

离婚判决对探望权确定的,离婚后

有探望权一方滥用探望权或以其它行为导致严重影响子女及有抚养权一方正常生活的，受害方有权向人民法院请求变更探望权的行使或向人民法院申请人身保护令。

第六十六条 【中止探望、恢复探望的程序和形式】当事人在履行生效判决、裁定或者调解书的过程中，一方请求中止探望的，人民法院在征询双方当事人意见后，认为需要中止探望的，依法作出裁定；中止探望的情形消失后，人民法院应当根据当事人的请求书面通知其恢复探望。

【司法解释·注释】

探望的方式分为看望式探望和逗留式探望。看望式探望是指非与未成年子女共同生活的一方到对方家中，或者一方指定的或双方约定的地点进行探望，如定期、不定期地见面、共同进餐等。这种探望方式持续的时间较短，方式灵活，且并未脱离抚育子女一方的监护范围，更加容易被当事人所接受，执行起来更为便捷，但是比起逗留式探望，探望权的权利人与子女的联系和沟通相对而言则不够密切。逗留式探望是指在当事人约定的或者判决确定的探望时间内，由探望人领走并按时送回被探望子女，如短期和子女生活在一起等。这种方式时间较长，使得探望权人可以与子女进行更加深入的互动和交流。人民法院应当结合个案当事人各方面的实际情况，在尽量满足有利于子女健康成长、尊重子女本人意愿、适当考虑父母行使探望权的便利性三个条件的基础上，灵活确定探望权的行使方式。

审判实践中存在这样的情况：男女双方离婚后，男方每次去看孩子，女方虽未拒绝，但却从未让其进入屋内，只是将家中防盗门上的铁窗打开，将孩子抱在怀里，允许男方站在门外看几眼被关在屋内的孩子。探望权的行使，应该让离婚后不直接抚养子女的父或者母能够有机会与子女进行思想上的沟通和交流，使得子女在探望的过程中获得平时与其见面较少的父或者母的关爱，保障实现子女的身心健康发展。如果父母双方矛盾激烈，难以互相配合，可以考虑在探望权行使受阻的情况下由未成年子女就读的幼儿园或者学校协助执行探望。

中止探望，是当探望权的行使出现不利于未成年子女身心健康的情况时，由有关权利人提出暂时中止对未成年子女的探望。不利于子女身心健康的情况，比如探望方患有严重的传染性疾病可能影响子女身体健康、对子女实施暴力行为、有不良嗜好或者教唆子女从事非法活动。恢复探望，是探视行为不利于子女身心健康的情况消失后，根据当事人的申请，由法院书面通知探望权人恢复对子女的探望。

有关中止或恢复探望的诉讼,不应作为新的独立的诉讼来对待,而是在履行有关生效法律文书的过程中发生的事情,应将其纳入执行程序中予以解决。人民法院就中止、恢复探望作出决定的前提条件是相关的权利人向人民法院主张权利、提出申请,否则人民法院不能依职权主动对这些问题作出处理。人民法院就中止探望的处理需以裁定的形式作出,关于恢复探望的处理则是以通知的形式作出。

【编者观点】

有观点认为,法院在决定中止探望时,存在比例原则的适用空间,除非存在急迫的情势,否则应首先考虑限制探望次数和时间,或者限制直接探望,转为第三人在场陪同探望或者非会面式联络等其他手段,同样达到保护未成年人的目的,而非直接中止探望。中止事由消失后,法院可依当事人的申请恢复探望。

【法院参考案例】

黄某某与郑某某中止探望权案——探望权中止案件中"儿童最佳利益原则"实现途径(《中国法院 2023 年度案例 · 婚姻家庭与继承纠纷》)

【基本案情】

原告黄某某与被告郑某某原系夫妻关系,于 2018 年 12 月 8 日生育女儿郑某晴。后双方因感情不和于 2019 年 2 月 26 日协议离婚,双方约定婚生女儿由被告郑某某抚养。后原告起诉至法院,要求婚生女儿郑某晴变更为由原告抚养,抚养费由原告自行承担。经法院调解,双方达成一致调解意见,确定婚生女儿郑某晴由原告抚养,原告保证被告享有每月 4 天 3 夜的探望时间,每月探望频率为 2 次。被告郑某某在探望孩子过程中,多次将孩子予以留置,居住各类旅馆且频繁更换住处,未将女儿及时交还给原告抚养,原告通过向法院申请强制执行后才将女儿找回。后原告向法院提起诉讼要求中止被告郑某某对女儿郑某晴的探望权。经法院释明后,原告撤回起诉,向法院执行部门提出中止探望申请,由执行部门作出中止探望的裁定。

【案件焦点】

原告与被告在子女抚养纠纷案件中已经对女儿探望权的行使达成一致调解意见的情况下,被告在行使探望权过程中发生藏匿女儿的行为,此时原告主张中止被告探望权,是应由其另行起诉,还是直接向执行部门提出申请。

【裁判要旨】

浙江省永嘉县人民法院经审理后认为:郑某某作为郑某晴的父亲,在行使探望权时,应当首先保障女儿的生活安定和身心健康,同时应按调解书约定的时间行使探望权。郑某某在两次探望期间带女儿居住各类旅馆且频繁更换地点,居住环境差,无法保证女儿的正常饮食起居。且郑某某的工作没有充足的时间和精力照顾女儿。郑某某上述探望方式及行为，对郑某晴的教育和生活具有较大的不确定性，其探望女儿的行为仅是为了满足自己的要求，并未意识到自己探望女儿的行为及居无定所的生活环境对女儿的身心健康产生的不利影响。

浙江省永嘉县人民法院依照《民法典》第 1086 条第 3 款，《民法典婚姻家庭编解释(一)》第 66 条，《民事诉讼法》第 257 条第 6 项之规定，裁定如下：(1) 中止郑某某对郑某晴的探望权；(2) 终结(2021)浙 0324 执 712 号案件的执行。

第六十七条 【有权提出中止探望请求的主体】未成年子女、直接抚养子女的父或者母以及其他对未成年子女负担抚养、教育、保护义务的法定监护人，有权向人民法院提出中止探望的请求。

【司法解释·注释】

子女拒绝探望，当然有权提出中止探望的请求，原因在于探望权的行使关系子女本人的切身利益，应当充分尊重其意志。正如在变更抚育费的案件中未成年子女是权利主体一样，当出现中止探望的法定事由时，子女是最本源的权利人，其由案外人变为执行法律关系中的利害关系人，有权提出中止的请求。当然在具体操作中，应当由其监护人以未成年子女的名义向法院提出。

将其他对未成年子女负担抚养、教育、保护义务的法定监护人纳入有权请求中止探望的主体之内，有利于在出现子女或直接抚养一方出于各种原因不能或者不愿提出中止申请时，合理地拓宽中止探望的申请渠道，更好地保护未成年子女的利益。

第六十八条 【对探望权实施强制执行措施的具体内容】对于拒不协助另一方行使探望权的有关个人或者组织，可以由人民法院依法采取拘留、罚款等强制措施，但是不能对子女的人身、探望行为进行强制执行。

【司法解释·注释】

探望权的现实情况是执行难，具体表现在以下三个方面：一是被执行人不配合，例如拒绝申请人探望、在探视时间将子女提前带离、故意隐瞒子女的去向、故意不告知子女活动安排的变化等。二是被探望的子女不配合，由于未成年子女长期由父母之中的一方抚养，很可能造成其对另一方产生抵触反感情绪，甚至拒绝被探望。如子女年龄较大，有独立的判断能力和自主意识，不愿接受探望，就不能强制执行。三是案外人阻碍，未成年子女在父母离婚后，可能实际上与祖父母、外祖父母共同生活,当父或者母依法前去探望时,可能会遭到祖父母或外祖父母直接或间接的拒绝。因此,有必要通过强制执行来保障探望权的实现。

采取强制措施应区分不同情况,如果负责抚养子女的一方故意隐匿子女,在法院下达裁定书后仍拒不履行协助义务的,可以按照拒不执行判决、裁定的法律规定处理。对拒不履行已生效的判决,拒绝申请执行人行使探望权的,人民法院可对其进行拘留、罚款。造成严重后果,构成犯罪的被执行人,甚至应当追究其刑事责任。但在执行实践中,对被执行人是否已构成犯罪应从严把握。因为轻易对被执行人判处刑罚,会给未成年子女的身心造成不利的影响,不利于未成年人的健康成长。人民法院在对负有协助义务的一方当事人采取拘留、罚款等强制措施的同时,应当注重对未成年子女予以妥善安置。

不能对子女的人身进行强制执行,也不能强制采取不利于子女健康的探望行为,不能以通过强制要求申请执行人的未成年子女到某个地方让申请执行人行使探望权的方式强制执行未成年子女的人身。

离婚后直接抚养子女的一方拒不履行协助另一方探望子女的义务,并不能必然导致抚养关系的变更,更不能直接导致监护权的撤销,直接抚养关系变更的出发点不是父母权利的满足,而是子女合法权益的保障。

第六十九条 【附协议离婚或者调解离婚条件的财产及债务处理协议的法律效力】当事人达成的以协议离婚或者到人民法院调解离婚为条件的财产以及债务处理协议,如果双方离婚未成,一方在离婚诉讼中反悔的,人民法院应当认定该财产以及债务处理协议没有生效,并根据实际情况依照民法典第一千零八十七条和第一千零八十九条的规定判决。

当事人依照民法典第一千零七十六条签订的离婚协议中关于财产以及债务处理的条款,对男女双方具有法律约束力。登记离婚后当事人因履行上述协议发生纠纷提起诉讼的,人民法院应当受理。

【司法解释·注释】

附条件的离婚财产及债务处理协议,是指夫妻双方在婚姻关系存续期间达成的以离婚法律事实出现为条件的财产以及债务处理协议,条件包括了双方当事人协议离婚、到人民法院调解离婚两种类型。由于到婚姻登记机关登记离婚时的财产分割协议没有强制执行效力,有的婚姻关系当事人双方约定到人民法院协议离婚,通过民事诉讼程序领取民事调解书,将诉讼前达成的财产分割协议以民事调解书的方式固定下来,使其具有强制执行力。

离婚问题事关重大,应当允许当事人反复考虑、协商,如果双方协议离婚未成,当事人一方有反悔的权利,其不同意办理离婚登记或调解离婚,则双方事先达成的离婚协议没有生效,财产及债务处理协议因缺乏协议离婚的前提和基础,而对夫妻双方均不产生法律约束力,不能作为人民法院处理离婚案件的依据。因此,附条件的离婚财产及债务处理协议并不自双方当事人签字时起生效,而是以双方当事人从婚姻登记机关领到离婚证或者签署民事调解书,方可视为所附条件已经成就,当事人所订立的财产及债务处理协议因此而生效。

经过公证的附协议离婚条件的财产分割及债务处理协议在性质上属于附生效条件的合同,双方签字后成立,在完成协议离婚手续后生效。公证的效力在于确认协议的内容是双方当事人的真实意思表示,但不能改变协议的生效条件。

适用本条第2款的前提条件是当事人在婚姻登记机关协议离婚,并就财产分割问题达成了协议。在双方当事人登记离婚后,其所签订的离婚协议已生效,故该协议中有关财产分割和债务负担问题的条款及协议,对离婚的双方当事人都具有法律约束力,但没有写成"具有法律效力"。因为根据合同相对性的原理,当事人的离婚协议或者人民法院生效的裁判文书中对夫妻财产分割及债权债务负担问题作出的处理决定,不能对抗善意第三人。债权人并不受离婚财产分割和债务处理协议的约束,其有权要求夫妻任何一方全部或者部分偿还债务,夫或妻任何一方不得拒绝偿还。另一方面,不同于离婚诉讼中形成的民事调解书,双方当事人自行达成的离婚财产和债务处理协议不具有强制执行力。婚姻登记机关只是对财产分割协议形式上的合法性进行了审查,因履行而发生争议时,必须先由司法机关进行合法性审查。只有在其合法性得到确认,并形成裁判文书之后,才能申请执行。

司法实践中常常遇到的问题是:一些婚姻关系当事人为了达到迅速离婚的目的,急于离婚的一方在财产分割问题上向其配偶作出少要甚至不要夫妻共同财产的承诺,并将这一承诺写入离婚协议,而一旦离婚目的达到后,则单独就财产分割问题向人民法院起诉。另一些离婚当事人则利用其配偶缺乏法律知识的弱点,告知其配偶向婚姻登记机关提交的离婚协议中的财产部分是没有法律效力的,将来到了法院还要重新分割夫妻财产,同时以产权证更名需要长时间等待等理由让其配偶接受暂时将某些价值较大的财产如房屋写在其名下的协议,那么将来即使到法院进行诉讼,其原配偶也很难举证推翻这一协议。本款规定的立意正是针对这种情况,明确规定向婚姻登记机关提交的离婚协议中关于财产分割和债务分担的条款或者就上述问题达成的协议，对于离婚后的男女双方具有法律约束力。

【编者观点】

依据第1076条第2款，离婚协议的内容包括自愿解除婚姻关系、子女抚养、财产及债务处理等事项，是一种兼具人身性和财产性的混合协议。离婚协议适用于登记离婚和调解离婚，其中涉及财产的内容，以夫妻身份的解除为停止条件。除非另有约定，否则以登记离婚为目的签订的离婚协议在诉讼离婚中不具有法律拘束力。

离婚协议中涉及婚姻财产的内容，包括分割夫妻共同财产以及将个人财产给予另一方两种情形。第一种情形涵盖夫妻约定共同财产的份额或者特定财物归属于一方或者子女；第二种情形涵盖一方将部分个人财产给予另一方或子女，或者将个人财产中特定财物约定为双方按份共有。虽然第1087条把离婚协议处理的客体范围限定为“夫妻的共同财产”而不包含一方个人财产，但是第1076条对离婚协议的内容表述为“财产”而不限于夫妻共同财产，鉴于一方将个人财产给予另一方在离婚中相当常见，不应被剔除出前述条款的规制范围。

有观点认为，离婚协议中对特定财产权属的约定本质上也属于普通赠与，赠与方享有任意撤销权；相反观点认为成立具有道德性质的特殊赠与或者叠加了身份法律行为，因此无任意撤销权的适用空间。事实上，离婚协议涉及子女抚养等法定义务的履行，协议中财产部分与子女抚养、共同债务清偿以及离婚损害赔偿等其他部分互为前提和因果，不能简单视为赠与，而是需要根据离婚协议的整体性安排作出判断。与其纠结于赠与合同任意撤销权，不如将离婚财产协议理解为继续性关系解除时对夫妻共同财产和个人财产的合意清算。

我国没有离婚财产协议登记制度，《婚姻登记档案管理办法》仅规定办理离婚登记后归档处理，鉴于保护家庭成员隐私等伦理价值层面的考量，档案保管部门不得公开协议内容，离婚当事人和公检法等国家机关之外的主体只有经主管领导审核后方可查阅档案内容。由此也免去了协调不动产登记与离婚财产协议登记两套制度的难题，仅需考察离婚财产协议未经物权公示是否导致物权变动。

离婚财产协议导致的物权变动是否属于基于法律行为发生的物权变动？否定观点认为，离婚这一法律事实是导致物权变动的直接原因，且离婚本身具有一定的公示作用，是否进行物权登记无碍交易安全，应归入非基于法律行为的物权变动。编者认为，协议离婚不同于诉讼离婚，依据《民法典》第229条，经由法院裁判文书记载的离婚财产分配方案自法律文书生效时直接发生物权变动,无须物权公示。而协议离婚中引发物权变动的既非离婚这一法律事实,也非法律直接规定,而是双方订立离婚财产协议这一法律行为。离婚财产协议对于婚姻财产可能进行极为复杂的权属分配,离婚这一法律事实本身无法容纳复杂的财产权属分配的公示需求,离婚财产协议属于基于法律行为发生的物权变动更为合理。

离婚财产协议与婚内夫妻财产约定相同之处在于均为对婚姻财产的分配,不同之处在于缔约动机有别,前者以夫妻身份的解除为前提,离婚后方才发生效力,因此离婚财产协议不存在婚姻维度的归属问题。物权维度,既然婚姻存续期间的夫妻财产约定不能直接发生物权变动,举重以明轻,离婚财产协议更应避免双方离婚后因权属模糊催生纠纷,采用公示生效主义方能最大限度满足双方明晰各自产权归属的需求。近年来最高人民法院裁判意见和不少学界观点都赞同离婚财产协议仅发生债权效力,本条中的“法律约束力”便是指债权效力。实践中一些当事人为了达到迅速离婚的目的,在离婚协议中提出少要甚至不要共同财产的承诺,一旦离婚目的达成,又单独就财产分割问题向法院起诉。而债权效力意味着,离婚协议既有形式拘束力,各方不能任意变更或撤销协议内容;又有实质拘束力,一方有权请求另一方履行协议内容。

如果夫妻共同财产中的特定财物在物权维度被登记为共同共有或者按份共有,则可以适用物权编第 303—304 条共有物分割的相关规则,前提是共有份额的划分代表双方财产分割的意思。离婚双方依据抽象份额对于夫妻共同财产的分割,则依据第 1087 条,由双方订立离婚财产分割协议处理,协议不成的由法院判决。

【地方法院规范】

1.《北京市高级人民法院民一庭关于审理婚姻纠纷案件若干疑难问题的参考意见》(2016 年)

四十五、【离婚协议约定赠与之撤销权限制】夫妻双方离婚时协议约定将夫妻个人财产或共有财产赠与对方或第三人,离婚后交付或变更登记之前,一方依据《中华人民共和国合同法》第一百八十六条第一款①的规定请求撤销赠与的,法院不予支持。

2.《上海市高级人民法院关于审理婚姻家庭纠纷若干问题的意见》(2007 年,2020 年 12 月修订)

4. 当事人协议离婚后,就履行财产分割协议发生纠纷提起诉讼的诉讼时效

当事人协议离婚后,因履行财产分

① 对应《民法典》第 658 条第 1 款。——编者注

割协议发生纠纷,如请求变更或撤销协议的,应根据最高法院婚姻法司法解释(二)第九条①的规定,在登记离婚后一年内提起诉讼;如请求继续履行协议的,应该自纠纷发生之日起二年内提起诉讼。

5. 夫妻协议离婚后财产纠纷的处理范围

夫妻协议离婚后财产纠纷中的财产范围,既包括离婚协议中未涉及的财产,也包括《民法典》第一千零九十二条所规定的一方在离婚时隐藏、转移、变卖、毁损、挥霍的夫妻共同财产及伪造共同债务侵占的另一方的财产。

3.《江苏省高级人民法院民事审判第一庭家事纠纷案件审理指南(婚姻家庭部分)》(2019年)

28. 离婚财产分割协议中对不动产物权的约定能否直接产生物权变动的效力?能否对抗债权人申请执行?

离婚财产分割协议中对不动产物权的约定不直接产生物权变动的效力,夫妻一方仅可基于债权请求权向夫妻另一方主张履行不动产物权转移登记的契约义务。在不动产物权未办理转移登记的情形下,离婚财产分割协议中对不动产物权的约定不能对抗善意第三人。

离婚财产分割协议中对不动产物权的约定能否对抗债权人申请执行,应当通过审查离婚财产分割协议的真实性、形成时间、不动产物权未办理转移登记的原因、当事人的过错等予以综合判断。具体可参考《江苏省高级人民法院执行异议及执行异议之诉案件审理指南(二)》的相关规定认定和处理。

29. 如何区分夫妻财产制契约与夫妻财产赠与约定,其效力应当如何认定?

夫妻财产制契约是夫妻双方在《婚姻法》第十九条②规定的三种夫妻财产制形态,即分别财产制、一般共同制和限定共同制中进行选择的约定,对夫妻财产关系产生一般性、普遍性的约束力,其效力一般及于夫妻财产的全部。夫妻财产赠与约定是夫妻双方对于个别财产的单独处分,具有一次性、个别化的特点,其效力不及于其他未经特殊处分的财产。前者的目的在于排除法定财产制的适用,后者的目的在于改变一项特定财产的权利归属,并不涉及财产制的选择。

夫妻双方订立的夫妻财产制契约对夫妻双方具有法律约束力,任何一方不得擅自变更或者撤销。

夫妻一方在婚前或者婚姻关系存续期间约定将个人所有的不动产赠与夫妻另一方或者约定为按份共有、共同共有的,属于夫妻财产赠与约定,赠与人在赠与不动产物权办理转移登记之

① 对应《民法典婚姻家庭编解释(一)》第70条。——编者注

② 对应《民法典》第1065条。——编者注

前撤销赠与，夫妻另一方主张履行的，应当依照《中华人民共和国合同法》第一百八十六条①的规定处理。

第七十条 【男女双方协议离婚后就财产分割问题反悔，起诉请求撤销财产分割协议】夫妻双方协议离婚后就财产分割问题反悔，请求撤销财产分割协议的，人民法院应当受理。

人民法院审理后，未发现订立财产分割协议时存在欺诈、胁迫等情形的，应当依法驳回当事人的诉讼请求。

【司法解释·注释】

"夫妻双方协议离婚后"，是指其通过在婚姻登记机关办理离婚登记手续而离婚的，在人民法院通过诉讼，即使是以调解结案的方式离婚的，也不应当适用本条规定。因为在婚姻登记机关办理离婚手续时提交的协议只经过婚姻登记机关的形式审查，至于协议签订过程中是否存在欺诈、胁迫的情形，协议的内容是否合法则缺乏保障，有必要给予一定的司法救济途径。而调解协议已经由人民法院对协议是否为双方当事人真实的意思表示、是否不存在违反法律禁止性规定的内容进行过审查，然后制作成民事调解书。民事调解书作为人民法院的法律文书，与民事判决书具有同等的法律效力。撤销民事调解书必须通过审判监督程序，而且有着极为严格的条件。

离婚财产清算协议具有民事合同性质，对双方具有法律上的拘束力。人民法院只有发现了本条规定的特定情形时，才可以作出支持当事人关于撤销财产分割协议的诉讼请求的判决。由于离婚的男女双方毕竟与对方有过夫妻名分，因此，在订立关于分割共同财产的协议时，除了纯粹的利益考虑外，常常会难以避免地掺杂一些感情因素。一方在感情支配下，可能答应将夫妻共同财产的大部分给予对方。衡量这类协议是否公平，不能像对待其他民事合同一样，以等价有偿作为唯一的标准。本款规定中使用了"等"字，说明发现欺诈、胁迫的情形，不是人民法院支持当事人诉讼请求的唯一条件，司法解释中留有余地，使得人民法院在审理中发现协议内容存在《民法典》第151条规定的乘人之危、显失公平的情况下，仍然可以根据当事人的请求撤销该协议。但是，人民法院对于这类案件中"乘人之危"的认定应当十分谨慎。不得将男女双方中急欲离婚的一方在财产上作出的让步视为另一方乘人之危的后果。只有在一方利用他方生病、行为能力受限而监护人监护不力或与之程度相当的情况下，迫使其签订达成了明显损害

① 对应《民法典》第658条。——编者注

其原配偶合法权益的协议的行为,才能认定为乘人之危。不宜轻易以协议"显失公平"为由而支持当事人撤销协议的主张,尤其是对于那些以获得配偶同意迅速离婚为目的,将大部分或者全部夫妻共同财产均答应给予对方,而一旦达到离婚目的,即以协议显失公平为由起诉,请求人民法院撤销该协议的当事人,不能予以支持。一般不应当将"重大误解"作为支持当事人变更和撤销财产分割协议的理由。

【编者观点】

本条第2款借鉴了总则编法律行为效力瑕疵章节的相关规范,采取了实质意思说的观点,区别于假离婚这一身份行为采取的形式意思说。依据裁判实践,财产分割协议中构成欺诈的情形,主要包括一方隐瞒婚内出轨、隐瞒所生子女与男方无血缘关系、隐藏夫妻共同财产,从而导致另一方在财产分割方面予以优待或者作出让步。消极欺诈中的告知义务源于夫妻忠实义务,如果一方明知另一方违反忠实义务但自愿做出让步的,另一方不构成欺诈。

第2款的"欺诈、胁迫等情形",应当理解为等外等,包括重大误解等意思表示瑕疵类型,其中重大误解直接适用本条,法律效果为可撤销。鉴于协议离婚时一方基于子女抚养和感情因素等考虑,财产分割方案并非基于纯粹的利益考量,一方在财产分割方面做出的让步不宜直接认定为显失公平,赋予一方撤销权。涉及财产分割的意思表示属于双方通谋虚伪的,依据《民法典婚姻家庭编解释(二)》的规定,约定内容直接无效。离婚协议中约定一方再婚即应放弃房产等条款,因限制一方婚姻自由,从而可以被认定为因违反法律强制性规定、公序良俗而无效。双方为逃避债务订立的离婚财产分割协议,可以被认定为恶意串通损害第三人利益而无效。

【地方法院规范】

1.《上海市高级人民法院关于适用最高人民法院婚姻法司法解释(二)若干问题的解答(二)》(2004年,2020年12月修订)

一、离婚财产分割协议可撤销或变更的理由应如何把握?

答:司法解释(二)第九条①对当事人协议离婚时的财产分割协议可撤销或变更的理由规定为"欺诈、胁迫等",说明其并不仅限于欺诈和胁迫。

但离婚财产分割协议确实有不同于一般民事合同的地方。由于离婚双方毕竟有过夫妻名分,共同生活过一段时间,可能还育有子女,在订立共同财产分割协议时,除了纯粹的利益考虑外,常常会难以避免地包含一些感情因素。所以,人民法院在确认协议可撤销

---

① 对应《民法典婚姻家庭编解释(一)》第70条。——编者注

或变更时，不能轻易将协议中一方放弃主要或大部分财产的约定认定为“显失公平”或“重大误解”而予以撤销或变更；同时，对于“乘人之危”的认定也应谨慎，不宜将急欲离婚的一方在财产上作出的让步视为另一方乘人之危的后果，只有在一方利用他方生病、行为能力受限而监护人监护不力等情况下，迫使他方签订明显损害其合法权益的协议，才可认定为乘人之危。

2.《江苏省高级人民法院民事审判第一庭家事纠纷案件审理指南(婚姻家庭部分)》(2019 年)

36. 离婚协议中涉及对第三人赠与的条款，离婚后赠与人以赠与财产权利尚未转移为由能否申请撤销？受赠人有无独立的给付请求权？

离婚协议是夫妻双方权衡利益、考量利弊后，围绕婚姻关系解除而形成的一个有机整体，各项内容既相互独立，又相互依存。因此，离婚后赠与人以赠与财产权利尚未转移为由申请撤销离婚协议中涉及对第三人赠与条款的，不予支持，但符合《婚姻法解释二》第九条①规定情形的除外。

离婚协议约定将特定财产赠与第三人，离婚后夫妻一方不履行给付义务，夫妻另一方可以起诉主张其履行。受赠人非离婚协议一方，仅为赠与条款的受益人，并无独立的给付请求权，其起诉主张夫妻一方或者双方履行给付义务的，裁定不予受理，已经受理的，裁定驳回起诉。

【法院参考案例】

1. 赵某伟诉王某珍离婚后财产纠纷案——离婚协议中财产分割条款的效力及不动产赠与撤销权的认定[《人民法院案例选》2014 年第 2 辑(总第 88 辑)]

【裁判要点】

离婚协议中关于财产分割的条款或者当事人因离婚就财产分割达成的协议，若无违反法律强制性规定或不具有可撤销情形存在的，应对离婚双方具有约束力。离婚后一方同意将离婚协议中归己一方所有的财产给另一方的，应视为赠与行为，当赠与物为不动产，在不动产未经登记转移至另一方名下时，赠与人有权撤销赠与行为。

2. 赵某某诉颜某某离婚后财产案——离婚协议中财产分割部分的效力认定问题(《中国法院 2023 年度案例·婚姻家庭与继承纠纷》)

【基本案情】

赵某某与颜某某原系夫妻，二人于 2008 年 8 月 8 日登记结婚，于 2020 年 1 月 13 日自行前往民政局协议离婚。赵某某及颜某某于 2020 年 1 月 13 日签订《离婚协议书》，约定：“一、男方赵

---

① 对应《民法典婚姻家庭编解释(一)》第 70 条。——编者注

某某与女方颜某某自愿离婚……三、夫妻共同财产的约定:1. 房产:夫妻双方婚后购有坐落在北京市朝阳区北苑家园×楼房1套,登记在双方名下,属夫妻共有财产。离婚后,该套房屋归女方所有(注:包括房内装修内附属设施及相关配套设施);2. 机动车辆:2014年8月30日购有大众高尔夫牌汽车1辆,现登记在女方名下,离婚后归女方所有;3. 双方其他财产已分割完毕;4. 双方无其他债权债务。以上协议是双方真实意思表达,协议一式三份,自双方在民政局办理离婚登记后生效。"

赵某某主张上述离婚协议系基于颜某某欺诈行为签署,要求撤销该离婚协议。经询问,赵某某主张颜某某欺诈行为系双方离婚前在微信聊天记录中颜某某向其表示在民政局签离婚协议就是走形式、没有法律效力,其坚信双方会在民政局签署离婚协议后重新协商财产分割问题,故其认为颜某某存在欺诈行为。赵某某就此提交双方微信聊天记录加以证明。颜某某对上述聊天记录的真实性予以认可,但表示自己没有欺诈行为,其主张聊天记录应当结合前后语境理解,双方签订离婚协议系自愿,颜某某表示愿意在离婚协议之外再和赵某某沟通补偿的事情,但赵某某一直不配合。赵某某据此主张要求重新分割双方离婚协议中写明的夫妻共同财产。

【案件焦点】

(1)双方在签订《离婚协议书》时的意思表示情况;(2)双方签订的《离婚协议书》是否成立并生效;(3)若认定双方签订的《离婚协议书》中关于财产分割的约定不成立,进而对涉案房屋及车辆重新分割是否适当的问题。

【裁判要旨】

北京市海淀区人民法院经审理认为:当事人未就意思表示达成一致的合同不成立。本案中,根据赵某某提交的微信聊天记录及颜某某的陈述,双方均认可前往民政局所签离婚协议仅是走形式,是为办理离婚手续需要,颜某某亦表示同意和赵某某就财产分割补偿问题另行协商,故本院认定双方就财产分割并未达成一致意见,双方所签《离婚协议书》中关于财产分割部分的内容不成立。合同成立系撤销的前提,对赵某某主张因欺诈撤销上述财产分割协议的诉求,本院不予支持。鉴于双方未就财产分割达成一致意见,对于赵某某主张重新分割夫妻共同财产的诉求,本院予以支持。就夫妻共同财产范围,赵某某、颜某某于庭审中确认需分割的夫妻共同财产为涉案房屋及涉案车辆。

北京市海淀区人民法院依照《民法典》第1087条、《民事诉讼法》第64条第1款、《民法典时间效力规定》第1条之规定,作出如下判决:(1)登记在赵某某、颜某某名下位于北京市朝阳区北苑家园×房屋归颜某某所有,颜某某于本判决生效后30日内向赵某某支付折价款225万元;(2)北京市朝阳区北苑家园×房屋自2021年1月28日起的剩余房贷由赵某某与颜某某共同偿还；(3)登记在颜某某名下车牌号京××大众牌小型轿车归颜某某所有，颜某某于本判决书生效后 15 日内向赵某某支付折价款 3 万元；(4)赵某某及颜某某所欠颜某 60 万元债务由赵某某负责偿还 30 万元，颜某某负责偿还 30 万元；(5)驳回赵某某的其他诉讼请求。

颜某某不服一审判决，提出上诉。北京市第一中级人民法院经审理认为：双方均认可前往民政局签订离婚协议仅是走形式，是为了顺利办理离婚登记而临时签署的协议，待办理完离婚登记后就具体财产问题另行协商并重新签署协议，故可以认定双方在签订《离婚协议书》时尚未达成一致的意思表示，双方离婚协议中就财产分割达成约定的内容不成立。在双方离婚时未就财产分割问题达成一致意见，现双方亦不能就此进行协商的情况下，一审法院按照法律规定，对于双方共有房屋、车辆及相关债务进行处理，并无不当。颜某某上诉主张一审法院对于《离婚协议书》未予认定并分割夫妻共同财产有误，其提供的证据不足以证明其事实主张，对其所述不予采信，对其主张不予支持。颜某某的上诉请求不能成立，应予驳回；一审判决认定事实清楚，适用法律正确，应予维持。北京市第一中级人民法院依照《民事诉讼法》第 170 条第 1 款第 1 项之规定，判决如下：驳回上诉，维持原判。

第七十一条 【军人所得的复员费、自主择业费等费用的归属问题及其具体的计算方法】人民法院审理离婚案件，涉及分割发放到军人名下的复员费、自主择业费等一次性费用的，以夫妻婚姻关系存续年限乘以年平均值，所得数额为夫妻共同财产。

前款所称年平均值，是指将发放到军人名下的上述费用总额按具体年限均分得出的数额。其具体年限为人均寿命七十岁与军人入伍时实际年龄的差额。

【司法解释·注释】

对于发放给军人的复员费、自主择业费等一次性费用的归属问题，既要考虑军人的服役年限，又要参考双方结婚时间的长短，综合平衡各方面的利益，力争做到对军人和其配偶都公平合理。解决思路是首先设定一个前提条件，即正常情况下人均寿命按 70 岁计算。用 70 减去军人入伍时的实际年龄，算出公民自参军至理论寿命终结的期间。然后将国家对于公民因为参军入伍这一行为而给其发放的一次性费用，按计算出的期间，以年为单位平均分成若干等份。每一份所对应的数额，可以视为军人自入伍后每年所应当得到的费用。只要是属于婚姻关系存续期间所得部分，都应当作为夫妻共同财产，属于军人结婚前和离婚后所得部分,为军人的个人财产。婚姻关系存续时间长短的因素,将体现在对该项财产数额的分配上。共同生活时间长的,认定为共同财产的就多,结婚时间短的,属于共同财产的比例也相应较少。

军人离婚与其复员转业并不一定同步进行,如果军人离婚时尚未复员、转业,能够作为夫妻共同财产进行分割的军人财产实际多为可期待利益,军人在离婚时虽然可能并未实际占有复员费、自主择业费等,但不能以此为由否定军人配偶一方应享有的权利。在实际操作中,军人配偶一方只有在军人可期待的利益兑现而成为既得利益时才可以得到其应得的部分。如果夫妻离婚时军人一方没有复员或转业,军人的配偶只享有对复员费、转业费的期待权。待对这些费用发生实际纠纷时,应该允许当事人再行起诉。将来一旦军人复员或转业,其原配偶可以请求分割复员费、自主转业费。

退役军人逐月领取的补助金是军人退役后获得的基本生活保障费用,在性质上与退休金相似,应当认为系夫妻共同财产,只是其发放的方式存在一定的特殊之处,即由退役军人按月领取。同时,考虑到军人在服役期间,军人的配偶对于家庭承担了较重的照顾义务和责任,从保障军人配偶利益的角度,也宜认定该类逐月领取的补助金为夫妻共同财产,在离婚双方当事人之间进行分割。

第七十二条 【夫妻共同财产中的股票、债券等有价证券以及未上市股份有限公司股份等财产在离婚时的分割】夫妻双方分割共同财产中的股票、债券、投资基金份额等有价证券以及未上市股份有限公司股份时,协商不成或者按市价分配有困难的,人民法院可以根据数量按比例分配。

【司法解释·注释】

夫妻共同财产中的投资性财产的类型,主要包括股票、债券、投资基金份额等有价证券以及未上市股份有限公司股份等。对于夫妻双方的投资性财产的分割方式问题,由人民法院根据该类财产的数量按比例进行分配的方式,在具体分割方式的选择适用上并不具有优先性。司法实践中,应当首先由夫妻双方根据具体情况进行协商,双方当事人也完全可以通过按照市价进行分配等方式达到协商一致的处理。

一定要将该类财产计算出确切的数额并加以分割的做法,不太适合投资性财产这一财产类型。对于这些风险或者机遇的把握与控制,应当尽量让当事人自行决定,因为操作标准的不同、选择时机的不同等,都会直接影响到当事人财产数量的增减变动。人民法院可以不必局限于一定要弄清楚该笔财产的确切价值,而是掌握一个分割的原则和大的方向即可,其原理是无论财产的价格怎么波动,当事人所持有的数量是相对不变的。因此,本条规定可以从当事人持有这些财产性权利的数量入手,将其按照一定的比例在夫妻之间进行分配,具体的交易操作则交由当事人自行决定。例如,当事人持有一万股某上市公司的流通股,判决双方各持有五千股,或者当事人按照法院判决的比例来分配。待判决生效后,由当事人自行处分,能够更好地保护当事人的合法权益。

人民法院审理此类纠纷,有时会面临根据法律、法规的规定,争议的财产权益暂不能在离婚诉讼时进行分割的局面。比如当事人在公司内担任一定职务,基于公司章程或者相关法律的规定,在一定期限内不得抛售或者转让其持有的股份及权益。如果夫妻共有财产中的股份,属于法律规定上述情形及其他依法不能自由转让的股份,必须按照有关法律办理。人民法院应当告知当事人待法律法规允许转让时,其可以请求对该部分离婚时未涉及的共同财产进行分割。

【地方法院规范】

1.《北京市高级人民法院民一庭关于审理婚姻纠纷案件若干疑难问题的参考意见》(2016 年)

十九、【离婚案件中的股权分割处理】离婚案件涉分割公司股权的,一般应当在离婚案件中予以处理;确因股权与案外人存在争议难以确定的,可另案予以处理。

离婚诉讼中一方主张另一方为隐名股东并要求分割相应财产权益的,参照上款处理。

二十、【股权价值的确定】离婚诉讼中待分割股权之价值存在争议时,应采取协商一致、评估、竞价、参考市场价等方式予以确定。

因企业财务管理混乱、会计账册不全以及企业经营者拒不提供财务信息等原因导致无法通过评估方式确定股权价值的,人民法院可以依据该企业在行政主管机关备案的财务资料对财产价值进行认定;或可以参照当地同行业中经营规模和收入水平相近的企业的营业收入或者利润及其他方式来核定其价值。

二十一、【具特殊人身性股权的分割】职工内部流通股等具有内部流通性的股权,离婚诉讼分割时应具体审查,并征询职工所在企业等相关组织意见,以确定具体分割方法。

具有特殊个人人身性的村民股权应属个人财产,但村民股权在夫妻关系存续期间的收益可作为夫妻共同财产分割。

二十二、【股东为夫妻二人的有限责任公司、股东为夫妻二人及其他股东的有限责任公司的分割】离婚诉讼中有限责任公司股东为夫妻二人,双方就股权分割无法协商一致时。双方均主张股权的,可按比例分割股权;双方均要求补偿款的,释明当事人可另行对公司进行拍卖、变卖或解散清算并分割价款;夫妻一方主张股权,另一方主张补偿款的,可在确定股权价值基础上由获得股权一方给付另一方补偿款。

上述有限责任公司工商登记中注明的夫妻双方股权份额不构成夫妻间财产约定;但如设立公司时根据相关规定提交财产分割书面证明或协议的,构成财产约定。

离婚诉讼中有限责任公司股东为夫妻二人及其他股东时,参照上两款规定进行处理。

二十六、【上市公司股票价值确定】离婚诉讼中分割上市公司股票,需要确定股票价值的,当事人对确定股票价值的时间点无法达成一致的,可以法庭辩论终结日的股票价值为准。

2.《广东省高级人民法院关于婚前取得的股票期权,离婚后行权所得能否确认为夫妻共同财产问题的批复》(2009年)

基本同意你院审判委员会的多数意见。LF婚前取得的股票期权,是XT科技公司作为一种激励机制而赋予员工有条件地购买本企业股票的资格,并非具有确定价值的财产性权益。该期权要转化为可实际取得财产权益的股票,必须以员工在公司工作时间的积累为前提条件。在LF与SHS二人婚姻关系存续期间,LF的部分股票期权可行权并获得财产权益。虽然LF是在离婚后才行使股票期权,但无法改变其在婚姻关系存续期间可以行使部分期权并获得实际财产权益的事实。根据《中华人民共和国婚姻法》第十七条①,参照最高人民法院《关于适用〈中华人民共和国婚姻法〉若干问题的解释(二)》第十一条②、第十二条③的规定,LF在婚姻关系存续期间可通过行使股票期权获得的该部分股票财产权益,属于在婚姻关系存续期间明确可以取得的财产性收益,宜认定为夫妻共同财产。

第七十三条 【分割夫妻共同财产中以一方名义在有限责任公司的出资额】人民法院审理离婚案件,涉及分割夫妻共同财产中以一方名义在有限责任公司的出资额,另一方不是该公司股东的,按以下情形分别处理:

(一)夫妻双方协商一致将出资额部分或者全部转让给该股东的配偶,其他股东过半数同意④,并

---

① 对应《民法典》第1062条。——编者注

② 对应《民法典婚姻家庭编解释(一)》第25条。——编者注

③ 对应《民法典婚姻家庭编解释(一)》第24条。——编者注

④ 2023年《公司法》第84条简化了股东对外转让股权的程序,从"同意+优先购买权"的双重限制模式调整为"优先购买权"的单层模式。对本条的理解与适用,要结合《公司法》的最新修订妥当把握。——编者注

且其他股东均明确表示放弃优先购买权的，该股东的配偶可以成为该公司股东；

（二）夫妻双方就出资额转让份额和转让价格等事项协商一致后，其他股东半数以上不同意转让，但愿意以同等条件购买该出资额的，人民法院可以对转让出资所得财产进行分割。其他股东半数以上不同意转让，也不愿意以同等条件购买该出资额的，视为其同意转让，该股东的配偶可以成为该公司股东。

用于证明前款规定的股东同意的证据，可以是股东会议材料，也可以是当事人通过其他合法途径取得的股东的书面声明材料。

【司法解释·注释】

基于股东认缴出资而取得的股权不同于有形财产，虽然最重要的是其具有的财产权属性，但也还包括一定的管理权、身份权，因此其权能是综合的。基于股权的特殊性，后来发生的对新增资本的认缴，可以认定为是原来个人财产投资于婚姻关系存续期间产生的收益。所以，股东婚后对新增资本的认缴出资，虽然基于原股东地位及身份，但依法也应当将其认定为夫妻共同财产。夫妻离婚时，对方有权要求分割。

本条规定仅适用于夫妻中只有一方是该公司股东、另一方在纠纷发生时并不是该公司股东的情形。如果夫妻双方在发生纠纷诉讼至人民法院之前，双方的身份都是该同一有限责任公司股东的，股东之间可以相互转让其全部出资或者部分出资。夫妻双方只有一方为该公司股东，如果欲将全部或者部分出资向该股东配偶转让时，属于《公司法》规定的股东向股东以外的人转让出资的情形。第1款第1项中“其他股东过半数同意”，意味着其同意就此出资向股东以外的人转让，且同意转让给特定的人，即该股东的配偶。

第1款第2项用“转让出资所得财产”的表述，而不用“所得价款”的原因，是由于有限责任公司的股东可以用货币出资，也可以用实物、知识产权、土地使用权等可以用货币估价并可以依法转让的非货币财产作价出资。因此在转让时，股权转让的对价可能不仅限于货币形式，也包括其他财产权。

我国有限责任公司规定股东人数50人为上限，在分割夫妻股权时，也要注意不能与此规定的原则相违背。若采用分股各享的办法，要考虑是否会突破《公司法》中关于股东人数的上限规定。本解释中虽然规定“该股东的配偶可以成为该公司股东”“该配偶依法取得合伙人地位”，但实践中当事人要想真正成为股东，还必须按照《公司法》等法律法规规定的程序和步骤办理。

【地方法院规范】

1.《北京市高级人民法院民一庭关于审理婚姻纠纷案件若干疑难问题的参考意见》(2016 年)

二十四、【股东为夫妻中一人及其他人的有限责任公司的分割】离婚诉讼中有限责任公司为夫妻中一人及其他股东,夫妻双方就股权分割无法协商一致时。双方均主张股权,原则上可判决归股东一方所有,并给予非股东一方相应的经济补偿;非股东配偶放弃股权主张补偿款的,应在对公司股权价值确定基础上由股东配偶给予另一方相应的经济补偿;股东配偶放弃股权,应在对公司股权价值确定基础上由取得股权方给予另一方相应的经济补偿,但应经其他股东过半数同意且明确表示放弃优先购买权;双方均不愿意取得公司股权的,可以释明当事人另行按照《中华人民共和国公司法》(以下简称《公司法》)将股权变现,并对价款依法分割。

2.《上海市高级人民法院关于适用最高人民法院婚姻法司法解释(二)若干问题的解答(二)》(2004 年,2020 年 12 月修订)

六、在夫妻一方不要求持有有限责任公司出资额、成为股东的情况下,如何处理此部分的夫妻共同财产?

答:夫妻一方以个人名义以共同财产投资于有限责任公司,此部分共同财产已转为了公司财产由公司所有,离婚时不能直接分割。当夫妻协商同意由非公司股东的一方取得相应出资额成为股东的情况下,人民法院可依照司法解释(二)第十六条①的规定进行处理;若该方不愿承受出资额成为股东,则可评估公司现有净资产。公司净资产为正值的,按夫妻一方出资比例计算出相应的净资产价值,再按共同财产的分割原则由取得出资额的一方给付另一方应得的钱款或财产。评估费用由主张评估一方预付,或双方各半预付。当事人均不愿意进行评估的,则人民法院可对此部分共同财产在离婚案件中不予处理。

3.《江苏省高级人民法院民事审判第一庭家事纠纷案件审理指南(婚姻家庭部分)》(2019 年)

41. 离婚时对于婚姻关系存续期间以夫妻共同财产出资获得的登记在夫妻一方名下的有限责任公司(不包括夫妻公司、一人有限责任公司)的股权应当如何处理?股权价值应当如何确定?

基于有限责任公司的资合性和人合性特点,离婚时对于婚姻关系存续期间以夫妻共同财产出资获得的登记在夫妻一方名下的有限责任公司(不包括夫妻公司、一人有限责任公司)的股权

---

① 对应《民法典婚姻家庭编解释(一)》第 73 条。——编者注

的处理，既要从有利于解决夫妻纠纷的原则出发，又要最大限度地做好与其他利害关系人的利益协调，不能侵害其他股东的同意权和优先购买权等权利。

如果夫妻双方就股权分割协商一致，可以依照《婚姻法解释二》第十六条①的规定处理。因《婚姻法解释二》第十六条中“过半数股东同意”与新《中华人民共和国公司法》第七十一条第二款②中“其他股东过半数同意”相冲突，因此，应适用《中华人民共和国公司法》第七十一条第二款中“其他股东过半数同意”的规定。

如果夫妻双方就股权分割无法协商一致，可以按以下情形分别处理：

（1）夫妻双方均主张股权且愿意和对方共同经营的，其他股东过半数同意且明确表示放弃优先购买权的，可以按比例分割股权。夫妻双方均主张股权但不愿与对方共同经营的，可以通过竞价方式确定由谁最终取得股权。如果股东的配偶取得股权，应当经其他股东过半数同意且明确表示放弃优先购买权。取得股权的一方，应当给予另一方相应的经济补偿。

（2）股东一方或者股东的配偶放弃股权主张补偿款的，应当在确定股权价值的基础上，由取得股权的一方给予另一方相应的经济补偿。如果股东的配偶取得股权，应当经其他股东过半数同意且明确表示放弃优先购买权。

（3）夫妻双方均不愿意取得股权的，可以依照《中华人民共和国公司法》的相关规定将股权转让给其他股东或者股东之外的第三人，并对转让价款依法分割。向股东以外的第三人转让股权的，应当经其他股东过半数同意且明确表示放弃优先购买权。如果无人受让股权的，夫妻双方可以按比例分割股权。

前述（1）—（3）情形中，如果其他股东过半数不同意转让，也不愿意以同等价格购买股权的，视为同意转让。

股权价值评估时，可以责令当事人以及股权所在的公司提供评估所需的财务会计报表等资料。因公司管理混乱、会计账册不全以及公司经营者拒不提供财务信息等原因导致股权价值无法评估的，可以向税务、工商部门调取备案的资产负债表、损益表、净资产表以及该公司公布的年度报表等财务资料交予评估机构评估股权价值。如果无法调取上述财务资料，可以参照当地同行业中经营规模和水平近似的公司的营业收入或者利润核定股权价值。当事人对依职权确定的股权价值提出异议的，应当提供能证实其主张的财务资料。

42. 夫妻双方设立夫妻公司时在工商部门登记的持股比例是否属于夫妻财产约定，离婚时能否据此分割股权？

基于夫妻关系的特殊性可能导致双方设立夫妻公司时在工商部门登记

---

① 对应《民法典婚姻家庭编解释（一）》第73条。——编者注

② 2023年《公司法》删除了这一规定。——编者注

的持股比例具有很大的随意性,如果无其他证据佐证,该登记比例不属于夫妻财产约定,离婚时夫妻一方要求据此分割股权的,不予支持。

49. 作为有限责任公司或者股份有限公司的法定代表人、控股股东的夫妻一方在婚姻关系存续期间以个人名义借款用于公司或者为公司借款提供担保,该债务性质应当如何认定?

作为有限责任公司或者股份有限公司的法定代表人、控股股东的夫妻一方在婚姻关系存续期间以个人名义借款用于公司或者为公司借款提供担保的,应当区分属于公司债务还是个人债务。在认定属于个人债务的情形下,如果债务人在借款或者担保时收取了经济利益用于夫妻共同生活或者借款、担保行为与夫妻共同生活、共同生产经营密切相关,该借款或者担保债务应当认定为夫妻共同债务。

作为夫妻公司的法定代表人、控股股东的夫妻一方在婚姻关系存续期间以个人名义借款用于公司或者为公司借款提供担保的,该借款或者担保债务应当认定为夫妻共同债务。

夫妻一方作为一人有限责任公司的股东在婚姻关系存续期间以个人名义借款用于公司或者为公司借款提供担保,如果债务人配偶参与生产经营或者从生产经营中受益的,该借款或者担保债务应当认定为夫妻共同债务。

第七十四条 【合伙企业中夫妻共同财产份额的分割】人民法院审理离婚案件,涉及分割夫妻共同财产中以一方名义在合伙企业中的出资,另一方不是该企业合伙人的,当夫妻双方协商一致,将其合伙企业中的财产份额全部或者部分转让给对方时,按以下情形分别处理:

(一)其他合伙人一致同意的,该配偶依法取得合伙人地位;

(二)其他合伙人不同意转让,在同等条件下行使优先购买权的,可以对转让所得的财产进行分割;

(三)其他合伙人不同意转让,也不行使优先购买权,但同意该合伙人退伙或者削减部分财产份额的,可以对结算后的财产进行分割;

(四)其他合伙人既不同意转让,也不行使优先购买权,又不同意该合伙人退伙或者削减部分财产份额的,视为全体合伙人同意转让,该配偶依法取得合伙人地位。

【司法解释·注释】

合伙企业具有更为明显的“人合性”特征。因此,法律上对合伙企业内部合伙人的入伙、退伙都有较为严格的规定,以防止合伙企业因合伙人的变动或更换而直接导致合伙企业终止或解散。所以，除合伙人在合伙合同中对合伙人婚姻关系变化后可以退伙有明确约定外，合伙人婚姻关系的变化并不能作为合伙人退伙的法定事由。夫妻离婚时对合伙企业中财产份额的转让或处分必须受《合伙企业法》中相关规定的约束和限制。

夫妻将共有财产以一方名义投入合伙企业后，其财产已经成为合伙企业的财产，由全体合伙人共同所有，其对自身所享有的财产份额的处分必须获得其他合伙人的一致同意，包括夫妻之间协议将合伙企业中以一方名义享有的财产份额转让给另一方的情形。夫妻之间分割合伙企业中财产份额的同时，还要承担合伙人应尽的义务，如果因夫妻离婚退伙而导致合伙企业遭受损失时，夫妻一方还要对其他合伙人承担损害赔偿责任。

夫妻因离婚而改变其在合伙关系中的身份和地位的，并不影响其对合伙关系存续期间的债务承担连带清偿责任。夫妻离婚时，如果合伙企业中的财产少于合伙企业债务的，夫妻双方要求退伙的，应当根据合伙企业对外所负债务的情况分担亏损。

第七十五条 【夫妻用共有财产以一方名义投资设立的独资企业在离婚时的分割】夫妻以一方名义投资设立个人独资企业的，人民法院分割夫妻在该个人独资企业中的共同财产时，应当按照以下情形分别处理：

（一）一方主张经营该企业的，对企业资产进行评估后，由取得企业资产所有权一方给予另一方相应的补偿；

（二）双方均主张经营该企业的，在双方竞价基础上，由取得企业资产所有权的一方给予另一方相应的补偿；

（三）双方均不愿意经营该企业的，按照《中华人民共和国个人独资企业法》等有关规定办理。

【司法解释·注释】

夫妻离婚时，只应对经营企业所取得的收益进行分割，而不能对企业财产进行分割。以个人财产出资设立的个人独资企业，企业财产属于投资夫妻一方个人所有的财产。但夫妻一方在婚姻关系存续期间因经营该企业所得的收益，应属于夫妻共同所有。婚后夫妻以一方名义用夫妻共有财产作为个人出资而设立的企业，虽然《个人独资企业法》规定投资人对个人独资企业财产享有所有权，但这只是企业财产的对外效力。对内效力上，该企业财产仍属于夫妻共同所有。

司法实践中因分割用夫妻共有财产投资设立的独资企业财产发生的纠纷，主要表现为以下三类：一方主张该企业经营权而另一方要求补偿发生的纠纷;夫妻双方均主张该企业经营权而发生的纠纷;夫妻双方均不愿意经营该企业时发生的纠纷。本条按此三种情形分别作出相应的具体处理规定。

一方主张经营该企业的,从有利于企业经营生产考虑,将企业资产所有权判决由主张经营企业的一方所有,由取得企业资产所有权的一方对另一方给予相应的补偿,而不应对企业财产进行分割,维持企业组织形态的完整性。因企业是投资、经营等行为不断反复滚动进行的,企业设立时所投入的财产,在数量上也发生很大变化,已不能完全按照出资时的共同财产数额确定分割比例,而当事人双方就补偿数额的确定又无法协商一致,这就只能采取评估的方式对离婚时企业的现存资产进行估价,由取得企业资产所有权的一方给予另一方相应的补偿。取得企业资产所有权的一方暂时无法即时支付补偿费的,也可协商分期分批补偿。企业资产评估所需的费用应由当事人双方分担。

双方均主张经营该企业的,对生产经营性财产的分割,就要根据当事人双方对该类性质财产的实际需要和财产来源等情况,在审判实践中还应当考虑有利于企业生产经营的实际情况,依法作出处理。如无法按照离婚财产分割原则和当事人双方对企业的实际需要程度、经营能力等因素进行裁决时,应当采取竞价方式决定企业资产所有权的归属,取得企业资产所有权的一方应参照企业的最高竞价价格,按均等分割的原则给予另一方相应数额的补偿。

在企业效益滑坡、发展前景不利的情况下,当事人双方均会选择请求分割财产,而不愿意经营企业。根据《个人独资企业法》的规定,个人独资企业解散,原投资人对个人独资企业存续期间的债务仍应承担偿还责任。企业债务全部清偿完毕后的剩余财产,作为夫妻共同财产予以分割。

【地方法院规范】

《北京市高级人民法院民一庭关于审理婚姻纠纷案件若干疑难问题的参考意见》(2016 年)

二十三、【一人独资公司的分割】离婚诉讼中夫妻中一人为独资公司股东,双方就股权分割无法协商一致时。双方均主张股权且愿意和对方共同经营的,可按比例分割股权;双方均主张股权但不愿意和对方共同经营的,可在考虑有利公司经营基础上由一方取得公司股权、给予另一方相应经济补偿,或通过竞价方式处理;一方主张公司股权,另一方不主张公司股权的,在确定公司价值基础上,由取得公司股权一方给予另一方相应经济补偿;双方均不愿意取得公司股权的,释明当事人可另行对公司进行拍卖、变卖或解散清算并分割价款。

上述股权分割中,需要办理变更登记手续的应根据相关规定进行办理。

第七十六条 【离婚时夫妻双方对房产分割无法达成一致协议时的处理】双方对夫妻共同财产中的房屋价值及归属无法达成协议时,人民法院按以下情形分别处理:

(一)双方均主张房屋所有权并且同意竞价取得的,应当准许;

(二)一方主张房屋所有权的,由评估机构按市场价格对房屋作出评估,取得房屋所有权的一方应当给予另一方相应的补偿;

(三)双方均不主张房屋所有权的,根据当事人的申请拍卖、变卖房屋,就所得价款进行分割。

【司法解释·注释】

对夫妻双方均对房屋主张所有权的情况,一般而言,人民法院应当按照照顾子女、女方和无过错方权益的原则进行处理,在条件允许的情况下,将房屋判决给直接抚养子女的一方、女方或者无过错方。某些特定情形下,还可以将房屋判决给离婚后生活困难的一方。但在不存在适用上述照顾原则情形时,如当事人双方经济条件大致相当,均同意采取竞价方式处理房屋所有权归属的,人民法院可以召集双方当事人,以公开竞价的方式,由出价高的一方取得该房屋所有权。未能取得房屋所有权的一方,则以房屋竞价为基础,按夫妻双方对房屋价值分割达成的协议,由取得房屋所有权的一方给予相应补偿。由于竞价是一种最终以谁的出价高由谁获得标的的归属决定方式,无法给予需要特别保护的一方以相应的照顾,在夫妻双方的经济水平大致相当的条件下,才可以适用。

竞价并非只能以夫妻双方经济条件大致相当为前提。双方经济条件有一定差距,但均同意通过竞价决定房屋所有权的,人民法院没有理由不予准许。如夫妻双方对竞价后的价值分割补偿不能协商达成一致的,人民法院在确定对未取得房屋所有权一方的补偿数额时,也应当以照顾子女、女方和无过错方权益为原则,合理确定补偿数额。

第 2 项规定的适用前提,是离婚诉讼夫妻双方虽同意由一方获得房屋所有权,但无法对房屋价值达成一致意见。通常,主张房屋所有权的一方希望按照房屋价格的最低数额甚至购房时支付的价款为标准给对方补偿,而要求补偿的一方则请求对方按照房屋的最高价款即同类房屋在房屋市场的出售价格为标准给予补偿,双方对房屋价值往往存在很大的争议。在对以成本价购买的房屋进行分割时,不仅要考虑夫妻购买时所实际支付的房价款,而且还应考虑到夫妻双方所购房屋中体现的工龄、职务等福利折价以及离婚时的房屋市场价等因素。此时,就更加需要专业评估机构运用专业知识和技能合理确定房屋价值。委托估价机构或者估价事务所进行房地产估价的估价费,或委托拍卖机构进行拍卖的佣金等支出价款,应当由当事人按照分割房屋价值的比例分担。

一些离婚诉讼分割共同财产过程中,当事人双方对婚姻关系存续期间购买的房屋特别是福利性房屋都不愿意主张所有权,而是想取得一定的房价款补偿后再另行选择购买房屋的情况。人民法院不能以照顾子女或者女方利益原则为依据,强行判决将房屋所有权给一方并由其给予对方一定补偿而导致其利益受损。

【编者观点】

离婚时对婚姻财产进行清算,需要确定房产的最终归属。本条列举了三种处理方式:双方均主张房屋产权的,竞价取得;只有一方主张的,评估后该方取得产权并补偿另一方;双方均不主张的,拍卖、变卖房产后双方分割价款。该条排除了离婚后双方按份共有房产的处理方式。最高人民法院认为,按份共有并不能解决双方离婚后实际面临的居住问题,在当事人明显失去共有基础时,强行判决按份共有只可能造成新的矛盾。北京法院第 17 号参阅案例"高某诉罗某离婚纠纷案"却认为,若离婚双方只有一套共有住房、均主张所有权但均无力补偿对方时,法院应当判决双方按份共有房产,并结合当事人生活需要、房屋结构等因素就房屋使用问题作出处理。若强行拍卖、变卖房产后分割价款,使双方都损失了未来房产继续增值的可能收益,不符合双方真实意思和利益。

离婚时房产最终归属哪方,实质意义在于,其一,获得产权一方享受离婚以后房产未来增值收益,同时承担房产未来贬值风险;其二,依据《民法典婚姻家庭编解释(一)》第 78 条第 2 款,"尚未归还的贷款为不动产登记一方的个人债务",承担继续还贷义务。原则上,由购房决策方承受房产未来增值或贬值更符合意思自治下的风险归责原则,婚前购房首付一方优先获得房产。另一个重要因素是房款中双方出资所占比例,出资份额多的一方优先获得房产。如果共同还贷款项远远高于一方首付,或者购房一方因经济状况不具备继续还贷能力,而另一方有还贷能力,为了避免案涉房屋被银行行使抵押权,法院认为也可以判决房屋归非购房一方所有、承担继续还款义务并向对方补偿。

在一方首付以及双方出资份额悬殊两种情形下,可否适用本条第 1 项的竞价规则决定房产最终归属?竞价规则的实质是由偏好该财产的人最终取得产权以达到物尽其用。双方均主张产权时并非自动适用竞价规则,法院还应遵循照顾子女、女方和无过错方权益的原则,存在将房屋判给直接抚养子女的一方、女方或无过错方的可能。最高人民法院认为适用竞价的前提还包括双方财产水平大致相当以及均同意采取竞价方式,否则财产弱势一方无力在竞价过程中反映自己的真实偏好价格,竞价是不充分的。强势一方以不充分的竞价价格为基础给予补偿,另一方损失了充分的补偿收益以及可能的未来增值收益。若双方未达成竞价合意,则优先考虑婚前购房首付一方或者出资份额多的一方获得房产。在一方首付、双方还贷的典型场景下,通常首付方所占份额也更多。

房产归属于一方后,需要对未获得产权一方进行补偿。离婚分割房产涉及多方权益,既要保护个人婚前财产部分对应的权益,又要厘清"双方婚后共同还贷支付的款项及其相对应财产增值部分",还要契合"照顾子女、女方和无过错方权益的原则",同时不能损害作为债权人的银行的合法利益。因此个案中不能把明晰财产关系与分割共同财产两者等同,分割共同财产并不以计算的补偿数额为绝对标准,法官可根据实际情况行使自由裁量权。

【相关立法】

《中华人民共和国妇女权益保障法》(2022 年修订,2023 年 1 月 1 日施行)

第六十九条 离婚时,分割夫妻共有的房屋或者处理夫妻共同租住的房屋,由双方协议解决;协议不成的,可以向人民法院提起诉讼。

【地方法院规范】

1.《北京市高级人民法院关于处理婚姻案件中子女抚育、财产分割及住房安置问题的几点意见》(1990 年)

三、关于离婚后的住房问题

1. 处理离婚后的住房问题,应以保障当事人的基本生活条件和有利于社会稳定为原则,并注意适当照顾生活有特殊困难及离婚后抚养子女的一方。判决离婚的案件,原则上应对离婚后当事人的住房问题作出处理。如果当事人对离婚后的住房问题能够达成一致意见,或虽不能达成一致意见,但双方都有住处可安置,且不要求人民法院作出处理的,人民法院可以不对住房问题作出处理。

6. 当事人使用的是一方父母所有的私房,离婚时产权人子女一方有优先使用权。

7. 一方当事人为达到离婚目的,长期在外不归已满一年的,离婚时应视其有居住条件。

2.《上海市高级人民法院关于审理婚姻家庭纠纷若干问题的意见》(2007 年,2020 年 12 月修订)

9. 离婚诉讼中,当事人提出采用竞价方法确定房产权利归属的处理

按照婚姻法及其司法解释的规定,财产的处理应以照顾女方和抚养子女一方的权益为原则。在处理共有房产

时,当事人提出采用竞价方法确定房产权利归属,若符合下列条件的,可予准许:(1)双方同意竞价;(2)双方经济、住房等条件基本相同。

第七十七条 【离婚诉讼中对不同所有权形态的房屋的处理】离婚时双方对尚未取得所有权或者尚未取得完全所有权的房屋有争议且协商不成的,人民法院不宜判决房屋所有权的归属,应当根据实际情况判决由当事人使用。

当事人就前款规定的房屋取得完全所有权后,有争议的,可以另行向人民法院提起诉讼。

【司法解释·注释】

城镇居民房屋的取得方式,主要是按照房改政策从本单位购买公有住房即房改房,或者从市场上购买商品房、经济适用房、私有房屋等。根据房改政策,职工购买公有房屋实行市场价、成本价或标准价。现实生活中不乏因房产不属于一般可自由交易的商品房或因商品房预售尚未满足办理不动产登记条件,而导致不动产登记簿无法显示夫妻二人对房产享有所有权,或不享有完全所有权的情况。离婚财产分割与确认之诉不同,并非以查明有关房屋上的权利内容和状态为审理方向,在不能对房屋权利进行充分的举证、质证和查明的前提下,人民法院不宜直接对房屋权属作出判断,自然也就不具备分割的条件。

由于夫妻双方对房屋的部分所有权是根据国家有关购买福利性或保障性房屋的政策而取得,其中包含了国家或单位对双方的福利优惠条件,如果要确权或者分割,就必然要涉及对房屋进行市场价格评估,在双方协商不一致时还涉及竞价、拍卖等一系列问题,而这一系列行为还要考虑政府或原售房单位对房屋享有的一定比例的所有权。因此,人民法院对夫妻只享有部分所有权的房屋的归属及分割,在双方协商不一致的情况下,也不宜作出判决,只可就该房屋的居住和使用进行判决。

当事人在离婚诉讼终结后取得房屋所有权,房屋所有权状态这一基本事实发生了改变,具备了此前所不具备的确认房屋归属或分割的条件,因而不属于一事不再理的范围,当事人可单独就房屋所有权问题另行向人民法院起诉,而不受前一诉讼已经终结的影响。

【地方法院规范】

1.《北京市高级人民法院民一庭关于审理婚姻纠纷案件若干疑难问题的参考意见》(2016年)

三十、【一套住房处理】离婚诉讼的当事人只有一套共有住房,双方均主张房屋所有权但均无能力补偿对方时,如双方就房屋分割问题无法达成一致,判决双方对房屋按份共有,并在此基础上结合当事人生活需要、房屋结构等因素就房屋使用问题作出处理。

(另:本条来源于北京市高级人民法院参阅案例第 17 号)

三十一、【成本价购买公房的分割】婚姻关系存续期间用夫妻共同财产以成本价购买的登记在一方名下的公有住房应认定为夫妻共有财产,在离婚时应综合考虑房产来源、夫妻双方工龄折扣、是否影响另一方福利分房资格等因素予以公平分割。

三十二、【经济适用房、两限房的分割】限售期内的经济适用房、两限房在离婚诉讼中可以酌情进行分割。

经济适用房、两限房由一方在婚前申请,以个人财产支付房屋价款,婚后取得房产证的,应认定为一方个人财产;婚后以夫妻双方名义申请,以夫妻共同财产支付房屋价款,离婚后取得房产证的,应认定为夫妻共同财产。

三十三、【标准价购买公房的分割】婚姻关系存续期间以夫妻共同财产出资以标准价购买公有住房而获得的"部分产权",该"部分产权"应认定为夫妻共同财产,可以在综合考虑房产来源、工龄折算等因素,并征求原产权单位意见确定产权单位权利比例后,予以公平分割。

三十四、【约定服务条件房产的分割】夫妻一方在婚后通过与用人单位约定服务条件取得的房产为夫妻共同财产,但离婚时服务条件尚未实现的一般应判归约定服务条件的一方。

三十五、【小产权房分割】对于已被有权机关认定为违法建筑的小产权房,不予处理;但违法建筑已经行政程序合法化的,可以对其所有权归属做出处理。

对于虽未经行政准建,但长期存在且未受到行政处罚的房屋,可以对其使用做出处理。在处理使用时,人民法院应向当事人释明变更相关诉讼请求。在处理相关房屋的使用归属时,能分割的进行分割,不能分割的可采用协商、竞价、询价等方式进行给予适当补偿。

在涉小产权房分割案件中,应在判决论理部分中明确使用处理的判决内容不代表对小产权房合法性的认定,不能以此对抗行政处罚、不能作为产权归属证明或拆迁依据等。

三十六、【公房承租权的分割】离婚案件中涉及到公房承租权处理,属于直管公房的,可在判决中明确承租权以及承租关系的变更。

属于自管公房的,夫妻只有一方在产权单位工作,一般应把承租权确定在产权单位工作的人名下,另一方获得补偿;但经产权单位同意的,可以确定由另一方承租或共同承租。

三十七、【优惠购房权性质与折算】农村拆迁补偿中按所涉人口数取得的优惠购房权系基于特定身份获得的优惠安置利益,但并非优惠取得的物权本身。

离婚时优惠购房权价值折算可考

虑优惠取得的房产性质、能否上市交易、能否取得产权证等因素,在不高于市场价格与优惠价格的差价范围之内予以确定。

2.《北京市高级人民法院关于处理婚姻案件中子女抚育、财产分割及住房安置问题的几点意见》(1990年)

三、关于离婚后的住房问题

2. 当事人承租房管部门出租的公房,如果租赁关系是一方婚前与房管部门建立的,双方结婚时间不满5年,离婚时承租一方有优先使用权;双方结婚时间已满5年,双方有平等的使用权。

3. 婚姻关系存续期间承租房管部门出租的公房的,不论租赁合同中的承租方是夫还是妻,均应视为夫妻双方共同承租,双方有平等的使用权。

4. 当事人承租单位所有的公房,离婚时房管产权人单位职工一方,有优先使用权;双方为同一单位职工的,有平等使用权。

5. 当事人借用一方父母单位分配给其父母使用的公房的,离婚时有使用权人的子女一方有优先使用权。

3.《上海市高级人民法院关于审理婚姻家庭纠纷若干问题的意见》(2007年,2020年12月修订)

8. 夫妻一方通过福利、补贴等方式取得产权房,但为取得该房产而与用人单位签有服务期协议的,离婚时该房产的处理

夫妻一方在婚后通过福利、单位补贴取得产权房,但同时与用人单位签有服务协议的,由于该方对此房的获得具有较大贡献,且其将来择业的自由会在服务期内受到限制,因此,夫妻离婚时,因服务期问题而导致房产权利受影响的事实尚未发生的,对该房产的分割应考虑尚存服务期的长短、夫妻共同生活的时间,适当多分给签有服务期的一方。

4.《江苏省高级人民法院民事审判第一庭家事纠纷案件审理指南(婚姻家庭部分)》(2019年)

44. 离婚案件中对于违法建筑应当如何处理?

离婚案件中涉及违法建筑的,要防止通过民事裁判将违法建筑合法化,故不宜在民事裁判中认定建筑物是否违法。

在违法建筑合法化、当事人取得所有权之前,无论是分割违法建筑还是确认所有权或者使用权等,均没有法律依据,此类纠纷不予处理。当事人主张对违法建筑的建筑材料进行分割的,不予支持。若违法建筑被依法拆除的,当事人可以对建筑材料的分割另行主张权利。

违法建筑的既得利益,如租赁收入,属于婚姻关系存续期间的财产性收益,应当作为夫妻共同财产分割。尚未取得的收益因不具有确定性,不予处理。

离婚案件中,当事人主张分割小产权房或者确认小产权房所有权或者使

用权等的,不予处理。

第七十八条 【一方当事人婚前出资支付首付款按揭贷款购置,婚后登记在自己名下并由夫妻双方共同还贷的不动产的分割】夫妻一方婚前签订不动产买卖合同,以个人财产支付首付款并在银行贷款,婚后用夫妻共同财产还贷,不动产登记于首付款支付方名下的,离婚时该不动产由双方协议处理。

依前款规定不能达成协议的,人民法院可以判决该不动产归登记一方,尚未归还的贷款为不动产登记一方的个人债务。双方婚后共同还贷支付的款项及其相对应财产增值部分,离婚时应根据民法典第一千零八十七条第一款规定的原则,由不动产登记一方对另一方进行补偿。

【司法解释·注释】

现实生活中,存在不少夫妻一方婚前签订购房合同、支付首付款并在银行按揭贷款,婚后双方共同偿还房贷的现象。此时,房屋价款中包含另一方的价值投入,认定为一方婚前个人财产或有不妥。合同的签订、首付款的支付、不动产登记由一方完成或在一方名下,认定为夫妻共同财产亦缺乏依据。可以说,此类房产实际是婚前个人财产与婚后共同财产的混合体。人民法院在离婚案件中判决分割此类房产时,既要保护个人婚前财产权益,也要依照照顾子女、女方和无过错方利益的原则,公平分割婚后双方共同还贷形成的夫妻共有的财产权益。

认定是否满足"婚后用夫妻共同财产共同还贷",应当从两个方面掌握:一方面从偿还银行贷款的时间看,还贷的时间只要处于婚姻关系存续期间,一般即可认定是双方用夫妻共同财产还贷;另一方面,如双方当事人认可或者一方当事人能够举证证明夫妻实行约定财产制或者对案涉房屋的还贷问题有特别约定,或偿还贷款使用的确是个人财产,则排除本条规定的适用。

人民法院并非必须采取本条规定的方式,将房屋判归登记一方,特殊情况下,不排除将此类房屋判归非产权登记一方所有并由其偿还剩余贷款的可能。一般应当判决取得房屋所有权的一方当事人承担继续还贷的义务。对于如何给未取得房屋产权的一方补偿的问题,除房屋原购房款部分的价值外,取得产权的一方还应当向另一方补偿房屋的增值,而不能仅给付夫妻关系存续期间双方共同还贷所支付款项的一半。补偿数额如双方不能达成一致,就需要委托有资质的资产评估机构进行评估以确定案涉房屋的价值。"双方婚后共同还贷支付的款项及其相对应财产增值部分"的计算,可以用公式表示为:应补偿数额=(共同还贷数额÷总购房款)×房产的现值×50%。

如果双方当事人婚姻关系存续时间较长,夫妻共同还贷的款项在房款中所占比例远远高出婚前购房者支付的首付款在房款中所占比例,而非购房者一方有能力支付尚未偿还的贷款,则人民法院可以根据案件的实际情况判决房屋归婚前购房者的配偶所有,令其向对方支付相应补偿并承担继续还款的义务。如果婚前购房的一方当事人因某种原因经济状况发生变化,离婚时不具备继续偿还银行贷款的能力,而另一方当事人有此能力,则为了避免案涉房屋被银行行使抵押权,另一方要求取得所有权并按照本条的规定承担相应义务的,人民法院应当予以支持。如果双方当事人未登记结婚,只是同居,即使购房的情况类似,也不能适用本条规定。

【编者观点】

一、婚姻关系内部房产的份额计算比归属认定更重要

房产在婚姻关系内部的归属与物权法层面的归属无关,因此内部归属与作为负担行为的房屋买卖合同以及作为处分行为的产权变更登记都完全脱钩。购房合同由哪方在婚前或婚后订立、变更登记于婚前或婚后、登记权利人是哪方,这些影响因素都与内部归属无涉。对于婚姻内部的归属认定以及份额计算,唯一的影响因素是资金来源。

资金来源不意味着个人所有,鉴于婚姻存续期间的还贷都被推定为共同还贷,并且共同还贷所占份额及其增值都认定为夫妻共同所有,这一结果已经体现了共同财产制下的婚姻保护与家庭伦理观念;而且计算房产份额在婚姻存续期间没有实际用处,其功能旨在平衡离婚之际双方的利益,而离婚意味着婚姻共同体濒临解体,因此份额计算与家庭保护无关,与离婚时对弱势一方的保护有关。

房产出资大致分为两种情形,第一种为夫妻一方全额出资购买房产,既包括一次性全额支付房价,也包括全额首付并以个人财产还贷。依照"不转化规则"或"代位规则",房产在夫妻内部属于买方个人财产,离婚时不涉及分割问题。第二种为夫妻双方出资购房,依据资金来源进一步分为三类场景,其一,一方用个人财产于婚前或婚后支付首付,婚后双方共同还贷;其二,双方用各自的个人财产于婚前或婚后共同支付首付,婚后共同还贷;其三,双方婚后用共同财产支付首付并还贷。

上述三类场景下,购房资金来源包含一方或双方的个人财产以及夫妻共同财产,房屋实质上成为个人财产与夫妻共同财产的混合体。有观点认为应当对比婚后共同还贷与婚前首付及还贷的金额比例,如果共同还贷金额在房产总价款中占比很大或者超过一方婚前首付及还贷额,房产应被认定为夫妻

共同财产。编者认为,笼统地将房产认定为个人所有或共同所有,既不可能亦无意义,重要的并非房产归属,而是精确地计算夫妻各自的份额。本条第 1 款也未聚焦于房产在夫妻内部的归属,仅授权双方离婚时协议解决。若达不成协议,第 2 款只是规定法院“可以”而非“应当”判决该不动产归登记一方,留下自由裁量空间的同时,将重点转移到份额认定与补偿问题。

二、房产份额与资金来源挂钩

房产份额取决于资金来源,具体包括丈夫的个人财产、妻子的个人财产以及夫妻共同财产三处来源,表现为首付款和按揭还贷两种形式。婚后共同支付的首付款和还贷部分及其增值,被归入夫妻共同所有的份额。何为“共同还贷”需结合法定财产制理解,即便夫妻一方婚后以自己的工资收入还贷也被视为共同还贷,因为婚姻关系存续期间双方所得工资、奖金及劳务报酬都属于夫妻共同财产,否认共同还贷的一方须承担举证责任。对夫妻关系中收入弱势一方的保护,通过共同还贷的认定得到充分体现。

一方个人财产在婚前或婚后支付的首付和贷款被归入个人所有的份额。争议是个人财产支付的首付和贷款在婚后的增值部分,归入个人所有还是共同所有?需要界定婚后房产增值属于主动增值的投资收益还是因市场价值变化而导致的被动自然增值。夫妻协力理论认为夫妻一方婚后财产所得包含配偶的付出、贡献或协力,主要聚焦于劳动所得。有学者认为协力理论推定夫妻对家庭贡献相等,作为共同财产的价值基础令人质疑,婚后劳动所得的归属与配偶的协力无关,旨在创造适当的行为激励从而有利于家庭利益最大化。婚后资本所得被归入夫妻共同财产同样是为了鼓励夫妻以家庭利益最大化管理和处分双方所有财产。其要义是把婚姻看成命运共同体,夫妻婚后应分享彼此的劳动所得以及经济上的幸运或不幸,主张“婚后劳动和运气所得共同制”。依据该理论,个人财产支付的首付和贷款在婚后的增值应被归入共同所有的份额。

有裁判观点认为一方婚后用个人财产购买房屋,离婚时该房屋及其增值都属于个人财产。另有裁判观点区分是否为投资性购房,如果用个人财产购房的用途为安置父母,属于非经营性购房,自然增值不属于生产经营性收益和夫妻共同财产。但并非为了家居需要而购买商铺,则被认定为投资行为,并对本条中的“不动产”限缩解释。部分学者也认为婚后房产增值主要是基于通货膨胀、市场行情等因素导致,婚后共同还贷行为纵然为取得完整的房产作出积极贡献,但性质仅仅是协助购房一方偿还银行贷款这一合同债务的履行行为,与房价上涨没有直接因果关系。

分歧实质仍在于夫妻法定财产制下共同财产的范围,而范围大小归根结底取决于价值判断而非逻辑推演。依夫妻协力理论,如果宽泛认定共同还贷时已经考虑到夫妻家务劳动价值等贡献因素,那么认定个人财产婚后增值性质时为何要重复计算另一方的协力和贡献?依婚姻命运共同体理念,将个人财产婚后增值作为共同财产提高了离婚的经济成本,有可能维护婚姻稳定。但是提高离婚成本若通过强化法定财产制对夫妻财产状况"均贫富"来实现,同时可能意味着降低潜在高收入群体的结婚意愿。当婚姻预期存续期限不长时,具有财产优势的一方必然不愿意为了短期婚姻付出巨额财产代价。如果将个人财产婚后增值仍然界定为个人财产,适度限缩夫妻共同财产的范围,使夫妻财产制"均贫富"的效力不波及婚前个人财产,或许有利于正向激励结婚率的提升,并间接影响生育率。

共同还贷的补偿数额有多套计算公式,《江苏省高级人民法院民事审判第一庭家事纠纷案件审理指南(婚姻家庭部分)》分为两步计算,第一步,不动产升值率=离婚时不动产价格÷不动产成本×100%,不动产成本=购置时不动产价格+共同已还贷利息+其他费用。其他费用指购房的必要支出,如契税、印花税、营业税、评估费、中介费等,但不包括公共维修基金和物业费,后者产生的基础并非交易,而是不动产长期使用中产生的费用。第二步,补偿数额=共同还贷部分×不动产升值率÷2。最高人民法院民一庭的计算公式为:补偿数额=房屋现值×[已共同还贷部分/(房屋本金价格+所需偿还的利息费用+其他费用)×100%]/2。两套公式只是计算参照物不同,第一套以房屋增值为比率计算共同还贷部分的增值,第二套以共同还贷部分所占比率计算该不动产中归属共同财产的部分。

鉴于离婚时贷款可能尚未清偿完毕,只能将夫妻共同偿还的利息计入不动产成本,不能将未来尚未还贷的利息都纳入成本,否则未获得产权一方既未分享后续可能的升值收益,却要现实承担因计入所有利息导致补偿额降低的不利后果。另外如果一方婚前首付,且购房后经过一段时间才结婚,不动产升值率应以结婚时而非购置时的不动产价格作为计算依据,因为房产的婚前增值属于首付方个人财产,这种情况下需要将计算公式修正为:补偿数额=共同还贷部分×[离婚时不动产价格÷(结婚时不动产价格+共同已还贷利息+其他费用)×100%]÷2。

一方婚前首付,双方共同还贷,若离婚时房屋贬值该如何处理?其一,首付方独立作出购房决策,由决策方承担贬值风险更符合风险归责;其二,双方婚后收入属于共同财产,无论用哪方收入还贷都属于共同还贷,因此非决策方共同还贷行为具有被动性;其三,房产增值或贬值是动态过程,离婚时贬值不意味着未来没有升值空间,获得产权一方只要不在贬值期间抛售房屋,实际利益并未蒙受损失;其四,配偶因另一方婚前已购房，可能导致在婚姻存续期间错过独资购房的时机。考虑上述因素，离婚时补偿另一方共同还贷数额的一半比较合理。

【地方法院规范】

1.《北京市高级人民法院民一庭关于审理婚姻纠纷案件若干疑难问题的参考意见》(2016 年)

二十八、【婚前借款买房婚后共同偿还的处理】夫妻一方婚前对外借款支付全款购买房屋，房屋登记于付款方名下，婚后夫妻双方共同偿还借款，离婚分割财产时，可参考《婚姻法解释三》第十条①的规定予以处理。

二十九、【有婚意的婚前购房】婚前由双方或一方出资，登记在一方名下的房产，有证据表明双方是以结婚、长期共同生活使用为目的的购房，在离婚时应考虑实际出资情况、婚姻关系存续时间、有无子女等情况由产权登记一方对另一方予以合理补偿。

2.《北京市高级人民法院民一庭关于明确离婚时房屋补偿计算标准的通知》(2014 年)

审判实践中适用《最高人民法院适用〈中华人民共和国婚姻法〉若干问题的解释(三)》第十条②计算房屋补偿时，存在计算标准不统一的问题，为统一裁判尺度，现将计算标准予以明确，供大家在审判中参考。

人民法院在审理离婚案件中，根据《最高人民法院适用〈中华人民共和国婚姻法〉若干问题的解释(三)》第十条规定，判决由产权登记一方对另一方进行补偿时，应当查明婚前签订合同支付首付款、银行贷款及还贷、产权登记、夫妻共同支付款项、财产增值、尚未归还贷款情况。

产权登记一方对另一方进行房屋补偿的计算公式为：房屋补偿款=夫妻共同支付款项(包括本息)÷(房屋购买价+全部应付利息)×房屋评估现值(或夫妻认可房屋现值)×50%。房屋评估现值以法院委托时确定的时间为准，对房贷的计算标准可通过当事人提供、向各银行查询及通过互联网查询等方式了解。上述计算标准是离婚时夫妻分割财产的基准，人民法院可根据实际案件情况，综合考虑购房与结婚时间、为购房支付的税费等各项支出、妇女及子女权益等多种因素，充分保护双方当事人利益，酌情判定补偿数额。

3.《上海市高级人民法院关于审理婚姻家庭纠纷若干问题的意见》(2007 年，2020 年 12 月修订)

10. 夫妻双方婚后出资购房，产权人可能登记为夫妻双方或其中一方，也可能登记为夫妻双方或某一方与子女，

---

① 对应《民法典婚姻家庭编解释(一)》第 78 条。——编者注

② 对应《民法典婚姻家庭编解释(一)》第 78 条。——编者注

或者只登记为子女一人,如何确定该房产权利

夫妻双方婚后共同出资购买的产权房,无论登记为夫妻双方或一方,均为夫妻共同财产。若产权登记中有子女,则为夫妻双方与子女共同所有。在产权登记中未约定按份共有的,应认定共同共有。

至于产权人只登记为子女一人的房屋所有权仍应为夫妻双方与子女共同共有。但鉴于未成年子女未出资,也不承担还贷义务,在处理房产权利时可适当调整子女所得的比例。

11. 夫妻一方婚前出资购买的房屋,权利登记在双方名下,离婚时该房产的处理

夫妻一方婚前出资购置房屋,权利登记在双方名下的,为夫妻双方共有财产。如未约定按份共有,可认定共同共有,但在离婚分割该房产时,出资一方可适当多分。

4.《江苏省高级人民法院民事审判第一庭家事纠纷案件审理指南(婚姻家庭部分)》(2019年)

30.《婚姻法解释三》第十条①规定的不动产婚内共同还贷及增值的补偿数额应当如何计算?

补偿数额可以按以下公式计算:【夫妻共同还贷部分×不动产升值率÷2】。不动产升值率=离婚时不动产价格÷不动产成本(购置时不动产价格+共同已还贷款利息+其他费用)×100%。其他费用包括印花税、契税、营业税、评估费等,不包括公共维修基金、物业费。如果夫妻一方购置不动产后经过一段时间才结婚的,计算不动产成本时,应当以结婚时不动产价格作为计算依据。若在个案中计算所得补偿数额明显低于婚后还贷本息总额的一半时,应当依照《婚姻法》第三十九条第一款②规定的原则,判令取得所有权的夫妻一方给予夫妻另一方合理的补偿。

31. 婚姻关系存续期间夫妻一方以婚前财产出资购置的不动产以及增值收益的性质应当如何认定?

婚姻关系存续期间夫妻一方以婚前财产出全资购置的不动产,所有权登记在出资方名下,该不动产为夫妻一方婚前财产在婚后发生的形态上的转化,不影响财产的性质,除当事人另有约定外,应当认定为夫妻一方的个人财产。基于该不动产所产生的增值收益,应当根据具体情况作出认定。如果购置该不动产的目的是为了投资,则产生的增值收益应当认定为夫妻共同财产。

婚姻关系存续期间夫妻一方以婚前财产出全资或者夫妻一方以婚前财产以及夫妻共同财产混合出资购置的不动产,所有权登记在夫妻双方名下或者夫妻另一方名下,除当事人另有约定

① 对应《民法典婚姻家庭编解释(一)》第78条。——编者注

② 对应《民法典》第1087条第1款。——编者注

外，应当认定为夫妻共同财产。离婚时在具体分割不动产时，可以结合出资比例等因素对婚前财产出资方予以多分。

33. 婚姻关系存续期间夫妻一方以个人财产出全资购置以个人名义参加房改的不动产，所有权登记在出资方名下，其性质应当如何认定？

婚姻关系存续期间夫妻一方以个人财产出全资购置以个人名义参加房改的不动产，所有权登记在出资方名下，离婚时出资方主张为个人财产的，不予支持，除非当事人另有约定或者出资方能够举证证明该不动产的取得与夫妻另一方没有关系且夫妻另一方不会因此而利益受损。离婚时在具体分割不动产时，可以对出资方予以多分。

34. 享受本人工龄和已死亡配偶生前工龄优惠后所购房改房的性质应当如何认定？

房改房是国家根据职工工龄、职务、工资、家庭人口等各种因素综合考虑后在价值计算上给予职工政策性优惠福利的房屋。此种政策性优惠福利具有人身和财产双重属性，属于财产权益。生存配偶享受本人工龄和已死亡配偶生前工龄优惠后所购房改房，是对原有承租权的承袭和转化，一般应当认定为夫妻共同财产。

【法院参考案例】

不动产婚内共同还贷及增值的计算［《民事审判指导与参考》2016 年第 1 辑（总第 65 辑）］

【案情简介】

甲男 2004 年购房 1 套，当时价格 18 万元，甲男首付 8 万元，银行贷款 10 万元，契税等其他费用 1 万元，婚前甲男还贷本息合计 5 万元。2008 年甲男与乙女结婚，房屋价值 41 万元，产权登记在甲男名下。婚姻关系存续期间双方共同还贷 10 万元将贷款清偿完毕，其中本金 7 万元，利息 3 万元。2012 年离婚时房屋现值 90 万元。

甲男与乙女双方对解除婚姻关系没有异议，但对房屋补偿款的数额有异议。甲男认为，其婚前已经与房地产公司签订购房合同并从银行贷款，虽然婚后还贷本息共计 10 万元，但每月银行都是从其工资卡中定期扣款，女方并没有参与还贷，离婚时无权获得任何补偿款。乙女认为，双方没有约定实行分别财产制，男方的工资收入应当属于夫妻共同财产，离婚时应按房产现值 90 万元减去男方购房时的价格 18 万元作为基数对其进行补偿，即乙女应获得的补偿款是 40 万元。

【裁判结果】

一审法院经审理认为，甲男和乙女结婚后还贷 10 万元，虽然系甲男每月用自己的工资卡归还银行贷款，但双方当事人并没有约定实行分别财产制，甲男的工资收入应当属于夫妻共同财产。根据《婚姻法解释（三）》第 10 条“夫妻一方婚前签订不动产买卖合同，以个人财产支付首付款并在银行贷款，婚后用夫妻共同财产还贷,不动产登记于首付款支付方名下的,离婚时该不动产由双方协议处理。依前款规定不能达成协议的,人民法院可以判决该不动产归产权登记一方,尚未归还的贷款为产权登记一方的个人债务,双方婚后共同还贷支付的款项及其相对应财产增值部分,离婚时应根据婚姻法第三十九条第一款规定的原则,由产权登记一方对另一方进行补偿”的规定,第一步应先计算诉争房产的升值率,即诉争房产现价格除以(结婚时诉争房产价格+共同已还利息+其他费用)=90/(41+3+1)=200%;第二步计算非产权登记一方所得补偿款,即共同还贷部分乘以不动产升值率,该数额的一半即为应补偿的数额。10乘以200%=20万元,非产权登记一方所得补偿款为10万元。一审法院判决诉争房产归甲男所有,甲男应支付给乙女10万元补偿款。

乙女不服提起上诉,二审法院判决:驳回上诉,维持原判。

【参考观点】

《婚姻法解释(三)》公布实施后,审判实践中对第10条涉及的婚内共同还贷增值部分的计算,各地法院做法不一,计算结果也存在较大差异。对于一方婚前贷款购买不动产、婚后夫妻共同还贷的情形,离婚时如何计算共同还贷的增值部分,有法官提出了分步计算的方法,第一步是计算不动产升值率,不动产升值率=不动产现价格除以不动产成本,而这里的不动产成本等于购买时不动产价格+共同已还利息+其他费用。在计算不动产升值率时,必须考虑利息成本,不能简单地用不动产现价格除以购买时价格直接得出升值率。“其他费用”是指交易所涉及的成本,属于购房的必要支出,如契税、印花税、营业税、评估费、中介费等,但不包括公共维修基金和物业费,因为其费用产生的基础并非交易,而是不动产长期使用中产生的费用;第二步是计算非产权登记一方所得补偿,即共同还贷部分乘以不动产升值率,该数额的一半即为应补偿的数额。

计算具体补偿数额时,应注意确定计算时点,这里的增值是指婚后增值,不包括婚前增值,后者属于一方的个人财产。同时还应考虑两种情形下的修正问题,一是离婚时贷款尚未清偿完毕,只能将夫妻共同已经偿还的利息计入不动产成本,而不能将长达20年或者30年的尚未还贷的利息都纳入成本,否则会出现非产权登记一方既未享受后续可能产生的升值收益、却要现时承担因计入所有利息导致补偿额降低的不公平结果;二是一方购买不动产后经过一段时间才结婚的情形,计算不动产升值率时,应以结婚时不动产价格作为计算依据,不能以购买时不动产价格作为依据,因为购买不动产至结婚前这段时间不动产的增值收益属于一方婚前个人财产。我们认为,上述分步计算法简明易懂好操作,对审判实践中审理相关的案件提供了可资借鉴的方法。

另外需要指出的是,在离婚分割争

议房产时，法官不仅要明了“双方婚后共同还贷支付的款项及其相对应财产增值部分”，同时要根据《婚姻法》第39条的规定，根据财产的具体情况，按照照顾子女和女方权益的原则作出公平裁判。也就是说，计算出的补偿数额不是绝对的，法官可以根据案件的实际情况行使一定的自由裁量权，目的只有一个，即相对公平合理地解决纠纷，平衡保护离婚双方当事人的利益。

审判实践中，有时也会遇到房价下跌的情况，比如购买房产时在一个比较高的点位，婚后夫妻共同还贷若干年后，离婚时房产的现值反而比当初购买时下跌了。面对这种房产没有增值甚至出现负增长的情况，我们认为，产权登记一方至少要给另一方共同还贷本息一半的补偿。原因有二，一是一方婚前已经签订房产买卖合同，购买什么小区、什么楼层、什么朝向的房产是购买方自己的选择，另一方婚后只是共同参与还贷，购买方自然应当承担房价下跌的风险；二是离婚时房产判归产权登记一方，如果只是用于居住而非投资，房价暂时下跌并不会对其造成实质性损失。

【最高人民法院民一庭意见】

在适用《婚姻法解释（三）》第10条时，涉及夫妻共同还贷款项及其相对应增值部分的数额等于以夫妻共同还贷部分乘以不动产升值率。所称不动产升值率，是用不动产现价格除以不动产成本，不动产成本包括购买时不动产价格+共同还贷的利息部分+其他费用（比如契税、印花税、营业税、评估费等）。

第七十九条 【用夫妻共同财产出资购买的、登记于一方父母名下的房改房，离婚时的认定处理】婚姻关系存续期间，双方用夫妻共同财产出资购买以一方父母名义参加房改的房屋，登记在一方父母名下，离婚时另一方主张按照夫妻共同财产对该房屋进行分割的，人民法院不予支持。购买该房屋时的出资，可以作为债权处理。

【司法解释·注释】

本条只适用于房改房，不能适用于商品房和经济适用房。房改房是单位根据职工职务、年龄、工资、家庭人口等多种因素综合考虑后在房屋价值计算上给予职工的政策性优惠福利，相当于将多年积累的工资差额一次性发给职工。售房单位在计算价格时，要根据购房职工建立起住房公积金制度前的工龄给予工龄折扣，此外还要综合考虑职工的职务等因素。可以认为，优惠的价款部分是由购房人的工龄、职级等其他利益转化而来。这些利益虽然不以购房款的形式表现，却是房屋价值中不容忽视的一部分。根据住房制度改革相关的政策，房改房一般也是登记在参加房改的职工名下。以一方父母名义参加房改，是指参加房改的是离婚诉讼夫妻中一方的父或母,或者父母。以离婚诉讼夫妻双方中任何一方名义参加房改获得的房屋均不适用本条规定。登记在一方父母名下的房改房,无论购房款是由谁出资,不影响一方父母作为所有权人的事实,显然不能作为离婚诉讼夫妻双方的共同财产进行分割。

对于以一方父母名义参加房改,权属登记于产生离婚纠纷的夫妻一方或双方名下的,实践中产生争议较大的是一方父母享受房改政策后对于夫妻一方或双方的赠与过户。如果已经登记在夫妻双方名下,可视作一方父母放弃对于房改房中因自己参加房改以职级、年龄、工龄等抵扣所享受的福利,对于夫妻双方的赠与,可作为夫妻共同财产进行分割。如果登记于夫或妻一方名下,应视为对子女一方的赠与,该房改房应认定为夫妻一方的个人财产,而非夫妻共同财产。

在离婚时,对于登记于一方父母名下的房改房,另一方主张因用夫妻财产共同出资,故对于增值部分应予以补偿的,不应支持。房改房针对特定对象,具有福利性质,一方父母参加房改是因其符合房改条件,房改是对于其之前低工资不包含住房因素的一次性补贴。夫妻应明知其不具备房改资格,其为一方父母购买房改房的出资行为,应为借款或赠与性质。房改房在出售时并非按照市场价格定价,而是带有社会福利、保障性质的住房,夫妻因出资从中获利也不符合房改房的特性。

第八十条 【离婚时夫妻一方尚未退休,基本养老金的处理】离婚时夫妻一方尚未退休、不符合领取基本养老金条件,另一方请求按照夫妻共同财产分割基本养老金的,人民法院不予支持;婚后以夫妻共同财产缴纳基本养老保险费,离婚时一方主张将养老金账户中婚姻关系存续期间个人实际缴纳部分及利息作为夫妻共同财产分割的,人民法院应予支持。

【司法解释·注释】

我国的养老保险基金原来采用的是现收现付筹资方式,目前采用的是部分积累的筹资方式,养老保险基金来源主要由两部分组成:一部分为统筹资金,通常由用人单位和政府补贴组成;另一部分为个人账户资金,由职工个人缴纳(通常为职工工资扣缴)的养老保险费累积而成。现收现付式,是指由在职劳动者及单位缴费,直接用于支付退休者养老金费用,是根据每年所需支付的总额来增减当年在职劳动者及单位所负的养老金费用。部分积累式,是指在现收现付模式的基础上,在经济可承受的范围内,开始时多让在职劳动者负担一部分养老金费用,并将这部分基金积累增值,以应付退休高峰期的需要。

根据《社会保险法》规定,基本养老金的领取条件有二:(1)达到法定退休年龄;(2)累计缴费满 15 年。而婚姻关系终止并非可以领取基本养老金的法定条件,即便缴费人离婚,也不能作为分割基本养老金的理由。根据本解释第 25 条规定,可以作为夫妻共同财产的基本养老金只有两种情况,其一是实际取得,当然属于夫妻共同财产。其二是应当取得的基本养老金,是指当事人已经退休,具有享受养老保险金的基本条件,但由于某种原因尚未将养老保险金领取到手的情形。这种可预测的应当取得的养老保险金数额明确无争议,与实际取得养老保险金并无太大的区别,完全可以作为夫妻共同财产予以分割。如果离婚时一方或双方尚未退休,将来到底应当取得多少基本养老金在离婚时无法预先测算,当然也就不具有进行实物分割的可操作性。

人民法院虽不能对尚未达到领取条件的基本养老金的未来价值进行估量,但却可以就离婚时养老保险金个人账户中现有的已经缴纳的费用进行衡平。必须注意区分个人账户中用夫妻共同财产缴纳的养老保险费与基本养老金,养老保险费通常是职工在退休前由单位从职工工资中扣缴或者统筹,这种扣缴和统筹的资金就构成了职工个人账户下的养老保险费,是职工在退休前的产物;而基本养老金实际是职工在退休后领取的工资,职工在退休前缴纳养老保险费是其在退休后获得基本养老金的直接依据。职工个人账户中缴纳的养老保险费是从其个人工资中扣除的,因此具有工资属性,应当纳入夫妻共同财产的范围。在实际缴纳部分之外,本条将对应的利息也作为夫妻共同财产分割的部分,主要是考虑到基本社会保险基金并非投入即固定的"一潭死水",会产生一定的收益。

由于基本养老保险个人账户具有与个人身份的紧密关联性和专属性,因此不能打乱正常的社会养老保险秩序将其一分为二,而应把它放到离婚双方所有共同财产总体中进行整体衡量,以不破坏基本养老保险个人账户专属性为原则,以夫妻关系确立之月起至法院判决之月止的基本养老保险个人账户金额为依据、以现有价格补偿为手段,将其与离婚双方其他可分实物、价金等共同财产在分割时进行利益调剂、补偿和衡平,找齐离婚双方的利益落差。

离婚后,一方退休并领取基本养老金的,另一方无权主张按婚姻关系存续期间养老保险缴纳情况,提出相应的分割基本养老金请求。本条后半段已经考虑双方利益的平衡,即未能对基本养老金进行分割的一方,可以主张将基本养老金账户中婚姻关系存续期间个人实际缴付部分作为夫妻共同财产分割。而分割的该笔养老保险费即是日后基本养老金的一部分,再行分割缺乏依据。

【地方法院规范】

《上海市高级人民法院关于审理婚姻

家庭纠纷若干问题的意见》(2007年,2020年12月修订)

2. 夫妻离婚时,尚不符合领取养老金条件的当事人账户内养老金的处理

养老金是职工在退休后领取的工资,未到退休年龄不能领取;且养老金是职工退休后生活的基本保障,而不是对其退休前工作的补偿。因此,对于离婚诉讼时尚未退休、不符合领取养老金条件的当事人,其养老金不能作为夫妻共同财产予以分割。

在审理农村婚姻案件中,离婚一方当事人在婚姻存续期间因土地征用享受城镇养老保险的,即土地征用单位向城镇养老保险机构交纳一定数额的养老保险基金使得家庭成员中的一人享受城镇养老保险的权利,由于权利人在未达到法定年龄时并不能获益,而只可在达到法定年龄后按较低标准享受养老金和医疗保险,且在实践中该基金也不进入个人养老基金账户。因此,对不符合享受城镇养老保险条件的当事人,其养老金也不能作为夫妻共同财产予以分割。

第八十一条 【夫妻一方作为继承人依法可以继承的遗产离婚时在继承人之间尚未实际分割时的处理】婚姻关系存续期间,夫妻一方作为继承人依法可以继承的遗产,在继承人之间尚未实际分割,起诉离婚时另一方请求分割的,人民法院应当告知当事人在继承人之间实际分割遗产后另行起诉。

【司法解释·注释】

继承发生后,无论遗产是否在继承人之间实际进行了分割,只要不存在继承人放弃继承的情况,均不影响其应继份额的财产已为继承人所有的事实,根据《民法典》第1062条规定,该部分财产属于夫妻共同财产,可在离婚时分割。但是分割请求只有遗产在继承人之间实际分割后方能获得支持,最常见的一种情形,是夫妻一方的父或者母死亡,而另一方仍然健在,出于传统习惯和尊重老人感情的考虑,一般不会对财产进行分割,而是保持原状。即便财产权利已经作为夫妻共同财产的一部分为夫妻双方共同享有,但要将这种财产权性质的继承既得权以及其所延伸的遗产份额在离婚诉讼中作为夫妻共同财产进行分割,尚缺乏现实基础。本条规定不将这种财产权性质的继承既得权以及其所延伸的遗产份额在离婚诉讼中作为夫妻共同财产进行分割,而是将其作为配偶另一方对遗产中夫妻共有份额的期待利益,在继承人之间实际分割遗产的条件成就之后再行处理。这种规定能够比较好地兼顾尊重传统、促进和谐与保护婚姻关系当事人的合法权益。

离婚后，作为继承人的原婚姻关系当事人的一方放弃继承的，只要不影响原夫妻关系一方当事人履行其对子女、原配偶的法定义务，其放弃继承一般不构成权利滥用，不违反法律的规定，不属于“放弃继承权的行为无效”的情形。这种情况下，由于原配偶并未实际获得财产，不发生原配偶另一方分割共有财产的问题。

【地方法院规范】

《北京市高级人民法院关于审理继承纠纷案件若干疑难问题的解答》（2018年）

13. 离婚时尚未处理的一方遗产，另一方能否主张权利？

离婚时一方在婚姻关系存续期间取得但尚未实际处理的遗产，配偶方请求确认并分割该遗产中的权利，人民法院不予支持，配偶方可待遗产实际处理后另行主张。

配偶方以侵害夫妻共同财产权利为由请求确认另一方放弃遗产继承的行为无效、或请求损害赔偿的，人民法院不予支持。

第八十二条 【离婚时夫妻之间婚内借款的处理】夫妻之间订立借款协议，以夫妻共同财产出借给一方从事个人经营活动或者用于其他个人事务的，应视为双方约定处分夫妻共同财产的行为，离婚时可以按照借款协议的约定处理。

【司法解释·注释】

一对从未约定过财产归属的夫妻，在婚姻关系存续期间约定部分共同财产属于一方所有，对借款这部分财产所有权的影响，与本条所规定的夫妻一方在婚姻关系存续期内从夫妻共同财产中借款产生的效果其实是一样的，都构成了对夫妻共同财产的处分。但需要特别注意的是，这种相同也只限于借款所有权的变更结果，财产约定在双方之间产生了所有权的确定、变更的效果，而夫妻之间的借款行为则在夫妻之间建立了借贷法律关系。实践中对夫妻间借款究竟属于夫妻约定财产分别所有，还是一方从夫妻共同财产中借款的判断，应当结合双方协议约定的内容进行。通常情况下，约定借贷双方、借款数额、偿还期限、偿还方式和金额等内容的，是借款协议。而约定部分财产归一方所有以及财产的管理、使用，但没有约定是否需要偿还以及偿还期限、方式、金额的，属于财产约定。

关键在于界定经营活动或事务属于“一方个人”而非家庭或夫妻双方，可以参考以下情形加以判断：（1）投资的财产是否属于一方个人所有；（2）双方是否明确约定经营活动完全由一方负责；（3）实际的经营过程中是否完全由一方进行经营管理,另一方或者家庭其他成员是否参与经营管理;(4)投资开办的经营主体是法人的,其财产是否与夫妻共同财产混同。当然,在实践中大量存在的个人合伙、个人独资企业,由于其是非法人民事主体,其财产所有权属于投资人,因此就不能以是否存在财产混同来进行判断。对借款的用途是否为除经营活动之外的其他个人事务可以运用排除法加以判断,即看其是否是夫妻应尽的法定义务(如赡养父母、抚养子女等),或者是为共同生活所进行的事务(如装修共同居住的房屋等)。如果属于上述两种情形,则一般不属于个人事务。对于除夫妻应尽的法定义务和为家庭生活所进行的事务外的其他事务,一般可认定为一方个人事务。

人民法院在处理本条规定的夫妻一方在婚姻关系存续期内从夫妻共同财产的借款行为时是"可以"而非"应当"按照原借款协议的约定处理。考虑到在婚姻关系存续期间,夫妻之间在很多情况下对财产的使用、收益、处分可能区分得并不是很清楚。因此,人民法院在处理时应与处理普通自然人之间的借贷纠纷有所不同,不能仅仅简单地根据借款协议的约定处理,而是应综合夫妻财产制、共同财产、共同债务等可能影响到财产分割的情形加以妥善处理。

第八十三条 【离婚时未涉及的夫妻共同财产的处理】离婚后,一方以尚有夫妻共同财产未处理为由向人民法院起诉请求分割的,经审查该财产确属离婚时未涉及的夫妻共同财产,人民法院应当依法予以分割。

【司法解释·注释】

本条规定的核心用意,是解决未经真正分割的夫妻共同财产的分割问题。"离婚后",包括协议离婚,也包括诉讼离婚。可以再次分割的仅限"离婚时未涉及"的夫妻共同财产。就协议离婚而言,所诉夫妻共同财产无论是在夫妻财产分割协议中没有涉及、约定不明确或者履行中当事人反悔,均不影响当事人提起权利主张。至于该财产是否真正"未涉及",是人民法院受理案件后,在案件审理中需要查明并解决的问题。就诉讼离婚而言,当事人以"尚有夫妻共同财产未处理"为由起诉,意味着其所主张的争议财产在人民法院的离婚判决书或离婚调解书中未作过处理,应当是一个新的诉讼,否则基于"一事不再理"的原则,当事人可通过申请再审等民事诉讼程序提出权利请求。人民法院应当对所诉财产是否属于"离婚时未涉及"的夫妻共同财产进行实质审查。

该条并未对当事人提起离婚时未

涉及的夫妻共同财产分割诉请规定诉讼时效限制。一是因为对离婚时未涉及的夫妻共同财产，双方一直处于共有状态，而物权请求权不适用诉讼时效；二是实践中本条规定的适用，很多是由于一方刻意欺瞒导致离婚时无法对所诉共同财产提起分割主张，出于保护弱者财产权益的考虑，也不宜规定诉讼时效。

离婚协议中漏分夫妻共同财产的，一方可以举出相关证据材料直接向人民法院提起诉讼，请求分割该漏分的、未处理过的夫妻共同财产。一方不履行离婚协议中关于夫妻共同财产分割约定的给付义务时，另一方可以向人民法院提起诉讼请求确认离婚协议效力，要求对方履行协议约定。一方对离婚协议中有关夫妻共同财产分割的约定反悔，请求撤销原财产分割内容的，只有满足“订立财产分割协议时存在欺诈、胁迫等情形的”，人民法院才可以支持。离婚后，一方发现另一方有隐藏、转移、变卖、毁损、挥霍夫妻共同财产或者伪造夫妻共同债务侵吞夫妻共同财产的，可以向法院起诉请求再次分割夫妻共同财产。对诉讼离婚中存在上述行为的，除再次分割财产外，人民法院还可依据《民事诉讼法》相关规定对妨害民事诉讼的行为予以制裁。

离婚诉讼中，双方当事人提及了某些夫妻共同财产，可能会由于证据原因或者其他原因在判决中未予涉及，或者是法院在调解时未对该部分财产进行调解，调解书中未予处理。离婚后，双方当事人对这些财产发生纠纷的，根据“一事不再理”原则，这些财产在离婚诉讼中已经被主张并经过审理且判决或调解书已生效。原审法院对这些财产应进行处理，没有处理或者处理不当都属于法院判决或者调解的问题，应通过审判监督的程序予以解决，而不能再行直接向法院提起诉讼。

第八十四条 【当事人请求再次分割夫妻共同财产案件的诉讼时效】当事人依据民法典第一千零九十二条的规定向人民法院提起诉讼，请求再次分割夫妻共同财产的诉讼时效期间为三年，从当事人发现之日起计算。

【司法解释·注释】

若是分割夫妻共同财产不受诉讼时效的约束，夫妻双方容易就财产分割问题陷入无休止的诉讼，浪费大量有限的司法资源，有违诉讼经济的原则，也不利于对善意第三人相关权利的保护。夫妻一方对共同财产所享有的所有权受到侵犯，应当属于一般民事权利受到侵犯，对于诉讼时效问题，应当与一般民事权利采取的保护措施相同，即应该适用一般民事侵权之诉关于 3 年的诉讼时效的规定。

第八十五条 【离婚案件中的财产保全】夫妻一方申请对配偶的个人财产或者夫妻共同财产采取保全措施的,人民法院可以在采取保全措施可能造成损失的范围内,根据实际情况,确定合理的财产担保数额。

【司法解释·注释】

本条制定的依据是《民事诉讼法》第103条至第108条。其主要包括两层含义:一是审理离婚案件时,当事人申请财产保全措施提供担保的数额可以适当降低;二是可以在采取保全措施可能造成损失的范围内确定合理的财产担保数额。

离婚案件中,夫妻一方将夫妻共同财产私自隐藏、处分、转移,从而导致对方在法院判决后分割共同财产时使判决变为一纸空文的情况并不鲜见。为了防止出现这种情况,当事人可以申请法院采取财产保全措施。离婚诉讼财产保全,是指在离婚诉讼中,人民法院在利害关系人起诉前或者当事人起诉后,为保障将来的生效判决能够得到执行或者避免财产遭受损失,对当事人的财产或者争议的标的物,采取限制当事人处分的强制措施。离婚案件是解除夫妻关系的变更之诉,同时兼有分割夫妻共有财产的给付内容时,当然可以适用诉讼财产保全制度。

申请人提供的担保可以是多样化的,既可以是人的担保,也可以是物的担保;既可以是实物担保,也可以是无形财产权等权利作为担保。申请人既可以用自己的财产提供担保,也可以用第三人的财产提供担保。人民法院通过对申请人所提供用来作保全担保的财产予以查封、扣押、冻结等,以达到人民法院易于控制和可供执行,确保其所有权及使用权在保全期间不能发生转移,不易发生损耗变质。

在离婚诉讼分割夫妻共同财产时,夫妻一方隐藏、转移夫妻共同财产的情形屡见不鲜,对夫妻共同财产的查封,也能在一定程度上限制夫妻一方对共同财产的隐藏或转移行为,不仅能够防止夫妻共同财产的减少,也能降低离婚后再次请求分割共同财产诉讼的发生概率,减少当事人诉累,节约司法资源。同时,相较于其他普通民事诉讼中的财产保全,对夫妻共同财产的保全,因为保全财产的范围仅限于夫妻共同财产,所以可能造成的损失范围会更小。

《民事诉讼法解释》第152条对诉前保全和诉中保全的担保数额进行了区分,对于诉前保全的担保,要求申请人提供全额担保是原则,不提供全额担保是例外。主要是考虑诉前保全采取时,还没有提起诉讼,出现风险的可能性比诉讼中的保全要高,担保要求要高一些。诉讼中对于保全的担保数额,可以根据案件的实际情况,充分考虑胜诉的可能性及造成对方损失的可能性,人民法院根据具体情况决定是否担保以及担保数额。

【地方法院规范】

《广东法院审理离婚案件程序指引》(2018年)

第十一条 【财产保全】

人民法院对厂房、机器设备等生产经营性财产进行保全,如果被保全人继续使用对该财产的价值无重大影响的,应当依照《最高人民法院关于适用〈中华人民共和国民事诉讼法〉的解释》第一百五十四条第一款和《最高人民法院关于人民法院办理财产保全案件若干问题的规定》第十三条第二款的规定,指定由被保全人保管并允许其继续使用。

人民法院对当事人及其所扶养家属的生活必需品,不予保全。

双方当事人对同一标的均申请财产保全的,人民法院对时间在后的申请不予接受。当事人在诉讼中撤回保全申请的,人民法院在作出解除保全裁定前,应当通知对方当事人。

夫妻一方在提起诉讼前申请财产保全,人民法院责令其提供的担保数额一般不超过请求保全数额的百分之三十。

当事人在诉讼中申请财产保全,有下列情形之一的,人民法院可以不要求提供担保:

(一)遭遇家庭暴力且经济困难的;

(二)无民事行为能力且经济困难的;

(三)申请保全的财产系争议标的,发生保全错误的可能性较小的。

当事人在诉讼中申请财产保全,如果经济较为困难的,人民法院要求提供的担保数额一般不超过请求保全数额的百分之十;申请保全的财产系争议标的的,担保数额一般不超过争议标的的价值的百分之十。

第十二条 【行为保全】

当事人因下列情形申请行为保全的,人民法院应当依法作出裁定,责令对方当事人作出或者禁止其作出一定行为:

(一)因遭受家庭暴力或者面临家庭暴力现实危险的;

(二)对方当事人抢夺、转移、藏匿未成年子女的。

当事人申请前款规定的行为保全,人民法院不要求提供担保。

当事人对自己的申请应当提供基本证据,情况紧急的,人民法院初步核实后可以径行作出行为保全裁定。

第八十六条 【损害赔偿内容以及精神损害赔偿的适用依据】民法典第一千零九十一条规定的“损害赔偿”,包括物质损害赔偿和精神损害赔偿。涉及精神损害赔偿的,适用《最高人民法院关于确定民事侵权精神损害赔偿责任若干问题的解释》的有关规定。

【司法解释·注释】

精神损害赔偿,包括因过错方对受害者人身进行伤害导致的精神损害,以及纯粹因过错方的行为导致的精神创伤、精神痛苦等。前一种如实施家庭暴力,或虐待、遗弃家庭成员导致的精神损害;后一种如重婚或与他人同居给对方造成的精神创伤,无过错方均可请求赔偿。

《精神损害赔偿解释》第5条规定:"精神损害的赔偿数额根据以下因素确定:(一)侵权人的过错程度,但是法律另有规定的除外;(二)侵权行为的目的、方式、场合等具体情节;(三)侵权行为所造成的后果;(四)侵权人的获利情况;(五)侵权人承担责任的经济能力;(六)受理诉讼法院所在地的平均生活水平。"

在适用《精神损害赔偿解释》有关规定时,还应当注意以下几个方面:(1)婚姻关系持续时间越长,因过错行为导致婚姻关系破裂给无过错方造成的精神痛苦越深,理应相比持续时间较短的婚姻,给予更多的精神赔偿;(2)过错程度应当考虑过错是一次性还是反复发生、过错持续时间长短等因素,对于反复发生或持续时间更长的过错行为,过错方应当付出更多的赔偿;(3)赔偿数额首先应当足以弥补无过错方遭受的心理创伤和精神痛苦,同时兼顾过错方经济负担能力和当地一般水平。

【司法解释】

《最高人民法院关于确定民事侵权精神损害赔偿责任若干问题的解释》(法释〔2020〕17号修正,2021年1月1日施行)

第一条 因人身权益或者具有人身意义的特定物受到侵害,自然人或者其近亲属向人民法院提起诉讼请求精神损害赔偿的,人民法院应当依法予以受理。

第二条 非法使被监护人脱离监护,导致亲子关系或者近亲属间的亲属关系遭受严重损害,监护人向人民法院起诉请求赔偿精神损害的,人民法院应当依法予以受理。

第五条 精神损害的赔偿数额根据以下因素确定:

(一)侵权人的过错程度,但是法律另有规定的除外;

(二)侵权行为的目的、方式、场合等具体情节;

(三)侵权行为所造成的后果;

(四)侵权人的获利情况;

(五)侵权人承担责任的经济能力;

(六)受理诉讼法院所在地的平均生活水平。

【法院参考案例】

徐某诉王某离婚后财产案——离

婚后发现人格权益受侵害应得到保护

(《中国法院 2022 年度案例 · 婚姻家庭与继承纠纷》)

【基本案情】

徐某、王某二人于 2011 年 3 月 22 日登记结婚,2012 年 5 月 11 日生育一女,2017 年 9 月 27 日协议离婚,并办理了离婚登记。《离婚协议书》约定:双方共同拥有的小型轿车,产权登记在女方(王某)名下,离婚后,车辆归女方所有,女方无须补偿男方。由于双方婚后即分居,财产、债务均归各自所有。双方离婚不涉及共同财产分割及财产补偿。双方自愿离婚,互不主张精神损害赔偿和补偿。徐某向审理法院提交转账记录,证明其在 4S 店刷卡购车,提交出生医学证明,证明王某于 2018 年 5 月 6 日与他人生育一子,孩子出生孕周为 38 周,可以推定王某在与徐某离婚之前已怀孕。徐某认为,在离婚前的分居阶段,王某与他人怀孕、产子,侵犯了徐某的配偶权和人格权益,违反了夫妻之间的忠实义务,徐某可以撤销赠与,请求法院判令王某赔偿其精神损害赔偿金 3 万元,王某返还其个人购买的小轿车。

【案件焦点】

在离婚协议中,一方放弃精神损害赔偿请求权后,发现对方存在婚内违背夫妻忠实义务的行为,能否以人格利益受到侵害为由主张精神损害抚慰金。

【裁判要旨】

北京市朝阳区人民法院经审理认为:《离婚协议书》中关于车辆的约定应视为双方对财产处理的特别条款,该特别条款的效力优先于其他条款的约定。无论由谁支付购车款,《离婚协议书》约定双方共同拥有小轿车,即表明双方均认可该车辆为夫妻共同财产。据此,应认定车辆为夫妻共同财产,且已在《离婚协议书》中进行了分割,徐某主张撤销赠与,不予支持。根据现有证据,能够证明王某在婚内与他人发生婚外情并怀孕,违背夫妻忠实义务。然而,二人系协议离婚,现徐某以无过错方的身份在离婚后提起损害赔偿请求,不符合法律规定。而且,双方在《离婚协议书》中约定自愿离婚,互不主张精神损害赔偿。应视为徐某在离婚时自愿放弃向王某主张精神损害赔偿的权利。对徐某要求精神损害赔偿的诉讼请求,不予支持。北京市朝阳区人民法院依照《婚姻法》第 39 条、第 46 条,《婚姻法解释(一)》第 30 条规定,作出如下判决:驳回原告徐某的全部诉讼请求。

徐某不服一审判决,提出上诉。北京市第三中级人民法院经审理认为,《精神损害赔偿解释》(2001 年)第 1 条第 2 款规定,违反社会公共利益、社会公德侵害他人隐私或者其他人格利益,受害人以侵权为由向人民法院起诉请求赔偿精神损害的,人民法院应当依法予以受理。徐某主张于 2018 年 9 月 27 日知道王某婚内受孕婚外生子的事实,王某无相反证据予以推翻,故对徐某的主张予以采信。双方协议离婚时,徐某对王某婚内与他人怀孕并于离婚后生育子女的事实并不知情。徐某虽然在《离婚协议书》中表示不主张精神损害赔偿,但是,这并不影响徐某基于人格利益受侵犯而向王某主张精神损害赔偿。双方在《离婚协议书》中确定车辆系双方共同拥有,对于车辆的归属作出了约定,对于该车辆的约定应视为双方对财产处理的特别条款。车辆取得的时间在双方登记结婚之后,故不能仅以转账记录作为认定车辆权属的依据,且关于车辆归王某所有的约定并未造成双方权利明显失衡,徐某主张撤销赠与并返还车辆,于法无据。北京市第三中级人民法院依照《精神损害赔偿解释》(2001年)第1条第2款,《民事诉讼法》第64条第1款、第170条第1款第2项规定,作出如下判决:(1)撤销北京市朝阳区人民法院民事判决;(2)王某赔偿徐某精神损害抚慰金3万元,于本判决生效之日起7日内执行;(3)驳回徐某的其他诉讼请求。

第八十七条 【离婚损害赔偿责任承担主体以及提出损害赔偿责任请求的条件】 承担民法典第一千零九十一条规定的损害赔偿责任的主体,为离婚诉讼当事人中无过错方的配偶。

人民法院判决不准离婚的案件,对于当事人基于民法典第一千零九十一条提出的损害赔偿请求,不予支持。

在婚姻关系存续期间,当事人不起诉离婚而单独依据民法典第一千零九十一条提起损害赔偿请求的,人民法院不予受理。

【司法解释·注释】

第1款是对离婚损害赔偿主体的限制性规定,除了义务主体限定为无过错方的配偶之外,还有一个隐含的限定条件,即权利主体只能是无过错方。"无过错方"并非一个相对概念,而是对权利主体的绝对要求。根据本解释第90条规定,在夫妻双方均存在符合《民法典》第1091条规定的过错情形的情况下,人民法院对离婚损害赔偿请求不予支持。在过错方实施的是家庭暴力、虐待、遗弃等行为时,损害行为的直接受害者既可能是配偶,也可能是老人、子女等其他家庭成员,除了夫妻中的无过错方之外其他受到损害的家庭成员,无权提出离婚损害赔偿,其他家庭成员可以通过其他途径寻求救济。

配偶虽明知对方的过错行为,但无意与对方解除婚姻关系的,由于不满足"导致离婚"的条件,未导致双方夫妻关系在法律上的变化,没有进行离婚救济的必要,无过错方此时不能提出离婚损害赔偿。实践中,无论无过错方是出于情感、经济抑或是为子女利益考虑,只要其没有离婚的请求,就不符合离婚损害赔偿的主张条件,而动机在所不论。如果要在诉讼离婚中适用离婚损害赔偿,既要满足当事人提出了离婚诉讼请求的启动条件,也要满足人民法院判决准予离婚,婚姻关系确实被解除的结果条件,二者缺一不可。

本条规定以“诉讼离婚”为大前提,但绝不能因此认为,只有当事人提出了离婚诉讼请求,或者人民法院判决准予离婚的情况下,才能适用离婚损害赔偿。无论夫妻双方选择诉讼离婚还是协议离婚,离婚方式不作为排除离婚损害赔偿的考查要件。

对婚内一方有《民法典》第 1091 条规定的过错情形,无过错方能否主张损害赔偿的讨论,多以“婚内侵权”作为切入点。受传统“家丑不可外扬”思想和担心社会舆论压力或招致侵权行为变本加厉等心理的影响,很多情况下,婚内被侵犯权益的一方选择隐忍不发。处理婚内侵权还有一个难点在于,侵权损害赔偿应用最广泛、最具普适性的方式仍然是金钱赔偿。我国大多数夫妻采用法定共同财产制,婚姻关系存续期间,即便认定配偶应当向无过错方赔偿损失,除因受到人身损害获得的赔偿等情况外,其他更多是“从哪儿来,到哪儿去”,损害赔偿无法产生真正的效果。归根结底,离婚损害赔偿只是一种特殊情形下的侵权损害赔偿,在婚姻关系存续期间发生符合《民法典》第 1091 条规定的过错情形的,被侵权人可以依据《民法典》侵权责任编的规定依法主张权利,这与离婚时主张离婚损害赔偿可以说一体两面,并行不悖。

第八十八条 【法院受理离婚案件时的告知义务及当事人提起损害赔偿诉讼的条件】人民法院受理离婚案件时,应当将民法典第一千零九十一条等规定中当事人的有关权利义务,书面告知当事人。在适用民法典第一千零九十一条时,应当区分以下不同情况:

(一)符合民法典第一千零九十一条规定的无过错方作为原告基于该条规定向人民法院提起损害赔偿请求的,必须在离婚诉讼的同时提出。

(二)符合民法典第一千零九十一条规定的无过错方作为被告的离婚诉讼案件,如果被告不同意离婚也不基于该条规定提起损害赔偿请求的,可以就此单独提起诉讼。

(三)无过错方作为被告的离婚诉讼案件,一审时被告未基于民法典第一千零九十一条规定提出损害赔偿请求,二审期间提出的,人民法院应当进行调解;调解不成的,告知当事人另行起诉。双方当事人同意由第二审人民法院一并审理的,第二审人民法院可以一并裁判。

【司法解释·注释】

夫妻中的无过错一方损害赔偿请求权,既可以在离婚诉讼中主张,也可以在人民法院判决离婚、调解离婚后提出,或在婚姻登记机关办理离婚登记手续后提出。离婚诉讼针对的是是否解除婚姻关系、财产如何分割、子女怎么抚养的问题;离婚损害赔偿针对的是一方实施了法定的过错行为侵犯无过错方权利,侵权责任如何承担的问题。《民事案件案由规定》规定了"离婚纠纷"和"离婚后损害责任纠纷"两个并列的三级案由。其中,"离婚纠纷"包括析产、损害赔偿等相关诉讼请求,这和第1项规定可以形成呼应,当无过错方作为原告,同时提起离婚诉讼和离婚损害赔偿请求时,虽然实际分属离婚纠纷和侵权责任纠纷两类,但出于二者之间紧密的联系和一次性解决争议、减少当事人诉累的考虑,将离婚纠纷和离婚损害赔偿一并解决,于实体无损,于程序有益。

在第2项规定情形下,无过错方无意解除婚姻关系,也就没有理由提出离婚损害赔偿请求。即使经人民法院审理判决离婚,这一结果不是作为无过错方的当事人所追求或可以准确预见的范围。若不能在程序上给无过错方预留主张权利的空间,一方面有违离婚损害赔偿制度的初衷,不利于给无过错方以保护,给过错方以惩罚;另一方面,对无过错方施加的义务太重,未免过于苛责。第3项在第2项的公平考量以外,还涉及程序正义的问题,是《民事诉讼法解释》第326条精神在离婚损害赔偿请求中的体现。对二审程序中原告增加的独立的诉讼请求或者被告提起的反诉,二审不能判决,即禁止上诉变化。这主要是为了维护两审终审制以及当事人审级利益。同时,为免绝对化,防止对当事人处分权和程序选择权的侵犯,另外规定上诉变化可以在二审程序中进行调解、调解不成另行起诉。此时,无过错方提起离婚损害赔偿请求的时间已经是在判决或调解离婚之后,"离婚纠纷"这一案由不再适用。根据《民事案件案由规定》,此时可以适用"离婚后损害责任纠纷"解决这一问题。

无过错方作为被告的离婚诉讼案件,一审时被告未基于《民法典》第1091条规定提出损害赔偿请求,二审期间提出的,不属于反诉,将其理解为一种人民法院可以合并审理的普通共同诉讼较为妥当。对当事人在二审中新提出的离婚损害赔偿请求进行一并审理,前提是当事人放弃上诉权和审级利益,因此必须在征得各方当事人明确同意的情况下,才可一并审理、一并裁判。

本条删除了原规定中关于"在离婚后一年内另行起诉"的规定,无过错方在离婚后提起离婚损害赔偿诉讼请求的,不受时间限制。现实生活中,包括与他人同居、重婚等情形常常难以发现,无过错方很有可能在离婚后很长一段时间内才得知对方存在该种过错行为,其权利被侵犯的事实。如果一味要求无过错方在 1 年内提起离婚损害赔偿请求,给其施加的义务难免有过重之嫌。《民法典》将照顾无过错方利益作为共同财产分割的基本原则之一,这一原则在离婚损害赔偿制度中也应当得到贯彻。

第八十九条 【登记离婚后再提出损害赔偿请求】当事人在婚姻登记机关办理离婚登记手续后,以民法典第一千零九十一条规定为由向人民法院提出损害赔偿请求的,人民法院应当受理。但当事人在协议离婚时已经明确表示放弃该项请求的,人民法院不予支持。

【司法解释·注释】

本条删除了原规定中"在办理离婚登记手续一年后提出的,不予支持"的规定,主要考虑与本解释第 88 条类似。无论登记离婚还是诉讼离婚,均不影响无过错方提起损害赔偿请求的权利。鉴于婚姻登记机关的审查只是形式意义上的审查,为了切实保护无过错一方当事人的利益,本解释将当事人在离婚登记时"明确表示放弃"离婚损害赔偿请求权的,法院才不予支持。"明确表示放弃"是指在离婚协议书上明确表示放弃,以及虽然没有写在离婚协议书上,但有其他证据可以证明当事人已经明确表示放弃的情况。

【法院参考案例】

胡某诉刘某离婚后财产纠纷案——离婚后发现一方存在重大过错,在法定诉讼时效期间内请求离婚损害赔偿的,人民法院应予支持(人民法院案例库 2023-07-2-015-001)

【裁判要旨】

(1)协议离婚时间在《民法典》实施前,无过错方在《民法典》实施后提起离婚损害赔偿诉讼时已经超过原婚姻法司法解释规定的 1 年期间,从维护民事主体权益及弘扬社会主义核心价值观、实现"三个更有利于"的角度出发,应当按照有利溯及原则,适用《民法典》及其司法解释的相关规定,保障无过错方的合法权益。离婚损害赔偿请求权应当适用《民法典》总则编关于诉讼时效制度的规定。

(2)配偶一方违反夫妻忠实义务,在婚姻存续期间与婚外异性存在不正当关系,离婚后 3 天即再婚并在不到半年内生育子女,严重伤害夫妻感情,导致婚姻破裂,应当认定为《民法典》第 1091 条规定的"有其他重大过错"情形。

【基本案情】

胡某、刘某于 2011 年登记结婚,婚后生育一女刘某女。后双方于 2019 年 10 月在民政局协议离婚,离婚协议约定:刘某女离婚后由女方胡某抚养。关于财产分割,归男方:位于朝阳区某小区房产产权 50%,归女方:个人衣物,归女儿刘某女:位于朝阳区某小区房产产权 50%;汽车 1 辆,男女双方各一半。关于债权债务,婚后无债权债务。2019 年 10 月刘某与他人再婚,于 2020 年 4 月生育一子刘某男。

【裁判结果】

北京市通州区人民法院于 2022 年 12 月 28 日作出(2022)京 0112 民初 31451 号民事判决:(1)小型普通客车归胡某所有,胡某给付刘某补偿款 26 万元,于判决生效之日起 7 日内执行清;(2)驳回胡某的其他诉讼请求。宣判后,胡某不服一审判决提出上诉。北京市第三中级人民法院于 2023 年 6 月 21 日作出(2023)京 03 民终 2580 号民事判决:(1)维持北京市通州区人民法院(2022)京 0112 民初 31451 号民事判决第 1 项;(2)撤销北京市通州区人民法院(2022)京 0112 民初 31451 号民事判决第 2 项;(3)刘某于本判决生效后 7 日内向胡某支付离婚损害赔偿 5 万元;(4)驳回胡某的其他诉讼请求。

【裁判理由】

法院生效裁判认为:综合双方诉辩主张和查明事实,本案二审争议焦点为刘某应否向胡某支付离婚损害赔偿。胡某认为刘某存在婚内出轨并与他人生子的行为具有延续性,从维护民事主体权益及弘扬社会主义核心价值观角度出发,应当适用《民法典》的规定,支持关于离婚损害赔偿的诉求;刘某认为双方在《民法典》实施前离婚,应当适用《婚姻法》及其司法解释的相关规定处理,胡某提起离婚损害赔偿的诉讼已经超过协议离婚后 1 年期限,不应予以支持。就此问题,该争议主要涉及离婚损害赔偿制度中重大过错的认定、提出离婚损害赔偿的时间要求等,需厘清以下三个子问题。

第一,关于离婚损害赔偿的过错行为认定。2001 年修正的《婚姻法》首次确立了离婚损害赔偿制度,体现在第 46 条,即有下列情形之一,导致离婚的,无过错方有权请求损害赔偿:(1)重婚的;(2)有配偶者与他人同居的;(3)实施家庭暴力的;(4)虐待、遗弃家庭成员的。该规定是我国以立法形式首次确立离婚损害赔偿制度,旨在填补受害配偶的损害,通过给予具有经济赔偿和精神慰藉双重作用的抚慰金以抚慰受害方。但是实践中面对复杂多变的社会生活,《婚姻法》第 46 条以限制性的列举方式对离婚损害赔偿的法定事由予以规定,无法对其他过错情形进行扩大化解释,难以发挥离婚损害赔偿的适用效果,充分实现该制度制裁导致婚姻解除的过错方的功能,《民法典》第 1091 条采取列举式与概括性规定相结合的立法方式,在《婚姻法》第 46 条的基础上对离婚损害赔偿制度予以进一步完善，即在原有 4 项法定过错之外又增设了“有其他重大过错”这一兜底性规定，从而解决了该制度适用情形过窄的问题。本案中，胡某、刘某于 2019 年 10 月在民政局协议离婚，离婚 3 日后刘某即与他人再婚，并于 2020 年 4 月生育一子。根据刘某与他人再婚生子的时间节点及庭审中双方认可的事实，其过错行为的程度已经达到《民法典》第 1091 条规定的兜底条款“有其他重大过错”的条件。

第二，协议离婚后提出离婚损害赔偿的时间要求。《婚姻法》对办理离婚登记手续后，提出损害赔偿请求的时间限制未作出相关规定，但在《婚姻法解释（二）》第 27 条规定了时间限制，即在婚姻登记机关办理离婚登记手续后 1 年内提出，过期则不予支持。该“一年”的规定旨在督促权利人及时行使权利，保持社会关系的稳定，但存在以下两方面问题：一是《婚姻法》一直将照顾无过错方利益作为离婚夫妻财产分割的原则，离婚损害赔偿作为三大离婚救济制度之一，应当充分体现出这一理念，对于无过错方在离婚 1 年后才得知对方存在过错情形的，如将起诉请求离婚损害赔偿的期限限制在 1 年，不利于无过错方权利的行使，也与离婚损害赔偿诉讼程序中保护无过错方合法权益的宗旨相背离；二是从离婚损害赔偿请求权的性质来看，由于《婚姻法解释（二）》规定的 1 年期间，排除了协议离婚的当事人在 1 年后行使离婚损害赔偿请求权的权利，作为一项对当事人权利造成很大影响的规定，在我国民事法律体系中缺乏明确的依据。综合上述各种考量，2021 年 1 月 1 日起施行的《民法典婚姻家庭编解释（一）》第 89 条规定，当事人在婚姻登记机关办理离婚登记手续后，以《民法典》第 1091 条规定为由向人民法院提出损害赔偿请求的，人民法院应当受理。但当事人在协议离婚时已经明确表示放弃该项请求的，人民法院不予支持。该条删除了《婚姻法解释（二）》关于“在办理离婚登记手续一年后提出的，不予支持”的规定。由于婚姻家庭编在我国《民法典》体系中位于第五部分，根据体系解释的方法，离婚损害赔偿请求权的行使应同样适用《民法典》诉讼时效的原则规定。无过错方向法院提起诉讼，请求离婚损害赔偿的诉讼时效应为 3 年，从当事人知道或应当知道原配偶有重大过错行为之日起计算。本案中，胡某提出离婚损害赔偿的时间是在二人 2019 年协议离婚 1 年后，根据《婚姻法解释（二）》第 27 条的规定，胡某提起离婚损害赔偿诉讼已超过了 1 年的期限，不应予以支持，一审法院即是依据该审理思路判决驳回了胡某的该项诉讼请求。因此，本案的审理关键在于无过错方提起离婚损害赔偿的时间能否适用《民法典》及其司法解释的相关规定，不受协议离婚后 1 年内的限制。

第三，本案应当适用《民法典》及

《民法典婚姻家庭编解释(一)》的相关规定。《民法典时间效力规定》第2条规定,《民法典》施行前的法律事实引起的民事纠纷案件,当时的法律、司法解释有规定,适用当时的法律、司法解释的规定,但是适用《民法典》的规定更有利于保护民事主体合法权益,更有利于维护社会和经济秩序,更有利于弘扬社会主义核心价值观的除外。该条款主要是针对旧法有规定而新法改变了旧法规定时如何适用法律的规定,包括"法不溯及既往"原则和有利溯及适用规则。其中,在有利溯及标准的把握上,将更有利于保护民事主体合法权益、更有利于维护社会和经济秩序、更有利于弘扬社会主义核心价值观的"三个更有利于"作为判断有利溯及的标准,并以符合诚实信用、公序良俗和日常生活经验法则的要求为判断合理预期的基准,从而确保法律秩序的稳定。意思自治作为《民法典》的基本原则之一,在涉及私人事务的婚姻家庭领域尤为重要。最能体现意思自治的,莫过于民事主体按自己的意思处分权利。离婚损害赔偿请求权作为《民法典》第1091条明确赋予夫妻中无过错方的权利,如仍以《婚姻法》规定的四种过错情形作出认定,或以超过协议离婚时间"一年"为由即驳回无过错方的诉讼请求,显然不符合《民法典》婚姻家庭编保护无过错方利益原则所追求的目的。基于上述分析,《民法典》关于离婚损害赔偿法定情形的兜底条款、《民法典婚姻家庭编解释(一)》中关于协议离婚后提起离婚损害赔偿的条款满足了《民法典时间效力规定》第2条有利溯及中"三个更有利于"的标准。本案适用《民法典》《民法典婚姻家庭编解释(一)》的规定更符合公序良俗的相关内容,有利于弘扬社会主义核心价值观。

综上,刘某的行为已经构成《民法典》规定的"其他重大过错",胡某作为无过错方,有权通过离婚损害赔偿制度得到相应补偿和救济。虽然胡某在办理离婚登记手续1年后提出,且离婚事实发生在《民法典》实施前,但在离婚协议中其并未明确放弃该项主张,本案适用《民法典》及相关司法解释的规定更有利于保护民事主体的合法权益。一审法院仅以该请求超过协议离婚1年为由予以驳回,处理不当,本院予以纠正。具体赔偿数额本院结合双方在离婚协议中所作财产的分割处理情况,根据案件实际酌予确定。

第九十条 【夫或妻一方或双方提起离婚损害赔偿的认定】夫妻双方均有民法典第一千零九十一条规定的过错情形,一方或者双方向对方提出离婚损害赔偿请求的,人民法院不予支持。

【司法解释·注释】

本条规定包括两层意思:一是在离婚双方当事人中对离婚存在过错的情况下,人民法院对任何一方或双方主张离婚损害赔偿的请求均不予支持;二是隐含着离婚损害赔偿的权利主体只能是夫妻双方中的无过错方。

受害方也就是无过错方负有举证责任。婚姻关系的私密性决定了在婚姻存续过程中,刻意保存证据的不多。若收集到被侵害的证据,又怕恶化夫妻关系,以至于一发不可收拾;如果不收集保存证据,又怕将来自身权益受到侵害,求助无门。即使有知情人,也是亲属朋友或者邻居,与婚姻当事人日后都必存交往,一般不会出庭作证,特别是同居关系取证更难。所以,不管是涉家庭暴力还是同居的案件,要举出确凿证据和证人出庭都有一定困难。损害赔偿的证据主要包括:(1)过错行为人承认错误的文字记录或口头陈述。(2)由过错方所在的居(村)委会或其所在的单位出具的其与他人同居或与他人以夫妻名义相称共同生活的证明。(3)由婚姻登记机关出具的其与他人结婚的证明。(4)有关机构如医院出具的证明遭受家庭暴力的诊断或有关机关出具的伤情鉴定书。(5)由人民法院作出的构成虐待罪、遗弃罪或其他关于家庭暴力犯罪的刑事判决书。(6)左邻右舍的证词。(7)能证明一方有过错事实或行为的照片。(8)司法、行政、执法机关的相关记录等。

离婚损害赔偿本质上还是过错方对无过错方侵权行为导致的损害赔偿,如果双方就赔偿金额达成了一致,或有约定在先,应当尊重双方当事人对权利的自行处分。在有在先约定的情况下,如果一方在离婚损害赔偿真正发生时反悔且不能协商一致的,人民法院仍然应当按照前述的方式进行处理。

六、附　　则

第九十一条 【施行日期】本解释自 2021 年 1 月 1 日起施行。

附录二

《最高人民法院关于审理涉彩礼纠纷案件适用法律若干问题的规定》注释

第一条 【适用范围】以婚姻为目的依据习俗给付彩礼后，因要求返还产生的纠纷，适用本规定。

【司法解释·注释】①

彩礼虽历史悠久，但在现代社会，其意义和功能也发生了重要变化。传统意义上，彩礼以“从夫居”等社会制度为基础，除了对新人美好祝福外，也带有向女方家庭提供一次性经济补偿的目的。新时代，随着经济社会变迁以及人民群众思想观念的变化等，结婚不再是男方对女方经济补偿的终点，而是双方共同生活的起点。但是，相互攀比之风下助推的高额彩礼，不仅成为家庭矛盾纠纷的诱因，而且导致社会秩序损害。近3年来，中央大力推进移风易俗和社会精神文明建设，专项治理的对象是高额彩礼，对于不属于高额彩礼的部分，并未完全否认，也即可以为公序良俗所容纳。对于高额彩礼，可以认定违反公序良俗而予以否定。当然，何谓高额彩礼，由于国家没有明确规定上限，考虑到不同地区、同一地区不同家庭对于彩礼数额高低均有不同的判断标准，因此，只能归于个案判断。具体的判断标准可以参考当地居民人均可支配收入。一般来讲，超出当地居民人均可支配收入的3倍，可以认定为高额彩礼。在认定是否属于高额彩礼时，可以参考各地出台的相关规定。当然，在确定彩礼数额是否过高时，也要考虑不同家庭的实际经济状况，不能简单机械地“一刀切”。

婚约的签订与彩礼的接收无法律关系，彩礼给付也并非以签订和履行婚约为前提。但是，考虑到目前《民事案件案由规定》中仍以“婚约财产纠纷”作为案由，而婚约亦不以书面形式为必要，因此一般地认为，在彩礼给付的情况下，双方是有婚约存在的。婚约解除原则上不考虑过错问题，但因婚约解除产生赠与物返还的法律后果则是一项基本原则。解除婚约时的返还赠与物，是直接基于赠与行为本身的效力，可以

① 参见王丹：《新形势下彩礼纠纷的司法应对》，载《中国应用法学》2024年第1期。

适用《民法典》合同编的有关规定。

【编者观点】

关于彩礼范围的界定，学理通常认为，彩礼是指以成立稳定的婚姻关系为目的，由男方及其家庭依习俗自愿向女方及其家庭给付的财物。根据最高人民法院制定的多部司法解释的相关规定，首先，依据《涉彩礼纠纷规定》第1条第1句，认定彩礼给付的两大前提分别是“以婚姻为目的”和“依据习俗”；其次，《涉彩礼纠纷规定》第2条试图区分“彩礼”与“以彩礼为名借婚姻索取财物”，符合后者的不构成彩礼给付；再次，《涉彩礼纠纷规定》第3条第1款除了重复“给付财物目的”和“当地习俗”之外，接续列出“给付时间和方式”“财物价值”“给付人及接收人”三项认定彩礼的事实标准；最后，《涉彩礼纠纷规定》第3条第2款从反向排除了“特殊纪念意义时点给付的价值不大的礼物、礼金”“为表达或者增进感情的日常消费性支出”以及“价值不大的财物”三种情形。

在彩礼给付层面，通常认为习俗的功能有二，一是“高价彩礼”因背俗而被排除出彩礼范围；二是只有依据习俗不得已而给付的财物属于彩礼，不存在习俗时仅为普通赠与。

1. 区分“高价彩礼”与彩礼并无实质意义

近年来，我国部分地区“高价彩礼”或曰“天价彩礼”恶俗泛滥，例如山西晋南流行给付彩礼要“一动不动”“万紫千红”，前者指彩礼需要包括汽车和房产，后者指代1万张5元面值钞票和1000张百元面值钞票。为此各部门针对高价彩礼出台了一系列专项治理措施，《最高人民法院关于为实施乡村振兴战略提供司法服务和保障的意见》（法发〔2018〕19号）第24条指出要“注意甄别地方风俗、民族习惯，通过司法审判引导农村摒弃高额彩礼、干预婚姻自由、不赡养老人等不良风气”。2021年至2024年，中央一号文件连续提出要“开展高价彩礼、大操大办等重点领域突出问题的专项治理”。农业农村部、中央文明办、民政部等八个部门于2022年8月联合发布《开展高价彩礼、大操大办等农村移风易俗重点领域突出问题专项治理工作方案》，治理目标是“高价彩礼”等陈规陋习在部分地区持续蔓延势头得到有效遏制，农民群众在婚丧嫁娶中的彩礼等支出负担明显减轻。

事实认定层面，考虑到不同地区和不同家庭的收入水准，个案中应当参照各地居民人均可支配收入，例如，超出3倍的，判定为构成“高价彩礼”。除了地区经济收入差异外，还应当考虑不同家庭的实际经济状况，有些地市明令彩礼限额，如宁夏泾源县规定彩礼最高不得超过6万元，这种简单机械式“一刀切”的认定方式值得商榷。另外，结合《涉彩礼纠纷规定》第3条第2款将

"日常消费性支出""价值不大的财物"反向排除出彩礼范围，这意味着我国规范层面，依据财物价值可以客观划分为"高价彩礼"、正常彩礼以及小额普通赠与三个区间。

法效果层面，"高价彩礼"协议因违反公序良俗而无效，对此应无疑义。问题在于协议无效之后的返还是否参照适用《民法典婚姻家庭编解释(一)》第5条以及《涉彩礼纠纷规定》第5条和第6条？换而言之，"高价彩礼"应当全部返还抑或参酌各种事由部分返还？《涉彩礼纠纷规定》第5条第2款规定，"人民法院认定彩礼数额是否过高，应当综合考虑彩礼给付方所在地居民人均可支配收入、给付方家庭经济情况以及当地习俗等因素"。"彩礼数额过高"当然包含"高价彩礼"这一情形，因此该款也适用于"高价彩礼"的认定和规制。综上所述，从法效果层面观察，区分"高价彩礼"与正常彩礼的必要性不大，"高价彩礼"不当然意味着必须全部返还，应当一体适用彩礼返还规则。

2. 受习俗压力并非区分彩礼和普通赠与的标准

多数法院审判指引和裁判意见认为，界定彩礼时应当确定当地是否存在必须给付彩礼才可以结婚的婚嫁习俗，如果男方按照习俗、基于婚约、经中间人(媒人)说和或者应另一方要求而给付则属于彩礼；反之，一方完全自愿的财产给付行为应认定为普通赠与。最高人民法院总结为彩礼给付的目的性、现实性和无奈性，因受制于熟人社会的舆论压力以及婚姻市场的竞争压力，彩礼给付具有软强制特征。当然，只要不存在受胁迫和受欺诈等瑕疵事由，即便给付彩礼并非完全出自内心自愿，至少怀有对未来美好婚姻生活的憧憬和期待，在意思表示层面仍然是自由和真实的。

给付时是否受到习俗压力同样不是区分彩礼和普通赠与的规范性要素。虽然现代合同法语境下突出赠与合同的无偿性，基础建立于赠与人纯粹利他的"乐善好施、仗义疏财"的慷慨德性的践行。但是受赠人无须支付对价，并不意味着赠与人毫无回报。有研究认为，赠与同样受到习俗伦理和社会交往礼仪的影响，儒家礼学传统中，礼物是人类情感和道德寓意的物质载体，"礼尚往来"维持和巩固了平等、互惠、互助的人际关系和社会秩序。"赠"与"答"的传统礼仪和伦理观念，一方面使赠与人因感受到习俗和社会压力而赠与，同时期待受赠人将来等量返还；另一方面会使该压力传导到受赠人，其有"义务"承担等量返还的伦理责任。正是基于双方赠、答的交换性，构成具有本土特色的"报偿性"赠与观，这种共同体内财产流通的常见形式完全区别于商品交换的有偿合同，也区别于慷慨德行主导下的无偿性赠与。

因此，根据是否迫于习俗压力以及婚姻市场竞争压力而界定彩礼是主动还是被动给付，在法律层面既无必要也无可能;这种习俗压力同样普遍存在于普通赠与中,不应成为区分彩礼和普通赠与的标准。

【地方法院规范】

1.《上海市高级人民法院关于适用最高人民法院婚姻法司法解释(二)若干问题的解答(二)》(2004年,2020年12月修订)

二、如何判断彩礼?

答:司法解释(二)中涉及的"彩礼",具有严格的针对性,必须是基于当地的风俗习惯,为了最终缔结婚姻关系,不得已而为给付的,其具有明显的习俗性。因此,人民法院对于当事人诉请返还彩礼的案件,应当首先根据双方或收受钱款一方所在地的当地实际及个案具体情况,确定是否存在必须给付彩礼方能缔结婚姻关系的风俗习惯,否则只能按照赠与进行处理,不能适用司法解释(二)第十条①的规定。

2.《江苏省高级人民法院民一庭婚姻家庭案件疑难问题法律适用研讨会综述》(2005年)

二、……五是离婚案件中一方起诉离婚,另一方提出返还彩礼的,是否作为反诉处理。大多数代表认为,离婚案件属于复合之诉,当事人返还彩礼的请求,不作为反诉处理。但返还彩礼部分的诉讼费用应由提出返还请求的当事人预缴。

第二条 【禁止以彩礼为名借婚姻索取财物】禁止借婚姻索取财物。一方以彩礼为名借婚姻索取财物,另一方要求返还的,人民法院应予支持。

【司法解释·注释】②

超出家庭正常开支的彩礼成为很多家庭的沉重负担,在婚龄较短的情况下,造成双方利益失衡,彩礼纠纷数量增多。针对这一问题,法院应根据诚实信用原则,予以适当调整,妥善平衡双方利益。甚至有些人借彩礼之名行诈骗之实,严重损害彩礼给付方合法权益,司法更应坚决予以打击。本条旗帜鲜明地反对借婚姻索取财物,对于弘扬健康、节俭、文明的婚嫁新风,推动文明乡风建设,有重要意义。《民法典》第1042条规定,禁止借婚姻索取财物。借婚姻索取财物违反了婚姻自由原则,应当坚决予以打击。

借婚姻索取财物更侧重主观状态。实践中,很难区分是主动自愿给付彩礼还是被"索取"。对于接收彩礼一方,借婚姻索取财物的情况也比较复杂。有的本身没有结婚意愿,单纯是索取财

---

① 对应《民法典婚姻家庭编解释(一)》第5条。——编者注

② 参见王丹:《新形势下彩礼纠纷的司法应对》,载《中国应用法学》2024年第1期。

物；有的可能有结婚意愿，只是借机索取财物。因此，不宜以接收彩礼一方是否有意愿结婚作为区分标准。同时，是否有结婚意愿亦属于主观状态，也需要通过是否已经登记、是否共同生活等客观事实进行判断。就借婚姻索取财物问题，最高人民法院于1993年11月公布施行的《关于人民法院审理离婚案件处理财产分割问题的若干具体意见》（现已失效）第19条曾作如下规定："借婚姻关系索取的财物，离婚时，如结婚时间不长，或者因索要财物造成对方生活困难的，可酌情返还。对取得财物的性质是索取还是赠与难以认定的，可按赠与处理。"该意见将结婚时间长短、给付一方的生活状况作为考量因素，也是通过斟酌客观事实来进行灵活处理。故借婚姻索取财物与一般彩礼给付无法区分时，可以统一纳入彩礼返还规则，通过综合考量彩礼数额、共同生活时间、双方过错等因素酌定返还数额。当然，如果案件事实比较明显，甚至已经涉嫌犯罪的情况，比如，收受彩礼后，携款潜逃，或者短期内多次以缔结婚姻为名，收取高额彩礼后无正当理由悔婚的，可以认定为借婚姻索取财物的行为。

【编者观点】

应将"借婚姻索取财物"情形纳入彩礼返还体系

婚姻与钱财之间的纠葛与自古以来的婚姻形态休戚相关。传统社会采取聘娶婚的主流形态，但聘金或聘礼仍遗留买卖婚的痕迹。新中国以来，志愿婚成为主流形态，对聘金或聘礼自然多持消极否定评价。1951年《最高人民法院、司法部关于婚姻案件中聘金或聘礼处理原则问题的函》（现已失效）区分了买卖婚姻性质的聘金与赠与性质的聘金，把前者定性为以索取对方一定财物为结婚条件的变相的买卖婚姻，斟酌具体情况及情节轻重予以没收；相反承认了后者的合法性，原则上给付人不许请求返还。1979年《最高人民法院关于贯彻执行民事政策法律的意见》（现已失效）同样区分了两种情形，第一种情形为"婚姻基本上自主自愿，但女方向男方要了许多财物，或父母从中要了一部分财物的，属于剥削阶级的旧习俗，主要是进行批评教育……如因财物发生纠纷，可根据实际情况，酌情处理"。第二种情形为"对于完全自主自愿的婚姻，男女主动互相赠送和赠送对方父母的财物……离婚时，原则上不予返还"。及至1980年《婚姻法》以及2001年修正案，第3条都明文规定"禁止借婚姻索取财物"，并为《民法典》第1042条继受。

近年来，一些地区频繁出现女方利用婚约彩礼骗取钱财的案件，女方把目标瞄准大龄单身男性或者离异丧偶男性，抓住了男方想尽快结婚的心理，通过索要彩礼骗取财物，严重影响社会稳定。典型情形指接收人并无结婚意愿，收受彩礼后携款潜逃；或者短期内多次以结婚为由收取高额彩礼，然后无正当理由悔婚等。当然实践中也存在女方具备真实结婚意愿同时借机索取财物的情形，因此无法以女方主观意愿作为区分标准。有的法院试图从索取财物的目的、数额以及实际用途等方面对“借婚姻索取财物”进行界定，但这些标准又回到了对于“高价彩礼”、彩礼以及普通赠与的甄别问题，最高人民法院也承认，给付女方的财物究竟是否属于“借婚姻索取财物”在实践中很难有明确界限，当事人举证也非常困难。借婚姻索取财物更侧重主观状态，当给付彩礼是维持长期共同生活的婚姻这一最终目的不达时，也可能反过来影响其主观状态。

最高人民法院在《关于人民法院审理离婚案件处理财产分割问题的若干具体意见》（法发〔1993〕32 号，现已失效）第 19 条中规定，“借婚姻关系索取的财物，离婚时，如结婚时间不长，或者因索要财物造成对方生活困难的，可酌情返还。对取得财物的性质是索取还是赠与难以认定的，可按赠与处理”。可以发现该条关于“借婚姻索取财物”的返还规则与彩礼返还规则并无实质性区别。有观点认为，无法区分两者时可以统一纳入彩礼返还规则，综合考量给付数额、共同生活时间、双方过错等事由酌定返还。

《涉彩礼纠纷规定》第 2 条第 1 句应视为是对“弘扬健康、节俭、文明的婚嫁新风，推动文明乡风建设”这种伦理价值和意识形态的表达，对于推动法律适用层面区分“借婚姻索取财物”和彩礼并无实益。该条第 2 句涉及“借婚姻索取财物”的返还规则。在返还的法效果上，应当区分具体情形限缩适用该条规范。如果有证据证明接收人无结婚意愿，属于“借婚姻索取财物”然后携款潜逃或者无正当理由悔婚的典型情形，则应当支持全部返还的请求；如果无法举证存在上述事实，则推定为女方具备真实结婚意愿，可以把女方主观动机上存在“借婚姻索取财物”作为其过错事实事由，在其他事由确定的返还基础上增加返还的数额和比例。

第三条 【彩礼的界定】 人民法院在审理涉彩礼纠纷案件中，可以根据一方给付财物的目的，综合考虑双方当地习俗、给付的时间和方式、财物价值、给付人及接收人等事实，认定彩礼范围。

下列情形给付的财物，不属于彩礼：

（一）一方在节日、生日等有特殊纪念意义时点给付的价值不大的礼物、礼金；

（二）一方为表达或者增进感情的日常消费性支出；

（三）其他价值不大的财物。

【司法解释·注释】[1]

彩礼只能说是婚恋期间赠与物的重要形式。婚约或者恋爱期间的赠与物有的并非“彩礼”，而仅仅是为了增进感情的一种纯粹赠与。这种赠与可适用赠与合同的有关规定处理，不宜全部纳入彩礼范畴，否则，将使彩礼的范围无限扩大，不利于纠纷解决。原《婚姻法解释（二）》起草过程中，曾采用“结婚前给付对方财物”的表述，主要就是因为“彩礼”并非规范的法律用语。但后来考虑到该表述容易使司法解释的本意把握不准，会扩大条文的适用范围，使一些不是基于彩礼习俗而自愿给付的财物的争议，以此条为依据诉请返还。故而上述司法解释以问题为导向，最终采纳了“彩礼”这一带有特定含义的用语。在认定婚恋期间某一项给付的财物是否为彩礼时，可以通过考察给付的时间是否是在双方谈婚论嫁阶段、是否有双方父母或媒人商谈、财物价值大小等事实予以综合判断。对于一方在节日或者对方生日等有特殊纪念意义时点给付对方的价值不大的财物或者双方婚前交往中一些日常消费性支出，不宜认定为彩礼。

当然，在处理规则上，两者有类似之处。同彩礼一样，恋爱期间的大额赠与亦非完全无偿性的。一般来讲，当事人是以将来能够结婚并共同生活作为隐含的目的或动机，而该目的或动机是赠与行为的重要基础。在相应的目的无法实现时，当事人协商不成的，应当允许司法予以适当调整，以平衡双方当事人利益，从这个角度讲，彩礼与恋爱期间一般赠与返还规则的逻辑基础相同。

【编者观点】

区分彩礼与普通赠与的主客观标准

多数法院的审判指引与裁判意见认为，彩礼是以结婚为目的、按照当地习俗给付的贵重或大额财物。“以婚姻为目的”“存在彩礼习俗”以及“财物价值较大”三项标准缺一不可。《涉彩礼纠纷规定》第3条第1款从正向规定了彩礼给付的目的、主体、时间和方式等推断当事人意思表示的各项因素，第2款从财物价值角度反向排除了不属于彩礼而属于普通赠与的几种情形，个案中应结合主客观标准综合评判。

1. 正向肯定：给付主观意思以婚姻为目的

习俗对于给付意思表示解释提供实质性参考因素，除此之外，彩礼给付应当“以婚姻为目的”，这是意思表示层面区分彩礼与普通赠与的核心要素，且“以婚姻为目的”不同于单纯的“以共同生活为目的”，必须包含“结婚登

---

[1] 参见王丹：《新形势下彩礼纠纷的司法应对》，载《中国应用法学》2024年第1期。

记”这一内容，排除以建立同居关系为目的的给付。有裁判意见认为不能单纯以给付财物的称谓决定是否属于彩礼。有的裁判意见根据一般生活经验，结合双方恋爱关系及转账记录留言，认为如果给付目的主要是表达爱意而非结婚，例如转账中包含特殊含义的数字如“1314”“520”等，则该部分转账不宜认定为彩礼而只是普通赠与。不过将这些转账排除出彩礼，除了特殊含义数字蕴含的表达爱意的意思，关键还在于客观价值不大这一客观标准。

对于见面礼、改口费、传喜钱等是否属于彩礼，各地裁判意见差异较大。以“改口费”为例，有的裁判意见认定为一方父母基于特殊身份关系、为增进感情而对另一方的赠与，离婚时一般不得请求返还。而编者认为，“改口费”这一称谓能直接体现与婚姻关系的关联，象征双方及父母在情感和家庭角色层面相互接纳、承认，归入以婚姻为目的的彩礼更契合当事人的真实意思。当然同时也要考虑财物价值大小、是否互相赠与、金额是否过于悬殊等客观因素。

“给付人及接收人”也可作为意思表示解释的参考因素。彩礼的给付主体一般包含男方或其家庭成员，接收人包括女方或其家庭成员。而普通赠与通常仅发生于男女双方之间。“给付时间”这一因素则较为微妙，有裁判意见认为，彩礼的给付通常发生在双方谈婚论嫁直至结婚登记或者举办婚礼这段时间。而编者认为，单纯以给付时点区分彩礼和普通赠与过于形式和僵化，传统社会并非只在出嫁时分予随嫁财产，待结婚数年夫妇和睦、外孙出生后，娘家另行分予妆奁田、胭粉地的情况也很常见。受各地婚俗以及男女双方主客观因素影响，个案中有的男女双方先结婚登记、后举办婚礼以及共同生活，有的则是先举办婚礼、共同生活而后结婚登记，登记结婚、举办婚礼以及共同生活三者之间存在时间差。婚姻关系不同于“一时性”交易行为，结婚登记或者举办婚礼仅仅意味着婚姻生活这一“继续性”关系的开始，各方行为都围绕婚姻关系展开。给付彩礼的目的是缔结以及维持长期、稳定的婚姻关系，实际给付时点在婚前或婚后具有偶然性，且不影响给付目的实现。因此，应当关注给付财物是否具备敦促双方缔结秦晋之好的实质内核，不应仅以给付时间区分彩礼与普通赠与。

2. 反向排除：财物客观价值不大

财物价值是区分彩礼与普通赠与的客观标准。实践中，一些法院依据当地经济状况界定数额较大的标准或者列举贵重财物的类型，通常包括大额现金、购房款和购车款、不动产、首饰、交通工具、电器等。还有法院将一些类型的财物反向排除出彩礼范畴，包括交往过程中为表达感情而出于自愿给付的易损耗日常用品、价值较小的定情信物、请客花费、逢年过节等人情往来的消费性支出、给付女方的小额过桥礼、梳妆礼以及给付女方亲戚的小额见面礼。各地婚嫁习俗中所谓“三金”“四金”以及见面礼，部分裁判意见归入彩礼范畴，另有意见把价值不大的归入普通赠与。

《涉彩礼纠纷规定》第3条第2款将“特殊纪念意义时点给付的价值不大的礼物、礼金”“为表达或者增进感情的日常消费性支出”以及“其他价值不大的财物”排除出彩礼范畴，其中第1项和第2项中“特殊纪念意义时点”以及“表达或者增进感情”两项表述，功能在于为解释给付意思是表达爱意而非缔结婚姻提供线索，而“价值不大”以及“日常消费性支出”两项表述则在于强调财物的客观价值不大；第3项更是通过兜底方式立足于财物客观价值这一区分标准。

区分彩礼与普通赠与的实益在于能否适用彩礼返还规则。无论给付财物称谓为何，依据习俗还是个人意愿，目的是启动婚姻程序还是单纯情感互动，只要依据当地经济水准和家庭收入，财物客观价值达到贵重或大额程度，从社会治理角度都有必要适用彩礼返还规则调整双方利益状态。退而言之，即便认定为恋爱期间非依据习俗给付的大额赠与，也不妨碍将结婚或共同生活作为赠与人的隐含目的或动机，在相应目的无法实现时全部或部分返还，与彩礼返还的逻辑并无二致。对于“财物客观价值达到贵重或大额”的标准，一些法院审判指引规定了500元、2000元、3000元以上等具体数额，但是鉴于各地经济水准以及各个家庭收入情况差别太大，确定一个统一的标准是不现实的，反而可能因机械司法损害当事人合法权益，应由法官在个案中具体判断。

综上所述，应当从给付人的主观意思是否以婚姻为目的以及财物的客观价值两个维度区分彩礼与普通赠与，其中财物的客观价值是决定性标准，除非有明确赠与合意，否则双方交往中因给付大额财物引发的纠纷，均可适用彩礼返还规则。

【地方法院规范】

1.《江苏省高级人民法院民一庭婚姻家庭案件疑难问题法律适用研讨会综述》(2005年)

二、一是彩礼的范围。《解释二》① 虽然明确规定了彩礼返还，但对彩礼范围未予明确。除了金钱之外，实物是否也可纳入彩礼的范围？多数代表认为，金钱与实物虽然表现形式不同，但性质相同，均可以成为彩礼，人民法院应当结合当地的具体情况以及客观案情进行认定。如果当地有彩礼给付的习俗，且给付的金钱数额较大，或者给付的实物价值较高，均可以认定为彩礼。至于达到多大的数额或者多高的价值，由人民法院结合各地的经济状况等实际情况酌情确定……

① 指《婚姻法解释(二)》。——编者注

2.《北京市高级人民法院民一庭关于审理婚姻纠纷案件若干疑难问题的参考意见》(2016年)

四十三、【彩礼问题】彩礼一般是指依据当地习俗,一方及其家庭给付另一方及其家庭的与缔结婚姻密切相关的大额财物。不具备上述特点的婚前财产赠与不构成彩礼……

【法院参考案例】

冷某诉宋某婚约财产案——男女交往期间,产生的大额转账汇款的性质认定(《中国法院2023年度案例·婚姻家庭与继承纠纷》)

【基本案情】

2020年4月7日,冷某与宋某经媒人介绍相识,4月12日确立了恋爱关系。在异地通过电话及微信等方式沟通交往一段时间后,于2020年7月27日晚在原告家中双方亲属及媒人一同会餐,但会餐中未提及彩礼之事。2020年7月28日1点49分冷某向宋某转账50000元。双方于同年8月开始同居生活,经过一段时间相处,宋某于2021年3月13日提出分手,双方解除恋爱关系。后双方因交往期间产生的大额转账性质认定及返还问题产生纠纷,诉至法院。

【裁判理由及结果】

黑龙江省拜泉县人民法院经审理认为:本案争议的焦点为该50000元是否属于彩礼款以及是否应该返还的问题。婚约财产纠纷,是指男女双方在相识恋爱期间,一方因某种原因而从对方获得数额较大的财物,当双方不能缔结婚姻时,财产受损的一方请求对方返还财物而产生的纠纷。本案中,虽然双方未按照农村习俗举行过彩礼的仪式并书写彩礼单,但原告冷某给付被告宋某50000元款项的事实存在,且该款项的数额较大,给付时间又发生于原、被告双方父母以及媒人均在场的聚餐当晚后的凌晨,而随后双方开始同居生活,再结合冷某为宋某购买过钻戒、金手镯的事实以及冷某提供的通话录音,能够认定双方存在缔结婚姻的目的,并因此给付彩礼款50000元的事实。宋某以该款项系双方恋爱期间冷某对其的赠与为由所作的抗辩,并不能影响彩礼返还的诉求,因为婚约是男女双方以缔结婚姻关系为目的所作的事先约定,因婚约给付彩礼的行为属于以结婚为目的的赠与,是一种附条件的赠与行为,现冷某以无法缔结婚姻为由,要求返还彩礼,符合法律规定,理由正当,应该予以支持。至于返还彩礼款的数额,考虑到双方同居7个月的事实情况,结合双方现实生活中的实际花销,被告宋某应当酌情返还30000元。

综上所述,黑龙江省拜泉县人民法院依据《婚姻法解释(二)》第10条、《民法典时间效力规定》第1条第2款、《民事诉讼法》第64条第1款之规定,判决如下:(1)被告宋某于本判决生效后10日内返还原告冷某彩礼款30000

元;(2)驳回原告冷某的其他诉讼请求。宋某不服原审判决,提起上诉。

黑龙江省齐齐哈尔市中级人民法院经审理认为:本案中争议的50000元款项数额较大,如宋某所说该款项为赠与,非彩礼款,则不符合常理。恋爱中男女达成结婚合意后,一方出于结婚目的的财物赠与,在结婚目的不能实现时,受赠一方占有财物的合法依据已不存在,所以恋爱期间以结婚为目的的赠与,在双方当事人婚约解除后,赠与人有权利请求受赠人返还。因此冷某要求返还50000元款项,符合法律规定,应予支持。但鉴于双方在一起共同生活7个月,同居生活期间确有花销,一审酌情判令宋某返还冷某30000元适当。本院予以维持。综上所述,宋某的上诉请求不能成立,应予驳回。一审判决认定事实清楚,适用法律正确,应予维持。黑龙江省齐齐哈尔市中级人民法院依照《民事诉讼法》第170条第1款第1项之规定,判决如下:驳回上诉,维持原判。

第四条 【彩礼返还纠纷中当事人地位列明】婚约财产纠纷中,婚约一方及其实际给付彩礼的父母可以作为共同原告;婚约另一方及其实际接收彩礼的父母可以作为共同被告。

离婚纠纷中,一方提出返还彩礼诉讼请求的,当事人仍为夫妻双方。

【司法解释·注释】①

实践中涉及彩礼返还的,分为以下两种情况。在离婚纠纷中,原告提起离婚诉讼同时要求返还彩礼,或者被告同意离婚但同时提起诉请要求返还彩礼。此时,虽彩礼返还与离婚纠纷审理范围不同,但为便利当事人和诉讼经济考虑,可以在离婚纠纷中一并审理。需要说明的是,虽然离婚诉讼为复合诉讼,但该诉讼主要是以解除婚姻关系为基础,财产分割和子女抚养是基于夫妻身份关系解除的附随内容。因此,当事人主体仍为夫妻双方,不宜将夫妻以外的第三人作为诉讼主体,否则,将会使离婚诉讼当事人范围扩大,不利于离婚纠纷审理。如果当事人将婚约另一方父母作为被告请求共同返还彩礼的,可以另行提起婚约财产纠纷。

在婚约财产纠纷诉讼中,原则上以婚约双方当事人作为诉讼主体。但实践中,彩礼的给付方和接收方并非限于婚约当事人,双方父母也可能参与其中,这也符合习惯做法。因此,若给付彩礼的婚约当事人与父母以家庭财产给付彩礼的,当事人与父母可作为共同原告。同样,彩礼直接交付给当事人父母并由接收人或者其家庭实际使用的,接收彩礼的婚约当事人及其父母也可

① 参见王丹:《新形势下彩礼纠纷的司法应对》,载《中国应用法学》2024年第1期。

作为共同被告。除父母之外，原则上，不宜再扩大至其他主体。当然，在个别情况下，接收彩礼一方可能因父母不在世、丧失民事行为能力等特殊情况，而由其兄、姐或者其他近亲属在接收彩礼过程中代行家长职责。因此，应当允许“代行父母职责的其他实际给付人”“代行父母职责的其他实际收受人”在特定情况下作为共同原告或共同被告。但是，如果仅是因为亲属往来原因，在订婚或婚礼前后接收或给付礼钱的，不宜将相关当事人均作为诉讼主体。此外，由于即将进入婚姻的男女双方才是婚约主体，因此，即使一方父母全部给予或接收彩礼，在婚约财产纠纷中，也不宜完全抛开婚约主体或仅以其作为第三人而单独以双方父母作为原告或被告。

【编者观点】

依照传统习俗，儿女婚姻大事多由父母一手操办，彩礼自然也多出自男方父母的家庭财产。在当代社会，彩礼作为家庭间抑或代际间财富分配的工具，给付人和接收人未局限于男女双方，扩展至双方父母甚至近亲属。各地法院审判指引中，有的原则上仅承认男女双方为诉讼当事人，或因为彩礼仅归属于女方而非其父母，或因为诉讼当事人限于男女双方并不妨碍事实认定层面对给付人或接收人作扩张性理解。而多数法院认可将对方父母列为共同被告参加诉讼；有的进一步扩展至双方家庭成员、近亲属或者彩礼的实际给付人及接收人。实际给付人及接收人根据彩礼出自以及归入哪一方财产进行判断。最高人民法院在2017年《关于审理彩礼纠纷案件中能否将对方当事人的父母列为共同被告的答复》中，认可了男女双方及其父母和亲属均可成为返还彩礼诉讼的当事人。

一些法院审判指引对诉讼当事人进行了更精细化的区分，以男女双方是否办理结婚登记手续为界，未办理结婚登记的，案由归入婚约财产纠纷，允许婚约当事人及其父母或者实际给付人及接收人共同作为诉讼当事人，但是双方父母不得单独作为诉讼主体；已办理结婚登记的，返还彩礼以离婚为前提，案由为离婚纠纷，在离婚案件审理过程中一般不列第三人，只能以夫妻双方作为诉讼当事人。法院可告知双方之外的涉纠纷主体另行提起诉讼，或者各方一致同意时在离婚案件中达成调解协议。个别法院还注意到实践中订立婚约和涉彩礼一方可能是未成年人，该情形下由婚约当事人及其监护人共同作为诉讼当事人。

《涉彩礼纠纷规定》第4条采纳了婚约财产纠纷和离婚纠纷的区分处理方案，第2款规定“离婚纠纷中，一方提出返还彩礼诉讼请求的，当事人仍为夫妻双方”。这意味着彩礼返还纠纷可以在离婚纠纷中一并审理，但是鉴于离婚诉讼主要目的在于解除婚姻关系，财产分割和子女抚养仅作为夫妻身份关系解除的附随内容，若将诉讼当事人范围扩大至夫妻之外的第三人，不利于离婚纠纷审理。因此离婚时一方请求另一方父母返还彩礼的，只得另行提起婚约财产纠纷。

第1款虽然认可了双方父母作为实际给付人或接收人的诉讼当事人地位，但是不能抛开婚约主体或仅以其作为第三人，而单独以双方父母作为原告或被告。反对观点认为，实践中存在男方父母给付高额彩礼后陷入贫困而新婚夫妇不尽赡养义务的情况。这是一种典型的经由彩礼构成的代际剥削，男方父母在主张子女承担法定赡养义务之外，如果还请求彩礼返还，由于无法单独作为原告提起婚约财产纠纷，可能的路径是回到赠与框架内，依据《民法典》第663条第1款第2项规定的“对赠与人有扶养义务而不履行”时赠与人的法定撤销权，请求撤销对子女的赠与。

《涉彩礼纠纷规定》第4条未将诉讼主体扩大到除父母之外的其他亲属，是考虑到过多人涉诉会严重影响诉讼效率并激化社会矛盾，但并不意味着司法实践中绝对禁止其他近亲属作为彩礼的实际给付人及接收人参与诉讼。如果婚约一方父母早亡，其他亲属抚养长大并在彩礼给付接收中代行父母职责，可以参照适用《涉彩礼纠纷规定》第4条。

【批复答复】

《最高人民法院关于审理彩礼纠纷案件中能否将对方当事人的父母列为共同被告的答复》（2017年8月26日）

在实际生活中，彩礼的给付人和接受人并非仅限于男女双方，还可能包括男女双方的父母和亲属，这些人均可成为返还彩礼诉讼的当事人。在中国的传统习俗中，儿女的婚姻被认为是终身大事，一般由父母一手操办，送彩礼也大都由父母代送，且多为家庭共有财产。而在诉讼中大多数也是由当事人本人或父母起诉，因此应诉方以起诉人不适格作为抗辩时，法院不予采信，以最大限度地保护公民的财产权利。对于被告的确定问题也是如此，诉讼方通常把对方当事人的父母列为共同被告，要求他们承担连带责任，一般习俗是父母送彩礼，也是父母代收彩礼，故将当事人父母列为共同被告是适当的。

【地方法院规范】

1.《上海市高级人民法院关于适用最高人民法院婚姻法司法解释（二）若干问题的解答（二）》（2004年，2020年12月修订）

三、可诉请返还彩礼的当事人范围如何把握？

答：由于实践中，彩礼的给付人和接受人并非仅限男女双方，还可能包括男女双方的父母或亲属，这些人均可成为返还彩礼诉讼的当事人。

对于实践中可能存在的以男女双方为原、被告的彩礼返还诉讼，或在涉及彩礼返还的离婚诉讼中，被告提出原告不是实际给付人或自己不是实际接受人的抗辩，由于彩礼给付实际就是以男女双方为利益对象或代表，因此人民法院对此抗辩可不予采信。

2.《江苏省高级人民法院民一庭婚姻家庭案件疑难问题法律适用研讨会综述》(2005年)

二、……返还彩礼诉讼当事人的范围。实际生活中，彩礼问题比较复杂。返还彩礼诉讼的当事人如何列，谁为彩礼返还的义务人，实践中争议较大。多数意见认为，如果男女双方未办理结婚手续，一方当事人提起彩礼返还之诉的，由于彩礼的给付人与收受人并不仅限于同居双方，还可能包括同居双方的父母或者其他近亲属；彩礼的用途上，既有可能是同居当事人所用，也有可能为双方家庭所用。因此，可以列直接给付人、收受人为案件当事人，彩礼返还义务人为实际收受人，不仅限于男女当事人。这样既符合实际的权利义务状态，也利于真正解决纠纷。如果男女双方办理结婚手续后，一方当事人提起离婚诉讼，并在离婚诉讼中要求返还彩礼的，由于离婚案件审理过程中除非法律另有特别规定，一般不列第三人，故不应列彩礼的实际给付人、收受人为当事人。因彩礼的给付实际是以男女双方为利益对象或者代表，故应以婚姻当事人为彩礼的返还义务人。一方以不是彩礼的实际给付人或者不是彩礼的实际收受人为抗辩，拒不返还彩礼的，人民法院不予采信。少数意见认为，离婚案件中不宜列男女双方的父母或者其他近亲属等彩礼实际给付人、收受人为案件当事人，在离婚诉讼中不处理彩礼返还问题，可以告知当事人在离婚案件结束之后，就彩礼返还另行诉讼。多数代表倾向于第一种意见……

3.《北京市高级人民法院民一庭关于审理婚姻纠纷案件若干疑难问题的参考意见》(2016年)

四十三、【彩礼问题】……涉彩礼纠纷一般应列夫妻双方或未办理结婚登记手续的男女双方为诉讼当事人。

【法院参考案例】

张某某与赵某某、赵某、王某婚约财产纠纷案——婚约财产纠纷中，接收彩礼的婚约方父母可作为共同被告

(《人民法院涉彩礼纠纷典型案例》案例四，最高人民法院、民政部、全国妇联2023年12月11日)

【基本案情】

张某某与赵某某(女)经人介绍认识，双方于2022年4月定亲。张某某给付赵某某父母赵某和王某定亲礼36600元；2022年9月张某某向赵某某银行账户转账彩礼 136600 元。赵某某等购置价值 1120 元的嫁妆并放置在张某某处。双方未办理结婚登记,未举行结婚仪式。2022 年 9 月,双方解除婚约后因彩礼返还问题发生争议,张某某起诉请求赵某某及其父母赵某、王某共同返还彩礼 173200 元。

【裁判结果】

审理法院认为,双方未办理结婚登记,现有证据不足以证明张某某与赵某某持续、稳定地共同生活,张某某不存在明显过错,但在案证据也能证实赵某某为缔结婚姻亦有付出的事实,故案涉定亲礼、彩礼在扣除嫁妆后应予适当返还。关于赵某、王某是否系本案适格被告的问题,审理法院认为,关于案涉彩礼 136600 元,系张某某以转账方式直接给付给赵某某,应由赵某某承担返还责任,扣除嫁妆后,酌定返还 121820 元;关于案涉定亲礼 36600 元,系赵某某与其父母共同接收,应由赵某某、赵某、王某承担返还责任,酌定返还 32940 元。

【典型意义】

《民法典》第 10 条规定,处理民事纠纷,应当依照法律;法律没有规定的,可以适用习惯,但是不得违背公序良俗。法律没有就彩礼问题予以规定,人民法院应当在不违背公序良俗的情况下按照习惯处理涉彩礼纠纷。根据中国传统习俗,缔结婚约的过程中,一般是由男女双方父母在亲朋、媒人等见证下共同协商、共同参与完成彩礼的给付。因此,在确定诉讼当事人时,亦应当考虑习惯做法。当然,各地区、各家庭情况千差万别,彩礼接收人以及对该笔款项如何使用,情况非常复杂,既有婚约当事人直接接收的,也有婚约当事人父母接收的;彩礼的去向也呈现不同样态,既有接收一方将彩礼作为嫁妆一部分返还的,也有全部返还给婚约当事人作为新家庭生活启动资金的,还有的由接收彩礼一方父母另作他用。如果婚约当事人一方的父母接收彩礼的,可视为与其子女的共同行为,在婚约财产纠纷诉讼中,将婚约一方及父母共同列为当事人,符合习惯,也有利于查明彩礼数额、彩礼实际使用情况等案件事实,从而依法作出裁判。

第五条 【已结婚登记并共同生活时彩礼返还的条件】双方已办理结婚登记且共同生活,离婚时一方请求返还按照习俗给付的彩礼的,人民法院一般不予支持。但是,如果共同生活时间较短且彩礼数额过高的,人民法院可以根据彩礼实际使用及嫁妆情况,综合考虑彩礼数额、共同生活及孕育情况、双方过错等事实,结合当地习俗,确定是否返还以及返还的具体比例。

人民法院认定彩礼数额是否过高,应当综合考虑彩礼给付方所在地居民人均可支配收入、给付方家庭经济情况以及当地习俗等因素。

【司法解释 · 注释】①

婚姻不是“一锤子买卖”,长期共同生活是其本质特征。因此,应当将共同生活时间长短作为确定彩礼是否返还以及返还比例的重要考量因素。目前面临的社会问题是,婚龄较短与高额彩礼交织导致的利益失衡。当双方已经结婚并共同生活时,处理思路上应当有所区分:在不属于高额彩礼的情况下,即使共同生活时间较短,离婚时原则上亦不予返还;在高额彩礼的情况下,法律有予以调整的必要。当然在具体案件审理中,需要综合全案情况酌情认定。比如最高人民法院、民政部、全国妇联联合发布的涉彩礼纠纷典型案例一,双方共同生活较短,给付彩礼一方在当地属于低收入家庭,相对于其家庭收入来讲,彩礼数额过高,在给付方不存在明显过错的情况下,判决返还部分彩礼对彩礼给付方是公平的。

针对未办理结婚登记与已经办理结婚登记两种情况,彩礼返还的解释路径应当是不同的。已经办理结婚登记的,如果已经共同生活,原则上彩礼不应予以返还;当然,考虑到高额彩礼使双方当事人利益失衡的情况,可以酌情返还。但是,在未办理结婚登记的情况下,原则上彩礼应当予以返还;同时,也不能忽略共同生活的“夫妻之实”。该共同生活的事实一方面是彩礼给付方的重要目的,另一方面也会对女性身心健康产生一定影响。如果只是因为未办理结婚登记而要求彩礼接收方全部返还,不仅违反了公平原则,也不利于对妇女合法权益的保护。比如,最高人民法院、民政部、全国妇联联合发布的涉彩礼纠纷典型案例二,双方当事人虽然没有办理结婚登记手续,但按照当地习俗举办婚礼后共同生活 3 年多时间,且已生育一子,该案判决女方不需要返还彩礼。

我国长期以来有“多子多福”的传统,生育目前仍然是婚姻的重要内容。生育子女,对男方及其家庭来说,可能成为婚姻的重要目的;对女方来说,因妊娠、分娩,女性必然承担更多的生理风险及心理压力,也需要予以重点考虑。是否妊娠、生育,是双方当事人自行对生活选择的结果,法律仅是在双方对彩礼返还产生争议时,将此作为是否返还以及返还比例的考量因素。正是考虑到了女性在妊娠、分娩、抚育子女等方面的付出,才应当酌情减少彩礼返还甚至不予返还。一般来说,已经共同生活并生育子女的,原则上彩礼不应当予以返还。

双方过错情况,需要考察两个层次的问题,第一个层次的问题是婚约解除是否需要考虑过错。不能因为一方有过错而限制其解除婚约的权利。更何况,婚约对当事人而言并无法律上的约

---

① 参见王丹:《新形势下彩礼纠纷的司法应对》,载《中国应用法学》2024 年第 1 期。

束力；第二个层次的问题是，如果有过错一方解除婚约的，是否有权要求返还赠与物。如果基于婚约的赠与物返还需要解约人就解约的原因无过失，可能会不当限制当事人的解约自由，实际上对后续的婚姻并无实益。因此，原则上不应因一方过错而丧失返还请求权。但是，亦不能完全无视各方过错情况，这也是诚实信用原则的应有之义。如果给付彩礼一方存在家庭暴力、与他人另行订立婚约或结婚等严重过错的，另一方可以酌情减少返还比例；如果接收彩礼一方存在严重过错的，应当加大返还比例。

彩礼与嫁妆的权利归属并不一致，彩礼主要是归属女方家庭，嫁妆虽带去男方家庭，但一般属于女方个人所有。作为与彩礼相伴相生的婚嫁习俗，嫁妆仍广泛存在，但不同地区、不同家庭均可能存在较大差别。有的地方主要是女方出嫁妆，有的地方嫁妆数额甚至高于彩礼数额；有的家庭收到彩礼后不返还作为陪嫁或者仅象征性地给较少的嫁妆，而有的家庭在女方收到彩礼后将大部分甚至全部均作为嫁妆返还用于新家庭。因此，在处理彩礼返还问题时，需要考虑嫁妆情况，如果部分彩礼已通过嫁妆的形式返回到新的家庭中，并已经转化为夫妻共同财产，则可在离婚分割夫妻共同财产时一并处理。如果是女方家在彩礼外额外陪送的嫁妆，则对于尚存的部分，应当返还给女方。对于已经消费的部分，可以在返还彩礼时予以扣减。针对单纯基于嫁妆返还问题产生的纠纷，虽然从传统上看，彩礼与嫁妆的归属并不一致，但是，基于《民法典》男女平等的基本原则，考虑到彩礼与嫁妆的目的相似，均是以夫妻长久共同生活为目的，因此，对于嫁妆返还问题，可以参照彩礼返还的规则处理。

【编者观点】

《民法典婚姻家庭编解释(一)》第5条和《涉彩礼纠纷规定》第5条、第6条列举了给付人生活困难、结婚登记、共同生活时间、彩礼数额、实际使用及嫁妆情况、孕育情况以及双方过错等影响彩礼返还的一系列事由。这些事由的合理性何在？对彩礼返还的影响力是否一致？各事由之间有何相互关联？编者区分彩礼返还的决定性事由与酌定事由，前者包括导致给付人生活绝对困难和已生育子女两种情形，具有完全肯定或者否定彩礼返还请求权的作用。除此之外其他事由仅作为影响彩礼返还具体数额和比例的酌定事由。以下对各项事由逐项分析。

(一)彩礼返还的决定性事由：生活困难与孕育子女

1. 应予返还：导致给付人生活绝对困难

《民法典婚姻家庭编解释(一)》第5条第1款第3项规定“婚前给付并导致给付人生活困难”的，当事人请求返还彩礼的应当予以支持。这意味着给付人生活困难足以"一票通过"式支持返还请求。第2款还要求返还以男女双方离婚为前提,但是结合《涉彩礼纠纷规定》第6条的规范目的,在双方未办理结婚登记但已共同生活的情形下,给付人因给付彩礼导致生活困难,结束共同生活状态时也有权请求返还。

《婚姻法解释(二)》第10条实施以来,对于生活困难的认定一直存在绝对困难和相对困难两种理解,前者指给付人无法维持当地基本生活水准,后者指给付彩礼前后的生活条件相差悬殊。少数裁判意见采纳相对困难的理解,以彩礼对普通家庭带来实质性影响为判定标准;而最高人民法院以及各地法院审判指引多采绝对困难的理解,并参照当地最低生活保障标准进行认定。

实践中因给付彩礼导致给付人生活绝对困难常见于两类情形,一是给付人为筹集彩礼而举债,后因无力偿还债务陷入贫困;二是男方父母用毕生积蓄给付彩礼后,无固定经济来源而无力维持生活。生活困难作为返还事由的正当性来自生存保障这一基本人权,法政策层面也符合我国脱贫攻坚的国策,防止因彩礼返贫现象的发生。因给付彩礼导致生活相对困难并非不予救济,符合彩礼返还其他事由的,给付人有权请求返还,只是不能单纯以生活相对困难请求返还。

实践中的难题是如何证明给付彩礼与生活绝对困难之间存在因果关系。某案件中,原告主张因给付彩礼向案外人借款共计10万元并提交了借据及银行交易明细。裁判意见认为,原告提供的证据不能证实该借款与结婚有关联,也不能证实因此导致原告生活困难的事实。这一问题涉及"生活困难"与"共同生活时间"的关系,原则上因生活困难请求返还也应满足共同生活时间较短这一要件,理由是共同生活时间越短,除了给付彩礼外导致生活困难的事由越少,则给付彩礼与生活困难两者的因果关系越强。反之,共同生活时间越长意味着彩礼给付对于现阶段生活水准的影响越弱,因果关系很难证明。

2. 不应返还:已生育子女

繁衍后代是婚姻制度的重要功能,生育子女构成双方或一方结婚的主观目的;女方也因妊娠、分娩和抚育子女承受更多客观的生理风险、心理压力和身心付出,因此彩礼返还应当虑及女方孕育情况。《涉彩礼纠纷规定》第5条和第6条将"征求意见稿"中"孕育子女"修改为"孕育情况",由此可以区分"已生育子女"与"未生育子女但怀孕、流产"两种情形。

对于已生育子女的情形,少数法院审判指引仅承认可以适当减少彩礼返还比例,而最高人民法院以及多数法院审判指引均认为原则上彩礼不应当予以返还。有的裁判理由是彩礼已用于双方共同生活以及子女抚养。编者认为,即便彩礼未被消耗也不应当返还。首先,从儿童利益最大化原则考量,如果父母离婚或结束共同生活状态时子女不满两周岁，依照《民法典》第1084条第3款原则上由母亲直接抚养。父亲虽仍有负担部分或者全部抚养费的义务，但女方具备更好的经济基础无疑更有利于子女成长。其次，如果父母离婚或结束共同生活状态时子女已满两周岁，意味着不符合《涉彩礼纠纷规定》第5条中"共同生活时间较短"的要件，也不应支持返还请求。

对于未生育子女但女方怀孕、流产的情形，影响返还的理由在于怀孕、流产对于女方身体健康、社会评价以及再婚可能性造成消极影响，但是并不足以完全否决返还请求权，仍须结合其他事由综合评判。法效果上为了补偿女方，应当酌减返还数额，有的法院审判指引明确规定，共同生活期间女方怀孕或者流产的，返还比例可再减少5%—20%。

（二）彩礼返还的酌定事由：结婚登记与共同生活

1.“结婚登记”与“共同生活”组合成四种样态

《涉彩礼纠纷规定》第1条规定给付彩礼应当"以婚姻为目的"，而非仅仅"以结婚为目的"。婚姻是一种"继续性"关系，不同于"一时性"交易行为，结婚登记或者举办婚礼仅仅意味着法律意义上婚姻关系已经成立，长期且稳定的共同生活才是婚姻关系的本质特征。因此，"以婚姻为目的"包含了"结婚登记"这一形式要件与"长期稳定的共同生活"这一实质要件，并且组合为四种样态。

第一种样态指双方未办理结婚登记也未共同生活；第二种样态指双方办理结婚登记但确未共同生活，比如一些地方婚嫁民俗中举办婚礼等仪式距离结婚登记要间隔相当长时间，间隔期内双方并未共同生活；或者在骗婚案件中，女方以结婚为诱饵骗取对方钱财，往往婚后闪离甚至一走了之。两种样态都不具备"共同生活"要件，《民法典婚姻家庭编解释（一）》第5条第1款第1项和第2项明确支持两种样态下彩礼返还的请求，目前在司法实践中争议不大。

第三种样态指双方未办理结婚登记但已共同生活，常见于订立婚约或者给付彩礼后同居的情形，未被《民法典婚姻家庭编解释（一）》第5条涵盖，但是各地法院审判指引和裁判意见多有涉及。有的判决彩礼数额较大时接受彩礼一方应予返还；有的直接参照《民法典婚姻家庭编解释（一）》第5条酌情返还；更多法院根据未结婚登记的原因、共同生活时间等各项事由确定是否返还以及具体比例。最高人民法院在《全国民事审判工作会议纪要》（法办〔2011〕442号）第七部分以及《关于审理彩礼纠纷案件中能否将对方当事人的父母列为共同被告的答复》（2017年）中，明确了"如果双方确已共同生活但最终未能办理结婚登记手续，给付彩礼方请求返还彩礼的，人民法院可以根据双方共同生活的时间、是否生育子女、彩礼数额并结合当地风俗习惯等因素，确定是否返还及具体返还的数额”。最终，《涉彩礼纠纷规定》第6条在总结各地法院审判实践基础上，列举了确定是否返还以及返还比例的各项事由。

第四种样态指双方已办理结婚登记且共同生活，近年来因婚龄较短与高额彩礼交织导致的利益失衡造成了严重的社会问题，但是该样态也无法适用《民法典婚姻家庭编解释（一）》第5条，《涉彩礼纠纷规定》第5条予以了回应。“共同生活”要件应当满足“长期且稳定”的特征，因此应当将“共同生活时间长短”作为确定彩礼是否返还以及返还比例的重要事由。

第二种和第四种样态下，根据《民法典婚姻家庭编解释（一）》第5条第2款和《涉彩礼纠纷规定》第5条，彩礼返还以双方离婚为前提，有的法院审判指引进一步扩展到婚姻关系被宣布无效、解除、撤销等情形。程序方面，如果当事人在离婚诉讼阶段提出彩礼返还请求且被准许离婚的，法院可以合并审理；若法院判决不准离婚则不能支持返还彩礼的请求。当事人也可以在离婚文书生效后另行起诉，并适用普通诉讼时效。具体而言，诉讼时效自解除婚姻关系之日起计算；如果没有登记结婚，自接收人拒不返还之日起计算。另有观点认为，一方违反婚约或结束共同生活时，彩礼协议的解除条件成就，给付人有权请求返还彩礼，开始起算诉讼时效。依据《民法典》第188条规定，“诉讼时效期间自权利人知道或者应当知道权利受到损害以及义务人之日起计算”。在双方没有登记结婚且结束共同生活时，如果给付人不请求返还则诉讼时效一直不起算，显然不符合上述规范，自共同生活结束之日起计算更为合理。

2.“结婚登记”的作用与“共同生活”的认定

第三种和第四种样态的区别在于是否办理结婚登记，问题是“结婚登记”这一形式要件重要吗？各地法院审判指引和裁判意见不再区分是否结婚登记，而将重点放在“共同生活时间”这一实质要件上，至于共同生活是基于夫妻关系还是同居关系在所不问。有的规定共同生活超过1年的，原则上不支持彩礼返还请求；有的规定为2年；有的规定为3年；有的把3年内的时间段细化为不满6个月、1年、2年等不同区间，对应80%—30%的不同返还比例。

《涉彩礼纠纷规定》的态度有别于各地法院。第5条相较于第6条，明确了已办理结婚登记且彩礼数额不属于过高的情形下，即使共同生活时间较短，离婚时原则上亦不予返还；若彩礼数额过高且共同生活时间较短，则结合其他事由进行必要调整。其潜台词是在彩礼数额并非过高时，“已结婚登记”便足以对抗返还请求；而彩礼数额过高时，“结婚登记”并非毫无作用，可作为减少返还数额和比例的酌定事由。

《涉彩礼纠纷规定》第5条和第6条把“征求意见稿”中“共同生活时间”修改为“共同生活情况”，用意是指引法官在考量共同生活事实时，不能简单计算时间长短，还需要综合考虑双方是否实际一起居住、未实际共同居住的原因等因素；以及在确定是否返还和返还比例时，还要考虑彩礼实际使用及嫁妆情况、孕育情况、双方过错等事实，不同事由叠加会出现各种不同组合，规定具体的共同生活时间反而可能损害一方利益。但是在已结婚登记且属于高额彩礼的情形下，依照第5条文义，如果双方共同生活时间较短，可以减少返还数额和比例；反之，共同生活时间较长则无须返还。这一结论殊值赞同，若“已结婚登记”的形式要件与“长期共同生活”的实质要件皆已满足，意味着“以婚姻为目的”的实现，不应支持彩礼返还请求。原则上共同生活满2年时间足以认定为“共同生活时间较长”，《民法典》第1079条也规定了因感情不和分居满2年则准予离婚，可见2年时间足以推断出双方是否存在长期稳定共同生活的意愿和事实。

如何认定“共同生活”是司法实践的难点问题。有的裁判意见认为，婚后共同出资贷款购房并进行装修或添置物件、共同消费且相互代为支付消费款项等行为足以认定。有的裁判意见以婚姻存续期间女方曾怀孕流产的事实认定已共同生活。有的观点借鉴《民法典》夫妻权利义务的规定以及夫妻债务问题中认定夫妻共同生活的标准，认为需要满足共同住所、性生活、共同承担家务及负担生活费用、共同赡养老人及抚育子女、精神上相互慰藉等婚姻生活的实质内容。颇有争议的是，很多案件中当事人都把“未发生性关系”作为共同生活时间较短的证据。反对观点认为，性自由是基本人权，即便共同生活也未必发生性关系。编者认为，在传统伦理习俗观念中，“发生性关系”是给付彩礼订立婚约后方被默许的亲密交往内容，也是男女共同生活的组成部分，当然会影响到彩礼是否返还。但是当代社会的性伦理与传统社会已经形成较大差异，“发生性关系”主要涉及双方的偏好与选择，很难构成某一方受益或者受损的根据。因此，不能把“发生性关系”直接认定为影响彩礼返还数额比例的具体事由，只能将其作为认定“共同生活时间长短”的判定因素之一。

（三）国家法与习俗的协调：应当考虑过错事由

《民法典婚姻家庭编解释（一）》第5条规定彩礼返还事由时并未考虑违反婚约或者离婚中双方的过错事实，只要双方未结婚登记或者未共同生活，男方就得以请求返还彩礼。这主要是防止父母利用婚约包办婚姻以及遏制早婚现象，原《婚姻法》对婚约采取了不禁止也不保护的立场，使婚约对男女双方不具有强制约束力。赞成观点认为，价值取向上婚姻自由应优于信守婚约，迫于彩礼返还压力而促成的婚姻关系不仅难以稳固,还可能诱发更多家庭纠纷。一方因信赖婚约投入的成本以及因另一方家暴、出轨而遭受的身心损害,不应通过彩礼返还规则,而是通过类推缔约过失责任、侵权损害赔偿责任、离婚财产分割以及离婚损害赔偿等制度获得救济。

而正如为了保障离婚自由,离婚不以一方是否存在过错为前提,但是过错事实是影响共同财产分割以及离婚损害赔偿的重要事由。同理,解除婚约不需要考虑过错从而保障婚姻自由,不意味着解除婚约后的彩礼返还无视各方过错事实。“男方无故悔婚彩礼不退;女方悔婚应当返还彩礼”的婚恋嫁娶习俗是先于现行法的事实存在,虽经革命年代和主流意识形态的批判,却仍得到民众普遍认同与遵循。而《民法典婚姻家庭编解释(一)》第5条完全忽略了彩礼作为结婚“立约定金”的功能,若给付彩礼一方无故悔婚却得以主张返还彩礼,不但背离习俗也不符合诚实信用原则,引发国家法与习俗之间的抵牾,在一些法院彩礼返还案件强制执行中引发暴力对抗。《涉彩礼纠纷规定》第5条和第6条增加“双方过错”等事实作为确定是否返还彩礼以及返还具体比例的事由,使得“男方无故悔婚彩礼不退;女方悔婚应当返还彩礼”的婚嫁习俗通过过错事由进入国家法,值得肯定。

一方主动提出离婚、违反婚约或者结束共同生活,如另一方对此不存在过错,则该行为本身被视为具有过错。有的法院依据是给付人还是接收人提出解除婚约或者离婚,规定了不同的返还比例,由提出解除婚约或者离婚一方承担更为不利的后果;有的法院进一步考察未办理结婚登记的原因,酌定是否返还及数额比例;还有的法院进一步细化了过错事实的认定,包括实施家庭暴力、隐瞒重大疾病或恶习等欺诈行为、共同生活期间出轨、胁迫、重婚或与他人订婚、被判处刑罚等。当然,并非无法缔结婚姻必然意味着一方存在过错,有裁判意见认为,无法缔结婚姻除导致双方感情受创之外,难免会有物质损失,但另一方并未因一方损失而获益,若依据案情无法认定系何方导致或者何方过错居多,不支持由其中一方承担不利责任的主张。

法效果层面,若依习俗由过错方承担全部彩礼代价,同样可能引发利益失衡,将过错事实作为影响彩礼返还的酌定事由更为合理。一些法院审判指引规定,因彩礼给付人或接收人过错导致离婚或者婚约解除的,在因其他事由所定返还比例基础上按50%—10%比例适当增减。有的法院在婚姻因一方过错被撤销或宣告无效情形下,依据1年到3年婚姻存续期间长短,返还30%—80%比例彩礼。

(四)接收人的抗辩事由:彩礼实际使用及嫁妆情况

《涉彩礼纠纷规定》第5条和第6

条皆把“彩礼实际使用及嫁妆情况”作为确定是否返还以及返还比例的事由。彩礼实际使用包括两种情形，一种是彩礼被消耗而不复存在，又可细分为彩礼被花费于婚礼筹办或双方共同生活以及被用于接收人及其家庭的个人消费。另一种是彩礼转化为其他财物，对此又涉及其他财物的不同归属。

第一种情形下，如果彩礼被实际用于支付筹办婚事的费用或者花费于双方共同生活，有的法院认为彩礼给付目的已经实现，不能请求返还。给付人已在彩礼消耗过程中获益，若仍请求返还相当于重复得利。如果彩礼仅仅用于接收人及其家庭成员的花销而非双方共同生活，有观点认为尚需进一步考察接收人能否主张所得利益不存在的抗辩。若依据《民法典》第157条规定也可主张接收人折价补偿，同时考虑双方导致婚约解除或离婚的过错事实，酌情确定返还数额。

第二种情形下，应当界定彩礼转化为其他财物是归属于女方个人财产、双方婚后的共同财产还是女方父母的财产。若彩礼转化为女方个人财产或其父母的财产，则视为仍然存在，依据其他事由确定返还数额；若彩礼已转化为夫妻共同财产，可将彩礼返还与共同财产分割一并处理，在分割共同财产中体现影响彩礼返还的诸多事由。

有的地区婚嫁习俗是男方出多少彩礼，女方父母会通过礼金、汽车、家庭用品、房屋装修等方式回送大体等值的嫁妆。有的习俗中嫁妆数额甚至高于彩礼，两者皆用于新家庭的建设，体现代际分配的功能，通常仅归属于女方个人所有。彩礼还有可能先归属于女方父母，然后全部或者部分转化为女方父母给付的嫁妆。该种情形下嫁妆仍为彩礼呈现的一种形式，如果嫁妆属于女方个人财产，适用彩礼返还规则；如果嫁妆在实际共同生活中转化为夫妻共同财产，分割共同财产时一并处理。如果彩礼归属于女方个人且女方父母额外陪送嫁妆，则嫁妆返还可以参照彩礼返还规则一并处理。

【地方法院规范】

《上海市高级人民法院关于适用最高人民法院婚姻法司法解释(二)若干问题的解答(二)》(2004年,2020年12月修订)

五、应当返还的彩礼范围如何把握?

答:虽然根据司法解释(二)第十条①的规定,当符合条件时,已给付的彩礼应当予以返还,但在实际生活中,已给付的彩礼可能已用于购置男女双方共同生活的物品,事实上已经转换为男女双方的共同财产,或者已在男女双方的共同生活中消耗。

因此,我们在处理涉及彩礼返还的

① 对应《民法典婚姻家庭编解释(一)》第5条。——编者注

案件时,就应当返还的范围而言,要根据已给付的彩礼的使用情况,是否在男女双方共同生活中发生了必要的消耗,婚姻关系或同居关系存续期间的长短等具体事实,综合把握。在处理方式上也应当灵活运用,特别是彩礼已转换为夫妻共同生活的财产时,可将彩礼的返还与分割共同财产一并考虑,在分割中体现彩礼的返还。

【法院参考案例】

1. 王某某与李某某离婚纠纷案——已办理结婚登记但共同生活时间较短,离婚时应当根据共同生活时间、孕育子女等事实对数额过高的彩礼酌情返还(《人民法院涉彩礼纠纷典型案例》案例一,最高人民法院、民政部、全国妇联 2023 年 12 月 11 日)

【基本案情】

2020 年 9 月,王某某与李某某(女)登记结婚。王某某家在当地属于低收入家庭。为与对方顺利结婚,王某某给付李某某彩礼 18.8 万元。李某某于 2021 年 4 月终止妊娠。因双方家庭矛盾加深,王某某于 2022 年 2 月起诉离婚,并请求李某某返还彩礼 18.8 万元。

【裁判结果】

审理法院认为,双方当事人由于婚前缺乏了解,婚后亦未建立起深厚感情,婚姻已无存续可能,准予离婚。结合当地经济生活水平及王某某家庭经济情况,王某某所给付的彩礼款 18.8 万元属于数额过高,事实上造成较重的家庭负担。综合考虑双方共同生活时间较短,女方曾有终止妊娠等事实,为妥善平衡双方当事人利益,化解矛盾纠纷,酌定李某某返还彩礼款 56400 元。

【典型意义】

彩礼是以缔结婚姻为目的依据习俗给付的财物。作为我国婚嫁领域的传统习俗,彩礼是男女双方及家庭之间表达感情的一种方式,也蕴含着对婚姻的期盼与祝福。然而,超出负担能力给付的高额彩礼却背离了爱情的初衷和婚姻的本质,使婚姻演变成物质交换,不仅对彩礼给付方造成经济压力,影响婚姻家庭的和谐稳定,也不利于弘扬社会文明新风尚。2021 年以来,“中央一号文件”连续 3 年提出治理高额彩礼问题。遏制高额彩礼陋习、培育文明乡风成为全社会的共同期盼。基于彩礼给付的特定目的,一般情况下,双方已办理结婚登记手续并共同生活,离婚时一方请求返还按照习俗给付的彩礼的,人民法院不予支持。但是,也要看到,给付彩礼的目的除了办理结婚登记这一法定形式要件外,更重要的是双方长期共同生活。因此,共同生活时间长短应当作为确定彩礼是否返还以及返还比例的重要考量因素。本案中,双方共同生活仅 1 年多时间,给付彩礼的目的尚未全部实现,给付方不存在明显过错,相对于其家庭收入来讲,彩礼数额过高,给付彩礼已造成较重的家庭负担,同时,考虑到终止妊娠对女方身体健康亦造成一定程度的损害等事实，判决酌情返还部分彩礼，能够较好地平衡双方当事人间的利益，引导树立正确的婚恋观，倡导形成文明节俭的婚礼习俗，让婚姻始于爱，让彩礼归于“礼”。

2. 刘某与朱某婚约财产纠纷案——已办理结婚登记，仅有短暂同居经历尚未形成稳定共同生活的，应扣除共同消费等费用后返还部分彩礼（《人民法院涉彩礼纠纷典型案例》案例三，最高人民法院、民政部、全国妇联 2023 年 12 月 11 日）

【基本案情】

刘某与朱某（女）2020 年 7 月确立恋爱关系，2020 年 9 月登记结婚。刘某于结婚当月向朱某银行账户转账 1 笔 80 万元并附言为“彩礼”，转账 1 笔 26 万元并附言为“五金”。双方分别在不同省份的城市工作生活。后因筹备举办婚礼等事宜发生纠纷，双方于 2020 年 11 月协议离婚，婚姻关系存续不到 3 个月。婚后未生育子女，无共同财产，无共同债权债务。双方曾短暂同居，并因筹备婚宴、拍婚纱照、共同旅游、亲友相互往来等发生部分费用。离婚后，因彩礼返还问题发生争议，刘某起诉请求朱某返还彩礼 106 万元。

【裁判结果】

审理法院认为，彩礼是男女双方在缔结婚姻时一方依据习俗向另一方给付的钱物。关于案涉款项的性质，除已明确注明为彩礼的 80 万元款项外，备注为“五金”的 26 万元亦符合婚礼习俗中对于彩礼的一般认知，也应当认定为彩礼。关于共同生活的认定，双方虽然已经办理结婚登记，但从后续拍摄婚纱照、筹备婚宴的情况看，双方仍在按照习俗举办婚礼仪式的过程中。双方当事人婚姻关系仅存续不到 3 个月，其间，双方工作、生活在不同的城市，对于后续如何工作、居住、生活未形成一致的规划。双方虽有短暂同居经历，但尚未形成完整的家庭共同体和稳定的生活状态，不能认定为已经有稳定的共同生活。鉴于双方已经登记结婚，且刘某支付彩礼后双方有共同筹备婚礼仪式、共同旅游、亲友相互往来等共同开销的情况，对该部分费用予以扣减。据此，法院酌情认定返还彩礼 80 万元。

【典型意义】

涉彩礼返还纠纷中，不论是已办理结婚登记还是未办理结婚登记的情况，在确定是否返还以及返还的具体比例时，共同生活时间均是重要的考量因素。但是，案件情况千差万别，对何谓“共同生活”，很难明确规定统一的标准，而应当具体情况具体分析。本案中，双方婚姻关系存续时间短，登记结婚后仍在筹备婚礼过程中，双方对于后续如何工作、居住、生活未形成一致的规划，未形成完整的家庭共同体和稳定的生活状态，不宜认定为已经共同生活。但是，考虑到办理结婚登记以及短暂同居经历对女方的影响、双方存在共同消费、彩礼数额过高等因素，判决酌情返还大部分彩礼,能够妥善平衡双方利益。

第六条 【未办理结婚登记但共同生活时彩礼返还的条件】双方未办理结婚登记但已共同生活,一方请求返还按照习俗给付的彩礼的,人民法院应当根据彩礼实际使用及嫁妆情况,综合考虑共同生活及孕育情况、双方过错等事实,结合当地习俗,确定是否返还以及返还的具体比例。

【司法解释·注释】①

应当明确以下彩礼返还规则,具体为:(1)未办理结婚登记且未共同生活的或已经办理结婚登记但确未共同生活的,原则上应当全部返还。但是,应当扣减已经使用的部分。(2)已办理结婚登记且共同生活的,在双方离婚时,按照习俗给付的彩礼,一般不应予以返还。但是,如果共同生活时间较短且彩礼数额过高的,应当在扣减已经使用部分和无法返还的嫁妆部分基础上,综合考虑彩礼数额、共同生活及孕育情况、双方过错等事实,结合当地习俗,确定是否返还以及返还的具体比例。(3)未办理结婚登记但双方已共同生活的,应当在扣减已经使用部分和无法返还的嫁妆部分基础上,综合考虑共同生活及孕育情况、双方过错等事实,结合当地习俗,确定是否返还以及返还的具体比例。

【地方法院规范】

《江苏省高级人民法院民事审判第一庭家事纠纷案件审理指南(婚姻家庭部分)》(2019年)

8. 双方未办理结婚登记手续,但已共同生活,彩礼应否返还?双方已办理结婚登记手续,但共同生活时间较短,离婚时彩礼应否返还?

《婚姻法解释二》第十条②第一款第一项规定的“双方未办理结婚登记手续的”并非针对双方已共同生活的情形。如果双方未办理结婚登记手续,但已共同生活,当事人主张返还彩礼的,可以根据未办理结婚登记手续的原因、双方共同生活的时间、彩礼的数额、有无生育子女、财产使用情况、双方经济状况等酌定是否返还以及返还的数额。

双方已办理结婚登记手续,但共同生活时间较短,离婚时当事人主张返还彩礼的,可以根据离婚的过错、双方共同生活的时间、彩礼的数额、有无生育子女、财产使用情况、双方经济状况等酌定是否返还以及返还的数额。

---

① 参见王丹:《新形势下彩礼纠纷的司法应对》,载《中国应用法学》2024年第1期。

② 对应《民法典婚姻家庭编解释(一)》第5条。——编者注

【法院参考案例】

1. 张某与赵某婚约财产纠纷案——男女双方举行结婚仪式后共同生活较长时间且已育有子女，一般不支持返还彩礼（《人民法院涉彩礼纠纷典型案例》案例二，最高人民法院、民政部、全国妇联 2023 年 12 月 11 日）

【基本案情】

张某与赵某（女）于 2018 年 11 月经人介绍相识，自 2019 年 2 月起共同生活，于 2020 年 6 月生育一子。2021 年 1 月双方举行结婚仪式，至今未办理结婚登记手续。赵某收到张某彩礼款 160000 元。后双方感情破裂，于 2022 年 8 月终止同居关系。张某起诉主张赵某返还 80%彩礼，共计 128000 元。

【裁判结果】

审理法院认为，双方自 2019 年 2 月起即共同生活并按民间习俗举行了婚礼，双方在共同生活期间生育一子，现已年满 2 周岁，且共同生活期间必然因日常消费及生育、抚养孩子产生相关费用，若在以夫妻名义共同生活数年且已共同养育子女 2 年后仍要求返还彩礼，对赵某明显不公平，故判决驳回张某的诉讼请求。

【典型意义】

习近平总书记强调指出，家庭是社会的基本细胞，是人生的第一所学校。不论时代发生多大变化、不论生活格局发生多大变化，我们都要重视家庭建设，注重家庭、注重家教、注重家风。《民法典》规定，家庭应当树立优良家风、弘扬家庭美德，重视家庭文明建设，保护妇女、未成年人、老年人、残疾人的合法权益。人民法院在审理涉及彩礼纠纷案件中要坚决贯彻落实习近平总书记关于家庭家教家风建设的重要论述精神和《民法典》的相关规定。《民法典婚姻家庭编解释（一）》第 5 条关于未办理结婚登记手续应返还彩礼的规定，应当限于未共同生活的情形。已经共同生活的双方因未办理结婚登记手续不具有法律上的夫妻权利义务关系，但在审理彩礼返还纠纷时，不应当忽略共同生活的“夫妻之实”。该共同生活的事实不仅承载着给付彩礼一方的重要目的，也会对女性身心健康产生一定程度的影响，尤其是在孕育子女等情况下。如果仅因未办理结婚登记而要求接收彩礼一方全部返还，有违公平原则，也不利于保护妇女合法权益。本案中，双方当事人虽未办理结婚登记，但按照当地习俗举办了婚礼，双方以夫妻名义共同生活 3 年有余，且已生育一子。本案判决符合当地风俗习惯，平衡各方当事人利益，特别体现了对妇女合法权益的保护。

2. 祝某某诉戴某 1、白某某、戴某 2 婚约财产纠纷案——孕育子女可作为彩礼返还比例的考量因素之一（人民法院案例库 2023-07-2-012-004）

【裁判要旨】

根据《婚姻法解释(二)》第10条之规定,虽然本案双方未办理结婚登记,且共同生活时间不长,但已生育一子。孕育子女对女性生理、心理均会产生较大影响,基于这一因素,应对彩礼返还数额予以酌减。同时,戴某1、白某某、戴某2是共同家庭成员,共同接受、支配该彩礼款。戴某1接受彩礼款15万元的行为可视为三人的共同行为,故应共同承担返还责任。

【基本案情】

祝某某与戴某2(女)系恋爱关系,2016年5月14日,祝某某母亲给付彩礼15万元,2016年6月12日双方举办了婚礼,但未进行婚姻登记。祝某某与戴某2自2016年6月12日起共同生活至2017年11月,其间,双方共同孕育一子但夭折,后双方因感情产生裂痕无法缔结婚姻关系。祝某某起诉请求判令戴某1及其父母戴某2、白某某返还彩礼15万元。

【裁判结果】

吉林省辽源市西安区人民法院于2018年7月25日作出(2018)吉0403民初1158号民事判决:被告戴某1、白某、戴某2于本判决书生效之日起5日内返还原告祝某某彩礼5万元。宣判后,双方当事人均未提起上诉,一审判决已发生效力。

【裁判理由】

法院生效判决认为:男女双方缔结婚姻应以感情为基础。鉴于双方按照习俗举办了婚礼,共同生活了1年多,且孕育一子,结合本地农村常情和本案的实际情况,对于祝某某返还彩礼的请求,酌定戴某1、白某某、戴某2返还彩礼5万元。

第七条 【施行日期及溯及力】本规定自2024年2月1日起施行。

本规定施行后,人民法院尚未审结的一审、二审案件适用本规定。本规定施行前已经终审、施行后当事人申请再审或者按照审判监督程序决定再审的案件,不适用本规定。

附录三

《最高人民法院关于适用〈中华人民共和国民法典〉婚姻家庭编的解释(二)》注释

第一条 【重婚不适用效力补正】当事人依据民法典第一千零五十一条第一项规定请求确认重婚的婚姻无效,提起诉讼时合法婚姻当事人已经离婚或者配偶已经死亡,被告以此为由抗辩后一婚姻自以上情形发生时转为有效的,人民法院不予支持。

【司法解释·注释】①

《婚姻法解释(一)》第8条规定,当事人依据《婚姻法》第十条规定向人民法院申请宣告婚姻无效的,申请时,法定的无效婚姻情形已经消失的,人民法院不予支持。《民法典婚姻家庭编解释(一)》基本上沿袭原有规定,此规定学理上被称为无效婚姻阻却,即无效婚姻的无效条件消失后,不再产生无效效力,原本无效的婚姻成为有效婚姻。《婚姻法》规定的无效婚姻情形中,未到法定婚龄和婚前患有医学上认为不应当结婚的疾病、婚后尚未治愈两种情形,存在无效婚姻阻却事由,对此,并无争议。但由于《民法典》婚姻家庭编删除了"婚前患有医学上认为不应当结婚的疾病,婚后尚未治愈的"无效情形,因此,目前无争议的仅有未到法定婚龄一种情形。最具争议的是重婚是否存在无效婚姻阻却情形。也即,《民法典婚姻家庭编解释(一)》第10条中的"法定的无效婚姻情形在提起诉讼时已经消失的"是否包括重婚的情形;如果包括,是否需要作进一步的区分。

《民法典》第1042条明确规定"禁止重婚"。2001年《婚姻法》修正时,明确将重婚作为法定婚姻无效情形,《民法典》沿用之。同时,《刑法》第258条规定,有配偶而重婚的,或者明知他人有配偶而与之结婚的,处2年以下有期徒刑或者拘役。上述规定构成较为完整的法律体系,表明了国家对重婚行为的坚决否定态度。

---

① 参见王丹:《法定无效婚姻情形已经消失的适用规则》,载《人民司法·应用》2022年第19期;陈宜芳、吴景丽、王丹:《〈关于适用民法典婚姻家庭编的解释(二)〉的理解与适用》,载《人民司法·应用》2025年第3期。

对于重婚是否存在阻却事由的问题,一直以来即存在争议。一种意见认为,《民法典婚姻家庭编解释(一)》第20条没有将重婚情形排除在外,即应包括所有婚姻无效情形。而且,重婚的无效阻却,国外也有部分立法例。另外一种意见认为,重婚是严重违反一夫一妻制原则的行为,不应当存在阻却事由,即申请时,无论重婚者是存在两个婚姻关系,还是只有一个婚姻关系,都应宣告其中一个婚姻无效,构成犯罪的,还应予以刑罚制裁。

还有观点认为,在重婚的情形下,对于法定的无效婚姻情形在提起诉讼时已经消失的情况应当作进一步区分,确定不同的规则,具体为:

(1)提起诉讼时,在先的婚姻已被确认无效或被撤销。婚姻无效有当然自始无效和须经法院判决确定始为无效两种。法院判决确定无效的,又分为溯及生效力和仅向将来生效力。《民法典婚姻家庭编解释(一)》第20条规定,《民法典》第1054条所规定的"自始没有法律约束力",是指无效婚姻或者可撤销婚姻在依法被确认无效或者被撤销时,才确定该婚姻自始不受法律保护。从以上规定可以看出,无效婚姻须经法院生效判决确定。无效婚姻和可撤销婚姻均具有溯及力,这意味着:①无效婚姻或可撤销婚姻,在未经人民法院生效判决确认前,仍作为合法有效婚姻对待;②经人民法院判决确认无效或者被撤销的,该婚姻视为自始无效。因此,如果前一段婚姻是无效婚姻或者可撤销婚姻,在未经人民法院判决确认无效或者被撤销的情况下,一方与他人结婚的,仍应为重婚。但是,如果在提起确认重婚行为无效的诉讼时,前一段婚姻已被确认无效或者被撤销,则视为自始不存在该婚姻,后一婚姻自不构成重婚。实际上,此种情况严格说来并不属于重婚效力补正的问题。

(2)提起诉讼时,合法婚姻当事人已经离婚或者配偶已经死亡。此时应当区分重婚另外一方是否善意(已结婚而诈称尚未结婚再与他人结婚,其他人不知情者,谓之善意。他方明知而仍愿与之结婚者,为恶意)而确立不同的规则:①如果明知或应当知道他人有配偶而与之结婚的,不宜认定重婚效力因此补正。《民法典》婚姻家庭编明确规定了我国实行一夫一妻的婚姻制度,而重婚严重违背了婚姻法的基本原则,如果仅仅因为前一合法婚姻当事人已经死亡或者离婚即可补正重婚的效力,不符合人民群众朴素的正义观,甚至可能引发道德风险,认定重婚行为绝对无效更有利于弘扬社会主义核心价值观。如果双方仍有感情,在前一合法婚姻当事人已经死亡或者离婚后,双方重新登记即可。区分善意与恶意,给予不同的评价结果,能够兼顾刑事与民事责任评价的一致性。根据《刑法》对重婚罪的定义,重婚需要明知他人有配偶而与之结婚,即需要有主观的犯罪故意。②如果不知道或者不应当知道他人有配偶而与之结婚的,可以认定重婚效力因此补正。主要考虑是由于其并不知道对方有合法婚姻,主观上不具有可苛责性,法律应当对其善意设置相应的保护规则。

通说认为,有配偶的人与他人登记结婚,构成法律上的重婚;虽未登记结婚,但又与他人以夫妻名义同居生活的,构成事实上的重婚。《最高人民法院关于〈婚姻登记管理条例〉施行后发生的以夫妻名义非法同居的重婚案件是否以重婚罪定罪处罚的批复》(法复〔1994〕10号)规定,新的《婚姻登记管理条例》(1994年1月12日国务院批准,1994年2月1日民政部发布)发布施行后,有配偶的人与他人以夫妻名义同居生活的,或者明知他人有配偶而与之以夫妻名义同居生活的,仍应按重婚罪定罪处罚。虽然该司法解释已被废止,但刑事审判实践中仍一直按照此规定精神处理重婚问题。

1994年《婚姻登记管理条例》施行后,虽然民事上已不承认事实婚姻,但有配偶而与他人以夫妻名义同居生活的仍可以认定为重婚行为,可将其作为法定离婚事由和法定的离婚损害赔偿事由。因为,根据《民法典婚姻家庭编解释(一)》第2条的规定,《民法典》第1042条、第1079条、第1091条规定的与他人同居的情形,是指有配偶者与婚外异性,不以夫妻名义,持续、稳定地共同居住。本着举轻以明重的原则,既然不以夫妻名义,持续、稳定地共同居住可认定为法定的离婚事由和离婚损害赔偿事由,则在有配偶的情况下,又与他人以夫妻名义共同生活的,是公然对一夫一妻制的违反,认定为重婚行为,并将之作为法定离婚事由和离婚损害赔偿事由,符合立法目的。当然,认定此种情况为重婚,是从保护合法婚姻的角度而言的,并不意味着承认该以夫妻名义同居的事实行为为婚姻。

因此,在确认重婚无效的语境下,如果重婚的行为是未办理结婚登记而以夫妻名义同居的,根据《民法典婚姻家庭编解释(一)》第7条规定,行为如果发生在1994年《婚姻登记管理条例》公布实施之后的,不认可为事实婚姻,即婚姻不成立,而没必要认定为无效;行为如果发生在1994年《婚姻登记管理条例》公布实施之前的,应当认定该事实重婚的婚姻无效。

有观点认为,未到法定婚龄与违反一夫一妻制的重婚行为,严重性程度相当。重婚只是违反了一夫一妻制度,而与幼女或少女结婚,不仅严重违反了法定婚龄制度,甚至严重侵犯人权。如果未到法定婚龄的婚姻效力可以补正,则重婚的婚姻效力亦应可以补正。该种观点不具有合理性,从禁止原因看,未到法定婚龄的婚姻,主要是当事人行为能力存在一定欠缺。结婚的实质要件分为公益要件与私益要件,未到法定婚龄仅是对私益要件的违反,不主要涉及他人合法权益保护和社会公共利益;而重婚则是对公益要件的违反,涉及一夫一妻制的婚姻法基本原则以及对合法婚姻配偶的保护。《民法典》编纂虽然仅将疾病婚从无效婚改为可撤销婚,没有将未达法定婚龄改为可撤销婚,但在社会危害性上,未达法定婚龄与重婚的危害性不同,基本是一致的意见。虽然法律上两者均为无效婚姻,没有作出特别区分,但实践中,有针对性地细化相关规则不仅符合基本法理,也与公民的法感情一致。由于未到法定婚龄不涉及婚姻双方当事人之外的第三人,在当事人达到法定婚龄、有自我判断力后仍愿意维持婚姻的,是对原来共同生活状态的认可,法律没必要再强行干预。当然,如果是与被拐骗少女结婚的,因为已经触犯刑法,且涉及胁迫结婚的问题,与一般未到法定婚龄不同。而重婚涉及的是整个社会秩序,是对社会基本价值观的冲击,且涉及合法婚姻当事人以及婚生子女的保护,与未达法定婚龄不可同日而语。

在具体规定上,《民法典》将"疾病婚"从无效婚姻改为可撤销婚姻,体现了充分尊重当事人婚姻自主权的价值取向,将是否维持既存婚姻状态的决定权交给当事人。这体现了法律对已经发生的身份事实的宽容。在男女双方的结合虽不符合结婚的要件,却并未因此危害社会公共利益和第三人利益的情形,将撤销该婚姻的权利赋予当事人本人,更符合婚姻关系作为基本民事关系的实质。因此,虽然未到法定婚龄目前仍然规定为无效婚,但在当事人达到法定婚龄,有婚姻的行为能力以后,充分尊重其意愿,允许效力补正,是符合立法本意的。但重婚行为,尤其是明知或者应当知道对方有配偶而仍与之结婚的人,法律不应当保护其恶意。

《民法典婚姻家庭编解释(二)》从弘扬社会主义核心价值观的角度,明确重婚行为不适用效力补正。本条在向社会征求意见过程中,曾有但书条款,目的是保护重婚中善意的一方。但不少反馈意见认为,重婚是严重违背公序良俗的行为,甚至可能构成犯罪,不应当仅因一方的善意即使得重婚行为合法化。我们经研究认为,对于重婚中善意的一方,可以根据《民法典》第1054条规定,请求有过错的一方损害赔偿,该规定能够保护其合法权益,故删除了但书条款。

【相关立法】

《中华人民共和国民法典》(2021年1月1日施行)

第一千零五十一条 有下列情形之一的,婚姻无效:

(一)重婚;

(二)有禁止结婚的亲属关系;

(三)未到法定婚龄。

【法院参考案例】

王某申请宣告赵某与李某某的婚姻无效案——如何理解"法定的无效婚

姻情形已经消失"[《民事审判指导与参考》2017年第1辑(总第69辑)]

【案情简介】

王女士到法院申请宣告赵女士与李某某的婚姻无效。王女士称,其与李某某2003年9月结婚,并生育了子女,夫妻感情一直不错。后李某某去外地做生意,双方离多聚少,李某某对其越来越冷淡,并于2008年7月到法院起诉离婚,法院于2008年12月最终判决解除了双方的婚姻关系。离婚后,王女士偶然得知李某某竟然瞒着她于2006年2月在外地与赵女士登记结婚,王女士认为,李某某的行为构成重婚,其与赵女士的婚姻应当无效。

【裁判结果】

法院经审理后认为,王女士到法院申请宣告李某某与赵女士的婚姻无效时,其已经与李某某离婚,此时李某某只有一个婚姻,并非同时存在两个或两个以上的婚姻。根据《婚姻法解释(一)》第8条规定:"当事人依据婚姻法第十条规定向人民法院申请宣告婚姻无效的,申请时,法定的无效婚姻情形已经消失的,人民法院不予支持。"据此判决:驳回王女士请求宣告李某某与赵女士婚姻无效的申请。

【参考观点】

一种观点认为,李某某与赵女士登记结婚时,其同时还与王女士存在婚姻关系,李某某的行为属于典型的重婚,严重破坏了我国的一夫一妻婚姻制度,社会危害性大,从性质上来说是绝对无效、自始无效。重婚与其他无效婚姻情形不同,当事人的重婚行为视情节可能要被追究刑事责任,不能认为前一个婚姻关系已经解除,后一个婚姻关系就不能被宣告为无效,否则不利于打击重婚这种违法犯罪行为。因此,不能简单地将重婚事由消失认定为"法定的无效婚姻情形已经消失"。

也有观点认为,从《婚姻法解释(一)》第8条的文义理解,当事人申请宣告婚姻无效时,如果重婚的情形已经消失,法院对当事人的申请应当不予支持。该条并没有规定重婚情形除外,既然没有作出排除或例外性规定,就不能以维护一夫一妻制为由,简单粗暴地认为重婚属于绝对无效的情形。在域外法律上,重婚无效可以阻却有立法规定。在法理上,重婚无效阻却也可以得到合理解释。所谓无效婚姻阻却,就是无效婚姻的无效条件消失后,使原本无效的婚姻被阻止,不再产生无效的后果。本案中王某申请宣告婚姻无效时,其与李某某的婚姻关系已被法院生效判决所解除,即李某某重婚的事实状态已不存在,法院判决驳回王女士请求宣告李某某与赵女士婚姻无效的申请是正确的。

这个问题貌似简单,其实一直存在很大争议。理论界将存在阻却事由的无效婚姻称为相对无效,将不存在阻却事由的无效婚姻称为绝对无效。《婚姻法解释(一)》第8条的规定,主要是鉴于婚姻行为的私权性,有利于稳定当事人的生活关系。当前审判实践中,将此规定适用于未达法定婚龄和疾病婚中,显然没有任何争议。但不少人认为,对以重婚为由申请宣告婚姻无效的,因重婚是严重违反一夫一妻制基本原则的行为,所以不存在阻却事由。即无论申请时,重婚者是存在两个婚姻关系,还是已经只有一个婚姻关系,都应宣告后一个婚姻无效。构成重婚罪的,还应追究刑事责任。

我们认为,对这个问题的认识,确实有一个过程。产生分歧的主要原因在于现行法律或司法解释没有对“法定的无效婚姻消失的情形”作出进一步的明确。《婚姻法》第10条规定了无效婚姻的四种情形,即重婚、有禁止结婚的亲属关系、婚前患有医学上认为不应当结婚的疾病而婚后尚未治愈的、未到法定婚龄的。一般认为未达法定婚龄和疾病婚姻属于相对无效,近亲婚姻和重婚属于绝对无效。也就是说,有些无效婚姻在经过一定时间后,因婚姻无效情形已经消除等情况,可以认可当事人及利害关系人在申请宣告婚姻无效时存在阻却事由。即申请时,法定的无效婚姻情形已经消失,如未达法定婚龄者已达法定婚龄、患有的医学上认为不应当结婚的疾病已经治愈,这时对提出的申请宣告婚姻无效的请求,法院不予支持。而近亲婚姻的血缘关系无法改变,重婚可能构成刑事犯罪,所以被认为属于绝对无效。

根据我国《刑法》对重婚罪的定义,重婚是指有配偶又与他人结婚或明知他人有配偶而与之结婚的行为。通说认为有配偶的人与他人登记结婚,构成法律上的重婚;虽未登记结婚,但又与他人以夫妻名义同居生活的,构成事实上的重婚。实际上,重婚行为是否构成犯罪,是刑事审判领域的问题,或者由受害人依照《刑事诉讼法》的有关规定,向人民法院自诉;或者由公安机关依法侦查,人民检察院依法提起公诉。而当事人申请宣告重婚无效属于民事审判范围,应当按照《婚姻法解释(一)》规定的精神办理。不支持当事人申请宣告婚姻无效的请求,并不意味着不追究重婚者的刑事责任。

婚姻的无效以婚姻的违法性为条件,如果违法性已经不复存在,即婚姻无效的原因已经消失,不应再宣告婚姻无效。《婚姻法解释(一)》第8条的规定,并没有将重婚作为例外情形。我们认为,重婚无效的法定情形消失,是指有效婚姻关系的当事人办理了离婚手续或配偶一方已经死亡。从全国法院一审受理的有关婚姻无效纠纷的数量来看,2012年是1567件,2013年是1064年,2014年是1082件,2015年是1134件,2016年是1051件。每年一千多件的婚姻无效纠纷,这个数量不容小觑,在认定上应当统一裁判标准。

值得注意的问题是,如果有效婚姻关系的当事人办理了离婚手续或配偶一方已经死亡,当事人以重婚为由申请宣告婚姻无效不予支持的,后婚从什么时候开始有效？我们认为一般应从有效婚姻关系的当事人解除婚姻关系或配偶一方死亡时开始起算比较合适。

【最高人民法院民一庭倾向性意见】

当事人以重婚为由向人民法院申请宣告婚姻无效的，申请时，有效婚姻关系的当事人办理了离婚手续或配偶一方已经死亡的，人民法院不予支持。

第二条 【对当事人主张“假离婚”的处理】夫妻登记离婚后，一方以双方意思表示虚假为由请求确认离婚无效的，人民法院不予支持。

【编者观点】

“假离婚”并非精确的法律概念，而是以日常语言表达的对实践中部分夫妻为了实现某些利益需求从而协议离婚情形的模糊概括。因此，“假离婚”也被称为“通谋虚伪离婚”，所谓“假”以及“通谋”正是指双方当事人在协议离婚时存在双方虚伪行为。之所以存在大量“假离婚”情形，根源在于婚姻关系与社会运行及分配机制之间的紧密联系，使得离婚除了终止夫妻双方之间的婚姻关系以外，还会带来大量经济上的次生效果。司法实践涉及“假离婚”的案例中，夫妻双方通谋虚伪离婚所欲达成的目的，可以总结为以下三种类型：第一，存在针对以家庭为单位的规制政策（如限购房产、计划生育等），因此夫妻双方通过假离婚规避政策约束。第二，夫妻双方通过假离婚取得相应福利补贴，例如，夫妻双方离婚之后，分别购买房屋时均可享有首套购房低比例首付、贷款利率优惠以及契税优惠。第三，夫妻双方通过假离婚重新安排财产及债务，从而实现逃避向外部债权人清偿债务的目的。

究竟哪些离婚属于“假离婚”，理论界与实务界均未划出明确界限。“假离婚”一词第一次出现在立法、司法的相关文件中，可追溯至1979年《最高人民法院关于陈建英诉张海平“假离婚”案的请示报告的复函》，其中载明，“用先离婚后复婚的欺骗手段造成的假离婚”，不影响已经登记离婚的合法性。

第一种观点认为，可将“假离婚”定性为夫妻双方为了共同或者各自目的，约定暂时离婚，等到目的达到之后再复婚的离婚行为。类似观点认为，假离婚指夫妻双方感情并未破裂，仅意图通过解除婚姻关系谋取利益，在协议离婚的同时约定，达成虚假离婚目的后登记复婚。上述观点都意在强调“约定离婚后再复婚”作为“假离婚”的构成要素。但是将是否存在未来登记复婚的约定作为“假离婚”与否的判断标准，实际上误解了“假离婚”的范畴。即使在真离婚的场景下，双方也可以约定未来若感情恢复则登记复婚。因此，是否有登记复婚之约定，不能直接作为“假离婚”的判定标准。

第二种观点认为,“假离婚”并不“假”,双方具有真实的离婚意思。具体而言,在“假离婚”情形中应当区分双方当事人离婚意思表示的动机与内容。实践中夫妻双方通常会为了规避政策、获得额外福利等目的协议离婚,而这些目的所表征的便是当事人的动机与意图。当事人的法律行为有效与否取决于其意欲发生特定法律效果的意思是否真实,至于当事人为相关行为的动机和意图,只是当事人的内部心理活动,不应作为评价意思表示效力的考量因素。故而,若采用区分动机与内容的分析路径,那么当事人离婚的效果意思其实是真实的,因为只有离婚,才能够实现双方所意欲达成的额外目的。这一观点揭示出“假离婚”情形下双方当事人具有离婚以外的其他动机,但是忽略了双方当事人在离婚意思表示上的复杂态度。

第三种观点也即学界中更为通行的观点是,将“假离婚”阐释为“通谋虚伪离婚”,双方当事人并没有真正离婚的意思,进而对其效力作进一步探究。有学者认为,夫妻双方的离婚意思表示既为通谋虚伪,则离婚行为无效;另有学者认为,尽管通谋虚伪意思表示通常无效,但离婚行为有其特殊性,具备离婚登记这一形式要件且具有极强的公示性,因此不应以私的行为决定公的行为的效力,离婚行为仍然有效。这一理论虽然提出了“假离婚”中存在通谋虚伪表示,却并没有揭示出通谋虚伪表示指向的是哪一项意思表示。

事实上,在离婚情形下,离婚双方的意思表示并不像一般的民事行为那样仅具有一项意思表示,而是包含身份、财产、子女抚养各层面诸多意思表示。故而,首要任务是厘清“假离婚”中究竟存在哪些层面的意思表示,其中何者为真、何者为假。《民法典》第1076条规定,夫妻双方自愿离婚,应当在办理离婚登记前签订离婚协议。离婚协议存在身份关系和财产关系两方面的意思表示,身份关系层面包含夫妻双方所谓的“离婚意思”以及子女抚养这一身份关系约定;财产关系层面包括夫妻双方对共同财产以及债务如何分割的约定。

“离婚意思”固然是夫妻双方决定离婚的意思表示,但是如此解释仅从字面展开,并不能够厘清离婚意思表示的真实构成。夫妻双方的“离婚意思”,可以进一步拆解为两个层次的意思表示:一是终止夫妻双方以夫妻名义共同居住、生活关系的意思表示;二是终止法律上登记婚的意思表示。

之所以需要区分这两个层次的意思表示,原因在于一方面,婚姻关系是一种“继续性关系”,不同于结婚这种“一时性行为”,意味着男女双方以夫妻名义长久、稳定的共同生活;另一方面,双方通过登记婚的形式,组建起“家庭”这一获得国家认可的“类组织体”类型,产生婚后所得共同财产制、夫妻以及父母子女等法定权利义务关系,接受国家的规制也同时获得国家给予的各项福利。因此,离婚既意味着共同生活关系的消解,也意味着国家法层面上一种类组织体及相应权利义务关系的消灭,故而在夫妻双方真正的离婚意思中,应当同时具有这两个层次的意思表示。而"假离婚"情形下,离婚双方终止法律上登记婚的意思表示是真实的,但是终止一直延续的共同生活的意思表示是"通谋虚伪"的。因此,应当区分不同层次的意思表示的真假,对相应行为的效力进行更为精确化的判定。

一、"假离婚"中的夫妻身份关系:登记婚关系终止

(一)通谋虚伪规则在婚姻行为中的适用

本条明确了"假离婚"的效力,即夫妻双方以通谋虚伪主张离婚无效的,人民法院不予支持。这是否意味着离婚行为不能适用《民法典》第146条的通谋虚伪规则?有观点认为,通谋虚伪规则不能适用于婚姻,盖因以公的方式缔结的行为,不能因私的密约左右其效力。具言之,由于婚姻不仅是男女双方的结合,同时还关涉公共秩序以及婚姻伦理,因此不应当完全适用通谋虚伪这一意思表示瑕疵规则。相反观点则认为,结婚行为与离婚行为固然具有极强的公示性并且还关涉到社会公共秩序,但是其依然是男女双方结合的身份行为,不论是结婚抑或离婚均会对当事人双方产生重要的影响,此时更应当遵循当事人双方的真实意思表示,完全将其排除在意思表示瑕疵规则的适用范围之外,欠缺足够的正当性。

(二)离婚登记的性质与效力

若离婚意思表示也能够适用通谋虚伪规则,那么夫妻双方以通谋虚伪主张无效,法院为何不予支持?一种观点认为,夫妻之间离婚的意思表示因通谋虚伪而无效,原本不能起到离婚的效果,但是由于夫妻双方已经进行了离婚登记,此种登记对意思表示的瑕疵起到了补正作用。另有观点认为,离婚意思因通谋虚伪而无效,但不能推导出婚姻关系依旧存续,因为我国婚姻登记不仅是结婚行为的生效要件,还是婚姻关系维持的必要条件,如果没有有效的结婚登记,在法律上就不存在合法有效的婚姻关系。以上观点的差异在于如何理解婚姻登记在婚姻关系中的作用与效力,故而有必要对这一问题进行澄清。

在传统中国,婚姻缔结方式是传统家族主持下的民间世俗仪式婚,通过婚嫁的繁复礼仪起到公示的作用,而后,婚姻的缔结方式逐渐发展成为以个人意志为主导的国家法律登记婚。在国家法律登记婚中,不论是结婚还是离婚,都需要具备实质要件和形式要件两项要素,前者是指双方应当具有结婚或是离婚的一致意思表示,后者则是指需要办理结婚或是离婚登记。不论是传统仪式婚还是当今社会的登记婚,婚姻缔结均具有极强的要式性。在传统中国,婚姻并非个人事务,其首要目的在于宗族延续与祖宗祭祀,因此更为看重

"礼",也就是婚姻成立必须要履行社会所承认的程序。到了现代社会,为了对婚姻关系中双方的个人身份信息进行记录与归档,有必要借助婚姻登记制度。此外,从公共层面而言,婚姻成为现代社会人们享有特定公共服务的法定事由;从私人层面而言,婚姻使得夫妻双方在财产、身份等各个层面生成一系列权利义务关系,同时对债权人等婚姻关系外部的第三人产生涉他效力。因此,有必要通过婚姻登记制度建立起有效的公示手段,登记婚也因此成为婚姻缔结的主流方式。

作为一种行政程序的婚姻登记制度——不论是结婚登记还是离婚登记,其最重要的功能在于公示。更准确地说,婚姻登记属于行政确认行为,只有在双方具有结婚或者是离婚的意思表示时,婚姻登记机关才会对该意思表示予以确认,从而起到设立或是终止婚姻关系的法律效果。由此,在双方并无离婚意思表示时,离婚登记无法起到直接补正意思表示瑕疵的作用。

(三)"假离婚"中离婚行为有效的分析路径

"假离婚"中的离婚行为之所以能够起到终止婚姻关系的效果,可以从形式逻辑与法政策后果这两个角度进行论证。

1. 离婚要件:终止登记婚的意思表示与登记离婚

在"假离婚"场景下,夫妻双方两个层次的意思表示一真一假。具体而言,双方当事人具有真实的终止登记婚的意思表示,并基于此合致的意思表示前往婚姻登记机关登记离婚。但双方当事人并没有真实的终止以夫妻名义共同居住、生活的意思表示,因此在这一层次的意思表示之上,夫妻双方存在通谋虚伪。

但此种共同生活层面的通谋虚伪意思表示,并不会对法律上登记婚的效力产生影响。夫妻之间的生活关系与法律关系仅仅耦合在婚姻这一形态之内,并不意味着两者之间总是处在相同的状态。具体而言,男女双方完全可能以夫妻名义共同生活、居住,但却并不具有缔结法律上婚姻关系的意思表示,也并没有前往婚姻登记机关登记结婚的行为。此时生活关系与法律关系便不同一,男女双方形成所谓"非婚同居关系"。男女双方也完全可能在婚姻登记机关登记结婚,但是事实层面并未共同生活、居住,此时生活关系上的分居并不影响法律关系上婚姻的成立。归根结底,这是因为我国法律上"事实婚"地位的变化所带来的效果。在1994年2月1日民政部《婚姻登记管理条例》公布实施以前,男女双方符合结婚实质要件的,按照事实婚姻处理。但该条例公布实施以后,符合结婚实质要件的,唯有补办结婚登记才成立婚姻关系,易言之,仅有"登记婚"才具有法律上婚姻关系的效力。因此,"假离婚"中夫妻双方在终止共同居住、生活的意思表示上存在通谋虚伪的后果,仅仅是使得双方当事人离婚之后构成同居关系。

故而,在判断“假离婚”中婚姻关系是否存续抑或终止时,并不需要考虑双方是否具有结束共同居住生活关系的意思表示,而是依据是否具有终止法律上登记婚的意思表示,以及是否完成离婚登记来认定婚姻关系。故而,即便“假离婚”中双方当事人为了实现法律上离婚之后才能够取得的福利补贴或是政策规避效果才协议离婚,双方通谋虚伪者仅为不再以夫妻名义共同生活、居住之意思表示,并不影响真实的终止法律上登记婚的意思表示,并且双方也完成了离婚登记这一形式要件,故而“假离婚”中双方的婚姻关系已经终止,双方不得以通谋虚伪为由主张离婚无效。

2.“假离婚”中的利益平衡与制度目标

认定“假离婚”中离婚行为无效的理由,还可以从“假离婚”内部夫妻之间的利益平衡、与社会公共利益的平衡,以及婚姻自由与意思自治的角度予以论证。在“假离婚”情形中,夫妻双方终止以夫妻名义共同居住、生活的意思表示为虚假表示,但这一点通常无法为外人所知,更进一步,夫妻内部如何居住、生活对外人而言也无意义,因此该类案件之所以会进入到司法程序之中,通常是因为夫妻一方意欲反悔、想要假戏真做,不再愿意以夫妻名义共同生活、居住,也不愿意再登记复婚从而恢复法律上之婚姻关系。故而另一方当事人会将此诉诸法院,希望法院认定“假离婚”无效。

此时,若完全依凭双方当事人中想要恢复婚姻效力一方的想法,意味着夫妻可以利用“假离婚”实现目的而无须负担任何风险。换言之,在双方达成终止婚姻关系的合意并完成离婚登记之时,未来不能顺利复婚本就是其应当承担的后果。若认定“假离婚”中离婚行为无效,反而助长社会中夫妻双方通过“假离婚”达成其他经济目的之风气,双方完全可以为了规避债务、取得公共服务等原因“假离婚”,一旦后续反悔,只需要起诉确认“假离婚”无效即可恢复婚姻关系。

“假离婚”中不仅存在夫妻双方对于离婚行为是否生效的争议,还会涉及社会公共利益的平衡。首先,夫妻协议离婚需要在相应的婚姻登记机关进行登记,但是登记机关工作人员仅能对夫妻双方是否具有离婚意思、是否满足离婚要件作形式审查。登记离婚的要件包括双方自愿离婚,并且对子女抚养、财产以及债务处理等事项协商一致。在协议离婚时,夫妻双方需要填写《离婚登记申请书》并提交离婚协议,《离婚登记申请书》中包括双方出于真实意愿离婚的声明,在离婚协议中则会有对于子女抚养以及财产、债务处理的约定,婚姻登记机关仅会对以上材料和内容进行形式审查。如果因夫妻双方之间没有终止以夫妻名义共同居住、生活的意思表示而认定行为无效,则意味着婚姻登记机关需要对离婚双方的意思表示进行实质审查,而此种夫妻内部生活关系的安排为外人所探知的成本过于高昂,故不应将其纳入婚姻登记机关的审查范围之内。

从婚姻自由与当事人意思自治的角度来看,也不应认定"假离婚"中的离婚行为无效。协议离婚与诉讼离婚在要件构成上本就不同,唯有诉讼离婚要求双方感情确已破裂,而协议离婚只需要双方均自愿离婚,并且就子女抚养以及财产、债务事项处理达成一致。"双方均自愿离婚"是指双方均具有终止法律上的登记婚关系的意思表示,因此即便双方就未来日常生活、居住关系有自己的规划,也不影响二者均属于自愿离婚,公权力不应过分干涉双方协议离婚的意思自治。

总结而言,"假离婚"中夫妻双方终止法律上登记婚的意思表示真实,但是就终止以夫妻名义共同居住、生活的意思为通谋虚伪,但后者并不构成法律上登记婚关系终止的要件。终止登记婚,只需要双方具有终止婚姻关系的意思表示这一实质要件,再具有离婚登记这一形式要件即为已足,因此"假离婚"中的离婚行为仍然有效。此外,从法政策后果的角度,不论是从遏制"假离婚"行为、尊重婚姻自由的角度,还是从实质审查是婚姻登记机关无法承受之重的角度,均应认可"假离婚"中双方离婚行为的效力。

二、"假离婚"中的子女抚养关系:遵循子女利益最大化原则

父母与子女之间的关系并不因父母离婚而消除,离婚之后,子女无论由父或者母直接抚养,仍是父母双方的子女,父母均对于子女有强制性的抚养义务,即"抚育子女的成长,并为他们的生活、学习提供一定的物质条件"。因此,夫妻双方离婚时对子女抚养关系的约定,主要是针对由谁直接抚养子女、抚养费的给付以及探望权的行使等内容。

有学者认为,子女抚养的相关约定虽然涉及人身关系,但其解释应当与财产分割约定的解释相同,即适用通谋虚伪法律行为无效的规则。然而,《民法典婚姻家庭编解释(二)》中却未作此规定,而是有意回避了"假离婚"中关于子女抚养约定的效力问题。之所以如此,是因为即便在"真离婚"中,夫妻双方对于子女抚养权的约定也未必有效,子女抚养问题并不完全由父母的意思来决定,在子女抚养权归属方面产生纠纷时,法院需要依据《民法典》第1084条第3款作出判决,即分别依循"由母亲直接抚养""最有利于未成年子女""尊重其真实意愿"等不同原则予以具体应对。因此,"假离婚"中夫妻双方若对子女抚养约定产生纠纷,请求认定子女抚养约定无效,则法院自会依据"子女利益最大化"原则对该约定的效力进行确认。

在子女抚养约定中通常还包括抚养费给付条款。"假离婚"中双方当事

人可能通过将财产作为抚养费一次性给付给子女，或者约定未来长期支付高额抚养费的方式来规避债务。此种情况下，存在未成年子女利益与外部债权人利益之间的冲突。留存的问题是，能否适用诈害债权可撤销条款保障债权人利益？

抚养费给付条款是父母基于自然亲缘关系与法定身份义务而作出，相较于财产分割条款具有更强的伦理性。因此，有观点主张在未成年子女利益保护与外部债权人利益保护之间，应当更加倾向于前者，债权人应选择撤销离婚财产协议中的其他财产分割约定，而不应撤销抚养费给付约定。编者认为，在父母约定抚养费显著超出合理范围且撤销其他财产分割约定仍然不足以保障债权人之利益的情况下，债权人仍能够主张撤销抚养费给付条款。父母将财产作为抚养费一次性给付给子女，并不属于无偿转让财产等方式无偿处分财产权益，而是属于履行法定义务，但这并不意味着不存在《民法典》第538条之适用空间。当父母将超过合理范围的畸高数额的财产作为一次性支付的抚养费给付给子女时，超出合理范围的部分即可参照适用“无偿处分财产权益”条款，从而债权人能够要求撤销该一次性抚养费给付条款。

综上所述，在离婚协议中的子女抚养关系约定出现纠纷时，需要由法院依据“子女利益最大化”等原则作出判决，因此子女抚养关系中并无多少离婚双方意思自治的空间，自然也没有必要借助通谋虚伪等意思表示瑕疵规则来认定该约定之效力，故而本条未就此作出规定。

【批复答复】

《最高人民法院关于陈建英诉张海平“假离婚”案的请示报告的复函》（1979年12月31日）

陈建英与张海平是经过双方申请，于1976年8月16日去兰州市七里河区革委会协议离婚的，双方对子女抚养和财产也达成了一致意见，领取了离婚证。张海平与朱小渝于1978年1月9日在北京经合法手续登记结婚，领取了结婚证。从法律上说，张海平与陈建英的离婚是合法的，张海平与朱小渝的结婚也是合法的。现在陈建英以他们的离婚登记，是张海平用先离婚后复婚的欺骗手段造成的假离婚，要求予以撤销；并要求废除张海平与朱小渝的婚姻关系，维持她与张海平的夫妻关系。这种要求，在法律上是站不住脚的。陈建英与张海平在离婚当时，都是具有法律行为能力的公民，双方依法办理了离婚手续，并已经发生了法律效力，从那时起，他们之间的婚姻关系，在法律上已经消灭。根据案卷的调查材料，造成他们离婚，双方都有责任，张海平的责任可能多一些。但从案件情况来看，都还是批评教育问题，使他们今后能严肃慎重地处理婚姻家庭问题，不影响已经登记离婚的合法性。

【法院参考案例】

1. 洪某诉李某离婚后财产案——夫妻"假离婚"签订的离婚协议中财产分割内容因缺乏夫妻真实意思表示应认定为无效(《中国法院 2023 年度案例 · 婚姻家庭与继承纠纷》)

【基本案情】

洪某与李某于 2009 年 9 月 28 日在厦门市思明区民政局登记结婚,同年 12 月 31 日生育婚生子李某浩,2014 年 7 月 2 日在厦门市思明区民政局办理离婚登记手续。洪某与李某签订的《离婚协议书》第 3 条第 3 款约定:位于厦门市思明区莲秀里×号房产 1 套,是男方婚前所购,离婚后,归女方所有,男方无条件协助女方办理过户手续,所产生的费用由男方支付。2014 年,洪某与李某为了让婚生子在天津上学进而打算申请天津户口,因天津政策规定外地居民要取得天津蓝印户口需将三人户口迁至天津,其不愿将户口都迁往天津,双方协商后决定女方户口留在厦门,为此双方办理了离婚登记手续,但离婚后仍共同在天津居住生活。李某承认 2014 年时其申请并在 2015 年时取得过天津蓝印户口,2017 年之前洪某与其共同居住在天津,2017 年之后洪某回到厦门生活。

2014 年 9 月 3 日,洪某申请将其婚姻状况由已婚变更为离异。同日,李某向公安机关提交《户口登记项目变更更正申请表》,申请变更项目为婚姻状况,申请理由为"已办理离婚手续。现未再婚,申请婚姻状况由已婚更改为离婚",并提交离婚证书为证明材料。庭审时,李某否认当日前往派出所办理婚姻状况变更登记。2015 年 11 月 3 日,李某与兴业银行股份有限公司天津分行签订《零售借款最高额抵押合同》的婚姻状况一栏显示"离婚"。2018 年 2 月 28 日,李某与福建南安农村商业银行股份有限公司签订《综合授信合同》和《最高额抵押合同》,并向银行提交了离婚证及《离婚协议书》。厦门市思明区莲秀里×号房产现登记权利人为李某。双方离婚后至今,李某未将案涉房产过户到洪某名下。后双方因财产分割问题诉至法院。

案件审理期间,经李某申请,审理法院委托福建历思司法鉴定所对《离婚协议书》上"李某"是否李某本人签署进行鉴定,该司法鉴定所出具《司法鉴定意见书》,认为落款日期为"2014 年 7 月 2 日"的《离婚协议书》中"李某"签字笔迹是李某本人所写。

【案件焦点】

(1)洪某与李某离婚登记是否合法有效;(2)基于双方办理的离婚登记而签订的《离婚协议书》的效力应如何认定。

【裁判理由及结果】

福建省厦门市思明区人民法院经审理认为:对于争议焦点之一"洪某与

李某离婚登记是否合法有效”，离婚是具有要式性的特殊行为，夫妻前往婚姻登记机关完成离婚登记是解除夫妻关系身份行为的生效要件，双方婚姻关系自离婚登记办理完毕时终止。李某至今未向民政局申请撤销离婚登记或向法院提起行政诉讼，该离婚登记行政行为仍合法有效，洪某与李某离婚登记行为产生解除二人夫妻关系的法律效力。

对于另一个争议焦点，即“基于假离婚签订的《离婚协议书》的效力认定”，根据已查明的事实，洪某在庭审中承认 2014 年双方办理离婚登记手续是为了“小孩在天津上学”之便利，并非因感情破裂，且双方在离婚后仍共同居住于天津。洪某的上述承认构成自认，其办理离婚登记手续时欠缺结束双方婚姻关系的真实意思表示。根据前述分析，洪某与李某离婚登记合法有效，但婚姻关系的终止与财产关系的处分是两个完整且独立的法律行为，两者效力应分别评价。离婚涉及的夫妻身份关系自双方向民政部门办理离婚登记之日起解除，而《离婚协议书》因缺乏双方真实意思表示而应认定为无效，洪某与李某并未对离婚后财产分割约定达成真实的合意，故《离婚协议书》中夫妻财产分割部分的约定无效。洪某主张李某知晓离婚后未积极申请撤销离婚登记，反而在办理银行贷款及抵押时使用了《离婚协议书》，该行为应视为李某对其《离婚协议书》的追认，李某对此不予认可。追认适用于包括无权代理、无权处分、限制行为能力人从事法律行为等效力待定行为，而本案双方合意造成订立《离婚协议书》的假象，其真意并非追求离婚法律效果产生，双方对该虚假意思表示并无信赖，法律无必要使该意思表示产生约束力，该行为属于无效的行为，不属于效力待定的行为，故李某使用《离婚协议书》的行为不构成对《离婚协议书》的追认。因此，洪某与李某的夫妻共同财产应予重新分割，双方可协商解决或者另案起诉。本案中，洪某依据《离婚协议书》要求李某履行《离婚协议书》第 3 条第 3 款约定的义务的主张于法无据，本院不予支持，判决驳回洪某的全部诉讼请求。

2. 陈某诉张某离婚案——离婚案件中虚假离婚合意之司法认定(《中国法院 2022 年度案例 · 婚姻家庭与继承纠纷》)

【基本案情】

原告陈某、被告张某于 2008 年 1 月 31 日登记结婚，婚后育有一子张小某。2014 年 11 月 2 日，双方协议离婚并签订《离婚协议书》，对婚姻关系、子女抚养及财产分割作出明确约定。2015 年 1 月 15 日双方复婚；2017 年 7 月中旬，双方因感情不和开始分居。现陈某诉至法院要求离婚并处理子女抚养、共同财产分割问题。张某辩称双方系因购房办理假离婚，《离婚协议书》的财产分割内容是双方串通的虚假意思表示,应属无效,要求重新分割。另查,2014 年 11 月 3 日,陈某与案外人签订房屋买卖合同购买 303 号房屋。当日,陈某支付购房定金、居间费和保障服务费;2015 年 1 月 12 日陈某申请贷款支付房款 160 万元。后 303 号房屋登记于陈某名下。

【案件焦点】

陈某与张某于 2014 年 11 月 2 日协议离婚是否为通谋虚假离婚。

【裁判要旨】

北京市西城区人民法院经审理认为:陈某、张某自由恋爱,在相互了解后缔结婚姻关系,且共同育有一子,彼此应当珍惜;但婚后双方未能注重感情培养,导致感情破裂,现双方均表示愿意解除婚姻关系,法院不持异议。考虑到婚生子张小某正处于成长、发育的关键时期,本着不随意改变子女成长环境和未成年人利益最大化原则,结合双方抚养能力,确定张小某由陈某直接抚养;结合子女生活地域、实际需要和张某收入等因素,张某每月给付子女抚育费 5000 元。

就共同财产处理,本着照顾子女及女方权益原则,婚后购买的家具家电归陈某所有,由陈某给付张某折价补偿。陈某提出异议的银行存款转出部分,结合法院查明的事实,扣除陈某能够进行合理解释和来源、出处对应的款项部分,约 36 万元陈某未能充分举证证明系经张某同意处分,法院对陈某的处分行为不予确认,视为陈某用于此后的子女抚养和房屋还贷。关于陈某抗辩 2016 年 8 月 24 日向其母转账的 20 万元中,有用于偿还其母向其转账款项,陈某未能就其母向其转账款项的性质进行充分举证,该笔转款涉及案外人权益,应另案处理。

关于张某主张平均分割 303 号房屋,其虽抗辩称与陈某前次离婚系为购买 303 号房屋而进行的假离婚,双方对共同财产的分割非真实意思表示,但未能据其主张事实向法庭充分举证,且陈某亦不认可,法院对张某的抗辩意见不予采纳,《离婚协议书》的约定对双方均产生约束力。结合 303 号房屋购买时间、购买主体、购房款组成和产权登记等事实,法院确认房屋归陈某所有,陈某应当对复婚后张某参与共同还贷及房屋对应增值部分,向张某进行补偿,具体数额法院结合双方确定的房屋市场价值、查明和确定的共同还贷时间进行核算,为 628620 元;张某要求平均分割该房屋的主张,法院不予支持。

据此,北京市西城区人民法院判决如下:(1)陈某与张某离婚;(2)婚生子张小某由陈某抚养,张某按月给付子女抚育费 5000 元至张小某年满 18 周岁止;(3)共同财产:钢琴 1 架……归陈某所有,陈某给付张某折价补偿款 25000 元;(4)303 号房屋归陈某所有,陈某给付张某房屋共同还贷及对应增值部分 628620 元;(5)驳回双方的其他诉讼请求。

张某不服一审判决,提起上诉。北

京市第二中级人民法院经审理认为：本案的争议焦点为一审法院对于张某与陈某离婚后的子女抚养及财产分割问题所做处理是否适当。一审法院对于双方婚姻关系的解除、子女抚养及陈某银行存款所做处理并无不当，二审法院同意一审法院裁判意见。

关于303号房屋的分割问题，首先应明确房屋的性质，张某上诉主张其与陈某于2014年11月的协议离婚为假离婚，进而主张双方签订的《离婚协议书》中关于财产分割的条款无效，法院对其前述主张不予认可，具体分析如下：首先，303号房屋中介经办人黄某虽向一审法院出具《证明》，表示陈某与张某办理购房手续过程中双方均到场，关系和谐并仍以夫妻相称。但二审中，黄某提交了书面说明并出庭接受询问，表示前述《证明》并非其本意，系无奈之下书写。同时称办理购房手续时陈某与张某已是离异状态，并未以夫妻相称。其次，本案中，张某与陈某离婚、购房、复婚的时间节点虽结合得较为紧密，但综合本案现有证据，缺乏能够证明张某与陈某当时协议离婚并非双方真实意思表示的直接证据，如离婚后签署的财产约定或当时的往来通信记录等。最后，张某受过专业法学教育，本身具有一定法学理论基础，其应知晓签署离婚协议的法律后果，因此，其在签署离婚协议时应较一般人更为审慎。但本案中，张某与陈某签署离婚协议后并未签订其他协议，且在协议中亦存在“双方承诺对该协议书的字词义非常清楚，并愿意完全履行本协议书，不存在受到胁迫、欺诈、误解情形”的内容，前述事实均与张某主张双方系假离婚存在相悖之处。故综合考量本案实际情况，法院认定2014年11月双方协议离婚系双方真实意思表示，离婚时签订的《离婚协议书》应为有效。陈某在双方离婚后复婚前用协议书中约定归其所有的银行存款购买303号房屋，用其个人财产支付房屋首付款并以个人名义办理银行贷款，且房屋亦登记在陈某名下，故303号房屋应属于陈某的个人财产。一审法院综合考量303号房屋的购买时间、购买主体、购房款组成和产权登记等事实，确定303号房屋归陈某所有，由陈某对复婚后张某参与共同还贷及房屋对应增值部分进行补偿并无不当，结合双方确定的房屋市场价值、查明和确定的双方共同还贷时间等因素，确定陈某给付张某303号房屋共同还贷及对应增值部分628620元亦无不当。张某上诉主张平均分割303号房屋不能成立，法院不予支持。最终判决：驳回上诉，维持原判。

第三条 【离婚协议参照适用债权人撤销权制度】夫妻一方的债权人有证据证明离婚协议中财产分割条款影响其债权实现，请求参照适用民法典第五百三十八条或者第五百三十九条规定撤销相关

条款的,人民法院应当综合考虑夫妻共同财产整体分割及履行情况、子女抚养费负担、离婚过错等因素,依法予以支持。

【司法解释 · 注释】①

《民法典》第 1064 条规定的夫妻共同债务制度加大了对配偶一方权益的保护力度。根据该条规定,如果夫妻一方在婚姻关系存续期间以个人名义超出日常家庭生活需要所负的债务,原则上应被认定为个人债务。在此情况下,有的夫妻双方通过解除婚姻关系,借离婚财产分割协议将所有财产分配给非举债的配偶一方,而将债务留给自己;如此,举债的配偶一方名下无任何财产,而原配偶依离婚协议所分得的财产又非举债方的责任财产,债权人便因此无法得到清偿。一般而言,"只要行为人履行其家庭法上的义务而给付财产,这种财产给予不能认定为《民法典》第 538 条规定的'无偿处分财产权益行为',不能成为债权人撤销权的对象。虽然此时债务人的行为可能在形式上导致其责任财产减少,但这种减少受法律的特殊保护,其根源正是家庭法中的利他主义假设"。但是,不能因为离婚协议属于婚姻家庭法规范而认为其完全与外部无任何关联,这是不符合实际的。

在审判实践中,夫妻之间为逃避债务,通过离婚协议的方式转移夫妻共同财产的情况并不鲜见,这无法通过婚姻家庭法内部规则解决,只能在外部寻找解决途径,即涉及债的保全问题。但是基于婚姻关系的私密性特征,债权人很难了解夫妻财产分割协议的具体内容,如何平衡保护双方利益,成为理论和实践中的难题。为此,《民法典婚姻家庭编解释(二)》基于体系解释思维,参照适用《民法典》第 538 条和第 539 条规定,将离婚协议纳入债权人撤销权范围。具体分析本条内容如下:

1. 将离婚协议纳入债权人撤销权制度适用范围,符合债权人撤销权的制度目的和离婚协议的性质。《民法典》针对债务人诈害处分其责任财产的行为,按照有偿和无偿两类情形分别规定了债权人可以行使撤销权。"债权人撤销权是指当债务人无偿处分或以不合理的对价交易导致其财产权益减少或责任财产负担不当加重,对债权人的债权实现有影响时,债权人可以请求人民法院撤销债务人所实施行为的一项民事权利。"债权人撤销权是债的保全制度之一。根据《民法典》第 464 条第 2 款规定,婚姻、收养、监护等有关身份关

---

① 参见陈宜芳、王丹:《民法典婚姻家庭编法律适用中的价值理念和思维方法——以〈民法典婚姻家庭编解释(二)〉为视角》,载《法律适用》2025 年第 1 期;陈宜芳、吴景丽、王丹:《〈关于适用民法典婚姻家庭编的解释(二)〉的理解与适用》,载《人民司法·应用》2025 年第 3 期。

系的协议,在有关该身份关系的法律没有规定,可以根据其性质参照适用合同编规定。考虑到离婚协议虽以身份关系为基础,但目的不是维持身份关系而是解除身份关系,其中的财产处理条款更多地体现财产性质,因此,在婚姻家庭编没有特别规定的情况下,应有参照适用合同编债权人撤销权制度的基础,以避免夫妻通过离婚损害债权人利益。

2. 离婚协议纳入债权人撤销权行使对象应为参照适用,而非直接适用。所谓"参照",即指某一法条在其构成要件或法律后果中指示参照其他法条,具体分为两类:一类是参照法律要件,另一类是参照法律后果,且即使制定法没有明确规定,被指示参照的法规范之适用,始终只能是"相应地"适用。应避免不合事理的等量齐观,即事物或者说被调整的生活关系自身固有的差异所要求的差异化处理不应当被排除。对参照适用型引用性法条/准用性法条,"一直必须注意系争两个法律事实间之特征上的差异,并针对该差异,慎重地认定拟处理之案型是否有限制或修正拟准用之法条的必要""参照适用型法条主要是从法律后果上参照适用"。

在将离婚协议参照适用债权人撤销权制度时,要考虑家庭法与财产法的不同。如果是正常的离婚协议,作为夫妻共同财产分割的约定,另一方取得属于自己的份额,虽然形式上没有表现为支付对价,但并不是无偿取得,只是取得自己应得的部分,因此,债权人原则上不能根据《民法典》第538条规定请求撤销。法律调整的是双方不合理的财产分配,使得作为债务人的配偶一方责任财产减少,进而影响债权人债权的实现。此种情况下,债务人诈害债权的意图有时较难判断,债权人撤销权涉及债权人债权保护、债务人离婚及处分财产自由和债务人配偶一方利益的平衡保护,应更为慎重。夫妻离婚财产分割不同于市场交易,不存在相对确定的交易价格,无法准确确定"不合理"的区间范围,此时,在参照适用时应当考虑离婚协议的特殊性,不宜适用《民法典合同编通则解释》第42条和第43条的规定。

夫妻离婚时对共同财产的分割,如无特殊情况,一般是各自一半,但这只是理想状态,且不说因为夫妻共同财产的多样性,基于有利生产、方便生活的原则进行实物分割时,往往难以做到价值绝对相同,即使根据《民法典》第1087条规定,还需考虑照顾子女、女方和无过错方权益的原则进行适当调整。实践中的情况更为复杂,离婚协议可能基于子女抚养、一方存在过错等因素,导致一方多分、另一方少分的情况。我们认为,离婚协议中的财产分割条款具有附随性,以婚姻关系解除为前提,财产分割往往会考虑未成年子女由哪一方直接抚养、一方是否存在过错等因素,并非必须均等分割。不能简单以只要不均等分割就损害了一方债权人利益为由撤销离婚协议。在总结审判实践经验基础上,《民法典婚姻家庭编解释(二)》明确,在参照适用时,需要考虑共同财产整体分割及履行情况、子女抚养费负担、离婚过错等事实,严格把握撤销标准,在依法保护债权人合法权益的同时,也要避免损害夫妻另一方和未成年子女利益。兼顾对债权人和配偶另一方尤其是妇女、未成年子女利益的平衡保护,既遏制道德风险,又为家庭利他主义留有法律空间。

在适用该条规定时,需要注意以下3点:(1)债权人的债权应当发生在离婚之前。(2)该债务已认定为夫妻一方的个人债务。如果该债务被认定为夫妻共同债务,夫妻双方均为债务人,债权人可以同时向夫妻双方主张债权,因此,离婚协议中关于夫妻共同财产分割的约定,不存在影响债权人债权实现的情形,无须动用债权人撤销权制度。(3)夫妻双方通过离婚恶意逃债的情况下,也可能存在《民法典》第154条关于恶意串通的民事法律行为无效之规定的适用余地。从举证责任的角度看,恶意串通的举证证明标准较高,需要达到排除合理怀疑的程度,因此,实践中,债权人大部分是以撤销权纠纷提起诉讼。本条解释主要是针对该类案件处理作出的规定,并非否认当事人以恶意串通损害他人合法权益的民事法律行为无效为由提起诉讼的权利。

【编者观点】

在"假离婚"情形中,离婚双方离婚登记时需要提交离婚协议,其中包含自愿离婚的意思表示、财产分割约定以及子女抚养约定。离婚双方对于财产分割的约定有时是通谋虚伪,即仅用于满足离婚协议的要件而并非分割财产的真实意思表示。但也存在少数情况,夫妻双方的财产分割约定存在着其他类型的意思表示瑕疵。

一、财产及债务处理条款因通谋虚伪而无效

夫妻双方借助"假离婚"从而实现其特别目的时,当事人对于财产及债务处理的约定很可能仅仅是用于满足离婚协议的形式要求以应对婚姻登记机关的审查。此时双方当事人所作出的财产及债务处理的约定构成通谋虚伪。由此,《民法典婚姻家庭编解释(二)》"征求意见稿"第2条曾规定,"一方有证据证明双方意思表示虚假,请求确认离婚协议中有关财产及债务处理条款无效,并主张重新分割夫妻共同财产的,人民法院应依法予以支持"。但该部分内容在正式版本中被删除。

通谋虚伪的财产及债务处理条款又可以依据双方当事人是否有隐藏意思表示进一步区分为两类:一是双方当事人约定财产及债务处理条款仅用于满足协议离婚的形式需要,并没有隐藏的处理财产和债务的真实意思;二是当事人双方还具有隐藏的真实意思表示。第一类情形，由于当事人双方并没有隐藏的关于夫妻共同财产分割的真实意思，为了保障当事人利益平衡以及外部债权人之合法权益，应当由双方通过补充协议的方式，或者不能达成合意时由法院对夫妻共同财产及债务予以重新分割。第二类情形，双方当事人具有隐藏的真实意思表示，法院究竟要以隐藏的真实意思表示为依据确认夫妻财产及债务处理的法律效果，还是仍然重新分割夫妻共同财产？若双方当事人具有隐藏行为，说明双方对于财产以及债务的处理进行过谨慎思考并且经过协商后达成了一致的意思表示，此时并无必要无视双方的意思自治由法院重新分割，除非双方的隐藏行为存在其他效力瑕疵。

二、财产协议因恶意串通而无效

并非所有假离婚情形下，双方当事人对于财产分割的约定都属于通谋虚伪。在双方当事人离婚本就是为了重新分配财产从而规避外部债务，或是为了转移财产等其他目的时，双方当事人对于财产分割的约定恰恰是真实的意思表示，并不构成通谋虚伪，而存在被认定为恶意串通的可能性。尽管“通谋”的表述与“串通”类似，但两者的区别在于，通谋虚伪情况下，双方以虚假的意思表示达成一致，而在恶意串通情形下，双方串通的是真实的意思表示，只不过此种意思表示恶意损害他人利益。因此，通谋虚伪行为无效的基础在于意思表示瑕疵即欠缺效果意思，而恶意串通行为无效的基础则在于行为的违法性。考虑到恶意串通的举证困难，外部第三人可以选择主张债务人诈害债权人之利益从而撤销相应法律行为。

三、财产协议因诈害债权人利益而可撤销

在夫妻双方为了规避清偿债务而“假离婚”情形下，为保障外部债权人之利益，应当参照适用《民法典》第538条、第539条关于诈害债权人可撤销之规则。本条对此进行了规定，离婚协议中涉及财产及债务处理的条款仍然较为宽泛，可能包含共同财产分割、离婚损害赔偿与经济帮助、家务劳动补偿以及将财产赠与子女等多种在人身性层面存在差异的条款，这些条款是否均能够适用《民法典》第538条、第539条，还是仅适用《民法典》第538条，尚且存在争议。

在夫妻共同财产分割与债务处理条款中，财产分割本就需要考虑到夫妻双方对于家庭的贡献、无过错方应当适当多分配财产，同时还要考虑离婚之后夫妻双方的收入与生活水平，从而对于财产分配进行适当矫正。在此种情况下，共同财产分割条款是否构成诈害债权人，需要先由法院确定夫妻共同财产分割的合理基准，从而再判定离婚协议中所约定的共同财产分割条款是否存在非承担债务的一方配偶分得财产超出合理基准过高的情况。如若存在此种情况，才可能判定该方当事人存在诈害债权人行为。问题在于，如何判定此时属于无偿行为诈害债权还是有偿行

为诈害债权,亦即,究竟应当适用《民法典》第538条可由债权人直接撤销该财产分割及债务处理约定,还是适用《民法典》第539条需要债权人举证证明非债务人的配偶一方知道或者应当知道后方能撤销该约定。

有观点认为,此处并不存在《民法典》第539条的适用空间。首先,一方配偶在取得财产的同时,可能还需要承担抚养子女义务,因此取得超出合理基准的财产并非无偿。然而,在确定财产分割基准之时,本就已经将离婚之后的子女抚养等事项考虑在内,因此非债务人的配偶一方并不能够因为承担抚养子女义务就取得不相当的高额财产。其次,一方配偶取得财产的同时也负担了一定的债务,此种情形,同样也不属于有偿诈害债权,毕竟夫妻内部的债务约定仅具有内部效力,未通知债权人不能对债权人生效,因此约定负担债务的一方当事人并未实际承担任何对价。

【相关立法】

《中华人民共和国民法典》(2021年1月1日施行)

第五百三十八条 债务人以放弃其债权、放弃债权担保、无偿转让财产等方式无偿处分财产权益,或者恶意延长其到期债权的履行期限,影响债权人的债权实现的,债权人可以请求人民法院撤销债务人的行为。

第五百三十九条 债务人以明显不合理的低价转让财产、以明显不合理的高价受让他人财产或者为他人的债务提供担保,影响债权人的债权实现,债务人的相对人知道或者应当知道该情形的,债权人可以请求人民法院撤销债务人的行为。

第四条 【同居析产纠纷的处理】双方均无配偶的同居关系析产纠纷案件中,对同居期间所得的财产,有约定的,按照约定处理;没有约定且协商不成的,人民法院按照以下情形分别处理:

(一)各自所得的工资、奖金、劳务报酬、知识产权收益,各自继承或者受赠的财产以及单独生产、经营、投资的收益等,归各自所有;

(二)共同出资购置的财产或者共同生产、经营、投资的收益以及其他无法区分的财产,以各自出资比例为基础,综合考虑共同生活情况、有无共同子女、对财产的贡献大小等因素进行分割。

【司法解释·注释】[①]

自1994年《婚姻登记管理条例》实

① 参见陈宜芳、吴景丽、王丹:《〈关于适用民法典婚姻家庭编的解释(二)〉的理解与适用》,载《人民司法·应用》2025年第3期。

施以来，我国不再认可所谓“事实婚姻”。婚姻家庭受国家保护，是宪法确定的基本原则。只有办理结婚登记，双方具有婚姻关系，才享有夫妻之间的权利义务，包括互相忠实的义务、相互扶养的义务、法定的夫妻共同财产权、相互享有继承权等。近年来，随着社会观念的更新和开放，同居逐渐为一部分人所接受或者默许，但在整个社会中仍远未形成共识。

从司法实践看，近年来，双方因同居引发的析产纠纷有增多趋势，相关纠纷成为审判实践中的疑难问题。同居当事人的财产权利也需要得到法律平等的保护。统一裁判规则和理念，能够更好地回应人民群众的新要求、新期待。基于同居不同于婚姻的基本前提，《民法典婚姻家庭编解释（二）》根据《民法典》意思自治原则和民事主体的财产权利受法律平等保护的规定，明确如果同居双方事先就财产问题明确约定，则按照约定处理；在双方无约定的情况下，基于当前大部分人的心理预期和同居不同于婚姻保护的价值理念，规定在财产分割时遵循“各自所得归各自所有”的原则。鉴于共同生活的复杂性和紧密性，同居双方可能因共同出资购置、共同生产经营投资等情况导致财产无法清晰区分，为此，《民法典婚姻家庭编解释（二）》规定，此种情况，出资比例为首要考虑因素，应以此为基础进行分割，以充分保护当事人个人财产权利。

在此基础上，在财产分割时还需要考虑如下具体因素：

一是共同生活情况，比如同居生活时间长短、双方的付出情况等，也要考虑一方是否存在暴力行为等严重过错。根据《反家庭暴力法》第37条规定，同居生活的人虽不属于家庭成员范围，但如果他们之间实施暴力行为，参照适用该法的有关规定。因此，如果一方存在暴力行为导致分手的，在同居析产时也可以作为考虑因素。

二是有无共同子女。基于最有利于未成年人原则，同居期间生育共同子女的，同居结束后，对于直接抚养未成年子女一方，也要予以特别考虑。

三是双方对财产贡献大小，比如双方共同投资，财产增值部分主要由一方经营所得，就不能完全按照出资比例分割。总之，要根据具体案件情况，综合考量上述因素，妥善平衡双方利益。

关于是否需要对同居生活期间抚育子女、照料老年人、协助对方工作的一方给予适当补偿的问题。《民法典婚姻家庭编解释（二）》在向社会征求意见时，曾对此予以规定。对该规定的反对意见较多。我们经反复研究认为，应坚持婚姻家庭受国家保护的基本原则，对于同居关系，不能等同于婚姻的保护。现实生活中，同居关系双方生活紧密度较高，也往往存在互相扶助的情况，较为复杂，纠纷产生的原因和背景也不尽相同，相关裁判规则需要继续探索，故删除了该规定。在个案处理中，应当综合考虑共同生活情况，基于诚实信用原则和权利义务相一致原则,妥善平衡双方利益。

【批复答复】

《最高人民法院关于符合结婚条件的男女在登记结婚之前曾公开同居生活能否连续计算婚姻关系存续期间并依此分割财产问题的复函》(〔2002〕民监他字第4号,2002年9月19日)

我院同意你院审判委员会的第一种意见,即根据民政部1994年2月1日实施的《婚姻登记管理条例》、1989年11月21日我院《关于人民法院审理未办理结婚登记而以夫妻名义同居生活案件的若干意见》以及1994年4月4日我院《关于适用新的〈婚姻登记管理条例〉的通知》的有关规定,在民政部婚姻登记管理条例施行之前,对于符合结婚条件的男女在登记结婚之前,以夫妻名义同居生活,群众也认为是夫妻关系的,可认定为事实婚姻关系,与登记婚姻关系合并计算婚姻关系存续期间。

【地方法院规范】

1.《北京市高级人民法院民一庭关于审理婚姻纠纷案件若干疑难问题的参考意见》(2016年)

四十四、【同居关系解除后财产分割原则】男女双方未办理结婚登记手续以夫妻名义同居生活的,同居关系解除后要求分割同居期间共同劳动、经营或管理所得财产的,有约定从约定;无约定且上述同居期间财产混同的,推定为共同共有,但根据同居时间、各自贡献、生活习惯等因素能认定为按份共有财产的除外。

男女双方未办理结婚登记手续亦不以夫妻名义同居生活的,同居关系解除后要求分割同居期间共同劳动、经营或管理所得财产的,有约定从约定;无约定且财产混同的,推定为按份共有,具体份额比例可依据同居时间、各自贡献、生活习惯确定。

2.《江苏省高级人民法院民事审判第一庭家事纠纷案件审理指南(婚姻家庭部分)》(2019年)

9. 同居期间形成的财产应当如何分割?

同居关系不同于合法婚姻关系,对于同居期间一方的工资、奖金、生产经营收益以及因继承、赠与等途径所得的合法收入,原则上归本人所有。双方在同居期间有共同购置的财产或者共同经营所得的收入,如果查明属于按份共有,按照各自的出资额比例分享权利;如果查明属于共同共有,则对共有财产共同享有权利;如果无法查明是按份共有还是共同共有,视为按份共有,不能确定出资额比例的,视为等额享有。

对于被宣告无效或者被撤销的婚姻,当事人同居期间所得的财产,按共同共有处理,但有证据证明为当事人一方所有或者按份共有的除外。

10. 因恋爱、同居产生的情感债务应当如何处理？婚外情所涉赠与应当如何处理？赠与行为的效力应当如何认定？赠与财物应当如何返还？

一方以恋爱、同居为由主张另一方支付“青春损失费”“分手费”的，不予支持。但女方在恋爱、同居期间因怀孕中止妊娠主张男方分担医疗费、营养费等合理费用的，可以支持。

有配偶者赠与或者约定赠与第三者财物，赠与后反悔主张返还或者第三者主张履行赠与的，不予支持。但配偶一方以赠与夫妻共同财产的行为侵犯其夫妻共同财产权为由主张返还的，可以支持。

配偶一方主张赠与行为无效并主张返还赠与财物的，应当认定赠与行为全部无效而非部分无效，赠与财物应当全部返还。

赠与行为被认定无效后返还的赠与财物应为赠与当时的标的物，如果赠与的是房屋、车辆等实物，应当返还实物。如果实物因灭失、转让等原因导致无法返还的，可以参照实物灭失、转让时的市场价格或者转让对价折价补偿。

【法院参考案例】

1. 白某诉居某同居关系析产案——非以夫妻名义同居期间所得财产应认定为按份共有（《中国法院2023年度案例·婚姻家庭与继承纠纷》）

【基本案情】

白某（男方）与居某（女方）于2009年5月8日结婚，婚后生育两个女儿，双方于2013年8月协议离婚，于2015年1月10日复婚。2016年9月8日，双方在民政部门协议离婚，双方《离婚协议书》关于财产部分约定：双方名下所有银行存款共80万元，全部归女方所有，男方应于2016年9月15日前一次性支付80万元给女方。自2016年9月8日离婚后至2018年1月20日，居某、白某及两个女儿共同居住在北京市。

2016年9月19日，居某与开发商签订商品房买卖合同，约定：居某购买位于天津市××区××乡××楼××号房产（以下简称案涉房产），总房款2215138元，首付款665138元，剩余房款1550000元以银行贷款方式支付。经核实，案涉房产的首付款、公共维修基金、契税、更名费用、物业管理费、车位管理费、垃圾清运费共计916326元均由白某支付，贷款由居某偿还。

2016年11月7日，案涉房产取得预告登记，登记权利人（申请人）为居某。2020年5月26日，居某与拆迁人签订房屋征收补偿协议，约定拆迁人对案涉房产进行征收，居某自愿选择货币补偿方式，货币补偿包括被征收房屋价值4728724元、一次性搬迁费5000元、临时安置费3600元、搬迁奖励费50000元，以上共计4787324元。后拆迁人向居某支付上述货币补偿。

白某认为,双方于2016年9月8日协议离婚是出于购买案涉房产、规避当地贷款限制政策原因,并非感情破裂,离婚后同居期间所得财产即案涉房产及其征收补偿款应按共同共有处理,因购买案涉房产所产生的债务包括向案外人田某借款100000元、向案外人安某借款100000元、向案外人××银行××分行借款300000元应属共同债务,故起诉至法院,请求法院依法分割案涉房产征收补偿款,并判令由双方共同承担上述债务。

【案件焦点】

(1)白某与居某之间同居关系的认定问题;(2)白某与居某之间同居期间财产及债务的处理问题。

【裁判理由及结果】

北京市通州区人民法院经审理认为:对于同居关系问题。经查,居某及两个女儿与白某之间存在多次诉讼,法院生效判决均已确认《离婚协议书》系双方自愿签署,应属合法有效,白某亦未曾通过其他法律途径撤销该离婚协议,故该离婚协议书系双方真实意思表示。鉴于双方同居期间白某支付案涉房产款项、居某自白某名下公积金及医保账户取款以及另案卷宗中双方存在大量财产往来的证据材料,法院认定双方同居期间财产混同,同时,现有证据不足以证明双方同居期间系以夫妻名义共同生活。对于同居期间的财产及债务处理问题。经查,白某、居某对同居期间的财产问题无约定,在不以夫妻名义同居期间,所得财产应推定为双方按照出资比例按份共有为宜。因案涉房产为双方按照出资比例按份共有,故白某有权要求按照其份额分割该房屋的征收补偿款。对于债务,因该部分费用已计算在白某对案涉房产的出资中,现白某要求居某共同承担该项债务,属于重复主张,法院不予支持。

北京市通州区人民法院依照《民事诉讼法》第64条第1款之规定,作出如下判决:(1)被告居某支付原告白某天津市××区××乡××楼××号房产房屋征收补偿款1785078元,于本判决生效之日起7日内执行清;(2)因《个人信用消费贷款授信合同》项下,由××银行××分行于2019年1月9日向原告白某发放100000元、于2019年2月14日向原告白某发放200000元所产生的债务属于原告白某个人债务,由原告白某个人负责偿还;(3)因案外人田某于2016年9月12日向案外人贾某转账100000元、案外人安某于2016年9月14日向原告白某转账100000元(分两笔,各50000元)所产生的债务属于原告白某个人债务,由原告白某个人负责偿还;(4)驳回原告白某的其他诉讼请求。

白某、居某不服一审判决,均提出上诉。北京市第三中级人民法院经审理认为:一审法院认定双方在同居期间存在财产混同,符合本案实际;将双方在同居期间所得财产依照出资比例按份共有的原则予以处理,是客观公正的。一审判决认定事实清楚,适用法律正确,应予维持。北京市第三中级人民法院依照《民事诉讼法》第 170 条第 1 款第 1 项之规定,作出如下判决:驳回上诉,维持原判。

2. 同居期间所得财产的处理规则

[《民事审判指导与参考》2016 年第 3 辑(总第 67 辑)]

【案情简介】

郭甲、郭乙与郭丙三人为兄弟关系,郭丙与徐某某于 2002 年 5 月开始同居,生育一子一女。后因日常琐事发生纠纷、无法共同生活,徐某某遂起诉到法院要求分割双方同居期间购买的两套房产并对子女抚养问题作出处理。案涉两套房产登记在郭丙名下,但郭甲与郭乙提供了转款凭证,证明郭丙名下两套房产的实际购买人系郭甲和郭乙,郭丙认可案涉房产为郭甲和郭乙所购买,徐某某主张房产系用家庭共同经营所得的利润购买,但没有提交任何证据予以证明。

【裁判情况】

一审法院经审理认为,郭丙与徐某某未办理结婚登记于 2002 年 5 月开始同居,双方虽然不是合法夫妻关系,但从保护妇女权益角度考虑,郭丙名下的房产应由郭丙和徐某某各享有一套。一审法院在审理郭丙与徐某某同居关系纠纷时,郭甲、郭乙曾提出要求参加诉讼,一审法院未予准许。

郭丙不服提起上诉,二审法院判决:驳回上诉,维持原判。郭甲、郭乙诉称,二审法院在审理郭丙与徐某某同居关系纠纷一案过程中,在没有调查清楚涉案房产的实际出资人、没有考虑案外第三人合法民事权益的情况下作出生效判决,侵犯了其财产权益,故请求予以撤销。

针对郭甲、郭乙提起的第三人撤销之诉,法院经审理认为,郭丙与徐某某并未办理结婚登记手续,双方不存在婚姻关系,不享有基于配偶身份而产生的权利和义务,对于双方同居期间的财产分割,不适用《婚姻法》关于夫妻财产分割的相关规定。本案中争议的两套房产,郭甲、郭乙主张系以郭丙的名义,由郭甲、郭乙实际出资购买,并提交了相关证据,郭丙对此也予以认可,徐某某未提交证据证明自己参与出资购买涉案房产。涉案房产不属于双方同居期间的共有财产,不应予以分割处分,原生效判决损害了郭甲、郭乙的合法权益,应当予以撤销。

【参考观点】

一种观点认为,虽然郭丙与徐某某未办理结婚登记手续,但双方共同生活多年并生育了子女,对双方同居期间以郭丙的名义购买的两套房产,应当从照顾女方的原则出发,判决郭丙与徐某某各享有一套房产。

另一种观点认为,法律应当保护的是妇女的合法权益,而不是无原则地一味强调保护。徐某某与郭丙没有依照法律规定进行结婚登记,双方自愿选择的是不受法律保护的同居关系。根据

《最高人民法院关于人民法院审理未办结婚登记而以夫妻名义同居生活案件的若干意见》第10条的规定,"解除非法同居关系时,同居生活期间双方共同所得的收入和购置的财产,按一般共有财产处理"。因此,对于同居期间一方名下的财产,主张共有的一方负有举证责任,但徐某某并未提供相关证据,故徐某某无权要求分得一套房产。

我们认为,第二种观点是适当的,本案系第三人撤销之诉,重点是审查原生效判决是否损害郭甲、郭乙财产权益的问题。郭丙和徐某某没有办理结婚登记手续,其于2002年5月开始同居,不符合认定为事实婚姻的相关条件,双方之间系同居关系,不享有夫妻之间的权利和义务。夫妻共同财产关系是基于配偶身份而产生的,法律强调的是身份关系,并不要求夫妻双方付出同等的劳动、智力才能共同所有。由于郭丙和徐某某双方不具有配偶身份关系,对同居期间获得的财产并不当然享有共同所有的权利。徐某某主张涉案的两套房屋是在其与郭丙同居期间以家庭共同经营的收益购置,但并没有提交出资购房的相关证据,法院据此最后认定涉案房屋不属于双方同居期间的共有财产是正确的。

从一般民法理论来讲,共有关系分为共同共有和按份共有。按份共有人按照各自的份额,对共有财产分享权利,分担义务;共同共有人对共有财产共同享有权利,共同承担义务。夫妻共同财产关系是典型的共同共有关系,基于配偶身份而产生,只要双方当事人缔结了合法的婚姻关系,在没有约定实行分别财产制的情形下,婚后所得财产原则上属于夫妻双方共同所有,但属于《婚姻法》第18条规定情形的除外(比如一方的婚前财产;一方因身体受到伤害获得的医疗费、残疾人生活补助等费用;遗嘱或赠与合同中确定只归夫或妻一方的财产;一方专用的生活用品等)。法律在此强调的是身份关系,比如丈夫在外工作年薪几百万,而妻子在家操持家务、抚养子女,没有收入来源,只要该夫妻之间没有其他财产约定,丈夫的几百万年薪就属于夫妻共同财产,妻子与丈夫一样享有平等的处理权。

一般财产共有关系主要是基于共同投资、共同经营而产生的,如合伙共有关系、共同出资购买的共有房屋等。同居关系不同于合法婚姻中的夫妻关系,在解除同居关系时,对同居生活期间双方共同所得的收入和购置的财产,如果查明属于按份共有关系,则按照各自的份额分享权利;如果查明属于共同共有关系,则对共有财产共同享有权利。同居期间一方的收入另一方无权要求分割,一方继承或受赠的财产属于其个人财产。有一种"准合伙或共同投资"理论认为:"在同居期间双方犹如商业上的合伙人,从事共同的商业投资。在合伙关系结束时,合伙人应有公平的资产分割权。"这种"准合伙或共同投资"的比喻有一定的可取之处,也就是说，同居期间所得财产的分割原则应该是：一方的工资、奖金和生产、经营的收益以及因继承、赠与等途径所得的合法收入，均应归其本人所有；如果双方在同居期间有共同购置的财产或有共同经营所得的收入，应当按照《民法通则》中有关共有的一般规定处理。

【最高人民法院民一庭意见】

在审理同居关系纠纷时，对当事人同居期间所得的工资、奖金和生产、经营的收益以及因继承、赠与等途径所得的合法收入，原则上归其本人所有；如果双方在同居期间有共同购置的财产或有共同经营所得的收入，应当按照双方的出资份额、所作贡献等公平合理地予以分割。

第五条 【基于婚姻给予房屋的处理】婚前或者婚姻关系存续期间，当事人约定将一方所有的房屋转移登记至另一方或者双方名下，离婚诉讼时房屋所有权尚未转移登记，双方对房屋归属或者分割有争议且协商不成的，人民法院可以根据当事人诉讼请求，结合给予目的，综合考虑婚姻关系存续时间、共同生活及孕育共同子女情况、离婚过错、对家庭的贡献大小以及离婚时房屋市场价格等因素，判决房屋归其中一方所有，并确定是否由获得房屋一方对另一方予以补偿以及补偿的具体数额。

婚前或者婚姻关系存续期间，一方将其所有的房屋转移登记至另一方或者双方名下，离婚诉讼中，双方对房屋归属或者分割有争议且协商不成的，如果婚姻关系存续时间较短且给予方无重大过错，人民法院可以根据当事人诉讼请求，判决该房屋归给予方所有，并结合给予目的，综合考虑共同生活及孕育共同子女情况、离婚过错、对家庭的贡献大小以及离婚时房屋市场价格等因素，确定是否由获得房屋一方对另一方予以补偿以及补偿的具体数额。

给予方有证据证明另一方存在欺诈、胁迫、严重侵害给予方或者其近亲属合法权益、对给予方有扶养义务而不履行等情形，请求撤销前两款规定的民事法律行为的，人民法院依法予以支持。

【司法解释·注释】[①]

实践中，男女双方在婚前或者婚姻关系存续期间约定将一方所有的房产给予另一方或者为另一方“加名”的情况比较普遍。对此，《民法典婚姻家庭编解释(一)》第32条[《婚姻法解释

① 参见王丹：《夫妻间给予房产问题研究》，载《法律适用》2024年第11期。

(三)》第6条]将该种情形引入合同编赠与合同的规定,实际上承认了在赠与财产权利未转移前,赠与方享有任意撤销权。从审判实践看,两种典型的情况会导致双方当事人利益失衡:

一是双方长期共同生活,虽曾约定将一方房产给予另一方或者为另一方"加名",但因各种原因未办理不动产转移登记。如果适用赠与合同规则,认可给予方享有任意撤销权,实际上损害了另一方的信赖利益。

二是房产转移登记后,接受方短时间内即提出离婚。在不符合法定撤销权条件的情况下,认定房产无法返还,对给予方是不公平的。我们经反复研究认为,一般情况下,夫妻间给予房产的目的是成立或维护婚姻并共同享有房产利益,这是该行为的基础,也是该行为与普通赠与合同完全无偿的特征不尽相同之处。

本条向社会征求意见后,有两种不同的反馈意见:一种意见认为应当坚持诚信原则,不允许给予方反悔;另一种意见认为,要严厉打击不劳而获的行为,不能因短暂婚姻即获得大额财产。我们认为,上述两种意见在特定案件中均有一定道理,这实际上也是《民法典婚姻家庭编解释(二)》对此问题予以规范的原因。

为此,《民法典婚姻家庭编解释(二)》第5条贯彻落实《民法典》第1065条规定,根据诚实信用原则,综合考虑婚姻家庭的特殊情况,区分尚未办理转移登记和已经办理转移登记两种情况分别予以规定:

(1)尚未办理转移登记的。首先,《民法典婚姻家庭编解释(二)》第5条第1款明确,双方对房屋归属或者分割有争议且协商不成的,人民法院可以根据当事人诉讼请求,结合给予目的,综合考虑婚姻关系存续时间、共同生活及孕育共同子女情况、离婚过错、对家庭的贡献大小以及离婚时房屋市场价格等因素,判决房屋归其中一方所有,并确定是否由获得房屋一方对另一方予以补偿以及补偿的具体数额。该条规定实际上否定了给予方的任意撤销权,强调了约定对双方具有法律约束力。对于是继续履行该协议,还是基于行为基础的丧失,变更或者解除该协议,需要综合考虑婚姻家庭关系的特殊情况。

(2)已经办理转移登记的。《民法典婚姻家庭编解释(二)》第5条第2款规定,如果婚姻关系存续时间较短且给予方无重大过错,人民法院可以根据当事人诉讼请求,判决该房屋归给予方所有,并结合给予目的,综合考虑共同生活及孕育共同子女情况、离婚过错、对家庭的贡献大小以及离婚时房屋市场价格等因素,确定是否由获得房屋一方对另一方予以补偿以及补偿的具体数额。这也就意味着,如果婚姻关系存续时间较长或者给予方有重大过错的,可以由接受方保有该房产,以维护财产秩序的相对稳定,保护接受方合理预期,弘扬诚信价值。当然,在认定接受方保有房产的情况下，也还要综合考虑共同生活及孕育共同子女情况、对家庭的贡献大小以及离婚时房屋市场价格等因素，确定获得房屋一方对另一方是否予以补偿以及补偿的具体数额。上述规定有助于实现个案中双方当事人利益的平衡。

实践中还存在一些情况，如接受方存在欺诈、胁迫或者严重侵害给予方或其近亲属的合法权益、有扶养义务而不履行等情况，为此，《民法典婚姻家庭编解释（二）》第5条第3款规定，给予方有证据证明另一方存在欺诈、胁迫、严重侵害给予方或者其近亲属合法权益、对给予方有扶养义务而不履行等情形，请求撤销前两款规定的民事法律行为的，人民法院依法予以支持。根据相关法律规定，此种情形撤销赠与后，无须给予对方补偿。但需要注意的是，撤销权应在法定期间内行使。

有的意见认为，《民法典婚姻家庭编解释（二）》的规定赋予法官自由裁量权过大，不利于司法裁判统一。我们研究认为，在市场交易中，大家按照一定的规则行事就能保持相对可预期的秩序，但婚姻家庭与之不同，婚姻家庭涉及伦理、情感、心理等因素，每个家庭也各有自己的相处模式。家事案件中的"个案"情况较多：有的给予方存在过错，有的接受方存在过错；有的双方已经长久共同生活，而有的则"闪离"；有的已生育共同子女，有的无子女。不同因素叠加更会出现各种不同的"组合"。如果一律适用同样的规则，看似整齐划一，但是，案件处理结果反倒可能损害一方当事人的合法权益。赋予法官一定程度的自由裁量权，实现个案中的平衡保护，是实现司法裁判公平正义的要求。下一步，我们将通过发布典型案例、法答网答疑、推荐典型案例入人民法院案例库等方式，进一步细化相关因素的把握尺度，努力实现人民群众在每一个案件中感受到公平正义。

一、夫妻间给予房产的约定不属于夫妻约定财产制

夫妻约定财产制是夫妻或即将成为夫妻之人，就夫妻间之财产关系所订立的契约，包括夫妻婚前和婚后所得财产的归属、管理、使用、收益、处分以及债务的清偿、婚姻终止时财产的分割等。广义的夫妻财产约定包括夫妻财产制契约和一般的夫妻财产契约；狭义的夫妻财产约定也称夫妻财产制约定。可见，夫妻财产契约有财产制契约与一般财产契约之分。虽然两者都表现为契约形式，但一个是对财产制的约定，是制度选择的一般性建构，目的是排除法定财产制的适用；一个是对特定财产的约定，不影响其他财产尤其是将来获得财产适用法定财产制。二者的共同点在于均是对夫妻财产的约定，区别在于夫妻财产约定可以根据当事人意思自治任意约定，而夫妻约定财产制是社会民众采用比较多，法律因而将其约定内容格式化，以供夫妻或即将成为夫妻之人直接采用，不需要再额外约定内容。

我国约定财产制的作用主要是发挥排除法定婚后所得共同制的“备用机能”,供当事人选择。从司法实践看,目前婚后所得共同制度仍被普遍接受,尚未出现法定财产制明显不符合现实国情的情况,因此,采用约定财产制的情况仍不占主流,只是作为备用制度而存在。更多的情况是夫妻对某一个或几个特定财产的约定,当事人本意上也不是为了排除法定财产制。因此,夫妻间给予房产行为不宜归入狭义的约定财产制范畴。狭义上的约定财产制是一般性地建构夫妻之间的财产法状态,对契约成立之后夫妻的财产关系将产生一般性的、普遍性的拘束力,其功能和目的是总体上安排夫妻财产关系,其规则适用具有一般性和可重复性。而夫妻一般财产约定是针对某一个或几个财产,对其他财产不具有约束力,更无法约束未来在婚姻关系存续期间所获得的财产。

夫妻间给予房产行为不属于狭义上的夫妻约定财产制,而是夫妻间的一般财产约定。主要理由如下:约定财产制是对婚前财产和婚姻关系存续期间所得财产的概括性安排,是夫妻双方对婚姻共同体财产的整体考虑。约定财产制的目的在于排除法定财产制的适用,虽可以包括双方现存财产,但更主要是针对夫妻未来婚姻关系存续期间所得的财产。“任何针对个别或全部夫妻现存财产之约定,因不妨碍法定财产制之适用,均非约定财产制。”“与夫妻财产制契约不同的是,夫妻个别财产归属约定所针对的标的财产是具体的、特定的,而非夫妻之整体财产。”约定财产制并不能涵盖夫妻之间所有可能的财产关系,因为夫妻双方仍可如其他人一样为其他法律行为或交易。因此,不能将夫妻之间所有的涉财产约定均纳入约定财产制。

从历史传统与生活现实看,我国婚姻传统上采“同居共财”观念,缺乏约定财产制的文化土壤,虽然法律基于意思自治原则,规定了约定财产制,但是现实生活中选择约定财产制的夫妻较少,普通百姓对约定财产制的含义以及所产生的法律后果知之甚少。如果贸然将夫妻之间基于某一项财产的约定上升到约定财产制层面,无法根据实际情况进行调整,不符合现实生活。夫妻间给予房产主要是针对该特定财产权属的认定,往往并没有一个明确的书面协议,尤其是在已经办理转移登记的情况下,双方的本意并非概括地适用约定财产制,没有整体上对婚前和婚姻关系存续期间所得的财产进行约定的意思,不涉及财产制的选择,将其拟制为夫妻约定财产制,不符合当事人本意。而且我国尚没有与约定财产制相配套的完整制度,比如登记、公证等。

从目的上看,二者也是不同的。夫妻间给予房产的约定主要是为了维持婚姻和谐稳定,具体包括弥补亏欠、补偿对方贡献、表情达意或一方违反夫妻忠实义务后“悔过”的诚意等。可见，夫妻间给予房产约定往往有特定的目的或附有一定的条件，只不过该目的或条件是默示的，但接受方对此一般是明知的。夫妻一方给予另一方大额财物的行为“不存在‘主观’上的无偿性，而是将另一方在家庭中的给付行为视为此种给予的对价”。也即夫妻间对特定房产的给予行为是无法包含在狭义的夫妻约定财产制内的。夫妻间大额财产的无偿转移超出了夫妻财产制范围。特别巨大的财物付出必有特别的原因或对价，双方对该原因或对价是知悉并默认的。不考虑这种潜在的对价性将极易导致双方利益失衡。夫妻约定财产制更多的是整体上规范夫妻财产关系，是尊重双方对婚姻生活安排意思自治的制度设计，原则上不掺杂上述具体的考虑因素。如果说将一方房产约定为共有尚可能解释为有维护婚姻和谐稳定的目的，但是在约定为分别所有制的情况下，恐怕很难解释成有此目的。

夫妻间给予房产的约定虽不属于约定财产制，但是否适用《民法典》第1065条还需要考察该条规定的涵摄范围。从对夫妻约定财产制与夫妻财产约定的区分、我国无夫妻约定财产制传统以及约定财产制历史形成的机能等方面看，并非一定要将该条限制在狭义的约定财产制，而可以将广义的夫妻财产约定纳入该条涵摄范围，如此将最大限度发挥该条的作用。

首先，从《民法典》第1065条规定看，该条并未明确界定约定财产制，而是笼统地表述为关于财产的约定。其次，我国没有约定财产制的传统，立法上一直未采用约定财产制的概念，而仅表述为“约定”。最后，根据相关解释，该条“既可以概括地约定采用某种夫妻财产制，也可以具体地对某一项夫妻财产进行约定，如果当事人不愿意概括地约定采用某种夫妻财产制，也可以对部分夫妻财产，甚至某一项财产进行约定”。可见，该条并不仅限于狭义上的约定财产制，而是包括了夫妻的其他财产约定。该条第2款更是从约定本身的机能，而不是从约定财产制的机能所作的规定。夫妻间给予房产的约定，不管该约定是转移登记至对方名下还是“加名”，均属于夫妻间的一般性财产约定。其虽不属于狭义上的夫妻约定财产制，但仍不妨为《民法典》第1065条所规范。因《民法典》婚姻家庭编对夫妻财产约定有特别规定，应当优先适用该特别规定，即该约定对双方具有法律约束力，不宜直接适用《民法典》合同编关于赠与合同任意撤销权的规定。

目前多数学者达成共识的是夫妻间给予房产的约定不能简单适用赠与合同规则，但在具体解释路径上存在差异，主要在于多数学者将《民法典》第1065条理解为狭义的夫妻约定财产制规定。因而，要么为了适用该条而将夫妻间就特定财产的约定解释为约定财产制，要么将该约定解释为特殊赠与，以避免适用《民法典》合同编赠与合同规则中的任意撤销权。这两种解释均存在一定问题:主张适用夫妻约定财产制的观点,看到了适用赠与合同规则的不足,以该约定对双方具有法律约束力为落脚点,硬性嫁接到夫妻约定财产制,但未进一步分析该财产约定是否有特定的目的或者交易基础,能否有情势变更原则的适用余地;而将该约定解释为特殊赠与的观点,看到了夫妻间给予财物的特殊目的和适用一般赠与合同规则存在的问题,但从解释论的角度看,其无立法依据,存在前提性障碍。可以将《民法典》第 1065 条解释为既包括约定财产制也包括一般财产约定,这样既避免了将夫妻间给予房产约定强行解释为约定财产制,又可以将其纳入该条第 1 款适用范围,并根据该条第 2 款认定该约定对双方具有法律约束力,而排除《民法典》合同编赠与合同中任意撤销权的适用。

赠与合同最本质的特征是无偿。夫妻间给予房产是一种给予行为,形式上也表现为无交易对价,故原《婚姻法解释(三)》将夫妻间财产给予行为纳入赠与合同规则调整。基于平衡双方当事人利益考虑,不少案件依据《民法典》第 658 条,将夫妻间给予房产认定为具有道德义务性质的赠与;或根据《民法典》第 663 条,认为受赠人存在严重侵害赠与人合法权益,进而认定赠与人享有法定撤销权。但将夫妻间给予房产约定认定为具有与“救灾、扶贫、助残等公益、道德义务性质的赠与合同”类似的功能存在解释上的困难,不能将该条中的“道德义务”泛化,认为夫妻之间有维护家庭和谐稳定的道德义务,所以夫妻间给予房产即为具有道德义务性质的赠与;法定撤销权虽然能够解决部分接受方严重损害给予方权益的情形,但在接受方无明显过错的情况下,法定撤销权无用武之地。因此,在参照适用财产法规则设计制度时,应当关注财产法规则与婚姻家庭领域价值理念的不同,尤其需要考虑是否符合婚姻家庭领域的持续性、利他性和伦理性特征。夫妻间财产给予行为不宜直接适用赠与合同规则,主要理由如下:

(一)夫妻间给予房产约定看似无偿实则“有偿”

夫妻给予房产约定的目的性特征明显,该目的是给予行为的重要基础,在确定双方权利义务内容时应予以特别考虑。夫妻身份关系的特殊性使其有关给予不动产的约定与一般赠与不同。“夫妻房产约定所追求的产权变动意思与身份变动相关联,其预期的后果与一般民事主体之间赠与的后果有本质上的差异。”一般赠与行为不以特定的身份关系为基础,尽管赠与人实施赠与行为也有其动机或目的,但是该动机或目的不具有法律上的意义。夫妻之间给予房产的约定要么是对另一方造成情感伤害的补偿,要么是对另一方为家庭生活付出的肯定,要么是为建立和维持长久的共同生活,而在共同生活中,对方必然会为此继续付出。因此,虽无明确的金钱对价,但并不是无偿的,其实质的对价是另一方在家庭中的付出。表面上看是夫妻一方将财产无偿赠与另一方,实际上综合考虑了双方之间的情感、生活、伦理要素后,就财产关系安排形成的对价博弈,通过夫妻间不同利益的互利补偿达成最终的平衡,即表面无偿而实质有偿,客观无偿而主观有偿。此种情形下,看似无偿给予,实则与一般赠与存在差异。赠与合同规则中赠与人任意撤销权的正当性基础主要在于其无偿性和"非要式",而夫妻间给予房产行为实质上系以婚姻关系的建立与存续为基础,赠与人并非完全基于慷慨,受赠人也并非单纯无偿受让,这使得此赠与不具有任意撤销权的存在基础。此行为也不能认定为附条件赠与,因为附条件法律行为中的条件应当具有合法性,而"不离婚"作为赠与所附条件是不合法的。

(二)夫妻间给予房产约定具有伦理性特征

在一般赠与的情况下,赠与人与受赠人往往也存在情感联系,但其仍具有"一时性"特征,双方当事人在赠与行为完成时有着形同陌路的自由。夫妻间给予房产往往是基于各种因素考虑,即使转移登记到对方名下,给予人的目的也是在将来的共同生活中共享房产利益,是以双方命运共同体为考虑基础的,而非简单地全部让渡财产权。夫妻间给予房产行为不是简单的一时性合同,而是以婚姻关系持续、双方长期稳定共同生活为前提的,通过该给予行为使受赠人能够信赖并坚守婚姻。"当受赠人正如赠与人所希望的那样信赖其承诺并进而坚守婚姻时,则无论从婚姻伦理还是从诚信原则出发,这种信赖都应当得到法律的保护。"如果无视这种伦理情境,简单地将其等同于普通赠与行为,将会破坏家庭财产关系的伦理目的,而且会不可避免地对婚姻家庭的稳定、社会善良风俗的维护带来消极后果。

(三)婚姻家庭领域更应当遵循诚实信用原则

《民法典》第1043条第2款明确规定,夫妻应当互相忠实,互相尊重,互相关爱。夫妻之间存在特殊的身份关系和情感因素,是相互扶助的"伦理人",更应当秉持诚实,恪守承诺。如果将夫妻间给予房产的行为认定为赠与,并按照赠与合同规则赋予给予房产一方任意撤销权,那么对夫妻之间的信赖与期待将造成严重伤害。同时,信任也是相互的,如果已经接受房产的一方,在接受后不久即提出离婚或者存在严重过错伤害夫妻感情,也损害了另一方的信赖和对于长久婚姻家庭生活的期待。

综上,夫妻间给予房产的约定一般不应适用赠与合同规则。夫妻间给予房产的约定往往有其特定的目的,因此,在规范夫妻间给予房产的行为时,首先,不能舍弃《民法典》婚姻家庭编的规定而直接适用《民法典》合同编。其次,要判断该合同是普通赠与还是有特定目的,判定的主要依据在于,双方是否明确表达了该给予独立于婚姻关系的意愿,即赠与在离婚情形下仍然有效。除双方明确约定该给予不受离婚影响外,不宜将合同性质认定为赠与合同,而应认定为一种无名合同。当事人不能依据赠与合同规则,以财产权利未转移为由行使任意撤销权。

二、夫妻间给予房产约定可参照适用情势变更制度

夫妻财产约定与夫妻约定财产制不仅存在适用范围等方面的不同,二者在设立目的上也存在差异。夫妻约定财产制具有概括性,并一般性地约束未来获得的财产,是双方对婚姻生活中财产关系的整体安排,其虽以婚姻关系存续为前提,但并非具有特定的目的,尤其是其中占比最高的分别财产制,更多的是体现双方的独立人格。夫妻约定财产制作为夫妻间一般性地规范财产关系的制度,适用情势变更制度进行调整存在解释上的障碍。但夫妻间给予房产的约定属于夫妻一般财产约定性质,实质上是一种无名合同,且具有财产性质。因此,在将该行为适用《民法典》第1065条的基础上,借用《民法典》合同编对因各种原因无法达到或者全部达到给予目的的特殊情况予以调整,不存在解释上的障碍。

“以婚姻为条件的给予”是法律行为基础丧失规则在德国家庭法中运用的范例。以婚姻为条件的给予产生于默示或推定成立的家庭法合同,婚姻的存续即为此类合同中的交易基础,婚姻破裂意味着交易基础的丧失。特殊情况下,还可以考虑不当得利请求权,此种请求权的成立条件是,夫妻之间的给予系为实现双方约定的共同生活目的,且为此目的而持续共同持有给予标的,接受方必须明确知晓给予方具有此主观目的。由于当事人约定的目的优先于交易基础,故从逻辑上看,应当首先考虑目的落空的不当得利请求权。

上述思路需要找到与我国《民法典》体系结构的契合点。从《民法典》第985条的条文表述看,推定该条包括“目的不达的不当得利”似乎存在困难,较为切实可行的办法是通过参照适用《民法典》第533条的情势变更制度予以解决。夫妻间给予房产的行为虽然可以纳入《民法典》第1065条的涵摄范围,但是该条仅规定了约定对当事人具有法律约束力,对于该约定能否基于特定情况进行调整没有明确的规定。根据《民法典》第464条第2款,可以对此情形参照适用《民法典》合同编的规定。夫妻间给予房产行为存在默示的目的或交易基础,不同于无因性的赠与合同。该目的或交易基础通常是建立或者维系、巩固婚姻家庭关系,增进双方感情和婚姻家庭凝聚力。在离婚的情况下,该目的无法全部实现,可以认定为发生了当事人无法预见的重大变化,与《民法典》合同编的情势变更制度具有相似性,需要基于诚实信用原则在特定情况下对合同严守规则予以突破,既“尊重个人对自己生活的自治安排”,同时也要保护家庭弱势成员,维系家庭良善底线。情势变更制度以追求实质正义为目的,这与婚姻家庭的基本理念相吻合,有可以类推的基础。因此,在夫妻给予房产目的无法实现时,可以参照适用情势变更制度予以调整,以实现实质正义。

在参照适用时,有两个问题需要解决:一是考虑将“合同的基础条件”解释为不仅包括客观基础条件,也包括主观基础条件。一般认为,《民法典》第533条仅包括客观基础变更,而不包括主观基础变更。但实践中确实有主观基础条件发生重大变化的情况,在夫妻间给予房产问题上更多的是因主观目的方面未全部实现而产生纠纷。该目的虽为给予人一方的主观意愿,但实际上也为接受给予一方明知,即双方长久共同生活并以夫妻共同体持续共享利益。对此,应采用目的性扩张解释方法,将目的未达到的情况视为基础条件发生变化。实际上,原《合同法解释(二)》第26条关于情势变更制度的规定就包括了“不能实现合同目的”的情况。二是需要将适用范围拓宽至“合同已经履行完毕”的情形。从《民法典》第533条的表述看,适用情势变更制度的条件是“继续履行合同对于当事人一方明显不公平”,应解释为合同尚未履行完毕。如果合同已经履行完毕,则不存在继续履行的情况。情势变更制度适用于合同尚未履行或正在履行而发生了情势变更的情形。行为基础丧失规则还可适用于合同已履行完毕才发生了重大的情势变更的场合。夫妻间给予房产的情况有的尚未履行,有的已经履行完毕。对于已经履行完毕的情况,如果严格按照《民法典》第533条进行文义解释,则可能不符合该条的适用条件。因此,可以通过《民法典》第7条诚实信用原则予以解释或者通过对《民法典》第533条进行目的性扩张解释,以达到和德国的法律行为基础丧失规则相同的法律效果。

具体应当区分情况作如下处理:如果双方没有协议离婚或者提起离婚诉讼,一方起诉请求变更或者解除合同的,因双方默示的合同成立基础尚未发生变化,对该请求应不予支持;在双方已经协议离婚或者在离婚诉讼中,一方请求返还给予的房产,双方协商不成的,应当根据公平原则和案件的具体情况,判断是变更还是解除合同,具体考虑的因素包括婚姻的持续时间、受赠人对家庭的付出、是否孕育子女、离婚过错等。同时,也要遵循《民法典合同编通则解释》第32条第2款、第4款的精神:“当事人请求变更合同的,人民法院不得解除合同;当事人一方请求变更合同,对方请求解除合同的,或者当事人一方请求解除合同,对方请求变更合同的,人民法院应当结合案件的实际情况,根据公平原则判决变更或者解除合同。”“当事人事先约定排除民法典第五百三十三条适用的,人民法院应当认定该约定无效。”在已经协议离婚或者提起离婚诉讼的情况下，又可以区分以下两种主要情形：在尚未办理转移登记时双方离婚的，如果双方共同生活时间较长，接受方对家庭付出较多，没有明显离婚过错，基于约定的拘束力，给付方要求变更或解除合同的，不应予以支持，该房产应判归接受方所有，当然可以视情况给予给付方一定补偿；在已经办理转移登记后一方提出离婚的，如果双方共同生活时间较短，接受方存在离婚过错等情形，虽然已经履行完毕，仍可以考虑扩大解释《民法典》第 533 条规定，允许给付方以情势变更为由解除合同，由接受方返还，同时可以根据案件实际情况对接受方给予适当补偿。当然，如果双方明确约定是单纯的赠与，不依附于婚姻关系而存在，可以按照赠与合同规则处理。

有学者提出，将此赠与行为认定为“以婚姻为条件的给予”，没有尊重当事人的意思自治，违背了合同信守原则。因为夫妻之间的赠与约定也是契约，应当信守，变更或者撤销赠与不应当因为离婚而成为常态。对此，夫妻间给予房产的约定首先应当对双方当事人具有法律约束力，这是合同严守原则的应有之义，但是合同严守原则不是要求任何情况都坚守合同约定而不考虑合同成立的基础。情势变更制度的正当性依据反而在于诚实信用原则。法官在个案中斟酌各种因素，公平正义地进行司法活动，实现双方利益平衡，正是实现诚实信用原则的方式。意思自治原则是民法的基本原则，婚姻家庭领域也应当尊重，但与财产法规则上的意思自治原则是以“理性人”设定为基础不同，婚姻家庭领域双方是以“伦理人”出现的，即婚姻家庭中的财产约定是以身份关系为基础的，具有附随性。因此，其中的意思自治不仅有当事人情感因素考量，更是以身份关系维持为目的的，如果完全无视该目的，则实质上没有尊重当事人的意思自治。

三、夫妻间给付房产约定可适用法定撤销权

《民法典》第 663 条规定了法定撤销权的适用情形，与任意撤销权要求财产权利尚未转移不同，该条主要针对的是财产权利已经转移的情况。在受赠人存在严重侵害赠与人或者赠与人近亲属合法权益、对赠与人有扶养义务而不履行或者不履行赠与合同约定义务的情形下，即使财产权利已经转移，赠与人仍可以撤销赠与。赠与合同中的法定撤销权与情势变更制度的关系，应为特别规定与一般规定的关系。情势变更制度适用于所有合同的情况，法定撤销权属于赠与合同中的特别规定。根据特别规定优先于一般规定的法律适用基本原则，如果出现上述情形，不需要援引一般情况下的情势变更制度，直接适用法定撤销权制度即可。虽然夫妻间给予房产属于夫妻间关于财产的约定，不适用赠与合同规则，但是本着举轻以明重的原则，在赠与系完全无偿的情况，尚需要受赠人满足一定的条件才有权保有受赠的财产，如果受赠人存在严重背义的行为，即便财产权利已经转移，赠与人仍有权单方撤销赠与。在夫妻间给予财物的情况下，接受一方实际上需要负担维护婚姻家庭和谐稳定的对价，并非完全无偿获得该财物，此时如果其严重损害赠与人利益，给予财物一方更应可以撤销该给予。由于法定撤销权的规定系建立在赠与的道德性和互惠性的基础上，故对夫妻间赠与也同样适用。

实践中存在模糊认识的是何谓“严重侵害赠与人合法权益”，根据《民法典》总则编及人格权编的规定，民事权益包括了民事权利和利益，具体包括生命权、身体权、健康权等人格权，基于人身自由、人格尊严的其他人格权益，及因婚姻家庭关系等产生的人身权利和各项财产权利等。其中，因婚姻家庭关系等产生的人身权利应当包括《民法典》第 1059 条规定的夫妻间相互扶养的权利义务以及第 1091 条第 1 项和第 2 项规定的重大过错情形下的无过错方享有的权利。例如，接受财物一方因重婚、与他人同居等严重违反夫妻忠实义务，应当认定为严重侵害赠与人合法权益的行为，即使财产权利已经转移，给予财物一方也应当享有撤销权。

四、夫妻间给予房产约定能否发生物权变动效果

该约定系基于夫妻意思自治产生，应属于民事法律行为，因此，在物权法层面，应遵守登记生效主义规则。这既与物权法规范保持体系解释上的一致，在婚姻保护价值层面亦不会造成严重损害。因为该类纠纷一般发生在离婚诉讼中，即便认定该约定产生物权变动效力，在经过情势变更制度的检视后，如果认定该财产仍应给予接受一方，也要判决登记一方负有转移登记义务，此与不发生物权变动效力的债权请求权差别不大。因为即使认定该约定不产生物权变动的效力，接受财产一方亦享有请求转移登记的请求权，此时登记一方不能以其享有物权为由抗辩根据双方约定所负有的转移登记义务。可见两种解释路径对接受财产一方的保护力度实质上差别不大。其中可能受影响的主要是诉讼时效问题。从比较法上来看，多数国家和地区均将夫妻关系之存续作为时效中止或不完成的法定事由。对此，可通过对《民法典》第 194 条第 1 款第 5 项进行解释，将夫妻关系之存续纳入诉讼时效的中止事由，从而实现对接受财产一方权益与类似物权的同等保护。

如果夫妻给予房产的约定已经履行，即一方个人财产已经转移登记至另一方名下或者“加名”，发生物权变动效果自不待言。如果是“假给予真逃债”的，亦如离婚协议一样，应当有债权人撤销权制度的适用空间；如果夫妻给予房产的约定尚未履行，若认定能够发生物权变动，那么给予财产一方个人负债的情况下，该房产因为给予行为将被排除在责任财产之外,容易产生道德风险。虽然该情况亦可通过债权人撤销权制度予以纠正,但是基于婚姻关系的私密性特点,夫妻间给予房产的约定很难为外人知悉,在无公示手段的情况下,将导致相关事实认定变得更加困难。需要进一步分析的是,如果此情况认定不产生物权变动效果,是否对接受财产一方产生重大不利,以致必须以牺牲交易安全为代价。对此,也存在两种情况,一种是接受财产的一方对外所负的个人债务,此时,因该房产未发生物权变动,不属于接受财产一方的责任财产,其利益可以得到充分保护;另一种是给予财产一方对外所负的个人债务,此时如果认定该房产未发生物权变动效力,则将被纳入给予财产一方的责任财产范围,而且因为该财产为给予财产一方的个人财产,这将对接受财产一方不利。考虑到该风险是其可以事先防控的,而债权人一方不仅存在举证困难,而且也无法对夫妻间的财产变动事先防范,这对交易安全的冲击是巨大的。两相比较,采取登记生效主义观点不仅能够与物权法规则在体系解释上协调一致,亦在价值保护上实现适当平衡。

【法院参考案例】

1. 崔某某与陈某某离婚纠纷案——一方在结婚后将其婚前房产为另一方“加名”,离婚分割夫妻共同财产时,人民法院可以判决房屋归给予方所有,并综合考虑共同生活情况等因素合理补偿对方(《涉婚姻家庭纠纷典型案例》案例一,最高人民法院 2025 年 1 月 15 日)

【基本案情】

崔某某与陈某某(男)于 2009 年 1 月登记结婚。2009 年 2 月,陈某某将其婚前购买的房屋转移登记至崔某某、陈某某双方名下。陈某某为再婚,与前妻育有一女陈某。崔某某与陈某某结婚时,陈某 15 岁,平时住校,周末及假期回家居住。崔某某与陈某某未生育子女。2020 年,双方因家庭矛盾分居,崔某某提起本案诉讼,请求判决其与陈某某离婚,并由陈某某向其支付房屋折价款 250 万元。陈某某辩称,因崔某某与其女儿陈某关系紧张,超出其可忍受范围,双方感情已破裂,同意离婚。崔某某对房屋产权的取得没有贡献,而且,婚后陈某某的银行卡一直由崔某某保管,家庭开销均由陈某某负担,故只同意支付 100 万元补偿款。诉讼中,双方均认可案涉房屋市场价值 600 万元。

【裁判结果】

审理法院认为,崔某某与陈某某因生活琐事及与对方家人矛盾较深,以致感情破裂,双方一致同意解除婚姻关系,与法不悖,予以准许。案涉房屋系陈某某婚前财产,陈某某于婚后为崔某某“加名”系对个人财产的处分,该房屋现登记为共同共有,应作为夫妻共同财产予以分割。至于双方争议的房屋分割比例，该房屋原为陈某某婚前个人财产，崔某某对房屋产权的取得无贡献，但考虑到双方婚姻已存续十余年，结合双方对家庭的贡献以及双方之间的资金往来情况，酌定崔某某可分得房屋折价款 120 万元。该判决作出后，双方均未提出上诉，判决已发生法律效力。

【典型意义】

根据《民法典》第 1065 条规定，男女双方可以约定婚姻关系存续期间所得的财产以及婚前财产归各自所有、共同所有或者部分各自所有、部分共同所有。夫妻对婚姻关系存续期间所得的财产以及婚前财产的约定，对双方具有法律约束力。婚姻关系存续期间，夫妻一方将其个人所有的婚前财产变更为夫妻共同所有，该种给予行为一般是以建立、维持婚姻关系的长久稳定并期望共同享有房产利益为基础。离婚分割夫妻共同财产时，应当根据诚实信用原则妥善平衡双方利益。本案中，双方共同生活时间较长，但婚后给予方负担了较多的家庭开销，人民法院综合考虑共同生活情况、双方对家庭的贡献、房屋市场价格等因素，判决房屋归给予方所有，并酌定给予方补偿对方 120 万元，既保护了给予方的财产权益，也肯定了接受方对家庭付出的价值，较为合理。

2. 师某丽诉陈某离婚纠纷案——夫妻约定共有房产归一方所有，无须物权转移登记即产生法律效力［《人民法院案例选》2015 年第 4 辑（总第 94 辑）］

【裁判要点】

夫妻双方通过签署《婚内协议书》将婚后共同财产约定为夫妻一方个人财产的，属于“夫妻共同财产约定”，不属于一方将个人房产给予另一方的赠与行为。即使没有办理特权转移登记，亦不影响一方依据协议取得该房产的所有权。

【基本案情】

法院经审理查明：师某丽与陈某于 2010 年 12 月登记结婚。2012 年 9 月育有一女后双方因琐事产生矛盾，现师某丽诉至法院要求与陈某离婚。双方要求分割的夫妻共同财产有北京市朝阳区安慧北里逸园××号楼×层 409 号房屋（以下简称 409 号房屋）。双方于 2010 年 12 月签署购房合同，房屋价款 230 万元，首付款 150 万元，以双方公积金贷款 80 万元。2011 年 1 月，409 号房屋登记为陈某与师某丽共同共有。截至 2013 年 10 月，双方认可房屋市值为 300 万元，尚余贷款 685907.98 元未清偿。庭审中，师某丽提交 2012 年 10 月 21 日双方签署的《婚内协议书》，内容如下：“甲方陈某，乙方师某丽。一、婚姻存续期间的财产约定：1. 双方于 2011 年 1 月 7 日购买的 409 号房屋，该房屋包括婚姻关系存续期间所偿还的银行抵押贷款部分及装修投入归乙方个人所有，无论婚姻存续期间或离婚皆不作为双方的夫妻共同财产。二、离婚时财产的处理：409 号房屋归乙方所有,未偿还的银行抵押贷款归乙方偿还。”陈某表示为了婚姻存续,不得已签署了《婚内协议书》,另外该协议系陈某就房产对师某丽进行的赠与行为,根据《婚姻法解释(三)》第 6 条的规定,在房产权属转移登记之前陈某可以撤销赠与,该协议不能作为分割 409 号房屋的依据。

【裁判结果】

北京市朝阳区人民法院于 2014 年 1 月 16 日作出(2014)朝民初字第 02977 号民事判决:(1)准师某丽与陈某离婚;(2)婚生女由师某丽抚养,陈某于本判决生效之月起每月支付抚养费 3000 元至女儿年满 18 周岁止;(3)409 号房屋归师某丽所有,房屋剩余贷款由师某丽负责偿还;(4)驳回师某丽的其他诉讼请求;(5)驳回陈某的其他诉讼请求。

判决送达后,师某丽与陈某均不服向北京市第三中级人民法院提起上诉。北京市第三中级人民法院于 2014 年 5 月 20 日作出(2014)三中民终字 06092 号民事判决:驳回上诉,维持原判。

【裁判理由】

北京市第三中级人民法院生效判决认为:双方婚后发生矛盾,不能沟通与谅解,夫妻感情破裂,本院准许离婚。关于子女抚养,从利于孩子成长出发,判归师某丽抚养,陈某负担必要的抚养费。409 号房屋由师某丽与陈某婚后共同出资购置,登记为共同共有。双方自愿签署《婚内协议书》,明确约定 409 号房屋归师某丽所有,陈某执笔填写相关内容,对于协议约定及执行后果应予知悉。双方基于家庭关系及婚姻情感作出处分共同财产的意思表示应予保护,该协议对双方具有法律约束力。陈某认为即使按《婚内协议书》约定 409 号房屋归师某丽所有,也应视为陈某对师某丽的房产赠与,在房产权属转移登记之前其可撤销赠与。本院认为,根据法律规定,婚前或者婚姻关系存续期间,当事人约定将一方所有的房产赠与另一方,赠与方在赠与房产变更登记之前可撤销赠与。而本案《婚内协议书》系双方对婚姻期间所得的夫妻共同财产进行的约定,而非是一方将个人房产给予另一方的单纯赠与行为,双方签订协议之后房产所有权归师某丽所有,陈某不享有房产赠与撤销权。师某丽要求确认 409 号房屋归其所有,剩余贷款由其偿还符合法律规定,本院予以支持。

第六条 【夫妻一方直播打赏款项的处理】夫妻一方未经另一方同意,在网络直播平台用夫妻共同财产打赏,数额明显超出其家庭一般消费水平,严重损害夫妻共同财产利益的,可以认定为民法典第一千零六十六条和第一千零九十二条规定的“挥霍”。另一方请求在婚姻关系存续期间分割夫妻共同财产,或者在离婚分割夫妻共同

财产时请求对打赏一方少分或者不分的，人民法院应予支持。

【司法解释·注释】①

从司法统计数据看，近年来，涉及直播打赏的纠纷主要是未成年人和夫妻一方未经对方同意的直播打赏。为维护未成年人合法权益、保障未成年人健康成长的目的，《民法典婚姻家庭编解释（二）》“征求意见稿”明确规定，未成年人打赏的款项，应予退还。该规定精神应予以坚持。但考虑到网信部门已经出台相关规定，限制未成年人账户打赏功能，该问题已经基本得到解决。而且，从司法实践看，目前产生争议的多是未成年人用监护人的账号打赏，甚至也不排除实际上是成年人自己打赏，但恶意以未成年人名义要求返还。因此，需要解决的是如何查清实际打赏者是谁这一事实以及如何合理分配直播平台管理责任和监护人责任的问题。这需要进一步总结审判实践经验，故对该款予以删除。

对于直播内容含有淫秽、色情等低俗信息引诱用户打赏的，《民法典婚姻家庭编解释（二）》“征求意见稿”明确，夫妻另一方可要求直播平台返还。该规定的精神对于净化网络空间，践行社会主义核心价值观，督促直播平台履行监管职责具有重要意义。部分反馈意见认为，应进一步细化平台与主播之间的责任划分，明确淫秽、色情认定标准。我们经慎重研究认为，该意见有一定道理。涉直播打赏纠纷涉及对新业态中各方利益的平衡保护，目前尚未达成共识。考虑到直播内容的即时性、观众的不特定性等，各主体之间的权利义务关系需要进一步明晰。而且，如果直播内容涉及淫秽、色情等违法信息的，根据《治安管理处罚法》有关规定，还存在收缴等情况，严重的甚至有可能构成刑事犯罪，需要通盘考虑民事、行政、刑事责任的有机衔接，故《民法典婚姻家庭编解释（二）》对该款予以删除。

【相关立法】

《中华人民共和国民法典》（2021年1月1日施行）

第一千零六十六条　婚姻关系存续期间，有下列情形之一的，夫妻一方可以向人民法院请求分割共同财产：

（一）一方有隐藏、转移、变卖、毁损、挥霍夫妻共同财产或者伪造夫妻共同债务等严重损害夫妻共同财产利益的行为；

（二）一方负有法定扶养义务的人患重大疾病需要医治，另一方不同意支付相关医疗费用。

---

① 参见陈宜芳、吴景丽、王丹：《〈关于适用民法典婚姻家庭编的解释（二）〉的理解与适用》，载《人民司法·应用》2025年第3期。

第一千零九十二条 夫妻一方隐藏、转移、变卖、毁损、挥霍夫妻共同财产,或者伪造夫妻共同债务企图侵占另一方财产的,在离婚分割夫妻共同财产时,对该方可以少分或者不分。离婚后,另一方发现有上述行为的,可以向人民法院提起诉讼,请求再次分割夫妻共同财产。

第七条 【违反公序良俗的赠与】夫妻一方为重婚、与他人同居以及其他违反夫妻忠实义务等目的,将夫妻共同财产赠与他人或者以明显不合理的价格处分夫妻共同财产,另一方主张该民事法律行为违背公序良俗无效的,人民法院应予支持并依照民法典第一百五十七条规定处理。

夫妻一方存在前款规定情形,另一方以该方存在转移、变卖夫妻共同财产行为,严重损害夫妻共同财产利益为由,依据民法典第一千零六十六条规定请求在婚姻关系存续期间分割夫妻共同财产,或者依据民法典第一千零九十二条规定请求在离婚分割夫妻共同财产时对该方少分或者不分的,人民法院应予支持。

【司法解释·注释】①

近年来,婚姻家庭领域一类较多的纠纷是因“婚外情”赠与财物产生的纠纷。《民法典》规定,家庭应当树立优良家风,弘扬家庭美德,重视家庭文明建设。夫妻应当互相忠实、互相尊重、互相关爱。婚姻关系存续期间,夫妻一方为重婚、与他人同居以及其他违反夫妻忠实义务等目的,私自将婚内共同财产赠与他人,不仅侵害了夫妻共同财产平等处理权,更是一种严重违反公序良俗的行为,为社会主义核心价值观所不容。审判实践中,对赠与行为性质、效力认定以及返还比例等方面,存在不同认识,需要统一裁判标准,为此,《民法典婚姻家庭编解释(二)》第7条第1款规定:“夫妻一方为重婚、与他人同居以及其他违反夫妻忠实义务等目的,将夫妻共同财产赠与他人或者以明显不合理的价格处分夫妻共同财产,另一方主张该民事法律行为违背公序良俗无效的,人民法院应予支持并依照民法典第一百五十七条规定处理。”具体说明如下:

1. 认定合同无效的路径主要是违背公序良俗。“婚外情”行为不仅违反了法律规定的夫妻忠实义务,也严重违背公序良俗。鉴于《民法典》修改了原《合同法》的规定,无权处分不再影响合同效力。夫妻一方未经对方同意处

① 参见陈宜芳、吴景丽、王丹:《〈关于适用民法典婚姻家庭编的解释(二)〉的理解与适用》,载《人民司法·应用》2025年第3期。

分夫妻共同财产属于广义上的无权处分,在解释上亦不能因此否认合同效力。因此,在路径上应当解释为双方基于维护"婚外情"目的的赠与,该目的违背公序良俗,依据《民法典》第153条第2款规定,民事法律行为应认定为无效。

2. 相应的法律后果应根据《民法典》第157条规定确定。《民法典》第157条规定,民事法律行为被认定无效后,行为人因该行为取得的财产,应当返还;不能返还的,应当折价补偿。因此,受赠人应当返还已经接受的财物。在原物已转让他人且他人构成善意取得等不能返还的情况下,应当折价补偿。

3. 该情况不仅包括婚姻关系存续期间,还包括离婚后。有的观点认为,如果配偶起诉时双方还在婚姻关系存续期间,那么其有权要求返还全部财物;但是,如果配偶起诉时,双方已经离婚,共有基础已不存在,那么其只能要求返还其中的一半。我们经研究认为,不论配偶起诉是在离婚前还是离婚后,都不能改变当事人处分的财物为夫妻共同财产的性质。对夫妻共同财产,双方不分份额地共同享有所有权,而非每人享有一半的所有权。而且,在分割夫妻共同财产时,基于出轨一方存在过错,财产并非平均分配,出轨一方可能不分或少分财产。因此,另一方应有权全部要求返还。

有意见提出,实践中存在夫妻合谋以另一方名义要求返还的情况,这对存在严重过错的出轨一方没有起到惩罚的效果。我们经研究认为,在无过错的配偶与破坏他人家庭的婚外第三者之间,法律保护的是前者,这是必须旗帜鲜明坚持的原则。对于违反夫妻忠实义务的一方,有其他法律制度予以规制,包括可以在不解除婚姻关系的情况下,请求分割夫妻共同财产,也可以在离婚分割夫妻共同财产时要求对违反夫妻忠实义务的一方少分或不分。为此,《民法典婚姻家庭编解释(二)》第7条也专门增加了第2款,即:"夫妻一方存在前款规定情形,另一方以该方存在转移、变卖夫妻共同财产行为,严重损害夫妻共同财产利益为由,依据民法典第一千零六十六条规定请求在婚姻关系存续期间分割夫妻共同财产,或者依据民法典第一千零九十二条规定请求在离婚分割夫妻共同财产时对该方少分或者不分的,人民法院应予支持。"同时,在子女抚养方面,《民法典婚姻家庭编解释(二)》还在第14条规定,离婚诉讼中,父母均要求直接抚养已满两周岁的未成年子女,如果一方存在重婚、与他人同居或者其他严重违反夫妻忠实义务情形的,作为对其不利因素,优先考虑由另一方直接抚养。此外,根据《民法典》第1091条规定,一方存在重婚、与他人同居等严重过错的,还需要在离婚时对另一方承担离婚损害赔偿责任。

【相关立法】

《中华人民共和国民法典》(2021年1月1日施行)

第一百五十七条 民事法律行为无效、被撤销或者确定不发生效力后,行为人因该行为取得的财产,应当予以返还;不能返还或者没有必要返还的,应当折价补偿。有过错的一方应当赔偿对方由此所受到的损失;各方都有过错的,应当各自承担相应的责任。法律另有规定的,依照其规定。

第一千零六十六条 婚姻关系存续期间,有下列情形之一的,夫妻一方可以向人民法院请求分割共同财产:

(一)一方有隐藏、转移、变卖、毁损、挥霍夫妻共同财产或者伪造夫妻共同债务等严重损害夫妻共同财产利益的行为;

(二)一方负有法定扶养义务的人患重大疾病需要医治,另一方不同意支付相关医疗费用。

第一千零九十二条 夫妻一方隐藏、转移、变卖、毁损、挥霍夫妻共同财产,或者伪造夫妻共同债务企图侵占另一方财产的,在离婚分割夫妻共同财产时,对该方可以少分或者不分。离婚后,另一方发现有上述行为的,可以向人民法院提起诉讼,请求再次分割夫妻共同财产。

【地方法院规范】

《江苏省高级人民法院民事审判第一庭家事纠纷案件审理指南(婚姻家庭部分)》(2019年)

10. 因恋爱、同居产生的情感债务应当如何处理?婚外情所涉赠与应当如何处理?赠与行为的效力应当如何认定?赠与财物应当如何返还?

一方以恋爱、同居为由主张另一方支付“青春损失费”“分手费”的,不予支持。但女方在恋爱、同居期间因怀孕中止妊娠主张男方分担医疗费、营养费等合理费用的,可以支持。

有配偶者赠与或者约定赠与第三者财物,赠与后反悔主张返还或者第三者主张履行赠与的,不予支持。但配偶一方以赠与夫妻共同财产的行为侵犯其夫妻共同财产权为由主张返还的,可以支持。

配偶一方主张赠与行为无效并主张返还赠与财物的,应当认定赠与行为全部无效而非部分无效,赠与财物应当全部返还。

赠与行为被认定无效后返还的赠与财物应为赠与当时的标的物,如果赠与的是房屋、车辆等实物,应当返还实物。如果实物因灭失、转让等原因导致无法返还的,可以参照实物灭失、转让时的市场价格或者转让对价折价补偿。

【法院参考案例】

1. 崔某某与叶某某及高某某赠与合同纠纷案——夫妻一方在婚姻关系存续期间违反忠实义务将夫妻共同财产赠与第三人的行为无效,另一方请求第三人全部返还的,人民法院应予支持(《涉婚姻家庭纠纷典型案例》案例四,最高人民法院2025年1月15日)

【基本案情】

崔某某与高某某(男)于2010年2月登记结婚。婚姻关系存续期间,高某某与叶某某存在不正当关系,并于2019年3月至2023年9月向叶某某共转账73万元。同期,叶某某向高某某回转17万元,实际收取56万元。崔某某提起本案诉讼,请求判令叶某某返还崔某某的夫妻共同财产73万元。叶某某辩称,高某某转给其的部分款项已消费,不应返还。高某某认可叶某某的主张。

【裁判结果】

审理法院认为,在婚姻关系存续期间,夫妻双方未选择其他财产制的情况下,对夫妻共同财产不分份额地共同享有所有权。本案中,高某某未经另一方同意,将夫妻共同财产多次转给与其保持不正当关系的叶某某,违背社会公序良俗,故该行为无效,叶某某应当返还实际收取的款项。对叶某某关于部分款项已消费的主张,不予支持。

【典型意义】

根据《民法典》第1043条规定,夫妻应当互相忠实,互相尊重,互相关爱。婚姻关系存续期间,夫妻一方为重婚、与他人同居以及其他违反夫妻忠实义务等目的,私自将夫妻共同财产赠与他人,不仅侵害了夫妻共同财产平等处理权,更是一种严重违背公序良俗的行为,法律对此坚决予以否定。权益受到侵害的夫妻另一方主张该民事法律行为无效并请求返还全部财产的,人民法院应予支持。不能因已消费而免除其返还责任。该判决对于贯彻落实婚姻家庭受国家保护的《宪法》和《民法典》基本原则,践行和弘扬社会主义核心价值观具有示范意义。

2. 孙某诉徐某、第三人郭某不当得利纠纷案——夫妻一方擅自处分夫妻共同财产是否构成不当得利的认定[《人民法院案例选》2020年第7辑(总第149辑)]

【裁判要旨】

夫妻一方单方擅自处分夫妻共同财产给婚外第三者的,无过错的夫妻另一方可按不当得利向婚外第三者主张返还。婚外第三者单纯受让夫妻一方给予的金钱类财产权益的,应当直接判令其承担相应金钱价款返还责任;受让房产、车辆等实体类财产权益的,除有他人善意取得应折价赔偿外,夫妻另一方可直接要求予以返还。

【基本案情】

法院经审理查明:孙某与郭某系夫妻关系,徐某与郭某在其各自的婚姻关系存续期间进行了相互交往,在交往过程中郭某在徐某处存放了内有60万元的银行卡一张,郭某称此举是为了将来双方都离婚后在一起生活时使用,后徐某从郭某的银行卡中通过提现和转账的方式(转到徐某控制的户名为刘某某的卡中)共计从中支取43万元,剩余的17万元徐某归还给了郭某。现孙某认为郭某无权处分其与郭某的夫妻共同财产,在要求徐某返还未果的情况下,依法提起诉讼。庭审中,徐某称其将卡内60万元中的58万元都归还给了郭某,但郭某当庭并未认可。

【裁判结果】

山东省淄博高新技术产业开发区人民法院于2017年9月27日作出(2017)鲁0391民初825号民事判决:(1)被告徐某于本判决生效后10日内返还原告孙某不当得利43万元;(2)驳回原告孙某的其他诉讼请求。宣判后,被告徐某不服一审判决,向山东省淄博市中级人民法院提起上诉。山东省淄博市中级人民法院于2017年12月13日作出(2017)鲁03民终3662号民事判决:驳回上诉,维持原判。

【裁判理由】

法院生效裁判认为:孙某诉求返还103万元包括郭某当庭所述的其曾支付给徐某现金60万元,但该笔现金的支付孙某与郭某均没有提供相关证据证实,且徐某不予认可,对于该事实不予确认。关于60万元的银行卡的情况,无论是郭某的交付还是徐某的收取并从中支付43万元,各方均无异议,只是徐某称将该60万元中的58万元全部返还给了郭某,但没有提供证据,且郭某也当庭不予认可,因此,确认郭某自认的返还其中的17万元的事实。郭某交付给徐某的银行卡内的款项系郭某与孙某的夫妻共同财产,夫妻双方享有平等的处分权,郭某处分该大额财产未征得孙某同意,事后亦未得到孙某追认,其擅自处分夫妻共同财产的行为侵犯了孙某的合法财产权益,应为无效;且徐某在接受郭某给付的银行卡并从中支取部分款项时,明知该款项系郭某与孙某的夫妻共同财产,其主观上非善意,亦非有偿取得,其取得该款项并无合法事由,构成不当得利,孙某作为夫妻共同财产的共有权人,要求徐某返还该款项,理由正当,应予支持。

第八条 【父母在子女婚后为其购房出资的认定】婚姻关系存续期间,夫妻购置房屋由一方父母全额出资,如果赠与合同明确约定只赠与自己子女一方的,按照约定处理;没有约定或者约定不明确的,离婚分割夫妻共同财产时,人民法院可以判决该房屋归出资人子女一方所有,并综合考虑共同生活及孕育共同子女情况、离婚过错、

对家庭的贡献大小以及离婚时房屋市场价格等因素，确定是否由获得房屋一方对另一方予以补偿以及补偿的具体数额。

婚姻关系存续期间，夫妻购置房屋由一方父母部分出资或者双方父母出资，如果赠与合同明确约定相应出资只赠与自己子女一方的，按照约定处理；没有约定或者约定不明确的，离婚分割夫妻共同财产时，人民法院可以根据当事人诉讼请求，以出资来源及比例为基础，综合考虑共同生活及孕育共同子女情况、离婚过错、对家庭的贡献大小以及离婚时房屋市场价格等因素，判决房屋归其中一方所有，并由获得房屋一方对另一方予以合理补偿。

【司法解释·注释】①

在平衡保护个人合法权益与家庭团体利益方面，一个重要的体现就是父母为子女出资购房问题。在子女结婚时父母为子女出资购房，既是我国传统家庭财产代际传承的方式，也是父母对子女婚姻幸福美满的祝福和物质支持，有广泛的社会基础。但是，在子女离婚时，父母的希望可能落空，利益平衡被打破。如何审理好相关案件，实现父母权益与配偶一方权益的平衡保护，长期以来是司法实践面临的难题。从《婚姻法解释（二）》（法释〔2003〕19号，已废止）第22条到《婚姻法解释（三）》（法释〔2011〕18号，已废止）第7条，再到《民法典婚姻家庭编解释（一）》第29条，司法政策一直在探寻更好的解决方式。

保护出资父母一方权益和保护子女配偶一方权益均有一定道理，只是所处立场不同。此情况之所以引起巨大争议，实际上是个人主义与婚姻家庭团体主义之间张力的体现。保护出资父母一方权益体现的是对个人财产权利的尊重；而维护子女配偶一方合法权益，有助于增强其对家庭的认同，鼓励其对家庭的投入和付出，并协助另一方更好地赡养父母，实际上蕴含着对婚姻家庭的保护，且从根本和长远上有利于保护出资父母一方权益。因此，问题的关键不在于技术上如何处理，而在于基本理念如何确定。

首先，应将深入学习贯彻习近平总书记关于注重家庭家教家风建设的重要论述，落实《宪法》和《民法典》关于保护婚姻家庭基本原则作为法律适用的出发点。在保护个人合法权益的同时，注重对家庭团体的保障力度，明确二者之间的对立统一关系。由于家庭观念在人们的日常生活中仍然根深蒂

① 参见陈宜芳、王丹：《民法典婚姻家庭编法律适用中的价值理念和思维方法——以〈民法典婚姻家庭编解释（二）〉为视角》，载《法律适用》2025年第1期。

固,因此在坚持个人的人格独立与自主时,应当在制度安排上注重维护婚姻制度和强化国家保护家庭的责任,以实现家庭在新时代所担负的传承优秀法律文化、稳定婚姻家庭关系、实现儿童权利优先、弘扬婚姻家庭主流价值观的社会功能。夫妻财产法上的个人主义原则应受保障夫妻共同体这一价值的限制。家庭关系中的利他行为其实就是一种互利的行为——在一方需要的时候进行帮助,在自己需要的时候得到回馈,如果父母只从利己及子女的角度行事,对方也会作出同样的回应。如果家庭成员间的关系充斥着利己和算计,家庭的亲密关系也将不复存在,父母含饴弄孙、安度晚年的心愿也会成为泡影。在个案中看似维护出资父母的财产权益,但"司法解释既然可以作为一种裁决依据,同时它应该可以作为一种行为依据"。《民法典婚姻家庭编解释(二)》基于上述考虑,将树立优良家风、弘扬家庭美德落实到具体规则设计中,通过肯定双方对家庭的付出,免除其后顾之忧,从而增强家庭的凝聚力和向心力,维护婚姻家庭的和谐稳定。

其次,还应当在解释论背景下研究法律的适用。《民法典》第 1062 条、第 1063 条和第 1065 条确立了我国基本的夫妻财产制度。据此,在婚姻关系存续期间受赠的财产原则上为夫妻共同财产,除非赠与合同中明确约定只归一方。基于中国人含蓄的情感表达方式以及维护和谐的家庭关系需要,父母在为子女出资购房时,往往没有明确的赠与合同,更少明确约定只归自己子女一方。因此,在双方没有明确约定的情况下,根据法律规定,应当认定为赠与夫妻双方。那么,能否将不动产登记情况视为双方明确约定的情形?

该规则虽然清晰明了,且登记在很多情况下能够间接表达父母的意愿,但也应当看到,以登记为判断标准,一方面,容易降低家庭共同体认同感、伤害夫妻感情、影响家庭和谐;另一方面,家庭情况千差万别,针对基于各种考虑将房产登记在双方名下甚至子女配偶名下的情况,如果将登记和赠与意思表示挂钩,认定为无条件赠与夫妻双方,可能与当事人的本意不符。实践中,正因如此推定,才导致出资一方父母认为自己利益受损,转而以该出资款项系民间借贷为由提起借款合同纠纷诉讼,使得问题更为复杂,也增加了当事人的诉累。此问题的根源仍在于离婚分割夫妻共同财产时,如何认定婚姻关系存续期间父母给子女购房出资款项的归属。基于父母与自己子女利益的一致性,只要在离婚分割夫妻共同财产时确定相关规则,即可实现对父母权益的保护。一般情况下,父母在子女婚后为其购房出资有默示的意思表示基础,即该赠与是以子女的婚姻稳定存续为前提,司法实践中应特别考虑该法律行为作出的意思表示基础。为此,《民法典婚姻家庭编解释(二)》不再将不动产登记和赠与的意思表示推定挂钩,而是根据不同出资情况和来源，区分两种情形进行规定：

（1）在一方父母全额出资的情况下，如果赠与合同明确约定，只赠与自己子女一方，应当按照约定处理。如果没有约定或者约定不明确，该出资所购房屋无论是否登记在自己子女名下，在根据《民法典》第 1062 条和第 1063 条应认定为夫妻共同财产的基础上，需要结合《民法典》第 1087 条的规定合理分割，即在协议不成时，由人民法院根据财产的具体情况，按照照顾子女、女方和无过错方权益的原则判决。“财产的具体情况”应当包括出资来源情况。在具体分割时，考虑到一方父母全额出资，而房产的价值较大，又无法进行实物分割，可以判决该房屋归出资人子女一方所有，同时要综合考虑共同生活及孕育共同子女情况、离婚过错、对家庭的贡献大小以及离婚时房屋市场价格等因素，确定是否由获得房屋一方对另一方予以补偿以及补偿的具体数额。需要特别说明的是，即便父母明确约定该购房出资只给予子女配偶一方，基于血亲与姻亲关系的差别，一般情况下，该约定也是以子女婚姻关系存续为默示的意思表示基础，在子女离婚时，也需要考虑。

（2）在双方父母对房屋均有出资或一方父母部分出资的情况下，也应采用相同思路，即以出资来源和比例作为分割的基础，同时综合考虑共同生活及孕育共同子女情况、离婚过错等因素，对另一方予以合理补偿。但在具体分割时，考虑到此种情形出资来源和出资比例的复杂性，无法明确房屋归哪一方所有，需要根据个案情况分别处理。比如，双方父母的出资比例为 2∶8，如无明确约定，夫妻对该房产并不是按份共有，而是共同共有。这也与《民法典》第 308 条关于共有人对共有的不动产是按份共有还是共同共有没有约定或者约定不明确的，共有人具有家庭关系的，应视为共同共有的规定精神一致。在无其他特别因素的情况下，具体分割时，一般可以判决房屋归出资占比 80% 的一方，但是并非一定给另一方 20% 的补偿，需要在考虑共同生活及孕育共同子女情况、离婚过错等事实的基础上，按照照顾子女、女方和无过错方权益的原则判决，补偿比例可能高于也可能低于 20%。此种“软处理”的方式符合婚姻家庭的伦理性和利他性特征，可以在保护个人合法权益和维护家庭团体性之间实现适当平衡，有助于增进另一方对家庭的认同感和婚姻凝聚力，也不违背父母一方的初衷。在婚龄较短的情况下，亦能够保障出资父母一方的合法权益。同时，也引导当事人从过多地关注登记情况，转向更多地关注对家庭的付出。此外，根据《老年人权益保障法》第 14 条第 3 款的规定，赡养人的配偶应当协助赡养人履行赡养义务。在其已经协助赡养人履行赡养义务的情况下，给予其一定补偿，亦能够有利于保障老年人权益，实现家庭和睦。

【编者观点】

一、裁判实务中的分歧与焦点

《民法典婚姻家庭编解释(一)》颁布之前,即《婚姻法解释(三)》第7条被废止之前,有相关研究检索分析了2013—2020年分布于全国20余省市的案例158件,具有夫妻双方共同签字的借条占总数的24.7%;出资方子女出具借条的占17%;无借条的案件占总数的47.5%。2018年以前,各地裁判多将该类出资性质认定为赠与,而2018年以后则更倾向于将出资性质认定为借贷。

编者检索了自2021年1月1日《民法典》及《民法典婚姻家庭编解释(一)》正式实施,截止到2024年9月底的共计430个案例,其中案由为婚姻家庭、继承纠纷115件,占比约四分之一;合同、准合同纠纷242件,占比超过一半;物权纠纷47件,占比约十分之一。物权纠纷主要涉及所有权确认纠纷及共有纠纷,争议焦点在于父母出资是赠与还是享有所有权或与子女共有,其中多数案例均因出资时间为婚后且无特别约定,而被认定为赠与夫妻双方。

合同纠纷中绝大多数是民间借贷纠纷,争议焦点在于一方父母为夫妻双方购置房屋的出资是否为借款及配偶方是否有还款义务,夫妻是否有共同借贷合意是法院重点关注的问题,房屋所有权的归属问题则鲜少涉及。若借条仅为出资方子女出具,无配偶方签字或事后认可,多数法院不会因为房屋用于夫妻共同居住,就当然推定该债务为夫妻共同债务。而借条出具的时间、场合等具体因素会影响法官的判断,如考虑到借款时双方已经进入离婚诉讼,不能认定夫妻存在借贷合意。无借条的案例中,多数裁判观点认定为婚后父母对于双方的赠与,但是为了消解个案裁判中当事人离婚时利益失衡的结果,有裁判观点认为父母出资应当视为以帮助为目的的临时性资金出借,支持出资人的返还诉请。

婚姻家庭、继承纠纷中,主要涉及出资款性质认定与房屋所有权归属及分割两大问题。针对出资款性质认定问题,与《民法典婚姻家庭编解释(一)》第29条的结构相对应,父母出资时点在婚前还是婚后仍然是区分的基本思路。婚后出资的案例中,多数法院认为应认定为对夫妻双方的赠与,但是也存在不少裁判意见表达了不同观点。第一种裁判路径是,父母虽未明确约定出资款赠与子女一方,但以实际行为表示将案涉房屋赠与子女个人,应视为对自己子女一方的赠与。第二种裁判路径直接将出资适用《民法典》第1063条第3项“确定只归一方”的规定。第三种裁判路径认为,在父母出资时没有明确赠与意思表示的情况下,基于父母对成年子女负有抚养义务的时限已经届满,应认定该出资系对子女的临时性资金出借,目的在于帮子女度过经济窘迫期,子女对此理应负担偿还义务。第四种裁判路径认为,《民法典婚姻家庭编解释(一)》第29条是为了解决夫妻对赠与资金的归属问题,因此父母出资行为的性质未明确约定时不能径直认定为赠与,应结合出资人与接受人的意思表示、付款用途及其他证据综合评判。

《婚姻法解释(三)》第7条虽然已被废止,但是基于"民法典施行前的法律事实引起的民事纠纷案件,使用当时的法律、司法解释的规定",大量裁判意见仍然以房屋的产权登记情况推定赠与意向。另有不少裁判仅仅将房屋产权登记作为判断赠与意向的酌定因素,虽然会在裁判理由中提及房屋登记在夫妻双方名下,但首先还是根据是否对出资款性质作出约定,来判断出资是赠与一方还是双方。

二、父母出资的行为性质、资金归属与房产归属

当前规范及裁判混乱的原因在于,陷入诸多零碎而冗余的影响因素中,无法厘清不同层次的法律行为和法律关系。解决途径是区分父母的出资行为、子女购买房产的行为以及房产登记的行为,将父母出资的资金归属与子女购房的房产归属两者脱钩,将房产在物权维度的产权登记与婚姻维度的内部归属两者脱钩。

(一)父母出资的行为性质与资金归属

最高人民法院在制定《婚姻法解释(二)》时,便明确"要解决的对象目标为父母为子女购置房屋的出资问题,而不再是房屋"。"父母给子女的出资行为"与"子女用出资购房的行为"属于两项独立的法律行为,应当分别认定行为性质和财产归属。父母出资资金属于子女一方的个人财产抑或夫妻双方的共同财产,涉及出资行为是赠与还是借款、出资对象是子女一方还是夫妻双方等问题。在父母出资行为结束后,子女用于购置房产的资金不再溯源至父母,而是来自出资方的个人财产或者夫妻共同财产,并最终影响房产的归属和潜在份额。

现实生活中,父母出资时通常不会与子女正式订立书面的赠与或借款合同,因此发生纠纷时只能对出资行为的性质进行推定。《民法典婚姻家庭编解释(一)》第29条的立场是推定为赠与,理由是主张构成借款的一方更应当保留证据,父母不能就出资为借贷提供充分证据证明导致出资性质处于真伪不明状态时,应当由父母承担举证不能的不利后果。该立场在教义学上涉及举证责任分配和意思表示解释问题,实质上属于我国传统家庭伦理基础上的价值判断问题。父母子女之间亲缘关系的日常生活经验,以及在子女结婚时进行财富代际传承的分家传统两个因素,更支持出资性质是赠与的结论,父母为子女婚姻生活提供借贷式的临时性资助似乎并不合乎伦理压力与声誉下的生活实践。赠与推定实质是将表达慈爱亲情的伦理义务显性化,无视伦

理压力或不在乎伦理声誉的父母，其不希望履行上述伦理义务的内心意图在法条上并未得到显现，须借助借条更为明确的外在表征而显现。而若从父母对子女没有法定出资义务、父母出资与子女赡养的双务性等层面观察，则将出资认定为借款可以更好保障父母权益。另外还需考虑出资推定为借款对子女配偶信赖利益的影响，理论上出资方父母在婚姻存续期间可以随时请求返还，这种不确定性会影响夫妻对于家庭财产的长期规划。

出资行为性质的认定受到出资对象认定的影响，如果出资对象是自己子女一方而非夫妻双方，即资金归属于子女个人财产，则无论出资是赠与还是借款，都能确保资金不会因为子女离婚而分流给另一方，对父母而言并无太大差别，因此会减少父母将出资认定为赠与的顾虑。推定赠与的大前提下，从真实意愿和家庭利益两个维度，赠与子女一方而非夫妻双方都是更为合理的推论。首先，赠与等无偿所得关系必须考虑行为的动机和行为人的内心真意，赠与行为通常基于身份关系或个人情感而作出，赠与人不希望所赠财产由第三人分享。而血亲与姻亲的天然差异，决定了在未来子女婚姻可能解体的预设下，满足自己子女生活居住所需才是出资本意。相反观点则认为，父母出资的慈爱之举体现的是支撑小家庭成长的代际之爱，并非父母仅对小家庭中子女一方的爱。并且当父母出资演化为外在仪式，评价主体除了自己子女一方，子女配偶及其父母自不能在外，甚至更为重要。其次，应当探究何种方案更加符合家庭利益和逻辑。实践中，很多父母预支全部或部分养老费用为子女购房出资，既是家庭财产传续的需要，也构成子女未来更好履行赡养义务的物质保障。如果认定为赠与夫妻双方，随着婚姻解体导致资金分流，将影响子女未来对赡养义务的履行能力。

《民法典婚姻家庭编解释(一)》第29条以结婚时点为区分标准，陷入了没有实质论证的形式逻辑推演。结婚只是作为继续性的婚姻存续关系的开始，父母出资目的在于满足子女婚后共同生活的需要，而非结婚这一行为节点；何况子女购房时点受各方面因素影响，可能在婚前或者婚后任一时间点，这些偶发因素都会直接影响到父母出资的时点，但不会影响到父母出资目的的实现。该条第1款规定当事人结婚前父母出资的，推定为对自己子女一方的赠与，符合夫妻共同财产制的反面推论；第2款直接引致到《民法典》第1062条第1款第4项内容，推定为赠与夫妻双方。

为了解决《民法典婚姻家庭编解释(一)》第29条第2款在夫妻离婚时导致的利益失衡问题，过往理论提出的解决路径多是在赠与合同框架内选取制度工具来调整双方利益状态，例如将婚姻解体视为赠与合同发生了情势变更，以此要求夫妻双方返还出资；或者将子女婚姻家庭的维持作为赠与财产转移中父母勿须明言的动机背景，此动机背景对受赠方来说亦难说无从领会，因此宜将此种常为隐性的伦理意义，通过法律解释使其显性化，推定父母出资构成以夫妻离婚为解除条件的赠与。不过，父母的资助构成对下一代家庭生活的支持，因此夫妻离婚时，已经在婚姻生活中被消耗的部分无须返还，如此法律构造下，父母出资更接近于无溯及力的附终止条件的无偿持续性供给。

《民法典婚姻家庭编解释（二）》第8条则摒除了赠与合同框架内的解决路径，不再采用“赠与”或者“借款”等术语，意在不纠缠于出资行为性质以及出资对象等理论争议，而是回归到婚姻法框架内进行利益调整，因为出资纠纷的本质是子女婚姻维度的利益失衡问题，而非赠与合同相对人之间的利益失衡问题。第8条采取了调整离婚财产分割时双方利益的解决路径，直面离婚争议时的房产归属和补偿问题。该条涉及婚姻关系存续期间一方父母全额出资、部分出资或双方父母共同出资等多种情形，但在确定房产归属时皆不再回溯至父母出资，而是直接规定判决房屋归夫妻一方所有，可谓贯彻了“出资资金归属”与“子女购买房产归属”完全脱钩的立场。

依据体系解释，《民法典婚姻家庭编解释（一）》第29条第1款与《民法典婚姻家庭编解释（二）》第8条形成了制度分工，分别聚焦于婚前出资与婚后出资两种类型。换言之，《民法典婚姻家庭编解释（二）》第8条在功能上完全覆盖了《民法典婚姻家庭编解释（一）》第29条第2款，依据新法优于旧法原则，应当优先适用。因此可以认为，婚后父母为子女购房出资推定为赠与夫妻双方的规则不再适用。

（二）房产登记与婚姻维度的房产归属

依据婚姻财产的内外归属方案，夫妻共同所有不同于物权法上的共同共有，应当区分婚姻维度的归属与物权维度的归属。根据“资产分割”理论，未婚者的概括财产因结婚而形成个人财产以及夫妻共同财产两类特别财产。由于家庭不具有《民法典》认可的民事主体资格，因此夫妻共同财产只能归属于夫妻共同所有，属于婚姻维度针对夫妻共同财产整体的归属概念，区别于共同关系成员在物权维度针对特定财物的共同共有概念，两者之间无法相互转化。物权维度的归属状态分为单独所有权、按份共有以及共同共有，婚姻维度的归属状态分为夫或妻一方个人所有以及共同所有。夫妻法定共同财产制、约定财产制以及特别财产约定在婚姻维度直接发生归属效力，处理夫妻内部关系时以此为准据，夫妻一方可以请求另一方转移或变更登记。而在物权维度，特定财产是否发生物权变动仍须遵循物权公示原则。

内外归属方案下，利用父母出资购置的房产在婚姻维度的归属与物权维度的产权登记状况脱钩,影响房产婚姻维度归属和份额的最重要因素是首付款以及还贷款的资金来源。如果是出资方子女以其个人财产全额购房,或者以个人财产首付并还贷,则根据"不转化规则",房产在婚姻维度归属于出资方子女的个人财产;如果是出资方子女以个人财产支付首付款,然后夫妻双方以共同财产还贷,或者夫妻双方共同支付首付款并还贷,则婚姻维度的考察重点不在于房产归属,而在于计算夫妻双方在房产上享有的潜在份额。房产中共同财产出资的份额属于夫妻共同所有,一方个人财产出资的份额属于出资方个人所有。

在法定共同财产制下,婚姻关系存续期间夫妻双方的工资、奖金及劳务报酬等收入都属于夫妻共同财产,以共同财产还贷部分及其增值部分都属于共同所有的份额。有争议的是,夫妻一方个人财产出资在婚后的增值部分属于个人所有还是共同所有的份额,涉及《民法典婚姻家庭编解释(一)》第26条中对"孳息和自然增值"的理解。夫妻协力理论下通常认定为自然增值,为出资方个人财产;而婚姻命运共同体理念下则倾向于认定为投资收益,归属于夫妻共同所有。若从减轻夫妻财产制"均贫富"的效力以及适度限缩夫妻共同财产范围的价值判断出发,认定为自然增值归出资方个人所有更为妥当。

《民法典婚姻家庭编解释(二)》第8条第1款规定,在"夫妻购置房屋由一方父母全额出资"的情形下,"人民法院可以判决该房屋归出资人子女一方所有",不再与房产登记状况有任何关联,贯彻了"物权维度的产权登记"与"婚姻维度的房产归属"两者的脱钩。"征求意见稿"中第2款规定了"房屋产权登记情况",但是仅将其列为判定房产归属和补偿数额的几项平行列举的酌定因素之一,无法成为"婚姻维度的房产归属"的决定性要素。而在正式版本中,进一步删除了"产权登记"这一因素。

《民法典婚姻家庭编解释(二)》第8条的适用前提是"没有约定或者约定不明的",表明了任意性规范属性。"约定"内容既可以针对出资行为性质是赠与还是借款、出资对象是自己子女一方还是夫妻双方,也可以针对婚内房产协议中房产的归属和份额,还可以针对离婚财产协议中房产的归属和份额。依据内外归属方案,夫妻财产协议在夫妻关系内部直接发生婚姻维度的归属效力,房产或其相应份额依据约定归入一方个人财产或夫妻共同财产;而夫妻财产约定不直接导致物权变动,一方可基于婚姻维度确定的归属,在物权维度请求另一方转移或变更登记。若约定内容与登记内容不一致,涉及第三人利益时,依据登记内容决定物权归属,而婚内析产或者离婚房产分割时,依据约定内容决定房产归属和份额。离婚财产协议作为婚姻这一继续性关系解除时对夫妻共同财产和个人财产的合意清算,离婚后方才发生效力,因此不存在婚姻维度的归属问题。在物权维度,导致物权变动的仍为离婚协议这一法律行为,而非法律直接规定或者离婚这一单纯的法律事实,性质上属于基于法律行为发生的物权变动。何况离婚财产协议中复杂的权属分配对应不同的公示与登记方式,因此,离婚时的房产归属和份额约定不直接发生物权变动,但是在夫妻之间产生债权效力的法律约束力,且排除《民法典婚姻家庭编解释(二)》第8条中推定规则的适用。

三、子女离婚时的房产归属与补偿

(一)父母出资情况与离婚时的房产归属

《民法典婚姻家庭编解释(二)》第8条回归婚姻法框架,采取调整离婚财产分割时双方利益的解决路径,直面离婚争议时的房产归属和补偿问题。在利益格局上,离婚时获得房产一方,除了房产本身价值外,还意味着享有未来增值收益以及承担未来贬值风险。因此,全额出资一方通常作为购房决策方,由其获得房产,享有未来增值收益的同时承担未来贬值风险,更契合意思自治理念下的风险归责原则。同时,获得房产一方依据《民法典婚姻家庭编解释(一)》第78条第2款,对作为个人债务的房贷承担继续还贷义务。如果离婚时夫妻一方的财力不具备还贷能力,为了避免银行实现抵押权而拍卖变卖房产,有实践观点认为,房屋应当判决归有能力还贷一方所有,并由该方向对方进行价值补偿。

一方父母全额出资为夫妻购置房屋的情形下,依据《民法典婚姻家庭编解释(二)》第8条第1款,离婚时房产直接归属于出资人子女一方。最契合该结论的逻辑链条是,婚后父母出资属于对子女一方的赠与,成为子女的个人财产,子女以个人财产购置的房产也属于其个人财产。但是第1款却为房产归属于出资人子女一方设定了"离婚分割夫妻共同财产时"这一前提,叠加该款后段的补偿规定,引发"一方全额出资购置的房屋是否属于夫妻共同财产"的争议。在教义学上该争议涉及前述《民法典婚姻家庭编解释(一)》第29条第2款所引致的《民法典》第1062条第1款第4项规定的夫妻共同财产范围是否合理的问题,实质问题则是父母出资而无偿取得的房产并不符合协力原则,仍将其推定为夫妻共同所有的正当性何在?既然无从通过协力原则提供正当性,则离婚分割房产时更多考虑出资来源具有内在的合理性。而且如上文所言,鉴于房产首付款及还贷款来源的复杂性,婚姻维度的重点不在于房产整体归属,而在于夫妻各自享有的潜在份额。第1款规定一方全额出资购置房产则在婚姻维度享有全部份额;第2款规定各方均出资或一方部分出资,则依据出资比例享有相应份额。

《民法典婚姻家庭编解释(一)》第76条系统规定了离婚时的房产分割规则,依次列举了双方竞价取得房产、一方取得房产并按评估价格补偿另一方、双方分割房产拍卖或变卖价款三种分割方式。该条未承认双方可以对房产继续按份共有,官方理由是当事人丧失共有基础时强行判决按份共有,可能造成新的矛盾。而反对观点则认为,在双方只有一套共有住房且均没有财力补偿对方的场合,按份共有房产不失为一种可行的解决思路,双方不会因房产被强行拍卖、变卖而遭受现实损失以及未来可能的增值收益。

《民法典婚姻家庭编解释(一)》第76条第1项的具体适用前提是"双方均主张房屋所有权并且同意竞价取得",留存的疑问是如果双方均主张房屋所有权,但是其中一方不同意竞价取得,该如何处理?竞价取得作为一项独立的法律行为,需要双方达成竞价合意,并且符合一定的门槛和前提条件,例如具有与房产市场价值相当的财力基础或者双方的财力水平并不悬殊,方可保证竞价过程中的竞争是充分的,报价真实反映了双方的真实偏好价格。反之,若强制一方进入竞价程序,或者一方囿于财力无法作出真实报价,则对方不仅以不充分的报价获得房产,还造成另一方损失了当前补偿收益以及未来增值收益。

竞价取得规则的功能在于,由偏好该房产一方取得产权,以达到物尽其用,体现的是经济理性的逻辑。问题在于,离婚财产分割制度要实现的价值和诸多目的之中,物尽其用仅仅构成其中的一个面向,在婚姻法框架内还要契合"照顾子女、女方和无过错方权益的原则",同时不能损害作为债权人的银行等第三方主体的合法利益。因此,应当排除一方不同意时竞价取得规则的适用,即便离婚时双方均主张产权,法院也并非必须适用竞价取得规则。

(二)两个环节的补偿内容及其酌定因素

《民法典婚姻家庭编解释(一)》第76条第1—2项、《民法典婚姻家庭编解释(一)》第78条第2款以及《民法典婚姻家庭编解释(二)》第8条都涉及离婚时判决房产归一方所有的同时,对另一方的补偿问题。但是这三个条文中"补偿"的内涵不尽相同,涵盖了"明晰财产"和"分割财产"两个环节。第一个环节是同夫妻各自出资份额相关的"价值补偿",离婚时获得房产物权维度所有权的一方,需要对另一方在房产上享有的婚姻维度的份额"折价补偿",具体方式包括《民法典婚姻家庭编解释(一)》第76条第2项规定的依据评估价格补偿,以及《民法典婚姻家庭编解释(二)》第8条第2款规定的依据"出资来源及比例"这一因素进行补偿。

在"价值补偿"环节,关于夫妻共同还贷情形下补偿数额的计算问题,最高人民法院以共同还贷部分所占比率计算房产中共同所有的部分,补偿数额=房屋现值×[已共同还贷部分/(房屋本金价格+所需偿还的利息费用+其他费用)×100%]/2。另有地方高院以房屋增值为比率计算共同还贷部分的增值,第一步计算不动产升值率,不动产升值率=离婚时的不动产价格÷不动产成本×100%,不动产成本=购置时的不动产价格+共同已还贷利息+其他费用。如果一方支付首付款与结婚之间存在时间差,则房产升值率应以结婚时而非购置时的价格作为计算依据,房产在婚前的增值属于首付方的个人财产。第二步计算具体补偿数额,补偿数额=共同还贷部分×不动产升值率÷2。以上两套计算方式只是参照物不同,结果并无实质性差异,"其他费用"指的都是购房的必要支出,如契税、印花税、营业税、评估费、中介费等,但不包括公共维修基金和物业费,后者产生的基础并非交易,而是不动产长期使用中产生的费用。

第二个环节指同离婚分割夫妻共同财产相关的补偿规则,相较于前一环节的价值补偿,本环节中法官享有较大的自由裁量权。理论上分割夫妻共同财产并不限于房产这一特定物,只是实践中房产构成共同财产中最重要的部分,因此在分割房产时应直接适用《民法典》第1087条规定的"照顾子女、女方和无过错方权益的原则",体现为《民法典婚姻家庭编解释(二)》第8条列举的"共同生活及孕育共同子女情况""离婚过错""房屋市场价格"等酌定因素。本条第1款采用的"补偿"这一术语契合了第二个环节的补偿性质,而第2款以"合理补偿"这一术语去涵盖两个环节的补偿内容。《民法典婚姻家庭编解释(一)》第78条第2款规定的"双方婚后共同还贷支付的款项及其相对应财产增值部分,离婚时应根据民法典第一千零八十七条第一款规定的原则,由不动产登记一方对另一方进行补偿",既提及了双方出资及其增值份额,也涉及《民法典》第1087条的补偿原则,可谓囊括了两个环节的补偿内容。

《民法典婚姻家庭编解释(二)》第8条第1款和第2款皆把"共同生活及孕育共同子女情况"和"离婚过错"作为确定第二个环节补偿数额的酌定因素。这些酌定因素不仅规定在父母为子女购房出资场景中,还体现在彩礼返还规则、同居关系解除时的补偿规则以及离婚时基于婚姻给予房产的补偿规则等具体规范中,其合理性在各规范中保持了融贯。

"离婚过错"作为酌定因素的根据在于《民法典》第1087条规定的照顾无过错方权益原则。为了保障离婚自由,离婚不以一方是否存在过错为前提,但是过错事实是影响共同财产分割以及离婚损害赔偿的重要事由。2001年《婚姻法》新增离婚损害赔偿制度,但是裁判实践中的离婚损害赔偿金额通常不足以彰显对过错方的惩处和对无过错方的保护。《民法典》编纂时,转而选择杀伤力更大的在共同财产分割环节实现保护无过错方的制度目的。

在规范适用顺位上,如果在夫妻共同财产分割环节已经足以彰显对无过错方的保护,则无须叠加适用离婚损害赔偿制度。另一种思路是,在共同财产分割环节,将"无过错方"的"过错"理解为离婚损害赔偿法定重大过错之外的一般过错。夫妻一方具有重大过错的,共同财产分割完毕之后,另一方仍得主张离婚损害赔偿。

"孕育共同子女情况"作为酌定因素的根据在于《民法典》第1087条规定的照顾子女和女方权益原则,包括"已生育子女"与"未生育子女但怀孕、流产"两种情形。若已生育子女,则离婚财产分割不仅涉及夫妻双方利益,还应当符合儿童利益最大化原则,或者将房产直接判归直接抚养一方所有,以满足儿童的居住利益;或者在补偿数额上体现抚养费的考量因素。女方因妊娠、分娩和抚育子女承受了更多客观的生理风险、心理压力和身心付出,计算补偿数额时应当虑及女方孕育情况,包括因怀孕、流产对于女方身体健康、社会评价以及再婚可能性造成的消极影响。

"共同生活情况"作为酌定因素的合理性在于,婚姻关系包含了"结婚登记"的"一时性"要件以及"共同生活"的"继续性"要件。"共同生活事实"应满足"长期且稳定"的特征,其中"共同生活时间长短"是作为确定补偿数额的重要评判因素。这在一些比较法上体现为随着婚姻存续期间到达一定年限后,个人财产向共同财产的逐年转化规则。我国2001年《婚姻法》修正时,鉴于婚前个人财产日益复杂的现实,删去了原先立法中房产经过8年转化为共同财产的规定,那么可将"依据共同生活时间长短确定补偿数额"视为对转化规则原理的重新运用。除了时间因素之外,还需要综合考量双方是否有共同住所、性生活、共同承担家务及负担生活费用、共同赡养老人及抚育子女、精神上相互慰藉等婚姻生活的实质内容。这也是《彩礼纠纷规定》把"征求意见稿"中"共同生活时间"的表述修改为"共同生活情况"的原因。

《民法典婚姻家庭编解释(二)》第8条第1款还把"房屋市场价格"作为合理补偿的酌定因素,实质上构成了离婚财产分割中的衡平法。法理上,一方全额出资购置的房产在离婚时归属于出资人子女一方并无不妥,但是不容否认,夫妻另一方对于该房产在事实层面形成一定的信赖,包括信赖婚姻关系一直存续时对该房屋一直保有居住利益,从而影响该方在婚内是否需要另行购房的决策,随着共同生活时间的延续,夫妻另一方对房产的信赖程度愈高。在判决房产归属于出资一方的前提下,依据房产价值的高低调整补偿数额,可视为对上述信赖关系的呈现和保护。

《民法典婚姻家庭编解释(二)》第8条第2款以"出资来源及比例"为基础因素,以"共同生活及孕育情况""离婚过错""房屋产权登记情况"几项为酌定因素,体现了两个环节的补偿规则所蕴含的不同功能需求和价值判断，限制了法官在个案裁判中的自由裁量空间，有利于离婚当事人形成稳定预期。在具体适用该款规范确定补偿数额时，应当进一步明确各酌定因素的分量及其适用顺位。首先，如果双方出资比例较为悬殊，原则上应当判决房屋归出资份额绝对优势一方；其次，在此基础上以"出资来源及比例"因素确定对另一方"折价补偿"的数额，体现物权法逻辑和层面的补偿规则；最后，再行考量"共同生活及孕育共同子女情况""离婚过错""房屋市场价格"等酌定因素，在折价补偿的基础上对另一方"合理补偿"，体现婚姻法逻辑和层面的补偿规则。当"共同生活时间很长""出资一方对离婚负有重大过错"或者"配偶对于维系婚姻、经营家庭具有持续性贡献"时，则法官有权降低"出资来源"这种一次性财产贡献的权重，甚至于判决房产归属于夫妻中未主要出资但持续性贡献的权重极高的一方。

【地方法院规范】①

1.《北京市高级人民法院民一庭关于审理婚姻纠纷案件若干疑难问题的参考意见》（2016 年）

二十七、【婚后父母部分出资购房的认定】婚后由一方父母支付首付款为子女购买的不动产，产权登记在出资人子女名下，由夫妻共同偿还余款的，不属于《婚姻法司法解释三》第七条第一款②的规定的情形，该不动产应作为夫妻共有财产，在离婚时综合考虑出资来源、装修情况等因素予以公平分割。

一方父母承租的公房，婚姻关系存续期间以夫妻共同财产依成本价购买，登记在夫妻一方或双方名下，应认定为夫妻共有财产，公房承租权所对应的利益系作为对夫妻双方的赠与，在离婚处理房产时综合考虑公房承租权利益来源等因素予以公平分割。

2.《上海市高级人民法院关于适用最高人民法院婚姻法司法解释(二)若干问题的解答(一)》（2004 年，2020 年 12 月修订）

五、父母为子女结婚所给付的购房出资是否均构成对子女的赠与？当事人婚后，父母为双方购房出资，产证登记在夫妻一方名下的，是否可认定父母的购房出资是明确表示为向夫妻一方的赠与？

答：根据司法解释（二）第二十二条③的规定，父母为子女结婚购房的出资，"应当认定为……赠与"。我们认

---

① 本栏目下的地方法院规范内容与《民法典婚姻家庭编解释（二）》第 8 条的规定不一致的，应以最新的司法解释规定为准。——编者注

② 对应《民法典婚姻家庭编解释（二）》第 8 条。——编者注

③ 对应《民法典婚姻家庭编解释（一）》第 29 条、《民法典婚姻家庭编解释（二）》第 8 条。——编者注

为,条文中的"应当认定"是在父母实际出资时,其具体意思表示不明的情形下,从社会常理出发推定为赠与。若当事人有证据证明其与出资人之间形成的是借贷关系的,则不能适用该条规定。当然,该证据应当是在当事人离婚诉讼前形成的,离婚诉讼中父母作出不是赠与意思表示的陈述或证明,尚不足以排除赠与的推定。

实践中,对于夫妻婚后,父母出资购买房屋,产证登记在出资者自己子女名下的,从社会常理出发,可认定为是明确向自己子女一方的赠与,该部分出资应认定为个人所有;若产证登记在出资人子女的配偶名下的,除非当事人能提供父母出资当时的书面约定或声明,证明出资者明确表示向一方赠与的,一般以认定为向双方赠与为妥,该部分出资宜认定为夫妻共同所有。

此外,尽管司法解释(二)中的该条规定仅限于购房出资,但对于实践中可能发生的购买其他物品的出资,同样可根据该条规定作出相应的归属认定。

3.《江苏省高级人民法院民事审判第一庭家事纠纷案件审理指南(婚姻家庭部分)》(2019年)

35. 婚姻关系存续期间夫妻购置所有权登记在夫妻双方以及子女名下或者仅登记在子女名下的不动产的性质应当如何认定?

对于婚姻关系存续期间夫妻购置所有权登记在夫妻双方以及子女名下或者仅登记在子女名下的不动产,应当审查夫妻双方进行所有权登记时的真实意思表示,尽可能甄别夫妻双方是否存在逃避债务、规避执行等行为。

在排除前述情形的情况下,可以按以下情形分别处理:

(1)对于婚姻关系存续期间夫妻购置所有权登记在夫妻双方以及子女名下的不动产,应当认定为夫妻双方与子女共有。所有权登记中未约定为按份共有的,应当认定为共同共有。

(2)对于婚姻关系存续期间夫妻购置所有权仅登记在子女名下的不动产,一般应当认定为子女的财产。如果有证据证明夫妻双方将所有权登记在子女名下的真实意思仅是代名登记,夫妻双方并无赠与意思的,该不动产应当认定为夫妻共同财产。但夫妻之间的财产约定不能对抗善意第三人。

37. 父母为子女出全资购置不动产的性质应当如何认定?

父母为子女出全资购置不动产,除当事人另有约定外,可以按以下情形分别处理:

(1)一方父母出全资购置的不动产,无论该出资行为发生在婚前还是婚后,所有权登记在自己子女名下的,该出资可以认定为对自己子女的赠与,该不动产可以认定为出资方子女的个人财产。

(2)一方父母出全资购置的不动产,无论该出资行为发生在婚前还是婚后,所有权登记在子女双方名下或者另一方子女名下，该出资可以认定为对子女双方的赠与，该不动产可以认定为共同共有。

（3）婚前双方父母共同出全资购置的不动产，所有权无论登记在一方子女或者子女双方名下，该出资可以认定为父母对各自子女的赠与，该不动产可以认定为双方按照各自父母出资份额按份共有。

（4）婚后双方父母共同出全资购置的不动产，所有权登记在一方子女名下，该出资可以认定为父母对各自子女的赠与，该不动产可以认定为双方按照各自父母出资份额按份共有。

（5）婚后双方父母共同出全资购置的不动产，所有权登记在子女双方名下，该出资可以认定为对子女双方的赠与，该不动产可以认定为共同共有。

38. 婚后一方父母部分出资为子女购置不动产，所有权登记在出资方子女名下，其性质应当如何认定？

《婚姻法解释三》第七条①规定的“婚后由一方父母出资为子女购买的不动产”，其适用前提是一方父母出全资为子女购置不动产情形。婚后一方父母部分出资为子女购置不动产，夫妻双方支付剩余款项，所有权登记在出资方子女名下，除当事人另有约定外，该不动产应当认定为夫妻共同财产。离婚时在具体分割不动产时，可以结合父母出资比例等因素对出资方子女予以多分。

39. 父母为子女购置不动产出资性质的举证责任应当如何分配？

父母为子女购置不动产出资，事后以借贷为由主张返还，子女主张出资为赠与的，应当遵循谁主张谁举证的原则，由父母承担出资为借贷的举证责任。父母不能就出资为借贷提供充分证据证明导致出资性质处于真伪不明状态时，应当由父母承担举证不能的责任。

【法院参考案例】

1. 范某某与许某某离婚纠纷案——婚姻关系存续期间，一方父母将其房产转移登记至夫妻双方名下，离婚分割夫妻共同财产时，人民法院可以判决房屋归出资方子女所有，并综合考虑婚姻关系存续时间、共同生活情况等因素合理补偿对方（《涉婚姻家庭纠纷典型案例》案例二，最高人民法院2025年1月15日）

【基本案情】

2019年12月，许某某（男）父母全款购买案涉房屋。2020年5月，范某某与许某某登记结婚。2021年8月，许某某父母将案涉房屋转移登记至范某某、许某某双方名下。范某某与许某某婚后未生育子女。2024年，因家庭矛盾较大，范某某提起本案诉讼，请求判决

① 对应《民法典婚姻家庭编解释（一）》第29条、《民法典婚姻家庭编解释（二）》第8条。——编者注

其与许某某离婚，并平均分割案涉房屋。许某某辩称，同意离婚，但该房屋是其父母全款购买，范某某无权分割。诉讼中，双方均认可案涉房屋市场价值为 30 万元。

【裁判结果】

审理法院认为，范某某起诉离婚，许某某同意离婚，视为夫妻感情确已破裂，故依法准予离婚。关于案涉房屋的分割，虽然该房屋所有权已在双方婚姻关系存续期间转移登记至范某某和许某某双方名下，属于夫妻共同财产。但考虑到该房屋系许某某父母基于范某某与许某某长期共同生活的目的进行赠与，而范某某与许某某婚姻关系存续时间较短，且无婚生子女，为妥善平衡双方当事人利益，故结合赠与目的、出资来源等事实，判决案涉房屋归许某某所有，同时参考房屋市场价格，酌定许某某补偿范某某 7 万元。

【典型意义】

根据《民法典》第 1087 条规定，离婚时，夫妻的共同财产由双方协议处理；协议不成的，由人民法院根据财产的具体情况，按照照顾子女、女方和无过错方权益的原则判决。婚姻关系存续期间，由一方父母全额出资购置的房屋转移登记至夫妻双方名下，离婚分割夫妻共同财产时，可以根据该财产的出资来源情况，判决该房屋归出资方子女所有，但需综合考虑共同生活及孕育共同子女情况、离婚过错、离婚时房屋市场价格等因素，确定是否由获得房屋一方对另一方予以补偿以及补偿的具体数额。本案中，人民法院综合考虑婚姻关系存续时间较短、未孕育共同子女、房屋市场价格等因素，判决房屋归出资方子女所有，并酌定出资方子女补偿对方 7 万元，既保护了父母的合理预期和财产权益，也肯定和鼓励了对家庭的投入和付出，较好地平衡了双方利益。

2. 刘某诉盖某离婚案——父母与己方子女单方约定购房出资款性质

(《中国法院 2023 年度案例 · 婚姻家庭与继承纠纷》)

【基本案情】

刘某与盖某于 2017 年 10 月 18 日登记结婚。2019 年 10 月 14 日，刘某第一次起诉要求离婚，盖某不同意，法院判决驳回刘某的离婚请求。现刘某诉称双方感情基础确已破裂，无和好的可能性，故诉讼至法院，要求判令离婚并分割夫妻共同财产。双方婚后购买了位于×市×区×路×号×号楼×层×门×号房屋，登记在刘某、盖某名下。盖某父母为盖某、刘某夫妻购房共计打款 418 万元，盖某主张该 418 万元系夫妻共同债务，是盖某为购房向父母的借款，应由双方偿还，并提供盖某于 2018 年 7 月向父母书写的借条，借条的内容为“今从父亲、母亲处借到现金 418 万元，由本人及配偶夫妻二人共同偿还”，借条上有盖某父母与盖某的签字和捺印。刘某认为盖某父母为购房出资，但不认可借款的性质，认为是盖某父母对夫妻的赠与。

【案件焦点】

(1)父母为子女购房出资款的性质认定,系借款或赠与;(2)父母与己方子女单方约定出资款系借款是否对子女配偶有拘束力。

【裁判理由及结果】

北京市海淀区人民法院经审理认为:第一,房屋由盖某所有为宜。本院认为现该房屋由盖某居住使用,在购买该房屋时盖某出资较多,故房屋由盖某所有为宜,盖某向刘某支付房屋折价款。具体数额,本院在评估报告确定的房屋现值的基础上扣除房屋剩余贷款、盖某婚前财产支付的房款外,剩余部分在考虑双方对于首付款的出资比例的基础上酌情予以分割。

第二,盖某主张共同债务418万元,系向其父母盖某元、朱某爱的借款,法院无法认定为夫妻共同债务。盖某主张共同债务418万元均系其向父母盖某元、朱某爱的借款,并向本院提供盖某于2018年7月书写的借条,借条内容为“今从父亲、母亲处借到现金418万元,由本人及配偶夫妻二人共同偿还”,并捺印。盖某提供银行流水,证明其父母分别于2018年1月12日、2018年4月3日、2018年7月3日三次向盖某和刘某打款共计418万元。同时盖某提供其父母分别于2017年10月12日、2017年10月22日、2018年3月15日、2018年3月27日向案外人借款的借条及银行流水,合计404万元。盖某主张其父母向盖某和刘某转账的418万元是夫妻共同债务,是盖某为购房向父母的借款,应由双方共同偿还。刘某认可盖某父母为购房出资,但不认可借款的性质,认为是盖某的父母对夫妻的赠与。在本案中,刘某对盖某所主张的共同债务并不认可,且盖某并无证据证明夫妻双方对各自所述借款形成合意。另外,盖某提供的借条没有原件,证人也未到庭作证,无法核实借条的真实性。而且,盖某提供的银行转账只显示408万元,与盖某主张的418万元夫妻共同债务金额不相符。盖某父母与其他人的借条无法证明盖某父母为刘某、盖某转账的性质。

北京市海淀区人民法院依照《民法典》第1079条、第1087条、第1091条之规定,判决如下:(1)准许刘某与盖某离婚;(2)位于×市×区×路×号×号楼×层×门×号房屋归盖某所有,盖某于本判决生效后30日内给付刘某房屋折价款218万元;(3)驳回刘某的其他请求;(4)驳回盖某的其他请求。

第九条 【夫妻一方转让自己名下有限责任公司股权的效力】夫妻一方转让用夫妻共同财产出资但登记在自己名下的有限责任公司股权,另一方以未经其同意侵害夫妻共同财产利益为由请求确认股权转让合同无效的,人民法院不予支持,但有证据证明转让人与

受让人恶意串通损害另一方合法权益的除外。

【司法解释 · 注释】[①]

近年来,诸如一方擅自转让股权的效力、“夫妻公司”能否视为一人公司等问题,涉及对股权性质、股权变动生效要件的理解等,争议也较大,尚未形成较为一致的意见。《九民纪要》明确股权变动的时点为记载于股东名册之日,但理论界仍不乏反对意见。新修订的《公司法》第 86 条第 2 款规定:“股权转让的,受让人自记载于股东名册时起可以向公司主张行使股东权利。”这成为主张股权变动时点为记载于股东名册之日的有力立法依据。同时,《公司法》第 84 条第 2 款删除了之前有限责任公司股权转让需要其他股东半数以上同意的限制性规定,使得股权转让更为自由,进一步凸显了股权的财产权利属性。

登记方未经对方同意转让股权就涉及股权受让方与未显名配偶一方的利益平衡问题。按股权是否为夫妻共有以及一方擅自处分是否为有权处分,目前有两种截然相反的观点及论证思路:一种观点认为,股权不同于传统的物权和债权,是一种商事权利,权利的享有和实现需要以公司存在为前提和基础。对于以夫妻共同财产出资给公司取得的股权,未显名配偶一方只能共享其财产权益部分及转让所得价款,股权由登记方完全享有和行使。该观点的逻辑结果是股权登记方未经配偶同意处分股权的,系有权处分,未显名配偶一方只能请求分割转让所得。另一种观点认为,股权虽然具有综合性特征,但是其本质上仍为财产性权利,当然可以为夫妻所共有。

《公司法》第 4 条第 2 款规定:“公司股东对公司依法享有资产收益、参与重大决策和选择管理者等权利。”股权根据行使目的和方式的不同可分为自益权和共益权两部分。自益权包括资产收益权、剩余财产分配请求权、股份转让权等;共益权包括股东会表决权、公司章程及账册的查阅权、股东会决议撤销请求权等。股权具有收益性权能与管理性权能,前者体现为股东可以向公司主张分配股息红利,后者体现为股东可以参与公司内部治理。目前学者基本能够达成共识的是:股权中的管理性权能应当由登记股东行使,其中的资产收益权属于夫妻共同财产。分歧点在于,是将股权本身还是仅能将其中的收益权作为夫妻共有财产的客体。如果更多强调股权的管理性权能和成员权属性,则一般认为股权不属于夫妻共同财产;如果更多关注其中的财产性利益,则往往基于夫妻的平等处理权,将

① 参见王丹:《婚姻关系中涉及有限责任公司股权的若干实践问题》,载《法律适用》2024 年第 12 期。

股权纳入夫妻共同财产范畴。

对于股权性质，可从两个层面分析：第一个层面，股权的“对人权”层面（该层面主要由公司法规范）。其中包括了管理性权能（参与重大决策、选择管理者等）和资产收益权。管理性权能行使的对象是公司，主要涉及公司内部治理内容。资产收益权中的请求分红等权利行使对象也是公司。在与公司关系层面，股权更多地体现股东的资格以及股东与公司之间的权利义务内容，具体包括股东向公司的出资义务、公司置备股东名册并如实记载股东出资情况的义务、公司向股东的分红义务等。在向公司主张权利时，股权不能脱离股东资格行使，股权只能由股东一人行使的结论并无不当。在涉及公司债权人的法律关系中，也应遵循该原则，即以登记的股东对外承担出资不实的法律责任，《公司法解释（三）》第26条第1款即对此作出了明确规定。

第二个层面，股权的“对世权”层面，股权行使的对象主要是公司其他股东或不特定第三人，行使过程并不限于内部治理。股权原则上也具有可让与性，也就是通过法律行为来变动这一绝对性归属关系。新修订的《公司法》将有限责任公司股权变动松绑，不再需要过半数股东同意，这更进一步体现了股权归属关系上的特征。在与股权受让方关系层面，股东与股权受让人之间建立股权转让合同关系，其中更多地体现股权的资产价值以及企业登记或股东名册的公信力。应关注的重点并非股东如何向公司行使权利，而是对这一权利归属关系之处分。在该层面，作为股东与公司关系核心要素的“股东资格”概念，一般无用武之地。《公司法》第86条和第87条主要强调的是股权转让后的程序性规则。股东转让其股权无须经公司同意，而仅需要通知公司，公司收到股权转让通知后，该通知即对其具有约束力，公司本身是股权交易的客体和结果的承受者，而不是股权转让的参与者和“审批人”。因此，合同生效，股权在当事人之间变动；通知公司后，股权变动对公司发生效力；工商登记后，股东变动对不特定的第三人发生效力。

在与实际出资方关系层面，应本着实事求是原则，更多地体现投资收益的归属性。出资财产的所有权人即为股东权利实质上的所有者，这也是《公司法解释（三）》第24条第2款的逻辑基础。从出资来源角度看，如果是夫妻共同财产出资，该出资的财产既然属于夫妻共同所有，基于投资产生的财产形式转换不应改变所有权的归属，亦应认定为夫妻共同所有，否则无法解释何以夫妻共同财产只因投资公司这一行为就变成了夫妻一方财产。虽然我国《公司法》没有对股权共有作出规定，但这仅是法技术的处理结果，股权并非天性排斥共有。

根据股权的具体行使场合不同，可作区分处理：其中管理性权能的行使应当遵循《公司法》的规定。涉及公司内部治理的管理权行使应当遵循商法规范优先,依股东名册主张行使股东权利,婚姻法关于股权行使一致意见的要求,不应苛责于管理性权利的行使。而对于股权的转让、出质、赠与等资产收益权能中涉及对外处分内容的行使,在婚姻维度内,应受夫妻共同财产平等处理权制约,即股权处分属于夫妻共同财产范围内重大处理事项,夫妻双方应当协商一致。当然,协商一致并不是要求每一项对外交易均需要双方共同签字或另一方确认,未显名配偶一方一般都是全权委托显名一方对外经营,自己并不关心股权的具体行使情况及方式。而且,基于夫妻关系的私密性特征,双方协商处理往往也不会形成书面证据,因此,不能仅以未经其明确授权或未在转让合同上签字为由即认为侵犯了未显名配偶一方的平等处理权。关注的重点是该处分行为是否实质侵害了未显名配偶一方权益。

《民法典》第1062条在列举具体的夫妻共同财产类型时,增加了"投资的收益"内容。"投资的收益"不仅仅指基于股权获得的分红和转让的对价,在夫妻关系内部,股权本身也可以纳入"投资的收益"范畴,广义上也可以作为夫妻共同财产的客体。"投资的收益"可以具体分为已经实现的和尚未实现的两部分。股东每年分红所得款项、公司注销后分配的剩余财产、股权转让款等已经实现了的收益属于夫妻共同财产自无疑问,但是尚未实现的资产收益还包含在股权中,需要考虑未显名配偶一方的权益如何实现。在离婚分割夫妻共同财产时,有限责任公司的股权亦属于常见的分割内容,只不过在分割时要考虑《公司法》的程序性规定,这是股东与公司关系项下的问题。

对登记方未经配偶同意处分其名下股权的问题,有主张无权处分的,也有主张有权处分的,区别在于考虑的视角不同:若从夫妻内部关系考虑,则可能认定为无权处分,因为侵害了未显名配偶一方对共有股权的平等处理权;若从夫妻外部关系尤其是股东与公司关系角度考虑,基于未显名配偶一方不具有股东资格,认为其不享有股权而仅是对股权的收益享有共有权,因而主张登记方可以独立行使权利,为有权处分。认定为无权处分更符合体系解释原则。

第一,以夫妻共同财产出资有限责任公司获得的股权,在婚姻关系内部应基于其包含财产性利益,认定属于夫妻共同财产范畴。夫妻双方对该财产处分应当协商一致,登记方未经配偶同意的情况下处分该股权,应构成广义上的无权处分。第二,《公司法解释(三)》第25条将善意取得制度引入股权代持情况,而善意取得制度的逻辑前提就是无权处分,故该条实际上区分了内外部关系。在内部关系中,以实际出资认定真实权利人,进而承认实际出资人的权利,因此,名义股东处分时解释为无权处分。与隐名代持的情况相比,因《公司法》并未配备股权共有的制度设计，对于未显名配偶一方而言，想将夫妻共同财产出资的事实公示，没有相应的制度予以保障，故而对其而言，没有“可苛责性”，对未显名配偶一方的利益保护起码不应劣于股权代持情形下的隐名股东。本着举轻以明重的原则，在现有司法解释已经明确名义股东转让为无权处分的逻辑前提下，以夫妻共同财产出资的情况亦同，这是从与实际出资人和股权受让人的关系角度而言的，在与公司关系层面，难谓“无权”。而且不论是否认定构成无权处分，均不影响股权转让合同的效力，区别在于股权是否能够发生变动。司法审判的关注重点应是该交易是否属于正常的商事交易，是否损害了未显名配偶一方的合法权益。而不能简单地要求所有交易都“共签”来体现夫妻对共同财产的平等处理权。

根据《民法典》第311条规定，善意取得制度只适用于动产和不动产。因此，股权转让无权处分，只能参照适用。但如何参照，是否需要完全符合第311条规定的3项条件，则是下一步要考虑的问题。夫妻一方未经配偶同意处分自己名下股权参照善意取得制度应主要是参照善意取得的法律效果，对于构成善意取得的要件，应斟酌变通。尤其是对于其中“善意”的判断标准，应考虑股权的特殊性以及股权的权利外观基础。对于股权的权利外观，《公司法》规定了股东名册和登记两种形式。虽然《九民纪要》明确股东名册是设权登记，是股权变动的生效要件，但是其在解释中亦认可，现实中部分公司管理不规范，存在股东名册形同虚设甚至不设股东名册的情况。因此，股东名册与实际出资不一致的情况可能大量存在，彰显权利外观的准确性不够，这导致股权变动适用善意取得制度存在先天不足。《九民纪要》在解释中也作了变通，在不存在规范股东名册的情况下，有关的公司文件，如公司章程、会议纪要等，只要能够证明公司认可受让人为新股东等，都可以产生相应的效力。工商登记本身不是设权登记，仅具有对抗效力，与真实权利的相差也会很大，在制度设计上亦无法承载表彰权利的公示作用。

在商事活动中，交易相对人无法了解股权背后的共有情况，更难以探查共有人之间是否就股权变动达成一致的意思表示，交易相对人的尽职调查义务不宜扩大到需要查明该股权所对应的出资是否是夫妻共同财产，股权转让行为是否征得了配偶同意。在判断善意时更应当考虑是否是正常的商事交易，如果是正常的商事交易，一般应当认为相对人是善意的，除非配偶有证据证明交易相对人与登记方恶意串通损害其利益的情况。此处的恶意与善意并非同一层次下相对的概念。善意仅指“不知情”，恶意并非仅指“知情”，还要看是否故意损害未显名配偶一方的合法权益。股权转让参照适用善意取得制度时,主要应考察是否以合理的价格转让,只要股权转让价格能够合理地体现股权的价值,投资的收益即可通过夫妻共有股权转让款的方式取得,并不损害未显名配偶一方的利益,这应是股权善意取得的正当性基础。

股权变动参照适用善意取得制度还存在一个障碍就是股权自何时发生变动,这决定了股权受让方能否最终取得股权。理论界和实务界主要有以下4种观点:(1)股权转让合同生效则股权转移,股东名册变更产生对抗公司的效力,工商登记变更产生对抗第三人的效力。(2)以通知公司股权转让事实为股权发生移转的标志。(3)股东名册变更则股权发生转移。(4)公司登记机关变更登记则股权发生转移。《九民纪要》第8条对此予以明确。纪要认为,以股东名册变更作为股权转移的标志,区分了股权转让合同生效与股权权属变更、股东名册记载与公司登记机关记载的效力,兼顾了转让股东、受让股东的利益以及公司债权人和不特定相对人的保护。新《公司法》第86条第2款规定:"股权转让的,受让人自记载于股东名册时起可以向公司主张行使股东权利。"该条明确将记载于股东名册作为股权变动的生效要件。即便认为记载于股东名册为股权变动生效要件,在股权变动参照适用善意取得制度时,也需要变通适用该构成要件。理由如下:

第一,如果股权尚未记载于股东名册,如果适用该条规定的法律构成要件,得出的结论是:即便股权转让合同有效,因股权未记载于股东名册,受让方未善意取得,法院也不能判决继续履行,受让方只能要求转让方承担违约责任。此结论有失公允,尤其是转让方反悔,其以未经配偶同意为由拒绝履行,等于变相支持了一方当事人违反诚实信用原则的行为。第二,在公司法范畴内,确定股权转让生效时间的主要目的在于明确股东何时可以向公司行使权利,这是从股东和公司层面的关系而言的,而不是针对股权转让人和受让人关系的。第三,公司将股权变动记载于股东名册是公司认可股东享有股权的法定方式,但从实践情况看,并不是唯一方式。股东名册可能无法承载转让人与受让人之间权利变动生效要件的功能。第四,从权利对抗的角度看,作为股权受让人,在价格合理的正常商事交易中,转让方已经通知公司,公司未提出反对意见,虽未将股权变动记载于股东名册,但可能已经通过变更公司章程或者通过会议纪要等方式确认新股东身份的情况下,新股东亦有权要求公司变更股东名册。公司不能以新股东未记载于股东名册、股权变动未生效为由对新股东变更股东名册的请求作出抗辩,否则《公司法》第86条将陷入悖论。第五,从对未显名配偶一方权益保护的角度看,由于价格转让合理,所获得的股权转让款为夫妻共同财产,并未损害未显名配偶一方利益。即便认为股东名册是股权变动的生效要件，在适用股权善意取得制度时，基于股权的特殊性，也应当变通适用第3个构成要件，在价格合理的正常商事交易中，股权转让合同生效时，股权已经在转让方和受让方之间发生变动，该变动对公司生效的时间是通知公司之时或者登记于股东名册之时。也即，在将股权转让参照适用善意取得制度时，《民法典》第311条的第3项条件既不是记载于股东名册之时，也不是在公司登记机关登记之时，而应当认定股权转让合同生效即满足第3项条件。

【编者观点】

随着社会经济的发展，家庭财产的呈现形态日益多元化，构成其“重头戏”的除了房产便是股权，家事案件中涉及股权的纠纷数量急剧上升。由于《民法典》与《公司法》都未明确规范夫妻共有股权，引发了诸多裁判分歧和争议，例如登记在夫妻一方名下的股权是否属于夫妻共同财产？夫妻共同所有的客体是完整股权还是股权的财产权益？夫妻一方未经协商直接转让名下股权属于有权处分还是无权处分？离婚时可否以登记的持股比例分割股权？上述争议涉及夫妻之间、夫妻与公司其他股东之间以及夫妻、其他股东与公司外部第三人之间的多主体、多层次的价值与利益冲突。

依据婚姻财产的内外归属方案，应当区分婚姻法维度与财产法维度的归属。婚姻法维度的夫妻共同所有是针对共同财产整体的归属概念，夫妻共同财产制以及财产约定在夫妻内部关系中直接发生效力，一方可以请求另一方转移或变更登记。而财产法维度的共同共有是共同关系成员针对特定财物的归属概念，特定财产是否发生物权变动仍须遵循物权公示原则。夫妻共有股权则在婚姻法维度与财产法维度两重架构之上，叠加了公司法维度的组织法规则，既包括公司法维度依附于股东资格的股东权利，也包括财产法维度股份所有者对股权这一权属关系本身的财产权，还包括婚姻法维度体现为夫妻共同财产的股权权益。

一、婚姻法维度：“无权处分”+夫妻内部救济途径

在婚姻法维度，夫妻一方擅自处分作为夫妻共同财产的共有股权，根据《民法典》第1062条第2款的“夫妻对共同财产有平等的处理权”规则，侵害了未显名配偶对作为夫妻共同财产的共有股权的平等处理权，在夫妻关系内部应被认定为“无权处分”，“无权”是婚姻法维度针对夫妻另一方意义上的，而非财产法维度针对受让方意义上的。因为夫妻内部对于共同财产的“平等处理权”无法穿透到财产法维度，不能将夫妻合意作为一方对外处分共同财产的生效要件。司法实务中，部分裁判观点从夫妻对共同财产享有平等管理权出发，认为夫妻一方非因日常生活需要

对夫妻共同财产作出重大处理决定的,应当与另一方协商一致,取得一致意见,未经对方同意即行处理的,该处分行为无效。这些观点便是混淆了婚姻法与财产法两个不同维度的处分权。

夫妻一方擅自处分共有股权,在财产法维度无论是被认定为无权处分但是受让方善意取得,还是被认定为有权处分,另一方都可能遭受财产损失。虽然在以合理价格转让股权的情形下,作为夫妻共同财产的股权只是形式上转化为转让款这一等值对价,以当前股权的财产权益角度,非显名配偶的利益未受到损害。但是共有股权的价值远非当前股权的市场价值可以涵盖,还会涉及公司法维度公司的控制权、治理结构、股权未来收益等多种权益,因此有必要在婚姻法维度赋予未显名配偶一系列救济措施。

显名方隐藏、转移、变卖共有股权或者伪造与共有股权关联的经营性债务严重损害夫妻共同财产利益,或者显名方的侵占行为使另一方受到损失,若双方没有离婚意愿,则受损方有权依据《民法典》第1066条第1款请求婚内分割包括夫妻共有股权在内的共同财产;若双方因此离婚,则受损方有权依据《民法典》第1092条主张对显名方少分或不分共同财产,离婚后受损方发现上述行为的,可以向人民法院提起诉讼,请求再次分割夫妻共同财产。若显名方对共有股权的不当处分严重影响婚姻关系的存续,构成导致离婚的重大过错行为,非显名配偶还有权依据《民法典》第1091条请求显名方损害赔偿。除了婚姻法上的救济措施,显名方擅自处分股权对另一方造成实际财产利益损害的,另一方还有权要求显名方以个人财产承担一般侵权责任,侵权赔偿的范围通常为股权实际转让价格低于转让时股权市场价值部分的差额。

二、财产法维度:“无权处分+善意取得”与“有权处分+恶意串通”实质无异

夫妻一方擅自处分共有股权的行为,在财产法维度存在无权处分与有权处分两种观点。支持无权处分的观点基本都是回溯到婚姻法维度,认定显名方没有单方处分权限,然后把善意相对人的保护诉诸善意取得与表见代理,使得受让方符合善意取得等构成要件时可以获得股权。公司法维度与此类似的情形,是名义持股中的名义股东以及一股二卖中的原股东转让股权,《公司法解释(三)》皆直接转引到《民法典》第311条的善意取得。《公司法》第34条第2款规定“公司登记事项未经登记或者未经变更登记,不得对抗善意相对人”,与《民法典》第65条一并建立了股权登记对抗制度。但是“善意相对人”仅仅指处分关系中的第三人还是包括债权关系第三人,涉及隐名股东与第三人在执行异议等场合下的保护顺位,学界仍然存在较大争议。未显名配偶相较于名义股东,至少在婚姻法维度是共有股权的共同所有人,且未被显名化

是由于现行法缺乏夫妻共有股权的登记和记载规范而非自身的可归责性，因此基于举轻以明重原则，对未显名配偶的利益保护不应劣于股权代持情形下的隐名股东。

基于此，最高人民法院新近观点认为，记载于股东名册的主要目的是公司法维度明确股东可以向公司行使股东权利的时间点，而非股权转让双方达成股权变动合意的时间点。应当变通适用《民法典》第311条第1款第3项的已公示要件，不能机械理解为“已经记载于股东名册或者经工商登记”，而是“股权转让合同已生效”即可，增强对于善意受让方的保护力度。

代理法路径上，未显名配偶单方处分股权，裁判实务中也可能被认定为表见代理。股权受让方需要证明未显名配偶的一系列行为形成“相对人有理由相信行为人有代理权”的外观，例如未显名配偶基于公司的交付行为合法拥有公司公章或空白合同、持续参与股权转让的磋商过程且公司及显名方未提异议。鉴于该情形下受让方明知转让方“未显名”这一事实，其注意义务等级应当提高到不存在一般过失，且客观上符合“正常生产经营活动”的判定标准。有裁判意见进一步认为，若公司股东会决议均由未显名配偶代签，事实上构成显名方对未显名配偶的授权，未显名配偶的股权转让行为直接构成有权代理。

支持有权处分的观点认为，在夫妻关系存续期间，公司股东单独进行的股权转让或质押等系有权处分，无须经股东配偶同意。在没有恶意串通损害第三人利益导致合同无效等事由时，相关股权处分应为有效。有权处分的理论基础之一，是区隔家庭生活与公司活动的独立经营原则，在比较法上得到普遍承认。而独立经营主体限于股东身份，即外观主义原则，实践中回到判定显名方是否具有“权利外观”这一关键问题。不同于不动产权属登记系统，无论股东名册、公司章程还是工商登记，在我国目前的商事实践中都无力承载具有公示效力的权利外观功能。因此，很难单纯从权利外观层面探究是否构成有权处分。

有权处分的理论基础之二，是试图联结婚姻法维度与财产法维度的默示委托理论，未显名配偶将共有股权上的处分权能默示委托给显名方，然后适用委托和代理架构，显名方在默示委托范围内的转让行为是有权处分，超出的构成无权处分。问题在于，默示委托的成立以未显名配偶“明知且未反对”显名方的处分为前提，而在单方处分共有股权情形下，未显名配偶对此完全不知情，无法解释出同意或者反对的意思表示，因此只能在客观层面将默示委托的委托范围限于正常生产经营活动。公司法维度“正常生产经营活动”指股东权利的行使符合公司法规范以及公司章程的决策程序，产生的经营风险符合合理的商业判断逻辑；财产法维度“正常生产经营活动”强调以合理的交易价格转让股权。

本条文义上仅涉及显名方股权转让合同这一负担行为的效力认定,并未涉及单方转让股权这一处分行为的效力与法律效果。有观点认为,本条中的“转让合同”并非作为债权合同的股权转让合同,而是指财产权变动意义上的股权转让。而编者认为,财产法维度判定为无权处分抑或有权处分并不重要,关键在于利益平衡与价值判断层面,受让方在哪些情形下可以获得股权。在法教义学工具上,既可以通过无权处分下的善意取得路径肯定善意受让行为,也可以通过有权处分下的恶意串通路径否定恶意受让行为,最终的法律效果并无实质区别。

本条选择了恶意串通路径,优点在于回避了单方处分股权是否为无权处分的争议,直接产生无效的法律后果。而且司法解释对恶意串通事实采取了较高的证明标准,即必须高于民事诉讼证据通常适用的高度盖然性的证明标准,只有达到排除合理怀疑程度,才能认定恶意串通行为的存在。未显名配偶若主张受让方与显名方恶意串通,则必须证明双方不仅明知股权转让行为会损害其合法权益,且主观上具有造成损害的共同目的,客观上实施了串通行为。这样一来,客观上更有利于受让人,而这种倾斜是考虑到夫妻之间和股权受让人之间救济成本的问题,夫妻之间可以通过内部救济予以实现,但对于股权受让人来讲,救济成本可能就会更高。

三、受让方能否获得股权的实质评判标准

受让方是否可以获得股权,实质标准在于股权转让行为是否属于正常的商事交易,裁判实务细化为股权转让价格是否合理、转让款是否已经支付、转让双方是否存在特殊关系、转让时点与婚姻异常状态是否关联、转让双方的后续举止是否符合常理等具体考量因素,便于法官综合判定转让双方的真实动机、是否排除善意取得或者构成恶意串通。

考量因素之一是股权转让是否存在合理对价。若公司经营状态良好,有足额的可分配利润,股权价值不可能为零。既然实际出资人对权利外观有可归责性时,交易相对人取得股权需要支付合理对价,举重以明轻,未显名配偶对于无法登记共有股权不具有可归责性,受让方当然需要支付合理对价。股权无偿赠与以及对价不合常理的转让行为,或者因无法满足善意取得要件而无效,或者构成显名方与受让方恶意串通而无效。是否无偿或者低价还要结合双方的整体交易结构以及关联的其他合同内容进行实质性判断,例如一则案例中,鉴于受让方具有财务方面丰富的专业知识和实践经验且愿意成为公司的战略合作伙伴,显名方将公司股权无偿转让给受让方,同时内部协议约定受让方成为公司的名义员工,在适当场合以公司员工名义开展宣传活动，名义上构成无偿转让但实际存在对价。

考量因素之二是受让方是否已经支付转让款。受让方尚未付款也属于常见的排除善意取得，或者构成恶意串通的情形。相反裁判观点则认为，虽然受让方尚未实际支付转让款，但是显名方依法享有了针对受让方的债权，故股权转让未造成夫妻共同财产减少，不构成恶意串通。对于是否支付对价这一事实，也应当进行实质判断，一则案例中，受让方取得股权系以承担某公司的债务作为对价，受让方承担债务的直接受益人是该公司，间接受益人则是该公司的股东即受让方本人，而原股东即显名方并未从中受益，故不能视为已支付合理对价。

考量因素之三是受让方是否与夫或妻存在特殊关系。阻却善意取得或者构成恶意串通的特殊关系通常包括股权转让双方存在近亲属或者姻亲等家庭关系、工作单位中的上下级关系、商业领域的长期合作关系、相互控股以及职务代理等不可分割的利害关系，具有安排股权转让的便利条件。当然，法院通常会参考多个考量因素综合作出判断，有裁判观点认为，在未提供其他证据予以佐证的基础上，仅以涉案股权转让发生在婚姻关系存续期间以及转让双方系情人关系为由，主张涉案股权转让协议无效，缺乏事实和法律依据。

考量因素之四是转让时点与婚姻异常状态的关联性，涉及受让方是否符合善意取得的构成要求、显名方是否是恶意转移财产，以及转让行为是否存在恶意串通、损害未显名配偶利益的可能。裁判案例中的典型情形包括股权转让的时间节点在夫妻关系恶化、协议离婚过程中；夫妻双方正值离婚诉讼期间；受让人参与了夫妻矛盾的调和，明知婚姻异常状况以及受让股权的共同财产性质，却未向未显名配偶确认意见；受让人在法院判决夫妻不准离婚并解除对案涉股权冻结后，随即与显名方签订股权转让协议并转移登记。

考量因素之五是转让双方的后续举止是否符合常理。例如股权转让后，公司的登记股东始终未作变更，受让人既然自认为公司股东，却从未要求通过工商登记的形式对其股东身份予以明示；或者转让方在股权转让后仍担任公司的总经理兼法定代表人，参与公司的经营管理，其相关个人账户仍用于公司自有资金的流转，而受让方却从未参与公司的经营管理。转让双方上述这些后续举止，因与常理不符，可能被认定为恶意串通。

第十条 【企业登记的持股比例不是夫妻财产约定】夫妻以共同财产投资有限责任公司，并均登记为股东，双方对相应股权的归属没有约定或者约定不明确，离婚时，一方请求按照股东名册或者公司章程记载的各自出资额确定股权

分割比例的，人民法院不予支持；对当事人分割夫妻共同财产的请求，人民法院依照民法典第一千零八十七条规定处理。

【司法解释·注释】①

虽然一定份额的股权不能因为属于夫妻共同财产出资即登记为“共有”，但是夫妻可以分别登记为股东，各自享有一定比例的股权。实践中，此种情况也比较常见，尤其是某一公司中股东只有夫妻双方。进而产生的问题是，公司章程或者股东名册登记的持股比例能否认定为夫妻约定财产制，在离婚分割夫妻共同财产时，能否按此比例分割。

在夫妻关系内部，出资的财产属于夫妻共有，作为对价所获得的股权不管登记在一方名下还是双方名下，亦均属于夫妻共同的财产，公司章程或者股东名册登记的持股比例可能基于公司经营管理等方面考虑，并无财产约定的本意，不能当然得出在婚姻家庭维度该登记即为夫妻约定财产制，除非双方对此另行明确约定。在双方没有明确就股权收益归属进行约定的情况下，在婚姻关系维度内，不能当然根据对外公示的登记信息，确定内部权属分配；但是，在公司经营管理层面，则不需考虑夫妻之间的人身关系，双方应当按照企业登记的持股比例各自行使管理权。

新修订的《公司法》放宽了对一人公司设立的限制，允许设立一人股份有限公司，同时取消一个自然人只能设立一个一人有限责任公司等规定，使得一人公司的设立更加灵活、便利。这会进一步扩大与家庭领域问题交织的广度和深度。比如实践中经常出现的夫妻双方同为公司股东且合计持有公司100%股权（俗称“夫妻公司”），此情形能否突破法律关于“一个自然人股东”的限制，将夫妻股东视为一个整体，进而将“夫妻公司”认定为一人公司，适用一人公司法人人格否认的司法规则，尚存在较大争议，支持将“夫妻公司”视为一人公司的观点主张，夫妻二人出资成立的公司，注册资本来源于夫妻共同财产，公司的全部股权属于双方共同共有，股权主体具有利益的一致性和实质的单一性。普通二人公司说则认为夫妻是两个独立的自然人，与其他多数自然人成立公司的情况并无二致。

不宜将“夫妻公司”认定为一人公司。首先，基于夫妻之间紧密的人身关系，确实存在意思混同的便利，但仍可能存在意思不一致的情况，不能将其作为“一人”。如果将此实质审查标准作为一人公司的判断标准，将导致无限扩大一人公司范围，进一步解构该制度。应当按照公司法商事外观主义原则认

---

① 参见王丹：《婚姻关系中涉及有限责任公司股权的若干实践问题》，载《法律适用》2024年第12期。

定,而不宜将内部关系外化。其次,《公司法》第23条第3款规定,只有一个股东的公司,股东不能证明公司财产独立于股东自己的财产的,应当对公司债务承担连带责任。这是一个形式判断标准,而非考虑出资来源或者利益一致性的实质判断标准。“夫妻公司”形式上有两名自然人股东,股东数量不符合法律关于一人公司的规定。再次,司法实践中存在大量股东间具有紧密身份关联的所谓“兄弟公司”“母子公司”,也不乏形式上表现为数个股东但实际上仅由一名股东行使权利的公司,如果以利益一致性作为判断一人公司的标准,将导致一人公司认定的随意性。以身份关系、权益归属或权利行使方式等因素作出实质上单一性的判断,进而认定此类公司为一人公司欠缺法律依据。最后,在公司人格否认诉讼中,一人公司与其他公司的差别就在于举证责任。法律基于一人公司特点,确定举证责任倒置规则是为保护债权人利益。如果想否认“夫妻公司”的独立人格,仍应由债权人举证。“夫妻公司”能否刺破公司面纱要求夫妻股东承担连带责任,并不是以“夫妻关系”为判断标准,而是要回归到《公司法》第23条第1款规定即公司法人人格否认制度,以夫妻共同财产与公司财产是否混同、夫妻是否过度支配与控制公司等作为判断标准。《九民纪要》第10条对于公司人格否认的考量因素作了具体列举规定,夫妻关系确实存在利益一致性,因此,与其他公司人格否认相比,在判断财产是否混同时,要将夫妻关系作为重要的考量因素。

新修订的《公司法》将有限责任公司股权转让需经其他股东过半数同意的限制条件删除,股权转让亦无须其他股东同意,有限责任公司人合性仅通过其他股东优先购买权体现。因此,只要其他股东放弃行使优先购买权,不具有股东资格的配偶一方即可通过取得股权成为公司股东。如果其他股东对拟分割给配偶另一方的股权行使优先购买权,则该配偶一方只能取得相应的转让款。

在夫妻双方对股权处分无法达成协商一致的情况下,目前实践中主要有以下几种做法:一是考虑到有限责任公司的人合性因素,直接判决股权归显名配偶一方所有,另一方获得折价补偿;二是在未显名配偶一方主动主张或者经过法院释明后接受获得股权折价补偿款时,判决股权归显名配偶一方所有,另一方获得折价补偿;三是在认定其他股东放弃优先购买权时,判决由双方各得一半股权;四是在不考虑其他股东优先购买权的情况下,直接判决分割股权。

在离婚分割夫妻共同财产时,面临的问题不是在学理上区分股权本身还是股权中的财产价值为夫妻共有的客体,而是在股权中的管理性权利与财产性权利原则上不能分离的情况下如何实际分割。对于一人公司和夫妻二人均为公司股东的情况,因为不涉及有限责任公司股权转给股东之外第三人的限制性规定,可以参照《民法典婚姻家庭编解释(一)》第 75 条关于夫妻以一方名义投资设立个人独资企业的情况处理,即如果双方均主张获得公司股权的,可以在双方竞价的基础上,由出价更高的一方取得公司股权,并以其出价为基准对另一方折价补偿。当然,也可以确定股权分割比例,双方再据此办理股权变更手续。如果仅一方主张公司股权,可以在评估公司股权价值的情况下对另一方折价补偿;如果双方均不愿意获得公司股权,可以解散公司,在对公司所有资产进行清算的基础上,由双方对剩余财产进行分配。

在仅有一方登记为股东且公司有其他股东的情况下,涉及保障其他股东优先购买权的问题:

(1)未显名配偶一方不主张获得股权,只要求分割股权价值,如果显名一方同意向第三人转让股权,可以针对转让款进行分割。如果显名一方不同意对外转让,则一般应通过评估方式确定。在进行股权价值评估时,应综合考虑公司净资产、现金流、注册资本、盈利能力等因素,并选取适当的股权价值评估基准日,以确保股权估值的公平合理。实践中面临的问题是显名一方或者公司不配合提供评估所需的公司相关资料,导致无法准确评估股权价值。除了可以现有的审计报告、财务报表或者工商登记信息等作为股权价值参考外,还可根据案件实际情况,按照民事诉讼证据规定的相关规则,基于显名一方对证据的控制力更强的实际,在其未按照要求提供公司财务资料的情况下,认定未显名配偶一方主张的股权价值的事实成立。

(2)双方均主张获得股权,未显名配偶一方要求成为公司股东涉及公司法程序规定。原则上,在保障其他股东优先购买权的前提下,也可以对该股权直接分割,而不是必须判决由一方获得。由于离婚纠纷的当事人只能是夫妻双方,公司或其他股东不宜作为第三人参加诉讼,因此可以在确定价格的基础上通知其他股东,对于优先购买权的行使时间,可以参照《公司法解释(四)》第 19 条处理。双方通过竞价方式由未显名配偶一方取得的情况下,可以将该竞价结果加上其同意的支付方式等作为"同等条件"通知其他股东。一方不愿意竞价,由法院判决双方各自分得一定比例股权。基于未显名配偶一方获得股权是分割夫妻共同财产取得,并无交易价格,考虑到《公司法》第 84 条进一步扩大了股权转让的自由,对股权变动予以松绑,则对夫妻共同财产分割的情况,也应作宽松处理,仅需考虑其他股东的优先购买权即可。其他股东愿意购买的,由未显名配偶一方与其他股东协商确定交易价格,这实际上已是未显名配偶一方与其他股东的交易行为,并非优先购买权行使问题。其他股东购买的,分得股权的配偶一方获得交易对价。如果不能达成一致,使未显名配偶一方成为股东,亦对其他股东无实质伤害。因为未显名配偶一方实际上是股权的共有人,相当于转让人的地位,而优先购买权的根本特征是优先权人的权利只优先于交易第三人,并不优先于转让人。此种情况《公司法》虽无明确规定,但根据《公司法》第90条规定,“自然人股东死亡后,其合法继承人可以继承股东资格;但是,公司章程另有规定的除外”。对于双方均不主张获得股权的情况,可以通过股权转让方式解决,由夫妻双方对股权转让款进行分割。

【编者观点】

一、理解夫妻共有股权的三重维度

(一)公司法维度:股东资格的认定标准是股东名册还是工商登记

股权可以被理解为一套由股东享有以及行使的权利束,《公司法》第4条将其表述为股东对公司依法享有的资产收益、参与重大决策和选择管理者等权利。其中既包括具有社员权和共益权特征的管理性权利,如股东会召集权和表决权、公司章程及账册的查阅权、质询权、提案权、股东会决议撤销请求权等,也包括具有自益权特征的财产性权利,如资产收益权、剩余财产分配权等。上述权利的共同特征在于,股东行使权利的对象是公司,而非其他股东或者公司外部第三人,这是区分公司法维度与其他维度各项权利的标准。

只有享有股东资格者才具备股东的法律地位,才有权向公司主张权利,因此公司法维度关注的焦点问题是获得公司认可的股东资格的认定标准。相较于具备确定权利公示外观的不动产登记,股权外观不存在唯一固定的标准,包括工商登记、股东名册、公司章程、出资证明书等多种权利表征手段,不同外观对应的公示效力以及第三人保护范围也不完全相同。

《公司法》第56条第2款规定:“记载于股东名册的股东,可以依股东名册主张行使股东权利。”第86条第2款规定:“股权转让的,受让人自记载于股东名册时起可以向公司主张行使股东权利。”由此可见,最高人民法院的立场是股东资格以记载于股东名册为认定标准。但是在实践中,对股东名册信息的真实性缺少有效监管,甚至广泛存在未置备股东名册的情况,其应然功能的实现饱受实施层面的困扰,有观点认为股东名册目前尚无法独立承担股权外观的功能。类似观点退而求其次,认为股东名册仅具有证权而非设权效果,只能以股东名册的记载推定股东资格。

依照《公司登记管理条例》第9条,公司应当将有限责任公司股东向公司登记机关登记。但是实践中工商登记信息也不足以公示股权的真实权属,有研究发现,公司登记机关“双随机、一公开”监管的抽查比例只有3%,导致实践中普遍存在股权代持现象,股权工商登记的真实性与可信赖性远没有达到产生公示公信力的程度。《公司登记管理条例》第34条第1款还规定,“有限责任公司变更股东的,应当自变更之日起30日内申请变更登记”,可见工商登记并不具备设权登记的功能。

《民法典婚姻家庭编解释(二)》“征求意见稿”第9条的表述是“一方请求按照企业登记的持股比例分割”,强调了工商登记的决定性意义,但是在最终版本的第10条,内容修改为“一方请求按照股东名册或者公司章程记载的各自出资额确定股权分割比例”,与《公司法》相契合,以股东名册替代工商登记作为主要的权利外观。但是考虑到股东名册的公示功能尚未于实践中落地,以及《公司法》修改后最终未将公司章程纳入公示范畴,因此在条文中增加了“记载于公司章程”这一判定因素,以公司章程内容发挥辅助核实股东名册记载内容真实性的功能。

具体到夫妻共有股权,鉴于我国市场监管部门只允许自然人将其享有的股权登记记载于个人名下,使得股东名册与工商登记都无法反映婚姻法维度的股权共有关系。这一实践做法增加了共有股权被一方擅自转让的风险,也无法体现夫妻双方的真实意愿。事实上,股权并非先验地排斥共有,现实生活中除了夫妻关系以外,继承、合伙以及共同认购都可能形成股权共有关系。比较法上,德国、日本、英国以及我国澳门和台湾地区立法均承认股权共有关系。通过共有股权登记标示加上共有人指定权利行使人或者唯一代表人方式,既不会影响公司高效决策,又能降低单方处分股权的风险。未确定唯一代表人或者权利行使人的,除公司或其他当事人认可外,各共有人不得行使相关股东权利,使得共有股权等同于单一股权主体的行权效果。

其实最高人民法院早在2011年《公司法解释(三)》“征求意见稿”中,曾试图引入共有股权制度,可惜最终未予保留。因此根据现行法,夫妻共有股权所对应的股东资格,只能由记载于股东名册或者公司章程的显名方享有并行使股东权利,维系商事体系交易安全和组织法运行秩序,提升公司内部的治理效率。当然,司法实践中对于股东资格也会采取实质性判断,如果非显名配偶实际上以股东身份行使股东权利并参与公司经营管理,公司及其他股东明知且未提出异议,相当于默示认可了非显名配偶的股东资格,认定夫妻双方共有完整股权,不会影响公司维系人合性的需求。《九民纪要》第28条也规定:“实际出资人能够提供证据证明有限责任公司过半数的其他股东知道其实际出资的事实,且对其实际行使股东权利未曾提出异议的,对实际出资人提出的登记为公司股东的请求,人民法院依法予以支持。”

(二)财产法维度:区分持股比例与夫妻内部股权份额

财产法维度涉及对于共有股权这

一权利归属关系本身的处分，权利行使的对象并非公司，而是公司其他股东或者股权受让方为代表的外部第三人，权利内容与公司内部治理无关，因此并不受制于公司法维度下的“股东资格”。

在财产法维度与公司法维度两者的关系上，社会生活中广泛存在股权让与担保以及股权代持现象，都昭示着公司法维度的股东资格与股权权益的实际享有者并非皆为同一主体。股权本身作为一种财产权，可以被单独流转、处分变卖或者出质融资。股权虽然在公司法维度基于有限责任公司的人合性，其管理性权利具有一定的人身性质，但是远没有到人身专属性程度，因此股权作为一种财产权可以被转让和处分。限制股权转让的实质性理由是维系人合性公司的治理结构和运行秩序，而非否定股权的财产权性质。公司自身是股权转让这一财产权处分行为的承受者而非审批人，因此在财产法维度，股东转让股权的行为无须经公司同意，股权转让合同生效则股权权益在双方之间发生移转；公司收到股权转让通知并经由公司法上优先购买权等相关程序之后，股权转让对公司发生效力；股权受让方经股东名册、公司章程记载或者工商登记等显名化之后，对善意第三人发生效力。

在财产法维度与婚姻法维度两者的关系上，由于目前无法直接登记夫妻共有股权，有的夫妻退而求其次，分别登记为股东，各自享有相当比例的股权，这就涉及股东名册、公司章程记载或者工商登记的“显名化的持股比例”与“夫妻内部各自的股权份额”两者的区分。对比离婚房产纠纷的解决方案，《民法典婚姻家庭编解释(二)》第8条契合内外归属方案，不再把离婚时的房产归属与“产权登记”这一因素关联起来，完全实现了“物权法维度的产权登记”与“婚姻法维度的房产归属”两者的脱钩。

同理，本条吸纳了一些地方法院的裁判指引，“显名化的持股比例”仅在公司法维度上具有意义，涉及管理性的股东权利的行使问题，也应当与“夫妻内部各自的股权份额”完全脱钩，离婚时不应根据显名化的持股比例分割或确定各自的股权。夫妻可以约定权属收益的分配比例，未约定时股权权属收益全部归入夫妻共同财产。该做法的实质合理性得到多数裁判观点的认同，公司内部持股比例的设置，系夫妻双方对公司出资时为了顺利登记股权而应付工商部门的一种形式化举措，具有很大的随意性，鉴于夫妻之间特殊的人身关系以及相互信任关系，显名化的出资比例并不能反映夫妻的真实意图。用夫妻共同财产出资，原则上夫妻双方享有平等的股权份额，离婚分割时仍应按双方各半所有的原则进行分割。少数反对的裁判理由也仅是强调显名化的持股比例契合离婚双方对股权分割的真实意思表示，与多数裁判观点不具有实质性评价矛盾。

实践中不限于夫妻以共同财产投资公司并均登记为股东这一种情形，夫妻一方在婚姻关系存续期间，通过继承、受让、接受赠与、企业改制、股权激励等方式获得的股权也被归入夫妻共同财产，然后依据夫妻双方合意显名化在各自名下。双方还可以通过特别财产约定，将一方所有的股权变更登记或记载在各自名下。即便夫妻并未“均显名化为股东”，也不影响离婚时双方对股权权益的分割。因此宜对本条的适用前提进行扩张解释，彻底隔离持股比例对婚姻法层面离婚分割共有股权的影响。

(三)婚姻法维度：共有股权构成夫妻共同财产的三类事由

婚姻法维度需要考察夫妻共有股权构成夫妻共同财产的事由。第一类事由是出资来源，若以夫妻共同财产出资入股或者受让股权，则股权属于夫妻共同财产的转化形式，逻辑上夫妻共同财产不可能因为一项投资行为就转变为一方个人财产；反之，若以一方个人财产出资入股或受让股权，则无论持股比例如何显名化，除非被认定为存在夫妻股权共有合意，否则婚姻法维度不属于夫妻共同财产，这也契合《公司法解释(三)》第24条第2款关于实际出资人与名义股东之间权益纠纷的处理思路。

第二类事由是夫妻特别财产约定，即夫妻之间约定将一方所有的股权变更为夫妻共有股权，规范基础为《民法典》第1065条，实际效果相当于夫妻内部达成股权共有合意或一方转让部分股权份额给另一方。依据内外归属方案，婚姻法维度合意达成则股权转化为夫妻共同财产。

第一类和第二类事由中，婚姻法层面被认定为构成夫妻共同财产的是夫妻共有股权中的财产性权益，而不包括公司法维度下股东享有的管理性权利。《民法典婚姻家庭编解释(二)》“征求意见稿”第8条的表述是“另一方以未经其同意侵犯夫妻共同财产权”，而正式版本第9条调整为“另一方以未经其同意侵害夫妻共同财产利益为由”，或可解释出婚姻法层面作为夫妻共同财产客体的并非共有股权本身，而是股权中的财产权益。

如果股权仅仅被显名化于夫妻一方名下，相当于夫妻双方达成股权代持合意，公司法维度由显名方独立行使股东权利；如果股权被分别显名化于双方各自名下，则相当于一方向另一方转让部分股权份额，其他股东能否行使优先购买权存在争议。反对观点认为，夫妻之间股东资格的移转不同于股权对外转让，对于有限责任公司其他股东而言，虽然也会产生磨合成本，但是对股权结构和决策机制的影响要远小于股权对外转让给完全无法预测身份的第三人。既然法律允许股权继承场合忽略有限责任公司的人合性，对于夫妻之间股东资格的移转应该保持评价一致性。编者则认为其他股东有权行使优先购买权。

第三类事由是夫妻共同财产制，即婚姻存续期间夫妻一方通过企业改制、股权激励、继承或受赠等方式获得的股权，或者夫妻共有股权以及一方享有的股权在婚姻关系存续期间的收益，依据协力理论，婚姻法维度归属于夫妻共同财产。规范基础为《民法典》第1062条第1句“夫妻在婚姻关系存续期间所得的财产”的概括性规定，以及第2项新增的“投资的收益”，包括股权分红、转让款、公司注销后分配的剩余财产等已实现和尚未实现的两个部分。

虽然公司法维度股东资格的变动时点与归属判断不同于婚姻法维度及财产法维度股权权益的变动时点与归属判断标准，但是公司法维度股东权利的行使会影响婚姻法维度非显名配偶财产性权益的享有与实现。例如显名方通过行使股东提议和表决权使公司长期不分红，从而实质性影响到非显名配偶能否获得股权投资收益。

二、离婚时夫妻共有股权的分割与补偿

《民法典婚姻家庭编解释（一）》第73条规定了离婚时对夫妻共有股权的分割规则，依照文义仅适用于夫妻协商一致的情形，而且分割客体为“夫妻共同财产中以一方名义在有限责任公司的出资额”。理论上夫妻以共有财产出资入股后，不再享有出资财产的所有权，因此“出资额”不属于夫妻共同财产，只能解释为“与出资额相当的金钱价款”。但是出资额仅能反映股权的初始价值，随着公司经营规模的变化，完全无法体现股权的真实动态价值，因此把“出资额”理解为离婚时股权对应的财产价值才是合理的。公司法维度给婚姻法维度造成的另一层困扰是，《公司法》采取的注册资本登记认缴制并不以实际缴纳出资作为获取股东资格的前提，把分割客体认定为“出资额”会陷入认缴出资额还是实缴出资额的争议。所幸实践中裁判观点很少依照狭义的“出资额”处理离婚共有股权纠纷，而是根据未显名配偶是否主张获得股权，确定股权的合理价值，协调婚姻法维度与公司法维度可能存在的抵牾。

（一）未显名配偶不主张获得股权

离婚时若未显名配偶不主张获得股权，在婚姻法维度，或者由显名方获得全部夫妻共有股权并对未显名配偶予以补偿；或者将未显名配偶享有的共有股权份额转让给第三人，然后未显名配偶获得股权转让款。如果双方均不愿意获得股权，若为一人公司或者公司仅有夫妻两位股东，则解散公司并进行资产清算，再由离婚双方分配剩余财产；若为超过两位股东的有限责任公司，则夫妻转让共有股权给其他股东或者第三人并分配转让价款。

显名方获得全部共有股权并补偿非显名配偶的情形，关键问题是如何确定股权的合理价值。股权的价值由固定资产、净资产值、流动资金、知识产权、盈利前景、公司利润等多项因素构

成。实践中,法院或专业评估机构通常会以公司资产、专利技术和财务状况等客观因素为依据,参考审计报告、资产负债表、公司财务报表、工商登记信息等资料,以当事人提起分割夫妻共同财产诉讼之日作为股权价值评估的基准日,对股权价值进行评估从而确定补偿数额。应当借鉴参考公司实务中涉及《公司法》第161条规定的异议股东股权回购请求权场景下一整套股权价值评估的方法和经验。

离婚场景下容易面临的问题是公司及显名方不配合提供评估所需资料,导致无法准确评估股权价值。除了以财务报表、审计报告等客观依据作为估价参考,在民事诉讼证据法层面,鉴于显名方实际控制股权价值评估的资料,若其拒绝提供,法院应认定未显名配偶主张的股权价值事实成立。

股权价值评估之后,若显名方无力承担相应的股权补偿款,则非显名配偶有权要求显名方配合将享有的股权份额转让给第三人并获得股权转让款。离婚场景下面临的问题是,股权转让价格通常由显名方与受让方磋商达成,未显名配偶未必参与议价过程,转让价格可能大幅低于股权的合理价值。鉴于有限责任公司的人合性与封闭性导致股权流动性不足,公司外部的潜在受让人无法预估股权的实际价值,且即便竞拍成功还是会受到其他股东优先购买权的制约,导致股权拍卖场景下同样存在竞拍积极性不足以及竞价不充分的难题。在股权转让价格与拍卖价格不能真实反映股权合理价值的情形下,显然无法直接代之以股权评估价格。基于意思自治原则,离婚时未显名配偶有权主张直接获得股权,既然其自主选择了股权转让款或拍卖款而非股权本身,则应当承担转让或拍卖价格低于股权合理价格的风险。

(二)未显名配偶主张获得股权

离婚时若未显名配偶主张获得股权,有些裁判意见考虑到股权中的财产性权利与管理性权利无法分离,使得有限责任公司的共有股权不同于其他夫妻共同财产,强制分割股权带来的股权结构变化会影响公司的治理结构与经营管理,例如无法维持一人公司的性质,因此选择将全部共有股权直接判给显名方,由该方对未显名配偶折价补偿;或者认为离婚纠纷案件中直接判决分割股权不妥当,要求另案处理。

编者不能认同上述裁判观点,该情形下应当参照《民法典婚姻家庭编解释(一)》第75条,首先由离婚双方通过竞价确定股权归属,获得股权一方以出价为基础对另一方折价补偿。当然,竞价确定股权归属方式首先需要离婚双方达成竞价合意,其次要求双方具备足以支撑竞价的财力基础,方可确保竞价过程中的竞争是充分的,报价反映了双方的真实偏好价格。反之,则一方不仅以不充分竞价获得股权,还造成另一方损失了当前补偿收益以及未来的股权收益。因此,应当排除一方不同意时竞价取得规则的适用，即便离婚时双方均主张获得股权，法院也并非必须适用竞价取得规则。

若非显名配偶通过竞价或者法院裁判获得股权，将可能产生新的公司股东，涉及婚姻法与公司法两个维度的规范协调。新修订的《公司法》第84条简化了股东对外转让股权的程序，从“其他股东过半数同意+优先购买权”的双重限制模式调整为“优先购买权”的单层模式。因此仅需要探讨该情形下公司其他股东是否应当享有优先购买权。反对观点认为，离婚时未显名配偶获得股权属于共有基础丧失后未显名配偶共有股权的显名化，并非具有对价性质的对外股权转让；有限责任公司的人合性决定了股东相互了解家庭情况，有能力识别股东配偶基于夫妻法定共同财产制享有的“隐名股东”身份，对股权的夫妻共同财产性质有明确判断，因此不应适用优先购买权规则。

而编者认为，配偶选择不显名就意味着其关注重点在于股权收益等财产性价值，而非股权的管理性权利以及公司内部治理和具体经营决策。这一选择会使得公司以及其他股东产生未显名配偶不会参与公司治理的信赖，如果离婚时未显名配偶主张成为公司股东，其他股东对于这一变数无法预期也不存在可归责性，因此应当赋予其他股东优先购买权这一救济手段和缓冲措施，降低未显名配偶介入公司治理可能带来的风险。优先购买权的行使时间应当参照《公司法解释（四）》第19条，以公司章程或者通知确定的期间为准，且最短不得少于30日。

行使优先购买权的难题在于如何判定“同等条件”。若未显名配偶通过竞价获得股权，直接将竞价结果通知其他股东即可；若未显名配偶经由法院判决获得股权，最高人民法院观点是由未显名配偶与行使优先购买权的股东协商确定交易价格，协商不成的则未显名配偶直接成为股东。编者认为还应当允许其他股东之间以竞价方式行使优先购买权，未显名配偶获得股权转让款。该情形下若未显名配偶对竞价价格存有异议且能够证明其明显低于市场评估价格，则其他股东应当以市场评估价格行使优先购买权，反之则未显名配偶直接成为公司股东。

【相关立法】

《中华人民共和国民法典》（2021年1月1日施行）

第一千零八十七条 离婚时，夫妻的共同财产由双方协议处理；协议不成的，由人民法院根据财产的具体情况，按照照顾子女、女方和无过错方权益的原则判决。

对夫或者妻在家庭土地承包经营中享有的权益等，应当依法予以保护。

【地方法院规范】

1.《北京市高级人民法院民一庭关于审理婚姻纠纷案件若干疑难问题的参考意见》(2016年)

二十二、【股东为夫妻二人的有限责任公司、股东为夫妻二人及其他股东的有限责任公司的分割】离婚诉讼中有限责任公司股东为夫妻二人,双方就股权分割无法协商一致时。双方均主张股权的,可按比例分割股权;双方均要求补偿款的,释明当事人可另行对公司进行拍卖、变卖或解散清算并分割价款;夫妻一方主张股权,另一方主张补偿款的,可在确定股权价值基础上由获得股权一方给付另一方补偿款。

上述有限责任公司工商登记中注明的夫妻双方股权份额不构成夫妻间财产约定;但如设立公司时根据相关规定提交财产分割书面证明或协议的,构成财产约定。

离婚诉讼中有限责任公司股东为夫妻二人及其他股东时,参照上两款规定进行处理。

2.《江苏省高级人民法院民事审判第一庭家事纠纷案件审理指南(婚姻家庭部分)》(2019年)

42. 夫妻双方设立夫妻公司时在工商部门登记的持股比例是否属于夫妻财产约定,离婚时能否据此分割股权?

基于夫妻关系的特殊性可能导致双方设立夫妻公司时在工商部门登记的持股比例具有很大的随意性,如果无其他证据佐证,该登记比例不属于夫妻财产约定,离婚时夫妻一方要求据此分割股权的,不予支持。

第十一条 【夫妻一方放弃继承的效力】夫妻一方以另一方可继承的财产为夫妻共同财产、放弃继承侵害夫妻共同财产利益为由主张另一方放弃继承无效的,人民法院不予支持,但有证据证明放弃继承导致放弃一方不能履行法定扶养义务的除外。

【编者观点】

放弃继承就是继承人作出不接受继承、不参与遗产分割的意思表示。继承人放弃继承可以在继承开始后随时作出,可以向遗产管理人作出,也可以在涉遗产的诉讼中向人民法院作出,还可以向其他继承人作出。继承人仅以所分得遗产为限对被继承人的债务承担责任,是否限定时限对继承人的权利义务没有太大影响。且在我国不少地方存在这种习俗,即长辈过世后不会立即分割遗产,往往会等到该长辈的配偶亦过世后,晚辈继承人才一并分割长辈的遗产。此外,被继承人死亡后,继承人往往处于悲痛中,要求继承人在短期内作出是否接受继承的意思表示未必恰当。但是从配偶利益保护的角度观察，一方面，用共同财产赡养一方父母是子女的法定义务，因此不视为转移夫妻共同财产；而放弃继承却可以单方决定，无须配偶同意，导致了放弃继承之后夫妻共同财产的减损。另一方面，由于法律对于是否接受继承的意思表示没有设立时间限制，有继承权一方可能对于是否继承之事，一直不作出意思表示，直至夫妻离婚时另一方无法主张相关财产分割。

按照继承开始与遗产分割两个时间点，放弃继承可以划分为继承开始前、继承开始后到遗产分割前以及遗产分割后三个阶段：第一阶段为继承期待权；第二阶段为继承既得权；第三阶段经由遗产分割，继承权已经转变为实际获得的遗产份额，遗产分割后的放弃继承行为实质上是对已取得遗产的处分，在遗产分割后，依据《民法典》第1062条第1款第4项，遗产已成为夫妻共同财产，此时放弃继承的行为已超出家庭日常生活需要的范畴，未经配偶追认，对其不发生效力。而本条涉及的放弃继承主要指第二阶段的放弃继承行为。

第二阶段，继承期待权转化为继承既得权，这是指继承既得权人在继承开始后实际享有的遗产权益和承担的遗产债务，还包括继承既得权人参与遗产管理等继承事务的权利及义务，兼具社员权属性。继承既得权人对该权利有权行使、接受、抛弃或者进行其他处分，权利受到侵害时有权主张继承回复请求权。放弃继承既得权在德国法上被称为继承的拒绝，有学者认为“拒绝继承”这一术语相较于“放弃继承”更为科学，拒绝的对象是尚未确定的权益，与第二阶段继承人的状态相吻合；而放弃的对象是已享有的权益，与第三阶段继承人的状态更吻合。继承人在遗产处理中尚未实际取得遗产份额前放弃继承的，司法实践通常也认可该放弃行为追溯至继承开始时发生效力。在第二阶段，继承人放弃继承的效力溯及至继承开始时发生，对应的遗产尚未形成夫妻共同财产，故本条规定，继承人的配偶无权主张放弃继承的行为无效。

《民法典继承编解释（一）》第32条承继了《继承法意见》第46条，规定“继承人因放弃继承权，致其不能履行法定义务的，放弃继承权的行为无效”。“法定义务”包括近亲属之间的相互扶养义务以及继承人因侵权行为等法定之债承担的损害赔偿义务。争点在于因合同之债产生的给付义务是否属于法定义务？肯定的裁判意见认为约定义务经由法院或仲裁机构确定后也属于法定义务范畴，公证机构办理放弃继承权公证时需对此尽到审查及告知义务。而否定意见反对扩大解释法定义务的内涵。本条后段规定“有证据证明放弃继承导致放弃一方不能履行法定扶养义务的除外”。内容上对接了《民法典继承编解释（一）》第32条，构成了对继承人放弃继承这一自由的必要限制。

【地方法院规范】

1.《北京市高级人民法院关于审理继承纠纷案件若干疑难问题的解答》(2018年)

13. 离婚时尚未处理的一方遗产,另一方能否主张权利?

离婚时一方在婚姻关系存续期间取得但尚未实际处理的遗产,配偶方请求确认并分割该遗产中的权利,人民法院不予支持,配偶方可待遗产实际处理后另行主张。

配偶方以侵害夫妻共同财产权利为由请求确认另一方放弃遗产继承的行为无效、或请求损害赔偿的,人民法院不予支持。

2.《江苏省高级人民法院民事审判第一庭家事纠纷案件审理指南(婚姻家庭部分)》(2019年)

45. 作为继承人的夫妻一方放弃继承权,夫妻另一方能否主张放弃继承权无效或者赔偿损失?

继承人在继承开始后遗产处理前可以根据自己的意志决定接受继承还是放弃继承权,作为继承人的夫妻一方对继承权的处分无需征得夫妻另一方的同意。夫妻另一方主张放弃继承权无效或者赔偿损失的,不予支持。但如果夫妻另一方举证证明作为继承人的夫妻一方放弃继承权致使不能履行法定义务导致其获得经济帮助、扶养等权益受到损害的,其关于放弃继承权无效或者赔偿损失的主张,应予支持。

第十二条 【人身安全保护令或人格权行为禁令可适用于抢夺、藏匿未成年子女情形】父母一方或者其近亲属等抢夺、藏匿未成年子女,另一方向人民法院申请人身安全保护令或者参照适用民法典第九百九十七条规定申请人格权侵害禁令的,人民法院依法予以支持。

抢夺、藏匿未成年子女一方以另一方存在赌博、吸毒、家庭暴力等严重侵害未成年子女合法权益情形,主张其抢夺、藏匿行为有合理事由的,人民法院应当告知其依法通过撤销监护人资格、中止探望或者变更抚养关系等途径解决。当事人对其上述主张未提供证据证明且未在合理期限内提出相关请求的,人民法院依照前款规定处理。

【司法解释·注释】[①]

国家机关、社会组织、城乡基层群

① 参见王丹:《抢夺、藏匿未成年子女法律问题研究》,载《法律适用》2024年第1期;陈宜芳、吴景丽、王丹:《〈关于适用民法典婚姻家庭编的解释(二)〉的理解与适用》,载《人民司法·应用》2025年第3期。

众性自治组织、未成年人的监护人以及其他成年人等,都有保护未成年人的责任。对未成年人的保护是社会性的系统工程,需要各部门合力解决,在制止抢夺、藏匿未成年子女方面,尤其需要公安机关加大执法力度。抢夺、藏匿未成年子女不是简单的家庭纠纷,而是一种严重侵害未成年子女人格权益和父母另一方监护权的违法行为,甚至有可能构成犯罪。当事人向公安机关报警的,公安机关应当第一时间依职权帮助当事人了解孩子下落,固定证据,同时向当事人进行普法教育,告知其可能产生的法律后果和承担的法律责任,情节严重的,可以发出告诫书。

基于对抢夺、藏匿未成年子女情况的分析,解决该问题的核心和前提是做到及时快速制止不法行为,如此才能做到对儿童伤害最小化,并阻止和限制行为人"以时间换空间"。目前的制度工具包括人格权行为禁令制度和人身安全保护令制度。《民法典》第 997 条规定:"民事主体有证据证明行为人正在实施或者即将实施侵害其人格权的违法行为,不及时制止将使其合法权益受到难以弥补的损害的,有权依法向人民法院申请采取责令行为人停止有关行为的措施。"人格权行为禁令是人格权受到侵害的紧急情况下通过采取事先预防性保护,避免权利主体受到难以弥补的损害,针对违法行为人发出的一种命令。该制度是人格权保护事先预防大于事后赔偿基本理念的具体体现。根据《民法典》第 1001 条规定,对自然人因婚姻家庭关系等产生的身份权利的保护没有法律规定时,可以参照适用人格权保护的有关规定。父母对未成年子女抚养、教育和保护的权利是一种重要的身份权,根据上述规定,对于身份权的保护,在相关法律没有明确规定的情况下,可以参照适用人格权保护的有关规定。故而,从体系解释的角度看,当事人因身份权受到侵害而向法院申请人格权行为禁令的,人民法院应予受理并依法作出裁定。

此外,抢夺、藏匿未成年子女也是对未成年子女本人身心健康的重大侵害,考虑到《反家庭暴力法》中的人身安全保护令制度是人格权行为禁令制度针对家庭成员以及共同生活的人的特殊适用情形,"人身安全保护令是人格权行为禁令针对家庭暴力行为的具体化特殊化适用,是为有效保护受害人的生命权、身体权、健康权等人格权,由法院依法责令行为人停止家庭暴力侵害行为的一种命令制度。虽然从法律施行时间看,规定人身安全保护令的《反家庭暴力法》先于规定人格权行为禁令的《民法典》,但从两者内在逻辑关系看,人格权行为禁令与人身安全保护令属于一般与特殊的关系"。因此,应当将此种行为纳入人身安全保护令制度范畴。此外,必须要考虑到该种行为的特殊性,这涉及人身权的强制执行,而且需要将对未成年子女的影响降到最低,因此,在签发人格权行为禁令或者人身安全保护令过程中,应当加大调解力度,鼓励自愿返还。如果义务人不按照法院签发的禁令要求去履行,可以列入失信被执行人名单,同时,参照《反家庭暴力法》第34条规定,由人民法院予以训诫,并可以根据情节轻重给予罚款或拘留,情节严重的,还可以按照拒不执行判决、裁定罪予以处罚。如此,将对抢夺、藏匿未成年子女的行为予以强大的法律威慑。

《未成年人保护法》第24条明确规定,未成年人的父母离婚时,应当妥善处理未成年子女的抚养、教育、探望、财产等事宜,听取有表达意愿能力未成年人的意见。不得以抢夺、藏匿未成年子女等方式争夺抚养权。本条第1款规定:"父母一方或者其近亲属等抢夺、藏匿未成年子女,另一方向人民法院申请人身安全保护令或者参照适用民法典第九百九十七条规定申请人格权侵害禁令的,人民法院依法予以支持。"通过签发人身安全保护令或者人格权侵害禁令的方式,能够及时让孩子恢复到原来的生活状态。人身安全保护令是《反家庭暴力法》设立的制度。《反家庭暴力法》第23条规定,当事人因遭受家庭暴力或者面临家庭暴力的现实危险,向人民法院申请人身安全保护令的,人民法院应当受理。

我们经研究认为,抢夺、藏匿未成年子女行为发生在家庭成员之间,也是一种暴力行为,可以通过签发人身安全保护令的方式预防和制止。父母对未成年子女抚养、教育和保护的义务是基于身份关系,相关身份权利的保护可以参照适用关于人格权保护的有关规定。此外,基于家庭纠纷的复杂性,如果一方存在赌博、吸毒、家庭暴力等严重侵害未成年子女利益的情况,另一方紧急带离的,严格来说,并不属于法律禁止的"抢夺、藏匿",而是属于一种自助行为。《民法典婚姻家庭编解释(二)》参照《民法典》第1177条规定精神,在本条第2款规定:"抢夺、藏匿未成年子女一方以另一方存在赌博、吸毒、家庭暴力等严重侵害未成年子女合法权益情形,主张其抢夺、藏匿行为有合理事由的,人民法院应当告知其依法通过撤销监护人资格、中止探望或者变更抚养关系等途径解决。当事人对其上述主张未提供证据证明且未在合理期限内提出相关请求的,人民法院依照前款规定处理。"

【相关立法】

《中华人民共和国民法典》(2021年1月1日施行)

第九百九十七条 民事主体有证据证明行为人正在实施或者即将实施侵害其人格权的违法行为,不及时制止将使其合法权益受到难以弥补的损害的,有权依法向人民法院申请采取责令行为人停止有关行为的措施。

【地方法院规范】

《北京市高级人民法院民一庭关于审理婚姻纠纷案件若干疑难问题的参考意见》(2016年)

八、【探望权的确定与变更】离婚案件中判决一方享有子女抚养权的,可结合案件情况对另一方的探望权予以明确。

离婚时对行使探望权方式与内容未予以明确,离婚后发生争议的,可提起探望权纠纷诉讼,对行使探望权内容、方式、周期等予以确定。

离婚判决对探望权确定的,离婚后有探望权一方滥用探望权或以其它行为导致严重影响子女及有抚养权一方正常生活的,受害方有权向人民法院请求中止或变更探望权的行使或向人民法院申请人身保护令。

【法院参考案例】

1. 颜某某申请人格权侵害禁令案——父母一方或者其近亲属等抢夺、藏匿未成年子女,另一方向人民法院申请人格权侵害禁令的,人民法院应予支持(《涉婚姻家庭纠纷典型案例》案例三,最高人民法院2025年1月15日)

【基本案情】

2015年,颜某某与罗某某(男)登记结婚。2022年7月,颜某某生育双胞胎子女罗大某(男)、罗小某(女)。罗大某、罗小某出生后,与颜某某、罗某某共同生活居住在A省。因家庭矛盾未能得到有效调和,2024年3月,罗某某及其父母、妹妹等人将罗大某强行带离上述住所并带至B省。此后,罗大某与罗某某的父母在B省共同生活居住。经多次沟通,罗某某均拒绝将罗大某送回。颜某某遂提起本案申请,请求法院裁定罗某某将罗大某送回原住所并禁止罗某某抢夺、藏匿未成年子女。

【裁判结果】

审理法院认为,父母对未成年子女抚养、教育和保护的权利是一种重要的身份权,抢夺行为严重侵害未成年子女的人格权益和父母另一方因履行监护职责产生的权利。颜某某以其对儿子罗大某的监护权受到侵害为由向人民法院申请禁令,人民法院依法应予受理并可以参照《民法典》第997条的规定进行审查。因抢夺子女形成的抚养状态,是一种非法的事实状态,不因时间的持续而合法化。该抢夺子女的行为强行改变未成年子女惯常的生活环境和亲人陪伴,不利于未成年人身心健康,严重伤害父母子女之间的亲子关系。人民法院裁定罗某某自收到裁定之日起7日内将罗大某送回原住所,并禁止罗某某实施抢夺、藏匿子女或擅自将子女带离住所等侵害颜某某监护权的行为。本案裁定发出后,人民法院组织对双方当事人开展家庭教育指导,并现场督促罗某某购买车票将罗大某从B省接回A省。

【典型意义】

解决分居状态下抢夺、藏匿未成年子女问题的前提是及时快速制止不法行为,尽量减少对未成年人的伤害。签发人格权侵害禁令,可以进行事先预防性保护,避免权利主体受到难以弥补的损害。《民法典》第1001条规定,对自然人因婚姻家庭关系等产生的身份权利的保护,在相关法律没有规定的情况下,可以根据其性质参照适用人格权保护的有关规定。父母对未成年子女抚养、教育和保护的权利是一种重要的身份权,人民法院针对抢夺、藏匿未成年子女行为参照适用《民法典》第997条规定签发禁令,能够快速让未成年子女恢复到原来的生活状态,是人格权保护事先预防大于事后赔偿基本理念的具体体现,对不法行为形成有力的法律震慑。

2. 蔡某某申请人身安全保护令案——未成年子女被暴力抢夺、藏匿或者目睹父母一方对另一方实施家庭暴力的,可以申请人身安全保护令[《人民法院反家庭暴力典型案例(第二批)》案例一,最高人民法院2023年11月27日]

【基本案情】

2022年3月,蔡某与唐某某(女)离婚纠纷案一审判决婚生子蔡某某由唐某某抚养,蔡某不服提起上诉,并在上诉期内将蔡某某带走。后该案二审维持一审判决,但蔡某仍拒不履行,经多次强制执行未果。2023年4月,经法院、心理咨询师等多方共同努力,蔡某将蔡某某交给唐某某。蔡某某因与母亲分开多日极度缺乏安全感,自2023年5月起接受心理治疗。2023年5月,蔡某到唐某某处要求带走蔡某某,唐某某未予准许,为此双方发生争执。蔡某不顾蔡某某的哭喊劝阻,殴打唐某某并造成蔡某某面部受伤。蔡某某因此次抢夺事件身心受到极大伤害,情绪不稳,害怕上学、出门,害怕被蔡某抢走。为保护蔡某某人身安全不受威胁,唐某某代蔡某某向人民法院申请人身安全保护令。

【裁判理由及结果】

人民法院经审查认为,国家禁止任何形式的家庭暴力。家庭暴力,是指家庭成员之间以殴打、捆绑、残害、限制人身自由以及经常性谩骂、恐吓等方式实施的身体、精神等侵害行为。当事人因遭受家庭暴力或者面临家庭暴力的现实危险,向人民法院申请人身安全保护令,人民法院应当受理。蔡某某在父母离婚后,经法院依法判决,由母亲唐某某直接抚养。蔡某在探望时采用暴力方式抢夺蔡某某,并当着蔡某某的面殴打其母亲唐某某,对蔡某某的身体和精神造成了侵害,属于家庭暴力。故依法裁定:(1)禁止被申请人蔡某以电话、短信、即时通信工具、电子邮件等方式侮辱、诽谤、威胁申请人蔡某某及其相关近亲属;(2)禁止被申请人蔡某在申请人蔡某某及其相关近亲属的住所、学校、工作单位等经常出入场所的一定范围内从事可能影响申请人蔡某某及其相关近亲属正常生活、学习、工作的活动。

【典型意义】

抢夺、藏匿未成年子女行为不仅侵害了父母另一方对子女依法享有的抚养、教育、保护的权利,而且严重损害未成年子女身心健康,应当坚决预防和制止。《未成年人保护法》第24条明确规定,不得以抢夺、藏匿未成年子女等方式争夺抚养权。本案中,孩子先是被暴力抢夺、藏匿长期无法与母亲相见,后又目睹父亲不顾劝阻暴力殴打母亲,自己也因此连带受伤,产生严重心理创伤。尽管父亲的暴力殴打对象并不是孩子,抢夺行为亦与典型的身体、精神侵害存在差别。但考虑到孩子作为目击者,其所遭受的身体、精神侵害与父亲的家庭暴力行为直接相关,应当认定其为家庭暴力行为的受害人。人民法院在充分听取专业人员分析意见基础上,认定被申请人的暴力抢夺行为对申请人产生了身体及精神侵害,依法签发人身安全保护令,并安排心理辅导师对申请人进行长期心理疏导,对审理类似案件具有借鉴意义。

3.藏匿孩童不可取 司法令状护权益(《2023年度江苏法院家事纠纷典型案例》案例一,江苏省高级人民法院、江苏省妇女联合会2024年3月7日)

【基本案情】

刘某(男)与谢某(女)婚后于2019年6月生育一女刘小某,后双方因家庭琐事产生矛盾分居。2021年10月21日晚上,刘某擅自将刚满两岁的刘小某带走藏匿,并拒绝谢某与孩子通话、视频、见面。谢某多次向社区、妇联、派出所等相关部门求助,但刘某仍不听相关部门劝告并继续藏匿刘小某。谢某遂向法院申请人格权侵害禁令。

【裁判结果】

江苏省徐州市铜山区人民法院认为,夫妻双方平等享有和承担对未成年子女抚养、教育和保护的权利和义务。父母双方对未成年子女享有平等的监护权。谢某提供的微信聊天记录及向社区、妇联、派出所反映问题的材料等足以证明其监护权正在遭受侵害,符合发出人格权侵害禁令的法定条件。遂裁定:刘某立即停止对谢某监护权的侵害。在刘某签收人格权侵害禁令的第2日,谢某见到了分别1年多的女儿。同时法院针对案件中发现的谢某情绪易失控、刘某不依法履行监护职责等情况,主动开展家庭教育指导分级干预工作,向谢某与刘某送达《家庭教育责任告知书》,要求双方签署《主动履责承诺书》并参加家长课堂,在刘某拒不履行的情况下,向刘某发出家庭教育指导令,责令其定期到法院心理咨询室接受家庭教育指导。

【典型意义】

人格权侵害禁令是申请人为及时制止正在实施或者即将实施的人格权侵权行为,或者可能造成侵害的行为,在诉前或者诉中请求法院作出的禁止或者限制被申请人实施某种行为的强制命令。人格权侵害禁令是《民法典》新创设的一项制度,其作为人格权的新型法律保护方式,将预防与救济相结合,有效避免侵害人格权行为可能造成的不可逆转的损害,为人格权提供了一种更高效、更便捷的保护措施。本案中,人民法院根据当事人的申请,及时发出人格权侵害禁令,保障女方监护权的同时,有利于给未成年人营造良好的成长环境。另外,法院针对双方履行监护职责情况,根据《家庭教育促进法》第 34 条的规定,主动发挥审判职能作用,配合政府及相关部门建立家庭教育工作联动机制,共同做好家庭教育工作,使《家庭教育促进法》倡导内容得到了司法保障。法院双管齐下,签发人格权侵害禁令和家庭教育指导令,全面落实了未成年人利益最大化原则,彰显了司法的温度和担当,为未成年人健康成长提供了法治保障。

第十三条 【抢夺、藏匿未成年子女的民事责任】夫妻分居期间,一方或者其近亲属等抢夺、藏匿未成年子女,致使另一方无法履行监护职责,另一方请求行为人承担民事责任的,人民法院可以参照适用民法典第一千零八十四条关于离婚后子女抚养的有关规定,暂时确定未成年子女的抚养事宜,并明确暂时直接抚养未成年子女一方有协助另一方履行监护职责的义务。

【司法解释·注释】①

《未成年人保护法》第 24 条规定,不得以抢夺、藏匿未成年子女等方式争夺抚养权。该条规定较为原则,没有相应的惩戒措施或法律后果,难以起到震慑作用,加之当事人法律意识淡薄,离异家庭子女抚养探望监督保护机制不健全,抢夺、藏匿未成年子女问题仍无法得到完全解决。近年来,分居或者离婚期间抢夺、藏匿未成年子女现象呈现出日益增长趋势,由此引发一系列社会问题,严重影响未成年子女的健康成长。

亲子法系近代经济社会发展的产物,随着欧洲启蒙运动的发展,“子女的人格和权利”得到重视,家父支配权被照料义务取代,照料义务成为新的父母子女关系的理论基础。父母对子女的决定权有了新的含义:所谓父母对子女的权力实质系为了实现子女独立生活这一目的的工具。该理论的逻辑起点不再是父或父母的权力,而是子女与生俱来享有的基本人权;父母要帮助子女保障和发展他们的人权。各国对亲子关系的认识也开始转变为注重对于子

① 参见王丹:《抢夺、藏匿未成年子女法律问题研究》,载《法律适用》2024 年第 1 期。

女的保护和教养,父或父母的权利只有在履行保护及教养子女义务的情况下才得到认许,亲子法转为“子本位之亲子法”。根据现代亲子法的基本理论,“父母权利”并非父母子女关系法的唯一基础;儿童是基本权利和人权之载体,故父母子女关系应首先以儿童权利为基础构建。考虑到未成年子女因为年龄和智力发育程度不足,在构建父母子女和谐关系中,应当有所侧重,要重点考虑对未成年子女利益的特殊、优先保护,按照《未成年人保护法》的要求,应“尊重未成年人的人格尊严”“适应未成年人身心健康发展的规律和特点”“注重听取未成年人的意见”“实现保护与教育相结合”,等等。

在父与母的地位方面,随着男女平等观念的深入,绝大多数国家均认可,在与未成年子女关系方面,父与母的法律地位是平等的。子女有“获得父母双方”的权利,即使父母分居,也应该尽可能维持其和父母双方的关系。《民法典》第 1058 条规定:“夫妻双方平等享有对未成年子女抚养、教育和保护的权利,共同承担对未成年子女抚养、教育和保护的义务。”第 1084 条第 1 款规定:“父母与子女间的关系,不因父母离婚而消除。离婚后,子女无论由父或者母直接抚养,仍是父母双方的子女。”《妇女权益保障法》第 70 条第 1 款规定:“父母双方对未成年子女享有平等的监护权。”基于上述规定,父母双方享有平等的抚养、教育、保护的权利和义务,双方因为共同责任而被联系在一起,相互协调一致地为子女利益依法履行监护职责,双方都有义务协助对方履行该义务,以共同实现未成年子女利益最大化的目标。父母分居或离婚会严重影响未成年子女,子女赖以成长的生活环境趋于分裂。他们至少要面临失去父母一方的危险,只能通过探望权继续保持联系。父母应该在充分体谅的基础上互相配合,令子女和父母双方继续保持联系,否则就会严重损害子女利益。

我国虽然尚未加入《国际儿童诱拐民事方面的公约》,但是,根据《未成年人保护法》的规定,抢夺、藏匿未成年子女是违法行为,应当坚决防范和打击。《国际儿童诱拐民事方面的公约》确立的主要机制“返还儿童机制”对贯彻实施好《未成年人保护法》的上述规定,具有重要借鉴意义。所谓“返还儿童机制”,即任何情况下都必须恢复诱拐发生前的状态,不让违法一方从中获益。根据《国际儿童诱拐民事方面的公约》规定,能被返还的儿童需要满足 4 个条件:(1)该儿童必须不满 16 岁;(2)该儿童被非法带走或扣留侵犯了父母中另一方的监护权;(3)监护权必须是正常行使状态;(4)该儿童必须从其惯常居所被带走。同时,《国际儿童诱拐民事方面的公约》还规定了 3 种返还例外情况:一是相关诉讼程序是从儿童被非法带走或扣留之日起 1 年期满之后开始,如果能证明该儿童现已转居于新的环境之中;二是在带走或扣留儿童时,应当照顾该儿童的个人、机构或者其他团队实际上并未行使监护权,或对其带走或留住已经事先同意或事后默认;三是儿童拒绝返回,且该儿童已经达到适宜考虑其观点的年龄及成熟程度。在抢夺、藏匿未成年子女的情况下,抢夺、藏匿未成年子女一方一般是试图通过单方强制改变儿童的惯常生活环境,改变既存的抚养状态,并试图使此种非法事实状态合法化。而未成年子女的成长和身心发育是不可逆的,尤其是对于低龄儿童来讲,较长时间的分离将严重伤害亲密的亲子关系。简捷快速地"返还儿童"是避免发生此种伤害的最有效方法。因此,应基于该思路处理相关问题,即先不考虑监护权纠纷和离婚纠纷的实体处理问题,先快速有效恢复孩子的惯常生活状态。

从当前司法实践看,抢夺、藏匿未成年子女主要发生在以下两种情形:一是分居或离婚诉讼期间,将未成年子女带离现居住地或藏匿。根据离婚纠纷案件大数据分析,婚龄1—4年为离婚高峰阶段,而这一阶段未成年子女的年龄一般在0—3岁。父母离婚导致未成年子女抚养方式发生变化,由过去的双方共同抚养变为夫妻一方抚养、另一方给付抚养费并可以进行探望。有些男方及其父母不能正确看待此种抚养方式的变化,将未成年子女视为自家传宗接代的"私有财产",意图通过该种违法方式造成既成事实,以便在离婚纠纷确定直接抚养中占得先机。也有些是父母双方基于自身恩怨和情感纠葛,通过此种方式泄愤、惩罚对方或者在是否离婚、分割夫妻共同财产时将未成年子女作为工具和砝码。基于上述种种情形,在分居或离婚诉讼期间,一方自己或伙同其近亲属抢夺、藏匿未成年子女,导致对方无法接触未成年子女,造成未成年子女与藏匿方共同生活时间长久的假象。也因为该种违法行为在一定时间内得不到纠正,子女已成长至2周岁,从而架空《民法典》第1084条关于夫妻离婚后,不满2周岁的子女,以由母亲直接抚养为原则的规定;二是离婚后阻碍另一方探望未成年子女或将未成年子女带离导致判决无法执行。根据《民法典》第1086条规定,离婚后,不直接抚养子女的父或者母一方,有权利探望子女,另一方应当履行协助义务。有些父母不能正确认识到协助对方探望未成年子女是其法定义务,基于其已经获得直接抚养子女的权利,而阻挠对方接触孩子,导致探望权执行出现障碍;还有的父母基于离婚诉讼中丧失了直接抚养的权利,转而通过暴力方式抢夺、藏匿未成年子女,导致生效判决无法履行,获得直接抚养权的一方当事人不得不长期忍受亲子分离的痛苦。

未成年子女的健康成长既需要父爱也需要母爱,这是未成年子女作为独立个体享有的基本人格权益。抢夺、藏匿未成年子女虽然形式上是父母双方的对抗,但该行为侵害了未成年子女的利益。只是未成年人的利益诉求表达很难为社会公众知悉。有些未成年子女因长期被藏匿和辗转各地，被迫颠沛流离，居无定所，他们无法得到正常的生活和教育，随之而来的心理障碍、缺乏安全感都将影响他们的一生。有的父母抢夺、藏匿未成年子女后，无心无力照料造成其健康隐患，有的未成年子女成为留守儿童，有的给未成年子女灌输仇视对方的思想，不能正确看待与父母的关系，而另一方因无法见到孩子备受煎熬，也可能作出过激的行为，加剧矛盾纠纷，使得未成年子女的身心健康进一步受到损害。此外，因抢夺、藏匿未成年子女导致造成共同生活既成事实，也使法院在离婚纠纷确定直接抚养权时审理难度加大。

目前，针对抢夺、藏匿未成年子女问题，实践中虽然在个别案件上有所突破，但尚未形成严密的法律保护机制。主要体现在以下几个方面：(1)违法行为难以得到及时纠正。一方存在抢夺、藏匿行为时，当事人第一时间往往选择的是报警，但是公安机关一般仅将此当作家庭纠纷对待，而不作进一步处理。当事人依靠自身力量往往很难及时查找到未成年子女的下落，即使知道，也很难通过自力救济方式实现对自身权益的保护。(2)监护权保护落实不到位，对该类违法行为惩罚力度较弱。如因违法行为人将未成年子女藏匿到外地，法院要对违法行为人采取强制措施，却因找不到人而无法实施，此其一；其二，即使找到行为人，从案件执行的角度来看，抚养权属于人身权利，与财产的执行不同，无法直接强制执行，考虑到如果对父母一方追究刑事责任，可能反而影响未成年子女的相关权益。因此，司法实践中很少有追究刑事责任的实例。(3)抚养权纠纷难处理。如果当事人双方提出离婚，抢夺、藏匿孩子一方一般会提出直接抚养。由于没有及时纠正违法行为，导致孩子长期与抢夺、藏匿一方共同生活，形成既成事实，而根据《民法典婚姻家庭编解释(一)》第46条规定，未成年子女随哪一方生活时间较长、不改变其生活环境是判断是否获得直接抚养权优先考虑的因素。虽然该生活状态系非法行为导致，但是，对于未成年子女尤其是低龄未成年子女来讲，并不理解其中违法和合法的意义。因此，如果一方仍然采取此种方式，客观上形成孩子生活环境稳定的事实，在涉及抚养权纠纷时，法院很难对这种行为进行认定，可能会基于不改变未成年子女生活环境以及执行便利的考虑，使得抢夺、藏匿未成年子女一方更易获得直接抚养权，这反而进一步加剧该种不法现象。(4)探望权执行难。离婚判决生效后，仍存在拒不履行判决义务的情况。在强制执行层面，一是案外因素的介入导致矛盾纠纷激烈复杂。抢夺、藏匿子女往往伴随着激烈的婚姻矛盾。离婚双方积怨深、矛盾大，有时还存在报复心理，将拒绝探望当成报复、惩罚对方的武器。如果贸然采取罚款、拘留等强制措施,会进一步激化矛盾,加剧对抗。调研发现,抢夺、藏匿未成年子女多有(外)祖父母或者其他亲属参与其中,甚至出现“流动藏匿”,导致孩子“下落不明”,协助执行义务人难以确定。二是权利的长期性导致案件容易反复、变化。一方面,在法院介入执行时,藏匿方通常会予以配合,但案件执结后,藏匿方又会以各种借口拒绝探望,导致案件重复。另一方面,随着时间和双方条件的变迁,原判决考虑的因素可能发生根本性变化,导致当时确定的探望权基础发生重大变化而无法执行。三是未成年人利益考量制约执行措施的强制性。探望权案件执行的标的既是行为又是人身权利,最有利于未成年人原则是此类案件执行的重要考量。如果对被执行人采取强制措施或者动用刑事制裁手段,会给孩子的健康成长带来不利影响。另外,随着子女的成长,其独立意志逐步形成,若有抚养方挑拨子女与探望方的关系,容易使孩子因父母离异而产生强烈的自卑感,甚至怨恨或抵触父母,拒绝探望。当前,针对此类案件拒不执行判决、裁定罪的适用,一般被限制在财物和行为的执行上,在法律手段上只能通过对负有履行义务的一方施加压力,而不能通过强制措施把孩子直接交给另一方,常常致使判决难以获得有效执行。同时,也存在另一方基于生效判决享有的探望权因抢夺、藏匿行为而无法实现。这不仅无法保护当事人的合法权益,导致矛盾纠纷久拖不决,也严重损害了司法权威。

首先,应当依法受理监护权纠纷并强化民事责任承担。监护权纠纷是指因行使监护权而发生的民事争议,主要是监护权人认为其依法行使的监护权被他人侵害时所引发的纠纷。“实践中,往往会出现没有监护权的人越过监护权人从事这些行为,可能形成对监护权的侵犯;也有可能出现监护人不履行监护职责,或者侵害了被监护人的合法权益的情形。因此形成纠纷,诉至法院的,均可以确定为监护权纠纷。”根据《民法典》第34条规定,监护人依法履行监护职责产生的权利,应依法予以保护。同时,如果监护人不履行监护职责或者存在侵害被监护人合法权益情形的,亦应当承担相应的法律责任。如前所述,在一方抢夺、藏匿未成年子女使其无法与未成年子女交往,进而无法进行抚养、教育、保护的情况下,一方面侵害了父母一方的监护权,同时,因强制未成年子女不与父母另一方交往,也侵害了被监护人的合法权益。此种情况下,夫妻另外一方以监护权纠纷为由提起诉讼的,人民法院应予受理并依法裁判。对于侵害监护权应当承担的民事责任。根据《民法典》第1001条规定,在没有其他法律规定的情况下,可以参照适用人格权保护的有关规定。《民法典》第995条明确规定了侵害人格权的,应当承担民事责任。因此,当事人以监护权纠纷提起诉讼请求侵权人承担民事责任的，可以参照《民法典》的上述规定处理。对于具体的责任形式，根据《民法典》第179条规定，在抢夺、藏匿未成年子女的情况下，行为方承担民事责任的方式可以包括停止侵害、排除妨碍、赔偿损失、赔礼道歉等，上述方式可以单独适用，也可以合并适用。同时，根据《精神损害赔偿解释》第2条规定，监护权受到侵害的，受害人可以请求精神损害赔偿。虽然该条一般是指监护人以外的他人侵害监护权的情形，但条文表述上并未限制侵权人的范围。因此，作为监护人之一的父或者母因履行监护职责产生的权利受到侵害时，可以将该条作为法律依据，请求精神损害赔偿。

其次，离婚纠纷中确定直接抚养权时应当作为对行为方的不利因素予以考量。根据《民法典》第1084条规定，父母是否离婚不影响父母与子女间的关系。离婚后，子女无论由父或者母直接抚养，父母对于子女仍有抚养、教育、保护的权利和义务。离婚后，不满2周岁的子女，原则上由母亲直接抚养。已满2周岁的子女，父母双方对抚养问题协议不成的，人民法院按照最有利于未成年子女的原则，并考虑双方的具体情况判决。一般所称的抚养权实际上只是直接抚养，即与孩子一起生活的权利，不直接抚养孩子的一方并没有失去监护权。在离婚纠纷确定子女由哪一方直接抚养时，最基本和重要的原则应当是最有利于未成年子女原则。根据子女年龄情况具体分为以下3个阶段：

1. 不满2周岁的未成年子女。该阶段的未成年子女多数还处在母乳喂养期，基于婴儿生长发育的利益考虑以及母亲与婴儿天然的联系和情感连接，原则上由母亲抚养更有利于未成年子女的健康成长。除《民法典婚姻家庭编解释(一)》第44条规定的情形外，一般应当判决由母亲直接抚养。当然，要明确另一方具体的探望时间、地点、方式等，依法保障其探望权。

2. 已满2周岁不满8周岁的未成年子女。实践中常出现的情况是，抢夺、藏匿行为发生在未成年子女2周岁以前，但是在离婚纠纷审理或判决时孩子已经满2周岁，此时应当考虑更多的因素，包括《民法典婚姻家庭编解释(一)》第46条、第47条规定的各种条件。此外，从正面角度，还应当考虑以下因素：(1)未成年子女的年龄大小、性别、人数及健康情况；(2)子女的真实意愿以及人格发展的实际需要；(3)父母的年龄、职业状况、道德品行、健康情况、经济负担能力及生活状况；(4)父母在保护子女事情上意愿和态度是否强烈；(5)父母子女间的感情状况、陪伴时间长短、陪伴质量状况等。从负面角度，应当对抢夺、藏匿未成年子女行为予以否定性评价。如果父母双方各方面条件相当，一方存在下列行为的，应当优先考虑由另一方直接抚养：(1)未经另一方同意，擅自或以暴力抢夺等方式，致使另一方较长时间脱离对该未成年子女的监护的;(2)通过藏匿的方式阻碍另一方行使对未成年子女的监护权的;(3)阻碍或者限制另一方探望未成年子女的。需要特别强调的是,编者认为,为弘扬良好社会风尚和价值导向,在抚养纠纷中,应客观看待通过抢夺、藏匿等违法方式形成长期与未成年子女共同生活的事实,或者通过藏匿、控制、诱导未成年子女表达愿意随其共同生活意愿的,法律应在不损害未成年子女利益的情况下,对其予以否定性评价。尽管抢夺、藏匿行为可能是出于一方希望与未成年子女长期共同生活的良好愿望,表现形式是爱,但该种行为本身一方面体现了行为方不能理性地处理问题,通过情绪化、极端方式处理家庭矛盾,存在一定暴力倾向,另一方面,也更多地体现了其将未成年子女作为"私有财产"的自私想法,而不是从未成年子女本身情感需求角度考虑。"父母之爱子,则为之计深远。"因此,由其直接抚养未成年子女,从长远来看,不见得是最有利于未成年子女的。

3. 已满 8 周岁的未成年子女。根据《儿童权利公约》和《未成年人保护法》规定,尊重未成年子女真实意愿是贯彻最有利于未成年人原则的重要体现。《民法典》也明确规定了在父母离婚纠纷中,确定子女由哪一方直接抚养时,应当尊重其真实意愿。对于如何判断未成年子女的意愿是否真实,审判实践中需要注意的是,在听取其意见时,应当充分考虑身心尚不成熟的未成年人较长时间与抢夺、藏匿一方共同生活使其所作判断是否真正最有利于自身利益,还应当充分考虑未成年人身心处于弱势地位的特点,提供能让其感到放松的适宜环境,采用未成年人能够理解的问询方式,要特别注重保护其隐私和安全。必要时,可以引入心理评估、妇女儿童权益第三方调查等机制,以确保在不受外界干扰和误导的情况下,准确辨别未成年人的真实想法。

有观点认为,只要一方存在抢夺、藏匿未成年子女行为的,就应当判决由另一方直接抚养或者变更原来的抚养关系。该种观点实际上是惩罚行为人的角度,出发点是为了保护另一方的权益,而不是从未成年子女利益最大化角度出发。应当综合考虑双方各方面条件,要特别注意的是,离婚中抢夺、藏匿未成年子女问题不仅涉及情感、心理因素,还掺杂着双方其他利益考量。不管将直接抚养权判归夫妻中哪一方,都并非解决抢夺、藏匿未成年子女问题一劳永逸的办法。在离婚纠纷中确定子女直接抚养权时,应以未成年人利益最大化为原则,综合考虑各种情形确定,一方面,不宜单纯因一方抢夺、藏匿未成年子女为由即否认其直接抚养权,另一方面,因一方抢夺、藏匿行为不利于未成年子女身心健康,应将此作为不利于未成年子女利益的重要因素,在同等条件下优先考虑由另一方直接抚养。《未成年人保护法》第 116 条规定:"国家鼓励和支持社会组织、社会工作者参与涉及未成年人案件中未成年人的心理干预、法律援助、社会调查、社会观护、教育矫治、社区矫正等工作。”因此，在处理该类纠纷中，应当注重通过家事调查、心理疏导等更多柔性手段，加强事前预防、事中干预、事后惩戒等全方位干预。简单地一判了之有时可能反而激化矛盾，最终损害未成年子女利益。此外，如果抢夺、藏匿未成年子女行为导致夫妻感情破裂的，人民法院在离婚分割夫妻共同财产时，亦应当根据《民法典》第 1087 条规定，按照照顾无过错方原则进行判决。

当然，即便确定由抢夺、藏匿一方直接抚养，也要通过发放家庭教育指导令等方式，让该方认识到父母对未成年子女负有共同的教育权利和义务，剥夺另一方行使监护权的行为是违法的。根据《未成年人保护法》第 118 条规定，在未成年人的父母或者其他监护人不依法履行监护职责或者侵犯未成年人合法权益的情况下，其居住地的居民委员会、村民委员会应予以劝诫、制止；情节严重的，居民委员会、村民委员会应当及时向公安机关报告。公安机关接到报告或者公安机关、人民检察院、人民法院在办理案件过程中发现未成年人的父母或者其他监护人存在不依法履行监护职责或者侵犯未成年人合法权益情形的，应当予以训诫，并可以责令其接受家庭教育指导。最高人民法院联合全国妇联共同发布的《关于开展家庭教育指导工作的意见》中也规定，未成年的父母或者其他监护人违反《未成年人保护法》第 24 条的规定，侵犯未成年人合法权益的，人民法院应当训诫，并要求其接受家庭教育指导。同时，保护另一方的探望权，如果其拒绝另一方行使探望权，应当依法承担法律责任，向其释明协助另一方依法行使探望权是其法定义务，履行该义务的最终目的不仅是实现对方探望权益，更重要的是有利于未成年子女的健康成长。

最后，应当创新抚养权、探望权执行方式。针对已经生效的离婚判决，实践中主要存在两种情况：一种是离婚以后，直接抚养方藏匿子女不允许对方探望，这涉及有关探望权生效判决的执行问题；另一种是离婚后未得到直接抚养权的一方抢夺、藏匿未成年子女，导致获得直接抚养权一方无法实现生效判决确定的权利。根据《民法典婚姻家庭编解释（一）》第 68 条规定，针对拒不履行协助探望义务的个人或者组织，人民法院只能依法采取拘留、罚款等强制措施，但是不能对子女的人身、探望行为强制执行。该条明确对探望权不能直接强制执行，但可以通过拘留、罚款等间接强制的方式。

现行法律虽然没有直接将“抢夺、藏匿孩子”导致抚养权、探望权判决无法执行行为规定为拒执犯罪的情形之一，但法律、司法解释的现有规定可以适用于上述拒不履行行为，且适用的行为主体比较广泛。从现行法律、司法解释规定的解释看,将极少数拒不履行抚养权、探望权生效裁判,造成严重后果或者恶劣影响,或者情节十分严重的,依照拒不执行判决、裁定罪定罪处罚,有法律依据。当然,对于情节较轻的抢夺、藏匿行为,可以依法给予其他处罚。否则,可能既无助于解决纠纷,又恶化亲子关系,也不一定符合子女意愿。因此,对于此类执行难问题,首先,要注重审执联动,加强释法说理,视情开展家庭教育指导,通过家事调解、心理疏导等柔性手段,尽量化解双方矛盾,促进正确抚养子女的共识。其次,要完善探望权执行机制,包括与民政部门或妇联组织合作,推动建立及时介入、抚养探望跟踪、抚养探望监督人等制度机制。一些地方采取了积极的应对措施,取得了良好成效。比如,广东佛山市顺德区“多模式+云记录”抚养探视机制,在涉子女抚养探视的离婚案件审结后,离婚双方登录抚养探视 APP 或小程序,就探视对象、时间、接送地点进行沟通,全程留痕,法官可据此对不履行或履行不到位的责任一方依法处理。对于少数拒不履行抚养权生效裁判的被执行人或者协助执行义务人,造成严重后果或者恶劣影响,或者情节十分严重,通过强制执行手段仍无法解决的,一些地方法院也尝试以拒不执行判决、裁定罪解决离婚后抢夺、藏匿未成年子女的问题,将离婚藏匿子女案件移交公安机关依法审查立案,对当事人果断采取刑事拘留措施,使得抚养权判决得到顺利执行。

实践中,一般当事人提起此类诉讼的主要目的是明确分居期间孩子暂由哪一方直接抚养。为此,本条根据当事人诉请和婚姻家庭领域的实际情况,进一步具体化规定,其中的暂时确定未成年子女的抚养事宜并明确其协助义务,实际上是停止侵害、排除妨碍的具体形式,有助于更准确地指导审判实践。

【相关立法】

1.《中华人民共和国民法典》(2021年1月1日施行)

第一千零八十四条　父母与子女间的关系,不因父母离婚而消除。离婚后,子女无论由父或者母直接抚养,仍是父母双方的子女。

离婚后,父母对于子女仍有抚养、教育、保护的权利和义务。

离婚后,不满两周岁的子女,以由母亲直接抚养为原则。已满两周岁的子女,父母双方对抚养问题协议不成的,由人民法院根据双方的具体情况,按照最有利于未成年子女的原则判决。子女已满八周岁的,应当尊重其真实意愿。

2.《中华人民共和国未成年人保护法》(2024年修正,2024年4月26日施行)

第二十四条　未成年人的父母离婚时,应当妥善处理未成年子女的抚养、教育、探望、财产等事宜,听取有表达意愿能力未成年人的意见。不得以抢夺、藏匿未成年子女等方式争夺抚养权。

未成年人的父母离婚后，不直接抚养未成年子女的一方应当依照协议、人民法院判决或者调解确定的时间和方式，在不影响未成年人学习、生活的情况下探望未成年子女，直接抚养的一方应当配合，但被人民法院依法中止探望权的除外。

第十四条 【优先由另一方直接抚养的情形】离婚诉讼中，父母均要求直接抚养已满两周岁的未成年子女，一方有下列情形之一的，人民法院应当按照最有利于未成年子女的原则，优先考虑由另一方直接抚养：

（一）实施家庭暴力或者虐待、遗弃家庭成员；

（二）有赌博、吸毒等恶习；

（三）重婚、与他人同居或者其他严重违反夫妻忠实义务情形；

（四）抢夺、藏匿未成年子女且另一方不存在本条第一项或者第二项等严重侵害未成年子女合法权益情形；

（五）其他不利于未成年子女身心健康的情形。

【司法解释·注释】[①]

在离婚诉讼中，确定未成年子女由哪一方直接抚养时，将抢夺、藏匿未成年子女行为作为对实施一方的不利因素，优先考虑由另一方直接抚养。本条规定，离婚诉讼中，父母均要求直接抚养已满两周岁的未成年子女，一方抢夺、藏匿未成年子女且另一方不存在家庭暴力，虐待、遗弃家庭成员或者有赌博、吸毒恶习等严重侵害未成年子女合法权益情形的，人民法院应当按照最有利于未成年子女的原则，优先考虑由另一方直接抚养。需要特别说明的是，在确定未成年子女由哪一方直接抚养时，应当根据最有利于未成年子女原则，综合各种因素进行判断，具体考量因素包括子女的年龄、性别、与双方的情感依赖程度、双方经济状况等，而非绝对适用某一有利因素或者不利因素。

【编者观点】

本条第5项规定为兜底条款，可以参考2014年最高人民法院、最高人民检察院、公安部、民政部联合发布的《关于依法处理监护人侵害未成年人权益

---

① 参见陈宜芳、吴景丽、王丹：《〈关于适用民法典婚姻家庭编的解释（二）〉的理解与适用》，载《人民司法·应用》2025年第3期。

行为若干问题的意见》第1条列举的监护侵害行为作为认定本条规定的严重损害未成年子女权益的相关情形,包括父母或者其他监护人性侵害、出卖、遗弃、虐待、暴力伤害未成年人,教唆、利用未成年人实施违法犯罪行为,胁迫、诱骗、利用未成年人乞讨以及不履行监护职责严重危害未成年人身心健康等行为。

本条情形下不需要征求已满8周岁的未成年人意见,因为家暴等严重损害未成年子女权益的行为已经构成家事事件而非家事纠纷,必须做出否定性评价,不能由当事人处分。另外,既然双方协议可以轮流抚养,也可以判决由双方轮流抚养。

【司法指导文件】

1.《第八次全国法院民事商事审判工作会议(民事部分)纪要》(法〔2016〕399号,2016年11月21日)

(一)关于未成年人保护问题

1.在审理婚姻家庭案件中,应注重对未成年人权益的保护,特别是涉及家庭暴力的离婚案件,从未成年子女利益最大化的原则出发,对于实施家庭暴力的父母一方,一般不宜判决其直接抚养未成年子女。

2.《最高人民法院、最高人民检察院、公安部、民政部关于依法处理监护人侵害未成年人权益行为若干问题的意见》(法发〔2014〕24号,2014年12月18日)

1.本意见所称监护侵害行为,是指父母或者其他监护人(以下简称监护人)性侵害、出卖、遗弃、虐待、暴力伤害未成年人,教唆、利用未成年人实施违法犯罪行为,胁迫、诱骗、利用未成年人乞讨,以及不履行监护职责严重危害未成年人身心健康等行为。

【法院参考案例】

1. 刘某某与王某某离婚纠纷案——离婚纠纷中,施暴方不宜直接抚养未成年子女[《人民法院反家庭暴力典型案例(第二批)》案例三,最高人民法院2023年11月27日]

【基本案情】

刘某某(女)和王某某系夫妻关系,双方生育一子一女。婚后,因王某某存在家暴行为,刘某某报警8次,其中一次经派出所调解,双方达成“王某某搬离共同住房,不得再伤害刘某某”的协议。刘某某曾向人民法院申请人身安全保护令。现因王某某实施家暴等行为,夫妻感情破裂,刘某某诉至人民法院,请求离婚并由刘某某直接抚养子女,王某某支付抚养费等。诉讼中,王某某主张同意女儿由刘某某抚养,儿子由王某某抚养。儿子已年满8周岁,但其在书写意见时表示愿意和妈妈一起生活,在王某某录制的视频和法院的询问笔录中又表示愿意和爸爸一起生活，其回答存在反复。

【裁判理由及结果】

人民法院经审理认为，双方均确认夫妻感情已破裂，符合法定的离婚条件，准予离婚。双方对儿子抚养权存在争议。根据《民法典》第1084条规定，人民法院应当按照最有利于未成年子女的原则处理抚养纠纷。本案中，9岁的儿子虽然具有一定的辨识能力，但其表达的意见存在反复，因此，应当全面客观看待其出具的不同意见。王某某存在家暴行为，说明其不能理性、客观地处理亲密关系人之间的矛盾，在日常生活中该行为对未成年人健康成长存在不利影响；同时，两个孩子从小一起生活，均由刘某某抚养，能够使兄妹俩在今后的学习、生活中相伴彼此、共同成长；刘某某照顾陪伴两个孩子较多，较了解学习、生活习惯，有利于孩子的身心健康成长。判决：（1）准予刘某某与王某某离婚；（2）婚生儿子、女儿均由刘某某抚养，王某某向刘某某支付儿子、女儿抚养费直至孩子年满18周岁止。

【典型意义】

根据《民法典》第1084条规定，离婚纠纷中，对于已满8周岁的子女，在确定由哪一方直接抚养时，应当尊重其真实意愿。由于未成年人年龄及智力发育尚不完全，基于情感、经济依赖等因素，其表达的意愿可能会受到成年人一定程度的影响，因此，应当全面考察未成年人的生活状况，深入了解其真实意愿，并按照最有利于未成年人的原则判决。本案中，由于儿子表达的意见存在反复，说明其对于和哪一方共同生活以及该生活对自己后续身心健康的影响尚无清晰认识，人民法院慎重考虑王某某的家暴因素，坚持最有利于未成年子女的原则，判决孩子由最有利于其成长的母亲直接抚养，有助于及时阻断家暴代际传递，也表明了对婚姻家庭中施暴方在法律上予以否定性评价的立场。

2. 曾某诉徐某明抚养纠纷案［《人民法院案例选》2007年第3辑（总第61辑）］

【裁判要旨】

离婚夫妻一方收入高但长期赌博并欠债的，子女可否由其抚养：婚姻关系存续期间，男方长期赌博并欠下高额债务，导致双方感情破裂而离婚。在确定抚养权的归属时，应当优先考虑子女的利益，应当由有利于子女健康成长的一方抚养。男方的收入虽然明显高于女方，但因经济条件并不是确定抚养权归属的优先条件，且男方具有不良嗜好，不利于子女的健康成长，而女方有稳定的工作和收入，无其他不良嗜好，故应当由女方抚养子女。

第十五条　【处分未成年子女名下房产的效力】父母双方以法定代理人身份处分用夫妻共同财产购买并登记在未成年子女名下的

房屋后,又以违反民法典第三十五条规定损害未成年子女利益为由向相对人主张该民事法律行为无效的,人民法院不予支持。

【编者观点】

基于传统影响,虽然我国家庭的形式从传统的宗族家庭演变为现代的核心家庭,但是"同居共财"的家庭财产结构仍然普遍存在。《民法典》仅规定了夫妻共同财产,而未规定家庭财产或曰家产,造成了事实层面上的家庭财产,在法律结构上被分化为夫妻共同财产、夫或妻的个人财产以及子女的个人财产几个部分。

借鉴婚姻财产的内外归属方案,对于子女的财产,同样应当区分家庭维度的归属与物权维度的归属。父母用夫妻共同财产购买房屋并登记在未成年子女名下存在多种原因,并不意味着父母在家庭维度的真实意思表示是使得该房产仅仅成为子女的个人财产。因此,在父母没有明确表达赠与给子女的意思表示时,应当将登记在子女名下的房产在家庭维度的归属与物权维度的产权登记状况脱钩,在家庭维度仍然视该房产为整个家庭财产的一部分。父母双方共同处分该房产的行为,在家庭维度不应视为无权处分。同样,依照本条规定,父母在处分房产之后,也不能以此为由主张行为无效。

既然房产属于家庭财产的一部分,则父母作为部分家庭成员,对于家庭财产的处分当然需要满足"为了家庭共同利益的目的"这一实质要件。"为了家庭共同利益的目的"在范围上比《民法典》第35条规定的"为维护被监护人利益"要更广,理由在于从社会实际生活观察,在未成年子女与父母共同生活居住期间,很难真正区分"家庭共同利益"与"被监护人利益"。例如父母购房后登记在未成年子女名下,尔后因父母投资的公司的生产经营需要,父母要将该房产抵押融资,该房产抵押行为本身很难被认定为"为了维护被监护人利益",但若因为抵押融资导致整个家庭收入大涨,同样有利于"被监护人利益"。

【相关立法】

《中华人民共和国民法典》(2021年1月1日施行)

第三十五条　监护人应当按照最有利于被监护人的原则履行监护职责。监护人除为维护被监护人利益外,不得处分被监护人的财产。

未成年人的监护人履行监护职责,在作出与被监护人利益有关的决定时,应当根据被监护人的年龄和智力状况,尊重被监护人的真实意愿。

成年人的监护人履行监护职责,应当最大程度地尊重被监护人的真实意愿,保障并协助被监护人实施与其智力、精神健康状况相适应的民事法律行为。对被监护人有能力独立处理的事务，监护人不得干涉。

第十六条 【不负担抚养费约定的效力】离婚协议中关于一方直接抚养未成年子女或者不能独立生活的成年子女、另一方不负担抚养费的约定，对双方具有法律约束力。但是，离婚后，直接抚养子女一方经济状况发生变化导致原生活水平显著降低或者子女生活、教育、医疗等必要合理费用确有显著增加，未成年子女或者不能独立生活的成年子女请求另一方支付抚养费的，人民法院依法予以支持，并综合考虑离婚协议整体约定、子女实际需要、另一方的负担能力、当地生活水平等因素，确定抚养费的数额。

前款但书规定情形下，另一方以直接抚养子女一方无抚养能力为由请求变更抚养关系的，人民法院依照民法典第一千零八十四条规定处理。

【相关立法】

《中华人民共和国民法典》（2021年1月1日施行）

第一千零八十四条 父母与子女间的关系，不因父母离婚而消除。离婚后，子女无论由父或者母直接抚养，仍是父母双方的子女。

离婚后，父母对于子女仍有抚养、教育、保护的权利和义务。

离婚后，不满两周岁的子女，以由母亲直接抚养为原则。已满两周岁的子女，父母双方对抚养问题协议不成的，由人民法院根据双方的具体情况，按照最有利于未成年子女的原则判决。子女已满八周岁的，应当尊重其真实意愿。

【地方法院规范】

《江苏省高级人民法院民事审判第一庭家事纠纷案件审理指南（婚姻家庭部分）》（2019年）

16. 离婚时夫妻双方约定或者直接抚养子女一方承诺不要求另一方负担子女抚养费，事后直接抚养子女一方能否以子女名义起诉主张另一方给付抚养费？

离婚时夫妻双方约定或者直接抚养子女一方承诺不要求另一方负担子女抚养费，事后直接抚养子女一方又以子女名义起诉主张另一方给付抚养费的，一般不予支持。但具有直接抚养子女一方经济状况不足以维持子女当地实际生活水平或者子女生活、教育、医疗等必要合理费用确有显著增加等正当情形的，依照《婚姻法》第三十七条第二款①、《最高人民法院关于人民法院审理离婚案件处理子女抚养问题的若干具体意见》第18条②的规定，可以判决另一方给付抚养费。

第十七条 【子女成年后欠付抚养费的处理】离婚后，不直接抚养子女一方未按照离婚协议约定或者以其他方式作出的承诺给付抚养费，未成年子女或者不能独立生活的成年子女请求其支付欠付的抚养费的，人民法院应予支持。

前款规定情形下，如果子女已经成年并能够独立生活，直接抚养子女一方请求另一方支付欠付的费用的，人民法院依法予以支持。

【地方法院规范】

《江苏省高级人民法院民事审判第一庭家事纠纷案件审理指南(婚姻家庭部分)》(2019年)

15. 主张给付抚养费的权利主体应当如何确定？婚姻关系存续期间主张给付抚养费的范围应当如何确定？主张给付抚养费是否适用诉讼时效？

主张给付抚养费的权利属于未成年子女或者不能独立生活的成年子女。能够独立生活的成年子女主张父母给付其未成年期间应当负担的抚养费的，不予支持。

夫妻双方均负有抚养未成年子女或者不能独立生活的成年子女的法定义务，不存在谁代谁抚养的问题，夫妻一方起诉另一方返还代为给付的抚养费的，一般不予支持。

未成年子女或者不能独立生活的成年子女的祖父母、外祖父母、兄、姐或者其他人如果代替有抚养能力而未尽抚养义务的夫妻一方或者双方尽了抚养义务，主张夫妻一方或者双方返还代为给付的抚养费的，应予支持。

婚姻关系存续期间主张给付抚养费的范围一般为当期费用和已经发生的费用，对于尚未发生的费用，可以待实际发生后另行主张权利。

依照《中华人民共和国民法总则》第一百九十六条③的规定，主张给付抚养费的请求权不适用诉讼时效。

第十八条 【“受其抚养教育”的认定】对民法典第一千零七十二条中继子女受继父或者继母抚养教育的事实，人民法院应当以共同生活时间长短为基础，综合考虑共同生活期间继父母是否实际进行生活照料、是否履行家庭教育职责、是否承担抚养费等因素予以认定。

---

① 对应《民法典》第1085条第2款。——编者注

② 对应《民法典婚姻家庭编解释(一)》第58条。——编者注

③ 对应《民法典》第196条。——编者注

【司法解释 · 注释】[①]

继父母与继子女的关系主要分为三种类型:其一,名义型,指继子女已经成年并能够独立生活或者继子女虽未成年,但是由生父或生母的另一方抚养,未与新组成的家庭共同生活,继父母没有抚养教育继子女。继父母与继子女之间是纯粹的姻亲关系,不互负权利义务。其二,收养型,此种情况下继父母子女之间权利义务内容按照收养关系确定。其三,共同生活型,指继子女因尚未成年而随生父母一方与继父或者继母共同生活时,继父或者继母对其承担了部分或者全部抚养教育义务。《民法典》第 1072 条第 2 款即规范此种情形,继子女与生父或生母的关系仍然存在,因此继子女具有双重法律地位。但是在姻亲关系解除时,双方之间又不能完全适用自然血亲父母子女关系的规定。第三种类型因为涉及对抚养教育事实的认定以及"适用本法关于父母子女关系的规定"的具体内容,最为复杂,实践中争议最大。

多数意见认为,形成抚养教育事实的继父母子女之间为拟制血亲,其权利义务关系与一般亲生父母子女关系无异,故其法律关系不因生父母婚姻的终止而自然解除。也有学者认为,与收养不同,此种关系无法进行登记,且有赖于法院对抚养教育事实进行确认。为明确和稳定身份关系,不宜承认双方协议的解除效力,必须进行司法确认。按此观点,继父母子女关系不能协议解除只能诉讼解除,比解除收养关系还要严格,这就更进一步加重了继父母子女关系之间的负担。

《民法典婚姻家庭编解释(二)》主笔法官认为,继父母与继子女是基于姻亲关系而发生的一种事实上的抚养关系,应更关注其"附随性",即继父母子女关系是附随于生父母的姻亲并以事实生活为基础的。《民法典》第 1072 条第 2 款"适用本法关于父母子女关系的规定",不能当然推导出已经形成抚养教育事实的继父母子女关系为拟制血亲。理由如下:(1)如果仅因为继父母子女之间存在抚养教育事实就认定形成拟制血亲关系,实质上就是将纯粹事实作为拟制血亲关系的形成依据,而无须履行任何法律手续和程序,缺乏与构建拟制血亲关系相匹配的要式规定。(2)继父母对未成年继子女进行的抚养教育并不是一种法定义务,如果按照拟制血亲说,就会产生基于抚养教育事实产生抚养教育义务的悖论。在现实生活中,继父母多是出于夫妻感情和维护婚姻家庭的和睦抚养教育继子女,而不是基于履行义务的自觉。(3)与典型的收养拟制血亲关系相比,继父母的

---

① 参见王丹:《继父母子女关系中的若干实践问题——以〈婚姻家庭编司法解释(二)〉第 18 条和第 19 条为中心》,载《中国法律评论》2025 年第 1 期。

近亲属与继子女间不因继父母对继子女的抚养教育而发生近亲属间的权利义务关系。(4)在继父母与继子女间建立拟制血亲关系,涉及双方当事人及其近亲属的重大身份利益,应当体现当事人的意思表示要素。如果双方期望产生拟制血亲效果,可以通过收养实现。(5)在认定为拟制血亲的前提下,对继父母子女关系解除、继承、赡养等问题的处理又脱离了拟制血亲的框架,存在矛盾结论。(6)如果继父母与生父母婚姻关系一直持续,现实生活中,继子女通过照顾自己生父母亦可实现赡养目的,一般不会发生争议;如果生父母一方死亡或者虽未死亡但已与继父母分居,继父母在有自己亲生子女的情况下,一般也会依靠亲生子女赡养,成讼的案件很少。即便为保障老年继父母的生活,由受其抚养教育成人的继子女给付一定的生活费,亦可以根据权利义务相一致的原则,通过参照适用《民法典》第1118条关于收养关系解除后的相关安排实现,并非必须通过解释为拟制血亲关系才能解决。此点与自然血亲存在区别,自然血亲并不一定总是遵循权利义务一致原则,即便生父母因为各种原因未履行抚养教育未成年子女的义务,原则上亦有权要求成年子女履行赡养义务。

《民法典》第1072条第2款的立法本意在于确认继父母子女之间业已形成的抚养教育事实,保障未成年继子女能够在和谐稳定的家庭关系中健康成长,保护再婚家庭成员的合理期待。但此目的有多种实现途径,将继父母子女关系认定为拟制血亲看似最为简单、直接,力度最强,但很多时候可能并不符合当事人本意,尤其是在生父(母)与继母(父)离婚的情况下。应对该款进行限缩解释,将其指向范围限于日常生活、教育方面,为继父母设立弱式意义上的辅助照顾权,在“抚养教育”范围内适用父母子女关系的相关规定,即足以保护继父母和继子女之间业已形成的事实关联,实现相关立法目的。

根据《民法典婚姻家庭编解释(一)》第54条规定,在生父(母)与继母(父)离婚的情况下,不能适用《民法典》第1084条关于父母对子女有抚养、教育、保护权利和义务的有关规定,以及第1085条和第1086条关于不直接抚养一方负担抚养费的义务、享有探望的权利的规定。因此,对未成年继子女负有抚养、教育、保护的权利和义务应以生活共同体存续为前提。如果婚姻关系继续,共同生活的事实未改变,则继父母确负有抚养、教育和保护的义务,该义务源于继父母与未成年子女的生父母建立了夫妻共同体。在共同生活过程中,作为生父母的配偶,必须要协助其完成抚养、教育、保护未成年子女的义务,基于最有利于未成年子女原则,虽继父母对未成年继子女以抚养教育事实作为创设权利义务的基础,但在婚姻关系存续期间,应不允许继父母通过拒绝抚养教育的方式促使该事实不成就,以逃脱相应的义务。继父(母)在与继子女生母(父)婚姻关系存续的共同生活期间,不能单方拒绝抚养未成年子女,即不能以终止共同生活事实的方式摆脱养育义务。只有在婚姻关系终止时,其才有选择权,否则将违反《民法典》第1072条的制度目的。

建构继父母子女关系的基本原则之一是权利义务相一致原则。在继子女受继父母抚养教育成人后,对于缺乏劳动能力又缺乏生活来源的继父母,可以要求该继子女给付一定的生活费,这原则上可以独立于生父(母)与继母(父)的婚姻关系,也不必然以继父母子女关系继续存在为前提。参照适用《民法典》第1118条规定,仍可以得出该结论,即继父母子女关系解除后,缺乏劳动能力又缺乏生活来源的继父母仍可以要求受其抚养教育的成年继子女给付生活费。

关于父母和子女之间相互继承遗产的权利,在继承编对法定继承人范围有专门规定的情况下,应当适用继承编的规定,而不宜越过继承编直接适用婚姻家庭编的规定。根据权利义务相一致原则,如果对继子女进行了抚养教育的继父母死亡时,其遗产还能被未履行赡养义务甚至因为与继子女生父母离婚多年而未共同生活的继子女继承,亦很有可能违背其真实意愿。在解释《民法典》第1127条第3款和第4款时,鉴于继承编没有区分扶养的具体适用场景,对于每款中的"扶养关系"应根据被继承人的不同作具体区分。因继承主要是以血缘关系和配偶之间的身份关系为基础,同时兼顾弘扬互帮互助的价值观,而继父母子女之间并无血缘关系,因此,对于第3款"有扶养关系的继子女",基于权利义务一致原则,应解释为在继父母为被继承人的情况下,继子女对继父母实际进行了赡养,更符合该条规定的制度目的;第4款中"有扶养关系的继父母"解释为在继子女为被继承人的情况下,继父母对继子女实际进行了抚养为宜。而且,因继父母子女关系是以姻亲为基础,姻亲关系消除的,即使双方曾经存在扶养关系,继父母子女间亦不宜互相主张法定继承权。对曾经形成扶养关系的继父母和继子女,可以根据《民法典》第1131条酌情分配遗产,以达个案平衡。

《民法典》第1072条第2款规定的有抚养教育事实的继父母子女关系本质上属于家庭法中的动态类型,需要进行动态判断。关于"受其抚养教育"的认定,要结合具体案情进行认定。抚养意指"从物质上供养子女和在日常生活中照料子女,保障子女的生活,使子女得以健康成长"。教育则是指父母按照法律和道德的要求,关心并教导、培育未成年子女,依法使其接受义务教育,人格得到全面发展。对本条列举的要素,具体分析如下:

第一,共同生活事实是不具有血缘关系的人之间形成身份上权利义务的必要事实。形成继父母子女关系,共同生活是核心要素,该条件原则上属于“一票否决”的必要条件。当然,如果继父母因为工作等非主观原因未与继子女共同生活,但是继父母对继子女进行了持续的、较大数额的经济供养,也可以在特定情况下认定为进行了抚养教育。在认定是否“形成了抚养教育”这一事实时,应当从严掌握。最基本的要求是共同生活应当具有一定时间的持续性。

第二,继父母承担了相应的抚养和教育费用。实践中,继父或者继母与未成年子女的生父(母)婚姻关系存续期间,一般采用的是法定共同财产制,继父或者继母也是夫妻共同财产的所有权人,因此不宜再强求继父或者继母需要额外用个人财产支付相关费用,才能认定为承担了抚养和教育费用。当然,也要看继父或继母是否有负担能力,如果其没有个人财产或者个人财产较少,无法负担抚养教育费用,但在实际共同生活中进行了日常生活照料并履行教育职责,也可以认定形成继父母子女关系。因此,虽然承担抚养教育费用是能否形成抚养教育事实的重要考量因素,但并非绝对的必要因素。

第三,进行抚养教育应经过一定的期间。这既是双方感情累积的必然要求,也是继父母子女间认可相互关系的外在表现,同时,持续稳定的事实亦能够对外产生一定的公示效果。如果将继父母子女关系认定为拟制血亲,确须考虑双方意愿。但是,《民法典》第1072条只是对业已形成的抚养教育事实的确认,该条并未要求双方有意思表示内容,这也正是继父母子女关系不属于典型拟制血亲观点的重要论据。如果双方不同意成立拟制血亲的意思表示是在继父(母)与生母(父)婚姻关系存续期间,基于保护未成年人利益考量,应当不允许作出此种意思表示,因为此种意思表示不符合第1072条的立法目的;但是,如果双方不同意成立拟制血亲的意思表示是在继父(母)与生母(父)婚姻关系解除之时,应当允许当事人作出此种意思表示,因为这已不涉及未成年人利益保护,更多是对身份关系的确认。而实践中,在继父(母)与生母(父)离婚时,继父母与继子女关系解除更符合大多数人的心理预期。因此,相关规则的设立应当更关注该普遍存在的心理预期。

【编者观点】

“抚养教育”实质上反映了重组家庭中继父母对未成年继子女的监护。监护为行为能力欠缺的未成年继子女提供了积极保护,对其健康成长必不可少。因此有观点认为,对继父母与受其抚养教育的继子女间的关系作出和生父母与生子女间的关系相同的价值判断,在监护关系的范围内赋予二者相同的法律效果,从而使行为能力欠缺的未成年继子女能够正常地进行法律交往,人身、财产等合法权益得到有效保护,不因生活在重组家庭而权益受到损害，有利于对未成年人最大利益的保护。

司法实践主要从如下三个方面认定继父母子女之间是否成立抚养教育关系：第一，以共同生活为必要条件；第二，继父母具有抚养继子女的明确意愿；第三，抚养教育继子女需要达到一定年限。多数裁判在认定是否存在抚养教育关系时认为，应依扶养时间（或继父母子女共同生活）的长期性、稳定性、经济与精神扶养的客观存在、生父母再婚时继子女是否已成年、是否实际接受生活上的照顾抚育、家庭身份的融合度等因素综合进行判断。且抚养关系不仅包括经济上的抚养，还应包括具有情感交流的精神抚养。在主观意愿方面，是否成立拟制血亲，也应当尊重继父母和继子女在相互称谓等方面体现出来的真实意思，主客观因素缺一不可。

具体而言，有观点认为需要继父母子女共同生活且继父母负担了全部或部分抚养费；另有观点认为，只要继父母子女共同生活，对继子女进行了生活上的照料即可；或者即便没有共同生活，但继父母进行了持续数年时间的较大数额的经济供养也可满足。表现形式还包括继父母为身患疾病的继子女提供医疗救治条件；继父母在共同生活中管理和保护继子女的财产等情形。因为生父或生母本身对子女有给付抚养费的法定义务，所以不能仅凭从继父或继母与生母或生父的夫妻共同财产中支付抚养费就认定系继父或继母对继子女的支付。有观点认为，如果从生父与继母或生母与继父共同财产中支付的抚养费超过子女抚养费给付标准的一半，则可以考虑系继父或继母对继子女的抚养费支付。

【相关立法】

《**中华人民共和国民法典**》（2021年1月1日施行）

第一千零七十二条 继父母与继子女间，不得虐待或者歧视。

继父或者继母和受其抚养教育的继子女间的权利义务关系，适用本法关于父母子女关系的规定。

第十九条 【继父母子女关系解除后的权利义务】生父与继母或者生母与继父离婚后，当事人主张继父或者继母和曾受其抚养教育的继子女之间的权利义务关系不再适用民法典关于父母子女关系规定的，人民法院应予支持，但继父或者继母与继子女存在依法成立的收养关系或者继子女仍与继父或者继母共同生活的除外。

继父母子女关系解除后，缺乏劳动能力又缺乏生活来源的继父或者继母请求曾受其抚养教育的成年继子女给付生活费的，人民法院可以综合考虑抚养教育情况、成

年继子女负担能力等因素,依法予以支持,但是继父或者继母曾存在虐待、遗弃继子女等情况的除外。

【司法解释·注释】①

对于已形成抚养教育事实的继父母子女关系能否解除的问题,《民法典》未作明文规定。一般认为,继父母子女关系的终止包括以下几种情况:(1)因继父母或者继子女一方死亡而终止;(2)协议解除;(3)诉讼解除。对于第二种和第三种情况,在继子女未成年的情况下,应以生父(母)与继母(父)离婚为前提。如果生父(母)与继父(母)尚在婚姻关系存续期间,考虑到《民法典》第1072条属于强制性规范,当事人不能通过约定排除其适用,不宜允许与继子女共同生活的继父母通过协议或者诉讼解除的方式免除其履行抚养教育的职责。当然,如果继父母实施家庭暴力、虐待、遗弃等严重侵害未成年子女利益行为的,可以撤销其监护权。继子女成年后,如果成年继子女与继父母关系恶化,双方协商一致解除或者诉请法院解除的,应可解除继父母子女关系。

以拟制血亲为由,强行司法干预,实际上并不利于相关纠纷的解决,反而徒增烦恼。从司法实践反映的情况看,继父(母)与生母(父)离婚后,一般不会在离婚协议中或者通过另行签订协议的方式明确解除继父母子女关系,继子女仍由生父母抚养,继父母不再与继子女共同生活。这是婚姻家庭法学领域中"事实先在性"的体现。如果要求当事人必须通过明确的协议解除或诉讼解除,否则仍适用父母子女关系的规定,不仅增加当事人诉累,而且实无必要,与现实情况亦不符。因此,《民法典婚姻家庭编解释(二)》认为,如果继子女的生父(母)与继母(父)离婚时继子女尚未成年,继父母拒绝继续抚养,应认为继父母与继子女间拟制血亲关系解除,已经形成的权利义务关系终止。

在已经形成抚养教育事实的情况下,不同意继父母子女关系自然解除的观点,主要是考虑继父母已经进行了事实上的抚养教育,那么当其年老时,应当相应地享有请求赡养的权利。该保护目的并非必须在认定拟制血亲的前提下才能实现,从制度设计上保障缺乏劳动能力又缺乏生活来源的继父母年老时的生活费请求权即可,没必要一定限制在身份关系前提下解决此问题。故《民法典婚姻家庭编解释(二)》在原则上认定继父母子女关系因姻亲关系解除而自然解除的前提下,为平衡双方利益,根据权利义务相一致原则,参照《民法典》第1118条关于收养关系解除

---

① 参见王丹:《继父母子女关系中的若干实践问题——以〈婚姻家庭编司法解释(二)〉第18条和第19条为中心》,载《中国法律评论》2025年第1期。

后的规定，设置例外保护条款。

继父母子女关系自然解除，不意味着要溯及至再婚的婚姻成立之初，该解除应系“向后的解除”。在继父（母）与继子女的生母（父）婚姻关系存续期间，一般实行的是法定夫妻共同财产制，作为经济上一体的夫妻，支付的抚养费很难分清彼此，故对已经自愿抚养继子女的继父母，离婚时，不宜支持其返还抚养费的诉讼请求。此外，对于共同生活的生父（母）死亡时，已形成抚养教育事实的继父母子女关系能否自然解除，实践中也存在不同认识。与收养关系不同，继父母子女关系形成后，继子女与生父母间的权利义务关系并不因此而消除。而且基于血缘亲情，亲生父母的权利应优于继父母予以保护，亲生父母另外一方要求将子女领回抚养，何以必须经处于劣位的继父母同意？按不宜直接推定双方形成拟制血亲的逻辑，在共同生活的生父（母）死亡时，再婚婚姻关系终止，作为附随的继父母子女关系也应当自然解除，应当与《民法典婚姻家庭编解释（一）》第54条作一体解释，对曾受其抚养教育的未成年继子女，如果继父（母）不同意继续抚养的，该子女仍应由生父或者生母抚养，这是作为生父母的法定义务。即便已经形成抚养教育的事实，如果继父母不愿意继续抚养未成年继子女，强行判令继父母继续抚养教育子女，也可能存在共同生活期间侵害未成年继子女合法权益的情况。

第二十条 【离婚协议约定财产给予子女参照适用真正利益第三人合同制度】离婚协议约定将部分或者全部夫妻共同财产给予子女，离婚后，一方在财产权利转移之前请求撤销该约定的，人民法院不予支持，但另一方同意的除外。

一方不履行前款离婚协议约定的义务，另一方请求其承担继续履行或者因无法履行而赔偿损失等民事责任的，人民法院依法予以支持。

双方在离婚协议中明确约定子女可以就本条第一款中的相关财产直接主张权利，一方不履行离婚协议约定的义务，子女请求参照适用民法典第五百二十二条第二款规定，由该方承担继续履行或者因无法履行而赔偿损失等民事责任的，人民法院依法予以支持。

离婚协议约定将部分或者全部夫妻共同财产给予子女，离婚后，一方有证据证明签订离婚协议时存在欺诈、胁迫等情形，请求撤销该约定的，人民法院依法予以支持；当事人同时请求分割该部分夫妻共同财产的，人民法院依照民法典第一千零八十七条规定处理。

【司法解释·注释】①

离婚是婚姻解体时双方当事人的一个清算过程,而夫妻共同财产分割是离婚协议中的重要内容。实践中,基于共同财产难以具体分割、各方对共同财产价值无法协商一致等原因,很多夫妻选择了折中的办法,即将共同财产的部分或者全部给予双方共同的子女,这是双方的共同利益之所在,较容易达成一致。但是,离婚后,该财产的实际占有一方或登记一方拒绝履行的现象也时有发生,其甚至以享有任意撤销权为由主动提起诉讼,要求撤销该协议。对此,有不同观点:一种观点认为,父母将财产无偿给予子女,应为赠与法律关系。根据《民法典》第658条规定,在赠与财产的权利转移之前,赠与人享有任意撤销权。另一种观点认为,离婚协议是以解除身份关系为基础的,是一揽子的整体协议,各部分之间虽相互独立,但存在互为条件、互为因果的关系,甚至一方当事人之所以做出离婚决定,恰恰是考虑对方同意将财产给予共同子女,尤其是在该子女由其直接抚养的条件下。因此,另一方不享有任意撤销权。《民法典婚姻家庭编解释(二)》采纳了后一种观点。

离婚协议中关于共同财产处分的约定,实际上是夫妻双方分割共同财产的具体形式,且与解除婚姻关系、子女抚养等约定构成不可分割的整体,不能单独撤销其中一部分内容。即便认为该财产是对子女的赠与,也是夫妻共同赠与,在财产权利没有转移前,一方亦不单独享有任意撤销权。因为双方共同赠与的标的是夫妻共同财产,双方对该共同财产不分份额地共同享有所有权,亦不宜认定一方可以享有一半的撤销权。为此,本条第1款规定:"离婚协议约定将部分或者全部夫妻共同财产给予子女,离婚后,一方在财产权利转移之前请求撤销该约定的,人民法院不予支持,但另一方同意的除外。"

《民法典婚姻家庭编解释(一)》第69条第2款规定:"当事人依照民法典第一千零七十六条签订的离婚协议中关于财产以及债务处理的条款,对男女双方具有法律约束力。登记离婚后当事人因履行上述协议发生纠纷提起诉讼的,人民法院应当受理。"既然该协议对夫妻双方具有法律约束力,那么根据《民法典》第577条规定,当事人一方不履行合同义务或者履行合同义务不符合约定的,另一方可以要求继续履行;如果不履行一方已经将财产处分且第三人善意取得的,另一方可以要求其承担赔偿损失的违约责任。为此,本条第2款规定:"一方不履行前款离婚协议约定的义务,另一方请求其承担继续履

---

① 参见陈宜芳、王丹:《民法典婚姻家庭编法律适用中的价值理念和思维方法——以〈民法典婚姻家庭编解释(二)〉为视角》,载《法律适用》2025年第1期。

行或者因无法履行而赔偿损失等民事责任的，人民法院依法予以支持。”

关于子女能否直接请求不履行一方承担违约责任的问题。考虑到离婚协议的主体是夫妻双方，子女并非合同主体，将特定财产给予子女更多的是夫妻双方对共同财产的折中处理方案，实际系夫妻分割共同财产的方式之一。如果夫妻协商一致变更原处理方式，系对其自身权利的处分，在财产权利转移之前应予尊重。故原则上不应直接赋予子女请求权。但是，实践中，如果夫妻双方有此需求，希望赋予子女请求权，可以参照适用《民法典》第522条第2款真正利益第三人合同制度。“真正的利益第三人合同结构是基本合同加第三人约款。在第三人约款中，债权人与债务人特别约定，债务由债务人向第三人履行，第三人可以直接请求债务人向其履行。如果合同当事人仅是约定由债务人向第三人履行债务，没有赋予第三人履行请求权的，不属于本款规定的真正的利益第三人合同，可以按照本条第1款规定的不真正的利益第三人合同处理。”

为满足双方意思自治需要，本条第3款规定：“双方在离婚协议中明确约定子女可以就本条第一款中的相关财产直接主张权利，一方不履行离婚协议约定的义务，子女请求参照适用民法典第五百二十二条第二款规定，由该方承担继续履行或者因无法履行而赔偿损失等民事责任的，人民法院依法予以支持。”真正的利益第三人合同的法律效果应限于在债务人未向第三人履行债务或者履行债务不符合约定的，第三人可以请求债务人承担继续履行、赔偿损失等违约责任。但毕竟其不是合同当事人，仅是基于法律规定或者通过合同当事人特别约定获得有限的权利，该权利来源于明确规定或约定，并不是完整的合同当事人权利，不能当然推导出享有合同当事人的解除权或者撤销权等权利。“一般认为，第三人对债务人虽取得履行请求权，但由于其不是合同当事人，合同本身的权利，如解除权、撤销权等，第三人不得行使。”

此外，实践中，存在当事人将财产给予子女后，发现子女非亲生的情况，为此，本条第4款进一步明确，离婚协议约定将部分或者全部夫妻共同财产给予子女，离婚后，一方有证据证明签订离婚协议时存在欺诈、胁迫等情形，请求撤销该约定的，人民法院依法予以支持。该条精神也与《民法典婚姻家庭编解释（一）》第70条规定一脉相承。根据《民法典》第155条规定，无效的或者被撤销的民事法律行为自始没有法律约束力。因此，在相关约定被撤销后，该部分财产又回到了夫妻共有财产的状态，当事人在撤销的同时，请求重新分割的，基于便利当事人的原则，人民法院可以一并处理。因此，该条第4款也同时规定：当事人同时请求分割该部分夫妻共同财产的，人民法院依照民法典第一千零八十七条规定处理。

【相关立法】

《中华人民共和国民法典》(2021年1月1日施行)

第五百二十二条 当事人约定由债务人向第三人履行债务,债务人未向第三人履行债务或者履行债务不符合约定的,应当向债权人承担违约责任。

法律规定或者当事人约定第三人可以直接请求债务人向其履行债务,第三人未在合理期限内明确拒绝,债务人未向第三人履行债务或者履行债务不符合约定的,第三人可以请求债务人承担违约责任;债务人对债权人的抗辩,可以向第三人主张。

第一千零八十七条 离婚时,夫妻的共同财产由双方协议处理;协议不成的,由人民法院根据财产的具体情况,按照照顾子女、女方和无过错方权益的原则判决。

对夫或者妻在家庭土地承包经营中享有的权益等,应当依法予以保护。

【法院参考案例】

倪陆某某诉陆某某离婚后财产纠纷案——离婚协议中给予子女财产约定性质的认定[《人民法院案例选》2020年第1辑(总第143辑)]

【裁判要旨】

离婚协议通常系关于婚姻关系解除、子女抚养、共同财产分割等内容的一揽子协议,其中将财产给予子女的约定性质上为利益第三人条款,而非在父母与子女之间建立赠与合同关系,因此,负有给付义务的一方不得基于赠与合同关系行使任意撤销权。同时,基于《合同法》第64条的规定及利他合同的法理,子女享有直接请求给付的权利

【基本案情】

法院经审理查明:倪陆某某系倪某某与陆某某的婚生儿子,出生于2008年11月。上海市松江区茸龙路房屋系陆某某于2005年购买,现登记在陆某某一人名下。倪某某与陆某某于2007年7月3日登记结婚,于2010年4月30日协议离婚。双方离婚时签订的离婚协议第3条财产处理约定:"双方有夫妻共同财产坐落在上海市松江区茸龙路××弄大江苑××室商品房一套,现协商归男方和儿子各半,男方须于离婚后一周内在房产证上加上儿子倪陆某某的名字……"

2010年6月3日,倪陆某某诉至法院,后与陆某某达成人民调解协议书1份。该协议载明:"一、陆某某和倪陆某某于2010年8月3日之前一起去办理将倪陆某某名字加入产权证的手续;办理此手续产生的费用各半承担;二、倪陆某某自愿撤诉……"2012年5月11日,倪某某与陆某某重新登记结婚。2016年11月16日,倪某某与陆某某签订离婚协议,载明:"双方于2016年11月16日离婚,协商一致达成以下协议:1. 男孩倪陆某

某归女方抚养,由原告男方支付抚养费壹仟元。2.男方所拥有的房产证加上倪陆某某名字,双方于一个月内去办理。3.男方一次性补偿女方叁万元整,三个月内付清。"2016年11月17日,双方经上海市松江区人民法院调解离婚。民事调解书载明:"双方当事人自愿达成如下协议:一、原告陆某某与被告倪某某双方自愿离婚;二、原、被告婚生子倪陆某某随被告共同生活;三、原告陆某某自2016年11月起每月25日前给付被告倪某某孩子抚养费1000元,教育费、医疗费凭发票各半承担,至孩子十八周岁止;四、原告陆某某于2017年2月16日前给付被告倪某某房屋补偿款人民币30000元……"

【裁判结果】

上海市松江区人民法院于2017年11月28日作出(2017)沪0117民初16349号民事判决:陆某某于判决生效之日起10日内配合倪陆某某办理房屋产权变更登记手续,将上海市松江区茸龙路××弄××号××室房屋登记为倪陆某某、陆某某共同共有,其中倪陆某某、陆某某各占有50%的份额。

宣判后,陆某某不服原审判决,提出上诉。上海市第一中级人民法院于2018年9月12日作出上海市第一中级人民法院(2018)沪01民终357号民事判决:变更上海市松江区人民法院(2017)沪0117民初16349号民事判决主文为,陆某某应于本判决生效之日起10日内配合倪陆某某办理房屋产权变更登记手续,将上海市松江区茸龙路××弄××号××室房屋登记为倪陆某某、陆某某按份共有,其中倪陆某某、陆某某各享有50%的份额。

【裁判理由】

法院生效裁判认为:陆某某与倪某某达成的离婚协议涉及多方面内容,这些内容互为前提,构成一个整体,其中关于诉争房屋的处理又构成向倪陆某某履行的第三人条款。基于债的相对性原理,该第三人条款并非在陆某某与倪陆某某之间形成赠与合同关系,而属于利他合同的范畴,因此,陆某某所谓在诉争房屋权利转移前可任意撤销赠与的主张,不能成立。倪陆某某作为离婚协议利他条款的利益第三人,有权依据离婚协议的约定要求陆某某履行相应义务,即陆某某应当配合倪陆某某办理产权变更登记手续,将诉争房屋登记为倪陆某某、陆某某按份共有,双方各享有50%的份额。

第二十一条 【离婚经济补偿的认定和处理】离婚诉讼中,夫妻一方有证据证明在婚姻关系存续期间因抚育子女、照料老年人、协助另一方工作等负担较多义务,依据民法典第一千零八十八条规定请求另一方给予补偿的,人民法院可以综合考虑负担相应义务投入的时间、精力和对双方的影响以及

给付方负担能力、当地居民人均可支配收入等因素,确定补偿数额。

【编者观点】

一、例外情形下对家务劳动价值进行补偿

依据文义,若夫妻一方只要负担较多义务的,离婚时无论分割得到多少夫妻共有财产,均有权额外请求另一方予以补偿。一方面,这无异于将共同财产的分割与家务劳动的评价完全脱离,重复计算了家务劳动的价值,不符合本条的规范意旨;另一方面,若制度导向是精准计算家务劳动总量及双方承担的比例,会陷入由司法对家庭贡献进行实质性评价的歧途,婚姻共同体本应是相互奉献、支持,彼此牺牲、妥协且受益的关系,对双方日常生活中的付出和抉择进行精确计算,无异于消解了婚姻家庭共同体赖以存在的基石。有鉴于此,在共同财产制下,原则上不对家务劳动贡献方的家务劳动价值进行补偿。只有在符合“离婚时通过分割夫妻共同财产不能得到适当补偿的”例外情形下才适用《民法典》第1088条,使离婚经济补偿制度与共同财产制相衔接。

例外予以补偿的构成要件可以设立为“离婚时可供分割的共同财产数额较少”以及“家务劳动贡献方在婚姻存续期间未从他方收入中获取必要收益”,囊括实践中离婚时夫妻无共同财产、夫妻双方因外出打工或感情不和等原因长期异地分居且未负担家庭开支、一方将收入挥霍于个人消费、双薪制下夫妻一方主要负担了家务劳动等情形。另外,用夫妻共同财产供一方深造或培训,一方因此获得的学位文凭、技术职称、职业证书等无形资产并未计入夫妻共同财产,使得这类由夫妻共同财产转化而来的无形资产成了一方的个人财产,离婚时也无法分割,通过经济补偿制度无疑可以在一定程度上减少这一不公平现象。

二、对“负担较多义务”或“特定牺牲决策”致使收入能力损失的补偿

应当对本条“等负担较多义务”采广义解释,如“协助另一方工作”,并非专指法定义务,包括因“抚养子女、照料老年人”为代表的家务劳动所作出的特定牺牲决策,以及因“协助另一方工作等”非家务劳动范畴作出的特定牺牲决策两种类型。

特定的牺牲决策要求在后果层面造成该方未来收入能力的损失。例如夫妻一方因育儿或养老等家务劳动,辞去工作、拒绝了收入更丰厚的工作机会、拒绝了岗位晋升机会、选择了收入低但工作量小的工作、延迟或取消了可以提升未来收入的进修计划,以及非因家务劳动,而是为了配合另一方工作而迁移至某地,放弃了原工作机会或潜在就业岗位。

特定的牺牲决策要求在“家庭利益最大化”层面具有正当合理性。如果仅

仅只是牺牲自己的闲暇时间用于育儿或养老,则不应认为存在特定的牺牲决策,只有在符合前文所述的例外情形,才能主张针对家务劳动价值本身要求补偿。如果是在不存在育儿或养老的负担的情况下,比如无孩家庭中,夫妻一方退出就业市场担当家庭主妇,可能仅仅是出于个人生活方式的偏好,在家庭利益最大化层面不具有正当合理性,不应予以补偿。成年人只有存在特殊需要如生病、年老或残疾时,配偶一方完全或部分退出劳动力市场以满足他们的需要,进而发生补偿的主张才被认为是适当的。

判断是否符合"家庭利益最大化"标准时,考虑到婚姻家庭并非一个完全依照"经济理性"进行决策的共同体,需要平衡家庭的短期收益与长远收益,以及情感和伦理因素对行为决策的导向作用。例如鉴于目前中国一线城市家长对子女教育的重视程度,如果子女升学构成了夫妻婚姻生活至关重要的目的,并且夫妻双方对此有相同的意愿倾向,则夫妻一方即便辞职照料临近升学的子女,导致家庭总收入的下降和自身人力资源价值的减损,也应当认定为符合家庭利益最大化的判断标准。

三、补偿数额的认定和计算

因家务劳动价值在离婚时通过分割夫妻共同财产不能得到适当补偿的例外情形下,对家务劳动贡献方进行补偿时,补偿数额可以根据当地同种类家政服务的市场价值为参照标准,结合婚姻存续时间以及育儿或养老期限,在个案中根据具体事实进行利益评判。本条明确规定了补偿数额的确定方式,即"法院可以综合考虑负担相应义务投入的时间、精力和对双方的影响以及给付方负担能力、当地居民人均可支配收入等因素,确定补偿数额。"

在前《民法典》时代,司法实践中根据《婚姻法》第40条作出的支持离婚经济补偿主张的判决,补偿金额通常在5000—50000元区间内。《民法典》时代,具有实操性的补偿标准仍然应当围绕着"特定牺牲决策"展开,因为特定牺牲决策所带来的收入能力损失相对容易计算和识别。可以对比家务劳动贡献方作出特定牺牲决策前后的收入能力进行判定,比如辞职之前的收入、放弃更好的工作岗位的收入与现有收入之差等。在补偿数额的计算上,还可以参考类似教育背景、职业背景人士现阶段平均收入等官方统计资料。

另外,婚姻存续期间一方负担的家务劳动往往并未因离婚而终止,例如直接抚养子女的一方仍然需要继续付出家务劳动或作出特定牺牲决策。相较于离婚经济补偿制度,该问题可以放在子女抚养费的框架下处理,子女抚养费源于父母对未成年子女的抚养教育义务,该义务不因夫妻双方婚姻关系的解除而受到影响。因"生病、多病、残疾或者两个及以上子女"等"子女的实际需要",直接抚养人付出了更多的家务劳动甚至作出特定牺牲决策,由此造成的收入损失,可以作为影响抚养费数额的因素一并计算进“子女的实际需要”。

【相关立法】

《中华人民共和国民法典》(2021年1月1日施行)

第一千零八十八条 夫妻一方因抚育子女、照料老年人、协助另一方工作等负担较多义务的,离婚时有权向另一方请求补偿,另一方应当给予补偿。具体办法由双方协议;协议不成的,由人民法院判决。

【法院参考案例】

林某诉陈某离婚案——《民法典》实施后离婚经济补偿制度的法律适用及认定标准(《中国法院2022年度案例·婚姻家庭与继承纠纷》)

【基本案情】

陈某与林某于1993年10月18日在北京市朝阳区登记结婚。婚后于1996年11月25日育有一子陈某睿。北京大学第六医院对陈某睿进行检查韦氏智力测验,检测结果为:属重度智力低下;患者不能正常交流与沟通。陈某晴出生于2011年11月10日,系社会福利机构抚养的儿童,于2014年4月30日由陈某之姊陈某丽收养,并办理收养登记,实际由陈某、林某进行抚养。陈某年工资收入342600元。林某现无工作,每月收取房屋租金6000元,陈某公积金每月4000元在其手中,另外其母亲和姐姐会贴补其一些费用。

另查,夫妻共同财产如下:(1)北京市朝阳区某街道1331号房屋(以下简称1331号房屋),要求房屋归陈某,陈某给付林某折价款。(2)牌号京××沃尔沃牌小汽车,要求车辆归陈某,陈某给付林某折价款。(3)北京市朝阳区103号房屋(以下简称103号房屋)中属于陈某的50%份额归林某所有,不同意给付陈某折价款。

林某另提出如下诉讼请求:(1)林某称其在婚姻期间对家庭付出较多,要求陈某补偿其200万元。(2)林某另称其未来生活困难,要求陈某补偿其未来20年的生活费861660元。(3)林某还称陈某存在家暴、出轨、虐待和遗弃子女的行为,要求陈某赔偿其精神赔偿金10万元。陈某对林某上述主张均不同意。

【案件焦点】

陈某应否给予林某补偿款。

【裁判要旨】

北京市朝阳区人民法院认为:婚姻的建立与维系应以夫妻感情为基础,现双方均同意离婚,法院认为双方夫妻感情确已破裂,故准许双方离婚。关于陈某晴的抚养问题,由于陈某晴长期跟随陈某、林某共同生活,陈某、林某事实上对陈某晴负担抚养义务,现陈某、林某离婚,客观上增加了林某抚养的负担,陈某应给予补偿，法院根据陈某晴现阶段的生活教育情况，结合陈某的收入状况及其他抚养负担，酌定陈某每月支付陈某晴抚养费4000元至陈某晴年满18周岁止。林某以其为家庭付出较多为由要求陈某补偿其200万元，法院不予支持，理由如下：首先，夫妻之间家庭分工不同，各自对家庭的贡献方式存在差别，个人付出难以量化，林某固然在对子女的日常生活照料上付出更多，但也不能否定陈某对家庭的贡献。其次，家庭付出的多少并非法律上要求对方给予补偿的理由。林某以未来生活困难为由要求陈某补偿其未来20年的生活费，缺乏法律依据，法院不予支持。根据我国《婚姻法》规定，离婚时，如一方生活困难，另一方应从住房等个人财产中给予适当帮助；具体办法由双方协议；协议不成时，由人民法院判决。林某现阶段未参加工作，独自照料两个孩子，收入来源较陈某存在很大不足，法院在分割夫妻共同财产时本着离婚时对生活困难一方适当帮助的有关规定，另结合照顾子女和女方权益的原则予以考虑。关于夫妻共同财产分割，法院结合案件查明事实予以处理。

北京市朝阳区人民法院判决如下：(1)准予陈某与林某离婚；(2)在陈某晴由林某实际抚养期间，陈某自2010年12月起每月向林某支付陈某晴抚养费4000元至陈某晴年满18周岁止；(3)北京市朝阳区1331号房屋归林某所有，该房屋剩余按揭贷款由林某负责偿还，陈某予以配合，房屋权属转移登记手续可待抵押登记注销后另行办理，林某于判决生效后30日内补偿陈某房屋折价款500万元；(4)牌号为京××的沃尔沃牌小汽车归林某所有，林某于判决生效后30日内给付陈某折价款6万元；(5)北京市朝阳区103号房屋原由陈某享有的50%份额分别由陈某享有25%、由林某享有25%；(6)陈某于判决生效后30日内补偿林某40万元；(7)驳回陈某的其他诉讼请求。

陈某不服一审判决，提出上诉。北京市第三中级人民法院经审理认为：陈某与林某夫妻感情确已破裂，原审法院据此判决离婚，双方均无异议，本院予以维持。关于陈某晴的收养问题以及其他子女抚养问题。根据双方陈述情况以及陈某睿的身体原因，可以认定陈某、林某曾存在与陈某晴共同生活的意思表示，实际上陈某晴多年来亦是由二人照顾。现林某在本案中表示愿意继续与孩子共同生活，在林某实际抚养陈某晴期间，陈某应当承担部分抚养费，原审法院所判数额适当，本院予以维持。关于婚后房产的分割以及其他共同财产的处理，原审法院综合考量本案实际，处理较为妥当，本院予以维持。关于林某应否获得经济补偿的问题。本案中因陈某睿患病长期就医，家庭负担较为沉重，结合双方在承担家庭义务所付出的时间成本、精力成本以及获得的效益等多方面因素进行综合衡量,林某照顾孩子起居就医等时间较长,付出较多,可以认定已经达到了法律规定主张经济补偿的标准。原审法院对此认定不当,本院予以纠正。此外,原审法院认为根据离婚时给予生活困难一方适当帮助的原则,应对林某给予一定经济补偿,亦符合案件实际,本院予以维持。北京市第三中级人民法院依照《民事诉讼法》第170条第1款第1项之规定,作出如下判决:驳回上诉,维持原判。

第二十二条 【离婚经济帮助的处理】离婚诉讼中,一方存在年老、残疾、重病等生活困难情形,依据民法典第一千零九十条规定请求有负担能力的另一方给予适当帮助的,人民法院可以根据当事人请求,结合另一方财产状况,依法予以支持。

【司法解释·注释】①

离婚经济帮助是古今中外法治文明的重要体现。1950年《婚姻法》就规定了离婚经济帮助制度。此后的《婚姻法》和《民法典》均延续该项制度。离婚经济帮助不是劫富济贫或均贫富,而是体现社会主义核心价值观中"友善"的必然要求。离婚经济帮助制度的适用需要满足4个条件:

第一,判断时点为离婚之时。一方生活困难必须是在离婚时已经存在的困难,而不是离婚后任何时间所发生的困难都可以要求帮助。因此,本条明确是在"离婚诉讼中"。一方如果在离婚判决后提出经济帮助,人民法院则不会受理。这就排除了部分别有用心之人在离婚后大肆挥霍财产最终身无分文,并要求前配偶提供经济帮助之可能。

第二,受帮助的一方生活确有困难。其生活困难是指依靠分得的夫妻共同财产和个人财产仍不能维持合理生活水平。现实生活中,夫妻双方在离婚时一般会通过分割夫妻共同财产获得一定数额的财产,即使是婚姻过错方,一般也不会达到"净身出户"之程度。即使未分割到夫妻共同财产,如果其有退休金、失业保险金、社会救助金等社会保障,应已达到满足基本生活之需要,对方也无须给予离婚经济帮助。因而离婚经济帮助的对象实则是不仅没有生活来源,同时因为年老、重病、残疾等丧失了劳动能力之群体。

第三,提供帮助的一方应有负担能力。即在满足自己的合理生活需要后仍有剩余。这就意味着,如果离婚双方

① 参见陈宜芳、吴景丽、王丹:《〈关于适用民法典婚姻家庭编的解释(二)〉的理解与适用》,载《人民司法·应用》2025年第3期。

均只能维持一般的生活水平，也不需要向对方提供经济帮助。对此，本条也明确是“有负担能力的另一方”。

第四，时间限制。离婚经济帮助，不是夫妻扶养义务的延续，而是解除婚姻关系时的一种善后措施，因此，只能是暂时的帮助，这是该制度的应有之义，也是审判实践的通常做法。而且，如果接受帮助的一方已经再婚或与他人同居生活等，帮助也应予以终止。考虑到实践中生活困难的重要方面是无房居住，为落实《民法典》该项制度，统一法律适用，《民法典婚姻家庭编解释（二）》“征求意见稿”明确了具体的帮助形式。该条向社会征求意见过程中，不少意见对离婚经济帮助制度有一定程度的误读。考虑到房屋价值较大，实践中也需要考虑有负担能力一方的后续生活等，《民法典婚姻家庭编解释（二）》对具体帮助形式不再作规定，实践中可以根据个案情况妥善处理。下一步将继续总结审判实践经验，通过发布典型案例等方式加强监督指导。

【编者观点】

本条相较于原《婚姻法解释（一）》第27条和《民法典婚姻家庭编解释（二）》“征求意见稿”第20条，删除了“无法维持当地基本生活水平”这一经济帮助的适用条件和标准以及涉及裁判设立居住权等住房帮助的内容。

《民法典》将因家庭分工导致的一方谋生能力下降纳入离婚经济补偿的救济范畴后，对离婚经济帮助的性质，保障生活困难方的基于生存权益不因离婚而受到损害，将夫妻间法定扶养义务在一定条件下延续到离婚后的理论依据，是认为生存权是自然人享有的维持正常生活所必需的基本条件的权利，因而应获得法律倾斜性的保护，而倾斜保护往往对应着对低位阶权益的妥协容忍。离婚损害赔偿与离婚经济补偿两项制度原则上并行不悖，在损害赔偿以及经济补偿之后，再行判断赔偿金额或补偿金额与分割所得的共同财产相加之后，双方的客观状况是否仍满足《民法典》第1090条的“生活困难”以及“有负担能力”。如若原本“生活困难”的客观状况因损害赔偿或经济补偿而得以消解，则不能叠加适用离婚经济帮助制度。

对于“生活困难”有绝对困难和相对困难两套认定标准。赞成相对困难标准的观点认为，当前社会保障体系逐渐完备，最低生活保障覆盖率日益提升，若坚持绝对困难标准，会导致离婚经济帮助制度适用范围过窄，因而主张该制度的规范目的在于“维持生活水平不下降”。但是离婚后要求夫妻一方继续将另一方的生活水平维持在离婚前的状态，正当性何在？本条以及司法实践就“生活困难”采取了绝对困难标准，即夫妻一方因客观原因陷入困难，依靠个人财产和离婚时分得的财产无法维持当地基本生活水平。客观原因的具体情形包括一方有残疾或患有重大疾病,完全或大部分丧失劳动能力,又没有其他生活来源;一方因重大疾病需持续支付大额医疗费用;一方因客观原因失业且收入低于本市城镇居民最低生活保障线等。如果夫妻一方生活困难系其主观上好逸恶劳导致,不适用本条规定。

另一方"有负担能力",指夫妻一方有劳动能力和相应收入,满足自己的合理生活需要后有剩余。有裁判观点认为,即便夫妻双方均患有重疾,但一方收入水平明显高于另一方的,也可能负担适当帮助的义务;若夫妻双方均无劳动能力,但一方有子女照顾和赡养的,对长期患病且须租房生活的另一方同样负有适当帮助的义务。

离婚经济帮助的程度是"给予适当帮助",依据双方经济条件的变化,适当帮助的内容可以设定期限以及进行相应调整。例如给予帮助一方经济状况明显恶化、无力再履行帮助义务,可以请求减轻或免除自己的帮助义务;如果受助一方再婚或者能够通过自己的经济收入维持生活,则帮助义务消灭。有观点认为,离婚经济帮助具有高度人身性,给予帮助一方去世则离婚经济帮助义务消灭,无须考虑给予帮助一方是否有遗产。

【相关立法】

《中华人民共和国民法典》(2021年1月1日施行)

第一千零九十条 离婚时,如果一方生活困难,有负担能力的另一方应当给予适当帮助。具体办法由双方协议;协议不成的,由人民法院判决。

【法院参考案例】

1. 刘某与薛某某离婚纠纷案——离婚后,对生活困难一方进行经济帮助的条件及形式[《人民法院案例选》2016年第6辑(总第100辑)]

【裁判要点】

(1)一方当事人为家庭付出较多,离婚后,没有经济收入,没有住所,仍需抚养未成年子女的,属于生活困难者。

(2)离婚时,一方以个人财产中的住房对生活困难者进行帮助的形式,可以是房屋的居住权;关于房屋的居住期限,应结合案情具体情况具体分析。在不影响另一方生活的情况下,生活困难者可以居住至再婚时。

【基本案情】

法院经审理查明:原、被告经人介绍相识,于1992年3月9日登记结婚。结婚初期,感情尚可,于1993年3月30日生一男孩,取名刘某某,现大学在读。后因原告个人情感问题,双方发生矛盾,导致夫妻感情日趋恶化。1998年双方曾闹至要离婚,后感情一直未能缓和。2004年12月,原告离开青岛开发区至重庆居住生活,除期间偶有回来探视父母外,原、被告未在一起共同生活。2012年5月,原告曾起诉被告离婚,被一审法院判决不准予离婚。本次诉讼系原告第二次起诉离婚。

另查明,原告刘某婚前在原胶南市灵山卫镇王家港村有平房一处,2003年因峨眉山路拓宽,该房屋被拆迁,分得楼房两处,其中一处位于青岛市黄岛区王家港社区×号楼中单元×××室,另一处高层楼房至今尚未分配。被告母子二人一直居住在王家港社区×号楼中单元×××室中至今。原告提交的“王家港村峨眉山路拓宽拆迁户补偿明细”显示:2003年11月,被告薛某某从王家港社区居委会领取拆迁补偿30616元;2004年5月至2013年1月,被告薛某某或由其父亲代为领取拆迁过渡费共计58720元。该款项中,被告部分用于偿还原告债务2万元,其他用于家庭生活。双方无共同财产需要分割,无其他共同债权、债务。再查明,原、被告婚生子刘某某现读大学,无其他生活来源,每年学费3600元,每月仅吃饭的费用大约500元。

【裁判结果】

山东省青岛市黄岛区人民法院于2013年10月31日作出山东省青岛市黄岛区人民法院(2013)黄民初字第3736号民事判决:(1)准予原告刘某与被告薛某某离婚;(2)原告刘某自2013年1月起每月支付原、被告婚生子刘某某抚养费600元,每年支付刘某某学费的一半,至刘某某自立时止;(3)原、被告离婚后,被告薛某某可在位于青岛市黄岛区王家港社区×号楼中单元×××室居住至其再婚时止;(4)驳回原、被告的其他诉讼请求。案件受理费50元(原告已预交),由原告负担。宣判后,原告刘某提出上诉。山东省青岛市中级人民法院于2014年4月17日作出(2014)青民五终字第106号民事判决:驳回上诉,维持原判。

【裁判理由】

法院生效裁判认为:上诉人刘某与被上诉人薛某某夫妻感情确已破裂,双方均同意离婚,原审法院解除双方的婚姻关系于法有据,应予支持。关于本案二审争议的焦点:原审法院判决上诉人为被上诉人提供经济补助的方式是否符合法律规定。法院认为,上诉人与被上诉人因感情不和分居期间,系被上诉人独立抚养子女,支撑整个家庭。期间上诉人仅邮寄过2000元生活费用于刘某某的生活。目前,被上诉人没有固定工作,也没有自己的住房,仍需要继续负担刘某某上大学期间的相关费用,属于婚姻法司法解释中所称的“生活困难”的情形。被上诉人要求上诉人给予经济帮助,符合《婚姻法》的相关规定,法院予以支持。关于经济帮助的方式,法院认为,鉴于上诉人婚前房屋拆迁后可获得两处房屋,上诉人完全有条件将其中一处房屋提供给被上诉人及儿子刘某某居住,直至被上诉人再婚时。综上,原审判决上诉人为被上诉人提供经济帮助的方式并无不当。上诉人的上诉主张不成立,法院不予支持。原审判决认定事实清楚,适用法律适当,应予维持。

2. 毕某诉沈某某离婚案——农村房屋上可为离婚妇女设立居住权(《中国法院 2023 年度案例·婚姻家庭与继承纠纷》)

【基本案情】

毕某和沈某某在外出打工时相识,后毕某从贵州远嫁至启东,双方婚初感情尚可并育有一子,婚后一家三口及沈某某的父母共同居住在沈某某婚前自建的农村房屋中。近年来,沈某某在和朋友交往中染上赌博恶习,将家中原有的积蓄尽数输光;自 2018 年起,沈某某为躲避债务离家出走,至今下落不明。毕某曾于 2019 年向法院起诉要求离婚,后经法院判决不准离婚;2021 年,毕某再次向法院起诉要求离婚,并同时以抚育、陪伴孩子上学为由请求法院判令其与婚生子对沈某某的婚前自建农村房屋享有居住权。

【案件焦点】

法院能否为离婚妇女在农村房屋上设立居住权。

【裁判理由及结果】

江苏省启东市人民法院经审理认为:毕某在启东市没有其他固定住房,沈某某离家出走,多年不履行照顾妻儿的义务,且其妻儿继续维持居住现状不会加重沈某某的经济负担。《民法典》第 1090 条规定,“离婚时,如果一方生活困难,有负担能力的另一方应当给予适当帮助”,现毕某以抚育子女上学为由,请求法院判令其与婚生子对沈某某农村自建的房屋享有居住权,法院予以支持。法院判决毕某与婚生子对沈某某农村自建房屋享有居住权,并明确居住范围及居住期限。判决后,双方当事人均未上诉,本判决现已生效。

第二十三条 【施行日期】本解释自 2025 年 2 月 1 日起施行。

附录四

《最高人民法院关于适用〈中华人民共和国民法典〉继承编的解释(一)》注释

一、一般规定

第一条 【继承开始时间的确定】继承从被继承人生理死亡或者被宣告死亡时开始。

宣告死亡的,根据民法典第四十八条规定确定的死亡日期,为继承开始的时间。

【司法解释·注释】

本条将死亡证明记载的时间作为判断自然人死亡时间的最基本的依据。死亡证明主要包括:(1)自然人死于医疗单位的,由医疗单位出具死亡医学证明书;(2)自然人正常死亡但无法取得医院出具的死亡医学证明书的,由社区、村(居)委会或者基层卫生医疗机构出具证明;(3)自然人非正常死亡或者卫生部门不能确定是否属于正常死亡的,由公安司法部门出具死亡证明;(4)死亡的自然人已经火化的,殡葬部门出具火化证明。

死亡登记,是指自然人死亡后,户主、亲属等在规定的时间内向公安机关申报死亡登记,注销户口。根据《户口登记条例》第8条的规定,自然人死亡,城市在葬前,农村在1个月以内,由户主、亲属、抚养人或者邻居向户口登记机关申报死亡登记,注销户口。

宣告死亡仅仅是在法律上的死亡,而实际是否死亡并不能确定,所以又称为拟制死亡或者推定死亡。当自然人失踪期间达到一定长度时,依社会共同生活经验判断,其生还的可能性已经微乎其微。此时相对人的利益,尤其是配偶的再婚利益、继承人的继承利益,应优先于失踪人的利益保护。故民法设定宣告死亡制度,同时又规定当被宣告死亡的自然人并未死亡时,允许撤销死亡宣告。

【相关立法】

1.《中华人民共和国民法典》(2021年1月1日施行)

第十五条 自然人的出生时间和死亡时间,以出生证明、死亡证明记载的时间为准;没有出生证明、死亡证明的,以户籍登记或者其他有效身份登记记载的时间为准。有其他证据足以推翻以上记载时间的,以该证据证明的时间为准。

第四十六条 自然人有下列情形之一的,利害关系人可以向人民法院申请宣告该自然人死亡:

(一)下落不明满四年;

(二)因意外事件,下落不明满二年。

因意外事件下落不明,经有关机关证明该自然人不可能生存的,申请宣告死亡不受二年时间的限制。

第四十八条 被宣告死亡的人,人民法院宣告死亡的判决作出之日视为其死亡的日期;因意外事件下落不明宣告死亡的,意外事件发生之日视为其死亡的日期。

第五十条 被宣告死亡的人重新出现,经本人或者利害关系人申请,人民法院应当撤销死亡宣告。

第五十三条 被撤销死亡宣告的人有权请求依照本法第六编取得其财产的民事主体返还财产;无法返还的,应当给予适当补偿。

利害关系人隐瞒真实情况,致使他人被宣告死亡而取得其财产的,除应当返还财产外,还应当对由此造成的损失承担赔偿责任。

2.《中华人民共和国保险法》(2015年修正,2015年4月24日施行)

第四十二条 被保险人死亡后,有下列情形之一的,保险金作为被保险人的遗产,由保险人依照《中华人民共和国继承法》的规定履行给付保险金的义务:

(一)没有指定受益人,或者受益人指定不明无法确定的;

(二)受益人先于被保险人死亡,没有其他受益人的;

(三)受益人依法丧失受益权或者放弃受益权,没有其他受益人的。

受益人与被保险人在同一事件中死亡,且不能确定死亡先后顺序的,推定受益人死亡在先。

第二条 【被继承人尚未取得承包收益时其继承人对承包投入及增值和孳息的继承】 承包人死亡时尚未取得承包收益的,可以将死者生前对承包所投入的资金和所付出的劳动及其增值和孳息,由发包单位或者接续承包合同的人合理折价、补偿。其价额作为遗产。

【司法解释·注释】

承包经营权能否继承具有争议,很大程度上是因为该权利在一定程度上兼具财产和人身双重属性,有别于传统民法上纯粹的财产权。但承包收益,即承包人按照承包合同的约定,开展承包经营活动所获得的利益,属于承包人所取得的合法财产，与其通过其他方式取得的合法财产并无本质不同，在承包者死亡时，自然应纳入其遗产范围。

在承包经营中，从承包人投入资金、付出劳动，到取得承包收益往往需要经过较长时间，林地承包、“四荒地”承包经营中这一特点更为明显。在被继承人尚未取得承包收益就已身故的情况下，发包单位或者接续承包合同的人对被继承人生前对承包所投入的资金和所付出的劳动及其增值和孳息理应折价、补偿，且该折价、补偿并不涉及人身专属性问题，当然属于被继承人死亡时遗留的合法财产。如果被继承人是作为家庭全体成员的代表承包经营，则死者生前以其个人名义对承包所投入的资金和所付出的劳动及其增值和孳息所获得的折价、补偿，与承包收益一样，也属于家庭共有财产，应当先分割共有财产，属于被继承人的那一部分财产方为遗产。

由发包单位或者接续承包的人合理折价、补偿，并不意味着二者都必然负有相应义务或者二者应当对折价、补偿承担连带责任。在没有其他人接续承包的情况下，承包人生前所投入的资金及其孳息、物化在承包标的物中的劳务以及承包标的物的增值实际都由发包单位所取得，发包单位获得利益且缺乏法律根据，构成不当得利，因此发包单位应当予以合理折价、补偿。在有其他人接续承包的情况下，如果发包单位与接续承包人约定由接续承包人折价、补偿，则接续承包人亦负有相应义务；如果发包单位与接续承包人对此无明确约定，由于死者投入的资金和所付出的劳动及其增值和孳息由接续承包人实际享有，由接续承包人折价、补偿也具有合理性。

对于林地承包经营权和通过招标、拍卖、公开协商等方式取得的土地承包经营权（实践中多为“四荒地”承包经营权），作为承包人的被继承人死亡的，在承包期内，其继承人可以继续承包。林地承包经营具有长期性、投资大、收益获得慢、风险大的特征，承包期为 30 年至 70 年，承包期届满后依照前述规定相应延长。因此，在林地承包合同履行期限内，承包方死亡的情况是现实存在的。如果不允许承包方的继承人享有继续承包权，很可能损害承包方基于合同履行取得的收益，不利于鼓励林地承包经营形式，还可能出现滥砍滥伐，破坏生态环境的情况。

【编者观点】

一、土地承包经营权的继承问题

我国现行法规范对于家庭承包方式设立的土地承包经营权的继承问题，《继承法》第 4 条规定：“个人承包应得的个人收益，依照本法规定继承。个人承包，依照法律允许由继承人继续承包的，按照承包合同办理。”该条并未被吸纳进《民法典》。现行立法回避了承包经营权本身能否继承的问题，造成了

“有意的制度模糊”和解释空间,实践中通过地方法规、立法释义与司法裁判等方式进行补全,在规范适用层面存在诸多矛盾和冲突,需要基于立法规范从法的内部构造层面进行解释协调,同时通过引入社会实证与价值判断因素,从法政策层面对规范的实质合理性进行考量论证。

土地承包经营权形式上的主体虽为“农户”,但实质意义上的主体是农户内部成员;承包经营权的法律性质属于具备“集体身份属性”的财产权利,并无“人身专属性”特征,因而可作为遗产得到继承;继承作为承包经营权的一种流转方式,在涉及继承人范围限制的问题上,一种可行的解释路径是交由集体区分情形进行规制:集体内部成员以继承人身份继承时“报发包方备案”,而集体成员之外的继承人继承时需要“发包方同意”这一限制条件;对于立法上“继续承包”的表述,既可从物权的角度解释为土地承包经营权因继承而发生物权变动,也可从债法的角度解释为继承人概括继受了承包合同中的债权债务,两种解释结合在一起,使“继续承包”具备了“继承”的法律内涵。

法政策层面的考量得出以下见解:“变账不变地”是实践中继承土地承包经营权“份额”的变通做法,也符合以户为单位承包经营土地的立法思路,但并未涉及和解决“绝户”时承包经营权的继承问题,在实践中容易导致诸多实质不合理的结果,继承的最佳时间点应该在每个农户成员死亡之时而非“绝户”这一刻;在经济层面上,允许土地承包经营权的继承,会产生地权稳定性效应从而显著提高农民的生产效率以及对于土地长期投资的激励作用;从否定转变为肯定经营权的继承性,也体现了国家、基层政权与村社共同体三者之间利益和治理关系的变迁,以及国家针对乡村治理方式的改变;现阶段把继承人范围限定在集体内部成员的思路和做法,反映了土地承包经营权上呈现的社会保障功能与市场机能的冲突,解决途径是区分初始分配与自由流转两个阶段,在初始分配时按保障需求平等配置土地承包经营权,在流转阶段依照市场规则和私权理念促进土地承包经营权的自由移转,在此区分基础上不应再限定继承人范围;关于多子继承导致的农地零碎化问题,可能的应对措施是各集体划分土地承包经营权的最小耕作单位,在“最小耕作单位”的承包经营权上采用“单嗣继承制”,同时处理好继承的优先顺位、遗产继承额的均衡以及对未获得经营权的继承人的补偿等问题。

二、宅基地使用权的继承问题

规范法源层面,《继承法》第3条对“遗产范围”采取“正面概括加列举”模式,规定“遗产是公民死亡时遗留的个人合法财产”,并列举遗产的主要形态如房屋、生产资料以及其他合法财产等,但并未列明宅基地使用权是否属于继承标的。《物权法》对该问题也未置可否，第153条将宅基地使用权的取得、行使和转让问题转介于《土地管理法》等特别法和国家有关规定。2019年修正的《土地管理法》涉及宅基地的第62条同样保持了缄默。《民法典》物权编有关宅基地的内容基本照搬自《物权法》，未作实质变动。继承编第1122条则放弃了《继承法》第3条正面列举遗产范围的方式，改采“正面概括加反面排除”模式，但仍未解决宅基地使用权继承问题，只是将问题转换为宅基地使用权是否属于个人财产以及是否符合“依照法律规定或者其性质不得继承”这一反面排除规范。对此，全国人大法工委撰写的释义认为，宅基地使用权的主体以户为单位，相关权益属于家庭共有而非属于个人。最高人民法院撰写的释义则认为，尚未建有房屋的宅基地使用权属于依据法律规定不能继承的财产权利，但并未列明具体的法律规定；建有房屋的宅基地基于“地随房走”的原则，宅基地使用权在房屋被继承时随之转移。

准规范法源层面，土地管理部门对于宅基地使用权继承的效力予以相当程度的认可。1989年原国家土地管理局《关于确定土地权属问题的若干意见》第34条规定：“通过房屋继承取得的宅基地，继承者拥有使用权。若继承者已有宅基地，合计面积超过规定标准的，可以暂时按实际使用面积确定其集体土地建设用地使用权。”1995年原国家土地管理局《确定土地所有权和使用权的若干规定》第49条规定，“继承房屋取得的宅基地，可确定集体土地建设用地使用权”。2008年国土资源部《关于进一步加快宅基地使用权登记发证工作的通知》规定，“除继承外，农村村民一户申请第二宗宅基地使用权登记的，不予受理”。反面推知，因继承取得的第二宗宅基地使用权可以进行登记。2011年国土资源部、中央农村工作领导小组办公室、财政部、农业部《关于农村集体土地确权登记发证的若干意见》规定，“已拥有一处宅基地的本农民集体成员、非本农民集体成员的农村或城镇居民，因继承房屋占用农村宅基地的，可按规定登记发证，在《集体土地使用证》记事栏应注记‘该权利人为本农民集体原成员住宅的合法继承人’”。有学者认为，该做法只是被动确认了非集体成员在房屋存续期内占有使用宅基地的权利，并非承认了宅基地使用权可继承，其权能效力与正常的宅基地使用权存在重大差异。

2016年国土资源部《不动产登记操作规范（试行）》第10.3.1—10.3.5条规定，依法继承的已经登记的宅基地使用权及房屋所有权，可由权利人单方申请转移登记，“不动产登记机构在审核过程中应注意要点包括受让方为本集体经济组织的成员且符合宅基地申请条件，但因继承房屋等导致宅基地使用权及房屋所有权发生转移的除外”，“已拥有一处宅基地的本集体经济组织成员、非集体经济组织成员的农村或城镇居民,因继承取得宅基地使用权及房屋所有权的,在不动产权属证书附记栏记载该权利人为本农民集体原成员住宅的合法继承人”。部分地方高院的纪要、解答,以及地方政府的政策文件对宅基地使用权继承问题也进行了规定,态度不一而足。自然资源部于2020年9月9日对十三届全国人大三次会议第3226号建议作出答复,明确“农民的宅基地使用权可以依法由城镇户籍的子女继承并办理不动产登记”。理由是,“根据《继承法》规定,被继承人的房屋作为其遗产由继承人继承,按照房地一体原则,继承人继承取得房屋所有权和宅基地使用权,农村宅基地不能被单独继承。《不动产登记操作规范(试行)》明确规定,非本农村集体经济组织成员(含城镇居民),因继承房屋占用宅基地的,可按相关规定办理确权登记,在不动产登记簿及证书附记栏注记‘该权利人为本农民集体经济组织原成员住宅的合法继承人’”。可谓有限承认了建有房屋的宅基地使用权在房地一体原则下可以被继承,这是目前最新且级别最高的肯定宅基地使用权继承的准规范法源。

针对宅基地使用权能否继承,司法实务中面临的问题更为细碎复杂,大致可分为肯定与否定两类裁判意见。持否定立场的裁判意见的否定理由可细分为几种情形:第一种情形否认宅基地使用权属于个人财产,认为宅基地是分配给以户为单位家庭集体成员共同使用,当一户出现人口减少,宅基地仍是由一户中剩余的成员共同使用,当户内最后一个集体成员死亡时,宅基地应由集体收回。第二种情形虽承认宅基地使用权属于个人财产,但否认宅基地使用权属于遗产,认为宅基地使用权作为一项特殊的用益物权,与集体经济组织成员资格紧密相关,因死亡而消灭;或者仅仅否认未建有房屋的宅基地使用权属于遗产。第三种情形同样根据宅基地上是否建有房屋进行区分处理,没有建筑物的宅基地使用权不能继承。尤其是当继承人已有宅基地的情况下,即继承人不符合申请分配宅基地的前提条件时,不能单独继承宅基地使用权。第四种情形根据继承人身份进行区分处理,否认非本集体成员的部分继承人继承宅基地使用权及地上房屋的权利。第五种情形认为当享有宅基地使用权的村民死亡,其宅基地使用权并不当然由该村民的继承人继承,而应根据法定程序进行申报、审核和批准。

持肯定立场的裁判意见往往附加了相关条件进行区分处理。续接第三种情形,第六种情形认可了房地一体原则下房屋依附于宅基地之上,房屋所有权与宅基地使用权具有不可分割性。无论继承人户口是否迁出,是否有其他宅基地,其对房屋及所依附宅基地享有一体继承权。但同样基于房地一体原则,对通过继承房屋实际取得的宅基地使用权施以各种限制条件,有建筑物的宅基地使用权的继承只限于宅基地上建筑物存续期间,不得对原有房屋进行翻建、重建,或者只能使用该房屋和加以必要的维护,如房屋灭失或一经拆除,就失去了重新建造的权利,宅基地使用权收归集体。当房屋被依法征收时,其占用的宅基地或宅基地使用权补偿款应同时被村集体收回。续接第四种情形,第七种情形肯定了非本农民集体成员的城镇居民可继承农村集体土地上房屋,并取得宅基地使用权,应当按规定登记发证,权利受侵犯时可提行政诉讼。第八种情形认为《土地管理法》中“一户一宅”限制并不能用来作为申请继承房屋土地使用权的限制,农村村民依继承享有两处宅基地。无论继承人户口是否迁出以及是否有其他宅基地,其对房屋及所依附宅基地享有一体继承权。对于实践中因继承等原因存在“一户多宅”现象,不能简单地一撤了之。

裁判分歧可以归纳为以下问题:首先,宅基地使用权的主体和权利性质,涉及宅基地使用权是否属于个人财产;其次,继承人身份的影响,涉及非本集体组织成员可否继承;再次,房地一体原则的影响,涉及可否通过继承房屋而取得宅基地使用权;最后,一户一宅原则的面积限制对宅基地使用权继承是否产生影响。

我国农村集体土地所有权糅合了公法层面的治理功能、生存保障功能以及私法层面的市场化私权功能,是具备三重功能属性的集合体。宅基地使用权的生存保障功能,并非其作为用益物权的固有功能,而是集体土地所有权的生存保障功能经由宅基地使用权这一形式得以实现。在我国社会保障体系尚且无法完全覆盖广大农村地区的现实前提下,农村集体土地所有权对其成员提供的生存保障内容包括“耕者有其田”和“居者有其屋”两个基本面。土地承包经营权解决了农民的衣食来源,宅基地使用权解决了农民的居住问题。宅基地使用权作为农民基于集体成员身份而享有的生存保障工具,这一价值预设体现为取得及流转的身份限制、面积限制、无期限且无偿等制度构造。

宅基地使用权的取得和转让均以主体具有本集体经济组织成员身份为前提。宅基地使用权人的处分权严格受限,仅被允许在本集体内部随同房屋所有权一同流转,不得向非本集体成员流转或抵押。随着我国房地产市场的发展,原国土资源部多次发文,严禁城镇居民在农村购置宅基地,严禁为城镇居民在农村购买和违法建造的住宅办理宅基地使用权登记。非本集体成员唯一取得宅基地使用权的途径,是通过继承房屋而取得房屋占用范围内的宅基地使用权,近年来继承所占69.9%的比例已经远远超过通过申请审批获得宅基地的比例,成为宅基地使用权最主要的取得方式。

《土地管理法》对宅基地使用权人的表述为农村村民及本集体经济组织

成员。集体经济组织成员资格的认定，可借鉴承包地征收补偿费用分配纠纷的资格认定标准，综合当事人生产生活状况、户口登记状况以及农村土地对农民的基本生活保障功能等因素。以本集体土地为生活保障和与本集体经济组织形成权利义务关系这两者为实质性评判标准，并由集体经济组织以自治方式通过合理程序认定，形成本集体成员资格认定的复合标准。

虽然宅基地使用权登记时权利人一栏记载的是村民个人而非农户，但实务运作中是基于一户一宅原则以户为单位配置宅基地，村民人数仅仅影响宅基地的面积，不决定宅基地的块数。一户一宅中的“户”不完全等同于农村承包经营户，而是指以血缘、婚姻关系为纽带、以共同生活为基础的自然户，内部关系适用共有规则。因分户、户口迁出等原因导致户内人数减少的，应核减宅基地面积，面积因建筑物等原因无法核减的，应减少新申请户的宅基地面积。为了避免宅基地使用权主体与房屋所有权主体不一致带来的弊端，以对建房有贡献的宅基地使用权申请人为宅基地使用权原始取得的权利主体更为适宜。

宅基地“三权分置”改革方案中的宅基地资格权再次强调了权利人的身份限制。享有宅基地资格权的主体包括：原始、新迁入以及新分户的未分配宅基地的本集体成员户；宅基地面积低于法定标准的本集体成员户，享有对剩余法定面积的宅基地资格权，通过以小换大、面积补差等方式实现；以及《民法典》第364条规定的宅基地因自然灾害等原因绝对灭失、宅基地被征收或依《土地管理法》第66条第1款被依法收回且未获得其他补偿的农户。

生存保障功能还决定了对于每户无偿占有的宅基地面积会进行“量”上的管制，不得超量多占。若因继承等原因宅基地面积超出法定标准，即使因自然原因导致部分宅基地灭失，只要剩下的宅基地符合法定面积标准，仍不能依据《民法典》第364条申请分配新的宅基地。“一户一宅”旨在控制宅基地建设规模，减少占用耕地。《土地管理法》授权各省自行制定标准，是考虑到我国各地生活习惯和自然条件差异很大，对住宅的要求也不相同，无法制定全国统一的标准，由各地根据本地实际情况对宅基地面积作出规定比较合理。面积标准的考虑因素包括人均耕地面积、地理位置、占地类型、户内人口数，等等。实践调研显示，每个集体组织内部各成员实际享受的宅基地面积并不均等，但保持了大体公平。

近年来，相当多农村地区已经处于无宅基地可批的状态，宅基地分配权益的实现受到现实土地资源不足的约束。鉴于此，2019年修改的《土地管理法》第62条第2款，将宅基地资格权的实现方式从传统的“一户一宅”扩展至“一户一房”，可以通过建设新型农村社区、农民公寓和新型住宅小区等方式保障农民享有基本的居住权益。实施过程中,应切实依照法定程序征求村民意见,取得大多数村民同意,不得强制赶农民上楼。

生存保障功能决定了宅基地使用权不应存在期限限制,无期限的前提是宅基地使用权的分配和保有符合身份和面积限制。对于超标的以及非本集体成员继承获得的宅基地使用权,已经溢出生存保障功能范畴,权利存续无期限便不再具有正当性。有学者建议采"固定期限+有条件的自动续期"模式,既不妨碍适格的本集体成员在期满后通过自动续期达到与无期限同样的保障效果;对于超标的以及非本集体成员占有的宅基地使用权,期限届满后有偿续期或者由集体收回,这一法定固定期限比地上房屋自然存续期限具有更为明确的可预期性,且避免了因限制延长房屋使用寿命的修缮改建而导致资源无法充分使用的不良后果。在宅基地"三权分置"的改革层面,明确使用权期限,在避免虚置集体所有权的同时,有助于确定使用权的转让和抵押价值、完善其流转机制,达到"适度放活宅基地使用权"的目标。

对于宅基地使用权有偿抑或无偿取得的争议,1990年《国务院批转国家土地管理局关于加强农村宅基地管理工作的请示的通知》从引导农民节约土地、合理使用土地兴建住宅、严格控制占用耕地的目的,提出开展宅基地有偿使用试点工作。但1993年《中共中央办公厅、国务院办公厅关于涉及农民负担项目审核处理意见的通知》又将宅基地有偿使用费和宅基地超占费作为农民不合理负担项目予以取消。2014年《关于农村土地征收、集体经营性建设用地入市、宅基地制度改革试点工作的意见》首次指出,对因历史原因形成的超标准占用宅基地和一户多宅的,以及非集体经济组织成员通过继承房屋等占有宅基地的,由农村集体经济组织主导,"探索实行有偿使用"。大多数地区将有偿使用的范围限于上述宅基地的保有环节,在分配环节依旧维持无偿取得做法;少数地区则将有偿使用范围扩展至分配环节。

无偿取得的观点主要建立在生存保障功能的价值预设之上;反对意见则认为目前存在宅基地分配不均、批少占多等问题,因继承等原因拥有两处以上宅基地的情况很普遍,建议全面施行有偿取得以维护集体经济组织的收益,或者对保障基本居住的部分无偿取得,而对超标部分有偿使用。由此可见,有偿抑或无偿与有无期限,都取决于是否符合身份和面积限制的前提,符合的以无偿为原则,反之则以有偿为原则。有偿使用政策试图利用经济手段,以超标面积实行阶梯累进计收使用费的方式激励农户退出超标的宅基地;以不同身份采取区别收费标准的方式激励非本集体成员退出宅基地;以根据区位地段等因素决定收费高低的方式实现宅基地使用权的市场化定价。

虽然在《物权法》和《民法典》中,宅基地使用权是与建设用地使用权并列的用益物权,但在《土地管理法》中,涉及宅基地内容的条文位于“建设用地”章节,《土地登记办法》(已失效)第2条也将宅基地使用权和集体建设用地使用权并列在集体土地使用权范畴之下。2019年《土地管理法》第59条则直接将农村村民住宅与用于乡镇企业、乡(镇)村公共设施、公益事业等乡(镇)村建设的土地并列为集体建设用地的一种利用情形,共同点为价值取向的非营利性,类似于划拨方式设立的国有建设用地,由集体经济组织作为土地所有权人无偿划拨供给,不遵循出让方式下有偿设定的市场化配置逻辑。鉴于宅基地使用权内容及其行使的身份与数量限制,无期限且无偿性特征、申请—审批取得程序,可将其视为一种法定的集体非经营性建设用地使用权。

近年来,随着“征地制度”“集体经营性建设用地入市制度”“宅基地制度”的“三块地”改革的逐步展开,在符合土地利用的总体规划和城乡规划的前提下,宅基地存在与其他类型的集体建设用地相互转化的可能。通过集体经济组织提交土地权利变更申请以及土地管理部门审批,可以将宅基地转化为具备自由流转资质的集体经营性建设用地;也可以在宅基地腾退整治后把结余的部分复垦为耕地,通过增减挂钩政策形成建设用地指标并在市场上交易;还可以结合租赁房改革需求,将公益性集体建设用地和经营性建设用地转化为宅基地,以满足无宅基地农民的居住需求。土地性质转化须经集体同意和政府审批,内容包括注销宅基地使用权和批准集体经营性建设用地使用权。转化为集体经营性建设用地使用权之后,参照适用《民法典》物权编以及《城镇国有土地使用权出让和转让暂行条例》等关于国有建设用地使用权的性质、权能和期限的规定。

既然“三块地”改革的整体趋势是把宅基地作为集体建设用地范畴下的一种子类型进行规制,并且符合条件时可以与其他类型的集体建设用地相互转化,因此仍然应当坚守宅基地使用权的生存保障功能这一价值预设,当具体情境溢出生存保障功能的边界时,将宅基地使用权转化为其他子类型的集体建设用地使用权,实现集体建设用地范畴下各子类型的功能分工,分别实现农户的生存保障需求、市场化资源配置需求以及集体经济组织自身的利益需求。宅基地使用权的继承问题需要在集体建设用地这一更大的类型框架下进行制度重构。

若宅基地上未建有房屋,该宅基地使用权本身可否被单独继承,仅需要考察继承人是否符合身份与面积限制。若继承人为本集体成员且之前未分配或足额分配宅基地,则允许在限额面积内单独继承宅基地使用权,无偿使用且无期限限制。在宅基地“三权分置改革”背景下,这属于宅基地资格权的实现。若继承人不适格,则不能单独继承,宅基地使用权由集体经济组织收回。自然资源部2020年的“答复”在说理部分也强调了非集体成员只能按照房地一体原则继承取得房屋所有权和宅基地使用权,不能单独继承宅基地使用权。

继承发生时宅基地上通常建有房屋,宅基地使用权继承的难题,主要体现为具有严格身份及面积限制的宅基地使用权与无身份及面积限制的房屋所有权之间的冲突,即房屋的可继承性与宅基地使用权能否继承的不明确性之间的冲突。这一冲突产生的根源在于“房地一体”原则,其静态层面指房屋所有权人和土地使用权人主体一致;动态层面指房屋所有权和土地使用权应当一同处分。宅基地上所建房屋属于农民私有财产,房屋所有权的继承与继承人身份以及宅基地超额与否本无关联,但由于房地事实上的不可分离,房屋被继承必然导致宅基地使用权随之转移。“地随房走”使得非本集体成员或已足额分配宅基地的本集体成员经由继承房屋而实质上获得了宅基地使用权,从而间接规避了宅基地使用权的身份与面积管制。

为了避免上述情况,地方实践往往在承认房屋可继承的同时,针对不适格的继承人设置限制性规则。有的地方由集体经济组织收回宅基地使用权,并责令继承人限期撤出房屋;有的地方将宅基地使用权和房屋收回,对房屋价值给予适当补偿;有的地方虽允许当事人继承,但宅基地使用权待房屋灭失后收回,且不允许该房屋改建或拆除重建。因村庄改造、征地折迁等获取补偿的范围仅及于房屋而不包括宅基地使用权。近年来另一种流行的观点认为不适格的继承人仅获得宅基地的法定租赁权,集体收取租金或使用费,以实现集体土地所有权的收益权能。

在“三块地”改革背景下,应该从广义的集体建设用地视野下解决宅基地使用权的继承难题。宅基地为集体建设用地的一种子类型,若非本集体成员或已足额分配宅基地的本集体成员继承房屋而获得宅基地使用权,已经溢出宅基地生存保障功能这一价值预设,在符合规划与审批流程的前提下,应当将无偿无期的宅基地使用权转化为有偿有期的集体经营性建设用地使用权,保障继承人权益的同时维护集体经济组织利益,实现宅基地与其他类型集体建设用地的功能分工。早在2008年,《海南省土地权属确定与争议处理条例》第23—24条便遵循了这一改革路径,将房屋与宅基地使用权的“房地一体”更新为房屋与集体经营性建设用地使用权的“房地一体”。继承人需要向集体经济组织补缴集体经营性建设用地使用权出让金,没有既定市场价格的,可以综合考量宅基地建设成本、当地经济收入水平、不同区位地段等因素,由集体经济组织决定。费用缴纳方式也可由集体经济组织根据具体情况采取一次性或分期缴纳的方式。期限可类推适用居住用途的国有建设用地使用权70年周期及续期规则处理。集体经营性建设用地使用权不存在流转限制,可自由转让给他人。

宅基地转化为集体经营性建设用地之后,若使用权届期且权利人未续期,则由集体经济组织收回,根据规划保持集体经营性建设用地、转为集体公益性建设用地或者作为宅基地重新分配。届期时若地上房屋仍存续,依照《城镇国有土地使用权出让和转让暂行条例》第40条规定由国家无偿取得。该规定对于房屋所有权人显失公平,也会导致权利人在后期不再投资建设而降低经济使用效率。应参照《民法典》第359条第2款,首先根据双方约定处理,没有约定或者约定不明确的,再依据上述《暂行条例》的规定办理。

若继承人不愿补缴或者无力负担集体经营性建设用地使用权出让金,也可以将房屋转让给适格获得宅基地的本集体成员,从而实现房屋财产价值的变现,合理利用既有宅基地资源解决本集体成员的住房问题,达到比单纯分配宅基地使用权更优的效果。继承人还可以将宅基地使用权退回集体经济组织,不同于宅基地使用权人退回宅基地,此处的继承人并非有权保有宅基地使用权的适格主体,原本就无法单独继承宅基地使用权,在房地一体原则下,退回宅基地会导致房屋所有权同样归于集体组织所有,因此集体组织应当向继承人赎买房屋或者补偿房屋价值,但不涉及宅基地使用权的补偿问题。

房屋的赎买或补偿标准可以参照土地征收的补偿规则,遵循合理补偿原则。在宅基地及房屋流转市场成熟的地区,可以直接采用市场价格、评估价格或者继承人与集体经济组织的协商价格。各地可以根据当地具体情况综合采取金钱补偿、置换公寓式安置房等多种补偿措施。补偿的核心问题在于农村集体经济组织提供财产补偿的能力以及补偿资金的来源。当前大部分村级集体经济处于贫困状态,要求集体出资购买宅基地上的房屋,目前在绝大部分地区不具有现实可行性。从“三块地”改革的前景展望出发,应当从集体经营性建设用地入市、集体通过村庄整理退出宅基地复垦耕地获得的建设用地指标交易等收入中建立宅基地退出补偿资金。

农村习惯中存在年长子女分家另过,另行分配宅基地;而由年幼子女与父母共同生活居住,养老送终,不再另行申请宅基地。父母去世后,宅基地房屋进入拆迁程序可能获得较高补偿情况下,年长子女往往对去世父母名下的宅基地房屋提出遗产继承要求,以期获得拆迁补偿份额。对此问题,《北京市高级人民法院关于审理继承纠纷案件若干疑难问题的解答》第8条规定,“已分家另过的子女主张对相应宅基地上房屋进行继承的,人民法院不予支持。人民法院应释明当事人可对相应宅基地上房屋折算价值主张继承。上述分家另过子女仍为农村集体经济组织成员身份且未取得宅基地的,主张相应宅基地上房屋权利的,应予支持"。条文说明中进一步提及:"在部分年长家庭成员死亡后,由于该户尚存,宅基地使用权应当由剩余户内成员继续享有,原则上此时并不存在宅基地的继承问题。已分家另行取得宅基地的兄姐再行主张获得父母宅基地上房屋权利,由于房地一体原则,其实际获得宅基地使用权利益。这违反了一户一宅原则,既违背农村习俗也有失公平。对于可作为遗产分割的房屋建安成本价值,人民法院应释明当事人对父母生前享有的宅基地房屋共有部分价值主张继承,实践中可参照房屋重置成新价计算。"

宅基地使用权共同继承中问题的症结在于,若房屋由全体继承人继承形成共有,而宅基地使用权仅由部分继承人继承,房屋共有与宅基地使用权单独享有的状况不符合房地一体原则。编者大体赞同北京高院的立场,将继承人分为三类区分处理:若继承人为本集体成员且与被继承人共户居住,有权直接继承宅基地使用权和房屋所有权。若继承人为本集体成员但与被继承人分户居住,依据一户一宅原则不能共同继承宅基地使用权,只能继承遗产的剩余部分,或者由继承房屋的其他继承人依照其本可继承的房屋共有部分价值进行金钱补偿。当然,如果该继承人虽分户居住但未新分得宅基地,则对房屋及宅基地使用权皆享有继承权利。若继承人为非集体成员,也只能继承遗产的剩余部分,或者由继承房屋的其他继承人依照其本可继承的房屋共有部分价值进行金钱补偿。

实践中经常出现部分继承人或继承人以外的人以翻扩建宅基地房屋时有贡献为由,主张享有或者多分房屋的共有份额。《北京市高级人民法院关于审理继承纠纷案件若干疑难问题的解答》第10条规定,"据此主张享有宅基地上房屋共有权或增加相应继承份额的,人民法院不予支持。对于其据此主张的相应补偿请求,人民法院应根据相应证据,尊重风俗习惯,从公平角度出发,在判断法律关系性质属于赠予、亲属间无偿帮扶抑或债务的基础上,确定是否支持"。第9条规定,除经过继承人协商并同意据此确定各自的遗产份额外,被继承人死亡继承开始后对房屋进行翻扩建的,并不能影响依法应确定的该宅基地上房屋遗产的份额划分。同时,继承人有权要求上述擅自改扩建人承担恢复原状、赔偿损失等责任,但实际居住管理房屋的继承人出于居住使用、维护管理目的对房屋进行翻扩建的除外。翻扩建行为虽然增加了房屋价值,但对继承份额与物权归属并无影响,通过债法规范调整更为合适。

由于农村宅基地上房屋出售给集体经济组织以外人被明确禁止并认定为无效,实践中存在以遗赠形式将宅基地上房屋转给集体经济组织以外人的情况,实际造成宅基地使用权的流转。《北京市高级人民法院关于审理继承纠纷案件若干疑难问题的解答》第 7 条规定:“遗赠人生前将宅基地上房屋遗赠本集体经济组织以外的人,受遗赠人在遗赠人死后主张因遗赠取得宅基地上房屋所有权的,人民法院不予支持。”条文说明认为:“虽然宅基地上房屋可以进行继承,但这只是对基于亲缘关系的宅基地上房屋流转的特殊认可,并不意味着在没有亲缘身份关系的人之间可以通过遗赠形式合法取得宅基地上房屋。如果允许不具有本村集体组织成员身份的人基于遗赠而获得房屋的所有权,会造成农村房地资源的流失。”与此相反,2019 年《土地管理法》第 62 条第 5 款却新增了村民住宅以赠与方式移转:“农村村民出卖、出租、赠与住宅后,再申请宅基地的,不予批准。”且官方释义认为,“出租和赠与的对象不受集体经济组织成员身份的限制”。赠与和遗赠虽然分属双方和单方法律行为,法律效果上却基本相同,可视为《土地管理法》对遗赠宅基地上房屋持肯定立场。若无其他理由,也不应对宅基地使用权继承和遗赠进行区分对待。宅基地使用权人将宅基地上房屋遗赠给非集体成员或者已足额享有宅基地使用权的本集体成员时,同样通过转化为有偿有期的集体经营性建设用地使用权并补缴出让金,或者由集体赎买房屋从而退回宅基地使用权的方案处理,北京高院的立场不足采。

【相关立法】

《中华人民共和国农村土地承包法》(2018 年修正,2019 年 1 月 1 日施行)

第十六条 家庭承包的承包方是本集体经济组织的农户。

农户内家庭成员依法平等享有承包土地的各项权益。

第三十二条 承包人应得的承包收益,依照继承法的规定继承。

林地承包的承包人死亡,其继承人可以在承包期内继续承包。

第五十四条 依照本章规定通过招标、拍卖、公开协商等方式取得土地经营权的,该承包人死亡,其应得的承包收益,依照继承法的规定继承;在承包期内,其继承人可以继续承包。

【司法解释】

《最高人民法院关于审理涉及农村土地承包纠纷案件适用法律问题的解释》(法释〔2020〕17 号修正,2021 年 1 月 1 日施行)

第二十三条 林地家庭承包中,承包方的继承人请求在承包期内继续承包的,应予支持。

其他方式承包中,承包方的继承人或者权利义务承受者请求在承包期内继续承包的,应予支持。

【地方法院规范】

《北京市高级人民法院关于审理继承纠纷案件若干疑难问题的解答》(2018 年)

8. 农户家庭中父母与部分子女共为一户,该子女未另行分家并新分宅基地。父母死亡时,已另行分家的子女能否主张对相应宅基地上房屋进行继承?

农户家庭中部分子女与父母分家另过;部分子女与父母共为一户且未新分宅基地。父母死亡时,已分家另过的子女主张对相应宅基地上房屋进行继承的,人民法院不予支持。人民法院应释明当事人可对相应宅基地上房屋折算价值主张继承。

上述分家另过子女仍为农村集体经济组织成员身份且未取得宅基地的,主张相应宅基地上房屋权利的,应予支持。

9. 被继承人死亡后所遗宅基地房屋被翻扩建,如何处理?

被继承人死亡后,未经继承人同意,擅自对被继承人生前所有的宅基地上房屋进行翻扩建的,不影响已确定的该宅基地上房屋遗产份额划分。

继承人有权要求上述擅自改扩建人承担回复原状、赔偿损失等责任,但实际居住管理房屋的继承人出于居住使用、维护管理目的对房屋进行翻扩建的除外。

10. 在被继承人生前对宅基地房屋翻扩建存在贡献的人,主张宅基地房屋权利的,如何处理?

对被继承人生前宅基地上房屋翻扩建确存在贡献的人,据此主张享有宅基地上房屋共有权或增加相应继承份额的,人民法院不予支持。对于其据此主张的相应补偿请求,人民法院应根据相应证据,尊重风俗习惯,从公平角度出发,在判断法律关系性质属于赠予、亲属间无偿帮扶抑或债务的基础上,确定是否支持。

【公报案例】

李某祥诉李某梅继承权纠纷案(《最高人民法院公报》2009 年第 12 期)

【裁判摘要】

根据《农村土地承包法》第 15 条的规定,农村土地家庭承包的,承包方是本集体经济组织的农户,其本质特征是以本集体经济组织内部的农户家庭为单位实行农村土地承包经营。家庭承包方式的农村土地承包经营权属于农户家庭,而不属于某一个家庭成员。根据《继承法》第 3 条的规定,遗产是公民死亡时遗留的个人合法财产。农村土地承包经营权不属于个人财产,故不发生继承问题。除林地外的家庭承包,当承包农地的农户家庭中的一人或几人死亡,承包经营仍然是以户为单位,承包地仍由该农户的其他家庭成员继续承包经营;当承包经营农户家庭的成员全部死亡,由于承包经营权的取得是以集体成员权为基础,该土地承包经营权归于消灭,不能由该农户家庭成员的继承人继续承包经营,更不能作为该农户家庭成员的遗产处理。

【基本案情】

南京市江宁区人民法院一审查明:被告李某梅与原告李某祥系姐弟关系。农村土地实行第一轮家庭承包经营时,原、被告及其父李某云、母周某香共同生活。当时,李某云家庭取得了6.68亩土地的承包经营权。此后李某梅、李某祥相继结婚并各自组建家庭。至1995年农村土地实行第二轮家庭承包经营时,当地农村集体经济组织对李某云家庭原有6.68亩土地的承包经营权进行了重新划分,李某祥家庭取得了1.8亩土地的承包经营权,李某梅家庭取得了3.34亩土地的承包经营权,李某云家庭取得了1.54亩土地的承包经营权,3个家庭均取得了相应的承包经营权证书。1998年2月,李某云将其承包的1.54亩土地流转给本村村民芮某宁经营,流转协议由李某梅代签。2004年11月3日和2005年4月4日,李某云、周某香夫妇相继去世。此后,李某云家庭原承包的1.54亩土地的流转收益被李某梅占有。

【裁判理由】

本案的争议焦点是:家庭承包方式的农村土地承包经营权是否可以继承。

南京市江宁区人民法院一审认为:根据《农村土地承包法》第3条第2款的规定,农村土地承包采取农村集体经济组织内部的家庭承包方式,不宜采取家庭承包方式的荒山、荒沟、荒丘、荒滩等农村土地,可以采取招标、拍卖、公开协商等方式承包。因此,我国的农村土地承包经营权分为家庭承包和以其他方式承包两种类型。以家庭承包方式实行农村土地承包经营,主要目的在于为农村集体经济组织的每一位成员提供基本的生活保障。根据《农村土地承包法》第15条的规定,家庭承包方式的农村土地承包经营权,其承包方是本集体经济组织的农户,其本质特征是以本集体经济组织内部的农户家庭为单位实行农村土地承包经营。因此,这种形式的农村土地承包经营权只能属于农户家庭,而不可能属于某一个家庭成员。根据《继承法》第3条的规定,遗产是公民死亡时遗留的个人合法财产。农村土地承包经营权不属于个人财产,故不发生继承问题。

家庭承包中的林地承包和针对“四荒”地的以其他方式的承包,由于土地性质特殊,投资周期长,见效慢,收益期间长,为维护承包合同的长期稳定性,保护承包方的利益,维护社会稳定,根据《农村土地承包法》第31条第2款、第50条的规定,林地承包的承包人死亡,其继承人可以在承包期内继续承包。以其他方式承包的承包人死亡,在承包期内,其继承人也可以继续承包。但是,继承人继续承包并不等同于《继承法》所规定的继承。而对于除林地外的家庭承包,法律未授予继承人可以继续承包的权利。当承包农地的农户家庭中的一人或几人死亡,承包经营仍然是以户为单位,承包地仍由该农户的其他家庭成员继续承包经营;当承包经营农户家庭的成员全部死亡,由于承包经营权的取得是以集体成员权为基础,该土地承包经营权归于消灭,农地应收归农村集体经济组织另行分配,不能由该农户家庭成员的继承人继续承包经营。否则,会对集体经济组织其他成员的权益造成损害,对农地的社会保障功能产生消极影响。

本案中,讼争土地的承包经营权属于李某云家庭,系家庭承包方式的承包,且讼争土地并非林地,因此,李某云夫妇死亡后,讼争土地应收归当地农村集体经济组织另行分配,不能由李某云夫妇的继承人继续承包,更不能将讼争农地的承包权作为李某云夫妇的遗产处理。

李某云、周某香夫妇虽系原告李某祥和被告李某梅的父母,但李某祥、李某梅均已在婚后组成了各自的家庭。农村土地实行第二轮家庭承包经营时,李某云家庭、李某祥家庭、李某梅家庭均各自取得了土地承包经营权及相应的土地承包经营权证书,至此,李某祥、李某梅已不属于李某云土地承包户的成员,而是各自独立的 3 个土地承包户。李某云夫妇均已去世,该承包户已无继续承包人,李某云夫妇去世后遗留的 1.54 亩土地的承包经营权应由该土地的发包人予以收回。根据《民事诉讼法》第 56 条的规定,对当事人双方的诉讼标的,第三人虽然没有独立请求权,但案件处理结果同其有法律上的利害关系,可以申请参加诉讼,或者由人民法院通知其参加诉讼。在本案的审理过程中,法院通知发包方参加诉讼,并向发包方释明相关的权利义务,但发包方明确表示不参加诉讼,根据不告不理的原则,在本案中,法院对于讼争土地的承包经营权的权属问题不做处理。李某祥、李某梅虽系李某云夫妇的子女,但各自的家庭均已取得了相应的土地承包经营权,故李某祥、李某梅均不具备其父母去世后遗留土地承包经营权继续承包的法定条件。故对李某祥要求李某梅返还讼争土地的诉讼请求予以驳回。

【法院参考案例】

1. 农某一、凌某、农某二、农某三、农某四诉农某五法定继承纠纷案[《最高法发布继承纠纷典型案例(第一批)》案例四,2024 年 12 月 3 日]

【基本案情】

农某与凌某系夫妻,育有农某一、农某二、农某三、农某四。农某五是农某与他人所生。农某五从小随农某与凌某生活长大。农某一、农某二、农某三、农某四已另成家立户。

2017 年,农某作为承包方代表与其所在村民小组签订了《农村土地(耕地)承包合同(家庭承包方式)》。该合同的附件《农村土地承包经营权公示结果归户表》载明:承包地块总数为 5 块 5 亩,家庭成员共 3 人,成员姓名为农某、凌某、农某五。农某于 2022 年去世。农某去世后,凌某、农某一、农某二、农某三、农某四作为原告,将农某五诉至法院,要求由凌某继承农某名下土地承包经营权的 50%,余下 50%由凌某及农某一、农某二、农某三、农某四平均继承。

【裁判情况】

审理法院认为,农某与村民小组签订的承包合同的权利人不只是农某本人,还包括凌某和农某五,三人同为一个承包主体。当农某去世后,承包地继续由承包户其他成员继续经营,体现的是国家"增人不增地、减人不减地"的土地承包政策。农某一、农某二、农某三、农某四不是农某承包户成员,无资格取得案涉土地的承包经营权。农某去世后,案涉土地应由承包户剩余的成员凌某、农某五继续经营。凌某、农某一、农某二、农某三、农某四诉请继承土地经营权的主张没有事实和法律依据,遂判决驳回五人的诉讼请求。

【典型意义】

《农村土地承包法》第 16 条规定"家庭承包的承包方是本集体经济组织的农户。农户内家庭成员依法平等享有承包土地的各项权益"。农村土地承包经营权应以户为单位取得,在承包户的户主或某成员死亡后,其他成员在承包期内可以继续承包,故农村土地承包经营权不属于死者的遗产,不产生继承问题。本案对农村土地承包经营权的继承问题进行了处理,明确了裁判规则,为此类案件的审理提供了参考和借鉴。

2. 陈某英、莫某成等诉莫某 3、莫某 2 继承纠纷案——宅基地使用权能否单独作为遗产继承[《人民法院案例选》2016 年第 2 辑(总第 96 辑)]

【裁判要旨】

宅基地使用权人可以将地上建筑物以出租、赠与、继承、遗赠的方式转移与他人,宅基地使用权也随之转移,但宅基地使用权本身不得单独转移且不能用于抵押,包括不能进行继承。

第三条 【遗赠扶养协议与遗嘱并存时的处理】被继承人生前与他人订有遗赠扶养协议,同时又立有遗嘱的,继承开始后,如果遗赠扶养协议与遗嘱没有抵触,遗产分别按协议和遗嘱处理;如果有抵触,按协议处理,与协议抵触的遗嘱全部或者部分无效。

【司法解释·注释】

本条适用的前提是"被继承人生前与他人订有遗赠扶养协议,同时又立有遗嘱",此处的"同时"并非要求二者成立或生效时间一致,而是指被继承人死亡后,同时存在有效的遗赠扶养协议和遗嘱。

遗赠无法实现的结果,只是受遗赠人的财产应增加而未增加,受遗赠人的法律地位不会因此而恶化。倘若扶养人的遗赠请求权因遗嘱所设遗赠无法实现,在限定继承的背景下,扶养人的履约成本可能无法从剩余遗产得到补偿,其法律地位可能低于遗赠扶养协议订立前的法律地位。因此,在后遗赠与遗赠扶养协议的内容发生抵触的,遗赠扶养协议效力优先,在后遗赠在与遗赠扶养协议抵触的范围内不生效力。如果在先遗嘱与在后形成的遗赠扶养协议相抵触,依据《民法典》第1142条第2款规定,遗赠人以遗嘱设定遗赠后又针对同一财产订立遗赠扶养协议的,即实施了与遗嘱内容相反的民事法律行为,则构成对遗嘱相关内容的撤回,也应以遗赠扶养协议为准。

第四条 【遗嘱继承与法定继承并存时的处理】遗嘱继承人依遗嘱取得遗产后,仍有权依照民法典第一千一百三十条的规定取得遗嘱未处分的遗产。

【司法解释·注释】

遗嘱继承人对于遗嘱未处分的遗产应分得的份额,应按照《民法典》第1130条的规定确定,不受其是否已通过遗嘱取得遗产的影响。

第五条 【司法确认继承权丧失】在遗产继承中,继承人之间因是否丧失继承权发生纠纷,向人民法院提起诉讼的,由人民法院依据民法典第一千一百二十五条的规定,判决确认其是否丧失继承权。

【司法解释·注释】

广义上的继承权丧失包括"继承人缺格"和"继承人废除"。所谓继承人缺格,是指基于一定的法定事由,继承人不再具有继承人资格,当然丧失继承权。而继承人废除制度,则是基于法定事由,被继承人可剥夺继承人的继承权。《民法典》规定的继承权丧失仅指继承人缺格,而不包括继承人废除制度,且仅指继承既得权,而不包括继承期待权。

与遗产有关的遗产利害关系人主要包括继承人、受遗赠人、遗赠扶养人、遗产酌分请求权人、遗产债权人、遗产债务人以及上述人员的债权人等。由于上述人等或多或少均与遗产存在直接或间接的利害关系,都可能就继承权丧失与否问题与他人产生争议。是否都允许这些主体作为当事人参加继承权丧失诉讼,一方面涉及民事主体民事权益保护;另一方面也与继承权丧失诉讼的适用范围、司法成本甚至遗产处理效率有关。本条将继承权丧失诉讼的当事人限定在继承人之间,因为在法定继承或遗嘱继承中,继承人丧失继承权即意味着同顺序或次顺序的继承人将因此能多分遗产而受益。而受遗赠人、遗赠扶养人享有的是对特定遗产或遗产价值的权利,该权利不受继承人是否丧失继承权的影响;遗产债权人对遗产的权利本来就优于继承人的继承权,而遗产债务人是否清偿该债务与继承人是否丧失继承权也无关。遗产酌分请求权人能否得到适当的遗产,受制因素较多,与法定继承人是否丧失继承权没有必然联系,故本条未将其纳入诉讼主体范围。

本条所指继承人应限定在能通过继承权丧失诉讼受益的继承人的范围。理由在于,从诉讼法理角度,具备诉讼当事人资格的前提是具有诉的利益。《民事诉讼法》第122条也要求原告与本案有直接利害关系。在有第一顺序继承人的情形下,不管继承权是否丧失,第二顺序继承人都原则上不能通过该诉讼获得利益。原则上第二顺序继承人不能提起继承权诉讼,除非没有第一顺序继承人或第一顺序继承人都放弃继承权或丧失继承权。在此前提下,其他所有有权继承的继承人原则上都应参加本条规定的诉讼。

在继承权的当然丧失框架下,我国法上只要满足法定丧失继承权情形,该继承人就已经丧失了继承权,无须通过司法宣告或司法撤销方式进行。本条所指"判决确认其是否丧失继承权",是对继承人是否符合《民法典》第1125条规定的法定丧失继承权情形作出认定,从而确认继承权是否已经丧失,而非通过司法裁判剥夺其继承权。也即,本条适用于因特定继承人的继承权是否已经丧失而产生争议向人民法院提起的继承权丧失确认之诉。在丧失继承权的继承人恶意占有遗产,拒不返还给其他继承人的情形下,其他继承人可以直接提起遗产返还之诉,而无须单独主张适用本条先行确认继承权丧失。由于确认特定继承人是否丧失继承权是对当事人民事实体权益有无的司法裁决,故本条规定应以判决而非裁定方式确认当事人是否丧失继承权。

当事人请求确认继承权丧失,不应受诉讼时效的限制。诉讼时效制度设立的目的是督促当事人积极行使权利,从而尽快稳定民事法律关系。而继承权丧失则涉及公序良俗,属于《民法典》第1125条的强制规定,人民法院可以依职权主动确认。继承权丧失是法律对继承人特定行为的否定性评价,只要相应强制性法律规范没有变动,该特定行为的违法性不受时间经过影响,将始终持续。如让继承权的丧失受诉讼时效影响,将实质性导致该行为由违法转为合法。继承权丧失的确认是对既有客观事实的确认,而诉讼时效则是对民事权利保护的限度,两者在功能指向上也有区别。

第六条 【认定继承人虐待被继承人是否构成情节严重以及是否追究刑事责任与丧失继承权之间的关系】继承人是否符合民法典第一千一百二十五条第一款第三项规定的"虐待被继承人情节严重",可以从实施虐待行为的时间、手段、后果和社会影响等方面认定。

虐待被继承人情节严重的,不论是否追究刑事责任,均可确认其丧失继承权。

【司法解释·注释】

应当将日常生活中偶发的打骂行为与虐待行为相区分。虐待行为具有经常性、一贯性。《民法典婚姻家庭编解释(一)》第 1 条也规定,家庭暴力具有持续性、经常性特征时,可以认定为虐待。从现实生活情况看,大多数的虐待情形发生在具有密切人身关系的家庭成员之间,这是因为家庭特有的相对封闭性和亲密性,使得家庭成员彼此间的物质帮助和精神慰藉也实为常态。家庭成员之间正是因为这种人身关系和密切往来,难免滋生各种矛盾,从而诱发虐待行为。《民法典》第 1042 条、第 1072 条、第 1079 条、第 1114 条、第 1118 条分别规制了家庭成员间的虐待行为。

首先,虐待行为的时间因素。继承人的行为构成虐待本身就要求行为在时间方面具有持续性、经常性特征。而由一般虐待行为上升为严重虐待行为在时间方面则有更进一步要求。具体而言,虐待被继承人时间可细分为单次虐待持续时间和虐待频率高低。继承人单次虐待被继承人持续时间以及在一段时间内继承人对被继承人虐待次数与被继承人所受伤害均成正比关系。如果继承人只是因日常琐事,出于一时气愤而对被继承人实施了偶尔、短时间的虐待行为,一般就不属于"情节严重"。其次,虐待行为的手段因素。只有那些虐待手段恶劣甚至残忍的,才可作为认定虐待情节严重的考量因素。因为残忍手段极易造成被继承人伤残和死亡。至于轻微的扇耳光、拧耳朵等虐待行为,便不能认为是手段残忍、情节恶劣。再次,虐待行为的后果因素。有的因虐待而致使被继承人身体瘫痪、肢体伤残甚至死亡;有的因长期受虐待而精神失常;有的不堪忍受折磨而自杀等。发生上述严重后果,如果还让继承人继承被继承人遗产,显然有违被继承人的真实意愿。最后,虐待行为的社会影响。由于虐待行为多发生在有血缘或姻亲等紧密人身关系的人员之间且实施地点多在个人居所内,而被虐待人基于各种考虑也大多不愿将受虐事实公之于众,但现实中也不排除因为个别知情人对特定虐待行为传播,导致在一定范围内公众均对该虐待行为进行议论、批评甚至因媒体介入而放大社会影响的情形。产生社会影响,这也从侧面证明了该虐待行为属于情节严重的行为。

第1款对情节严重具体考量因素的列举是不完全列举,其中“等”的表述,为人民法院审理案件时参考其他因素预留了空间。例如,可以考虑继承人实施虐待行为的内在动因是否恶劣,可以考虑被继承人的个人情况。对虐待病残无行为能力、年幼、年老无独立生活能力、伤残者、精神病患者、处于特殊时期的人(如怀孕期、哺乳期的妇女)等,也可作为情节严重的考量因素。

应尽量综合上述因素认定情节是否严重。大多数虐待行为依靠上述单一因素往往不能对该行为是否具有严重情节予以确认。例如,继承人长期对被继承人实施言语辱骂虐待行为,但最后一次虐待行为则是殴打被继承人,致使被继承人身体和精神受到严重损害,以致其自杀,在当地造成负面舆情。对此,虽然从时间因素角度,继承人对被继承人实施的虐待行为很难认定为严重,但综合其行为手段和法律后果、社会影响等,即可依据本条认定已经符合情节严重的标准。

鉴于家庭成员之间的特殊关系,从尊重被害人的意思出发,《刑法》第260条规定虐待罪原则上是被害人主动告诉的才处理,除非被害人没有能力告诉,或者因受到强制、威吓无法告诉。而《刑事诉讼法》第210条、第19条则将告诉才处理的案件定性为自诉案件,并明确规定了,自诉案件由人民法院直接受理。又根据《刑事诉讼法》第16条规定,对于虐待家庭成员,情节恶劣的,如没有告诉或者撤回告诉的,不追究刑事责任,已经追究的,应当撤销案件,或者不起诉,或者终止审理,或者宣告无罪。也即,对于是否追究虐待罪的刑事责任,很大程度上取决于被害人是否告诉或撤回告诉。

对继承人的虐待行为,不追究刑事责任并不等于继承人实施的虐待行为并不严重。对继承人的虐待行为是否达到严重程度的认定,既不取决于被继承人的主观感受,也不应受制于是否应被追究刑事责任。因此,即便在被继承人生前已经就虐待罪向人民法院提起自诉的情形下,原则上也可对继承权丧失纠纷案件受理或继续审理,两者并行不悖。须注意的是,如果继承人已经被追究刑事责任,说明刑事判决中已经认定继承人虐待被继承人情节严重,那么在审理继承人是否丧失继承权的民事案件中,当事人一般已无须再就虐待被继承人情节严重举证证明。

第七条 【继承人故意杀害被继承人犯罪形态与丧失继承权的关系】继承人故意杀害被继承人的,不论是既遂还是未遂,均应当确认其丧失继承权。

【司法解释·注释】

《民法典》第1125条并未再区分直接故意和间接故意，虽然间接故意相对直接故意量刑较轻，但这并不意味着如果继承人基于间接故意而杀害被继承人，可以不剥夺其继承权。其理由在于：虽然间接故意恶意相较直接故意恶意较轻，但如果从结果上已经造成被继承人死亡后果，则是对被继承人最严重的人身侵害，故剥夺该继承人的继承权，符合对被继承人真实意愿的一般预期。继承人间接故意杀害被继承人严重破坏了我国传统人伦道德观念与和睦家庭秩序。如果允许继承人间接故意杀害被继承人后仍享有对被继承人遗产的继承权，则客观上使其因该杀害行为而受益，这明显有违基本的法理念。

是否强制剥夺继承人的继承权，不应局限于继承人与被继承人之间的私益考量，还应考虑继承人杀害被继承人行为本身的社会危害性和不剥夺其继承权可能的后果。虽然继承人杀害被继承人未遂，但该未遂行为所蕴含的犯罪故意和已着手实施犯罪的行为，说明继承人既有剥夺被继承人生命的主观恶意又为达成该犯罪目的而实施犯罪行为，只不过非因继承人主观原因未得逞。如果还不剥夺继承人继承权，则既可能伤害其他遗产利害关系人的权益和情感，也与主流社情民意背道而驰。甚至还可能刺激继承人为早日取得遗产而铤而走险，从自己的违法行为中受益。综合各种因素，本条仍坚持了故意杀害被继承人未遂，也应确认丧失继承权的立场。在继承人故意杀害被继承人未遂的情形中，至少存在以下几种不追究刑事责任的情形：犯罪已过追诉时效期限的；经特赦令免除刑罚的；犯罪嫌疑人、被告人死亡的等。不管是否追究故意杀害被继承人未遂的继承人的刑事责任，只要构成故意杀人未遂，都“应确认”其丧失继承权，而非本司法解释第6条所表述的“可确认”其丧失继承权。

除了直接故意与间接故意、既遂与未遂争议外，还可能出现继承人故意杀害被继承人犯罪预备、犯罪中止以及过失杀害被继承人、故意伤害被继承人等情形下，是否丧失继承权的争议。就犯罪预备而言，由于继承人尚未着手实施故意杀害被继承人的犯罪，社会危害性较小，故《刑法》第22条规定，对于预备犯，可以比照既遂犯从轻、减轻处罚或者免除处罚。故在被继承人生前未表示不让该继承人继承遗产的情形下，原则上可以不确认其丧失继承权。至于犯罪中止，《刑法》第24条也规定，对于中止犯，没有造成损害的，应当免除处罚；造成损害的，应当减轻处罚。故在没有造成被继承人人身伤害情形且被继承人生前未表示不让该继承人继承遗产的情形下，原则上也可以不确认其丧失继承权。至于过失杀害被继承人、故意伤害被继承人的情形,由于《民法典》第 1125 条所列的 5 种情形为完全列举,故不丧失继承权。

第八条 【被继承人遗嘱指定由有绝对丧失继承权情形的继承人继承遗产时,应确认遗嘱无效以及该继承人丧失继承权】继承人有民法典第一千一百二十五条第一款第一项或者第二项所列之行为,而被继承人以遗嘱将遗产指定由该继承人继承的,可以确认遗嘱无效,并确认该继承人丧失继承权。

【司法解释·注释】

该条通过否认遗嘱效力的方式,事实上明确了"故意杀害被继承人"和"为争夺遗产而杀害其他继承人"两种情形下,继承权绝对丧失。如果继承人实施本条规定的丧失继承权行为在先,被继承人立遗嘱在后,对此,不管被继承人立遗嘱时是否知道或应当知道继承人存在上述丧失继承权行为,所立遗嘱都应为无效。如果被继承人立遗嘱在先,继承人实施丧失继承权行为在后,被继承人生前不知该丧失继承权行为或没有能力撤回、变更自己所立的遗嘱,则从对被继承人意思的一般推定和社会公序良俗出发,应认定该遗嘱无效;而如果被继承人知道或应当知道该丧失继承权行为且有能力撤回、变更自己所立的遗嘱,而生前未撤回、变更甚至表示宽恕该继承人的,考虑到社会公序良俗要求、遗产利害关系人权益保护等诸多因素,应认定该遗嘱无效。

本条之所以不用"应当确认"而采"可以确认"的表述,主要是因为司法实践中碰到的遗嘱情况非常复杂:对于被继承人立遗嘱将所有遗产都让特定继承人继承的情形,直接确认该遗嘱全部无效。但实务中更为常见的是,被继承人在遗嘱中明确由多个继承人或由继承人与受遗赠人、遗赠扶养协议受遗赠人等利害关系人各自取得特定遗产份额的情形。在此情形下,被继承人在遗嘱中对其遗产的整体安排既体现了其自主意思,又牵涉多个利害关系人的切身利益。此时,如果一概认定遗嘱无效,则根据《民法典》第 1154 条规定,所有遗产将按照法定继承处理。这种结果既可能有违被继承人真实意愿,也可能损害其他利害关系人的合法权益。为避免其他遗嘱继承人、受遗赠人等利害关系人因特定遗嘱继承人实施本条所指两项丧失继承权行为而遭受不利影响,人民法院可通过确认遗嘱部分无效的方式来处理。

首先,在法定继承中,因顺序在后者不得超越其顺序而为继承,因而在先顺序或同顺序的其他继承人,当然属于"为争夺遗产而杀害其他继承人"中的"其他继承人"。而在遗嘱继承中,因后顺位遗嘱继承人被杀害死亡,则可能使实施杀害行为的继承人在遗产上受益，故也应将被继承人在遗嘱中指定的后顺位遗嘱继承人纳入本项中的“其他继承人”。至于未被遗嘱指定继承的后顺序继承人，则因不涉及实际继承遗产，一般不存在因争夺遗产而被杀害的问题。其次，继承人误认为后顺位继承人或丧失继承权的继承人将与其共同继承遗产，而为争夺遗产将其杀害，犯罪动机就是争夺遗产，至于对象错误，不影响其社会危害性，故也应认定丧失继承权。最后，继承人实施杀害行为时，尚未取得继承人身份，其后成为被继承人的继承人时，其继承权应不受影响，例如杀害继承人后，与被继承人结婚，或为被继承人所收养，并不丧失其对被继承人的继承权。

第九条 【继承人伪造、篡改、隐匿或者销毁遗嘱行为情节严重的认定】继承人伪造、篡改、隐匿或者销毁遗嘱，侵害了缺乏劳动能力又无生活来源的继承人的利益，并造成其生活困难的，应当认定为民法典第一千一百二十五条第一款第四项规定的“情节严重”。

【司法解释·注释】

如果继承人虽然着手实施伪造、篡改、隐匿或者销毁遗嘱的行为，但未实施完毕，或者实施完毕，但事后并无人依据该伪造遗嘱、篡改遗嘱内容主张权利，又或者被继承人已经通过新立遗嘱代替了隐匿或销毁的遗嘱，则说明继承人实施该类行为虽然违背了被继承人遗嘱真实意愿，但从结果看，遗产处理并不违反被继承人意愿且客观上并未损害他人在继承中的合法权益。只要继承人有实施伪造、篡改、隐匿或者销毁遗嘱行为，就一律丧失继承权难免失之偏颇，而增加“情节严重”则可赋予法院综合各种案情因素来认定其行为是否构成情节严重，从而对继承权丧失与否作出相应判断的裁量权。

本条仅是明确“情节严重”中的一种情形，而非完全列举，并不能反向排除其他构成“情节严重”的行为。适用本条认定情节严重，针对的缺乏劳动能力又无生活来源的继承人应以被继承人死亡时为准，且还应造成了生活困难的后果。侵害了缺乏劳动能力又无生活来源的继承人的利益的行为表现不限于导致该继承人遗产份额的减少，被继承人可能不会直接在遗嘱中明确该继承人可继承的遗产份额或特定遗产，而是以对其生活作出保障性安排作为替代。此时，如果其他继承人为让该保障性安排落空，实施了伪造、篡改、隐匿或销毁遗嘱的行为，同样可能导致缺乏劳动能力又无生活来源的继承人的生活困难。

司法实践中，还可考虑结合以下因素，认定是否属于本条所指“情节严重”：第一，继承人行为时的主观心态。

如果继承人为过失,例如被继承人将遗嘱和其他文件书报放置在一起,事后某继承人在清理文件书报时,因粗心大意而将遗嘱和过时的文件书报一起销毁的,不应被认定为情节严重。第二,继承人的动机或目的如果不是为自己或他人争夺遗产,则一般不属于情节严重。例如,被继承人所立遗嘱不符合法定形式,继承人为让该被继承人真实意思表示受到法律保护,而另行伪造一份内容一致且符合法定形式要求的遗嘱,或通过在该遗嘱上增加见证人签名,增添年、月、日等符合遗嘱法定形式要求的方式篡改遗嘱。上述行为并未违背被继承人生前通过遗嘱进行财产处分的真实意愿。又如继承人实施本条规定行为时不知自己是继承人或者实施上述行为后才成为继承人的情形,都可排除其具有为自己争夺遗产的主观动机或目的。第三,继承人是否已经将行为实施完毕。如果继承人因突生悔意,随即主动放弃继续实施该类行为,并未给后续的遗产处理造成不利影响,更不会给缺乏劳动能力又无生活来源的继承人造成生活困难的后果。故没有必要认定其行为情节严重。第四,继承人是否利用已经实施完毕的行为,在遗产处理中为自己或他人争夺遗产。如果继承人事后未依据其行为提出具体主张,则谈不上其行为干扰正常继承秩序的问题,不属于"情节严重"。

二、法定继承

第十条 【养子女对生父母扶养较多时可分得生父母适当遗产】被收养人对养父母尽了赡养义务,同时又对生父母扶养较多的,除可以依照民法典第一千一百二十七条的规定继承养父母的遗产外,还可以依照民法典第一千一百三十一条的规定分得生父母适当的遗产。

【司法解释·注释】

完全收养,是指收养关系成立后,养子女与生父母及其近亲属间的权利义务关系完全消灭;而不完全收养,是指收养关系成立后,养子女不但与养父母之间建立亲子关系,而且与其生父母之间仍保留一定的权利义务关系。《民法典》只承认完全收养,意味着养子女与生父母双方均不能再基于父母子女关系主张继承对方遗产。

只有被收养人成年后,生父母仍健在的情形下,才可能发生本条所规定的被收养人"对生父母扶养较多的"情形。这主要表现为两种情形:查找不到生父母、生父母有特殊困难无力抚养。这种困难可能会一直延续到子女成年后。至于查找不到的生父母也可能在子女成年后出现且出现生活困难。由于上述两种情形下的子女被收养，生父母主观上未必有过错，子女与父母之间的血缘亲情未必消灭，故现实生活中，一些养子女还对生父母进行扶养，符合养老育幼、互助互爱的中华传统美德。子女因故被他人收养虽然将从法律上消除与生父母的父母子女关系，但血缘关系依然存在，生父母对已被他人收养的子女情感寄托尚存。在此基础上，让该子女分得自己的部分遗产，一般也不违背其真意。如果子女因被收养，与生父母没有往来或扶养较少，则应不支持其分得遗产的主张；如果子女虽被收养，但因扶养生父母付出较多，则从权利义务平衡出发，可以将其认定为遗产酌分请求权人，适当分给其生父母的遗产。

【批复答复】

1.《最高人民法院华东分院关于亲属继承等问题的批复》（东法编字第1727号，1951年4月17日）

二、养子女如已继承了养父母的遗产，不应再有主张继承生父母遗产的权利，因为家庭在今天还是一个生活单位和生产单位，养子女参加了另一个家庭，虽然在感情上不应当要求他（她）与亲生父母割断，但是在财产关系上则应清楚分开。如果养父母家没有财产，而被收养的子女生活又困难，本着兄弟姐妹互助的精神，可以要求酌量给予生父母的遗产，尚有这种具体案件发生，应结合双方实际经济情况以及参照兄弟姐妹之间的劳动能力，作适当的处理。另一方面，如果亲生父母生活困难，经别人收养的子女经济宽裕的时候，他们对亲生父母也还是应该加以照顾的（土改分得的土地应为各人所有，这与父母的遗产显有区别，应加注意）。

2.《最高人民法院关于对司法部就中南司法部请示继承权三个问题的答复的意见的复函》（1951年6月25日）

二、关于养父母与养子女的遗产继承关系，你部认为应限于"仍无其他生活条件"方合于继承的条件；按养父母与养子女的关系究与其他仅有扶养关系者不同，可不必以此为条件。又仅有扶养关系之人应与养父母和养子女的关系有所区别，其应得继承份底多寡，应视具体情况酌定，不一定与其他继承人一样。

第十一条 【继父母子女在法定继承中的双重继承权】继子女继承了继父母遗产的，不影响其继承生父母的遗产。

继父母继承了继子女遗产的，不影响其继承生子女的遗产。

【司法解释·注释】

父母与子女间的关系，不因父母离婚而消除。继父母子女间因扶养成立的关系,和继父母依法收养继子女有所不同,法律在拟制赋予具有扶养关系的继父母子女以父母子女关系时,并未同时阻断继父母子女与生父母子女间的法律联系,并不能消灭继父母与其生子女,或者继子女与其生父母间的血缘关系。由此,在继父母子女形成扶养关系的情况下,继父母或继子女具有特殊的双重法律地位:一方面,继父或母与自己的生子女,或者继子女与自己的生父或母保持着基于血缘而产生的父母子女间的权利义务关系;另一方面,继父母子女间因相互扶养而成立拟制血亲的关系,也享有与生父母子女同等的权利义务关系。表现在继承法律制度中,继父母子女享有的继承权也是双重的。

依据《民法典婚姻家庭编解释(一)》第54条的规定,继子女在继父或母与生父或母离婚后,其与继父或母的抚养关系并不必然解除。继父母子女间的遗产继承问题,也应当区别以下两种不同情况:在继父或母与生父或母离婚后,继子女愿意继续同继父或母一起生活,继父或母也愿意继续抚养继子女,他们之间仍存在权利义务关系,相互享有继承权。在继父或母与生父或母离婚后,继子女不再与继父或母共同生活,或者继父或母放弃继续抚养该继子女的,应当认为他们之间的权利义务关系已经解除,继父母子女间的继承权相应消灭。但是,根据权利义务相一致的基本原则,以及对社会主义扶老育幼道德价值的提倡,继父母子女之间已经形成的扶养关系并不当然消灭,继父母子女间仍相互享有遗产酌分请求权。但是,在考虑其应继承的份额时,应当依据继父母子女间履行扶养义务的具体情况加以确定。

【地方法院规范】

《北京市高级人民法院关于审理继承纠纷案件若干疑难问题的解答》(2018年)

15. 如何认定继父母子女间具备法定继承人身份?

继父母子女间是否具有法定继承人资格,以是否存在扶养关系为判断标准。人民法院在判断是否存在扶养关系时,应依扶养时间的长期性、经济与精神扶养的客观存在、家庭身份的融合性等因素综合进行判断,必要时应依职权进行调查。

【批复答复】

《最高人民法院民事审判庭关于汤真发诉刘天权继承一案的复函》(〔88〕民他字第53号,1989年2月21日)

汤真发出生3天后即被汤德恩、田桂香夫妇收养。汤德恩病故后,生父刘福成娶养母田桂香为妾,共同抚育汤真发9年。1953年刘福成与田桂香离婚,此后其养母又与勾天益再婚,汤真发随勾天益夫妇共同生活至成年。汤真发始终未与养母田桂香解除收养关系,汤真发与生父刘福成的生父子关系不能视为自然恢复，有抚养教育关系的继父母与继子女间的权利义务关系亦不能因继父母离婚而自然解除。鉴于该案情况较为特殊，汤真发与刘福成之间权利义务关系如何认定，该遗产如何具体处理，请你院根据具体情况和有关法律酌定。

第十二条 【养子女与兄弟姐妹间的法定继承关系】养子女与生子女之间、养子女与养子女之间，系养兄弟姐妹，可以互为第二顺序继承人。

被收养人与其亲兄弟姐妹之间的权利义务关系，因收养关系的成立而消除，不能互为第二顺序继承人。

【司法解释·注释】

收养关系成立后，一方面，被收养人取得与收养人及其近亲属同等的法律地位；另一方面，养子女与其生父母及近亲属之间的权利义务关系归于消灭。反映到继承法律制度上，主要表现为被收养人与养父母及其近亲属间互为法定继承人；被收养人与生父母以及其他近亲属之间丧失法定继承人的关系。养兄弟姐妹属于法律拟制的近亲属关系，与亲兄弟姐妹具有同等权利，包括法律规定的继承权。

养父母的子女，也就是被收养人的养兄弟姐妹，不仅仅是指养父母的婚生子女，同时也包括其非婚生子女、其他养子女或形成抚养教育关系的继子女。概括而言，应当是指与收养人存在血亲关系（包括自然血亲与拟制血亲）的子女。

收养关系解除后，被收养人与亲兄弟姐妹间并不一定恢复法定继承关系。成年养子女与生父母以及其他近亲属间的权利义务关系是否恢复，可以协商确定。养子女可以选择恢复与生父母的血亲关系，也可以选择不与生父母恢复父母子女关系，则养子女与生父母及其近亲属之间的权利义务关系不能自然恢复，养子女与亲兄弟姐妹间不能互为第二顺序继承人。

收养解除对收养各方当事人身份和财产的法律效果不具有溯及力，而是自收养解除生效时产生向后解除的法律效果。具体而言，在收养解除之前，生父或生母死亡，并发生遗产继承事实，收养关系解除后，养子女不得以收养关系已解除，其与生父母的血亲关系已恢复为由，要求生父或生母的继承人，包括兄弟姐妹等近亲属，返还其应当分得的份额。

第十三条 【继子女与兄弟姐妹间的法定继承关系】继兄弟姐妹之间的继承权，因继兄弟姐妹之间的扶养关系而发生。没有扶养关

系的,不能互为第二顺序继承人。

继兄弟姐妹之间相互继承了遗产的,不影响其继承亲兄弟姐妹的遗产。

【司法解释·注释】

继兄弟姐妹是指异父或异母的兄弟姐妹,是基于父或母再婚而形成的亲属关系。在现代各国继承法律制度中,大多不承认继兄弟姐妹间的继承权,认为继兄弟姐妹间是姻亲关系而非血亲关系。但是,我国立法规定,根据权利义务相一致的原则,形成扶养关系的继兄弟姐妹间相互享有继承权。如果继兄弟姐妹之间没有共同生活或仅仅共同生活,相互间并没有形成扶养关系,则继兄弟姐妹间就不产生法律上的权利义务关系,彼此不享有法定继承权。

认定继兄弟姐妹间已经形成扶养关系的,可以综合以下因素加以考虑:首先,继兄弟姐妹长期共同生活,在生活上互相照顾,经济上互相帮助,精神上互相慰藉;其次,即便没有共同生活,成年继兄弟姐妹在父母去世或者无力抚养的情况下扶养未成年的继弟、继妹,成年继兄弟姐妹在父母去世或者无力抚养的情况下扶养缺乏劳动能力又缺乏生活来源的继兄、继姐,均可以认为是形成了事实上的“扶养关系”。继兄弟姐妹间因形成扶养关系发生继承权的,并非以继父母子女间形成扶养关系为依据,而是以继兄弟姐妹之间形成扶养关系为依据。继父母子女间形成的扶养关系,不能及于继兄弟姐妹之间。

我国继承法律制度对于兄弟姐妹的继承权,没有进行“全血缘”和“半血缘”的区分,在形成扶养关系的继兄弟姐妹间,与亲兄弟姐妹同属第二顺序法定继承人的范围,继承顺序和应继份额均为相等。继兄弟姐妹之间相互继承了遗产的,不影响其继承亲兄弟姐妹的遗产,实际上是赋予了与继兄弟姐妹间形成扶养关系的继子女,同时享有对继兄弟姐妹和亲兄弟姐妹遗产的双重继承权。

第十四条 【被继承人子女的直系晚辈血亲代位继承不受辈数限制】被继承人的孙子女、外孙子女、曾孙子女、外曾孙子女都可以代位继承,代位继承人不受辈数的限制。

【司法解释·注释】

代位继承只是特殊情形下的法定继承。其特殊性在于,按照一般的财产代际流转顺序,家庭财产应由被继承人到继承人,再到继承人的子女、孙子女等直系晚辈血亲。但中途发生了继承人先于被继承人死亡的情况,财产失去了从被继承人向继承人转移的基础。

排除代位继承制度,作为被继承人直系晚辈血亲的继承人的子女、孙子女等在无任何阻却继承权利享有情形发生的情况下,失去了获得被继承人这部分财产的权利。代位继承可以填补祖父母、外祖父母和孙子女、外孙子女相互之间继承权的空白。并且,由于孙子女、外孙子女是代其父母参与继承,在继承顺位上,比直接以自己身份参加继承的祖父母、外祖父母顺位更加靠前。因此,以代位继承赋予孙子女、外孙子女继承权,比直接将其纳入第二顺位法定继承人对其更为有利。

对被继承人子女的直系晚辈血亲不限制代位继承辈数,在现实中具备可操作性。个体生命有限,代际年龄差距受到法律规定、实际婚育年龄等多种因素的制约,代位继承中发生被继承人和代位继承人辈分差距巨大的情况几乎不会出现,自然规律已经为被继承人子女直系晚辈血亲的代位继承设置了天然屏障。

实践中,有被继承人"收养"孙子女的情况,《民法典》对于收养的规定仅限于子女,而不包括孙子女,"养孙子女"并非我国民法所承认的身份。"养孙子女"与继承人之间不存在合法父母子女关系,自然代位继承也就无从谈起。

第十五条 【养子女、继子女是否适用代位继承】被继承人的养子女、已形成扶养关系的继子女的生子女可以代位继承;被继承人亲生子女的养子女可以代位继承;被继承人养子女的养子女可以代位继承;与被继承人已形成扶养关系的继子女的养子女也可以代位继承。

【司法解释·注释】

养子女和养父母互相取得对方第一顺位法定继承人的地位,享有互相继承遗产的权利。不仅如此,收养形成拟制血亲关系的法律效力还及于养父母的近亲属,可以在养子女和养祖父母/养外祖父母之间形成与有自然血缘关系的祖父母/外祖父母、孙子女/外孙子女一般无二的祖父母子女关系。这就为代位继承的适用提供了条件和空间。无论继承人是养子女,还是代位继承人是养子女,抑或继承人和代位继承人都是养子女,适用代位继承无论从实现继承制度的价值目的上还是法律规则体系上,都没有否定的必要。

与被继承人形成抚养教育关系的继子女,法律承认其与被继承人之间具有和普通父母子女关系一样的权利义务关系。其养子女通过收养与继子女形成拟制血亲关系的同时,与被继承人之间也形成和近亲属一样的权利义务关系,当然可以代位继承。

继承人的子女是继子女的,该继子女不能够代位继承,即使继子女已经与继承人形成抚养教育关系。继父母子女关系究其根本,源起于婚姻关系,实质是一种姻亲,他们之间的权利义务范围应该局限在继父母子女之间,不能超出范围去得到血亲才能享有的权利,即便是形成拟制血亲的继子女也得一概而论。有扶养关系的继子女享有双重继承权,除了可以继承形成扶养关系的继父母的遗产,还可以继承生父母的遗产,或代位生父母继承祖父母的遗产。这种情况下,并非必须赋予形成扶养关系的继子女代位继承继父母的父母遗产的权利。

【编者观点】

一、“顶盆过继案”:基本案情与裁判要旨

1997 年 12 月 1 日,青岛市李沧区石家村居民石君某病逝,因他的妻子儿女已先相继因病去世,父母和另外两个哥哥也都已经过世,家族中的老人只能在其近亲属里找个后辈来为其“顶盆发丧”。按照习俗,若找不到人“顶盆”,死者就不能发丧。“顶盆”的本家后辈等于过继给了死者,死者的所有家产均归其继承。起初找到死者之兄石坊某之子为其完成顶盆一事,但其两子均不愿意。后经协商,石君某的侄子即二哥之子石某雪最终被选定且同意“顶盆”。死者入土为安后,石某雪一家住进了石君某的房子,并在那里完成婚事,并于每年祭日拜祭石君某。入住 8 年中没有第三人提及房屋产权的归属,也没有发生任何争执。但当房屋拆迁时,按照拆迁标准,此房可以领取 30 余万元拆迁款。此时石君某三哥石坊某拿出了 1 份 1997 年 3 月石君某赠与房子给他的公证书,主张石君某病逝之前已将该房子过户给他。石坊某说,当时是看到侄子石某雪结婚后一直没钱盖新房,于是他把房子借给石某雪一家暂住。石坊某认为,法律上他是遗产的唯一继承人。2005 年 9 月,石坊某以非法侵占为由向青岛市李沧区人民法院起诉,将石某雪告上法庭,请求依法确认自己和石君某之间的赠与合同有效,并判令被告立即腾出房屋。在诉讼中,石某雪提出了自己“顶盆”过继的事实,但这个说法被石坊某一口否认,石坊某认为“顶盆”不能作为继子。

2005 年 12 月,区法院作出了一审判决:驳回原告石坊某的诉讼请求。法院经审理认为,本案中赠与合同的权利义务相对人仅为石坊某与石君某,原告以确认该赠与合同有效作为诉讼请求,其起诉的对方当事人应为石君某。因此,原告以此起诉石某雪于法无据,本院不予支持。被告石某雪是因农村习俗,为死者石君某戴孝发丧而得以入住其遗留的房屋,至今已达 8 年之久;原告在死者去世之前已持有这份公证书,但从未向被告主张过该项权利,说明他是知道顶盆发丧的事实的,因此被告并未非法侵占上述房屋。顶盆发丧虽然是一种民间风俗,但并不违反法律的强

制性规定,所以法律不应强制地去干涉它。因此,原告主张被告立即腾房的诉讼请求法院不予支持。一审判决之后,原告石坊某不服,提出上诉。2006 年 3 月,青岛市中级人民法院对本案作出终审判决:维持原判。

本案判决的依据主要有三个:一是石坊某起诉的对象错误,法院因此避开了被迫从法律上认定赠与合同内容的真实性及其效力问题。二是石坊某已经超过了"民事权利应该在 2 年之内主张"的诉讼时效期限。三是法院充分考虑了"顶盆发丧"的民间习俗,对这种并不违反法律的传统风俗给予了一定的尊重。

二、前《民法典》时代"顶盆过继案"规范层面的争点

(一)路径一:基于继承权而获得房屋

关于原告石坊某对死者石君某的财产是否享有继承权的争议,石君某病逝时,其父母子女以及配偶都已过世。依据《继承法》第 10 条规定,"遗产按照下列顺序继承:第一顺序:配偶、子女、父母。第二顺序:兄弟姐妹、祖父母、外祖父母。继承开始后,由第一顺序继承人继承,第二顺序继承人不继承。没有第一顺序继承人继承的,由第二顺序继承人继承……"因此石君某不存在第一顺位继承人。从案件事实概况中可知石君某有三位兄长,大哥与二哥也已经先于石君某去世,唯一的兄弟姐妹只剩下三哥石坊某。因此,石坊某根据《继承法》第 10 条,作为石君某唯一的第二顺位继承人,有权继承石君某的遗产。

关于原告石坊某是否放弃继承权的争议,《继承法》第 25 条规定,"继承开始后,继承人放弃继承的,应当在遗产处理前,作出放弃继承的表示。没有表示的,视为接受继承。受遗赠人应当在知道受遗赠后两个月内,作出接受或者放弃受遗赠的表示。到期没有表示的,视为放弃受遗赠"。由此可知,放弃需于继承开始后、遗产分割前作出,是对继承既得权的处分。有观点认为,石坊某在石君某死后,从他对弟弟的后事不管不问这一行为中,可以推出他并未履行其作为法定继承人对被继承人应尽的义务,在事实上他已经放弃了法定继承权。但根据最高人民法院《继承法意见》第 47 条规定,"继承人放弃继承应当以书面形式向其他继承人表示。用口头方式表示放弃继承,本人承认,或有其它充分证据证明的,也应当认定其有效"。因此,放弃继承的意思表示应当采取书面形式或有充分证据证明的口头形式作出,而不能通过行为这一默示形式作出。原告石坊某并未放弃继承权。

关于被告石某雪是否享有国家法层面继承权的争议,我国现行法并未承认宗祧继承,《继承法》的规范对象限于财产继承关系,且立嗣传统与现代法上的收养是目的性质完全不同的制度。根据《婚姻法》第 10 条规定,"子女包括婚生子女、非婚生子女、养子女和有扶养关系的继子女”。已经失效的1984年《最高人民法院关于贯彻执行民事政策法律若干问题的意见》第38条曾规定,“过继子女与过继父母形成扶养关系的,即为养子女,互有继承权;如系封建性的过继、立嗣,没有形成扶养关系的,不能享有继承权”。因此国家法层面并未明确承认只是打幡送葬而未曾共同生活、毫无扶养关系的嗣子享有继承权。被告石某雪在顶盆过继之前,没有与石君某形成扶养关系,他们之间不是继父与继子关系,石某雪对石君某不享有《继承法》层面的继承权。

(二)路径二:基于赠与合同而获得房屋

原告石坊某是否可以主张依赠与合同获得房屋所有权?本案审理过程中,原告石坊某主张石君某在生前与其订立案涉房屋的赠与合同并公证,发起赠与合同效力确认之诉,但由于赠与合同的相对人为石君某而非石某雪,法院并未支持他的诉请。在赠与的实体法律关系层面,根据涉案相关人员的陈述,石君某当初的本意并不是想把房子赠给石坊某,而是因为石君某当年在青岛四方机车车辆厂工作,住的地方离单位较远,他想向单位申请1间宿舍,但是厂里规定,只要家里有住房,不得向单位申请宿舍。为了能瞒过单位,他便找一个亲戚,以公证的方式把房子赠送给他,等单位宿舍申请下来后,再取消公证。无论石君某将房屋“赠与”给石坊某的经济目的为何,在法律上,只要不违反强制性规范及公序良俗、未被认定为通谋虚伪或恶意串通损害第三人利益等,该经公证的赠与合同应当认定为成立并生效。但该赠与合同在石君某生前并未履行,因此房屋所有权没有发生移转。

石坊某在石君某去世后没有主张受赠人的权利,主要是基于以下因素的考虑。一是石君某除了争议的这所房屋外没有其他值钱的遗产,且房屋还是凶宅,石君某的儿子、女儿、妻子、自己先后病死在这所屋内,村里人认为风水不好;二是石君某的丧事需要花费一定的费用,如若主张的话他则需要承担起石君某后事料理的责任;三是当时石坊某拥有几处房屋,对于这一处房屋并不在乎。

赠与合同作为一种法律关系,原则上可以作为继承标的即遗产,由继承人承受相应的权利和义务。因此,若原告石坊某成为死者石君某唯一的继承人,则赠与合同的赠与人和受赠人发生主体混同,该赠与合同关系消灭。若原告石坊某不是继承人或者不是唯一的继承人,则有权请求继承人继续履行该赠与合同。由此可见,原告石坊某提出的基于赠与合同取得房屋或者基于唯一法定继承人身份而取得房屋两项证据,逻辑上是相悖的,只能取其一。

基于赠与合同享有的请求权受诉讼时效限制。依《民法总则》第188条规定,“普通诉讼时效期间为三年,自权利人知道或者应当知道权利受到损害以及义务人之日起计算”。石某雪顶盆发丧取得全村人的赞扬和认可,由此可见,原告石坊某对于石某雪一家迁入石君某房屋的行为持默认态度,至少也是知情的。8年过后,无论是适用案件事发时《民法通则》规定的2年诉讼时效还是《民法总则》规定的3年诉讼时效,基于赠与合同所享有的交付受赠房屋请求权都已经罹于时效。依《民法总则》第192条规定,“诉讼时效期间届满的,义务人可以提出不履行义务的抗辩。诉讼时效期间届满后,义务人同意履行的,不得以诉讼时效期间届满为由抗辩;义务人已自愿履行的,不得请求返还”。因此,罹于时效产生了相对人的抗辩权,若认定被告石某雪基于习惯获得继承人身份,其主张罹于时效抗辩即可,原告石坊某发起确认之诉已经不存在确实的诉讼利益,法院应予以驳回。

三、中国丧礼文化中“顶盆过继”的传统习惯

礼是中国传统文化的核心,也是传统法律的核心。礼是“礼仪”“礼制”和“礼义”的综合,大体可以分为行为之礼、制度之礼和观念之礼三个维度。“顶盆发丧”涉及“丧礼”这一礼的重要方面;“顶盆过继”则与“宗祧继承”这一古代宗法制度相关。丧礼侧重于“礼仪”“礼义”,《礼记·昏义》曰:“夫礼始于冠,本于昏,重于丧祭,尊于朝聘,和于射乡。此礼之大体也。”《汉书·礼乐志》曰:“人性……有哀死思远之情,为制丧祭之礼……丧祭之礼废,则骨肉之恩薄,而背死忘先者众……”《孟子·离娄下》曰:“养生者不足以当大事,惟送死可以当大事。”可见儒家倡导礼以丧为重,所谓厚葬以奉躯体,重祭以奉精神。在古人的人生观中,死后有人为之主丧、主祭说明后继有人,保证死后仍有所享。

宗祧继承则侧重于“礼制”“礼义”。秦以后封建制瓦解,宗法原则转化为宗祧继承存在,集祭祀继承、身份继承与财产继承于一体,必然采取法定继承方式。宗祧继承的原则是,有子立嫡,无子立嗣。所谓立嗣,是指当事人在没有符合立嫡条件的亲生子孙时,择立继承人以延续香火。立嗣即近亲过继作为续绝手段,是防止户绝的一种补救办法。立嗣十分讲究次序,“凡子孙无嗣者,以亲兄弟次子承继。若亲兄弟无可继者,于堂兄弟之子继之。由亲及疏,以次而继,不许变乱宗法”。由此可知,立嗣对象为同宗近支卑亲属,以血缘亲疏为本,辈份相当,异姓不得立嗣。立嗣既包括被继承人生前择定继承人的行为,也包括立继以及命继,前者指被继承人死后由其寡妻为其择立继承人,后者指夫妻都已死亡,由丈夫的近亲尊长为之择立继承人。本案中的顶盆过继就属于命继行为。在传统中国,立嗣关系一经成立,嗣子就取得了被继承人的宗祧继承权及其家庭财产权,同

时承担相应义务,与被继承人的亲生子孙无异。

宗祧继承作为封建宗法制度,在国家法层面已被抛弃。但是,“顶盆发丧”与“顶盆过继”的民间习俗,作为“礼”文化的一种表现形式,在乡土社会已经存在了数千年,得到了较为持续而广泛的实施,立嗣等行为短时间内并不会消失。“山东东阿县习惯,亲亡故,长子于行柩时摔一瓦盆,其底钻孔,父一母三,谓之摔漏盆;临朐县习惯,无子者未及立嗣而死,出殡之日谁将柩前烧纸之盆顶出,亲友即认为其人有承继权。”“通常情形,摔盆、顶盆之子侄纵使最后未经宗族指立为嗣,亦能分得若干户绝财产。因此之故,争继者竞相顶盆、摔盆及打幡情事时有发生。”如果去世的老人没有子女的话,一般要在叔伯兄弟的孩子中找出一个人作为嗣子,由他来摔盆儿,这个风俗因而也叫“顶盆过继”,具有两层含义,顶盆即为逝者发丧,过继为继承逝者的宗祧、财产,在现代社会仅发生财产继承的效果。

“顶盆发丧”作为一种民间风俗,并未违反法律的强制性规定,也非落后迷信的封建遗毒,其文化内涵是“慎终追远”的价值追求。由同宗晚辈“顶盆”过继而继承财产,一方面体现“慎终”的观念,被继承人身后有所托付,得享祭祀;另一方面又保证被继承人的财产不至失散,既具有文化价值,又具有社会意义,没有与社会主流的伦理观和道德观相抵牾,也没有违背法律职业共同体的职业共识。因此,在国家实证法未明确予以认可的情况下,借由法官于个案中,以之定分止争,不失为上上之策。

在“顶盆过继案”中,如果石君某的3个侄子均要求“顶盆”,该如何处理?尤其值得探讨的是,“顶盆过继”这一习惯在现代法规范层面的法律效果,是让嗣子或继子获得正式的法定继承人地位,再按《继承法》第10条的继承顺位进行法定继承;还是习惯法源的效力最多赋予嗣子或继子继承权,却不足以剥夺其他法定继承人依法律所享有的继承权,嗣子或继子仅仅可以作为共同继承人参与到其他继承人如配偶或兄弟姐妹的继承过程中?本案中,若依前者的强效果方案,则石某雪与石君某之间形成父母子女关系,石某雪成为唯一的第一顺位继承人,此时作为第二顺位继承人的石坊某无法继承遗产;若依后者的弱效果方案,则石某雪作为继承人与石坊某构成共同继承关系,两人处于同一顺位。

从立嗣这一传统的制度目的观察,立嗣是在没有亲生子孙的前提下,择立继承人以取得被继承人的继承权及其家庭财产权,同时承担相应义务,与被继承人的亲生子孙无异。因此对应到现行继承法规范层面,应将嗣子或继子与享有继承权的亲生子女或养子女同等对待,并不要求相互之间形成相互扶养关系。或者说,立嗣本身并不包含扶养功能。因此,编者赞同“顶盆过继”

习惯应产生强效果，石某雪成为第一顺位继承人，由此作为第二顺位继承人的石坊某无法依继承人身份获得遗产。

习惯的适用不能违反强制性规范与公序良俗。本案中，国家法未针对“顶盆过继”行为做出明文规定，不存在违反强制性规范的问题。“顶盆过继”习惯是否违背公序良俗？石君某8年前去世时按照家族规矩，应该由其唯一的亲哥哥石坊某来主持料理后事。石坊某可以让两个儿子中的一个给石君某顶盆发丧，可是石坊某却因石君某仅有的一处房产因一家四口先后全染重病死在里面被视为“凶宅”而拒绝“顶盆”，对石君某的后事不管不问。唯有石某雪“眼看四叔的灵柩停放在家中已经多日，想起四叔一家平日里对自己的关照，再加上自己眼下还没有自己的房子”，通过命继行为以继子的身份为四叔顶盆发丧，依照传统礼法得到石君某遗留下来的房子。“石君某终于入土为安，石某雪为四叔顶盆发丧一时间也在村里被传为佳话。”可见，“顶盆过继”非但不违背公序良俗原则，反而彰显了中华民族优良传统和善良风俗。主审该案的韩某梅法官便表示：“我觉得顶盆发丧虽然是一种民间的风俗，但是它并不违反法律的强制性的规定，所以法律不应该强制地去干涉它，来破坏已经形成的社会的稳定性。”而原告石坊某没想到，当初只值几千元的房子8年后身价倍增，光折迁补偿款就值30多万元，并因此将石某雪告上法庭。石坊某先不顾“兄爱弟悌”之礼义，不担当起“近亲尊长为之择立继承人”的道德义务，而任由亲弟弟石君某“户绝”。后因房价倍增而“眈眈其产”，蓄意“混争于定继经分之后，驾捏游词”，石坊某的行为才是违反了传统礼法和善良风俗。

四、《民法典》时代“顶盆过继案”的裁判法理

《民法典》第1128条在《继承法》第11条的基础上作了修改完善。《继承法》规定的代位继承制度中，被代位继承人仅限于被继承人的子女，代位继承人仅限于被继承人子女的直系晚辈血亲。虽然该规定保障了遗产向被继承人的直系晚辈血亲流转，但是我国30多年的独生子女政策导致大量家庭只有1个子女，虽然我国目前已经放开了“三孩”政策，但基于结婚年龄不断推后等各种原因，年青一代的生育欲望并不强烈，中国家庭普遍呈现出倒金字塔型结构，与代位继承立法时的社会背景已经有了很大的不同。法定继承人的范围狭窄，不利于遗产的流转，容易导致遗产因无人继承而收归国家或者集体所有，因此，有必要扩大被代位继承人的范围。

被代位继承人的范围也不能无限制地扩大，否则容易导致遗产分配给与被继承人情感联系不密切的人，使遗产过多地向较远的旁系扩散。一般来说，兄弟姐妹是与被继承人关系最近的旁系血亲，兄弟姐妹从小共同生活多年，

具有深厚的情感基础,在一定情况下还能尽扶养扶助义务,而兄弟姐妹的子女即被继承人的侄子女、甥子女,与被继承人在血缘和情感上有较为紧密的联系,现实生活中对于无子女的叔伯姑舅姨,基于对养老送终的考虑,往往由其侄子女、甥子女给予精神慰藉与生活帮助,让侄子女、甥子女继承遗产符合遗产向晚辈流传的原则,也符合我国民间侄子女、外甥子女继承的传统。基于上述原因,《民法典》将兄弟姐妹纳入被代位人的范围,兄弟姐妹的子女在代位继承时是以第二顺序继承人的身份参与继承,相当于扩大了法定继承人范围,可以保障私有财产在血缘家族内部的流转,减少产生无人继承的状况,同时促进亲属关系的发展,鼓励亲属间相互扶助。

顶盆过继案中,石君某病逝时父母、妻子、儿女已经相继因病去世,因此不存在第一顺位继承人。三个哥哥中两个哥哥已经过世,原告石坊某作为石君某的哥哥仍然在世,被告石某雪为石君某的侄子即二哥之子。因此依据第1127条,石坊某是第二顺位继承人,依据第1128条第2款,石某雪代位其父亲也成为第二顺位继承人,而无须借道民间习俗方能获得继承人身份。石坊某与石某雪之间成立共同继承关系。

原告石坊某是否可以主张被告石某雪交还房屋?根据案情描述,石某雪入住房屋后,"收拾房子时,在衣柜的抽屉里发现了这个土地证,还有这个房产证,还有这个宅基地的公证书,收拾出来了就把它放起来了,一直保管着。"可见本案所涉房屋产权尚未变更登记至原告或被告名下。如果依《民法典》承认原告与被告属于共同继承人。石坊某不能依继承回复请求权主张石某雪交还房屋。继承回复请求权指发生继承权侵害情形时,真正继承权人享有的继承权的救济权。其成立要件包括,无继承权的人已事实占有遗产且占有无合法根据;遗产占有人否认真正继承人的继承权;提出争执者须为真正继承人。

在本案中,遗产并未分割,因此原告与被告对诉争房屋的权利样态为共同共有。因此本案的争点就从继承纠纷转化为确认物权归属与分割物的纠纷。但也有理论与裁判认为,继承纠纷并不限于侵犯继承权而导致的继承回复请求权,还包括遗产长期未分配,若干年后请求遗产分配的类型。还有观点认为,如继承开始后,只有部分继承人占有遗产,基于主客观原因未分割。后占有人处分了该遗产,其他继承人追究责任,常被认为是侵权纠纷。导致继承之诉与遗产分割之诉不分的根本原因是,没有明确规定放弃继承权的期限,使继承关系长期处于不确定状态。

不同性质的认定,时效适用也不相同,如确认物权请求不受时效限制,但继承权纠纷适用时效,《继承法》第8条规定,"继承权纠纷提起诉讼的期限为二年,自继承人知道或者应当知道其权利被侵犯之日起计算。但是,自继承开始之日起超过二十年的,不得再提起诉讼"。需注意,该条未采抗辩权发生说,在《民法典》中被删除。2016年最高人民法院《八民纪要》第25条明确规定,被继承人死亡后遗产未分割,各继承人均未表示放弃继承,依《继承法》第25条规定应视为均已接受继承,遗产属各继承人共同共有;当事人诉请享有继承权、主张分割遗产的纠纷案件,应参照共有财产分割的原则,不适用有关诉讼时效的规定。

综上所述,依《民法典》相关规范,原告石坊某与被告石某雪是石君某的共同继承人,在石君某死后,房屋并未过户到继承人名下,原告与被告对房屋形成共同共有关系,原告可以向被告主张分割遗产,该主张不受诉讼时效的限制。

第十六条 【代位继承人可以多分遗产的情形】代位继承人缺乏劳动能力又没有生活来源,或者对被继承人尽过主要赡养义务的,分配遗产时,可以多分。

【司法解释·注释】

代位继承人是否缺乏劳动能力可以通过一般生活经验判断,比如代位继承人是未满16周岁的未成年人、年老体弱的成年人或者身患重病无法通过劳动换取收入的,都可以认定为缺乏劳动能力。对于代位继承人存在伤残等情况,无法通过一般生活经验准确判断其是否缺乏劳动能力的,可以由人民法院委托专业鉴定机构进行鉴定,依据鉴定意见认定是否缺乏劳动能力。

认定代位继承人是否没有生活来源,条件不宜过苛,不能以完全没有经济收入作为认定没有生活来源的标准。代位继承人的收入水平远远低于当地平均收入水平的,可以认定为没有生活来源。对没有生活来源的判断,还可以从该代位继承人是否有较为稳定的收入、是否有社会医疗保险、是否有固定的住处,受其扶养的家庭成员的身体及经济状况等多方面综合考虑。不能仅以代位继承人是否有劳动收入为标准,没有劳动收入但有其他合法收入,或有人向其提供生活费用的,不能算作没有生活来源。

本解释第25条对遗嘱继承下的时间节点作了明确规定,即"继承人是否缺乏劳动能力又没有生活来源,应当按遗嘱生效时该继承人的具体情况确定"。代位继承作为法定继承的补充,应当适用法定继承的相应规则。代位继承人是否缺乏劳动能力又没有生活来源,应依被继承人死亡时该代位继承人的具体情况而定,更有利于未成年人代位继承人的权益保护。

尽过主要赡养义务是一个独立导致"可以多分"遗产结果发生的因素,代位继承人是否存在缺乏劳动能力、没有生活来源或其他情况,在所不论。这是一种鼓励型的不均等,主要目的是弘扬中华民族的优良传统,既是对赡养、扶助和保护老年人行为的肯定和鼓励,从情感上说,也符合作为被赡养方的被继承人的意愿。本条规定的条件是尽到"主要"赡养义务的,也就是说代位继承人首先应有法定的赡养义务。如果子女有能力赡养而不赡养或赡养较少,而祖父母、外祖父母主要由孙子女、外孙子女赡养的,则孙子女、外孙子女一方面可以主张代位继承,另一方面可以主张遗产酌分请求权。其次,赡养义务应主要由代位继承人履行,这是一个相对的量的要求。代位继承人对被继承人的赡养应当具有长期性、经常性。如果只是偶尔给几次钱、做几次饭、看望几次、提供有限的劳务帮助等,只能视为有过帮助,不能视为尽了主要赡养义务。

"可以多分"是指,即使代位继承人符合本条规定可以多分遗产的条件,人民法院也并非必须要给该代位继承人分配更多遗产份额。如果代位继承人的经济条件较好,而其他继承人存在诸如生活有特殊困难又缺乏劳动能力的情况时,人民法院可以酌情决定是否多分。

第十七条 【不能代位继承的直系晚辈血亲可以分得适当遗产】继承人丧失继承权的,其晚辈直系血亲不得代位继承。如该代位继承人缺乏劳动能力又没有生活来源,或者对被继承人尽赡养义务较多的,可以适当分给遗产。

【司法解释·注释】

持固有权说的观点认为,代位继承人对被继承人遗产得以继承的权利,来源于其作为继承人直系晚辈血亲的固有权利,与继承人的继承权无关。无论继承人是死亡还是丧失或放弃了继承权,其直系晚辈血亲均有权利代位继承。持代表权说的观点认为,代位继承是代位继承人代表被代位继承人参加继承,代替了继承人在继承中的地位,行使继承人的权利。当继承人丧失或放弃继承权利时,代位继承人因没有可以代替行使的权利基础,而不享有代位继承权。

本解释采取了代表权说的观点。继承权丧失制度既影响享有继承权的当事人本身的利益,还关系其他继承人的切身利益。完善的继承权丧失制度有利于规范继承人的合法继承行为,维护社会的道德人伦和家庭秩序,维持良好的遗产继承秩序、维护被继承人的遗嘱自由。《民法典》规定的丧失继承权的情形都属于极其恶劣、严重伤害家庭成员感情的行为,如果允许实施了该种行为的继承人的直系晚辈血亲代位继承,无论从法理还是情理上都行不通。

对于可能损害被继承人仍然愿意将财产分配给直系晚辈血亲利益的担忧，可以通过被继承人设立遗赠，或通过本条后半部分的规定予以弥补。继承人相对丧失继承权的，如确有悔改表现，被继承人表示宽恕的，继承人重新获得继承权，其直系晚辈血亲的代位继承权利也相应恢复。

继承人放弃继承权的不适用代位继承为多数立法所认可，放弃后，相应的应继份为其他同一顺位继承人或第二顺位继承人所有，此时已不存在代位继承的适用空间。

本条与《民法典》第 1131 条规定有区别，表现在直系晚辈血亲缺乏劳动能力又没有生活来源并不等于事实上“依靠被继承人扶养”。故即便被继承人生前并未对该直系晚辈血亲进行过扶养，也可适用本条主张分得适当遗产。当有符合本条后半部分两种情形的直系晚辈血亲时，可以适当分给遗产，也可以不分。是否适当分给遗产，应当综合遗产情况、继承人情况、直系晚辈血亲的生活需要等多种因素判断。当既存在缺乏劳动能力又没有生活来源的直系晚辈血亲，也存在对被继承人尽赡养义务较多的直系晚辈血亲时，二者遗产的分配应当以满足缺乏劳动能力又没有生活来源的直系晚辈血亲的基本生活需要为首要。

第十八条 【无论丧偶儿媳、丧偶女婿是否再婚，均不影响其子女代位继承】丧偶儿媳对公婆、丧偶女婿对岳父母，无论其是否再婚，依照民法典第一千一百二十九条规定作为第一顺序继承人时，不影响其子女代位继承。

【司法解释·注释】

现实中，不少丧偶儿媳或女婿会再婚，进而其子女还可能成为再婚配偶的继子女，甚至因此改姓换名。丧偶儿媳、丧偶女婿获得公婆、岳父母第一顺序法定继承权的条件只有一个，就是“尽了主要赡养义务”。丧偶儿媳、丧偶女婿在其配偶死亡后，没有任何婚姻关系存续，是否再婚是他们自己的人身权利，不影响对是否对公婆、岳父母尽了主要赡养义务的认定。立法之所以规定丧偶儿媳、女婿取得第一顺序继承人的地位，是基于对其赡养付出的鼓励而将其类似子女看待。但是丧偶儿媳、女婿的再婚配偶是被继承人的法定赡养义务人时，其再婚后的赡养行为与其丧偶之前的赡养行为本质是一致的，即其赡养行为被其再婚配偶法定赡养义务所吸收。此种情况下，丧偶儿媳、女婿虽对公婆、岳父母尽了主要赡养义务，但是不宜将其作为第一顺序继承人。

丧偶儿媳、女婿的子女可以代位继承则是基于与被继承人之间的血亲关系，既包括与丧偶生前所生子女，也包括养子女。但是,丧偶儿媳、丧偶女婿与丧偶以外的他人所生子女或收养子女因与公婆、岳父母没有血缘关系,不能依据本条主张代位继承。

第十九条 【法定继承人多分遗产的认定标准】对被继承人生活提供了主要经济来源,或者在劳务等方面给予了主要扶助的,应当认定其尽了主要赡养义务或主要扶养义务。

【司法解释·注释】

判断继承人尽到主要赡养义务的标准。首先,看被继承人是否需要继承人履行赡养义务。当继承人有赡养能力、条件,愿意尽赡养义务,但被继承人有固定收入和劳动能力,明确表示不要求其赡养的,分配遗产时,一般不应因此而影响其继承份额。其次,注意考察继承人赡养能力、条件和意愿,看是否对被继承人生活提供了主要经济来源,或者在劳务等方面给予了主要扶助。《老年人权益保障法》规定了“经济上供养、生活上照料和精神上慰藉”三方面的内容。具体包括:第一,在物质上给予被继承人较大的帮助,如提供生活费用、对患病老人提供治疗和护理费用;第二,在生活上给予被继承人主要照料和帮助,如继承人愿意与被继承人共同生活,照料生活不能自理的老人、给予合适的居住条件、购买食物及生活用品、洗衣做饭、维修家具家电等;第三,在劳动上给予被继承人较大的帮助,如耕种老年人承包的田地,照管老年人的林木和牲畜等,其收益归老年人所有;第四,对被继承人在精神生活上给予极大的抚慰。与老年人分开居住的家庭成员,应当经常看望或者问候老年人等。仅仅单纯的探望和精神抚慰,不能成为尽到主要赡养义务的判断标准,亦不能仅以此作为多分遗产的判断依据。

判断继承人是否尽到主要扶养义务的标准。首先,看被继承人是否需要继承人履行扶养义务。可以被继承人总收入或预期收入以及其他财产不足以为他提供基本生活设施和维持基本身体需求,或者具有资产但在可预期的短期内财产会耗尽作为判断标准。其次,看是否对被继承人生活提供了主要经济来源,或者在劳务等方面给予了主要扶助。当夫妻一方出现患病、伤残、下岗等情况,由此导致丧失劳动能力或者生活困难的,另一方应当用己方财产帮助需要扶养的一方,使其生活水平同自己大体相当。司法实践中,法官在审查继承人是否承担了主要扶养义务时,应当着重审查被继承人自身的经济水平、身体状况、继承人对被继承人的经济支持和照顾等情况。提出主张的继承人应当对其尽到主要扶养义务承担举证责任。主要赡养行为、扶养行为应当具有长期性和经常性。

第二十条 【继承人以外的人酌情分得遗产】依照民法典第一千一百三十一条规定可以分给适当遗产的人，分给他们遗产时，按具体情况可以多于或者少于继承人。

【司法解释·注释】

关于分给“适当”的遗产的具体标准，应综合考虑以下几方面的因素：一是请求权人与被继承人的扶养关系。从受被继承人扶养的角度，是全部由被继承人扶养，还是与其他人共同扶养，以及是否仍需长期扶养；双方是亲情关系、友情关系还是其他关系。与被继承人情感较为密切，为被继承人生前所喜爱者，可以多给。仍需由被继承人长期扶养者，也可多给。从扶养被继承人的角度，则主要是扶养人对被继承人扶养的具体情况，扶养时间长短、采取何种扶养方式，以及扶养人与被继承人的亲情关系等。倾向于考虑分给扶养人的遗产数额应以其对被继承人所尽扶养相一致为原则，如果继承人以外的人，对被继承人扶养时间长，付出多者应多给；对被继承人所尽的扶养大于被继承人的子女或其他法定继承人，可以取得遗产中的相当数额甚至可以取得大部分遗产。二是被继承人遗产的状况。具体包括遗产的数量、种类等。要以有利于满足生产和生活需要，不损害遗产的效用为原则。三是遗产继承人的情况。包括继承人的数量、经济状况、是否尽了扶养义务、与被继承人的关系等，如果继承人中有既无劳动能力又无生活来源而需要特别加以照顾的人，应首先保障此种继承人的基本生活需要，再考虑酌给请求权人的请求。

收养关系成立后，被收养人与生父母以及其他近亲属之间丧失法定继承人的地位。但是，若养子女对其生父母尽了主要赡养义务的，或者与亲兄弟姐妹间具有扶养关系的，也可以依据本条规定，适当分得其生父母或者亲兄弟姐妹的遗产。

第二十一条 【适当分给遗产的人具有独立诉讼主体资格】依照民法典第一千一百三十一条规定可以分给适当遗产的人，在其依法取得被继承人遗产的权利受到侵犯时，本人有权以独立的诉讼主体资格向人民法院提起诉讼。

【司法解释·注释】

依据《民事诉讼法》第122条规定，适当分给遗产的人作为原告向人民法院提起诉讼时，人民法院应对其与本案“具有直接利害关系”作出审查。对于依法可以适当分给遗产的人，被继承人遗产的分割情况，与其是否能够依法取得被继承人的遗产，以及取得被继承人遗产的份额密切相关,应当认为其与案件的处理具有直接利害关系。

适当分得遗产的人是"继承人以外的人",所享有的适当分得被继承人遗产的权利,是独立于其他继承人的财产权利,因此其以原告身份提起诉讼仅是为保护自己的财产权益,案件性质应当属于侵权责任纠纷。适当分给遗产的人还可以以有独立请求权的第三人身份参与该诉讼,以维护自己的合法权益,在继承纠纷之诉的原告撤诉后,仍然有权利以另案原告身份继续进行诉讼。若适当分给遗产的人在明知被继承人的遗产已经开始分割,仍未向有关主体明确提出参与分配遗产的事实和主张的,应当视为其放弃分得遗产的权利,为保障财产关系的稳定性,其事后又向人民法院提起诉讼的,将不能得到人民法院的支持。

人民法院应对以下两方面问题作出实质审查:一是适当分给遗产的人与被继承人之间是否形成扶养关系;二是适当分给遗产的人应当分得被继承人遗产的具体份额。

第二十二条 【被继承人有固定收入和劳动能力,明确表示不要求继承人扶养的,继承人的继承份额一般不受影响】继承人有扶养能力和扶养条件,愿意尽扶养义务,但被继承人因有固定收入和劳动能力,明确表示不要求其扶养的,分配遗产时,一般不应因此而影响其继承份额。

【司法解释·注释】

有扶养义务的人尽扶养义务的前提是有扶养能力和扶养条件,主要是指扶养义务人具有履行扶养义务的身体、心智、时间和经济条件等客观条件,以及具备愿意扶养的主观条件。现实中更常见的是扶养义务人主观上不愿履行扶养义务。对此,可纳入《民法典》第1130条第4款"不尽扶养义务的"情形,分配遗产时对其不分或者少分。至于愿意履行扶养义务且具备扶养能力和扶养条件但客观上没有履行扶养义务的情形才可能属于本条规范对象。

被继承人因生前有固定工资报酬、养老金、投资收益、劳动收入等客观上无须继承人对其履行扶养义务的情形并不少见,甚至还存在被继承人在经济上支持和帮助扶养义务人的情形。故在被继承人客观上有维持自身生活水平的经济来源的情形下,如果被继承人已经明确表示不需要特定继承人履行扶养义务,则对于该愿意履行扶养义务的继承人而言,已事实上没有履行的必要且扶养义务不履行也不违反扶养制度设立的目的。进而,由于该继承人不具备可归责性,故在遗产分配时,就不应对该继承人采取不分或少分的惩罚性处理措施。考虑到现实情况的复杂性，不排除该继承人因没有尽扶养义务而受益，其他继承人虽没有法定扶养义务，但确实对被继承人有较多扶助的情形。故本条用了"一般"的表述，从而允许在特殊情况下，例外让该有扶养义务的继承人适当少分遗产，以达到让其他没有扶养义务但有实际扶助行为的继承人适当多分的目的。

"有固定收入"一般是指有足以维持被继承人所在地基本生活水平的稳定可持续的收入，失业保险金、最低生活保障等社会福利救济性质的收入一般不属于本条所指固定收入。"有劳动能力"一般是指身体和心智条件足以支持进行正常劳动的能力，排除因年老、年幼或身体残疾、精神疾病等不能进行正常劳动的情形。这里的劳动能力不能等同于劳动法上的劳动能力，包括即便达到退休年龄，仍事实上有能力从事具体劳动工作的情形。

现实生活中，被继承人生前不要求有扶养义务的继承人扶养的原因有很多，除了本条所指经济方面原因外，还包括被继承人因与继承人关系不和，赌气表示不需要其扶养、被继承人在被欺诈、胁迫、重大误解等意思表示不自由、不真实情形下作出的不需要其扶养意思表示等。只有被继承人基于确实有生活来源而客观上不需要扶养所作出的不需要扶养意思表示才符合本条规范目的。"明确表示"有两层含义：一是被继承人原则上应有完全民事行为能力，能够作出产生不要求继承人扶养法律效果的意思表示。二是被继承人不要求特定继承人扶养的意思表示应当是积极的且无歧义的，应向该特定继承人作出并已到达该特定继承人时才生效。

第二十三条 【与被继承人共同生活但不尽扶养义务的继承人可以少分或不分遗产】有扶养能力和扶养条件的继承人虽然与被继承人共同生活，但对需要扶养的被继承人不尽扶养义务，分配遗产时，可以少分或者不分。

【司法解释·注释】

该条中"与被继承人共同生活"只是对彼此间生活状态的外观描述，与是否实际对被继承人进行了生活照料、扶助和经济供给并无必然联系。有扶养义务不等于必须共同生活，履行扶养义务也不等于共同生活。反之，共同生活也不等于有扶养义务，更不能得出履行了扶养义务的结论。

本条规范的"不尽扶养义务"情形与《民法典》第1130条第4款规定的"不尽扶养义务"情形有所区别。后者针对的是主观上不愿尽扶养义务，客观上有扶养能力和扶养条件且事实上未尽扶养义务的情形。而本条所指继承人不尽扶养义务是在与被继承人共同生活的前提下。换言之，继承人至少在形式上仍与被继承人共同生活在一起。相对于后者,与被继承人共同生活行为本身就说明继承人即便不尽扶养义务,主观过错也相对较小。而且,从日常生活经验判断,既然在一起共同生活,那么继承人一般都会对被继承人有所照料,对被继承人情感的伤害也相对于不在一起共同生活要小。故本条并未直接套用该款"应当不分或者少分",而是表述为"可以不分或者少分"。

如果被继承人虽无固定收入和劳动能力,但因与继承人及其家庭成员产生口角、争执等矛盾而拒绝有扶养义务的继承人扶养的,则可查明原因,如果继承人确有过错,则可适用本条对其酌情少分或者不分遗产。生活来源的供给义务、危急情况下的救助义务是基础性义务,因为该义务是否履行将直接影响到被扶养人的生存利益,故有扶养义务的继承人如未对被继承人履行该义务,可考虑认定为未尽到主要扶养义务,从而对其不分或明显少分遗产。至于日常生活起居的照料义务,则区分被继承人是否有生活自理能力而定,如果被继承人没有生活自理能力,而继承人却对其未履行该照料义务,既影响到被继承人的生存利益,也严重违背社会主义核心价值观,则同样可考虑对其不分或明显少分遗产。反之,如果被继承人有或部分有生活自理能力,则继承人未履行对其生活起居照料义务,一般不会对其产生实质性生活障碍,故可考虑对其适当少分遗产。由于情感慰藉的缺失一般不会导致被继承人实质性受损,故一般不宜适用本条少分遗产,除非该情感慰藉的缺失导致了其他严重后果。

三、遗嘱继承和遗赠

第二十四条 【因与继承人、受遗赠人有利害关系,不能作为遗嘱的见证人的主体范围】继承人、受遗赠人的债权人、债务人,共同经营的合伙人,也应当视为与继承人、受遗赠人有利害关系,不能作为遗嘱的见证人。

【司法解释·注释】

所有继承人都与遗嘱有利害关系,都可能因遗嘱而间接受益或受损,都不能作为遗嘱见证人。就间接受益而言,如果遗嘱指定的继承人是子女,则该子女按遗嘱继承的遗产将成为其财产的一部分,而这部分财产将来就有可能成为其遗产被遗嘱人的配偶以父母身份继承,从而没有被遗嘱指定为继承人的配偶就因遗嘱而间接受益。故遗嘱人的配偶虽因未被指定为遗嘱继承人而直接受益,但如允许其担任遗嘱见证人,不排除其为让与其有利害关系的子女成为继承人而对遗嘱人施加不当影响。同理,在遗嘱指定配偶为继承人时,没有被遗嘱指定为继承人的子女也会因此而间接受益。类似情况还有,如果遗嘱人指定父母为继承人，则父母按照遗嘱继承的遗产将可能被遗嘱人的兄弟姐妹以第一顺序继承人的身份继承，从而没有被遗嘱指定为遗嘱继承人的兄弟姐妹就因遗嘱间接受益。至于间接受损情形，如果遗嘱指定第二顺序继承人为继承人，则第一顺序继承人就因未被指定或无法依法定继承继承遗产而受损。故即便让未被遗嘱指定继承的继承人担任遗嘱见证人，也可能因其利益受损而影响其遗嘱见证的公正性。

立法规定遗嘱形式要求是为确保遗嘱内容体现遗嘱人真实意思，而规定遗嘱见证人这一形式要求也是基于同一目的考量。故从应然层面出发，利害关系最好采广义说，以最大限度避免因遗嘱见证人与继承人、受遗赠人之间血缘或姻亲等关系，而导致遗嘱见证人有失公正的风险。但鉴于我国目前社会大众的法律素养、所倾向的遗嘱见证人范围、立遗嘱时的客观环境等因素，还是应从实然层面出发，对利害关系人的范围有所限定。继承人、受遗赠人的配偶及近亲属因与继承人、受遗赠人的密切关系而不能作为遗嘱见证人。至于继承人、受遗赠人的旁系血亲则一般可以不将其列入利害关系人范围。

本条仅从与继承人、受遗赠人的经济利害关系角度，明确将现实生活中常见的继承人、受遗赠人的债权人、债务人，共同经营的合伙人也视为是与继承人、受遗赠人有利害关系的人，不能作为遗嘱的见证人。由于继承人的债权人对继承人有债权，故在继承人没有清偿债务能力的情形下，其债权人的债权有落空危险。此时，如果让该继承人的债权人作为遗嘱见证人，就不排除该债权人在见证遗嘱过程中篡改遗嘱内容，增加欠其债务的继承人的遗产份额或者恶意让该遗嘱无效，从而让该继承人通过法定继承获得更多遗产从而确保其债权。至于继承人的债务人，则不排除该债务人为减免其欠继承人债务而受继承人指示采取上述措施增加该继承人可得遗产数额，甚至为报复继承人的逼债行为而通过遗嘱见证恶意减少继承人应继承的遗产；与之类似，受遗赠人的债权人、债务人同样可能在见证过程中实施上述行为，故也应被排除在遗嘱见证人范围之外。

合伙企业形态下，除了有限合伙人，其他合伙人之间都可能要对合伙企业债务承担连带责任。换言之，任何一个合伙人（不包括有限合伙人）自身责任财产的多少都将影响到其他合伙人的实际债务承担，故合伙人之间存在经济上利害关系。至于合伙合同形态下的合伙人，根据《民法典》第 973 条规定，合伙人对合伙债务承担连带责任，故合伙合同形态中的合伙人之间也存在经济上利害关系。

第二十五条 【遗产处理时，应为缺乏劳动能力又没有生活来源的继承人留下必要遗产】遗嘱

人未保留缺乏劳动能力又没有生活来源的继承人的遗产份额,遗产处理时,应当为该继承人留下必要的遗产,所剩余的部分,才可参照遗嘱确定的分配原则处理。

继承人是否缺乏劳动能力又没有生活来源,应当按遗嘱生效时该继承人的具体情况确定。

【司法解释·注释】

"没有生活来源"是指继承人自身不具备独立维持个人达到当地基本生活水平的经济条件且没有其他有扶养能力的扶养义务人存在。如果特定继承人虽然没有劳动能力,但其名下有足够财产或有具备扶养能力的扶养义务人对其进行扶养,则其因生活无忧已不属于必留份制度的适用对象。

现实生活中,由于出现不少遗嘱人留给未成年人等缺乏劳动能力又没有生活来源的继承人的遗产被其监护人非法侵占、挪用等情形,故不少遗嘱人往往会通过遗嘱指定遗嘱继承人附扶养照顾特定遗嘱人义务继承的方式来预防。从必留份制度的功能目的出发,即便遗嘱中未明确记载为特定缺乏劳动能力又没有生活来源的继承人留下的具体遗产份额,只要遗嘱人在遗嘱中的相关表述能够保障该继承人能从遗产中受益,取得生活来源保障,通过其他有保障性、义务性的安排实质性保障了其应继承遗产份额,即可认为符合《民法典》第1141条规定必留份制度的立法本意和价值追求,无须在遗产处理时,再为该继承人留下必要的遗产。故应当对遗嘱的实质内容进行分析。如果遗嘱人仅在遗嘱中对缺乏劳动能力又无生活来源的继承人今后的生活作出的安排仅仅具有宣示性、倡导性,而未涉及相应遗产本身的处理,不能为缺乏劳动能力又没有生活来源的继承人提供实质性保障,则不宜认定其已实质保留缺乏劳动能力又没有生活来源的继承人的遗产份额。

从必留份制度的养老扶幼功能出发,应确保必要遗产份额对应的相应价值遗产优先于其他继承人、受遗赠人等分配。本条采用的遗产分配时,先留必留份,剩余部分参照遗嘱确定的分配原则处理则可较好协调必留份与遗嘱自由之间的冲突。本语段中的"遗产处理时"不能与《民法典》继承编第四章"遗产的处理"等同。该章中的"遗产的处理"以继承开始作为时间起点,主要包括指定遗产管理人、遗产管理人依法履行职责等阶段。而本条所指"遗产处理时"应是特指遗产管理人进行遗产分割时。"必要的遗产",原则上是指维持缺乏劳动能力又没有生活来源的继承人基本生活水平所必需的遗产,如《人身损害赔偿解释》中关于被扶养人生活费的确定标准,即将"城镇居民人均消费支出额"作为确定必要遗产份额的考量因素。

遗嘱人在遗嘱中对特定物品的处理可能基于情感、纪念、习俗惯例等非财产价值方面的考量。而为缺乏劳动能力又没有生活来源的继承人保留必要的遗产份额,仅为让其得到财产价值并维持生计,故在具体选择所保留的必要遗产时,应尽量不要将上述特定物品纳入保留范围。

遗产管理人优先保留必留份遗产后,剩余的遗产部分从具体种类和价值等方面都很可能已经无法匹配遗嘱人遗嘱分配的内容。故只能参照遗嘱内容、尽量满足遗嘱确定的特定遗产归属,而不能直接完全按遗嘱确定的分配原则处理。在考虑特定物品归属的前提下,可以根据遗嘱确定的各继承人、受遗赠人应得财产份额的价值比例,就剩余遗产按该比例在各继承人、受遗赠人之间进行分配。

《民法典》第1141条并未明确违反保留必留份规定的相应法律后果,属于不完全法条。必留份制度也只是保证缺乏劳动能力又无生活来源的继承人可以得到必要的遗产而非全部,故对剩余部分遗产原则上仍可按遗嘱人意愿处理。遗嘱因违反本条规定而侵害了必留份权利人的必留份权,遗嘱也仅为部分无效,除非部分无效有违遗嘱人意愿。2015年最高人民法院发布的第十批指导性案例第50号也持同样观点。虽然该指导性案例指向的是为胎儿保留必要份额,但并不等于胎儿就一定可以主张必留份。在继承人有生活来源或胎儿受赠巨额财产的情形下,不符合必留份适用对象要求,没有必要给其保留必要的遗产份额。

第二十六条 【遗嘱处分他人财产部分无效】遗嘱人以遗嘱处分了国家、集体或者他人财产的,应当认定该部分遗嘱无效。

【司法解释·注释】

由于遗嘱是单方、无相对人的民事法律行为,且遗嘱人死后才生效,不需要就保护善意相对方和交易安全等因素进行考量,只需考虑遗嘱人通过立遗嘱进行财产处分行为是否有效即可。如果遗嘱人立遗嘱时尚未取得特定财产的处分权,但在遗嘱生效时,已经取得该特定财产的处分权,则不宜适用本条以无权处分为由认定遗嘱无效。反向言之,如果遗嘱人立遗嘱时已取得对特定财产的处分权,但在遗嘱人死亡时已经丧失对该特定财产的处分权的情形,则同样可以构成本条所指的无权处分。

从现实情况看,遗嘱人除了处分自他人处借用、替他人保管的财产等完全属于他人所有的财产情形之外,更多的都表现为将夫妻共同所有财产或家庭共有财产作为个人遗产进行的处分。夫妻共同财产中属于配偶所有的一半财产和家庭共同财产中属于他人的财产不属于被继承人遗产的范围。判断遗嘱处分的特定财产是否属于国家、集体或者他人,不能仅仅根据占有或者登记情况而定。虽然不少财产事实上确为遗嘱人占有或名义上登记在遗嘱人名下,但这并不代表在法律上能必然得出该遗嘱人就是财产所有权人的结论。不排除特定情形下,遗嘱人立遗嘱时,已经基于相应民事法律行为取得特定财产占有或登记,并基于此将其纳入遗产范围处分,但之后又因相应民事法律行为无效、被撤销或者确定不发生效力导致对该财产的处分构成无权处分的情形。

遗嘱中处分他人财产的部分无效,其他部分继续有效。遗嘱人立遗嘱时可能对各项财产的处分有整体考虑,不排除对其他财产处分是受将他人财产处分给特定继承人的影响。但这仅仅是一种基于生活经验感知的或然性。由于被继承人已经去世,故其概率大小很难事后求证。如果因此就认定遗嘱全部无效,让已经被遗嘱人在遗嘱中处分给特定人的遗产回到法定继承范畴,反而更可能违背遗嘱人立遗嘱的意图。即便是因无权处分部分遗嘱无效而不能受益的继承人或受遗赠人,也可通过必留份制度或遗产酌给请求制度等得到一定程度的救济。如果遗嘱的文义表述已经清楚表明遗嘱人其他个人合法财产的处分与该无权处分财产之间有必然因果关系,则可考虑与之相关的遗嘱人个人合法财产的处分一并无效。

【编者观点】

是否无权处分,判断时点为遗嘱生效而非设立时。遗嘱人通过遗嘱无权处分第三人财产,为何不依法律行为理论,相关遗嘱内容效力待定?有权处分人不追认时,相关遗嘱内容方才无效。

【法院参考案例】

晏某香因原夫葛某辉在离婚诉讼中隐瞒预购房在离婚后取得产权并立遗嘱处分给后妻诉遗嘱继承人王某红归还该房一半产权案[《人民法院案例选》2002 年第 2 辑(总第 40 辑)]

【基本案情】

原告晏某香与葛某辉于 1964 年 3 月结婚。后因夫妻感情不和等原因,葛某辉于 1983 年 6 月向三明市三元区人民法院起诉,要求与晏某香离婚,该院于 1985 年 5 月判决不准离婚。1986 年,葛某辉再次诉至该院要求与晏某香离婚,该院于 1988 年 10 月 6 日作出民事判决。离婚判决生效后,葛某辉于 1995 年与被告王某红结婚,并生育一子。1987 年 9 月 29 日,葛某辉与三明市三元区城市改造办公室签订售房合同 1 份,于当日交款 17175 元,以拆迁房预售形式购买了三明市三元区复康路 51 号 B 幢 2 号店面(以下简称 2 号店面),并于 1990 年店面建成后取得了该店面。2000 年 3 月 13 日,葛某辉向三明市人民政府领取了2号店面房屋所有权证。2000年12月15日，葛某辉以公证遗嘱形式，将其名下的2号店面及住房处分由被告王某红继承。葛某辉于2000年12月21日死亡。

【裁判结果】

三明市三元区人民法院以房屋确权为由立案受理本案。经审理认为：本案讼争店面系葛某辉在与原告晏某香婚姻关系存续期间交纳购房款，在离婚之后取得该房，并领取了房屋所有权证书。由于我国实行城市房屋所有权登记发证制度，在原告晏某香与葛某辉离婚时，双方既未取得2号店面的房屋所有权证书，亦未实际取得2号店面，根据《民法通则》及相关法律规定，双方在离婚前尚未取得2号店面的所有权，故该店面不应属原告晏某香与葛某辉的夫妻共同财产。现原告晏某香起诉要求判令确认2号店面所有权的一半归其所有，缺乏充分法律依据，本院不予支持，对被告的相关答辩意见予以采纳。同时，因为葛某辉在离婚时存在隐瞒其已交纳17175元用于购买2号店面的事实，原告可另行向人民法院提起诉讼，请求再次分割在原离婚案件中未进行分割的夫妻共同财产及相应孳息。依据《民法通则》第72条，《城市私有房屋管理条例》第6条第1款的规定，该院于2001年9月13日判决如下：驳回原告晏某香要求确认2号店面所有权的一半归其所有的诉讼请求。

宣判后，晏某香不服，向三明市中级人民法院提起上诉。诉称：葛某辉于1987年9月29日购买了讼争店面房。1988年11月11日，法院终审判决葛某辉与其解除婚姻关系时，葛某辉隐瞒了该财产。其在2001年4月11日才得知其权益受到侵害。讼争的店面房屋属葛某辉与其夫妻关系存续期间的共同财产，其理应享有一半产权。被上诉人王某红答辩称：讼争的店面房是葛某辉向亲朋好友借款购买的，该店面在1990年才建成，葛某辉于2000年3月13日领取房产权证，完全属葛某辉个人财产。葛某辉于2000年12月15日以公证遗嘱形式，将其名下的店面房处分由其继承，具有法律效力，受法律保护。晏某香要求分享一半产权无理。

三明市中级人民法院仍以房屋确权作为案由。认为：讼争的2号店面房，系葛某辉在与晏某香离婚诉讼判决前即双方婚姻关系存续期间购置的，由于购房合同合法有效，已交的购房款就物化为房屋，受法律保护，所以依法应认定为夫妻共同财产。至于当时尚未交付使用、领取房屋所有权证书，并不能改变购置财产的共有性质。交付房产、申领所有权证书是葛某辉与三明市三元区城市改造办公室之间履行合法有效合同的必然结果。葛某辉在离婚诉讼时，隐瞒已购置本案讼争房产，与王某红结婚后，又以公证遗嘱的形式将讼争店面处分给王某红继承，该遗嘱部分有效，部分无效。晏某香的诉讼请求符合法律规定，也未超过诉讼时效，依法应予以支持。原审法院处理不当,上诉人晏某香上诉理由成立。依照《婚姻法》第17条以及《最高人民法院关于人民法院审理离婚案件处理财产分割问题的若干具体意见》第2条第1项之司法解释,《民事诉讼法》第153条第1款第3项的规定,该院于2001年11月16日作出判决:(1)撤销三明市三元区人民法院民事判决。(2)讼争的三明市三元区复康路51号B幢2号店面房产权归上诉人晏某香与被上诉人王某红各半享有。

第二十七条 【遗书按自书遗嘱对待的认定标准】自然人在遗书中涉及死后个人财产处分的内容,确为死者的真实意思表示,有本人签名并注明了年、月、日,又无相反证据的,可以按自书遗嘱对待。

【司法解释·注释】

"遗书",一般是指自然人生前书写,对其死亡的相关事项以书面形式作出记载的文字材料。由于遗书是死者生前对其包括财产处分在内各项事宜的最后意思表示,不少遗书确实也涉及对死后个人财产处分的内容。单就该部分内容而言,又具备遗嘱的特征。能否对该部分适用遗嘱相关法律规则处理,则首先应判断该部分内容是否为死者的真实意思表示,可以考虑从以下几个方面判断:第一,该部分内容是否全部为立遗书人亲笔书写。第二,该部分内容是否存在涂改增删。应注意结合被涂改增删文字的笔迹、用墨、用语行文习惯、是否在涂改增删处签名或按指印确认、相关条款文义及其目的等综合分析该增删涂改是否为立遗书人的真实意思表示。第三,该部分内容表述是否与遗书其他部分以及已查明事实有实质冲突。如果该部分内容表述只是立遗书人因遗忘或疏忽所致或只存在表述形式上的冲突,则可考虑认可其为立遗书人真实意思表示。但如果该部分内容确实与已查明事实或其他部分表述存在实质冲突,则应在该部分内容是否为立遗嘱人真实意思表示问题上持更谨慎态度。第四,该部分内容表述是否有违公序良俗和日常社会生活经验。例如,遗书中将所有个人合法财产均遗赠给他人,而一反常理未给其未成年子女留下任何财产。第五,立遗书人在书写遗书时是否受到他人欺诈、胁迫。第六,是否有证据证明遗书存在伪造、篡改行为。

根据日常生活经验,亲笔书写固然可以作为立遗书人本人制作遗书的有力证据,但其却不能直接区分该遗书内容是立遗书人起草的遗书草稿抑或最终定稿。此时,立遗书人本人在遗书上签名确认就至关重要。立遗书人在遗书上亲笔签名,是遗书表现的遗书人的人格痕迹,因而具有认可遗书内容是其真实意思表示,愿意让遗书发生效力的作用。现实生活中,自然人除了用身份证上正式姓名外,还经常用艺名、小名、昵称、绰号等方式代表本人。故对本处签名应作广义理解。立遗书人在遗书结尾处签名,意味着遗书内容已经全部载明,立遗书人正式承认遗书为其本人所写且确认该遗书为定稿;在遗书增删涂改处签名,意味着立遗嘱人确认增删涂改内容为其本人所为,并非他人篡改;在遗书抬头部分签名,虽可表明该遗书为立遗书人制作,但不能直接证明该遗书为最终定稿;在遗书的每一页都签名,更能确认遗书整体内容均为立遗书人的真实意思表示。遗书上的签名必须由立遗书人亲笔书写,而不能以盖章、指印等方式替代。

本条之所以要求具体注明年、月、日而非笼统要求注明日期是为避免因时间不够具体准确而引发对立遗书人是否有完全民事行为能力以及以哪份遗书为准的争议。故有年有月无日、有月有日无年以及有年有日无月者都不符合本条要求。司法实践中,有些遗书虽然没有特别注明年、月、日,但从遗书表述如果能锁定书写的具体年、月、日的,也可按照注明了年、月、日处理。例如,遗书中表述"今天是本人40岁生日"。

【地方法院规范】

《北京市高级人民法院关于审理继承纠纷案件若干疑难问题的解答》(2018年)

17. 遗嘱的形式要件认定规则?

未严格按照法律规定的形式要件作出的遗嘱,人民法院应认定无效。

签署日期不全的自书遗嘱应为无效。以遗书形式处分遗产的,如该遗书具备法律规定的自书遗嘱形式要件的,应认定有效。

23. 遗嘱真实性举证证明责任承担的原则,鉴定不能情况下举证证明责任如何分配?

继承纠纷中,原则上应由持有遗嘱并主张遗嘱真实一方承担遗嘱真实性举证证明责任。

在因无法提供足够的鉴定对比样本而导致遗嘱笔迹鉴定不能情况下,如有证据证明一方当事人持有鉴定对比样本而拒不提供的,人民法院可根据案情确定由该方承担不利后果。

【法院参考案例】

赫涟某1与赫涟某2等遗嘱继承纠纷上诉案[《民事审判指导与参考》2010年第2辑(总第42辑)]

【基本案情】

赫涟某3之父赫某于2009年10月死亡。随后,赫涟某3与其兄、姐在一起协商分割其父遗产事宜,三人达成协议:赫某名下的3居室房屋1套归赫涟某3所有,赫涟某3给其兄、姐各20万元;其余电器、家具等财产由其兄、姐任选,剩余归赫涟某3所有。三人签字后,赫涟某3尚未向其兄、姐支付约定的款项,即在其父亲的电脑中找到一份"身后事项安排",其主要内容是:"我患病4年,幸得小女赫涟某3悉心护理,得以延年。近觉身体每况愈下,故趁头脑清醒、神智健全之际对身后事宜预作安排。(1)丧事从简,只通知我的弟弟及我的几个子女。骨灰与我妻之骨灰合葬即可。(2)我的财产只有现居住的房屋1套及家具和少量存款。存款已给小女赫涟某3,可用于我的丧事及我与老伴合葬事。(3)长女为我们夫妻的养女,我们将其抚养成人,并未要求其尽赡养义务,可将我妻留下的金手镯1只交其作纪念。长子赫涟某2事业有成,经济宽裕,足慰我心。可由其自选家中物品作纪念。"赫涟某3认为,此系父亲留下的遗嘱,遂将此事告知其兄、姐。赫涟某2认可电脑中的文字记载为其父亲的真实意思表示,挑选了家庭相册及其父赫某的部分衣物作为纪念,表示不再要小妹的20万元。但赫涟某1认为,父亲生前并无遗嘱,也从未说起过自己系抱养之事,电脑里的文字不能证明是父亲赫某所写。就应当按法定继承原则分割父亲的遗产。遂以赫涟某3为被告提起诉讼,请求法院判决其依法继承父亲赫某的遗产。

【裁判结果】

一审法院受理此案后,因赫涟某2并未作出放弃继承的意思表示,故追加赫涟某2为本案的共同被告。审理中,赫涟某2、赫涟某3对父亲电脑中的"身后安排"系其父赫某死亡后,由赫涟某3发现一节并无异议。赫涟某2表示,从文字内容和家庭实际情况来看,"身后安排"系赫某所写应无疑问,赫涟某1系抱养一事自己早就知晓,只是赫涟某1本人与小妹赫涟某3不知。自己本来也不打算要小妹的20万元,现在父亲既然有话,自己就更不能要小妹赫涟某3给钱了。因此,只要一些家庭纪念品。赫涟某3表示,姐姐赫涟某1系抱养一事自己以前从不知晓,因此并非因为这一原因不同意赫涟某1继承父亲的遗产。只是自己目前经济上确实比较困难,既然父亲在"身后安排"中说了房子留给自己,能否少给哥哥、姐姐一些补偿。如果哥哥、姐姐不同意,自己还愿意按照原来的协议履行。

一审法院认为,根据我国《继承法》第三章的规定,遗嘱只有自书遗嘱、代书遗嘱、口头遗嘱、录音遗嘱,公证遗嘱五种形式。如果赫涟某3所述属实,即赫某电脑中的"身后安排"为赫某自己录入,是其真实意思表示,但仍不符合自书遗嘱的要求。《继承法》第17条第2款明确规定:"自书遗嘱由遗嘱人亲笔书写,签名,注明年、月、日。"但赫某电脑中的"身后安排"明显不符合法律规定的自书遗嘱的形式要件。因为,电脑中的"身后安排"不具备法定的自书遗嘱的形式要件,根本无法确认为赫某本人所写,在作为继承人之一的赫涟某1否认的情况下,证据的关联性、来源合法性均无法确认，故不能确认其为被继承人赫某生前的自书遗嘱。被继承人死亡后，如果没有遗嘱，根据《继承法》第 15 条之规定："继承人应当本着互谅互让、和睦团结的精神，协商处理继承问题。遗产分割的时间、办法和份额，由继承人协商确定。协商不成的，可以由人民调解委员会调解或者向人民法院提起诉讼。"本案中，赫涟某 2 兄妹三人在赫某死亡后，本来是通过协商处理继承问题，已经达成协议，但因赫涟某 3 发现赫某电脑中存有"身后安排"，误认为此系父亲生前所立遗嘱，并以此为据去与哥哥、姐姐协商可否变更三人就继承问题所达成的协议，遂引起纠纷。既然"身后安排"不能被视为赫某的遗嘱，也就不存在遗嘱继承一事。赫涟某 2 兄妹三人就继承问题达成的协议，是各方当事人真实的意思表示，不违反法律和行政法规的禁止性规定，应认定为有效，各方均应自觉履行。现赫涟某 1 要求按法定继承原则重新分割遗产，缺乏事实依据和法律依据，遂判决驳回赫涟某 1 的诉讼请求。

赫涟某 1 不服一审判决，提起上诉。经二审法院调解，赫涟某 2 兄妹三人达成协议，重申履行原来的协议，赫涟某 1 撤回上诉。

第二十八条 【遗嘱人立遗嘱时的民事行为能力与遗嘱效力的关系】遗嘱人立遗嘱时必须具有完全民事行为能力。无民事行为能力人或者限制民事行为能力人所立的遗嘱，即使其本人后来具有完全民事行为能力，仍属无效遗嘱。遗嘱人立遗嘱时具有完全民事行为能力，后来成为无民事行为能力人或者限制民事行为能力人的，不影响遗嘱的效力。

【司法解释·注释】

遗嘱人立遗嘱属于处分遗嘱人死后财产的单方民事法律行为。如果遗嘱人没有民事行为能力，则其无从理性判断该立遗嘱行为的后果，更无法确定该行为是否符合立遗嘱人真实意愿或者最佳利益。相对其他民事法律行为，遗嘱人立遗嘱时对立遗嘱行为的性质和后果应具有更全面、深入的辨别能力和理性思维。而限制民事行为能力的未成年人显然不具备该行为能力，故无民事行为能力人和限制民事行为能力人所立遗嘱无效。无民事行为能力人的法定代理人代理无民事行为能力人所立遗嘱也应为无效。理由在于，该意思表示只能是遗嘱人自己的真实意思表示，而不能是他人的意思表示，故在立遗嘱问题上，不存在代理制度适用的空间。此外，遗嘱人与其法定代理人虽可能存在亲密利害关系，不排除其法定代理人通过代理立遗嘱行为，损害遗嘱人利益的情形。限制民事行为能力人所立遗嘱也不能通过其法定代理人同意或追认而有效。

关于遗嘱人立遗嘱时无完全民事行为能力,但后来又具有了完全民事行为能力情形,由于该遗嘱多为立遗嘱人在无民事行为能力或限制民事行为能力情形下单独秘密制作,故其在具有完全民事行为能力后未必记得曾经立过该遗嘱,也就谈不上撤回或变更该遗嘱的问题。现实中还存在遗嘱人具有完全民事行为能力后,来不及作出撤回或变更该遗嘱行为的极端情形。遗嘱人在具有完全民事行为能力后,也存在因为法律知识欠缺或忙于其他事务处理,疏忽对该遗嘱处理的可能。故不能轻易认定遗嘱人具有完全民事行为能力后未作出撤回或变更遗嘱意思表示即视为作出认可该遗嘱内容的意思表示。

关于遗嘱人立遗嘱时有完全民事行为能力,但后来丧失完全民事行为能力的情形。既然该遗嘱是在遗嘱人具有完全民事行为能力的情形下制作,那么其至少已经体现了遗嘱人在立遗嘱时的真实意愿。进而,既然在遗嘱人丧失完全民事行为能力之前,遗嘱人在可以撤回或变更该遗嘱的情形下,未作出撤回或变更遗嘱的意思表示,则应认定该遗嘱至少在遗嘱人立遗嘱时至丧失完全民事行为能力前这一期间都是遗嘱人的真实意思表示。因此,不宜仅以其后来成为无民事行为能力人或者限制民事行为能力人这一事实为由,轻易否定遗嘱的效力。

【编者观点】

本条规定的遗嘱能力与完全民事行为能力相一致。但是也有不少立法例规定结婚能力与遗嘱能力作为特殊的行为能力,低于普通行为能力的年龄要求。理由是遗嘱自由是一项基本自由,遗嘱行为一般无机会补救,且遗嘱为无相对人的单独行为,对遗嘱人的现实利益影响较小。降低遗嘱能力年龄的同时,会限制遗嘱订立方式为公证遗嘱,或者规定未成年人只能遗嘱处分半数财产。

行为能力有瑕疵的精神病患者不具有遗嘱能力,病愈后未经撤销宣告判决前所设立遗嘱,如确属真实意思表示,应为有效。理由是设立遗嘱与交易秩序无涉,对本人利益也无损害,不在行为能力宣告制度规范目的范围内。

第二十九条　【附义务遗嘱或遗赠无正当理由不履行该义务的法律后果】附义务的遗嘱继承或者遗赠,如义务能够履行,而继承人、受遗赠人无正当理由不履行,经受益人或者其他继承人请求,人民法院可以取消其接受附义务部分遗产的权利,由提出请求的继承人或者受益人负责按遗嘱人的意愿履行义务,接受遗产。

【司法解释 · 注释】

从现实情况看,遗嘱人立纯粹为财产处分内容的遗嘱相对少见。更多的是将死后财产处分与其他事项处理相结合,将其他事项处理作为死后特定财产处分的前提或条件。换言之,遗嘱人往往要求特定继承人或受遗赠人在实际取得相应遗产时应履行相关义务。现实中,遗嘱人在遗嘱中所设定的义务主要表现为:遗产债务清偿方式的指定;遗产分割前具体管理办法的指示;设立遗产信托等。从尊重当事人遗嘱自由角度而言,对遗嘱中所附义务原则上应予尊重,但不排除遗嘱人在遗嘱中载明的义务是不法义务、客观不能义务、内容已履行义务等的情形。

遗嘱中附不法义务的部分内容应认定为无效,例如,要求遗嘱继承人或受遗赠人在继承遗产后履行与特定人结婚或离婚的义务。对于自始不能的客观不能义务,由于该义务自始不具有可履行性,故该部分内容应认定为无效,进而遗嘱继承人或受遗赠人不能按遗嘱取得对应部分遗产。在嗣后不能情形,遗嘱生效时,遗嘱所附义务尚属客观上能履行状态,由于可归因于遗嘱继承人或受遗赠人的原因导致不能履行的,可考虑参照本条规定认定为无正当理由。至于因不可抗力等非因遗嘱继承人或受遗赠人的原因导致不能履行的,则可认定属于遗嘱继承人或受遗嘱人有正当理由,可以取得相应遗产。至于附内容已履行义务的遗嘱情形,则可从探求遗嘱人真意出发,认定该遗嘱没有附该义务,进而认定该遗嘱部分为有效。当因必留份权利人的主张导致可得遗产利益减少时,附义务的遗嘱继承人或受遗赠人所负义务也应相应减少,对超出部分则可拒绝履行相应义务。

虽然与遗产有关的遗产债务人或遗产债权人、遗产酌给请求权人、受遗赠人等都属于与遗产有关的利害关系人,但遗嘱继承人或受遗赠人是否按遗嘱要求履行相应义务,未必具有公开性,如果一律允许上述主体都能主张本条所规定的取消权,将无形中放大滥用诉讼权利的可能和增加诉讼的复杂程度。而且,与遗产有关的遗产债务人或遗产债权人、遗产酌给请求权人、其他受遗赠人未必与遗嘱载明的义务以及相应财产具有直接关联。因此,本条几经斟酌,最后规定的请求主体为“受益人或者其他继承人”,对《民法典》第1144条中“利害关系人”的范围作了限定。由于本条后半段表述还涉及相应部分遗产的归属问题,而《民法典》第1144条规定的“有关组织”本身与该遗产的归属并无直接的利害关系,故本条也未将“有关组织”列入。

从尊重遗嘱人遗嘱自由出发,在遗嘱人对特定遗产的处分明确要求与义务履行关联的情形下,如果不考虑义务履行就直接将该部分遗产按法定继承处理,明显违背遗嘱人遗愿。而且,在义务履行关涉弱势人群合法权益的情形下,还会损害作为弱势人群的受益人的合法权益,有损实质公平。故义务的履行是遗嘱人对该部分遗产处分所欲达到的主要目的,至于变更履行该义务的主体,并不会根本上违反遗嘱人的意愿。因此,该部分附义务的遗产并不会因为遗嘱继承人或受遗赠人无正当理由不履行义务而成为法定继承的对象,而是由提出请求的继承人或者受益人按遗嘱人的意愿履行义务后,接受该遗产。这里的继承人并未限定范围,故第一顺序继承人抑或第二顺序继承人在所不限。受益人则是指因该义务的履行而取得利益的人。由于继承人或受益人履行义务将会付出时间、精力、金钱等成本,故取得相应遗产即可作为对其的补偿,也可实现遗嘱人的遗愿。在其他没有提出请求的继承人或受益人履行义务的情形下,也可考虑按法定继承处理相应遗产。本条并未将“有关组织”纳入按遗嘱人的意愿履行义务,接受遗产的主体范围。这是因为对无民事行为能力人或者限制民事行为能力人负有监护职责的居民委员会、村民委员会、学校、医疗机构、妇女联合会、残疾人联合会、依法设立的老年人组织、民政部门等“有关组织”只对与遗嘱有直接利害关系的人负有一定的法律上义务,而与遗嘱人所立遗嘱没有利害关系,遗嘱人立遗嘱时也没有考虑过让其获得任何遗产。因此,其接受相应部分遗嘱也不符合遗嘱人的真实意愿。

司法实践中,就本条所指履行义务和接受附义务部分遗产而言,只要遗嘱继承人和受遗赠人作出接受继承或遗赠的意思表示,就意味着其已同意履行该义务。至于该义务履行时间与实际取得该部分遗产的时间的先后则没有一定之规,完全取决于遗嘱人在遗嘱中的约定。从现实情况看,既有先履行义务后实际取得遗产的情形,也有实际取得遗产后,再履行义务的情形。但两者共同点在于只要遗嘱继承人或受遗赠人按遗嘱人要求履行义务后,就确定取得该遗产所有权。

四、遗产的处理

第三十条 【人民法院知道有继承人而无法通知的应保留其应继承遗产】人民法院在审理继承案件时,如果知道有继承人而无法通知的,分割遗产时,要保留其应继承的遗产,并确定该遗产的保管人或者保管单位。

【司法解释·注释】

本条适用的前提是“人民法院在审理继承案件时”,此时遗产的最后归属尚未确定,如果对遗产不加保管,则可能致使无法通知的继承人的遗产遭受损失,因此,本条的立法目的即是保障无法通知的继承人的继承权。

继承开始的通知制度的主要功能即是催促继承人、遗产债权人及其他遗产利害关系人及时在法定期限内申报遗产权利,通知的内容主要为被继承人死亡的事实,还包括被继承人死亡的原因、死亡的具体时间、死亡的地点、遗嘱内容等。上述通知要求及时而不延迟地发出,以能将被继承人死亡的事实通知到继承人为准。此为通知义务人不可选择的法定义务,如果通知义务人未履行或者未及时履行通知义务给他人造成损失的,应承担相应的民事责任。实践中,无法通知继承人的,一般存在两种情形:一是诉前就无法通知继承人的;二是诉讼中查明出现新的继承人,但通知不到的情况。

根据《民事诉讼法解释》第70条的规定,在继承遗产的诉讼中,部分继承人起诉的,人民法院应通知其他继承人作为共同原告参加诉讼;被通知的继承人不愿意参加诉讼又未明确表示放弃实体权利的,人民法院仍应将其列为共同原告。其他未起诉的同一顺序的继承人实际上属于同一原告的主体地位,属于必须共同进行诉讼的当事人。此时,人民法院可以依职权通知未起诉的同一顺序的其他继承人参加诉讼,已经参加诉讼的当事人也可以申请人民法院追加未起诉的同一顺序的其他继承人参加诉讼。实践中,存在着同一顺序继承人不愿意参加诉讼的情形。人民法院应当注意审查该继承人是放弃了相关诉讼权利还是实体权利。如果该继承人仅仅是不愿意参加诉讼,其放弃的仅是部分诉讼权利(应诉答辩、出庭、辩论等),而不是放弃实体权利(继承权),人民法院仍应当将其列为案件的共同原告,在相关裁判文书中应当明确其相关权利义务。

遗产的直接占有人即《民法典》第1151条规定的“存有遗产的人”为被继承人死亡时实际控制遗产的人,可以看作继承开始后、遗产分割前存有遗产状态的一种事实描述。而本条涉及的遗产保管为遗产分割开始后的保管问题,“保管人”不是基于对遗产的事实占有,也非基于被继承人遗嘱指定,而是基于司法权的暂时保管,即为人民法院指定。此处的保管人可能是原来存有遗产的人,也可能为人民法院另行指定的更适合的保管人,和“存有遗产的人”可能有交叉重合关系,但两者职责范围原则上是大致相同的,即“妥善保管”的注意义务,保管人需要履行善良管理人的义务,对存有的遗产采取必要的保管措施,确保遗产不被损毁、灭失。因未尽到妥善保管义务,导致遗产价值贬损或灭失的,原则上均应当承担相应的法律责任。

特定情形下,如保管人在保管期间违反“妥善保管”义务,严重侵害继承人权利,或者出现在移交遗产至继承人前死亡或者成为限制行为能力人等确实不能履行保管义务的情形时,利害关系人可以向人民法院申请另行指定遗产保管人。保管人在保管期间因自身原因(如因工作、出国、身体等因素),不再适合担任保管人的,也可以自行申请人民法院变更保管人。本条适用时,如果已经存在遗产管理人的,则遗产一般已有遗产管理人保管,直到遗产分割完毕,遗产管理人终止保管职务。即在该种情形下,不需要法院再次介入指定保管人。在没有遗产管理人或者其他继承人对遗产管理人有争议等情况下,则可适用本条由人民法院指定保管人。

第三十一条 【保留胎儿继承份额】应当为胎儿保留的遗产份额没有保留的,应从继承人所继承的遗产中扣回。

为胎儿保留的遗产份额,如胎儿出生后死亡的,由其继承人继承;如胎儿娩出时是死体的,由被继承人的继承人继承。

【司法解释·注释】

如果胎儿是多胞胎的,则应按胎儿的数量保留遗产份额,如果只保留了一份继承份额,应从继承人继承的遗产中扣回其他胎儿的遗产份额。

如胎儿出生后死亡的,由其继承人继承。因为胎儿出生后即享有民事权利能力,胎儿因出生而享有法律为其预留的被继承人的遗产,此时为有效继承,已默认胎儿出生后、死亡前已实际取得遗产,故在其死亡后直接由其继承人继承。如胎儿娩出时是死体的,由被继承人的继承人继承。这里是指按照原被继承人的遗产处理,即为胎儿保留的遗产份额仍属于被继承人的遗产,由被继承人的继承人再行分割,此时若没有为胎儿保留遗产份额的,则原分割继续有效。如果遗嘱对胎儿娩出时是死体的情况另有安排的,应优先适用遗嘱继承。

若被继承人遗嘱中未明确保留受孕胎儿遗产的,应审查判定胎儿在其出生后是否具有生活来源,若无生活来源,依据《民法典》第 1141 条规定,胎儿作为没有生活来源的继承人,应为其保留必要的遗产份额;但若胎儿已具备供其成长生活的来源,无保留遗产份额之必要,则此时原则上遗嘱并不因未保留胎儿遗产份额部分无效。例如,被继承人离世后,被继承人已通过遗嘱分给其母大量遗产,或者此前胎儿的其他近亲属已经通过遗嘱、遗赠或者赠与等方式给予胎儿足以保障或者远高于其出生后正常生活的资产,该遗嘱原则上应为有效。儿童利益最大化原则也是以满足儿童的必要生活为前提,被继承人订立遗嘱时虽未将特定遗产份额直接分配给胎儿,但基于作为胎儿第一监护人的母亲已分得大量遗产,足以保障胎儿出生后的成长生活,基于法理和情理,原则上该遗嘱不应属于因剥夺胎儿的必留份而部分无效的情形。

"保留"胎儿遗产份额的意图有

二：其一，将胎儿的份额划出，暂时先处理被继承人的其他财产；其二，保留的份额待胎儿出生后处理。即一般情况下，在胎儿出生前，对于胎儿应继承的份额并不向其法定代理人直接移交，而是采取“保留份”的方式进行保管。即有遗产管理人的原则上由遗产管理人代为保管，在胎儿出生之前，胎儿的法定代理人也无权请求向其移交遗产份额。待胎儿出生后，若胎儿为活体，再由遗产管理人向其监护人进行移交；若胎儿为死体，则按照法定继承办理。

诉讼前可由遗产管理人主张扣回，若在诉讼中，则由人民法院依遗产管理人、胎儿出生后的监护人等诉讼权利人的诉请扣回。若有多个继承人的，除继承人于遗产分割时特别约定免除或被继承人以遗嘱形式免除的，原则上各继承人应以其分得的遗产价值为限，按比例扣回。为胎儿扣回遗产时既要考虑双方当事人生产生活实际需要，又要考虑是否有利于发挥财产的实际效用。遗嘱若有约定的应按约定，若按照遗嘱约定已无法执行（如被继承人遗嘱约定将车辆分给胎儿，但其他继承人已将车辆变卖）或遗嘱未明确约定的，原则上可从考虑胎儿成长生活的实际需要出发，确定返还财产具体类型；另外，还应考虑被扣回遗产份额的继承人的实际需要，尽量不影响其生产生活。

第三十二条 【放弃继承权限制】继承人因放弃继承权，致其不能履行法定义务的，放弃继承权的行为无效。

【司法解释·注释】

一般情况下，被继承人的遗产明显不足以清偿债务时，继承人通常会放弃继承；当遗产明显大于债务时，继承人会选择接受继承。对于其他继承人而言，部分继承人放弃继承对其有利而无害，不会侵犯其合法权益。如果继承人放弃继承，不承担被继承人生前依法应缴纳的税款和所负的个人债务，继承程序相对简便，债权人受偿的效率也会提高。继承权的放弃对债权人利益的保护并不会产生太大影响，放弃继承制度既从制度上保障了遗产债权的安全，又通过赋予继承人自由选择权提升了财产流转的经济效率。

放弃继承权的意思表示应当由具有民事行为能力的继承人亲自作出，不能代理。对于继承人是无民事行为能力人或限制民事行为能力人，放弃继承的行为是具有财产属性的行为，可以被代理。鉴于实践中存在法定代理人（监护人）实施放弃继承的代理行为明显损害无民事行为能力人或者限制民事行为能力人利益的情形，例如，父或母死亡时，母或父与其形成抚养教育关系的继子女同时继承时，母或父代理其继子女放弃继承,以让自己分得更多遗产。可根据《民法典》第 34 条规定让法定代理人(监护人)对继子女承担法律责任,所实施的放弃继承代理行为,则因违反《民法典》第 35 条、第 153 条的规定而无效。

放弃继承是对被继承人财产法律地位的承认或放弃,其标的为财产,所以说它是财产法律行为。但是这种行为以行为人具有继承人的身份为前提条件,继承人主要是和被继承人有血缘关系或者共同生活的近亲属,继承人的身份具有相当的稳定性。继承权本身是一种兼有身份权与财产权性质的权利。放弃继承放弃的是与身份权有关的财产权,兼具有身份性和财产性,只是财产行为性质较为浓厚。

实践中,对法定义务理解为放弃继承不能逃避赡养、抚养、扶养义务。在农村养老体系中,比如约定出嫁女不享有继承权,个别子女不继承被赡养人的遗产,也不尽赡养义务,此类赡养协议因违反了赡养义务的强制性法律规定应当无效,不能起到免除赡养义务的效果。再如,以对未成年子女不履行抚养义务为条件,来放弃对自己的妻子或丈夫遗产的继承权,当然是无效的。已经履行了赡养、抚养、扶养义务的前提下,作为单方民事法律行为,继承人放弃继承不需征得任何人的同意或认可即可成立生效。该法定义务的范围不应扩大至合同义务,以及生效裁判、仲裁确定的给付义务。这是因为债权人取得债权时,并没有考虑遗产作为债务人的责任财产,且继承权具有身份属性,放弃继承权是以人格为基础,旨在拒绝单方面赋予利益的法定权利。撤销权是以债权为基础,旨在保护债权人债权实现的财产权利。放弃继承权不能成为债权人撤销权的标的,也即债权人不能就继承人放弃继承权的行为提起撤销权诉讼。

放弃继承行为具有溯及力,继承权人放弃继承后,自继承开始时就不再是继承人,被视为从未参与过继承法律关系。故放弃继承人无权将自己未取得的财产指定由特定继承人取得。此种放弃继承行为应为无效,因为它不是真正的放弃继承。继承人实施此行为的真意是在接受继承后对自己应继承的遗产份额所作的处分,属于继承人对其财产所有权的处分。

继承开始后遗产分割前,继承人死亡的,只要继承人生前未放弃或者丧失继承权,则由转继承人对依法转给其的遗产份额进行继承,如果转继承人放弃继承,系对其自被继承人处继承的遗产份额的放弃,而非对所继承的被转继承人的遗产份额的放弃。

继承人在接受继承时,除接受遗产外还要承担遗产价值范围内清偿被继承人生前的债务和缴纳应付税款的义务。放弃继承权也必须全部放弃应继承的权利和义务,禁止放弃应承担的财产义务而接受遗产权利的行为。部分放弃对特定遗产的继承不属于部分放弃继承权,因为此时已经不属于放弃继承的范围,而是继承人对自己财产权的处分。

【编者观点】

本条争议问题有二:一是“法定义务”的内涵与外延,二是放弃行为人的债权人能否针对放弃继承行为行使债权人撤销权。

“法定义务”包括近亲属之间的相互扶养义务以及继承人因侵权行为等法定之债承担的损害赔偿义务。有观点认为,被继承人生前为了继承人上学、求职、结婚以及购房所形成的债务,继承人也不能以放弃继承为由免于偿还。该情形下继承人虽然是被继承人所负债务的实际受益人,但是仍属于被继承人承担的债务,以被继承人的遗产作为责任财产,不属于法定义务的涵盖范围。争点在于因合同之债产生的给付义务是否属于法定义务?肯定的裁判意见认为约定义务经由法院或仲裁机构确定后也属于法定义务范畴,公证机构办理放弃继承权公证时需对此尽到审查及告知义务。而否定意见反对扩大解释法定义务的内涵,由此带来第二个问题,债权人能否对债务人放弃继承的行为行使债权人撤销权?

否定说从放弃继承兼具身份行为的性质出发,认为身份行为关涉行为主体的人格尊严与人身自由,因此不得成为债权人撤销权的对象。另一种否定路径从债权人撤销权的客体出发,债权人撤销权的规范目的在于保持债务人资力而非增加其资力,而放弃继承行为溯及至继承开始时发生效力,只是阻止了债务人通过继承获得新的责任财产,并没有减损债务人既有的责任财产,因此不属于债权人撤销权的客体。

肯定说的反驳理由是,首先,在当然继承和直接继承原则下,继承开始后被继承人的遗产概括移转于继承人共同体,因此放弃继承只是财产法上的无偿处分,与身份行为无关。其次,债权人缔约时不仅会考虑债务人现存的财产状况,可能因继承获得的将来遗产也属于重要的考虑因素。债务人明知无清偿能力仍放弃继承,使债权人的期待落空,属于权利滥用。债权人这一期待在法定之债中并不存在,这是侵权行为等法定之债被纳入法定义务范畴的重要理由。法国、意大利、瑞士等国皆认可债务人放弃继承时的债权人撤销权,以及债权人以放弃继承人的名义和顺序接受遗产的权利。另有折中观点认为,原则上债权人不得撤销放弃继承行为,仅在继承人出于侵害债权人故意而放弃继承时,例外承认债权人撤销权。

编者认为,债权人能否撤销债务人放弃继承的行为,根本上并非法技术层面的逻辑推演问题,而是取决于法政策层面的价值判断,需要由立法作出决断。首先,放弃继承与身份权利或义务无关,与特定身份也不挂钩,属于一种财产行为,其效力溯及至继承开始时,不同于放弃或者无偿处分已获得的遗产。其次,所谓放弃继承只是债务人未获新的责任财产而非减损既有责任财产,两者之间是否存在实质性区别,并非取决于债权人缔约时是否信赖债务人会获得将来遗产,而是债权人这一信赖是否应当得到法律保护。虽然相较于继承人接受继承,放弃继承属于非常态的小概率事件,但是鉴于家庭内部的复杂因素以及被继承人所立遗嘱内容的不确定性,潜在继承人未能继承预期的遗产份额未必是小概率事件,因此将来遗产从社会价值观念上和实际生活中都很难被认定为是一种"确定性利益",债权人的信赖不应得到法律保护。但是,从放弃继承的后果观察,放弃之后由同一顺位其他继承人或者后顺位继承人"意外"分得该部分遗产份额,而债权人受到的切实损害,相较于其他继承人更值得保护。因此编者倾向于认为,承认债权人撤销权在利益平衡角度更具有合理性。可以在承认债权人撤销权的前提下,增加"以故意侵害债权人利益为目的而放弃继承"作为债权人撤销权的行使要件。

综上所述,本条的"法定义务"不包含合同之债产生的给付义务,继承人放弃继承导致无法履行合同义务时,放弃行为仍然有效。当继承人"以故意侵害债权人利益为目的而放弃继承"且"影响债权人的债权实现"时,债权人可以请求法院撤销债务人放弃继承的行为。

【地方法院规范】

《北京市高级人民法院关于审理继承纠纷案件若干疑难问题的解答》(2018年)

25. 继承人均明确表示放弃继承权,债权人能否起诉继承人要求履行被继承人生前所负债务?

继承人均明确表示放弃继承权,但存在继承人实际占有、使用、收益、处分遗产情形的。债权人起诉实际占有、使用、收益、处分遗产的继承人,请求配合履行被继承人生前债务的,法院可根据案件情况予以支持。

【法院参考案例】

罗某1、罗某2诉王某某等法定继承纠纷案[《人民法院案例选》2011年第2辑(总第76辑)]

【要点提示】

问题提示:仅加盖私章的放弃继承证明是否具有法律效力?继承开始后遗产处理前主张分割遗产是否适用诉讼时效?

依照我国行为习惯,私章不具有识别个人身份的法律特征,也不具有代表本人意思的法律效力,仅加盖私章而无本人签名且本人提出异议的放弃继承证明,形式上不符合继承人放弃继承的法律要件。继承开始后,在继承人均未表示放弃继承且遗产也未进行分割的情况下，不存在继承人权利被侵犯的问题，遗产归全体继承人共有，任何共有人随时都可以提出分割共有物的请求，该权利实质为形成权而非请求权，不适用诉讼时效的规定。

第三十三条 【以书面形式放弃继承】继承人放弃继承应当以书面形式向遗产管理人或者其他继承人表示。

【司法解释·注释】

本条规定了继承人放弃继承应当以书面形式向遗产管理人或者其他继承人表示，除了在诉讼中允许继承人以口头方式表示放弃继承外，禁止以口头方式放弃继承。对书面形式的理解也要与时俱进，以电子数据交换、电子邮件等方式能够有形地表现所载内容，并可以随时调取查用的数据电文，也被视为书面形式。

由于放弃继承是无相对人的单方法律行为，其意思表示一经作出即生效力，无须相对人同意，但基于公示公信的考虑，放弃继承权的意思表示需送达给特定人员，以起到公示的效果。至于特定人员的范围，则主要取决于其与放弃继承行为之间有无利害关系。根据《民法典》第1154条规定，继承人放弃继承，遗产中的有关部分将按法定继承办理。也即，其他法定继承人将因此而增加可分遗产份额。有可能出现第一顺序继承人全部丧失继承权的情形，继承人放弃继承也与第二顺序继承人的利益有关。因此，继承人放弃继承的意思表示应送达给所有顺序继承人。只要有证据证明其作出放弃的行为是真实意思表示，且不违反法定义务等，即应为有效，故放弃继承并不以该放弃意思表示告知给全部继承人为效力发生的要件。如在继承开始后，继承人以信函、邮件、短信甚至微信、微博留言等方式向特定继承人表示自己放弃继承，即使非向全部继承人告知，也发生效力。

无论从遗产管理人的职责抑或遗产管理人的指定角度，规定继承人向遗产管理人作出放弃继承的意思表示都十分必要。由法定遗产管理人产生顺序可知，除了遗嘱执行人担任遗产管理人的情形外，继承人是否放弃继承，决定其有无成为继承人的资格，进而影响到遗产管理人的产生。故在遗产管理人产生之前，继承人如作出放弃继承的意思表示也一般应向其他继承人作出。不排除个别继承人在向其他继承人表示接受继承并参与推选或担任遗产管理人后，又作出放弃继承的意思表示。鉴于此时遗产的处理已经交由遗产管理人负责，故此时继承人是否放弃继承将涉及遗产管理人的报告对象和遗产的具体分割。

【编者观点】

放弃继承为单方法律行为,无须他人同意即可成立,但属于有相对人的意思表示,因此需要通知利害关系人。本条修改了《继承法意见》第47条,将放弃继承设定为书面要式行为,不再认可以口头方式放弃继承;还将放弃行为需要通知的利害关系人范围扩大至遗产管理人,以方便后者对遗产的管理和清算。同时,由于第1154条规定放弃之后的遗产份额按法定继承由其他法定继承人获得,因此放弃继承也需要通知其他继承人,这也有利于遗产管理人的产生和选任。

各国立法例通常认为继承人放弃继承不得附条件,由于条件的将来不确定性,导致继承关系无法稳定,影响其他继承人以及遗产债权人等利害关系人的利益,并且规避了第1124条第2款关于受人遗赠须在60日的期限内作出接受或者放弃受遗赠的表示的规定。附条件的放弃继承行为可解释为继承人已接受继承,并非放弃继承行为附条件,而是对应继承份额的处分行为附条件。

放弃继承行为的标的为继承人地位,效果为放弃概括承受遗产上的一切权利和义务,包括接受积极遗产和清偿遗产债务。继承人地位是不可分的,因此"放弃部分继承权"属于伪概念,各国立法例皆不允许放弃部分继承权。实践中经常出现继承人只接受部分遗产或者将部分遗产权利放弃后给他人的情况。继承人的内心真意宜解释为接受继承后对部分遗产份额的抛弃或者转让,而非放弃部分继承权。有地方高级人民法院司法文件也强调,继承人不能放弃部分继承权,但可以放弃取得的部分遗产。允许部分放弃的例外情形,是继承人具有基于遗嘱继承和法定继承的多个继承原因,换言之,继承人同时具有遗嘱继承人身份和法定继承人身份,则可以在放弃遗嘱继承的同时接受法定继承。相当于继承人完全放弃一种继承人身份,而非部分放弃继承权。

第三十四条 【以口头方式放弃继承权】在诉讼中,继承人向人民法院以口头方式表示放弃继承的,要制作笔录,由放弃继承的人签名。

【司法解释·注释】

本条所规定的向人民法院以口头方式表示放弃继承,与本解释第33条以书面形式向遗产管理人或者其他继承人表示放弃继承的规定并不冲突,两者是在不同场合对放弃继承的方式进行的规定。通常在遗产纠纷诉讼中,一个或者多个继承人作出放弃继承的意思表示,人民法院应对该放弃的意思表示记录在案,形成书面笔录。笔录是人民法院重要的诉讼文书,是法院对案件的审理情况和诉讼情况所作的记录。笔录也体现了当事人的意思表示,对确定各方的权利义务有着重要作用。在笔录制作完毕后,放弃继承人还须亲笔写上自己的姓名。这是因为放弃继承人亲笔签名,是其意志行为和人格行为的痕迹,因而既具有认可放弃继承权是其真实意思表示并发生效力的作用,也有防止伪造的作用。

本条所规定的诉讼不仅包括继承纠纷诉讼,还包括其他类型纠纷诉讼。如果继承开始后,遗产分割前,继承人参与了其他类型纠纷诉讼,并作出放弃继承的意思表示,亦适用本条规定。具体到继承纠纷诉讼中,法庭辩论终结前,法院应核实参加诉讼的继承人是否放弃继承。如果继承人不表态,应视为其同意以继承人身份参加诉讼。在判决分割财产前,继承人仍不对放弃继承与否表态的,应视为其接受继承。如果继承人作出附条件、附期限的放弃继承意思表示,或在继承开始前提前作出放弃继承意思表示,相关笔录均应予以载明,但不因此产生放弃继承的法律效果。

第三十五条 【放弃继承权期限】继承人放弃继承的意思表示,应当在继承开始后、遗产分割前作出。遗产分割后表示放弃的不再是继承权,而是所有权。

【司法解释·注释】

我国不承认继承契约,被继承人没有死亡的时候,继承人的继承权只是一种期待权,即将来可能作为继承人继承遗产的一种资格,非既得权利。作为一种期待权,非实体权利,继承人是不能接受和放弃的,即使放弃也不发生效力。只有在继承开始后这种期待权变为一种财产的既得权,继承人才享有继承权。因此,在继承开始前订立放弃继承的契约,其约定无效。约定的放弃继承权人,仍然可以主张其继承权,而放弃继承权只能于继承开始后进行。此外,继承开始后的放弃继承权方为有效,也是对继承人实际利益的保护。在继承开始前,继承人可能出于情绪原因(比如和被继承人关系紧张)或对被继承财产的状况并不是特别了解,作出的意思表示很可能与其真实所想表达的意思不符。在继承开始后,随着对继承财产了解加深,继承人作出的意思表示更符合其自身的利益,是其内心真实意思的表达。

继承是一个逐渐递进的过程,被继承人死亡时,继承人只是取得了主观意义上的继承权而不是遗产所有权。待遗产分割完毕后,继承人才能取得遗产的所有权。遗产分割后,遗产权属已经明确,其放弃的不是继承权,而是实际取得财物的所有权,是对自己财产之处分,属于民法上财产之抛弃。在司法实践中,凡是于遗产处理中尚未实际取得遗产份额,作出放弃继承意思表示的,亦得认定为有效。故在以上期间内依法作出放弃继承之意思表示的,其效力亦追溯到继承开始的时间。

【编者观点】

一、单方预先放弃继承

在第一阶段继承开始前,对于潜在的继承人能否单方预先放弃继承期待权,各国立法例多持否定态度。学界素有肯定与否定两种观点。肯定说认为,抛弃继承期待权本身不同于抛弃因继承期待权实现方可取得的继承权益。不论继承人期待的继承地位是否稳固,终有转变为继承既得权的可能,当事人对于该期待亦得作预先放弃等处分,使继承遗产从可能转变为确定不可能。否定说则认为,继承期待权仅仅是一种法律资格而非实体权利,不能成为处分的对象因而不能放弃。依据物权行为理论,负担行为的标的虽然可以是未来物,但是处分行为的标的须遵循客体确定和客体特定原则,因而只能变动既存权利。而继承期待权仅为"取得权利的希望",潜在的继承人可能因被继承人设立遗嘱而被排除法定继承资格,或者法定继承顺位发生变动等原因,丧失实际取得遗产的可能性,因此放弃继承不可能构成有效的处分行为。即便不承认物权行为独立性理论,允许将未来物设为债的标的,发生物权变动同样需要满足客体确定且特定的要求。在标的完全无法确定的前提下,作为单方法律行为的放弃继承即时发生效力意义何在?

我国司法裁判的观点分歧也很大。有的裁判意见直接否认单方预先放弃继承的效力,理由是继承期待权不能作为处分的标的。有的裁判意见认为单方预先放弃属于附条件生效的法律行为,生效条件为被继承人死亡,在继承开始后发生效力且不得撤回。还有裁判意见认为单方预先放弃行为属于自我处分法定权利,并不违反法律禁止性规定,直接发生效力,但是一些法院允许继承人在继承开始后撤回放弃行为,另有一些法院认为继承开始后的反悔行为违背诚信原则而不予支持。

编者认为,单方预先放弃继承行为在继承开始前不应发生效力。不允许预先放弃继承的实质性理由有二。第一个理由在于意思表示层面,预先放弃行为很有可能存在意思表示不真实或者不自由的瑕疵,因为继承人预先放弃时通常无法了解将来遗产的价值状况。作出预先放弃行为的时点和继承开始的时点可能存在相当长的时间差,时间因素对遗产组成和归属状况造成巨大的不确定性,导致继承人在父母或其他继承人的压力下,放弃远比想象中更有利于自己的继承权,这很难被认定为是一种严谨、成熟的意思表示。立法从侧重于保护潜在继承人利益的角度出发,仅承认继承开始后的放弃行为,有助于避免潜在继承人在尚未感受到继承的完整利益时轻率作出不利的决定。第二个理由在于法律效果层面,预先放弃继承这种透支未来行为的后果难以估量,易发生威胁潜在继承人未来经济独立的危险,会影响潜在继承人扶养义务的履行从而危及被继承人利益,因此在很多情形下放弃继承的行为被认定为违反了善良风俗。

仅允许在第二阶段继承开始后放弃继承,不意味着不能缓和第一阶段预先放弃行为无效的后果。单方放弃行为以行为人享有继承既得权为前提,因此第一阶段继承开始前,单方放弃行为暂不发生效力,第二阶段继承开始后,放弃行为人无须另行作出放弃行为,之前作出的放弃行为直接发生效力,对接第1124条有关放弃继承的规定。

二、与被继承人通过订立继承协议的方式预先放弃继承

《民法典》未明确规定继承协议,仅规定了被继承人与法定继承人范围以外的人就扶养、遗赠等问题订立遗赠扶养协议,欠缺被继承人与法定继承人之间协商继承和扶养事宜的制度设计。尤其是,当存在法定第一顺位继承人但被继承人选择了兄弟姐妹等法定第二顺位继承人协商扶养和继承事宜时,双方的权利义务关系需要得到立法的认可和保障。对于继承协议这一制度缺失,立法论角度最便捷的方案是将遗赠扶养协议的主体拓展至法定继承人。

继承协议在我国民间传统习俗中普遍存在,在当代民众实际生活中也得到广泛运用。最常见的情形便是同预先放弃继承结合起来,即协议商定由部分继承人扶养被继承人并在继承开始后分得全部遗产,其他继承人在获得一次性补偿或者不履行扶养义务的前提下自愿放弃继承。有关当代中国民众继承习惯的调查结果显示,上述内容的继承协议已被大多数民众所接受。

学界对于继承协议也多持肯定态度,现行立法并未禁止被继承人与近亲属之间通过继承协议约定扶养义务分担、额外补偿、将来遗产分配以及放弃继承等事宜,协议内容只要不违反法律强制性规定和公序良俗,即不应否定其效力。编者认为,虽然扶养义务是基于身份关系产生的法定义务,各继承人之间无权通过协议免除部分继承人的扶养义务,但是被继承人有权与各继承人签订继承协议用于分担扶养义务。我国《老年人权益保障法》第20条规定,"赡养人之间可以就履行赡养义务签订协议,赡养协议的内容不得违反法律的规定和老年人的意愿"。"征得老年人同意"这一要件不可或缺,意味着被继承人属于继承协议的一方当事人。法定义务约定化产生了法定义务具体化的结果,扶养义务的内容更加明确、实现方式更有保障。因此订立继承协议不会发生放弃行为人法定扶养义务消灭的法律效果,被继承人仍然有权请求包括放弃继承的继承人在内的全体继承人承担法定扶养义务。继承协议中

分担扶养义务的约定,则在相关继承人之间发生相应的债法上的效果。

继承协议引发的纠纷常见于被继承人死后,协议中预先放弃继承的继承人主张自己的放弃行为无效因而要求继承遗产,前提是父母与部分子女就放弃继承达成合意,换言之,被继承人是订立继承协议的一方主体,且放弃行为关联各继承人的权利义务安排,如若否定放弃继承的效力,将导致各方利益失衡且与风俗习惯相悖。因此,从诚信与公序良俗角度,应当否认继承协议中放弃继承的继承人有权单方撤销放弃行为。

我国司法裁判对继承协议多持肯定态度。有的裁判意见认为,被继承人与继承人订立的继承协议的内容除放弃继承外还涉及分担扶养义务等权利义务安排。基于协议整体性以及权利义务一致性,如果放弃继承的继承人继续享有继承权有违相关习俗并导致显失公平,则其无权撤销放弃继承的行为。另有裁判意见认为,继承协议订立后,依据协议免除扶养义务且放弃继承的继承人未能提供履行了扶养义务的相关证据的,则无权撤销放弃继承的行为。

编者认为,继承协议为被继承人与全部或部分继承人之间订立的双方或者多方法律行为,放弃继承的内容在法律结构上或者是由特定继承人放弃继承且被继承人接受,或者是由被继承人取消特定继承人继承资格且该特定继承人接受。协议特征体现为一方需要接受另一方放弃继承或者取消继承资格的意思表示,并由此产生不得单方撤回、变更或者解除的约束力。其中,最重要的不在于特定继承人一方放弃继承的意思表示,而在于被继承人一方接受放弃行为的意思表示。既然被继承人可以在不违反必留份等强制性规范的前提下,单方通过遗嘱取消特定继承人的继承资格,举重以明轻,当然也可以通过协议方式合意取消特定继承人的继承资格。继承协议与遗嘱的区别就在于协议各方是否就特定继承人放弃继承达成合意,合意的重要性在于对双方产生不得撤回或者解除的约束力。与之相反,遗嘱一般奉行自由撤回原则,被继承人在死亡前有权随时撤回取消继承资格的意思表示;单方预先放弃继承的继承人在继承开始前也可以任意撤销放弃行为。

在实践中,继承协议中所达成的放弃继承合意通常与扶养义务分担、将来遗产分配以及额外补偿等内容捆绑在一起。其中,预先放弃继承和将来遗产分配属于死因行为,虽然在各方达成合意时已成立,但是自被继承人死亡时才发生效力。而扶养义务分担和额外补偿等内容并非死因行为,自协议成立后发生效力,特定继承人对被继承人负有约定的持续性照料扶养义务,被继承人对放弃继承的继承人负有约定的额外补偿或特定财产赠与义务。但是上述两种性质的内容可以通过约定解除权、附停止或解除条件等法律工具建立关联性。例如，特定继承人不适当履行约定的扶养义务时，被继承人有权解除继承协议，另立遗嘱恢复其他继承人的继承资格或者重新分配遗产。在继承协议解除后，特定继承人超出法定扶养义务范围的额外履行，有权向其他继承人主张不当得利返还。

三、潜在共同继承人通过订立协议的方式预先放弃继承

《民法典》第 1132 条允许继承人协商确定遗产分割的时间、办法和份额，意味着认可共同继承人之间订立遗产分割协议。遗产分割协议只能在继承开始后、遗产分割前的第二阶段订立，该阶段遗产已经转移至继承人共同体所有，因此继承人之间协议分配遗产不属于无权处分，有权约定不同于遗嘱内容的遗产分配方案，其实质效果相当于继承人通过继承获得遗产后协议处分。问题是，在继承开始前，潜在的共同继承人能否就将来遗产订立协议进行预先分配或预先放弃。我国农村地区普遍存在分家析产习俗，父母尚健在时各子女之间协议分割包括父母的将来遗产在内的全部家产，或者约定出嫁女在放弃继承的同时免除赡养义务。在被继承人死亡前，潜在的共同继承人之间订立的协议通常包含分家析产、扶养义务分担、将来遗产分配及补偿、预先放弃继承等，内容上与继承协议非常相似，但两者的本质区别是，潜在的共同继承人之间订立的协议中不存在被继承人的意思表示，被继承人不属于协议一方当事人，这一点类似于单方预先放弃继承。协议中与继承权无关的分家析产、扶养义务分担等内容，自协议订立后直接发生效力。但上述内容通常与预先分配将来遗产以及预先放弃继承等内容作为一个整体订立于一份协议中，互为条件关系，引发协议效力等争议。

比较法上，德国法禁止潜在的共同继承人之间就将来遗产订立分配协议，理由是该类协议以他人死亡为条件，因而违反公序良俗，但允许将来的法定继承人之间就某一法定继承人的应继份订立家庭协议，其他继承人在获得额外补偿后放弃继承，旨在实现遗产集中传承的目标。我国有的裁判意见认可潜在的共同继承人之间订立的以将来遗产预先分配与预先放弃为内容的协议，《上海市高级人民法院民一庭关于民事若干疑难问题研讨纪要（2016）》的倾向性意见也认为："此类协议是法定继承人对个人期待利益的合法处分，该种期待利益也属于财产性权利，可以通过协议的方式自主处分。协议约定遗产继承与赡养义务相关联，也符合法律规定和公序良俗。若被继承人死亡时其遗产范围无变化，且其生前亦未对遗产作出处分，承担赡养义务人也按照协议约定履行义务的，则其要求按照协议分割遗产的主张可以予以支持。"

编者认为，究其本质，单方预先放弃继承在继承开始前不发生效力，缘于这种放弃行为是无偿的，因而可能给放弃行为人造成未能合理预估的严重后果，因此教义学上通过放弃行为存在意思表示瑕疵或者违反公序良俗等路径予以规制。与之不同，潜在的共同继承人在协议中预先放弃继承以及预先分配将来遗产的意思表示通常与分家析产、其他继承人额外补偿以及免除其扶养义务的分担等内容相结合，互为法律意义上的对价关系，性质上类似于有偿放弃继承而非无偿放弃，通常不会造成严重不公平的结果。从意思表示解释层面观察，如前所述，继承人在继承开始之前作出的无偿放弃行为很有可能是不谨慎的，但是放弃行为若存在对价，则通常说明放弃行为人对未来开始继承时的各种经济层面的事项有过较为周密的考量，从而放弃行为属于具有严肃性的意思表示。

在协议一方履行协议内容后，放弃行为人主张放弃继承无效反而有违诚信和善良风俗，因此不应得到支持。其他继承人对放弃行为人的额外补偿可能来自对外借贷，出借人知晓借款人将来拥有继承份额这一事实，会影响出借人对借款人还款能力的判断，因此允许撤销放弃行为也会侵害其他继承人及其债权人的利益。在有的案件中，协议将部分继承人的应继房产份额赠与其他继承人，并约定其他继承人补偿该继承人现金，实质上相当于该继承人以房屋折价款形式继承房产。在继承开始后，如果该继承人已履行协议中放弃继承房产的义务，使其他继承人实际取得房产，则不应免除其他继承人补偿该放弃行为人房屋折价款的义务。

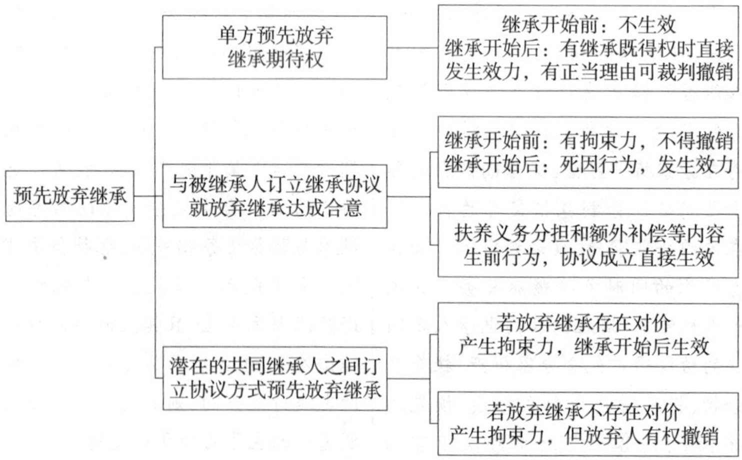

如果协议内容经检视不能构成有偿放弃继承，例如涉及分配拆迁款的分家协议中，继承人并未因预先放弃对父母将来遗产的继承而获得超出应继份的额外补偿，且继续享有继承权不会对协议整体构成实质性妨碍，亦不违背习俗及公平原则，有裁判意见认为放弃继承的约定不生效力。其实，并非放弃继承的约定不生效力，而是放弃行为人有权撤销放弃行为，恢复继承权。因此，是否享有撤销权的实质性评价要素，是预先放弃继承是否获得足以构成对价的额外补偿。该协议中的预先放弃继承也属于死因行为，自被继承人死亡时发生效力。

潜在的共同继承人订立的协议以被继承人死亡以及预先处分的遗产仍然存在为停止条件，继承开始后若协议处分的遗产仍然存在，则条件成就，相关协议内容发生效力。继承开始前，该协议已经成立，任何一方不得擅自撤销、变更或者解除，预先分配或者处分将来遗产的协议内容构成无权处分。如果订立协议的潜在继承人在继承开始后享有继承既得权，则相当于以获得遗产处分权的方式对无权处分的协议内容进行了追认，对遗产的预先分配和处分转变为有权处分。

【地方法院规范】

《北京市高级人民法院关于审理继承纠纷案件若干疑难问题的解答》(2018 年)

16. 继承开始前放弃继承期待权的承诺是否有效?

继承纠纷中，当事人以继承人在继承开始前已明确表示放弃继承期待权为由，请求确认继承权丧失的，人民法院不予支持；但该放弃表示系在分家析产等合意行为中作出，涉及继承权之外其他权利义务安排，继续享有继承权有违相关习俗并导致显失公平的，人民法院对作出放弃表示方请求继承遗产的请求不予支持。

【法院参考案例】

白某侠诉刘某等分家析产纠纷案

[《人民法院案例选》2012 年第 3 辑(总第 81 辑)]

【要点提示】

继承开始于继承人与其配偶婚姻关系存续期间，但遗产一直未分割，该遗产并未形成夫妻的共同财产。此时，若继承人要求放弃继承，放弃的是继承权，而非共同财产权，配偶无权主张放弃继承的行为无效。

【基本案情】

经法院审理查明：王某琴与其夫刘某明生育二子，刘某新系长子，刘某系次子。1979 年，王某琴与刘某明在北京市大兴区建造北房 8 间、西厢房 2 间。1989 年 3 月 18 日，刘某新与赵某荣结婚，二人居住在北房 8 间西数第 4、5、6 三间房屋处，并在居住期间对所居住的3间北房向南侧接出1.59米,还建造了2间东厢房、2间西厢房。1992年11月17日,白某侠与刘某结婚,二人居住在北房8间西数第1、2、3三间房屋及西厢房2间处,并在居住期间对所居住的3间北房向南侧接出1.8米,还建造了2间东厢房、南房门道1间、南棚房1间、厕所1间。北房8间西数第7、8两间房屋由王某琴与刘某明居住使用,二人居住期间另建造西厢房1间、南房2间。1997年6月16日,北京市大兴区土地管理局分别为王某琴、刘某新颁发集体土地宅基地使用证,王某琴的宅基地位于东侧,刘某新的宅基地位于西侧,两块宅基地面积均为186.81平方米。2003年7月12日,刘某明去世。

案件审理中,白某侠提供北京市丰台区南苑乡南苑村证明,白某侠自1995年至1997年在该村下属企业上班每月工资800元。北京格雷斯海姆玻璃制品有限公司证明,白某侠自1998年8月至2001年9月月工资为2400元至2800元之间。北京华丰伟业开关设备有限公司证明,白某侠2003年6月至2007年5月月工资为1200元至1800元之间。证人胡某启出庭证明,证明婚后是白某侠找的胡某启将北房向南侧接出的1.8米、建造南房门道1间、南棚房1间、厕所1间及装修2间东厢房,建房及装修款是白某侠给付。刘某新、赵某荣提供集体土地宅基地使用证、提供由王某琴、刘某新、刘某签字的刘某自愿放弃刘某明财产继承权的协议,提供证人王某友的出庭证言,证明刘某参加家庭会议时签字确认放弃对刘某明遗产的继承权。

【裁判结果】

北京市大兴区人民法院一审认为:北京市大兴区西某院原有北房8间、西厢房2间,是由王某琴与其夫刘某明建造,该财产应为王某琴与刘某明所有。刘某新与赵某荣结婚后居住北房8间西数第4、5、6三间房屋,后刘某新与赵某荣将使用的3间北房向南侧接出1.59米并建造了2间东厢房、2间西厢房、1间南房,刘某新与赵某荣所增添的财产部分应为二人所有。白某侠与刘某婚后居住的北房8间西数第1、2、3三间房屋,后白某侠与刘某将使用的3间北房向南侧接出1.8米并建造了2间东厢房、南房门道1间、南棚房1间、厕所1间,白某侠与刘某所增添的财产部分应为二人所有。王某琴与刘某明建造的西厢房1间、南房2间应为该二人所有。白某侠诉称,王某琴与刘某明建造的西厢房1间、南房2间是王某琴、刘某明、白某侠、刘某共同出资建造,因未提供证据证明,故不予采信。王某琴、刘某新、赵某荣辩称白某侠与刘某结婚后对居住的3间房屋向南侧接出的房屋及建造的2间东厢房、南房门道1间、南棚房1间、厕所1间为王某琴、刘某新、赵某荣出资所建,未提供证据证明,不予采信。王某琴系刘某明之妻,刘某新、刘某系刘某明之子,故对刘某明去世时遗留的财产,王某琴、刘某新、刘某均有继承权。白某侠与刘某为夫妻关系,刘某所应继承的财产应为夫妻共有财产。刘某未征得共有财产人的同意,其放弃应继承财产的行为,法院不予支持。对双方争执房屋的分割,应有利于生产和生活的需要予以分割。一审判决坐落于北京市大兴区西红门镇六村光明巷 9 号院北房 8 间西数第 1、2、3 间(包括接出的部分)及西厢房 2 间、东厢房 2 间、南房门道 1 间、南棚房 1 间、厕所 1 间归白某侠、刘某所有;其余房屋(包括北房接出的部分)均归王某琴、刘某新、赵某荣所有。刘某、王某琴、刘某新、赵某荣不服一审判决提起上诉。

北京市第一中级人民法院二审认为,王某琴、刘某、刘某新、赵某荣上诉所提刘某已经放弃继承,白某侠不是继承人一节,根据《继承法》第 5 条、第 10 条的规定,2003 年 7 月 12 日,刘某明去世后,刘某作为第一顺序继承人有权利放弃继承权,在家庭会议上刘某同意并签字放弃继承权,刘某放弃继承权的行为符合法律规定,各上诉人的该项上诉请求符合法律规定,应予支持。刘某与白某侠婚后居住坐落于北京市大兴区某院的北房 8 间西数第 1、2、3 三间房屋,刘某与白某侠将使用的 3 间北房向南侧接出 1.8 米并建造了 2 间东厢房、南房门道 1 间、南棚房 1 间、厕所 1 间,刘某与白某侠未证实所增添的 2 间东厢房、南房门道 1 间、南棚房 1 间、厕所 1 间有相关批准手续,所增添的 2 间东厢房、南房门道 1 间、南棚房 1 间、厕所 1 间应为刘某与白某侠共同使用。二审判决:(1)撤销北京市大兴区人民法院(2008)大民初字第 5518 号民事判决;(2)坐落于北京市大兴区某院 2 间东厢房、南房门道 1 间、南棚房 1 间、厕所 1 间由刘某与白某侠共同使用;(3)驳回白某侠其他诉讼请求;(4)驳回王某琴、刘某、刘某新、赵某荣其他上诉请求。

白某侠不服二审判决,申请再审。北京市第一中级人民法院再审认为,案件争议焦点有三:(1)刘某是否有权放弃继承其父刘某明的遗产。该问题的关键在于刘某放弃的是其依法享有的继承权还是已经合法取得的遗产所有权。我国《继承法》第 2 条规定,继承从被继承人死亡时开始。本案中,刘某之父刘某明死亡时,刘某就开始享有对其父遗产的继承权。《继承法意见》第 49 条规定,继承人放弃继承的意思表示,应当在继承开始后、遗产分割前作出。遗产分割后表示放弃的不再是继承权,而是所有权。在遗产分割未作出之前,继承人享有的仅是对被继承人遗产份额的继承权,而非被继承人遗产份额的所有权。只有当遗产分割开始后,法律赋予的依附于身份关系而享有的继承权才能转化为对遗产份额的所有权。本案中,刘某作出放弃继承权的意思表示发生在其父死亡之后,遗产分割之前。刘某是基于其与刘某明之间的父子关系而享有遗产继承权,该权利是法律赋予其单独享有和支配的,其放弃对其父遗产继承权的行为符合上述法律规定。根据《婚姻法》第17条的规定,夫妻在婚姻关系存续期间继承所得的财产为夫妻共同财产。夫妻一方在处分夫妻共同财产时应获得另一方的同意。而本案中,刘某所享有的继承权并未转化为其享有遗产份额的所有权,即刘某对其父刘某明的遗产份额并未实际取得,刘某明的遗产并未转化为刘某与白某侠的夫妻共同财产。故刘某放弃对其父刘某明遗产的继承权的行为,并未侵害白某侠的合法权益。(2)北京市大兴区某院2间东厢房、南房门道1间、南棚房1间、厕所1间及接出的1.8米属于谁出资建造的问题。一审法院审理期间,证人胡某启出庭作证,证实上述房屋是白某侠出面找自己所建;建房及装修款均是白某侠给付。被申请人虽否认该事实,但未提供证据予以证明。故终审判决认定上述房屋系刘某、白某侠共同所建正确。(3)北京市大兴区西红门镇六村光明巷9号院白某侠婚后居住的3间房屋接出的1.8米终审判决未作处理是否属于漏判。从本案的实际情况分析,该接出的1.8米房屋属于白某侠夫妻出资所建,其接出的1.8米房屋致使王某琴名下的房屋面积扩大,价值增值。终审判决虽认定了该接出的1.8米房屋系白某侠夫妻出资所建,但未对该接出的部分作出实际处理显属不妥,本院再审应予纠正。

综上,再审法院依据《民事诉讼法》第186条第1款、《最高人民法院关于适用〈中华人民共和国民事诉讼法〉若干问题的意见》第201条以及《继承法》第2条、《继承法意见》第49条的规定,判决:(1)维持本院(2008)一中民终字第15317号民事判决第1、3、4项;(2)变更本院(2008)一中民终字第15317号民事判决第2项为:坐落于北京市大兴区某院北房8间西数第1、2、3间接出的1.8米及2间东厢房、南房门道1间、南棚房1间、厕所1间由刘某与白某侠共同使用。

第三十六条 【放弃继承反悔】遗产处理前或者在诉讼进行中,继承人对放弃继承反悔的,由人民法院根据其提出的具体理由,决定是否承认。遗产处理后,继承人对放弃继承反悔的,不予承认。

【司法解释·注释】

放弃继承的反悔,是指享有继承权的继承人放弃继承后,对其进行反悔的单方法律行为。《民法典》中并未规定对放弃继承的意思表示是否可撤回抑或可撤销。作为有相对人的单方法律行为,放弃继承之意思表示如以书面形式作出的,应于通知到达相对人时生效。以口头形式作出的,应于人民法院知道其内容时生效。故继承人有此反悔意思时,其放弃继承的意思表示一般已经生效,不得撤回,只存在撤销可能。此处的反悔一般理解为民法上的撤销。考虑到放弃继承及反悔是一种身份行为,涉及继承人的人格权益,反悔的目的不仅包括重新获取财产利益,还包括重新获取继承人之地位,因此不应否定继承人放弃继承后的反悔。

因放弃继承这一已生效的单方民事法律行为对其他共同继承人及债权人等利害关系人的影响很大,如允许放弃继承人对放弃继承随意反悔撤销,则不利于继承关系的稳定。例如,放弃继承人因放弃继承而收到其他继承人给付的补偿款,该补偿款可能由其他继承人通过借贷方式获取后支付;再如其他继承人的债权人得知债务人拥有全部继承份额时,也会影响对其未来还款可能性的判断,导致与被继承人有关的财产法律关系再次陷入混乱。因此,继承人撤销放弃继承的意思表示必须要基于合理的理由并且得到法院的承认才可撤销。本条并未列明放弃继承反悔的具体原因,而是由法院根据放弃继承人提出的具体理由作出决定,为司法裁判预留了极大的空间。

可撤销的民事法律行为主要涉及意思表示瑕疵,这与反悔放弃继承的情形相同。当一方或第三人以欺诈、胁迫的手段,使继承人在违背真实意思的情况下作出放弃继承的意思表示,应赋予放弃继承人撤销权。继承人因认识错误而放弃继承是否可以撤销存在争议。动机错误不允许撤销,内容错误主要包括对遗产价值的认识错误、对争议财产所有人的认知错误等。其中对于遗产价值的认识错误,要考察此种错误对放弃继承的真实意思表示是否有影响以及影响程度,构成重大误解时亦成为放弃继承反悔的理由。如一方当事人对遗产价值的评估存在造假行为,或者放弃继承时对房屋价值存在错误认识。放弃继承人对遗产的所有权人认识错误,多发生在赠与或是农村拆迁案件中,如继承人放弃继承是因为其误以为诉争房屋不属于被继承人所有,基于一般理性人的认识,对其放弃不会影响自身利益,但若该财产属于遗产范畴,放弃继承人则没有放弃的理由。在财产价值巨大,对各继承人利益影响甚巨的情况下,基于一般日常生活习惯和社会常识判断,此类错误已经构成重大误解,应认为属于可撤销的错误。

本条将放弃继承反悔的最长期限设定为遗产处理前或者诉讼进行中。放弃继承反悔的起算时间点应当参照《民法典》第152条关于撤销权行使期限的规定。即便已经过了撤销期限,遗产仍未处理,也不能反悔。但如果撤销期限未到,遗产已经处理的,既然遗产已经处理完毕,一般也不能反悔。

【编者观点】

由于放弃继承属于单方法律行为,

意思表示自到达遗产管理人或者其他继承人时生效,无法撤回,因此,本条中的"反悔"实为对已生效意思表示的"撤销"。在放弃继承发生效力之后,若允许任意撤销则不利于继承关系的稳定以及利害关系人利益的维护。意大利法规定,仅在接受继承的时效期限届满之前,在不损害第三人对遗产享有的权利的情况下,且其他有权取得遗产的人尚未取得被放弃的遗产,放弃行为人方可撤销放弃行为。撤销放弃行为不直接适用总则编关于法律行为可撤销的规定,放弃行为人不享有撤销权,需要向法院提出撤销申请及具体理由,由法院决定是否同意撤销。其规范构造类似于第533条关于情势变更时当事人请求法院变更或者解除合同的规定,以及第580条第2款关于履行不能时当事人请求法院终止合同权利义务关系的规定。

裁判撤销放弃行为的情形要求具备客观或主观的正当理由。客观的正当理由关涉继承人生存权益的保障,如继承人放弃继承之后罹患疾病或者其收入难以维持正常生活;若仅仅为了谋求更高的经济利益而主张撤销放弃行为则不具有正当性。主观的正当理由是指继承人放弃继承的意思表示存在瑕疵,常见的瑕疵类型如受欺诈和受胁迫,法院应对撤销请求予以支持。争议较大的是继承人因错误放弃继承可否请求法院撤销。根据《民法典总则编解释》(法释〔2022〕6号)第19条第1款针对重大误解所列的判断标准,当继承人对遗产的同一性、归属、价值以及其他继承人范围产生认识错误,例如误以为房屋不属于被继承人所有而放弃继承,或者对遗产价值作了错误估价而放弃继承,这些认识错误主观上影响了继承人放弃继承行为的作出,客观上对继承人的生活造成了重大影响时,法院应当将其认定为重大误解进而同意撤销申请。申请裁判撤销须在一定期限内主张,适用《民法典》第152条关于撤销权行使期限的规定,同时符合本条的限制性规定,在遗产处理后通常无法撤销放弃行为。

第三十七条 【放弃继承权效力】放弃继承的效力,追溯到继承开始的时间。

【司法解释·注释】

如果放弃继承的效力不追溯至继承开始之时,就只能从放弃继承之日开始计算,那么放弃继承的人还是要继承从继承开始到放弃继承这个期间的遗产权利义务。这显然不符合放弃继承人的本意。因此,放弃继承的意思表示一经作出,即具有追溯效力,自继承伊始即不享有继承权。基于此种溯及力,继承人放弃继承权后,视为无继承权人,被继承人死亡时遗留下的一切财产上的权利义务,视为从继承开始就与该放弃继承人无关。

只限于被继承人遗产上的一切权利义务，是继承人放弃继承的效力范围。被继承人在生前对继承人所为的赠与，不因继承人放弃继承权而受影响。如父亲生前与保险公司订立的保险合同中指定的保险受益人是自己的儿子。父亲死亡后儿子放弃了继承权，但儿子的保险金请求权不因此而受到影响。

放弃继承不仅意味着继承人对遗产丧失继承权，还意味着其不得占有、使用、收益和处分遗产，原来由其保管的遗产也应当向其他继承人或遗产管理人移交。虽然放弃继承人不能取得遗产，但是其对遗产的责任却不会因为其作出放弃继承的意思表示而免除。为保护遗产，防止遗产在放弃继承后其他继承人接受继承或遗产管理人接管前因无人管理而遭受损失，放弃继承人在这段时间内仍应继续履行对该遗产的管理义务。此义务并不与放弃继承人的地位相悖，而是从诚信出发，为保护其他继承人、受遗赠人、遗产酌分请求权人和遗产债权人的利益而要求放弃继承人履行的继续管理义务。

法定继承人放弃继承权后，其应继份均应转归于其他继承人，不论该继承人是血亲继承人还是配偶继承人，并且在他们之间平均分配。同一顺序的继承人都放弃继承权的，由次顺序继承人行使继承选择权。代表权说认为，代位继承人是代替被代位人的地位而继承的，放弃继承人被视为自始没有继承权，当然也就不能代位继承。从《民法典》第1128条“代位继承人一般只能继承被代位继承人有权继承的遗产份额”的规定可知，我国立法者坚持代表权说，没有将继承人放弃继承作为代位继承发生的原因。

遗嘱继承人放弃继承权时，其应继份按法定继承处理。《民法典》第1154条第1项规定：“有下列情形之一的，遗产中的有关部分按照法定继承办理：（一）遗嘱继承人放弃继承或者受遗赠人放弃受遗赠。”补充继承制度还允许遗嘱继承人放弃继承后，再指定替补继承人和替补受遗赠人来接受自己的遗产。《民法典》虽未明文规定，但对此也没有明确禁止。实践中，有允许指定替补继承人的做法。

第三十八条 【受遗赠人在遗产分割前死亡的法律后果】继承开始后，受遗赠人表示接受遗赠，并于遗产分割前死亡的，其接受遗赠的权利转移给他的继承人。

【司法解释·注释】

在受遗赠人为自然人的情形，如受遗赠人为无民事行为能力人，则根据《民法典》第20条及第21条的规定，由其法定代理人代理作出接受或放弃受遗赠的意思表示；如受遗赠人为限制民事行为能力人,《民法典》第 1163 条规定,税款和债务超过法定继承遗产实际价值部分,由遗嘱继承人和受遗赠人按比例以所得遗产清偿,故特定情形下,受遗赠人与遗嘱继承人承担同样的清偿遗嘱人债务的义务。这势必会增加受遗赠人时间、精力等方面的额外付出,故原则上限制民事行为能力的受遗赠人作出接受或放弃受遗赠的意思表示也应由其法定代理人代理或者经法定代理人同意、追认。在受遗赠人为组织的情形,受遗赠人被依法注销登记或被有关部门撤销主体资格前,原则上都可作出接受或放弃受遗赠的意思表示。

由于遗赠生效时,遗赠人已经死亡,故受遗赠人客观上不能向遗赠人作出接受或放弃受遗赠的意思表示,而《民法典》第 1124 条又没有明确受遗赠人作出接受或放弃受遗赠意思表示的对象,目前可以类推适用本解释第 33 条规定,向遗产管理人或者其他继承人作出意思表示即可。当存在多个继承人时,该受遗赠人仅向其中一个继承人表示接受遗赠,能否认为其已作出“接受遗赠”的意思表示?对受遗赠人接受遗赠表示的认定不宜过于严苛,只要有证据足以证明该事实存在即可予以认定。至于接受遗赠的具体表示方式,则书面抑或口头等方式在所不限。

由于受遗赠人主张受遗赠权只能向遗产管理人或其他继承人提出请求,而后者执行遗赠又应以清偿遗赠人依法应缴纳的税款和债务为前提,而缴纳税款和清偿债务之前还需要清理遗产、制作遗产清单、报告遗产情况、采取措施保全遗产等,这都需要时间,再加之受遗赠人自身也可能未及时主张分割遗产以取得受遗赠财产,故不排除在遗产分割前,接受遗赠的受遗赠人已经死亡,但尚未实际取得受遗赠财产。鉴于受遗赠人死亡前已经通过接受遗赠的意思表示取得了请求给付受遗赠财产的权利,而依据该权利将来又可以实际取得受遗赠财产,这直接关涉受遗赠人的继承人的可得利益。故本条规定将上述情形下,受遗赠人接受遗赠的权利转移给他的继承人。之所以用“转移”一词,是与继承相区分。既然遗产尚未由继承人、受遗赠人取得,故不存在其继承人可以继承的问题。相应地,《民法典》第 1152 条采用了“该继承人应当继承的遗产转给其继承人”的表述,以表明其继承人取得该遗产并非通过继承方式。本条规定情形与《民法典》第 1152 条规定的情形类似,故仍保留了《继承法意见》第 53 条规定的“转移”表述。

第三十九条 【国家或者集体组织供给生活费用的烈属和享受社会救济的自然人遗产继承】由国家或者集体组织供给生活费用的烈属和享受社会救济的自然人,其遗产仍应准许合法继承人继承。

【司法解释·注释】

关于烈士的褒扬金，根据现行《烈士褒扬条例》第15—17条规定，(1)烈士褒扬金标准为烈士牺牲时上一年度全国城镇居民人均可支配收入的30倍；战时，参战牺牲的烈士褒扬金标准可以适当提高。(2)烈士遗属除享受上述烈士褒扬金外，属于《军人抚恤优待条例》以及相关规定适用范围的，还享受因公牺牲一次性抚恤金；属于《工伤保险条例》以及相关规定适用范围的，还享受一次性工亡补助金以及相当于烈士本人40个月基本工资的烈士遗属特别补助金。(3)符合下列条件之一的烈士遗属，享受定期抚恤金：其一，烈士的父母(抚养人)、配偶无劳动能力、无生活费来源，或者收入水平低于当地居民的平均生活水平的；其二，烈士的子女未满18周岁，或者已满18周岁但因残疾或者正在上学而无生活费来源的；其三，由烈士生前供养的兄弟姐妹未满18周岁，或者已满18周岁但因正在上学而无生活费来源的。

社会救助的主要对象是社会的低收入人群和困难人群。我国的社会救助具有法定性、无偿性、目的性等特征，我国社会救助体系的基本内容包括最低生活保障制度、灾害救助制度、农村社会救助制度、城市流浪乞讨人员救助制度等几个方面，享受社会救济的自然人包括享有城市居民最低生活保障和农村居民最低生活保障的自然人、享有灾害救济的自然人、享有“五保”供养制度、特困户救济制度等农村社会救助的自然人。

烈属和享受社会救济的自然人，虽由国家或者集体组织供给生活费用，但只要有合法继承人的，其遗产依然准许继承，不应收归国家和集体组织所有，而不取决于国家或者集体组织是否供给生活费用。

第四十条 【解除遗赠扶养协议条件和法律后果】继承人以外的组织或者个人与自然人签订遗赠扶养协议后，无正当理由不履行，导致协议解除的，不能享有受遗赠的权利，其支付的供养费用一般不予补偿；遗赠人无正当理由不履行，导致协议解除的，则应当偿还继承人以外的组织或者个人已支付的供养费用。

【司法解释·注释】

依据2006年的《农村五保供养工作条例》第11条规定，目前“五保户”的供养资金主要来源于地方政府预算。在此情况下，不仅“五保”对象遗产归农村集体经济组织所有失去了依据，集体组织要求扣回“五保”费用也失去了依据。故本解释制定时，不仅废止了《最高人民法院关于如何处理农村五保对象遗产问题的批复》(法释〔2000〕23号),而且对《继承法意见》第55条也同时予以废止。司法实践中,如果存在"五保户"的遗产纠纷,可以根据本解释第39条规定的精神予以处理。

早期的遗赠扶养协议,特别是"五保户"签订的遗赠扶养协议的目的确实主要是扶助老弱病残、弥补社会保障不足。但随着社会经济的发展,人民群众个人财产的增多和国家社会保障的增强,上述遗赠扶养协议的目的日益淡化,反而更呈现出等价有偿的民事合同特征。遗赠扶养协议不但不以身份关系为前提,反而还排斥具有密切身份关系的当事人之间签订遗赠扶养协议,《民法典》第1158条将"扶养人或集体组织"明确为"继承人以外的组织或者个人"。这也表明立法者不认可具有密切身份关系的继承人签订遗赠扶养协议。因此,遗赠扶养协议原则上应可以适用《民法典》合同编的有关规定。

从司法实践情况看,遗赠扶养协议的解除纠纷主要存在以下情形:(1)扶养人未依约履行扶养义务;(2)遗赠人拒绝接受扶养人的扶养;(3)遗赠财产处分或灭失;(4)遗产管理人或继承人拒绝给付遗赠财产等。如果是夫妻一方与遗赠人签订遗赠扶养协议,由此产生的债务不是用于家庭日常生活需要,根据《民法典》第1064条规定,一般不属于夫妻共同债务,遗赠人不得要求夫妻另一方承担继续履行等违约责任。遗赠人也可适用《民法典》合同编的解除规定,通过协议解除、行使单方解除权的方式解除遗赠扶养协议。

由于遗赠扶养协议约定的扶养人义务主要包括遗赠人在世时的"生养"和去世后的"死葬",而遗赠人的义务则为将遗赠财产给扶养人,也即遗赠人生前只会因扶养人履行扶养义务而单纯受益,不存在对扶养人履行义务的问题,故在遗赠人单方解除遗赠扶养协议的情形下,一般只存在扶养人请求恢复原状或采取其他补救措施的可能。由于扶养人履行扶养义务意味着人力、物力、时间甚至情感的投入,其中人力、时间等投入不具有恢复原状的可能,故实务中,扶养人多只能向遗赠人主张返还已给付的扶养费用。应根据扶养人不履行扶养义务有无正当理由而区分情况处理。此外,由于在遗赠人生前只有扶养人履行扶养义务,而遗赠人只是单纯受益,故扶养人此时地位类似于单向付出的赠与人,故可参考《民法典》第666条规定,在扶养人经济状况显著恶化,严重影响其生产经营或家庭生活时,考虑认定扶养人不再履行扶养义务有正当理由。在扶养人不履行扶养义务有正当理由的情形下,可以考虑支持或部分支持扶养人或其承继者向遗赠人提出的返还扶养费用请求。反过来,如果扶养人没有正当理由且不履行扶养义务导致遗赠扶养协议被解除的,则基于扶养人的过错因素,而一般不应支持其要求返还扶养费用的请求。本条表述的是"其支付的供养费用一般不予补偿”。这里的“一般”是指通常不予返还,但在扶养人已经履行扶养义务很长时间,付出了高昂扶养费用的情形下,则可从双方实质公平、过失相抵等角度酌情部分支持其扶养费用返还请求。

司法实务中,因遗赠人原因导致遗赠扶养协议无法顺利履行的常见情形是,遗赠人无正当理由拒绝接受扶养人依约提供的扶养,构成受领迟延。但是,遗赠人对扶养人提供的扶养予以受领,是不真正义务。因此,遗赠人受领迟延并非构成违约行为,故扶养人不能主张违约责任或解除合同,而只能依据第589条请求遗赠人赔偿增加的费用。“遗赠人无正当理由不履行”应包含以下两层含义:第一,虽然遗赠人生前不必实际履行遗赠义务,故不可能构成实际违约,但这并不排除遗赠人预期违约的可能,尤其是在遗赠人生前任意处分财产时而导致合同目的不能实现,扶养人可以遗赠人预期违约为由请求解除合同。第二,根据目的扩张解释,这里的遗赠人还应该包括遗赠人的继承人以及遗产管理人。遗赠人死亡后,遗赠扶养协议中约定的遗赠义务由上述当事人继受,因他们的违约行为,也可导致解除合同。出现“遗赠人无正当理由不履行”情形,扶养人可以单方解除遗赠扶养协议,进而要求遗赠人返还已经支付的扶养费用。这里的返还一般是指全额返还,因为在遗赠人无正当理由不履行遗赠义务的情形下,扶养人签订遗赠扶养协议的目的已经完全落空,不可能通过受赠财产得到任何补偿。除了已支付的扶养费用,还可要求支付相应利息以及赔偿其他损失。

司法实践中还有一个问题争议较大,即遗赠扶养协议的当事人能否以感情不和、关系不睦等情感理由单方解除该协议。目前不宜认可遗赠扶养协议当事人的任意解除权。立法规定遗赠扶养协议的初衷是允许年老体弱的遗赠人通过遗产处理得到安享晚年和死后安葬的保证。在某种意义上,仍具有填补社会保障不足的功能。在当前社会尤其是农村居民社会保障尚不完善的情况下,如果允许当事人随意解除遗赠扶养协议,一方面将破坏当事人对该协议可得利益的稳定预期,另一方面也与国家保障体系政策精神不匹配。在现行法并未对遗赠扶养协议明确规定任意解除权的情形下,人民法院不宜违反合同严守原则对其予以确认。如果实务中出现当事人以感情不和等为由拒绝履行扶养义务或拒绝接受扶养义务的情形,仍应通过现有合同解除规则处理,而不宜直接认可其任意解除权。

【法院参考案例】

吕某英诉陈某滨遗赠扶养协议纠纷案(《人民法院案例选》2004年民事专辑)

【基本案情】

2001年6月8日,原告吕某英与被

告陈某滨经他人介绍后相识。后,原、被告双方达成口头协议,由被告给原告做义子(儿子),被告即于 2001 年 6 月 28 日起开始服侍原告的生活。2001 年 8 月 21 日,原、被告签订了 1 份遗赠扶养协议,见证人陈某茂也在协议书上签字。该协议约定:由被告负责原告的生养死葬等生活问题,生活费标准为每月人民币 500 元;原告愿意将其购买的在安溪县官桥镇中山街 58 号 3 楼的套房 1 套及所有的生活用品(除电视机 1 台和影碟机 1 台外),以及其享有的债权人民币共 48500 元和利息作为遗赠财产遗赠给被告;如被告无正当理由不履行义务致协议解除,不能享有受遗赠权利,已支付的供养费等不予补偿;如原告无正当理由不履行义务致协议解除,应偿还被告已支付的供养费用等。协议签订后,被告按约服侍原告的起居生活,并帮助料理家务等,双方并同意原约定的生活费 500 元由被告的日常扶养行为所代替。至 2002 年 1 月 17 日,原、被告双方因家庭生活琐事而吵嘴引起纠纷,被告即终止对原告生活起居的服侍与照料。原告乃于 2002 年 3 月 5 日向安溪法院提起诉讼,要求解除与被告签订的遗赠扶养协议。被告陈某滨则要求原告应赔偿误工损失及供养费等 10000 元。

【裁判结果】

经审理,安溪县人民法院在查清了事实与纠纷原因的基础上,在审判人员主持下原、被告对解除双方签订的遗赠扶养协议以及如何处理被告的扶养费用等问题上自愿达成调解协议。依照《民法通则》第 55 条及《继承法》第 31 条的规定,依法确认双方当事人自愿达成如下协议:(1)原告吕某英与被告陈某滨自愿解除双方于 2001 年 8 月 21 日签订的遗赠扶养协议。(2)原告吕某英自愿在 2002 年 4 月 15 日前一次性补偿被告陈某滨的误工损失及扶养费等共计人民币 2500 元。

第四十一条 【遗产酌给请求权人有权适当取得无人继承又无人受遗赠遗产】 遗产因无人继承又无人受遗赠归国家或者集体所有制组织所有时,按照民法典第一千一百三十一条规定可以分给适当遗产的人提出取得遗产的诉讼请求,人民法院应当视情况适当分给遗产。

【司法解释·注释】

《民法典》起草过程中,关于无人继承且无人受遗赠的遗产,多数建议仍集中在应尽量避免遗产因无人继承而归国家的情况,让遗产的处理能尽量体现被继承人的真实意愿。为此,《民法典》第 1128 条新增规定了被继承人的兄弟姐妹先于被继承人死亡的,由被继承人的兄弟姐妹的子女代位继承,以扩大继承人的范围。在已适当扩大继承人范围以减少无人继承遗产情形发生的前提下,《民法典》第1160条仍基本继受《继承法》第32条,只是增加了"用于公益事业"的表述,以明确该遗产的用途。

《继承法》并未对如何确定遗产处于无人继承又无人受遗赠状态作出规定,但从日常生活经验可知,该事实经常会因后来出现的继承人或受遗赠人而被推翻,从而导致本条的适用前提不复存在。域外立法通过无人承认继承制度加以完善,需经过寻找继承人和受遗赠人的公告程序后,确实无继承人和受遗赠人出现并主张权利的才是无人继承遗产。虽然《民法典》没有对"公告搜索继承人和受遗赠人"作出明确规定,但可以通过第1147条关于遗产管理人职责的规定第6项"实施与管理遗产有关的其他必要行为"这一兜底条款将"公告搜索继承人和受遗赠人"解释为管理遗产有关的必要行为,从而让遗产管理人履行实施上述公告行为的职责。

实务中,依靠被继承人扶养的人常见的是被继承人死亡时与其同居的人。这主要包括未婚同居情形和婚姻无效或被撤销情形。同居一方不具有夫妻的权利和义务,不能作为合法配偶取得法定继承人身份,故只能依据《民法典》第1131条规定的"依靠被继承人扶养的人",主张遗产酌给请求权。此外,根据《民法典》第1074条规定,当作为被继承人的祖父母、外祖父母死亡时,未成年孙子女、外孙子女因不是《民法典》第1127条规定的法定继承人而不能主张继承,但可主张其满足《民法典》第1131条规定的"依靠被继承人扶养的人"这一条件,主张遗产酌给请求权。现实生活中,还有一种常见情形,即养子女对生父母进行扶养,可视情形将其归入《民法典》第1131条规定的"继承人以外的对被继承人扶养较多的人",可以主张遗产酌给请求权。本解释第10条也规定,被收养人对养父母尽了赡养义务,同时又对生父母扶养较多的,除可以依照《民法典》第1127条的规定继承养父母的遗产外,还可以依照《民法典》第1131条的规定分得生父母适当的遗产。对于没有与继父或者继母之间形成抚养教育关系的继子女,对其继父或继母的遗产,由于没有形成父母子女关系,故不能直接以法定继承人身份继承其遗产,但其如能证明对继父或继母扶养较多,也可作为"继承人以外的对被继承人扶养较多的人",主张遗产酌给请求权。

上述遗产酌给请求权人主张取得遗产时,《民法典》第1131条规定的是"可以分给适当的遗产",意味着法院在是否分给其遗产的问题上可自由裁量。本条用的是"应当",是因为对于无人继承又无人受遗赠的遗产而言,已不存在支持遗产酌给请求会减少其他继承人或受遗赠人可得遗产数额的可能,相对于归属国家或集体所有制组织,分给遗产酌给请求权人适当遗产可能更符合被继承人的意愿。对依靠被继承人扶养的人来说,可以考虑被继承人生前所给予其扶养的状况,是独自扶养还是与他人共同扶养;受扶养人与被继承人之间是否存在亲情、友情等关系及其关系远近;遗产价值的大小;被扶养人当地的生活标准、身体状况等。对扶养被继承人的请求权人,则可考虑扶养的方式和时间长短;彼此间感情亲疏远近;扶养人的经济状况;以及遗产的多少等。

第四十二条 【特殊遗产分割原则】人民法院在分割遗产中的房屋、生产资料和特定职业所需要的财产时,应当依据有利于发挥其使用效益和继承人的实际需要,兼顾各继承人的利益进行处理。

【司法解释·注释】

遗产分割因其依据不同,可以分为遗嘱分割、继承人协议分割和裁判分割三种。如果被继承人未以遗嘱的形式对遗产进行指示分割,继承人又无法通过协商进行分配时,继承人可以请求人民法院通过裁判的方式分割遗产。

根据本条规定,遗产中的房屋、生产资料和特定职业所需要的财产可以作为特殊遗产。房屋作为特殊遗产不仅在于其作为不动产具有的经济价值,还在于其对于与被继承人共同生活的继承人而言,更重要的是具有与被继承人共同生活的情感上的联系。生产资料的范围比较广泛,如经营的企业、公司权益等可以作为生产资料。特定职业所需要的财产则与职业密切相关,如从事养殖业所需要的工具等;从事绘画职业所需要的画具等。生产资料、特定职业所需要的财产作为特殊遗产与实现遗产效用最大化密不可分。

房屋作为遗产中的不可分物,可由继承人中的一人或数人所有,再由其向其他继承人给予补偿。在多个继承人均愿意取得房屋的所有权而又不能达成一致意见时,根据有利于发挥其使用效益和继承人的实际需要的原则,应当考虑将房屋分配给最能发挥遗产使用效益和满足实际需求的继承人。一般而言,将房屋分配给在继承开始时就居住在房屋中共同生活的继承人,可以更好地发挥房屋的价值。此外,与被继承人共同生活的继承人共同使用房屋里的家具及日常生活用品,因此将房屋、家具及生活用品等一起分配给共同生活的继承人,可以最大限度地发挥遗产的效用,同时也能最大限度地满足继承人的需求。

分割遗产时,还应考虑继承人的职业、继承人配偶及子女的职业、需求等与遗产的关联性。如遗产中有乐器,将乐器分配给从事音乐职业的继承人将最大限度发挥其价值。在遗产中有企业时,如果将变卖企业出资额、股权等财产权益的价值在各继承人之间平均分配的形式不能实现企业的传承，且违背被继承人意愿的情况下，人民法院可将对企业的出资额、股权等财产权益分配给有经营能力和经验的继承人，由该继承人对其他继承人通过现金和分红等方式予以补偿方能更好地发挥遗产的使用效益。在确定继承企业的人选时，除了考虑继承人的经营能力外，还应考虑继承人配偶及子女的职业等。如果继承人的配偶或子女具有经营能力，例如，其在被继承人生前即在企业中担任管理人员，那么将企业出资额、股权等财产权益分配给该继承人更有助于实现遗产效用的最大化。对于遗产中的企业出资额、股权等财产权益，如各继承人达成继续维持共有的意见，那么按照该份额进行收益分配既能兼顾各继承人的利益，又能达到最大限度发挥企业效益的目的。

第四十三条 【法定继承人少分遗产的认定标准】人民法院对故意隐匿、侵吞或者争抢遗产的继承人，可以酌情减少其应继承的遗产。

【司法解释·注释】

根据本条的规定，酌情减少继承遗产情形的构成要件有以下4点：(1)须是继承人本人的行为，如果是继承人的配偶或者其他亲属存在本条行为，亦不应减少继承人应继承的遗产。(2)须以被继承人的遗产为对象，继承人必须对被继承人的遗产采取了故意隐匿、侵吞或者争抢的行为，才可以减少其应继承的遗产。(3)主观上须以故意为要件。(4)须是继承开始后的行为。

酌情减少遗产分配的行为具体有三种：(1)隐匿，即将遗产隐藏起来。人民法院原则上可责令隐藏财产的继承人交出，特殊情况下也可把隐藏的遗产作为隐藏方分得的遗产份额，对其他继承人应得的份额以其他遗产折抵，不足折抵的，差额部分由隐藏方折价补偿其他继承人。(2)侵吞，就是非法占有，本条规定的侵吞是指继承人非法地将遗产直接据为己有或者转归他人的行为，一般表现为公开(非秘密窃取)而不加掩饰(非欺骗)地侵占遗产，拒不退还或拒不交出。(3)争抢，一般认为以实施一定的强力为必要。强力行为一般系针对遗产实施，而非针对人身实施；争抢遗产的行为是公然的行为，不同于秘密窃取的行为。

酌情减少的标准应当根据案件的具体情况，由法官自由裁量决定，确定具体标准时可以着重考虑以下因素：一是继承人违法行为的严重性及其过错程度；二是其他继承人因实施故意隐匿、侵吞或者争抢遗产继承人的违法行为所受损害的大小；三是故意隐匿、侵吞或者争抢遗产继承人因违法行为的获利情况等。

第四十四条 【继承诉讼中追加共同诉讼当事人】继承诉讼开始后,如继承人、受遗赠人中有既不愿参加诉讼,又不表示放弃实体权利的,应当追加为共同原告;继承人已书面表示放弃继承、受遗赠人在知道受遗赠后六十日内表示放弃受遗赠或者到期没有表示的,不再列为当事人。

【司法解释·注释】

《民事诉讼法解释》第70条“在继承遗产的诉讼中,部分继承人起诉的,人民法院应通知其他继承人作为共同原告参加诉讼;被通知的继承人不愿意参加诉讼又未明确表示放弃实体权利的,人民法院仍应将其列为共同原告”的规定对继承诉讼中的共同诉讼作出原则性规定。本条规定即是关于在继承诉讼中,人民法院经审查认定继承开始后被继承人的遗产存在不止一个继承人的情况下,为保障所有继承人、受遗赠人的合法权益,在继承诉讼中适用共同诉讼的理论,追加共同诉讼的原告或者不列为共同诉讼的当事人而作出的进一步规定。

对于遗产,同一顺序继承人具有共同的权利义务,在遗产被他人侵占,或者继承涉及遗嘱继承、遗赠时,同一顺序的继承人具有同样的利害关系。即当同一顺序的继承人之一或者部分继承人提起诉讼时,基于同一顺序继承人享有的同等继承权这一前提,其他未起诉的同一顺序的继承人实际上属于同一原告的主体地位,属于必须共同进行诉讼的当事人。此时,人民法院可以依职权通知未起诉的同一顺序的其他继承人参加诉讼,已经参加诉讼的当事人也可以申请人民法院追加未起诉的同一顺序的其他继承人参加诉讼,以便查清案件事实,对遗产分割作出全面、妥善处理。

继承发生后,继承人或受遗赠人在继承中的实体权利,主要是指继承人和受遗赠人对可供继承的遗产具有的“特定利益”。被追加为共同原告的继承人或者受遗赠人明确表示放弃对遗产的实体权利的,按照权利义务对等原则,人民法院不再需要合一确定其与其他共同诉讼人的实体权利义务关系,自然也就不需要其必须参加诉讼。被追加的共同原告不愿意参加诉讼,但不放弃实体权利的,考虑到该被追加的原告不参加诉讼仅是放弃程序性权利,其对遗产具有的“特定利益”仍然存在,其在继承中的实体权利义务仍应当合一确定,人民法院仍应将其列为共同原告。鉴于其明确表示不参加诉讼,根据《民事诉讼法》有关缺席审理和缺席判决的规定,人民法院可以对案件进行审理并依法判决。

继承纠纷案件审理中,当事人分别提出法定继承、遗嘱继承、遗赠、遗赠扶养协议等分属不同案由的继承类请求的，人民法院原则上应一并予以审理。此时，因遗赠扶养协议受遗赠人、遗产酌分请求权人与案件中的其他当事人对诉讼标的具有共同的权利义务，需要合一确定，在遗赠扶养协议受遗赠人、遗产酌分请求权人未能参加相关诉讼时，应当依据本条规定追加遗赠扶养协议受遗赠人、遗产酌分请求权人为案件当事人。人民法院经过审理，发现有初步证据表明可能有其他未参加诉讼的继承人存在，人民法院在实体审判中应依职权进行调查核实。但依已有证据及依职权调查核实的证据均无法确证该自然人的存在及继承人身份的，人民法院可不予追加。

五、附　　则

第四十五条　【施行日期】本解释自2021年1月1日起施行。

图书在版编目(CIP)数据

民法典婚姻家庭继承注释书 / 汪洋编著. -- 北京 : 中国民主法制出版社, 2025. 2. -- ISBN 978-7-5162-3868-4

Ⅰ. D923.05

中国国家版本馆 CIP 数据核字第 20251GS373 号

图书出品人: 刘海涛
图 书 策 划: 麦 读
责 任 编 辑: 陈 曦 张雅淇
文 字 编 辑: 孙振宇 张 亮

书名/民法典·婚姻家庭继承注释书
作者/汪 洋 编著

出版·发行/中国民主法制出版社
地址/北京市丰台区右安门外玉林里 7 号（100069）
电话/（010）63055259（总编室） 63058068 63057714（营销中心）
传真/（010）63055259
http: //www.npcpub.com
E-mail: mzfz@npcpub.com
经销/新华书店
开本/32 开 850 毫米×1168 毫米
印张/40 **字数/**1386 千字
版本/2025 年 3 月第 1 版 2025 年 3 月第 1 次印刷
印刷/北京天宇万达印刷有限公司

书号/ISBN 978-7-5162-3868-4
定价/119.00 元